启真馆 出品

The Life of
David Hume

启真·思想家

大卫·休谟传

［美］欧内斯特·C. 莫斯纳 著

周保巍 译

浙江大学出版社

1954
献给一位年轻的大卫，希望他同样绝不要对人性的尊严丧失信念。

1970
纪念一位年轻的大卫，他在一场致力于人性尊严的斗争中死去。

1979
献给我的妻子。

目 录

1980 年版序言 1
1954 年版序言 4
缩写目录及参考文献 9

第一部分　人性的研究者，1711—1744

第一章　文人 13
第二章　九泉的休谟家 16
第三章　九泉的童年 30
第四章　爱丁堡的学生时代 45
第五章　法律抑或文学？ 63
第六章　学者病 78
第七章　宣泄与康复 94
第八章　法国的宁静 105
第九章　出版的焦躁 119
第十章　《人性论》 130
第十一章　《道德和政治随笔》 148

第二部分　人性的观察者，1744—1749

第十二章　学术幻影 ………… *169*

第十三章　不幸的家庭教师 ………… *180*

第十四章　目击叛乱 ………… *194*

第十五章　一次军事突袭 ………… *206*

第十六章　一次军事参访 ………… *224*

第三部分　杰出的文人，1749—1763

第十七章　大展宏图 ………… *243*

第十八章　休闲与欢笑 ………… *252*

第十九章　爱丁堡公民 ………… *262*

第二十章　《政治论衡》 ………… *280*

第二十一章　教会治下的和平 ………… *297*

第二十二章　反对者集结 ………… *313*

第二十三章　《英国史》 ………… *331*

第二十四章　《论文四篇》 ………… *352*

第二十五章　教士鼓 ………… *370*

第二十六章　游吟诗人和教会 ………… *390*

第二十七章　苏格兰的奥古斯都时代 ………… *406*

第二十八章　英格兰的冷漠 ………… *429*

第四部分　世界公民，1763—1769

- 第二十九章　永住苏格兰?............449
- 第三十章　法兰西的召唤............463
- 第三十一章　法兰西的奉承............481
- 第三十二章　巴芙勒伯爵夫人............496
- 第三十三章　哲人们............516
- 第三十四章　大使秘书............531
- 第三十五章　让-雅克·卢梭............549
- 第三十六章　副国务大臣............575

第五部分　苏格兰的圣大卫，1769—1776

- 第三十七章　秋日的宁静............601
- 第三十八章　和平的侵扰者............620
- 第三十九章　哲人之死............632
- 第四十章　人性的尊严............647

附录............653

文本补录............668

参考文献............689

索引............711

1980年版序言

"我记得一位作者曾说过，一个人的前半生不足以写一本书，而一个人后半生也不足以修订这本书。"在生命的最后几个月，休谟曾向其出版商这样写道。这句评论同样适用于眼下的这本书。在经过近20年的准备之后，它于1954年首次付梓，并于1970年重印，而在20多年之后的今天，它又以"修订和扩充版"的形式刊行于世。一本经常被人目为一锤定音的"权威之作"——这是一个被滥用之词——的书，居然在短短的20年间就需要"修订"，这实在不能不让人深感诧异。在准备"新版"的时候，我已充分地意识到：近年来，人们对于休谟的研究已大为繁盛。我差不多花了近两年的时间去浏览和翻阅休谟和关于休谟的新著述，并加以评估，并将那些本属于一本传记的内容纳入本书。同样，文献索引也需要更新，而大不列颠图书馆也从大英博物馆中独立出来了，因此缩写也从BM变成了BL。

在其名著《休谟的哲学》(*The Philosophy of David Hume*, 1941) 中，诺曼·坎普·史密斯（Norman Kemp Smith）注意到："我们或可希望，有一天，某个兴趣广博、智力超群之人将探究休谟所有的智识领域和智识活动，探究作为哲学家、政治理论家、经济学家、历史学家和文人的多重面向的休谟。休谟的哲学——作为一种心智倾向，它为自己找到了这些各异的表达方式——将首次得到充分和应有的呈现。这一天尚未到来，也没有哪位学者曾对号入座。在这里，我有一个善意的提醒：他在发愿从事这项工作时最好年岁尚轻，如果"一个人的前半生不足以写一本书"，并需要留下"后半生来校订它"的话。人们所寄予厚望的综合性休谟研究，将来或许不会以一本传记的形式出现，甚至也不会以一本思想传记——当前的这本书就是一本思想传记——的形式出现。如果我再年轻20岁，甚至15岁，我或许会被诱惑来从事这项综合性研究（书名或可叫《大卫·休谟的心灵》），但是……

1979年，基于当时出版业惨淡的经济状况，为了使新版得以顺利面世，不得已做了许多限制。重新排版全无可能。所以，只能对原版进行影印。我只能对原版的文字进行少许的改动，而那些较大的改动只能以"新的文字增补"的形式附于卷末。

若要列出自1954年以来与我联系，并向我提供建议、信息和批评指正的所有哲学家和学者的尊姓大名，人们或许有理由问：我自己都做了些什么？为了避免此种困扰和尴尬，我将只提及少许人，但对于略而不提的那些人，我诚挚的谢意和感激并不稍逊。他们是爱丁堡大学的查尔斯·P. 芬利森（Charles P. Finlayson）、约翰·V. 普赖斯（John V. Price），以及已故的 D. B. 霍恩（D. B. Horn）；德克萨斯大学的玛丽·贝克（Mary Baker）、威廉·B. 托德（William B. Todd）和安妮·鲍登·托德（Ann Bowden Todd）；不列颠哥伦比亚大学的伊恩·S. 罗斯（Ian. S. Ross）；圣安德鲁斯大学的杰弗里·亨特（Geoffrey Hunter）；耶鲁大学的詹姆斯·奥斯本（James Osborne）；约翰·马歇尔法学院的小米歇尔·莫里斯罗（Michael Morrisroe, Jr.）；伦敦大学帝国学院的大卫·拉斐尔（David Raphael）；麦吉尔大学的雷蒙德·克里班斯基（Raymond Klibansky）；土耳其安卡拉的哈斯特帕大学（Hacettepe Universitesi）的阿卢卡·阿诺巴（Aruc Aruoba）；斯特拉斯堡大学的保罗·E. 查雷（Paul. E. Chamley）；谢菲尔德大学的 P. H. 尼地狄克（P. H. Nidditch）；牛津林纳克学院（Linacre College）的 R. W. 康龙（R. W. Connon）；唐纳德·F. 海德（Donald F. Hyde）女士，以及唐纳德·海德和玛丽·海德图书馆（the Donald F. and Mary Hyde Library）；苏格兰洛锡安地区委员会（Lothian Regional Council）的路政主管 A. S. 克罗克特（A. S. Crockett）；苏格兰国立美术馆的邓肯·汤普森（Duncan Thomson）；苏格兰国立图书馆的威廉·贝蒂（William Beattie）和艾伦·S. 贝尔（Alan S. Bell）。最后，我要向我的妻子致以最诚挚的感激，她数十年如一日，不仅是我的最佳批评者，也是我最忠实的支持者。

刚写完上面这些话（我本打算就此搁笔的），我就收到**苏格兰国立图书馆**的手稿部助理艾伦·贝尔的一封来信，他提醒我务必注意：一系列以显见的休谟笔迹签名，并填有具体日期的历史笔记已被判为赝品。这些赝品的臭名昭著的所有人便是那位亚历山大·豪兰·斯密（Alexander Howland Smith），一位19世纪后期各种历史文献的伪造者。接着，贝尔先生以其博学的派头揶揄道："这则消息或许会影响您传记中的一些框架性和思想性的观点。"是的，确实如此。它足足花了我两个星期来拨乱反正。这还不包括极其能干的版本编辑W. E. S.托马斯（W. E. S. Thomas）女士所做的努力。同时，对于贝尔先生所主动提供的苏格兰国立图书馆及爱丁堡其他珍藏中关于休谟手稿的即时信息，我深表感谢。

欧内斯特·坎贝尔·莫斯纳（Ernest Campbell Mossner）
奥斯汀，德克萨斯
1978年4月26日

1954年版序言

自从大卫·休谟1776年辞世，其生平故事迄今已以一本书的篇幅讲述过三次：1807年由T. E.里奇（T. E. Ritchie）所讲述的，1846年由约翰·希尔·伯顿（John Hill Burton）所讲述的，1931年由J. Y. T.格雷格（J. Y. T. Greig）所讲述的。里奇的著作为伯顿内容翔实的两卷本著作所超越——它现今依然是最为翔实的休谟传记，尽管格雷格的休谟传记显然更具可读性，也更饶有兴味。詹姆斯·鲍斯维尔（James Boswell），虽然具有与休谟相熟稔这种无可估量的优势，但他并未打算写一本休谟传，此诚为憾事。而在"鲍斯维尔文稿"中间或出现的关于休谟的那些逸闻趣事，对我而言无疑大有裨益。

对于一个选择一位文人——在人们的心目中，他首先是一位思想家——作为其传主的传记作家而言，他所面对的一个棘手问题是：他将并行不悖地同时处理传主的思想及其生平事实（the external facts of life）吗？在某种意义上，这就是里奇·伯顿在撰写休谟传记时所试图做的。格雷格只是在"导论"那一章论及休谟的哲学，而且还漫不经心地提醒读者：如果愿意，他们可以跳过这一章。康龙·A. A.卢斯（Canon A. A. Luce）近来指出了这个问题，他在《贝克莱主教传》（*The Life of Bishop Berkeley*，1949）中表达了如下的观点："生平故事"和"思想研究"并不能"很好地融合"，因此他将尝试他所命名的"一种花开两支式的传记"（a separate life）。然而，卢斯博士也愿意承认：这一点大有商榷的余地。

尽管承认生平故事和思想研究这两者在重心上大为殊异，但我坚信：一部主要致力于智识问题的文人的传记，如果不在其思想活动（正是这种思想活动使其值得成为一名传主，或值得拥有一部传记）上多花一些笔墨，既难成就大的气象，也不会引发人们的兴趣。因此，真正的问题在于：到底要在其思想活动上花费多少笔墨？在我看来，一个传记作家必须充分地呈现其传主的思想，以便能够诠释其行为，但与此同时，也不至于在这方面走过了头，以至于以其系统性的诠释累及叙事，从而对那些对其观念的兴趣小于对其本人兴趣的读者构成了一种理解上的困难。这就是这本书的基本计划。人占据了主要的舞台，而其观念只是为其行动提供了理据。

比较奇怪的是，对于一位传记作家而言，一部自传的出现并非纯然是好事。总体而言，我或许可以斗胆说：一部长篇自传或有助益，而一个短篇自传则只会徒增麻烦。无论如何，仅就揭示其性格而言，休谟短短五页篇幅的自传无疑具有无可估量的价值，但与此同时却也为此后的传记作家增加了重重困难，因为它在事实方面实在太过浓缩，甚至简略。故而，我遂将休谟的《我的自传》作为附录 A 重印于文末，这主要是考虑到那些或许希望将本传与休谟的自传对勘着读的那些细心的读者。

由克拉伦敦出版社（Clarendon Press）所出的格雷格编的 2 卷本《休谟书信集》（*The Letters of David Hume*, 1932），以及克里班斯基（R. Klibansky）和莫斯纳（E. C. Mossner）所编 1 卷本的《休谟新书信》（*New Letters of David Hume*, 1954）为休谟的日常生活提供了最为重要的信息来源。为了避免在本传中出现过多的脚注，凡所引书信内容可以通过日期或其他途径予以查实的，我都没有标明出处。只要有可能，我都引述原始文献，并且保留了原初的拼写方式和标点符号。一般而言，我都避免采用这些文献 19 世纪的印刷版，因为它们充斥着各式各样的抄写错误和未经言明的省略。除经注明，所引外文文献均由我自己翻译。而扉页及各章题头的"引言"都出自休谟本人。

我必须要承认，自 1936 年起，我已开始着手酝酿这本《休谟传》，并将我对 18 世纪英国思想的研究从《巴特勒主教和理性时代》（*Bishop Butler and the Age of Reason*）转向休谟。在接下来的岁月里，休谟一直是我关注的重心，而这一点可由我发表在历史、文学和哲学期刊上的数十篇文章，以及此间所写的一本书予以佐证。《被遗忘的大卫·休谟：好人大卫》（*The Forgotten Hume: Le bon David*, 1943）可以算作这本传记的前期准备（a preparative），因为其公开宣称的目标便是通过描述休谟与其朋友、门生和竞争者的关系来呈现其性格。而第二次世界大战所引起的学术生涯的中断，则导致了不可避免的延宕——但这似乎也算情有可原，因为我在约翰逊博士睿智的评论中找到了一丝安慰："每一件耗时日久的工作，都会因为成千上万个已知的原因和数以万计的未知原因而变得更加旷日持久。"

对于这么一部酝酿已久的著作而言，其作者所应感谢的学者和学术机构必不在少数。并且，当我借此机会只向其中的少数人公开表达谢忱的时候，这并不意味着我对我未曾提到的那些人不心存感激，尤其是参加我在锡拉丘兹大学（Syracuse university）和德克萨斯大学（Texas University）所举办的各种研讨班的各位同学。但我最应感谢的还属约翰·西蒙·古根海姆纪念基金会（John Simon Guggenheim Memorial Foundation）和德克萨斯大学研究院（Research Institute of the University of Texas）：前者分别于1939—1940年和1945—1946年两度授予我一笔研究基金；而后者则资助我于1950年春季学期进行学术休假，并于1947—1954年资助我雇用研究助手。

"文人共和国"（Republic of Letters）的观念预示着学者之间公开的信息交流，而我也乐于列出一些曾向我慷慨地提供事实和建议之人的大名：他们是德克萨斯大学的R. H.格里菲斯（R. H. Griffith）教授、奥斯卡·E.毛雷尔（Oscar E. Maurer）教授、哈里·兰瑟姆（Harry Ransom）教授和鲁道夫·威拉德（Rudolph Willard）教授；麦吉尔大学的罗宾·亚代尔（Robin Adair）；杜克大学的本杰明·博伊斯（Benjamin Boyce）；锡拉丘兹大学（Syracuse University）的埃德温·卡迪（Edwin Cady）教授；哥伦比亚大学的詹姆斯·L.克利福德（James. L. Clifford）和诺曼·L.托里（Norman L. Torrey）；剑桥大学的大卫·达其思（David Daiches）和C. R.费伊（C. R. Fay）；莱斯大学（the Rice Institute）的艾伦·D.麦基洛普（Alan D. McKillop）；布林莫尔学院（Bryn Mawr College）的保罗·H.迈耶（Paul H. Meyer）；耶鲁大学的詹姆斯·M.奥斯本（James M. Osborn）和弗雷德里克·A.波特尔（Frederick A. Pottle）；牛津大学的L. F.鲍威尔（L. F. Powell）；罗格斯大学的爱德华·路荷（Edward Ruhe）；爱丁堡大学的N·肯普·史密斯（N. Kemp Smith）。在非学术圈人士中，我特别受惠于苏格兰伯维克郡邱恩赛德（Chirnside）教区的阿尔弗雷德·麦基奇（Alfred McKeachie）牧师，他非常热情地向我介绍了大卫·休谟家乡的风土人情。我同时还受惠于纽约城的医学博士查尔斯·桑代尔（Charles Sandle），他千辛万苦地对证据进行了评估，并纠正了我对于休谟最后一场病的业余诊断。

1954 年版序言

要列出所有的图书馆，并称颂我所请教过的所有图书管理员的友好合作显然会让这篇序言冗长无比。但是，我必须要特别感谢苏格兰国立图书馆和爱丁堡大学图书馆，以及在其中工作的亨利·W. 米克尔（Henry W. Meikle）、马里亚特·R. 多比（Marryat R. Dobie）、威廉·贝蒂（William Beattie）、威廉·帕克（William Park）和 L. W. 夏普（L. W. Sharp）。除此之外，我还要感谢布里斯托城市图书馆的管理员 W. S. 哈夫（W. S. Haugh），剑桥大学国王学院的图书管理员 A. N. 芒比（A. N. L. Munby），以及爱丁堡市政厅的管理员玛格丽特·伍德（Margaret Wood）小姐。

同时，我还要感谢耶鲁大学和麦格劳－希尔图书有限公司（McGraw-Hill Book Company, Inc.），特别要感谢他们惠允我引述"耶鲁版詹姆斯·鲍斯维尔私人文稿"。同样，我还要感谢"爱丁堡皇家学会"，是他们惠允我使用其所辑录的休谟手稿，同时还要感谢"皇家爱尔兰学院"惠允我使用他们所辑录的查尔蒙特勋爵手稿中的"休谟的逸闻趣事"；感谢马克·达尔林普尔准男爵（Sir Mark Dalrymple, Bt.）和苏格兰国立图书馆惠允我使用纽黑尔斯手稿（Newhailes MSS）的微缩胶卷；我同样还要感谢大卫·耶尔顿－汤姆森（David Yalden-Thomson）教授，正是通过他，我才得以接触到弗吉尼亚大学的馆藏。

我特别要感谢我的好友麦吉尔大学的雷蒙德·克里班斯基（Raymond Klibanksy）和格拉斯哥大学的 W. G. 麦克莱根（W. G. Maclagan）教授和德克萨斯沃思堡（Fort Worth）的让·霍洛韦（Jean Holloway）博士对本书所做的认真仔细的评阅。霍洛韦博士还编写了索引。托马斯·纳尔逊及其子公司（Thomas Nelson and Sons Ltd.）的哲学编辑 R. L. C. 洛里默（R. L. C. Lorimer）是所有作者所能寄望的最好的编辑；而纳尔逊的 H. P. 莫里森（H. P. Morrison）博士和德克萨斯大学出版社的弗兰克·H. 沃德洛（Frank H. Wardlaw）的广博兴趣证明是催人奋发的。所有研究 18 世纪的研究者都从 L. F. 鲍威尔（L. F. Powell）博士那里受惠良多，他慷慨地校阅了本书的校样。对于他，以及对于出版社的打字员和读者，我负有特殊的恩情。

最后，要结束像休谟这样一位罗马式道德家的传记，而不向我得以在其间撰写这本传记的数个地方的守护神致以应有的礼敬，是不合适的。它们分别是位于奥斯汀的德克萨斯大学图书馆塔楼第 24 层的办公室，位于德克萨斯布朗伍德（Brownwood）湖畔的大可贺（Okaga）旅舍，以及位于新墨西哥州的沙加缅度山脉（Sacramento Mountains）上的克劳德克罗夫特（Cloudcroft）的休憩旅馆（El Descanso），而其山脚下灼灼其华的白色沙滩，正是原子弹的诞生地。

欧内斯特·坎贝尔·莫斯纳

奥斯汀，德克萨斯

1954 年 6 月

缩写目录及参考文献

馆藏手稿

BL	British Library
EU	Edinburgh University Library
HMC	Historical Manuscripts Commission
NLS	National Library of Scotland
Newhailes	Microfilms of Newhailes MSS deposited in NLS and in University of Virgina Library
PRO	Public Record Office, London
RIA	Royal Irish Academy, Dublin
RSE	Royal Society of Edinburgh
SRO	Scottish Record Office, Register House, Edinburgh

休谟的著作

HL	***The Letters of David Hume***, ed. J. Y. T. Greig. Oxford 1932. 2vols.
NHL	***New Letters of David Hume***, edd. R. Klibansky and E. C. Mossner. Oxford 1954.
Phil. Wks.	***The Philosophical Works of David Hume,*** edd. T. H. Green and T. H. Grose. London 1874-5. 4 vols. Reprinted 1964. Scientia Verlag. Aalen.

其他作者的著作

Boswell Papers=	***Private Papers of James Boswell from Malahide Castle***, edd. G. Scott and F. A. Pottle. [Privately printed.] New York 1928-34. 18 vols.
Caldwell Papers=	***Caldwell Papers,*** ed. Wm. Mure. Glasgow 1854. 2 vols. [VOL. II in 2pts.]
Carlyle=	***The Autobiography of Alexander Carlyle of Inveresk***, ed. John Hill Burton. London and Edinburgh 1910.
Greig=	J. Y. T. Greig, ***David Hume***. London 1931.
Hill Burton=	John Hill Burton, ***Life and Correspondence of David Hume***. Edinburgh 1846. 2 vols.
Home-Mackenzie=	***The Works of John Home***, to which is prefixed an account of his life and writings by Henry Mackenzie. Edinburgh 1822. 3 vols.
Johnson=	***Boswell's Life of Johnson***, ed.G. Birbeck Hill; revised and enlarged by L. F. Powell. Oxford 1934-50. 6 vols. 2nd ed. Of vols. V and VI, 1964.

Ramsay=	John Ramsay of Ochtertyre, ***Scotland and Scotsmen of the Eighteenth Century***, ed. Alexander Allardyce. Edinburgh and London 1888. 2 vols.
Ridpath=	George Ridpath, ***Diary***, ed. Sir James Balfour Paul. Edinburgh 1922.
Rousseau=	Jean-Jacques Rousseau, ***Correspondence Généale***. Paris 1924-34.
Walpole Letters=	Horace Walpole, ***Letters***, ed. Mrs Paget Toynbee. Oxford 1903-05. 16 vols.
Walpole Corr. (Yale) =	***The Yale Edition of Horace Walpole's Correspondence***, ed. W. S. Lewis. New Haven 1937.

第一部分

人性的研究者

1711—1744

第一章　文人

"我几乎将一生都花在文字生涯上。"

大卫·休谟生活在各种观念和社会力量风起云涌的启蒙时代，正是这些观念和社会力量使 18 世纪成为现代性的源头。休谟的与众不同——如果不是说独一无二的话——之处在于：他在奋力革新人性研究的同时，也从未失去对普罗大众的理解和洞见。通过将哲学、学问和文学结合起来，休谟不仅成长为一名专家，而且还按照 18 世纪的智识理想，将自己成功地塑造为一名"文人"。像其稍早的文艺复兴时期的同道一样，作为启蒙时代的理想文人，休谟并未画地为牢，而是涉足全部的知识领域。但是，唯一的不同之处在于：在人类历史上，休谟的读者圈首次涵盖了普罗大众。毫无疑问，休谟的哲学受众必然局限于少数知识精英；而其对于政府、经济、伦理、宗教和整个社会科学的研究，或许也只能激发相对有教养的那部分人的兴趣；但休谟的国史著作却能够吸引绝大多数识文断字之人。

文人生涯一直是大卫·休谟勃勃雄心之所在，而且也很少有人能像休谟那样以这种纯粹且坚定不移的态度投身于学术生活。对于休谟而言，文学表达是他据以克服理性主义传统的重要支点，自远古的苏格拉底时代以降，这种理性主义传统一直主宰着欧洲思想。1739 年，当还是一位 27 岁的年轻人时，休谟就第一次提出了思想革命，此后，终其一生，休谟不断地以各种文学体裁践行着其形形色色的思想革命。而这也构成了其人生的首要动力："实际上，对于眼睛和心灵而言，晦涩总是令人痛苦和不适，而无论付出什么样的辛劳，澄明总是赏心悦目，让人喜不自胜。"因此，我们只能在思想层面上寻找休谟文人生涯的关键。任何忽视其思想的休谟传记都无法标榜自己的厚重。

尽管毫无保留地献身于哲学，但休谟能够遵循自己所立下的诫命："但依然是一个人。"而本传也主要致力于呈现作为一个人的休谟。作为一个人，休谟具有诸多美德。法国人习惯于称其为"好大卫"（le bon David），但很难将这个"绰号"转译成英语。称休谟为"善的"（good），这必将误导大众，因为他毕竟不是圣人。然而，休谟在很多方面确实是一个大好人：他富于同情心，仁慈，平和，宽容，对他人总不吝溢美之词；他在道德上真诚，在思想上诚实。他总是一个忠实可靠的朋友。但他有点易于猜忌——猜忌自己的名声，猜忌友谊的忠诚，猜忌祖国的威望。就智识而言，他是一位世界公民；就情感而言，他却是一位地地道道的苏格兰人。不仅如此，休谟还是一位凡夫俗子，他乐享生活中的各种美好之物，如美酒，如佳肴，如机智、谈话和理性的论说。虽然自制力超群，但休谟同时还是一位多愁善感、激情洋溢、并非对女性素所不敏之人。借用法国人的话来说，他是"好大卫"。

在不列颠，休谟是第一个仅靠文学就挣得不菲家业的著名文人。莎士比亚确曾富甲一方，但那主要是靠其作为一名演员、经理和股东的收入。德莱登（Dryden）确曾衣食无忧，但那主要是靠大人物的恩庇；艾迪生生活优渥，但那主要是靠政府的津贴。蒲伯确曾资财渐丰，但那也是通过第三种形式的恩庇，也即预先的征订。通过给书商做枪手，约翰逊勉强可以维持生计，他也只是在晚年获得一笔政府年金之后，才算是解除了生活上的后顾之忧。在18世纪，这种政府年金被视为文人所应得的酬赏；而休谟也曾适时地获得了他的那一份。但是，休谟最主要的成功，源于其作品在公众中所产生的广泛影响。休谟从不曾将其著述献给任何一位恩主，也从未想方设法提高其著作征订的数量，他的富足仅仅得益于书商。

尽管时至今日，休谟普遍被认为是启蒙时代最真实的声音，但启蒙时代本身很难认同这一点。在启蒙时代，尽管他的《英国史》和《随笔集》读者甚众，并确保了其文人生涯的外在成功，他的哲学却依然应者寥寥。但哲学——包括"宗教，它只是哲学的一个分支"——却一直是休谟主要兴趣之所在。在英格兰，休谟遭受过挫败和羞辱，这一方面是因为他是一位苏格兰人，并置身于一个反苏（格兰）情绪高涨的时代，一方面是因为他所提出的不同于流俗的观点。而在他

第一章 文人

的祖国苏格兰，休谟在社会上经常遭到讪笑，并总是受到极端正统派的攻击。只是在爱丁堡狭小的文人圈中，他的才华才得到充分的赏识，尽管还不是全面的肯定。而在这样的一个社交圈中，唯有其挚友亚当·斯密对休谟给出了毫无保留的称许。如果说他最终在法国被颂扬为不列颠的头号文人，但即便是在那里，他的哲学也未被完全理解。社会绝不会善待它所不能完全理解之人。休谟的一生就是不断地与各种困难作斗争的一生：休谟不仅要与经济上的拮据、糟糕的健康状况和家族的雄心作斗争，而且还要与名声的力量、观念的惰性、迷信以及不宽容作斗争。

休谟倾其一生所阐明的"人性科学"，要么被其同时代人所忽视，要么被误解。当康德对其做出更为积极而正面的回应时，他早已辞别人世。在19世纪，休谟的哲学获得了大量的关注，但主要是为了对其进行批驳。只有在20世纪，休谟才始获知音，并得到了同情和理解。今天，他的观点常常被讨论，无论是褒是贬，它们总能获得应有的礼遇。比如，阿尔伯特·爱因斯坦就承认：正是在阅读休谟哲学著作的过程中，他发明狭义相对论——它拒绝了时间的绝对性——所需要的那种批判思维，才得到了决定性的砥砺和提升。仅就哲学而言，休谟比此前的任何时候都要更加虽死犹生。

透过伯特兰·罗素《名人的噩梦》（*Nightmares of Eminent Persons*）中的一则小故事，我们可以发现他对于休谟思想之当下传承的一个饶有兴味、富有启发意义的诠释。文章称，地狱里专门有一间囚室，里面住着的全都是曾批驳过休谟的哲学家。对此，罗素不动声色地评点道："即便是到了地狱，这些哲学家的智慧也没有多大长进。"尽管我本人尚无机会去验证罗素但丁式的幻景，但我倾向于认为它极有可能是真的。

休谟那无所不包的"人性科学"，现在已成为各个领域专家——诸如心理学家、伦理学家、宗教学家、政府学家、经济学家和社会科学家——的研究对象。在当今各专门领域的所有专家中，只有少数学者试图保持启蒙文人的整全性（universality），其中最著名的当属伯特兰·罗素和约翰·杜威。这种对于人的整全的研究进路基于如下信念：他们相信人之本性的尊严。而在休谟看来，对于所有的哲学而言，这种信念至为根本。

大卫·休谟的一生是文人的一生，是启蒙的一生，是为人性尊严这一永恒的主题提供精当注解的一生。

第二章　九泉的休谟家

"我系出名门。"

"1711年4月26日（儒略历），爱丁堡。九泉的律师约瑟夫·霍姆先生和他的妻子凯瑟琳·法尔康诺夫人，喜得一子，取名大卫。大卫当天出生的见证人为：波尔沃斯的东家乔治，布拉凯德的约翰·霍姆爵士（Sir John Home of Blackadder），律师安德鲁·霍姆爵士，以及律师小亚历山大·法尔康诺爵士。"爱丁堡施洗登记册中的一个条目这样写道。为了避免人们对这位于出生日当天受洗的大卫的身份有任何怀疑，18世纪的一位人士在登记册的页边空白处写道："此处登记的孩子便是著名的历史学家和哲学家大卫·休谟。"[1]

在登记册上写下这段注解的无名之士，显然是想澄清因休谟这一族姓的不同拼写而产生的混淆。"大卫·**休谟**（Hume），约瑟夫·**霍姆**（Home）之子"，**休谟和霍姆**的差异确实会让细心的读者为之一怔，尽管熟悉苏格兰语的人都知道，无论是**休谟**，还是**霍姆**，作为姓氏，它们的发音都是**休谟**（Hume）。实际上，自15世纪以降，直到18世纪，休谟家族的几个分支所采用的各种拼法不下于20个，而休谟和霍姆只是其中的两种。终其一生，休谟有意将其姓氏由霍姆改为休谟，而他那位著名的堂兄，也即剧作家约翰·霍姆则相对保守，倾向于选用那时较为通行的拼法。

约瑟夫·霍姆的爱丁堡寓所——他闻名遐迩的儿子估计就是在那里诞生的，

---

[1] Parochial Registers, Co. of Edinburgh, B. 1708-14. Vol.685 (i), no. 15, in SRO.

第二章　九泉的休谟家

位于一栋公寓房或租借房内，它坐落于劳恩市场（Lawnmarket）南面，是当时最受爱丁堡律师青睐的一个住宅区。而当地的缙绅名流受邀来见证这个孩子的施洗礼，这在一定程度上彰显了这个家族的社会地位。

尽管实际上非常谦逊，但在晚年，大卫·休谟却因过度的家族自负而备受指责，这主要归咎于其自传中的说辞。在《我的自传》中，休谟写道："我的家世不论在父系方面或母系方面都系出名门。我父亲的家系是霍姆伯爵，或休谟伯爵家系的一支；至于我的祖先们，则历代以来曾领有我兄长所领有的那些产业。我的母亲是法尔康诺爵士的女儿（法尔康诺是法律同人会的会长，President of the College of Justice），她的兄弟曾世袭了赫尔克顿勋爵（Lord Halkerton）的头衔。不过我的家境并不富裕……"除了这些露骨的自述，在一封专门为一本论述苏格兰贵族之书提供信息的信函中，休谟还补充了一些虽确凿但却极其简要的细节。在其中，休谟对于家谱之价值的一个即席评论反映了其对于自身家系的自得："我并不认可某些人的观点，也即认为这些事情都无足轻重……我甚至怀疑：自从我们把财富看作是唯一值得尊重的东西以来，我们的人情道义（morals）并没有获得多大的进步。"[1]

尽管并非豪奢阔绰，大卫·休谟的祖先们还是比较富有的，而这已足以让其最为著名的后人以其家系为傲了。休谟的世系反映出一种强烈的家族人格，在残存的文献档案中，其主要的人格特征依然明晰可见。数个世纪以来，休谟家族的人都精力充沛、英勇强悍，而这也与其家族的职业倾向相合。休谟家族不仅诞生了大量的法律人才，并且其联姻的对象也大多是积极进取、争强好胜、精于实务的律师家的女儿。尽管是安土重迁、忠于家族纽带的"本分的苏格兰人"，但他们都注重现世的俗务，而且经过数代的涵育，都见多识广。随着血系的混杂，他们的家族关系也变得日益错杂。

在伯维克郡的赫顿（Hutton）——它位于发源于九泉的白水河畔——所发现的一块长条形的墓碑，不仅为纵横交错的休谟家谱提供了一条简明的线索，而且还为大卫的姓氏拼写提供了历史佐证。其碑文依然清晰可辨：

　　这里埋葬着赫顿贝尔的罗伯特·休谟，他是九泉的乔治·休谟之

---

[1] HL, I, 276.

子，是布鲁马（Brumhouse）的托马斯·休谟之孙（nephue），是特宁汉姆（Tinningham）的托马斯·休谟之曾孙（pronephue），他是道格拉斯（Dunglas）开创者的兄长。（ANN 1564）

我们须谨记于心的是：在16世纪的苏格兰，*nephew*意指孙子，*pro-nephew*意指曾孙，而**道格拉斯**是霍姆伯爵长子的雅号。该碑文的重要性在于，它证实了大卫·休谟的说法，也即其父亲的家族是"霍姆或休谟伯爵的一个分支"。[1]

尽管霍姆家族在伯维克郡的领地至少可以追溯到1138年，但就九泉的休谟家族而言，只需追溯到15世纪霍姆的亚历山大·霍姆（Alexander Home of Home）就可以了。这位武士追随第四代道格拉斯伯爵阿奇博尔德前往法国，并在1424年的韦尔讷伊血战（the bloody battle of Verneuil）中被英格兰人杀死。他留下了遗孀简——她是罗荼莱特或杨斯特的威廉·海爵士（Sir William Hay of Locharret or Yester）之女——以及几个儿子。长子亚历山大成为边境地区的卫戍长，"道格拉斯的开创者"；他的儿子——也叫亚历山大，于1473年荣升为上院议员，封号为霍姆勋爵。第一位亚历山大的次子托马斯开启了特宁汉姆这一支脉。但还不到两代，哈丁顿郡的地产就被挥霍殆尽，而他的后人则以遗产的形式获得了伯维克郡的九泉地产。故而，作为特宁汉姆的孙子，赫顿墓碑上那位生活在16世纪的九泉的乔治·休谟，很可能是九泉的休谟家族的始祖。

从乔治开始，这个家系的传人依次为安德鲁、大卫、约翰、安德鲁、约翰、安德鲁、大卫、约翰、约翰，直到约瑟夫。约瑟夫是约翰、凯瑟琳和大卫——也即那位在18世纪鼎鼎有名的历史学家、哲学家——之父。故而，当大卫说"我祖上已数代保有九泉的地产"时，他显然只是出于保守估计。但是，我们能够看到，在短短的200年内，九泉的休谟家族已传承了12代，这无疑表明：休谟家的后人并不长寿。而让这一观察更具分量的是如下事实：其中的两位大卫碰巧都在尚未来得及继承遗产之前就已仙逝了。

由于一直生活在苏格兰人和英格兰人兵戈不断、烽火连天的边境要地，九泉的休谟先人们都强悍而自立。不仅如此，他们还很精明、富有远见卓识（sagacious），不断地增益着自己的家产。且让我们略举数例，以彰显这个家族的

---

[1] 关于九泉休谟家的谱系，参见后面的"附录B"，第616页（英文原页码），即本书边码，下同。

某些家族特征。

作为九泉休谟家族始祖的儿子，第一位安德鲁·休谟显然曾危及家族的遗产。1539年，因在一场法律纠纷中故意欺瞒，其所有的财物都被国王罚没，并以"赠予"的名义交由苏格兰检察总长亨利·罗德（Henry Lauder, the Lord Advocate）处置。但该史料同时揭明，作为普赖尔和科尔丁汉姆修道院的一名庭长（a Baron Baillie to the Prior and Convent of Coldingham），安德鲁是一位律师，且具有一定的社会地位。也许是通过其法律上的智巧，也许是通过其社会关系，安德鲁保住了其家族遗产。所有的迹象都表明，其地产罚没只是一场表面上的官样文章。[1]

安德鲁的儿子大卫又为其家族增添了不少家族遗产。他对于特威德河的渔业特别感兴趣。由于盛产三文鱼，特威德河的渔业资源在整个18世纪都极具经济价值。1576年和1579年，他在距伯维克（它位于海滨地区）以北数英里的艾茅斯（Eyemouth）买了8英亩的土地，外加5栋房子和园子，以及一条渔船一半的产权。他同时还在亚历山大·休姆爵士手下任艾茅斯的副庭长。

作为九泉休谟家族的第一个大卫，他死后没有子嗣，其遗产被其弟弟约翰继承。约翰有两个儿子，大卫和约翰。第二个大卫同样没有子嗣。老约翰的儿子安德鲁也许是强悍多于睿智。1607年，他和他的兄弟尼科尔组建了一支50人的武装队伍，并亲率他们入侵了高德斯考福特的大卫·霍姆（David Home of Godscroft）的领地。他们烧毁了马场，并用他们自己的马运走了大量的石楠，并以"许多可怕的渎神之举"威胁着那些佃户的生活。这对兄弟被传唤至爱丁堡，以为自己的行为辩护，但最终的结果不得而知。[2]九泉的休谟家族的此次劫掠（foray）既不是第一次也不是最后一次。尽管在《英国史》中，大卫·休谟没有提及他自己家族的军事勇武，但却在别处吹嘘道："在苏格兰的古代内战中，我们发现，对于交战的双方而言，高地家族总是无足轻重，战争的胜负完全取决于道格拉斯家族、凯尔家族、休谟家族，以及其他的低地边民；这些人不仅保留了与其山区同胞一模一样的礼俗和建制，而且也因为经常与英格兰人作战而变得更为

---

[1] *Accounts of the Lord High Treasurer of Scotland*, III (Edinburgh 1907), 67; *Register of the Privy Seal of Scotland*, II (Edinburgh 1921), 451.

[2] *Register of the Privy Council of Scotland*, XIV (Edinburgh 1898), 302.

勇敢和机敏。"[1] 这段话所表达出的精神与古老边境小调中那种部族式的虚张声势如出一辙：

> "骄横的休谟家族，
> 莽撞的斯科茨家族，
> 善饮的科尔家族，
> 勇敢的拉什福德家族。"

10　　继安德鲁之后的另一个大卫于 1613 年降生。通过 1628 年的一次合法婚姻，他大大地改善了休谟家族的经济状况。他的新娘海伦·贝尔切斯（Helen Belsches）是托夫茨的约翰·贝尔切斯（John Belsches of Tofts）律师之女，其嫁妆包括 8000 马克（合 444 英镑）和特威德河的捕鱼权。[2] 第二年，根据苏格兰封建制度，大卫直接从霍姆伯爵那里重新获得采地。1636 年，大卫辞世后，伯爵的叔叔约翰·霍姆爵士与九泉夫人（Lady Ninewells）结婚。九泉夫人在其儿子约翰成年之前，仍是九泉地产的终生承租人。（除了约翰，大卫还留有一个亲生子乔治。乔治在 1638 年被送到爱丁堡的一位裁缝那里当学徒。）

约翰·休谟，也即我们的大卫（指哲学家大卫·休谟）的曾祖父，也是九泉的休谟家族开山鼻祖。关于他，我们有许多可资利用的信息。韦德伯恩的霍姆家族中的一位侄子曾称其为"我的叔叔，九泉的约翰·休谟"。内战期间，他曾于 1643 年、1646 年和 1649 年三度担任伯维克郡的"战争委员会"的委员。1645 年，作为"伯维克郡的绅士"之一，他参与签订了一个协议，该协议准允伯维克郡的市长和市政官（Mayor and Baillies）在"白水河"（Water of Whittater）上拦水筑坝，以使磨坊能够顺利运转。这些绅士们的首要兴趣在于捍卫他们的三文鱼捕鱼权。[3]

1653 年，约翰·休谟与其邻居玛格丽特·霍姆——她是布拉凯德的约翰·霍姆（John Home of Blackadder）的长女——成婚，嫁妆是 6000 马克（合 333 英镑）。

---

[1] Hume, *A True Account of the Behaviour and Conduct of Archibald Stewart, Esq; late Lord Provost of Edinburgh, In a letter to a Friend* (London 1748), p.6.

[2] HMC, LVII (London 1902), 265.

[3] *Ibid*., 100, 97.

第二章　九泉的休谟家

约翰·休谟自己在1661年之前辞世，因为这一年，他的遗孀，"九泉夫人玛格丽特·休谟"与她的父亲、韦德伯恩的乔治·霍姆，"以及一大群佃户和仆人"一道，带着"剑、手枪、草耙、铁镐、鱼叉、手杖、棍棒以及其他的各种侵略性武器"，两度突袭了伯维克城的一个渔村。他们残暴地驱散了佃户，砍断并摧毁了他们的渔网和缆绳，并且威胁他们道：如果他们胆敢返回，就有生命之虞。后来，在枢密院，九泉的休谟家因其所造成的"大约118先令"的财产损失而受到法律指控，但审判的结果不得而知。[1] 不管是不是以法律为业，九泉的休谟家族有时喜欢诉诸直接行动！

到了第二个约翰·霍姆——他毫无疑问是玛格丽特之子，哲学家大卫的祖父，我们应该将关注的焦点从家族转向个人。约瑟夫，也即哲学家大卫之父，由于他在大卫幼年时便已辞世，故而其个性较为模糊。但大卫那光鲜耀眼的祖父约翰，却如一颗璀璨的小流星划过17世纪后30年的星空。他或许才算是九泉人的真实典型，虽说按照18世纪的礼节标准，或者说按照哲学涵养来说，他还不够圆通和成熟。

约翰结过三次婚，曾参与过绑架；曾在一次因打牌而起的争执中被人捅了一刀；曾在伯维克郡担任过为期三年的供应专员；曾以陪审员的身份参与了对最后一位誓约派成员伦威克（Renwick）的审判，并判处其死刑；曾作为龙骑校尉为威廉和玛丽冲锋陷阵；后荣升为陆军中校；并且英年早逝。

我们还是从头说起。我们并不知道约翰的出生日期。但他于1667年成为其父亲的法定继承人。10年后，他开始其人生的第一次冒险，并由此揭开了绑架的序幕。[2] 霍姆伯爵夫人是艾顿未成年的女继承人的监护人。而作为艾顿的第二顺位男性继承人，普兰德伽斯特的约翰·霍姆中校（Colonel John Home of Plendergast）愿意放弃其对于肥沃的伯尔郡地产的继承权，但条件是要安排那位女继承人与其儿子成婚。他请求苏格兰枢密院批准这桩婚事，不仅如此，他还请求伯爵夫人和她的被监护人在下一次枢密会议中批准此项安排。但就在那一天，在伯爵的弟弟查尔斯·霍姆的领导下，当地的一些族人奔向了那位年轻小姐的住地，并将她带至"英格兰，并藏匿起来"。咸与此事的大都是识破了普兰德伽斯特如意算

---

[1] *Register of the Privy Council of Scotland*, Third Series, I (Edinburgh 1908), 66-7.

[2] *Register of the Privy Council of Scotland*, Third Series, V (Edinburgh 1912), 30-3; Fountainhall, *Historical Notes of Scottish Affairs* (Edinburgh 1848), I, 180-1; Chambers, *Domestic Annals of Scotland* (Edinburgh 1859-61), II, 390-1.

盘的本族人，如林特山的霍姆（Home of Linthill）、奇摩汉姆的霍姆（Home of Kimmerghame）、波尔华斯的霍姆（Home of Polwarth）、宁威尔的霍姆（Home of Ninewells），以及希尔顿的约翰斯顿（Johnston of Hilton）。而幕后主使正是身为监护人的伯爵夫人自己。

将女继承人挟作"人质"，这帮绑架者希望借此讨价还价，以做出最有利可图的婚姻安排。九泉的霍姆可能是他们中最年轻的。因为，当他们为女继承人做出婚配决定之后，正是他策马奔向距集结地大约50英里开外的爱丁堡，将"奇摩汉姆之子，乔治·霍姆这个可怜的小伙子"从床上"拽起来"，并将其带至英格兰。在那儿，就在这位女继承人本应出席枢密会议的那一天，她被迫与那位男孩成婚，而且非常出格的是，婚礼竟然是由国教牧师而非苏格兰长老会牧师主持的。与此同时，霍姆伯爵夫人还装模作样地向爱丁堡的枢密院解释了其被监护人之所以缺席的原因，也即她"体弱多病，无法长途跋涉，在未来的数年里都不适宜成婚……"

当真相被披露后，枢密院怒气冲天。新娘和新郎不仅被处以罚款，而且还被剥夺了**合法夫妻**所享有的权益，并在爱丁堡城堡关了三个月，尽管在这整个事件当中，他们只是任人摆布的玩偶。该阴谋的几位积极参与者都被处以巨额罚款，其中九泉的约翰·霍姆的罚款竟高达1000马克（约合55英镑10先令）。这就是此次绑架恶行的不光彩的结局。

约翰的下一次历险涉及谋杀[1]。1683年圣诞期间，由于长期丧偶、独守空房，霍姆伯爵夫人邀请了一群绅士到其位于科德斯特里姆附近的**夏塞尔城堡**的家中欢聚。客人中包括伯爵的另一位兄弟，伯维克郡的郡长威廉·霍姆，希尔顿的约翰斯顿，以及九泉的霍姆。圣诞节之后的那一天，酒气冲天的客人们开始打牌和玩骰子，而赌博则引发了争吵。威廉·霍姆因输了很多钱，开始对希尔顿恶言相向。而希尔顿也不甘示弱，不仅还以颜色，对他大加辱骂，而且还朝他的耳门打了一拳。这件事最终平息了下来，大家相安无事地各自回屋休息。但未几，希尔顿房间里的响动就将九泉的霍姆从睡梦中吵醒。估计是身为郡长的威廉·霍姆闯进了希尔顿的房间，为自己白天的受辱讨要说法，于是，争端再起。在盛怒之下，郡长用剑向当时正躺在床上、毫无防备的希尔顿连刺了九

---

[1] Chambers, *Domestic Annals*, II, 454-6; Fountainhall, *Historical Observes* (Edinburgh 1840), p.116.

下。而恰好此时进屋的约翰·霍姆也挨了一剑。郡长乘上希尔顿的马连夜逃往英格兰。在谋杀罪之外，他又被加上了一条盗窃罪，于是在余生中只好流亡在外。希尔顿不久之后即一命呜呼，但九泉的霍姆却康复了。应该说，在整个事件当中，他看上去一直头脑清醒，从而使他或多或少地成为一名无辜的受害者，而这也多少为他挽回了一点颜面。

约翰·霍姆的政治和宗教信仰是相互关联的，这在17世纪的苏格兰几乎是不可避免的。他显然是一位长老会派教徒，就宗教信仰而言，他绝不是一位福音派教徒（evangelical），就立身处世而言，他也绝不是一位清教徒。在迫害誓约派期间——视其为反对斯图亚特王室的政治叛徒，作为陪审团的一员，约翰曾参与了1688年年初对詹姆斯·伦威克的审判，尽管对于将长老会派教徒纳入陪审团，伦威克进行了抗议。在定罪之后，伦威克将约翰列入了"黑名单"。黑名单上都是"那些自称长老会教友，但却毫不犹豫地参与陪审，并与其他人一样众口一词地宣判伦威克有罪之人（甚至比平时还要轻忽和草率）"。[1]

作为龙骑校尉，约翰·霍姆参加了1688—1689年的战役。他先是驻扎在爱丁堡附近的哈丁顿（Haddington），后又受命领兵前往佩思（Perth）。1689年7月，霍姆再度受命，作为阿盖尔伯爵的一支分遣队向西部高地进军，并"用火和剑痛击邓迪子爵，以及所有拿起武器反对王政并效命于詹姆斯王之人"[2]。1689年，他同时被征召为民兵中校和伯维克郡的供应专员。而后面一个职位，他不仅早在1683年就曾担任过，更是在此后的1690年再度受任。

如果将这位约翰·霍姆的生涯视为其家族的一个缩影，那么，我们就不难理解为何这一家族无可争议的族长，也即历代的霍姆伯爵，都会在他们的武器上刻上这样的铭文："**霍姆，霍姆，永不退缩**（A HOME. A HOME. JAMAIS ARRIÈRE）。"也许，同样重要的事实是：到了17世纪末，九泉的霍姆，以及该家族的其他几位幼子，在他们新换的武器上采用了新的铭文，它反映了一种更为文明的情感："**忠实于目的**（TRUE TO THE END）。"

尽管如此，大卫祖父的家庭生活依然如其生涯般跌宕起伏。1678年，他与希尔顿的约瑟夫·约翰斯通的一个女儿成婚。她的教名未见记录。她有五个孩子，

---

[1] Alexander Shields, "Life of Renwick," in *Biographia Presbyteriana* (Edinburgh 1827), II, 162.
[2] *Register of the Privy Council of Scotland*, Third Series, XIII (Edinburgh 1932), 334, 391, 398, 482-3.

其中一位名叫约瑟夫，他就是大卫的父亲。最大的孩子叫凯瑟琳，生于 1678 年。然后是 1679 年出生的玛格丽特，1681 年（2 月 10 号）出生的约瑟夫，1683 年出生的玛丽和 1685 年出生的海伦。这位善良多产的夫人在产下海伦后不久（大约在 1685 年 8 月底）即辞别人世，因为约翰·霍姆于 1686 年 6 月 4 日再度成婚。[1] 新夫人名为艾格尼丝·尼斯比特（Agnes Nisbet），她没有子嗣，不久即奔赴黄泉。她于 1687 年 6 月 1 日葬于爱丁堡的格雷弗尔墓地（Greyfriars burying-ground）。我们并无法确定约翰第三次婚姻的确切日期，只知道新夫人名叫玛丽，是牛顿的大卫·法尔康诺爵士——他曾任苏格兰法律同人会的会长——的遗孀，她与大卫·法尔康诺爵士共育有七个孩子，其中的凯瑟琳日后成为大卫·休谟的母亲。

随着这第三次婚姻的到来，哲学家（指大卫·休谟）祖父的家庭就变得庞大起来。约翰本就有 5 个孩子，现在玛丽又带来了 7 个孩子。1692 年，玛丽又给约翰生了一个儿子，也取名为约翰。但这个孩子只活到第二年 5 月就夭折了。后来，另一个儿子迈克尔的降生让他们的子女数增至 13 人。即便是在那个大家庭极为普遍的时代，这种家庭规模也相当可观。如何管理这个大家庭？如何将孩子们养大成人？他们能接受到什么样的教育？所有这些问题都极为重要。因为九泉的霍姆－法尔康诺大家庭的后裔不仅包括未来的大卫·休谟的母亲，而且还包括未来的大卫·休谟的父亲。因此，这些问题碰巧能够得到圆满的解答实属幸运。

起初，由于法尔康诺家孩子的叔叔兼"导师"格兰法克哈地主（Laird of Glenfarquhar）的疏失，他们一家出现了严重的经济困难。霍姆夫人于是不得不向枢密院寻求法律救济。枢密大臣们于 1691 年 8 月 11 日所颁的一项法令[2]，规定了格兰法克哈地主为抚养这 7 个孩子所必须支付的款项。这项法令不仅提供了重要的社会信息，而且也为当时的货币价值提供了一个可靠的标准。法令规定，作为其父亲年值 12565 马克（合 698 英镑）的地产，以及其寡母遗产的继承人，年仅 10 岁的长子大卫每年应得到 1000 马克（合 55 英镑 10 先令）的抚养费，以支付其"食宿、服饰和其他的生活必需品的费用，以及包括聘请一名导师和一名陪读在内的符合其身份的教育费。"而当时年仅 12 岁半的长女玛格丽特小姐——其应得遗产份额为 12000 马克（合 666 英镑）——每年应分得 500 马克（合 27 英镑

---

[1] Scottish Record Society, XXVII (Edinburgh 1905), 334.
[2] Chambers, *Domestic Annals*, III, 55-6.

15先令）抚养费，以支付其"食宿、服饰和其他的生活必需品的费用，以及符合其身份的教育费。"当时年仅11岁的玛丽小姐——其应得的遗产份额是10000马克（合555英镑10先令）——每年应分得450马克（合25英镑）的抚养费，以支付其"膳食和教育费用"。当时年仅9岁的亚历山大——其应得的遗产份额是15000马克（合816英镑13先令）——每年应分得600马克（合33英镑6先令）的抚养费。当时年仅8岁的凯瑟琳和年仅7岁的伊丽莎白，每人——她们各有8000马克（合444英镑）的遗产份额——每年应分得360马克（合20英镑）的抚养费。最后，当时年仅6岁的乔治每年也分得400马克（合22英镑6先令）的抚养费。所有的这些钱款都应支付给约翰·霍姆以及他的妻子，只要这些孩子们依然与他们生活在一起。

度过经济困境尚不足四年，约翰·霍姆就因不明原因于1695年2月14日在爱丁堡与世长辞，时年尚不足40岁。3年后，在爱丁堡，他的遗嘱被登记在册。[1]而照看整个大家庭的责任就落在了他的遗孀身上。其中，我们主要感兴趣的是她的亲生女儿凯瑟琳·法尔康诺，以及她的继子约瑟夫·霍姆。

1696年9月3日，时年15岁的约瑟夫·霍姆继承了九泉的地产。他很可能与大卫·法尔康诺一道接受童蒙教育。如我们所知，大卫是"有一位家庭教师（pedagogue）和陪读的"。我们有理由认定，那位教师很可能是位"牧师"，被约翰·霍姆聘来教导大卫·法尔康诺，以及几乎与大卫同岁的亚历山大·法尔康诺和约瑟夫·霍姆。可以肯定，在约瑟夫成为法定继承人大约5个月之后，他和这两个法尔康诺家的小伙子就已准备好接受正式教育了。3人同时进入了爱丁堡大学，并于1697年2月8日在导师罗（Row）的那一页上注了册。他们还支付了1镑10先令苏格兰币（合2先令6便士的英币）的图书借阅费。[2]3个人都准备研修法律，而且与当时苏格兰大学的风气相一致，他们3个都没有拿学士学位。他们的"导师"（Regent）约翰·罗（John Row）是一个著名的希伯来语专家。但不难想象，这三位一心想研修法律的男孩很难从中受益。他们后来都成为执业律师，故而他们一定是在修完原有的本科课程之后又研修了法律。

在约翰·霍姆的主掌下，九泉的氛围显然并不像通常那般严苛古板，而是欢

---

[1] Scottish Record Society, XXXI (Edinburgh 1908), 28; II (1898), 200.
[2] EU, MSS entitled (1) "Matriculation Book, 1627—1703"; (2) "Library Accounts, 1697—1765."

愉、开明和世俗化的,可以想见的是,其遗孀治下的九泉也并无多大改变。尽管并不富裕,但仍算得上是小康之家。有足够多的仆役,而且因这些生龙活虎的年轻人的缘故,宅内的八九间小屋里总是热闹非凡,而无论是此前还是此后,这样的情景都不可能再现。自上两个世纪以来都一直位于同一地方的家庭图书馆,尽管并非学者的天堂,但对于童蒙教育而言已绰绰有余。如果考虑到这个家族曾诞生过那么多的律师,考虑到这个家族与律师界的广泛联系,想必其中一定有不少专业的法学书籍。爱丁堡的寓所[1]也不容忽视,因为毫无疑问,一到冬天,他们会举家搬至爱丁堡,而在爱丁堡上学期间,这三个男孩也会居住于此。如果说全家不会陪这三个男孩一道待在城里,那他们肯定也会安排一两位仆人,以及一位家庭教师陪他们一起住。在完成学业之后,法尔康诺家的小伙子们就会自立门户。而法尔康诺家的姑娘们则会继续待在九泉,只要她们的母亲还活着。因无记录可查,这位母亲不知卒于何时。除了凯瑟琳,法尔康诺家的姑娘都未曾婚配。

没有理由认为,当约瑟夫和凯瑟琳成为一家之主后,约翰和玛丽治下九泉的开明之风会大为改观。看起来,九泉的这种开明精神,至少在某种程度上是与整个伯维克地区的地方精神是一脉相承。不管苏格兰其他地区的民风多么粗粝,宗教多么褊狭——比如,即便是迟至1722年和1727年,萨瑟兰郡和罗斯郡依然有女巫被处死,邱恩赛德(Chirnside)始终保持了一种应有的节制。在邱恩赛德,猎巫的恐怖景象从未上演,这也许是因为它从未得到过官方的授权。身患癫痫、形容枯槁的老妇人不仅未遭迫害,反而得到了地方当局的保护。不论当地的迷信多么流行,威廉·米勒先生任牧师期间(1698—1702)的教会法庭卷宗显示:在1736年"女巫法案"被废除之前,人们的理智和知性已在祛除迷信和宗教褊狭了。

到了1700年,约瑟夫·霍姆应已完成其本科学业,并开始研修法律。但是,由于那时的爱丁堡大学还没有法律系,所以他几乎没有任何选择的余地。他应会参加每年由律师公会的成员所授民法课,通常是在自己家中。与此同时,他应该还会到一名执业律师手下见习,并通过出席苏格兰高等民事法院的审判来熟习法律流程。在接下来的两年里,约瑟夫很可能依然住在爱丁堡,至少在苏格兰高等民事法院开庭期间是如此。无论如何,到了1702年秋,约瑟夫已决定前往国外

---

[1] 在爱丁堡,"house" 这个词仍意指"公寓"(flat or apartment),或"寓所"(dwelling-house)。

去完成其法学教育。而这不可避免地意味着要前往荷兰，因为在那里，荷兰法学家们能提供有关大陆罗马法的最佳课程。

但就在离开苏格兰之前，约瑟夫受到了邱恩赛德宗教法庭的传唤。这是家庭和社区生活中的一个小插曲。艾斯佩斯·博内特（Elspeth Burnet）是九泉的大卫·霍姆（约瑟夫的叔叔）的一名女仆，传言说她怀孕了。在1702年3月22日，她前往宗教法庭"应讯"[1]，并对所犯罪孽供认不讳。当问及孩子父亲的名字时，她说出了九泉的约瑟夫·霍姆的名字。由于约瑟夫当时正在爱丁堡——很可能正忙于研修法律，故而没能就相关指控作出答辩。于是，宗教法庭决定延期审理此案，直至约瑟夫返回。8月9日，约瑟夫只身前往法庭"应讯"，并否认了该项指控。但当被问及他对这件事情有何了解之时，约瑟夫讲述了一个年轻人寻欢作乐的故事。

有一次休假，约瑟夫住在其叔叔家，并邀请了当地的一位地主阿奇博尔德·劳德（Archibald Lauder）到家中做客。晚上，两位年轻人同床共眠。夜半时分，睡醒了的劳德光着身子爬下床，并到处寻找女仆艾斯佩斯。据约瑟夫在法庭所供述的证词，她当时也是赤条条地一丝不挂。一个小时之后，劳德回床继续睡觉。至于这期间到底发生了什么，约瑟夫让法庭自己推断。但约瑟夫忘了解释，他何以知道艾斯佩斯穿衣与否？但他给出了两个同样知悉此事的证人的名字。约瑟夫的证词表明，这几位年轻人当时在家中无所事事，到处闲逛，而且肯定一度赤身裸体地在夜间游荡。

就约瑟夫而言，需要指出的是：他当时指控另一个人犯了私通罪，因而实际上等于另立了一个同样需要调查的新案。只是约瑟夫坚称：他没有时间再出席宗教法庭任何后续的审讯，因为"他本周正准备前往荷兰"。这样一来，由于约瑟夫一再坚称他已提供了证词，并当场做出了辩护，而且"因其他的要事，我现在不得不离开这个国家"，他就不再参与此事，并赶赴荷兰。不久之后我们就会看到，他是前往乌特勒支大学研修法律。

艾斯佩斯·博内特一案最终如何处理，我们完全不得而知。约瑟夫此后再也没有出庭过。他所提名的一位证人拒绝出庭"应讯"，而另一位证人的证词则部分地推翻了约瑟夫的证词。该案在教会法庭一直久拖不决，此后又被提交给长老

---

[1] 也即"到法庭应讯"。

会（Presbytery），但最终像其他的许多案件一样不了了之。除了约瑟夫自己的证词，我们已无从知晓他到底是有罪，还是清白无辜。但我们似乎没有理由不相信约瑟夫自己的证词。如果他是无辜的，而那位姑娘在他否认之后又没有撤销其指控，那么，他就需要在宗教法庭或长老会之前做无罪宣誓，如此，这件事方告终结。如果他有罪，他既没有显见的理由去连累劳德，也没有特别的理由去否认其罪行。这种丑闻并不会对其好名声造成无可挽回的损害。

宗教法庭的记录显示：晚间查房时，乡绅们时不时会与女仆们发生点风流韵事。其中的一些乡绅愿意为此承担责任，他们宁愿出钱私了，也不愿公开受罚：也即在教会门口戴上重轭，或在布道坛前戴上枷具，或在悔罪席前长跪不起，或给教会捐纳一笔可观的善款。捐纳的数额一般是 10 先令。可以肯定，在这种风化案中，犯事的女孩通常要连续穿三周的麻衣，而作为补偿，那位涉事的乡绅通常会再给她一笔十先令的赔款。[1]

然而，到了 18 世纪初，即便是教会所施加的这种表面的规训也变得有名无实了。1690 年的一项法令否定了绝罚的民事后果。当教会遭到忤逆时，通常会给冒犯者处以**较轻的绝罚**，有时也会处以**较重的绝罚**。*大多数案子的结果就是如此。然而，在整个 18 世纪，一位公职人员很少敢冒犯教会。后来，对于约瑟夫·霍姆著名的儿子而言，通奸罪的法律后果问题，以及绝罚问题，并非完全事不关己。

19　　***Josephus Home, Scotus***（约瑟夫·霍姆，苏格兰人），这就是约瑟夫·霍姆在乌特勒支大学 1704 年入学登记册上的签名。约瑟夫到底上过哪些课并无记录，但他肯定上过著名的民法、自然法和万民法的课程。法学教授科尼利厄斯·凡·埃克（Cornelius Van Eck）当时是乌特勒支大学的校长。约瑟夫所说的"我其他的要事"到底意指什么，看起来已很难判定；这或许只是一位年轻人表达其学业重要性的方式，又抑或他在荷兰确有商务急需处理。但不管真相如何，到了 1705 年春，约瑟夫又回到了苏格兰，并在那一年的 6 月 27 日在爱丁堡受任为律师。1706 年 9 月 11 日，依照市政委员会所颁法令，他不仅荣膺爱丁堡市民，而且还

---

[1] 1723 年，麦基意带嘲讽地评点道："据说此地教会的惩罚非常严厉，但在我看来，受罚的总是穷人。因为，像英格兰一样，一笔钱款就可以让人免遭处罚。"（*Journey through Scotland*, p.224）

* 绝罚分为两种：一是较轻的绝罚，一种是较重的绝罚。较轻的绝罚指被孤立或禁止领圣餐；较重的绝罚是指革除教门，并剥夺与之相关的所有权利和好处，甚至不得与信徒交往。译者注。

第二章　九泉的休谟家

成为一名无须缴纳任何会费的行会成员。[1] 这一荣誉通常被授予身贵名显之士，但他们并不像获得这一荣衔的真正的商人那样，享有经济豁免权以及其他的一些特权。由此，我们不难推断，约瑟夫·霍姆沿袭了九泉家族的一贯传统，也即隆冬时节他们会在爱丁堡住上几个月，并在那里执律师业。

约瑟夫为自己所规划的职业生涯似乎是：一边在城里做一名执业律师，一边在乡下做一名绅士农夫（gentleman-farmer）。在 18 世纪的后 70 年里，大卫的朋友亨利·霍姆（也即后来的凯姆斯勋爵）以及其他的一些人，都成功地将这两种身份结合在一起。作为一个 27 岁的地主和一位具有良好职业前景的执业律师，约瑟夫·霍姆现在已做好了结婚的准备，而他所选择的新娘就是凯瑟琳·法尔康诺（Katherine Falconer）。无论是在家族内，还是在左邻右舍，约瑟夫迎娶其继妹这一事实很可能并未引起任何的反对和非议。这对新人 1708 年 1 月 4 日在爱丁堡成婚，约瑟夫时年 28 岁，凯瑟琳时年 24 岁。[2]

在约翰 1713 年英年早逝之前五年半的婚姻生活中，凯瑟琳给他生了三个孩子：成为继承人的约翰，两兄弟的可爱同伴凯瑟琳，以及文人大卫。

---

[1] *Album Studiosorum Academiare Rheno-Traiectinae* (Utrecht 1886). P. 106; J. P. Wood, "List of Advocates, 1687—1751," NLS, MS 37.2.8; Scottish Record Society, LXII (Edinburgh 1930), 100.

[2] Parochial Registers, Co. of Edinburgh, B. 1708-14, in SRO.

第三章　九泉的童年

20　　　"我们的母亲……全身心地扑在子女的养育上。"

　　九泉，霍姆家的三个孩子度过他们童年的地方，是世上所能想象得到的最绝美之地。位于伯维克郡的莫斯由特威德河的河谷及其众多的支流组成，其中较大的一条支流便是流经霍姆庄园最南端的白水。从九泉顺白溪而下约半英里，穿过阿兰顿桥畔的九泉磨坊，便可见到黑水从西南方汇入。这两条溪流的名字起得别具匠心，很容易辨认："白水"水流湍急，当清澈的溪水从山麓倾泻而下并与礁岩相撞时，便激起一朵朵白色的浪花；而因河底铺满青苔之故，"黑水"则一路黑着脸蜿蜒而行。过了阿兰顿桥，白水一路高歌奏凯、奔涌而下，直至最终汇入特威德河，而在继续前行一英里之后，特威德河，这条"纯净的母亲河"便抵达了苏格兰的历史名城伯维克。

　　在一封事关家族的信[1]中，大卫·休谟评点道："我有理由相信，鉴于九泉与伯维克毗邻这一事实，我们的祖先对这个地区的统治者多有纳献，并因而免于战祸和军队的蹂躏。"值得一提的是，在几经易手之后，伯维克最终于1482年被割让给英格兰，并在此后一直为英格兰所有。即便是时至今日，它还是英格兰在特威德河以北所拥有的唯一的一片土地。它离邱恩赛德村只有九英里之遥，而九泉就坐落在邱恩赛德村的村郊。

　　莫斯是一个三面环山的低洼平原，地势绵延起伏，曾一度有"苏格兰花园"

---

[1]　HL, I, 276.

第三章 九泉的童年

之誉。但在 18 世纪中叶的排涝工程告竣之前，这里沼泽和泥塘密布，故而得名莫斯（Merse），意谓大沼泽（marsh）。但根据另一种也颇为权威的说法，莫斯意指进军（march）或边地（frontier land）。但无论如何，在大卫·休谟的孩提时代，这里既是边地，又是广袤的荒野沼泽。自邱恩赛德山发轫的特威德河谷雄浑浩荡，一路绵延 20 余英里，而邱恩赛德村正依邱恩赛德山的山脊而建。作为苏格兰低地最风景如画的地区之一，其南北两端分别被英格兰荒凉的切尔厄特山和苏格兰广袤的拉莫缪尔山悚然截断。其西面是缓缓升起的特维尔斜坡，在东面，特威德河谷地势渐平，斜依着伸向伯维克湾和北海。

邱恩赛德村，或者说邱恩赛德教区——在大卫·休谟的时代，它也是长老会的驻地——是莫斯地势最高的地方之一，其海拔约为 400 英尺。在 18 世纪早期，在村郊邱恩赛德山的山坡上，有一大片公用的荒地，那是村民们放牧牛羊的地方。他们用石头、黏土和木材所建造的茅屋，阴暗，潮湿，烟气袭人。从东到西，沿着邱恩赛德山的主脊，这些茅屋分两排一字排开。村庄呈 T 形，因为另有一排茅屋由北向南顺势而下，直抵牧师住所及其属地，并最终与教堂相连。教堂的某些部分或许能追溯至 12 世纪；直到 1750 年，其诺曼式的塔楼和穹形大厅都是当地最显赫的地标，而它的一个造型别致的诺曼式门廊至今犹存。教堂内部的一块方石上刻有 1573 年和 "HELP THE PVR." 的字样。在通往伯维克的大路上，离科克盖特不远处便是驿站，内含客栈和酒馆。在这里，驿马可以得到更换或"歇息"。每年秋末，村里都会举办一次市集，以出售其主要的商品，也即装谷子用的麻袋。

在莫斯田园牧歌般的乡野，再也没有什么地方比九泉庄园更加可爱了。其家宅本身坐落在一处断崖上，崖下 80 英尺便是湍急的白水。而在白水的斜坡上，只见数眼喷涌的泉水汩汩而下，汇入白水，九泉庄园便由此得名。在 1670 年对莫斯的一次访问中，方丹豪尔勋爵（Lord Fountainhall）便记述下了这一幕："我看到了离伊丁顿（Idingtoun）约一英里的邱恩赛德村……它长不过半英里。九泉就坐落在它与白水的交汇处，它旁边有九眼泉水，其中一眼泉水尤为健旺，名为霍姆。"[1] 但方丹豪尔勋爵并没有提及那棵在 18 世纪后期变得举世闻名，并一直存活至 20 世纪初叶的山毛榉。但可以想见，当他访问九泉的时候，这棵山毛榉肯

---

[1] Fountainhall, *Journals* (Edinburgh 1900), p.201.

定早已不再是一株幼苗。这棵山毛榉位于庄园东边的一个小树林里，到1790年的时候，其树围已长达17英尺。庄园再往东一点便是"夫人泉"，它因其泉水曾治愈了九泉庄园的一位夫人而得名。

房子的东南方，断崖下几码处，有一个孤悬在外的岩穴。孩提时代的大卫很可能经常在这里玩耍，或独自在此读书。依照当地的传说（这种传说是免不了的），休谟时常在这里进行深奥的哲学沉思。而且还传说，同样是在这里，大卫的曾祖父曾掩护过一位被誓约派的追捕队追赶得走投无路的圣公会诗人。水边还有其他的洞穴、采石场、砂岩。在九泉的最南面，高踞于崖壁之上，并与大道相交的是古罗马土木要塞的孑遗。对于九泉的孩子们而言，其中的战壕和营垒一定是一个理想的玩乐场。

屋下的溪流里，不时有体型硕大的三文鱼从水面一跃而出，它们正在从一个池塘向另一个池塘奋力上游，这样的场景常常让大卫和约翰兴奋不已。大卫后来以笨拙名世，故而很难认为他有任何运动天赋。但在其著述中，大卫经常会提及打猎和捕鱼。而他自己也曾写道："小时候，我曾对爱丁堡民团的勇武嗤之以鼻，因为我发现：他们在打靶的时候总是习惯性地闭上眼睛。而我自己，"他洋洋自得地继续写道，"在那时早已对打白嘴鸦和喜鹊习以为常了。对于他们的怯懦，我感到十分好笑。"[1] 有一段时间，大卫确曾练习过击剑，但除了扭伤了背，其他一无所成。与大卫相反，就"叉鱼"这项颇具男子气概的高超技艺而言，约翰通常被认为是其中的行家里手。这两个小伙子对于骑术都乐此不疲，实际上，在他们的大半人生当中，骑马不仅成为他们唯一的交通方式，而且也是他们最主要的健身方式。他们常常会策马前往八英里之外的海滨小镇艾茅斯（Eyemouth），去观看扬帆出海的渔船，或骑行到伯维克，去替他们的母亲买一时之需。尽管他们大部分时间都待在九泉，但他们的童年时不时会因为莫斯某位邻居的到访，或冬天到爱丁堡的"寓所"小住而变得更加丰富多彩。

据洗礼记录[2]判断，约翰和大卫都出生在爱丁堡。而这进一步证明：约瑟夫及其人丁日旺的家庭每年都要在爱丁堡住上一段时间。成家后，九泉的这位年轻地主并没有荒忽对其伯维克祖产的管理。其证据是，他正试图对其加以重建和扩

---

[1] Hume, *Account of Stewart*, p.15.
[2] For John, see Parochial Register, Co. of Edinburgh, B. 1708-14, in SRO; Katherine's baptismal record is to be found neither at Edinburgh nor Chirnside.

第三章　九泉的童年

张。有一次，他与希尔顿的约翰斯顿（Johnston of Hilton）打起了官司，作为其儿子，大卫·休谟应知晓此事。他曾在一封论及家史的信中写道："我还从家母那里得知：我的父亲，在与希尔顿（Hilton）的一次讼案中，声称对哈顿庄园的土地拥有古老的权利，只是在这 140 年间没有立契据。希尔顿认为，这种古老的权利必定因过期而作废了。但是我的父亲能够证明：在这整个 140 年间，这个家族的成人中没人活过 40 岁。不久之后，他便辞世，遗下我年轻的寡母……"约瑟夫还于 1711 年和 1712 年再度与斯布朗斯顿的福音牧师尼恩·霍姆（Ninian Home, Minister of the Gospel at Sprouston）和韦德布恩的乔治·霍姆（George Home of Wedderburn）对簿公堂。

透过约瑟夫·霍姆的存世文稿[1]，我们大致还是可以对他的经济状况，以及九泉的各项收入做出较为精确的估算。其中的一份文件显示，这位地主养了 28 位剪羊毛工，他们住在邱恩赛德，但需在九泉剪羊毛。这些房子以每年 3 镑 10 先令苏格兰币（合 5 英镑 6 便士）的价格租给他们。这些"剪羊毛工"很可能是佃农或者其他的小承租人。作为对租佃土地的回报，他们为约瑟夫·霍姆剪羊毛，但工具由约瑟夫提供。

另一份文件则透露了整个庄园的经济状况，因为它是几个月后留给年轻的九泉夫人的。它是约瑟夫 1713 年亲笔手书的，文件分为两个部分："九泉的债务清单"和"当前所收之九泉地租"。很难对债务进行分析，但它或许可以分为如下几个部分：(1) 其中较大笔的款项是欠家族成员的；(2) 其中较小笔的款项是欠商业伙伴的。家族欠款似乎源于约瑟夫的兄弟姐妹应从九泉的祖产中分得但至今未付的那部分遗产。例如：

> 欠我的妹妹玛丽·霍姆 6666 镑 13 先令 4 便士苏格兰币（合 556 英镑 10 先令）。
>
> 欠迈克尔·霍姆（在扣除他的学徒费之后）5333 镑 6 先令 8 便士苏格兰币（合 444 英镑 6 先令）。
>
> 欠我的妹妹玛格丽特·霍姆 2000 镑苏格兰币（合 166 英镑 12 先令）。

---

[1] Ninewells Papers, in SRO, Bundle 129, Misc. Papers.

这里所提到的迈克尔·霍姆（Michael Home）是约瑟夫最小的弟弟；约瑟夫看上去似乎已提前预支了一部分遗产，以支付其见习费——很可能是付给一位律师。余下的 444 英镑 6 先令的遗产待迈克尔成年之后再支付给他。如果这种理解正确无误的话，这笔钱就代表了霍姆家的幼子所能分得的遗产份额。无论如何，约瑟夫 1713 年的债务总额已高达 20860 镑 5 先令 6 便士苏格兰币（合 1738 英镑）。按照当时的货币标准，这已是很大的一笔钱。

约瑟夫的地租收入就更加容易厘清了。豪顿（Hornden）、派克斯顿（Paxtoun）、宁瓦德（Nineward）、九泉（the Mains of Ninewells）、希尔顿玛丽赛德（Hiltoun Mireside）和邱恩赛德（Chirnside）的地产所应得的地租共为 2079 镑 2 先令苏格兰币（合 173 英镑）。从邱恩赛德的农民和织工那里所应得的租金为 229 镑苏格兰币（合 19 英镑）。除了上述用现金支付的租金，还可以从邱恩赛德和艾茅斯收到以粮食的形式所支付的实物地租，其金额为 425 镑苏格兰币（合 35 英镑）。整个租金加起来共有 227 英镑。但我们切不可忘记，这只是九泉庄园的收入，还不包括约瑟夫在外边所可能获得的法律和商务收入。此外，凯瑟琳每年至少还有 20 英镑的遗产收入。

在《我的自传》中，当谈及家庭时，休谟写道："不过我的家境并不富裕；而且在兄弟中我排行最小，所以按照我们国家的习俗，我的遗产自然是微乎其微的。"这句话需要认真检视，"富裕"是一个模棱两可之词，因为不同的人对于"富裕"会有迥然不同的看法。

多年以后，通过以文人身份所挣得的巨额收入，再加上政府年金——这是 18 世纪的一项惯例，以作为对公职人员的酬赏，休谟积累了大量的财富。但因早年在经济上捉襟见肘，大卫并未能从家庭获得足够的经济支持，以便心无旁骛地投入到研究和写作。恰恰相反，他仍需要为稻粱谋。他于 1768 年写道："如果我生来就是一个年入 100 镑的苏格兰小地主，我应该会终生都待在家里，种植并改良我的田园，读我的书，写我的哲学……"[1] 但实际上，他无法心无旁骛地侍弄他的田园。因为在长子继承制下，九泉的霍姆家族还没有富裕到可以为其幼子提供一份丰厚的遗产，尽管他们可以以一位备受敬重的乡绅的身份过上安稳的生活，并以他们所希望的方式来教育他们的子女。实际上，与其许多贵族朋友相比，约

---

[1]　HL, II, 188.

瑟夫·霍姆并不富裕，但也绝非穷困。

那么，约瑟夫到底留给其儿子大卫多少遗产呢？1712年6月14日，约瑟夫起草了他的遗嘱。尽管很遗憾这份文件已不存世，但它肯定指定了休谟的遗产份额。很显然，大卫所得遗产一年尚不到100英镑，而且从其不断的抱怨来看，与每年100镑的数额还相差甚远。但是，如果日子过得俭省一点，即便是每年遗产远不足100镑，他也可以过得下去。要知道在1691年，55镑10先令就足可让一个体面人家的孩子衣食无忧，而且还能用这笔钱为他延聘一位塾师和一位伴读。1734年，大卫曾透露：他在法国兰斯一年的花销为80英镑。[1] 而他后来很快就迁居到一个更小、更偏远的外省城镇这一事实，或许表明，兰斯的开销已远远超出了他那时的收入。在以自己的努力增益财产之前，休谟每年的遗产所得很可能还不到50镑。

约瑟夫·霍姆既是一位小心谨慎的一家之主，也是一位圆熟老到的生意人，但下面这则趣事或许会稍稍改变人们对他的印象。虽然在口耳相传的过程中不免有添油加醋的成分，但这则趣事仍有其真实性。

这则趣事出自约瑟夫之妻凯瑟琳之口。故事的大致情节是这样的：在汉诺威家族继位的那天晚上，约瑟夫很晚才到家，虽然身上的衬衣和头上的假发全都不见了踪影，但他却一脸欢欣。一番盘问之后，约瑟夫承认：当汉诺威家族继位的好消息传来的时候，他正在顿斯镇（the town of Duns）附近，于是，出于一时不可遏抑的狂喜，他以及他的好友们不由自主但却郑重其事地脱去他们的衬衣、扯掉他们的假发，并将它们一股脑地投入熊熊燃烧的篝火。

约瑟夫这种衣不蔽体的形象，以及博内特事件，不仅让他更显真实可信——他显然得到了其父，也即风风火火的老约翰的真传，并且也让我们对其子大卫的某些谐趣之举见怪不怪。但遗憾的是，严格地说，约瑟夫在汉诺威家族继位之前的那一年就去世了。但据我推测，凯瑟琳心中实际所想到的是1707年的议会合并，正因为这件事，苏格兰确保了新教徒的继位。[2] 约瑟夫一向有革命派辉格党之名。毫无疑问，他针对韦德伯恩的乔治·霍姆（他是一位詹姆斯二世党人）的诉讼带有政治色彩。看上去，约瑟夫很可能是在庆贺1707年辉格党的伟大胜利。

---

[1] HL, I, 23.
[2] 1707年1月16日，位于爱丁堡的苏格兰议会投票通过了议会合并（与英格兰议会合并）。在几个小时之内，这个消息就会传到顿斯（Duns）。

而告知这个掌故的乔治·查尔莫斯在文尾总结道:"休谟一家都是辉格党人。"[1]

一如其父,约瑟夫·霍姆也英年早逝。尽管其遗嘱已不存世,但其地产的"监护人"(tutors)却是众所周知的。这其中就包括一些声名显赫的苏格兰人,如法律同人会的高级顾问波尔华斯勋爵(Lord Polwarth)亚历山大,基莫加米的安德鲁·霍姆爵士(Sir Andrew Home of Kimmerghame),财政法庭法官乔治·达尔林普尔先生(Mr George Dalrymple, one of the Barons of Exchequer),伊尔克的威廉·普乌斯从男爵(Sir William Purves of that Ilk, Bart.),前爱丁堡市长帕特里克·约翰斯顿爵士(Sir Patrick Johnston, late Lord Provost of Edinburgh),黑水的约翰·霍姆从男爵(Sir John Home of Blackadder, Bart.),牛顿的大卫·法尔康诺(David Falconer of Newtoun),医学博士亚历山大·敦达斯先生(Sir Alexander Dundas),林特山的威廉·霍姆(William Home of Linthill)。这也彰显了约瑟夫在法学界的崇高地位及其家族的深厚人脉。

1713年3月13日,约瑟夫·霍姆将其所有文稿重新编目。在同一年8月的某个时间,他与世长辞,享年仅33岁。但他到底是死于疾病,还是死于偶然事故,我们不得其详。九泉的霍姆本就不是一个长寿之家。在《我的自传》中,大卫对于其素不了解的父亲的唯一评价,也许可以用作这位绅士的墓志铭——"我父亲算是一位干才,当我还是婴孩时,他就死了。"没错,约瑟夫·霍姆确是一位"干才"。

在对其英年早逝的父亲表达祝福之后,大卫·休谟接着写道:"他撇下我和一个长兄,一个姐姐,由母亲来照管我们。我母亲是一位特别有德行的人(a woman of singular Merit),她虽然年轻且美丽,却全身心地扑在子女的养育上。"——这或许是儿子所能给予其深爱着的母亲的最高礼赞。当然,休谟指出了这样一个事实:他的母亲尽管可以再婚,但却终身守寡。他看上去似乎还在暗示,她母亲之所以守寡,并不是因为缺少机会。

从其娘家的人脉来看,凯瑟琳·霍姆,也即凯瑟琳·法尔康诺完全有机会再婚。法尔康诺是一个古老而受人尊敬的家族,如果愿意,他们甚至可以上溯至

---

[1] George Chalmers, in EU, Laing MSS, II, 451/2.

皇家血统。后来，他们成为**金通**伯爵（Earls of Kintore）。[1] 凯瑟琳的父亲，大卫·法尔康诺爵士曾拥有一段显赫的公职生涯。1661年，他获准成为一名律师；1676年，他被任命为爱丁堡专员（Commissary of Edinburgh），并在同年成为苏格兰高等民事法院法官（a Lord of Session）；六年后，他又荣升为苏格兰高等民事法院的院长；1685—1686年，他又被遴选为福法尔郡选区的议员；从1681年起，直至其1685年辞世，他还编纂了《苏格兰高等民事法院判例汇编》（Decisions of the Court of Session）。他安葬于爱丁堡的格里菲尔斯公墓（Greyfriars），其墓碑上的拉丁铭文称颂他忠君报国。1691年，作为其遗孀和第二任妻子，玛丽——林利思戈郡（Linlithgowshire）的柏格豪的乔治·诺维尔（George Norvell of Boghall）之女——与约翰·霍姆（大卫·休谟的祖父）结婚。这样，大卫的父母便成了继兄妹。

30岁便丧偶的凯瑟琳·霍姆拒绝选择再婚，尽管当初她母亲曾作出了再婚的选择。鉴于其家族深厚的人脉，也鉴于其自身的魅力，凯瑟琳一定有很多再婚的机会。一位看过其画像的人曾这样描述道："一张瘦削但却讨人喜欢的面容，尽显聪明睿智。"[2] 重要的是，在其晚年所写的《自传》中，大卫·休谟将其童年时代所看到的母亲的美丽倩影具象化了：她是"一位特别有德行的妇女……年轻且美丽……"

孩子们对凯瑟琳·霍姆所怀有的温情也反映在1745年的一封信中，在其中，大卫提道："我母亲的辞世，让我们整个家都变得空落落的。"[3] 尽管生性柔情似水，但凯瑟琳必定同时还是一位独立而坚强的女性。她必须如此。

约瑟夫·霍姆辞世还不到一年，家族圈子之外的一位债权人就开始来催债。次年，也即1715年，九泉的约翰·霍姆的著名"监护人们"发现：他们自己根本就无暇照看九泉的事务，于是便将"九泉夫人"任命为他们的特使，全权负责九泉地产所有租金和利润的收取。[4] 于是，管理九泉庄园的重任就落在了这位迷人

---

[1] *The Scots Peerage* (Edinburgh 1904-14), v, 247 ff.; Foutainhall, *Journals*, p.216。在其中，方丹豪尔勋爵对法尔康诺家族评点道："据说这个家族源远流长，他们的族姓和拼写方式均出自苏格兰诸王驻踽莫斯（Mernes）期间的诰命，因为他们是皇帝的放鹰者（falconers），他们所居住的村庄故取名'Halkerstoune'（苏格兰语，意指'饲鹰之地'），这一家族的姓仍见于爱丁堡的Halkerston巷。"

[2] Hill Burton, 1, 294n. 此后，这幅肖像画便散佚了。

[3] NHL, p.17.

[4] Ninewells Papers.

寡妇的肩上，当时她年方 32 岁。尽管约翰于 1716 年 10 月 23 日合法地继承了其父亲的遗产，并成为九泉名义上的地主，但很难想象凯瑟琳会将管理庄园的大权移交给其 7 岁大的儿子！九泉庄园 192 镑的货币地租和 35 镑的实物地租，很可能继续保持不变。但是，随着债务的相继到期，凯瑟琳必定会感到如鲠在喉，因为她很难从固定收入中筹措到足够的、用于还债的现金。但她还是做到了，这至少让她的小儿子钦佩不已。

虽然凯瑟琳在不遗余力地履行着家庭的重任，但这并没有改变九泉舒适惬意的家庭氛围。长大成年后，大卫和约翰不仅身高体壮，而且都无一例外地表现出对于大餐和美食的喜爱。他们嗜爱美酒（法国波尔多的红葡萄酒或者葡萄牙波尔图的葡萄酒）和佳肴，嗜好欢宴的欢愉氛围，以及由此所上演的各种诙谐的逸闻、辛辣的段子、善意的戏谑和应景的玩笑。能将这种相似的品位追溯至其孩提时代的训练，这实为一件赏心乐事。因为凯瑟琳毕竟是在约翰·霍姆家成长的，而且与约瑟夫过了将近六年的夫妻生活。而约翰·霍姆和约瑟夫·霍姆都是生性欢愉的绅士。我们不难假定，约瑟夫辞世后，在其孀居期间，九泉欢快的家庭氛围或许稍有改变。但我认为，凯瑟琳肯定希望她的儿子们能尽可能多地传承家族精神。一旦有机会，她可能会特意安排一些场合，以让孩子们发展同好之谊。鉴于其家族的深厚人脉，我相信这种机会并不少见。而这两个孩子也都不负所望，此后都赢得了殷勤好客的美名。

现存的九泉大宅（属"伊丽莎白式风格"）[1] 始建于 1840 年左右，因为此前的房子为一场大火所焚。而仅仅一个世纪以前，另一场大火则部分焚毁了大卫·休谟在其中度过其童年的那栋房子。18 世纪后期的九泉大宅是由大卫的哥哥重建的，它与此前的老宅没有多大的变化，而这也符合其为人处世一贯的稳健风格。1846 年，一幅九泉庄园的插画出现在德拉蒙德（Drummond）所著的《英国世家史》（*Histories of Noble British Families*）一书中。在书中，九泉大宅被这位纹章学家描述为"最好的苏格兰地主宅邸（a favourable specimen of the Scotch larid's house)，拥有了这种宅邸，他们就认为自己有权修正其家族的纹章，并建立他们自己的纹章"。德拉蒙德所讽刺的正是霍姆家族的如下行为：将其地产上的 9 条

---

[1] 到了 20 世纪 60 年代，它已成为一处没有房顶的废屋；到了 20 世纪 70 年代，各种可移动的物什早已荡然无存。

第三章 九泉的童年

泉水刻进他们的纹章，并像 9 条圆环一样不规则地环绕在立狮周围。

德拉蒙德书中的那幅画的视野是西北向的——后来，钱伯斯的名著《岁时记》（Chambers's popular *Books of Days*）就采用了这种视野，只是在院子里加了一头牛。它代表的是从一个篱笆环绕的庭院向九泉大宅看的视野。九泉大宅本身坐落在一处断崖正前方，透过其南边的空旷处，正可俯瞰莫斯和英格兰的切维厄特山。事实上，像 1900 年之前兴建的所有苏格兰房屋一样，它是用石头建造的，而且全部用的是灰色砂岩。屋顶上铺的是板岩，有山墙和三个烟囱。这是一座典型的乡村宅邸，设计实用，结构坚固。它上下三层，外加一个宽敞的地下室，估计内有八九个小房间。画中的那两间外屋中，较大的那间是可能马厩和谷仓，稍小的那间可能是放农具的库房。位于房子东边和马厩后方的那棵树或许就是出现在 18 世纪中叶的那棵山毛榉。这幅图画与真实的九泉到底相差几何，除了德拉蒙德的话，我们没有其他的任何佐证。但我很难相信这幅画是彻头彻尾的编造。如果它是真的，那么问题就在于：它所呈现的是 1740 年大火之前的九泉大宅，还是之后的大宅？但是，即便是之后的九泉大宅，也就是说，如果它是约翰·霍姆重建之后大宅，那么，它在相当程度上可以代表大卫·休谟生长于斯的那所大宅。

对于九泉大宅，休谟本人几乎不曾透露过什么消息。然而，在一封大约写于 1730 年左右的信[1]中（当时休谟只有 19 岁），我们还是可以发现一些蛛丝马迹。在这封信里，休谟邀请一位挚友与他一起度假。这位密友名叫迈克尔·拉姆齐（Michael Ramsay），很显然，他原本是打算去高地的。大卫提醒迈克尔，他曾经"应允我到这里来"，然后接着抗议道："也许你担心我们家的房子太小，住着不方便，又抑或你担心会叨扰我们。就我而言……我将把我的房间让给你住，并不介意与约翰共处一室。我向你保证，这对我而言没有任何不便。我希望这能让你有宾至如归之感。"关于"我们家的小房子"的这则趣事表明：四个家庭成员都有自己的独立卧房。而这也证实了我们之前对于其规模和热情好客所形成的印象。显然，与拉姆齐此前所参访的高地的高门大宅相比，九泉老宅显得"小"也就不足为奇了。

与九泉老宅自身相比，其内部装修更是要仰赖于推测。但在这里，我必须要

---

[1] HL, II, 337.

强调的是，尽管九泉的霍姆家族并不"富裕"，但依然算是"小康之家"。因此，除了每个乡间大宅都有的那些笨重的家具之外，某些时尚雅致的生活摆设也肯定是必不可少的。而那些象征着家庭地位的家具——很难想象九泉夫人会容忍没有这样的家具——至少应包括少量由高级布料做成的帷幔，一些装饰性的水晶制品和一定数量的银制餐具。如果德拉蒙德的插画所言非虚的话，每个房间都装有壁炉或者平炉，但为了适应北方寒冷的气候，窗户狭小。楼下的主屋可能都镶了木板，楼上九泉夫人的香闺可能还糊了壁纸，地上还铺了地毯。其他房间很可能没有任何装饰。

那么，九泉的霍姆家的书架上藏有多少书？它们又都是何种类型的书呢？每个人的教育都起步于家庭，而对于像大卫·休谟这样一个如此无畏的思想家和如此博学多能的学者来说，家庭教育又格外紧要。我已假定：就孩童的发蒙而言，霍姆家的藏书已绰绰有余，更何况他们家还藏有一些专业的法律书籍。那么，还能搜罗到什么进一步的信息，以便让我们对于休谟早年的教育有更深入的了解呢？确实还有一些更进一步的信息。首先，休谟自己曾声称：他从很小的时候就开始读书了。在其23岁时所写的一封含有"我的某种生平史"的信[1]中，休谟评点道："您要知道，自孩童时代起，我就非常喜欢舞文弄墨。"在他65岁时所写的《我的自传》中，休谟又重复了同样的说法："自幼，我就酷爱文学，这是我一生的主情，也是我快乐的不竭源头。"

我并非耽于幻想，也非试图将休谟塑造成一位早慧的文学天才，如令人钦佩的克莱顿（Admirable Crichton）[Scottish man of letters and adventurer (1560—1582)]那样，甚或像更为晚近的边沁、麦考利（Macaulay）和密尔那样。但是，除了那些显见的教本，家用《圣经》、《教义问答》和其他宗教著作，以及古代的法律汇纂，"孩提时代"的大卫必定还涉猎过其他的文学著作。因此，我会毫不犹豫认为，九泉的霍姆家还藏有相当多的拉丁典籍——包括散文和诗歌，一些希腊文典籍，更多的法语著述，以及各种各样的英语著作，其中肯定包括莎士比亚、弥尔顿和德莱顿的著作，当然也包括更为晚近的《闲谈者》、《旁观者》和蒲柏的诗文。"自孩童时代起，我就非常喜欢舞文弄墨"，是的，当排除了家人的所有反对意见之后，大卫·休谟在九泉的家中培养起了对于文学的激情，并立下了成为一

---

[1] HL, I, 13.

第三章　九泉的童年

名文人的志向。

1726年，休谟得到了一套莎夫茨伯里三卷本的《特点》[1]。第二年，在其存世最早的一封信中，休谟写道："……我现在完全以读书自娱，"并清楚地表明，他拥有一本弥尔顿的书。此后，他写道要重返"书本、逍遥和乡村的孤寂"，并再次承认其"内心对于离开安闲悠游的书斋生活的不甘"。其中，最重要的当属1747年6月的一封信中的那一段话。在其中，他对于是"重返九泉的书斋生活"还是仍留在伦敦一事仍拿不定主意，"……尽管我承认，乡村生活太过寂寥了，尤其是当家中没有足够的藏书供我使用时更是如此。"[2] 尽管他收入十分有限，但休谟还是通过自己购买增加了藏书量。1751年，休谟就曾夸耀说他拥有价值100镑的藏书。所以，我认为，1747年那封信的重点不是说九泉的藏书已不敷使用，而是说它根本就用不上。因为在那时，休谟正致力于历史和政治科学研究，这已远远超出了任何私人乡间藏书的范围。我相信，这段话不是意指九泉的藏书乏善可陈，而是指他早已对这些藏书了然于胸。1747年，休谟所需要的正是爱丁堡律师公会图书馆宏富的馆藏，但他必须为此再等五年。

孩提时代的大卫并非完全自学。九泉的霍姆家之前就曾为他们的儿子延请家教。凯瑟琳很可能也会沿袭这种做法。家庭教师通常都是刚出校门的年轻牧师，其薪俸相当便宜，而且有时候也会出现几家共同延聘一个家庭教师。我倾向于认为九泉家的男孩子们就是如此。这样的家庭教师良莠不齐。以凯姆斯的亨利·霍姆为例：当时，他家的经济状况相当潦倒，故而亨利并未曾到爱丁堡大学就读，而是延聘了一位塾师在家中开课，与此同时，这位塾师还兼带附近几位绅士家的孩子。他的第一位导师是一个拒绝矢忠派牧师（a non-juring clergyman），他总是用迪斯泡特（Despauter）的《拉丁文法词典》来体罚孩子。此后，他为一位更加人道的教师所取代。这位教师教他们一些希腊文、数学和自然哲学方面的基础知识。[3]

鉴于这样的事实：尽管约翰年长两岁，但大卫却更为机敏，故而教这两个九

---

[1] The third edition (1723). Each volume is signed "Da: Home" and dated 1726; the later bookplate "David Hume Esq." is also pasted in each volume. 这套书现藏于内布拉斯加大学（University of Nerbraska）图书馆，是本杰明·博伊斯教授（Professor Benjamin Boyce）的善意提醒让我注意到了这一点。

[2] HL, I,9, 111; NHL, pp.25-6.

[3] *Boswell Papers*, XV, 268-9.

泉家的孩子倒也简单。到 1722 年兄弟俩一起去读大学的时候，看上去大卫不仅不输于哥哥，甚至还超过了哥哥。但这并不意味着约翰生性鲁钝，学得慢且吃力。他受过良好的教育，而且终生不辍。在晚年，人们注意到了其在古今文学方面的深厚修养，尤其是注意到如下事实：他"晚间常常手不释卷，不仅读英文书，而且也读拉丁文或法文书"。在 1762 年与约翰·霍姆首次相遇时，詹姆斯·鲍斯维尔以其一贯的敏锐（acumen）描述道："他是一个通情达理的好人，要比一般人更加博学多识。他有一副急性子，这对他多有不利。在这一点上，他们兄弟俩迥然有别。"[1]

在宗教方面，九泉的霍姆家一直都是长老会派教友和苏格兰现有教会的成员。在政治上，他们都是辉格党，无条件地支持 1688 年的光荣革命、1707 年的议会合并和 1714 汉诺威家族的继位；并反对斯图亚特家族任何形式的复辟图谋。在 1715 年詹姆斯二世党人起事时，九泉的霍姆家没有任何人参与其中。但他们的一些邻居，如韦德伯恩的乔治·霍姆以及其他的一些人，却支持了斯图亚特朝的复辟运动，并在运动流产后遭到逮捕。如果援用休谟后来所做的那个著名的区分，九泉的霍姆家无疑属于"政治上的辉格派"，而非"宗教上的辉格派"。因此，尽管他们在政治上持一种自由的观点，但他们对于福音派，尤其是誓约派宗教"狂热"并不认可。在邱恩赛德，教会受到霍姆家族的严格掌控，在教堂里，九泉人总是占据着最显赫的座椅和最显赫的墓穴。但是，尽管对邱恩赛德教会有着非凡的影响力，但就我所知，九泉的霍姆家还没有出过任何一位牧师。

1698—1702 年间的邱恩赛德牧师是威廉·米勒（William Miller）。如前所述，他开明而宽容。但更早的时候，该教区也曾出过一些乱子。[2] 1658 年，当时的在任牧师坦承他行为不端，并逃离了该地。1689 年，因未能公开替威廉和玛丽祈祷，另一位牧师被枢密院革职。他的继任者亨利·厄斯金（Henry Erskine）是一位忠心赤胆的长老会教友，曾因不信奉国教而数度入狱。人们能记住他主要是因为他是曾领导了 18 世纪独立运动的拉尔夫·厄斯金（Ralph Erskine）和埃比尼泽·厄斯金（Ebenezer Erskine）之父。从 1704 年到 1741 年，执掌邱恩赛德教区的是布劳德豪格的乔治·霍姆牧师（Reverend George Home of Broadhaugh），他于 1706

---

[1] John Kay, *Edinburgh Portraits* (Edinburgh 1885), II, 93; Boswell Papers, I, 109.
[2] Hew Scott, *Fasi Ecclesiae Scoticane* (Edinburgh 1917), II, 32 ff.

年与凯瑟琳·霍姆成婚。而这位凯瑟琳正是九泉的约瑟夫·霍姆的妹妹。

我们对于大卫·休谟这位姑父的宗教信仰并不是特别了解，也不知道他在多大程度上受到其父亲，也即肯尼特塞得海德的亚历山大·霍姆（Alexander Home of Kennetsidehead）的福音主义（evangelicalism）的影响。1682年，在经过一次可疑的审判之后，亚历山大·霍姆作为一名誓约派成员被吊死在爱丁堡。因此，对于这位姑父在家庭和宗教事务中对大卫所施加的影响，我们一无所知。乔治和凯瑟琳共养育了六个孩子，其中的一位后来成为坎农盖特的面包师。据说[1]，大卫后来与这位表兄形同陌路，但果真如此的话，这到底是出于个人好恶还是出于势利就不好说了。但休谟喜欢其另一个表兄，也即亚伯拉罕·霍姆，他子承父业，成为邱恩赛德的牧师。作为一名稚子，大卫对于宗教并没有先入之见，故而也不可能对作为牧师的乔治·霍姆抱有反感。但大卫究竟如何看待作为姑父的霍姆，就不得而知了。

九泉的霍姆家可能会定期去教堂做礼拜（事实上，这也是法律的规定），并被视为虔敬且敬畏上帝的教民。对于凯瑟琳·霍姆的所有现存的评价都显示：她极其虔诚笃信。但是，18世纪初叶严苛的"苏格兰安息日"，再加上家庭早祷、教会的两次长礼拜和布道，以及其对于人身自由的严格限制，所有这些有时候必然会让那些最神圣的仪式也变得压抑人心、阴郁沮丧。无论如何，凡阅读过那一时期的私人日记和信件的人无不产生这种印象，而这也在一位英格兰旅行家那里得到了佐证。他于1723年写道："毫无疑问，在这个世界上，还没有哪一国家能像苏格兰那样严格遵守安息日的规定，并虔诚地顺从上帝的旨意：在去教堂之前，在两次布道之间，他们就在家中祈祷；听完布道之后，他们每个人都回到了自己的家里，阅读灵修书籍（Book of Devotion）直至晚饭；晚饭后，他们还要吟唱赞美诗直至睡觉。"[2] 尽管孩提时代的大卫曾逾越过安息日的严苛规定，但这毫无解释意义。用大卫自己的话说，他"在年轻时候是一个虔诚的基督徒"，他显然不假思索地就接受了像原罪、人性腐化、预定论和选民论这些严苛的加尔文教义。而这也是一个正常男孩的正常反应。

在宗教问题上，年轻的大卫极其郑重，并为灵魂自省的任务所吸引。他甚

---

[1] Hill Burton, I, 198n; and letter from Joseph Grant to Hill Burton in NLS, MS 3005, f.211.
[2] Macky, *Journey through Scotland*, pp.3-4.

至在 17 世纪广为阅读的灵修书籍《人的全部职责》的末尾列了一个简要的罪行表，并且每天对照着检验自己的品行，"只是将谋杀和偷盗排除在罪行表之外，因为他根本就没有犯这两种罪的机会和倾向"。他后来承认，这"是一项奇怪的工作；例如，试想一下，尽管在同学中出类拔萃，他仍不能有任何的骄傲或虚荣之情"。[1] 这是大卫 65 岁时所做的评论，此后不久他便与世长辞了。这当然是一件奇怪的工作，但却备受福音派的推崇，被视为是在"与罪恶搏斗"，尽管如此，在休谟眼中，它依然十分可疑。

显而易见，孩提时期的大卫·休谟已开始自主思考，并认为道德问题至关重要。尚不到 12 周岁，这位求知若渴、好学深思的男孩就进入了爱丁堡大学，以期完成其常规教育。毫无疑问，此时，其大脑早已做好了接受新思想、新影响的充分准备。

---

[1] *Boswell Papers*, XII, 227-8. 诺曼·肯普·史密斯（N. Kemp Smith）在其对休谟的《自然宗教对话录》（*Dialogues Concerning Natural Religion*, 2nd edn., Edinburgh 1947, pp.5-6）的"引论"中列出了《人的全部义务》（*The Whole Duty of Man*）所罗列的"几种罪恶"："不相信上帝的存在；不相信上帝的话；不想遵从上帝的指令，不愿亲近他；认为宗教的要义在于听取布道，而非实践，求助于各种巫婆和神汉，也即求助于魔鬼；不安排任何庄严静穆的时间以用于忏悔和自省，或者说用于忏悔和自省的时间还不够；对于自己的自然才赋，诸如美丽、机智，以及其他的世俗财富、荣誉和魅力狂妄自大；把享乐而非健康作为饮食的目的；将时间和财物靡费在交际上；滥用我们的巧智让别人醉酒；行非法的娱乐；纵情于合法的娱乐；之所以能戒绝于这些极端，不是出于良心，而是出于贪婪；劳力以敛财。"

第四章　爱丁堡的学生时代

"我受过普通的教育，成绩颇佳。"

1722—1723年冬，对于九泉的这两个男孩而言，爱丁堡，以及位于劳恩市场（Lawnmarket）的"寓所"（在爱丁堡大学就读期间，他们，以及他们的母亲和妹妹就住在这里）并不新鲜。童年时代的频繁到访虽然让他们早已熟悉了这个大都会，但它永远都是那样迷人。当他们从莫斯骑行近40英里抵达群山之巅，并放眼南望时，触目所及的风景虽然一如既往地熟悉，但依旧那么震撼人心。40年后，为这同一幅美景所震撼的还包括虽年轻但早已饱经世故的詹姆斯·鲍斯维尔（James Boswell），而且是在同样的旅程、同样的车马劳顿之后。虽然"莫斯的道路是我所见过的最糟糕的，"鲍斯维尔这样评价道，但"眼前福斯湾（the firth of forth）、罗蒙山（Lomond hills）、亚瑟王座山和爱丁堡古城的美景却让我大感快慰"。[1] 即便是在今天，在来自世界各地的游客中，如若有谁不做出与鲍斯维尔相同的反应，那他必定有着最麻木不仁、最玩世不恭的铁石心肠。

从山顶近两百英尺高的爱丁堡城堡，到山脚下的荷里路德宫，沿着狭窄的山脊，爱丁堡的各式建筑一路迤逦而下。休谟孩提时代的爱丁堡有一英里长，近半英里宽。山脚的北面有一个人工湖，名叫北湖（Nor'Loch）；距离爱丁堡城一英里左右的地方便是爱丁堡的港口，坐落于福斯湾畔的利斯港（Leith）。城市以西两英里就是考斯特芬山（Corstorphine Hill）；而其南边不远处便是布莱克

---

[1] *Boswell Papers*, I, 118.

福德和布雷德群山（the Blackford and the Braid Hills）。在爱丁堡城低地部分的北边，卡尔顿山（the Calton Hill）拔地而起，而紧靠其东南方的便是呈半圆形的索尔兹伯里峭壁（Salisbury Crags），其背后便是高耸入云的亚瑟王座山，它是附近的最高峰。

背靠灵山秀水，"老烟城"袅袅升起的炊烟，与爱丁堡灰白色的石头房子，令人生畏的峻拔城墙，以及荷里路德宫的端方秀雅交相辉映，相得益彰。爱丁堡是一个矛盾的城市：它既粗粝威严又和蔼可亲，既孤芳自赏又胸怀天下，既不乏田园野趣又富含都市风情，既传统又现代。它既对过去饱含不舍的深情，但又对未来充满憧憬。当爱丁堡后来自诩为"北方的雅典"时，其所蕴藉的又何止是地方的骄傲。

虽说就物质形态来说是一座城市，但就行政归属而言，爱丁堡实际上分属两个不同的城市。一个是低城或坎农格特（Canongate）独立市，一个是高城或爱丁堡。在15世纪中叶，为了抵抗"我们邪恶的英格兰之敌"，爱丁堡（或高城）四周筑起城墙，人们唯有通过位于炼狱弓港（Netherbow port）的坎农格特（也称修士门）才能进入爱丁堡。穿过坎农格特，人们就进入了爱丁堡宽阔整饬的主街，沿着这条陡峭的主街，人们可以从荷里路德宫一路走到爱丁堡城堡。在低城，这条主街被称为坎农格特，在高城，它又被称为高街。爱丁堡城其他的四个主城门分别为东墙的牛门港（Cowgate Port），位于南墙正中央的波特罗港（the Potter-Row Port）；西墙附近的布里斯托港（the Bristow Port）；以及与牛门港正对面、离草市（Grassmarket）不远的西港（West Port）。在最高的险要处，爱丁堡城堡有它自己的大门。

在南边与高街平行的是狭窄的牛门街（Cowgate）。这两条主街与众多的"胡同"或"出口"相连，而这些"胡同"或"出口"又与"小巷"或"弄堂"相连。这些"小巷"或"弄堂"的周围全都是用灰白色的砂岩所建的鳞次栉比的租借公寓，当地人称之为"宅院"（lands）。因此，爱丁堡的住宅区都集中在这两条主干道的周围。在住宅区的南北两端，便是星罗棋布的园地；而更远的市郊则分布着各式各样的工业区。面向北湖的北山坡则坐落着屠夫的屠宰场和各色矿井。在城墙的南边与几处泉眼相临的地方，则是酿酒厂。

爱丁堡市民所居住的住宅楼都出奇得高。尽管晚近的法律规定，临街的房子最高不得超过5层，但街后边的房子却都建到9—10层，因为整个爱丁堡都建在

第四章 爱丁堡的学生时代

一个陡峭的山脊上。临近议会广场的爱丁堡最高的住宅楼，临街的房子不下于7层，街后的12层。殷实之家在这些鳞次栉比的住宅区里都拥有自己的"寓所"。由于这些房子仿照巴黎老城的风格建得如此拥挤，以至于有时候两栋公寓楼里的众多"人家"要共用一套公用楼梯。最时尚的公寓楼里会有一个私密的核心空间或"门厅"，以用于社交、治安和卫生的目的。故而，休谟时代的爱丁堡既向我们展示了最高端的城居生活，又向我们展示了最底层的城居生活。

非常奇怪的是，爱丁堡市民的居住模式非常类似于今天家道小康的纽约人，也即宁愿拥有自己的一套公寓而不是在所谓的公租房中租一套公寓。这两个城市的相似之处还不止于此。在18世纪的建筑框架下，爱丁堡城非常类似于现代曼哈顿的某些街区，受空间所限，曼哈顿的建筑不仅商住两用，而且高耸入云。如果说曼哈顿的过度拥挤是因为它虽地处褊狭的小岛，却要满足人们极其旺盛的居住和商业需求，那么，爱丁堡的过度拥挤也是因为它地处城墙之内的弹丸之地。正是在城墙的拱卫之下，皇城内的所有建筑才拔地而起。诚然，坎农格特的所有房子都建在坚固的城墙之外；但1745年詹姆斯二世党人叛乱期间爱丁堡城防的惨败将证明：城墙之内的房子并不比城墙之外的房子更为安全。但这并不能改变如下事实：正是古旧的城墙挤压了爱丁堡的居住空间。爱丁堡市民越过城墙外溢的不断努力，最终导致了18世纪下半叶皇城的外扩，而这股外迁大潮也终将席卷休谟。

当九泉的两个男孩在爱丁堡大学就读的时候，其地理位置与现在大体相同，至少就"老四合院"（Old Quadrangle）而言是如此。在离波特罗港（Potter-Row Port）不远的城市最南端，以三个"庭院"或"四合院"为中心，爱丁堡大学的建筑萃集在一起。离城门最近的是学生庭院的入口，那里有他们的"公寓"（虽然大多数学生都寄宿在城里）；其东边就是第二个庭院之所在，里面是大学图书馆和行政楼。从学生庭院拾级而上，我们就会见到那个最大的"四合院"，四周为众学院以及校长和教授的家宅。其中心地带的大花园唯有教授方可进入。通过这个主庭院的北门，我们便进入一座高耸云天的钟楼，它是爱丁堡大学最为精致的建筑。

1768年，在为筹资兴建更为宽敞的新校舍而举行的一场公共抗议活动中（直到1789年才建成），罗伯逊校长指出："一个远道而来的陌生人，在看到爱丁堡大学的这些庭院和建筑之后，很自然地将其误认为是专门收容穷苦人的济贫院，而绝不会想到他们所走进的是一座久享盛誉的学术圣地。"1788 年，这个城市的另一位历史学家以同样刻薄但更为精练的语言指出："这所大学的建筑是如此寒酸，以致它既不适于学生居住，也有违于这所大学的尊严。"[1]

约翰·麦琪（John Macky）在 1723 年写道："在这所大学里学习了四年之后，你将开始攻读文学硕士；这里的学生非同寻常，一如英格兰的大学，他们戒律森严，但不穿礼服；一如荷兰的大学，他们吃住都在城里，并且按规定，在早上 8 点到 12 点、下午 2 点到 4 点这两个时间段，他们一直都在上课。"这位英格兰游客敏锐地观察到，"我怀疑，一所身处闹市的大学，如果年轻的学子常常因各种事务和娱乐而分心，那么，它怎么可能培养出优秀的学者呢？"[2] 但是，不管身处闹市对学业有什么样的干扰，不管其校舍是多么的糟糕，爱丁堡大学确实培养出了许多优秀的学者。实际上，在苏格兰的四所大学中，爱丁堡大学是最年轻的，它始建于 1582 年。但毫无疑问，到了 1722 年，它已成为四所大学中声誉最为卓著的大学。爱丁堡大学之所以能获得这来之不易的声望，最首要的原因是其 1708 年所采取的改革，也即以现代的**教席制**来取代古代的**导师制**。此后，格拉斯哥大学（1727 年），圣安德鲁斯大学（1747 年）和阿伯丁大学（1754 年）纷纷效仿这一改革举措。[3]

当约瑟夫·霍姆（Joseph Home）1697 年进入爱丁堡大学学习时，他注册在约翰·罗（John Row）的名下。在这种连轴转的导师制下，这意味着：在整个大学期间，约瑟夫·霍姆所有的课程——包括希腊语、逻辑学、自然哲学和道德哲学——都要受教于这位著名的希伯来语学者。但是，1708 年，在著名的苏格兰牧师、辉格党政治家卡斯塔里斯校长（Principal Carstares）富有远见的领导下（毫无疑问，他所效法的对象正是荷兰的莱顿大学和乌特勒支大学），爱丁堡大学采用了专业化的教职体系，每一科目都由一名专任教授担纲。在人文和科学专业的基本课程中，第一学年主要是在人文教授（Professor of Humanity）的指导下致力于拉丁语的学习（在如今的苏格兰大学，仍有人文教授这一教席），人文教席于 1710 年首次注册。1722 年担任人文教席的是劳伦斯·邓达斯（Laurence Dundas）。第二学年的课程是由希腊文教授威廉·司各特（William Scot）指导。第三学年主

---

[1] Robertson, in *Scots Mag.*, XXX (1768), 114; Hugo Arnot, *History of Edinburgh* (Edinburgh 1788), p.308.
[2] Macky, *Journey through Scotland*, p.68.
[3] Sir Alexander Grant, *Story of the University of Edinburgh* (London 1884), I, 263.

第四章 爱丁堡的学生时代

要是在科林·德拉蒙德（Colin Drummond）教授的指导下学习逻辑学和形而上学课程。高年级的自然科学课程则由罗伯特·斯图亚特（Robert Steward）教授担纲。

除了这四种常规课程，还有其他的三门课程可供选修。一门是詹姆斯·格雷戈里（James Gregory）所担纲的数学课，一门是威廉·劳（William Law）所担纲的伦理课，一门是查尔斯·麦基（Charles Mackie）所担纲的历史课。不仅如此，爱丁堡大学的教授们还会提供门类多样的初级或高级的私人课程。最后，教授们每年都会举办面向学生和全体爱丁堡市民的各种公共讲座。采用专业化的教职体系所带来的一个显然出乎意料的后果，便是拿学位的学生比例骤然下降。在旧有的导师制下，出于竞争的压力，也出于经济上的必需（教授靠收取学生的学费为生），每位导师都竭力扩大自己所带班级的人数。但现在，只有自然哲学教授收取毕业费，而竞争也不复存在，故而只有极少数学生费心去拿学位。但是，这种做法并没有像人们通常所认为的那样降低了大学的学术水准或学生的道德水准，而是恰恰相反。无论如何，一如他们的父亲，九泉的约翰（John）和大卫（David）都没有拿学位。

依照学校的章程[1]，"爱丁堡大学每年10月份开学"，但在春季学期注册。在希腊语教授威廉·司各特（William Scot）的注册页上，我们看到了这兄弟俩的签名。大卫的注册时间是1723年2月27日，约翰的注册时间是1723年3月1日。大卫尚有些孩子气的笔迹一眼便可以辨认，而约翰也是如此。大卫的签名后面紧挨着一个数字"2"，但约翰的没有。

他们所购买的查士丁（Justin）的《拉丁史》（*Latin History*, 1701）还提供了一些额外证据，足可证明这两兄弟曾就读于爱丁堡大学。该书的扉页上写着"约翰·霍姆，他的书，1721年3月6日于爱丁堡"的字样。"约翰"遭到了部分的涂抹，并代之以重新题写的"大卫"，"1721"也被改成"1723"。对于注册簿和贾斯丁之书所示之证据之间显而易见的矛盾，我还不能给出令人信服的解释。[2]

虽然这两位年轻人在注册簿上都将自己的姓氏签作Home（霍姆），但在司各特教授2月27日的图书馆账目单上，当支付2先令6便士的借阅费时，他们都

---

[1] *University of Edinburgh Charters, States and Acts of the Town Council and the Senatus, 1583—1858*, ed. Alexander Morgan and R.K. Hannay (Edinburgh 1937), p. 157, No. I. 此后直接引作 Morgan and Hannay。

[2] 参见文本补录。

签作 ***Dav. Hume*** 和 ***John Hume***。[1] 如果大卫正在考虑重新起用其姓氏更为古老的拼法，这一点也不奇怪。

爱丁堡大学的官方文献并没有给其最聪慧校友的大学生涯提供更进一步的信息。除了两次简短的公开表述和私人信函中两段一笔而过的评论，大卫·休谟自己也没能提供更多的信息。他在《我的自传》中的表述也是含糊而笼统："我受过普通教育，成绩颇佳"；接着，他又激情满怀地写道，"在很早的时候，我就被爱好文学的激情所支配，这既是我一生的主情，也是我快乐的不竭源泉。"尽管对于文学的这种激情早在九泉就已萌生，但却在爱丁堡大学得到进一步的涵育。在晚年的一封信中，休谟曾风趣地强调过这种影响："假如我有一个儿子，就像詹姆斯王警告其儿子要小心提防女人的诱惑一样，我应该警告他要小心提防文学的魅惑，尽管其对文学的喜好一如我年轻时那般强烈，尽管这种警告很可能毫无用处。"[2]

休谟的第二个公开表述出现在一则"广告"中，它附在休谟辞世后于1777年所出的《随笔和论文》的定版的前面。在其中，休谟将《人性论》称作"一部作者在离开大学之前就已酝酿的一部著作……"如果事实果真如此，那么，这足可表明爱丁堡大学对其思想所产生的深刻影响。但是，我们不应高估休谟的这段表述，因为在多年前的一封私人信函中，休谟曾指出：《人性论》"是我在21岁之前开始酝酿，并在25岁之前完成的"。同样重要的是出自其"个人生活史"（休谟23岁时所作）中一段话："……苏格兰的大学教育一般在我们十四五岁就结束了，而且除了语言课程，几乎别无内容……"[3] 当写这第二封信时，休谟从爱丁堡大学毕业尚不足10年，在其中，休谟似乎对其所受的大学教育颇有微词，甚至有点不以为然。

在18世纪初叶，爱丁堡的大学教育更像是一所现代的文科高中，而非现代的大学。实际上，大学章程显然将学生视为需要严格管束的孩子。[4] 休谟入学时11岁，如果他只想修完最低限度的课程，离开时也只有14岁。不过，在这个年

---

[1] EU, MSS entitled "Scholarium Matricula ab Anno MDCCIV," under date; and "Library Accounts, 1696—1756," under date.

[2] HL, I, 461.

[3] HL, I, 158, 13.

[4] No.8："所有人均需要勤苦于学习，既不能溜进他人的教室或宿舍相互打扰，也不能躲在门后和窗后偷听（唯督查员除外）。"参见 Morgan and Hannay, p. 158.

第四章　爱丁堡的学生时代

龄段，一颗早慧的心灵更易受到复杂的影响，休谟在那里发现了其早熟所需要的那种刺激。

虽然缺乏证据，但我们或许可以推测，除了希腊语、逻辑学、形而上学和自然哲学这些必修课，大卫·休谟至少还选修了伦理学和数学课程。虽然当时所开设的这些课程的内容已不得而知，但或许不难由稍晚的一些证据加以推知。然而，或许当时大学主流的知识氛围更为重要，而毋庸置疑的是，当时的爱丁堡大学正充斥着各种新的科学、哲学和文学思潮。

约翰逊博士（Dr Johnson）曾斩钉截铁地指出："不言明一位杰出文人所就读的学校或其导师，是一种历史欺诈，这将大大有损于一个人的诚实名声。"[1] 如果我们对约翰逊博士的名言稍加修改，就这位以哲学名世的文人（指休谟）而言，不言明其思想观念所有可能的来源，那将是一种历史欺诈。因为这会让我们误以为他是在真空中（in vacuo）思考，而从无中只能产生无（nihil ex nihilo）不仅是一种无可置疑的人类常识，而且也是休谟哲学的基本信条。

我们首先要说说威廉·司各特（William Scot）。他当然不是一位普通的希腊文教授。作为自1695年即走马上任的一名导师（a regent），他于1707年由皇家特许状特任为爱丁堡大学唯一的希腊文教授；正是这项任命得以让卡斯塔里斯校长将教授体系（professorial system）扩展至全校。直至1729年，司各特一直执掌希腊文教席——该教席的执掌人常被称作希腊文和哲学教授。当时，经过多年的等待，他终于获得了转任伦理学教席的良机。早在1706年，司各特就开设了自然法和万民法的课程，并且后来在法律系竞选该教席时以失败告终。此外，为备其私自开设的自然法和万民法课程之用，他曾缩编了雨果·格劳修斯（Hugo Grotius）的《战争与和平法》（De Jure Belli ac Pacis），一直以来，这部作品都被公认为道德哲学的标准教材。鉴于司各特的伦理学偏好，格劳修斯的一些思想很有可能正是通过他传给休谟的，而格劳修斯确实也为大卫·休谟提供了一个广阔的思想空间。

在司各特教授的指导下，休谟的希腊语到底学得如何呢？显而易见，休谟对希腊语并不精通，因为在《我的自传》中，他曾这样评论道：在《人性论》出版后的那段时间里，"他恢复了他的希腊语知识"，而在早年，他曾"大大地忽视了

---

[1] Johnson's "Life of Addison," at the beginning.

希腊语的学习"。但是，其《人性论》出版前不久所做的"读书摘要"表明：他那时已恢复了一些希腊语知识。[1] 休谟责备的是自己而非其老师，他只是暗示，他当初的希腊语学习尚不满一学年。

除了古典语言，剩下的必修课程或系列讲座都是一些基础性的"概论课"，除了讲授各个时代经典巨著的基本内容，别无长物。其重心一直是培养学生流畅地运用拉丁口语的能力，而非对文本内容的深入阅读和理解。1724年，在科林·德拉蒙德（Colin Drummond）教授的指导下，休谟开始学习逻辑学和形而上学。既然德拉蒙德对"新哲学"十分感兴趣——四年后，他与其他五位爱丁堡大学教授一道征订了亨利·彭伯顿（Henry Pemberton）所撰写的《艾萨克·牛顿爵士的哲学》（*Sir Isaac Newton's philosophy*），故而不难推断，他会在自己的课堂上讲授牛顿和洛克的学说。像这一时期苏格兰大学的所有逻辑学教授一样，他还教授修辞学和文学批评中的应用逻辑。[1729年接替他执掌这个教席的约翰·史蒂芬森（John Stevenson）在这个领域取得了巨大成功，他对于亚里士多德的《诗学》（*Poetics*）和朗吉弩斯的《论崇高》（*On the Sublime*）的阐释广受好评；他还广泛征引了德莱顿（Dryden）的散文和序言，以及《旁观者》中的一些文章。] 尽管休谟对德拉蒙德教授形而上学方面的教导并不感冒，但他肯定会对其批评学和文学方面的教导抱有同情。

执掌自然哲学教席的是罗伯特·斯图亚特（Robert Stewart）教授，他最初是一位笛卡尔主义者，但后来却转变为一名牛顿主义者。正如1741年的广告[2]所揭示的那样，他的讲座强调了牛顿及其门徒在物理学领域（包括光学和天文学）所取得的新进展；他的学生被要求至少要上一年的大学数学。斯图亚特转向牛顿主义的具体时间已无从考证，但到了1728年，他就征订了彭伯顿（Pemberton）那本专门诠释牛顿的著作。大卫·休谟很可能就是从斯图亚特那里了解到牛顿体系的主要特征，而在休谟此后的思想发展中，牛顿体系将扮演着至关重要的角色。

执掌数学教席的是詹姆斯·格雷戈里（James Gregory），他出自举世闻名的学术世家。他同名的父亲曾于1674—1675年在爱丁堡大学教授数学。而他的一位

---

[1] Mossner, "Hume's Early Memoranda, 1729-40: The Complete Text," in *Journal of the History of Ideas*, IX (1948), 492-518.

[2] By Robert Henderson, Library-keeper and Secretary, in " A short account of the University of Edinburgh, the present Professors in it, and the several parts of Learning taught by them," in *Scots Mag.*, III (1741), 371-4.

第四章　爱丁堡的学生时代

兄长大卫·格雷戈里（David Gregory）也曾于 1683—1691 年在爱丁堡大学执掌同一教席，只是后来离开爱丁堡，改任牛津大学的天文学萨维里讲席教授（Savilian Professor of Astronaomy）。所以，当"第二个"詹姆斯·格雷戈里接掌爱丁堡大学的数学教席时，他也继承了由大卫·格雷戈里在牛顿的《数学原理》（*Principia Mathematica*, 1687）面世后不久即引入课堂的牛顿学说。除了牛顿自己的母校剑桥大学，爱丁堡大学是第一所传授牛顿学说的高等学府。但是，到了 1720 年，随着"第二个"詹姆斯·格雷戈里渐渐地年老体衰，他不得不找人替自己代课。例如，在 1721—1722 年这一学期，他就找了罗伯特·华莱士（Robert Wallace）来给他代课。罗伯特·华莱士后来成为休谟的朋友和支持者。1725 年，格雷戈里最终被迫退休，但仍保留其头衔和薪水，直至其辞世。他的助手和最终的接任者是科林·麦克劳林（Colin Maclaurin），他是经艾萨克爵士亲自提名而由阿伯丁大学（Aberdeen University）调任爱丁堡大学的。作为牛顿最久负盛名的早期追随者之一，麦克劳林以通俗的英文教材而非拉丁文教材来诠释和教授牛顿的"新哲学"。从格雷戈里或其助手麦克劳林那里，休谟肯定会受到牛顿主义的濡染。

"圣灵哲学和伦理哲学"这门选修课——它不同于三年级的"理性和工具哲学"课程（也即逻辑和形而上学课程）——的授课者是威廉·劳（William Law）教授。对于威廉·劳，除了知道他 1728 年也征订了彭伯顿的书，其他的人们所知甚少。时至今日，这门课的名称需要解释方能明白。在其 1729 年的继任者约翰·普林格尔（John Pringle）的课程大纲[1]中，"圣灵学"（Pneumatics）分为四个部分：（1）对那些感官无法查知，只有通过其运转方知其存在的微渺物质进行形而上学的研究；（2）证明灵魂不朽；（3）不与物质相关联的非物质性存在的本性；（4）自然神学，或证明上帝的存在和属性。事实或许证明，对于年轻的大卫·休谟而言，"圣灵学"与毒药无异，但道德哲学却肯定甜如蜜饯。在道德哲学的理论部分，普林格尔在古人中选取了西塞罗（Cicero）和马可·奥勒留（Marcus Aurelius）的文本，在现代人中选取了普芬道夫与培根的文本。在道德哲学的实践部分，普林格尔阐述了"公民政府的起源和原则，揭示了古希腊和古罗马政府的兴衰，并考察了自北方民族入侵以来欧洲各民族所采用的各种政府形式"。普林格尔要求他的学生就规定的论题做公开报告。尽管普林格尔并非什么原创性的

---

[1] Henderson, *op.cit.*, p.373.

哲学天才，但他很可能承袭了威廉·劳的授课内容和授课方法。因此，我们不难假设，普林格尔的课程一直陪伴着休谟的整个大学生活。在大约20年后的1744—1745年，为了能成为普林格尔的接班人，大卫·休谟孤注一掷，参加了"圣灵学和道德哲学"教席的竞选，但未获成功。但更晚一些时候，普林格尔却摇身一变成了休谟的私人医师和朋友。

在爱丁堡大学的历史上，1722年是值得铭记的一年，因为这一年新增了三个教席：民法教席、苏格兰法教席和历史学教席。严格来讲，只有苏格兰法教席算是新设的教席。但现在，这三个教席的薪水全由麦芽酒税支付。依照英国国会的一项法案，爱丁堡市被允许重新对每品脱的麦芽酒征收两个便士的关税，并在爱丁堡及其邻近四个教区售卖，以从这笔收入中向三位讲席教授支付每年100英镑的薪水。

作为卡斯塔里斯校长的内弟，查尔斯·麦基（Charles Mackie）[1] 1719年被任命为爱丁堡大学的"普遍史教授"（professor of Universal History）。后来，这一教席的头衔被扩展为"普遍史和苏格兰史教授"（Professor of Universal History and Scottish History）。作为爱丁堡大学的一名毕业生，麦基曾就读于欧陆的格罗宁根大学和莱顿大学，并被莱顿大学的法律系录取。学成归国后，他成为一名执业律师，故而能够满足历史学教席的一个颇为怪诞的要求，也即该讲席教授必须是一名律师。这种要求导致人们产生了一个错误的印象，也即历史学教席最初属于法律系。但我们从爱丁堡大学1741年的公告可以清楚地看到，麦基与法律系毫无关联，他只是文理学院的一名教授。

麦基全身心地投入工作，而这也保证了他此后所取得的极大成功。不难推断，"普遍史"所涵盖的范围相当广泛，而麦基则充分地利用了这一点。他所开的两门课程，一门是"罗马古事记"（Roman Antiquities），一门是"普遍史"。他关于世界史的大课，从人类的起源讲起，一直讲到现代，其中包括罗马帝国的兴衰、历史和史料编纂者的错误，以及苏格兰史；但他还将其授课内容扩展至文学史，评述那些伟大作家的生平，并旁及一般意义上的美文学和批评学。麦基的这种新文学进路在学生中大受欢迎，这也是爱丁堡在此后的25年里人文鼎盛的早

---

[1] 有关查尔斯·麦基的许多信息，均采自如下一篇文章，也即 Dr. L. Sharp, "Charles Mackie: The First Professor of History at Edinburgh University," in *Scottish Historical Review*, XLI (1962) 23-45.

期预兆。麦基的朋友，约翰·米切尔（John Mitchell）1728 年自伦敦写信向其成功表示祝贺，在信中，他不无道理地评点道："我或许可以这么说，您的成功预兆着我们国家的文艺复兴。"

在这一文学勃兴期，休谟都做了些什么呢？令人遗憾的是，我们对此并没有任何确切的信息。行事挑剔而严谨的麦基教授是一位天生的编目家，他显然喜欢将所有的事物都编制成井然有序、一目了然的表格。所以，尽管那时还没有历史领域的注册生，尽管他上课时的花名册早已不见影踪，但他自己编制的一份名录——"1719—1744 年间参加'普遍史'和'罗马古事记'这两门课程的学生名录，以阿拉伯字母为序"——却依然存世。在这份引人注目的重要文献中，麦基记下了其学生的名字、家庭出生、此后的生活状况（如果知道的话）、班级、年份以及所支付的费用。在这 26 年间，他平均每年大约会有 30 名学生。对于一门非强制性的选修课程而言，这已是相当惊人的成绩。可以肯定，在这份名单中，大卫·休谟这个名字如期出现在 1725 年和 1726 年这两个年份。但令人遗憾的是，这个大卫被麦基教授描述为"出身于爱丁堡的职员家庭"，并且我发现，很难相信像麦基教授这么一位心细如发、谨小慎微之人，竟然会犯这样一个低级错误。但是，麦基的名单囊括了休谟的诸多好友及熟人，如马克·艾肯赛德（Mark Akenside），托马斯·布莱克洛克（Thomas Blacklock），亚历山大·鲍斯维尔（Alexander Boswell），乔治·邓普斯特（George Dempster），吉尔伯特·埃利奥特爵士（Sir Gilbert Elliot），约翰·霍姆（John Home），詹姆斯·约翰斯通（James Johnstone），罗伯特·基思（Robert Keith），安德鲁·米切尔爵士（Sir Andrew Mitchell），詹姆斯·奥斯瓦德（James Oswald），威廉·罗伯逊（William Robertson），约翰·斯蒂文森（John Stevenson）。

在休谟的学生时代，爱丁堡大学的校长是威廉·魏沙特（William Wishart），其职责之一便是对学生的思想和精神福祉进行全面的管束。爱丁堡市政委员会于 1723 年 12 月所颁的一项法令即是直接针对学生们的精神福祉："……城镇委员会要求爱丁堡大学的师生必须到叶思特女士教会（Lady Yesters Church）听牧师传道……"[1] 就思想福祉而言，校长主持在图书馆的大厅里所举行的所有公开的讲习会，在其中，依照要求，学生要讨论或阅读相关文本。依照规定，星期六上午

---

[1] Morgan and Hannay, p. 172.

应从事这些学术活动，并在圣烛节（Candlemas）举行一场专门竞赛。必须用拉丁语进行论辩，而且在大学的辖区内，拉丁语是学生所能使用的唯一合法语言。虽然在过去的半个世纪里，爱丁堡大学1704年所颁布的这一规定已有所废弛，英语一直在使用，但在休谟的学生时代，这一规定依然有效。[1]

在威廉·魏沙特校长面前，针对这些规章制度，刚强的大卫·休谟是公开地捍卫，还是公然地违抗，我们已不得而知。但在存世的休谟手稿中，有一篇明显带有大学生论文的印记，尽管它是用英语写就的，但我确信它出自休谟的大学时代。它笔法工整，显然出自一位大学男生之手，有8页的篇幅，但不完整。校本的誊写显然煞费苦心，它被命名为"关于骑士精神和现代荣誉的一篇历史论文"（An Historical Essay on Chivalry and Modern Honour）[2]。由于缺少相反的证据，人们或许倾向于认为，它是为麦基教授的历史课所准备的一篇论文，因为麦基肯定曾鼓励学生用英文写作。但说来也奇怪，尽管面临着反对的压力，麦基仍坚持用拉丁语授课。在上面所提及的1728年致麦基的信中，约翰·米切尔（John Mitchell）写道："请允许我冒昧说一句：我希望能想办法向年轻的绅士教授英语，它可是我们的官话，唯有如此，他们才可能在国内事务中出人头地。对于那些远赴伦敦的苏格兰人而言，半生不熟的英语已让他们大吃苦头。"无论如何，即便休谟的这篇论文是提交给劳教授（Professor Law）的伦理课，或提交给德拉蒙德教授（Professor Drummond）的逻辑课，它也同样是一篇优秀论文。

且不管这篇论文到底提交给谁，真正让我们感到惊讶的是，这篇思想老到的论文居然出自一位稚子之手。虽然休谟当时只有14岁，但绝非思想幼稚！它所处理的是启蒙时代的标准论题，也即真正的古典美德的衰落和虚伪的中世纪骑士精神的兴起。其研究方法属于真正的休谟方法，也即对历史事实展开哲学和心理学分析。在1762年出版的那一卷《英国史》的附录中，休谟以更为凝练的笔触重复了这篇文章的主旨。作为他自己那个时代的一位良师益友，休谟从未改变其年轻时代对于"黑暗时代"（指中世纪）的看法。

---

[1] No.7 规定："学生每时每刻均须用拉丁语交流，而且说话要温良谦恭，不得粗鲁不文或好斗喜辩，而是要进行有益而虔诚的对话，凡擅越者，尤其是在大学内说英语者，初犯罚1便士，此后再犯罚2便士。" Ibid. p. 158.

[2] RSE, XIV, 4; reprinted with introduction by Mossner, " David Hume's 'An Historical Essay on Chivalry and modern Honour' ," in *Modern Philosophy*, XLV (1947), 54-60.

第四章 爱丁堡的学生时代

我们或许可以通过摘录其中典型段落，以管窥其历史—哲学的研究方法和独特文风：

> 通过考察艺术，尤其是考察建筑艺术中所发生的形形色色的革命，通过比较哥特式建筑和希腊式建筑的异同，我们便不难证明骑士制度（精神）的诞生是多么的荒诞和畸形！希腊式建筑简明、朴素、工整、匀称，但自有一种恢宏庄严之美。当这些野蛮人（Barbarians）想蹩脚地模仿它时，他们必然会陷入粗鄙而繁复的藻饰，并因之而远离自然和恰到好处的简朴。他们惊诧于古代建筑之美，但却对于如何保持一种确当的中道一无所知；**在毫无拘束的想象力的作用之下，他们不断地堆砌藻饰，结果使整个建筑看上去一堆乱麻，毫无章法可言**。出于同样的原因，当他们突发奇想，旨在建构出一套新的礼俗和英雄气概时，它肯定充斥着各种奇形怪状的饰物，没有哪一个部分能逃脱这种蹩脚的附庸风雅。我们发现，事实情况就是如此，对于骑士制度各个部分的考察无不证明了这一点。

值得注意的是这个男孩对于"爱情"的看法，因为在休谟的一生中，这一主题将会不断地浮现。在这里，学生时代的休谟分析了"典雅之爱"（System of Courtly Love）：

> 对于一位骑士或侠客而言，情人（mistress）是必不可少的，正如对于虔敬的信徒而言，上帝或圣人是必不可少的。他并不会就此止步，或满足于尊崇其中的某位女性，而是将这同一种礼貌（civility）扩展至所有的女性，也即通过对自然秩序的一种奇怪倒转，从而让所有的女性都高男人一等。这只适合于他们所自诩的那种无限的慷慨。他们以谦恭和驯服之姿对待弱于他们的任何事物，而对强于他们的任何事物则桀骜不驯，视若无物。因此，他带有慷慨的双重标志，而对于这种慷慨，维吉尔曾视之为夸饰：
>
> **御降人以柔，制强梁以威**（Parcere subjectis & debellare superbos）。[1]
>
> 由此便出现了伟大的游侠之士，尽管他们对于豪强有着不可遏抑的憎

---

[1] *Aeneid* VI, 853.

恶,但对所有的淑女均低眉顺目,恭顺侍之。在其所有的历险中,他都将这两种情感完美地结合起来,也即将那些不幸的少女从豪强的凌辱和暴力中解救出来。

作为一位骑士,他必定怀有最炽烈的爱,而且这种爱只受最谦恭的顺从与尊重的节制,其情妇的行为必定与此截然相反,她最引人瞩目的脾性便是冷若冰霜,目中无人,睥睨一切。直到最后,她最终被他的许多解围济困的侠义之举所感化。为了她,那位骑士曾歼灭了无数的豪强和妖怪,从而使她不得不屈尊答应成为他的新娘。在这里,妇女的贞洁——出于人类事务的必需,妇女的贞洁在所有时代、所有国家都是一种极大的荣耀——被进一步推向夸饰之境,从而使每一位妇女都无法幸免于这种异想天开的装饰。

休谟通过这篇文章获得了何种荣誉(如果有的话),现在已不得而知。很明显,他理应获得最高荣誉。但是,作为一位有经验的大学教授,我不敢确定他能获得这种荣誉。但事实是:手稿被保存了下来,这本身或许是在暗示,它曾是一篇获奖论文。

在休谟的学生时代,就培植良好的英语文风、健康的文学品位和普遍的思想自由而言,发挥着最强大的非官方影响的当属"兰肯俱乐部"(the Rankenian Club)。[1]它在1716年或1717年由一帮神学系和法律系的师生组建而成,得名于他们所聚会的酒馆老板。魏沙特校长(Principal Wishart)自己也是其中的一名成员。其他的早期成员还包括查尔斯·麦基(Charles Mackie)、科林·麦克劳林(Colin Maclaurin)、约翰·斯米博特(John Smibert)、约翰·斯蒂文森(John Stevenson)、乔治·特恩布尔(George Turnbull)和罗伯特·华莱士(Robert Wallace);后期的成员则包括亚历山大·鲍斯维尔(Alexander Boswell)、亚历山大·坎宁安(Alexander Cunningham)(也即此后的亚历山大·狄克爵士)、安德鲁·米切尔(Andrew Mitchell)以及约翰·普林格尔(John Pringle)。在其存世的60年里,它显然是不吸纳本科生的。"兰肯俱乐部"一直与贝克莱主教(Dean Berkeley)保持着通信联系,并且正是在"兰肯俱乐部"不遗余力的"推动下,贝克莱主教才得以在此后的著述中将其独特的信条扩展成篇"。据说,让贝克莱

---

[1] 创建后面的 Appendix C,见第617页(英文页码)。

大感快意的是,"再也没有人比这帮北不列颠的年轻绅士更能理解他的体系了,他们展示出了卓尔不凡的洞察力和独出机杼的智巧(the extraordinary acuteness and peculiar ingenuity)。"[1] 贝克莱对于"兰肯俱乐部"的赏识还进一步地体现在:在其1725年规划成立的**百慕大传教学院(missionary college in the Bermudas)**里,贝克莱还专门为他们预留了职位。"兰肯俱乐部"一直对这个不切实际的计划(visionary scheme)心存疑虑。但是,当贝克莱于1728年最终扬帆前往罗德岛(Rhode Island),"去追随其西方之星"时,与他一道前往的还有拟担任艺术教授的苏格兰肖像画家约翰·斯米博特(John Smibert)。在此次航行中,斯米博特为远行的贝克莱画了一组肖像画。在学院筹建失败之后,他在波士顿结婚安家,并为许多殖民地领袖画了肖像画。此外,他还在建筑领域一试身手,并设计了"法纽尔厅(Fanueil Hall)",它后来在美国以"自由的摇篮"闻名于世。

"兰肯俱乐部"在教育上的重要性在于如下事实:其成员均是爱丁堡大学各科系名重一时的头面人物,他们在俱乐部所展现的热情恰好能够弥补官方对于课堂教学的贫乏描述。例如,他们强烈的文学嗜好或许强化了大卫·休谟对文学的原始热情,并将其导向英语文风的重要问题。与此同时,他们强烈的哲学嗜好或许也将休谟的注意力集中于牛顿和洛克所创立的"新哲学"。罗伯特·华莱士深受莎夫茨伯里(Shaftesbury)的影响,而贝克莱更是为大家所周知。要说克拉克(Clarke)和曼德维尔(Mandeville),以及此后的哈奇森(Hutcheson)和巴特勒(Butler)遭到这些人的轻视,这无论如何都是匪夷所思的。奥切提尔的拉姆齐(Ramsay of Ochtertyre)下面略有些含糊其词的说法,或许是"兰肯俱乐部"哲学成功的最佳证明:"众所周知,从1723年到1740年间,再也没有什么比形而上学研究更能让爱丁堡教俗两界的文人更为痴迷了。他们认为,这些形而上学研究要远比时人们沉溺其间的那些神学或政治论辩有趣。"[2] 然后,拉姆齐还进一步列举出洛克、克拉克和贝克莱的名字,他当然还应该加上莎夫茨伯里、曼德维尔和哈奇森。

大卫·休谟可能在1725年或者不到1726年就已经离开了爱丁堡大学。一个可能的影响因素是1725年休谟家位于劳恩市场的房子遭受火灾。正是房子失火

---

[1] *Scots Mag.*, XXXIII (1771), 341.
[2] Ramsay, I, 195-6.

迫使休谟一家立刻返回九泉。但是，他们还是在这个城镇里继续过冬，这似乎说明他们很快就找到了另外一处寓所。

无论如何，现在该是我们探求如下问题的时候了：在爱丁堡大学攻读了三年或四年之后，休谟都学到了什么？尤需追问的是，他早年所形成的文学嗜好现在怎么样了？他那强烈的道德偏好是否有所变化？他的宗教信仰呢？最后，是否有迹象表明，他的哲学思考又有了新的进展？

我将对所有这些问题都做一简要的说明，但我首先会对休谟就学期间的表现做一总括性的评价。休谟辞世后，曾流传出这样一个故事："在早年的时候，休谟作为一名学生绝非卓尔不凡，也没有表现出一位被认为适合于从事学术研究的年轻人所应具备的那些优异资质"，具体地说，"在学校时，因为反应迟钝，行动笨拙，他获得了蠢蛋的诨名。"[1] 毫无疑问，休谟身材高大，且行动笨拙；但要说他反应迟钝却纯属胡说八道。在编造天才人物孩提时代的传奇故事时，就一般的大众心理而言，他们总是在两个极端之间摇摆，要么将其视为天赋异禀，要么将其视为愚不可及。我任何时候都相信：休谟的同学会认识到其超群的智能，并在某种程度上承认这一点。我们难道忘了那位身材高大、行动笨拙的塞缪尔·约翰逊？终其一生，约翰逊都笨拙如故，但在其少年时代，正是出于对其思想天赋的敬重，那帮同学们总是不时地用肩膀将其驮至学校。尽管老师可能会犯错，不识珠玉之才，但同学们很少会犯这种错误；如果休谟确实被同学们喊作"蠢蛋"，那也很可能只是一种昵称，而非嘲笑。[2]

此外，我希望强调一下"成功"这个词，它出自《我的自传》中"我成功地通过了普通教育"这句话。我相信，作为生性谦恭之人——尽管对于其成就，休谟带有可以宽宥的智识上的骄傲，休谟在这里暗示：他被视为一位优异的学生，也许，在某些场合，他还被正式褒奖过。而且，总是存在着这种可能性，也即**"关于骑士精神和现代荣誉的历史论文"是一篇获奖论文**。最后，在临终时——那是在完成《我的自传》几个月之后，休谟私下里曾承认，"他在同学中鹤立鸡群"。[3]

---

[1] "An Account of the Life and Writings of the late David Hume," in *Annual Register*, XIX (1776), 27; MS letter of Alexander Stenhouse to George Chalmers, 22 Mar. 1788, in EU, Laing MSS, II, 451/2.

[2] 我们不应忘记，托马斯·阿奎那也被其同学亲昵地称为"Dumb Ox"（身材高大的笨拙之人）。

[3] *Boswell Papers*, XII, 227.

第四章 爱丁堡的学生时代

同样，毫无疑问的是，在就读爱丁堡大学期间，休谟对于文学的热情进一步高涨。不管他在大学高墙之内是否习得了什么具体的学识，他都共享了那种诚挚而浓烈的知识氛围，正是这种氛围很快就激励着他以及其他的许多人投身于文学活动。休谟同样会发现（如果他还不是很清楚的话）一个好图书馆所具有的无可估量的价值。尽管此时的爱丁堡大学图书馆离好图书馆尚有一段距离，因为在其全部13000册的藏书中，绝大部分都锁在铁屏风背后，而阅览室冬季每天只开放2个小时，夏季每天只开放4个小时。虽然有少数书籍可以借阅，但要收取等值的保证金。在这些限制之下，一个虽求知若渴但却家境一般的读者很难会满意。

很可能，正是在大学期间或此后不久，休谟丧失了宗教信仰。在临终前，休谟向一位问询者透露："自从读了洛克和克拉克的著作，他就不再有任何宗教信仰了。"[1] 休谟丧失宗教信仰的具体时间或大可商榷，但作为思想传记的一项内容，这一事实本身仍然是无可置疑的。休谟确实曾在大学课堂上听过教授们所"宣教"的洛克和克拉克；但他很可能此后不久就开始研读他们的著作。朗吉努斯（Longinus）就是如此，休谟直到1727年才开始研读他的《论崇高》。然后，他发现朗吉努斯"确实代表了他所描绘的伟大的崇高人格"，这让人想起**亚历山大·蒲伯**的对句：

> 他自身的范例强化了其全部的法则；
> 他自身就是他所描述的那种伟大的崇高。[2]

不管休谟在1725年或1726年返回九泉时是否带有宗教信仰，但可以肯定的是，在此后的几年里，这些信仰逐渐坍塌，直至被完全抛弃。

至于其哲学思想上的新进展，我深信：除了原有的文学和道德嗜好，在离校时，休谟已深深地迷上了形而上学。在各种课堂上备受称誉、正初具雏形的"新哲学"，很难不在休谟的心田里落地生根。在接下来的几章里，我将重点讲述牛顿、洛克、贝克莱的这些原则如何与古今的道德哲学一道涵育化作，专门运用于

---

[1] *Boswell Papers*, XII, 227.
[2] *Essay on Criticism*, 679-80.

"人性科学"（science of human nature），并通过休谟这位原创性天才的厚殖深耕之后，最终得以生根发芽。仅就当前而言，所需强调的只是：在1722年初进入爱丁堡大学时，休谟还只是一个热情诚挚、敏而好学的孩子，而在数年之后的1725年或1726年，走出校门并返回九泉的休谟已是一位思想深邃、爱穷根究底、雄心勃勃，并立志献身于文字生涯的年轻人。

第五章　法律抑或文学？

"当……（我的家人）以为我正在批阅维尔特（Voet）和维尼乌斯（Vinnius）大作的时候，我暗中贪读的却是西塞罗和维吉尔的作品。"

在没有取得学位的情况下，大卫·休谟于1725年或1726年离开了爱丁堡大学，此后便长期潜心自修，一直到1734年。然而在《我的自传》中，其智识发展的这一关键时期却被一笔带过："我孜孜以求的秉性，我清明的头脑，以及我的勤勉，遂让我的家人产生了这么一个印象：法律才是我的正当职业。但是我却发现，除了致力于哲学和一般学术，其他的一切事物都不免让我深恶痛绝。当……（我的家人）以为我正在批阅维尔特（Voet）和维尼乌斯（Vinnius）大作的时候，我暗中贪读的却是西塞罗和维吉尔的作品。"然而，这段回忆文字却把当时的情形给简化了。其实，这八年时间可以分为两个截然不同的阶段：第一阶段从离开爱丁堡大学到1729年春。在这段时间里，休谟除了研修法律，还广泛地涉猎了文学；第二阶段从1729年春到1734年春。在此期间，休谟全身心地投入到一项自成一格的哲学和学术研究计划，旨在建立一套全新的哲学和批评学体系。

依照苏格兰当时的习俗，对于一位乡绅的次子而言，其职业选择是有限的。当然，大卫·休谟仍然可以待在邱恩赛德，继承一小块土地，并以一个小地主的身份终老一生。正如休谟自己所提到的，如果他那时果真继承了一块年值100英镑的地产，他也许就会心甘情愿地做一名小地主。但即便如此，休谟也不会是一个庸常的地主，因为他坚称自己还是会继续读圣贤书，并撰述自己的哲学。这一点很重要，因为它说明休谟从未将读书为文的文人梦抛之脑后。然而，由于每年所得不足 50 镑，选择成为一名文人实在是有些不切实际。

对于像休谟这样一位胸怀远大抱负的年轻人而言，其可能的职业选择无非是从军、从政、从教、从医，抑或作一名牧师，当然，他总是可以投身商界。我怀疑休谟年轻时是否曾考虑过投笔从戎。我们无从确定的是，当谈及职业选择时，1726 年时休谟的说法会不会像其 20 年后再度谈及这个问题时所表现出的那般斩钉截铁："教会是我素所厌恶的。"[1] 不过，考虑到休谟在宗教信仰问题上一贯非圣无法，故而，倘若他不虚与委蛇、善加掩饰，恐怕也没有哪个教堂会向他敞开大门。他很早就开始质疑医药行业的故弄玄虚。而要当一名家庭教师，他当时还太年轻，尚须多加锤炼。从商之路一开始就被否决了，这倒不是因为社会上的势利之见（因为九泉的霍姆家族就有几个次子在从商），而是因为这个年轻人仍一门心思想要继续从事他的研究。在上述职业选择之外，一个至关重要的考虑因素是：九泉的霍姆家族向来以法律为业。所以，考虑到其母亲和兄长的意见，很可能再加上其叔叔乔治·霍姆先生的首肯，从事法律就成为大卫·休谟最显而易见的出路。而一旦从事法律，也就等于自动地打通了政坛的进身之阶，只要他具备这方面的雄心和才具。

那么，这个年轻人自己最想要的是什么呢？其实，他最想要的不是别的，正是时间，也即继续读书、思考并为其此后的文人生涯做准备的时间。我更倾向于认为，他已厌倦了大学里的各种教育课程，因为平心而论，这些课程的唯一功效只在于让休谟不可遏抑地意识到：开设这些课程的教授们的心智禀赋尚不及他。对于一位优秀学子而言，置身于此种境况并不是一件值得称羡的事！他俨然厌倦了有着明确目标的功利性阅读。同样，他也对大学课堂上那种动辄就要在学习前祈祷的虔敬氛围深感厌烦。他后来的朋友亚当·斯密在 1751 年成为格拉斯哥大学的逻辑学教授以后，最早提出的要求之一就是免除这项宗教义务，但未获成功。随着年轻的大卫·休谟的心智不断独立，他愈发需要独立研习，不受任何束缚。如果说，我们很难指望其家人在那时能充分地理解他的这种愿望，那么，随着时间的推移，他或许能够引导他们明白这一点。本着这种多多少少有点冷漠的态度，他愿意试着修读法律。至少这样一来，他整个冬天就可以待在爱丁堡，这样，他就可以充分地利用其丰富的图书资源。

---

[1]　NHL, p.26.

第五章 法律抑或文学？

就这样，从 1726 年到 1729 年春，休谟一直在研修法律。"由于我们苏格兰的大学教育——除了语言教育外别无长物——通常在我们十四五岁时就宣告结束，所以此后我便信马由缰地由着自己的性子读书，并且发现我所喜读的几乎都是推理和哲学类书籍，以及诗歌和文雅作家的作品。"1734 年，在一篇具有高度重要性的"个人生活史"[1]中，休谟这样写道。而"我……在阅读方面是随心所欲的"这一表述似乎暗示着他母亲生性善解人意，而大卫自己对法律则有些兴味索然。不过他还是坚持读了下去。但他是怎么读的呢？又读到何种程度呢？

自约瑟夫·霍姆时代起，法律的研习已变得越来越规范化。1707 年，爱丁堡大学设立了公法教席，1710 年设立了民法教席，1722 年又设立了苏格兰法教席。但是，旧有的、非正式的学徒制依然在实践中保留了下来，并且经常与新设的教学体系相杂糅。作为 18 世纪末爱丁堡大学的苏格兰法讲席教授，大卫·休谟男爵——也即哲学家大卫·休谟的侄子——在评价当时已全然过时了的学徒制时说道："毫无疑问，从长远角度看，沿着这条道路，一个勤勉不懈且资质优异之人，一定会成为一名能干的律师。但可以肯定的是，即便是对这样一个人而言，也是困难重重；而对那些资质平庸、心智不足之人而言，困难更是无法逾越。"[2]说到勤勉不懈和资质优良，教授的这位叔叔（即我们的哲学家大卫·休谟）显然并不缺乏；但同样可以肯定的是，他的这种勤勉和良好资才并非全心全意地奉献于法律事业。

大卫·休谟到底遵循的是旧式的法律研修体系，还是新式的法律研修体系，抑或两者兼而有之，这一点已无从查考。但不管是哪种情况，他都一定要到苏格兰高等民事法院见习，以学习其诉讼程序。而他于 1742 年写给凯姆斯的亨利·霍姆（Henry Home of Kames）的那封信[3]也印证他确实这么做了。作为当时已卓然有成的一位律师和学人，亨利·霍姆算不上是一位古典学者。于是，在回答他的问询时，他的年轻朋友（大卫·休谟）便给他提供了一份"关于西塞罗作为一名律师的优点"的长篇专论，其内容包括对古今法律之方法的比较。"我同意你的看法，"休谟开篇写道，"在其法庭演讲中，西塞罗的推理常常显得非常松散枝蔓，而且我们应该视其为跑题；当今的律师也易犯同样的错误，也即当他们被赋

---

[1] HL, I, 12-18.
[2] *Baron David Hume's Lectures, 1786—1822*, ed. G. C. H. Paton (Edinburgh 1939), I, 1-2.
[3] NHL, pp.7-8.

予这种自由时，他们常常以身犯险，重者因离题千里而遭到法官的惩处，轻者也会受到法官的训诫。"休谟进而写道："如果您读一读西塞罗为米洛所写的那篇辩护词，您就会认可我的观点，我相信：西塞罗简直离题千里、言不及义，现在的法庭一定会这样认为。"

在1742年发表的"论雄辩"一文中，休谟更多地谈到了古今的法律研习。他认为，在这方面，荣耀应该属于古人：

> 研习法律在那时既不是一件苦差——也即需要耗费毕生的心血才能修毕的苦差，也不会和其他的研修和职业相冲突。古罗马人中的那些伟大的政治家和将领们全都是律师；而西塞罗，为了表明精通法律科学之简易，曾公然宣称：就其所从事的各种职业而言，要成为一名合格的律师，只消下几天的工夫便绰绰有余……但现今的律师怎么会有余暇丢下其手中各种辛苦而繁重的工作，以攀折**帕纳苏斯山**（Parnassus）的桂冠（flowers）呢？换句话说，他们该如何在他们所不得不使用的各种严苛而又精微的论证、反驳和答辩之余去展现自己的文艺才华呢？设若让这些伟大的天才和伟大的演说家在大法官面前进行诉讼辩护，那么，在花了一个月的时间来专门研习这些法律之后，他们只会白忙活一场，并让自己成为别人的笑柄。[1]

休谟这里不仅言及其略显苦涩的个人际遭，而且也清晰表明大卫·休谟认为法律的学习与其文人生涯是背道而驰的。

最后要说的是，不管是理论层面还是实践层面，休谟的法学之才都不容小觑。在理论方面，他的法律学识构成其道德哲学不可或缺的组成部分，这一点可常常见诸其公开出版的著述，故而无须赘述。就法理学或理论法学而言，休谟可谓是一位大家。然而就法律实践而言，我实在有必要多说几句。随便举几个例子就足够了，比如，1746年他曾被任命为一个军事远征团的**随军法官**（the commission of Judge-Advocate）；而且终其一生，他曾起草了各种类型的法律文书，并经常就法律实务问题提供专家意见。总而言之，大卫·休谟完全有能力成为一名胜任的律师；而他后来对法律职业所表现出来的一再蔑视，并非出于法律学识

---

[1] *Phil.Wks.*, III, 167-8.

的匮乏，而是源于他与法律职业格格不入的心性。

在爱丁堡研习法律赋予休谟一项特权——他可以从"律师公会图书馆"（the Advocates' Library）借阅书刊，不过可以肯定的是，这些书都不是他自己有权直接借阅，而是要通过他的一位律师朋友转借。"律师公会图书馆"有3万多卷藏书，而且其中大部分都可以外借，故而要远胜于"爱丁堡大学图书馆"——那里不仅图书数量有限，而且有着严格的借阅规定，更何况那时还尚未对已毕业的学生开放。20年后，休谟依然仰赖律师朋友们的好意从"律师公会图书馆"借书，直到1752年他因当选"律师公会图书馆"的管理员而得以自由借阅其中的藏书。

诸如新近的期刊、诗集和文学评论之类的休闲读物，休谟可以从苏格兰第一所"流通图书馆"（circulating library）那里获得，这正是艾伦·拉姆齐（Allan Ramsay）在高街的拉肯布施（Luckenbooths）开办的。[1] 在那里，也就是威廉·克里奇（William Creech）所开店铺上面的第二间"屋子"就是专门用来出租所有最时新的出版物的。一位怒不可遏的道学家曾指斥道："其诲淫诲盗令人发指；凡是由科里（Curle）及其他人在伦敦印行的粗鄙淫秽的书籍和剧本，艾伦·拉姆齐（Allan Ramsay）都大肆搜求，并转而以低廉的价格租借给那些身家还算清白的年轻男孩、男女仆从和绅士们，而邪恶和淫荡就这样大肆传播开来。"[2] 不过，大卫·休谟对这些所谓的文学上的诲淫诲盗之作可从不避讳，他对这个以假发制造商起家并转而经营书店的不起眼的詹姆斯二世党人的书铺可喜欢得紧，因为它可是爱丁堡新文学生活的中心所在。拉姆齐本人也是一位在爱丁堡深孚众望的诗人，他曾于1721年出版过自己的一部诗集，后来又于1725年出版了《温柔的牧羊人》（*Gentle Shepherd*），这部田园剧（a pastoral drama）在当地演出后大获成功，而且在英格兰也如苏格兰一样大受欢迎。除了创作英语诗歌，拉姆齐也一直试图复兴人们对苏格兰本土方言的兴趣。为此，他于1724年推出了《常青》（*The Evergreen*）这样一部苏格兰古诗选集。他的《茶几杂记》（*Tea-Table Miscellany*，1724—1732年）收录了他自己和朋友所写的一些英语及苏格兰语歌谣、诗作，其中就有班戈的汉密尔顿（Hamilton of Bangour）所写的那首著名的《菁草坡》

---

[1] 以"鹅馅饼"（Goose Pie）驰名。
[2] Robert Wodrow, *Analecta* (Glasgow 1853), III, 515.

（Braes of Yarrow）。拉姆齐对于英语和苏格兰语诗歌的双重偏好可由其店门外的标识——也即本·琼森（Ben Jonson）和霍索恩登的德拉蒙德（Drummond of Hawthornden）两人的头像——管窥一二。

而1713年出生，并且同样名为艾伦的书店老板的儿子，大概是在1733年去伦敦研修艺术之前的某个时候成了大卫·休谟的密友。这位年轻的艾伦后来成为乔治三世王庭的御用肖像画家，他注定要在休谟和卢梭之间的恩怨纠结中扮演一个并不重要但又毫不自知的角色。1754年，他和大卫·休谟一道成为在爱丁堡举足轻重的**"群贤会"**（Select Society）的创始人之一。作为一个文人，也作为一位画家，艾伦·拉姆齐二世成为苏格兰启蒙运动的杰出典范。

在大卫·休谟居留爱丁堡期间所属的文人圈里，有一个是凯姆斯的亨利·霍姆（Henry Home of Kames），此前我也已提及此人。1726年，亨利·霍姆已30岁，比大卫年长15岁，并且是一位从业3年之久的律师。凯姆斯庄园位于距九泉仅10英里的伯维克郡（Berwickshire）。依照苏格兰令人愉悦的、较为弹性的攀亲方式，两个家庭可以算得上是堂亲。多年来，两家一直往来不断，而且大卫小时候也很可能一直把亨利视为文人和知识分子的标杆。由于没钱读大学，亨利所受的教育都来自于他的家庭教师。16岁那年，亨利入籍爱丁堡的"状师协会"（Society of Writers to H. M. Signet）[1]，在那里，他同时还旁听了克雷格教授（Professor Craig）所开授的民法讲座。许多年后，作为一位直言不讳之人，亨利将其凯姆斯的第一位家庭教师温盖特（Wingate）称为"一个榆木脑袋，一个大老粗"，而称克雷格为"一位异常沉闷无趣之人"；而说到在迪肯森律师（the Solicitor Dickson）那做学徒时，则称那是"最糟糕的教育"。[2]

在迪肯森的律师事务所（Dickson's chambers）待了两年之后，亨利便拥有了成为一名律师这一更有前途的职业前景。受到自己广泛学术旨趣的召唤，他一方面从事于法律研究，并出版了《1716年至1728年苏格兰高等民事法院重要司法判例集》（*Remarkable Decisions of the Court of Session 1716—1728*，1728年），另一方面又从事于法哲学研究，并出版了《论法学中的几个主题》（*Essays upon several Subjects in Law*，1732年）。他对形而上学也很感兴趣，并于1722年或

---

[1] "Society of Writers to H. M. Signet"，之所以这样称呼是因为其成员此前是国王秘书处（King's Secretary）的文员（clerks），专门负责起草所有与国王签署通过的诰令和特许状有关的令状。
[2] *Boswell Papers*, XV, 268-70.

1723年怀着在神学院学生中间"制造困扰和搬弄是非"这一明确的意旨加入了一个古典学术俱乐部。后来他承认：他的这一目的"在许多人身上大获成功，从而使他们成为不折不扣的自然神论者"[1]。1723年，亨利·霍姆本着自由思考的哲学倾向开始和塞缪尔·克拉克（Samuel Clarke）以及安德鲁·巴克斯特（Andrew Baxter）书信往还。

作为《关于人类灵魂本质的一项探究》（*An Enquiry into the Nature of the Human Soul*，1733年）一书的作者，也作为此后异教徒政治家约翰·威尔克斯（John Wilkes）不怎么融洽的一位朋友，安德鲁·巴克斯特1723年正在威廉·海伊（William Hay of Drumelzier）家做家庭教师，并居住在离凯姆斯和九泉都很近的顿斯城堡（Duns Castle）。1723年的上半年，亨利·霍姆与巴克斯特就因果论问题进行了书信往来，正是洛克《人类理解研究》中关于"力量"（Power）一章的内容引起了他对这一论题的关注。亨利后来告诉鲍斯维尔（Boswell），他一直饱受这一论题的"折磨"。[2] 现在，通过回应约翰·凯尔（John Keill）基于"牛顿原理"而写成的《物理学导论》（*Introduction to Physics*）一书，这位年轻的律师试图维护亚里士多德的观点，也即所有事物都需要持续不断的动因以维系自己的运动状态。而年轻的家庭教师则恰恰相反，支持牛顿提出的惯性论（*vis inertiae*），也即所有事物，不论运动的还是静止的，都倾向于保持自己原有的状态。亨利·霍姆在科学上的异端学说最终招致巴克斯特的抱怨："您什么时候能让我看懂您到底在写什么，我必会诚实坦白、直截了当地答复您。"[3] 他俩的书信往还就这样友好地告一段落，并且两人还彼此承诺返还并焚毁各自的信函——当然，这个君子协定并没得到严格遵守，至少在亨利一方是如此。

塞缪尔·克拉克关于《论上帝的存在及其属性》（*On the Being and Attributes of God*，1704—1705）的"波义耳讲座"（Boyle Lecture）奠定了他无可争议的英国理性主义哲学流派的领袖地位，该学派试图从逻辑必然性来推演出道德法则。身为牛顿的门徒，克拉克以牺牲其导师学说的实验要素而片面强调其教诲中的数学要素。1713年，他的一位学生约翰·巴特勒（John Butler）——也就是后来的圣公会主教，在一系列言辞冷静但却掷地有声的信件中，表达对经验主义或洛克

---

[1] *Ibid.*, XV, 284.
[2] *Boswell Papers*, XV, 273.
[3] Baxter, MS letter, 13 June 1723, in SRO, Abercairny Papers, GD 24.

式观点的支持，以此反对克拉克的先验主义观点。1717 年，另一位名叫弗朗西斯·哈奇森（Frances Hutcheson）的学生——也就是后来声名显赫的格拉斯哥大学的道德哲学教授，也提出上述反对意见。在对克拉克的形而上学理论经过长达 7 年的困惑之后，亨利·霍姆也在 1723 年 8 月加入到了反对阵营。两人最后一次交锋只不过是简单的一封信，寥寥数语。在信中，霍姆重申了巴特勒最初的观点。怀着令人钦佩的胸襟，克拉克对这些年轻的、心怀困惑的"托马斯们"（Thomases）的信件做了一一回复，但却未能说服他们之中的任何一个人。

作为莫斯的胞亲和近邻，大卫·休谟与亨利·霍姆的友谊或许很早就建立起来了，不过，对此我们无法确知详情。在爱丁堡修读法律的时候，大卫很可能会因为亨利的哲学旨趣而与之惺惺相惜。然而两人间存世的最早通信要晚得多，那封信是 1737 年 12 月 2 日由大卫从伦敦发出的。不过从这封信我们不难看出，他们此前确有书信往来。而且大卫在 1734 年初就已离开苏格兰，写那封信时还没有回来，这说明两人间的友谊至少可以再往前推至 1733 年。再者，这封信的口吻十分亲密，足见两人接触已久。要知道休谟的通信对象可是个比他年长 15 岁且已四年未曾谋面之人，信的结尾还有一段不雅的兴笔评论[1]，这充分证明他们二人已是胝手胝足的知交好友。出于对长者的尊重，也怀着两者不分伯仲的确信，他当然可以略为放肆地品评这段"风流偶傥"的革命友情。这一推断被敦尼科尔的詹姆斯·奥斯瓦德（James Oswald of Dunnikier）写给亨利·霍姆的一封信中的一段闲笔所印证："你可记得，"作为科卡尔迪选区的议员，奥斯瓦德 1742 年从伦敦写信回忆道，"在一次酩酊中光顾库帕（Coupar）之后，你和你的朋友大卫是如何嘲笑我那天晚上对特定场合下的金枪不举所做的一次最为崇高的宣告……"[2]

上述证词所唤起的是这样一幅景象：三十四五岁的亨利·霍姆带着一帮志气昂扬的青年法学生，在他的庇佑下进出爱丁堡及附近城镇的各类社交场所——咖啡屋、牡蛎食府、酒馆和各种聚会。亨利·霍姆毕生都热心于赞助艺术和科学事业，特别那些有着大好前途的青年男女，他是一位不折不扣的社交高手，这一点早已在其朋友威廉·汉密尔顿（William Hamilton of Bangour）的诗作中得到印证，

---

[1] 参见后面，p.111。
[2] James Oswald, MS letter to Henry Home, 6 Mar. 1742, in SRO, Abercairny Papers, GD 24.

第五章　法律抑或文学？

"致聚会中的亨利·霍姆"：

> 带着神明般的万丈魅惑，
> 有无尽的美眉在您身边婉约，
> 啊，年轻人，难道你的心
> 能不为美丽的力量所俘获？
> 哦，难道你不是很快就辜负了
> 那太过轻信的乡下姑娘？
> 她涉世未深的青葱年华
> 绝不曾担心你有任何邪念；
> 她顺从于爱情的温柔摆布，
> 又怎知爱人也会背叛。
> 该要如何怨怼负心人？
> 又该如何重拾当初的春梦？

这位詹姆斯党诗人也是大卫·休谟的朋友，不过大卫是不是经常出入舞会，这一点还有待证实。不过，有一点可能没说错，也即他那时正开始对"乡下姑娘"春心萌动。亨利的另一位朋友——也可能是大卫的朋友——是御林军上校詹姆斯·弗雷斯特（Colonel James Forrester of the Guards），也即《文雅哲学家》（*The Polite Philosopher*，1734）的作者。1738 年，弗雷斯特做过"疯癫的"安南戴尔侯爵（Marquis of Annandale）的家庭教师，七年后大卫接手了这一职位，虽然不是从弗雷斯特手上直接接任的。而在此期间，大卫的另一位朋友是詹姆斯·弗格森（James Ferguson），他后来以皮特弗勋爵（Lord Pitfour）的头衔成为苏格兰高等民事法院的一名大法官。

在爱丁堡年轻文人圈中，与休谟关系交情最深的当属蒙盖尔的迈克尔·拉姆齐（Michael Ramsay of Mungale）。他是一个特别让人捉摸不透的人物，但凡见过他的人，根据各自的性格，要么对他推崇备至，要么对他极尽反感。一方面，作为后来的亚历山大·狄克爵士（Sir Alexander Dick），亚历山大·坎宁安（Alexander Cunningham）对亨利·霍姆和迈克尔·拉姆齐都非常了解，他是这样描述拉姆齐的："一个荒淫无耻之徒，以腐蚀和祸害其身边的年轻人为乐，带他

71

们纵情于声色犬马，并结交那些像他一样天不怕地不怕的酒鬼。"亚历山大爵士承认，在其内心，他总是把"这个不幸之人"视作"大魔头迈克尔"。另一方面，亨利·霍姆则把迈克尔·拉姆齐视为"一个无害之人，亚历山大·狄克爵士误解了他的性格"。当迪克因这一时期所过的"酒色财气"的生活而欠下 300 磅的债务而指责拉姆齐时，亨利并未效法他。亨利除了自己谁也没有责怪。当意识到自己的财务危机时，亨利很明智地从原先的社交圈子抽身而退，并试图带着"威利"（Willy）汉密尔顿一道脱身，但这位诗人却一直难以舍弃这种流光溢彩、觥筹交错的社交生活。[1]

迈克尔·拉姆齐到底是一位"大魔头"，还是一个"无害之人"？这取决于我们的眼光，取决于我们是用一种清教徒的眼光看待他，还是用一种凡夫俗子的眼光来看待他。毋庸置疑，拉姆齐的确是一个轻浮放浪的年轻人。而从他和大卫·休谟的交往中则可以清楚看出，他还是个雄心勃勃、学富五车、喜好舞文弄墨之人，丝毫没有"大头魔"的迹象。当詹姆斯·鲍斯维尔这样的世俗之徒在 1762 年遇见拉姆齐时，立即被他那"令人不快的粗鲁举止"所震惊。不过，那时鲍斯维尔自己也处在抑郁症的惯性发作期，并承认自己那会儿看谁都不顺眼。鲍斯维尔也承认拉姆齐是"一位优秀的学者，做事极有分寸，而且非常乐于助人"，鲍斯维尔发现他的妻子是个"出身低微、喋喋不休的女人，而他的儿子们则是一群四处捣乱的狗崽子"。[2]

拉姆齐的职业生涯鲜为人知，除了知道他早年曾在英格兰教会就职，后来又远赴他乡做了霍姆伯爵（Earl of Home）和艾格灵顿伯爵（Earl of Eglintoun）家的家庭教师，后来又成为罗克斯堡公爵（Duke of Roxburgh）的管家（Chamberlain）。终其一生，他颇善交友，吸引了像劳伦斯·斯特恩（Laurence Sterne）和查尔斯·伯内（Charles Burney）这样性格迥异之人。更重要的是，迈克尔·拉姆齐一直与整个九泉家族保持着友善关系，而且还是大卫·休谟现存的最早一封信的收件人。多年来，两人不断地交流各自的读物和文学作品。在他们去世后，关于他们的友谊，迈克尔·拉姆齐二世在一封给大卫·休谟二世的信中写道，"他的信件出于最纯粹的友谊和最强烈的感情。持之以恒而又相互尊重，我不相信这世上还

---

[1] *Boswell Papers*, XV, 315-16.
[2] *Boswell Papers*, I,109.

有像他们这样的朋友。"[1]

爱丁堡以亨利·霍姆为核心的那帮年轻人的兄弟之情，以及由此所透露出的欢乐气息，在他们的桂冠诗人威廉·汉密尔顿的诗句中[2]得到了淋漓尽致的展现：

> 我，在基斯家
> 期待着一方碗盏，盛满我的牵挂……
> 曾经有一段时间，我们不会嫌弃
> 麦克顿格尔家低矮的房顶，那酒香满溢之地，
> 一如传说中的迦南，流淌着蜂蜜，
> 我们常在那相聚，
> 且饮尽我们的杯中物，开怀畅笑
> 切莫辜负这多情的歌声，这欢快的舞步，
> 在伊顿镇这盈耳的喧闹声中，
> 疲惫的作家笔走龙蛇，多么悠长的一天，
> 当如饥似渴的黄昏降临，他早已筋疲力尽，
> 他心情愉悦，健步如飞，奔向那熟悉的去处
> 公牛地窖或约翰斯通家！那里有心爱的
> 美酒，学识和往昔的哲人；
> 抑或考特斯家那晦暗的辛梅里安地牢（Cymmerian cell），
> 从幽深的地下，他隐隐地听到
> 那聚会的喧嚣在穹顶久久地回响；
> 他快步向前，迫不及待地加入那快活的人群。
> 且让我们再度尽情地欢笑……

没有任何迹象表明，大卫与亨利·霍姆和爱丁堡社交圈的交往，曾导致他放浪不羁或债台高筑。他天性清明，这促使他与那帮浪荡子只保持一种泛泛的君子之交，并谨守当地的礼俗；而他一向又致力于经济独立，这又使他得以远离债务。

---

[1] RSE, VIII, 27.
[2] Hamilton of Bangour, "To a Gentleman going to travel."

而休谟于 1738 年和 1739 年写给亨利·霍姆的信反映出了这种兄弟之爱更为严肃的一面,也即"哲学之夜"和"友人的论文"。两人的私谊在大卫·休谟 1745 年信函中得以清晰地展现:"我无望与你共度一生,这不免让人徒生慨叹。我始终认为,你在各方面都算是我的至交好友。"[1]

在其短暂的法学生涯中,大卫·休谟或许一直听从凯姆斯的亨利·霍姆的建议,也或许相反。如果果真如此,那他一定乐于有机会与他的朋友讨论形而上学问题,而他的注意力或许因此就转向了因果关系这一论题。大卫之所以轻慢法律研究,没准就是受到亨利的鼓励和宽纵,其结果无非如我前面已提到的那样:当家人"以为我正在批阅维尔特(Voet)和维尼乌斯(Vinnius)大作的时候,我暗中贪读的却是西塞罗和维吉尔的作品"。最终,在亨利的再三鼓励下,大卫已不再装模作样,而是借朋友之力说服家人同意他追寻自己的道路。在大卫 1727 年 7 月 4 日由九泉写给迈克尔·拉姆齐的信中,这条道路的性质已初露端倪。

"我现在完全以读书自娱,"大卫喜不自胜地写道,"我读书是随兴之所至,喜欢读什么就读什么(我讨厌那种分派任务式的读书法),阅读的对象总是随兴致的变化而变化。我时而读哲学家的著述,时而读诗人的辞章……我过着国王般的生活……"他从维吉尔(Virgil)、西塞罗(Cicero)、朗吉努斯(Longinus)和米尔顿(Milton)那引经据典,并自得于维吉尔式的"心灵的恬静,自得于自由和经济独立,自得于藐视财富、权力和荣耀"。他还不失时机地争辩道:"就教谕意义而言,"《农事诗》"即便是与西塞罗最曼妙的文字相比也毫不逊色。"他还极力补充道,"因为维吉尔式的生活方式更是我衷心向往的,也更易于引起我的心灵共鸣。"在最早的书信中,休谟所表达的都是对政治的拒斥,是对西塞罗式法律生涯的反感。休谟显然觉着自己难以胜任法律生涯,因为他生性腼腆,在公开演讲时难以挥洒自如,而且毫无疑问的是,还包括他已经意识到的外形欠佳。这封信同样清楚表明了休谟决定弃法从文的职业选择。

这封信还进一步表明,休谟早就将哲学视为文学的有机组成部分。要成为一个哲人就要成为一个文人:对于休谟和整个 18 世纪而言,这一命题是不言自明的。休谟告诉拉姆齐,他"时而读哲学家的著述,时而读诗人的词章";但无论是哲学家的著述,还是诗人的词章,它们都是投给已开始研磨的休谟哲学磨盘的

---

[1] NHL, p.17.

食料。虽然休谟提出要在哲学领域做出自己的贡献，但当言及这一点时，他尚缺乏自信："难道您想让我把这些零散的、未经省思的、不成熟的想法寄给您吗？难道值得将它们抄录给您吗？"休谟反诘道："我现在所取得的全部进展无非是在一些小纸片上罗列纲要。心灵之中，一会儿这里冒出一种激情，一会儿那里出现一个现象，需要予以解释，同时，在另一些时候，也需要对这些解释加以修正。有时我会对我已经读过的作家做评注，这些评注对别人而言是毫无价值的，我相信对我自己也用处不大。"

在第一封信里，休谟对于文风的重要性提出了首次表述，尽管并不是最后一次。他始终坚信，一位有着自己原创思想的严肃思想家，其首要的先决条件就是要以别人可以理解的方式把他自己的思想表达出来。在那时，年轻的休谟尚不曾为公众写作，他只不过是在编撰一系列的备要，而其此后的思想体系或许正建基于此。在1734年颇具自传色彩的一封信中，休谟描述了他为了收集这些备要的素材而经历的阅读历程：

> 自大学毕业后，我便信马由缰由着自己的性子胡乱看书，但发现自己所喜欢的几乎都是推理和哲学书籍、诗歌以及文雅作家（polite Authors）的著述。每个与哲学家或批评家相熟的人都知道，这两门科学尚无任何建树，即便是在最经典的文章中，也充斥着没完没了的争论。在做了一番考察之后，我心胸油然升起一股无畏的豪情，它使我在这些论题上根本不愿听命于任何权威，而是引导我寻找一些新的手段和方法，据以获致真理。[1]

这些"推理和哲学书籍"，"以及文雅作家（polite Authors）的著述"必然会指引着休谟学习法语，因为它们中有很多书都是用法语写就的。于是，他便掌握了法语；并且在他的信中很快就提出了要借阅法国历史学家和哲学家著述的请求。

大约也正是在这个时期，休谟丧失了，或者说彻底丧失了宗教信仰。这是理性化教育的结果。面对他所视之为不可避免的逻辑，休谟慢慢地、不情愿地甚至是在违背自己意愿的情况下放弃了宗教。因为对他而言，就像此前对于巴特勒、哈奇森和霍姆而言，克拉克的先验观点是没有任何效力的。但休谟又进一步超越

---

[1] HL, I, 13.

了巴特勒、哈奇森和霍姆,他甚至对基于洛克和牛顿之经验主义的概然性观点提出了质疑。对休谟来说,就宗教问题而言,这种经验主义观点总是唯一值得认真考虑的哲学观点。因此在1751年,在写作伊始,休谟就请朋友帮忙强化其《自然宗教对话录》一书中的经验主义面向。至于怀疑主义,他承认不需要任何襄助。他写道:"无论您认为我有何种倾向,但事物的另一面总是悄悄地潜入我的体内,并反对我的意志。不久前我刚刚烧掉一部旧稿,它是我20岁以前写就的,其中每一页都包含着我的思想在这方面的逐步发展。在这部旧稿的开篇,我急于寻找可以确证日常意见的一些论证;但怀疑总是悄无声息地溜门而入,然后消失、复归,然后又再度消失、复归。这是一场永恒的斗争,一场永无休止、骚动不息的想象力反对自身性向(Inclination),甚或是反对理性的斗争。"[1] 从中我们可以清楚地看到,年轻时代的休谟是在年岁渐长的过程中逐渐放弃其宗教信仰的,而非是在阅读了洛克和克拉克之后所做出的即刻改变。而同样清楚的一点是:这些宗教信仰是迫于哲学压力而放弃的,也即休谟是通过理性思考而自觉放弃其宗教信仰的。

  这种反转的一个有趣特征——同时也是这种反转之所以达成的不容小觑的因素,就是休谟道德标准的改变。人们不会忘记,孩提时代的大卫曾按照虔敬的《论人类的全部职责》(*Whole Duty of Man*)一书所罗列的严苛的恶行表来检验自己品行。而如今的大卫虽然依旧热切地关注个人道德问题,但已有所进步——抑或有所退步,因为他已能对异教哲学家,尤其是西塞罗,做出更加人性化的评价。正如他后来在信中向弗朗西斯·哈奇森所告白的那样,"我希望从西塞罗的《论义务》而非《论人类的全部职责》来抽取我的德目表。"折服于他在西塞罗、塞涅卡和普鲁塔克那里所发现的"有关美德与哲学的醇美论述",这位热忱的年轻人着力"磨砺自己的秉性和意志,砥砺自己的理性和知性。并进而不断地反思死亡、贫穷、羞耻、苦痛和其他种种人生灾祸"。[2] 这种经过修正的古典时代的灵魂考验和品格铸造术的一些令人啧啧称奇的心理后果很快便会显现。

  在达尔林普尔夫人(Lady Dalrymple)于爱丁堡所举办的一次晚宴上,青年时代的休谟的道德品质经受住了考验。安妮·林赛夫人(Lady Anne Lindsay)讲

---

[1] HL, I, 154.
[2] HL, I, 34, 14.

述了这个由其祖母转述的故事。

> 你知道他的诚实本性是千真万确的……作为一个男孩,他又胖又蠢,就像个笨拙的小丑,但却充满仁慈和正义感。有一天在家,当时他大约 16 岁,晚餐前人们闻到一股非常难闻的气味……"啊,是那只狗……是那只狗,"大家都叫了起来,"快把它赶出去,肯定是那只脏狗,快把它赶下楼……天哪!"
>
> 休谟满脸通红地站在那儿,心怦怦直跳……"哦,不要伤害它",他说……"不是鲍德(Pod),是我!"
>
> 我认为这句话可称得上是一句精妙的谚语:"不是鲍德,是我。"
>
> 很少有人愿意为无辜的鲍德的不当举动背负罪责,并将其承揽到自己的身上。[1]

经过三年艰苦的研究和思考,1729 年春,休谟新近鼓起的"勇气"突然有了回报,因为他有了一个重要的发现。他的阅读和思考不再散漫无序。突然之间,一切都变得明朗化了,各种细节问题也逐渐清晰。一个新的哲学体系开始显现。休谟自己是这样来描述这种转变的:"经过大量的研究和反思之后,最终,在我 18 岁的时候,一个崭新的思想舞台展现在我的面前,使我不可自抑地沉湎其中,并以年轻人惯有的热忱,放弃了我此前曾打算追求的全部逸乐和事业。法律,我此前曾打算从事的行当,现在在我看来完全面目可憎。在这个世界上,除了作为一名学者或一位哲学家,我想不到还有其他什么可以扬名立万的人生运机。"[2] 休谟很快就放弃了法律研究,他也从没有上过法庭。1729 年,一切皆成定局。他将成为一名文人,成为"一个学者和一个哲人"。

---

[1] Memoirs of Lady Anne Lindsay, Crawford Muniments, II, 107 (1773), John Rylands Library, Manchester. Geoffrey Hunter 首次将其刊印,见其所著:"David Hume: Some Unpublished Letters, 1771—1776," in *Texas Studies in Literature and Language*, II, 1960, p.135, n.15。

[2] HL, I, 13.

第六章　学者病

"我无望以一种典雅净洁的文字来阐述自己观点,以至能引发全世界的注目。"

1729年春鲁莽地放弃法律,给了大卫·休谟一个恰逢其时的机会,以探究在他眼前突然打开、激奋人心的"新思想舞台"。但就实际的生计而言,这个决定意味着这位18岁的年轻人是有意放弃潜在的安逸,并在未来至少10年的时间内委身于某种几乎注定了的颠沛流离。也许正是这个决定促使其妈妈做出了一个非常有名的评价——但遗憾的是,这一评价并无任何文献依据:"我们的大卫天性善良,但就是心灵特别脆弱。"[1]考虑到其儿子此后5年里精神和身体上的双重困顿,以及此后15年的生计问题,我们很容易就原谅了这位心地纯良的九泉夫人貌似的迟钝和后知后觉。

1729年春,休谟满怀激情地投入到自己的研究,并在此后的6个月里未敢稍有懈怠。直到9月初,休谟发现,"我所有的热忱似乎一瞬间烟消云散,我再也提不起此前曾给我带来无限愉悦的那股精神气。"当他无声地谴责自己"生性怠惰"时,休谟便加倍地用功,但大约9个月后,他便开始受到某种身心症状的困扰。在18岁的时候,休谟"又高又瘦,形销骨立",看起来似乎已接近肺痨的边缘。在休谟的一生中,他第一次敏锐地意识到其危险的健康状况。[2]

---

[1] Hill Burton, I, 294*n*.
[2] 本章所援引休谟的话,凡未曾注明的,都出自其1734年一封带有自传性质的信。参见 HL, I, 12-18.

第六章　学者病

休谟开始意识到（尽管为时已晚），他以古代异教哲学家的道德格言为基础的品格修炼（character-improvement），也是导致其健康崩溃的一个主因。他承认，这些"有关死亡、贫穷、羞耻、苦痛和其他种种人生灾祸的反思，一旦与一种积极的生活相结合，无疑是极其有用的。因为在这种情况下，反思与生活实践胶着在一起，遽尔在灵魂中内化，并留下一种深刻的印象，而在孤独的生活状态下，这些反思除了耗费人的精神，别无他用，心灵的力量遇不到任何阻遏，只是在空气中无谓地耗散自己，就像我们失去了运动目标的手臂"。病态的自省很可能会变成一种自我麻醉，只有靠病人自己非同寻常的努力才能得到治愈。休谟显然做出过这种努力，并重新获得了对自我的掌控。

不愿承认自己或许受困于"忧郁症"（vapors）或精神萎靡不振，休谟徒劳地认为，只有那些无所事事的富人才会患上这种精神疾病。但休谟开始为其手指上出现的坏血点而感到忧心忡忡。"一位非常知名的医师"为他开了抗坏血病的柑橘汁，服后症状得到了局部的缓解。但到了1730年4月，休谟被迫再度去咨询那位医师，并抱怨"口中老是流涎"，这位医生确实名不虚传，因为他立马辨识出休谟的病症："他对我大加嘲笑，说我现在是一名难兄难弟（Brother），因为我得的正是一种学者病（the disease of the learned）。"那位医生给休谟的建议是："服一种苦味药和治歇斯底里症的药丸"，同时"每天饮一品脱红葡萄酒"，外加长距离地骑马。最后，事与愿违的是，他真正成了一名"忧郁症"（vapors）或"抑郁症"（hypochondria or melancholia）——虽然病的名称一直在变，但病症却一直存在——的患者，整日里闷闷不乐，精神萎靡。在接下来的7个月里，休谟以其一贯的决心和热忱严格地遵守医嘱，直至1730年的冬初。

让休谟稍感释然的是，他发现：他的病症"并不是出于任何性情或精神的缺陷，而是源于每个人都可能罹患的疾患"。于是，休谟开始稍有放松（indulge himself a little），适度地用功，只在兴致高的时候学习，当感到疲倦的时候就不再强迫自己。休谟的"精神状态大有起色"，并在爱丁堡度过了1730—1731年的冬天，甚至"其此前的写作计划也大有进展"。他的饮食和生活方式都十分规律，并制订了"一个雷打不动的计划：每两周或三周骑一次马，每天都要步行一段时间。"所以，随着1731年夏天的到来，休谟回到了九泉，他感到他有理由渴望身体加速康复，并最终摆脱这种阴郁症（distemper）。但休谟的这些希望最终残忍地落空。

1731 年的 5 月给休谟带来"大增的食欲和快速的消化"——这看起来是健康的征兆,但却伴随着"心悸"。在六周时间内,那位"又高又瘦、形销骨立的"年轻人摇身一变,成了一个"最结实强健的壮小伙,看起来面色红润、神清气爽"。这种反常的食欲逐渐消退,但是却"留下了后遗症,我患上了轻微的心悸,而且胃气甚多,但是这胃气比较容易逸出,而且也没有出现常见的胃痛。"更重要的是,"与我生活在一起、每时每刻都关注着我的家人,也都没有发现我的性情有丝毫改变,反而觉得我比以前更易相处,以至于也都乐得与我厮混。"

在 1731 年和 1732 年之交的那个冬天,休谟至少继续在爱丁堡住了一段时间,而天气转暖的时候,休谟就回到**九泉**的老宅。1732 年的 3 月,休邀请迈克尔·拉姆齐参访九泉,并补充道,"我现在身体康健,我甚至觉得这两个月比前两年还要好。"1733 年夏,休谟"还承担了一项十分艰巨的任务,也即每天早晨和下午分别徒步行走 8 里路,从一个有名的矿井往返"。**顿斯**矿泉浴场(Duns Spa)看起来似乎符合休谟的描述。但不管是哪一个矿泉浴场,休谟的备忘录手稿[1]都确切地证明:休谟对矿泉水的特性非常感兴趣。在有关"自然哲学"的九条笔记中——很可能写于 1729 年至 1734 年这一时期,第五条和第六条都直接关涉到矿泉水这一主题,它们显然是休谟的部分研究成果。这两条笔记如下:

> 矿泉水很可能不是泉水流过矿床后形成的,而是吸收了形成这些矿物的蒸汽后形成的,因为我们不能制造同一种品质的矿泉水。
>
> 热矿泉水并不比冷水沸腾的快。

该部分的最后一条笔记也与休谟那些年的经历有关,并不免让我们做出这么一个大胆的猜想:对于医生的自负做作以及他们的医药,休谟发展出一种健康的怀疑主义:

> 这看起来是对医药的一种大不敬:这些医药大多不为人们所喜闻乐见,而且都不是生活中的常用之物。因为经验已将普通食物微弱且不确定的疗效

---

[1] RSE, IX, 14. See Mossner, "Hume's Early Memoranda, 1729-40: The Complete Text," in *Journal of the History of Ideas*, IX (1949), 492-518; esp. 494, 499-500. 休谟此后的笔记均作"Early Memoranda,"凡所引笔记条目均出自上述文章。

第六章 学者病

很好地告诉了我们。故而那些江湖医生只敢拿那些不常用的东西来糊弄人。

然而,不管是不是江湖庸医,他都算得上是一位好病人,按照医嘱定时服药:"去年夏天,我新服了两个疗程的苦味酒和治歇斯底里症的药丸,连同治坏血病的汤药。但是除了在短期内减轻症状,这些药并没有任何显著的疗效。"尽管休谟这么早就已幡然醒悟,不再对医生抱有任何真正的信任,但他总是一个现代医学的信奉者。1775 年,休谟发现自己处于一种非常寻常的立场,也即建议他时年 18 岁的侄子——大卫·霍姆不要过度用功:

> ……我还是要说:无论是风和日丽,还是刮风下雨,每天都应该做一些适当的身体锻炼。间或放松一下,进行一些娱乐活动,对于健康而言,也属绝对必要。在你这个年纪的时候,我也有点用功过度。我记得一位友人——也即现在的皮特佛勋爵(Lord Pitfour)——曾告诉我这样一个故事:一个人骑马骑得飞快,可谓迅疾如风。途中,他稍停了片刻,问一位农夫:他何时方能抵达目的地?那位农夫回答道:如果您骑得慢一点,两个小时后即可抵达,如果您还是这样慌里慌张的话,还需要四个小时。在这个世界上,除了其他方面的不便,糟糕的健康状况是学习和研究的最大障碍。[1]

这位 64 岁、功成名就的文人并未忘记他自己 18 岁至 23 岁这段时间糟糕的健康状况及其原因。在这种场合,他或许还会引述他最喜爱的诗句,也即由其诗人朋友约翰·阿姆斯特朗所作的《健康之道》(The Art of Preserving Health):

> 我虚掷青春于哲学
> 在午夜灯光的映衬下,我愈发显得苍白

自 1729 年发病以来的那四年间,休谟并非如常人那般整日里小心翼翼地养病,不管这病是真实的,还是想象中的。一方面,作为一个学者,休谟进行了刻苦而广泛的研读;另一方面,作为一名哲学家,休谟经历了其生命中最富创造力

---

[1] HL, II, 305-6.

的一个时期，并为其将来的所有研究奠定了基础。在这一时期，作为学者的休谟阅读了"绝大部分拉丁文、法文、英文的经典著作，同时还自学了意大利文"；而作为哲学家的休谟正在探究"一个新的思想舞台"、"一种真理据以确立的新方法"。这位学者—哲学家毫无疑问是一名病人，并表现出了一种强固的身心紊乱的诸多症状。故而，休谟不得不承认：尽管在1731—1733年间杂乱地写了"一大堆文稿，但其中除了我自己的一些创见……卷帙浩繁的原始资料，别无他物，我的疾病对我是一种残酷的负累"。

休谟自己对于疾病的各种负累的分析，揭示出他自己的文人理想。"由于不能进行长时间的推理和思考，由于需要不断地歇息和不断地转移自己的视线，我发现自己已跟不上像马车一样轻快翻飞的思绪。"更重要的是，在将笔记和备忘录转化和精炼为文字的过程中，"当我必须将自己囫囵的观点阐述得更切合本意，并对其最细微的部分加以深思熟虑的时候，当我必须凝目审视文稿，以使其更加张弛有度的时候，我发现自己总是力有不逮。这就是我目前所面临的最大难题。既然我根本无望以一种典雅净洁的文字来阐述自己观点，以至引起全世界的注目，那么，我宁愿在静默无闻中老死，也不愿写出那些残缺不全的作品。"在这里，休谟再一次清晰而又铿锵有力地表达他的如下信念：哲学和艺术必须结盟。

一个深受病痛困扰之人何以能"承受深度和抽象思考的疲劳"，并在表达其思想时足可引发世人的瞩目？休谟紧接着自我分析道，"困扰我的是精神不济，而非情绪低落（或者精神萎靡），看起来我的病症与普通的**忧郁症**（vapors）之间的差异，就像**忧郁症**与疯癫之间的差异一样大。"然后，休谟提供了一种非同寻常的、但却紧密相关的比较：

在法国神秘主义者（mystics）的著述中，在我国狂信者（fanatics）的著述中，我发现：当呈示其灵魂状况史的时候，他们都提到了一种精神上的冷淡和走神——但是它们常常去而复返，而且在一开始，有些人在数年里备受其折磨。因为这种虔信完全依赖激情的力量，因而完全依赖于充沛的精力，我常常想，他们的情形和我的情形非常类似，他们那种狂热的虔敬有可能会让神经与大脑陷于混乱，一如复杂而深层的思考会使大脑和神经陷于混乱一样，热情或狂热是与它们密不可分的。

尽管如此，但我尚未能走出其阴影——如他们惯常告知我们的那样，我

第六章 学者病

甚至已开始对康复不抱任何希望。为了防止在如此惨淡的前景面前患上忧郁症，我唯一的防卫措施就是反思尘世以及人类荣耀的虚无空幻；这种反思尽管可视为一种正当的情感，然而除了在那些拥有这些世俗荣耀的人身上，这种反思总不免显得有些矫揉造作。

调和其文学抱负和现实生计这一问题，一直困扰着休谟，并在一定程度上助长了他的阴郁和痛苦。透过休谟阅读**杜波斯神父**（Abbé Dubos）的《对诗歌和绘画的批评性考察》（*Réflection critiques sur la poésie et sur la peinture*）——这是一部两卷本的著作，于1719年首次面世，此后出过几种不同的版本和译本，对启蒙世界产生了巨大影响——过程中所做的读书摘要，我们不难洞察休谟对这个问题的看法。休谟"哲学"名目下的头三条笔记都取自杜波斯，而且很可能属于这一时期的笔记。第二条和第三条笔记都是在论述天赋和教育的关系，而休谟之所以要做这样的摘录，似乎是为了支援（bolster up）其个人的信念，但也可能被休谟用作与其妈妈和兄长争辩职业选择问题时的权威依据。笔记内容如下：

> 这真是一个精心的、煞有介事的（careful and elaborate）教育偏见；因为它教导一个人去相信别人的判断。
>
> ——杜波斯神父
>
> 对于一个致力于艺术和科学的年轻人而言，他世故的越晚，越是一个好兆头。
>
> ——杜波斯神父

实际上，对于一个饱受"阴郁"折磨，并且为了实现以富于艺术表现力的方式来表达自己的原创思想而进行着这无望斗争的一个**学者—哲学家**而言，这些思想真是令人快慰！

杜波斯对于"天赋"的探讨，一定让休谟既看到了希望，又得到了宽慰。通过将"天赋"定义为"一种得之于天的良才美质，它让具有这种资质的人能够多快好省地完成那些别人费了九牛二虎之力也做不好的事"。杜波斯得出了这样一种命题：天性终将获胜。"除非合于天性，否则无论向天才人物提出什么样的奋斗目标，他都不可能持之以恒。天才人物绝不会让自己长期偏离天性所指派的道路,并且尽管遇到了各式各样的反对,有时甚至是自己的反对,他总会回到天性所指定的正途。"休谟肯定会被杜波斯关于天赋的两个更进一步的想法所强烈吸引。杜波斯的第一个想法是:"试图说服那些迫于竞争,为青春活力所激荡,急于扬名立万的年轻人在发现其天赋的类型、并让其得到充分的提升之前不要急于在公众面前出人头地……是徒劳的。"杜波斯的另一个想法是:"在人身上,天赋总是最后一个老去。"[1]

不仅如此,休谟还可以从杜波斯那里找到如何矫正其病患的实用建议。这位哲人指出,"灵魂的欲求不下于肉体的欲求,人类最大的欲求之一便是让其心灵始终处于充盈(忙碌)状态。"杜波斯表明,有三种方法可以让心灵处于充盈(忙碌)状态:外在的运动(external exercise)、感官的印象(sensible impressions),以及沉思或冥想(reflection or meditation)。在杜波斯最后的分析中,作为这三种方法中最主要的一种,沉思也有它自己的问题:心灵,最终倦于不间断的运用,追求自我放松,"而一种对于任何事物都提不起兴趣的寡淡沉重的阴郁,便是这种为了娱乐心灵而不断苦思冥想的结果"。经过四年高强度的苦思冥想,休谟对于这种"寡淡沉重的阴郁"了若指掌,他完全认同杜波斯的激情心理学:

> 因此,受本能的引导,我们追求那些可以激荡我们激情的对象,尽管这些对象所给我们带来的常常是夜以继日的痛苦和磨难。但一般而言,人类因免于激情而遭受的不幸要远大于这些激情本身所给他们带来的不幸。[2]

我们将会看到,当休谟1734年初最终决定要与其身心疾患作孤注一掷的斗争的时候,他将回到杜波斯的上述分析。休谟承认:"我发现,有两样东西对这个病症极为不利,也即研习和怠惰,同时,还有两样东西对这个病症的康复极有利,也即忙碌和消遣……正是出于这个原因,我决定寻找一种更积极的生活,尽管我不可能彻底放弃学术,但是,为了更好地重拾我的学术事业,我现在只能先将它搁置一段时间。"但在跟随休谟于1734年进入到"更为积极的生活"之前,我们有必要回到1729年,并努力追踪休谟探究"新的思想舞台"的主线。

---

[1] J.-B. Dubos, *Critical Reflections on Poetry, Painting and Music*, Engl. Transl. by Thomas Nugent (London 1748), II, 5,18,64,66.

[2] *Ibid.*, I, 5-6, 9.

第六章　学者病

现在，我终于有时间和闲暇将我激昂的情绪冷静下来，并开始认真思考：我到底该如何继续我的哲学研究。我发现：与自然哲学相类，由古代传承至今的道德哲学都存在着同一种缺陷，也即完全是假设性的（hypothetical），它们更多地依赖人类的虚构（invention）而非实际经验（experience）。在确立美德和幸福的架构时，每个人都全凭自己的想象（fancy），而没有关注到每一个道德推论都必须依凭的人性。因此，我决定将人性作为主要的研究对象，并且从人性中导源出道德学和批评学的所有真理。我相信，这是一个确定不移的事实：我们之前的绝大多数哲学家都受累于其天赋的卓绝，在人性研究中，要想获得成功，所需的不外乎摈弃一切偏见，无论是对自己观点的偏见，还是对其他人观点的偏见。

当休谟在1734年的自传体文本中这样写的时候，他实际上已对此前四年身心失调的实质做出了解释。为了阐明休谟此前所隐晦提及的"真理据以确立的一些新方法"，我们需要对这段文字加以解释。

作为一种背景，我们评述一下休谟关于《人性论》的三次表述[1]将大有助益。这三次表述表明：在离开大学之前（14岁或15岁左右），休谟已将《人性论》擘划于胸（projected）；在21岁之前，休谟已开始对《人性论》谋篇布局（planned）；在25岁之前，休谟已开始着手撰写（composed）《人性论》。如果转换成确切的日期，这将意味着：休谟在1725年或1726年之前已开始擘划《人性论》，在1732年之前已开始对《人性论》谋篇布局，在1736年之前已开始撰写。我们没有理由不认真对待休谟的这些表述，尽管我们或许没有必要太过拘泥于它们的字面意思。那么，就总体而言，我们如何将休谟的这些表述与其他的一些已知事实相调和呢？我们如何从思想发展的角度来解读休谟的这些表述呢？

休谟最迟于1726年离开了爱丁堡大学，并决定在道德哲学领域进行原创性的研究。在18世纪，作为一个研究领域，道德哲学仍不仅涵盖伦理学和心理学，而且还涵盖政治学和政府理论、历史学，所有的社会研究，以及美学和批评学。此时的休谟已对牛顿在自然哲学领域所明智运用的科学方法了然于胸，并且一如

---

[1] *Phil. Wks.*, III, 37-8; HL, I, 158.

启蒙时代其他的许多思想家一样，休谟深受牛顿自己在《光学》一书的结尾所留下的一个暗示的激励："如果通过运用这种方法，自然哲学的各个部分将得到最大程度的完善，那么，道德哲学的边界也将被大大扩展。"在以实验的方法来研究人性方面，洛克、莎夫茨伯里、哈奇森、巴特勒都是休谟足可效法的典范。1726—1729年期间，后大学阶段的学习加深了休谟的确信：人是万物的尺度，所有的知识都或多或少地源自"人的科学"。我认为，休谟思想发展的这一阶段可以用"擘划"这个词来概括。

接下来的是《人性论》的"谋篇布局"阶段，它从1729年延伸至1732年（尽管将1732年定为下限是依照休谟自己的表述，但考虑到休谟1734年的自传性陈述所提供的证据，我倾向于将1733年定为下限）。第三也是最后一个阶段，也即《人性论》的撰写阶段，与他定居法国的时间相一致，也即是从1734年到1737年。在《我的自传》中，休谟扼要地写道："在我退隐法国期间，最初是在兰斯，但大部分时间是在安茹的拉弗莱舍（La Flleche），我完成了《人性论》的写作。"毫无疑问，休谟在法国的时候，将于1739年面世的《人性论》前两卷已经完成，尽管还没有进行最后的润色。而将于1740年面世的《人性论》第三卷将在苏格兰完成。

对休谟而言，1729—1733年至关重要，正是在这一时期，休谟以激昂的热情全身心地投入到对"一个新的思想舞台"的探究，以至于损害了健康。休谟将以什么样的方式，并在什么样的限度内来勾画这种新的思想舞台呢？在这里，我们不妨回到《人性论》自身，回到休谟自己对《人性论》所做的《摘要》，以便判断：除了1729年之前已在休谟丰饶的心灵中萌生的那些新观念，休谟此时所说的新舞台到底新在何处？《人性论》的副标题"在道德论题中引入实验方法的一种尝试"暗示了作者的革新意识。然而，那也只是其中的一种革新。实验方法本身可以说是牛顿的方法，而休谟还专门提到了洛克、莎夫茨伯里、哈奇森、巴特勒等人的名字，正是"这些人开始将人的科学奠定在一种新的根基之上"，也就是说，他们"试图将实验的推理方法引入道德论题"。这些稍早的哲学家与休谟的主要差异在于：作为一名思想家，休谟完全无所畏惧，并将这一方法系统地、无情地应用于其他的所有领域，不管这将产生什么样的后果。

休谟的方法是牛顿式的。然而如何将这一事实与备忘录手稿备中有关"自然哲学"的第4则笔记相调和？因为这则笔记看起来属于前《人性论》时期。这则

第六章 学者病

笔记写道："自然哲学本身没有真理性的一个证据是：它只是在那些杳如天体，渺如光线的事物中取得了成功。"换句话说，休谟何以在相信自然哲学本身没有真理性的同时，又是一位公开的牛顿信徒？此外，人们已经注意到：那则笔记认为，自然哲学的成功仅限于天文学和光学，也即仅限于牛顿的两部主要著作——《自然哲学的数学原理》(*Principia*) 和《光学》(*Opticks*)。

在这则笔记中，休谟所反对的对象到底是什么？只是到了后来，借助于休谟在《英国史》中对波义耳所展开的评论，这一点才变得一目了然："波义耳是机械论哲学的一员大将；作为一种理论，机械论哲学迎合了人类天然的虚荣心和好奇心，因为它可以让我们通过发现自然界的一些秘密来想象自然界余下的秘密。"休谟所认可的真正的科学方法出现在随后论牛顿的那一段文字中：

> 正是因为有了牛顿，这个岛国方可以自诩产生了有史以来的最伟大、最罕见的天才，他足可荣耀人类，并垂范后世。除非经实验证实的原则，否则他绝不采纳，这体现了他的谨慎；但只要一经实验证实，不管这些原则有多么新奇抑或古怪，他都从善如流，这又表现出了他的果决。出于谦逊，也出于对自己超迈群伦的无知，他不大在意自己的理论能否为普罗大众所接受，他更关心的是价值本身，而非博取名望。正是出于这些原因，他长期不为世人所知。但他最终名扬四海，风头之健远非其同时代的任何作家所能及。牛顿在洞彻某些自然奥秘的同时，也揭示出机械哲学的不完善性，并由此让大自然的终极秘密又退回到过去甚至将来的晦暗之中。[1]

牛顿方法论中的怀疑主义和实证主义面向强烈地吸引着休谟，并与实验方法一道为其所用。就像一个多世纪以前的英国诗人多恩（Donne）所指出的那样，休谟确信"新哲学质疑一切"。

现在重新回到"真理据以确立的新方法"这一问题。正如我们已看到的，休谟真正的哲学创新并不在于"在道德论题中引入实验的推理方法"。同时，与当代的许多思想家的看法恰恰相反，休谟真正的创新也不在于将伦理奠基于情感而非理性。即便是这一根本性的原则，它与休谟的联系也更多的是语词上的，而

---

[1] Hume, *History of England* (Edinburgh 1792), VIII, 334.

非起源上的:"当我们谈到激情和理性斗争时,我们的说法是不严格的或非哲学的。理性是,并且也应该是激情的奴隶,除了服务和服从激情之外,再不能有任何其他的职务。"[1] 比如,休谟备忘录手稿中的一则札记[2]已清楚地点明,他受惠于古代的"情感主义者":"现代人对道德的探究之所以不及古人,恰恰是因为他们的推理倾向,这使他们偏离情感。"莎夫茨伯里、杜波斯、巴特勒,尤其是哈奇森,他们都属于现代的"情感主义者",休谟从他们身上受益良多。哈奇森分别于 1725 年[3]和 1728 年[4]匿名出版了两本小册子。它们可能引起了休谟的注意,并对他理清思路大有助益。在 1748 年面世的《关于人类理解的哲学随笔》(*Philosophical Essays concerning Human Understanding*)中,作为对与其有个人私谊的哈奇森的恭维,休谟大加夸赞道:

> 长期以来,人们一直将我们据以判定真假的官能和我们据以认知善恶的官能相互混淆,认为所有的道德都建基于永恒不变的关系;认为对于每一个有智慧的心灵而言,这些永恒不变的关系就像任何有关量或数的命题一样,同样是恒定不变的。但是近来,一位哲学家[在注释中点明是"哈奇森先生"]以令人折服的论证告诉我们:道德无关乎事物的抽象本质,但却与每位个体的情感或心智品位紧密相关,正如苦甜、冷热的区分源于每种感官或器官的特定感受。因此,道德认知不属于知性范畴,而属于品位或情感的范畴。[5]

在应用这一原则,以及将超自然的观念排除出人性范畴方面,休谟要做得比哈奇森和其他的情感主义者更为彻底。

正是在物理科学的影响下,休谟相信,"人的科学"可以被化约为少数几个简明的原则。正如《论人》的作者诗人蒲伯所指出的那样,休谟应该

---

[1] *Phil. Wks.*, II, 195.
[2] Early Memoranda, III, 257.
[3] *An Enquiry into the Original of our Ideas of Beauty and Virtue; In Two Treatises.*
[4] *An Essay on the Nature and Conduct of the Passions and Affections. With Illustrations on the Moral Sense.*
[5] *Phil. Wks.*, IV, 10n. 史密斯(N. Kemp Smith)有些夸大了哈奇森对于休谟的影响,而忽视了杜波斯。史密斯的真正洞见在于:在休谟的思想中,道德学优先于形而上学,但仍有待于证明的是其实际的撰写日期。参见 N. Kemp Smith, *Philosophy of David Hume: A Critical Study of Its Origins and Central Doctrines* (London 1941), pp.14-20, 24.

第六章 学者病

> 像解释自然之物那样，
> 解释道德之物

或许可以以这样一种形式来概括休谟对于"人性哲学"的独特贡献：在伦理学和美学之外，将情感和感觉扩展到涵盖所有事实关系的整个信念领域（而哈奇森只是将情感和感觉限制在伦理和审美领域）。"信仰"又被休谟进一步定义为："与一个现前印象相关联或相联结的一个生动观念。"休谟认为，这一定义是个重大发现："心灵形成关于任何事实问题之信念的这种运作，此前看起来似乎是哲学最大的未解之谜之一，尽管没有人曾怀疑解释它有任何困难。"[1] 休谟将这一发现应用于因果原则。我们为什么相信未来与过去一致？我们为什么相信当一个台球撞上另一个的时候，另一个就会投入运动呢？ 1740 年，当休谟觉得适于刊印《对于近来所出版的一本名为〈人性论〉之书的摘要》（旨在证明和进一步解释"那本书的主要观点"）时，他论述的重点聚焦在因果关系。[2]

1729 年春，如果考虑到其潜在的意蕴，那么，休谟为自己在情感拓展（extension of sentiment）和因果关系之本性方面的发现而激动不已就不难理解。它不仅仅是没有实践后果的一种形而上学观念，相反，它是每个对知识的终极基础感兴趣的人都应该思考的一个问题。休谟认为，因果关系不仅仅是自然哲学的基础，而且还是道德哲学的基础，是所有事实问题的基础，是除逻辑和数学以外的其他所有科学的基础。现在，如果因果关系仅仅只是信念，而如果信念仅仅只是"一种与现前印象相关联或联结的一种生动的观念"，那么，我们所大肆吹嘘的，同时也是现代世界所引以为傲的知识的确定性将被置于何地？追问事实问题能否具有绝对的确定性并非异想天开？这样的追问或许已向追问者暗示：他正在开启一场哥白尼式的或者牛顿式的革命，甚或一场休谟式的革命！

一场革命意味着以某种新的和更为有用的事物取代旧的、陈腐的事物。因此，在《人性论》的"引论"中，休谟既指出其思想中的破坏性因素，又指出了其思想中的建设性因素：

---

[1] *Phl. Wks.*, I, 396-7.
[2] See below, pp. 125 ff.

任何重要问题的解决关键,无不包括在关于人的科学中间;在我们没有熟悉这门科学之前,任何问题都不能得到确定的解决。因此,在试图说明人性的原理的时候,我们实际上就是在提出一个建立在几乎是全新的基础上的完整的科学体系,而这个基础也正是一切科学的唯一牢固的基础。[1]

毫无疑问,当休谟迫使自己将其思想的细节笔之于书,并应用于"人的科学"的各个方面时,面对着其思想的潜在意蕴和重要性,这位羽翼未丰的18岁哲学家一定会激奋不已!正如我们所看到的,这种持续的、高强度的思想兴奋最终导致了持续长达4年之久的身心失调。除了这一创见本身熠熠生辉的才华,真正令人啧啧称奇的是,休谟何以能在如此困难的处境下将其完成。

现在,我们再度回到备忘录(笔记摘要)手稿,并点出其中较为重要的一些作者的名字或许不无裨益。因为正是在这一至关重要的创造期,休谟曾探究过他们,并受其影响。首先,我必须要强调的是,休谟一直在研习古人,研习所有的古人,我倾向于相信,休谟的许多思想都源于古人,而且要远比人们通常所认为的多。就思想倾向的表达而言,休谟也许在厄皮卡玛斯(Epicharmus)那里找到最适合自己的座右铭,并将其抄写在自己的备忘录中,也即:保持清醒,并切记要对一切保持怀疑(Keep sober and remember to be sceptical)。[2] 在现代人中,我将对休谟备忘录"哲学"部分所出现的五个人做一简评,这不是因为我希望将其中的任何一位主张为休谟思想的"源头"(或渊源),恰恰相反,通过表明休谟有意将自己置身于广泛而多重的思想脉络之中,我希望强调寻找单一"源头"的危险。这五个人形成了一个看起来多少有点古怪的阅读书单:培尔(Bayle),卡德沃思(Cudworth),杜波斯(Dubos),费内隆(Fénelon)和金(King)。

我们知道,休谟1732年曾翻阅过培尔的著述,而仔细的检索也进一步证明:休谟在某个时候曾熟读过培尔的《历史批判辞典》(*Dictionnaire historique et critique*, 1697)和《杂集》(*Œuvers diverses*, 1721—1731)。这位伟大的法国怀疑论者知道如何在不招惹权威当局的情况下刊布自己的怀疑主义思想。尽管这些著

---

[1] *Phl. Wks.*, I, 307.
[2] Early Memoranda, II, 40, *n*17. 值得注意的是,埃庇卡摩斯(Epicharmus)的这句名言被雅各比(F. H. Jacobi)用作其《休谟论信仰,或唯心论和实在论》(*David Hume über den Glauben, oder Idealismus und Realismus, Ein Gespräch*, Breslau 1787)一书扉页的题辞。同时参见后面的 p.296。

作称得上是让人啧啧称奇的启蒙纲要——在其中，凡重要的学术论题均有涉猎，尽管其内容的编排并未采用百科全书所适用的那种确当的字母顺序，但却一直湮灭无闻，只是作为那位长期被遗忘的修士之传记的脚注或附注而存在。**培尔**那里蕴藏着多么巨大的宝藏啊，但要将这些宝藏发掘出来又要耗费多大的努力啊！尽管对于一位充满智识好奇的 21 岁年轻人而言，培尔绝对是一个确当的资源，但对于一位手边少有余暇的老者而言，培尔又绝对是不可触碰的对象。值得注意的是，休谟早年的备忘录里并没有出现蒙田的名字，这多少令人感到惊讶。尽管《为雷蒙德·塞朋德辩护》一文中的许多怀疑主义观点在培尔那里得到重申，但我相信：在这一前《人性论》时期，休谟曾亲炙过蒙田的著作。在休谟 1742 年所发表的一篇随笔，蒙田的名字第一次出现。[1]

颇为悖谬的是，与培尔相比，杰出的剑桥柏拉图主义者卡德沃思所著的《宇宙的真正思想体系：第一部分；在其中，无神论的所有推理和哲学都遭到了批驳；以及对于无神论之不可能性的证明》（*The True Intellectual System of the Universe: The First Part; Wherein, All the Reason and Philosophy of Atheism is Confuted; and Its Impossibility Demonstrated*），给休谟提供了一种更为简化的"无神论初级读本"。为了便于批驳，卡德沃思虔诚地梳理了古今各个时代的无神论观点，而作为一位谨小慎微的严谨学者，卡德沃思总是长篇累牍地引述那些无神论观点。然而，对于卡德沃思的总结和概括，休谟并不是特别满意，并由此做了如下一则笔记：

> 在卡德沃思看来，存在四种无神论者：德谟克利特派或原子论派（the Democritic or Atomical），阿那克西曼德派（the Anaximandrian）或 Hylopathian，斯特拉图派（the Stratonic）或物活论派（Hylozoic），斯多葛派或宇宙形成论派（Cosmo-plastic）。在这些之外，他或许还会加上皮浪派或怀疑主义派。以及斯宾诺莎主义者或形而上学派。人们或许还可以算上阿那克萨哥拉派（Anaxagorian）或 Chymical。[2]

---

[1] *Phil. Wks.*, III, 230n.
[2] Early Memoranda, II, 40.

休谟是否知道卡德沃思身后的续作《论永恒和颠扑不破的道德》(*A Treatise concerning Eternal and Immutable Morality*)（1731年），我不敢确定，但我愿冒险做此猜测。

也许除了强调杜波斯作为哈奇森之前的一位赫钦森主义者的重要性，我已对杜波斯做了充分的评论。杜波斯主要对美学感兴趣，并树立一种完全依赖于感官或感觉的直接反应，而非依赖理性的美学体系。在古今之争中，他站在古人的一边，并坚持认为，在国民性格形成的过程中，物质因素，尤其是气候的因素具有首位的重要性。他的这一观点为休谟所牢记，并且后来遭到了休谟的挑战。然而，看起来颇为怪诞的是，人们居然一直没有注意到杜波斯在前人性论时期对于休谟的这种影响。

五位现代人名单上的第三位法国人是弗朗索瓦·费内隆（François de Salignac de La Mothe Fénelon），作为著名的康布雷大主教和寂静派哲学家，他的《论上帝的存在和特性》(*Traité de l'existence et des attributs de Dieu*，1713) 激发休谟做了三个笔记摘要：

> 一些人妄称：依照无神论体系，没有所谓的必然性。因为如果没有比它更高级的东西去决定它，即便物质也无法被决定。
>
> ——费内隆
>
> 存在、真理和善是一回事。
>
> ——费内隆
>
> 上帝存在的三个证据：其一，必然存在着某种无限完善的事物。其二，无限的观念必然源自无限的存在。其三，无限完美的观念意味着上帝的实际存在。
>
> ——费内隆 [1]

不出几年，休谟就见到了费内隆的一位门生，拉姆齐骑士，并与他进行了一些哲学谈话。但这两位相处并不是特别融洽。[2]

---

[1] Early Memoranda, II, 35-7.
[2] 参见后面的 PP. 93ff。

第六章 学者病

从某种意义上讲，1731年威廉·金（William King）的拉丁文著作《万恶之源》（*De Origine Mali*）英译本实际上是三书合一。这个匿名译作是埃蒙德·劳博士（Dr Edmund Law）翻译的，赋有大量的解释性注释，这些解释性的注释本身就是一部独立的著作；而附在译本前面的论文"论美德的基本原则和当下标准"则出自约翰·盖伊博士（Dr John Gay）之手。对有关"金"的五条笔记的考察表明：休谟所使用的正是1731年的译本，并因之让自己暴露了埃蒙德·劳、约翰·盖伊和威廉·金这三人观念的影响之下。这是一个重要的事实，比如，就我们所知，正是约翰·盖伊的那篇短文最早将伦理功利主义与心理联想主义调和起来的，而这两种学说（伦理功利主义和心理联想主义）后来均为休谟所用。

但最后，我们有必要从考查休谟在这一关键时期中的阅读和思考，再度转向休谟的外部生活。早在1734年初，休谟已决意通过剧烈的运动来重获健康："……我开始振作起来。受到我此前从更糟的健康状况中逐渐好转的鼓舞，也受到医生信誓旦旦的保证的激励，我开始尝试一些更奏效的方法。"休谟所想到的应对之策就是尝试"一种更加积极的生活场景"。在我们多次引述的、在前往布里斯托的路途中写于伦敦的那封长信（也许是休谟迄今所写的最长、也是最有趣的一封信）中，休谟宣示了他的意图。1734年的2月下旬，一心想摆脱那迁延不愈的"学者病"的休谟离开了九泉。

第七章　宣泄与康复

"我受诱或毋宁说被迫为进入一种更为积极的生活场景做了一次极为微弱的尝试。"

1734年的3月5日，在大卫·休谟离开九泉后不久——可能是在伯维克乘船至伦敦，邱恩赛德就爆发了一桩丑闻，一位名叫艾格尼丝·加尔布雷斯（Agnes Galbraith）的女子找到牧师乔治·霍姆（George Home），供认其怀孕了。于是，邱恩赛德立即紧急召开教区会议（Session）。据会议记载：

> 牧师乔治·霍姆回忆，艾格尼丝·加尔布雷斯那天来找他，并供认她已有孕在身，于是，他召集教区会议以听取她的招供，并让她指认谁是孩子的父亲。她受到传唤、审讯，对怀孕一事供认不讳，并指认宁威尔的大卫·霍姆先生为孩子的生父。她因这桩丑闻及其所犯的淫邪之罪而受到谴责，虽然她对自己的罪行供认不讳，但教区会议有理由怀疑她的招供是在避实就虚：这一方面是因为整个邱恩赛德，包括她自己都知道：她所指认的那位绅士（指大卫·霍姆）已离开苏格兰；另一方面是因为三周前传唤她的时候她拒不招认，因为那时那位绅士尚未动身，而今天却不请自来，因为那位绅士已离开了苏格兰。[1]

---

[1] Exact from the minutes of the Session of Chirnisde in the "Minutes of the Presbyterie of Chyrside (1713—1734)," in possession of the Clerk of the Presbytery of Duns.

第七章 宣泄与康复

教区会议对于艾格尼丝所述之事的怀疑是显而易见的。毫无疑问，这种怀疑又因那位牧师的难堪——因其侄子受到如此指控——而加重。这已是艾格尼丝·加尔布雷斯第三次承认通奸。此外，她还故意蔑视教会的权威，因为她拖了三个星期才去回复当地教会的传讯。下面的这些推论看起来不言自明：没人会相信她，她正在玩弄一个花招，也即指认一个根本不可能出庭应辩的男人。"发现这是一个棘手的问题，"教区会议遂推荐乔治·霍姆牧师向长老会征询建议。3月26日，这个案子被适时地提交给邱恩赛德的长老会，而长老会的官员受命"将那位艾格尼丝传唤至邱恩赛德长老会首次日常会议"。这次会议于7月25日举行。

艾格尼丝受到传唤，审讯，并被仲裁人（Moderator）指控为第三次犯了通奸罪。她坚持此前在邱恩赛德教区会议前的供认，宣称：大卫·霍姆先生，也即宁威尔的约翰霍姆之弟是其孩子的生父。于是，仲裁人对她进行了严厉的谴责，并敦促从实招认，如果其孩子的生父另有其人的话。但是她依然坚称没有其他人与她苟合（或行苟且之事）。然后她就被教会开除。长老会思之再三，再加上听说那位大卫·霍姆已经远走他国，于是遂将她移交给邱恩赛德教区会议，让其根据教会条例做出令人满意的处理。

仲裁人的话看上去似乎暗示：那位孩子已经降生，这一推断被"邱恩赛德教区登记簿"中的如下一则含混的条目 [1] 所坐实："1734年5月5日——邱恩赛德的约翰·加布尔雷斯有了一个——受洗过的名字——"。人们或许希望看到这样一个条目："艾格尼丝·加尔布雷斯，通奸……"但是，按照习俗，人们总是以男子的姓名来编排教区登记簿的条目。因此，我估计乔治·霍姆牧师自然认为其侄子清白无辜，将艾格尼丝·加尔布雷斯非婚所生的第三个孩子的监护权指派给她家族中的某一位男性亲戚，很可能就是她的父亲。

过不了多久，艾格尼丝就会穿着粗布葛衣，身负重轭和枷具，一连三个星期天出现在邱恩赛德的教会前。但是，她此后并未痛改前非、洗心革面，因为1739年，她的名字再度出现在邱恩赛德的教会法庭记录中。艾格尼丝这一次所指认的淫犯是其雇主，并进一步指证他给了她七先令作为礼物。他否认了指控，并被获

---

[1] In SRO.

准在长老会前,而非在他自己所在的艾顿(Ayton)教会前发誓洗罪。对于当地教会权威的这种藐视一时间闹得满城风雨。毫无疑问,那时已回到宁威尔的大卫·休谟一定对此事有所耳闻,并留意到艾格尼丝这是在故伎重演。

那么,大卫·休谟和1733—1734年的"加尔布雷斯事件"有什么瓜葛呢?他会是其孩子的生父吗?是这件迫在眉睫的事件加速了他离开苏格兰吗?那个女人之所以迟迟不到邱恩赛德的教会法庭应讯是出于大卫和她的共谋吗?我们对更进一步的事实一无所知,我们只能从已知的证据做出一些合理的推断。首先,无论是乔治·霍姆牧师,还是教会法庭,抑或当地的长老会,都没把艾格尼丝的供述当回事。无疑,这种不信任既源于她过去的不良记录,也源于大卫·休谟的当地口碑,在当地人眼里,大卫向来是一个严肃本分的好学青年,而在一个小型社区更为重要的是,他还是一个宁威尔地主家的子弟。就像一句屡试不爽的苏格兰古谚所说的那样,"千万别与魔鬼和地主家的孩子为敌"。

就九泉的霍姆家族而言,他们向来老实本分。如果大卫·休谟问心无愧,他们肯定对于这种荒唐的指控感到无比震惊。如果大卫·休谟心中有鬼,那么,毫无疑问,他已向他们吐露真相,并且很可能在其妈妈和兄长的敦促下离开苏格兰,以逃避那不可避免的身败名裂。母亲和儿子总是亲密无间、无话不谈。那时时年55岁的凯瑟琳·霍姆,不免会唉声叹气地回忆起大卫的父亲在年轻时所遇到的一个几乎一模一样的事件。不管"加尔布雷斯事件"的真相到底如何,大卫·休谟后来在意大利、法兰西和苏格兰的生活均表明:他具有一个男人的正常性欲。

与此同时,3月初,在前往布里斯托之前,极度苦恼懊丧的休谟在伦敦进行了短暂的休整,以便对其未来的人生规划做最后的考虑。他在伦敦拜会了朋友和熟人。但是,无论是詹姆斯·奥斯瓦德——他那时行将从林肯法律会馆毕业,还是其他几位苏格兰籍议员——毫无疑问,他正怀揣着给他们的介绍信,都并非是探讨其健康问题合适人选。一方面是噬人的孤独,一方面是深陷于自己的各种问题而不可自拔,休谟迫切希望能找一个人倾诉衷肠、一吐为快。他现在的所作所为是彻底治愈其疾患的最佳方法吗?一方面对自己的诊断信心满满,但另一方面又感到毫无把握,休谟觉得需要对他自己的诊断进行确证,如果可以找到一个良医的话。休谟问自己,在这样一个陌生的大都会,是否有这样一位苏格兰籍医生?他不仅要医术高超,而且还要熟知各种慢性病和精神疾患。此外,除了医学，他还必须是一位博学多识、才智出众之人，他还必须是一个文人，从而能理解文人及其生活、思维方式，他还必须是一个宅心仁厚、机智幽默、襟怀坦荡和明智练达之人。如果有这么一位模范医生，他还必须与休谟素不相识，他还必须要乐于诊治像休谟这样的一位病人：一方面休谟是如此腼腆，以至于不愿意上门求治；另一方面休谟又是如此谨慎，甚至都不愿在那封咨询信上签上自己的大名。

除了这些指定的条件，从写给医生那封信的通篇语气，以及从信中他间或的评论中，我们不难推断出其他两个重要的条件。从休谟满含歉意和毕恭毕敬的语气中，我们不难看出，在请求那位医生帮如此逾越常规的一个大忙时，为了讨好那位医生，休谟可谓费尽了心思。毕竟，他自己只是一个无名小卒，而那位医师却早已名满天下。因此，为了消除任何可能的冒犯，休谟必须要字斟句酌。然而，在某种程度上，休谟实际上却特意去指责自然哲学和道德哲学中所有假想性的和体系性的学派："我发现：与自然哲学相类似，从古至今的道德哲学都存在着同一种缺陷，也即全盘都是假设性的（hypothetical），它们更多地依赖人类的虚构（invention）而非实际经验（experience）。"因此，显而易见的是，休谟的那位医生并非是任何流行的假想性和体系性哲学的公开拥趸。当休谟以贬损的口吻谈及"法国的神秘主义者"和"我们国家的狂信者"时，我们同样不难看出，休谟的医生既非一个狂信者，也非一位宗教神秘主义者。

大卫·休谟了解那位医生——我认为我已能够指认出他——约翰·阿巴思诺特博士（Dr John Arbuthnot），他是符合信中所规定和暗示的所有这些条件的唯一人选。[1] 约翰·盖伊（John Gay）曾对其称颂道：

  我看到了阿巴思诺特，在医学的殿堂中
  就像盖伦一样博学，就像希波克拉底一样闻名
  他的到来驱散了内心的悲伤
  正如他的药赶走了所有的疾患

---

[1] 关于如何确定是阿巴思诺特，而非是此前所普遍认为的乔治·切恩博士（Dr. George Cheyne）（Hill Burton, I, 42-43; HL, I,12, n2)，请参见 Mossner, "Hume's Epistle to Dr. Arbuthnot, 1734: The Biographical Significance," in *Huntington Library Quarterly*, VII (1944), 135-52. 简而言之，绝不可能是切恩，这一方面是因为他那时已不在伦敦行医，另一方面是因为休谟关于哲学和宗教的评论肯定会冒犯他。

斯威夫特对他的评价颇为公允:"比我们所有人都更具才智,比智者更具仁心。"约翰逊博士后来指其为他那个时代作家中的"第一人":"作为一个卓越的医生,他才赋广博,学植深厚,生性幽默。"

作为一位文人,阿巴思诺特厌弃所有形式的迂腐之学,而他自身的学问,无论是在医学领域,还是在其他领域,都是鲜活而富有生机。除了经典的《约翰·布尔》(John Bull)、《马丁努斯·涂鸦》(Martinus Scriblerus),以及其他的政论—讽刺性著作,阿巴思诺特的著述涵盖了广泛的主题:随机定律和数学的一般应用,古代世界的砝码和铸币,1707年苏格兰和英格兰的合并条约,男孩和女孩之间显见的出生定比(constant ratio)的意蕴。阿巴思诺特不仅是一位学者和智者,同时也正是休谟所苦苦寻找的那种专家。1731年,阿巴思诺特出版了《论营养品的本质,以及如何根据不同体质来选择它们》(Essay concerning the Nature of Aliments, and the Choice of Them, according to the Different Constitutions of Human Bodies)。两年后,作为上一本书的续篇,阿巴思诺特又出版了《论空气对人体的影响》(Essay concerning the Effects of Air on Human Bodies)。但是,他于1735年初的辞世打断了其专门论述休息和运动对人体影响的写作计划。

休谟决定给阿巴思诺特写信是一回事,而真正要将其付诸实施又是另一回事。将自己的病史付诸一种确当的形式并非易事,而对休谟而言就更是如此。他给医生所写的这封信是他所写过的最私密、最怪异之信,其中不乏诊疗室,甚至忏悔室里的坦诚。这封信开篇写道:

阁下:

由于感到笔迹很陌生,您也许会在信尾找署名,要是找不到署名,对于这种奇怪的写信方式,您肯定甚感纳闷。所以,在这里,我首先恳请您务必原谅我的粗率,并烦请您耐心读完下面的内容。我必须要告诉您的是:这或许会赋予您一次做大善事的机会,而这也是我据以说服您读完这封信的最令人信服的理由。我无须告诉您——我是您的同胞,一个苏格兰人。因为即便没有这一层关系,即便是像我这样与您完全不相干的陌生人,我仍然敢寄望于您的仁慈和善心。我祈请得到您的建议,而我为什么专门写信给您的原因自不必说。因为只有学识渊深、机敏颖异、宅心仁厚、妙手回春的医生,才能给我满意的答复。您所具有的隆望使我相信,您就是兼具这些优良品质的

第七章 宣泄与康复

名医，对此我深信不疑。我说的这些话都发自肺腑，没有任何溜须拍马、阿谀奉迎的意图。因为尽管在一封非同寻常之信的开头，似乎有必要说些恭维话来表达好意，以消除您对这封信所可能怀有的种种偏见。尽管这种做法不失机敏，但并不投合我现在的心境——我必须承认，对于您对我的看法，我不是不怀有一丝疑虑。但出于对您的坦诚直率与宽宏大度的信任，我打算开门见山，向您坦陈我目前的健康状况，并最大限度地告知您我的生活经历，之后您就不难理解我何以要匿名了。

接着是"详细地描述了我身体的各种症状"，以及对"我这一时期内各种状况，特别是患病期间的心理和精神状况"的叙述，"因为它们之间有着紧密的关联"。这些描述大多涉及前一章的内容。尽管没有使用现代的技术术语，但休谟对自己身心失调的描述已相当清楚，即便是让现今的聪明人来执笔也不过如此，故而，现代的精神病专家完全可以据此进行诊断。

在写完这封非同小可的信函之后，休谟实际上是否将其投寄至阿巴思诺特位于伦敦伯灵顿花园科克大街（Cork Street, Burlington Gardens）的居所，就是另外一回事了。由于缺乏任何确凿的证据，所以由此所产生的任何观点都并非最终的定论。所留存于世的就是见于休谟文档的这封信本身。它上面既没有投寄地址，也没有休谟的签名，它只是一封适于投递的信件。也没有任何回信留存于世。可以肯定，很可能休谟收到了回信，但并没有留存，尽管这看上去颇不符合休谟对那位医生溢于言表的英雄崇拜。因此，更有可能发生的情形是，休谟根本就没有收到回信。这要么是因为阿巴思诺特根本就不接受这种获取医学建议的"荒谬做法"，要么是因为他从未收到这封信。在 18 世纪，医师以信函的方式进行诊治并不鲜见，尽管这主要用于社会名流。阿巴思诺特拒绝回应年轻、热切且略带感伤的呼求——不管这些呼求何等荒谬，这看上去似乎有违于其宅心仁厚的美誉。然而，人们不难设想，阿巴思诺特根本就无法回信，或建议当面诊治，因为他那时正身患沉疴，正是这场重病要了他的命。人们同样不难设想，休谟并未将这封信投寄出去，因为在最后时刻，他获悉了阿巴思诺特的病情。

然而，与上述推断相比，还有一个更为简单的假设，这个假设完全符合那封信本身的心理暗示，同时也符合与其作者品性有关的所有已知信息。休谟根本就不愿意去看医生，他不想让医生问询其个人状况，他要保持一种匿名状态，故而，当写完那封信后，他最终并未将其寄出，而是将其扣在手中，这并非不合常理。而将其各种症状写出来这一举动本身，就能够起到一种心理的宣泄作用。作为写这封信的一种无意图后果，休谟或许开始意识到：他已做了其所能做的，也即暂时摆脱玄思生活，并转而投身于一种更为积极昂扬的生活。而从伯维克到伦敦的旅程已在休谟身上产生了沧海桑田的变化，而在信中对前几年的紧张反省或许标志着其整个病患已成为过去。现在，带着对未来的美好憧憬，立即向布里斯托进发！

正如休谟在信的结尾处所写的那样，"我怀着谦恭之心向您咨询的那些问题"，突然变得极其简单。在一开始，休谟缺乏可以倚重的专业建议；但现在，在写完这信件后，他已不再需要这种确认。他已完全恢复了自信。为什么呢？因为他自己已经找到了答案，而且不逊于任何专业医生！而且，作为一个事实问题，他能够这样做，而且确实这样做了；因为当休谟构写这些问题的时候，他心中早已有了其所需要的，而且基本上是积极的答案。

问题一："在您所认识的学者当中，您是否知道有谁曾身患同样的病症？"回答：是的，很多。问题二："我是否有望康复"回答：你肯定能康复。问题三："我是否需要很长一段时间才能康复？"回答：很快就会康复，只要环境有利。问题四："我是否能完全康复？我是否能像以前一样精力充沛，并足可承受深思熟虑之苦？"回答：很可能。问题五："我采用的康复疗法是否正确？"回答：当然正确，继续保持。在这封信的结尾，休谟潜在地承认：他的病患基本上是精神上的而非身体上的："我相信，凡是能用的药我都试过了，因此，在此我也无须一一赘述了。"对，确实不需要再服药了；因为你有治愈信心，所以你肯定能痊愈。

我们不妨假设：休谟虽然从未投寄过"致阿巴思诺特的这封信"，但却将其终生保存。休谟之所以保存这封信，主要不是因为它所包含的自我启示内容（self-revelation），尽管这种自我启示对休谟而言也非常重要。我认为，休谟之所以要保存这封信，是因为对休谟而言，这封信已成为一种自制的象征（symbol of self-mastery）。他成功地克服了一场身心危机。休谟感到，就职业方向而言，他已无须再咨询任何权威。他早已决心投身于一种文人生涯，此后，无论经历何种磨难，他都要一往无前、痴心不改。

在给阿巴思诺特的信中，休谟曾解释道："为了更好地重拾我的学术事业，我现在只能先将它搁置一段时间。"休谟正在尝试一种更为积极昂扬的生活。在休

第七章 宣泄与康复

谟的眼前，有两种类型的积极生活可供选择，但他自认为自己不适合做一位游历导师，因为他缺乏"足够的自信和圆熟老道（或世事洞明）……故而，我选择做一名商人。我拿到了一封写给布里斯托一位大富商的推荐信，于是我匆忙赶往那里，决意将自己以及过去的诸种事物抛之脑后，全身心地投入到这种生活方式中去，并由此在世界各地往返奔波，直至彻底治愈这种病患"。

休谟于3月中旬抵达布里斯托。从伦敦到布里斯托的邮路长约115英里，途经米德尔塞克斯、白金汉郡、伯克郡、威尔特郡和格洛斯特郡。这条邮路是当时英国的六条主干道之一，而沿途波涛汹涌的北海也为休谟的旅程提供了不少消遣。休谟的"给一位大富商的推荐信"——在《我的自传》中，休谟则声称"给某些大商人的推荐信"——应当如期递交了，而休谟也谋得了一份差事。雇用休谟的商人是迈克尔·米勒先生（Mr Michael Miller），皇后广场15号既是他的居所，也是他的商铺。[1] 作为一个专门从西印度进口蔗糖的糖商，米勒很可能还涉足奴隶贸易，这也符合当时有利可图的三角贸易（非洲—西印度—英格兰）的惯例。

所以，尽管在给阿巴思诺特的信中，休谟对于一个"押运员"（a supercargo）的生活仍怀有罗曼蒂克的预想，也即"往返于世界各地"，但他最终只是成了本土的一名账房先生。这是否是出于他自己的选择，现在已无法考证。但是，至少在此后的数年里，休谟一直承认他自己是一个蹩脚的水手，以至于在横渡福斯湾的时候都会晕船。也许前往伦敦的那次濒海航行已让休谟意识到了自己的这一弱点。

在18世纪，布里斯托是西印度贸易的重要港口，通常也被视为是英格兰的第二大城市。在城墙之内的那片狭小区域，不仅人口稠密，而且环境脏乱，黑暗狭窄的街道上门市林立、人声鼎沸。除了埃文和弗罗姆河（Avon and Frome Rivers）繁华的滨海地带以及"漂浮的港口"（Floating Harbour），布里斯托商业生活的核心位于"旧市场"附近。但是，布里斯托同时也是一个文化中心。作为全不列颠最早的一批城市图书馆之一，布里斯托城市图书馆建于17世纪早期。亨利·彭伯顿（Henry Pemberton）的《伊萨克·牛顿爵士之哲学概览》（*View of Sir Isaac Newton's Philosophy*）征订人名单中的布里斯托居民不下于25位，其文化地位由此可见一斑。

---

[1] John Latimer, *Annals of Bristol in the 18th Century* (Bristol 1893), pp.189-90.

在这种新环境中，休谟很快就找到了一个好伙伴。因为，当不埋首于研究时，休谟是一个热衷交际的年轻人（a sociable lad）。他曾向阿巴思诺特这样描述自己："一个您所能见过的最结实强健的壮小伙，而且看起来面色红润、神清气爽。"休谟或许还会补充这样的事实，他身材魁梧，高近六英尺，且总会给人们留下这样的印象：他出身乡下，而且只要一张口，人们立马就可以认出他是一位地道苏格兰人。

在休谟布里斯托的朋友中，只有三人有确切名姓。第一个朋友，也显然是最亲密的朋友，正是休谟当年年底自法国写信时所称呼的那位"亲爱的吉米"。他当时受雇于布里斯托的"旧市场"。詹姆斯·伯奇（James Birch），是布里斯托的圣菲利普（St Phillip）和雅各布·沃德（Jacob Ward）的自由持有农，作为一个年轻人，其家资显然并不丰厚。像休谟一样，詹姆斯·伯奇也不乏远赴法国去"学习和消遣"的志向。在前面所提到的那封信里，休谟致信伯奇道："威尔·扬会告诉您我的通信地址。"这位威尔·扬很可能就是后来的威廉·扬爵士（Sir William Young），他 1763 年成为多米尼加总督（Lieutenant-Governor）。但所有这些只是一种猜测。在致伯奇这封信的结尾，休谟写道，"请代我向皮奇先生和所有朋友问好。"尽管其他的朋友并未点明，但约翰·皮奇（John Peach）先生是布里斯托马里勒波特大街（Maryleport Street）的一名亚麻布零售商，不仅富有，而且聪明睿智，富有学识。后来，他成为汉娜·莫尔（Hannah More）的朋友，并在文学批评方面对她多有指导。根据莫尔的说法[1]，直到 18 世纪 50 年代，约翰·皮奇还一直与休谟保持着良好的友谊。据说，休谟曾寄送一套《英国史》给皮奇，以让其订正其中的苏式英语（Scotticisms），并说皮奇总共发现了 200 多处苏式语汇和表达。

休谟指名道姓的布里斯托朋友只有伯奇、皮奇和扬这三位。多年以后，约西亚·塔克博士（Dr Josiah Tucker）——他那时还是布里斯托格洛斯特大教堂的住持（Dean of Gloucester）和圣斯蒂芬大教堂的牧师（Rector of St Stephen），曾告诉黑尔斯勋爵（Lord Hailes）：休谟在布里斯托尔的时候曾结识了托马斯·摩根（Thomas Morgan），一位辉格派和自然神论派作家。但是，出于某些原因，黑尔

---

[1] Wm. Roberts, *Memoirs of the Life and Correspondence of Mrs. Hannah More* (London 1834), I, 16; Mary A. Hopkins, *Hannah More and Her Circle* (New York 1946), p.26.

第七章 宣泄与康复

斯勋爵对这种说法仍将信将疑。[1] 然而，这一问题只具有学术上的重要性，因为，无论就著述而言，还是就个性而言，摩根都很难再影响早已心智成熟的休谟。

在休谟逗留布里斯托期间，有两件事值得一提。可以肯定，正是在布里斯托期间，大卫认识到：要让英格兰人将霍姆（Home）读作休谟（Hume）真是白费力气！"那帮英格兰傻蛋不可能正确地叫出他的名字！"于是，为了与其真正的发音相符，休谟不得不改变其姓氏的拼写。[2] 第二件事便是休谟在账房里与其雇主的争吵。这场争吵主要是由文字问题引发的：大卫对米勒信函中的某些语法和文风问题进行了修订。来自这位年轻文员的反复批评最终激怒了米勒，据说，他告诉休谟：正是靠他那蹩脚的英语，他已挣得了 20000 英镑的家资，他并没有觉得他的英语需要提高。这个故事本身足以令人信服，因为正像休谟告诉阿巴思诺特的那样，如果不能以"优雅简洁"的方式表达自己，他宁愿不再写作。

作为争吵的结果之一，大卫带着深深的怨恨离开了布里斯托。而其中的一部分怒气最终发泄在此后不久在法国撰写的《人性论》中。在其中，休谟断言："军人不重视口才，法官不重视勇敢，主教不重视幽默，"——然后直捣要害，"商人不重视学问"。[3] 多年以后，当休谟在《英国史》讲述詹姆斯·内勒（James Naylor）的行迹时，依然余恨未消的他构思了一个精巧的嘲讽。作为 17 世纪一名"狂热的"贵格派信徒，内勒幻想自己是基督重生。当描述内勒骑马进入布里斯托时，休谟不动声色地评论道，"我估计这是因为当地很难找到一头驴"。正是基于休谟这种绵延不绝的怨恨——这完全出离了他的性格，我推测：他的情感曾受到严重的伤害；他曾因为其民族和口音而饱受奚落；他曾因为其学识而备受苛责，并最终落得被账房解雇的耻辱下场。

然而，当休谟离开布里斯托时，我们不妨回忆一下：休谟致阿巴思诺特的那封信已清楚地表明，他只是将这整个实验视为最后的权宜之计。他从未打算在布里斯托或其他的任何地方久留，如果这以他远离研究和写作为代价的话。如果我对那封信的解读大体正确，那么，我们便不难得出这样的推论：休谟在心理上已不需要在商业世界做更多的尝试了。也许，休谟自己在《我的自传》中对布里斯

---

[1] "A volume of anecdotes, etc. collected by Lord Hailes," HMC, Fourth Report (London 1874), p.532。1742 年，休谟以轻蔑的口吻提及了 Morgain 的 *Moral Philosophers*; *Phil. Wks.*, III, 189。
[2] 转引自 G. F. Black, *The Surnames of Scotland* (New York 1946), p.362, 但是作者没有注明出处。
[3] *Phil. Wks.*, II, 115。

托那一段插曲的评价将更具启发性："……我的健康也因为太过用功的缘故，受到了些许损害。故而，我就跃跃欲试（或者毋宁说迫不得已），想小试身手，以求进入一种更为积极的生活场景中。1734年，我曾带了几封推荐信到布里斯托去找几位驰名的商人。不过几个月后，我就觉得那种生涯完全不适合我。"在商业世界摸爬滚打了大约四个月后，休谟已准备再度回到书斋。到了是年的仲夏，休谟已来到巴黎。当休谟置身巴黎回首往事时，他或许有理由感到：尽管对于其前雇主的敌意依然挥之不去，但布里斯托的经历并非失败，因为"更加积极的生活场景"已实现了其既定的目标。

第八章　法国的宁静

"我于是来到了法国，打算在乡下隐居，从事研读。"

身为一个苏格兰人，但当休谟第一次踏上法国国土的时候，他必然会感到百感交集、五味杂陈，尽管身为一位年轻的革命辉格党人，但休谟不可能否认许多世纪以来将苏格兰与法国捆绑在一起的民族、文化和情感纽带。实际上，休谟一直对路易十四时期的文学以及整个法国哲学心存敬意。休谟的新教主义不可能如此强烈，以至于会对其苏格兰同胞方丹豪尔勋爵（Lord Fountainhall）的那句评论——"我们登陆法国，这片偶像崇拜之地"[1]——产生由衷的共鸣。正像休谟在1741年的一篇随笔中所表达的，他对于法国的爱实际上是绵延不绝的。

……除了希腊人，法国人是唯一同时盛产哲学家、诗人、演说家、历史学家、画家、建筑家、雕塑家和音乐家的民族。至于舞台艺术，他们甚至超过了希腊人，而希腊人又远在英国人之上。而在日常生活中，他们还在很大程度上完善了各种最有用的、最悦人的生活艺术（*l'Art de Vivre*），也即社交和谈话的艺术（the art of society and conversation）。[2]

在1734年至1737年居留法国期间，休谟撰写了《人性论》，并精研了生活

---

[1] Foutainhall, *Journals*, p.2.
[2] *Phil. Wks.*, III, 159.

艺术。

在 18 世纪,有两条去法国的路线最为著名的,一条是从多佛到加莱,一条是从拉伊(Rye)到迪耶普(Dieppe)。但无论走哪条路,乘坐人满为患的驿车或公共马车到巴黎,有时甚至要耗费长达一周的时间。在这段时间里,游客们往往有足够多的机会去了解和熟悉法兰西民族的性格。正是基于自己 1736 年在法国和意大利的旅行经验,休谟的一位朋友曾向另一位友人建议道:

> 亲爱的丹普斯特先生,当你准备入眠的时候,
> 千万要当心你的钱袋和钥匙,
> 请务必将你的马裤枕在头下
> 不要随手将它们一扔,
> 因为这里的小偷会将它们从椅子上偷走
> 虽然他们不敢动你的枕头。
> 你以为在客栈就无所忧心?
> 你以为马夫们就不喜欢喝酒?
> 你以为那位活泼伶俐的侍者就没有情人?
> 你以为行李搬运工会发愿一辈子做穷人? [1]

18 世纪,居留法国的苏格兰人根本就不会饱受长期孤独之苦,因为那里苏格兰人的身影随处可见,他们中有许多人是随斯图亚特王室一道流亡法国。一如往常,休谟来法国时也携带了一大堆介绍信,其中的一封很可能是斯塔尔伯爵(Earl of Stair)写的,他是一位杰出的苏格兰军人—外交官,也是前驻法大使。

正如休谟有一次告诉"吉米"·伯奇("Jemmy" Birch)的那样,在巴黎,拉姆齐骑士(Chevalier Ramsay)给予了休谟"无微不至的关照"。拉姆齐骑士是休谟儿时的玩伴**迈克尔·拉姆齐**(Michael Ramsay of Mungale)的堂兄。[2] 休谟在巴黎所受到的热情接待也证实拉姆齐骑士和休谟这两人都是彬彬有礼、和善易与之人,因为这两人的性格实在天差地别。**安德鲁·迈克尔·拉姆齐**(Andrew Michael

---

[1] Alexander Dick, "Journal of a Tour, 1736," in *Gentleman's Magazine*, N. S. XXXIX (1853), 162.

[2] G. D. Herderson, *Chevalier Ramsay* (Edinburgh 1952), p.7.

第八章 法国的宁静

Ramsay）是一位苏格兰人，当时的年纪大约是休谟的两倍。他原本是一位长老会信徒，但后来却改信罗马天主教中神秘的寂静主义。简而言之，拉姆齐最终成为费内隆的信徒，并且后来又成为他的文学遗产继承人。通过这位大主教的斡旋和努力，拉姆齐最终跻身为蒂埃里堡公爵（Duc de Chateau-Thierry）和蒂雷纳亲王（Prince de Turenne）的家庭教师。1724 年，他又在罗马荣获另一个相类的职位，也即担任"王位觊觎者"（Pretender）的两个儿子查尔斯·爱德华·斯图亚特王子（Prince Charles Edward Stuart）及其弟弟亨利的家庭教师。

1730 年，经英国政府特许，拉姆齐被授予牛津大学荣誉法学博士学位，因为那时的牛津大学还是感世伤怀的詹姆斯二世党人的大本营。拉姆齐同时还是一位著名的文人，曾用法语发表过费内隆的传记，以及专论史诗和公民政府的论文，此外，他还用英语发表了一本诗集。但拉姆齐骑士最主要的文学成就当属《居鲁士行纪》（*Voyages de Cyrus*，1727），他曾公开宣称这本书是对其导师的大作《忒勒马科斯》（*Télémache*）的模仿。拉姆齐辞世后，其两卷本的《自然宗教和启示宗教的哲学原理》（*Philosophical Principles of Natural and Revealed Religion, Unfolded in a Geometrical Order*）于 1748—1749 年在格拉斯哥面世。

一个是固执己见的、独断的、神秘而虔诚的拉姆齐，一个是怀疑一切的休谟，他们会面所产生的反应，势必令两者都终生难忘。1757 年，休谟写道："一位颇有品位和想象力的作者，他当然不是基督教的敌人。这就是拉姆齐骑士，他是一位作家，有着一种如此值得称道的倾向——也即希望成为一名正统派，以至于即便是那些自由思想家都疑虑重重的学说——诸如三位一体、道成肉身和苦行赎罪，他的理性也不会在其中发现任何困难。"这句话的讽刺意味显而易见。但一想到拉姆齐的"无微不至的关照"，休谟就急忙地做出了一些补救，并继续写道："唯有他的仁慈（他宅心极其仁厚）才使他抵制永罚和预定说。"[1]

拉姆齐骑士写于 1742 年的对于休谟的回忆则更加直率，也更为生动形象。约翰·史蒂文森博士（Dr John Stevenson）是一位爱丁堡名医，显然，他曾举荐休谟去翻译拉姆齐当时正在创作的一些"中国书信"（Chinese Letters）。拉姆齐回复道："我毫不怀疑您推荐来翻译中国书信的这位先生足可胜任。但我恐怕他不会接手这项工作。如果我没有错看其性格，或者说，如果自晤面以来其性格没什么变

---

[1] *Phil. Wks.*, IV, 355*n*.

化的话，那么，作为一个自视甚高之人，他绝不愿屈身去做这种翻译苦差，从而埋没了其多产、活跃而卓绝的天才。"但是，拉姆齐又大度地补充道，"如果他出于对您的友谊而愿意接手这份苦差，那么，我相信他会完成得很出色。"[1]

当将休谟视为其哲学上的激进对手的时候，拉姆齐骑士也算是有识人之明，而拉姆齐之所以这么看的原因也不难明了。在上面所提及的那封信中，拉姆齐继续写道："就我对那位年轻人的了解，他远算不上真正地精通形而上学。形而上学，一如其伙伴或者毋宁说分支数学，是人类理智的顶峰。在我看来，那个年轻人聪明智巧的才华，既缺乏坚实的学术根基、天赋的高贵情感，也缺乏一位真正的形而上学家所必不可少的那种几何天赋，也即精确、专注和洞察力。我恐怕他是精神活跃的，而非坚实的；他的想象力是明澈的，而非深刻的；他的心灵太过沉湎于物质对象和精神上的自我崇拜，而难以直抵神圣真理。"在这封信笔涂鸦的信中，拉姆齐骑士对休谟的"浅薄的学养和研究"进行了评点，并最终做了一种哲学上的比较："在我看来，休谟是那些枉顾宗教、先人和圣俗传统而向壁虚造的哲学家中的一员，笛卡尔就是这样一个悲催的范例，它表明，这种向壁虚造毫无用处。但笛卡尔还算是他那个时代的一大鬼才，因为他远胜于你们贫弱、肤浅、干瘪的洛克。"

公平地讲，当拉姆齐做出如上评价时，他并未读过《人性论》。他完全拒斥休谟的哲学："大约15个月前，经我们在昂热（Angers）的同乡约翰·拉姆齐爵士（Sir John Ramsay）之手，我们所提到的那位绅士（指休谟）将《人性论》转寄给我。时间和健康都不允许我去读这样一本晦涩难懂、佶屈聱牙之书。然而，我打算到布伦（Boulogne）去的时候再读它。故而，如果你已将其寄出，它将为我的巨著提供一些素材，并迫使我不得不批驳该书作者为了宣扬一种宿命的必然论体系而对斯多葛式的自由和预知学说所提出的各种攻讦。"仅瞄了一眼《人性论》的目录表就开始对休谟口诛笔伐，这既不是第一次，也绝非最后一次。但是，为了向史蒂文森表达歉意，拉姆齐骑士还不忘礼节性地加上一句："请原谅我对你的朋友如此放言无忌。"拉姆齐辞世后刊行的《自然宗教和启示宗教的原理》(*Principles of Natural and Revealed Religion, Unfolded in a Geometrical Order*) 一

---

[1] Ramsay, MS letter, 24 Aug. 1742, in EU, Laing MSS, II, 301. 这封未署名的信是写给约翰·史蒂文森博士的，这位史蒂文森显然不是在爱丁堡大学担任逻辑和形而上学教席的史蒂文森，参见 Henderson, *op. cit.*, p.204-5。

第八章 法国的宁静

书显然并未受到休谟《人性论》的影响。[1]

休谟和拉姆齐骑士之间不可避免的话题，或许是近期所发生的巴黎方丈的神迹。在来法国之前，休谟很可能已有所耳闻，因为1731年伦敦的《历史纪要》（*Historical Register*）[2]就曾评论过这些神迹，并大加嘲讽。"有关巴黎方丈陵寝之神迹的故事如此深入人心，以至于一段时间内，由于巴黎人的轻信，巴黎城充斥着此类神迹。像罗马天主教徒一样，这些巴黎人极其偏执盲从。"在巴黎，通过坊间传闻，也通过认真地阅读和摘录有关神迹的一些书刊，休谟对这些神异之事有了更多的了解。通过对科学方法的研究，也通过其对于历史的兴趣，休谟最初的新教怀疑主义得到进一步的强化。[3]在休谟的脑海里，神迹问题一直引而未发，直至法国稍后发生的一件事促使休谟将这方面的思考形诸文字。

尽管拉姆齐和休谟不可能真正地心意相通、惺惺相惜，但拉姆齐骑士本人对这位年轻的访客还是比较友善和关照。他可能曾将休谟引荐给某几位巴黎哲人。例如，杜波斯就是休谟心仪已久的一位哲人。可以肯定，拉姆齐骑士将乐于给这位文人生涯刚刚起步的年轻人提供建议。对于现在的休谟而言，巴黎生活或许太过炫目，而且对于一个囊中羞涩的年轻人而言，巴黎也是一个居大不易的地方。尽管巴黎一直是休谟的钟情之地——1763年，当休谟作为英国最伟大的文人重返法国前夕，他曾将巴黎称为"世上我最衷心向往的一个地方"，但在1734年，休谟还无力支撑巴黎的奢华生活。休谟想知道的是，能否找到这样一个外省城镇？那里既不乏硕学鸿儒和良好的图书设施，生活开销也不大，便于从事研读和写作。拉姆齐是否向休谟推荐了兰斯，我们仍不得而知。但拉姆齐骑士确实给休谟写了三封推荐信，将他引荐给那里的高门大族。

作为香槟省的一座城市，兰斯坐落于巴黎东北方约100英里远的一个地方，按照休谟的说法，"乘邮车大约一天的路程"。休谟对兰斯的第一印象是：它是一个理想的定居点。在这个"非常著名的古城和大学城"，现代游客最想观瞻的也许莫过于久负盛名的圣母大教堂（Cathedral of Notre-Dame），它始建于1211年。然而，休谟对大教堂一点都不感兴趣，他更关注于这样一个日常事实：在这座拥

---

[1] 参见文本补录。
[2] *Historical Register*, XVI (1731), 317-17.
[3] 在《关于人类理解的哲学随笔》(*Philosophical Essays concerning Human Understanding*, 1728) 第10篇"论神迹"中，休谟加了一个脚注，对于"这种荒诞不经的传说"进行了大肆的嘲弄。

有4万居民的城市，只有不到30个家庭拥有四轮大马车，并且只有不到三十分之一的人年收入可达500英镑。那些"大户人家"的房子都建在远离大街的地方，完全不得其门而入，除非有幸获得邀请。

拉姆齐骑士所出具的介绍信，让休谟很快就叩开了"当地最富声望的两户人家"的大门。休谟这样写道："我每天都流连于他们的府邸，他们还举办各种聚会，以便将我引荐给更多的宾朋。如果我的法语足够流利，我很快就会结识全城的人。"但现在，这些好客人家的名字已不可知，但我们或许可以推测，其中一家或许是高帝纳（Godinot）。让·高帝纳（Jean Godinot）是一位神学博士和兰斯城的教士。通过精明地种植韦斯尔河谷（Vesle Valley）的葡萄园，让·高帝纳财源滚滚、家业大兴，于是他决定将其一部分收益回馈给兰斯城和河谷地区。休谟离开兰斯不出几年，高帝纳就完成了新供水和污水处理体系的安装。这样一个热心公益的家庭总会向休谟这样的异乡人敞开大门。

1734年9月12日，当休谟给迈克尔·拉姆齐和詹姆斯·伯奇写信的时候，休谟的第三封推荐信还没有递出。因为，正如休谟所指出的那样，他要递呈那封介绍信的绅士"现在不在城里，几天后才会回来"。休谟的迫不及待之情显而易见。他想象着能从这位"全法国最富学养之士"那里收获很多东西。在信中，休谟在表达了其对于与这位绅士建立友谊的渴盼的同时，也表达了对于其"藏书宏富的图书馆"的兴趣，只可惜休谟并没有提到这位绅士的名号。后来有证据表明，这位绅士就是诺埃尔-安托万·普吕什神父（Abbé Noel-Antoine Pluche），因为在一封9月29日致迈克尔的信中，休谟对有幸亲睹普吕什神父的图书馆兴奋不已。此外，这封信还证明，就在撰写《人性论》之前，休谟还在重读洛克和贝克莱："今天，我有幸把洛克的《人类理解论》和贝克莱博士的《人类知识原理》的英文版和法文版都重读了一遍。"[1]

普吕什神父确实是一位饱学之士，他是一位詹森派信徒，也是一位反笛卡尔主义者。他在兰斯大学执掌人文学和修辞学教席。他最引以为傲的是其于1732年出版的《自然奇观》（*Spectacle de la Nature*）一书，它是一部关于自然神学的

---

[1] 关于1734年9月29日那封信，参见文本补录。同时参见 Michael Morrisroe, Jr., "Did Hume read Berkeley? A Conclusive Answer," in *Philosophical Quarterly*, 52(1973), pp.314-15。这封新发现的信解决了这个争论，但是 Michael Morrisroe 正确地得出结论道："贝克莱的著作对于年轻休谟的影响"这一更为重要的问题"现在或许可以重新提出来了。"

系列对话。在英国，这本书 1735 年的英译本《自然揽胜》(*Nature Displayed*)直到 19 世纪都非常畅销。

兰斯的另一位著名的大儒是路易斯－让·莱维斯克·德·普伊(*Louis-Jean Lévesque de Pouilly*)，但没有证据表明休谟曾经见过他。[1] 在法国，普伊是牛顿学说最早的译介者之一。后来在访问英格兰的时候，他与伊萨克爵士本人结下友谊。普伊也是博林布鲁克勋爵的朋友。1720 年，当博林布鲁克勋爵流亡法国时，普伊还跟从他学习哲学。然而，博林布鲁克的《致普伊先生的信》(*Substance of some Letters, Written originally in France about the Year 1720, to Mr de Pouilly*)直到 1754 年才出版。而普伊自己也在 1736 年以《论悦人的情感》(*Théorie des sentiments agréables*)为题将其最初写给博林布鲁克的一封信刊行于世。这部从属于莎夫茨伯里、杜波斯和哈奇森传统的美学和伦理学著作，肯定能赢得休谟的欢心。值得注意的是，休谟旅居兰斯的时候，普伊的这部著作也正处于即将告竣的阶段。同样让休谟感到快慰的也许还有这样一个事实，也即通过质疑法国所谓古代信史的真实性，普伊让"法国铭文学院"名誉扫地。最后，普伊还是法国绝大多数文化名流的朋友和通信人。

普伊是否曾邀请年轻的休谟与其同住，这已无从查考。我们只知道那年的 9 月 12 日，休谟的通信地址是：请将信寄交兰斯的费戎大门附近的梅舍尔先生家并转交苏格兰绅士大卫·休谟收(*Monsieur David Hume, Gentilhomme Ecossois, chez Monsieur Mesier, au Peroquet verd proche la porte au feron. Rheims*)。幸运的是，休谟在布里斯托已改写了其姓名的拼写方法。我们不应忽略的是，休谟一直对其作为一名绅士的社会地位引以为傲。在一个强调社会出身和社会等级的时代，休谟的绅士头衔开始为他打开了社交之门。年轻的休谟绝不会忘记：他尽管并不"富有"，但却出身"名门"。

即便是到了后来，休谟的法语口语也远非流利，终其一生，休谟一直都乡音未改，这种浓重的苏格兰口音有时令人厌烦，有时又怡人耳目。一般而言，休谟的口音及其本人都很讨女士的欢心。从其信中所引述的拉封丹颂扬她们的诗句中，我们也许可以发现休谟早年间对法国女孩感兴趣的蛛丝马迹。但

---

[1] Fernand Baldersperger, "La première relation intellectuelle de David Hume en France: une conjecture," in *Modern Language Notes*, LVII (1942), 268-71. 休谟 9 月 29 日这封信表明，这种推测尽管很敏锐（acute），但是不准确。

从兰斯来信判断，休谟主要的兴趣点还在于法国人的礼俗和性格，这也是听从了拉姆齐骑士的建议。他建议休谟"仔细观察并模仿法国人的礼仪。因为（在他看来）尽管英国人也许有着更多的打心眼里的真正文雅，但是法国人却有着更好的表现文雅的方式"。但一番观察之后，休谟写道："以我的浅见，事实恰好相反：法国人有着真正的文雅，而英国人则有着更好的表现文雅的方式。"在法国待了还不到两个月，就敢于对如此复杂的一个论题发表如此斩钉截铁的看法，休谟或许感到了些许惭愧，于是便解释了"国民性"的原则："您将会高兴地发现：无论是一个民族，还是一个人，无须看他做了多少轰轰烈烈的大事，一件琐事便足以管窥其品性（character）。"休谟以英语和法语对"恭顺的仆人"（humble servant）的不同用法为例来证明这一点：在英语中，"恭顺的仆人"这句话在亲朋至友之间常常被略而不用，但在法语中，在任何情况下都不会忘记"很荣幸能成为您最恭顺的仆人"这句话。"很荣幸能为您做什么或说什么这句话使用的范围如此之广，以至于我的洗衣婆今天告诉我：在我居留兰斯期间，她希望能有幸为我效劳。"这就是休谟哲学的特点，它不只是单单研究日常生活，而且还要参与日常生活。正如休谟自己所指出的那样，"对于一个具有哲学气质的人而言，熟悉普罗大众的语言在任何国家都是一种不可或缺的消遣，并且也为他们提供了许多观察和娱乐的舞台。"

休谟在兰斯待了一年时间，平日里除了学法语，就是会客，过着一种惬意的社交生活。但他发现兰斯的生活成本太昂贵了。他告诉伯奇，这一年共花费了80英镑，近乎其正常收入的两倍。1735年，休谟离开兰斯，前往安茹省的拉弗莱舍（La Fleche）。拉弗莱舍坐落于巴黎西南方约150英里的一处地方，正是在这里，休谟完成了《人性论》主体部分的写作。在《我的自传》中，休谟这样写道："在我隐居法国期间——最初在兰斯，但大部分时间都在拉弗莱舍，我撰写了我的《人性论》。"拉弗莱舍肯定适合于休谟所宣称的目的，也即"在乡下隐居，从事研读"。很可能正是在这里，休谟制定并开始执行"我一直孜孜以求且大获成功的人生大计：我决意力求节俭，以弥补资产的不足，以维持我的独立生活。除了在文学中培养我的才能，我决意认为一切事物都是可鄙的"。

但是，我们或许有理由追问，为什么是拉弗莱舍？拉弗莱舍坐落于卢瓦尔河畔一个盛产葡萄酒的丘陵地带，是一座安静的乡村小镇，人口不超过5000人。对于一位羁旅于此的知识分子而言，这里除了有一所"耶稣会士学院"（大约有

100名耶稣会教士），就没有其他任何令人动心之处。此外，这所学院[1]之所以著名，是因为它曾经培养了勒内·笛卡尔（笛卡尔曾称其为"全欧洲最著名的学校之一"），并且直到1735年仍是笛卡儿学说当仁不让的中心，当然这里也是反笛卡尔主义者乡居的理想之地。更为重要的是，这个地方"物价低"（cheapness）。休谟曾告诉"吉米"·伯奇，"经常有英国同胞造访此地，曾经有30位英国人寄宿在这个小镇。"后来有一次，休谟说得更详细，"我记得，当我旅居安茹的时候，那里来了一位信奉天主教的英国女士盖奇夫人（Mrs Gage），以及她的两个儿子。她在那里租了一栋房子，并信誓旦旦地向我保证，在安茹，所有日用品的价格都只是萨福克（她过去住在萨福克）的三分之一。"[2]安德鲁·巴尔弗爵士（Sir Andrew Balfour）于1700年写道：在拉弗莱舍，"最好的寄宿地是Au quatre Vents"。但休谟并未寄居于此。

在圣杰曼迪瓦尔（Saint-Germain-du-Val）铺满葡萄藤的缓坡上，坐落着一栋名为Yvandeau的领主庄园。根据当地人的传说[3]，休谟曾在这里住过两年，并在其中完成了其哲学巨著《人性论》。作为一个领主庄园，除了一个小型的露天剧院，Yvandeau还拥有一间地下室，当地人戏称为"地狱之口"，据说（无疑带有当地人可以理解的骄傲）它堪与罗马的地下墓穴相媲美。从《人性论》中某些自传性细节，我们不难推断：休谟的房间兼有卧房和书房的功能，其中床、桌子、书架、火炉和窗户等物什一应俱全。从中可以俯瞰"广阔的原野和栉比的建筑"、"群山、房舍和林木"。大宅有一位门房——看，他现在正敲开门递去一封信。"我收到一封信，打开之后，一看笔迹和签名我就知道是出自哪位朋友之手，这位朋友说他与我相距200里格之遥……中间隔着千山万水……"[4]大致算来，休谟的200里格大约相当于600英里，故而这封信想必寄自一位苏格兰友人。休谟常常要从其在Yvandeau的安乐窝赶往镇上，以便利用耶稣会士学院的图书馆。这所于1762年被路易十五解散的学院大约有四万卷藏书。根据当地的传说，休谟

---

[1] 见于安德鲁·巴尔弗爵士（Sir Andrew Balfour）的描述，参见其所著 *Letters Write to a Friend* (Edinburgh 1700), p.30。

[2] "Hume at La Flèche, 1735: An Unpublished Letter," ed. Mossner, in The University of Texas *Studies in English*, XXXVII (1958), p.32; Hume-Elinbank, p. 446.

[3] R.de Linière in *Les Annales Fléchoises et la Vallée du Loir*, IX (1908), 244-5. 已知的最早提及休谟在Yvandeau行迹的是 F. R. F. Marchant de Burbure, *Essais historiques sur la ville et le college de La Flèche* (Angers 1803), pp.25-6。

[4] *Phil. Wks.*, I, 481, 484, 485, 486.

与这里的耶稣会士一直保持着良好的关系（cordial relations），尽管他们所信奉的哲学天差地别。

之前的几年，在法国的奥尔良，休谟的同胞方丹豪尔勋爵（Lord Fountainhall）曾有过与耶稣会士打交道的经验。这种经验表明，要想维持这种良好交往还是有不少难度的。[1]方丹豪尔曾写道，"我还去了耶稣会士学院，并与他们的院长进行了交谈，他急不可耐地探问我的宗教信仰，我很长一段时间都没有正面回答他，只是说我是一位基督徒。他向我施压道，他嗅得出来我是一位加尔文信徒，我回答道，我们关心的既非加尔文、路德和茨文利的名号，也非他们的人身，我们只关心他们在多大程度上掌握了真理。在讨论过一些无关痛痒的问题之后，临别时，他希望我追寻灵性。"

休谟自己与这些耶稣会士仍然维持了一种较好的关系。休谟一般不愿与泛泛之交论辩抽象的理论问题，但他有时也会忍不住破戒。[2]他曾这样写道："有一次，我一边在拉弗莱舍（一个小镇，我年轻时曾在那里度过两年时光）耶稣会士学院的回廊里踱步，一边与一位颇有天分和学养的耶稣会士聊天。他絮絮叨叨地向我讲了一些在他们的修道院所发生的荒唐神迹，我忍不住要批驳他一番。由于我当时脑中所想全是我那时正在撰写的《人性论》，于是，我立马想到了（'论神迹'一文中的）那个观点，我估计这一定让我的那位同伴感到异常难堪。但最后，他向我指出，这种观点不可能站得住脚，因为它对天主教神迹所提出的反对，同样可以用来反对福音。我得承认，他的这个观察不失为一个精明的反驳。"让那位富有学养的耶稣会士大为难堪的观点所指向的并不是神迹的可能性，而是神迹的证据："任何证据都不足以建立一个神迹，除非它的力量太强，使它的虚妄比它所欲建立的那种事实更加神奇和不可思议；不过即便是在这种情况下，两造的论证仍然可以互相消灭，而且较强的论证所能给我们的信念，也只是和减除了弱的力量后所余的力量相等。"[3]

无论休谟所说的那位"颇有天分和学养的耶稣会士"是谁，他都是与佩雷·让－巴蒂斯特－路易斯·格里塞特（Père Jean-Baptiste-Louis Greeset）截然不同的那一类人。格里塞特曾在图尔的耶稣会士学院教授人文课程，但1735年受

---

[1] Fountainhall, *Journals*, p.12.
[2] HL, I, 361.
[3] *Phil. Wks.*, IV, 94. 同时参见后面的第22章。

第八章 法国的宁静

到传唤并被幽禁于**拉弗莱舍**。[1] 格里塞特当时虽不足 26 岁,但加入耶稣会已达 10 年之久。他最近因其所写的关于纳韦尔的鹦鹉的精巧而淘气的诗章 *Vert-Vert*,吸引了公众和文人的注意。后来,耶稣会对格里塞特不胜其烦,而格里塞特在耶稣会里也变得落落寡欢。在拉弗莱舍,他不久即请求解除其流放状态,过了一段时间后,他的请求得到了应允,但条件是:他自愿退出耶稣会。格里塞特也乐得这样做,并前往巴黎,在那里,他最终出人头地,成为一名剧作家。休谟对格里塞特的故事肯定有所耳闻,想象一下这两个年轻人或曾相识,且常常相互打趣,也不失为一桩乐事。1752 年,在爱丁堡律师公会图书馆管理员的任上,休谟曾订购了两本书,一本是格里塞特的著作集,一本是普伊的《论悦人的情感》,这也算是休谟年轻时寄寓在拉弗莱舍和兰斯所留下的鲜明印记。

休谟或许还曾见过弗朗索瓦-米歇尔·德拉罗·杜康(Francois-Michel de la Rue du Can),他 1735 年时任拉弗莱舍市长。多年以后,休谟依然愉快地回忆起"法兰西民族的那种文雅的待客之道",以及他"在外省小镇所享受的好处,也即悠然自得的研究之乐和操练法语的机会"。也许,休谟所曾给予拉弗莱舍的最大恭维就是他 1756 年在爱丁堡所写下的评论:"如果要改变自己的居所,我也会退居至法国外省的某个城镇,在一个阳光明媚、风景怡人的乡村,在一群热情好客的民众中打发自己的暮年时光。"[2]

当"吉米"·伯奇给休谟写信,询问到底要不要在法国师从一位"知名教授"时,休谟的回复颇具讽刺意味,这或许是因为他想起了爱丁堡的某些教授,但它同时也是休谟思想独立的一份宣言。[3]

最有可能的是,在拉弗莱舍,休谟在耶稣会士学院藏书宏富的图书馆阅读了其著作所征引的一部分法文著作,而看起来颇让人感到惊异的是,作为一个外国人,休谟居然还曾查阅过尼古拉·德·马勒丢(Nicolas de Malezieu)的《勃艮第公爵的几何原理》(*Eléments de Géométries de M. le duc de Bourgogne*)。为了能与当地的鸿学硕儒谈笑自如,休谟想必对笛卡尔、马勒伯朗士、阿尔诺(Arnauld)和尼科尔(Nicole)的著作下足了功夫。同时也不难想象,那位博学的耶稣会士难免会就近来面世的、由"M.de V—"所撰写的《关于英国的哲学来信》(*Letters*

---

[1] L. F., "Gresset et Frédéric II," in *Les Annales Fléchoises et la Vallée du Loir*, II (1904), 232-5.
[2] HL, I, 344-5, 232.
[3] See Textual Supplement for Hume's letter, 1735.

philosophiques sur les Anglais）向到访的休谟提出一些风趣而不失尖锐的问题。当然，人人都知道它出自伏尔泰之手，并且基于他 1726—1729 年旅居英国期间的所见所闻。那位爱穷根究底的耶稣会士或许会问：伏尔泰对英国的自由，尤其是与宗教和政府问题有关的自由有所夸大吗？圣公会的真相到底是什么？贵格会信徒都是一帮怪人吗？长老会信徒真的不比加尔文教徒好吗？休谟到底怎么看伏尔泰对笛卡尔和牛顿的评价？休谟又怎样看蒲伯和斯威夫特？

在休谟旅居法国期间，还有一件事值得记述，尽管根本就没有这回事，它只是一种虚构。但是，这个虚构的故事如此贴合休谟的性格，以至于连亚当·斯密都一度信以为真。只是让斯密感到狐疑的是，在追忆青葱往事时，他的好友大卫为什么从未向他提及此事。这件事曾发表于 1779—1780 年出版的《镜刊》（*The Mirror*）上，题目为"拉罗什趣事"（The Story of La Roche）[1]，它出自向来以自己曾是休谟的"文学侍从"而引以为傲的亨利·麦肯齐（Henry Mackenzie）之手。故事开篇写道："40 多年前，有一位现今誉满全欧、读者甚众的英国哲学家寄居在一个法国小镇。本国的失意和郁郁不得志促使他远赴国外，并且此后也一直乐得待在那里，因为他发现：在这种隐居中，他甚至可以切断一切的人际和语言联络，这种彻底的与世隔绝和隐休状态非常有利于抽象论题的研究，而他在这方面的成就也冠绝其同时代的所有作家。"

然而，麦肯齐这个故事的真正意旨，不在于对于那位瑞士籍新教牧师拉罗什（La Roche）及其可爱的女儿之生平令人不胜唏嘘的记述，而在于对大卫·休谟性格之描绘。虽然麦肯齐只了解晚年的休谟，但我们可以将他的描述与拉姆齐骑士的描述加以比照，既然拉姆齐骑士的描述多带个人偏见。拉姆齐和麦肯齐认为休谟才华横溢、心智活跃，富有求索精神，他们也都承认休谟雄心勃勃，富有反宗教的情感和人道精神。但除此之外，他们两人对休谟的评价就大相径庭了。在拉姆齐看来，青年时代的休谟"自视甚高"，"沉溺于物质对象和精神上的自我崇拜"。而在麦肯齐看来，晚年的休谟"温文尔雅"——"尽管对上帝毫无敬奉之情，但从不就这个问题与别人争吵"，"朴素而亲切"，"绝没有卓越的天赋所带来的那种自以为是"。麦肯齐写道："在我所认识的人中，休谟的日常谈话最少学究气，或者说最不爱掉书袋。"然而，将这两种关于休谟性格的迥异描述调和起来

---

[1] Included in Henry Mackenzie's *Works* (Edinburgh 1808), IV, 117-207.

第八章　法国的宁静

并不难，我们可以透过这两种视角来审视休谟的性格，只是其晚年性格是早年性格的醇化和软化。

但让我们再回到拉弗莱舍。到 1737 年的年中，经过近乎三年的紧张写作，《人性论》基本完工。其早年在苏格兰萌生的并一直为之寝食难安的思想，现在终于尘埃落定。"独自寄居于宁静的法国"，休谟天真地以为，他能够以"优雅简洁的方式"来表达其观点，以至于能"引起世人的瞩目"。然而，对任何人的系统思想的最终检验，必然是将其提交给学术同行。简而言之，现在回伦敦并将其发表正当其时。

休谟先是去了巴黎。途中，休谟于 1737 年 8 月 26 日致信其老友迈克尔·拉姆齐，在向其重申了他们的友谊的同时，休谟还让他做好读其《人性论》手稿的心理准备。在信中，休谟要求拉姆齐：

> ……再读一遍马勒伯朗士的《对真理的探求》（le Recherche de la Verité），贝克莱博士的《人类知识原理》，以及培尔的《历史批判词典》中的形而上学文章。以及芝诺和斯宾诺莎的一些文章。笛卡尔的《第一哲学沉思录》（Meditations》同样有用，但是不知道你能否在熟人那里轻易找到。这些书将使你很容易就能理解我的推理的形而上学部分，至于其余的部分，它们几乎不依赖于此前所有的哲学体系，您天赋的良好判断力将使您有足够的洞察力来判定它们的论证力量和坚实性。[1]

休谟的这份著名思想家简短的名单由两类思想家组成：他将予以批驳的理性主义者（笛卡尔和马勒伯朗士）；他将予以肯定的怀疑主义者（培尔和贝克莱）。尽管这份名单的重要性不言而喻，但它只是一种确证，而不是什么新发现：所有这些名字都在《人性论》第一卷"论知性"[2]，也即"我的推理的形而上学部分"中出现过。更为重要的一点是休谟确信：《人性论》真正的原创部分，不在于形而上学，而在于道德学，"它们几乎不依赖于此前的所有哲学体系"。但是，这种确信尚未为那些研读其哲学著作史的读者所广泛接受。

---

[1] Hume-Poland, pp.133-4. See Textual Supplement for full letter of 26 August 1737.
[2] 笛卡尔的名字并未直接出现，但暗含在"笛卡尔主义者"（Cartesians）这一术语中。上述这一封信的出版解决了休谟是否读过贝克莱原著的争论。

由于已预见到从拉姆齐那里所能获得的无非是"吹毛求疵的苛责",所以当发现拉姆齐不在巴黎时,休谟一定感到如释重负。

休谟在《我的自传》中写道:"在法国舒服地过了三年之后,我于1737年返回伦敦。"

第九章　出版的焦躁

"事情越是临近，越是重大，……我就越是寝食难安。"

1737年9月中旬回到了伦敦后，休谟就开始找出版商。尽管生性乐观自信，但"置身于那种前程未卜的危境"，休谟还是感到前所未有的焦躁。到了12月2日，他告诉身在爱丁堡的亨利·霍姆：他"一个星期之内就与出版商达成了协议，你不难想象，在这段时间内，我并没有忘记这本著作本身，我开始觉得，一些段落的文风和措辞并未达到我的预期。事情越是临近，越是重大，我就越是寝食难安，远不如我孤身在法国时那般心如止水"[1]。

1737年9月至1739年2月逗留伦敦期间，休谟既不孤单，也非心如止水。这座大都市所具有的三个不同世界，他现在终于有时间和机会去一探究竟。尽管休谟当时最关心的还是要尽早与出版商签订合同，但在此期间，他确实对伦敦的三个世界多了一层理解：一个是由宫廷、议会、上流社会所组成的权贵们的世界（the great world）；一个是娱乐世界（the world of pleasure）；一个是文化和学术世界（the world of letters and learning）。尽管终其一生，休谟待在伦敦的时间加在一起有长达五年之久，但置身其中时，他从未感到过惬意。也许是伦敦对于乡下人和苏格兰人的藐视让休谟觉得疏离和隔膜。在这样的一种氛围中，休谟不禁怀恋起巴黎和法国，甚至爱丁堡海纳百川的包容气度（cosmopolitanism）。

自1707年"合并条约"签订以来，苏格兰的政治家和文人们便开始潮水般

---

[1]　NHL, pp.1-2.

地涌向伦敦，并在那里建立了一个前哨阵地。到了 18 世纪后叶，他们甚至曾一度把持了伦敦。但无论如何，苏格兰人的势力是如此强大，以至于与英格兰人产生了严重的龃龉。休谟的苏格兰人脉为他打开了伦敦的三个世界，只要他愿意进入。然而，休谟对于"权贵们的世界"少有兴趣。但是，他从莫斯走出来的邻居，波尔华斯勋爵（Lord Polwarth）（也即此后的第三代马奇蒙特伯爵）及其孪生兄弟亚历山大·休谟—坎贝尔（Alexander Hume-Campbell），那时都住在伦敦。他们兄弟俩都是国会议员。波尔华斯勋爵利用自己的议员特权，常常为休谟所寄信件盖上免邮资的邮戳，而来自苏格兰凯思内斯郡（Caithness）的议员亚历山大·布罗迪（Alexander Brodie），很可能还有其他的苏格兰议员，都曾为休谟提供过这种便利。而掌玺大臣（Keeper of the Great Seal）艾雷勋爵（Lord Islay）——他于 1743 年成为阿盖尔公爵（Duke of Argyle）——则是卡洛琳皇后的近臣。他常常以北不列颠（指苏格兰）的绅士可以随时出入他的宅邸为傲。可以肯定，休谟有一次曾登门拜访过他，而且很可能就在这段时间。休谟后来承认，他"无疑是一位明识博学之人"（a man of sense & Learning）。

宫廷中所发生的任何重要事件都是街谈巷议的话题，而一些内廷八卦也会通过上流社会中的朋友和熟人传到休谟那里。1737 年 9 月 12 日，作为与其父母，也即国王和王后长期不和的结果，威尔士亲王弗雷德里克（Frederick）、他的妻子奥古斯塔（Augusta）及其家人被赶出圣詹姆斯宫。当他们乘坐的皇家马车缓缓驶往裘园的时候，沿途早就聚满了伦敦市民，他们肃立街道两旁，涕泗纵横。弗雷德里克曾一度成为两派联盟的核心，其中的一派反对首相罗伯特·沃波尔爵士的势力，而另一派则不喜欢仍是半个外国人的国王和王后，因为他们依然与汉诺威保持着亲密的联系。而"著名的卡洛琳"（Caroline the Illustrious）——正如其崇拜者所乐于称呼的那样，则成为乔治二世暴躁的脾气和其德国情妇的牺牲品。但她同时也是哲学家、神学家、科学家和文人们的"恩主"。她于 1737 年 11 月 20 日星期天晚上 10 点整不幸而痛苦地辞别人世。曾一度有传言：她拒绝了所有的宗教安慰，并在咽气前的那一刻敦促国王依然将沃波尔留任为首相，并擢升她的**私人牧师**（Clerk of the Closet）**约瑟夫·巴特勒博士**（Dr Joseph Butler）。而其丈夫给她的回报则是哭着说，他决意不再结婚，只是豢养情人。

而透过休谟 1742 年所写的一篇随笔，我们或许可以对休谟寄居伦敦期间的娱乐活动和文化学术活动管窥一二。[1]在那篇随笔中，休谟评论道："据说，当德摩斯梯尼将要进行辩护时，全希腊的聪明人都要从最偏远的地方云集雅典，犹如参观世界上最著名的胜景。但在伦敦，你会看到，当两院正在进行最主要的辩论时，人们却宁愿在穷人上诉法院里闲逛。许多人认为，为了欣赏我们最为著名的演说家（speakers）的滔滔雄辩而错失一顿晚饭，这实在得不偿失。而老西伯的表演，也要比首相大人面对罢免或弹劾动议时所发表的自辩更激荡人心。"法庭、议会、剧院，所有这些既是那些研修法律、雄辩和舞台艺术之人的确当舞台，也是人性研究者的确当舞台。

休谟通晓英国和法国戏剧，并且相较于英国戏剧的那种莎士比亚式的繁复，休谟更推崇法国戏剧的那种古典主义的简朴。在上面所提到的那篇随笔中，休谟评论道：一般而言，英国人"在品位的精雅，或对文艺魅力的敏感性方面并不出色……因此，要打动他们，他们的喜剧诗人必须求助于淫邪的言辞，而悲剧作家必须求助于血腥和杀戮……"尽管我们没有休谟从1737年到1739年的这17个月在伦敦的看戏纪录，但他确实有机会到考文特花园（Covent Garden）和德鲁里巷（Drury Lane）的剧院去观看莎士比亚的至少16部不同的剧作，本·琼森的几部剧作，以及王政复辟时期和18世纪早期的许多剧作。新近颁布的《演剧许可法》（Licensing Act）促使剧院老板只愿上演老剧目，而不愿冒险排演新戏。而在干草市场剧院（Haymarket Theatre），休谟至少还有6部意大利歌剧可供选择。

我们或许可以认定，休谟曾去观看过大卫·马利特（David Mallet）和詹姆斯·汤普森（James Thomson）所创作的新剧。他们两个都是苏格兰人，也都曾就读于爱丁堡大学。马利特比休谟早一个学期进爱丁堡大学，所以他们很可能早就认识。而汤普森放弃其神学学业的时候，休谟差不多刚好入学。从1738年4月6日开始，汤普森的《阿伽门农》在德鲁里巷剧院连续上演了9个晚上，其中奎因（Quin）扮演阿伽门农，而西伯夫人（Mrs Cibber）则扮演卡珊德拉（Cassandra）。安德鲁·米切尔（Andrew Mitchell）是休谟爱丁堡大学的同学，他1735年就来到伦敦，并在1738年成为一名职业律师，后来又以英国全权特使的身份出使弗雷德里克大帝的王庭。安德鲁·米切尔是詹姆斯·汤普森的好友，并向"包打听"

---

[1] *Phil. Wks.*, III, 165-6.

鲍斯维尔（inquisitive Boswell）提供了那位剧作家首演时的逸闻趣事。据米切尔的可靠消息，首演时，汤普森紧张得大汗淋漓，"以至于当他来到露天广场上的一家酒馆与其朋友会面时，他的假发就像在油罐里浸过一般"。[1] 在《阿伽门农》首演成功后为汤普森所举办的庆功会上，我们不是不可能在人群中发现正在频频举杯的休谟。而休谟返回苏格兰前夕的 1739 年 2 月 13 日，在马利特剧作《穆斯塔法》首演成功的庆祝会上，我们不难想象将上演同样的场景。

约翰·阿姆斯特朗博士（Dr John Armstrong）是休谟所认识的另一个爱丁堡人，他也是汤普森的朋友。从 1735 年开始，阿姆斯特朗就在伦敦设馆行医。他曾在 1736 年大获成功，当时他冒失地发表了诗文《爱经》（The Oeconomy of Love），向年轻人提供"爱的艺术"（art de'amour）方面的实践建议。但作为一项后果，阿姆斯特朗的医学生涯几近搁浅。作为一种补救，阿姆斯特朗于次年出版了专业性的《概论性病的治疗及历史》（Synopsis of the History and Cure of Venereal Diseases）。按照休谟多年后对鲍斯维尔的说法，阿姆斯特朗于 1744 年出版的《保持健康的艺术》（Art of Preserving Health）是一部"真正的经典"；而他的《爱经》也"非常具有诗意"。据鲍斯维尔记载，有一次，"休谟说，阿姆斯特朗的《保持健康的艺术》是英语中的经典诗篇，而汤普森的《四季》（Seasons）则更为美轮美奂，就是缺少章法，诗句的起承转合也略显生硬。"[2]

1738 年下半年，休谟儿时的伙伴蒙盖尔的迈克尔·拉姆齐（Michael Ramsay of Mungale）也正在伦敦。作为一位熟谙人情世故之人，他不失为休谟看戏和参观沃克斯豪尔花园（Vauxhall Gardens）的理想同伴。像莎士比亚时代一样，那时的泰晤士河依然是伦敦的交通要冲，经由它可以直达沃克斯豪尔花园——伦敦引以为豪的户外游乐消闲之地。沃克斯豪尔是一座极为规整的花园，侧翼带有一些半圆形的饭亭，但在建筑和设计风格上融合了许多古典的、哥特式的和中国的图案元素，这多少有点让人感到怪异和突兀。根据当时的一本游览手册的描述，花园中那些植被茂密的小树林是"夜莺、黑鹂、画眉，以及其他鸟类

---

[1] *Boswell Papers*, III, 37. 在 1764 年 7 月 27 日致休谟的一封信中，亚历山大·狄克爵士（Sir Alexander Dick）写道："这封信由萨金特先生（Mr. Sargent）转交给你……我敢说，多年前，当我们与汤普森先生（Mr. Thomason）和大使米歇尔先生（Mr. Mitchel the armbassador）厮混在一起的时候，您肯定对他有印象。"(RSE, IV, 75)。约翰·萨金特（John Sargent）是一位亚麻布制品商，住在伦敦的墨瑟礼拜堂（Mercer's Chapel）附近。
[2] *Boswell Papers*, I, 127; XI, 40.

的天堂，在一年中这最怡人的季节，它们清丽婉转的歌喉让游人们乐而忘返"。在花园的浓阴下，爱侣们闲庭信步；在空旷的开阔地，民谣歌手们浅吟低唱；在亭子里，红男绿女们把酒言欢。尽管沃克斯豪尔到处都充斥着各种流言蜚语——也许正因为如此，人们还是趋之若鹜。

1738年初，当得知其有可能来伦敦后，休谟致信亨利·霍姆道："尽管伦敦城有无数的欢娱，我肯定会邀您共度哲学之夜：要么在您我意见分殊之处修正我的看法，要么在您我意见相合的地方确证我的观点。"这表明，在伦敦，休谟的大多数夜晚不是花在耽安宴乐上，而是花在哲学谈话上，休谟很可能经常出入于彩虹咖啡馆（Rainbow Coffeehouse）。在那里，他会碰到另一位爱丁堡大学的校友亚历山大·坎宁安（Alexander Cunningham），也即后来的亚历山大·狄克爵士（Sir Alexander Dick）。1738年3月之后，休谟又在伦敦住了差不多一年的时间。在兰开斯特大宅（Lancaster Court）的彩虹咖啡馆，聚集了一群并非名不见经传的法国新教徒，至少其中的皮埃尔·德斯马茨奥克斯（Pierre Desmaizeaux）后来与休谟相熟。德斯马茨奥克斯自己就是一个文人，一位传记作家和皮埃尔·培尔（Pierre Bayle）的文学遗嘱执行人，并曾与安东尼·柯林斯（Anthony Collins）、莎夫茨伯里勋爵（Lord Shaftesbury）和艾迪生（Addison）等自由派知识分子交好。对于像休谟这样一位文学事业刚刚起步的年轻人而言，德斯马茨奥克斯当然是一个不错的顾问。德斯马茨奥克斯同时还是欧洲大陆几家期刊的伦敦通信人，在《人性论》出版之后，这一事实以及他与休谟相熟的某些有趣后果便愈加显现。

再回到《人性论》本身。应伦敦一位不具名的绅士之请，休谟徒劳地尝试着对《人性论》进行某种删节，以便其主旨更容易为人们所理解。即便是亨利·霍姆提出了同样的要求，休谟也未能成功。数月的时光悄然已逝，休谟突然又动起了回苏格兰拜访亨利及其他朋友，并听取"他们对于其哲学发现的建议"的念头。奇怪的是，一种新的挫折感又向休谟袭来："但是，当我出现在你们中间时，我仍无法克服某种羞愧之感，因为像我这样的年纪，至今仍一事无成，且胸无大志。"都26岁了还一事无成！尽管心怀焦躁，但这位年轻人并未放过任何可以表达其幽默感，至少是反讽感的机会。"我们哲学家为什么不能像俗世鄙弃我们那样畅快淋漓地鄙弃俗世呢？我认为，在内心深处，我对这个俗世是心存藐视的，一如这个俗世对我们哲学家也心怀轻贱。"[1]

现在，在《人性论》行将出版的时刻，休谟又开始为另一种挫折所困扰。他是否足够谨慎？书中是否有任何内容或许会让自己开罪于权威？能否在勇敢和谨慎之间找到一种恰当的平衡？在法国支持伏尔泰对于英国出版自由的解释是一回事，而在英国出版一些无畏的原创思想，并面临其所带来的可能后果是另一回事。例如，对奇迹所进行的"耶稣会式的"（Jesuitical）分析，几乎肯定会冒犯权威当局。让巴特勒博士去读《人性论》确属一件难事，但休谟又急于知道巴特勒博士对其哲学的看法。休谟曾就巴特勒致信亨利·霍姆，并高兴地发现：亨利也对这位神学家评价甚高。更让休谟高兴的是，他发现，亨利与巴特勒曾有一面之交，而且乐于给自己写一封推荐信。

对休谟而言，约瑟夫·巴特勒的名字早已如雷贯耳。在《在罗尔斯小礼拜堂的15次布道》（*Fifteen Sermons preached at the Rolls Chapel*）这个不起眼的标题下，巴特勒实际上对伦理学研究做出了一个极其重要的贡献，也即不再探究"事物的抽象关系"，而是开始探究"事实问题，也即人的特定属性，人的各个组成部分，人的组织或构造；然后再决定到底什么样的生活样式与人的这种整体属性相适应"。[2] 刚从法国返回英国，休谟就将听闻巴特勒在那一年出了一本新书，书名为《自然和启示宗教与大自然之构造和行程的类比》（*Analogy of Religion, Natural and Revealed, to the Constitution and Course of Nature*，1736）。这是一部论证充分的公允之作，旨在以经验主义的观点向自然神论者证明：他们对于基督教的批驳同样可以有效地用来批驳他们自己的自然宗教。在休谟看来，在18世纪的神学著作中，《类比》仍值得认真对待，并对其作者一直心怀敬重。[3]

1737年春，在一次参访伦敦时，亨利·霍姆急于要拜会巴特勒，他那时还是卡洛琳王后的私人牧师（Clerk of the Closet）和圣保罗大教堂的住持。于是，霍姆遂向艾雷勋爵（Lord Islay）求援，勋爵告诉他："我虽然不知道如何将您引荐给巴特勒，但我知道如何将您引荐给卡洛琳王后，王后会将您引荐给她最宠爱的牧

---

[1] NHL, p.2.
[2] Butler, Preface to *Sermons*.
[3] 在休谟的《自然宗教对话录》中，尽管没有直接提及《类比》，但却可以在克里安提斯的经验主义论证中看出《类比》的印迹。

师。"[1] 对这种前景基本不抱什么希望的霍姆最终不请自来，径直闯入巴特勒的住处。巴特勒礼貌地接待了他，并款之以巧克力。在愉快地交谈了两个小时后，这位苏格兰律师—哲学家离开了，不久之后又第二次登门造访。正是基于这种短暂且不请自来的会面，亨利给休谟提供了一封推荐信，但休谟却担心这封推荐信"对我多有溢美之词"。在1738年3月致霍姆的信中，休谟写道："我已拜会过巴特勒博士，本打算将您的信递交给他，但发现他此时正在乡下。我很想知道巴特勒博士的看法。我不敢相信自己的判断，这不仅因为它关涉到自己，而且还因为它如此多变，以致我不知道到底该如何定夺。有时候，它将我抛至九霄之外的云端；而有时候，它又让我意气消沉，让我对自己充满了怀疑和恐惧。因此，无论获得何种程度的成功，我都不会灰心丧气。"

在试图拜会巴特勒之前，休谟先对自己的文稿动了一番大手术。他在拉弗莱舍期间所撰写的"论神迹"的那一部分被悉数删去。上一年的12月，休谟曾告诉亨利·霍姆道："目前，我正在对我的作品进行删节，也即删去其中最有价值的部分，为了尽量不冒犯他人。在此之前，我是不敢将其呈献给巴特勒博士的。"在信中，休谟接着又写道："这是一种胆怯，为此我也曾暗自自责，尽管我相信没有朋友会因此而责备我。在我谴责其他方面的**狂热**时，我也下定决心不要成为一个哲学上的狂热者。"尽管休谟准备在《人性论》的扉页上印上塔西陀的一句名言——它意在揭明，当一个人能自由地思考并自由地发表时，这是少有的时代福祉，但休谟仍然保持了其一贯的审慎。休谟将删去的"关于奇迹的推理"寄给他的朋友亨利，并希望他就其观点和文风给出一些直率的意见。"除了让汉密尔顿先生过目——如果他有兴趣的话，我恳请您不要将它呈示给其他任何人。若方便，也请告知我，您已收阅此文，并焚之。请不要将文稿挪作他途，这倒不是说不合适，只是担心出意外。"至于威利·汉密尔顿（Willy Hamilton）读后的意见——如果他确曾读过，我们仍不得而知。但亨利·霍姆的建议是悉数删去。这样，"论神迹"这一部分就失去了其在《人性论》中的原有位置。

1730年代的伦敦，哲学–宗教论争一度甚嚣尘上。在这一时期，出版和发表成为一件轻而易举之事。似乎凡是能写之人都贸然付梓。作为对基督教中启示宗教的反对，自然神论者，也即自然宗教或理性宗教的信徒们，正利用出版自由

---

[1] *Boswell Papers*, XV, 292-3.

所给予的便利,大量地刊行他们自己的著述。马修·廷德尔(Matthew Tindal)的《与创世一样古老的基督教》(*Christianity as old as the Creation: Or, the Gospel, a Republication of the Religion of Nature*)于1731年甫一出版便被视为"自然神论者的圣经"。尽管那位博学的全灵学院的研究员自己未必能完全领会这本书副标题的意蕴,但它却广受称誉,并引来了不下于150位正统派人士的回应,其中最著名的当属巴特勒的《类比》一书。而在某种不同的层面上,亚历山大·蒲伯杰出的哲理诗《论人》(*The Essay on Man*)也招来了无以计数的又臭又长的回应文章。最后,作为正统派最强有力、最步调一致的一次努力,他们以《对自然宗教和启示宗教的一种捍卫》(*A Defense of National and Revealed Religion*)为题将"波义耳讲座"(Boyle Lectures)刊行于世。在这样的论辩氛围中,如果休谟坚持保留"论神迹"这一部分,那么他将不可避免地卷入神学论争。休谟的这种决定表明:休谟所真正属意的是,他希望人们能郑重地将其哲学视为哲学,而非视为宗教论争。尽管休谟当时可能还没有意识到这一点,但休谟的这一决定意义重大:它标志着休谟事业的重大转折。

休谟相信,通过证明论辩双方都是错误的,他的哲学将终结所有这些争论——诸如自然神论者和基督徒之间的争论;因为就事实问题而言,理性主义的证据和权威主义的证据同属无效;类比的范围也应受到严格的限定。休谟深信,《人性论》的出版将在知识界引发一场巨大的骚动。他以某种可以宽宥的骄傲致信亨利·霍姆道:"我的原理与这个论题上所有俗见……都相去甚远,以至于如果被接受,它们几乎会在哲学上产生一场全盘的革命……"[1]无怪乎休谟现在急于要发表《人性论》!而最让人们困惑不解的是,休谟竟然花了差不多一年多的时间才与出版商达成协议。在这个问题上,真正构成出版障碍的是休谟自己的三个决定,故而需要予以解释。

首先,休谟决意要彻底独立,绝不寻求"大人物"的恩庇——无论是通过征订,还是通过致某位大人物的公开献词。其次,休谟决意要匿名出版,这也符合当时沿袭已久的惯例。例如,《人类理解论》第一版(1690)面世的时候,洛克并没有在扉页署上自己的大名,只是后来在献词上署上了自己的大名。直到出第二版,洛克才公开承认自己的作者身份。在休谟的青少年时代,巴克斯特

---

[1] NHL, p.3.

第九章　出版的焦躁

(Baxter)、哈奇森，曼德维尔以及沃拉斯顿（Wollaston）——我只需提及其中的少数几位——的哲学著作多是匿名出版的。尤其是哈奇森，他所有英文著作都是匿名出版的。第三，休谟决定只出售《人性论》第一版的版权，并保留了此后所有版本的版权。休谟还拒绝预先为《人性论》的后续各卷签订合同。这三个条款都极为苛刻，故而当1738年9月26日与约翰·努恩（John Noon）最终签订合同时，休谟这一边需要做出相应的让步。[1]

约翰·努恩住在白鹿巷（White Hart），离位于齐普赛街（Cheapside）的默瑟小礼拜堂（Mercer Chapel）不远。在通用学术、哲学和宗教领域，约翰·努恩算得上是一位比较重要的出版商。除了无以计数的布道辞，努恩所出版的书目还包括本杰明·马丁（Benjamin Martin）所著的几种学生用百科全书，转译的希腊文著述，一份希腊文手稿索引，针对巴克斯特、巴特勒以及沃拉斯顿的争鸣性著作，自然神论者托马斯·摩根（Thomas Morgan）对基督教所做的一种"辩护"，以及各种外科学著述。1740年和1741年，努恩出版了乔治·特恩布尔（George Turnbull）两本著作，一本是两卷本的《道德哲学原理》(*Principles of Moral Philosophy*)，一本是他所翻译的海伦休斯（Heineccius）两卷本的《普世法律的系统体系》(*Methodical System of Universal Law*)。[2] 特恩布尔曾在爱丁堡大学获得过法学博士学位，现任阿伯丁马里夏尔学院（Marischal College）的道德哲学教授，他曾经担任过托马斯·里德（Thomas Reid）的授课老师。托马斯·里德现在是休谟在全苏格兰最重要的理论对手。

休谟是否见过约翰·努恩，现在已不得而知。人们或许会以为，休谟会找安德鲁·米拉（Andrew Millar）接洽。米拉是一位苏格兰人，比休谟年长四岁。他已出版了汤普森的《四季》。休谟或许找米拉接洽过，但并没有达成协议。他们两人很可能就是这个时候结识的。因为1742年，米拉与其他两人一道接管了休谟的《随笔》在伦敦的销售业务，而6年之后，米拉又成了休谟在伦敦的首席出版商。但在1738年，依照合同条款，休谟将《人性论》第一版（两卷八开本）

114

---

[1] MS "Article of Agreement…Between David Hume of Lancaster Court…and John Noone of Cheapside…," in RSE, IX, 5.
[2] 在特恩布尔1740年面世的《道德哲学原理》中，附有一张由努恩所出版的21本书的细目，而在特恩布尔1741年面世的译作《普世法律的系统体系》中，附有一张由努恩所出版的83本书的细目。唯第一张书单含有休谟的《人性论》。

的全部版权都转让给了努恩，但其印数应限制在1000册以内，版权费共50英镑，当在6个月内付清。此外，当《人性论》面世时，还须赠送休谟12套精装本样书（bound copies）。而休谟则同意：除非他以普通书商的价格将第一版未售罄的余书全部买下，否则他无权出第二版，如有违背，将处于50英镑的罚款。显然，在该协议中，休谟的出版意见得到了贯彻，但其所付出的代价是对《人性论》第二版的某些限制。努恩的这项投资是安全的。尽管不可能由此赚一大笔钱，但努恩对这笔买卖从未后悔。1740年，他还非常乐于替休谟出《人性论》的第三卷。然而，休谟几乎从一开始就坚信：在第二版的限制这个问题上，他做出了太多的让步。到了1740年的时候，休谟会说，"我仓促地与我的书商达成了协议，这既因为我生性疏懒，厌于讨价还价，也因为我听说，很少有书商，甚至根本就没有书商愿意出一个新人的书。"在晚年的时候，休谟曾承认，"依经验，我发现再也没有什么比看到自己书稿的清样更能激发一位作者的关切了。"故而1738年底的那几个月可能是休谟一生中最兴奋的时刻之一，因为对于一个作者而言，他的第一本书总是最重要的。1739年1月的最后一个星期，约翰·努恩终于将《人性论：在道德科学中引入实验推理方法的一项尝试》（*A Treatise of Human Nature: Being an Attempt to introduce the experimental Method of Reasoning into Moral Subjects*）刊行于世。"第一卷，论知性。第二卷，论激情。10先令。"《人性论》的第三卷，也即"论道德"那一卷的手稿，仍在修订之中，直到1740年11月初才面世，而出版商已换成托马斯·朗曼（Thomas Longman）。然而，在1739年，休谟的焦虑属于初为父母者的焦虑。他革命性的思想已呈现在学术界面前。这些思想会产生预期中的"哲学的全盘革新"吗？事实上，这些思想又将对休谟自己的信仰和情感产生什么样的影响呢？

在《人性论》第一卷的结尾，在一种"哲学的忧郁"中，休谟对自己的疑惑与恐惧给出了切中要害的表达。

> 我首先对我在我的哲学中所处的孤苦寂寞的境地，感到惊恐和迷惑，设想自己是一个奇形怪状的妖物，不能融合于社会中间，断绝了一切人间的来往，成为一个彻底被遗弃了的、衷心忧郁的人。我很想混入群众之中，取得掩护和温暖；我自惭形秽，就没有勇气与人为伍。于是我就招呼他人来与我为伍，自成一个团体；但是没有一个人听我的话。每个人都退避远处，惧怕

第九章　出版的焦躁

那个四面袭击我的风暴。我已经受到一切哲学家、逻辑学家、数学家，甚至神学家的嫉恨；那么，我对我必然要遭受的侮辱，还有什么惊奇么？我对他们的体系，已经声明不赞成；那么他们如果对我的体系和我个人表示憎恨，我还能惊异么？当我四面展望时，我就预见到争论、反驳、愤怒、诟骂和诽谤。而当我反观内视时，我也只发现怀疑与无知。举世都联合起来反对我，驳斥我；虽然我自己就已经是那样脆弱，以至我觉得，我的全部意见如果不经他人的赞同，予以支持，都将自行瓦解和崩溃。每走一步，我都感到踌躇，每重新反省一次，都使我恐怕在我的推理中发生错误的谬误。

但这种阴郁的情绪很快就被驱散了：

最幸运的是，理性虽然不能驱散这些疑云，可是自然本身却足以达到那个目的，把我的哲学的忧郁症和昏迷给治愈了，或者是通过松散这种心灵倾向，或者是通过某种事务和我的感官的生动印象，消灭了所有这些幻想。我就餐、我玩双六，我谈话，并和我的朋友们谈笑；在经过三四个钟头的娱乐以后，我再返回来看这一类思辨时，就觉得这些思辨那样冷酷、牵强、可笑，因而发现自己无心再继续进行这类思辨了。[1]

本性终将获胜，这是休谟教诲的核心。"做一个哲学家，但在你所有的哲学中，你仍然是一个人。"这既是在提醒休谟自己，也是在提醒别人。而休谟遵守自己诫命的能力，不久之后就将受到严峻的考验。

---

[1] *Phil. Wks.* I, 544-5; 548-9.

第十章 《人性论》

"没有更为不幸的文学尝试了……它一出版就成了死胎。"

在临终之际,大卫·休谟对其首份智识成果之生死已了无挂碍,因为他深信它从未存活过。"没有比我的《人性论》更为不幸的文学尝试了,"在《我的自传》中,休谟如是写道,"它一出版就成了死胎[1];它无声无臭,甚至在狂热者中也不曾激起任何怨詈。"通过这段毫不隐讳的夫子自道,这个问题似乎得到了一劳永逸的解决,然而证据却指向了相反的方向。首先,《人性论》在 1745 年仍富有顽强的生命力,从而足以使休谟因之丢掉爱丁堡大学伦理学和圣灵哲学的教席。其次,经过十多年的沉寂之后,"狂热者的怨詈"在 18 世纪 50 年代再度发酵,并于 18 世纪 70 年代形成喧嚣之势。最后,在 18 世纪结束前,《人性论》的思想开始向重要的思想家扩散,而到了 20 世纪,这部著作最终被追认为休谟哲学的巅峰之作。尽管世人并非真的愿意让《人性论》与世长辞,但一位作家必须首先为他自己的时代写作,然后才是为后世写作。尽管休谟在《我的自传》中的夫子自道并未讲述出故事的全貌,但就《人性论》在当时的接受而言,它确未曾给予休谟任何激励。

休谟绝未曾对《人性论》的畅销抱有任何幻想,他也从未对为销售而销售真正产生过兴趣。《人性论》出版两周后,休谟致信亨利·霍姆道:"在拆阅您的

---

[1] "除了真理,一切事物一出版便死产,就像是最后的公报或最后的演讲"(All, all but truth, drops dead-born from the press, Like the last Gazette, or the last Address)。Pope, *Epil. Sat.*, II, 226-7.

第十章 《人性论》

信件时，我发现一封 12 月份的来信，在信中，您希望我寄大量的样书到苏格兰。毫无疑问，您打算尽力推荐它们，以推动其销售。但说实话，对这样一部著作而言，这种做法收效甚微，所以我也就不给您添麻烦了。"休谟知道，最关键的不是多少人读其哲学著作，而是谁读其哲学著作。所以，休谟询问他的朋友中有谁认识"这样一位评论家……一位难得一遇的评论家，他愿意费心去读一本书，尽管这本书并未得到大人物或权威人士的推荐。我必须承认，我乐于同这样的评论家见面，就好像我肯定能得到他的嘉许似的"。当然，休谟也意识到，知识界向来不会仓促行事，所以他必须要耐心。他甚至还天真地坦言："尽管这部著作是否成功尚难逆料，但我想待在乡下不仅对我内心的安宁大有裨益，而且还可以让我免遭屈辱。"[1] 于是，这位满心焦虑的哲学家决定返回其九泉的老家。

二月，由于"逆风，所有去伯维克的船只都停运了"，休谟在伦敦滞留了三个多星期。紧随月食而来的这场风暴不仅对苏格兰的东海岸造成了严重的破坏，而且还深入到莫斯、邱恩赛德，甚至还影响到九泉。[2] 在滞留伦敦期间，休谟送了许多《人性论》的样书给伦敦的朋友们。一本送给皮埃尔·德斯马茨奥克斯，一本送给巴特勒博士。休谟告诉亨利·霍姆："我送了一本给布里斯托主教……我不可能在他返城后再带着您的引荐信登门拜访，我想，至少，待拙著刊行后再去拜访已无多大意义。"休谟还匿名送了一本给亚历山大·蒲伯（Alexander Pope）。[3] 在三月初回到了九泉后，休谟又将《人性论》分赠给一众亲朋好友。

就在离开伦敦前，休谟向迈克尔·拉姆齐（Michael Ramsay）祖露心迹："至于我自己，命运并无多大改观，也没有任何些微的进步。我希望来年冬天万事皆足。在我的主业还没有获得成功之前，我不会再移情他事。然而，我恐怕也不会在短期内获得任何巨大的成功。如无大人物或权威人士的推荐，这样的一本书必定前路崎岖。"要确定其在世界上的位置，至少还要等一年时间，这不失为一个明智的判断。

在等待的时日里，休谟很难称得上耐心。每个人不仅读《人性论》读得慢，而且做出自己的判断也慢！您很难期待能收到布里斯托主教的回信，但您肯定能从朋友那里得到回馈。比如先前一直对形而上学感兴趣的亨利·霍姆。休谟

---

[1] NHL, pp. 4,3.
[2] *Gent. Mag.*, IX (1739), 45.
[3] 参见文本补录。

曾从伦敦致信霍姆："我一到苏格兰就会送一本给您，希望您的求知欲和对我的友情能让您费心研读它。"然而起先，亨利实在不愿去读这厚厚的两卷。1778年，彼时已成为凯姆斯勋爵的亨利·霍姆向鲍斯维尔讲述了这件事，鲍斯维尔这样写道：

> 大约一个月后，大卫回来了，并求他给个面子，读一下《人性论》。凯姆斯勋爵说道："我愿意为您做任何事。但您必须坐在旁边，以便把您的书塞进我的大脑。"休谟确实这样做了。但勋爵只是浮光掠影地看了一遍。过了一段时间，在五月的某天早上，勋爵（他在乡下有一处农场）六点钟就早早起床了，由于在田间闲来无事，他便捡起大卫的书来读，以作为思想在头脑中会不知不觉地成熟的一项证据。但让他惊讶的是，在读的过程中，他开始对这部著作有了最为清晰的理解。他于是坐下来，并写下了其对这本书的所思所感。不久之后，经常去拜访他的休谟再度登门拜访。"哎呀，大卫，我要告诉您一个消息，我已透彻地理解了您那本书。"他向休谟表达了他的反对意见，而并不那么容易让步的休谟承认：他所有的反对意见都是正确的。[1]

亨利·霍姆对于《人性论》的评点已经遗失了，但此后不久，他就将他的想法公开地发表出来。依照鲍斯维尔的说法，"勋爵说，他绝不敢苟同大卫在《人性论》中的所思所想。"

早在 1739 年四月份，心烦意乱的休谟就曾"应伦敦斯特兰德大街一位书商之请"致信皮埃尔·德斯马茨奥克斯，询问他对《人性论》的看法：

> 一看到我的名字，您想必已猜到这封信的主题。一位年轻作者几乎会情不自禁地向全世界宣讲他的作品，但当遇到一位优秀的鉴赏家，既然要仰赖其训导和建议，也就应该给予其相应的放言无忌的自由。您曾好意惠允：若得忙里偷闲，您定将逐一审查我的哲学体系，并征询熟人中您认为能胜任评鉴任务之人的意见。您认为它足够明白晓畅么？在您看来，它是否正确？文

---

[1] *Boswell Papers*, XV, 273-4.

第十章 《人性论》

风与语言（Style & Language）看起来尚可容忍吗？这三个问题涵盖了所有的内容，在这些问题上，我恳请您务必知无不言、言无不尽。

对这封言辞恳切之信的直接回复并未存世，但我们还是能从德斯马茨奥克斯的一个间接反应中看出些许端倪。德斯马茨奥克斯是一家在阿姆斯特丹出版的法国期刊的驻伦敦记者，这份期刊名为"《欧洲学者著述分类目录》"（*Bibliothèque raisonnée des ouvrages des savans de l'Europe*）"。在1739年第二季度出版的那一期的"伦敦文学新闻"上，出现了一段简短的告示，其开头这样写道："一位名叫休谟的绅士出版了《人性论》……"结尾写道："那些求新骛奇之辈将对其感到满意。作者的推理自出机杼，他寻根究底、另辟蹊径。他非常具有原创性。"[1]

休谟有理由感到悲欣交集，高兴的是这些溢美之词，不悦的是他的名字被公之于众。是年的二月份，休谟在一封信中评论道："……我想方设法隐瞒我的名字，尽管我相信我在这方面还够谨慎，我本应该更谨慎些。"13个月后，休谟终于承认："尽管我曾下定决心在一段时间内隐名埋姓，但我发现我在这方面失败了。"除了亲朋至友，德斯马茨奥克斯是为数不多的知情人之一，故而很可能是他泄露了秘密。果真如此的话，那么，在《欧洲学者著述分类目录》上撰写那篇友善的吹捧告示的也是他。而事实证明，终休谟一生，在所有公开发表的对于《人性论》的善意评论中，这是仅有的一篇。

但是，在学术期刊中，最早关注到休谟的《人性论》的荣耀并不属于《欧洲学者著述分类目录》，而是属于在莱比锡出版的《学者工作新报》（*Neuen Zeitungen von gelehrten Sachen*）。该杂志于1739年5月28日登载了这样一则简短、充满敌意的告示。我不妨全文照录：

> 一位新生的自由思想家出版了一部详尽无遗《人性论》（两卷，八开本）。在书中，作者试图在道德论题上引入正确的哲学分析方法，并着重考察并解释了人类知性（理解）及其后果的特征。该书的副标题足以暴露出作者险恶的居心。这个副标题引自塔西佗，也即"当你能够想你愿意想的

---

[1] 要想看到这篇评述文章，以及此后其他欧陆评述文章更为整全的文本，以及对于这些文本的更为充分的讨论，请参阅 Mossner, "The Continental Reception of Hume's Treatise, 1739—1741," in *Mind*, LVI (1947), 31-43.

东西，并且能够把你所想的东西说出来的时候，这是非常幸福的。"（*Rara temporum felicitas, ubi sentire, quae veils; et quae sentias, dicere, licet*）

1739 年 10 月于海牙出版的《新书目》（*Nouvelle bibliothèque, ou histoire littéraire des principaux écrits qui se publient*）上的告示则较为友善。评论人评点道："尽管作者对于道德情操和人类激情的看法在某些方面与哈奇森博士较为接近，但这本新作仍有不少原创性的内容，虽然它只是一部更为系统、更为广泛之作的开端。"但是，海牙的另一份期刊《英国书目》（*Bibliothèque britannique, ou histoire des ouvrages des sçavans de la Grande-Bretagne*）在其 1739 年的冬季号上的告示则措辞严厉："这是一套全新的逻辑体系，或者毋宁说是一套全新的形而上学体系，在其中，作者声称要匡正那些最为智巧的哲学家，特别是著名的洛克先生。在其中，作者提出了前所未闻的谬见，甚至认为心灵的运行是不自由的。"

上述对《人性论》的评介中，无一称得上是真正的评论。在当时，学术期刊的一个惯例是：一有新作面世，就立马刊登一篇描述性的告示，如果该著作被认为足够重要，此后再回过头发一篇长篇评述。故而，大陆期刊只是在 1740 年对《人性论》进行了评介。

与此同时，英国发生了什么呢？实际上什么都没有发生，因为对于书评而言，1739—1740 年是最不幸的时期。伦敦的《绅士杂志》，以及它在爱丁堡的同伴和对手《苏格兰杂志》根本就没有书评，只是满足于刊登当月出版物的清单。因此，在这两份杂志 1739 年 1 月号的书目清单上，《人性论》都赫然在列。故而，在 18 世纪晚期的两大评论期刊——《每月杂志》（*Monthly*）和《批判杂志》（*Critical*）——面世之前，休谟只能期待《人性论》在《学术著作史》（*History of the Works of the Learned*）中受到严肃的对待。因此，1739 年整个夏天，休谟每个月都迫不及待地、心急火燎地翻阅着伦敦期刊。眼看到了 10 月份仍没有任何动静，休谟遂决定自己亲自采取行动。

在准备《人性论》"概要"的过程中，休谟至少有两次功败垂成。是年的 10 月和 11 月份，休谟又尝试了一次，并最终获得成功。休谟以匿名信的形式给《学术著作史》的编辑写了一封信，内容是评论和解释《人性论》对思想界的主要贡献，如果您乐意，也不妨将其称为为一本寂寂无闻之作所做的谀辞。一位作者吹捧自己的著作，或者让其朋友为自己的著作捧臭脚，这是古已有之的积习。但在

第十章 《人性论》

休谟把他的《概要》寄至伦敦前,《学术著作史》的 11 月号已经面世。在这一期的《学术著作史》上,休谟翘首以待的关于《人性论》的书评终于出现了,而且鉴于其篇幅之长,甚至需要在 12 月号上连载。这篇书评总共加起来有 46 页之多。[1]

在刊头,《学术著作史》自诩其包含有"对大不列颠及国外所出版的最有价值之作的公正评介和准确摘要"。这诚非虚言,这一点不久之后即得到验证。该书评人开篇写道:"仅就道德考虑而言,我不记得英语世界有哪位作家像这位作者这样将其人性体系建基于与自由相对的必然原则。"与 18 世纪大多数书评一样,这篇书评的大部分内容是对原文的引述,中间再杂以书评人的评论。而这些评论揭示出书评作者根深蒂固的个人偏好:"(他说)我们的作者已在'前言'中充分地解释了他这部作品的意图。他或许希望我们能通过阅读后续章节来理解这部著作……在这里,读者可以读到我在该作'前言'里所发现的全部内容,至少可以让读者对这部著作的意图有一个大略的了解。至于读者能从中能获得多大的教益,这要留待读者自己判断……"

这位评论者毫不掩饰其敌意,他很少错过任何能展示其敌意的机会。他在一条脚注中讥讽道:"这是一部从头到尾都妄自尊大之作。即便是要写自己的回忆录,该作者也不会更频繁地使用这种语言形式。"针对"我们的作者"的嘲讽可谓不一而足:"这符合他的远见卓识","我们这位作者高人一等的才具","他继续写道,一如开篇时那般英明","这位非同凡响的哲学家","我们这位作者极其谦逊的性格","他具有斯芬克斯的气度,只是缺少那个恶魔可怖的残忍","这位伟大的数学家学问渊深","这位无人能望其项背的辩论家","多么深刻和精确的一位天才",等等。对休谟而言,这些言辞无疑令人作呕(*ad nauseam*)。

这篇书评通篇都在论断休谟的人品,而非探讨休谟的哲学,可以说通篇都是在对休谟进行嘲弄和歪曲。我们可以以一个段落为例说明这种嘲弄。在该段文字中,评论者对休谟的"我们所有的观念都复制于我们的印象"这一原则进行了评点:

> 我前面已提到这项发现的无量价值,其荣耀应完全归诸我们的作者,这

---

[1] *Hitsory of the Works of the Learned* (1739), 353-90; 391-404.

一点无论怎样反复宣传都不为过。我确实认为，如果更深入地研究此项发现，我们将获得一些无可估量的急需之物，比如永恒运动，比如不老仙丹，比如溶石剂，等等。在文人共和国，仅靠某一简明的原理就已产生了众多奇迹。尽管我怀疑，除了莱布尼茨的发明，还没有什么发明可与上述发明相媲美。众所周知，通过其发达的理性（sufficient reason），他已开辟出一个巨大的知识领域，托这项发明之福，当今世界不知道要比过去聪明何几！人类的这种大恩人将永受后世景仰。

123　书评人故意歪曲的最佳例证可以在专门评论《人性论》第一卷第三章第十五节的那一段发现（终其一生，休谟的对手一直都在重复同样的歪曲，这让休谟不胜其苦）。在这一节中，休谟写道：

依照前面的学说，如果单凭观察，不求助于经验，那么我们便不能确定任何对象为其他对象的原因；我们也不能在同样的方式下确实地断定某些对象不是原因。任何东西都可以产生任何东西。创造、消灭、运动、理性、意志；所有这些都可以互相产生，或是产生于我们所能想象到的其他任何对象。

省略掉"不求助于经验"这一限制条件，书评人只是抄录了后面的那两句话，然后又不失时机地对休谟大肆奚落："这实在是一部魅力十足的著作！人们很难想象它到底有何用处，将服务于何种不同的目的。希望这位无与伦比的发明者某一天能向我们提供一个详尽无遗的说明。"然后，这位书评人继续阐述"我们这位作者的学说"，也即"所有的东西都可以相互产生"。

书评的第二部分以一个按语收尾，这个按语是如此大异其趣，以至于值得认真对待。该段全文照录如下：

我也许已充分回答了本文的主旨，也即让本文所论及的《人性论》更加为世人所周知。我将尽力将其引入硕学鸿儒的视野，唯有他们才是其内容的确当品鉴人。若其学说真确有益，那么，他们将予以褒扬，若其学说错谬有害，他们也以其权威加以纠缠。最后，也愿借机向这位聪颖的作者（无论他是谁）进言：其大作中的某些说法**或需思量再三**。确实，这部著作已显示出

第十章 《人性论》

作者所具有的无可置疑的伟大才具，一种昂扬的天赋，尽管这种天赋尚显稚嫩，还需要全方位的锤炼。其主题一如所有可以锤炼知性的论题那般宏大崇高。但要成功地驾驭这一宏大崇高的论题，恢复其应有的尊严和重要性，还需要一种非常成熟的判断力。这一引人入胜的论题，需要最大程度的审慎、妥帖和敏锐。时间和实践或许会强化作者的这些品质。考虑到弥尔顿早年的作品，考虑到拉斐尔或其他著名画家的早期画风，再较之以我们这位作者的后期著作，我们或许有理由这么认为。

或许可以推断，最后这一段出自另外一人之手，而且很可能是出自期刊编辑本人之手，他对加诸匿名作者身上的这种长篇谩骂感到厌烦。那么，这篇书评的主体部分到底是谁写的呢？虽然缺乏直接的证据，但据推测，它可能出自后来的格洛斯特主教威廉·沃伯顿（William Warburton）之手。他可是 18 世纪论战中的头面人物。[1] 然而可以确定的是，沃伯顿并不知道《人性论》的作者是大卫·休谟，因为我们发现他直到 1749 年还在求证那位匿名哲学家的真实身份。[2]

如果不提到这样一个众所周知但又不足为信的逸事——也即休谟对于该书评的强烈反应，那么沃伯顿书评事件（如果可以这么称呼的话）将是不完整的。对这则轶事的记述最早出现在休谟死后那一年的《伦敦评论》（*London Review*）上，作为对《我的自传》之评论的一部分，并显然是出自其编辑威廉·肯里克博士（Dr William Kenrick）之手。据说，在因其《人性论》在《学术著作史》上惨遭蹂躏所引发的一时"盛怒"中，休谟遂向出版商雅各布·罗宾逊（Jacob Robinson）讨要说法，而"在休谟正怒不可遏的当口"，那位出版商早已如临大敌，躲在店铺柜台后瑟瑟发抖，"唯恐一不小心就命丧那位暴跳如雷的哲学家之手"。[3] 这则趣事不断地被提起，又不断地遭到否认，看起来不像是确有其事。这不仅与休谟的性格格格不入，也有违于其他的一些已知事实。因为在发生该则趣事的那段时间里，休谟正在苏格兰，而且此后的五年里也一直没去过伦敦。我们唯一所知的休谟对此的评论是在 1740 年 3 月做出的，它相当温和，只是将那篇文章描述为"有些恶言相向"。然而，我们不久之后即可注意到，休谟很可能是有意轻描淡

---

[1] 参见后面的"附录 D"，第 617 页（英文原页码）。
[2] 参见后面的 p.289 ff.。
[3] *London Review*, V(1777), 200.

137

写，而事实上休谟确曾出离愤怒。无论是出自何人之手，这篇书评进一步的重要性在于：在整个18世纪，它为人们对《人性论》的公开误读设定了标准，这主要体现在三个方面：将对《人性论》的解读只限定在"论知性"这一卷（也即第一卷）；故意曲解文本；在批驳的时候，以嘲讽和谩骂代替论证。

发表在《学术著作史》上的"有些恶言相向"的文章出现之后，休谟决定不再把其所写的"概要"寄交给该刊编辑。所以他将其交由伦敦"位于舰队街上的圣顿斯坦教堂对面的爱迪生巷"上的查尔斯·科贝特（Charles Corbet）单独印行。在1740年3月2日出版的《每日广告》（*Daily Advertiser*）上，这本售价六便士的匿名小册子被称为"一部名为《人性论》的晚近哲学著作的概要，因这本书的主要观点和意旨饱受争议，并被视为洪水猛兽，故而需要进一步的解释和说明"。这个标题有浓厚的感情色彩，或许彰显了休谟对于《学术著作史》上那篇书评显失公允的一时义愤。但出于固有的性格，休谟马上就冷静了下来，因为现存的六本小册子的标题只是读作"晚近出版的《人性论》的概要，在其中，《人性论》的主要观点得到了进一步的解释和说明"。[1]

1740年春，以第一个标题命名的小册子被《不列颠图书目录》（*Bibliothèque britannique*）注意到，并与《人性论》一起被归至某位"特恩布尔先生"（Mr Thurnbull）的名下，这显然是指阿伯丁大学的乔治·特恩布尔教授（George Turnbull）。题名修改后的小册子被德斯马茨奥克斯于1740年夏所出版的《欧洲学者著述分类书目》注意到："一些人发现休谟先生的《人性论》有点过于抽象，出版这本小册子就是意在帮助他们理解。"这是休谟第二次被公开地宣布为《人性论》的作者，如果这出自德斯马茨奥克斯的手笔，他要么不知道"概要"的秘密，要么打算保守这个秘密。

休谟可能还知晓其他的书评。例如，假如他曾翻阅过1740年1月7日号的《哥廷根公报》（*Göttingische Zeitungen*）上那三页纸的文章，他将会血脉贲张。在对《人性论》的方法论加以概述之后，评论者继续写道：

---

[1] *An Abstract of a Treatise of Human Nature*, 1740: *A Pamphlet hitherto unknown by David Hume*, reprinted with an Introduction by J. M. Keynes and P. Sraffa (Cambridge 1938). 编者不知道休谟的第一个题名。托德（W. B. Todd）反对我的推测——即便"这是一种惯常的做法，也即出版商故意给其所出书籍起一个刺激性的题目，以促进其销售"。参见 W. B. Todd, "David Hume. A Preliminary Bibliography," in *Hume and the Englightenment* (Edinburgh and Austin 1974), p.204, n.5.

第十章 《人性论》

故而，所有的观念都源于印象，而印象也与观念一一对应。所以，作者希望一举消除内在观念或天赋观念的存在。他关于抽象观念、记忆和想象、观念的联结、实体和样态的概念都太抽象了，更不要说太混乱了，以至于人们很难指望他在阐明道德真理方面将比此前做得更好。作者认为贝克莱博士的学说在各方面都是无可辩驳的，他尤其认同贝克莱博士的如下观点，也即所有假定的普遍观念都不过是与特定词语相联系的特殊观念，正是这些特定的词语赋予这些特殊观念以一种更为宽泛的意蕴，以至于在某些情况下，它们可以传达与之相关的其他某种观念。如果读者像其作者一样全盘接受这些信念，那么，毫无疑问，他将对其真确性（validity）深信不疑。但事实上，我恐怕读者并不会接受作者在这里所提出的证据。

紧随其后的便是那种样板化的指控，它算得上是最残忍的一击：

他关于确定性和概然性的观念是与众不同的。他具有一种伟大的天赋，可以以一种似是而非的方式来表达别人已表达清楚的东西。所有事物的存在都必有其原因，这当为至理，但一经作者的考察，这原本一清二楚、明明白白的观念就变得云山雾罩、晦暗不明。因果观念的必然性只存在于理论中，而非存在于既有事物本身，因为所有的因果必然性都只存在于人类心灵总是将两个事物结合在一起考虑的既有倾向。说来也怪，我们甚至都不关心作者由此所推导出的结果。

我们不妨暂时抛开由英国和大陆的学术界所炮制出的对于《人性论》的曲解，并转向作者自己所撰写的《概要》，我们将清晰而有力地看到休谟所属意的"该书的要论"到底为何。这本32页的小册子的"前言"指出了其思想的革命性：

在我看来，该作洋溢着一股卓尔不凡、陈言务去的气息，故而值得引起公众的注意。尤其是，正如作者所谆谆教导的那样，人们不难发现：其哲学一旦被接受，我们务必要从根子上对我们的绝大多数科学加以革新。在知识界（republic of letters），这种大胆尝试总是有益的，因为它将打破权威的约束，让人们习于独立思考，并给出天才人物借以推陈出新的新线索。

文章的开篇强调了《人性论》系统而富有建构性的一面：

> 除了能让我们熟悉我们最切身相关的事物，我们或许还可以毫不夸张地说：几乎所有的科学都只能在人性科学加以理解，几乎所有的科学依赖于人性科学。逻辑唯一的目的是解释我们理性官能的原则和运作，以及我们观念的本性；道德学和批评学关涉到我们的品位和情操；政治学研究结合在社会中、并彼此相互依赖的人类。因此，这部关于人性的论著似乎志在建构一种囊括所有科学的体系。作者已完成了其中的逻辑部分，并在阐述激情时为其他部分奠定了基础。

概述休谟自己对《人性论》所做的总结，这看起来或许是一件费力不讨好的任务，不过，向读者提供作者自己的撰述，以及他对于自己思想中的革命性和建构性面向的看法，这实属必要。唯如此，我们才能对休谟的失望之情（也即学术界不理解他）感同身受。正是学术界无法理解其第一部哲学著作的失败改变了休谟的职业生涯。

在这个"理性时代"，作为一个系统的反理性主义者，休谟显得是那么的遗世独立。他教导道：大多数被称作知识的东西其实不是通过理性官能获得的，而是通过传统和习惯获得的；大多数知识并不全然确定，充其量只是一种概然性。因此，理性的领地只限于观念关系，如纯逻辑和纯数学，只有在这个范围里，才存在所谓的绝对确定性。所有其他的知识都属于事实范畴："我们日常生活中的所有推理"、"我们对于历史的所有信念"、"除几何学和算术而外的所有哲学"。我们所有关于事实问题的知识都取决于我们的因果推理。那么，这种因果关系为我们理解《人性论》的余下部分提供了钥匙，也是在《概要》中得到深入阐述的唯一观念。

休谟的讨论由一个简单的例证开始："桌子上有一个撞球，另一个撞球正快速地朝它移动。它们相撞了；之前静止的那个撞球现在动了起来。就我们通过感觉或反思所可认知的范围内，这无疑是因果关系的绝佳实例。所以，让我们来研究一下吧。"休谟的分析表明：判断因果关系只需三个要件，那就是接续、先后和恒常的联结，而这些决定性因素只有通过经验才能予以发现。在获得经验之前，任何事物都有可能是任何事物的原因。简而言之，原因和结果之间并没有形而上

第十章 《人性论》

的必然性。"所有的因果推理基于经验，而且……所有基于经验的推理都建立在如下假定之上，也即自然的进程将始终如一。"但是，自然的一致性"只是一种根本就无法证实的观点。我们只是受习惯驱使假定：未来与过去完全相合……因此，指导生活的不是理性，而是习惯"。

我们为什么相信自然的一致性？"这种信念又是什么呢？它与我们对于任何事物的简单观念有何不同？"休谟盛气凌人地插问道，"这里有一个哲学家从未思考过的新问题。"休谟的分析表明：就我们对某一事物的简单观念而言，信念并未添加任何新东西，它无非是我们认知（看待）事物的一种不同方式。我们不妨用休谟自己的话来重述这个观点："事实问题只能通过其原因或结果予以证实。除非通过经验，否则，我们绝无法获知任何事物为另一事物的原因。为何要把过去的经验推及未来？我们给不出任何理由，而只是完全受制于习惯，因为我们看到一种结果总是伴随着其惯常原因的出现而出现。但我们同时相信，一种原因必伴有一种结果。我们关于因果关系的这种信念并没有给原初的观念添加任何新的成分。它只是变化了构想方式，并造成了感觉或情感上的差异。因此，我们对于所有事实问题的信念只源于习惯，是一种以独特的**方式**构想出来的观念。"这种独特方式很难用语言来表述。它有时被描述为"一种更**强烈的**观念，有时被描述为一种更**鲜活**、更**生动**，更**坚实**或者更**浓烈**的观念。实际上，不管我们怎样给构成信念的这种感觉命名，我们的作者认为：显而易见的是，与虚构和单纯的构想相比，它对心灵有着更为强大的影响。通过分析其对于激情和想象的影响，我们的作者已然证明了这一点；唯有真实和被视为真实的东西才能触动激情和想象。不管诗艺有多么高超精妙，诗歌绝不会引发现实生活中的那种激情。因为我们对诗歌对象的原初感受，绝不同于我们对那些能够控制我们信念和意见的真实对象的感受"。

就其倾向而言，休谟对于感觉、激情而非理性及其所假定的确定性的强调当然是怀疑主义的，但这种怀疑主义并未排除所有的知识。《摘要》既强调了休谟思想中的破坏性因素，又强调了其建设性因素：

> 鉴于以上所提到的内容，读者可以轻易地觉察到：该书所蕴含的哲学是极端怀疑主义的，并倾向于让我们得出如下观点，也即人类的知性（或理解力）是不完美的，有着狭隘的限制。在该书中，几乎所有的推理都被归结为

经验；而随经验而来的信念被解释为一种独特的感觉，或由习惯所产生的生动的观念。这还不是全部，当我们相信任何事物的外部存在，或当我们不再能感知到一个对象的时候却依然认定其存在，这种信念也无非是同一种感觉。我们的作者还坚持其他几个怀疑主义论题，也坚持这样一个整体结论：我们之所有认可我们的官能并利用我们的理性，只是因为我们别无选择（或不得不如此）。如若不是我们的本性太过强大，哲学将会让我们成为彻头彻尾的**皮浪主义者**。

在《摘要》的结尾部分，在对观念联结原则的分析中，休谟思想中的建设性因素得到了简要的展示。在休谟那里，观念联系原则被细分为三个部分：相似关系、接续关系和因果关系。在结尾处，《摘要》这样写道：

> 如果我们考虑到，就心灵而言，它们是将宇宙的各个部分联系在一起，或将我们与外在于我们的任何人或对象联结起来的唯一纽带，那么，我们将很容易设想，这些原则必然在人性科学产生多么巨大的后果。因为只有经由思想，任何事物才会对我们的激情产生影响，由于这些原则是我们思想的唯一纽带，故而对我们而言，它们实为宇宙的黏合剂（the cement of the universe），而心灵的所有运作必然在很大程度上依赖于它们。

简而言之，休谟在《摘要》中指出：《人性论》的第一卷阐明了一种因果观念，这种因果观念将摧毁我们有关事实问题之知识的绝对确定性。休谟同时还指出，其思想并未终结于怀疑主义，而是要继续建设一个新世界，这个新世界是自然主义的而非超自然主义的，是经验主义的，而非理性主义的，它基于对心灵真实运转方式的更为清晰的理解。最为根本的是，作为一种感觉的造物，而非理性的造物，人仍然具有哲学能力。人性科学——休谟曾预计他能完成其所有部分——将会继续其对于激情、道德、批评和政治的研究，而政治则涵盖社会关系和历史。

让我们现在回到1739—1740年的知识界，以观察人们对于《人性论》的进一步反应，并看看在《摘要》出现之后，人们对休谟思想的影响是否有了更为全面的理解。在第一份通告发表一年后，在1740年4—6月号的《欧洲学者著述分类

第十章 《人性论》

书目》（*Bibliothèque raisonnée*）上刊登了一篇长达49页的《人性论》书评的第一部分。尽管有意涵盖《人性论》的前两卷，但该书评的第一部分还是有意将自己限定在因果推理上，而只是在最后一段提及了"论激情"。

在开篇，书评人先是对形而上学的当代状况进行了广泛的、预备性的考察，然后就对《人性论》评论道：

> 总体而言，这部著作充满了原创性的思想，具有卓尔不凡的独特价值。我们或许会发现，怀着对事物最为内在的本质寻根究底的渴望，这位匿名作者有时使用一种对其读者而言略显晦涩的语言。同时，我还担心他的那些似是而非的谬论将迎合皮浪主义，并导致一些该作者显然不愿看到的后果。像其他科学一样，形而上学也有其绊脚石。当突破了特定的限制，形而上学就会让其所寻找的对象愈加隐而不彰。在只服膺于证据这种托词下，它会发现自己到处碰壁。

联系休谟对因果关系的推理，评论者注意到，"这与塞克斯都·恩披里柯（*Sextus Empricus*）以前在其《皮浪主义概要》（*Hypotyposes*）第三卷第三章中的推理方式非常相近"。针对同一主题，批判者又大胆地与作者争辩，并一再重复如下观点：未来与过去的相似是一个事实问题，这一结果是必然的，因为以同一方式运行的事物会导致同一种结果。针对休谟将信念归结为"一种与当前的印象相联系的生动的观念"的做法，评判者愤怒地叫嚣道："这是作者自己的定义。如果还没有掌握我们刚才所评论的那些命题的全部内容及联系，它将完全令人费解。尽管说了这么多，我依然不知道它是否看起来一目了然，是否应该在这里说 *Fiat Lux*（要有光）。"

最后，评论者又回到了休谟熟悉而沮丧的一个主题：

> 在我们的作者那里，尚有上百个问题需要予以评说，无论是他对于皮浪主义——皮浪主义支配了他的哲学思考方式——的偏好，还是他所提出来的众多别出心裁的命题的前后矛盾，又抑或是可以从其原则引申出来的有害后果。最让人不快的是他发表那些似是而非的谬论时的那种自信。再也没有哪个皮浪主义者比他更独断了（dogmatic）。毫无疑问，在诸如我们思想的本

质、外延、空间、真空、自我同一性等最抽象的问题上，我们的作者敢于用自己的观点来取代那些最伟大哲学家的观点。毫无疑问，我们的作者敢于坚持如下观点，也即现存的万事万物必然有其存在的原因这一观点是错误的；对于上帝的存在，我们并没有先验的证据；在得到知识界的承认之前，最聪慧的数学家对其所发现的真理的确实性也没有把握；以及其他的一些诸如此类的胆大包天的观点。在提出所有这些命题时，作者的口气是不容置疑的。在他眼里，与他自己相比，洛克和克拉克（Clarke）常常是微不足道、肤浅的思想家。如果这里可以借用作者的语言，我们很容易看到，习惯和习俗已经塑造了他，以至于他只相信那些以生动的方式呈现的事物。然而，对公众而言，获悉我们刚才所讨论的论文出自一位青年哲学家之手是有益的。对于一位思虑精深的天才而言，一旦其鉴赏力随着年龄的增长而日渐成熟，一旦他有时间对其曾浅尝辄止的问题思虑再三，什么事不会发生呢？

接着，这篇文章又承诺将在晚些时候继续评点第二卷（尽管后来没有兑现）。评论者承认，第二卷看起来"更为明晰"。评论者继续写道："对于我们在概述作者推理时所犯的错缪，尚请渊博而智巧的作者予以原谅。"在文章的结尾，评论者加了一个嘲讽性的按语，在其中，他评点道：作者

> 突破了**审慎怀疑主义**的界限，并频繁地使用那些常见的不当用法，诸如"显而易见"，"确定不疑"，"不可否认"等等。但是，他又明确地宣称，如果这发生在他身上，这只是对象在他身上所留下的生动印象所造成的结果，而非妄自尊大和对独断哲学的偏好所造成的结果，他说他与独断哲学**格格不入**。事实上，为了不信从他，人们将不得不成为一个疯狂的皮浪主义者。

在这里，必须简要地提一下对《人性论》的最后一篇大陆书评。1740年7月和9月，通过一篇长达46页的文章，海牙的《新书目》（*Nouvelle bibliothèque*）再度转向《人性论》。尽管与大多数书评人相比，这篇文章的作者更为温和，也更为客观，但他依然沿袭了惯常的模式，也即几乎将自己专门限定在因果关系的分析上。像其他书评人一样，他依然未能利用《摘要》来理解休谟的核心学说。在其中，书评人承认了其对于《人性论》作者的某种近乎嫉妒的钦佩："请允许我

第十章 《人性论》

顺便指出，如果作者关于印象、信念、习惯的原理并不牢靠，那么，我们至少应该承认，他熟练地运用这些原理阐明了若干重要但难以解释的智识现象。"

除了这些通告和书评，在一封致辉格党政治期刊《常识：或英格兰人的杂志》编辑的匿名信中，《人性论》遇到了对它的第一个正式的反驳。这封信刊登于 1740 年 7 月 5 日星期六那一期的《常识》。[1] 该作者声称自己是近来面世的《论灵魂的非物质性和自由能动性》的作者。曾发表休谟《人性论》第二篇评论文章的那一期《学人著作史》也发表了对《论灵魂的非物质性和自由能动性》的评论。在其中，评论者认为《论灵魂的非物质性和自由能动性》这篇论文要更为出色："作者对其论题的论述简明易懂，而这在《人性论》中并不常见。如果说我们并不认同作者的所有观点，那我们至少完全理解作者的观点；我认为他自始至终是一位明晰而理智的作家。"

尽管被《常识》的编辑称作一篇论文，但这封信还是被其作者谦恭地称作是"对最近出版的一部名为《人性论》的长篇著作的简短回应……"无论是在攻击休谟的必然和因果关系学说时，还是在攻击休谟的数学讨论时，该作者都时刻不忘吹捧自己的论文，虽然名义上是在批驳休谟。休谟的"新词奇句"遭到指责。一如既往，遭到指责的还有休谟的行文晦涩。该作者写道："……确实，我无须留意他都写了些什么，在研读过书中那些极其抽象深奥的篇章之后，我确信，没有人能理解作者所想表达的意蕴。正如我们这个时代一位最伟大的智者所指出的那样，这或许能欺骗那些智力贫弱的读者，使他们以为这其中必存在着大量的睿识卓见，因为他们根本就无法理解。"故而，《人性论》所遇到的首次批驳是基于如下事实：它是如此晦涩难懂，以至于那些受到哄骗的智力贫弱的读者竟认为它是一部重要的哲学著作！仅就哲学而论，这篇"简短回应"的作者与其他几篇书评的作者一样都难称胜任。不过，休谟唯一值得庆幸的是，他的匿名把戏并未被揭穿，以至于他可以说，"至于作者是谁，我敢以名誉担保，我毫不知情……"

休谟知晓英国和欧陆学界对《人性论》的评论，这一点已不言而喻。那么，在《人性论》出版后那几个月焦急的等待中，休谟到底在等待什么呢？可观的销量吗？当然，因为它表明人们对它普遍感兴趣；但更多的是高质量的评论。无论

---

[1] 承蒙莱斯大学的麦基洛普（A. D. McKillop）教授的厚意，让我注意到了那一期的《常识》这本书。更为充分的讨论，请参阅 Mossner, "The First Answer to Hume's Treatise: An Unnoticed Item of 1740, " in *Journal of the History of Ideas*, XII (1951), 291-4.

情况是好是坏，他都已把自己置于欧洲知识界的面前；而书评则是确证他们是褒是贬，抑或全然漠不关心（对作者而言这是最坏的结果）的主要方式。在一个主要以小册子来争鸣的时代，休谟或许还渴望这种形式的反应。但是，随着"论奇迹"这部分被删除，《人性论》中的抽象思考不太可能引起神学小册子作家的注意。或许可以认定，休谟一直在努力跟进期刊。当然，他肯定看过《学人著作史》上的那篇文章。他与德斯马茨奥克斯的关系，以及他对大陆知识界的个人知识，都会让他获悉法国杂志上的文章。可以肯定，正如其德语水平一样，休谟是否知晓这些德语文章仍难以断定，但如果他曾注意到这些文章，他毫无疑问会感兴趣。到了1740年11月，由于早已了然于胸，以至于在一封致朋友的信中，休谟能够自嘲地提到"我的一些著作被贬责为晦涩难懂"。

那么，以回溯性的眼光看，休谟在这些期刊中到底发现了什么？以至于他竟做出《人性论》刚一出版便死产这种结论。休谟发现，对于他所发起的智识革命，那些评论家们基本上看不懂，更是毫无同情可言。他们深陷于《人性论》第一卷中因果分析的泥沼，并就此止步不前。他们的头脑还没有准备好去迎接一位道德哲学上的牛顿（休谟曾乐观地构想自己是一位道德哲学上的牛顿）。而且，他们还对将休谟的自然主义应用到宗教和实践道德领域心怀恐惧。休谟发现，他对于自己伟大发现的蓬勃热情被普遍地诠释为武断、妄自尊大。当发现他不可避免地被指责为深奥，甚至被指责为晦涩时，休谟一定极度沮丧。

因此，当说《人性论》一生下来就死产时，休谟并非如惯常所认为的那样意指这部著作彻底被忽视。一位署名"欧迈尼斯"（Eumenes）的作者在1771年的《每周杂志》（*Weekly Magazine, or, Edinburgh Amusement*）上否认了《人性论》"少有人阅读，或彻底被遗忘"的说法，他写道："在《人性论》首版后不久，我在爱丁堡，并清楚地记得：在各种文艺谈话中，它被人频频提起……"[1] 1776年《年鉴》（*Annual Register*）上一位匿名作者的评价在某种意义上更为中肯，如果说不是更为热情的话："尽管《人性论》并不逊色于任何语言中道德或形而上学著作，但在面世时却遭到了彻底的忽略或诋毁，除了那些心胸阔大之人，他们敢于抛开大众的文学偏见，遵从坚实的推理，既不惧怕任何危险的结论或致命的发

---

[1] *Weekly Magazine, or Edinburgh Amusement* (17713), 99-100.

第十章 《人性论》

现,也不惧怕看到错谬被揭露,尽管这些错谬一直为权威所纵容和支持……"[1] 即便如此,那"少数心胸阔大之人"——不管他们是谁——还是没能公开发表他们对《人性论》的称许。

尽管《人性论》并未被彻底忽视,但却遭到了那些曾公开讨论它的人的彻底误读和严重曲解,更为糟糕的是,它没能激发足可担当此任的任何思想家的评论。贝克莱主教(Bishop Berkeley)和巴特勒主教(Bishop Butler)都保持了极度沉默。作为当时经验主义传统(休谟曾特意将自己与这种传统联系起来)中除了贝克莱、巴特勒以外唯一一位仍健在的思想家,哈奇森并未对休谟本人做出任何已知的评论。但是,当亨利·霍姆通过一位中间人将《人性论》的头两卷呈送给哈奇森后,哈奇森确实向霍姆做出了回应。[2] 哈奇森随即成为休谟的朋友和顾问,只是后来在爱丁堡大学教职一事上又转而成为休谟的敌人。而他们之间的关系将是下一章所要重点讲述的内容之一。

---

[1] "An Account of the Life and Writings of the Late David Hume," in *Annual Register*, XIX (1776),28.
[2] 关于哈奇森致亨利·霍姆的这封信,参见后面的文本补录。

第十一章 《道德和政治随笔》

"我很快就从此次打击中恢复过来,而且在乡下孜孜不倦地从事研读。"

在《我的自传》中,休谟写道,"我于 1738 年末印行了我的《人性论》,随后便立即回乡省亲,探望了我的母亲和长兄。我的长兄住在他的乡下老宅,很精明地努力增益他的家业,而且颇为成功。"在述及《人性论》如何一出版便死产之后,休谟继续写道,"不过我的天性原是愉快的、乐观的,所以不久便从此次打击中恢复过来,而且在乡下孜孜不倦地从事研读。"但是,这段极其简略的叙述却是误导性的。尽管《人性论》惨遭失败,休谟并没有打算放弃其文字生涯。休谟坦率地承认,这主要是他自己的过失,只要稍加谨慎或许就能避免。他紧接着的写作计划包括《人性论》第三卷的出版,并尝试寻找新的思想表达工具,以便更好地适应公众的口味。与此同时,他还开始筹划新的职业生涯,以使其能够过上一种优裕的文人生活,而仅靠舞文弄墨似乎并不足以实现这一点。由于之前曾发现商人的生活是何其令人难以忍受,所以休谟会感叹,如果能成为一名家庭教师或者大学教授,那将是多么惬意的一件事啊!

休谟不仅对弗朗西斯·哈奇森(Francis Hutcheson)的个人操守及其哲学仰慕已久,而且也曾寄望他能在其文学和职业发展方面给予最大的惠助。所以,休谟最早的努力之一便是试图与这位格拉斯哥大学的道德哲学教授取得联系,而这位教授自己也曾希望能在假期与休谟见面,但均告失败。但我们可以顺理成章地推测:亨利·霍姆曾向大卫出示过哈奇森评论其已出版的《人性论》前两卷的那封信。而到了 1739 年 9 月,休谟也肯定已将《人性论》第三卷"论道德"的手稿

第十一章 《道德和政治随笔》

寄呈哈奇森,并征求其意见。这位天性仁善的教授回了信,并对休谟在其中所阐发的那些道德原则进行了评点。虽然哈奇森的评论现已不幸遗失,但从休谟的反馈中,我们仍不难管窥其要点。

"在您的评点中,让我触动最深的,"在回信中,休谟懊恼地写道,"是您注意到:美德的事业是需要一些热情的[1],而且您认为,对之,凡天性善良之人都会悦纳,即便是最抽象的探究,也不会惹人不快。"确实,休谟的辩护并不缺乏热情:

> 我必须承认,这不是出于偶然,而是源于一种或好或坏的推理效果。正如检查身体可以有不同的方法,同理,考察心灵的方法也各不相同。您可以以一位解剖学家的方式去考察心灵,也可以以一位画家的方式去考察心灵;您可以致力于发现心灵最隐秘的源头和原则,您也可以致力于描述心灵运转时的优雅和曼妙。我想,要将这两种方法结合起来是不可能的。当揭去皮囊,展示身体的所有细部,您所看到的无非是些微不足道的东西,即便是在最高尚的态度和最生龙活虎的行动中都是如此。只有通过将身体重新饰以皮囊和血肉,并呈现其光滑的裸表,它才能重新焕发出优雅而迷人的光彩。然而,一个解剖学家能够给画家或雕塑家提出很好的建议。同理,我也相信,一个形而上学家对一个道德学家也大有助益,尽管我难以想象一个人能一身二任,同时兼具这双重身份。我担心,在抽象的推理中,任何浓烈的道德情感总带有一种夸夸其谈的味道,会被认为与良好的品位和鉴赏力相左。尽管与被视为一个有品位的作家相比,我更渴望被视为美德之友,但我必须时时刻刻提醒自己注意品位问题,否则的话,我也必定无法为美德效力。我希望这些理由能让您满意,尽管如此,要是有可能让道德学家与形而上学家多一些共同语言的话,我还是打算作一番新尝试。

休谟的答辩是真诚的,而且切中要害。这一点也在他不同意哈奇森对于"自然的(natural)"这一单词的使用上得到了印证:"您的理解基于终极因,但对我而言,这种基于终极因的考虑是非常不确定的和非哲学的。什么是人的目的?他

---

[1] 稍早的时候,对于巴特勒的"论人性"的著名布道,人们有着同样的指责。

被创造出来是为了幸福还是为了美德？是为了今生还是为了来世？是为自己还是为造物主？"如果《人性论》的这位评论人（指哈奇森）注意到这样一个铁定的事实，也即就情操（sentiment）而言，休谟其实是哈奇森的铁杆追随者，人们甚至还可以毫不夸张地说，正是他伙同哈奇森将神学推理从其严格的自然主义体系中排除出去。

就哈奇森的声望而言，这一点不得不让人肃然起敬：与一位小他 17 岁、籍籍无名的小辈平等地对话，而且这位后生晚辈思想激进，极有可能会招致严苛的正统人士的敌意——如果他们愿意费心了解他的话，这足以证明哈奇森的心胸是何其宽广！但在 1737 年，哈奇森自己也曾因为所谓的教导异端邪说——即便我们对上帝一无所知，或者在我们还不了解上帝之前，我们就已有了善恶知识——而遭受迫害。[1] 很显然，这位教授善于同学生打交道，而他的学生也对他既爱戴又尊崇。亚当·斯密（Adam Smith）后来将其称为"令人永难忘怀的哈奇森"。他在课堂上是如此激情洋溢，故而被认为是在"宣教"（preached）他的哲学。休谟也认为哈奇森"天性良善、为人友好"，而当两人最终于 1739 年、1740 年之交的那个冬天碰面时（很可能在休谟专门为了见哈奇森而赶往苏格兰西部的路上），也相谈甚欢。[2]

尽管在伦理学说上存有差异，但这一时期两位哲学家的友好关系或可用"同情原理"加以佐证，他们两位都认为"同情"既是最强有力的人性原则，也是伦理学说的基石。所以在《人性论》第三卷的手稿中，哈奇森将怀着一股赞许之情读道：

> ……人类灵魂的交感是那样地密切和亲切的，以至任何人只要一接近我，他就把他的全部意见扩散到我心中，并且在或大或小的程度内影响我的判断。在许多场合下，我对他的同情虽然不至于发展得很远，以至完全改变了我的情绪和思想方式；可是这种同情也很少是那样地微弱，而不至于扰乱我的思想的顺利进程，并推崇由他的同意和赞许所推荐给我的那个意见……
> 这个同情原则是那样地有力而潜入人心的，以至于它深入于我们的大部

---

[1] John Rae, *Life of Adam Smith* (London 1895), pp.12-13.
[2] W. R. Scott, *Francis Hutcheson : His Life , Teaching and Position in the History of Philosophy* (Cambridge 1900), Chs.4-6, passim.

分情绪和情感之中,并且往往以相反的形式出现。因为值得注意的是,当一个人在任何一个问题上反对我的强烈意向、并由于这种反对而激动我的情感时,我总是对他有某种程度的同情,而且我的心理骚动也并不是由其他任何根源而发生的。[1]

年轻人当面或通过书信向长者请教了与出版相关的三个问题。这些问题关涉到《摘要》(Abstract)、《人性论》前两卷的第二版以及《人性论》第三卷的出版。哈奇森已读过《摘要》的手稿,而他有可能敦促休谟最好将其作为《人性论》的"引论"来发表,抱有这种猜测也许并非异想天开。不管如何,他确曾建议休谟寄一本给当时住在都柏林"盲人码头上的哲人巷"的约翰·斯密(John Smith)。[2]

这位斯密是一位出版商,与哈奇森的堂兄一道负责哈奇森著作在爱尔兰的出版事宜。休谟也曾将已出版的《人性论》前两卷寄给斯密,希望他或许会对出"盗版"的《人性论》感兴趣,这种"盗版"能够让作者有机会出一个修订版。那时,虽然英格兰和苏格兰受制于"版权法案",但爱尔兰却不受牵累。而且就个人而言,休谟还受到与约翰·努恩(John Noon)所签合同中一个条款的进一步牵绊,正像其所提醒哈奇森的那样:"该条款可能会给我带来麻烦,因为它规定:在出第二版的时候,我必须以当时的售价购买书商手中尚未售出的全部余书……我现在之所以急于出第二版,"休谟继续写道,"主要是因为我打算对拙著进行一些修订。自从印刷术发明以来,这就成为作者们所拥有的一大便利条件,并且使 Nonum que prematur in annum (在初稿完成后的第九年才将其付梓)[3] 对我们而言并非如对古人那般必要。如果没有印刷术,在我这样的年纪就在如此精微的哲学部类中刊发这么多新奇的观点,我肯定早已犯了极大的轻率和冒失之罪。无论如何,我恐怕都可以以我年轻、少不更事为借口。"尽管约翰·斯密早已因"盗版书"臭名昭著,但无论是对《人性论》各卷,还是对其《摘要》,他都提不起兴趣。然而,到了1755年,他却出了休谟《斯图亚特朝英

---

[1] *Phil. Wks.*, II, 349-50.
[2] 在凯恩斯和斯特法为他们所编辑出版的休谟的《摘要》(*Abstract*)所做的"序言"(pp. xviii-xxiii)中,将休谟口中的"斯密先生"认作那位爱尔兰书商。
[3] Horace, *Ars Poetica*, 388.

国史》第一卷的都柏林版。

虽然在《人性论》和《摘要》上碰了壁，让休谟满意的是，在哈奇森的帮助下，第三个问题，也即《人性论》第三卷的出版问题最终得到了解决。1740年3月，休谟曾请哈奇森帮两个忙："请告诉我，本卷如果一版出1000本，一本售价4先令，那么，我要多少版税才算比较合理；另外，如果您认识某位诚实的书商，也请给我写一封推荐信，这样，在签合同的时候，我将有更多的选择余地。"也就是说，除了"非常愿意签下此书……"的约翰·努恩，还要有书商作为备选。休谟还小心翼翼地指出：他不希望因为"一本有可能会冒犯宗教人士的著作"而让哈奇森犯难，"因此，我向您保证，如果您拒绝，我一点也不会感到有任何不妥。"哈奇森远未拒绝，他愿意为此专门致信其伦敦的出版商托马斯·朗曼（Thomas Longman）。休谟接受了哈奇森的好意，而朗曼也同意出版，但合同条款不得而知。

1740年春天，当时身处伦敦的休谟见证了《人性论》第三卷出版的全过程。5月底6月初，他与考德威尔的威廉·缪尔（William Mure of Caldwell）以及其他苏格兰友人在**里奇蒙**附近度假。当时，在此短暂逗留的威廉·缪尔22岁，正要前往莱顿大学继续其法学研究。在"1740年6月5日于里士满"写给其妹妹艾格尼丝的一封信中，缪尔对时年29岁的大卫·休谟作了生动的描述。[1]

作为《人性论》的第三卷，"论道德"于1740年11月5日如期面世，售价为4先令。该书的结尾部分反映了休谟与哈奇森的书信往来，也重申了休谟对自己作为心灵解剖家之身份的捍卫。而作为对《人性论》前两卷没出修订版之折中，休谟在"论道德"中撰写了"一份附录"（"在其中，前两卷的一些内容得到了澄清和说明"）。[2] 其中的一些修订在《摘要》中已初露端倪。而附在第三卷卷首的"广告"也表达出了这位匿名作者的乐观情绪，以及其中所夹杂着的一丝玩世不恭："我认为有必要告知公众的是，尽管属《人性论》第三卷，但它在某种程度上独立于前两卷，读者无须研读前两卷所包含的所有抽象推理。我希望，就像通常的理论书籍一样，普通读者只要稍加留心就能够看懂……"

然而，《人性论》第三卷不仅远没有提振前两卷的人气，而且所受到的关注

---

[1] 参见后面的文本补录。
[2] 关于休谟当时正在修订《人性论》，以期出更为理想的第二版的证据，参见 P. H. Nidditch, *An Apparatus on Variant Reading for Hume's Treatise of Human Nature* (Sheffied 1976).

第十一章 《道德和政治随笔》

更少。发表于 1741 年春那一期《欧洲学者著述分类书目》上的那篇唯一的书评也难称鼓舞人心。在开篇稍作温慰之后，作者立马便恢复其惯常的批判口吻：

> 这就是我们的作者所建构的完整道德体系。在我们看来，与其说它是彼此融贯的完整体系，毋宁说它是对美好生活艺术之原则的概述。他本可以写得更有条理、更明晰，也更精细；其思想、词语之联结怪异如斯，以至于没有人能够明白他到底在说什么，矛盾和龃龉之处随处可见；其中的许多内容只是为了激发那些不走寻常路之人的好奇心，一句话，就是一味地求新骛奇。我们必须要体谅这位聪敏的匿名作者。*Non omnis fert omnia tellus*。[1]

根据评论者的说法，就情操问题而言，休谟是十足的哈奇森，而在正义和财产权起源问题上，休谟又是纯粹的霍布斯。"正如您所见，这是乔装打扮的霍布斯体系。如果那位哲学家（指霍布斯）以这种方式写作，我怀疑他在世上会有截然不同的命运。"然而，在文章的结尾，这位书评人的态度还算友好，因为他自谦没有能力把握和领会作者的思想，也无法让其思想为广大的读者所了解。"更稳妥的做法是将这部著作直接寄给那些对精微的思想和形而上的抽象感兴趣的读者。如果作者能附上一份术语表，这会让读者省去不少麻烦。"

时至 1756 年 2 月，仍有未售罄的第一版《人性论》堆积在出版商的货架上。[2] 它们的命运仍未可知，而休谟直到辞世也未能看到第二版面世。

1739 年和 1740 年这两年，休谟也并未将全部的精力一门心思地扑在《人性论》上，而是积极筹划，以期能吸引更多的普通读者。在回到九泉之后静候学术界对于《人性论》之"裁决"的那几个月里，休谟开始就新写的文稿与亨利·霍姆交流看法。休谟原本是打算将这些新文稿发表在一份周刊上，以期"兼容并包《旁观者》和《匠人》之旨"，也即意在打通社交界、知识界和政界。不过，在那样一个政治情感浓烈的时期，与绝大多作家不同，休谟一直坚持认为，他可以从一位无党无偏的哲学家的立场来讨论政治：

---

[1] Virgil, *Eclogues*, IV, 39.
[2] 从 1754 年 11 月 7 日到 1756 年 2 月 10 日这一段时间，正是休谟因《斯图亚特朝英国史》而臭名昭著之时，也正是休谟将其《论文五篇》扣而未发之时。当时，伦敦的报章杂志上多登有《人性论》的广告。

……读者或可非难我的能力，但必须称许我在处理政治论题时所表现出的节制和公正。……在我看来，公益精神就是让我们热爱公众，对全体同胞都抱有同等的爱，而不是以热爱全体国民为借口而憎恨另一半。我将尽可能地压制这种党派狂热，而且也希望这种想法能为两党中的温和派所接受。但与此同时，它或许会开罪于两党中的顽固派。

但是，休谟很快就放弃了当初写期刊随笔的设想，这"部分是因为懒惰，部分是因为缺少闲暇"；而已写好的一些随笔也于1741年初[1]在爱丁堡结集出版，取名为《道德和政治随笔》（12开本的小册子）。这本售价半克朗的小书是由佛莱明（R. Fleming）和艾丽森（A. Alison）替爱丁堡的大出版商亚历山大·金凯德（Alexander Kincaid）刊印的。该书的序言将这位匿名作者描述为一名"新作者"，而这也是休谟开始将自己与《人性论》相脱钩的第一个外在标识。毕竟，当初《人性论》的匿名已为这种做法的可能性埋下了伏笔。现在，《人性论》的失败看起来已成定局，休谟有权充分地利用其当初的匿名性。但无论如何，这并不意味着休谟放弃了哲学。休谟并没有放弃哲学，相反，他认为，《人性论》的失败完全肇因于其文风和形式。自艾迪生（Addison）和斯蒂尔（Steele）以降，随笔已成为最受欢迎的文学样式，早在1725年，针对这一事实，不奉国教派牧师和圣歌作家艾萨克·瓦特博士（Dr Isaac Watts）就悲叹道："现在我们更多地关注随笔，并极不合理地藐视系统性的知识，而我们的父辈们曾赋予规范和体系以公允的价值；一如现在流行八开本一样，那时候所流行的是对开本和四开本。"[2]

因此，我们可以将《道德和政治随笔》视为一种文学实验，旨在重铸时运不济的《人性论》的哲学。既然用一种更为学术的文体形式吸引读者已告失败，那么，用一种更为通俗的文体形式或许能收到更好的效果。在《自传》中，休谟写道："我向来认为，《人性论》的刊行之所以失败，多半是由于文风的不当，而不是由于意见的不妥，而我之仓促将其付印，乃是最鲁莽的一件事。"当休谟意识到，他将受到约束，并且很有可能就此远离严肃的学术研究时，他最终放弃了构写期刊随笔的最初想法。正是在这一后《人性论》时期，休谟"重新拾起其年轻

---

[1] 然而，扉页上的日期却标明是1742。
[2] Watts, *Logick: Or, The Right Use of Reason in the Enquiry after Truth* (ed. of London 1729), p.219.

第十一章 《道德和政治随笔》

时所忽略的希腊语"。与此同时，他还强化了其历史研究。休谟放弃写期刊随笔的另一个原因是：他不愿为了保持公众的关注而一再被迫写那些轻薄无聊的文章。休谟最浓厚、最经久不变的兴趣一直是哲学及其实际应用。

随笔写作的试验成功了，而经由公众的认可和称许，休谟现在确信：他是一位真正的文章圣手。在《我的自传》中，休谟洋洋自得地写道："1742年，我在爱丁堡印行了我的《随笔》（Essays）的第一部分。这部著作颇受人欢迎，所以不久我就将此前的挫折完全抛之脑后。"1742年1月，《道德和政治随笔》第二卷在爱丁堡面世。休谟满心欢喜。在6月13日给亨利·霍姆的信中，休谟写道：

> 我所认识的两位英格兰绅士来信告诉我，我的《随笔》（*Essays*）在伦敦已销售一空，但仍有人求购。其中的一位绅士告诉我，伊尼斯—圣保罗大教堂庭院的一位大书商担心它再不出新版了，因为那样的话，他就无法向求购的顾客交代。有人还告诉我：巴特勒博士逢人便推荐这本《随笔》。所以我希望它们都能获得一定的成功。时间可以证明：它们就像是糖衣炮弹（Dung with Marle），可以使我余下的哲学走得更远，我余下的哲学显然更能经受时间的考验而垂之久远，尽管就其本性而言，它更粗粝、更棘手（a harder & stubborn Nature）。您看，我可以以您自己的方式与您交谈。[1]

而年中之后，《政治和道德随笔》第一卷的首个"修订版"也告面世。

在给亨利·霍姆的那封信中，休谟最后一句评论显然是指亨利·霍姆曾在其凯姆斯庄园采用了一种种植庄稼的新方法。但之后那句相当隐晦的话又是什么意思呢？一些匿名随笔的出版如何可以"促进"并"带动"休谟余下的哲学，也即同样匿名出版的《人性论》呢？我怀疑，休谟真正的意指并非是《道德和政治随笔》的成功可以刺激《人性论》的销售这样一种可能性，而是指在哲学论题中采用随笔体这种可能性。

《道德和政治随笔》第二卷中的27篇文章涵盖了各种主题。其中的少数篇目显然是"轻薄无聊的"，正是出于这种原因，这些文章后来被作者撤下了。被撤下的随笔为"论傲慢与谦逊"、"论爱情与婚姻"、"论历史研究"、"论贪婪"、

---

[1] NHL, p.10.

"论随笔写作"、"论道德偏见"、"论人生的居中之位"。这些随笔试图采用艾迪生式轻松谐趣的笔调,但休谟并不打算接受"苏格兰的艾迪生"这一头衔——后来其年轻的朋友亨利·麦肯齐(Henry Mackenzie)获得了该头衔。休谟确实获得了某种轻松明快的文风,但是,对于一位满脑子都是惊世骇俗之观念的人而言,这种努力看起来得不偿失。例如,在"论随笔写作"中,艾迪生式的模仿就显而易见:

>……我只能将自己视为从知识界(Dominions of Learning)迁居到谈话界(Dominions of Conversation)的某种侨民或大使。促进这两个唇齿相依的国度的友好交往是我的永久职责。我把社交界的消息传递给学术界,并努力将我在本国所发现的适于社交界使用和娱乐的东西出口给他们。……
>
>一名大使如果不尊重其驻在国的君主,那将是一个不可原谅的疏忽。同样,我若是对社交界的女性没有表示出特别的敬意,那也是不可宽宥的,因为她们是谈话界的君王(the sovereign of the Empire of Conversation)。我在与她们打交道时一定要心怀敬意。如若不是我的国人——那帮学者,一个冥顽不化的独立种群——不习惯于屈从,我早已将**文人共和国(Republic of Letters)**的主权(sovereign Authority)交付于她们之手……
>
>……在我们的同样以良好品位和殷勤风度著称的邻国,女士们在某种程度上既是**知识界的君主,又是谈话界的君主**。在得到那些著名的女性法官的称许之前,还没有哪一位**文雅作家(polite writer)**胆敢将自己的作品交付到公众面前。[1]

但是,休谟又补充道,"我们无须担心两个国度之间的贸易平衡,因为要维持双边的平衡并无任何困难,"但休谟显然错了。就贸易平衡而言,知识界这一边是严重的出超,而维持双边平衡的尝试很快就被放弃了。以文学表述为宗旨的几次尝试从一开始就是软弱无力的。[2]

那些严肃的随笔或许可以分为如下几类:批评、哲学和政治,而其中又数政

---

[1] *Phl. Wks*., IV, 368-70.
[2] 诺拉·斯密(Norah Smith)对于"休谟被撤随笔"的研究证实了我的结论,请参见 *Forum for Modern Language Studies*, VIII (1972), 354-71。

第十一章 《道德和政治随笔》

治类随笔最广为流行。批评类随笔包括那些典型的休谟式作品，诸如"论品位的精雅和激情的精细"、"论雄辩"、"论艺术和科学的起源与进步"、"论质朴和精雅"。哲学类随笔包括"论迷信与狂热"、"论人性的尊严"以及四类典型哲学家（伊壁鸠鲁学派、斯多葛学派、柏拉图主义者、怀疑主义者）的"特征"。

"论人性的高贵"或许最好配上这样的副标题："在人性领域运用科学方法的思想家"，在文中，休谟描绘了这样一种理想人（ideal man）。[1]

而出自"论怀疑主义者"的这一段落则表明了《人性论》中某些哲学原理的通俗化：

> 如果我们能够信赖我们从哲学中学到的任何原理，那么，在我看来，这一点或许是确凿无疑的：没有任何事物就其自身而言是高贵的或卑鄙的、可欲的或可恨的、美的或丑的；所有这些品性都源于人类情感的特殊构造和结构。在一种动物看来最精美无比的食物，在另一种动物看来则令人作呕：让一个人开心的事物，却让另一个人惴惴不安……
>
> 如果您让一位正处于热恋中的人向您描述一下他的情人，他会告诉您，她的魅力他无以言表，并且还会郑重其事地问您，您是否曾见过一位女神或天使？要是您回答说从未见过，他会说，您根本就无法想象他的那位佳人所具有的那种圣洁之美：曼妙的身形、匀称的身段、迷人的气质、甜美的品性、欢愉的性情。然而，从所有这些描述中，除了断定这个可怜的人儿已堕入情网之外，您得不出其他的任何结论。大自然灌注到所有动物身上的那种两性间的一般情欲，在他身上起了作用，并决定了具有某些品质的一个特定对象能够给他以快乐。但在另一种动物和另一个人眼中，这同一个圣洁之人无非仅仅是一个俗人而已，会被极端冷漠地加以对待。[2]

这是一段雄辩有力、发人深思的言辞。它也是遭人忽视的《人性论》中那些首要命题的直接应用。然而，尽管休谟满怀热忱的期盼，但最先吸引公众注意的不是这些哲学随笔，而是政治随笔。

---

[1] *Phl. Wks.*, III, 152.
[2] *Phl. Wks.*, III, 216.

在这些政治随笔中，较为引人注目的包括"论出版自由"、"论政治可以归结为一门科学"[1]、"论政府的首要原则"、"论议会的独立性"、"论大不列颠的政党"。正是这些随笔，以及其他一些诸如此类的文章，逐步确立了休谟作为文人的巨大声望。但当《道德和政治随笔》第二卷于1742年1月面世时，正是"罗伯特·沃波尔爵士的品性"这篇文章立即引起了公众的关注，并被大不列颠王国的许多报章杂志，尤其是诸如《绅士杂志》、《伦敦杂志》、《苏格兰人杂志》等主流月刊所转载。尽管这篇文章并未署名，但休谟以一种可以理解的傲慢告诉考德威尔的威廉·缪尔："他"向全不列颠发表了其对此事的看法"。当然，休谟的这一说法也并非言过其实。

"罗伯特·沃波尔爵士的品性"这篇文章之所以如此恰逢其时，一部分是有意为之，一部分也是事有凑巧。上一年的12月，国会议员，也是休谟老朋友的苏格兰人詹姆斯·奥斯瓦德（James Oswald）从伦敦致信亨利·霍姆："……我个人以为，我们的朋友大卫的《品性》一文在此时面世是再合适不过了。"[2]奥斯瓦德指出，下议院正在调查威斯敏斯特贿选——沃波尔臭名昭著地牵涉其中——的相关证据，正是这一调查直接导致了沃波尔1742年2月初的倒台。与《品性》一文中的立场相比，在《道德和政治随笔》第二卷的前置"广告"中，休谟已变得宽大为怀。他写道：

>《罗伯特·沃波尔爵士的品性》这篇文章是数月前撰写的，当时，这位伟大人物正处于其权力顶峰。我必须承认，目前，当他看起来江河日下时，我倒倾向于要更多地考虑到他的优点，并怀疑：每一个土生土长的英国人对于国务大臣们所与生俱来的那种反感，会让我对他产生某些偏见。那些不偏不倚的读者（如果有的话）或后人们（如果他们还能读到这些微不足道的文章）将能够很好地纠正我这方面的错误。

后人普遍地认为，《罗伯特·沃波尔爵士的品性》这篇文章是休谟孜孜以求的不带感情的中道（impassionate moderation）的最佳典范。其结尾部分提供了一种

---

[1] 关于休谟对蒲伯的驳斥，请参见后面的文本补录。
[2] Oswald to Home, MS letter, 17 Dec. 1741, in SRO, Abercairny Papers, GD 24.

第十一章 《道德和政治随笔》

极佳的范例：

> 在他（沃波尔）的时代，贸易繁荣，但自由衰微，知识倾颓。作为一个人，我爱戴他；作为一名学者，我憎恨他；作为一个英国人，我平静地希望他倒台。假如我是一名两院议员，我会投票将其赶出圣詹姆斯官；但将乐于看到他回到（他的）霍顿庄园，安稳地度过余生。

在1748年版，也即沃波尔倒台后所出的那一版《道德和政治随笔》中，"罗伯特·沃波尔爵士的品性"这篇随笔被降格为一个脚注，并附有一个更为温慰的序言。而1770年，在休谟著作的结集版中，这篇文章则被彻底删去。

"罗伯特·沃波尔爵士的品性"这篇文章的广泛传播使休谟经历了一个虽微不足道而却极其有趣的文学历险。[1] 1742年2月13日的《纽卡斯尔杂志》（*Newcastle Journal*）对这篇文章做出了一个批评性的回应，并向作者提出了10个问题。而3月份的《苏格兰人杂志》（*Scots Magazine*）[2] 与其他几本杂志一道发表了"一系列提请作者回答的疑问"，编者指出，"承蒙作者惠赐答案，我们将这些答案一并刊出……"这些算在休谟头上的回答听起来特别像是出自休谟之口，而且无论是在公开场合还是私下里，休谟或出版商对此都从未予以否认。我们可以将与我们上面所引述的"罗伯特·沃波尔爵士的品性"中那段文字相对应的疑问和回答罗列出来：

质疑六：难道《品性》一文的作者认为贸易繁荣是首相的功劳？
回答：是的，该届政府一直是一个和平政府，通过铲除法院中的党争，私有财产就得到了保全。我是指英格兰。
质疑七：有什么实例可以说明自由衰微？
回答：有许多实例，尽管我们希望其中没有一个是致命的；比如说皇室费和债务的增加、常备军的规模过于庞大等等。
质疑八：知识真的在倾颓吗？

---

[1] R. C. Elliott, "Hume's 'Character of Sir Robert Walpole': Some Unnoticed Additions," in *Journal of English and Germanic Philology*, XLVIII (1949), 367-70.

[2] *Scots Mag.*, IV (1742); *Gent.'s Mag.*, XII (1742), 82, 265.

回答：很大程度上是这样，艾迪生、康格里夫（Congreve）、普赖尔（Pior）、牛顿等人在不列颠后继有人吗？谁又能继承蒲柏、斯威夫特和博林布鲁克的衣钵呢？

质疑九：一个人，一个学者、一个英国人，这三者难道是截然不同的事情？难道它们在本质上是相互对立的？难道一方之所爱必然是另一方之所恨？

回答：可以从不同的观点看待一个人，这并不矛盾。

质疑十：难道对上述质疑的一个直率而诚恳的回答不能有力地证明《品性》一文的公正性？

回答：《品性》一文虽然简短，但也足够清晰。

如果这些回答确实出自休谟之口——我们有足够的理由这么认为，那么，在休谟作为一个文人的漫长生涯中，对别人的商榷予以公开回应，这算是为数不多的一次。值得说明的是，即便是这次回应也是匿名的。

毫无疑问，《道德和政治随笔》的成功部分归功于作者死党们的鼓与呼。一方面，亨利·霍姆在爱丁堡四处鼓吹，另一方面，詹姆斯·奥斯瓦德也在伦敦大肆吹捧。在《道德和政治随笔》第二卷面世后不久，詹姆斯致信亨利，介绍了他为大卫积极奔走、多方营求的情况。这份对当时的人文状况极富信息量的描述也印证了休谟自己的评价：

（奥斯瓦德写道）再也没有什么比推荐我们的朋友休谟及其著作更令我开心了。在我看来，无论是推荐休谟本人，还是推荐其著作，举荐人都会感到与有荣焉，因为他分享到了这两者的价值。但是，您难以想象的是，现如今，要让人们的注意力在任何一个普泛论题上停留片刻是多么困难的一件事。每个论题都必须是专门性的、特出的，正是由于这一原因，我自从到这里后所看到的书籍无一不糟糕透顶。它们全都是华而不实的浮言赘词。在这里，人们的心灵竟慵懒到如此的地步，以至于相较于最精巧的推理之作，任何一本书，只要它表面上光鲜亮丽，哪怕置身于垃圾堆之中，都能让人们贪心地大快朵颐。心灵的注意力难得一见，至少就欣赏这类精巧的推理之作而言，这种注意力在某种程度上是绝对必要的。他们总是泛泛地叫嚷这本书寡淡，那本书枯燥，但从不愿费心进入细节，几乎总是指责作品的错谬，但从未想过，这些谬误其实完全是他们个人好恶和败坏了的心灵习惯的产物。然而，我向休谟先生保证：万事总有出路，我会不遗余力地推销其大作。我认识弗雷德里克亲王身边的一些年轻人，那位亲王貌似具有极佳的品位。我自己不会进宫。但一旦有机会见到那些绅士，我将不遗余力地煽起他们的好奇心，并把他们的想法告诉你。[1]

奥斯瓦德和休谟如何结交弗雷德里克亲王的小圈子仍不得而知。但一般而言，那位亲王总是让那些信靠他的人大失所望。

根据1742年3月1日的《每日广告人》，在伦敦，负责《道德和政治随笔》销售的是"住在勒德门大街（Ludgate-Street）的 J. 开普敦和 P. 开普敦，住在皮特－诺斯特路（Pater-noster Row）上的 C. 希什（C. Hitch），住在斯特兰德大街圣克莱门特教堂对面的 A. 米拉（A. Millar）"。尽管这部著作取得了无可争议的成功，但直到六年之后才出第三版，此时，米拉已成为休谟在伦敦的首席出版商。《道德和政治随笔》第一版出了惯常的1500册，而不是像《人性论》那样只出了1000册，据推测，休谟从中大约能获得150镑到200镑的收益。对于年入微薄——只有区区的50镑——的休谟而言，这可是一笔不小的进项。依靠这笔钱，休谟可以在苏格兰过着一种独立的职业文人生活，但却难有结余。

在九泉，休谟总是能获得经济上的接济。正如大卫所注意到的，其兄长，那位地主"很精明地努力增益他的家业，而且颇为成功"。就像位于凯姆斯附近的亨利·霍姆一样，约翰是将现代农业技术引入苏格兰的先驱之一。1740年，他又重建了因大火（可能与1739年1、2月份的那场大暴雨有关）而部分损坏了的九泉老宅。然而，以其一贯的谨慎，据说他只是对老宅进行了部分重建，以我的推测，也就是说只是对老宅进行了重修，而非另建新宅。1740年11月，约翰·霍姆还输掉了一场官司，须为他从尼尼安·霍姆（Ninian Home of Billie）那里购得的土地支付费用。[2] 我们将看到，在这场官司中，约翰援引1715年高地起义之后所通过的"部族法案"（Clan Acts）中的"土地没收条款"，作为其不支付费用的

---

[1] Oswald to Home, MS letter, [Jan. 1742], in SRO, Abercairny Papers, GD 24.

[2] *Decisions of the Court of Session (1733—1754)*, ed. Patrick Grant of Elchies (Edinburgh 1813), I, APPENDIX II, "Forfeiture," under date 14 Nov. 1740.

理由。

在这一时期,休谟蛰居九泉,没有任何迹象表明他对史蒂文森博士的提议感兴趣,史蒂文森博士曾提议他应该翻译拉姆齐骑士的"中国书信"。由于没有任何具体的证据,看起来我们最好采纳这位拉姆齐骑士的观点,也即休谟"自视甚高,不可能屈就其富有想象的、敏捷的、杰出的天赋而从事于沉闷乏味的翻译"。休谟并非所有时间都用于写作,他也进行了多次社交旅行。他不停地往返于爱丁堡,偶尔也参访格拉斯哥和西苏格兰,前往法夫郡的科卡尔迪,经常骑马至伯维克,并且是其莫斯和边界地区邻居家——如凯姆斯的亨利·霍姆、位于红川堡的马奇蒙特的休谟(Humes of Marchmont at Red-braes Castle)、安澜柏克的斯图亚特(Stewarts at Allanbank)、闵拓的埃利奥特——的常客。在所有这些地方,休谟都深得老少夫人们的恩宠,诸如红川堡的简夫人、凯姆斯的霍姆夫人的爱丁堡"好夫人"圈、格拉斯哥和考德威尔的一帮人,如缪尔夫人和她的女儿阿格尼丝、贝蒂、南希和邓洛普小姐。他曾打趣缪尔道:"告诉尊妹贝蒂小姐(请先代我向她问好):在她的想象中一位哲学家应该多庄严肃穆,我就多庄严肃穆;我半个月才笑一次,一周才太息一次,每时每刻都紧绷着脸。总之,即便是奥维德的《变形记》(Metamorphosis)也无法呈现出这种由人到兽的急剧转变,我指的是从一个殷勤周到之人(Gallant)到一位哲人(Philosopher)的转变。"休谟的信总是充满了戏谑的殷勤,但毫无任何郑重其事的、热烈的依恋。然而,它们都表达了休谟对于轻快活泼的苏格兰妇女而非"沉闷乏味、不苟言笑的英格兰愚妇"的强烈偏好。

当其密友考德威尔的威廉·缪尔于1742年当选为伦弗鲁郡(Renfrewshire)的议员时,休谟以嘲讽的口吻打趣道:"既然您在宗教和道德方面是我的信徒,那么,为什么不能在政治上也追随我呢?我恳请您废止有关女巫的法案,并提出一些新的法案,从而通过对自然神论者、索齐尼派信徒(Socinians)、道德学家(Moralists)和赫钦森主义者(Hutchinsonians)施以火刑,来确保基督教的安全。"此处的笑点在于这样一个事实:让那些偏执之徒愤愤不平的是,1736年,曾将施行巫术定为一桩大罪的17世纪早期的"女巫法案"被一个开明的议会所废止。我要冒昧提醒的是,赫钦森主义者并非是那位格拉斯哥哲学家的信徒,而是一个激进的宗教少数派的成员。

缪尔的前家庭教师,威廉·李查曼于1743年荣升为格拉斯哥大学的神学教授。

第十一章　《道德和政治随笔》

因为李查曼于 1724 年毕业于爱丁堡大学，故而他与休谟很可能那时早已相识，如若不是，他们很可能现在通过缪尔相熟。当时，李查曼的布道词《论祈祷的性质、合理性和益处》已经出版，并引来了大量的关注。作为哈奇森的密友，也作为一位神学上的开明派，当李查曼被遴选为格拉斯哥大学的神学教授时，格拉斯哥的长老会就指控他贩卖异端邪说。经格拉斯哥和艾尔郡的宗教会议审定，李查曼被判无罪释放。但是他的无罪释放遭到了格拉斯哥大学学生团体的抗议，并被视为宗教狂热分子的失败和自由派的胜利。1743 年 6 月 30 日，休谟以一封致缪尔的长信的形式对李查曼的布道词进行了评点，并希望李查曼也能看到这封信。这封信以一个悖论开篇：

> 我怀着极大的兴味读完了李查曼先生的布道词，我认为它不愧为一篇杰作。尽管十分遗憾的是，我发现作者是一个十足的无神论者（a rank Atheist）。您知道（或者说，您应该知道），按照柏拉图的说法，世上有三种无神论者。第一种无神论者否定神的存在；第二种无神论否定冥冥之中自有天意；第三种无神论者则坚称，神会受到祈祷或供奉的影响。我发现李查曼先生属于最后一种。

接着便是一连串文风方面的建议，然后，休谟就李查曼的文风总结道："以我的浅见，他并没有充分考虑到朗诵时的效果，也没有致力于一种流畅而和谐的文风，作为文风的主要装饰，流畅与和谐的重要性仅次于明晰。西塞罗、昆体良和朗吉弩斯等修辞学大家都持此见解。如果这个布道辞不是面向普罗大众的话，我甚至于认为，其语言或许应该更加精练。"

休谟进而又谈到"对于宗教献身（devotion）和祈祷（prayer）的反对，实际上是对于我们通常称之为宗教的所有东西（除了道德实践以及知性所认可的'上帝存在'这一命题）的反对"，并请李查曼对这一观点作出回应。这一观点实际上也揭示出休谟个人的宗教立场，也即"从上帝的不可见性和不可理解性这种属性看，即便是一个大善人也有可能感受不到对于他的爱"。即便宗教献身（devotion）得到认可，那祈祷也必然被排除在外，因为它只是一种修辞性的意象（rhetorical Figure），这种修辞性的意象最终是危险的，并导致不虔敬和渎神。"这是人的一种天然缺陷，也即常常想象：他们的祈祷具有直接的效果，而这种缺陷一定会因为经常性的祈祷而得到极大的培植和鼓励。因此，所有的聪明人都在祈祷的过程中弃绝了对意象和图片的使用；尽管这些意象和图片肯定使宗教献身显得更具活力和生机。因为根据经验人们不难发现：就普通大众而言，这些可见的表征对他们更有吸引力，因而也变成宗教献身的唯一对象。"李查曼的回复——如果有的话，我们不得而知。然而，1764 年，作为格拉斯哥大学的校长，李查曼在一次布道中警告其学生要当心伏尔泰、卢梭、博林布鲁克和休谟，因为他们是"当今欧洲最久负盛名之人"。[1]

在这一时期，休谟与哈奇森仍然保持着友好的关系。当 1742 年 12 月哈奇森的《道德哲学原理》于格拉斯哥面世时，作者给休谟寄送了一本。而休谟也心怀感激地写道，"对于您的那份厚礼，我不胜感激。"休谟还补充道："在读尊著的时候，我随手写下了当时的一些感想。我只是试图以此向您表明：我多么感激您在类似情形下为我所付出的辛劳，以及我是多么愿意表达我的这种感佩之情。"在信中，休谟的评论主要聚焦于一个核心的伦理问题："在这里，您似乎采纳了巴特勒博士关于'人性'的布道词中的观点，也即我们的道德感具有一种截然不同于其力量和经久性的权威，因为我们总是认为道德感**应该**取胜。但是，这只是一种本能或原则，经过反思，它们会肯定自身，而且这种道德感是我们所有人都共有的。我不知道我是否误解了您的意思，因为对这一点您并没有具体展开。"考虑到两人在正义和财产权起源问题上的一个根本性分歧，休谟抱怨道，"看到一个比我认识的所有人都更坦率正直和更具洞察力的人去谴责推理——对于这一点，我认为我看到了强有力的证据，这实在让我深感苦恼。一写下这些话我就感到后悔了，但我希望您只是将其视为一种无稽之谈，事实上它也的确是一种无稽之谈。"

在信的结尾，休谟写道："我必须承认：看到这样的哲学著述和如此富有教益的道德学说在大学里生根发芽，我是万分欣悦的。我希望它们接下来能走进千家万户，并最终能登上教会的讲坛。*Nil desperandum Teucro duce & auspice Teucro*。"[2] 以后来所发生的事件，也即他自己很有可能成为一名哲学教授观之，休谟对于将现代哲学从学校传播到整个世俗社会，并最终渗透至宗教实践的兴趣

---

[1] Wm. Leechman, *Sermons*, ed., James Wodrow (London 1789), I. 185.
[2] Horace, *Odes*, I.vii, 27. "当透克洛斯（河神之子）仍是我们的领导，而我们仍处于他的关顾之下时，我们无须绝望灰心。"

十分重要。在这方面,他与哈奇森和李查曼的关系,以及他们在探讨哲学和宗教问题时的坦诚相见,也不是毫无影响。

然而,在休谟立志成为一名哲学教授之前,他已表达出对于做一名家庭教师的兴趣,尽管家庭教师的社会地位远不如大学教授尊贵。1739 年 11 月,当休谟的文人生涯正步入低谷之时,他致信一位朋友,打探给年轻的哈丁顿勋爵及其弟弟做家庭教师的可能性。休谟写道,"促使我提出此项诉请的是这两位年轻绅士的动人品行。他们性格纯良,身为他们的亲戚,我备感荣幸(这让塾师在照看他的学童时气氛更为轻松自然些),而且我现在刚好身有余暇。"但这番问询并无任何结果,因为那两位年轻人的家庭教师显然早有着落。然而,1744 年夏,当邓弗里斯郡的布劳顿的默里(Murray of Broughton)之子要请休谟做旅行导师时,休谟却不得不予以谢绝。他告诉考德威尔的缪尔道,"在这件事(现在正处于紧要关头)尘埃落定之前,我还不能给出肯定的答复。"这件至关重要之事就是他当时正在候任爱丁堡大学的伦理学和圣灵哲学教席。

第二部分

人性的观察者

1744—1749

第十二章　学术幻影

　　"在爱丁堡，由于我所秉持的怀疑主义和异端立场，以及其他的种种骂名，反对我的喧嚷甚嚣尘上……以至于我的朋友发现：要为我谋得那份教职殊为不易。"

　　这也许是自明之理：学者们特别愿意重返曾涵育其学术的学术团体。果真如此的话，大卫·休谟也不例外。接掌约翰·普林格尔在爱丁堡大学的伦理与圣灵哲学教席的机会出现于 1744 年夏。这是一个体面的职位，不仅有着不错的薪水，而且还有机会实现其在文学和哲学方面的宏大志向。由于求职心切，休谟一不小心甚至忘记了自己五年前曾向哈奇森立下的人生信条："除非一个人身为教士，或者肩负着训导年轻人的重任，否则，在这个新造的世界上，我不认为其品性仰赖于哲学玄思……"但不幸的经历让休谟很快就发现：新造的世界事实上仍不宽容。休谟同时还发现，《人性论》仍阴魂不散。

　　普林格尔"是一位和蔼可亲的讲师，尽管并非其所授学科的大师"[1]，他的一位学生，也是休谟后来之挚友的因弗雷斯克的亚历山大·卡莱尔（Alexander Carlyle of Inveresk）如是评价道。普林格尔从未看重这个职位，自 1742 年起，由于担任随军医生，他一直告假在外。在被任命为佛兰德斯地区（Flanders）武装力量的军医长后不久，普林格尔 1744 年 6 月 20 日从布鲁塞尔致信爱丁堡市长："故此，我愿借此机会敬禀市长大人，凡大人您和大学校董们出于本市福祉考虑

---

[1]　Carlyle, pp.54-5.

判定我应为之事,我自当听命。同时,也乞请大人在收到鄙函后将您的想法告知于我。如有必要,我将立马递交正式辞呈,以使校董们有时间在来年冬季学期之前遴选到接替我的合适人选。"[1]

对于这个行将到来的职位空缺,爱丁堡市长约翰·库茨(John Coutts)乐不可支,立即联系了他的忘年交大卫·休谟,问他是否有兴趣候任此职。休谟称有兴趣,于是库茨遂向爱丁堡市政委员会的几名委员提名休谟,并建议休谟"向其所有的朋友毛遂自荐,这样做不是为了徇私枉法,而是为了赢得公共舆论。这样,**库茨先生**在运用其影响力来支持我时就更有把握。我也这样做了"。在8月4日的信中,休谟这样写道:"由于可以打着市长的旗号,我发现就目前而言,我可以赢得整个市政委员会的支持。实际上,我根本就没有对手。"

不过,当库茨于7月18日在市政委员会上宣读普林格尔的信函时,市政委员会的各位委员也分别收到了普林格尔的其他信函,这些信件充分表明:**普林格尔实则谋求将假期顺延至第三年。对此,大多数**委员态度坚决,他们指示库茨知会普林格尔:要么在12月1日之前返校,要么立马辞职。"万一普林格尔博士的信函没有言明他到底是返校还是离职,那么,委员会将立马宣布其教职空缺。""尽管在这个城市(爱丁堡)有说一不二的权威,但库茨先生自认为应该以最温和、最中庸的方式治理属民。只是,库茨先生有时候又将这个良好的信条推至另一个极端。"休谟在信中继续写道。因此,经市政委员会同意,库茨实际上于7月20日寄给普林格尔的信函提供了一个库茨自认为肯定会被普林格尔拒绝的妥协方案:

> 根据委员会的训示,我要申明的是:为了表示他们对您的尊重,他们甚至愿意将您的假期再宽延一年,只要他们确信您在假期结束后会返校任教。在您看来,这或许并不仅仅只是一种恭维,因为市政委员会的同事们授权我向您表明:只要您以正式函件向我表明,无论发生何种事情,您到时都将风雨无阻地返校任教,那么,您就可获得一年的宽限期。这样,到那时,即便战事正酣,您也必须辞去您的军医官之职,或与您履行大学教职有冲突的其

---

[1] 这段以及所有其他未注明的援引自"市政委员会纪要"的引文,均出自MS "Council Records," VOLS. LXIV, LIV(每份文档都标有专门的日期),藏于爱丁堡市政厅。

第十二章 学术幻影

他任何职务……

在 8 月 4 日的信中，休谟写道："库茨认为，普林格博士无论如何也无法兑现最后一个条款。因为在目前，作为一名军医官，他每天的薪水是 1 基尼，此外还有大量可挣钱的业务，而且终生都能享受半薪的待遇。而且就目前而言，在商定的学期到来之前，根本就看不到和平的可能。"但库茨安抚双方的愿望让普林格尔愈发闪烁其词、模棱两可。8 月 15 日，收到市政委员会的来函还不到两个小时，普林格尔就开始执笔回复。在复函中，普林格尔写道：在接受这项顺延假期的提议时，他"绝不认为市政委员会打算为其慷慨的馈赠附加任何条件，从而使他完全不可能从中受益，我想这绝非市政委员会的本意"。假如他现在是自由身，他将立马返校；但作为一名军人——他提醒委员会，他绝非是自由身。"市政委员会不难注意到：这里战事正酣，不像国内的民事岗位，人们只要愿意，就可以随时提交辞呈或允诺辞职；在这里，不论是谁，只要他签约入伍，只要他还没有被解雇，他就必须不折不扣地履职听命……"有鉴于此，普林格尔自作主张地提交了一份新的提议，大意为："……既然在确保来年肯定有教授授课的条件下市政委员会已答应将假期宽延一年，那么我愿在此郑重地向你保证：在明年 4 月份之前，我将向委员会最终确认我明年冬天是否能如期返校……"

已意识到自己犯了战略性错误的库茨向普林格尔明确地答复道："……受市政委员会委托，我答复如下：既然他们无法保证您会依照他们 20 日所去之函的条款在大学履职，他们认为，他们有义务指出：他们乐见您以邮递的形式递交正式的辞呈。"普林格尔恐怕再也无法顾左右而言他了。

但普林格尔确实还是虚与委蛇，对辞职一事避而不谈。8 月 17 日，他接受了最初将假期宽延一年的提议，并承诺将如期返校。然而，其表达承诺的措辞是含混的："我可以确凿地告知市长阁下：上一次，我曾信誓旦旦地表达了返校履职的意愿。现在，我坚信，我 1745 年 11 月之前肯定会遵照委员会所拟定的条款履如仪。"对于这样的答复，市政委员会自然不满意，并要求普林格尔根据 7 月 20 日信函所列之条款给出直接而肯定的答复。

所有这些信件往来被证明是耗时日久的，而时间拖得越长对普林格尔就越有利，而休谟则恰恰相反。到 11 月份冬季学期开学时，市政委员会仍未收到普林格尔的答复。普林格尔显然是在以退为进。因为其所执掌的教席仍未宣布出缺，替其代课的威廉·克莱格霍恩先生（Mr William Cleghorn）也是有权执教其班级的唯一人选。在 11 月 7 日的市政委员会会议上，新当选的市长阿奇博尔德·斯图亚特（Archibald Stewart）告诉其同事：尽管普林格尔尚未答复，但他肯定收到了委员会的最后通牒。新当选的市长——他也是休谟的好友——遂向委员会建议："过了普林格尔博士寄交其答复的合理时限后，如仍未给出任何答复，或者仍未给出令人满意的答复，他们可以采取措施以维护市政委员会的荣誉和权威，并借以确保大学的真正利益，作为大学的保护人，这本属委员会应有的职责。"市政委员会同意"在事情性质所许可的范围内尽早采取行动"。

但是，在 1945 年 3 月 27 日，也即在普林格尔的辞职信最终寄达之前，事情的性质并不允许委员会采取任何行动。斯图亚特市长当时正在伦敦办理公务，爱丁堡著名的书商伯利·加文·汉密尔顿（Baillie Gavin Hamilton）主持了委员会会议。普林格尔的辞职信被接受，其教席被宣布空缺。由于学校还在上课，故执教普林格尔的班级近三年之久的威廉·克莱格霍恩先生受命继续授课，"这样，学生就不会因为教席出缺而产生抱怨"。与此同时，委员会"正考虑让一位精明强干的人来补缺"。一再的延宕，再加上失去了库茨市长和斯图亚特市长的强力支持，休谟的候任资格已变得岌岌可危。而反对的声浪也在持续地高涨。

早在 1744 年 8 月，休谟就告诉考德威尔的缪尔："反对我的各种声浪蜂拥而至，指责我宣扬无神论、怀疑主义以及各种异端邪说。但是，由于受到城中好友的抵制，这些反对声浪也就渐渐地平息了。"然而，到了 1745 年 4 月，连休谟也不得不承认："在爱丁堡，由于我所秉持的怀疑主义和异端立场，以及其他的种种骂名，反对我的喧嚣甚嚣尘上，这些骂名颇能迷惑那些无知的庸众，所以我的朋友们发现：要为我谋得那份教职殊为困难，尽管先前曾一度看起来相当容易。"因此，在这封给霍达姆的马修·夏普（Matthew Sharpe of Hoddam）的信中，休谟请求他出面说项，让其侄子廷瓦德勋爵（Lord Tinwald）向市政委员会的某些成员施加影响。我们这位哲学家半真半假地告诉夏普，"如果我需要为自己的正统观点寻找一纸证明的话，我自然应该求助于您。因为您知道，当您一次放浪之后因头痛欲裂而攻击上帝的事业的时候，我总是效法'约伯的朋友'，竭力为上帝的事业辩护。"

到了 1745 年春天，休谟朋友所面对的敌手包括像格拉斯哥大学的哈奇森教授、李查曼（Leechman）教授以及爱丁堡大学校长威廉·魏沙特（William

第十二章　学术幻影

Wishart）这样的头面人物。休谟感到异常苦恼，因为他发现：哈奇森和李查曼居然"一致认为我并非这一职位的确当人选"，这"绝对让人难以置信"。他向缪尔痛苦地抱怨道：

> 至于哈奇森先生，我所有的朋友都认为，为了不让我谋得这份教职，他可谓倾其所能。而且我知道，我曾轻率地向库茨先生断言：我认为我可以仰赖哈奇森先生的友谊和举荐。对此，库茨先生说道：哈奇森先生实为我的敌人，而非朋友。这位令人敬重的、仁慈的道德学家竟然会如此行事，这实在令人费解。为了保全哲学的荣誉，我宁愿我所听到的消息都是假的，实际上我也希望如此。也恳请您为我打探一下内情，但一定要谨慎从事，以免使其成为我公开的敌人，我希望避免出现这种情况。

哈奇森可能认为，休谟并非这个教席的合适人选，因为正如爱丁堡大学董事会在1734年遴选普林格尔时所训示的那样：该教席的执掌人有义务调和道德哲学和神学，尤其是每周一都要"宣教""基督教的真理"。

1745年4月3日，在休谟的一些友人缺席的情况下，市政委员会召开会议，并推举弗朗西斯·哈奇森继任教席。而在当时的会议纪要上，其名字竟然被错写成"乔治·哈奇森"！贝里·汉密尔顿还奉命召集爱丁堡市的牧师，意在征询他们的意见。牧师们宣称他们"非常满意"，但希望以后尊贵的市政委员会能"在推举之前先行召开牧师们的征询会，而且这样的征询会应该由整个市政委员会出面召开，而不是像先前那样由一个专门的委员会出面召开。"

4月10日，贝里·汉密尔顿失望地告知市政委员会，弗朗西斯·哈奇森拒绝接受这一职位。这是对反休谟力量的一次意外打击！哈奇森的信同时还表明：他"早前"已获悉市政委员会的意图，但一直犹豫不决。包括大卫·休谟和威廉·克莱格霍恩在内的"其他几个人"被"提名为合适的候选人"，但休谟的仇敌们拒绝做出决定。他们投票决定：一个月或六周后再做定夺。与此同时，此事还须征询牧师们的意见。正是在这一性命攸关的关口，休谟给霍达姆的马修·夏普写了一封绝望的求助信："现在已刻不容缓……您是明白人，我无须多说。"

尽管哈奇森的拒绝让休谟在理论上仍有当选的可能，但此时政治因素已介入其中。当时的苏格兰首席国务大臣是第四代特威德尔侯爵约翰·海伊（John

Hay, fourth Marquess of Tweeddale），他是位于阿盖尔－艾拉集团（Argyll-Islay interest）与詹姆斯二世党人之间的第三种势力"飞遭队"（Squadrone Volante, Flying Squadron）的领袖。他的职位为他提供了巨大的恩庇权力，他几乎每天都会收到各种"线人"的报告，其中最著名的"线人"当属亚历山大·阿巴思诺特（Alexander Arbuthnot）和托马斯·海伊（Thomas Hay）。[1] 而事实上，当爱丁堡牧师及其他一些人反对休谟的时候，他们在很大程度上也是在反对库茨及其党羽，而针对休谟的政治阴谋也同样以"异端邪说、自然神论、怀疑主义、无神论等"相指控，正如休谟向考德威尔的缪尔所抱怨的那样。

例如，5月26日，海伊向特威德尔侯爵汇报道："迪肯·库明（Deacon Cuming）宣称他已答应艾利班克勋爵（Lord Elibank）将票投给休谟先生，因为艾利班克勋爵曾将库明的一位兄弟推荐到舰队任职。阿巴思诺特先生认为，他相信，说服库明并让其缺席当天的投票完全可行。"像许多牵涉其中的俗人一样，海伊纯粹是从政治的角度来看待这场选举，但颇具反讽意味的是，他并非完全没有意识到休谟的"异端邪说"和"无神论"对于其朋友和支持者的影响。他指出，"我不认为任何政治考虑会促使艾利班克勋爵放弃拉拢库明。我相信他纯粹是出于对休谟的友谊才插手此事，因为艾利班克勋爵、库明以及库茨市长都是十分精明之人，他们绝不会犯亵渎基督教这种低级错误。"假如休谟知道这一点，他定然会万分感激，但是休谟对其中的政治冲突，以及其老朋友艾利班克勋爵的友好干预一无所知。

关于爱丁堡牧师会（一个全然不同于爱丁堡长老会的机构）和市政委员会的联席会议，没有任何官方记录留存下来。牧师会确切的咨议功能尚不明确，也就是说，牧师们能否否决由大学董事和市政委员会所提名的任何候选人？抑或他们只是有机会表达一下他们的偏好？就哈奇森的个案而言，市政委员会只是在选举之后才征询牧师们的意见，而牧师们则敦促他们以后应事前征询他们的意见。而在休谟的个案中，市政委员会提前征询了牧师会的意见，而正是这一个事实注定了休谟厄运难逃。

在5月上旬的会议上，领衔对休谟发起攻击的正是爱丁堡大学校长威廉·魏

---

[1] 此后所有的引文均出自"线人"（informers）致特威德尔勋爵（Lord Tweeddale）的信，出自 NLS, MS 7076（为耶斯特文稿 [Yester Papers] 的一部分）。

沙特（William Wishart），他自己数年前也曾被指控为教授异端邪说（因为没有对原罪的重要性给予充分的强调）。作为休谟就读时期爱丁堡大学校长之子，也作为一名神学教授，威廉·魏沙特于1737年当选为爱丁堡大学校长。在给亨利·霍姆的一封信中，休谟记述了魏沙特校长对他的指责：

> 魏沙特校长发现自己深陷这种两难境地：要么通过推理或演绎从我的原则引申出异端邪说，但他知道，对于牧师会和市政委员会而言，这一招决不能奏效。或者，如果他引述我的话，他势必要以世上最卑劣无耻的方式对它们加以滥用和歪曲。他最终选择了后一种狡计，尽管极其谨慎，但毫无信实可言。[1]

然而，休谟在牧师中也并非全无辩护人。在信中，休谟继续写道："我认为华莱士先生的行为极其高尚恢宏，我感激不尽。"作为格雷戈里教授数学课曾经的代课老师，也作为兰肯俱乐部的会员，罗伯特·华莱士1733年成为爱丁堡新方济会教堂（New Greyfriars Church）的牧师，1739年转任到新北教堂（New North Church）担任牧师。他还曾执掌苏格兰地区教会的人事任免权，并于1744年被任命为苏格兰地区的皇家专职牧师。作为一个有坚定的信念，疾恶如仇之人，在1737年的"波蒂厄斯暴动"（Porteous Riots）中，华莱士曾公然违抗国民政府，而在1739年，就其转任新北教堂牧师一事，他也曾公然违抗市政委员会。在教会政体中，他是温和派领导人之一。其思想由其早年的一次布道的题目——《作为暴力和残忍之源的无知和迷信》（*Ignorance and Superstition a Source of Violence and Cruelty*）——可见一斑。1743年，他又成为全苏格兰宗教大会的协调人（Moderator of the General Assembly）。罗伯特·华莱士不仅是一位深孚众望的人物，也是一位秉持自由原则的开明人士。他与小其14岁的休谟的友情联系维系了很长一段时间。

休谟辞世后不久，在一封致《伦敦纪事》（1776年12月5—7日那一期）的匿名信中，显然出席过1745年牧师会和市政委员会那场联席会议的作者这样写道：

> ……确实，基于他们对大卫1739年发表的《人性论》的反对，大多数

---

[1]　NHL, p.15.

教士都反对遴选诚实的大卫。然而,并非所有的教士都赞同这么做。已故的名闻天下的华莱士博士就忠实于他早年接受并一直信奉不渝的那些高尚情操。带着一定要实现这些高贵情操的那种公正和高贵,华莱士以强硬的措辞向顾问们宣布:他不认为自己有权以一本少有人读,更少有人理解的匿名少作为借口,来反对选任那位智巧的绅士。在那种兴师问罪的场合,华莱士博士恢宏的心灵和哲学的义愤都展露无遗。

但是,在魏沙特及其"民粹派"或福音派追随者兴师问罪的狂热中,华莱士亲切的说理被置之不理,而爱丁堡15名牧师中有12位投票反对休谟。三位少数派是爱丁堡大学的教会史教授帕特里克·库明,监狱教堂(Tolbooth Church)的牧师亚历山大·韦伯,以及理所当然的罗伯特·华莱士。然而此时,休谟尚有翻盘的可能,因为市政委员会的选举尚未举行,而且它显然并不认为自己的选举结果必然制于牧师会的咨议。

1745年5月8日,当牧师们的咨询意见传到休谟耳中的时候,他从圣奥尔本斯(St Albans)的维尔德庄园(Weldehall)立即"匆匆草就"了一封信寄给库茨。这封信最终落到了亨利·霍姆的手中,他仓促地将其付印,取名为《一位绅士致其爱丁堡友人的一封信:其中含有对据说由近来面世的名为〈人性论〉的一本书所宣扬的那套宗教和道德原理的观察》(*A Letter from a Gentleman to his friend in Edinburgh: Containing some Observations on a Specimen of the Principles concerning Religion and Morality, said to be maintain'd in a Book lately Publish'd, intitled, A Treatise of Human Nature*)。这本匿名小册子在1745年5月21日星期二那一期的《苏格兰水星报》(*Caledonian Mercury*)和《爱丁堡晚报》(*Edinburgh Evening Courant*)上都打了广告。这一新近发现的小册子与休谟的思想大有干系。[1]

就语气而言,《一位绅士的信》比《摘要》更为个性化,因为休谟是在捍卫自己的教职资格,并批驳魏沙特校长专门针对他的六条具体指控。由于《人性论》不在手边,休谟只能凭借记忆和推理,故而,他重新对其有关怀疑主义和因

---

[1] *David Hume: A Letter from a Gentleman to his Friend in Edinburgh*(1745), edited, with detailed in introduction, by Mossner and J. V. Price (Edinburgh 1967)。NLS于1966年获得这本小册子。参见后面的文本补录。

第十二章　学术幻影

果关系的观点进行了表述，语言简洁、明晰、直率。在其中，他不仅强烈地表达了对事实领域中先验问题的拒斥，而且重点强调了其"常识"和"正统"的态度。在少数几个地方，休谟弱化了他在《人性论》中所表达的，尤其是后来在《自然宗教对话录》中所表达的某些激进的宗教怀疑主义立场。此外，这也是休谟自《人性论》以来第一次有机会捍卫其道德体系。另外，这封信还补足了《人性论》中相当受忽视的内容——尽管这部分内容在《摘要》中有所发挥：他在信中提到了作者的名字，以及他们在过去及当代语境中的地位。例如，休谟所提到的现代作者包括法国的笛卡尔、休伊特（*Huet*）和马勒不朗士；英国的贝克莱、克拉克、卡德沃思（Cudworth）、洛克、牛顿、哈奇森、蒂洛森（*Tilloston*）和沃拉斯顿（Wallaston）（其中，无论是在《人性论》和《摘要》中，都未提及休伊特、卡德沃思、牛顿和蒂洛森的名字）。

　　但所有这一切都于事无补。在确信失败无可避免的情况下，休谟致信阿奇博尔德·斯图亚特，以免"累及爱丁堡的朋友们"，而斯图亚特也"非常真诚而善意地让我自行决定……"故而，在征得支持者同意的情况下，休谟于6月1日让亨利·霍姆撤回其候选资格。"我现在可以对那些打算伤害我之人的恶意报以嘲讽了，因为他们并没能伤害到我。"但对于6月5日所召开的市政委员会的会议而言，这封信来得太迟了。因为根据休谟的说法，当天，"这件事被付诸表决，并且由于校长的阴谋、教士的偏执和暴民们的轻信，我们铩羽而归。"而按照纪要里的官方说法，市政委员会"认为爱丁堡的商业市民威廉·克莱格霍恩先生完全胜任此职（在过去的三年里，普林格尔博士所担纲的班级就是由他照看和教授的，故予以大力推荐）"，所以，正式选举这位克莱格霍恩先生"终生（ad vitam aut Culpam）*【拉丁短语，是苏格兰法中的一个术语，意指"for life or until fault"，最早意指确保一位郡法官的终身任职，除非因行为不端而被免职】执掌爱丁堡大学的圣灵学与道德哲学教席。"在紧接着于6月19日所举行的市政委员会的会议上，克莱格霍恩接受了该教职，并正式宣誓就任。大学的这一人事问题终于尘埃落定。

　　而4天前，休谟曾致信亨利·霍姆道："对于库茨先生，我确实非常敬重，也心存感激。他被这帮恶棍打败，我由衷地感到遗憾，尽管这完全是由他自己的过错造成的。"休谟所不知道的是，库茨不仅无能，而且事实上也毫无诚信可言。"线人"阿巴思诺特（Arbuthnot）将库茨不断转换的战略一五一十地告诉了特威德尔（Tweeddale）：

> 库茨先生最初扶植的对象是出生于九泉的休谟先生；当他发现他无法做到这一点时，他就转而扶植劳先生（其父亲威廉曾于1709—1728年任大学教授），但当他发现这一招也无法奏效时，他就转而支持**魏沙特校长**。尽管他一点都不喜欢这个人，但他认定魏沙特校长是唯一可以打败其反对者的人选，故转而支持他。但昨天，在对此事进行最终表决时，魏沙特校长在委员会中只拿到了12票，而克莱格霍恩先生则拿到了19票……

这就是所谓的政治，以及所谓的友谊。

"对于失之交臂的那个教职，我并不是特别感兴趣，因为不难预见，这样的一份教职势必会让我束手束脚。"遗憾的是，在我看来，当休谟就爱丁堡教席说这最后几句话时，他无疑是出于一种酸葡萄心理，因为他并没有从中汲取教训。考虑到有一位反对他当选的大学校长，也考虑到那帮在布道坛上一直诋毁他的敌对的教士，休谟的学院生涯既不会风平浪静，也不会为时长久。但令人惊讶的是，休谟1751年居然还愿意站出来竞选格拉斯哥大学的逻辑学教席。但就其内心宁静而言，殊为幸运的是，此次竞选同样以失败而告终（随着乔治广场上大卫·休谟大楼 [David Hume Tower] 的建成，休谟作为爱丁堡大学最著名的非教授的身份得到了捍卫）。

休谟辞世后，围绕着其职业生涯中的特定事件，报章杂志上展开了激烈的争论。对于爱丁堡大学的教席，持肯定观点的一方宣称："他绝对能胜任大学教职……他本可以更好地为国效力。"持否定性观点的一方则语带嘲讽："你们这些偏执的、心胸狭窄的爱丁堡长老派会众们，还有什么坏事是你们做不出来的，你们居然让这个国家错失了像休谟这样的一位道德哲学教授！他本可以向我们的年轻人灌输一套多么神圣的道德体系啊！"[1]

---

[1] "An Account of the Life and Writings of the late David Hume," in *Annual Register*, XIX (1776), 30; "Strictures on the Account of the Life and Writings of David Hume," *Weekly Magazine*, XXXVIII (1777), 291.

第十二章　学术幻影

谋求爱丁堡大学教职这段插曲，进一步证明了《人性论》从未真正死亡。它给休谟带来了不宜教导青年的恶名。作为一部命运多舛的作品，《人性论》不仅没能引起那些有能力领会其思想的思想家的兴趣，而且还开始被一些没能力理解它的人所阅读，这势必会给其作者带来诸多麻烦。休谟对《人性论》的厌恶之情变得如此强烈，以至于在重写了其中的部分篇章之后，他最终竟公然地对其予以鄙弃。《致一位绅士的信》就包含了这种最初的否定："我确实认为，作者当初就不该刊印此书，这倒不是因为它含有任何危险的原则，而是因为在深思熟虑之后，经过进一步的修缮，作者能让它更加趋于完美。"

尽管在大学求职受挫，但大卫·休谟在 1745 年还是成了一名教育工作者（educator），至少名义上是如此。在 1 月受邀担任安南戴尔侯爵的家庭教师之后，休谟于 2 月秘密离开爱丁堡——"我认为这对维护我在那里的利益很有必要。"以圣奥尔本斯（St Albans）附近的维尔德庄园（Weldhall）为据点，休谟向爱丁堡教职发起了最后的冲锋，但最终功败垂成。

第十三章　不幸的家庭教师

"在这整件事当中，我发现有些人是诚实的，而有些人却并非如此。"

"1745年，我收到安南戴尔侯爵的一封信，他邀请我到英格兰与他一起生活。我同时还发现：这位青年贵族的朋友和家人，都愿意让他接受我的照料和指导，因为他的心理和健康状况都需要这样做。我和他一道生活了12个月。在那段时间，我的这些任职将我微薄的资产大大地增益了。"在《我的自传》中，休谟这样写道。其中，除了隐晦地提及安南戴尔侯爵的疯癫，我们看不出任何关于争吵的暗示。然而，这不幸一年的完整故事证明：休谟的叙述虽然简明扼要，但却直陈要旨。对于休谟而言，这段生活的首要价值在于其财产的增益。

不过这一年倒也并非诸事不顺。这一年开局颇佳，1月份，休谟收到安南戴尔侯爵的邀约，邀他到伦敦与他一道生活，同时还随信附上了一张100镑的支票，以支付当下的开支。显而易见，对于这一提议，休谟是相当谨慎的，因为他不仅对这位年轻贵族的朋友和家人做了广泛的调查，而且事实上他直至2月8日才在爱丁堡签收了那张支票。[1]在咨询了安南戴尔家族在苏格兰的代理人罗纳德·克劳福德（Ronald Crawfurd）之后，休谟得知，侯爵打算为其新陪侍支付每年300镑的薪酬。休谟所有的挚友，如艾利班克勋爵、詹姆斯·弗格森（也即后来的皮特佛勋爵）、亨利·霍姆、阿奇博尔德·斯图亚特都或多或少地与安南戴尔的约翰斯

---

[1] Sir William Fraser, *The Annadale Familiy Book of the Johnstones , Earls and Marquises pf Annandale* (Edinburgh 1894), I, ccxxxvi.

第十三章　不幸的家庭教师

通家族（Johnstones of Annadale）有联系，或至少都对这个古老而富有的家族的历史了如指掌。休谟征询了他们的意见，尽管他们都不是很热心（尤其是因为爱丁堡教席的事仍悬而未决），但最终还是同意了。

怀揣着那 100 英镑的川资，大卫·休谟大约于 2 月底抵达伦敦。在那里，他见到了年方 25 岁的年轻英俊的安南戴尔侯爵。休谟发现，侯爵虽然行为怪异，但却亲切诚恳。的确，休谟肯定受宠若惊地发现：他的好运端赖于年轻侯爵对于《道德和政治随笔》中某些篇章的痴迷。带着这个好兆头，休谟"与侯爵朝夕相处，直至我们于 4 月 1 日一起抵达**维尔德庄园**（**Weldehall**）"。在此期间，休谟还见到了安南戴尔侯爵老妇人的小叔子，韦斯特霍尔庄园的詹姆斯·约翰斯通先生，和安南戴尔侯爵老妇人的表弟，皇家海军上校菲利普·文森特。作为侯爵老夫人的首席顾问，这两位绅士进一步证实了前面所提及的条款；然而，直到 9 月 1 日，应休谟之请，文森特才将这些条款付诸文字。由于正是这些条款成为日后争议的焦点，故而我们不妨先看一看其确切的措辞：

（文森特写道）我保证：自 1745 年 4 月 1 日起，只要您与侯爵同住，侯爵每年将支付您 300 英镑的薪酬。同时，即便侯爵在您随奉他第一年的任何时候意外辞世，或者侯爵有任何新的生活计划或安排，致使他选择不与您过完这头一年，侯爵或他的继承人应如约支付您或您的继承人 300 英镑，以作为您这一年的薪水。另一条款是：如果您在第一年或此后的任何时间自行选择离开侯爵，您可以自行其是，而侯爵则有义务按照您陪侍的实际时间支付薪水，且须支付您离开时的那个季度的全额薪俸。[1]

合同条款旨在为身为绅士陪侍的休谟提供某种保护，以防止侯爵一方所可能出现的任何波动或反复，而侯爵此前所更换的一长串家庭教师名单已无声地证明了这一点。我们不妨列出休谟的几位前任：陆军上校詹姆斯·弗雷斯特（James Forrester），某位约翰斯通少校（Major Johnstone），皮特·扬先生（Peter Young）。休谟的上一任显然是某位格拉诺先生（a Mr. Grano）。在协议中，休谟还受到进

---

[1] Quotated by Thomas Murray in his *Letters of David Hume, and Extracts of Letters referring to him* (Edinburgh 1841), p.10. Cited hereafter as "**Murray**".

一步的保护，因为按照约定，如果休谟获任爱丁堡大学的教职，他有权立即请辞，并为其服务获得充分的酬报。

一段时间以来，安南戴尔侯爵位于圣奥尔本斯（距伦敦西北方不到 20 英里）附近宜人丘陵地区的乡下庄园一片祥和静穆。4 月 25 日，休谟写道："我们的侯爵现在性情大变，非常喜欢独处和静卧，一如他以前总是喜欢交游和热闹一样。我只是希望，侯爵性情方面的变化最终将为他带来身心方面的康宁，从而使他即便不能为国争光，也会成为其朋友们的一种慰藉。"安南戴尔侯爵颇有点文学"天赋"，为了培养侯爵的文学才赋，休谟和文森特上校为他选编了"一本相当考究的名家文抄"。安南戴尔所创作的文学作品之一是一篇小说。关于这篇小说，休谟曾告诉约翰斯通：在数番压制未果后，他们"迫不得已印制了 30 册，为了让他相信：我们已印制了 1000 册，并且将行销全国各地"。在同一封信的结尾，休谟又补充道："我们在这里生活得非常愉快和惬意，即便是朋友们也很少来此地叨扰。为了赢得我的称许，侯爵还创作了一些法文诗歌，这让我倍感荣幸。"

6 月中旬，休谟向亨利·霍姆汇报道："大体而言，我对自己当下的处境还算满意。我将在伦敦过冬，夏天将与一帮可亲的朋友在侯爵家避暑。侯爵家距伦敦甚近，如果我愿意，我可以每周或每两周去一趟伦敦。侯爵的怪诞行径（*Bizarreries*）有时会让我乐不可支，有时会让我感到百无聊赖（*l'ennui*），但从不会让我感到苦恼。而且可以确定预期的是，尽管侯爵的性情或许会变得更加抑郁，但我与他的相处将会变得更加容易。无论情势变得多么糟糕，我都能积蓄一笔钱财；如果对这种生活心生厌倦，我或许会放弃他们所允诺的终身年金，并带着一笔足以满足我的需求和志向的资财，退隐至法国南部或家乡。"文森特上校确实曾对休谟提过这样一种可能性，也即给予他一笔 100 英镑的终身年金；但是，由于英格兰副总检察长威廉·默里（William Murray）（也即后来伟大的曼斯菲尔德伯爵）的反对，此项提议最终告吹。在给亨利·霍姆的同一封信中，休谟也隐晦地提到他的另一个不满："我虽有足够的余闲读书，但目前几乎没有余暇写作。然而我打算继续撰写我曾向你提及的那些哲学和道德随笔。"

然而，到了 9 月，一些可预见的和不可预见的困难开始出现。一如所预料到那样，侯爵开始变得更加性情狂躁，桀骜难驯。他养成了饭后故意呕吐的习惯，因此不得不寸步不离地予以照看。而作为他的同伴，休谟被迫成为一名陪护而非一位导师。然而，如果不是菲利普·文森特上校彻头彻尾的可疑行径，考虑到其

第十三章　不幸的家庭教师

优渥的待遇，这种"忧郁、孤寂"的生活至少还是可以忍受的。这一年的 4 月，休谟曾将文森特描述为"一个极其诚实的友善之人"。而到了该年的 10 月，休谟就向詹姆斯·约翰斯通先生抱怨道，"您当初为什么非要安排我与这么一位粗蛮专横的武夫一道共事？而且对于他的性格弱点——您显然是心知肚明的，因为那早已不是什么秘密了，您根本就没有向我提及过。"最后，到了 11 月底，经向顿尼克尔的奥斯瓦德（他于 1744 年就任苏格兰海军专员）求证，休谟将文森特的品性向约翰斯通和盘托出。文森特上校"被普遍认为是一个低贱、肮脏而又卑劣的家伙，特别是因为他将自己的妻子拱手送给一位贵族而臭名远扬。我有理由相信，这是事实"。休谟继续写道，"如果您对我所言之事有什么疑惑，您可以亲自去信垂询奥斯瓦德。"

文森特上校自己也改变了其原先对大卫·休谟的高度评价。是年 4 月，文森特写道，"休谟先生天生乃是一位绅士，一位有才情、有教养、性情温和、举止文雅之人。"直至是年 8 月，文森特仍称休谟为"一位学富五车的文人，天性温厚，名实相符"，"一位非常值得敬重、知识广博之人"和"我的朋友休谟"。然而，到了 11 月，文森特就准备让休谟结账走人，而到了第二年春天，则将休谟的薪水减半。最后，在休谟 1746 年 4 月中旬被解雇后，文森特表达了懊悔之情：他后悔自己曾与休谟"有过任何形式的交往和相识"，并视其为"其生活中的一大不幸"。[1]

毫无疑问，文森特是一个专横的、不择手段的投机分子。在征得性格和顺而办事拖沓的詹姆斯·约翰斯通爵士的同意后，他被授命打理安南戴尔侯爵在英格兰的地产和事务。但没过多长时间，他就开始为了自己的私利而滥施淫威。随着时间的流逝，大卫·休谟越来越确信：文森特的那些"不足为外人道的诡谲意图"就包括将家庭顾问约翰斯通排挤出去，并最终从侯爵老夫人那里鲸吞安南戴尔家族的全部或部分家产。这是确有其事，还是在很大程度上只是出于休谟自己的臆测，目前尚无法定论。但是，安南戴尔侯爵的宅邸里确实有某种邪恶发生。我们的这位哲学家-导师认定，自己正身陷一场阴谋，它关乎一个古老的苏格兰家族的令名美誉，因此需要全力抵制。在这样做的时候，他是在与暴行和无耻做斗争，自从表明敌意的那一刻起，休谟就是在打一场注定会失败的战争。

---

[1] Murray, pp.13, 14, 15, 67.

当文森特宣布侯爵和休谟在即将到来的整个冬季都要留在维尔德庄园时，第一次龃龉就发生了。休谟先是小心翼翼地，然后是公开地起而反抗。让文森特深感震惊的是，一个小小的家庭教师——在他看来，家庭教师只不过是高级的仆从——居然胆敢挑战他的决定。更让他恼怒成羞的是，这位软硬不吃的家庭教师还越过他直接向詹姆斯·约翰斯通爵士和侯爵老夫人打小报告。休谟反对留守维尔德庄园的意见不无道理：侯爵需要更多的社交和消遣，在冰天雪地的冬季，也需要一处更温暖舒适的房子。同时，在伦敦所寻的这样一处房子，还可以为整个家庭节约大约 300—400 英镑的开支。此外，毫无疑问的是，出于一些不久即将明了的原因，休谟自己也希望能在伦敦过冬。休谟曾向亨利·霍姆夸口道："我将在伦敦过冬"。然而，侯爵老夫人拒绝介入并裁决两名顾问之间的争端，尽管是以一种友善的方式。而休谟也从未能让詹姆斯·约翰斯通先生就此事做出一个棘手的决定。文森特赢得了这场战争。

既然休谟已不期然成为一名对手，文森特就下定决心要除掉他。利用侯爵抑郁症发作时所表达的独处的愿望，文森特想方设法诱使他对休谟说出同样的话，然后立即将其告知侯爵老夫人和约翰斯通先生。几天后，侯爵告诉休谟：他与休谟相处融洽。休谟也立即将其告知侯爵老夫人和约翰斯通先生。如此这般来来回回，数月的光阴倏忽而逝。甚至侯爵的贴身男仆潘诺迪（Panaiotty）也卷入其中，被双方用作中间人。

在这不幸的时日里，休谟仍顽固地坚持其"尽可能地克服所有的困难和挫折的决心"……他试图让约翰斯通居中斡旋，但徒劳无功。比如，休谟 10 月底曾致信约翰斯通道："尊敬的阁下，愿上帝宽恕您！愿上帝宽恕您！因为您既没有来看我们，也没有给我们写信。我或许应该说，您的这种毫无因由、非人道的做法不仅让您的朋友陷入狂怒，而且也让我陷于一种莫大的悲愁。"还有一次，休谟向约翰斯通喊道："对于一个受教于哲学和文雅文学（philosophy and polite letters）的人来说，突然地、毫无准备地置身于这样一种氛围，这是多么恐怖的一件事啊！但无论发生什么，我都能付之一笑。实际上，他们所使用的各种花样翻新、层出不穷的伎俩，只是让我感到好笑。尽管起初他们让我感到愤怒和憎恶，甚至让我感到忧郁和悲伤（尽管我羞于承认这一点）。"然而，可以肯定的是，尽管休谟强作欢颜，但其心中一定充塞着浓浓的忧郁和悲伤。

在与文森特的这场战争中，休谟自己也摇摆不定。有一次他告诉文森特，在

第十三章　不幸的家庭教师

第一年合同到期后，他不可能再留在侯爵身边，但另一次他却表示，他有可能会留下来。而文森特，由于已下定决心要将休谟赶走，遂将休谟第二年的薪俸减半。减薪是以紧缩开支的名义和侯爵只需要一个随伴而非导师为借口做出的。正如休谟所立马意识到的，文森特之所以做出这个决定，其真实的目的绝非是为了给苏格兰及英格兰最富有的大地主省钱，而是要以"看护"而非"导师"之名羞辱他，从而确保休谟随后的辞职。然而，休谟并未立即辞职。休谟顽强地坚持着，并致信侯爵老夫人道：他将接受新条款，只要侯爵老夫人认为新条款是公平的。为了保险起见，休谟同时还向约翰斯通先生（侯爵老夫人做决定时最为倚重的顾问）提出了申诉。但是，由于对约翰斯通的优柔寡断深有体会，休谟遂进而向艾利班克勋爵和亨利·霍姆提出了诉请，呼吁他们向约翰斯通施加压力。他们都措辞鲜明地这样做了。

在给其姐夫约翰斯通的信中，艾利班克勋爵写道："我冒昧地将休谟的一封来信随函寄奉，并且我相信，满足其要求，也符合您自身的利益。我承认，我的看法是：文森特之所以要赶走休谟，其唯一的考虑是他发现休谟是其私欲的一大障碍，若假以时日，甚至侯爵老夫人都有可能成为其私心的牺牲品。我之所以说这番话，是基于我自己对那个人（指文森特）的了解。"[1] 这封信的措辞相当强硬，并且完全佐证了休谟自己关于此事的说法。而亨利·霍姆的信则更为直接，并彰显了其对休谟深厚的个人情谊，故而值得全文照录：

凯姆斯，1746年4月14日

爵士阁下，

　　我最近收到友人大卫·休谟的一封来信，它着实让我吃惊不小，因为好像有人专门密谋着要削减他的薪俸。就我个人而言，我从未对其当下的处境感到满意，因为我不认为那些合同条款优渥到足可让其放弃研究。我认为，无论形势如何变化，或迟或早，他的研究终将会给他带来更为丰厚的回报。正是出于这种原因，尽管我对发起此项动议之人的无耻行径深表愤慨，但私下里，只要我朋友一方的行为无可指谪，我对于将其解雇并无不满。我甚至想立马休书一封，劝他在遭此诟辱之后，无论对方再开出什么优厚的条件都

---

[1]　Murray, p.50.

不可续任。但是，考虑到您在此事中的利益，我发现这种建议有负您平时对我的恩义，故而暂打算按兵不动，直至接奉大函。我深知您对那位可怜的爵爷心怀眷悯；而他的陪护人至少应该是一位廉正之士，这固非无关紧要。我本该不遗余力地向您倡言，哪怕是间接地影响到您也好。与此同时，即使是出于您的利益计，我也不能牺牲我的朋友，使其屈从于那种无耻之尤的条款。因此，如果您认为他的陪护对侯爵还有一点用处，我恳请您务必出面干预，不要让类似的事件再度重演。因为我敢斗胆断言：即便他自己愿意屈从如此下作的条款——我相信他不会如此低声下气，我也绝不会同意；而没有我的同意，他绝不会采取任何行动。如果您发现他只是徒增人事，只要条件公允，我也乐于接他回家。否则，出于您自己的利益，我恳请您务必抛却您那过分的羞怯脾气，果敢行事，唯如此方符合您的身份，也才无愧于您作为近亲对安南戴尔家族所肩负的职责。您这样做既是在帮助我，也是在帮助您自己，否则，届时出现的新情况将对您极其不利。也请向侯爵老夫人出示此信，我知道她会衷心地站在我朋友这一边。她讨厌欺诈和卑鄙下作的手段。今年夏天，我很可能有机会与她见面，尤其是如果高等民事法院不开庭的话——看起来今年夏天开庭的可能性不大。在接奉大函之前，我会尽力让我的朋友按兵不动。您诚挚的

亨利·霍姆 [1]

大卫·休谟是否曾"低声下气"，以至于竟接受文森特的"下作条款"？考虑到当时的各种情形，我认为并非如此。事实上，休谟并没有忍气吞声、委曲求全，他只是提出：如果侯爵和侯爵老夫人认为这些条款公正无欺，他将接受这些条款。在这样说的时候，休谟显然觉得他们肯定不会这么认为。尽管麻烦缠身，但休谟事实上并不急于离开安南戴尔家。一方面，休谟有一股强烈的责任感，这驱使他密切地监视着文森特的阴谋诡计；另一方面，他此时正埋首于自己的文学追求。只要有一份合理的薪俸——休谟曾告诉约翰斯通，200英镑的年薪或可接受，他可以为此放下身段。当朋友亨利·霍姆对休谟作为一名文人的未来表达出如此殷切的期望时，他固然是出于好意（尽管有些专横），但实际上，休谟当时

---

[1] Murray, pp.55-57.

第十三章 不幸的家庭教师

虽已年届35岁，但仍没有足以安身立命的固定职业。尽管如此，最让休谟担心的还是在文森特手下与安南戴尔侯爵生活在一起的前景。休谟于3月底告诉约翰斯通道："我目前的生活可谓愁云惨淡，简直非凡人所能忍受，因为无论是谁，他对未来生活的改善总抱有一线希望或者幻想，但是，对我而言，除了要忍受孤寂和离群索居之苦，还要承受这些藐视和轻蔑……我只想说，唯有书籍、学习、闲暇、节俭以及独立，才能让生活变得更美好。"

在这件事情上，休谟并不掌握最终的决定权。侯爵老夫人再次拒绝介入争端。但是在侯爵老夫人的信寄达之前，一场危机已悄然提前降临。在一段时间的相安无事之后，安南戴尔侯爵突然大发脾气，不由分说地要将休谟扫地出门。这已不算什么新鲜事，但在接下来的一周里，侯爵不断地重复着相同的指令，而且丝毫没有通融的余地。最终，在4月16日那天，经文森特准允，休谟连人带行李都搬了出来。当然，也少不了就其薪俸的支取问题与文森特大吵一番。文森特上校给了休谟一张可在15日内支取的200镑面值的银行汇票，此外还给了一张可在9月份支取的100镑面值的期票。休谟援引合同条款要求文森特再支付75镑薪酬，因为合同中的一个条款规定：即便休谟在某个季度结束之前离开，他也有权获得那个季度的全额工资。但文森特予以拒绝。

当然，休谟并没有就此作罢。他于次日致信詹姆斯·约翰斯通先生，向其申诉道："我的一位老朋友绞尽脑汁对我耍了一个最恶毒的花招，他为了便于将我支走，先是掷地有声地应允我应得的钱款，然后又突然变卦，想方设法克扣我75镑的薪酬。但是，我还是从他手中接过了这些钱（但我告诉他，我再也不会相信他所说的任何话了），以待您和安南戴尔侯爵老夫人的最终裁决。我是经过深思熟虑之后才做出这个决定的，容我以后写信向您详禀。"[1]

像往常一样，亨利·霍姆从爱丁堡跳出来对休谟予以声援。6月9日，他致信约翰斯通道：

> 从友人大卫·休谟的来信中，我遗憾地发现：他已离开安南戴尔侯爵，因为他隐晦地告诉我，他已无缘随奉侯爵了。我对他的说法极为关切，而且我也怀疑侯爵能否物色到一个更为忠实或更为贴心的仆从。

---

[1] HL, I, 89.

他告诉我，关于其一个季度工资的争议将交由侯爵老夫人和您裁决，故乞请我将我对此事的看法转告与您。这是一位朋友的不情之请，我无由拒绝。正是出于这种原因，您谅必会宽宥由此所给您带来的诸多不便。

依照安南戴尔侯爵和休谟先生所签署的协议，其中的一个条款规定：休谟先生离职时服务时间未满一个季度的，其薪俸当按满一个季度结算。该条款极为公允，本意良善。因为您无法设想一个被解雇的仆从立马就能找到现成的工作，因此，除非这中间的空窗期是由他自己的过失造成的，否则，他不应承受由此所带来的任何损失。这样，就有必要预留一个适当的缓冲期（其时间的长短以足可让他找到一份新工作为限）。在此时限内，其工资应照常支付。就本案而言，一个季度实是常例所能许可的最短时限。

自1745年4月1日起，到1746年4月16日为止，休谟先生一直随奉侯爵。依照协议精神，他应得一年零一个季度的薪俸。但休谟的这一要求遭到拒绝，其理由是：文森特上校已于1746年3月29日声明，来年只付给休谟先生150镑的薪俸，故而，存争议的那个季度的薪俸相应地只有37镑10先令。

考虑到这些情况，休谟先生承认文森特上校曾做出上述提议，并说他已于4月3日给出如下答复：无论安南戴尔侯爵和夫人做出何种决定，他都乐于服从。但不曾想，不仅新协议未签成，他还于4月16日被彻底扫地出门。

那么，接下来的问题是：对于那个因故未满的季度，休谟先生应支取的薪酬到底是75镑，还是37镑10先令？对于安南戴尔侯爵来说，这件事或许微不足道，但对一位囊中羞涩的年轻绅士而言，这件事却非同小可。假如说休谟先生的要求尚有商榷的余地，我对您的慷慨大度深信不疑，相信您不会为了区区几十镑而在一位年轻绅士的心中留下故意为难他的怨念。

我知道您处事一向光明磊落，故而我也将开诚布公。无论是基于严格的正义，还是本着合约的精神，那75镑都是休谟先生的应得之物。我随信将合同的副本寄奉，原件存于我手，可供您随时调阅。文森特上校的原话为："我保证：自1745年4月1日起，只要您与侯爵同住，侯爵每年将支付您300英镑的薪酬。且须支付你离开时的那个季度的全额工资。"依照该条款，我认为，休谟先生共随奉安南戴尔侯爵一年零十六天，故而有权得到共375镑的薪酬（一年的薪酬是300镑，一个季度的薪酬是75镑）。

第十三章 不幸的家庭教师

就我的理解,没有任何诉求可以以文森特那份削减薪水的提议为依据,因为它只是一份未生效的提议。在文森特提出该项动议之后,休谟先生继续和侯爵生活在一起,条件一如既往。由于该动议并未被接受,故而原初的合同并无任何变更,享有充分而完全的效力,直到 1746 年 4 月 16 日因休谟先生被辞退而告中止。

毋庸讳言,休谟先生有权得到那 75 镑的薪酬。这基于最初的约定,因为侯爵和休谟并未达成任何其他的新协议。此事不能以一项动议为准,因为该动议最终并未落字画押,故而并无任何法律效力。

若您能与安南戴尔侯爵老夫人沟通此事,并亲自提出更为妥善的安排,我将不胜感激。无论您的意见如何,都将受到应有的珍视。我是您最恭顺的仆人

亨利·霍姆

同时须牢记:正是在随奉安南戴尔侯爵期间,休谟谋取教职未果。[1]

尽管亨利·霍姆胪列法律条文,但这 75 英镑并没有立即兑现。这中间发生了一系列的意外变故。安南戴尔夫人和约翰斯通将休谟的诉请交由侯爵的律师审查,该律师口头上承认了休谟要求的正当性,但就在将其意见付诸文字的当口,该律师却突然辞世了。1746 年,文森特上校也辞别人世。而此后的几年,休谟也离国别乡,期间,安南戴尔侯爵被诊断为疯癫,而且是自 1744 年 12 月 12 日起就一直如此。大约在 1750 年左右,在亨利·霍姆的建议下,大卫·休谟提起法律诉讼。而安南戴尔侯爵的法定继承人霍普顿勋爵(Lord Hopetoun)则承诺,待接管安南戴尔侯爵的产业后,他会还休谟一个公道。1759 年,霍普顿勋爵提出,只要位于爱丁堡的苏格兰最高民事法院的"外庭"(Outer House)做出判决,他将立即支付那 75 镑的薪俸。直到 1761 年,此事仍处于协商之中,但不难想见,不久之后,法庭即做出了令休谟满意的判决。因为休谟绝不会撒手此事,无论他在此期间已变得多么富有。其经济状况的改善是一回事,追讨安南戴尔侯爵所欠薪俸又是另一回事。试想一下:某人在 15 年前欠我一笔应得的钱款,而在当时,这

---

[1] Home, MS letter, 9 June 1746, in NLS, MS 2956, ff. 81-12; reprinted in Murray, pp.68-9.

笔钱款对我而言又实在是不可或缺的。这仍然是他需要与否的问题。他曾于1746年告诉约翰斯通："在这里，公平与正义必然是一回事，难道可以想象在那种情况下，我会把本属于我的75英镑当作礼物送给安南戴尔侯爵么？"在诉讼期间，安南戴尔家族被冻结的总资产已升至令人咋舌的41.5万英镑之巨！为什么不允许一位哲学家像商人那样讨债，似乎并没有什么充分的理由来反对休谟这样做。

"在这整件事中，我发现有些人是诚实善良的，而有些人却并非如此。您或许会说，这个发现简直不值一提，但对我来说，却是获益匪浅。因为它教会我不能太过轻信媚人的言辞和惑人的外表。"在最后一次与文森特发生争执后不久，休谟对詹姆斯·约翰斯通爵士如是悲哀地写道。将这段话当作休谟不幸的家庭教师生涯的总结或许十分允当。但在那一年里，疯癫侯爵的事务并未占用休谟全部的时间。就休谟个人而言，此间也有几件重要的事项发生。

第一件是其母亲的离世，这让休谟倍感意气消沉。1743年12月，休谟曾拒绝离开九泉，"因为我母亲糟糕的健康状况，在目前的状况下，我会寸步不离地守在她身旁"。1745年春，休谟正身处英格兰，而他的母亲凯瑟琳·霍姆却突然离世。在母亲最无助的时候，其所挚爱的儿子却远在英格兰，我们不难想象其间的懊悔和自责。休谟母亲离世的具体时间已无从查考，但可以肯定：她是在6月15日之前离世的。当时休谟曾致信亨利·霍姆道："接到家兄的来信，我悲不自禁。母亲大人的离世让我们家变得空落落的。再加上我游身在外，以及其爱情上的失意，这让我的兄长感到意气消沉。"[1]

此前，人们将凯瑟琳·霍姆的辞世时间错误地定在1748年或1749年，这可能是因为《我的自传》中休谟一段相当含混的表述："1749年，我回到老家，与我的长兄一道在他的乡下老宅住了两年，因为我的母亲此时已经辞世了。"在休谟自己辞世后，有一些关于此事的故事开始流传，这些故事显然旨在中伤休谟的人品。[2] 在如此晚的这样一个时期，除了旨在驳斥那些造谣中伤之词，人们完全没有理由再将休谟塑造成一个虔诚的教徒。然而，这个故事是由埃尔郡尔湾（Irvine）教区的牧师帕特里克·波义耳阁下——他是格拉斯哥伯爵约翰的次子——告知因弗雷斯克的亚历山大·卡莱尔（Alexander Carlyle of Inveresk）的。

---

[1] NHL, p.17.
[2] 如 Robert Chambers, *A Biographical Dictionary of Eminent Scotsmen* (Glasgow 1875), art. "Hume," III, 119-20.

第十三章　不幸的家庭教师

它貌似确凿无疑，而且也被休谟的侄子大卫·休谟男爵视为确有此事。卡莱尔所述故事如下：

> 当大卫与**波义耳**同在伦敦的时候，大卫的母亲辞世，听闻这个消息的**波义耳立即赶往大卫的**房间（他们住在同一栋公寓），发现休谟悲不自禁，涕泗纵横。在一番常规的温言相劝之后，**波义耳**对大卫说道："我的朋友，你之所以悲恸欲绝，那是因为你抛弃了宗教原则；否则，你必将因如下的坚定信念而大受宽慰：老夫人不仅是世上最优秀的母亲，而且也是世上最虔诚的基督徒，她现在正幸福地生活在正义的天国。"对此，大卫回答道："尽管我醉心于学术和形而上学的世界，但在其他的事情上，我与其他人的思考方式并非如你们所想象的那般迥然有别。"[1]

休谟的密友波义耳和卡莱尔天真地说服自己：休谟的这番回答表明，在其内心深处，他是一位虔诚的基督徒。这或许算得上是对休谟的最大恭维，以至于休谟的其他朋友也都试图这样说服自己。但事实却并非如此。休谟早就宣布放弃了基督教启示，并承认自己是"一位异教徒"。休谟的良善和道德秉性并不能证明他是一位基督徒，其上述评论——即便我们假设它得到了忠实的转述——也同样不能证明他是一位基督徒。休谟拒绝超自然主义，也拒绝哲学中的"宗教假设"，但在休谟身上，强大的社会和家庭纽带依然存在，这尤其体现在他对其母亲的依恋上。

大卫·休谟激发爱恋和亲情的能力，也由其直系亲属扩展至一众好友。再也没有谁能比亨利·霍姆更好地彰明这一点的了，我们已见证了亨利许多亲昵而友善的举动。在 1745 年 6 月 13 至 15 日的一封致亨利的信中，当亨利在休谟竞聘教席失败之后暗示他可以返回苏格兰并和他生活在一起时，休谟表达了其感激之情："我从未怀疑您向我表达的亲善之情，它只是让我徒生无望与您共度一生的遗憾，我总是将您视为我曾拥有的最好的朋友，这是我们命中注定的（*Mais tel est notre Sort*）。"正是在这同一封信中，休谟还写道，"我打算续写我曾向您提及的那些道德和哲学随笔。"

---

[1] Carlryle, p.287.

这也说明：在卜居**维尔德庄园**和伦敦期间，休谟已开始着手撰写《关于人类理解的哲学随笔》（*Philosophical Essays concerning Human Understanding*），也就是后来的《人类理解论》（*Enquiry concerning Human Understanding*），它基本上是对《人性论》第一卷主要内容的重写。休谟很可能同时还在撰写《政治和道德随笔三篇》（*Three Essays, Moral and Political*）。不久之后即变得明了的是：在离开安南戴尔侯爵之后，以及在这些新作于1748年面世之前，休谟还做了其他的许多事情，以至于少有写作的余暇。

在《关于人类理解的哲学随笔》中，休谟哲学表述之明晰又达到了一个新的高度。他建议闵拓的吉尔伯特·埃利奥特道："我相信，我的《哲学随笔》含有我在《人性论》中所论述的与'知性'有关的所有重要内容，我建议您研读我的《哲学随笔》，而不是研读《人性论》。通过将所论述的'知性'问题予以压缩和精炼，我实际上让它变得更加完整。正所谓言愈简而义愈丰（*Addo dum minuo*）。"[1] 在这部《哲学随笔》中，《人性论》中那种犹疑、烦琐的细节以及隐晦曲折的分析全都一扫而光，剩下的全都是一些精彩纷呈的段落。这些精妙的段落呈现出了正在形成中的现代哲学的各种面相，而其"自传"，也是一位身处省思之中的思想家的自传。《哲学随笔》是一部不带个人色彩的美轮美奂的艺术精品。正是在其著名的结尾中，这种新笔触得到了最佳的展示。在这里，休谟重温了他称之为"温和的怀疑主义或学园派哲学"的一些基本原则：解证的确定性被限定在纯粹的观念王国之内（也即逻辑和数学科学），而其他所有关涉到事实或存在，并基于因果论证的科学，都只能被还原为某种程度的概然性。休谟咄咄逼人地追问道：

> 如果我们相信这些原则，那么，在巡行各个图书馆的时候，我们必将产生何种巨大的破坏呢？如果我们手中拿起任何一本书，例如神学或经院哲学方面的书籍，那么，我们就可以问：其中含有任何数量方面的抽象推理（abstract reasoning）么？没有。其中含有任何事实和存在方面的实验性推理（experimental reasoning）吗？没有。那么，我们就可以将它投入烈火，付之

---

[1] HL, I, 158.

一炬，因为它所包含的无非是诡辩和幻想。[1]

在《人性论》的"广而告之"中，休谟曾宣称他打算转向历史问题，因为历史是"政治"，也就是我们今日所说的"政治科学"的实践性拓展。在所有的时代，人的故事肯定是"人的科学"最为根本的部分。正是在那个不幸的安南戴尔时期，休谟第一次尝试撰述历史。当然，这只是我的推测，没有任何事实依据。[2]

在 1745 年至 1746 年间，休谟因"各种事务"频繁参访伦敦，并可能因之引发了与文森特的某些龃龉。据我的推测，休谟频繁参访伦敦的主要目的就是光顾各家图书馆。通过其朋友的关系，这些图书馆得以向休谟敞开大门。我更进一步的一个推测是：基于当时的经历，休谟不得不暂时放弃了这个计划，因为那时他还不能找到一种合适的方式，从而将闲暇和图书设施有效地结合起来，以便安心地从事研究和写作。法国批评家长篇累牍的嘲弄让休谟大光其火，并决定撰写一部人们翘首以盼的长篇英国史。

随奉疯癫的安南戴尔侯爵的不幸一年让休谟认识到：有些人是诚实而真诚的，而有些人则并非如此。对于整个不列颠民族而言，这一年同属不幸。正是 1745 年詹姆士二世党人的最后一次起事，催生了诸多罗曼蒂克式的著作，但是，我们或许可以借助这位不幸导师的哲学之眼，来更冷静地审视这些浪漫主义著作。

---

[1] *Phil. Wks.*, IV, 135.
[2] 手稿方面的"证据"证明是有瑕疵的，因为本以为是休谟亲笔手书的封面日期，近来被证明是伪造的。参见前面的"1980 年版序言"，其结尾处有更为详细的解释。

第十四章 目击叛乱

"当下不幸的麻烦。"

随着时间的流逝，依照历史学家的气质和禀性，距今已两个世纪的1745年詹姆斯二世党人起事，要么被视为一场罗曼蒂克式的英雄壮举，要么被视为一场荒唐可笑的历史闹剧。然而在当时，对于所有涉身其中的人而言，这都是一桩性命攸关的重大事变，因为它直接关乎到一个伟大民族的命运。在这场起义失败一年半之后，大卫·休谟以一种冷峻的现实主义笔调写道："八百万民众"可能"被他们当中五千个最勇敢但却最卑微之人所制服，并沦为奴隶。"然而，总体而言，休谟自己倾向于将勇敢但在他看来却属"卑微的"高地人的此次壮举视为一场历史闹剧。因此，他曾夸口道：

> 我希望陛下能授权我指挥任何一支高地部队，我也希望有一些可靠的耶稣会教士来打消我的疑虑、鼓舞我的士气。我认为，假若英格兰的各支军队继续作壁上观，那么，带领他们从多佛打到因弗内斯，在途中洗劫英格兰银行，并携带着我的战利品在全英格兰畅通无阻，这实为易如反掌之事。[1]

对于这场反叛的纯事实性描述，既可以是滑稽的，也可以是浪漫的，关键看你所禀持的立场。1744年2月，法国准备大举入侵英格兰，并试图复辟斯图亚

---

[1] Hume, *Account of Stewart*, pp.11, 13.

第十四章 目击叛乱

特王朝。由于本土舰队的出色表现,再加上英吉利海峡一场有如神助的风暴,不列颠才得以幸免。此后,法国的入侵激情明显地冷却下来,但年轻的王位觊觎者却不肯善罢甘休。1745年7月25日,查尔斯·爱德华·斯图亚特王子神不知鬼不觉地在苏格兰西高地登陆,并在25天后于格伦菲南(Glenfinnan)举旗起事。尽管苏格兰高地的各部族迅速地集结起来,以支持"这位黄毛少年",但他的部队从未超过5000人。然而,就是这样一支军纪不整、装备和补给都乏善可陈的小股人马,竟在9月7日兵不血刃地占领了爱丁堡,并于四天后在普雷斯顿普斯(Prestonpans)或詹姆斯二世党人所称的格莱斯缪尔(Gladsmuir)大败约翰·科普爵士(Sir John Cope)和国王的军队。长久以来,班戈的汉密尔顿(Hamilton of Bangour)所作的《格莱斯缪尔之战颂歌》(*Ode on the Battle of Gladsmuir*)一直都能打动苏格兰人多愁善感的心灵:

苏格兰蒂亚(Scotia),至高的女神,飞临
格莱斯缪尔血染的战场,
她举起长矛和光芒四射的盾牌,
借着这耀眼的光芒,我们看到:
她近来愁云惨淡的面容,
又重现其最初的赫赫威仪。

然而,尽管是一位多愁善感的苏格兰人,但罗伯特·彭斯(Robert Burns)却对此无动于衷。据说,多年后,他曾这样评论道:"我确实不喜欢它,因为它太崇高了。"

叛军在爱丁堡成立了皇家法院,而那些曾抵拒詹姆斯二世党人进城之人都受到了刑讯。曾在最后时刻负责爱丁堡城防的科林·麦克劳林教授(Colin Maclaurin)被迫逃往英格兰。夜以继日地组织爱丁堡的城防严重地透支了麦克劳林的身体,并直接导致了他第二年的英年早逝。在爱丁堡,那些投身于詹姆斯二世党人事业的人中就有罗伯特·斯特兰奇(Robert Strange),他是一位雕刻师,同时也是大卫·休谟后来的朋友。数周后的12月9日,年轻的王位觊觎者率领一群高地人穿过苏、英边界于进入英格兰。17日,卡莱尔城(Carlisle)陷落;29日,曼彻斯特城陷落。到了12月4日,叛军已兵临德比。此时,伦敦以及整个南不

列颠都陷入一片恐慌之中。在这种紧急情势下，英王在维尔德庄园（Weldehall）以南数英里的芬奇利公地（Finchley-Common）建立了一座军营，并下决心亲临战场，以捍卫京师的安全。但是，查尔斯王子却不敢冒险开战，因为很少有，或者说根本就没有心怀不满的英格兰人支持他。因此，叛军很快被迫退回苏格兰，并在圣诞节那天进入格拉斯哥。但距伦敦不足125英里的**德比**依然叛乱不止。

但是，詹姆斯二世党人的事业并未就此终结。1746年1月7日，叛军攻下了斯特灵（Stirling），并于10天后在福尔柯克一役（Battle of Falkirk）中打败了霍利将军（General Hawley）所率领的王师。然而，就效果而言，叛军的每一次胜利都让其更加接近于失败，因为，由于不习惯于军队的操练和军营里的清规戒律，很多高地人遂弃甲而去。因此，查尔斯王子被迫接受部族酋长们的建议，退回到高地。尽管因弗内斯于2月20日向他投诚，但在坎伯兰公爵（Duke of Cumberland）所领导的优势兵力的逼迫下，士气不振的叛军最终于4月16日被赶至库洛登（Culloden）一带。带着伤心和绝望，查尔斯王子与他的追随者挥泪告别，并藏身于莽莽群山之中。

在接下来的六个月里，勤王之师对苏格兰本土和周边各岛屿展开了地毯式的搜查，这种孤注一掷的猫捉老鼠游戏反而给"美王子查尔斯"（Bonnie Prince Charlie）这一神话涂上了一层浓厚的罗曼蒂克色彩。查尔斯王子有一次曾乔装打扮成一位妇女，在英勇无畏的弗洛拉·麦克唐纳（Flora MacDonald）的陪伴下昼夜兼程，并在几日后成功逃脱英军的追捕，于9月29日在法国安全登陆。两年后，迫于英格兰的压力，法国将查尔斯正式驱逐出境，他也因此失去了从库洛登惨败中重整旗鼓的任何希望。1748年12月，当监禁于枫丹白露的查尔斯依照《亚琛条约》中的条款被押往法、意边境，并流放至意大利时，大卫·休谟就曾亲见过这位年轻的王位觊觎者。[1] 但这都是后话，我们现在要考察的是大卫·休谟当时对于1745年詹姆斯二世党人起义的反应。

在我们所考察的这一时期，休谟书信所能提供的信息可谓少之又少。他只是谈及到"目前不幸的麻烦"和"这场悲惨的战争"，甚至只是更为隐晦地提到如下事实——"不幸的是，目前，与身在苏格兰莫法特的安南戴尔侯爵老夫人的所

---

[1] 参见后面的pp.218 ff.。

有联系都中断了"。除了上述谨慎的表述,休谟从未流露出任何个人感情,在给约翰斯通爵士的信中,休谟对这样做的原因给出了充分的解释:

> 对于我所有去信被拆阅一事,您看上去非常不安,我也是如此。但是,我自认为,在给您的每一封信中,我都极其小心谨慎,既没有指名道姓,也没有提及具体的地点,甚至都没有署名,所以它不会带来任何后患。这些信之所以被拆阅,可能只是出于当下的一种惯例——也即所有的信都会被拆阅,尽管我收到的信从未出现过这种情况。邮局的职员会将信一一拆开,然后快速地浏览一遍,如果发现其内容只是涉及一些私事,便立马将其寄出,而不会进一步深究。因此,在我看来,信中所写的这些内容与当面所说的内容,在安全性方面并无二致。但是,因为您似乎并不这样认为,所以我以后会加倍小心。

简而言之,在叛乱期间,当所有人,尤其是当绝大多数苏格兰人都被怀疑的时候,大卫·休谟的这种做法无疑极为明智。

然而,这并不意味着休谟没有坚定的信念。他公开发表的随笔已清楚地表明:尽管并非是一位教条派辉格党人,但他是一位"革命派辉格党人"。如果我关于《道德和政治随笔三篇》(*Three Essays, Moral and Political*)的假设准确无误,那么,它们就是在这一叛乱时期成文的,并且体现了休谟对于此次叛乱的基本态度。在《随笔三篇》不日即将发表的1748年2月,休谟详细地描述了这三篇随笔:"其中的一篇是专门批驳辉格党的'原始契约'学说的,另一篇则是专门批驳托利党的'消极服从'学说的,而第三篇则是专门论述'新教徒的承位'(Protestant Succession)的,在其中,我认为,一个深思熟虑、做事周详之人,在确立由哪个家族继承大统之前,应该认真地考量其中的利弊。"休谟几乎要脱口而出的是:这第三篇短文实际上就是直接针对詹姆斯二世党人的。尽管休谟本打算在1748年将其公开发表,但他的朋友廷威德勋爵(Lord Tinwald)查尔斯·厄斯金(Charles Erskine)却决定将其暂缓发表,因为休谟已将这篇随笔的处置权交给了他。直到1752年,《论新教徒的承位》才得以公开面世。在1748年的那一卷随笔集中,其位置被《论国民性》(*Of National Character*)一文所取代。[1] 十分有趣的是，我们注意到，休谟的挚友兼兄弟-哲学家（brother-philosopher）亨利·霍姆却在爱丁堡骚乱期间退隐至安静的莫斯，心无旁骛地撰写其《论英国古代史的几个问题》（*Essays upon Several Subjects concerning British Antiquities*），正是这部著作标志着他放弃了其早年的詹姆斯二世党人立场。1747年，这本书在爱丁堡甫一问世，休谟就对其作者俏皮地评论道："您从我的书中借用了一些原则，这让我备感荣幸。我希望人们不会认为它们太过精微，太过深奥。"[2]

尽管受到了诸多詹姆斯二世党人朋友的压力，但休谟的辉格原则依旧岿然不动。例如，尽管他可以同情詹姆斯·约翰斯通爵士女儿的不幸遭遇，但与此同时，他依然向其指出了这种情形的政治必要性。詹姆斯爵士的女儿玛格丽特是奥格威勋爵（Lord Ogilvy）的妻子，奥格威勋爵在爱丁堡加入了年轻的王位觊觎者的队伍。库洛登战役之后，他逃亡法国。但他的夫人却沦为阶下囚，并被关押在爱丁堡城堡。不过，她最终得以逃脱。[这难道不是这出历史闹剧的一部分吗？罗曼蒂克的俘虏最终得以从监狱逃脱。] 1746年6月，休谟致信约翰斯通道：

> 让我稍感安慰的是：您一直紧悬着的心现在大体可以放下了，而如此不幸的一件事——无论是对个人而言，还是对公众而言，它都不是一件值得期许之事——也终于有了一个还算幸运的结局。不久前，在一次谈话中，当我言及这位夫人以及与她处境相似的其他人时，圣克莱尔将军说，他听一些政府要员说：威吓的目的，甚至原本打算起诉的目的（如果他们果真这样做的话），都不是真的要付诸实施，而只是想给本国的女同胞一个教训（她们中的一些人完全目无法纪），要让她们知道，她们的性别并不是其安全的绝对屏障，她们与男性一样都要受到法律的约束。

最后，1749年，为了便于其更好地修订《论法的精神》，休谟告诉孟德斯鸠：英国议会对高地世袭司法权的废除，是1745年詹姆斯二世党人起义最有益的成果之一，因为正是这种世袭司法权使得高地居民强烈地倾向于君权政治。

---

[1] 更进一步的讨论，以及休谟致艾利班克勋爵之信（Hume-Elibank, 437），参见后面的文本补录。
[2] NHL, p.27.

第十四章 目击叛乱

然而，对于那些詹姆斯二世党人朋友，尤其是那些受政治误导的朋友，比如班格尔的汉密尔顿，休谟怀有深深的个人同情。休谟的堂兄，艾克尔斯的亚历山大·霍姆（Alexander Home of Eccles）是苏格兰的副总检察长，当时正因为严酷地惩处前叛乱分子而声名鹊起。休谟对其敦敦劝诫道："……有人告诉我：有时候，党派狂热易于让您的言辞过于偏激，以至于一些'杞人'担心您在新职位上表现得过于火暴。我亲爱的桑迪（Sandy），追求人道和中庸的英名吧。因为这种盛名是最经久不衰的，也是最和蔼可亲的，同时最终也是最有利可图的。"最后，休谟又以"附言"的形式加了这么一句："看在上帝的份上，想想威利·汉密尔顿吧。"

然而，一个人即便不是一位詹姆斯二世党人，甚至他即便不是一个苏格兰人，也常常为休谟晚年的朋友托比亚斯·斯摩莱特（Tobias Smollett）的诗句所打动。有感于"屠夫"坎伯兰公爵对于这场叛乱的血腥镇压，托比亚斯·斯摩莱特创作了其不朽的光辉诗篇《苏格兰的眼泪》（*The Tears of Scotland*）：

> 哀悼吧，不幸的加勒多尼亚！哀悼吧
> 你的和平被放逐，你的花冠被踩躏！
> 你的子孙们，长期以勇武闻名，
> 却在他们本国的土地上惨遭屠戮；
> 你好客的屋舍再也无法
> 邀请陌生人进门！
> 他们躺在那片烟雾弥漫的废墟上，
> 那正是暴行的见证。

* * * *

> 尽管热血濡湿了我的血管，
> 但我的记忆绝不曾遗忘，
> 对家国命运的怨怼
> 在我赤子般的胸中激荡；
> 带着对不共戴天之寇仇的愤恨
> 一阕哀歌在我心中流淌。

> 哀悼吧，不幸的加勒多尼亚！哀悼吧
> 你的和平被放逐，你的花冠被践踏！

如果休谟碰巧看到一本名为《大卫·休谟先生真正的最后演讲；他1746年10月28日在彭里斯被处死》（*The genuine Last Speech of David Hume, Esq: who was execute at Penrith, upon the 28th of October 1746*）的小册子，他的脸上或许会掠过一丝难堪的笑容，因为这本小册子描述了一位詹姆斯二世党人被处死的场景。

在1745—1746年间，在休谟所遇到的烦心事中，有一件就是他的挚友和恩人、爱丁堡市市长阿奇博尔德·斯图亚特（Archibald Stewart）的不幸遭遇。当年轻的王位觊觎者要求爱丁堡投降时，由于缺乏足够的防御手段，斯图亚特采取了拖延战术，与叛军虚与委蛇，并寄希望于约翰·科普爵士援军的到来。然而，不期想城门遭到突袭，叛军兵不血刃地进入爱丁堡。斯图亚特先是因为抵抗而遭到詹姆士二世党人的囚禁，接着，不幸的斯图亚特又被政府军以"投降"的罪名下狱。1745年12月，约翰·库茨致信考德威尔的缪尔道："大卫·休谟先生焦急地来信询问此事，我已给他回信，并将回函随附在我给奥斯瓦尔德先生那封信的后面，因为我希望奥斯瓦尔德先生能向休谟先生详述这件事情的来龙去脉。为了防止我给奥斯瓦尔德先生的那封信寄丢，也请您将这份附函，以及随附的详述此事的小册子转交给休谟先生。如果您愿意，您可以将此事的经过以更具条理或更富文采的方式重述一遍。"[1] 但这些附件最终还是寄丢了，但休谟肯定对所谓的爱丁堡"投降"的所有事实已了然于胸。

1747年3月24日，对阿奇博尔德·斯图亚特的审讯在苏格兰高等刑事法院开庭。这是一项极其严重的指控：也即"作为爱丁堡市市长，在叛军于1745年9月占领爱丁堡期间以及之前，斯图亚特玩忽职守，措置失当"。苏格兰最高刑事法院最终对斯图亚特提出了十二项专门指控。斯图亚特的辩护律师是休谟的朋友、皮特佛的詹姆斯·弗格森（James Ferguson of Pitfour）。在数次休庭之后，法庭最终于1747年12月2日一致裁定斯图亚特无罪。但在此之前，由于检方显然已下定决心给斯图亚特定罪，故而休谟忧心忡忡，准备公开发文为斯图亚特辩护。这就是《对前爱丁堡市市长阿奇博尔德·斯图亚特先生之行状的真实记述》

---

[1] Caldwell Papers, PT.II, VOL. I, 73.

第十四章　目击叛乱

(*A True Account of the Behaviour and Conduct of Archibald Stewart, Esq; late Lord Provost of Edinburgh, In a Letter to a Friend*) 这本小册子的缘起。[1] 在"前言"中，休谟抱怨道：这本小册子不可能在爱丁堡印行，由于出版商"慑于某位民政长官的淫威……这真是一座可怜的城市！过去曾遭到叛军的凌辱和蹂躏，现在却又被那些本该保护她的人所奴役和征服"。这封信落款的时间为"1747年10月20日"，但在"1747年12月4日"又加上一则"附笔"，因为当时休谟获悉斯图亚特已于两天前无罪开释。

尽管由于时间的关系，《真实记述》并没对斯图亚特产生任何实际的功效，然而，为了旌表这种忠义之举，它最终于1748年初付梓。其扉页恰到好处地引用了奥维德的一句话：

凡可效劳之处，

自当肝脑涂地，竭尽忠诚。[2]

这位匿名作者还宣称："我曾受惠于斯图亚特先生，并对他本人极其敬重"。斯图亚特毫不费力地就猜出这位辩护人正是大卫·休谟，并以"一批贵重的上好勃艮第葡萄酒"相回报。休谟以其一贯的幽默调侃道："这份厚礼可把我害苦了；为了不辱没这批好酒，我不得不设宴款待八方来客。"[3]

这本51页的小册子，无论在今天是多么不受人重视，但却是休谟历史叙事的一个最佳典范。其文风直白、文雅、风趣，且不失精确、淹博、富于哲思，展现了其对于法律的深刻理解。在休谟的笔下，斯图亚特一案基于两个事实性的指控："市长所执掌的卫戍力量"，以及"他所要防御的城池的坚固度"。关于第一条指控，爱丁堡的卫戍力量由五部分构成：城市卫队（Town Guards）、军乐团（Trained-bands）、爱丁堡团（Edinburgh Regiment）、志愿兵（Volunteers）、援军（auxiliaries）。据休谟估计，所有这些守卫力量加在一起，"其人数也只与《荷

---

[1] 该文作为"附录"附在 John V. Price, *The Ironic Hume* (Austin 1965), pp.153-72。是 J. V. Price 发现了这本极其珍稀的小册子的赠送本，参见 J. V. Price: "Hume's 'Account of Stewart': an important presentation copy," in *The Bibliotheck*, 6(1973), 199-202。扉页上有休谟亲笔题写的："大卫·休谟先生所作，他对斯图亚特市长负有极大的恩义。"

[2] Ovid, *Epistulae ex Ponto*, IV.i, 7-8.

[3] Henry Mackenzie, *Anecdotes and Egostisms*, ed. H. W. Thompson (London 1927), p.172.

马史诗》中的英雄数大致相当,可能还不及《伊利亚特》中的英雄数,至少不及《蛙鼠大战》(Batrachomyomachia)中的英雄数"。126名城市卫兵"虽已年迈,但还算训练有素;并且事实上是市长所掌握的唯一的有生力量。要而言之,其余的卫戍部队都是未经训练的不列颠人,一如未经训练的罗马人或者印第安人。他们在名义上虽然被分为军乐团、爱丁堡民团和志愿兵,但这种区分正如经院学者的区分那样有名无实。因为就军事能力而言,他们实在相差无几。"军乐团的首要价值在于为国王的生日庆典助兴。"而爱丁堡市长直到9月9日,也即叛军进城之前7天,才收到陛下组建爱丁堡团的令状。因此,最早入伍的老兵也只是当了7天兵,而有的新兵入伍还不到一刻钟。他们大约有300人。有人告诉我,从外表看,他们与福斯塔夫(Falstaff)[莎士比亚戏剧中的一个人物]的那支乌合之众毫无二致,福斯塔夫的朋友还以为他这支部队是从死刑犯和死人堆中纠集来的呢。"

"接下来的是志愿兵,他们大约有400人,类似于后方部队;在所有的撤退中,后方部队都举足轻重,故而,他们或有望获得更多的重视和尊敬。无疑,就保家卫国的良好意愿而言,他们配得上这份荣耀。但就纪律和经验而言,它与其他的部队相差无几。我无需赘述他们的勇敢,因为勇敢与训练和经验密不可分。宗教热忱可以大大地弥补军事训练方面的不足,但单单靠宗教热忱却远不足以成事……我的一个颇有诗才的朋友,曾对他们从劳恩市场(Lawn-Market)到西港(West-Port)的行军过程进行过描述,当时他们正要出城迎击叛军。为了说明此次行军过程,他发明了一个非常贴切形象的比喻:他将队伍的行进过程比作浩浩荡荡的莱茵河。一开始气势磅礴、波翻浪滚,但在流经千里沃野的过程中,其流量不仅没有增加,反而不断地被成百上千条沟渠所抽取,到最后就变成了一条小溪,还未来得及汇入大海便已消失在沙洲中。"顺带说一句,休谟的这位诗人朋友叫约翰·霍姆,他是一位年轻的牧师和文人。他和另外两位同为牧师和文人的威廉·罗伯逊(William Robertson)和威廉·威尔基(William Wilkie)一起加入了志愿军的第一连队或大学连队。后来,约翰在福尔柯克(Falkkirk)一役中被俘,并被囚禁于杜恩城堡(Doune Castle)。在那里,通过将毛毯结成绳子,他侥幸逃脱。

斯图亚特市长的援军是两个龙骑兵团,但他们根本就不听他的调遣,而是听命于福克准将(Brigadier-General Fowke)。龙骑兵团及其将领的糟糕表现招来了休谟无情的嘲弄。"我看过一部意大利歌剧,名为《恺撒在埃及》(Caesare in

Egitto)。在其中的第一幕,恺撒匆忙登台,并向其士兵训示道:逃吧,逃吧,拼命地逃吧!这表明:柯尔特桥之战的指挥官并不是第一个向其部队下达这种命令的英雄……"休谟尖刻地评论道,"考虑到有这么一个伟大的范例,我估计他已体面地全身而退,而且自那以后还荣升了。而斯图亚特先生则已下狱 14 个月,并被迫缴纳了一笔 15000 英镑的保证金,而且在此期间还三度受审。古话说得好:偷马的人要比看篱的人安全。"

休谟当然也不会遗漏斯图亚特市长的另一路援军。他指出,"我记得红衣主教雷茨(Cardinal de Retz)曾说过,一位伟大的君主在内战期间曾对新征募的巴黎民团极尽挖苦之能事。当谈及巴黎民团与王军的对垒时,他常常称其为夜壶之战(la guerre des pots de chamber)。众所周知,在爱丁堡,夜壶是一件非常强大的武器。但我怀疑斯图亚特市长的部队尚未配备夜壶,联系到上述种种,我至少怀疑其援军尚未配备夜壶。"

在休谟为斯图亚特所做的辩护中,第二条涉及"他所要防御的城池的坚固度"。休谟是这样表述的:

> 你要知道,爱丁堡城绝大部分为一座光秃秃的城墙所环绕,城墙最高处只有约 20 英尺,最厚处也大约只有 2.5—3 英尺。城墙的很多地方都缺乏棱堡的拱卫。它的强度和厚度都不足以抵御大炮。被围者甚至根本就没有空间和余地来动用他们自己的大炮。它们只是高高地立在那里,成为敌人的标靶。如果双方都置身于开阔地,这些敌人也许会不断地骚扰他们,但真正的伤害却要小得多。
>
> 你要知道,爱丁堡的城墙尽管有近两英里长,但并没有囊括整座城市,在北边的湖区,有许多地方都可以涉水而过。
>
> 你要知道,在爱丁堡,许多地方的民房都要高于城墙,而且这些民房距离城墙不过五六步之遥。鉴于这些民房数量众多,且价值不菲,故而不可能将它们悉数摧毁。
>
> 城里的用水完全由管道提供。严格地讲,市民所吃的面包都是日供日销的。因为面包师每日所购面粉通常只敷一日之需,再无富余,若遇不时之需,只能从位于利斯(Leith)河畔的磨坊源源不断地运来。
>
> 此外,一如所有的内战,爱丁堡城内有许多心存不轨之徒。这样,即便

能坚守城池三个小时（事实上这完全不可能），那么，我们也有理由担心：为了便于叛军进城，城里早已火情四起。不仅如此，叛军自己也极有可能从外部纵火，并用这种方式迫使守军立即投降。

简而言之，除了召集其所能召集的军事力量，并拒敌于城门之外，斯图亚特别无选择。而这样做的结果已经昭然若揭。如果我们考虑到，当叛军从西边逼近爱丁堡时，福克将军（General Fowke）正是采用了这种战略，将部队开拔到柯尔特大桥（Colt-Bridge），并因之在距爱丁堡以东20英里的北伯维克（North Berwick）将他的两个龙骑团损失殆尽。

> 在所有战事中，
> 没有什么壮举比一场勇敢的撤退更为高尚。
> 因为那些逃逸之人，
> 至少逃脱了敌人的魔掌。

这实在是一场荒唐透顶的历史闹剧。在列举了其他荒唐的城市"防卫"以及战斗中的溃败后，休谟总结道："我只能说，如果所有这些恶行都不受惩罚，而唯独拿斯图亚特先生当替罪羊，那么，人们难免会想起一位机智作家所讲述的那则寓言：一如《拉伯雷》（Rabelais）中的那个怪物，它每天早上都能吞食一架风车，但最终却因吃了一磅新鲜出炉的黄油而被活活噎死。"

在斯图亚特获释后给《真实的记述》所加的"附言"中，休谟对政治辉格党（political Whigs）和宗教辉格党（religious Whigs）做了严格的区分：前者乐见正义得到伸张，无辜者终获清白；而后者却因为失去一个替罪羊而恼羞成怒。休谟解释道："在我的心目中，一个政治辉格党人是一位明识稳健之人，热爱法律和自由，他对于特定国王和家族的偏好基于对公共善的偏好。"而另一方面，"宗教辉格党则是截然不同的一类人，在我看来，他们甚至比宗教托利党还要糟糕，一如政治托利党要远逊于政治辉格党。我不知道这是如何形成的，但在我看来，对于主教制和公祷书的狂热——尽管同样毫无根据，一旦沾染上了党派观点，就会像相互对立的原则那样在人类心中形成如此致命、如此高贵的毒药。一般而言，伪善、暴力、诽谤和自私都是这种狂热真正的合法后裔。"无疑，在爱丁堡教职事件中，休谟就曾亲身感受过这种狂热。而此时此刻，对这种狂热的痛苦回忆也成就了休谟辛辣的笔锋。此后，在围绕着《英国史》所展开的争论中，人们一定会想起休谟在这里对政治辉格党和宗教辉格党所作的区分。在"1745年起义"中，休谟完全是一个置身事外的旁观者，但没有人会怀疑：他是詹姆斯二世党人的一个铁杆反对者。

第十五章　一次军事突袭

"内阁……派我们突袭法国沿海。"

在1746年4月16日离开维尔德庄园后，大卫·休谟就退居伦敦。4月16日这一天，不仅对休谟个人而言意义重大，对整个英国而言更其如此，因为就在这一天打响了**库洛登战役**。当九天后消息传至伦敦城时，休谟一定会深感庆幸。然而，作为一个谨慎的苏格兰人，休谟必然会竭力控制自己溢于言表的兴奋之情，因为其苏格兰口音或许会为他招来危险。据当时正身处伦敦的斯摩莱特观察："英格兰人今晚之倨傲和英勇，一如他们在苏格兰高地人兵临德比的那个黑色星期三之怯懦和可怜。"[1] 然而，不管休谟的这种喜悦之情是多么的内敛和低调，但它确实发自肺腑。

在接下来卜居伦敦的五个礼拜中，休谟再度面临职业选择问题。即便不算安南戴尔侯爵仍欠他的那75镑，休谟在短短一年多的时间里赚了400多镑，故而，当他在《我的自传》中说"我那段时间的工作让我菲薄的家资大有增益"时，他显然所言不虚。但现在要做什么呢？一年前，他曾与亨利·霍姆讨论过其他的可能性：是否"要退居法国南部或家乡，因为我现在的能力或许能满足我的需要，故而也应该足以实现我的抱负"。然而，在35岁这样的年纪就退居法国，一定会被其朋友看作是承认失败。此外，英、法两国当时实际上正处于交兵的状态，故而要在这个时候退居法国实非易事。但休谟绝非一个轻言失败之人，他正在精心

---

[1] Quoted in Carlyle, p. 199.

第十五章 一次军事突袭

地擘划着将来的文学创作之路。但是，考虑到刚刚失去了那份家庭教师的职位，休谟不愿意这么快就重返故里。他迄今所从事的仅有的两份工作（布里斯托的账房先生和安南戴尔侯爵的家庭教师）都提前遭到解雇，而他唯一真正想从事并全力争取的职位（爱丁堡大学的教席）也终告失败。要承认这些，休谟难免心生羞惭。不过，苏格兰的生活费要远比伦敦低廉。故而休谟不得不打道回府。

5月18日，星期天早上，一切都已准备妥当，沉重的行李也已托运至开往伯维克的轮船。不曾想，在晚上与朋友们告别时，一份邀约不期而至，这促使休谟当场就高兴地改变了心意，不再登船返乡，而是启程参加一场事先已谋划好的对美洲的远征。休谟愉悦地写道："这样一场罗曼蒂克式的历险，却显得如此匆忙，这是我闻所未闻的。"在作为旁观者经历了1745年的叛乱之后，休谟现在即将积极投身于"奥地利王位继承战争"，以及一场重要的军事行动，也即拟议中的对加拿大的远征。而且最为重要的是，从个人的观点看，他将有不错的待遇。怀着难以掩饰的喜悦之情，休谟告诉詹姆斯·约翰斯通爵士，"我毫不怀疑您乐于知晓：我的处境并没有变得更糟。我所获得的这个职位非常体面：不仅每天有10先令的薪水，此外还有一笔额外的津贴，而且这笔津贴的数额还相当可观，基本上没什么开销，因为我与将军一起生活。我所收到的这份邀请，一如您朋友的邀约，实出乎我的意料。"

詹姆斯·圣克莱尔（James St Clair）中将是休谟的远房亲戚，当他们在伦敦相见时，圣克莱尔将军一眼便相中了休谟。在那个令人记忆犹新的星期天晚上，休谟收到了这份令其欢呼雀跃的邀约，也即担任圣克莱尔将军的秘书，并陪同他远征加拿大。圣克莱尔1722年以上校的身份在军界起步，1741年升任少将，1745年又被擢升为中将，1761年，也即在其辞世的前一年，最终被擢升为上将。自1722年起，他还一直是苏格兰籍的国会议员。后来的事实证明，与圣克莱尔将军的友谊成为休谟职业生涯中的决定性因素，并最终让他得以实现经济独立，从而能够全身心地投入到著书立说中去。

1745年，为了保卫新斯科舍（Nova Scotia）、纽芬兰和新英格兰的海港，在威廉·佩颇瑞尔上校（Colonel William Pepperrell）的领导下，英国殖民者攻占了法国位于布雷顿角岛（Cape Breton Island）的路易斯堡要塞。为了将法国人彻底赶出加拿大，这批殖民者当时正喧嚷着要母国给予大力支持。内阁采纳了他们所提出的计划，也即经由陆路向蒙特利尔进军，并借由圣劳伦斯河向魁北克挺进。

圣克莱尔被任命为总司令，按计划，他的远征军至少应在8月初抵达圣劳伦斯河口，只有这样才能在冬季来临之前结束战争。1759年为乌尔夫（Wolfe）和阿莫斯特（Amherst）所成功实施的正是这个计划。但在1746年，来自内阁的命令却显得有些急躁冒进，缺乏深思熟虑。例如，圣克莱尔将军5月14日才接到任命，所以，实际上，他正式的准备时间只比他的秘书多4天。在圣克莱尔将军的委任状中，涉及休谟且引人注目的条款只有一个：

> 我们将任命一名军法官，以出席军事法庭的审判。为了能让该军事法庭有序运转，我们据此授权您：在那名军法官死亡、患病或因故缺席的情况下，您可以任命另一个人为军法官，只要经权衡之后，您认为该人适合履行此职……[1]

在意外收到邀约之后的那两天，休谟开始了紧张而忙碌的准备工作。5月21日，星期三，圣克莱尔将军和他的秘书乘马车离开了伦敦，并于次日抵达普利茅斯。充分意识到拖延便意味着灾难的圣克莱尔急于立马启程赶往美洲。一启程便忧心忡忡的圣克莱尔，最终以黯然失败而告终。作为圣克莱尔的秘书，休谟保留了一份"日记"手稿，其中有三段得以存世，看了第一段的开篇部分[2]，我们便不难明了圣克莱尔最终何以会失败。

行程

5月21日，圣克莱尔将军从伦敦启程。

5月22日，圣克莱尔将军抵达普利茅斯，在那里，他发现仍缺少9艘运输船。他们本想前往唐斯（Downs），但因逆风而作罢。

5月23、24、25日，圣克莱尔将军下令，除了皇家海军，所有士兵都登上整装待发的运输船。

---

[1] PRO, SP 41/17 [War Office Papers 1746]；同时参见 Newhailes, St Clair MSS, bound vols. 2-8. 关于此次远征，已版的主要资料来源为：(1) P. Diverrés, *L'Attaque de Lorient par les Anglais, 1746* (Rennes 1931). (2) Sir John Fortescue, "A Side-Show of the Eighteenth Century," in *Blackwoods Magazine*, CCXXXIII (1933), 330-45. 这是由一位伟大的历史学家在 Diverrés 所发现的新材料的基础上所写的盖棺论定之作。(3) H. W. Richarmond, *The Navy in The War of 1739—48* (Cambridge 1920), III, 20-50. 后面将会依次提及休谟的贡献。

[2] Hume, MS "Journal" (1746) in Pierpont Morgan Library, New York City; other fragments are in BL and Newhailes.

第十五章 一次军事突袭

5月26或27日，风向转西，是一鼓作气驶往唐斯的大好时机。但他们并未行进多长时间，因为还没有准备妥当。

5月30日，海军大臣命令海军准将科茨（Commodore Coats）：一旦"奇袭号"到位，便立马启程，即使其他的运输船仍未到位。这个命令又被撤消。

6月9日，风向变得有利。

6月12日，午后，运输船抵达。次日凌晨7点前，所有士兵都登上船。余下的时间则忙于给运输船补充未来6个月的给养。

6月14日，圣克莱尔将军登上"豪华号"（Superbe）。

6月15日，我们从斯皮特海德（Spithead）启航，航行至圣海伦斯（St Helens）。傍晚刮起逆风，我们被迫抛锚。

6月24日，顺风，起锚。但未几，风向再变，我们据此考虑返回。但一小时后，再度变为顺风，接着又为逆风。鉴于此，我们不得不于6月25日上午返回圣海伦斯。

6月27日，中午，经由海军大臣之手，圣克莱尔将军收到纽卡斯尔公爵的一封来信，告诉他：他须返回斯皮特海德待命。新的命令立马就会送达。

6月27日，大约两小时后，将军又收到了战争大臣的一封来信，要求其麾下的所有士兵（除了三个团）都要弃船登岸。

还需要更多吗？要而言之，正如休谟在其他地方所指出的，圣克莱尔将军受到"逆风和出尔反尔的命令"这双重的折磨。

这届以"成分驳杂"（Broad Bottomed）著称的内阁，由于内部政见歧异，效率极其低下。纽卡斯尔公爵是出了名的乖谬无常，心思多变，而其他几位大臣对于远征加拿大并不热心。切斯特菲尔德勋爵（Lord Chesterfield）显然置身事外。而在基本的海军战略上，桑威治勋爵（Lord Sandwich）和贝德福德公爵（Duke of Bedford）又各持己见、势同水火。让这种混乱的状况更加雪上加霜的是，有消息称：昂维尔公爵（Duc d'Anville）所统帅的一支法国舰队（其规模远大于科茨的舰队），已绕过英国的本土舰队扬帆出海，很可能正在驶往路易斯堡。因此才有了让圣克莱尔弃船登岸的指令。远征搁浅了，而船上的物资给养也被处理殆尽。但三周后，内阁又重启远征计划，并增加了四艘护卫舰，整个舰队由海军上将莱斯托克（Admiral Lestock）统领。由于被要求尽快启航，舰队不得不立即采办新的物资给养。

7月24日，仍身在普利茅斯的休谟向其朋友亨利·霍姆分析了当时的处境：

> 现在，我们的行程仍取决于风向和内阁大臣的决定，故而一切均处于未定之中。就目前来看，我们的远征很可能就此搁浅。而且我们在这里停留的时间越长，搁浅的可能性就越大。现在西南风劲吹，圣克莱尔将军也病倒了。我们希望他只是突发的痛风，不会有任何生命危险。据说，在这个季节，适于航行的时间只有十天或两周。莱斯托克上将的旗舰仍停在港口，如果它能适时启航，此次远征还是大有希望的。鉴于大部分内阁大臣都曾公开地反对此次远征，这让我们的处境更加倏忽不定，如果不是说更加糟糕的话。面对如此杂乱无章、出尔反尔的无谓努力，那些当政者又该如何向他们的国民解释？抑或我们的国民又如何才能免遭外国人的耻笑？我不敢遽下结论。鉴于这件事本身所发生的各种巨大变动，也鉴于我们已遇到的以及所可预料到的种种失望，无论未来发生何种变故，我们都能坦然面对。尽管由于身负重责，圣克莱尔将军一刻也不能马虎。
>
> ……尽管军令严正，但为人圆熟、巧舌如簧的圣克莱尔还是赢得了海军军官和殖民地的一致拥戴。所有的舰长们都折服于他的谦谦君子之风。莱斯托克先生更是公开宣称，整个世界将会看到，陆军司令与海军司令是可以和衷共济的。

莱斯托克和圣克莱尔都对1741年发生在卡塞根纳（Carthagena）的那一场灾难记忆犹新，在那场灾难中，因陆军司令与海军司令不能精诚团结而广受诟病。

圣克莱尔将军忠实的秘书和朋友接着又介绍了他个人的境况："就我自身而言，我在这里的生活相当安逸，尽管并不像我当初被告知的那样有利可图。但圣克莱尔将军将要统属的美洲军队是如此庞大，我一定会挣得大笔额外津贴。"当被问及是否打算在军中任职时，休谟回答道："除非能统率一支连队，否则像我这把年纪再投身军界有失体面。而要做到这一点，唯有经殖民地选任，在美洲军团中统领一个连。对此，我既不能指靠，也不是特别感兴趣。"

在休谟写完这封信的第二天，所有部队再度登船，但再次为逆风所阻。两位司令现在达成如下共识：这个季节根本就无法对加拿大采取任何军事行动，但他

第十五章 一次军事突袭

们可以在波士顿过冬,并为第二年春初的战斗做好准备。8月3日,当意识到远征加拿大的希望愈发渺茫时,为了确保作为其亲戚兼秘书的休谟的经济收益,圣克莱尔将军便采取了一项措施,从政府那里为休谟争取到一份半薪的津贴,也即一天一克朗。他将休谟任命为军法官。为此,他先是将先前执掌军法官一职的格兰特上校(Captain Grant)擢升为他的副官。终其一生,大卫·休谟都保存着这份委任状[1],尤为有趣的是,这份委任状是由休谟以将军秘书的身份副署的。

大卫·休谟阁下:

依照英王陛下亲笔御准的权力,我现任命您(顶替卸任的詹姆斯·格兰特先生)为我军的军法官。因此,请务必晨兢夕厉、恪尽职守。依照战时条例和训令,您必须严格遵从我以及其他上级军官的命令和指示。于乔治二世陛下登基第20年,也即1746年8月3日签发于驶离圣海伦斯的"豪华号"战舰。

詹姆斯·圣克莱尔

奉圣克莱尔将军之命
秘书大卫·休谟。
已报呈战争大臣。

8月5日,舰队再度启航,但因逆风被迫折返。最后,他们于23日扬帆驶向英吉利海峡,但并非驶向美洲,而是驶往普利茅斯。虽然一向信奉"别管去什么地方,只要闹出点动静就行"这种好战原则,但处境狼狈的内阁迟迟未能做出新的决定。与其让军队在新英格兰过冬,还不如让他们去突袭法国沿海。这样,一个新的远征计划便因"另一个远征计划的流产而粉墨登场了"。[2] 内阁遂命令他们先驶往普利茅斯,以期以给敌军造成他们正要驶往美洲的错觉,并在那里静候进一步的命令。现在轮到圣克莱尔将军感到困惑了,因为最初正是他提出了突袭法国沿海的建议。启航那天,带着对纽卡斯尔公爵的满腹牢骚,圣克莱尔将军解释

---

[1] RSE, IX, 6.
[2] *Scots Mag.*, X (1748), 176.

了他当初提出此种建议的意图：

> 6月份，您以及其他的一些大臣开始意识到：由于没能及时地做好一切准备工作，魁北克计划根本就无法付诸实施。那时，您说，在已雇用了运输船只，且已耗费了国家大笔资财的情况下，如果国民从中无法获得任何收益，这很难说得过去。那时，我突然想到一个主意，就随口说道，我们为什么不以其人之道还治其人之身，也恐吓一下法国人呢？因为法国所有的常备军现在都投放在佛兰德斯（Flanders）和德意志前线，如果我们派眼下的这支舰队去突袭法国某些沿海地区，他们很可能被迫召回一部分军队。[1]

圣克莱尔和莱斯托克对于内阁的命令表示了异议：他们既没有法国沿海地区的海图，也没有法国内陆地区的陆图，对法国沿海地区的防御工事更是一无所知。缺少了这些东西，他们无法做出明智的决断。但是，他们补充说，他们会服从命令。

8月29日，在普利茅斯，两位司令官接到了纽卡斯尔公爵的命令——立刻驶往洛里昂（Lorient）、或罗什福尔（Rochefort）、罗谢尔（Rochelle）、波尔多（Bordeaux），或法国西海岸的任何一个地方，并想尽一切办法牵制佛兰德斯战场上的法军。在惊讶于如此广泛的自由裁量权之余，两位司令官幸好没有意识到：纽卡斯尔公爵根本就没把此次远征当回事。因为正如公爵9月3日的那封信所揭示的那样："无论如何，这件事算是定下来了。即便没有什么益处，我想也不会有什么害处。因为那位海军上将一定不会让整个舰队冒不必要的风险。"[2]

整个舰队因逆风而滞留在普利茅斯港，于是，莱斯托克和圣克莱尔借机向海军大臣进一步抗谏道：他们没有法国地图，没有军事情报，没有装运大炮的马匹，兵员太少，最后，除了几箱子墨西哥银圆，也没有其他任何钱款。同样因逆风而滞留于普利茅斯的海军上将安森（Admiral Anson）注意到：有一次，他曾听来自萨瑟克（Southwark）的议员休谟先生提到，他曾去过洛里昂，这座城市虽然海防强固，但陆防较弱。故而，在接到启航远征的直接命令后，以这则道听途说的消

---

[1] Quoted by Richardmond, *The Navy in The War of 1739-48*, III, 26.
[2] *The Navy in The War of 1739-48*, III, 27.

第十五章 一次军事突袭

息（提供这则消息的是一位商人，而非一位士兵）为依据，两位司令官遂决定突袭洛里昂。9月2日，他们将这一情况向纽卡斯尔公爵做了汇报。并立即派科茨准将率领一支小型舰队前往布列塔尼去探路。

得知他们决定去突袭布列塔尼滨海地区之后，反复无常的纽卡斯尔公爵又将一位名叫麦克唐纳的少校军官派往普利茅斯，并带来了入侵诺曼底的新计划以及一些领航员。经过一番询问之后，人们发现，麦克唐纳虽大言侃侃，但却腹中草莽，对诺曼底沿海地区及其防御工事一问三不知。而那些领航员也同属无知。受困于内阁自相矛盾的远征计划，两位司令官告诉纽卡斯尔公爵：在尚未下达明确的命令之前，他们不会驶离普利茅斯半步。未几，纽卡斯尔就派一位信使告诉他们：依照最初的指令，他们可以去他们想去的任何地方。于是，他们又重拾洛里昂计划。然而，当舰队最终于9月15日启航远征时，圣克莱尔将军手中唯一的一张小型法国地图，还是其副官格兰特上校在普利茅斯的一家商店里买的。大卫·休谟毫无夸张，当他写道，圣克莱尔将军"（被迫）服从命令，也即一旦风向有利便立即启航远征，穿过未知的国家，驶向未知的海岸，以攻打世界上最强大国家的未知的城市"。[1] 在舰队启航之时，无论是莱斯托克，还是圣克莱尔，他们都相信：等待他们的只有失败，他们只是在奉命行事。如果他们能够成功，那真算是一个不小的奇迹！

英国舰队由五六十艘舰船组成，其中有17艘是战舰，运载着5个营大约4500名士兵。即便是在1746年，这也很难称得上是一支强大的远征力量。之所以选择攻击洛里昂，那是因为它是法属东印度公司的总部，若能摧毁其设施和仓储，那将是对法国贸易的沉重一击。但突袭法国大西洋沿岸最主要的目的，乃是要吸引佛兰德斯战场上的部分法国兵力，因为英军在那里战事吃紧。因为在1745年詹姆斯二世党人叛乱期间，为了保护英伦本土，英国的大部分兵力都从欧洲大陆撤了回来，并直接导致了1746年5月英军在血腥的丰特努瓦战役（Battle of Fontenoy）中的失败。此后，法军一路势如破竹，先后攻陷了布鲁塞尔和安特卫普。因此，从根本上讲，在布列塔尼牵制敌军的想法不错。唯一的不足之处在于：这个计划实施得太晚了，以至于不可能产生太大的影响。事实上，在莱斯托克启航前，那慕尔（Namur）已经投诚；而突袭布列塔尼尚未得手，具有决定性

---

[1] Hill Burton, I, 444.

意义的罗可斯之战（Action of Rocoux）已告失败。随着罗可斯的陷落，法国完成了其对奥属尼德兰的征服，并退回其冬季大营。此后，无论他们分派多少兵力来驱赶布列塔尼的英军，都不会影响到佛兰德斯的战事。

9月18日晚8点，驶离布列塔尼南岸的格鲁瓦岛（Isle de Groix）之后，乘着皎月高悬，英国的舰队与科茨准将的先遣分队会合。并将坎佩尔莱河（Quimperlé River）河口——离洛里昂约十英里——一片平坦但却裸露的沙滩选作登陆点。但是，不是像一般的突击队那样一往无前，迅速地抢滩登陆，老成持重的莱斯托克决定坐等天明。这个决定是灾难性的，因为离岸的大风又造成了两天的延宕，在此期间，法国人已有所警觉，并做好了应战准备。白天，信号枪枪声大作，晚间，烽火不断。20日下午，在舰队大炮的掩护下，英国人正准备登陆的时候，却发现他们遭到3000多名法国民兵和一队骑兵的阻击。由600名英兵组成的第一分遣队，先是佯装在某处登陆，然后又突然改由另一处小山丘登陆，并且在此过程中未遇到任何抵抗。一切都进展顺利，他们很快就将法国人追至港口腹地。圣克莱尔将军立即依惯例发布了一则安民告示：如果当地居民停止敌对行动，他们将会受到优待，而且对所征给养和马匹全额付款。尤其值得注意的是，这则公告是由"大卫"副署的，但可能是因为一时忙乱，"休谟"二字竟然给漏掉了。

圣克莱尔将军迎来了第一场军事胜利，但现在，他真正的麻烦其实才刚刚开始。由于没有洛里昂当地地图，受惑于几条乡间小路的圣克莱尔做出了错误的判断。第二天上午，他将军队分为两拨，他自己的这一拨基本上没遇到什么抵抗，除了一个村庄的零星袭击。作为报复，那个村庄被洗劫一空。陆军准将奥法雷尔（O'Farrell）所率领的那一拨却遭到了当地农民的伏击，以至在随后的混战中竟有英兵朝自己人开枪，并导致数人饮弹身亡。而一些英国士兵则丢下武器临阵脱逃。尽管两队当晚在洛里昂前成功会合，但恐慌的情绪迅速地从一队蔓延到另一队。实际上，由于连续的艰苦行军，士兵们早已疲惫不堪：数月来运输船上的禁闭生活让他们已变得虚弱不堪，而粗劣的饮食也让他们饱受坏血病的折磨，再加上连日来的阴雨，整个军队的士气异常低落。当围城准备完毕时，战斗人员已减员至3000多人。

休谟写道："洛里昂位于一个优良海湾的底部，这个海湾大约有两里格长，海湾的两个关隘分别由路易港和布拉韦（Blavet）扼守，布拉韦是一个坚固的要塞，

第十五章　一次军事突袭

坐落在一个半岛上。而洛里昂自身并没有多大的防守力量，只是由一堵大约30英尺高的新城墙拱卫着，并在上面架设了一些城防大炮。"[1] 23日，在旗舰上所召开的一次军事会议上，英军的工兵们信誓旦旦地保证：他们能在24小时之内用炮火攻破城墙或摧毁洛里昂。圣克莱尔将军接受了他们的建议。但是，由于当初的安民告示并未能让那些刚烈的布列塔尼乡民献出他们的马匹，于是，莱斯托克便派出其整个舰队三分之一的兵员去拖运大炮。沿着泥泞不堪的道路将大炮拖行10英里，这让士兵们苦不堪言。

返回营地后，圣克莱尔将军发现，洛里昂的总督洛必达侯爵（Marquis de l'Hopital）拒绝了他的最后通牒。在通牒中，圣克莱尔要求洛里昂无条件投降，除了需支付大笔赔款，还要被英军洗劫四个小时。法国的谈判代表则提出了相反的建议：英国秋毫无犯地撤军，并确保洛里昂及其财产——包括东印度公司的弹药库和仓库——的绝对安全。考虑到如下事实——圣克莱尔将军之所以不惜一切代价要攻占洛里昂，其主要的意图即在于打击法属东印度公司的贸易，这样的条款无疑实属荒谬可笑。因此，圣克莱尔将军予以断然回绝，并静候其炮兵强行攻城。

当四门十二响的大炮和一门迫击炮最终运抵时，圣克莱尔惊愕地发现，他仰赖攻城的**工兵们**简直是既无知又愚蠢！大炮缺乏足够的弹药，迫击炮也缺少用作加热炮弹的火炉。当这些大炮被运抵前线时，人们发现，火炉的风箱还放在军需船上。25日，英国炮兵开始炮击洛里昂，但是，由于大炮架在距城墙600多码之外，远在其有效射程之外的城墙只是受到了轻微的破坏。而随之召开的紧急军事会议，以及26日所召开的两次军事会议，都进一步证明了工兵的失职和无能。休谟9月25日的"日志"第二段写道："军队好像处于巨大的恐慌之中。一小撮法国人的出现拉长了我们的整个战线。晚间，布拉格（Bragg）的部队与弗兰普斯（Framptons）部队在忙乱中相互开火。再加上接连三天的连阴雨，每个人都垂头丧气。从舰队到军营的道路更是泥泞难行……"

与此同时，洛里昂城内的守军却架起了自己的炮台，而且借由路易港的水路，其兵力与日俱增，直至最后以五比一的比例大大超过了英国的兵力。大卫·休谟的评论也提到了这一点："完全由东印度公司武装的大约15000多名士兵，

---

[1] HL, I, 95.

在大炮和防御墙的掩护下，异常骁勇。而与他们对垒的 3000 名英国士兵却身心俱疲，伤病累累，完全没有信心能在这场实力悬殊的对决中取胜。"[1] 更加雪上加霜的是，3 位英国逃兵告诉法国人：攻击他们的英军并非如谣传的那样有 20000 名之多，而是只有区区的 3000 人。

在这种情况下，圣克莱尔将军只能承认失败，并停止对洛里昂的围攻。他所要做的就是将部队撤退至安全地带，并赶在兵力绝对占优的敌军大举反攻之前，赶在即将袭来的连绵不绝的秋雨来临之前重新登船。9 月 26 日，待夜色降临之后，英国军队在洛里昂城外悄然拔营。到次日凌晨 2 点，他们已顺利抵达海滩。在舰队的掩护下，踏着没膝的淤泥，经过一段艰难的行军，他们最终得以登船。据休谟"日记"记载，由于海上的恶劣天气，直到 28 号圣克莱尔将军才登上最后一批舰船，一如他当初曾首批走下舰船。

圣克莱尔将军和他的秘书所不知情的是——就他们内心的安宁而言，这或许不失为一件好事，26 日晚 9 点，英军刚撤离洛里昂还不到几个小时，洛必达侯爵（Marquis de l'Hopital）及其所率领的军队就决定投降了，并派一名使者手持白旗，前来议定最终的投降条款。当那位法国使者抵达时，却发现不知该向何人投降，因为英军早已撤离，只留下四把长枪和一门迫击炮！回顾一下法国人的表现：当面临突如其来的袭击时，他们英勇应战，顽强地加固城防，沉着地抵御敌军的围攻。但是，当得知他们的敌人缺少足以攻破城墙的重炮时，当得知他们自己有着 5 倍于敌军的优势兵力时，当得知来自佛兰德斯的正规军正在前来解围时，他们却做出了投降的决定！如果说还有什么比英国内阁决定在一年中最糟糕的时节去突袭法国沿海更荒谬的话，那一定是洛里昂总督洛必达侯爵的投降决定。但是，我要顺便提一下英勇的布列塔尼乡民，他们可是原本准备做殊死抵抗的。据说 [2]，布列塔尼人至今仍在传唱他们对英国人的胜利。

  傲慢的英国人，
  来进攻洛里昂
  但下布列塔尼的乡民

---

[1] Hill Burton, I, 454.
[2] *Bulletin archéologique de l'Association Bretonne*, Ser. 3, v, 144.

第十五章 一次军事突袭

却用棍棒

将他们赶回家门！

由于没有意识到成功刚刚与他擦肩而过，运气不佳的圣克莱尔将军仍残忍地决定要不折不扣地执行上峰的命令，进一步找机会牵制佛兰德斯战场上的法军。尽管联合参谋部的绝大多数军官都不赞同圣克莱尔将军的决定，但海军上将莱斯托克却与他一拍即合。因此，10月1日，舰队开始向南部的基伯龙湾（Quiberon Bay）进发。在航行途中，由于从西南方刮起猛烈的风暴，载有900名士兵的5艘舰船被打散了。由于事先并没有指定专门的集结地，这些船只遂决定返回英国。10月4日，圣克莱尔的军队占领了一个小要塞，并洗劫了基伯龙半岛上的几个村庄。莱斯托克的舰队摧毁了"阿尔当号"（Ardent）战舰——法国的一艘小型战舰，并攻陷了奥埃特岛（Houat）和奥埃迪岛（Hoedie）上的两座小型要塞。而内阁所应允的来自英格兰的三个营的援兵并未出现。与此同时，两位司令官收到两份情报：一份情报是，来自佛兰德斯的法国援军很快就会赶到；另一份情报是，英国在罗可斯（Rouconx）一役中战败。因此，他们已无继续留在法国的必要。10月19日，远征军开始返航，驶向英国的母港。在返航途中，舰队被一阵狂风打散，其中的一些战舰继续驶向斯皮特海德（Spithead），而其他的一些战舰和运输船则船驶往爱尔兰。休谟和圣克莱尔将军于29日抵达科克（Cork）附近的海湾。

在失败之后，尤其是在军事和公共事务失败之后，人们总会追问，谁是失败的罪魁祸首？在10月4日驶离基伯龙湾后，休谟给他的兄长写了一封信，将批评的矛头直指内阁和那些工兵。"我们的第一次战争尝试已告失败，尽管并没有给我们带来任何的损失或羞辱。通过到处散播的谣言，您想必已获悉：由于受海峡的阻挫，我们已经因时间太晚而无法开拔美洲，而内阁则希望这一支庞大的海陆力量能够派上用场，于是遂派我们去突袭法国沿海地区。"休谟对那些工兵极为鄙视："长久以来，英国军队的一大不幸就是其工兵太糟糕。毫无疑问，我还未曾在任何场合看到如此之多的无知笨伯啸聚在一起，而这正是我们此时此刻的真实写照。"

一返回英国，莱斯托克上将即遭革职。一个月后，他便辞别人世。莱斯托克上将一直与圣克莱尔将军配合融洽，这的确值得称道。但考虑到他并不是一位勇毅果敢之人，故而也很难指望他有什么更好的表现。但不知何故，年迈的莱斯托克身陷丑闻。1746 年 12 月，一封来自科克的匿名信刊登在《绅士杂志》(*Gentleman's Magazine*) 上。作者自称曾参加过那场军事远征。他写道：众所周知，莱斯托克"在舰船上金屋藏娇（had *Boca Chica* on board）……在此次军事远征中，真正主导军事会议，并被尊为船上最聪慧之人的正是这个女人"。而尼克拉斯·廷德尔（Nicholas Tindal）在他的《拉潘先生〈英国史〉续编》(*Continuation of Mr. Rapin's History of England*) 中则直言不讳地写道：莱斯托克"可耻地受到他带在身边的一个女人的摆布……"[1]

除了说他可能缺乏决断力，圣克莱尔并没有遭到其他的非议。大卫·休谟对圣克莱尔将军的同情随处可见。早在 1747 年 1 月，休谟就告诉亨利·霍姆道："当我们见面时，我会告诉您我们此次失败的真正原因，如果说圣克莱尔将军对此负有责任，那这种责任也是微不足道的。"[2] 数年后，以伏尔泰名义所写的一份历史记述让休谟倍感苦恼，因为在其中，1746 年的那场军事远征备受奚落。[3] 1756 年 1 月，休谟被迫向哈里·厄斯金（Harry Erskine）寻求建议，他们曾一道在圣克莱尔将军手下共事："有几位朋友劝我在杂志上写点东西，以批驳伏尔泰对那场军事远征所做出的解释。但我的回答依然是：根本就不值得这样做。由于他在这件事情上，以及在所有其他事情上都错得离谱，我估计根本就没有人会在意他的说法。我希望您与我所见相同。"我估计，与休谟的其他朋友一样，厄斯金也坚持认为休谟应对此事做出公开回应。

故而，出于种种压力，休谟现在开始着手撰写一般以"对布列塔尼海滨地区的突袭"(Descent on the Coast of Brittany) 之名著称于世的文稿。在其中，休谟不仅对此次远征做了周详而准确的描述，而且也为圣克莱尔将军本人做了合理的辩护：

> 难道此次突袭从一开始就不可行吗？圣克莱尔将军既不是此次突袭方案的首倡者、擘划者和批准者，故而也不应对其成败负有责任。此次失败难

---

[1] Tindale, *op. cit.*, XXI (1763), 271.
[2] NHL, p.23.
[3] P. H. Meyer, "Voltaire and Hume's 'Descent on the Coast of Britanny,'" in *Modern Language Notes*, LXVI (1951), 429-35.

第十五章 一次军事突袭

道归咎于他指挥失误吗?他缺少领航员、向导以及可靠的情报,而所有这些都是一切军事行动所必不可少的前提。该指责那些工兵吗?人们一般认为,作为军事知识的一个分支,工程技术知识与一个指挥官所应掌握的知识截然不同,故而理应委诸专门的工程技术人员。正是由于圣克莱尔将军全力以赴地与弥漫全军的无谓恐惧做斗争,也正是由于他审时度势,及时地终止了这份无谓的努力,否则,英军所承受的不幸就不仅仅是失望那么简单了,而是致命的损失和名誉扫地。从当时的事态来看,作为一军之主的圣克莱尔本可以有机会赢得更大的荣耀;但考虑到当时的各种情况,他的行为绝对无可指谪。[1]

伏尔泰受到了休谟的严词批驳:"某位外国作家,在讲述这段史事时只是一味地哗众取宠,而非考辨和澄清史实。为了让这场远征显得荒谬可笑,他可谓费尽了心机。但由于他的叙述没有一处堪称信笔,甚至连史实的影子都没有,故而根本就不值得浪费时间予以批驳。"不过,正是因为伏尔泰对圣克莱尔将军的直接攻击,才促使休谟予以迎头痛击。

休谟在给哈里·厄斯金的信中,以及在"对布列塔尼海滨地区的突袭"一文中所提到的伏尔泰的著作是《1741年战争史》(*History of the War of 1741*),该书已在1755年底被译成英文。伏尔泰数年前已完成了这部书的手稿,但一直没有出版。实际上,伏尔泰自己从未将其公开付梓,只是在其此后的历史著作中利用了其中的一些章节。然而,不知何故,这本书最终还是付印了,其法文版分别于1755年和1766年面世。[2] 而在1756年2月号的《每月评论》上,则有其英译本的通告,其倒数第二段指明了争议点之所在:

除了这本《1741年战争史》,我们的作者(指伏尔泰)还加了一个简短的"补要",它述及1746年和1747年的各次战争,尤其是热那亚事件。他

---

[1] 刊印于 Hill Burton, I, 441-56, from RSE, IX, 12. 休谟手稿中被画掉的部分(Hill Burton 未付印)内容如下:"因亲眼见证了这件事,故而有机会了解整件事情的来龙去脉,出于自娱的目的,我将尽力如实复述。"值得注意的是,约翰·福蒂斯丘爵士(Sir John Fortescue)差不多以与休谟相同的方式为圣克莱尔将军做了辩护。参见 *op. cit.*, pp.344-5。

[2] G. Bengesco, Volatire: *Bibliographie* (Paris 1882-5), I, 363-6.

首先提到了圣克莱尔将军令人记忆犹新的对法国沿海地区的突袭（其中的细节已广为人知），并在文末总结道："简而言之，除了徒增错谬和笑料，这支大军一无所获；但除此之外，这次战争还是非常严峻可怕的。"

在《每月评论》的4月号上，出现了一篇专门批驳伏尔泰之嘲笑的回应文章，而且编辑还加了一个简短的编者按："我们之所以希望刊登下面这篇文章，并乐于满足读者的要求，主要是因为我们确信它出自无可挑剔的权威之手。"我相信，这位"无可挑剔的权威"——也即那位用三页纸记述了1746年军事远征的作家——正是大卫·休谟。这篇文章开篇那一段所包含的显见的内在证据，足可证明其作者就是大卫·休谟。

> 我们是多么容易受伟大作家的误导啊！在未经核验的情况下，我们又是多么轻易地就欣然接受了他们的观点！绝大多数读者都相信，伏尔泰先生所撰写的历史都基于无可置疑的事实。但是，我们发现，他的叙述与其说真实，不如说新奇；与其说精审（informed），不如说轻信（credulous）；与其说他是一位史家，不如说他是一位诗人。我们可以欣赏其才华，但不应无视他那些臭名昭著的错缪。他对于"丰特努瓦战役"的描述尽管荒诞不经（a chimera），但却被他的国人普遍视为真实不诬。尽管在他的史著中，这类歪曲和失实（misrepresentations）不胜枚举，但没有哪一个比他关于英军突袭布列塔尼海滨地区的记述更粗劣、更荒腔走板，或对英国人民所造成的伤害更大。对此次远征的目的地、兵员的数量、突袭的方式、未获成功和撤退的原因，以及其间的战事，他均一无所知。

休谟对伏尔泰历史叙事的总体评价当然准确无误，但也有一个例外。伏尔泰知道洛里昂的守军在英军秘密撤退之后曾试图投降。但由于休谟对这一史实一无所知，所以在他看来，这个情节看起来简直像天方夜谭，根本就不值一驳。

如果有理由将《每月评论》上的这篇文章[1]归诸休谟的名下，那么，我们就

---

[1] 对于这篇文章一字不落的翻译，参见 *Journal britannique*, XX (1756), 171-81, 其文本重印于 *Scots Mag.*, XIX (1757), 397-8。

第十五章　一次军事突袭

不难推测其写作时的情形。针对《每月评论》2月号上所公开发表的伏尔泰的记述，休谟的朋友立即敦促他写一篇澄清文章，尽管休谟当时已经在着手为圣克莱尔写一篇更长的辩诬文章。在这种情况下，休谟匆匆草就这篇三页纸的文章，并刊登在4月号的《每月评论》上。由于向来不愿就任何争论公开发表意见，故而在勉强写完这篇论战文字后，休谟就欣然停笔，不再续写"对布列塔尼海滨地区的突袭"一文。尽管这份手稿并未完成，也从未打算出版，但在当时，它仍是对这一事件最详尽无遗、最真实可靠的记述，堪与斯摩莱特更广为人知的对于1741年卡塞根纳（Carthagena）大溃败的描述相媲美。

大卫·休谟总是对其在"法国沿海地区的这场历险"持一种敏感而高贵的超然态度，选择尽量不去回忆其1746年曾不幸言中的预言："……面对如此杂乱无章、出尔反尔的徒劳尝试，那些当政者该如何向他们的国民解释？抑或我们的国民又如何才能免遭外国人的耻笑？我不敢遽下结论。"在《我的自传》中，休谟对这件事也只是做了极为简略的评论："此后（1746年），我就受圣克莱尔将军之邀，作为他的秘书随同他一道远征。那个远征团本来打算要远赴加拿大，但结果却侵入了法国沿海。"从传记的角度看，这件事本值得花费更多的笔墨，而非像现在这样被轻描淡写地一笔带过。人们或许会问，这段人生经历到底给这位哲学家带来了何种教益？

此次远征极大地开阔了休谟的视野，并增长了休谟的见识。这位未来的大不列颠历史学家，亲眼见证了围绕着战争而展开的各种军事和民事行动。他看到：由于内阁无可救药的低效和无能，入侵加拿大的战机被白白贻误；而为了掩盖内阁内部的淆乱和失策，他们又在一年中最糟糕的时节，派遣一支装备极差的远征军去进行一场鲁莽的冒险，并将数千名士兵的生命置于险地。他还看到，当安全和成功完全仰赖于勇往直前、义无反顾的战争行动时，指挥官们却优柔寡断、逡巡不前。他亲眼见证了战争的全过程，尽管它只是一场微型的战争。他还看到士兵们被敌军和友军所射杀，船员们被狂暴的大海所吞噬。对这位历史学家而言，所有这些经历都是无价之宝。他见证了人的英勇、怯懦和恐慌。他甚至还目睹了一个人的自杀，这一经历对这位哲学家产生了持久的影响。

已成为休谟朋友的福布斯少校（Major Forbes）是一位才华横溢的军官，而且颇有学识。当时身心俱疲的他相信自己因怠于职守而有辱军人的荣耀。休谟不停地安慰他，并扶他上床休息。在给其兄长的信中，休谟写道：待次日上午再去探视这位朋友时,"我发现他已经躺在血泊中,奄奄一息,而他手臂上的动脉已被割断。尽管获得了外科医生的救治,但他显然不想活了"。休谟断言道:"从来没有哪一个人在临终前像他那样表现得镇定自若、视死如归,也没有哪个人能像他那样带有如此坚定的哲学原则。他乞求我给他解下绷带,这样他就可以早一点解脱,并以之作为我们诚挚友谊的最后见证。但是,天啊!我们并非生活在希腊、罗马时代。"

作为一个世故之人,跟随圣克莱尔将军的这八个月也让休谟获得了一些颇有价值的收获。昔日腼腆土气的学究现在与将军同吃同住,并与那些高级军官建立了兄弟般的情谊。虽然少有机会从事严肃的研究或写作,但为了消磨这难挨的时光,休谟不仅发展出了闲聊的能力,而且还发现了自己打牌的天赋。1747 年 1 月底,休谟从科克致信亨利·霍姆道:"正是疏懒和这种放浪形骸的生活将我的时间全部偷走,以至于我根本无暇写信,尽管写信是清明理性最为称许的一项活动。这就是我们在岸上的情形。而在船上时更其如此,因为在那种情形下,我们的娱乐活动更多。"休谟还提到"一张考究的饭桌"和"欢宴"。休谟在书信中第一次提到了打牌。尽管一想到其从事严肃学术研究的时间正在悄然流失,休谟总会感到些许的不安,但他正在渐渐褪去其身上的乡野气,并在任何社交场合都能表现的从容不迫、应付裕如。

休谟在 1746 年远征过程中所结下的友谊,都证明是持久的。所有的新朋友都是苏格兰人。他们是詹姆斯·阿伯克龙比(James Abercromby),约翰·克莱芬(John Clephane)和詹姆斯·爱德蒙斯顿(James Edmonstoune)。我们后面还会提到其他人的名字。阿伯克龙比是一位上校,后荣升为将军。作为一名军人,如果人们能记住他,那也是因为他在泰孔德罗加(Ticonderoga)之战中的失利。他曾多次担任苏格兰籍下院议员,并在这个位置上经常给大卫·休谟提供各种建议和帮助。克莱芬是一位温文尔雅、富有机智,但又充满活力的内科医生,一位优秀的古典学者,而且还是一位艺术和音乐鉴赏家。他一直都能收到休谟最为风趣,也最具人情味的书信,直至其 1758 年英年早逝。但不幸的是,他自己的著作并没有留存下来。来自牛顿的詹姆斯·爱德蒙斯顿是布列塔尼战役中的海军上校,因其在战争中一贯的英勇无畏,也因其在殿后抵御敌军猛烈攻击时所展现出来的娴熟技艺,他一直为人们所称道。尽管身为布特勋爵(Lord Bute)的堂弟,爱德蒙斯顿在军中度过了漫长而又平凡的一生。若非其军中职务的频繁变动,我们肯

第十五章 一次军事突袭

定会错失许多大卫写给其"导师"的那些优美的、令人陶醉的信。作为休谟最忠实的朋友之一，埃德蒙斯顿还记下了休谟临终时的一幕。

多年来，休谟并未拿到其作为军法官所应得的那份半薪。这是另一起"安南戴尔事件"，而休谟也带着其一贯的正义感与之进行了不屈不挠的斗争，但他发现，仅就打官司而言，大庄园的官样文章并不比政府机关的官样文章更好对付。直到1763年，休谟仍在追讨其应得的半薪。[1] 他告诉詹姆斯·奥斯瓦德（James Oswald）道："在我的一生中，这是我从政府所追讨的唯一一样东西，这是我曾追讨的唯一一样东西，故而也是我理应获得的唯一一样东西。"事实上，1763年的这封信是休谟最后一次提到半薪，这或许意味着此事最终得到了公正的解决。否则，以休谟的个性，他绝不会善罢甘休。

我们来谈谈此次远征给休谟所带来的最后一个收获。休谟本来就身形魁伟，有6英尺之高，现在又变成了一个大胖子。这主要归功于圣克莱尔将军丰盛的伙食，以及长时间的养尊处优。由于身量肥硕，他常常成为人们的笑柄。对于这些嘲笑和打趣，休谟早已学会坦然处之，只要它们是善意的。像许多胖子一样，休谟也学会了自嘲。但有一次，他却哀叹道："我肚大如鼓。唉！但这并不是一种病，像白发一样需要涂油抹粉来加以掩饰。"[2] 总之，休谟已变得如此肥硕——有时被看作滑稽可笑，有时被看作怪诞不经，但更多地是被看作仅仅肥胖而已，以至于在此后的25年里，休谟的这一体型特征已在英国和欧洲大陆的文学和社交圈中变得家喻户晓。如果说1746年对布列塔尼沿海地区的突袭，并未给英国军队带来任何荣耀的话，那么，它却证明对作为历史学家、哲学家和"好人大卫"的休谟大有益处。

---

[1] HL, I. 384.
[2] J. C. Hilson and John V. Price, "Hume and Friends, 1756 and 1766: Two New Letters," in *The Yearbook of English Studies*, ed. G. K. Hunter and C. J. Rawson, 7(1977), 121-7.

第十六章　一次军事参访

"我……穿着军官的制服。"

由于内阁 1747 年 1 月 12 日决定放弃派圣克莱尔远征加拿大，大卫·休谟的职业生涯再度面临转折。虽然纽斯卡尔公爵（Duke of Newcastle）和贝德福德公爵（Duke of Bedford）重提远征加拿大的旧议，但刚刚从路易斯堡返回的**海军上将华伦（Admiral Warren）**警告他们道：没有大西洋两岸的通力合作和充分准备，绝无取胜的可能。[1] 一月底，休谟从科克致信亨利·霍姆道："我们对北美的远征已化为泡影。我们被召回英格兰。护卫航已经抵达，我们不日即将启程。"[2] 但是，返回英格兰的航程漫长而无聊。2 月份的头两个星期，舰队仍停泊在科克附近的峡湾，然后驶往附近的克鲁克港（Crook-Haven）。3 月 10 日，舰队离开爱尔兰，三天后，当兰兹角（Land's End）赫然在望的时候，由于遇到一场强风暴，他们被迫"掉头回转"，驶往锡利群岛（Scilly Islands）上的圣玛丽路（Road of St Mary's）。23 日，舰队驶离普利茅斯，并最终于 27 日抵达斯皮特海德。[3]

尽管身处爱尔兰，但圣克莱尔将军并没有忘掉休谟这位亲戚。在上面所提的那封信中，休谟继续写道："我受邀与将军一道前往佛兰德斯，家具、帐篷和马匹等都已准备妥当。我必须承认：我非常好奇，想亲见一场真枪实弹的战斗。但是，一考虑到其间的花费，我就心生犹豫，而且我也担心：无事可做、无人可谈的军

---

[1] Richmond, *The Navy in The War of 1739-48*, III, 49.
[2] NHL, p.23.
[3] Newhailes, 536-7.

第十六章 一次军事参访

旅生活看起来荒唐可笑。如果我足够幸运,因而有足够多的闲暇和机会去实施我的历史研究计划的话,那么,就没有什么比军旅历练对我更有帮助了。故而,我应该在战斗中积累更多的军事知识,而且,通过与将军一家共同生活,我有机会经常被引荐给各位爵爷,而这一点,即便是服役多年的大多数军官都无此殊荣。但是,对我来说,这一切又有什么用呢?我是一位哲学家,而且,在我看来,我将来仍然会做一名哲学家。"然后,休谟又不忘自嘲地加上一句:"我相信:如果让我再来人世走一遭的话,我或许会成为一名军官,至少肯定可以成为一名随军牧师,但是……这个话题还是就此打住吧。"

所以,在4月初的伦敦,一如其告诉霍姆的那样,休谟正在四处溜达(looking round),"看看是否有什么新机会。如果没有新机会,我将怀着十分欣悦的心情重返苏格兰,重新回归书本、闲暇和孤独……"休谟承认,"恒常的失意已经教会我:不以物喜,不以己悲,没有什么东西是靠得住的。"在爱尔兰的时候,休谟就已预见到讨要半薪的事非常棘手。在伦敦,休谟与和他面临相同困境的其他四个人联合起来,尽全力向战争大臣(Secretary of War)施压。当然,在内阁看来,既然对加拿大的远征并未成行,因此就不应该付给薪酬。正因为这件事,休谟不得不整个春天都耗在伦敦,因为他仍抱有缥缈的幻想,希望能时来运转。

结果,并没有什么称心如意的事情发生。韦斯特霍尔(Westerhall)的詹姆斯·约翰斯通爵士(Sir James Johnstone)希望休谟能回去陪伴安南戴尔侯爵,现在,休谟也并非全不乐意,因为那个恶魔,也即文森特上校已经辞世。但事实证明,那位侯爵老夫人却"别有怀抱"。到了6月底,休谟不得不向亨利·霍姆坦承:"自从来伦敦后,我每天都打算给你写信,但一直延宕至今。因为我每天都希望能告诉你:我的工作已经有了着落,这对我而言是个不错的安排。"[1] 一天一克朗,再加上他自己微薄的资财,可以让一位节俭之人获得一辈子的经济独立。但问题是,对于年届36岁的休谟而言,将来以什么为业呢?休谟花费了相当长的篇幅来与他的朋友讨论这个问题:"我到底是继续留在伦敦,争取以某种方式扬名立万呢?还是回到九泉,继续过我的书斋生活呢?"

---

[1] NHL, pp.24-6.

我认为，一方面，我正处在人生的关键时期，如果我退回到现在的隐居状态，那么我很有可能就此被遗忘在那里，继续做一名穷酸的哲学家（a poor Philosopher）。另一方面，我迄今还没有形成一个在任何特定的行业中扬名立万的清晰想法。当律师或从军都太晚了，而我又向来讨厌做牧师。做一名游历导师，或许要好一点，但也并不让人惬意。而任何官位也都是不确定的，朝不保夕。与此同时，我的时间正在一分一秒地流逝，而我的钱财也正在一分一厘地消耗。长此以往，我必然会陷于依赖的境地，而这正是我终生所力避的。我既不擅长溜须拍马，也无玩弄阴谋诡计或曲意逢迎的才干，故而不可能靠它们来升官发财。然而，如果我守虚持静，某一天我自然会天下闻名。到那时，有些事情或许会不请自来，甚至会主动投怀送抱。迄今为止的世事无不表明了这一点。我相信，如果我留在伦敦，在一段时间内，我也不会靡费太多，除了要穿得好一点，我在其他方面还是可以厉行节俭的。奥斯瓦德，以及其他的一些朋友都是力主我留在伦敦的。但我的心性却促使我做出另一种选择。尽管我承认，在乡下，我会感到极端的孤独，尤其是在那里，我只能终日枯坐，以书为伴。你不难明白，我之所以絮絮叨叨地写了这么多，主要是希望能得到你的建议和意见。

不出几天，休谟已做好了回苏格兰的准备。他悲哀地告诉当时已到佛兰德斯担任军职的克莱芬："我们所有的计划都失败了，并且我相信：这种失败是永久性的。战争大臣依然顾虑重重、逡巡不决，而罗巴茨先生（Mr. Robarts）——佩勒姆（Pelham）的秘书——则说我们的努力注定是不会成功的。我估计他这话代表了其主子的看法……我将于下个星期动身回苏格兰，并且如塞涅卡一样深信：尘世的浮华，以及财富，并不足以让我们感到快乐。"休谟的心性最终还是占了上风，并毅然决然地返回苏格兰。由于没有去往伯维克的航船，休谟不得不搭船前往纽卡斯尔。"我们的船非常脏，住宿条件也极差，我们的同伴都病倒了，同时船上还有4个奸细（Spies），2个线人（Informers），3个证人（Evidences），在整个航程中，他们与我们同处一船。但即便如此，我们也对此次航行满心欢喜，主要是因为它为时较短。而在坐船的过程中，这是让人感到愉悦的唯一前提。"

尽管陆军部已驳回了休谟的诉请，但7月份，虽身在九泉但绝不愿放弃其半薪诉求的休谟开始向财政部申诉。除此之外，他还忙于我们此前曾提到过的那些

第十六章 一次军事参访

文学创作。其中最重要的当属对于《关于人类理解的哲学随笔》手稿的最终校订，并准备择日发表。10月份，在给奥斯瓦德的信中，休谟写道："我们的朋友哈里反对我这样做，他认为这是轻率之举。但是，首先，我认为我现在非常想过一种隐修的生活；其次，在当前的形势下，我看不出一个人不信教（infidel）会带来什么不良后果，特别是当其所作所为在其他方面无可挑剔的时候。您的看法呢？"不管奥斯瓦德持什么意见，这部著作最终于1748年2月面世，随后，休谟向其朋友哈里致歉道："我并不认为我的这一举动堪称谨慎，我只想说，我对于因之而起的一切后果均不屑一顾。"这场争论的核心在于：这本论著含有"论神迹"（*Of Miracles*）一文，在霍姆的建议下，休谟曾将该文雪藏了将近10年。其他的文学努力还包括1747年印行的《对于阿奇博尔德·斯图亚特……的真实叙述》（*True Account of...Archibald Stewart*），以及《道德和政治随笔三篇》（*Three Essays, Moral and Political*）的前期准备工作和《道德和政治随笔》第三版的出版。由此可见，在乡村隐居的这段时间里，休谟远非优游散漫、无所事事。

1747年11月，休谟婉拒了去伦敦向财政部施压的邀请，但到了次年1月底，他却再度赶往伦敦。因为圣克莱尔将军邀他出山，并再度出任其秘书，只是这一次是参加一个秘密的军事访问团，出访维也纳和都灵。由于正埋首于一些重要的学术工作，休谟对于此次邀请远不是非常热心，但在朋友的劝说下，他最终还是接受了。1月29日，休谟从伦敦致信奥斯瓦德道：

> 我将有机会出入并亲睹各国的王庭和军营，并且，如果我日后有幸获得余暇以及其他机会，这种知识对于作为文人的我——我承认，成为一位声名显赫的文人一直是我的雄心所在——甚为有用。一直以来，我都怀揣着这样一种梦想：也即在我盛年的时候撰写一部史著。毫无疑问，如果我具有较为丰富的战争经验，如果我对内阁的折冲樽俎能有更多的切身体验，这将使我在驾驭这些主题时更具判断力和鉴别力。但是，我必须承认，即便怀着对未来的美好憧憬，即便面对各式各样的当下魅惑，当离开家乡时，我还是陡生无限的遗憾，因为正是在那里，我多年来汲汲于书本的研习和思想的操练，并乐此不疲。可以肯定，一旦我接受这份邀约，从前的那种快乐时光将一去不返。但是，受形势所迫，一个人往往不敢遵从自己的判断，也没有勇气拒绝这样一份待遇优渥的职位。

尽管语气淡漠,但却异常坚定。而在2月9日致亨利·霍姆的信中,也充塞着同样的语气:休谟去伦敦时的那种"怀疑和犹豫"很快就烟消云散了。"圣克莱尔将军肯定会拒绝接受官方所委派的秘书,而且我此行的身份一如从前。每个人都就我即将从此次游历中所收获到的乐趣向我道贺,而我自己对这份差事也并不反感,只是就内心而言,对离开安闲悠游的书斋生活多有不甘。然而,我高兴地发现:我对于书斋生活的激情仍是那么鲜活而炽烈,并且确信,无论命运如何变化,只要给我半方书斋,我的后半生仍然可以过得幸福而欢愉。"

作为一位文人,休谟对于事务之人积极而活跃的生活越来越感到有些许厌倦,在《我的自传》中,休谟最后的评论间接地强调了这一点。

> 第二年,也即1747年,圣克莱尔将军率军事代表团出使维也纳和都灵的宫廷。他再度邀我随行,仍做他的秘书。我于是穿着一身武官的制服,以副官的身份被介绍到那些宫廷里;和我同去的有厄斯金爵士和陆军上尉格兰特——也即现在的格兰特将军。我一生中只有这两年中断了我的读书生活。我那时日子过得很惬意,而且出入于上流社会。

厄斯金中校是圣克莱尔的外甥,在远征洛里昂的时候担任副军需官,并在初次登陆时严重受伤。大家应该还记得,为了给休谟腾位子,先前担任军法官的格兰特被任命为圣克莱尔将军的副官。

1747年,英国及其盟友在"奥地利王位继承战争"中一直战事不顺。尽管在海战中,海军上将安森(Anson)和霍克(Hawke)把法军打得落花流水,但在陆战中,法军却一直无往而不胜。英国的内阁怀疑,尽管英国倾力援助盟国,但它们并没有按照议定的数额向战场投放兵力。在上一次战役中,奥地利和撒丁王国都未能按照事先的协议入侵法国南部。此外,维也纳和都灵这两个王廷也基本上互不通声气。

圣克莱尔将军的委任状[1]向他阐明了这一可悲的状况,并训示他立即前往维也纳,向奥地利女皇重申履行与英国的协议的绝对必要性,然后继续前往都灵,向撒丁国王做同样的说服工作。之后,他还要加入联军,并且在接下来的战斗中

---

[1] Dated 8 Feb. 1748, in PRO, SP 92/57.

第十六章 一次军事参访

陪伴在撒丁国王左右。但与此同时，英国内阁也开始对法国的外交试探做出回应，派桑威奇勋爵（Lord Sandwich）作为英国的全权大使，前往法国商谈《亚琛和约》。

圣克莱尔将军一行于2月16日从哈维奇（Harwich）启程，并于次日抵达荷兰的海勒富特斯勒斯港（Helvoetsluys）。为了与欧洲大陆步调一致，休谟改用新历，故而在给其兄长，九泉的约翰·霍姆的信中，将日期署为3月1日。关于此次航行，休谟评点道："非常不幸的是，我一路晕船晕得厉害，但唯一值得安慰的是，我们的一位船长竟然与我不分伯仲。"他定期寄出的信函颇类似于"某种旅行日志"，旨在"详述各地的风土人情，而非汇报我们的行程"。并且，作为一个敏锐的观察者，休谟对于圣克莱尔将军此行的使命以及所途经的国家都做了即时的评论和报道。[1]

事实证明，荷兰让休谟颇感失望。起初，由于被一场大雪所笼罩，休谟无缘得见荷兰的真面目，但待大雪融化之后，休谟却发现了"一个本真的荷兰，一个奇形怪状的荷兰。没有什么比烂泥成堆，到处都是沟渠和芦苇荡——荷兰人称其为乡村——更让人难以忍受了。此外就是那些稍加修剪的花草树木，他们称之为花园"。[2] 勤政为民的奥伦治亲王，却向作为一位政治思想家的休谟提出了一个好问题。"毫无疑问，荷兰为其自由所毁，但现在却有机会由其亲王出手拯救。让共和派好好琢磨一下这个案例吧！"在布雷达（Breda），休谟亲眼看见了一队法国战俘，并被他们的悲惨境况所震惊。"当他们经过的时候，我们都说：就是这些人将我们打败的吗？我站在阿尔比马尔勋爵（Lord Albemarle）的背后，他也正透过矮窗凝视着他们。其中一个衣衫褴褛之人，在看到勋爵的帽徽之后，遂转向他并飞快地说道：先生，今天是为您而战，明天是为国王而战（Aujourd'hui pour vous, Monsieur, Demain pour le Roi）。如果法国兵都具有这种精神，那么，他们能打败我们也就不足为奇了。"

尽管任务紧迫，但圣克莱尔将军一路行进缓慢，沿途探幽寻胜，并凭吊古战场。他们先后途经了布雷达、奈梅亨（Nimeguen）、科隆、法兰克福和雷根斯堡（Ratisbon）。并在雷根斯堡由陆路改为水路，沿多瑙河顺流而下，这真是一段

---

[1] HL, I, 115-33. 本章中所有未曾注明的"引文"全都出自此次的"旅行日志"。
[2] 关于休谟此次的代尔夫特（Delft）之旅，以及其对于马斯河（Maas River）上冰船的描述，参见后面的文本补录。

愉快的旅程："一路上天气晴好，而且船也不甚颠簸，沿途各色美景向我们扑面而来，就像置身于歌剧一样，不停地变换着舞台布景。"从海牙出发，在历时27天，行走860英里之后，他们一行终于在4月7日抵达维也纳。

作为总结，休谟极其敏锐地观察到："德意志无疑是一个非常美丽的国家，其民众都显得勤勉而诚实，假如获得统一，它必将成为这个世界上所曾见过的最强大的国家。与法国相比，这里的平民百姓——几乎到处都是如此——受到了更好的对待，而且生活更显安闲。实际上，这里的老百姓并不比英国的老百姓差，尽管在这方面英国人总是乐于自我矜夸。旅行的最大益处就在于：没有什么比它更能消除偏见了。我承认，此前，我对德国并不抱有这样一种正面的看法。而这也让一个以人道为怀的人（a Man of Humanity）感到些许的快慰，当他看到人类中这么一个庞大的群体——也即德意志人——处于一种甚佳的生活状况时。"在外交方面，这位哲学家还只是一个新手。

英国驻维也纳大使，托马斯·罗宾逊爵士（Sir Thomas Robinson）早就等得不耐烦了。当圣克莱尔将军最终于4月7日下午抵达后，立马就启动了外交谈判，尽管因当时正值复活节而多少受到些影响。然而，奥地利皇帝于10日接见了使团一行，但女皇直到复活节那天才正式接见他们。在此期间，圣克莱尔还与撒丁王国的代表会谈过几次。14日，圣克莱尔一行觐见了两位君主和皇室。甚至皇太后——她已有两个月没有见客了——也屈尊接见了这些从英国远道而来的客人。下面这段是休谟"日志"中最精彩的段落之一：

> 您一定知道，在这里，您既不需向皇上和皇后鞠躬，也不需向他们行跪拜礼，而只需行屈膝礼。所以，在与皇太后稍作寒暄之后，我们就往回走。中途经过一个悠长的回廊，于是一路上不停地屈膝行礼，而这很容易就让我们扭作一团，乱成一锅粥。她看到了我们所处的困境，于是便立马向我们喊道：算了，算了，先生们，你们就不要讲究这些繁文缛节了，而且地板很滑，当心摔跤。对于她的这种体恤，我们万分感激，特别是我的同伴们，他们非常害怕我跌倒在他们身上，并将他们压得稀巴烂。

让休谟备感惊讶的是，作为一国首府，维也纳城不仅规模逼仄，而且"人口极为稠密"。此外，城里"全是贵族、仆役、士兵和教士"。在这种无望的环

第十六章 一次军事参访

境之下，虔诚的玛丽娅·特蕾莎（Maria Theresa）建立了一个风化法庭（Court of Chastity），以铲除所有的伤风败俗之举。那些行为不检、生活孟浪的妇女都"被送至匈牙利边境，在那里，她们只能勾引并腐蚀那些土耳其人和异教徒。所有的嫖客都受到了应有的惩罚，而且这种惩罚极其严厉……我希望您在纳税的时候不要再心怀愤懑了，"在给其兄长的信中，休谟顽皮地写道，"因为您也听说了：他们所供养的女皇是天底下最大的假正经。"至于这位伟大的女士本人，休谟公正地承认："我认为，就一位君主而言，她根本就算不上是欧洲最糟糕的，人们会不由自主地喜欢上她，因为她一笑一颦、举手投足间都显得豪气干云。但遗憾的是，她的臣僚们却少有见识和判断力。"休谟同时还坦言，她不像浪漫史和近臣们所描绘的那般漂亮，她的宫廷也并非什么莺歌燕舞之地。"自从来到这里，我一直很忙，"接着，休谟更为一本正经地写道。"让人稍感遗憾的是：这里根本就没有什么娱乐活动。既没有意大利的歌剧，也没有法国的喜剧，也没有舞会。但我听了蒙蒂切利（Monticelli）的歌剧，他是继法里内利（Farinelli）之后世界上的另一大传奇人物。"饱经世故的休谟这样写道。

在向奥地利女皇保证了英国的永恒友谊之后，圣克莱尔一行于 4 月 26 日离开维也纳前往都灵，不是像随从的家眷所希望的那样绕道威尼斯，而是直接取道米兰。在施第里尔（Styria），这位哲人兼历史学家这样评论道："此地居民容貌之粗蛮丑陋，一如其风光之粗犷迷人。他们中的绝大多数都长着丑陋而突出的喉结；每个村庄都充斥着白痴、聋子，而他们的长相也是我们所见到过的最丑陋、最骇人的。人们可能会猜想：由于这是一条通衢大道，几乎所有的蛮族都是由此入侵罗马帝国的，在突入敌国之前，他们总是在这里将其军队中老弱病残留下，因此，此地的居民可以说是这些被遗弃的老弱病残者的后裔。他们的服饰与欧洲的服饰全不相类，而他们的长相也与人类相去甚远。"在海拔稍高的山区，休谟发现卡林西亚人（Carinthians）和施第里尔人一样难看，但是在海拔更高的山区，蒂罗尔人"却极其俊美，一如施第里尔人之极其丑陋"。

从阿尔卑斯山下来之后，他们就来到了伦巴第平原："……眼前所呈现的是一派春光。可以说，在一天之内，我们经历了春天——它是一年中最美丽的时节——的各种变化；也即由山顶的春之初萌，到谷底的繁花似锦的盛春。我们现已进入到意大利境内。"但是，"无论就其规模而言，还是就其美丽程度而言，根特这个城市都无甚卓异之处。唯一能使其著称于世的，就是哲人和圣徒们在此所召开的那场明智的大会，正是在那次会议上，他们为人类的信仰确立了诸多理性的信条。"作为哲学家的休谟如是写道。

3月11日，在曼图亚（Matua），休谟情不自禁地迸发出一阵狂喜："我们现在正伫立在一片古老的大地上，我已经轻吻了这块曾孕育出维吉尔的大地，并且对这片富饶的平原表达了我的景仰之情，而对于这片富饶的平原，维吉尔也表达过其精雅的称颂。他们毁坏了富饶的曼图亚平原（*Perdidit aut quales felices Mantua campos*）。"[1] 由于太过兴奋，故而难以持久，所以休谟很快就恢复了常态："您一定已经对于我们对于这些国家的描述感到厌倦了，我同样如此。因此我只将说：没有什么比伦巴第平原更美了，也没有什么比伦巴第这个城市更为破败不堪了。"在克雷莫纳（Cremona），作为经济学家的休谟高喊道，"唉，可怜的意大利！……可怜的当地人在丰厚的自然馈赠面前饥寒交迫，在葡萄满园的葡萄架下因饥渴而死。[2] 这里的税奇高，完全超过了正常的限度。"尽管在米兰待了一天，但休谟完全没有提及这个城市。他们一行人最后于5月8日抵达都灵。圣克莱尔告诉贝德福德公爵："由于车轮坏了，再加上糟糕的路况……"他们的行程因而被大大地耽搁了。[3]

圣克莱尔将军与撒丁国王的会见，只不过是证实了先前的推断：联军在战场上投入的兵力太少了。但不出几周，就传来了一个完全出人意料的消息：英法双方已在亚琛签订了初步的和约。尽管所有的参战国都对和约不满，并认识到，它只不过是为大家赢得暂时的喘息之机。随着《亚琛和约》的签订，休谟作为秘书和密码官的这个军事使团便失去了其存在的理由。圣克莱尔立即致信伦敦，在请求下达进一步指示的同时，还要求内阁允许他们暂不回国，而是顺道在意大利观光。[4] 6月16日，大卫·休谟完成了他写给其兄长的"日志"，并评论道："我们还不知道回国的具体日期。但是，我相信在回国前我们肯定会到法国和意大利游览。"

所提议的"大游历"并未得到恩准。然而，应撒丁国王之请——正如圣克莱尔将军所告诉伦敦的那样，使团在都灵一直待到11月底。詹姆斯·考菲尔德

---

[1] Virgil, *Georgics*, II, 198.
[2] Addison, "A Letter from Italy," II, 117-18.
[3] St Clair to Bedford, 11 May 1748, in PRO, SP 80/180.
[4] St Clair to Bedford, 9 June 1748, in PRO, SP92/57.

第十六章 一次军事参访

(James Caulfield)——也即后来的查尔蒙特勋爵（Lord Charlemont）[1]，他当时还只是一名 17 岁的年轻大学生，对都灵时期的休谟有着友好但却有失精确，甚至歪曲的刻画：

> 我相信，在大自然所造就的人当中，再也没有哪一个比休谟更表里不一了。他本来就显笨拙，穿上制服后更其如此，就像是民团里的一位杂货店老板。圣克莱尔是一位中将，内阁派他以军事代表的身份出使维也纳和都灵的王廷，以查看奥地利人和皮特蒙德人在战场上所投入的兵力。因此，圣克莱尔认为有必要让他的秘书看起来像是一位军官，于是，可怜的休谟就穿上了大红的英军制服。在军人时髦的假发的映衬下，他本就宽大的脸庞就愈显肥硕了……在他的容貌面前，任何高超的相面术都会束手无策，即便是最精于此道之人，也不敢妄称从其面无表情的脸上可以发现任何天才的蛛丝马迹。他长得肥头大耳，嘴巴阔大，除了一副愚钝痴傻的模样，他脸上并无其他表情。他的眼睛空洞无神。整个人大腹便便、臃肿不堪，看上去更像是一个整天饱享山珍海味的政府官员，而不像是一位风度翩翩的哲学家。由于带着浓厚的苏格兰口音，他的英语听起来滑稽可笑，如果有机会，他的法语恐怕更是笑料百出。所以，这样的人又怎么可能说出智慧之言呢？智慧又怎么能隐藏在这样滑稽的装扮之下呢？因此，正如我们所读到的那样，古代的神谕总是借由大树或石头传达。尽管他现在已年近 50，但依然身体硬朗，但这并不利于他的形象，因为这让他看上去远非显得英武阳刚，而是显得笨拙和土里土气。

显而易见，考菲尔德的描述与事实相距甚远，这显然要归咎于考菲尔德的年幼无知和势利。简而言之，休谟那年 37 岁，而非考菲尔德所说的"年近 50"，不过，对于一个 17 岁的小伙子而言，37 岁和 50 岁也没有多大的区别！作为一个苏格兰人，休谟说话带有浓重的苏格兰口音；他出生在乡下，仍带有质朴的乡野气息；他身材高大，体格健壮且肥硕。因此，如果你愿意，你会认为他滑稽可笑。

---

[1] 下面一段基于 Lord Charlemont, "Anecdotes of Hume," in RIA, MS-12/R/7, ff. 497-531. 而已刊的书面解释见 Francis Hardy, *Memoires of ...Earl of Charlemont* (London 1810), pp.8-9, 以及 M. J. Craig, *The Volunteer Earl* (London 1948), pp.42-4. 他们两人的解释多有删节，故而残缺不全。

作为一个若有所思的学者，休谟还展示了他那直勾勾的眼神，而在那些有眼无珠的人眼里，这种眼神常常被误认为愚笨。别说是像考菲尔德这样未涉世事的学生，就连那些老成谋国的旁观者也常常被大卫·休谟茫然而空洞的眼神所迷惑。

紧接着，詹姆斯·考菲尔德又对休谟的品性作了一番称颂性的描述。撇开那些华丽的辞藻，撇开他对于休谟哲学的肤浅攻击，也撇开那些明显不符合事实的描述，其主要内容大致如下：休谟"心怀仁慈……他对人类的爱普遍而强烈；凡有益于他人之事，他均乐意效劳……他敏感、善良，有一副菩萨心肠……"但我们一定要意识到，这种性格描写显然是对1748年的那个初步印象的矫正。在此后的岁月里，考菲尔德又与休谟多次碰面，那时，他已由一个年轻的学生蜕变为一位上院议员，并正在着手撰写其《回忆录》。

在都灵，在其新朋友休谟面前，考菲尔德对杜文南伯爵夫人（Countess of Duvernan）称颂不已，"一个非常漂亮、智慧的女人，同时也是一位精灵古怪的女人"，她不仅外表迷人，而且富有学识。她时年24岁，"已结婚数年，尽管还未曾生育。她丈夫虽然已经老朽，但迫于其家庭的权势，她不得不嫁给他。她的肤色是那种动人的浅黑色，尽管相貌平平，但极其生动的面部表情和四射的活力让她显得楚楚动人。她丰富的面部表情将其心思吐露无余，而这也成为其魅力和美丽的不竭源泉"。显而易见，这种赞美给休谟留下了深刻的印象，而且他也正想在这个陌生的城市结交新朋友，于是，休谟就请考菲尔德把他引荐给这位伯爵夫人。考菲尔德答应了，并且承认："再也没有什么比让我心仪之人为我尊崇之人所欣赏这种愿望更强烈了。"伯爵夫人"礼貌而愉快地"地接见了休谟，而休谟也迅速为其魅力和才华所"倾倒"，并在接下来的一个月里频频登门拜访。最后，受困于事态的变化，伯爵夫人向考菲尔德坦承：她已经"彻底地征服了那位大哲学家"。

"夫人，我一点都不怀疑您那双媚眼对所有男人的杀伤力，"考菲尔德殷勤地回答道，但仍有些半信半疑，"但就目前这件事而言，我不免会认为，我还是在您身上发现了女人小小的虚荣心，尽管这在您并不多见。如果哲学是我的朋友所拥有的唯一武器，那么，我会认为他根本就招架不住您的魅力。但年岁却常常可以扼杀爱情（an amour of proof）。故而，尽管您或许是维纳斯在世，但无论就形象而言，还是就言谈举止而言，我敢肯定，他都绝不是那个阿多尼斯（Adonis）[指美少年]。"

第十六章 一次军事参访

伯爵夫人竭力否认这一指控。为了让考菲尔德相信她所说的话，她甚至建议让他亲眼见识一下。"在他下次登门拜访的时候——很可能就在今晚，"她提议道，"只需劳烦你藏在帘子后面，你就会亲眼看见到这一幕，如果它不会惹你生气的话——应该不会，至少会让你捧腹大笑。待这场闹剧一结束，而你的怀疑也烟消云散之后，你一定要帮我打发这位烦人的追求者。但是，你首先要保证自己决不会被发现，因为那样的话我就百口莫辩了。"

那天晚上，藏在帘子后面的考菲尔德亲眼看见了一幕人间喜剧。他看到那位"又老又胖的哲学家"走进房间，在女伯爵面前双膝跪下，并大诉衷肠。先是喘气，继而是叹息、呻吟，在屡经努力之后，休谟终于开口道："啊，夫人，爱情让我感到窒息。亲爱的夫人，我快要不行了，我快要死了，我快要毁灭了（Ah, Madame, J'etouffe avec l'amour. Chère Chère Dame, je suis désolé—abimé—anéanti）！"

"唉！君何出此言，"伯爵夫人的回答机智多于仁慈，"这分明只是您身体机能的正常运转而已（ce n'est en effet qu'une Operation très naturelle de vôtre Système）。"然后，她遂命令他站起来。

躲在帘子后面，虚荣心最终压倒了妒忌心的考菲尔德，被休谟试图抱住伯爵夫人双膝的场景给逗乐了。"（休谟）又老又丑、哭哭啼啼、臃肿不堪、激情难抑的画面"几乎让他笑出声来。"森林之神拜倒在美惠女神的石榴裙下，"他打趣道，"又抑或一只灰熊正在向一只意大利灰狗求爱。这真是滑稽透顶。但森林之神或灰熊可不是什么哲学家。"

在逗弄了一会儿其讨嫌的情人之后，伯爵夫人装出"一副很生气的样子"，草草地将他打发了。离开房间的时候，休谟的"眼泪夺眶而出，大颗的泪滴从他那松弛的脸颊上簌簌流下"。

现在，这对年轻人终于可以对他们所目睹的这幕闹剧"开怀大笑"了。"我们很少会生一个失意竞争者的气，"考菲尔德富有哲理地评论道。不过，他们已决定，在休谟下一次再登门拜访的时候，他将被判罚为"永久流放"。确实，此后，休谟再也没有机会见到伯爵夫人。

在休谟离开都灵的前夜，那位伯爵夫人坚持让考菲尔德向休谟坦白此事。这位年轻人这样做了，并向休谟保证："我远非受到冒犯，正因为有了这个可爱的缺点，我就更喜欢他了。唯如此，他才不会显得高不可攀，才成为一个合适的交友

235

对象。"

"天啊，这个小娘们，"休谟激动地回答道，"她就这样待我吗？真是气死我了，这简直是天理难容。但是，出于报复，我给你一条建议，如果你依言行事，我总算是出了一口恶气。"然后，他便向他的朋友提出了一个既可行又具男子气概的建议。他说道："你年轻，讨人喜欢，让人疼爱。这本该如此。但允许我做一个简短的评论——也是用法语，尽管你知道这并不是我的特长：去攀折那些花朵吧，先生，去攀折那些花朵吧，只是切勿亲自去侍弄它（*Cueiillez, Milord, les Fleurs. Cueillez les Fleurs. Mais ne vous faites pas Jardinier*）。"

身陷爱河的休谟并没能逃出使团中一位苏格兰同事的法眼。1748 年 5 月 26 日，与英国地中海舰队一道驻守在瓦多湾（Vado Bay）的海军少将约翰·福布斯（John Forbes）致信圣克莱尔将军道：

> 很高兴哈里爵士已回到您的身边，希望这样他能康复的更快些。至于休谟先生，他好像遇到点麻烦，但我不知道该如何解释，考虑到都灵的那位女士是那么的漂亮。但既然他们的话他一概听不进去，我也无计可施，唯有建议他去结识一位耶稣会士，并让他相信：信仰乃是迷信，宗教无非是教士权谋（priestcraft），圣伊格内修斯（St.Ignatius）是一个骗子，罗努斯（Loilus）是一个傻瓜。唯当完成所有这些事情之后，他才能登舰上船。

但是，到了 7 月 8 日，福布斯所了解到的内情就更为详尽了，他写道，"很遗憾哈里爵士和格兰特上校尚未痊愈，因为我担心，这样的话，他们就没有心思和能力替女士们效劳了，故而那位嗜睡的哲学家将要肩负起这所有的重担。听说他对那位伯爵夫人异常仰慕，祝贺他……""这个新生的登徒子"立即成为众人打趣的对象，这位哲学家肥硕的身体刚一踏上船，福布斯就警告道："千万不要将脂粉气带上船，尤其是不要带进面包房，这样，我们所吃的面包势必会受到污染。"[1]

福布斯清楚地点明：休谟不仅深受爱情的煎熬，而且也深受病恙之苦，这在上面第一封信里已有所暗示，因为他将休谟昵称为"嗜睡的哲学家"。从考菲尔

---

[1] "Italian Negotiation, 1747," in Newhailes, 548.

第十六章 一次军事参访

德那里，我们获知了更多的细节。"他发高烧，并伴有谵妄和胡言乱语的自然症状。在病情的急性发作期，他经常谈到魔鬼、地狱和绝罚，看上去一脸的焦躁不安。一天晚上，看护他的人碰巧睡着了，他起身下床，并向天井中的一口深井走去，估计是想投井自杀。但当他发现后门锁上了，便冲进一个房间，因为他知道，绅士们常把他们的佩剑放在屋内的卧榻上。但被撬门声惊醒的仆从发现了他，并强行将他抬回床上。"考菲尔德又补充道，"可想而知，康复后，在朋友们中间，他这一古怪的冒险行为遂传为笑谈。我们都一致嘲笑这位哲学家的恐惧和绝望。"

但是，我们的这位哲学家也不会束手待毙，任由朋友们嘲弄，他抗议道："你们这帮呆瓜！你们想拿疯子怎么样？你们难道认为哲学家就不会发疯吗？我当时大脑受损，与精神病院里的疯子并无二样。"而考菲尔德也不得不承认，"这种抗辩合情合理"。

休谟生病的事实，也为休谟此次意大利之行的另一桩轶事增加了可信度。据传，"在重病期间……""休谟接受了罗马天主教神父的临终涂油礼"。在休谟辞世之后，乔治·诺威尔（George Norvell）[1]——据说是"大卫的堂弟"，他的本姓也是休谟——道出了这个故事。实际上由诺威尔所发表的这个故事的第二个版本看上去更为可信。[2] 当诺威尔就休谟改信天主教的事一再追问时，"休谟生气地回答道，'我当时正在发高烧，我也不知道我都说了些什么，也不知道他们都对我做了些什么。'"毫无疑问，休谟的那些苏格兰长老会朋友绝不会放任他改信天主教。但与此同时，这些朋友是否会对正处于精神错乱中的休谟搞恶作剧，我不敢遽下定论。因为考菲尔德的说法已经证实：他们如何以取笑休谟为乐。

但我们已知悉休谟逗留都灵期间的另一桩事实。尽管在《我的自传》中，休谟否认在跟随圣克莱尔将军的那两年里，他曾做过任何学术研究。但事实上，他至少在1748年的秋天读过一本重要的著述，也即刚刚在日内瓦面世的孟德斯鸠的《论法的精神》。休谟带着极大的兴味和关切读完了这本书，并做了一份意见反馈表。后来，他以书信的形式将这些意见反馈给了孟德斯鸠。

---

[1] George Norvell, MS letter, I Mar. 1788, to [Alexander Stenhouse], in Keynes Library, King's College, Cambridge; Alexander Stenhouse, MS letter, 22 Mar. 1788, to George Chalmers, in EU, Laing MSS, II, 451/2.

[2] Hill Burton, II, 8n, from the account, signed "G. N." in The *Edinburgh Magzine* for 1802. 这个版本的解释误认为这件事发生在尼斯。

11月29日，圣克莱尔和他的三个副手离开了都灵，并取道阿尔卑斯山直奔法国的里昂。在走了两个星期并休息了几天之后，圣克莱尔将军又改道前往巴黎，"并计划在旧历的圣诞前后抵达英格兰"。尽管大卫·休谟并没有为了启迪其兄长和后人而写最后一段旅程的"日志"，但从官方公文——包括圣克莱尔将军的一些急件，它们很多都存放于休谟手中，我们不难采集到一些有用的信息。一封落款为"1748年12月18日，写于巴黎"的信[1]，虽然对他们一路从都灵到里昂、再到巴黎的行程的叙述极其简要，但却详细地讲述了12月15日在枫丹白露所发生的一次偶遇。在枫丹白露的驿站客栈（post-house inn），圣克莱尔将军一行人亲眼看见了卫兵护送下的那位年轻的王位觊觎者，他当时正在前往意大利边境的桥博瓦桑（Pont-beau-voisin），以及罗马的流放地。"他的随从说他是一位王子，但并没有报出他的名号；但由于戴着一枚嘉德勋章，人们很快便认出他来。"在巴黎，关于他12月10日在去歌剧院的路上被捕，并被囚禁于文森城堡（Chateau de Vincennes）的消息传得沸沸扬扬、满城皆知。当谈到其教训时，圣克莱尔将军抑或他的秘书（指休谟）这样写道：

> 因其在大不列颠的鲁莽之举，他的许多朋友和追随者都家破人亡。而那些有幸逃到法国，并为他的流亡小朝廷效忠之人，现在也因其不可思议的、看上去同属莽撞和缺乏常识的行为而命运叵测。我希望这件事能让那些最偏执盲目之人也能迷途知返，让他们认识到，投身于这样一种毫无希望的犯罪事业是多么的愚蠢。

在信的结尾，圣克莱尔将军写道："我将在这里住些日子，以便洗却旅途的舟车劳顿。之后，我很快就会到伦敦拜会阁下。"所以，大卫·休谟也许在巴黎待了一个礼拜，而且很可能是在此期间，而非在1734年——当时，他不大可能和大使们一起住高级旅馆——发生了他在1757年出版的《宗教的自然史》中所提及的那一幕。

> 有一次在巴黎，我与一位来自突尼斯的大使住在同一家旅店。他曾在伦

---

[1] St Clair to Bedford, in PRO, SP 92/58.

第十六章 一次军事参访

敦住过几年,现在正在回国的途中。有一天,我看到这位摩尔人阁下正在门廊下消遣,并纵览沿途驶过的豪华马车;此时,路上恰巧有几位嘉布遣修士(Capucin friars)经过。这些修士从未见过突厥人(Turks)。而那位大使尽管已对欧洲人的衣着见怪不怪,但还从未见过圣方济会修士这身怪异的打扮。尽管他们都相互打量着,但却没有相互点头致意。要是英国大使馆的牧师与这些圣方济会修士发生争执,他们相互之间的惊诧一点也不会比这稍逊。所有的人都站着目不转睛地打量着彼此,但他们从未想过:作为一种衣饰风尚,非洲的穆斯林头巾(turban)既不比欧洲人的修士巾(cowl)好看,也不比它难看。萨利(Sallee)国王在论及德鲁伊特(de Ruyter)时曾说道:"他是一个诚实之人,但很遗憾他是一个基督徒。"[1]

大概是因为圣克莱尔将军要赶到伦敦过 1748 年的旧历圣诞节,军事使团终于解散了,而大卫·休谟也第一次实现了经济独立。在《我的自传》中,休谟写道"……我的这些任职,再加上我厉行节俭,使我积攒下了一笔足以自立的资财,尽管当我这样说时,大多数朋友都会笑话我。总之,我现在拥有将近 1000 镑的资产。"到了 1749 年,休谟长久以来所孜孜以求的献身于文学的目标,终于美梦成真。

---

[1] *Phil. Wks.*, IV, 344.

第三部分

杰出的文人

1749—1763

第十七章　大展宏图

"这些声名鹊起的征候给了我很大的鼓励。"

1749年初，在伦敦，大卫·休谟发现自己在文学界还是籍籍无名。在《我的自传》中，休谟曾悲叹道："从意大利归来后，我发现全英国都在热议米德尔顿博士（Dr. Middleton）的《自由探究》（也即《对基督教教会所具有的不可思议的力量的自由探究》），而我的作品（《关于人类理解的哲学随笔》）却完全被忽视了。这让我大为沮丧。我早先在伦敦所印行的《道德和政治随笔》虽出了新版，也并不受人欢迎。"然而，不出8年，也即到了1757年，休谟已被公认为文学界的风云人物，不仅在北不列颠（苏格兰）是如此，在南不列颠（英格兰）也是如此；而在欧洲大陆，休谟也被视为孟德斯鸠当之无愧的衣钵传人。1762年，年轻的鲍斯维尔毫不犹豫地将休谟列为"全不列颠最伟大的作家"。[1]

但在这突如其来的称颂声中，并非没有杂音。在某些方面，休谟一直被视为最臭名昭著的人物，如17世纪的霍布斯，以及更为晚近的曼德维尔的衣钵传人。不过，当休谟于1763年跨过英吉利海峡去接受法国的朝拜和礼敬时，在文学界，无论是被贬为"祸根"（*bête noire*），还是被称颂为"才子"（*bel esprit*），他都已是家喻户晓的人物。作为这种声名远播的结果，也作为其所刊行的大量著述的产物，在休谟的整个文字生涯中，1749—1763年这一时期是如此丰富和驳杂，以至于在详尽地钩沉稽要之前，我们需要对其做一番初步的、整体性的勾

---

[1] *Boswell Papers*, I, 130.

勒。从表面上看，正是在这一时期，休谟不仅创作出许多才华横溢的宏篇巨制，而且还介入了广泛的争论，并最终为自己赢得了不朽的公共名声。但在这些表象的背后，在这一时期，休谟也承受了巨大的个人压力，甚至不断地遭受到各种挫折和羞辱。

1748年所出版的一系列著述所带来的一大变化是，休谟最终准备公开自己的作者身份。是年四月，《哲学随笔》被宣布为"由《道德与政治随笔》的作者所撰"。而《随笔三篇》以及是年11月面世的第三版《道德与政治随笔》则堂而皇之地署上了"大卫·休谟先生"的大名。此后，休谟将公开承认其绝大多数著述的作者身份。但是，也只是在1776年撰写的《我的自传》，以及其辞世后于1777年出版的最后一版《随笔与论文》的"广告"中，休谟才公开宣称自己是《人性论》的匿名作者。而在《随笔与论文》此前的所有版本中，休谟提及《人性论》只是为了否定它。

1748年之后，休谟的新作相继面世。1751年，《人性论》第三卷的新版面世，题为《道德原则研究》。尽管休谟对它极为看重，强调"在我所有的历史、哲学和文学作品中，这部著作是最好的。但它出版后并未获得世人的垂注"。第二年，休谟又印行了《政治论衡》(*Political Discourse*)，"在我所有的作品中，唯有这一部一出版便大获成功。"1754年，《英国史》开始面世。这部六卷本的著述于1762年告竣。尽管第一卷（《斯图亚特朝英国史》）反响甚微，但整套的《英国史》很快就成为英国有史以来最受欢迎的史著。在法国，休谟从一开始就被视为"英国的塔西佗"。与此同时，随着1757年《论文四篇》的发表，休谟这一时期，实际上其整个一生的大部分著述都得以面世。正是1748年至1762年期间的这些著作将休谟带至文学的聚光灯下，并为他赢得了经久不衰的盛名。

如果没有销售记录，仅仅一份书单并不能证明一位作者的受欢迎程度。不出三年，《哲学随笔》就出了三版，而《政治论衡》也在短短的两年里出了三版。与此同时，1753年，休谟开始将其所有的非历史类著述——除了《人性论》——结集出版。而1753—1756年，第一版《关于几个问题的随笔与论文》(*Essays and Treatises on Several Subjects*)以四卷本的形式问世。而到了1764年，它已出至第四版。而《英国史》也出现了类似的情形。在1762年《英国史》全套出齐之前，《斯图亚特朝英国史》和《都铎朝英国史》都已出了两版；第二版的全套《英国史》于1763年问世。如果说在1748年，休谟认为自己"已获经济独立……并拥

第十七章 大展宏图

有差不多 1000 磅的财产",那么,在不到 15 年的时间里,休谟已变得"不仅经济独立,而且富足",而到了 1769 年,休谟则变得"非常富有(因为我每年的收入不下于 1000 镑)"。

后面,我将会谈及围绕着休谟的哲学、宗教、历史和文学论著所展开的论战。但现在,我们完全有理由说,不管这些论战有多么的激烈和尖酸刻薄,休谟都没有进行过正面回应。因为,正如他在《我的自传》中所解释的那样,"我曾下定决心,不答复任何人,而且我也打算将这种决心维持到底。我的脾气既不易发怒,所以我就容易摆脱一切文字之争。"这一陈述,若严格起来并不完全符合事实,但就精神而言却属不易之论。而事实也证明,有关休谟著述的商榷文章是如此之多,以至于完全证实了他日后的评论:"牧师们和主教们的答复一年中有二三次……我声名鹊起的这些征候鼓励了我,因为我一向看事物总爱看乐观的一面,而不爱看悲观的一面。"

借由一些富有影响的英国和欧陆期刊,以及一些学界名流的看法,我们或许可以大致勾勒出休谟名声一步步上升和扩大的过程。对于休谟在 1750 年代暴得大名的通行解释一般是这样的:随着《政治论衡》的出版,休谟先是在法国暴得大名,然后这种大名又最终转口至英国。但事实并不支持这一结论。恰恰相反,1752 年,休谟的名气在海峡两岸同时飙升,而 1754—1762 年间休谟所出版的一系列论著,以及其间所发生的几次激烈论争又助推了这一过程。为了证明这种关联,我们不妨引述一下 1752 年刊登在两大主流期刊(一个是英国的,一个是欧陆的)上的文章。

1752 年 1 月号的《每月评论》(*Monthly Review*)实际上可以称得上是"休谟专号"。因为其第一篇文章所讨论的是《道德原则研究》,第二篇文章所讨论的是《政治论衡》。第一篇文章的篇幅长达 19 页,第二篇文章的篇幅更是长达 25 页,而且还在二月号上续登了 10 页。这些评论文章证明:在英国,休谟的名声早在 1752 年就已牢固树立,这一点可由这两篇文章的摘录管窥一二。那篇评论《道德原则研究》的文章开篇写道:

> 鉴于这位智巧的作者所已赢得的作为一个优秀而文雅的作家的名声,我们无须再对他说出任何夸赞之词。我们只需注意:大体说来,在论及抽象和形而上学问题时,休谟先生观念之明晰和精确,文风之得体、优雅和活泼,

很少有人能望其项背。现在，就我们判断之所及，摆在我们眼前的这本著作，必将大大地提高他的声誉。而且，由于他的这部著作并没有沾染上其此前作品中的那种怀疑主义倾向，故而将更受普通读者的青睐……

而那篇评论《政治论衡》的文章开篇写道：

很少有作家比休谟先生更适于教化或愉悦读者了。无论什么论题，他都能驾驭自如，且不落窠臼、新意迭出。这还不是休谟先生所拥有的唯一优点，正如我们在前面的文章中所注意到的：与绝大多数作家迥乎不同，休谟先生文笔优雅清新，条理明晰，这也是其作品大受欢迎的原因。我们眼前这本《政治论衡》所讨论的都是一些新奇而有趣的主题，并且到处都充满了坚实的思考。它表明，我们的作者不仅博古通今，而且对于史事有着深刻而详瞻的理解。

尽管文章并未署名，但我们知道这些褒扬之词都出自同一人，也即出自威廉·罗斯（William Rose）之手。[1] 威廉·罗斯是一位苏格兰人，他与拉尔夫·格里菲斯（Ralph Griffith）一道创办了《每月评论》。罗斯博士学识渊博，曾翻译过萨鲁斯特的著作，而且直到1786年辞世，他一直是《每月评论》的书评人之一。与此同时，他还在奇斯维克（Chiswick）创办了一家男子寄宿学校。1760年，休谟承认他对罗斯"敬重有加"，但当罗斯力邀休谟与他和威廉·斯特拉恩合办一本杂志时，休谟拒绝了。

尽管并不认可休谟的哲学观点，但通过罗斯以及其他的书评人，《每月评论》总是坚定地认为休谟是那个时期英国文学界的领军人物，并对施加于休谟身上的那些尖酸刻薄之辞嗤之以鼻。1754年3月的一篇此类文章，促使《每月评论》评论道："我们衷心地希望，那些执笔捍卫自然宗教或启示宗教之人，在写作时能像一个绅士一样礼待对手。唯如此，他们才有可能赢得公众的尊重和支持。如果他们不能总是赢得公众的敬仰，他们也总是能赢得公众的尊重。"

---

[1] B. C. Nangle, *The Monthly Review, First Services 1749—1789. Indexes of contributors and articles* (Oxford 1934), under "Hume."

第十七章 大展宏图

在 1755 年 3 月号的《每月评论》上，身为苏格兰长老会牧师的罗杰·弗拉克斯曼（Roger Flaxman），虽然对休谟《英国史》第一卷进行了无情的鞭挞，但同时又对休谟的天赋大加夸赞："在这里，就这位才智超群的作家的能力而言，我们没必要重复我们在多个场合曾说过的话。我们将乐于看到他在其才赋所能胜任的论题上一展身手，但我们不得不遗憾地说（这已为眼前的这部作品所证实），他本不应该去写他自己国家的历史。" 1757 年 2 月，罗斯又在《每月评论》上撰文，对休谟的《论文四篇》给予高度评价："在现代作家中，鲜有作家的作品能像休谟先生的作品那样被广泛阅读。实际上，如果我们将其视为轻松谐趣、独出机杼之作，那么，这就一点都不奇怪了：其情感之敏锐，思想之独到，语言之明晰和优雅，足以赢得每一位有品位之读者的青睐。"

在 1752 年秋季号上，《欧洲学者著述分类书目》花了五页的篇幅，对休谟近来出版的三部作品进行了评价。该文称，在阐明其观点时，《道德原则研究》的论述"明晰、精确而有力"；该文承认《政治论衡》"备受赞誉"；但《哲学随笔》的写作则是"对著名的培尔的模仿，试图传播对于人类理解的普遍怀疑，并使宗教看上去是愚蠢和欺诈的产物"。尤其宣称"论神迹"一文在推理上似是而非；但该文的作者也承认它是"对不信仰（unbelief）的最为精细的辩护"。这样，在 1752 年，除了《人性论》，休谟最重要的一些著作都一一呈现在欧洲大陆的读者面前。

让休谟走进公共视野的不仅仅是《政治论衡》，这一点在一本苏格兰期刊和两本德意志期刊上得到了进一步的证实。1754 年的《苏格兰杂志》开篇写道："作为这一期的开篇，我们选用了我们学富五车的同胞大卫·休谟先生撰写的众多独具创见的随笔中的一篇。"《苏格兰杂志》所选用的这篇随笔就是于 1741 年首次刊印的"论出版自由"。而德意志期刊《爱尔兰根学报》（*Gelehrte Erlanger Zeitungen*）分别在 1753 年的 6 月和 9 月评述了休谟的《哲学随笔》和《政治论衡》。而另一本德意志期刊《哥廷根学报》（*Göttingische Zeitungen von Gelehrten Sachen*）则在 1753 年的 5 月和 8 月分别评述了《哲学随笔》和《政治论衡》，在 1754 年的 3 月则评述了《道德原则研究》。此时，《英国史》已开始面世，而休谟在欧洲的学术圈也已广为人知。

对休谟作品持续不断的批驳让他的名字不断出现在英国公众面前，而对其作品的持续不断翻译和批驳也让欧洲大陆的读者熟知了休谟。1752 年，《政治论衡》

的两个不同的法文版面世,而除了《人性论》之外的法文版著作集也在1758—1760年面世。而在德意志,休谟的著作集于1754—1756年面世,《论文四篇》于1759年面世。此外,休谟的一些文章和著述还在一些期刊杂志上一再重印,比如在1756—1760年间,《法兰西水星报》(Mercure de France)所重印的休谟随笔不少于六篇,其中一些随笔还引来了读者的回应。当特里尼乌斯(J. A.Trinius)的《弗里敦克词典》(Freydenker Lexicon)1759年在莱比锡刊印时,休谟的著述目录以及对他的回应占用了五页的篇幅。

可以肯定,所有这些证据并非意在证明:在国外,《政治论衡》最终并没有成为休谟最受欢迎的作品。它确实成了休谟在国外最受欢迎的作品,正如休谟早期的主要译者,勒布朗神父(Abbé Le Blanc)所证明的那样。1754年8月25日,勒布朗在巴黎写道:"由于原著精彩绝伦,以至于其译本在这里竟像小说一样畅销。"10月1日,他又补充道:"我们的大臣们对于该书的喜爱一点也不输于公众。阿冉松伯爵(M. le Comte de d'Argenson),诺瓦耶元帅(M. le Maréchal de Noailles),总之,这里的每一位政府大员都认为尊作是迄今就这些主题所写过的最为精彩绝伦的作品之一。"在圣诞节那天,勒布朗还写道:他一直致力于在全欧洲提高休谟的声望和名气。然而他于次年2月被迫承认,莫佩尔蒂(Maupertuis)曾从柏林向他问询道:"在欧洲,像休谟这样的人怎么可能不名震天下并广受敬重呢?"[1]

在意大利,休谟声名鹊起的时间要稍早一些。罗伯特·亚当(Robert Adam)于1755年11月在罗马注意到:"大卫·休谟的《哲学随笔》和《英国史》均声名远播。如果说《英国史》在意大利很畅销,我一点也不感到奇怪,但我得承认,《哲学随笔》的流行实在超乎我的想象,直到问询之后获悉:罗马的不信教者实在不在少数。这立马便消除了我所有的疑惑……"[2] 1756年,休谟收到了"阿尔加罗蒂伯爵(Count Algarotti)——威尼斯一位著名的全才"的一封信,以及其所寄赠的一本新书,这让他又惊又喜。到了1761年,休谟的名声如日中天,以至于竟然在罗马天主教会的禁书目录上为其所有的著述赢得了一席之地。[3]但两年后,并未被罗马教会的禁令所吓倒的都灵皇家学校的卡洛·德尼纳(Carlo Denina)教授

---

[1] RSE, VI, 3-7.
[2] MS in Adam Box, SRO.
[3] *Index Librorum Prohibitorum* (Rome 1911), p. 160: "Hume , David. *Opera omnia*. Decr. 19 ian. 1761; 10 Sept. 1827."

提出了如下问题："在欧洲学术界，谁人不知休谟的大作？哪个人又没读过并推崇其《英国史》呢？"[1]然而，时至1757年，在孟德斯鸠辞世之后，勒布朗直截了当地向休谟宣称："在欧洲，您是唯一一个可以取代孟德斯鸠院长之人。"

在杰出的思想家中，是伟大的孟德斯鸠第一个认可了休谟的天才。在读1748年版《道德和政治随笔》的过程中，孟德斯鸠的注意力集中在"论国民性"这一篇文章。在次年致休谟的信中，孟德斯鸠写道："在这篇优秀的论文中，您赋予道德因（moral causes）而非物质因（physical causes）以更大的影响力。在我看来——如果我有资格评判的话，您直指事物的要害，这是很不容易的；您的写作方式展现了大师的手笔；您的这篇文章充满了新颖的创见。"[2]当将道德因而非物质因视为国民性塑造中的决定性因素时，休谟站在了一系列古今思想家的对立面：休谟所反对的现代人中不仅有孟德斯鸠，还包括博丹、沙朗（Charron）、杜波斯（Dubos）和阿巴思诺特（Arbuthnot）；而休谟所反对的古人则包括希波克拉底、柏拉图和亚里士多德。孟德斯鸠还给休谟寄赠了一本《论法的精神》（休谟是从其酒商朋友约翰·斯图亚特那里获知此事的），尽管休谟在都灵时早已读过这本书。

而休谟自己也给那位伟大的哲人（指孟德斯鸠）寄去了一本《哲学随笔》，同时还附了一封长长的感谢信。在信中，休谟借机对《论法的精神》提出了详尽的批评，休谟自己所曾寄望于朋友的也正是这种开诚布公的批评，而孟德斯鸠也发现：休谟的评论"充满了真知灼见"。在这封法文信的结尾，休谟公开宣称道："我终生致力于哲学和美文，我希望，这种免除了各种嫉妒的平和的志向将为我赢得您善意的宽纵。"事实确实如此。年长的孟德斯鸠接受了休谟的通信邀请，直至他1755年辞世。1749年末，休谟以某种不为人知的方式，促成了《论法的精神》中的两章在爱丁堡的翻译出版，为此，孟德斯鸠还对这两章进行了最终的校订。孟德斯鸠也曾力促《政治论衡》的翻译，但未获成功。

在伦敦，休谟所收到的最好的礼赞来自于年轻的爱德华·吉本，尽管休谟当时对此一无所知。1758年12月，年轻的爱德华·吉本告诉其父亲道："我要去会一会……那位伟大的休谟。"1773年，吉本训斥一位参访爱丁堡的朋友道："你

---

[1] Quoted in *Scots Mag.*, XXVI (1764), 467.
[2] RSE, vi, 46.

向我介绍了一大堆你曾拜会过的知名公爵、地主和酋长；如果我是你，我宁愿只拜会一个大卫，而非你所提到的那些人。"对于休谟的这种忠诚最终受到了奖赏，1777年，吉本收到了休谟所写的对于《罗马帝国衰亡史》的祝贺信。吉本承认，休谟的这封信"足以酬报其十年之辛劳"。[1] 登录在册的还有拉姆齐（Ramsay of Ochtertyre）所记下的来自苏格兰的恭维："在许多年里，艾利班克勋爵（Lord Elibank）、凯姆斯勋爵和大卫·休谟一直被视为苏格兰文学界的三驾马车，在审美和文章的品鉴上，人们一直唯他们马首是瞻。"[2] 在这段时期内，作为一位文学赞助人，休谟相当一部分的活动都是在致力于复兴苏格兰的文艺。

表面上，"声名鹊起的征候"所指向的是无与伦比的公共成功，以及充实愉快的私人生活。因为一位成功文人的名声也给他带来了其他方面的各种成功。1751年在爱丁堡，休谟被遴选为"哲学学会"的秘书；1752年，休谟又被遴选为"律师公会图书馆"的管理员；1754年，他又成为"群贤会"（The Select Society）——在爱丁堡的思想和文化发展中，"群贤会"曾发挥了至关重要的作用——的共同发起人之一；而在此后的余生中，休谟一直都是大多数教、俗两界文坛俊彦的亲密挚友。用吉本的话来说，在苏格兰，他是"伟大的大卫·休谟"。而在英格兰，出版商安德鲁·米拉1764年骄傲地告诉一群教士道：他已不再关心休谟著述的版数了，因为他认为它们"已成为经典"。

然而，在这些表象的背后，休谟的生活轨迹绝非一帆风顺。在此期间，休谟一直为一系列苦涩的失望和挫折所困扰：1752年，他竞选格拉斯哥大学的逻辑学教席失败；1754年，他又因替"律师公会图书馆"购买图书而备受诟病；1754—1755年，《斯图亚特朝英国史》第一卷面世后又惨遭滑铁卢；1755—1757年，他又险些被苏格兰教会革出教门；1756年，迫于教、俗两界的压力，拟议中的《论文五篇》被束之高阁；1759年，《都铎朝英国史》遭到了公开的抵制。再加上之前《人性论》的失败和爱丁堡教席的落选，所有这些新的挫折几乎超出了一位天才人物所能承受的范围，尽管休谟"生性愉悦达观"。在《我的自传》中，只是在论及《英国史》时，休谟才对这些新挫折做了唯一的一次暗示。但它无疑适用于所有这些挫折。休谟写道："然而我大为气馁，要不是英法两国当时正在开战，

---

[1] Gibbon, *Private Letters, 1753—1792*, ed. R. E. Prothero (London 1896), I, 21-2, 190; *Memoirs*, ed. O. F. Emerson (Boston 1898), p.167.

[2] Ramsay, I, 319.

我肯定会退隐至法国某个外省城市,从此隐姓埋名,永别故土。"

休谟自我安慰道:"拨乱反正并非易事,但时间会对每个人,至少会对每本书做出公正的判决。一个人常常在诽谤和谩骂中含冤而死,但一本书立马可以在一百个地方为自身抗辩,故而不易遭到歪曲。"从长远的观点看,休谟无疑是正确的。然而休谟绝对无法理解他在其辞世后刊行的《自然宗教对话录》中所表达的观点有多么的错误:"只有傻瓜才会因为听说某个人因研究和哲学而对神学的论题抱有某种玄思性的怀疑,就减少对他的信任。"[1]

对于休谟来说,1749—1763年这段时间可谓毁誉参半,既不乏成功,也充满了失败。他发现:自己在文学上越是成功,来自于特定社会群体的敌意就越发令他难以忍受。面对这样一个事实——也即就智识而言,他要比其同时代人领先一个多世纪,休谟很难处之泰然。在努力重构他那个时代基本思想的过程中,休谟只获得了有限的成功,并受困于一连串的失败和一系列压制他的努力。此后,面对这些冷酷的历史事实,唯有法国的尊崇才最终让休谟感到释然。休谟在法国的成功虽然部分补偿了其在国内的失败,但也在一定程度上强化了这种失败,因为没有谁希望身在母国却感到像一个异乡人,而这正是晚年的休谟所感受到的那种日益浓重的哀愁。

---

[1] Hume-Poland, 135; *Dialogues*, p. 221.

第十八章　休闲与欢笑

"我要展现我的机智。"

为了扩大自己的文学交际圈，大卫·休谟1749年的整个春天都待在伦敦。上一年的4月22日，安德鲁·米拉已印行了他的《哲学随笔》。虽然其中含有极具煽动性的文章"论神迹"，但这本《哲学随笔》并未获得任何反响，看上去似乎无人瞩目。非常怪异的是，正是休谟自己以米拉出版评阅人的身份，一手促成了第一本批驳著作《奥菲马赫斯或启示的自然神论》（*Ophiomaches or Deism Revealed*）的面世。《奥菲马赫斯或启示的自然神论》是一部匿名的两卷本著作，由爱尔兰教士菲利普·斯凯尔顿（Phillip Skelton）撰写。在前往伦敦寻找出版商的旅程中，斯凯尔顿曾在牛津做短暂的逗留。在那里，斯凯尔顿被引荐给了牛津大学基督教堂学院的院长约翰·科尼比尔博士（Dr john Conybeare）。科尼比尔递给斯凯尔顿一本《哲学随笔》，并建议他应该在自己的论著中加入对休谟"论神迹"一文的评论，斯凯尔顿颔首同意。

斯凯尔顿的传记作家所讲述的后续故事看起来应该是真实可信的：

一抵达伦敦，斯凯尔顿先生就将自己的手稿交给了书商安德鲁·米拉，并问他是否愿意购买并自费出版它。像往常一样，米拉希望斯凯尔顿先生暂且将书稿留在他那里一两天，直到他可以找到某位素有大才的绅士来审阅它，以判断出版它能否收支相抵。用书商的行话来说，审阅手稿的这些绅士名为"试读者"（triers）。斯凯尔顿对我说，"你能猜到审阅我的《启示的自

第十八章　休闲与欢笑

然神论》(*Deism Revealed*) 那名绅士是谁吗？""不，我不能。""是休谟，那个异教徒"。应安德鲁·米拉之请，休谟先生来到店里，并将斯凯尔顿先生的手稿拿到隔壁的一个房间，在那里审阅了大约一个小时，然后对安德鲁说道，可以出版。[1]

这件事证明了休谟和米拉日益亲密的私人关系。根据《每日广告》上的告示，米拉于 6 月 2 日出版了斯凯尔顿的书。

到了 1749 年的初夏，休谟已经离开伦敦并前往苏格兰。在那里，休谟在**九泉**住了两年的时间，并在此期间展开了密集的文学活动。他以某些不为人知的方式一手促成了孟德斯鸠《论法的精神》中的两章于 1750 年 4 月在爱丁堡的翻译出版。然而，休谟主要的精力还是花在《道德原则研究》（另附有"一篇对话"）、《政治论衡》以及他死后才出版的《宗教的自然史》前期文稿的写作上。同时，为了替他筹划已久的《英国史》积累写作素材，休谟在此期间还进行了大量的阅读，并做了大量的笔记。但是，在考察休谟在这些最多产的岁月里所从事的那些严肃而重要的事业之前，我们不妨浏览一下那些虽不那么严肃，但却一次次地将休谟自己及其友人逗乐之事。

大卫·休谟骨子里有着一种轻薄气。像其他许多诚挚的知识分子一样，休谟对开玩笑，有时甚至对搞恶作剧乐此不疲。正如杜格尔德·斯图亚特（Dugald Stewart）所评论的那样："罗伯逊博士过去常常说，在休谟先生的快乐中有某种近似于孩子气（*infantine*）的东西；他还发现，在他的其他朋友身上，这种孩子气也屡见不鲜，以至于他几乎倾向于认为：这是天才人物所固有的特质。"[2]

例如，当《哲学随笔》第二版于 1750 年印行时，在给身在伦敦的克莱芬医生的一封信中，休谟做出了如下评论：

您多半不会相信我下面将要告诉您的这件事，但是，它确是千真万确的。米拉数月前曾排印了一个新版的《哲学随笔》，但他非常郑重其事地告诉我：由于地震的缘故，他已经将付梓的时间推迟了。我希望此次天灾没有

---

[1] Samuel Burdy, *Life of the late Rev. Philip Skelton* (London 1816), II, 351.
[2] Dugald Stewart, *Biographical Memoirs of Smith, Robertson, and Reid* (Edinburgh 1811), p.211.

给您造成任何损失。因为人们告诉我，女士们被这次地震吓破了胆，以至于将马车行进过程中所发出的嘎嘎声都误认为是地震，因而也都不乘医生的马车了，而是改乘军队里的马车，以至于您的车夫所挣的钱还不足以支付马车本身的耗费。但我恐怕这只是一种玩笑和戏谑话。

休谟与亲密友人所说的俏皮话可谓成千累万，他的信函里也充斥着各种机趣和解颐之妙语。正如我们已注意到的那样，他自己的肥胖一直都是大家乐此不疲的打趣对象。而在1751年致生性活泼的艾克尔斯的戴萨特夫人（Mrs Dysart of Eccles）的一封信里，对自己肥胖的这种调笑被休谟发挥到了无以复加的极致：

请代我向检察长阁下（亚历山大·霍姆，苏格兰的副总检察长）问好！不幸的是，我面前还没有一匹马能驮得动我这一身肥肉，去拜会他这位比我还要胖的人……

请转告检察长，我最近一直在读一位名为斯特拉波的古代作家的著作。在著作中，他写道：在古代高卢人的一些城市中，对于肥胖，有一种固定的法定标准。元老院的元老们随身携带一把量尺，如果有谁的腰围超出了法定标准，那么，他就必须向公众缴纳罚款，而罚款的数额与肚子的大小成正比：肚子越大，所缴罚款的数额也就越高。如果我们的议会通过了类似的法律，估计检察长阁下和我都得交罚款。因为我担心我们早已超出了法定标准。

实际上，我怀疑贪婪的财政署还不曾想到这种敛财之道。奢侈品税总是最受人称许：没有人会说，腆着一个圆滚滚的大肚子有任何用处或有任何必要。它只是一种多余的装饰，同时也是一项证据：证明那些脑肥肠满之人吃得太多，远超其自身所需，因此有必要通过税收或者其他的强制措施把他降到与其同侪相同的水平。

因为身量苗条之人都是些最活跃、最不安分、最野心勃勃之人，他们在世界各地都是统治者，只要他们乐意，他们就能欺压他们的对手（胖子）。上天（Heaven）禁止取消辉格党和托利党，因为如果这样的话，到那时整个国家将会分裂为胖子党和瘦子党。而我也担心，到那时，我们的党争将变得更加悲催。唯一的安慰是：如果他们欺压我们太甚，我们终将与他们互换身

第十八章 休闲与欢笑

份：我们将转而欺负他们。

此外，天知道！如果对胖子征税，一些心怀戒备的神学家或许会说：这样的话教会就会危如累卵。

我只能对尤利乌斯·恺撒（Julius Caesar）的《回忆录》大加赞美，因为在其《回忆录》中，他向胖子表达了敬意，而对瘦子则表达了厌恶之情。全世界都承认：恺撒大帝是有史以来最具雄才大略之人，也是人类最伟大的法官。

但是，亲爱的夫人，我应该请您原谅，因为在这封信里，我通篇都在讨论"胖"与"瘦"的问题，对此，夫人您绝不会关心。因为您既不胖，也不瘦，实际上甚或被视为一位十足的身量苗条者（trimmer）*。

作为一名文学上的智者，在这些私人书信之外，休谟自视为斯威夫特主教（Dean Swift）传统的追随者。1751年，休谟向吉尔伯特·埃利奥特承认，"我早就打算为《格利佛游记》（Gulliver）写一个续篇，旨在嘲弄那些教士。斯威夫特是一个牧师，这无疑是一种遗憾。假如他是一位律师或一位医生，我们就可以以嘲弄这些职业为乐了。但教士是如此心怀戒备、草木皆兵，以至于不能承受对于他们一丁点的嘲弄和冒犯，并且是出于一种十分显见的原因：也即他们实在荒唐可笑。斯威夫特博士的这部分论题余韵悠远、意味无穷，我相信，值得那些才智稍逊一筹的人们沿着他的足迹在此领域内大展身手。"

多年前，休谟曾宣称"教会是我素所憎恶的"，并且他总认为教士是确当的取笑对象。随着时间的推移，休谟对于教士性格特征的描绘和归纳——作为一个注解附在1748年刊行的"论国民性"这篇随笔的后面，不仅引来了大量的关注，而且也引发了僧侣阶层的猛烈炮轰。[1] 1763年，休谟告知一位到访爱丁堡的法国官员——几乎可以肯定就是拉罗谢特将军（General La Rochette）：苏格兰是"圣经之地"（Land of Bibles）。休谟又进一步告诉那位将军道：他知道有一位牧师（或大臣）每天都要感谢上帝，因为与那些气候更为温和的国家相比，这个国家所拥有的《圣经》数量要多得多。休谟估算道：苏格兰的居民数只有区区的150万，

---

[1] 参见后面的 pp. 260ff（英文原页码）。

* "身量苗条者"（trimmer）这个词最初是用于1680—1690年间哈利法克斯侯爵（Marquis of Halifax）的追随者[双关语，投机者]。

但其所拥有的《圣经》数却高达 300 万。当黑尔斯勋爵（Lord Hailes）问及休谟是否知道英格兰教会的"信纲"何以是 39 条时，休谟回答道："减一条则不足，多一条则有余。"[1]

正如其告知埃利奥特的那样，早在 1751 年初，休谟就试图刊印"一则短篇笑话，以嘲弄那些正襟危坐之人"。爱丁堡的出版商拒绝刊印它，休谟又进一步向克莱芬坦承："您会说，这是我审慎和做事周全的一个好标志。"然而，休谟希望"被认为是一个风趣之人"，并最终确保它能在伦敦如愿付梓。

促使休谟创作《苏格兰教会严肃而令人敬重的教堂司事的请愿书：致尊贵的下议院》（*Petition of the Grave and Venerable Bellmen or Sextons, of the Church of Scotland, To the Honorable House of Commons*）的——这就是这篇讽刺文的标题——是苏格兰宗教大会的如下决定，也即为了提高牧师们的微薄薪俸而向议会请愿。尔后，教区学校的那些教师们又群起仿效。但是，由于苏格兰乡绅们（包括九泉的约翰·霍姆）的强烈反对——因为他们发现，这笔增加的开支势必要出自他们的荷包，宗教大会最终明智地放弃了此项诉请。苏格兰乡绅显然信奉鲍斯维尔之父，奥金莱克勋爵（Lord Auchinleck）的如下信条："一位清贫的牧师才是一位纯洁的牧师"。[2]

休谟这篇讽刺文的一个更为宏阔的背景是 1748—1751 年间苏格兰围绕牧师问题所展开的大讨论。[3] 撇开牧师们确实需要增加薪俸这一显见的事实，休谟的这篇讽刺短文实属有趣，而且其刺贪刺虐不露声色，入木三分。与此同时，若要评价休谟在宗教和教会问题上的基本立场，这篇短文也是绕不过去的基本文献。"请愿书"还附有"致一位国会议员的信"，所标明的日期为 1751 年的 1 月 27 日，并署名为"Zerobabel MacGilchrist[4]，巴克黑文的教堂司事（Bellman of Buckhaven）"。在信的结尾，"Zerobabel MacGilchrist"轻描淡写地承诺，"现在，尊贵的先生，如果您愿意襄助上帝成就这项神圣的事业，我将以我自己以及全体教堂司事的名义向您允诺：在我们的能力范围内，我们将精心地完成上帝所赐予

---

[1] NLS, MS 3803, f.57; HMC, Fourth Report (London 1874), p.532.
[2] Ramsay, II, 556.
[3] W. L. Mathieson, *The Awakening of Scotland: A History from 1747 to 1797* (Glasgow 1910), pp.148-52.
[4] 在盖尔语中，"*Mac'ille Chrios*da"意指"Son of Christ's gillie or servant"（基督仆役之子）。

第十八章 休闲与欢笑

我们的愉快任务,好让您入土为安,您将找不到任何可以抱怨的理由。"[1]

教堂司事的祈愿由下列理由所支撑:

《圣经》和理性都不难证明,宗教事业不仅与牧师们的现世利益和世俗荣耀有着密不可分的联系,而且也与您的请愿者(指教堂司事们)的现世利益和世俗荣耀有着密不可分的联系。

您的请愿者以掘墓人的身份为大众服务,在每一个管理有方、秩序井然的社会中,任何公道的推理者都不会质疑这一群体的巨大用处和不可或缺性。相较于他们的牧师兄弟,这也算是他们所享有的一大优势。

他们的用处之广,正如其用处之大。即便是那些无视宗教或轻贱学识之人,也必然在此时或彼时需要严肃而珍贵的教堂司事们的良好服务。

乡绅们似乎不可能去反对您的请愿者的利益,既然他们此前曾确保那些乡绅们父兄的尸身安全无虞,那么,在这个世界上,紧随医生之后,您的请愿者应该是目前的这帮地主们最应感恩戴德的对象。

由于您的请愿者算得上是半个神职人员,不难料想,他们绝不会有不可理喻的过分之请。

在这个王国,对所有宗教而言,您的请愿者目前的清贫都是一桩丑闻,而且要证明一个现代教堂司事的收入还不及当初的使徒,因而其薪俸还不到一位长老会牧师的二十分之一,实是一件轻而易举之事。

无论我们这个时代的异端人士和自由思想者怎样放肆地嘲笑我们的牧师兄弟,但一想到我们,即便是他们中的最勇敢者也会战战兢兢。就移风易俗而言,关于我们的一个简单念头,都要比世上所有的布道管用。

在我们这些真正的改革宗教会里,划拨给您的请愿者的器乐是所剩下来的唯一音乐,是教师和牧师们的声乐所必不可少的前奏,而且在许多人看来,这些器乐同等重要和优美。

您的请愿者相信尊贵的下院将不会因他们当前卑下的生存状况而鄙弃他们。因为一位饱学之士曾说过,现在身为君王的那些红衣主教,原先也只不

---

[1] 此文唯一存世的版本藏于牛津大学图书馆(the Bodleian)。此文曾重印于 The Scotch Haggis (Edinburgh 1822), pp.187-91,但未注明作者。 The Scotch Haggis 这本书本身就是珍本书;同时参见 John V. Price 所著 The Ironic Hume (Austin 1965) 之"附录 B",第 173—175 页。

过是罗马的教区牧师。您的请愿者注意到,教会现在正在采取同样值得称颂的措施,并有望在某一天与那些王公贵族们平起平坐。

除了个人和宗教话题,休谟经常调笑的另一个对象是政治,尤其是"各种主义中最恐怖的詹姆斯二世党人主义"。在《对阿奇博尔德·斯图亚特……的真实描述》一文中,我们可以看到休谟对于詹姆斯二世党人主义的总体态度,但在其书信中,休谟主要的嘲笑对象却是詹姆斯·弗雷泽(James Fraser),他是休谟在远征洛里昂时所结识的另一位医生朋友。在休谟写给众多好友的信函中,作为一位莽撞的苏格兰高地人,也作为一位偏执狂暴的詹姆斯二世党人,弗雷泽一直是一个确当的取笑对象:"我希望弗雷泽已经改信了";"代我向……弗雷泽先生致意,如果你可以与他交谈的话,如果他毕竟还可以交谈的话";"弗雷泽……是一个诚实、诙谐、友善而乐天之人(尽管,我必须得承认,他有一点冲动和鲁莽),对于惹他生气,我感到非常抱歉"。1750年和1751年,休谟分别写了一篇针对弗雷泽的讽刺短文,其中唯有1751年所写的这篇短文留存于世。其中的第一篇文章被其洋洋得意的作者描述为"非常非常风趣。我花了一整夜来构思它,那晚,由于受风湿病的折磨,我根本就无法成眠。您或许听说过这个故事:一位伟大的女士,当她想变得饶有风情的时候,她就浑身起水泡"。

而1751年那篇调笑文章只是为了纠正弗雷泽的"政治立场和(褊狭的)爱国主义"而精心设计的一出恶作剧,尽管可以确定的是,休谟并未真的指望它能产生什么奇迹。休谟曾向克莱芬医生问询道:"理性有可能战胜天性、习惯、交往、教育和偏见吗?这留待您自己判断。"由于这个恶作剧要假手阿伯克龙比上校(Colonel Abercromby),故而在附信中,休谟就这个恶作剧向上校做了详细的说明。阿伯克龙比上校将来自休谟的一封假信读给弗雷泽听,在这封信中,休谟不仅对弗雷泽的詹姆斯二世党人政治观大加鞭挞,还吸引他注意到休谟正准备付梓的一份随附的文稿。休谟还让阿伯克龙比自行决定是否要在报纸上刊登有关这篇文稿的如下广告:"即将付印,价格1先令。致一位性格火暴的威斯敏斯特爱国人士的一封信,出自一位乡下朋友之手。"不仅如此,休谟甚至还准允阿伯克龙比上校这样对弗雷泽说,"您怀疑钻研过度已让我(休谟)变得疯疯癫癫,否则,我(休谟)绝不会做出这样一件蠢事。"

第十八章　休闲与欢笑

而那份手稿[1]本身——也即"致尊贵的首席大法官 Reason（理性）阁下，致尊贵的 Discretion（决断）法官、Prudence（审慎）法官、Reserve（保守）法官和 Deliberation（慎虑）法官阁下，威斯敏斯特病人针对药剂师詹姆斯·弗雷泽的控诉书"，将弗雷泽当作一名药剂师，他的勇气曾治愈了许多病人，但其医疗实践所杀之人一点也不少于其所治愈之人：

> 无论何种疑难杂症，弗雷泽先生都是药到病除。以至于只要他一露面，所有的病痛都不驱自走，眼睛也觉得舒爽了，肺部也觉得舒坦了，喉咙也觉得舒泰了，大便也通畅了，心情也舒畅了，血液循环也加快了，消化也好了。
>
> 您的请愿人坚信：只要有那位神奇的弗雷泽的照看，他们中死亡的人数肯定要比自然状态下——在这种状态下，人们尚不知道医药为何物，或者说，还没有医学实践——的死亡人数要少得多。而在这个怀疑主义的时代，在这个质疑一切的时代，人们很少会相信这一点。

但是，在某位詹姆斯二世党人政治家的影响下，弗雷泽"全身心地照顾公共夫人（Dame Public），而彻底地遗忘了您的请愿人"。但是，那位夫人"具有最强健的体格"，几乎不需要任何医疗照顾。

> 即便如此，神奇的弗雷泽还是使出了浑身解数来说服那位闻名遐迩的女士，为的是让她相信：她现在正处于所能想象到的最危重的病情中，除了他所配制的一种药剂，没有任何东西可以使她康复。这种药剂是由火药、北方之铁的煎汁和南方的圣水勾兑而成的。
>
> 这种药剂，毋宁说这种毒药，先是被压制成圣饼，然后再贴上爱国主义的标签。如此这般之后，便被大摇大摆地公开兜售。
>
> 乘那位闻名遐迩的公共夫人（Dame Public）熟睡之机，大约有十几包这样的药剂被神不知鬼不觉地灌进了她的嘴里，随后就产生了最可怕的病症，使她的瘟热病和腹泻症明显地加剧，甚至出现了一些出血的症状。要不是她

---

[1]　Reprinted in HL, II, 340-2.

奋力反抗，将其扔掉，她肯定会有丧命之虞。

请愿书最后写道："恳请各位大人严禁大名鼎鼎的詹姆斯·弗雷泽继续照看闻名遐迩的公共夫人，并命令他重新给您的请愿人及其家人治病。"

"生性乐于展现自己机趣"的休谟在1761年又创作了另一则政治笑话，这一次，休谟将批判的锋芒直指"伟大的布衣卿相"皮特（老威廉·皮特，之所以被称为"伟大的布衣卿相"，是因为在1766年以前，他一直拒绝封爵）。对于休谟的这篇讥刺之文——它显然已公开出版，我们唯一所知的信息源自身在伦敦的乔治·默里少将于1761年3月3日写给其兄长詹姆斯·默里将军的一封信，他们兄弟两人都是休谟的好友。很显然，这位少将并非一位称职的作者：

> 鉴于已成功地预见到您的功成名就，大卫·休谟已证明了自己的价值。我希望他能给您写信，但他认为这或许显得有点操之过急，尽管我信誓旦旦地向他保证：假如您不仅征服了新世界，而且还征服了旧世界，您就愿意与他通信。他曾写了一篇诙谐可笑的文章，在其中，他对您的朋友皮特大肆嘲弄，我这就将它寄给您。在文中，他只署上了Gowler［也即Howler］这个名字。
>
> 我忘了告诉您，我的妻子有一天嘲笑了一位小姑娘，但这与我们无关。[1]

如果大卫借用了Gowler之名，也即皮特自己的名字，那么，它实际上同海军上将无意造成的后果一样幽默，或许值得对那个时代卷帙浩繁的小册子做一番检索。因为这些只言片语也许还不足为凭。显然，以斯威夫特的方式持续不断地进行冷嘲热讽并不是休谟的特长。他认识到了这一事实，而在一封写给埃利奥特的、与"教堂司事的祈愿"有关的信中，休谟已敏锐地表达了这一点：

> 我不恭维任何人，也不希望获得任何人的恭维。正是出于这种原因，我非常高兴您能对拙作《祈愿》做出如此冷峻的批评。然而，我已下令将其付梓，它现在或许已经面世，尽管我相信我最好还是将其束之高阁。不是因为它会冒犯一些人，而是因为它无法怡人耳目；不是因为人们可能会认为它亵

---

[1] EU, Laing MSS, II, 601.

第十八章 休闲与欢笑

渎神灵,而是因为它或许真的索然寡味。实话告诉您,对于命运,我总是泰然处之,特别是现在,我的生活已大有起色,而且还安闲有余,这也适合我极端节俭的脾性,所以,我既不厌惧也不希望从别人那里获取任何东西,并且无论是攻击,还是恩惠,我都无动于衷。我不仅不会因为政治上的考虑而牺牲真理和理性,我甚至都不愿为政治上的考虑去牺牲一句笑话。您或许会告诉我:我应该将顺序颠倒过来,并将玩笑置于最紧要的位置:正如人们通常最喜欢写他们最不擅长的题材。因此,我宁愿被视为一个风趣之人,而不愿获得渊博、精微和善于发明的美名。对于这一恶毒的攻讦,我将置之不理……

如果每一位小丑都希望化身为哈姆雷特,那么,为什么哈姆雷特就不能希望偶尔客串一下小丑呢?不过,富有洞察力的休谟认识到了自己的缺点。但是,善意的插科打诨、温厚的嬉笑怒骂是休谟力所能及的,它们可以让休谟严肃的著述氤氲着人间的烟火,并让其书信在18世纪这个伟大的书信写作时代里显得卓尔不群:它既言之有物、广人见闻,又生动活泼、怡人耳目。

第十九章 爱丁堡公民

"我从乡下搬到爱丁堡；它是一个文人的真正舞台。"

1751 年 3 月，九泉的约翰·霍姆与凯弗斯的艾格尼丝·卡雷（Agnes Carre of Cavers）在罗克斯巴勒郡（Roxburghshire）喜结连理。在给艾克尔斯的戴萨特夫人的信中，身为弟弟的休谟对此事做了如下描述：

> 我们的朋友最终下定决心，决定冒险成婚。他于星期一早上动身，而这也是他一生中的第一次冒险，也可能是唯一的一次冒险。对于这次婚姻的后果，我想他是无法进行精确的计算并加以合理预期的。您想，即便是一个数学家，他又如何能确定一位贤妻和一个河东狮的准确界限呢？他又如何能将她们各自打分评级呢？艾萨克·牛顿爵士自己虽能准确地测度行星的运行轨迹，并可以用一架天枰称出地球的重量，但即便如此，他也没能发明出一种代数学，借以把我们人类中最温柔可人的那一部分（指女性）纳入到一个正确的等式中：在所有神圣的天体中，只有她们的运行轨迹是最无常的。

鉴于九泉老宅即将迎来一位新的女主人，休谟和凯瑟琳（她过去一直和约翰住在一起）开了一次家庭会议，决定最好不要打扰这对新婚夫妇的燕尔之乐。但做出这个决定实属无奈之举，正如休谟后来所表明的那样："我和我的长兄在九泉幸福地生活了几年，如若不是他的婚姻多少改变了家庭状况，我相信我会在那生活一辈子，直至老死。"

第十九章　爱丁堡公民

（休谟接着对戴萨特夫人写道）自从我的兄长离开后，凯蒂（指凯瑟琳·霍姆）和我就开始盘算起我们的将来。而深思熟虑的结果是：我们决定搬到伯维克的房子去住。在那里，如果精打细算和俭省并不会欺骗我们——它们是最确定不移的艺术，我们除了能过上衣食无忧、干净清爽的小康生活外，还可以略有节余。这些节省下来的钱，我们既可以储蓄起来，以备将来不时之需，也可用于生活享受或扶危济困。但是，既然我已事先声明反对囤积钱财，所以不难猜想您和戴萨特先生肯定会赞成生活享受和扶危济困。但是，我们或许会忤逆您的判断。因为再也没有什么比年长日久、根深蒂固的积习更能蒙蔽一个人的心智了。

但是伯维克太偏远了，对休谟而言没有任何吸引力。克莱芬医生在自己伦敦的家中为休谟预留了一个房间，这当然要好于伯维克。休谟曾向克莱芬承认："培尔曾说过，一个文人总是应该住在首府。"然而，作为一个苏格兰人，休谟从未在伦敦感到过安闲自在。

可以肯定，休谟所说的首府是指苏格兰的首府爱丁堡。有两位不知名的朋友向休谟提供了安身之处。但是，即便休谟愿意放弃其所珍视的独立，凯瑟琳却让接受这项提议成为不可能。到6月底，休谟告诉迈克尔·拉姆齐："家嫂为人贤淑，似乎很希望我们兄妹俩能留下来"，但是，"斟酌再三之后，我还是决定到爱丁堡安家……我之所以做出这个决定，还有其他方面的考虑。我不愿远离家姐，她不久之后就会搬来与我一块住……"就这样，休谟移居至爱丁堡，并暂住在"弗里班太太（Mrs Freebairn）家中，直至凯瑟琳搬来"。这年夏末，休谟到苏格兰西部做了一次短途旅行，并拜访了住在格拉斯哥附近的格兰德斯通的缪尔。

休谟曾这样告诉拉姆齐："在眼下，我尚有许多值得让人艳羡之处：我有50镑的年收入，有价值100镑的藏书，而且还储有大量的亚麻和上好的布料。除此之外，我口袋里尚有近100镑的现金；与此同时，我还过着一种井井有条、俭朴的生活，不仅经济独立，而且还有一副好身体，一种知足常乐的天性，以及对于读书为文生活的不可遏抑的喜好。就这些方面而言，我自认为是世界上最快乐、最幸运之人；假如上帝眷顾我，赐我运机，让我在命运的轮盘中再次投注，很少有什么奖品能让我甘愿抛弃现有的生活。"休谟继续写道，凯瑟琳"每年也有30镑的收入，并且与我一样喜欢整洁和俭省，我们不用担心入不敷出"。但是，直到次年的圣灵降临节，休谟才拥有了自己的"房子"，它位于劳恩市场的里德尔大厦（Riddle's Land），就在休谟的出生地附近。

在《我的自传》中，显然想起了培尔之言的休谟写道，"我从乡下搬到爱丁堡；它是一个文人的真正舞台。"尽管曾临时寄寓于伦敦和巴黎，但在此后的余生里，休谟始终是一位爱丁堡公民。仅就外观而言，休谟现在所驻足的爱丁堡与其学生时代的爱丁堡甚少变化。就规模而言，爱丁堡仅次于伦敦和布里斯托，是英国的第三大城市，到18世纪中叶，其人口有5万多。此后，爱丁堡的人口一路飙升，到1775年时已臻至8万。[1]

爱丁堡一直被誉为不列颠最具世界主义面向、最具欧陆风情的城市，但同时也被公认为最肮脏的城市。托马斯·格雷（Thomas Gray）曾注意到："在所有的首府中，唯有爱丁堡远看风景如画，近观则臭气熏天。"[2] 1746年随坎伯兰公爵（Duck of Cumberland）的大部队途经爱丁堡的一位不具名的英国士兵曾栩栩如生地描述道：

爱丁堡确是一座美丽的城市，甚至可以夸口说有全欧洲最高的房舍；但是，爱丁堡也自有其瑕疵，而其中最彰明昭著的便是它太肮脏了，城里到处都是粪便。在每家于早上7点左右清扫完毕之前，这些粪便散发出一阵阵令人窒息的恶臭。我相信，在这一点上，爱丁堡绝对属于世所罕匹。每天晚上10点之后，走在爱丁堡的大街上，若没有装满粪便的便壶砸到你头上，那绝对是你的万幸。作为一位外地人，每当听到路人们此起彼伏、声振屋瓦（高街两侧的房屋一般有6—7层高）的高声叫喊：请高抬贵手，请高抬贵手（Hoad yare Hoand）——意指等我过去了你再倒，那一定会让人忍俊不禁。[3]

带着诗人应有的夸张手法，18世纪的爱丁堡诗人常将这种恶臭引以为傲。例如，亨利·厄斯金（Henry Erskine）就为这种"恶臭"整整献上了一首诗。而作

---

[1] Wm. Maitland, *History of Edinburgh* (Edinburgh 1753), pp. 220-1; Arnot, *History of Edinburgh* (Edinburgh 1788), pp. 339-40.

[2] Gray, *Works*, ed. Edmund Grosse (New York 1885), II, 209.

[3] *A Journey through part of England and Scotland along with the Army under the Command of His Royal Highness the Duke of Cumberland*, 3rd edn. (London 1747), pp. 93-94.

第十九章 爱丁堡公民

为远比厄斯金更为优秀的诗人，罗伯特·弗格森（Robert Fergusson）通过物极必反的哲学原理，为"老烟城"（*Auld Reekie*）[苏格兰语里"爱丁堡"的绰号] 之"花"提供了更为优美的辩护：

> 赤足的女佣站在楼梯上，
> 手里拿着便壶或浴盆，
> 你要知道她们的身手是多么敏捷，
> 每天清晨，老烟城都能闻到：
> 那泛滥的臭气
> 在北湖桥下流溢，
> 它们温柔地浇灌着爱丁堡的玫瑰，
> 活跃并款待我们的口鼻。
> 为此，一些人用讥刺的鞭挞，
> 让老爱丁堡蒙尘；
> 但没有酸苦哪来甘甜；
> 正是每天早晨弥漫在街道上的恶臭，
> 不疾不徐地将我们引向
> 一个艳丽华美的夏天；
> 爱丁堡的子民更易分享到
> 她绝世的芬华和秀丽，
> 因而她从不曾
> 褪去自己的格布衣裙。

爱丁堡的民政长官或有规定：每天晚上10点钟喇叭一响，必须将各种秽物倒进排水沟，并将其清空；但粗鲁不文的女佣们却发现打开窗户直接往下倒则更为简便。虽然矢志改变这种陋习的改革者们换了一茬又一茬[1]，但却收效甚微。虽然早在1755年左右英语中就出现了抽水马桶这个词，但在整个18世纪，这种生活便利设施并未曾在爱丁堡露面。当1773年行走在爱丁堡的高街上时，约翰

---

[1] 参见 Anon, *The City Cleaned, and Country Improven* (Edinburgh 1760).

逊博士（Dr Johnson）在鲍斯维尔（Boswell）的耳边抱怨道："我可以在黑夜里闻到你！"

用不了多久，先前所提及的那位佚名的英国士兵就会发现修士门（Canongate）的一个秘密："这条大街上有数不胜数的妓院，其常客们经常会问的一个问题是：他们是否染上了修士门臀，也即他们是否染上了花柳病？在当时，爱丁堡性病肆虐……"然而，这名英国士兵还算仁慈，他是在对妇女的褒扬声中——虽然这种褒扬只是间接的——结束了对于爱丁堡的描述："这里的妇女常常用苏格兰花格子呢包住她们的头颅和臂膀……；这些都是上好的遮掩物，以掩藏她们裸体的不洁。爱丁堡有大量的美女，她们有着一头金发，姣好的面容上布满雀斑。她们步履高贵地走在街上，仪态万方。"但是，裹花格子呢的潮流很快就一去不返了，因为奥切泰尔的拉姆齐（Ramsay of Ochtertyre）曾言之凿凿地表明："当我1752年返回爱丁堡时，人们基本上看不到有穿花格子呢的女士了。尽管有一段时间，那些老派的主妇和下层民众仍保留了这种装束；但七八年之后，即便是那些贫贱的女佣们也都羞于穿这种丑陋而过时的服饰了。"[1]

如果说18世纪中叶的爱丁堡正经历日益增长的物质阵痛，那么，它在心智上正在迅速地走向成熟。简而言之，它已开始收获前几代人在大学讲堂里所播下的金色果实。如果说大卫·休谟是第一批创作出文学和思想之鸿篇巨制的天才巨匠，那他也并非孤例。18世纪50年代迎来了苏格兰文化的复兴，在此后的几十年间，正是这股文化复兴的浪潮让贫穷的苏格兰所取得的文化成就甚至远超其富庶的南方邻邦英格兰。当休谟1751年移居爱丁堡时，他所置身的正是这种激奋人心的文化氛围，此后，其生涯和事业便与苏格兰启蒙运动的发展休戚相关、密不可分。

在1753年给克莱芬的信中，休谟详细描述了其搬至爱丁堡，以及其"年方40"，"身为一家之主"的情况：

> 大约7个月前，我有了一栋自己的房子，有了一个正常的家——我是一家之主，而一个女仆和一只猫便是其中的两个家庭成员。家姐自那时起便与我住在一起，使我不至于太过孤寂。我发现，通过节俭，我可以过一种

---

[1] Ramsay, II, 88.

第十九章 爱丁堡公民

净洁、温暖、敞亮、富足而自得的生活。您还能再奢望什么呢！独立？我所享有的独立已足够多了；荣誉？我也并不缺乏；恩典（Grace）？它总会适时到来；妻子？她并不是生活中不可或缺的必需品；书籍？它倒是生活的必需品，但我所拥有的书籍已足敷使用。简而言之，凡是人生的主要福祉，我无一不有，尽管多少不一。如果不是因为在哲学上用力甚勤，我可以过得轻松自在。

休谟的"新家"位于劳恩市场（Lawnmarket）南边的里德尔大厦（Riddle's Land），与西弓（West Bow）的顶部相邻。这栋房子至今犹存，尽管在历经岁月风霜之后，它早已多有变动、今非昔比。它位于一栋典型的六层高的石楼内，该石楼不仅楼道狭小，而且外墙也早因烟尘的熏烤而显得黝黑发亮，唯有一条幽深的巷道与外界相连。在18世纪，这里的卫生状况虽然还算得去，但与爱丁堡其他地方也相差无几。在这里住满一年之后，休谟兄妹俩就于1753年圣灵降临节搬至修士门和图尔布施（Tolbooth）监狱附近的杰克大厦（Jack's land）。令人遗憾的是，这栋建筑早已不复存在，正是在这里，休谟不仅住了9年，而且也创作并出版了整部《英国史》。

通过其好友，因弗雷斯克的亚历山大·卡莱尔（Alexander Carlyle of Inveresk）——他是一位温和派教士——的描述，我们得以管窥休谟在位于杰克大厦这栋"非常小"的房子里的生活状况。卡莱尔写道："……当休谟住在修士门时，他那时正在撰写《英国史》，他总是起得很早，废寝忘食地投身于他的研究，几乎没有时间进行身体锻炼。因此，他习惯于每天绕着索尔兹伯里峭壁（Salisbury Craigs）走一圈，然后回去吃早餐，并继续其研究。"休谟当时的生活极其简省，"他只雇了一名女佣——这位女仆一直与休谟相随，直至辞世。休谟的脾气是如此温良，以至于即便后来变富裕了，生活水准也随之水涨船高，他也不愿在她之上再请一位管家，以免惹她不快。"这个女仆名叫佩吉·欧文（Peggy Irvine），卡莱尔曾将其描述为"更像一个男人而非一个女人"；此外，她有点像休谟家中的暴君。"我记得有一天晚上，"卡莱尔记述道，"休谟因在外面吃饭，很晚才来参加我们的聚会（也即一群从乡下赶到城里欢聚的温和派教士），并直接从口袋里掏出一串大钥匙，将其放在桌子上。他说这是他家的女仆佩吉交给他的……她或许不会起床给他开门，因为每次他的朋友从乡下来，他都要到午夜1

点之后才能回家。"

出于必要的俭省，休谟"总是在外面吃午饭——通常在下午 2 点钟左右。而比较招人耳目的是，尽管休谟每周有 4—5 次赴宴的机会，但他从不给佣人小费；而更为怪诞的是，尽管他是一位饕餮之徒，但喝酒却比较节制。这样，待晚上回家之后，他还可以以刻苦而清醒的状态继续从事研究。至于他不给小费，"卡莱尔继续写道，"那实在是因为他那时付不起，尽管衣着考究，但他那时的年收入尚不足 50 镑。但佣人们都发现，休谟温文尔雅、诙谐风趣，常常能让他们的男女主人们开怀大笑，故而也就乐于看到他，就好像他每餐都给了小费似的。"正是借助于其极端温良的个性，休谟打破了到私人家庭赴宴时必须给佣人小费的陋习。

依照卡莱尔所讲的另一则逸事，休谟极端温良的个性也极大地挽回了其作为"无神论者"的恶名：

……当著名的建筑师罗伯特·亚当先生（Mr. Robert Adam）和他的兄长及老母——她是罗伯逊的姑母，一位非常令人尊敬的老妇人——住在爱丁堡的时候，老夫人向他的儿子说道："我很高兴看到你的朋友到家中做客，但我不希望你把那位无神论者带来，以打搅我的清净。"但罗伯特很快就找到一个让老妇人接纳休谟的办法，因为他用别名来介绍休谟，并小心翼翼地瞒着她。当晚餐结束后，老夫人对其儿子说道，"我必须承认，你带来了一些非常悦人的友伴，而那个坐在我旁边、高大而快活的人又是他们中最讨人喜欢的。""妈妈，他就是那位您视之为猛水洪兽的无神论者啊，"亚当说道。"你以后尽管带他到家里来做客。因为他是我所遇到的最清白、最可人、最幽默风趣之人"。

卡莱尔就此评点道："事实就是如此。尽管他学识渊博，品位高雅，尽管他是一个怀疑主义者，一个非基督徒和一位无神论者，但他心思单纯，作风朴素，在我所遇到的人中，唯有他性格最为随和仁厚。他的谈话令人欲罢不能，因为他的谈吐虽然很开明，但却天真的有些孩子气。"

尽管十分节俭，但休谟仍能够"时不时地准备一些精美的风味小食，以飨少数几位挚友"，比如"一盘烤母鸡，一碟洋葱片，外加一瓶潘趣酒……而其中最好的款客美食，当数那悦人的、充满教益的谈话，因为休谟总能将教俗两界中最博学的人聚拢在一起。这是他最乐于干的事，当他变得如他自己所说的那样富有时，他干得就更加卖力了。就善意的搞笑和令人捧腹的逗趣而言，无人能出其右。贾丁（Jardine）[另一位温和派教士]有时会故意挤兑他——因为他也是一个极其诙谐机智之人，尽管没有多少学识，但我从未看到他因此而恼羞成怒"。

休谟有时会拿宗教来开善意的玩笑，但即使是虔诚的卡莱尔也能坦然接受。下面这则逸事当可以佐证：

> 在参访吉尔默顿（Gilmerton）时，大卫·金诺克爵士（Sir David Kinloch）邀请休谟到Athlestaneford大教堂去看一看，当时我恰好正在那里给约翰·霍姆布道。餐前相遇时，他问我道："在约翰的礼拜会上宣扬西塞罗的学说，您这是何意？我不认为这种异教道德能在东洛锡安（East Lothian）行得通。"星期一，当我们一块吃早饭时，休谟退至餐厅的另一头，这时，大卫·金诺克爵士恰好走进来，便问道，"大卫，您这是在做什么？快去吃早饭。""先把敌人赶走。"休谟答道。这位准男爵以为休谟是嫌上屋的炉火烧得太旺了，故而宁愿待在下屋，于是便叫仆人拿掉一些材火。殊不知休谟真正害怕的并不是炉火，而是放在上屋柜台上的那本厚厚的圣经……

1751年6月，休谟曾告诉米歇尔·拉姆齐：他仅有"价值100镑的书"，而到了1753年1月，他却向克莱芬夸口道："他的书多到用不完。"休谟书籍数量的飞跃，无疑为我们提供了另一个佐证，它表明：各种无从预见的突发事件不断地对休谟的职业生涯施加了决定性的影响。事实上，这中间主要涉及两次偶发事件，一次以失利告终，另一次则大获全胜。

此次失利发生在格拉斯哥大学，这是休谟在学术领域里的第二次受挫。"格拉斯哥大学会议纪要"[1]的手稿记录了事实真相：1751年11月27日，于1746年接替哈奇森执掌格拉斯哥大学道德哲学教席的托马斯·克雷吉（Thomas Craigie）在疗养地里斯本病逝；1752年4月22日，自1751年1月9日起就执掌格拉斯哥

---

[1] 存于格拉斯哥大学图书馆。

大学逻辑学教席的亚当·斯密转任因克雷吉之死而出缺的道德哲学教席；最后，1752 年 5 月 6 日，"盖洛韦伯爵（Earl of Galloway）之子的家庭教师詹姆斯·克洛（James Clow）被一致遴选为"斯密的继任者，执掌逻辑学教席。这是"大学理事会"（Senatus）的官方记录，在其中难觅"争斗和不和"任何踪影。官方的纪要虽然提供了一些细节，但完整的故事仍不得而知。

1751 年秋，在克雷吉教授的同事们看来，其糟糕的健康状况已显而易见。面对其随时都可能出现的死亡，那些觊觎其职位的人已经开始四处活动。而最终能左右教职任命的决定性力量无疑是原来的艾雷伯爵（the Earl of Islay），也即现在的第三代阿盖尔公爵（the third Duke of Argyll），他一直有着"苏格兰王"（the King of Scotland）的风誉。1748 年，受休谟之托，其朋友廷威德勋爵（Lord Tinwald）曾将一册新版的《道德和政治随笔》转赠给这位爵爷。

> 我虽承他关照（休谟以一种略为生硬的语气写道），却从没有将任何作品敬献给他，也从未以作者们所习用的阿谀奉承来博得他的欢心。但是，他也亏负于我，因为有一次我虽然有幸被引荐给他，但是为了不耽搁他在晨会接见投票人、阴谋家、耍嘴皮子的人、密探等一帮有用之徒，我就悄然引退了。对于他的关照，我一直心存感激，并希望这本微不足道的小书能作为一份薄礼敬献给他，但不是献给作为阿盖尔公爵的他，而是献给作为阿奇博尔德·坎贝尔的他，一个毫无疑问见识过人、学殖丰厚的他。

阿盖尔公爵拥有在苏格兰行使皇家恩庇的官方授权，并经常插手所有的恩庇事务。例如，亚当·斯密就曾在爱丁堡觐见过他，并从他那里获得了对其从逻辑学教授转任道德哲学教授这件事的首肯。但斯密逻辑学教席的继任者仍悬而未决，而在格拉斯哥，无论是在大学内，还是在大学外，休谟都有众多的好友和支持者，他们都极力举荐休谟执掌这一教职。[1]

休谟的密友，考德威尔的威廉·缪尔（William Mure of Caldwell），透过 1751 年时任格拉斯哥大学校长的波洛克的约翰·麦斯威尔爵士（Sir John Maxwell of

---

[1] John Rae, *Life of Adam Smith* (London 1895), pp.44-7. 雷看起来似乎最终认定埃德蒙·伯克不可能作为候选人去竞选逻辑学教席。

第十九章 爱丁堡公民

Pollock），以及他的亲表兄、格拉斯哥大学的教会史教授威廉·鲁特（William Ruat），在教职任免一事上也有很大的话语权。而缪尔自己更是在1752年荣升为格拉斯哥大学的校长。休谟的另一位密友，闵拓的吉尔伯特·埃利奥特（Gilbert Elliot of Minto）在这件事上也同样富有影响，他虽然反对休谟的宗教原则，但仍然支持休谟全力竞选。民法教授赫拉克勒斯·林赛（Hercules Lindesay）也是休谟的坚定支持者，尽管他与休谟并无任何私交。解剖学教授威廉·卡伦（William Cullen）是休谟的铁杆支持者，而且此后也成为休谟的医生和挚友。亚当·斯密，这位时年28岁、早已声名卓著的年轻学者虽然极力支持休谟执掌逻辑学教席，但同时也担心公众可能的反应。

此时的休谟和斯密自然早已相熟。1748—1751年，在亨利·霍姆的庇护下，斯密曾在爱丁堡作过两次有关文学和美学的系列讲演，以及一次法学讲演；同时斯密也是敦尼克尔的奥斯瓦德（Oswald of Dunnikier）的朋友。因此，我们有理由认定，在休谟于1749—1750年和1750—1751年的冬天访问爱丁堡期间，他很有可能通过亨利或奥斯瓦德结识了斯密。休谟很可能旁听了斯密的某些讲演，如果这些讲演是在"爱丁堡哲学会"举行的话，情况就更其如此，因为休谟是它的一名成员。[1] 1751年秋，休谟前往苏格兰西部做了一次短途旅行，在那里，他拜访了缪尔以及住在格拉斯哥附近的一些友人。或许正是在此次旅行中，休谟的一干朋友们萌生了让其参加教职遴选的想法；也很有可能，正是在此次旅行中，休谟与斯密再度碰首。

但是，在格拉斯哥，休谟除了朋友还有敌人。神学教授李查曼（Leechman）此前就曾利用自己的影响力阻挠休谟在爱丁堡大学谋取教职，故而很难想象他现在会欢迎休谟成为其同事。而"大学理事会"的其他成员对于休谟的竞选同样态度冷淡，正如亚当·斯密向卡伦所表达的那样：

> 我当然希望与大卫·休谟而非其他的任何人一道共事，但我恐怕公众并不这么想。为社会利益计，我不得不顾及公众的意见。然而，如果我们所担心的那件事真的发生了（即克雷吉教授去世），我们也可借机看看公众的反

---

[1] 这个推测是由司各特先生做出的，参见 W. R. Scott, *Adam Smith as Student and Professor* (Glasgow 1937), pp.49-50。

应。以我对埃利奥特先生的专门了解，我敢肯定，一定是林赛先生向他做此提议的，而非他向林赛先生做此提议的。[1]

事实证明：公众的意见，至少是教士们的意见，是强烈反对休谟执掌格拉斯哥大学教职的。总之，除非得到阿盖尔公爵的支持，否则休谟就不可能得到任命。然而公爵并不支持休谟。[2]

在给克莱芬的信中，休谟对这件事做了如下总结："您可能已有所耳闻：在违背我初衷的情况下，我格拉斯哥的一帮朋友们四处活动，力图为我赢得格拉斯哥大学的逻辑学教职。如果阿盖尔公爵有魄力给我哪怕一丁点的支持，他们就会大功告成，尽管那帮狂暴而峻严的教士们竭力从中阻挠。"1752年1月21日，休谟提笔给卡伦写了一封感谢信，感谢他"热心地替我着想"。在这封信的结尾，休谟写道："无论那帮牧师们如何对我的宗教信仰说三道四，蜚短流长，我不仅希望自己有足够的道义担当，从而对您的惠助心存感激，而且也希望自己有足够的判断力，以便知晓谁的友谊将赐予我最大的荣耀和助益。"无疑，一如其爱丁堡的同僚，格拉斯哥的教士们也给出了他们的正式意见，反对将休谟遴选为逻辑学教授。这样，学院内对平庸之才的喜好再度取得了胜利。尽管最终执掌格拉斯哥大学逻辑学教席的克洛教授（Professor Clow）和爱丁堡大学的那个克莱格霍恩教授（Professor Cleghorn）[3]一样都是庸常之才，但苏格兰最杰出的哲学家却从未能有机会执掌一个哲学教席。

格拉斯哥大学的教职自然可以为休谟的历史研究提供宏富的藏书。这或许是休谟之所以愿意让其朋友提名其为候选人的原因。但休谟的失意并未持续多长时间。格拉斯哥受挫之后便是爱丁堡的成功，而这也是他在公共竞选中的首次胜利。压抑着内心的狂喜，休谟致信克莱芬道：

在过去的这一周，我的内心充满了虚荣和自负之情；而为了恪守礼仪，

---

[1] John Thomson, *Lifer, Lectures and Writings of William Cullen* (Edinburgh 1832), I, 606.
[2] 参见文本补录。
[3] See Douglas Nobbs, "The Political Ideas of William Cleghorn, Hume's Academic Rival," in *Journal of the History of Ideas*, xxvi, 575-86; also Mossner, " Adam Ferguson's 'Dialogue on a Highland Jaunt with Robert Adam, William Cleghorn, David Hume, and William Wilkie'," in *Restoration and Eighteenth-Century Literature* (Chicago 1963), 297-308.

第十九章 爱丁堡公民

我不得不时刻严密监控自己，以防这种虚荣和自负之情的突然发作，而我也确实开始发现自己的健康因之而受到了损害，并认识到：绝对有必要因势利导，以便让我心中的虚荣和自负之情得以释放和宣泄。故而，您应该充当我的医生……对于我骄矜之情的流溢和泛滥，您一定要因势利导，而且我同时还希望：通过一点小小的恭维，您反而可以帮助我免除更大的过失。而您之所以要咸与此事，也并不仅仅出于为我考虑；在这起独一无二的事件中，哲学、文学、科学、美德和成功全都站在我这一边，甚至就连那些向来偏执的盲信之徒也开始向我倒戈输诚。

休谟承认，他这些"十分浮夸"的言辞源于1752年1月28日的一纸声明：他已被遴选为"律师公会图书馆"的管理员，"这一尽管收入微薄但却十分体面的职位。"

"律师公会纪要"的手稿显示：

> 律师公会的一些会员提议，应由公会内部一位品行高洁的会员，也即爱丁堡大学的民法教授肯尼思·麦肯齐（Kenneth Mackenzie）律师来担任这一职务，而另一些会员则倾向于遴选大卫·休谟就任此职。最后，他们一致同意将此事付诸票决。在投票、唱票和计票之后，人们发现：休谟获得了大多数人会员的支持。据此，律师公会及其会长宣布大卫·休谟正式当选为律师公会图书馆的管理员，薪水为每年40镑。与此同时，考虑到休谟还要负责保管律师公会的会议纪要、条例和档案，律师公会遂决定让休谟接替刚刚辞任的大卫·福尔克纳先生（Mr David Falconer）出任书记员一职，并授权其代掌公会的日常事务。[1]

根据律师公会的会议纪要，在接下来的2月6日的会议中，"大卫·休谟先生被正式任命为律师公会图书馆管理员兼律师公会书记员，并在宣誓之后立即走马上任"。

现在，我们就让休谟自己来详述其中的内情。原律师公会图书馆管理员托马

---

[1] NLS, MS F.R. 2.

斯·拉迪曼（Thomas Ruddiman）辞任的消息刚一宣布，休谟的朋友们就提名他参加竞选，甚至都没有征询其本人意见。苏格兰最高民事法院院长罗伯特·邓达斯（Robert Dundas）以及其身为律师公会会长的儿子则带头反对这一提名，并将麦肯齐教授提名为正式的候选人。休谟解释道："他们叫嚣着四处攻击我，称我是一位自然神论者、无神论者、怀疑主义者，不支持我竞选"；并且"他们认为，如果我当选的话，这个国家中的大多数饱学之士将会受到我的异教和反宗教原则的毒害"。选举前一周，反对的声浪是如此之大，以至于休谟的支持者们不得不召开秘密的碰头会议，以重整他们的力量："一时间他们群情激奋，对反对派口诛笔伐，而公众也加入其中，在一旁摇旗呐喊，以状声势。以至于我们的对手怯于在任何公共场合或公共集会中露面。这一消息也迅速传至乡下，而各种声援和支持也从四面八方涌来，结果我以绝对优势当选，这让所有的旁观者倍感欢欣鼓舞。"同时，让休谟十分得意的是，"上百位女士的笑容"也与他大有助益，"其中的一位女士甚至拒绝与其爱人同床共眠，仅仅是因为他投了我的反对票。而洛克哈特先生在律师公会的一次演讲中声称：公众狂热之极，不仅大街上不见人影，就连火炉旁也屈指可数。他还说，尽管其妻子是我死对头的表妹，但对他而言，其卧床也变得不安全了"。

实际上，因为这件事，整个爱丁堡几乎都沸腾起来，一如1747年斯图亚特市长受审时的情形。休谟喜不自胜地写道："大家都认为，这是自然神论者和基督徒之间的较量，并且当我胜利当选的消息传至游乐场的时候，大家都开始窃窃私语：基督徒们被挫败了。"休谟俏皮地追问克莱芬道："您难道不感到惊讶吗？尽管我们顶着这样的恶名——对于这些恶名，即便是我们的朋友也无法否认它查有实据，但我们仍然大受欢迎？"公众的游行接踵而至，而著名的"爱丁堡搬运工和信差协会"甚至还组织了一次火把游行。"'便帽协会'抬出了大烛台，并点上蜡烛，借以表达他们因我获胜而感受到的喜悦之情。次日清晨，我的门前更是锣鼓喧天、乐声盈耳，正如他们自己所说的那样，这是为了庆祝我成为一位伟人。"

故而，在历尽千辛万苦之后，大卫·休谟终于成为爱丁堡的"一位伟人"。他现在"坐拥三万册藏书"，随时可以成为一名专业的历史学家。在《我的自传》中，休谟这样记述道："1752年，苏格兰律师公会遴选我为图书馆管理员，虽然这一职位的薪俸极其寒薄，甚至几近于无，但却能让我坐拥书城。"40镑的薪俸确实"寒薄"，但他所说的薪俸"几近于无"只是在后来才成为显见的事实。

第十九章 爱丁堡公民

在律师公会图书馆，沃尔特·古道尔（Walter Goodall）是休谟的助手，他是拉迪曼主事时期的老臣。一如众所周知，沃尔特有两大嗜好：一个是苏格兰的玛丽王后，一个是杯中物。而在下面的这则逸闻趣事中，这两大嗜好均有涉及。有一天，当休谟走进图书馆时，发现沃尔特正枕着他的论文手稿——醉醺醺地？——鼾声大作。怀着欢快的心情，休谟蹑手蹑脚地走近这个狂热的詹姆斯二世党徒，"将嘴凑近沃尔特的耳边，然后声嘶力竭地高喊道，玛丽女王是一个荡妇，她谋杀了自己的丈夫。"沃尔特摇摇晃晃地站起来，"在半梦半醒、睡眼惺忪之际纵身扑向休谟，一把掐住其喉咙，将其推到图书馆的另一头，并不停地大喊：休谟是一个下作的长老会牧师，正如其前辈们谋杀了玛丽女王的人身一样，他现在又来谋杀她的人格。"[1] 被沃尔特目为一名长老会派牧师，这着实让休谟忍俊不禁，他常常向其温和派友人提及这则趣事。而沃尔特也不以为忤。

然而，律师公会图书馆的平静生活并没有持续多久，因为那些对休谟的任命深感愤懑之人正在急迫地寻找机会以排挤他。1754 年 4 月 4 日，作为图书馆的管理员，休谟从伦敦书商托马斯·奥斯本（Thomas Osborne）所提供的书单中选购了 74 本书。然而，在 6 月 27 日的董事会议上，经过长时间的审议之后，他们认定其中的三本书"有伤风化，不值得在博学高雅的图书馆里占据一席之地，应从图书馆的目录中除名，并下架"。这三本全都是法文书，分别是拉封丹的《寓言》（*Contes*），克雷比永·菲尔斯（Crébillon Fils）的《漏勺》（*L'Ecumoire*）和布西·拉布丹（Bussy Rabutin）的《高卢人爱情史》（*L'histoire amoureuse des Gaules*）。休谟亲笔撰写的备忘录这样总结道："为避免将来出现类似的错谬，"董事会"决定，此后，凡未经董事会批准，或未经两位及两位以上董事的一致同意，不得擅自为图书馆购买任何图书"。[2] 这些董事分别为詹姆斯·伯内特（James Burnet）——也即此后的蒙博杜勋爵（Lord Monboddo），大卫·达尔林普尔（David Dalrymple of Newhailes）——也即后来的黑尔斯勋爵（Lord Hailes），托马斯·米勒（Thomas Miller of Glenlee）和皮特·韦德伯恩（Peter Wedderburn）——也即亚历山大·韦德伯恩（Alexander Wedderburn）之父。

---

[1] 这个故事首次出现于 *The Weekly Magzine, or Edinburgh Amusement*, XXXIV (1776), 48, 再度出现于 Chalmers, *Eminent Scotsmen*, art. "Goodall." 可以在 Mackenzie 那里发现这个故事的略为不同的版本，见 Mackenzie, *Anecdotes and Egotisms*, p.171, 以及 Joseph Grant, in NLS, MS 3005, f.212。

[2] RSE, IX, 16.

"1752年以来董事会和图书馆管理员议事汇编"[1]的手稿反映了董事会和休谟的分歧。在其中,这三本书的名字被画掉,并由休谟添加了这样一则附注:"经长时间的斟酌之后,四名董事命令删除这三本书。"但是,未几,休谟又再度将这则附注修改为"经深思熟虑,董事会决定删除这三本书"。这种变化是否暗示了休谟态度的软化?又抑或它只是出自怒不可遏的董事会的直接命令?很可能是后者,因为休谟此后一直深受这件事的困扰。

现在的休谟深陷进退维谷之境:是冒着去职的风险坚守自己的权利呢?还是选择忍气吞声并抛却自尊?换句话说,他应该为了荣誉而甘冒失去30000册藏书之险吗?这30000册藏书可是他写作《英国史》时所须臾不可少的。无论如何,在董事会休会尚未结束之前,也即在秋天重启董事会会议之前,休谟并没有采取任何行动。无论这件事看起来有多么愚蠢——对于所谓的有伤风化之书的审查几乎都被证明是愚蠢之举,但终归是要解决的。休谟心绪繁杂,但直到是年的11月底,休谟仍拿不定主意。尽管在碰到新近荣升苏格兰总检察长的安妮斯顿的小罗伯特·邓达斯(Robert Dundas of Arniston, younger)时,休谟告诉他:这三本书是否重新上架无关紧要。但休谟仍于次日致信小罗伯特·邓达斯:他已改变了心意,"对于这三本书的下架,我只能视之为对我的一种攻击,对于这种蓄意的攻击,除了将这些书复归原处外,其他的任何事情都于事无补。"

休谟给出了如下理由:"这里有一种特殊的傲慢,它更能激发人们的愤慨之情,因为与其他类型的傲慢相比,它更为卑劣。这就是职务上的傲慢(*Insolence of Office*)。我们的大诗人曾提及过它,认为那些深受其害的不幸之人宁愿去死,也不愿向它低头。"在信中,休谟继续写道:

> 至于那三本书,阁下要务缠身,鲜有闲暇去阅读它们,但是,我敢于在欧洲任何一个文学团体面前为其辩护,如果说凡价值不高于拉封丹的《寓言》之书都要清退的话,那么,我会用自己的口袋将书库中的存书全部搬走。实际上,除了50磅重的《圣经》——因为它太笨重了,我不便带走——外,我不知道还有什么书好剩下。如果凡是价值不及布西·拉布丹的《漏勺》、克雷比永的《高卢人爱情史》之书都要清退的话,我敢保证,足足得

---

[1] NLX, MS F.R. 118.

第十九章 爱丁堡公民

雇用两个搬运工才能将所有这些被清退之书搬走。随便说一下,布西·拉布丹的《漏勺》根本就不是一本诲淫诲盗之书,如果这也算作诲淫诲盗,那么,我真不知道这世上还有什么好书。因为,如果处理得当,我不知道还有什么比这更悦人的写作和谈话主题。虽然丝毫没有冒犯您的意思,但我们不妨假设:当人们在阁下的餐桌上推杯换盏、觥筹交错的时候,假如牧师不在场,这种主题会不知不觉地进入他们的话题。而且我看到,即便是一些正派的牧师也不是不喜欢这一主题。

也许唯有托马斯·格雷(Thomas Gray)——那位曾创作出《乡间墓园里所写的哀歌》(An Elegy Wrote in a Country Church Yard)的圣贤和正派诗人,曾希望在天堂里阅读"马里沃(Marivaux)和克雷比永不朽的新浪漫史"——才能理解休谟的善变。但身为苏格兰总检察长的小罗伯特·邓达斯不能也不愿意理解休谟的善变。实际上,小罗伯特·邓达斯甚至劝此前本打算与休谟握手言和的董事继续与休谟交恶。

休谟现在做出了其最后的决定,毋庸置疑,这并不是一个鱼死网破的自杀行为,而是一个聪明的以退为进的策略。在12月17日的去信中,休谟就此向亚当·斯密解释道:"看来这件事已成功无望,因此,我收回了我的申请。但是,一方面由于不愿丧失使用图书馆藏书的机会,一方面也由于不甘受辱,故而我虽保留了职位,但却将薪俸以年金的形式赠予了我们的盲诗人布莱克洛克。现在,这些恶毒的同僚再也没有权力来羞辱我,因为我保留这个职位的动机是显而易见的。您若赞成我的行动,我将不胜欣喜。我承认,我对自己的所作所为还是相当满意的。"这样一来,休谟不仅保留了其图书管理员的职位,而且也涵育了苏格兰文化,完成了一桩仁善之举,同时还保住了声誉。

然而,仅仅两年后的1757年1月4日,亚历山大·韦德伯恩(Alexander Wedderburn)就告知律师公会:他的朋友大卫·休谟希望辞去图书管理员之职,"并向他们保证:无论是过去,还是将来,他都将保持律师公会委任此职所赋予他的那一份应有的荣誉感……"律师公会询问韦德伯恩,他是否持有休谟亲笔签名的授权书。当得知韦德伯恩尚没有休谟的授权书时,律师公会就敦告他务必取得休谟的授权书。休谟1月8日致律师公会副会长查尔斯·宾宁(Charls Binning)的信堪称简明扼要:

阁下：

几天前，我向律师公会提交了一个口头辞呈，但被告知：公会还是希望我能亲手提交一份正式辞呈。由于我非常希望能尽快移交图书馆管理之责，所以我不得不给您写信，并恳请您能将此事告知律师公会，这样他们就可以挑选一个他们认为合适的接班人。

律师公会接受了休谟的辞呈，并在同一次董事会上，亚当·弗格森被遴选为休谟的继任者。

从表面上看，休谟1757年1月突然辞去"律师公会图书馆"管理员一职毫无根由。在而其写给朋友们的信函中也无任何线索可循。可以断定，其第二卷《斯图亚特朝英国史》已寄交出版社，不日即将付样。但是，此后究竟是向后写至威廉王，还是向前写至都铎朝，休谟此时尚游移不定。如果是前者，休谟感到他最好动身前往伦敦，尽管他并不乐于做出这种改变，并悲叹他将为此失去爱丁堡的公共图书馆；如果休谟决定转向都铎朝英国史的写作——实际上，这正是他数月后所做出的决定，那么，虽然留在"律师公会图书馆"将会是一个不错的选择，但离开却是一个更好的选择。实际上，即便是在辞职之后，休谟依然享有出入"律师公会图书馆"的自由。1757年6月，休谟陪同乔治·李德佩兹牧师（Reverend George Ridpath）参观了"律师公会图书馆古今勋章和木乃伊藏品"。[1] 或许可以认为，休谟此次的遽然辞职与其所正在从事的历史研究无关。

休谟的薪水也不会受到此次辞职的影响，因为自从他与董事会发生龃龉以来，他已将其每年的薪水转赠给其所庇护的盲诗人托马斯·布莱克洛克（Thomas Blacklock）。不过这样一来，布莱克洛克就成了真正的受害者，休谟必定为此深感遗憾，故而在1757年，为了对布莱克洛克做出某种补偿，休谟甚至不惜自掏腰包。由此不难看出，休谟的辞职必然有某种充分的理由，尽管这个理由与休谟自己的文学计划毫无关联。由于缺乏相关信息，我们不得不再度使用合理的猜测。我的猜测是：休谟的辞职是一项交易，是为了确保其朋友弗格森能获得这一职位。

弗格森是一位高地牧师之子，自小就接受正统的教会教育，并曾任"苏格兰

---

[1] Ridpath, p.143

第十九章　爱丁堡公民

高地警卫团"（Black Watch）的随军牧师。人们曾看见他在镇压 1745 年的詹姆斯二世党人叛乱以及此后的佛兰德斯（Flanders）战场上身先士卒、英勇奋战。沃尔特·司各特爵士（Sir Walter Scott）曾讲述过这样一个故事——该故事无需认真对待：在丰特努瓦战役（the Battle of Fontenoy）期间，弗格森手持腰刀领导着一个纵队。当指挥官命令他撤到后方时，他不为所动。于是，指挥官就提醒弗格森道：他的委任状并没有授权他担任其目前所行使的职务。"去他妈的委任状……"这位随军牧师言辞激烈地向那位上校回敬道。[1]

虽然就职业而言是一位教士，就天性而言是一位士兵，就本能而言是一位绅士，但就其内心而言，弗格森始终是一位尘世中人。1754 年，由于痛恶阿索尔公爵（Duck of Atholl）没能给他谋得一个饭碗，弗格森遂辞去了牧师职。在此后的两年中，他给一位在莱比锡大学（Leipzig University）修读法律的年轻的苏格兰人担任家庭教师，并在 1756 年末返回爱丁堡。在那里，他很快就进入了教俗两界的文人圈，并很快成为他们所喜爱的友伴。早在 1757 年，大卫·休谟就称弗格森为"一位富有见识、学养、品位、风雅和道德之人"。但弗格森毫无谋生的手段。在此后的数年里，弗格森的朋友们一直致力于推进其事业，而看上去"律师公会图书馆"管理员之职正是他们所筹划的目标。在最初的一次密谋中，他们决定：只要休谟同意了这个计划，他们就可以在反对者尚不知情的情况下确保让弗格森当选。最显见的一个佐证是，正是在休谟辞呈获批的同一个会议上，弗格森获得提名，并正式当选。

就这样，大卫·休谟在爱丁堡的第一个也是最后一个公职就结束了。在这个职位上，休谟兢兢业业，一干就是五年。[2] 当休谟于 1757 年辞职时，他尚欠理事会 7 英镑 10 先令 9 便士和 3 法新＊。"1738—1792 年财务账目"的手稿显示：直到 1770 年，休谟仍未偿还这笔欠款。

---

[1] Scott, *review of works of John Home*, ed. Henry Mackenzie（Edinburgh 1824）, in *Quarterly Review*, XXXVI (1827), 196.

[2] 见于大卫·休谟 20 世纪的继任者的快讯（W. K. Dickson）的估计，见其所写的文章 "David Hume and The Advocates' Library", *Juridical Review*, XLIV(1932), 1-14.

＊　英国的铜币，等于四分之一便士。

第二十章 《政治论衡》

"它在国内外都大受欢迎。"

搬到爱丁堡后不久,大卫·休谟就开始在爱丁堡的思想和文化发展上发挥其应有的作用。1751年底,他当选为"爱丁堡哲学会"(Philosophical Society of Edinburgh)双秘书之一。[1] "爱丁堡哲学会"于1731年创立,致力于搜罗和出版医学和外科方面的论文。在学会秘书老亚历山大·门罗博士(Dr Alexander Monro the Elder)——他也是爱丁堡大学的解剖学教授——的编辑下,《医学论文与观察》(*Medical Essays and Observations*)已出了五卷,并在不列颠和欧洲大陆赢得了良好的口碑。1737年,在科林·麦克劳林(Colin Maclaurin)教授的建议之下,"爱丁堡哲学会"的研究范围进一步延伸至哲学和文学,而其成员基础也随之扩大。这个新成立的"艺术和科学改良协会"(Society for Improving Arts and Sciences)一般以"爱丁堡哲学会"之名而广为人知。默顿伯爵(Earl of Morton)当选为协会主席,麦克劳林为双秘书之一。亨利·霍姆和罗伯特·华莱士牧师(Reverend Robert Wallace)都是其创始会员。大卫·休谟何时加入协会现在已无从查考,但他所担任的秘书一职显然源于"爱丁堡哲学会"于1751年12月第一个星期四所举行的选举。

由于1745年的詹姆斯二世党人起义,"爱丁堡哲学会"的定期聚会被迫中

---

[1] "History of the Society" in *Transactions of the Royal Society of Edinburgh (Edinburgh 1788)*, I, 3-100; Maitland's *Edinburgh*, p. 355; *Scots Mag.*, LXVI (1804), 421-3.

第二十章 《政治论衡》

断，但在协会于次年重新开张之前，麦克劳林过世了。对于"爱丁堡哲学会"而言，失去这样一位精神领袖几乎是一个致命的打击，但到了1751年，协会最终启动了其重组工作。默顿公爵保留了协会主席的头衔，小亚历山大·门罗教授（Professor Alexander Monro the Younger）和大卫·休谟成为协会的双秘书。在他们的编辑下，《论文与观察》（Essays and Observations, Physical and Literary, Read before a Society in Edinburgh and Published by Them）第一卷于1754年问世。其"前言"带有不可磨灭的休谟印记，我们不难从下面这段话看出这一点：

> 协会决定将神学、道德、政治和社会这些科学排除在论题之外。因为在这些科学中，无论其推论多么繁难，但这些推论所赖以建立的事实都是显而易见的。我们不可能指望通过对这些事实的收集和整理而对公众做出什么贡献。这些论题本身的精微深奥，以及人类理解力的不完善和他们的各种偏好和倾向，势必将在这些学问中产生永无休止的争论。而几何学和医学的独特优势在于：它较少地牵涉人的情感，从而使更为冷静、更为中立的探究成为可能。[1]

《论文与观察》第二卷于1756年问世，但在第三卷于1771年面世之前，休谟已辞去了协会秘书一职。休谟很可能是在1763年前往法国前夕辞职的，因为在1760年，因其向协会印发了本杰明·富兰克林（Benjamin Franklin）的信，富兰克林还专门向休谟写信致谢，而直到1762年，富兰克林还给休谟寄去了一篇专门论述如何使用避雷针的文章。这篇论文刊登在1771年出版的那一卷《论文与观察》上。1769年，亨利·霍姆成为协会的主席。1783年，通过威廉·罗伯逊（William Robertson）的运作，经皇家授权，"爱丁堡哲学会"升格为"爱丁堡皇家协会"（Royal Society of Edinburgh），并继续发挥其原有的功能。

作为1754年出版的《论文与报告》的编辑之一，大卫·休谟还抓住机会为亨利·霍姆充当了一回调解人的角色。该卷的篇首文章"论运动法则"（Of the Laws of Motion）是由霍姆撰写的。尽管在先前与安德鲁·巴克斯特（Andrew Baxter）的通信中，霍姆一直秉持一种反牛顿主义的立场，但这次则是将其公之于众。在

---

[1] 重印于 *Scots. Mag.*, XVI (1754), 184-5。

"对运动法则及物质之惰性的一些评论"（Some Remarks on the Laws of Motion, and the Inertia of Matter）一文中，爱丁堡大学的自然哲学教授约翰·斯图亚特（John Stewart）对霍姆进行了公开回应。斯图亚特不仅对凯姆斯（也即亨利·霍姆）出语不恭，甚至还对休谟多有鄙薄：

> 某物没有任何原因就可以存在或出现，实际上，在一个极为智巧和复杂的怀疑主义哲学体系中，这种观点曾得到发挥；不过，任何致力于知识进步的社会都不会接受这种观点。这样一种高渺的观念远非常人所能理解，也绝不会进入世界上最伟大的生理学家（physiologist）的头脑。凡是相信即便不存在一个能感知的心灵和感知者，知觉也可以存在之人，想必也会认为：即便没有施动者，也可以做出某种动作；即便没有产生的原因，某物也可以产生。这种新奇学说的作者告诉世人：当审视自己的心灵时，他发现，除了一系列转瞬即逝的知觉外，什么都没有。他由此得出结论，他自己不过是一大堆这种知觉罢了。

在一个脚注中，斯图亚特这样写道："《人性论》，三卷，八开本。这是一个包罗万象的哲学体系，非行家里手绝无法领会其中的微言大义。但在《哲学随笔》和《道德和政治随笔》中，作者对《人性论》进行了出色的概述，这于我们这些智力平平之辈大有裨益。"

但是，这种冒犯远远超出已刊的字面内容。事实上，斯图亚特当初在"爱丁堡哲学会"所宣读的论文并没有这些人身攻击，只是在送交出版商时临时增补进去的。因此，作为协会的秘书，休谟本可以在该书的"序言"中对斯图亚特大肆挞伐。但他拒绝这样做，正如在一封语气平和但却态度强硬的信中休谟所告诉斯图亚特的那样：

> 我是如此热爱和平，以至于决定将这个问题彻底抛开，所以在"序言"中，我对您那篇论文只字未提。实际的情形是：我不会采取任何报复措施，因为报复总是极其残忍，并让当初的冒犯相形见绌。尽管大多数作者会认为：如果他们的作品受到了轻慢，最佳的报复便是对其论敌的人品和荣誉进行诋毁。对于这种观点，我绝不敢苟同。此外，我可以肯定（也许，我并非

第二十章 《政治论衡》

是您所想象的那种怀疑主义者）：您之所以在已出版的著述中作出如此大的改动，完全是出于一时的意气或激情，而非出于任何确定的意图——也即欺骗学会（指"爱丁堡哲学会"）。我不会利用这样一个偶发事件来诋毁一位我素所敬重的高才大德之士，尽管我有理由抱怨您的所作所为。

接着，休谟又转而开始思考论辩的伦理。休谟写道："当受到沃伯顿之流——对于他，我既不认识，也不在意——诋毁中伤之时，我可以一笑置之，但是，如果斯图亚特博士以同样的文风写作，我承认我不免有些困惑和苦恼，因为我不免得出这样的结论：正是由于我为人处世素不设防——尽管这有违我的本意，结果给了别人以可乘之机……在哲学论争中，所有的冷嘲热讽都应该刻意加以避免，这不仅因为所有的嘲讽都是非哲学的，而且也因为这种嘲讽除了冒犯论敌别无用处，即便这种嘲讽是温和的。"至于亨利·霍姆，休谟承认，他认为他的观点是站不住脚的，抗议斯图亚特"多次影射他（霍姆）蔑视宗教……但我们并不能从他的文章中发现任何蔑视宗教的蛛丝马迹。"接着，休谟对斯图亚特进行了严词批驳："这种吹毛求疵的作风想必是激情的产物，一旦您冷静下来，这种作风很容易得到矫正。但是，当一个人天生铸就一副吹毛求疵的品性时，那将会对理性、美德、真理、自由以及人类最为珍视的事业产生多么巨大的损害啊！

关于他自己，休谟进一步抗议道：

请允许我告诉您：我从没有主张过如此荒谬的一个命题，也即事物的产生，可以没有任何因由；我只是坚持认为：我们之所以对该命题的错误如此深信不疑，既不是出于直觉，也不是出于解证，而是别有渊源。存在恺撒这样一个人，有一个叫作西西里的岛屿，我认为，对于这些命题，我们既没有解证性的证据，也没有直觉的证据。难道您能仅仅通过推论来确证或否认其真实性？心灵有时也满足于这样的命题，尽管它们并不像解证性命题那般规范。

对于作为文人的休谟而言，这个问题的关键是观念的表达："当一位明辨之士误解了我的意思时，我承认我很生气，但这也只是在生自己的气，因为我表达欠佳，以至于产生误解。"作为调解人，休谟还进一步劝说亨利·霍姆不要在"爱丁堡哲学会"下一次集会时挑起事端,如果别人招惹事端,休谟则让斯图亚特做好"息事宁人"的准备。除此之外,休谟决口不提此次争端。《论文与报告》最终于1754年5月2日面世,而在"前言"中,休谟也履行了其保持沉默的允诺。

作为"爱丁堡哲学会"的一名成员,休谟已经表明了到底该如何进行论辩。作为休谟的论敌,罗伯特·华莱士(Robert Wallace)不仅在休谟竞选爱丁堡大学教席时鼎力相助,而且此后也一直对休谟的职业生涯关怀有加。在读过"论国民性"(*Of National Characters*)这篇1748年同时刊登在《随笔三篇》(*Three Essays*)和《道德和政治随笔》(*Essays Moral and Political*)上的随笔后[1],华莱士对于其中一个有关教士性格的长注大为光火。在该注解中,休谟对教士性格提出了一种严苛的分析,意在证明:教士们所特有的恶习是如何肇因于他们的职业本性。休谟指责教士伪善、过度狂热、野心膨胀、狂妄自大,具有神学上的憎恨和报复心。早在1749年,在一封致休谟的信中,针对休谟所谓的教士"性格",孟德斯鸠幽默地回应道:"……您对教士阶层可是有失厚道。您不难相信,尽管我和斯图亚特先生(约翰·斯图亚特[John Stewart])不能完全认同您的观点,但我们仍以钦佩您为能事。我们并不相信这些绅士们的性格全如您所言,但我们发现,您对于他们为什么会必然如此给出了很好的解释。"[2] 尽管在神学和教会政治上属于自由派,但华莱士还是撰写了一篇商榷文章,因为休谟的文章虽面世一年有余,但仍未见有任何人著文批评。这篇商榷文章以"一位温和派自由思想家就教士职业问题致休谟先生的一封信"的形式出现。在文中,华莱士表明:"无论教士具有何种恶习,它们都只能归咎于教士们的性向(disposition),而非归咎于其职业的恶劣影响。"[3] 虽然不吝于谴责特定时代、特定地方的特定教士,但华莱士却起而为现代开明的新教教士做了强有力的辩护:

> 难道我们不是看到有许多新教教士曾不辞劳苦地推动知识的进步,并不偏不倚地检验各种教义和意见,甚至那些最为神圣的教义和意见,并将盲目信仰和宗教骗子一扫而空吗?事实上,我们这些自由思想家虽然都深受其惠,但却不知感激,此诚为憾事。从查理二世复辟到奥利弗·克伦威尔

---

[1] 重印于 *Phil. Wks.*, III, 246-7
[2] RES, VI, 46
[3] 华莱士这份以及接下来的手稿见于 EU, Laing MSS, II, 96

第二十章 《政治论衡》

（Oliver Cromwell）辞世这段时间内，以不屈不挠的昂扬之姿探究自然哲学、神学和道德之根基的又主要是哪些人呢？他们难道不正是时人所称的那帮自由派教士吗？自那以后，珍视这种精神，并鼓动人们去探查所有的教义和意见（不管其性质和重要性如何），去考辨所有的事物，去坚守那些善的事物，不要盲信任何信条，而是要去证明其所信奉的信条的又是谁呢？难道不正是新教教士吗？难道他们不曾认真推敲所有的道德和宗教学说，并号召俗人们只认可那些不证自明的东西，或那些可从自明的前提清晰地推导出来的东西吗？……难道不正是这帮新教教士首先将这种探究精神付诸实施，并为它赢得了公共信誉吗？难道不正是他们将这种探究精神强行灌输给民众的吗？否则的话，这些民众根本就不会质疑任何道德和宗教原则，并怀疑其真确性。假如这些新教教士自己不曾发现其教义的抵牾之处——除他们之外，这些学说从未进入其他人的头脑，那么，这种探究精神也就不会受到应有的鼓励和发扬……毫无疑问，自宗教改革以来，在不列颠，探究各种教义和意见的求索精神一路高歌奏凯，而其背后的推手正是新教教士。怀疑主义者也多受惠于他们。没有他们的襄助，自由思想家绝无法完成他们业已完成的各种丰功伟业。假如这帮新教教士枉顾我们的利益，我们也许会发现，不仅保存我们的战果极其困难，而且在将来也很可能会满盘皆输、一败涂地。有鉴于此，我认为您这篇文章中对于教士的苛责毫无道理可言。

在表达苏格兰温和派哲学（Scottish Moderatism）的同时，华莱士也对休谟不分青红皂白地对所有教士横加指责的做法深感愤慨："以上就是我对您的大作所做的评论，我不由得认为：您的这篇大作不仅丧失了您一贯的谨严和精确，而且也难觅任何卓越才赋的痕迹。而以前，即便我认为您的某些作品多有舛误，但其中所蕴含的卓越才赋也还是让我钦佩不已。我发现，在这篇文章中，您的独断之语俯拾皆是，故而更像是出自一位独断论者（Dogmatist）的手笔，而非出自一位怀疑论者的手笔。"而在"一位温和派自由思想家的来信"的结尾，华莱士则在嘲讽的外观下以一种怀柔的语调写道："熟谙人生世态的温良明慧之士，竟然费尽心机地去攻击秋毫无犯的教士——他们在各个国家、各个时代和各种宗教中都是如此，这是多么不可理喻啊……我敢说，除了那些自由思想家，其他的任何正人君子都会认为这种行为有失偏执。但是，我希望我们的教士群体能改正自己的错误,我敢说,除了你们自己,没有任何人能更好地向他们做出表率。"

华莱士的手稿可能完成于1751年,不久前,他刚刚和休谟在"哲学会"的聚会上偶遇。这封论及教士高贵人格的"来信"从未公开发表过。但是,其他苏格兰教士却对休谟予以公开反驳。1755年,班芙(Banff)的牧师罗伯特·特雷尔(Robert Traill)发表了《论一位基督教教师的资格和仪规》(*The Qualifications and Decorum of a Teacher of Christianity Considered*);1760年,阿伯丁大学的亚历山大·吉拉德教授(Professor Alexander Gerard)发表了《论教职对于品性的影响》(*The influence of the Pastoral Office on the Character Examined*)。所有这些观点都曾在阿伯丁的宗教会议上得到宣扬,故而阿伯丁及其大学一度成为反休谟活动的核心据点。数年后,华莱士再度翻阅自己的手稿,并在封皮上写下了如下内容:

> 我一气呵成地读完了这本小册子。这是一本不错的小册子,在某种意义上讲写得相当精巧。
>
> 它是在休谟先生那篇文章面世后不久撰写的,至少在此之前我还从未看到有任何人著文批驳休谟先生的观点。
>
> 我从未将它与吉拉德先生所写同一主题的小册子相比较。我也不认为有刊印它的必要。
>
> 写于1764年9月5日,星期三

就华莱士而言,这件事早在13年前就已经结束了。

1751年夏,休谟开始对华莱士青眼有加,以至于竟然允许他翻阅其即将于次年刊印的《政治论衡》的手稿。而作为一种礼尚往来,华莱士也向休谟征询其对于他已写了五六年时间,并即将于1753年以《论古今人口的数量》(*A Dissertation on the Number of Mankind in Antient and Modern Times*)为题面世的一部作品的意见。华莱士的这部文稿还有一段趣事。在1745年詹姆斯二世党人起事叛乱之前,华莱士曾在"爱丁堡哲学会"的一次聚会上提交过这部文稿。后来,在1746年参访法国时,莫顿勋爵(Lord Morton)将该文稿带至法国。当圣克莱尔将军(和休谟)围攻洛里昂时,莫顿勋爵正在城里。作为此次远征的后果之一,所有没有持有效证件的英国公民都被捕下狱。而护照过期的莫顿勋爵也因

第二十章 《政治论衡》

之在巴士底监狱待了三个月。[1] 在那里，其所有的文件均被抄没，其中也包括华莱士的手稿，其上面至今仍留有查扣时的编号。1746 年末，获释的莫顿勋爵取回了其被查抄的文件，并于 1747 年 5 月返回英格兰。华莱士原稿上的"备注"这样写道："自法国归来后，勋爵阁下将原稿奉还。"

华莱士曾在"爱丁堡哲学会"宣读过，并在此后遭逢大难而又逢凶化吉的这篇论文，所研究的是这样一个重要论题：古代世界要比现代世界更加人烟繁盛。在论文的结尾，华莱士提出了增加现代人口的七条建议。在文稿失而复得之后，华莱士开始着手将其扩展为一篇正式的学术论文，而休谟 1751 年夏天所读到的正是这个扩展版。休谟很早就对这个论题感兴趣，早在 1750 年的 4 月，休谟就曾致信克莱芬博士道："我最近正在构写一篇有关古代人口之多寡的非常详尽的学术论文。我写这篇论文并不是为了全盘否定福修斯（Vissius）和孟德斯鸠的观点。他们在这个问题上都做了无限的夸大，而它所涉及的一些疑难，都足以让我们不要遽下判断。"而在次年 2 月，在发自九泉一封信中，休谟又向埃利奥特阐述了这一主题："我近来以撰写一篇专论古代人口之多寡的论文自娱，这促使我对于古代的公共生活和家庭生活作了一番研究。自从确立这个写作计划以来，我几乎阅尽了所有的希腊和拉丁典籍，而且还摘录了所有的相关材料。但我手头尚缺斯特拉波（Strabo）的著述，不知道附近有谁藏有此书。"他打算让埃利奥特从"律师公会图书馆"为他借一本。故而，休谟很可能是独自开始这项研究的，与华莱士无关。

在这个问题漫长的思考史当中，大卫·休谟是第一个认为现代世界的人口要多于古代世界之人，尽管他在下笔时仍心存犹疑。从 20 世纪的眼光看，这整个问题看起来或许相当学究，但它却是启蒙时代一个至关重要的问题。实际上，它是贯穿于整个 17 世纪，并一直持续到 18 世纪的"古今论争"（Ancient-Modern controversy）的一个延续。在休谟看来，它是"所有学术论题中最值得探索、也最为紧要的论题"。在论文中，休谟拒绝了退步的观点（the idea of decline），而在 17 世纪中叶之前，这种退步史观完全主导着人们的心智。休谟也反对在 18 世纪逐渐占据主导地位的"现代主义的"进步观。在休谟的哲学中，任何事实问题都不可能通过先验的教条得到解释。休谟"论古代国家的人口稠密"（*Of the*

---

[1] *Mémroires du Marquis d'Argenson*（Paris 1857-8），III, 74.

Populousness of Ancient Nations）这篇随笔的另一个不同凡响之处在于：它有几处论及了奴隶制，而休谟对奴隶制的这种讨论被视为表达了"有关一般奴隶制最恢宏、也最具哲学性的观点"。[1]

在这封于 1751 年 9 月 22 日写自考德威尔——它是缪尔家的祖宅，位于邻近格拉斯哥的格莱德斯通（Glanderston）——的"给爱丁堡福音堂牧师罗伯特·华莱士"的信中，休谟阐明了他们所争论的问题。

阁下：

有幸与您晤面后，我决意将您曾好意校阅的文稿以及其他一些文稿以《政治论衡》为名刊行于世……

但出于下述目的，我打算在"论古代国家的人口稠密"这篇文章的前面加一个附注："数年前，爱丁堡一位杰出的牧师曾就相同的主题写过一篇论文，并与本文作者分享了他的高见。其观点虽与本文作者相左，但却博学多识，言之成理。本文作者承认，他援用了其中的两个数字（尽管稍有变化），一个是伊庇鲁斯（Epirus）的居民数，一个是比利时的居民数。如果我们能说服这位博学的绅士将其论文付梓，这势必将对澄清我们现在所讨论的这个问题大有助益。在所有的学术问题中，有关古代国家人口之多寡这一问题不仅最引人入胜，而且也最为紧要。"

尽管在我看来这个注释无懈可击，但在没征得您同意的情况下，我不会贸然印行，因为我不知道它是否合您心意。我希望，我们之间的这种学术通信不会冒犯任何人。

《道德原则研究》已在伦敦印行，但尚未面世，我已吩咐给您寄去一本。不管我的哲学立场如何，我都希望您不会觉得我的伦理学有多么的离经叛道。[2]

华莱士的回信同样彬彬有礼，如果他此前还打算出版其"来自一位温和派自

---

[1] *Enc, Brit.*, 11th edn., art. "Slavery". 对于整个人口问题更为详尽的探讨，参见 Mossner, "Hume and the Ancient-Modern Controversy, 1725—1752: A Study in Creative Skepticism," in University of Texas *Studies in English*, XXVIII (1949), 139-53. 参见后面的文本补录。

[2] NHL, pp.28-9

第二十章 《政治论衡》

由思想家的信"的话，那么现在，他肯定放弃了这个打算。华莱士的回信写于 9 月 26 日。

阁下：

您自格莱德斯通（Glanderston）所寄之信已收悉，得知您决意要将那 12 篇政治随笔刊行于世，这让我大感快慰。蒙您厚意，其中的一篇我早已先睹为快，而这也让我对其余的诸篇垂涎已久。我相信，大作肯定会独出机杼，充满远见卓识。

感谢以《道德原则研究》一书相赐。大作到底是守持正统，还是离经叛道，我不敢妄下结论。但我敢说它们必然引人入胜，对我多有惠益。我一直乐享那些与我迥然有别、不循常规的智巧之见（它越是不循常规，我越是欢喜，一个人若非冥顽之徒，定然会给一个哲学天才以应有的宽纵）。若我出版任何著作，都定将寄奉，权当聊表心意，因为我实无望能回馈您的厚意于万一。

至于您打算添加的与我那篇人口论文有关的那个附注，我自然感佩之至。若拙作尚有机会付梓，这种礼赞勖勉之词当不失为一种有益的引荐，并营造出一种有利于我的先声夺人的舆论氛围。可以肯定，对于这样的礼遇，我受之有愧，故从不敢有此奢望。但是，如果我谢绝了如此慷慨的推举，将来自如此公正睿智的一位对手的善意拒之门外，人们一定会认为我心思难测、狂妄自大，而非真正的谦恭。我只是希望您的称许不要太言过其实，唯有这样，当我的论文面世时，人们才不会大失所望，才不会认为您因过于慷慨而心怀偏私。

我只想补充的是，我并不担心我们之间的通信会冒犯任何人，我也不相信我那帮同道的心胸竟如此偏狭。但是，即便他们觉得受到了冒犯，那么，拒绝像休谟先生这样一位博学睿思之士如此悦人的厚意，那也将是一种大巨大的损失。我总希望我能有勇气对像您这样的绅士做出公允的评价。

又及：一旦大作面世，万望能以一纸短笺见告。

三天后，休谟回复了这封"言辞极其谦恭诚恳之信"，并询问道，"为什么全世界意见相左之人不能像我们一样友善？"

休谟《政治论衡》中那则有利的附注为华莱士赢得了巨大的声誉，而这也诱使华莱士将自己的那本人口学著作付梓。在做最后的修订并增补"关于古今人口的一篇补录：兼评休谟先生'论古代国家的人口稠密'一文"时，在休谟之外，华莱士还得到了爱丁堡大学两位同事——也即民法教授肯尼斯·麦肯齐（Kenneth Mackenzie）和历史学教授查尔斯·麦基（Charles Mackie）——的帮助。这两位教授都是华莱士的铁杆支持者，但却对休谟的学识颇不以为然。麦基——他在竞争"律师公会图书馆"管理员一职时曾败给休谟——甚至这样评价道："尽管那位绅士从古人那里寻章摘句，貌似学识渊深，但我怀疑他关于罗马史的知识大多出自现代编年史家，或者至多出自于古人那些浮皮潦草、经不起推敲的观点。或者换句话说，凡貌似有利于其当前目的的材料，他都一股脑地全盘接受下来，并形诸笔端。"尽管不排除这种可能性，但休谟自己的表述恰恰与之相反：他"几乎读完了所有的希腊和拉丁典籍"，而更为重要的一点是，作为证据，休谟的早期手稿表明：他1750年对于古代典籍的阅读很少借助于二手文献。抛开一些具体的细节，现代的人口统计学家更倾向于支持休谟而非华莱士的观点。

休谟在文风和内容上都向华莱士提供了帮助。他曾将马基雅维利所写的一段佐证性文字摘抄给华莱士，并评点道："为公平起见，我把这段话提供给您，您知道我曾蒙恩于您。"然后又写道："卢瑟福上尉（Captain Rutherford）告诉我，在纽约市（实际上，它只配享村庄之名），人们很少豢养黑童，而是将这些黑童免费送给愿意养育他们的乡下人。"但是，就总体而言，休谟对华莱士最大的帮助体现在文风方面："我已尽力在文字上做了一些校正。"休谟对"苏格兰腔"（scotticisms）特别敏感，一如往常，他警告华莱士道："您在第170页所使用的'expiscate'这个词是典型的苏式英语；我怀疑您在第176页所使用的'Prestations'这个词也是如此。"就文风的改变而言，较为典型例子包括：由华莱士的"As therefore is not the least appearance, so neither seems there to be the smallest chance, that there shall be any sudden increase of mankind"改为休谟的"Nay not only is there not the least appearance, but there seems not to be even the smallest chance"；由华莱士的"the superior populousness of the antient to that of the modern world, is not so certain as the passionate admirers of antiquity believe it to be"改为休谟的"as is believed by the passionate admirers of antiquity"；由华莱士的"for tho' they did not neglect trade, yet among them it was more confined to agriculture, being their chief employment" 改为休谟的 "among them fewer hands were employed in Trade; trade was more confined; agriculture was more encouraged, & was indeed their principall occupation."

然而，就事物的本性而言，很难说休谟和华莱士彼此之间的惠助大抵相当。正如休谟所抱歉的那样："如果您在页边很少看到改动的痕迹，这绝非因为我粗枝大叶、心有旁骛，而是因为您自己心细如发、全神贯注。"一个重要的事实是：与之前的斯图亚特与两位休谟之间的论辩全然不同，这场论辩是在极高的层次上展开的。论辩双方都充分地意识到其行为的非同凡响之处，这一点在休谟对华莱士的评论中已彰显无遗："您对我的礼待让我感佩之至，我当初何敢做此奢想！在这方面，作者们的表现常常不尽如人意。但在我看来，即便是在那些最无趣的论辩中，您都下定决心要扭转这种状况，并为人们确立了一种礼貌的新典范。"而在"启蒙时代"看来，休谟—华莱士之争正是"这种礼貌的新典范"。

莫顿伯爵曾将这两本著作寄赠给孟德斯鸠，而孟德斯鸠也试图找译者来翻译这两本书。1753 年 7 月，孟德斯鸠致信休谟道："公众不仅赏识这两部著作，而且也同样钦佩这两位朋友，他们能够为了高贵的友谊而放弃各自的一孔之见；至于我自己，如果我能在这份高贵友谊中占有一席之地，那真是荣莫大焉！"不知何故，双方求助于孟德斯鸠来为这场学术论争做最后裁决的传言不胫而走。所以次年，在答复休谟的译者勒布朗神父（Abbé Le Blanc）的问询时，孟德斯鸠写道："先生，我确实收到了两封信，一封来自华莱士先生，一封来自休谟先生。在这两封信中，这两位声名遐迩之士虽然对同一个问题观点迥异，但他们都持论公允，气度高贵，在论及自己时无不言辞谦恭，这不禁让我对他们的坦诚心生无限仰慕，若不是尚未征得他们的同意，若不是信中含有对我的恭维之词，我恨不能立马将它们公开发表。正如您所知道的那样，他们之所以给我写信，并不是为了获得一纸裁决。我并不具备这种能力，如果让我裁决，我就会仿效维吉尔《牧歌》中裁断那两位牧羊人到底孰高孰低的评判人。"[1]

人们常常将这场友好论争的令名美誉归功于更为知名的休谟，而往往忽略了华莱士在其中的贡献。1764 年，当休谟众星捧月般地卜居巴黎时，当时对这一事件的各种断章取义的穿凿附会让华莱士不堪其扰。为了在子孙后代面前替自己辩

---

[1] Montesquieu, *Correspondance* (Bordeaux, 1914), II, 460-1, 537-8；参见 Virgil, *Ecologues*, III, *ad fin.*

诬，华莱士特地挑出相关论文，并将他们编订成册，并在封面上写下了一个"备注"。此后，他再未就这个主题写过任何文章。"备注"的部分内容如下：

> 这本小册子含有华莱士先生此前出版的"论人口数量"这一论文的相关手稿……因为有些人总是乐于指出：正是经过此前面世的《英国史》的作者大卫·休谟先生之手的校订，华莱士先生糟糕的语言才变得清通可读。华莱士先生保留了经休谟先生校订的该书稿的诸多校样（它们内含于此书）。休谟先生所做的这些校订均由其亲笔手书：这些校订不仅为数寥寥，而且都无关宏旨。凡认真检视过这些校样以及所附信函——在信中，就连休谟自己也承认：需校订的地方非常之少——之人，均不难看出这一点。听闻这个谣言的**华莱士先生保留了他所能找到的全部材料，但遗憾的是，有些材料在他听到这个谣言之前就已遗失了。**

华莱士所言非虚，但令人遗憾的是，其同时代人并没有给予他应有的荣耀。假如他们知悉华莱士在1745年的一场学术论辩和在1756年的一场宗教论争[1]中均挺身为休谟辩护，他们肯定会将华莱士视为启蒙时代一位神职人员的光辉典范。

华莱士的著作并没有终结这场"人口论辩"。在1756年出版的《人类之友》（*L'Ami des Hommes*）中，米拉波力挺华莱士的观点，而沙斯泰吕侯爵（Marquis de Chastellux）则在其1772年面世的《论公共福祉》（*De la félicité publique*）中声援休谟的观点。人们告诉休谟，米拉波"之所以要学习英语，就是为了能读您的英文原著"。后来，休谟与米拉波成为一对朋友。在德国，休谟还获得了两位神学家的支持，一位是苏斯米奇（Johann Peter Süssmilch），一位是莱马鲁斯（Hermann Samuel Reimarus）。最后，托马斯·马尔萨斯在其《论人口原理》（*Essay on the Principle of Population*，1798）中综合了休谟和华莱士的观点。[2]

在与华莱士这场声名遐迩的论战发生六年之后，休谟发现，在华莱士和艾利班克勋爵（Lord Elibank）之间关于"经济学"的早期论战中，自己事实上成了和

---

[1] 参见后面的第25章。
[2] 马尔萨斯在其"引言"实际上引证了"休谟，华莱士，亚当·斯密博士和普赖斯博士（Dr. Price）"。

第二十章 《政治论衡》

平的守护人。[1]

当然,休谟1752年的《政治论衡》并非仅仅局限于"论古代国家的人口稠密"这篇论文,而且事实上,休谟赖以跻身为英国顶尖经济学家和政治科学家的也并非凭藉这种历史研究。按照现今的学科分类,在最初的12篇政治随笔中,有7篇可以算作经济学研究。在其他5篇随笔中,我们已对有关人口的那篇随笔做了考察。从更为严格的意义上讲,余下的4篇随笔本质上属于政治学。"论新教徒的继承王位"本应出现在1748年出版的《道德和政治随笔三篇》(*Three Essays, Moral and Political*)中,但在最后关头,休谟听从朋友的建议将其撤下,因为他们担心,休谟作为一个"激进的怀疑主义"辉格党的立场或许会让其恩主圣克莱尔将军深陷困境。1715年叛乱之后,因其詹姆斯二世党人的身份,圣克莱尔将军的一位兄弟遭到逮捕。但在1752年,詹姆斯二世党人主义早已日薄西山,故而休谟的这篇随笔并没有引起多大的骚动。

"论均势"这篇文章认为,现代英国所尊奉的这项政策曾为古希腊所用,尽管那时还没有"均势"这个术语;与此同时,休谟还颂扬英国维系了"其作为欧洲普遍自由的卫士和人类恩主的地位"。"论某些异常惯例"是对如下命题的历史发展,也即人们在"确立政治上的普遍原理时应当慎之又慎"。最后一篇非经济学随笔是"关于一个完美共和国的构想"。在其中,休谟所提出的那套共和制政体是如此具有限定性,以至于几乎毫无付诸实践的可能;尽管在写这篇文章时休谟心中所想的是荷兰的政制体系,但它丝毫不带有任何政治乌托邦的玄想成分,并且后来影响了联邦党人,尤其是影响了詹姆斯·麦迪逊对于美国宪法之指导哲学的构设。

论及经济学的7篇随笔分别为:"论商业"、"论奢侈"、"论货币"、"论利息"、"论贸易平衡"、"论赋税"、"论公共信用"。这些随笔文风明晰,对当时至关重要的时代难题——那是一个正在缓慢褪去其陈腐的重商主义外壳的时代——进行了理性睿智、富有历史洞察力的探讨。如果说这些文章具有随笔的优点,那么它们也同样具有随笔的缺点,也即缺乏论文所固有的内在联系和系统性。因而,它们并不能为资本主义提供系统的辩护和论证(rationale of capitalism),这项工作最后是由其好友亚当·斯密借由《国富论》完成的。但是,正如斯密自己首先乐于

---

[1] 参见后面的文本补录。

承认的那样，在休谟的这些随笔中，这种新的、奉"自由贸易"为圭臬的资本主义思想最为重要的特征已表露无遗。

在第一篇随笔"论商业"的开篇段落中，休谟处理经济问题时所展现的那种恢宏的哲学视野已初露端倪：

> 人类大体上可以划分为两种类型，一类是才智短浅难窥玄奥的庸人，一类是出神入化超然物外的大智。大智固然凤毛麟角，为世所罕见，不过我以为，他们的作用极大，他们的价值十分宝贵。至少，他们对问题能提供启发性的看法，并揭示出其中的难点，尽管他们本人也许尚无力做更深入的研究，但却为后人提供了研究这些问题从而获得重大发现的机会，只要后人的思路更缜密、方法更精确。要不然，退一万步说，他们至少是出语惊人、不落俗套，即便理解他们所说的话要花一番功夫，人们也还是乐意听到一些新奇不俗的之论。如果一个作者只能提供一些人们在任何一家咖啡馆的酒后茶余都能听到的老生常谈，那这样的作者也实在毫无可取之处……
>
> 在下面就**商业**、**奢侈**、**货币**、**利息**等问题进行探讨之前，我认为有必要先作这一番引言。因为在这些讨论中，说不定会出现某种独出机杼的原理，尽管对于这样庸常的论题，这些原理看起来未免过于精微玄妙。设若这些原理有误，人们自当弃绝，但却不能仅仅因为它们不循常规就对其抱有成见。[1]

让我们选取一些典型个例，以对这门新经济科学（在1752年，"经济学"这个词尚不为人所知）中的一些原则加以评述，并看看它们是如何彻底地摧毁了重商主义的信条——也即为了实现在国民流通领域增加货币总量这一首要目标而对工商业实行国家管制。反之，也让我们看看，它们又是如何预兆着亚当·斯密对于"自由贸易"资本主义的系统表达。我们将聚焦于劳动、消费品、货币和商业这四个论题。

1. 劳动：世界上的所有物品都是通过劳动购买；我们的激情（或者说我

---

[1] 参见后面的文本补录。

第二十章 《政治论衡》

们的欲求）是劳动的唯一原因……如果可能的话，每个人都应该享受他的劳动成果，充分地占有各种生活必需品，以及许多生活便利品。没有人能够怀疑，这种平等与人类的本性最为相宜，它对穷人幸福的增益远远大于它对富人幸福的消损。

2. 消费品（用 18 世纪的术语来说即"奢侈"）：奢侈是一个语义含混的词语，即可用于褒义，也可用于贬义。一般而言，它意指感官满足方面的精益求精；到底何种程度的奢侈是无害的，抑或是值得谴责的，这要视时代、国家以及个人的具体状况而定……只有当人们以牺牲某些美德——诸如慷慨和慈善——为代价来追求感官的放纵时，奢侈才是邪恶的；同样地，当人们为了满足感官的放纵而将自己陷于匮乏和乞讨的境地时，奢侈才是有罪的。

3. 货币：严格说来，货币并不是商业方面的一个问题，而只是人们约定用以便利商品交换的一种工具。它不是贸易的轮毂，而只是使贸易轮毂的运转更加平滑自如的润滑油……货币只是劳动和商品的代表，只是对劳动和商品进行估价的一种手段。

4. 商业：通过这些原理，我们可以认识到：我们应该对包括英国在内的所有欧洲国家施加于贸易的无数藩篱、屏障和关税做出何种判断；当货币处于流通状态的时候，尽管人们有聚敛货币的病态欲望，但一个国家的货币量绝不会超过其应有的水准；尽管人们对于失去货币有一种毫无依据的担心，但一个国家的货币量也绝不会低于其应有的水准。能驱散我们财富的唯有这些失策的重商主义措置。然而，由此所产生的普遍恶果是：它们剥夺了邻国之间的自由交往和互通有无，而造物主之所以赋予这些邻国以截然不同的土壤、气候和资源禀赋，本打算是要他们自由交往和互通有无的。

大卫·休谟不仅是亚当·斯密的一个明智的前驱，也是其精明的评判者。在 1776 年辞世之前的数月，休谟拜读了《国富论》的第一卷，并致信其朋友道，"写得好！真出色！亲爱的斯密先生：尊著让我喜不自胜，细读之后，我焦灼的心情已一扫而光……不过，如果您那时在我家的话，我会对书中的一些原理提出异议。我不认为农场的地租构成了农产品价格的一部分，而是认为农产品价格完全由生产量和需求量决定。在我看来，法国国王不可能对铸币征收 8% 的铸币税。如果铸币税这么高，谁也不会把金银块送往造币厂，而是将其全部送往荷兰或英国，然后以不到 2% 的铸币税铸造好后再运回国内……但这些问题以及其他的一百多个问题，我们只有在面谈时才能说清楚……"在这里，即将不久于人世的休谟仍表现出了一位优秀的经济理论批评家的本色，他不仅预见到了李嘉图的理论，而且还找出了一个事实性的错误。

　　身处启蒙时代的人们不难发现：休谟的经济和政治观察精微而富有洞察力。像往常一样，他的思想极富原创性，既招来了无数的赞赏之词，也激发了连篇累牍的文字回应。[1] 简而言之，1752 年之后，休谟的作品在更大的范围内得到阅读和传诵，而这是其以前的形而上学著作所无法企及的。此后，随着《英国史》的面世，休谟的读者群又急剧地扩大。

---

[1] 例如，艾利班克勋爵（Lord Elibank）的《论公债的起源和后果》（*Inquiry into the Original and Consequences of the Public Debt*, 1753）这本书的灵感直接源于休谟的《政治论衡》。关于休谟作为一位经济学家的最全面的现代研究是尤金·罗太文（Eugene Rotwein）的《大卫·休谟：经济著作选》（*David Hume: Writings on Economics*, Edinburgh, 1955）。

第二十一章　教会治下的和平

"对于文人而言，这里有一个非常好的社交圈。"

国王的御医艾迈特先生（Mr Amyat），是一位明识且讨人喜欢的英格兰绅士，他曾在爱丁堡住过一两年时间。有一天，他对于爱丁堡的奇妙点评着实让我（也即威廉·斯梅利［William Smellie］，印刷商、博古学家和传记作家）吃惊不小。他说，在欧洲，没有哪个城市能享有这种独一无二的高贵特权。我问道，这种特权是什么？他回答道：当伫立在爱丁堡的十字街头，在短短几分钟之内，我就能随手拉住五十位天赋异禀、才高八斗之人。这是一个众所周知的事实。但爱丁堡本地居民却对此早已习以为常，而对于那些未曾到其他国家游历过的人而言，这种情形虽然非同寻常，但也见怪不怪。然而，它却给外地人留下了深刻的印象。在伦敦、巴黎和欧洲其他大城市，尽管也有许多文人墨客，但要想一睹他们的尊容却是相当的困难。即便是见到他们，与他们的谈话有时也是相当地拘谨。而在爱丁堡，不仅很容易就能亲临文人才子之芳泽，而且他们的谈话能以一种最无拘无束的方式将知识传布给聪慧的陌生人。苏格兰的哲学家既不故弄玄虚，也不故作深沉，他们知无不言，自由地表达他们的情感，没有任何的伪饰或保留。这种恢宏的性格在休谟身上表现得尤为突出。他从不冒犯任何人。可是，当谈话涉及无论是道德或宗教上的特定主题时，他自由地表述自己的真情实感，并带有一种让人性增辉的力量和尊严。[1]

---

[1] Wm. Smellie, *Literary and Characteristical Lives of Gregory, Kames, Hume, and Smith* (Edinburgh 1800), pp.161-2.

除了它是源自一位坦率论敌的恭维，上面这段话的重要性还在于：它强调了18世纪爱丁堡文人的"合群性"或"交际性"（clubbability）。这里所呈现出来的俱乐部的两个基本特征是：俱乐部成员之间可以随时见面（这源于爱丁堡城市规模小，而且非常紧凑）；以及讨论的自由。在18世纪上半叶，"兰肯俱乐部"（the Rankenian Club）的智识和文化影响已经众所周知；而在18世纪后叶，其他的社交组织延续了这一传统。

爱丁堡的"哲学会"，尽管偶尔投身于哲学，但一般是以探求科学为职事。"群贤会"（Select Society）具有最广博的兴趣和最广泛的文化影响。"拨火棍俱乐部"则局限于政治。休谟同时是这三家俱乐部的会员，并且在其活动中起着至关重要的领导作用。

在爱丁堡之外，"格拉斯哥文学会"于1752年初成立。在1月23日的集会上，作为创始会员，亚当·斯密宣读了"对大卫·休谟先生'论商业'一文的解释"，"论商业"一文选自新近出版的《政治论衡》。[1] 次年，休谟就被遴选为"格拉斯哥文学会"的会员。作为一名外地会员，休谟被要求每年寄一篇文章。其1755年1月9日给斯密的信中解释了这方面的一个误会：

> 请代我向文学会致意。如果我此次没能尽到会员义务，没能将年度论文给他们寄去，责任全在您。假如您在一个星期前就通知我，我本可以将文章寄去的。我本打算将共和国或护国公时期英国史的部分书稿寄去，但它们现在不在我手上，而我一时半会也拿不回来。

在阿伯丁，一般以"智者俱乐部"（Wise Club）驰名于世的"哲学会"成立于1758年。尽管休谟并不是这个杰出社团的会员，但他仍在其中发挥着不可或缺的作用。托马斯·里德教授向休谟解释了这一悖论：

> 您友善的对手坎贝尔博士（Dr. Campbell）、吉拉德博士（Dr. Gerard）和格雷戈里博士（Dr. Gregory）向您致以最崇敬的问候。他们三人都是这里一家小型哲学会的成员。若说该哲学会还能给他们带来一些乐趣，这主要归

---

[1] *Notice and Documents illustrative of the Literary Hitsory of Glasgow* (Glasgow 1831), pp.132-3.

第二十一章 教会治下的和平

功于您。尽管我们都是善良的基督徒，但您的陪伴却胜过圣亚塔那修（Saint Athanasius）。虽然您无法到场，但您比其他任何人都被更多地论及：大家要么热情地为您辩护，要么猛烈地抨击您，但没有丝毫的怨怼。如果您不再就政治和形而上学的问题写作，我们恐将会失去许多议题。[1]

只要浏览一下"智者俱乐部"的会议记录，就知道里德所言不虚。[2]

大卫·休谟的亲和力，以及其作为一个文人的合群性，使他特别擅于交际。但休谟对大型聚会从来都不感冒，在这种场合，他常常变得张口结舌，说不出话来。休谟所偏好的是这种精挑细选的小型聚会。在其早期的一篇随笔中，休谟写道："我必须承认，我自己特殊的癖好……使我宁愿与少数精选的同伴为伍。与他们在一起，我可以平静地享受到理性的盛宴，并审查自己每一种反思是否正确，无论它是快乐的还是严肃的。但是，这样一种可意的聚会并不是每天都能遇到的，因此，我不得不说：缺少了女性、各色人等混杂其中的聚会，将是世界上最乏味的消遣，既缺乏欢乐和礼貌（gaiety and politeness），又缺乏明识和理性（sense and reason）。除了纵酒豪饮，没有什么可以让他们摆脱这种过度的沉闷无趣。而这又无异于饮鸩止渴。"[3] 在青年时期，休谟能够和他的朋友们沉溺于理性的盛宴，这些朋友包括帕特里克·艾利班克（Patrick Elibank）、吉尔伯特·埃利奥特（Gilbert Elliot）、亨利·霍姆（Henry Home）、威廉·缪尔（William Mure）、詹姆斯·奥斯瓦德（James Oswald），以及迈克尔·拉姆齐（Michael Ramsay）。在18世纪40年代中后期，休谟又加入了圣克莱尔将军交际圈中由军人和医生所组成的那个风趣幽默的智者群体，其中包括詹姆斯·阿伯克龙比（James Abercromby）、约翰·克莱芬（John Clephane）、詹姆斯·埃德蒙斯顿（James Edmonstoune），以及哈利·厄斯金（Harry Erskine）。在18世纪50年代移居爱丁堡后，休谟又在长老会温和派牧师中找到了安慰，他们包括休·布莱尔、亚历山大·卡莱尔、约翰·霍姆、约翰·贾丁，以及威廉·罗伯逊。假如休谟早一点结识这些温和派教士，他关于教士品性的那个著名注解肯定不会以那样的形式出现。

---

[1] RSE, VII, 3.
[2] "Minutes of the Philosophical Society in Aberdeen, 1758—1771," in Aberdeen University Library, MS 539.
[3] *Phil. Wks.*, III, 194n, 并参见第187页（英文页码）关于"谈话艺术"（arts of conversation）的论述。

休谟与这些开明派牧师的友谊引发了许多人不必要的担忧,对此,卡莱尔开释道:

> 休谟经常与那帮年轻的教士搅和在一起,倒不是希望他们能接受他的观点,因为他从未试图颠覆任何人的原则和信念,而是因为他们能很好地理解他的观点,并能与他进行文学对话。那时(卡莱尔写于1753年),罗伯逊、亨利·霍姆和我全都住在乡下,只是每隔一段时间都会来爱丁堡。布莱尔、贾丁都住在爱丁堡。那时候流行晚宴。我们常常倾巢而出,找一间最好的酒馆,欢聚在一起,直到晚上九点钟方才散去。与休谟、斯密、弗格森、艾利班克勋爵、布莱尔博士、贾丁博士在一起的时光,总是快乐的……年轻教士与休谟的亲密关系惹恼了高标派中的狂热者,他们根本就不知道,休谟根本就不愿去撼动他们的信念和原则。[1]

在温和派中,罗伯特·华莱士是老一辈中依然健在的一位特立独行之士,尽管并不总是被富有政治抱负的年轻一代温和派视为自己人,但在宗教大会的投票中,他总是站在他们一边。高标派(High-Flying faction)总是将其视为温和派。奥切泰尔(Ochtertyre)的拉姆齐曾报道称:华莱士"被视为一位希望远离教会政治之人",但与此同时,"没有谁的朋友比他更多了,他一生中最快活的时光都花在谈话上"。[2] 然而,休谟和华莱士的相互敬重,看起来从未深化为无话不谈的亲密友谊。

亚历山大·卡莱尔被沃尔特·司各特爵士(Sir Walter Scott)形容为"我曾见过的最伟大的半人半神(demigod)",并且,由于其天神般的仪容和帝王般的气概,故而常常被称为朱庇特·卡莱尔。在温和派中,"朱庇特"是一位举足轻重的人物,在布道坛之外,他还是一位精明强干的政治家和熟谙世故之人。当艾利班克勋爵问及"为何现在的年轻牧师在成就和心胸方面远胜于其前辈"时,卡莱尔回答道:"爱丁堡的这些神学教授都受教于荷兰,性格阴郁,语言冗长乏味","他们根本就教不了任何东西,而学生们也就乐得放任自流,于是,相较于神学教授的课堂传授,他们自发形成的观点就开明的多"。[3] 这就是卡莱尔对于新温和主义

---

[1] Carlyle, pp.288-9.
[2] Ramsay, I, 245.
[3] Carlyle, pp.64, 64.

之兴起和成功的经典解释。

　　无论是在布道坛上，还是在讲台上，休·布莱尔都光彩照人。他自负、挑剔而又浮夸，但卡莱尔承认，"休·布莱尔是我所见过的最心无城府之人，他心思单纯，没有一丁点恶意。尽管他性情火爆，稍不如意便大发雷霆。但他的妻子——一位优秀的女性——和朋友都只是嘲笑和打趣他。"[1] 在布道坛上，他言词滔滔，让人意醉神谜。鲍斯维尔曾以独有的方式评论道："布莱尔的雄辩足以驯服一只猎狗。"[2] 然而，布莱尔并不能说服休谟。有一次，仰仗着他们亲密无间的关系，休谟抗议道：

> 请允许我……冒昧地向您说一句：无论何时，只要我有幸与您交谈，如果其内容涉及文学或推理上的一般论题，我总能从您那里获得诸多快乐和教益。但一旦话锋转到宗教论题，尽管我从不怀疑您本意善良，但我必须承认，我从未感受到同等的满足。我总是感到厌倦，而您也感到窝火。因此，我希望：在将来，一旦我有幸与您交谈，我们应该严禁谈宗教方面的话题。长久以来，我一直研究这些宗教论题，已听不进任何人的训导了，尽管我承认，没有人比您更擅长训导之道了。

　　这封信写于1761年，此后，如果说两人的关系有任何变化的话，那也是愈加亲密无间。在定居巴黎期间，通过给布莱尔写各位朋友都能看到的通函，休谟一直与爱丁堡的"我的新教牧师们"保持着书信联系。

　　如果说布莱尔曾有过让那位"大异教徒"皈依教门这种秘而不宣的雄心，那么，约翰·霍姆根本就不会这么做。在平定1745年的叛乱之后，约翰被任命为Athelstaneford教区的牧师，以接替新近辞世、并以"墓园诗派"（Graveyard School of Poetry）开拓者的身份闻名于世的罗伯特·布莱尔牧师。但约翰怀抱有迥异的诗歌雄心，而这一点后来也成为苏格兰宗教圈内一场大骚动的导火索。[3] 像往常一样，卡莱尔也为约翰·霍姆勾勒出一幅传神的肖像：

---

[1] *Ibid.*, p.307.
[2] *Boswell Papers*, XIII, 109.
[3] See Ch.26, below.

约翰·霍姆是位令人敬重的朋友，那些凡不以一位年轻教士的浮华为意的陌生人都十分喜欢他。他长相英俊，体格魁伟，身长5英尺有余，言词亲切且富有感染力。他并没有太多的机智，更缺少风趣，但他生性活泼，热情洋溢，举手投足间皆有一种仁慈的情怀，他总是不停地恭维他所喜欢之人（他从不与他不喜欢的人交往）——这是一位知己的善意褒奖，而非一位谄媚者的阿谀逢迎。他拥有令人不可抗拒的魅力，而他的到来就像打开了一扇窗户，阳光随之刺破了黑暗。[1]

作为堂兄弟，两位休谟曾就他们姓氏的拼写发生过争论。有一次，大卫曾提议用抓阄的方式来决定。"不行，"约翰说，"这实际上是一种最怪诞的提议，我的哲学家先生，如果你输了，你用的还是你自己的姓；如果我输了，我就随了别人的姓。"他们之间另一个友善的分歧——这也是他们在现世问题上仅有的两次分歧之一，源于不同的宴乐方式。作为一个毫不妥协的苏格兰人，约翰拒绝放弃苏格兰与法国年长日久的联盟，只喝法国的波尔多红葡萄酒，并一直拒绝喝自1707年"合并"以来因英格兰与葡萄牙的关税互惠协定而更为廉价的波尔图葡萄酒。他的格言人尽皆知：

> 那位苏格兰人站起来，坚毅而笔挺
> 他的羊肉虽老，但他有可口的波尔多美酒
> "让他喝波尔图葡萄酒吧！"一位英格兰政治家大喊道
> 他喝了那毒药，然后魂飞魄散。

作为一个具有怀疑主义倾向的哲学家，也作为一个饕餮之徒，大卫的地窖里堆满了这两种美酒。[2]

大卫·休谟最为赏识是约翰·贾丁。贾丁身高六英尺许，身形高大，对生活充满了巨大的热情。卡莱尔注意到："大卫·休谟和约翰·贾丁博士都……令人敬重，鉴于他们卓越的品性，他们都有将朋友们聚拢在自己身边的独特天赋。"卡

---

[1] Carlyle, p.310.
[2] Home-Mackenzine, I, 164.

第二十一章　教会治下的和平

莱尔还补充道：贾丁"常常拿大卫·休谟无尽的好奇心和的拙纳未开的天真来打趣……"而这一事实也得到了亨利·麦肯齐（Henry Mackenzie）的佐证：贾丁"常常以模仿大卫·休谟天真的孩子气（如果我可以用这样的词汇来形容这位大哲的话）为乐，而当发现这种令其身边朋友大笑不止的玩笑后，休谟自己也乐不可支"。一天晚上，在与贾丁一道访友归来后，大卫礼貌地谢绝了贾丁掌灯下楼的提议，结果在黑暗中摔了一跤。贾丁举起蜡烛就冲了过去，并扶起大卫肥硕的身体，然后狡黠地评论道："大卫，我总是跟你说，仅仅靠'自然光'是不够的。"卡莱尔还进一步指出：贾丁是一个政治家，"在教会管理方面是罗伯逊和我们的朋友可以倚重的柱石。因为作为德拉蒙德市长（Provost Drummond）的女婿，贾丁可以让其在高标派羽翼下成长起来的岳丈保持政策的一贯性……在政治上，他机谋权变，在其他方面，他值得信赖。"尽管是一位老成谋国的政治家，但在1766年的宗教大会上，在其党派取得决定性胜利的那一刻，他一度几近晕厥。当时，卡莱尔穿过人群来到面色惨淡的贾丁面前，对他耳语道：要晕倒了吗？"不，不，"他回答道，"我没事。"[1]

威廉·罗伯逊是年轻的温和派当之无愧的首脑。无论身为一名牧师，还是爱丁堡大学的校长，抑或作为一名历史学家，罗伯逊都卓尔不凡。平叛之后——与卡莱尔、霍姆一样，罗伯逊也曾参与当时的平叛行动，罗伯逊以其全部的才华投身于教会政治。通过联合身为教会长老的某些年轻律师，罗伯逊和温和派在1752年的宗教大会上赢得了首次胜利，他们所发表的"不同意委员会的判决和决议的理由"通常被视为"温和派的宣言书"。在此后的10年里，罗伯逊逐渐大权在握，而老一辈的温和派领袖帕特里克·卡明（Partrick Cumming）的影响力却日渐衰退。在1762年被任命为爱丁堡大学校长之后，他和年轻一代的温和派彻底地掌控了教会事务。罗伯逊的统治一直延续到其1780年辞职。在罗伯逊的统治下，温和派强化了教会的权威和戒律，并坚定地拥护庇护制，而正是为了支持这种庇护制，休谟于1751年创作了《教堂司事的祈愿》（*Bellman's Petition*）。

罗伯逊生性冷淡含蓄，在休谟的朋友圈中不像其他人那么招人喜欢。卡莱尔的评论对罗伯逊的这一缺点也有所暗示："尽管是一位真正伟大的谈话大师，尽管其谈话通常都让人如沐春风，但他有时太爱高谈阔论了，甚至难逃炫耀的嫌疑。

---

[1] Carlyle, pp. 278-9, 285, 490-2; Home-Mackenzine, I, 14.

罗伯逊还热衷于转述别人的想法，以至于有时候其最好的朋友都觉得沉闷乏味之极……罗伯逊对其他人想法的转述是如此精当和无害，以至于我从未看到有人声称那是他们自己的。但也并非总是如此，有时，他如此健忘，以至于误以为出席了他根本就不在场的场合，做了他根本就没有插手过的事情……"[1] 而当其以一个历史学家的身份上升到与休谟平起平坐的地位时，罗伯逊在接受这个荣誉时也稍失谦逊。但他对于文学的热爱一点也不输于休谟，这一点可从其座右铭中得到验证："不学习便意味着死亡"（Vita sine litteris mors）。从更宽泛的意义上讲，或许可以将这种对人性和人文的强调视为温和派的基本信条，实际上，它也是启蒙运动的基本信条。

这就是这些开明的神职人员所组成的小圈子，他们在 18 世纪 50 年代初成为大卫·休谟的挚友，并终生不渝。当休谟被那些宗教偏执分子攻击的时候，他们与他并肩作战；而当休谟在政府任职的时候，他也总是借助于自己的声望和影响，为他们提供职务上的恩庇。在很大的程度上，当各种外部势力试图让休谟在爱丁堡过得窝心，甚至将其扫地出门的时候，正是他们的友情让休谟在爱丁堡的后半生过得较为舒坦。

当然，休谟在爱丁堡的好朋友并不局限于神职人员。他青年时期的友人中，亨利·霍姆和艾利班克勋爵一直定居于爱丁堡。按照奥切泰尔（Ochtertyre）的拉姆齐的说法，他们与休谟一道构成了评论界的三巨头，一切事关品位的问题全有赖于他们的裁决。1752 年，亨利·霍姆以凯姆斯勋爵的头衔成为苏格兰高等民事法院的一名法官，并在 1763 年成为苏格兰高等刑事法院的大法官。而已从军界退役的艾利班克勋爵是一个时尚之人和文学爱好者。不像霍姆已抛弃了其早年的詹姆斯二世党人主义，终其一生，艾利班克勋爵一直都保持着对这项败局已定之事业的热忱。他们两位都是文艺青年的大恩主。如果大卫·休谟在詹姆斯宅邸的住所真的是凯姆斯提供的话，那么，凯姆斯依然在庇护已不那么年轻的休谟，因为休谟现在已步入不惑之年。

在休谟教士之外的新朋友中，灵魂人物是亚当·斯密和亚历山大·韦德伯恩。尽管 1751 年移居至格拉斯哥大学之后，斯密已不常在爱丁堡出没，但他与休谟的友谊却愈益醇厚，而这显然归因于两人心灵相契、志趣相投。在给斯密的信中，

---

[1] Carlyle, pp.299-301.

第二十一章 教会治下的和平

休谟要么是央求斯密来爱丁堡度假,要么是央告他来爱丁堡大学任教,这样,他们就可以日相过从。在晚年,休谟始终在自己的宅邸为斯密预留一个房间。

韦德伯恩的个性则截然不同,他才华横溢却又性情多变,言语莽撞,行事冲动。斯密和休谟都对这位雄心勃勃、天分极高的年轻人寄予厚望,并亲自为他制订了一个学习计划。1753年,休谟给韦德伯恩写了一封热情洋溢的推荐信,将他引荐给伦敦的克莱芬博士:

> 这封信是请我的朋友韦德伯恩先生转交给您的,他正准备去一趟伦敦,半是为了研究,半是为了游乐。我认为:与这些目标相适应,为其效劳的最佳办法莫过于推荐他与一位富有学养且谈吐不凡的人结识,并与其培植友谊……但对于他,我不会再多置一词,以免我的信犯了他在为人处世方面所易犯的同样错误,这是他性格上最显明的瑕疵,也即允诺过多,但却无力兑现。当我告诉您:这个人——我从他的友谊和陪伴中受益良多,我作为朋友和友伴推荐给您的这个人仅仅只有20岁时,您一定会认为,他犯这种类型的过失是势所难免的。

在伦敦,为了成为一名法学家,韦德伯恩注册进入了内殿学院。他的抱负是进入英格兰法律界,这样就可以为他的才赋寻找更大的施展空间。但是在家人的劝说下,他决定先在苏格兰的法律界一试身手。

1754年,韦德伯恩成为苏格兰的一名执业律师,但仅仅三年后,韦德伯恩原本前途远大的职业生涯就戛然而止。因为当时他不仅辱骂了对方的一名律师,而且拒绝向法庭道歉。他脱下自己的律师服,将其仍在护栏上,并丢下下面这句话扬长而去:"各位法官大人,我既不会退让,也不会道歉,你们也不必费心革我的职。这是我的律师服,我绝不会再穿上它。美德就是我的衣服(*virtute me involvo*)。"[1] 转到伦敦之后,韦德伯恩先是在内殿执业,但很快就应召进入英国司法界。在那里,他取得了辉煌的职业成就,并最终成为第一个坐上上院议长宝座的苏格兰人。他相继受封为拉夫伯勒勋爵(Lord Loughborough)和罗斯林伯爵(Earl of Rosslyn)。在1754年至1757年待在爱丁堡的这段时间,韦德伯恩的荣辱

---

[1] Lord Campbell, *Live of the Lord Chancellors* (London 1866), VII, Chs.162-3.

成败都与休谟的圈子息息相关。[1]

小阿兰·拉姆齐是既是一名画家，也是一位文人，同时也是休谟早年的朋友。他当时刚从伦敦回到苏格兰，但还尚未去罗马。就像斯密一样，他与休谟待在一起的时间并不多，但他们后来的通信却表明：他们趣味相投。1756年，拉姆齐自罗马欢愉地写道："教皇本人又矮又胖，那位冒牌货（the Pretender）却又高又瘦，关于他们两人，这就是我所知道的全部信息。至于那个恶魔，我尚未见到，而且也惮于以道听途说的方式来描述他，而当事关党派领袖时更其如此。"他同时还抄录了一段据称是古希腊时代的铭文，他声称是在法尔内塞宫（palace Farnese）的一个储藏室里发现的。"我承认，能见到这么古老的遗迹让我喜不自胜，这主要是因为你，我知道你根本就不相信什么神迹……确实，这里所包含的对于神迹的信仰，就其本身而言对救赎并无补益；但是，如果我能让你相信任何一个神迹，我自认为它将诱使你去相信其他的那些更为有益、但却未经证实的神迹。"[2]

1754年，拉姆齐为其朋友休谟画了一幅备受忽视但却极为传神的肖像画。画中，休谟头戴一顶用深红色天鹅绒所制作的富丽堂皇但却颇为老旧的学者帽。身着一件做工考究的棕色外套和一件饰有漂亮花纹的白背心。这位衣着入时的43岁哲学家尽显人间的烟火气。他面目俊朗：高高的前额，又长又直的鼻梁，深棕色的眉毛，灰蓝色的眼睛，宽厚而羞怯的嘴巴。坚毅而深邃的眼神，一张似笑非笑的生动脸庞。在拉姆齐看来，休谟的服饰表达了一种受人尊崇的渴望，而这也准确地反映了休谟自己的"自然美德"（natural virtues）观——从定义上讲，它与"修士美德"（monkish virtues）截然不同。[3]

后来，拉姆齐定居伦敦，并在1761年[4]被任命为乔治三世的御用肖像画师。他在这个职位上兢兢业业、尽心尽责，以至于劳伦斯·斯特恩打趣道："拉姆齐先生，您只画含有国王、王后和杰克头像的人头牌。"1766年，拉姆齐绘制了那副著名的肖像画，其中休谟身着大使秘书的正装。[5] 大约与此同时，拉姆齐也为休谟的"学生"让-雅克·卢梭画了一幅肖像画。

---

[1] 除了当前的这一章，还可参见后面的第25和第26章。
[2] RSE, VI, 103.
[3] 参见卷首插图（frontispiece）。
[4] 关于这个日期，请参见 Alastair Smart, *The Life and Art of Allan Ramsay* (London 1952), pp. 119-20.
[5] See *Boswelliana*, ed. Charles Rogers (London 1874), p.255.

第二十一章　教会治下的和平

在 1754 年的爱丁堡，正是在拉姆齐的推动下，苏格兰的文人结成了一个新社团，它堪称苏格兰启蒙运动最丰硕的果实。"群贤会"（Select Society）的成员大多来自法律界、大学、教会的头面人物，其中也有少数成员来自社交界。大卫·休谟、凯姆斯勋爵和亚当·斯密是文学和哲学界的主要代表。由拉姆齐住持、斯密提交报告的创始会议于 5 月 22 日召开，共有 15 人参加。据可靠资料，斯密此次的开幕演讲也是他最后一次做公开演讲。而那天所议定的"规则和章程"也对会员的遴选和讨论自由做出了许多具体的规定。

"规则和章程"规定，"除了与启示宗教有关或涉嫌宣传詹姆斯二世党人主义的议题，每位会员可以就任何议题提出论辩。"从每年 11 月中旬到次年的 8 月中旬，"群贤会"每星期三晚上 6 点都在"律师公会图书馆"举行集会。第一次例会由韦德伯恩主持，沃尔特·古德尔（Walter Goodall）担任书记员；第二次例会由亚当·斯密主持；在 7 月 26 日所召开的第三次例会上，大卫·休谟被遴选为司库，以及一个专门负责起草法规和章程的常设委员会的委员。此后，他又数次当选。[1]

12 月 4 日，时值休谟任轮值主席，讨论的话题为：在对待妇女的问题上，我们是倾向于古代的风俗还是现代的风俗？而且作为轮值主席，休谟还选定了下次集会的议题：国民性的不同，是源于气候的不同？还是源于道德和政治上的原因？鉴于这个议题所蕴藉的丰富内涵，"群贤会"于次年的二月，以及 1757 年再度拾起这个论题。像"群贤会"的绝大多数议题一样，这次议题后来成为休谟一篇随笔的论题。然而，桀骜不驯的韦德伯恩却提出了一个非休谟的话题，也即：那不勒斯女王琼（Queen Joan）所制定的允许妓女正当执业的法律对一个民族是否有利？尽管它既没有论及启示宗教，也没有鼓吹詹姆斯二世党人主义的嫌疑，但"论题审查委员会"肯定会否决这个题目。当韦德伯恩直接把这个论题提交给"群贤会"时，通过将其申请束之高阁，他被礼貌地回绝了。"群贤会"的会议记录并没有记载各次论辩的详细内容、论辩者的名字以及最终的表决结果。但据说像亚当·斯密一样，大卫·休谟也没有发表公开演讲。值得注意的是，自"群贤会"成立伊始，它就因规模太大而难以投合休谟的想法，也即"与少数几个精选

---

[1] NLS, MS entitled "Rules and Orders of the Select Society" and "Minutes of the Procedure of the Select Society", Adv. 23.1.1.

的同伴为伍，与他们在一起，我可以平静地享受理性的盛宴……"

"群贤会"的创始人们曾定下一条规矩，也即"群贤会将由 50 名成员组成"，但同时附有一条限制性条款，"经本会裁定，其人数……此后可视情况酌情增加。"成立一年后，大卫·休谟向身在罗马的艾伦·拉姆齐解释了这个限制性条款的运转状况：

> 群贤会已成为全国关注的焦点。年轻的和年迈的，高贵的和卑贱的，机智的和愚笨的，俗人和教士，全世界的人都想成为我们中的一员。每时每刻都有候选人向我们提出入会诉请，就好像我们是在遴选议员似的……我们的朋友，年轻的韦德伯恩因其在集会上的表现而崭露头角，而威尔基（Wilkie）牧师则一改往日的沉默寡言，成为一个颇受欢迎的人，因为他实在是一个不同凡响之人。蒙博杜伯爵的怪脾气也不见了，大卫·达尔林普尔爵士的热忱，杰克·达尔林普尔的雄辩都显露无遗，而那些沉闷乏味的长篇大论者则会发现自己才赋的匮乏，就更少站起来发言了。简而言之，在伦敦，即便是下议院也不曾像群贤会在爱丁堡那样成为人们瞩目的中心。相形之下，罗宾汉俱乐部（The Robinhood）、恶灵俱乐部（The Devil），以及所有其他的演讲协会均等而下之。正因您昔日所播下的种子，我们现今才能收获这种福惠。

对于那些"沉闷乏味的长篇大论者"，以及他们的努力又如何出人意料地结出善果，亚历山大·卡莱尔提供了更多的信息：

> 酒商罗伯特·亚历山大先生（Mr. Robert Alexander）是一位值得敬重之人，但却是一个糟糕的演讲者。他常常用温馨的晚宴和美味的葡萄酒款待我们，以作为耐心聆听其无益讲演的补偿，因为他每次都因为思路充塞而语无伦次。在群贤会那欢快的聚会中，能增益其成员的更多的是自由交谈而非讲演。正是聚会时的这种自由交谈，通过相互的碰撞磨平了每个人的棱角，并使爱丁堡的文人较之其他地方更少一些吹毛求疵，更少一些卖弄辞章的迂腐。[1]

---

[1] Carlyle, p.312.

第二十一章 教会治下的和平

卡莱尔最后一句话显然是直接针对他们的竞争对手,伦敦的文人墨客们。

在给拉姆齐的信中,休谟同时还宣称"'群贤会'发起了一项计划,旨在通过颁发半是荣誉性、半是物质性的奖励来推动苏格兰艺术、科学和制造业的发展。为此,我们专门制作了一个募捐箱,目前已募得大约100基尼的善款。我听说霍普顿勋爵、莫顿勋爵、马奇蒙特勋爵等已打算捐赠大笔钱款,他们都希望能成为'群贤会'的一员"。休谟进一步解释道:这个新的团体,也即"在苏格兰鼓励艺术、科学、制造业和农业的爱丁堡学会"已从它的母体"群贤会"分离出来。在文尾,休谟总结道:"我记得,其中的一份奖励将颁给有关品位和植物原理方面的最佳论文。这些论题涉及美文和科学。但我们也没有忽略像红葡萄酒、烈性啤酒、精制褶边,甚至像亚麻布这样微不足道的论题……"与休·布莱尔、威廉·威尔基和乔治·威沙特(George Wishart)这三位牧师一道,休谟和亚当·斯密被任命为第三委员会,也即"美文和批评委员会"的委员。身为道德哲学教授,同时也是休谟在阿伯丁的"友善的对手"的亚历山大·吉拉德,以其《论品位》(*Essay on Taste*)一文赢得了首枚金质奖章。

对于形势的这种新变化,从罗马给休谟回信的拉姆齐并非全然欣喜。

> 我的哲学家,一个人可以同时又悲又喜吗?如果这是可能的,那么我现在就处于这种情形。因为当听说你们中有人对我们亲爱祖国的艺术进步给以特殊的关注时,我自然是高兴的;但我同时也担心,通过引入另一批心性迥异之人,这个计划将摧毁我们业已发起的这项事业。难道除了降低我们的智商,我们就没有让葡萄酒变得更为醇厚,将砖块变得更为轻薄,将国家变得更为富有的方法了吗?难道真理不远比肉糜重要?难道智慧不远比衣饰重要?[1]

除了思想上的市侩作风,拉姆齐还论及了最终导致"群贤会"解散的另一个原因,也即其不可避免的大众化倾向。到了1759年,其会员数已高达135人。而导致其1763年解体的一个最直接的诱因,就是它教苏格兰人读写英语。[2] 1763

---

[1] RSE, VI, 103.
[2] 参见后面的第27章。

年之后,"群贤会"的余部改为在圣贾尔斯(St. Giles)的一个共济会俱乐部的房间里聚会,并因而在此后被称为"圣贾尔斯俱乐部"。

然而,在近10年的时间里,爱丁堡的"群贤会"对于苏格兰的民族生活产生了巨大的文化、智识和社会影响。1762年10月,就在其解体前不久,《苏格兰杂志》刊登了一封论"社团对于文学改良的益处"的信。这封信为"群贤会"的解体敲响了丧钟,尽管其本意并非如此。信中写道:

> 一句话,这种机构,一旦运转良好,**就可以扩大我们的视野,完善我们的推理,并让我们的思想免于各种狭隘之见**。一个睿智的作者注意到,一个精心选择的同伴要远胜于任何事物,它让人们有机会去尝试每一种反思的精确。我怀疑,如果他们未曾享受到一个"a Select Society"(双关语,一个是泛指一般意义上的精选社团,一个是指特定的"群贤会")之快乐的话,那么,那位绅士及其朋友们的令人高山仰止的作品能否享受到苏格兰所赋予它们的那么大的荣耀。

这段话于无意间所形成的反讽在于"Select Society"这两个词的大写(指原本精选的协会后来却大众化了)。

卡莱尔注意到了"群贤会"所产生的一个直接后果:

> 自光荣革命(那时,教会里的大多数神职人员都是不学无术之徒)以降,英国官方教会的教士们总被低看一眼,认为他们不仅在学识上远逊于其他学殖深厚的职业人士,而且也远没有他们开明。但现在,当在这个展示才赋的舞台上加以比较时,我们发现,他们至少有权赢得同等的赞誉;而且在久遭压制之后,作为补偿,他们的才华便直冲霄汉,一发而不可收拾。[1]

从更广阔的视角看,"群贤会"的文化成功,在一定程度上标志着教会中温和主义哲学的成功,而温和主义哲学本身又是苏格兰启蒙运动哲学的重要部分。

---

[1] Quoted in Stewart, *Smith, Robertson, and Reid*, p.314.

第二十一章 教会治下的和平

在"拨火棍俱乐部"中,我们可以看到温和派,以及与之结盟的休谟和其他心性相近的俗人所展开的政治活动。"拨火棍俱乐部"成立于1762年初,旨在发展自1745年叛乱后一直受到议会压制的苏格兰民兵。其最初的会员只有15名,而且主要来自"群贤会",但后来随着俱乐部的扩大,其会员数也与日俱增。他们的聚会是非正式的,而讨论也更为直率。亚当·弗格森之所以提议将俱乐部取名为"拨火棍",是因为它寓指该团体的目的意在激起民兵问题的大讨论,而这个名字之所以能得到大家的认可,则是因为他们认为一般的公众很难明了其中的寓意。俱乐部成员在托马斯·尼克尔森(Thomas Nicholson)的酒馆聚会,每人需付一先令的餐费,而且只能喝雪利酒和法国红葡萄酒。卡莱尔还描述了"在一阵哄堂大笑中,安德鲁·克罗斯比(Andrew Crosbie)如何被选为刺客(Assassin),以备不时之需;但大卫·休谟被增选为他的陪审法官(Assessor),没有他的同意,安德鲁·克罗斯比什么也干不了。结果,一个喊"杀",一个喊"不杀",于是,"在杀与不杀之间根本就不可能发生任何流血事件"。[1]

在1761年刊行的一本名为《玛格丽特(又名佩格,约翰·布尔唯一的妹妹)一案的诉讼》(*The Proceedings in the Case of Margaret, called Peg, only Sister of John Bull*)的匿名小册子中,弗格森专门探讨了民兵问题。然而,鉴于大卫·休谟生性温厚率真,藏不住话,他们并没有将作者身份的秘密透露给他。但一心要找出真正作者的休谟,相继将贾丁和卡莱尔指认为作者。但鉴于他们两人不断地矢口否认,休谟就厚着脸皮将那本小册子揽为己有,以迫使那帮共谋者不打自招,现出原形。

休谟对"拨火棍俱乐部"的颂词出现在其1763年自法国致弗格森的信中:"我真希望'拨火棍俱乐部'的那种质朴无华的粗粝,特别是贾丁博士一针见血的锐利,能够在很大程度上矫正巴黎的绵软和肥腻。"在见过皇太子之后,休谟又评论道:"这位皇太子看上去是一位通情达理之人,但最好能在'拨火棍俱乐部'炙烤一段时间。"依照卡莱尔的说法,休谟自己肯定在"拨火棍俱乐部"受到过炙烤:"……当所有人都对威廉·福布斯爵士的账房先生卷款逃走(900英镑)这件事百思不得其解时,约翰·霍姆告诉大卫道,我知道是什么原因;因为当那位账房先生被拿获时,人们在他的口袋里发现了您《哲学著作集》(*Philosophical*

---

[1] Carlyle, p.441.

Works）和波士顿（Boston）的《人的四重状况》（*Fourfold State of Man*）。而故意将怀疑主义者休谟和那位福音传道者联系起来确实不啻于是一种**炙烤**（a *roasting*）！[1]

---

[1] *Ibid.*, p.291.

第二十二章　反对者集结

"在这个国家（英国），我遇到了许多商榷文章。"

在18世纪50年代，对休谟已刊著述的批判连篇累牍。1757年，休谟告诉勒布朗神父道："在这个国家（英国），我遇到了许多商榷文章，其中有些商榷文章写得彬彬有礼，而有些商榷文章则采用惯有的论战腔调。"1766年，休谟告诉杜尔阁（Turgot）道："举凡批驳我的书籍和小册子，若铺开的话，足可铺满一大间房子，但对于所有这些，我都不曾有只言片语的回应，不是因为藐视（因为对于其中的一些作者，我还是心怀敬意的），而是出于对安逸宁静的渴望。"在《我的自传》中，休谟对这一时期又进一步评论道：

> 与此同时，我的书商安德鲁·米拉告诉我：我先前刊印的著作（除了那个不幸的《人性论》）已成为人们茶余饭后的谈资。销量也持续走高，而且社会上还要求出新版。一年之中，牧师和主教们的回应文章也有两三篇，而且根据沃伯顿博士（Dr. Warburton）的嘲骂，我发现：在上流社会中，这些书开始逐渐地受到重视。

休谟所言不虚。因为仅仅针对《人类理解和道德原则研究》（*Inquiries*）（包括"论神迹"）的商榷文章在1751年就有2篇，在1752年有4篇，在1753年有5篇，在1754年有3篇，在1755年有2篇。

考虑到18世纪的时代风尚，人们之所以对休谟突然大感兴趣，庶几可以归因于"论神迹"一文。1748 年，作为《关于人类理解的哲学随笔》(*Philosophical Essays concerning Human Understanding*)的第十章，"论神迹"一文面世，而紧接其后的是第十一章"论自然宗教的实际后果"（后改名为"论特殊的天意和来世的状况"）。这两章在观点上彼此勾连，而且休谟也有意将它们放在一起，供读者通盘考虑，尽管那些批评者很少这样做。它们是休谟哲学思想的一些核心特征，尤其是其因果关系分析在实践中的一项重大应用。它们破坏了神迹作为宗教体系之基础的证据价值，并确立了设计论的限度。

撤开行文上的几处瑕疵，"论神迹"一文的意旨，不是判定神迹的可能性这一哲学问题，而是判定如下证据问题，也即"任何人类的证据都没有充分的力量来证明一个神迹，并使其成为任何……宗教体系的确当基础"。[1] 在将这个问题限定为历史和宗教问题的时候，休谟实际上所遵循的是一个沿袭已久的模式（a well-established pattern）。例如，塞缪尔·克拉克（Samuel Clarke）在其著名的"波义耳讲座"（Boyle Lecture）中曾这样解释道：一个神迹

> 是通过上帝自己或某些高于人类的智能主体（intelligent agent）的干预，以一种罕见的或不同于常规的天意方式所达成的结果，它要么坐实了某种特定的学说，要么证实了某个人的权威。如果如此产生的一项神迹既未受到某些高级力量的反对，也非用来证明一项自相矛盾或后果有害的学说——任何神迹都不足以证明此类学说，那么，经此验证的学说必然被视为是神圣的，而神迹的缔造者也必然被视为是上帝无可置疑的代理人。[2]

在"论神迹"的开篇，休谟引用了在蒂洛森博士（Dr. Tillotson）的著述中所发现的反对"真在论"（*real presence*）的一种论证："我敢自诩说，我也发明了一种与此相似的论证。而且我想，如果这种论证是正确的，那么，在博学睿识之士那里，对于一切的迷信蛊惑，它都是一种永恒的约束，而且，只要世界存在，它便将永远有效。"他将这种论证总结如下：

---

[1] *Phil. Wks.*, IV, 105.
[2] *A Defence of Natural and Revealed Religion*, edd. Letsome and Nicholl (London 1739), II, 165.

第二十二章 反对者集结

　　神迹是对自然法则的一种破坏。既然一种坚固的、始终不变的经验已将这些自然法则确立起来，所以反驳这个神迹的证明，就事实的本性而言，正和经验所可能得到的任何强有力的证明一样是充分的。我们都相信一切人都是要死亡的；铅绝不能凭自身悬置在空中；火会焚烧木头，会被水熄灭。我们认为这些事情都是确然的，并不是或然的，因为这些事情是同自然法则相契合的，而要阻止这些事情，必然要忤逆自然法则，换句话说，就必须要有一个神迹。任何事情，如果它是在寻常的自然途径中出现的，人们就不会认为它是一种神迹。一个貌似健壮的人如果突然暴毙，那并不是神迹，因为这样一种死亡虽比别种死亡较为罕见，可是我们也常见有这类事情发生。但是一个死人如果复活了，那我们便以为是一种神迹；因为人们在各时各地都不曾见过这种事情。因此，一件神怪的事情必然有一种恒常一律的经验同它作对，否则它便不配称为神迹。但是一种恒常一律的经验既然是一个证明，因此，按照事情的本性来说，这里就有一个直接而充分的证明，来驳倒任何神迹的存在。我们要想消灭这个证据，使那个神迹得人信仰，则必须用一个占优势的相反的证明才行。[1]

　　由此看来，其显见的结论便是（这是值得我们注意的一个一般公理）："任何证据都不足以建立一个神迹，除非它的力量太强，使它的'虚妄'比它所欲建立的那种事实更为神奇和荒诞不经；不过即在这种情形下，两种论证仍然可以互相消灭，而较强的论证所能给予我们的信念，也只是和减除了那较弱的力量之后所余下的力量相等。"某人如果告诉我说，他见一个死人复活，那我心里就会想，是他欺骗别人或受人欺骗的可能性大呢？还是他所讲述的事情真正发生的可能性大呢？我把各种神迹相互权衡，并按照我所发现的优势来下判断，而且我总要把较大的神迹排斥了。如果其证据的虚妄，甚至要比他所叙述的那件事更加超乎想象，更加不可思议，那他才能赢得我的信靠，否则的话，他休想让我相信他。[2]

这篇随笔的第二部分枚举了神迹证据上的几个困难：证据的评估和鉴定；人

---

[1] 在一个注脚里，休谟补充道："我们可以给神迹下一个精确的定义，也即所谓的神迹，乃是借神明的一种特殊意志，或借一种无形作用的干涉，对自然法则的僭越。"
[2] *Phil. Wks.*, IV, 93-4.

类,尤其是无知者的轻信;各种宗教有关神迹的相互对立的观点。"法国人盛传的巴黎方丈墓所发生的"詹森派神迹(休谟1734年曾亲自调查过),尽管被视为现代最经得起推敲、最信实的神迹,但却遭到耶稣会士和新教徒的矢口否认。[1] 在简要地勾勒了《摩西五经》中所描述的神迹史之后,休谟追问道:

> 我希望任何一个人将其手置于胸前,并且在深思熟虑之后宣称:他是否以为这样一个证据所支持的这样一部书,是假造的,而且此书之为假造是否比它所叙述的一切神迹还要奇特,还要神异。我们如果想按照上面所确立的可然性的尺度来信受它,那此书之为假造必须比其所叙述的神迹还不可想象,才能为我们所信奉。

在这篇随笔的结尾,休谟以讥讽的笔调写道:

> 因此,总括起来,我们可以断言,基督教不只在一开始是带有许多神迹的,而且即在现在,任何有理性的人离了神迹也不能相信它。只有理性并不足以使我们相信基督教的真实(veracity);任何人如果受了'信仰'(Faith)的鼓励来相信基督教,那他一定会亲身体验到有一个持续不断的神迹,这个神迹会推翻其理解中的一切原则,并使他决意去相信那些与习惯和经验完全相悖的事情。[2]

"特殊神意和来世的状况"采用了一种精明的对话体,对话在作者和"一位喜好怀疑主义之悖论的朋友"之间展开。这位"怀疑主义者"(他当然是指休谟自己)指出了"设计论"以及有关神之道德属性的常规推论的局限性。"当我们根据结果来推断任何原因时,我们必须使原因和结果适成比例,而且我们所归之于原因的各种性质只限于恰能产生那个结果所需要的,在此之外,我们绝不许妄认它有别的性质……我们纵然承认,诸位神灵曾创造了宇宙的存在或秩序,我们也只能说,他们恰好只具有他们的作品中所表现出来的那种能力、智慧和

---

[1] 例如,休谟的朋友罗伯特·华莱士牧师就曾撰写过手稿"对于巴黎方丈神迹之解释的观察"(Observations on the Account of the Miracles of the Abbe Paris (in EU, Laing MSS, II, 620/21)。
[2] *Phil. Wks*., IV, 108.

第二十二章 反对者集结

仁慈……"

基于这种立场，那位"怀疑主义者"又进一步对有关神之道德属性的相关臆断提出了反对：

> 世上果然有一些标记，使我们据此来推断存在一种赏罚分明的正义（a distributive justice）么？诸位如果给我一个肯定的答复，那我可以说，正义既在这里施行出来，那它就已经实现了。诸位如果给我以否定的答复，那我也可以断言说，诸位也没有理由把我们所谓的正义归之于神灵。如果诸位居于肯定和否定之间，而说，诸神的正义现在只施行了一半，却未全部施行出来；那我可以答复说，诸位没有别的理由可以在现在所见的已施行出来的正义而外，再把它扩大。

此外，休谟认为，那种从单一的后果（世界）推导出单一的原因（神）的推论方法是**非哲学的**。因此，在实践中，对于那些能够独立思考的人而言，历史宗教（historical religion）已失去了功用：

> 因此，世界上的一切哲学和一切宗教（它只是哲学的一种），都不可能使我们超出自然的寻常的途径，也不能在我们反省日常生活时所得的行为规范之外，再提供一些别的规范。我们并不能根据宗教的假设来推测任何新事实，也不能预见或预言任何事情，而且我们除了借实践和观察所知道的那些赏罚而外，我们也不能再希望别的奖赏，畏惧别的惩罚。[1]

除了斯凯尔顿（Skelton）——他已暴露了身份，故而没有急于投入笔战，休谟此次对于宗教堡垒的胆大包天的正面进攻，立马吓坏了基督教的那些护教学家和神学家。作为某一类教士——尽管并非绝大多数——的典型代表，威廉·沃伯顿所能想到的只是诋毁和漫骂。当《给一位无耻之尤的当世人的一封私信》(*A Familiar Epistle to the Most Impudent Man Living*)（它是博林布鲁克勋爵所写的一本匿名小册子）在1749年出版时，文学界人士很少有人不知道它是写给谁

---

[1] *Phil. Wks.*, IV, 116-17, 120-1.

的。在同一年,在其《朱利安》(Julian)行将告竣的时刻,沃伯顿向其朋友赫德(Hurd)询问道:

> 与此同时,我很想将休谟痛诋一番。他写了一本名为《关于人类理解的哲学随笔》的小书,其中有一部分否认上帝的存在,而另一部分则否认神迹的可能性(您会说这是徒劳的)。他推崇出版自由,而且在政府里还很有人脉。我很想批驳其否认神迹的观点,我想这也不需要费多少笔墨。但是,他值得我这样做吗?您知道此人吗?请务必回答这些问题。因为如果他已是大厦将倾,那么,除了枷刑伺候,无论他受到什么处罚我都会引以为憾。[1]

第二年,沃伯顿又告诉另一位朋友多德里奇(Doddridge)道:"一些大人物"曾敦告他"在《朱利安》第二卷的末尾专门痛批一下休谟在那本明目张胆的无神论书籍——也即《关于人类理解的哲学随笔》——中专论神迹的那一章"[2]。但出于某些原因,沃伯顿,这位在任何问题上都不惮与人争讼之人,却放了休谟一马,并且此后再未发文攻击"论神迹"一文,虽然实际上他早已写好。

然而,沃伯顿于1751年再度出击,而这想必大大地激怒了休谟。在注释蒲柏《愚人记》(Dunciad)第三卷第224行"学习吧,傻瓜!不要藐视你的上帝"时,沃伯顿评论道,"这是傻瓜们最不易习得的一个教训。因为他生来就被教导去藐视他根本就搞不明白的东西,他越是搞不明白,就越加藐视。然而,(按照那位诗人的观点),让所有政府,甚至让愚人自己也蒙羞的是:在《关于人类理解的哲学随笔》这本书中,我们就可以发现这种最新的例证。"(沃伯顿并未澄清的是:1744年就已辞世的蒲柏何以能批驳休谟1748年所出之书。)沃伯顿继续在其私人信件中对休谟横加责骂,并运用其影响诋毁休谟此后的作品。[3] 奇怪的是,他似乎并没有将写作《人类理解和道德原则研究》以及此后作品的休谟,与《人性论》的匿名作者联系起来。正如我们所知的那样,实际上,沃伯顿兴许还曾评论过《人性论》。

在首轮对休谟进行公开回应的作者当中,有来自两所英格兰大学的代表,也

---

[1] Warburton, *Letters from a late eminent Prelate to one of his Friends* (New York 1809), p.10.
[2] *Letters to and from Phillip Doddridge*, ed. T. Stedman (Shrewsbury 1790), p.207.
[3] 特别见后面的第24章。

第二十二章 反对者集结

即来自剑桥大学的托马斯·卢瑟福牧师(Reverend Thomas Rutherforth)和来自牛津大学的威廉·亚当斯牧师(Reverend William Adams)。卢瑟福的《论神迹的可信性并批驳〈哲学随笔〉作者》(*Credibility of Miracles defended against the Author of Philosophical Essays*),以及亚当斯的《论休谟先生的"论神迹"一文》(*Essay on Mr. Hume's Essay on Miracle*)均于1751年面世。[1] 总体而言,这两位作者都将休谟视为一个严肃的哲学家和令人敬畏的对手。然而,他们论证的效力却因为这样一个事实而大打折扣:他们不仅完全忽略了休谟的因果学说,而且对《关于人类理解的哲学随笔》的第十一章也只字未提,并将休谟很难视为出于自然事实之确当推论的东西归结为神的力量。在这样做的时候,他们就与休谟其他的回应者如出一辙,故而无须在此多费笔墨。

卢瑟福充分意识到了休谟观点的新颖性:"但神迹问题的状况近来多有改变。我们不再被号召去整理那些支持基督及其使徒所施神迹之证据,相反,我们现在必须要表明:什么样的证据才足以证明这些神迹的真实性。"[2] 无论是在其文章的开篇抑或结尾,亚当斯所提到的问题都极具个人风格。他在开篇承认:"休谟先生拥有一位优秀作家所应有的诸多天赋,而且也因其悦人的《道德和政治随笔》——世人多受此书之嘉惠——而当之无愧地赢得了杰出作家的美名。但他过去的美名只是对其现在的错误起着推波助澜的作用。当这些错误得到一位博学多能的吹鼓手的鼓吹之后,其所有的不良影响将尽数发挥。"但在文章的结尾,亚当斯又提出了如下问题:"在这里,我想请教读者的是:就心性之多疑好辩,文风之武断专横而言,谁又能出我们这位作者之右呢?"[3] 但是,亚当斯这种极具个人风格的评论显然是太斯文了,与当时那些更为强悍的批判风格格格不入,也正因为此,在此后的数年里,休谟仍乐于与他保持一种友好的交往。

约翰·利兰牧师(Reverend John Leland)发表于1754年的《主要自然神论作家之鸟瞰》(*View of the principal Deistical Writers*)没有提到休谟。但在次年面世的第二卷中,这种疏失得到了很好的弥补。在书中,这位爱尔兰不从国教派牧师解释道:"我想到了我所犯下的一个严重疏失,也即没有论及休谟先生。在近来所涌现的攻击基督教的作家中,人们认为他的著述最为精微深奥。"利兰花了

---

[1] 亚当斯的《论休谟先生的"论神迹"一文》于1751年12月面世,尽管其扉页标明的日期为1752年。
[2] Rutherforthm, *Credibility of Miracles*, p.2.
[3] Adams, *Essay*, pp.1, 127-9.

135页的篇幅来评论休谟，并在1756年出版的第三卷中重新对休谟抡起大棒。他所感兴趣的主要是"论神迹"一文，并且表达了对一位未具名的通信人之观点的认同，也即休谟"使出了浑身解数，但也只是证明了他拥有一颗坏心肠……"在1757年致信都柏林的埃德蒙斯通时，休谟简明扼要地评论道："向利兰博士问好，并告诉他，他并不了解我的为人。"[1]

休谟"论神迹"一文的另外两个评论人也需要提及：一位是约翰·道格拉斯（John Douglas），也即后来的索尔兹伯里主教；一位是乔治·坎贝尔（George Campbell），阿伯丁马里夏尔学院的院长。在《标准：或经过验证的神迹》(*The Criterion: or, Miracles Examined*, 1752) 一书中，道格拉斯将休谟描述为一个"非常具有独创性但又极其天马行空的作家"。（但道格拉斯自己在拒绝所有罗马天主教神迹的同时，却又拒绝质疑圣经中所描述的神迹。）在18世纪，在休谟"论神迹"一文的所有评述文章中，当数坎贝尔的《论神迹：内含对大卫·休谟先生在"论神迹"一文中所提出的诸原则的考察》(*Dissertation on Miracles: Containing an Examination of the Principles advanced by David Hume, Esq; in an Essay on Miracles*, 1762) 一文最为详尽，而其非同凡响之处还在于，它甚至还引发了休谟自己的评论。

作为阿伯丁"智者俱乐部"——它在研究休谟方面花了很大的精力——的一员，坎贝尔虽然视休谟为敌手，但也愿意以一名哲学家的身份郑重地对待他。坎贝尔虽然在这方面做出了许多真诚的努力，但并未完全成功。但通过休·布莱尔牧师居中调停，他的努力终于获得成效，因为休谟答应对他尚未出版的一部著作加以评鉴。在致布莱尔的信中，休谟以真诚而直率的语调评述了坎贝尔著述的文风和内容。

阁下：

我已认真拜读了您好心送我的那本大作，尽管不像您经常吩咐我的那般正襟危坐。其错谬不在于行文和论证——其行文和论证都非常敏锐，而在于主题。我知道您会说：它根本就没有错谬，错谬在我。如果是这样，我要非常遗憾地说：我相信我的错谬已无可救药。

---

[1] Leland, *Deistical Writers* (2nd edn.), II, Preface, 80; NHL, p.43.

第二十二章 反对者集结

我相信，您的朋友并非意在标新立异，但是，他已在努力地建构他自己的普遍原则，而且不参照任何一个人或任何一本书。尽管我承认，当他认为我所有的著作都值得认真对待时，他确实对我优渥有加。但在我看来，除了此种写法本身所带来的不可避免的诸多不便，其著作要想维系某种正派和礼节几乎是不可能的。例如，该作者有时就我所说的一些恭维话实在有点言过其实。因此，就总体而言，我认为他并不打算冒犯我。然而，其文中的某些段落更像是出自沃伯顿及其同党之手，而不像是如此精明睿智的一位作者所写……

我希望，您的朋友不要仅仅根据十或十二页在他看来具异教倾向的内容，就判定我是一位异教作家。我写过很多历史、文学、政治、贸易和道德方面的著作，至少，它们在这方面并无任何差池。难道仅仅因为一个人在其一生中曾被看到醉过一次酒，就应称其为酒鬼吗？……您的朋友……确是一个智巧之人，只是作为一名哲学家，他有点过于狂热……

在这封信的其他部分，休谟批评了坎贝尔文中的一些段落，并进而阐明了自己的一些观点：

第一部分，我希望作者能思考如下问题：我们据以对人类证据进行推断的方法，是否不同于我们据以对其他的人类行为进行推断的方法？也即是否不同于我们从经验中所获得的人性知识？如果说这两者是不同的，那么其差异何在？为什么会存在这种差异？……

第二部分，除了自己的经验，没有人可以获得其他的任何经验。唯有通过信从其他人的证据，其他人的经验才能转变为他自己的经验，而对其他人证据的信从，则源自他自己的人性经验。

第三部分，……我愿意对我的意旨再做进一步的澄清，这毫无问题，但在以后的版本中，我不会再做任何类似的解释。为反对神迹而提出的证据，是建立在不变的经验之上的，是属于某一类证据，即便只采其一也是充分和确定不移的，因为它不容怀疑，这一点与所有的概然性证据都大不相同。但是，这一类证据还是有程度上的差异，当一个较弱的证据与一个较强的证据相较时，较弱的证据就会遭到舍弃……

第四部分：难道一个明辨之人会审查每一个关于女巫、妖怪或仙女的愚蠢传说，并细究其证据吗？我还从不知道有哪一个考察并钻研这些子虚乌有之说的人，不是在考察结束之前就已对它的虚妄深信不疑的。

在坎贝尔的《论神迹》面世之后，休谟在1762年6月7日给他去了一封言辞友好的信：

哲学上的论争往往最终演变为论辩双方的个人恩怨，而神学上的论争尤其如此。但是，我必须要承认：我们当前的情形有些不同凡响，因此我有理由向您谨致谢忱，感谢您在论辩过程中所表现出来的礼貌和节制，尤其是考虑到我们所论辩的主题事关"神迹"。当初，蒙您厚意，我曾审读了您的大作，并不揣冒昧地对其中的意气之词发出了抱怨。现在，对于大作中那些哪怕最微不足道的意气之词，您要么悉数删除，要么以礼貌的方式加以化解，对此，我实在受之有愧。就您而言，您自然会认为：我这是在避重就轻，顾左右而言他，并在事涉两人分歧的要害问题上依然故我，不曾有任何改变。但是，在我而言，我不可能对尊作的精明睿智，以及您反驳我时所表现出来的渊博学识视而不见。

休谟继续解释他"早已下定决心：是非自有公论，对于别人的批驳，我既无意辩解，也不会回答"。而叙述了"论神迹"一文如何在拉弗莱舍的耶稣会士学院诞生之后，休谟俏皮地总结道："我相信您会承认：至少其推理之直率和大胆，很难让人想到它竟然出自一个耶稣会修道院，尽管您或许认为，其在诡辩时所透露出的那种遗风流韵还是将其出生地暴露无遗。"

坎贝尔校长的回信深得罗伯特·华莱士温和精神之真传。该信的第一段值得全文照录。

阁下：

7日所惠之函早已接奉，但数日之后我方有机会拜阅，因为那几天我恰巧在乡下，不在阿伯丁。如果我感受不到您称许拙著时所展现出来的那种非同寻常的宽宏大度，我实有负于您的恩遇。自从饱览大作以来，尽管在抽象

第二十二章　反对者集结

原则上我们多有歧见，但您作为一位作家的天赋无不让我高山仰止，以至于我不由得认为，尽管我们在宗教和道德上的立场云泥殊途，但我仍喜爱和敬重您的为人。没有任何宗教偏见（您或许会这么说）能阻止我对您在这封信的字里行间里所流露出的善良和正直做出公允的评价。[1]

"神迹之争"并没有随着休谟与坎贝尔的友好通信而告终。在某种意义上讲，它仍未结束，因为在每年的哲学和神学杂志上，休谟的攻击者和捍卫者仍不绝如缕。但休谟影响的扩大已昭然若揭，这一点可见诸业余的神学家索姆·杰宁斯（Soame Jenyns）的一段话。早在1776年，他就注意到：现在，神迹和预言"的可信性在很大程度上必然依赖于其所属宗教的真实性，而当初，这些神迹和预言原本是用来支撑其所属宗教的可信性的"。[2] 19世纪和20世纪神学基本假设的转变，在一定程度上应当之无愧地归功于休谟睿智的怀疑和无畏的批评。

"论神迹"一文在18世纪50和60年代引发极大的关注的同时，休谟其他的哲学著作也并未被冷落一旁，即便是长期遭忽视的《人性论》也引起了人们的关注。只是颇为怪诞的是，第一次以一本书的篇幅来批驳《人性论》的竟然是身为休谟挚友、导师和赞助人的亨利·霍姆。1751年3月，亨利·霍姆于爱丁堡匿名发表了《论道德和自然宗教之原则》（*Essays on the Principles of Morality and Natural Religion*）。我们应该还记得，12年前，大卫曾试图强行向亨利灌输这本书，但徒劳无功，而通过自己的努力，亨利最终也逐渐地理解了这本书（如他自己所说）。亨利的第一反应就是写下反对意见，而这些反对意见很可能最终导致了《论道德和自然宗教之原则》的出版。

亨利·霍姆在思想上总是特立独行：在宗教上，与其说他是一位基督徒不如说他是一个自然神论者；在政治上，他先是一位詹姆斯二世党人，只是后来才转变为一位辉格党人；而在哲学上，与其说他是一位牛顿主义者，不如说他是一位亚里士多德主义者。不仅如此，正如他告诉鲍斯维尔的那样，洛克论"能力"（power）那一章曾让他失魂落魄、如丧考妣。至于霍姆的哲学，这里有必要注意的是：《论道德和自然宗教之原则》所提供的只是一种怪异的大杂烩，里面混合

---

[1]　RSE, IV, 11.
[2]　Jenyns, *View of the Internal Evidence of the Christian Religion in Works* (London 1790), IV, 5.

了各种或新或旧的形而上学、物理学和神学观念，以至于绝无法引起这些领域内绝大多数现代思想家的兴趣。然而，休谟所感兴趣的是这部著作的精神，如果不是其推理的话。其广告这样解释道："作者在某些问题上的思考方式大胆而新颖。但思想自由并不会让那些追求真理之人感到不悦。他的书只是为这些人而写。基于此，他的书至少具有以下优点：用心良苦，追求真理，努力地推进道德和自然宗教的事业。"毫无疑问，大卫·休谟也欣赏其老朋友提及他时那种充满敬意的笔调："鉴于这位作者在学术界的地位是如此之高，以至于对其不置一词实为一种罪过。"[1]

1751年，休谟向身在伦敦的迈克尔·拉姆齐询问道："您看过我们的朋友哈利的论文了吗？"然后，他又继续观察道（可能更多的是出于礼貌而非真心）："这些文章写得很好，也是评点一本书所应有的写法，只是这样的情形少之又少。"毫无疑问，休谟认为《论道德和自然宗教之原则》并不算是对其哲学的真正回应。在1754年与斯图亚特教授之争中，当休谟起而捍卫霍姆的人品而非其哲学时，这一点已表露无遗。而当《论道德和自然宗教之原则》的作者像自己一样被苏格兰"高标派"斥为一位糟糕的基督徒时，其结局想必令休谟哑然失笑。[2]

1753年于爱丁堡匿名问世的《论道德的本性和义务：对休谟先生〈道德原则研究〉一书的反思》（*Delineation of the Nature and Obligation of Morality. With Reflexions upon Mr. Hume's Book, intitled, An Inquiry concerning the Principle of Morals*）一书，则引发了休谟与其另一位论敌的书信往来。据说下面这封信就是由休谟留在出版商汉密尔顿、巴尔弗和尼尔的店铺，并让他们将其转交给这位匿名作者的那封信。信的开头征引如下。

致《论道德的本性和义务》的作者

阁下：

　　当我写下此信时，我并不知道您的尊姓大名；我唯一所知的便是您对我优渥有加，而我自然也对您怀有感激之情。如果我们素昧平生，我希望我们能尽快地成为知己，并在您认为合适的时候，让我一睹真容。如果我们已经

---

[1] [Home], *Essays*, p.103.
[2] 参见后面的第25章。

相识，我希望我们是朋友，如果我们是朋友，我希望我们能成为挚友。作为文人，我们之间的相同之处远甚于我们之间的相异之处，尽管我们秉持不同的道德体系。让我们回到古典时代的幸福时光，那时，无论是伊壁鸠鲁学派的阿提库斯（Atticus）和卡西乌斯（Cassius），还是学园派的西塞罗（Cicero）和斯多葛学派的布鲁图斯（Brutus），他们所有人都生活在一种知无不言、言无不尽的友谊之中，并对于他们之间的观点分歧不以为忤，不仅如此，他们还就一些有趣的论题展开论辩。也许您是一位青年才俊，满脑子都是一些高贵的观念——对此，您已经做了很好的阐述，认为：没有哪一种美德可以建基于一种更为褊狭的体系。我虽非老朽，但却秉有一种冷峻的性格，我总是发现：观点越是简明扼要，越是能促使我以一种理性的方式行动。"心思缜密，对任何事都心存犹疑"是我的人生信条，正是本着这种信条，我存活于世，直至终老。[1]

皮尔瑞格的詹姆斯·巴尔弗（James Balfour of Plirig）——当时身为律师，并于次年成为爱丁堡大学的道德哲学教授——做出了善意的回复，尽管仍是匿名。[2] 但巴尔弗从未接受休谟交朋友的提议，并在1768年匿名出版的《哲学随笔》中继续攻击休谟。在向吉尔伯特·埃利奥特问询此作的来历时，休谟评论道：

> 它虽没有什么高深的见解，但文风却甚为简洁明快。我推测它出自我们的朋友大卫·达尔林普尔爵士之手。对于我，他是乐意看到我被关进地牢五年，然后吊死，并抛尸于苏格兰之外。实际上，他是以柏拉图的权威来支撑他自己的，而柏拉图，在我看来是真正超凡入圣的。您看过这本书了吗？它是出自大卫爵士的手笔吗？我认为这本书没有那么多幽默笔调，而这是大卫爵士这位虔敬的君子所惯用的。[3]

---

[1] Epicharmus, 119 (Ahrens). 休谟的信以《大卫休谟先生致〈论道德的本性和义务〉之作者的一封信》（*Letter from David Hume, Esq., to the Author of the Delineation of the Nature and Obligation of Morality*）出版，但没有日期和出版地。后来，纸上的水印证明了其出版日期是1794年。See p.25 in Catalogue 34 (March 1950) of The MS is now in the NLS. HL, I, 172-4 copies the printed form。

[2] B. Balfour-Melville, *The Balfours of Pilrig* (Edinburgh 1907), pp.113-16.

[3] 参见 Balfour, *op. ct.*, pp.49-51。

在得到埃利奥特的答复后，休谟又回应道："我并不认为是巴尔弗。确实，在我看来，一如他的其他书，巴尔弗乐于秉笔直书，并且文风精雅。如果他对于上议院的热诚许可他这么做的话。"

以批驳休谟的伦理学和形而上学为职事的其他著述还包括：1753 年面世的匿名著作《对近来一些关于道德之基础的观点的考察》(Some Late Opinions concerning the Foundation of Morality, Examined)，以及罗伯特·克莱顿主教 (Bishop Robert Clayton) 的《读休谟先生著作时所引发的关于自爱、内在观念、自由意志、品位、情情操、自由与必然等观念的一些思考》；1754 年面世的《致生者的信：来自死者的敦告》(Admonitions from the Dead, in Epistles to the Living) 和《对几种推理的根基和本性的探究，其中间或会注意到大卫·休谟先生的〈哲学随笔〉中所使用的论证》(An Inquiry into the Grounds and nature of the several Species of Ratiocination. In which, the Argument made use of in the Philosophical Essays of D. Hume, Esq; is occasionally taken notice of)。《致生者的信：来自死者的敦告》中的头两封信声称是博林布鲁克勋爵写给休谟的。这位一度"华而不实、傲慢自大、雄心勃勃"的博林布鲁克——他已于 1751 年辞世——现在性情大变，他告诉那位"伟大的形而上学家"道："你所说的都是些无关紧要的琐屑之事，而我所写的尽管范围广博，但皆属于应酬之作；在这些空洞浮华之词的掩盖下，噪音取代了意义，夸夸其谈代替了逻辑论证。"尽管休谟会对这一裁决的第一部分提出异议，但对于其第二部分，他显然会衷心同意，因为他自己就曾这样写道：

> 博林布鲁克勋爵的遗作最终向世人表明：他之所以能出人头地，更多地源于其高尚的人品和狂热的党争。其著述卷帙之浩繁，题材之单一，教益之寡薄，皆世所罕有，其中大多是自以为是的凌空蹈虚之词。所有的教士都对他大光其火，但他们并没有这样做的理由。假如教士们不曾受到比博林布鲁克更有力的攻击，他们的权威或许仍依屹立不倒。

《对几种推理的根基和本性的探究》的作者的特异之处在于，他试图理解休谟对于因果关系的分析，以及休谟对于证据的程度和种类的区分，甚至其在神迹上的应用。他慷慨地承认："我当然知道，这位绅士确实可能是一个大异教徒，正如其论敌所竭力表明的那样。但他到底是不是一位异教徒，只有上帝和他自己心知肚明，因为我们无法从他公开发表的言论推导出这一点。实际上，他自己的推理方式迥乎常人，作为其后果，他要么是一位异教徒，要么是一位狂热分子。"[1]

远比上述论著重要的《人类心灵探究》于1764年出现，它标志着一位杰出的思想家首次对休谟哲学进行全面的研究。直到《人性论》面世25年后，托马斯·里德的《人类心灵探究》(Inquiry into the Human Mind, on the Principles of Common Sense) 才出现。且不说其自身的哲学价值——它奠定了苏格兰"常识学派"的基础，这本书的重要性在于：由它首肇其端的对于休谟的极端误解，曾统治现代思想界长达一个多世纪。自1751年起，托马斯·里德牧师就一直担任阿伯丁国王学院的哲学教授，1764年又接替亚当·斯密担任格拉斯哥大学的道德哲学教授。

像之前的坎贝尔一样，里德也请休·布莱尔从中说项，让休谟审读其文稿。所有这些突如其来的关注让休谟有些愠怒，他言辞犀利地告诉布莱尔道："我希望牧师们还是专注于他们以邻为壑的旧勾当，还是让哲学家们以友善、温和而彬彬有礼的方式去争论吧。"但休谟退而又承认：里德不仅是一位牧师，也是一位哲学家。[2] 里德的部分手稿适时地传到休谟手里，阅后，休谟直接给里德修书一封：

> 通过布莱尔博士，我有幸以极大的愉悦和专注拜读了您的大作。极少有如此深邃的一部哲学著作能写得如此气韵生动，并给读者带来这么多的乐趣。但略感遗憾的是，由于我从未拿到您的整本大作，而只是陆陆续续地读完其中的各个章节，故而无法将尊著的各个部分充分地加以比较。在我看来，尊著的某些地方之所以显得含混晦涩，主要是出于这个原因，尽管您已对这些含混晦涩之处做了一些简要的分析或概括，但仍不尽人意。但是，我必须得公道地承认：当我进入了您的观念世界的时候，我发现，就明晰地表达自己的观点而言，没有人比您做得更好了。这既是一种最为重要的天赋，也是从事各种文艺的人必须培养的一种才干。但是，在这里，对于"论视觉"(Of Sight) 这一章，我愿意提出几种反对意见。我并不怀疑，这些反对意见主要缘于我没能充分地理解尊著。在这种怀疑中，我更加确信，正如

---

[1] *Inquiry*, p.27。作者在扉页上的题名为 A. G.O. T. V. O. C。
[2] Quoted in Stewart, *Smith, Robertson, and Reid*, p. 417; the letter itself is not extant.

布莱尔博士告诉我的：我前面所提出的反对意见主要源于这种原因。因此，在看到您完整的手稿之前，我不准备对您的推理提出进一步的非难。我只能说：如果您能澄清这些深奥而重要的主题，而不是吞吞吐吐、欲言又止，那么我所有的自矜都是徒劳的；并且我会认为：我的错谬，由于其至少还具有某种融贯性，从而使您不得不更为严格地审视我的一般原理，并指出它们的徒劳无益。

由于想对您有所帮助，所以，在读尊著的时候，我一直对您的文风（style）非常关注。但是您用词相当精当，而且是非常地道的英语，所以我根本就没有发现有什么值得指出的错谬。只是在这一章的某一段，您使用了"*hinder to do*"这一表述，而不是使用"*hinder from doing*"这一地道的英式表达。但当我再回头找的时候，怎么也找不到这一段。当我只能指出这一微不足道的小瑕疵的时候，您不难判断：在我眼里，您这部大作是多么的不同凡响。恳请您代我向诤友坎贝尔博士和吉拉德博士致意，同时也向格雷戈里博士致意，尽管他没有公开地宣称，我怀疑他同样是我的一位诤友。

我们不妨征引里德回信的部分内容：

……经布莱尔博士好意斡旋，使我有机会间接地获悉您对拙著的看法，这让我备感荣幸。您乐于以如此礼貌和友善的方式直陈胸臆，我实感激不尽。

承蒙您对我的行文多有措意，尽管我个人对此并不在意，但由此所表现出来的一位论敌的坦承和慷慨，又怎能不让我铭感五内。而我也将以效法此亲善之表率为荣。

为了对这些抽象而深奥的论题产生新的洞见，我希望能在信心满满和悲观失望之间保持一种应有的中道。但无论我在这方面能否成功，在形而上学方面，我都视自己为您的门生。在这方面，我从您那里所受之教益，要超过从其他人那里所受教益之总和。在我看来，您的体系不仅首尾一贯，而且也是正确地推导自哲学家们所公认的原则。在您在《人性论》中所得出的结论让我心生疑窦之前，我从未想过要质疑这些原则。如果这些原则牢不可破，您的体系也就无懈可击。只有当您将由这些原则所推演出来的整个体系置于光天化日之下，而不是像以前那样隐匿于乌云和黑暗之中时，我们才能对于

第二十二章　反对者集结

这些原则的正误做出更好的判断。因此，我同意您的说法：即便这个体系有一天会被摧毁，您也可当之无愧地要求其中的泰半称誉，因为您不仅使之成为大家孜孜以求的明晰而确定的目标，而且还为实现这个目标提供了确当的武器。[1]

在该信余下的部分，里德描述了我们此前已提到过的"阿伯丁哲学会"的活动。

里德完全没注意到休谟信中无处不在的讥讽。完全被误导的里德误以为，休谟完全以修改一处苏式英语为满足！无论是在信函中，还是在《人类心灵探究》中，里德都对这种嘲讽性的声言信以为真，也即休谟对于哲学的唯一贡献在于：他揭示出了整个现代体系之荒谬。在"致老阿伯丁大学的校长詹姆斯·厄尔（James Earl）的信"中，里德写道：

> 阁下，我承认，在1739年《人性论》发表之前，我从未想过要质疑人们所普遍接受的人类理解原理。那位富有创见的作者，以洛克的原则为基础（洛克并不是一位怀疑主义者），创建了一套怀疑主义体系。除了让人们怀疑一切，这套体系并未为人们相信任何事物留有余地。在我看来，他的推理毫无问题：因此，我们有必要去质疑其推理所依据的原则，否则的话，我们只能承认其结论。

而在《人类心灵探究》的"引言"中，这一点已沦为彻头彻尾的闹剧：

> 这位作者似乎有一种独特的幽默感，他虽然在"引言"中曾郑重承诺，要在一个全新的基础上——也即在人性的基础上——着手建立一套整全的科学体系，但其整个作品的意旨却表明：世界上既不存在人性，也不存在科学。要抱怨这样一位作者的这样一种举动——他既不相信其自身的存在，也不相信其读者的存在，也许是不合理的。因此，无论是批驳他，还是嘲笑他的轻信，都了无意义。

---

[1] RSE, VII, 3.

在结论中,《人性论》被贴上 1739 年才诞生的现代怀疑主义之"怪胎"的标签。

在康德之前,托马斯·里德是唯一一个在休谟的生前曾花大量篇幅讨论《人性论》的哲学家,也是讨论的最彻底的一个哲学家。[1] 休谟不吝公开鄙弃《人性论》,这一点也不奇怪,因为即便在其面世四分之一个世纪之后,其读者仍对它的基本观念少有理解。

---

[1] 在后面的第 28 章,我们将专门探讨詹姆斯·贝蒂。

第二十三章 《英国史》

> "每个人都来信告诉我,正是书商们的阴谋大大阻碍了该书的销售。"

休谟曾在《人性论》中写道:"人性是唯一的人的科学。"这一表述形成了其哲学和历史关切的基础。哲学与历史同枝相连,因为历史学家以追溯人类心灵的发展为己任,而人类心灵的发展史又为哲学家提供了素材。正是凭借这些素材,哲学家才得以提炼出人类思考和行动的诸种原则。《人类理解研究》中的一段文字就强调了哲学和历史的这种关联:

> 历史的主要功用只在于给我们发现出人性中恒常的普遍的原则来,它指示出人类在各种环境和情节下是什么样的,并且供给我们以材料,使我们从事观察,并且使我们熟悉人类行动和行为的有规则的动机。战争、密谋、党羽和革命的种种记载,在政治家和道德哲学家手里,只是一大堆实验,他们正可借此来确定他们那种科学的原则。这个正如物理学家或自然哲学家借各种实验熟悉了植物、动物和别的外物的本性一样。[1]

承认历史和哲学这种本质上的亲和性,也让休谟的《英国史》成为"哲学性的"。

休谟撰写一部国史的意图来源于他对"人的科学"的广泛研究。就历史撰述

---

[1] *Phil. Wks.*, IV, 68.

而言，休谟很可能在不幸的安南戴尔时期，也即1744—1745年就已初试牛刀，但收获甚微。1749年自都灵回国后，休谟很可能又做了第二次尝试。但在1759年大英博物馆开馆之前，即便是伦敦也没有任何公共图书馆，而休谟又总是害怕被辉格派的权门贵要拒之门外，因为只有在他们那里，才能找到私藏的历史文献。幸运的是，1752年1月，休谟被遴选为"爱丁堡律师公会"图书馆的管理员——"尽管薪俸微薄，但却是个体面的职位"，这让他得以坐拥大约30000册书籍，并向他提供了其长期梦寐以求的机会，也即成为一名历史学家。而从一个合格的哲学家转型为一名哲学—历史学家并非难事。

在休谟的生前，于1754至1762年间问世的六卷本《英国史》已成为广受欢迎的经典著作。在整个19世纪，它依然是英国史领域中的标杆之作，直至最终被20世纪更为"科学的"研究性史著所超越。在很大程度上，正是因为这部著作，休谟的名字才为广大的读书人所熟知，并为他提供了最终的经济福祉。其撰述和出版的过程，其早期的波折和后期的成功，也早已构成了作为文人的休谟之传记不可或缺的一部分。

休谟最初计划从亨利七世统治时期写起，然后继续向后写至汉诺威王室即位。但实际上，休谟是从1603年的"王位合并"开始写起，一直写到1688年的"光荣革命"。在完工后，休谟又返回都铎朝，并最终写至自尤利乌斯·恺撒入侵以降的英国早期史，故而完成了6卷四开本的《英国史：从尤利乌斯·恺撒入侵到1688年革命》。对于这种写作顺序，一位批评家心怀恶意地评论道："既然休谟志在唤出绝对权力的幽灵，故而他判定：要维系其魔力，必须颠倒事物的顺序，并通过倒写（正如女巫常常倒念其祷词）来唤起这可怕的幽灵。"[1]

1754年1月，经过两年专心致志的努力，第一卷《斯图亚特朝英国史》的写作已接近尾声，休谟便开始着手考虑出版事宜。休谟为何不直接找他那时的主要出版商安德鲁·米拉，我们仍不得而知。但一个可能的理由是：爱丁堡书商汉密尔顿、巴尔弗（Balfour）和尼尔（Neill）的出价实在太诱人了。

此前，休谟从未与作为书商的加文·汉密尔顿打过交道，而加文·汉密尔顿在1744—1745年间担任"爱丁堡市政委员会"的"治安推事"时也从未支持过休谟竞选爱丁堡大学的教职。但到了1754年，汉密尔顿深信，从休谟尚未告竣

---

[1] Richard Hurd, "Post-script" to *Moral and Political Dialogues* (edn. of London 1761).

第二十三章 《英国史》

的《英国史》身上,他看到了一位出版商所梦寐以求的畅销书的希望。在汉密尔顿1月9日致身在伦敦的威廉·斯特拉恩的信中,我们唯一能看到的就是其满腔的热情。

> 亲爱的威利:
>
> 我亲爱的朋友,我自认为有义务将我在商业上所做出的任何重大决策都告之于您。您就权当这是开场白吧。
>
> 在这十天里,我谈妥了一笔生意。但凡听闻此事的人无不认为我胆大包天、勇气可嘉,而一些人甚至认为我失之鲁莽,因为他们从未听说过类似交易。尽管如此,我仍对自己谈成的这笔生意极为满意。
>
> 约翰·巴尔弗和我同意为一本书的第一版支付1200镑的版税。它就是由我们的苏格兰作家大卫·休谟所撰写的《大不列颠史》。我只有权印2000册,其成本核算如下: 3卷四开本《大不列颠史》的印制费、广告费以及其他的一些零散费用,每卷大概需320镑。而书印好后,如果装订成册,可以以每本15先令的价格卖给书商,如果是未装订的清样,可以以每本10先令的价格卖给书商。但是,在伦敦,就算我们每本只卖9先令,那么,卖出这2000册之后,我们每卷就有920镑的进项,再扣除320镑的印刷费和400镑的作者版税(不需要立马支付),我们每卷仍有大约200镑的利润。这还是比较合算的,因为我们相信:这本书很快就会脱销。那么,这就产生了一个新的问题,我何以知道这一点?在这封短信里,我只能长话短说:对这本书的价值,我们已多方打听,并对打探的结果相当满意,它是英国史领域迄今所写出来的最佳著作。其三卷分别涵盖了英国历史上的三个重要时期,第一卷从王位合并写到查理之死,第二卷从查理之死写到光荣革命,最后一卷写至"乌特勒支和约"。其中的史事考辨明晰,并让我们对那个时代的真正特征产生了新的洞见。其立场既不是辉格派的,也不是托利派的,而是真正的不偏不倚。
>
> 您真诚的
> 加文·汉密尔顿 [1]

---

[1] 引自 *Letters of David Hume to William Strahan*, ed. G. Birkbeck Hill (Oxford 1888), p.3, *n*2.

这封信表明了汉密尔顿率真、诚实的品性，以及他对休谟的历史著述的满腔热情。但与此同时，它也表明：对于如何运营一家出版社，汉密尔顿尚缺少周详稳健的思路，而他的这种拙朴和单纯在那个年代的书商，实际上在任何时代的书商中都不多见。与汉密尔顿恰恰相反，休谟在商业事务的处理上则更显老道和精明，他很快就看出了这种安排的不可行性。因此，尽管汉密尔顿声称已谈妥，但休谟并没有依照上述的条款签订协议。尽管他们实际上所签订的合同已不存世，但其下面的一些特征可由休谟的信函予以佐证：第一，他不会为其他卷或其他版《英国史》预先签订合同；第二，他只同意收400镑，以作为第一卷2000册首版的版税；第三，如果第一版反响不错，他愿意考虑汉密尔顿的提议，也即汉密尔顿再出600镑，以购买第二版的版权。[1]

1754年9月初，第一卷正在爱丁堡的出版社付印，而10月初，休谟也将提前装订好的书分别寄赠给一批友人。加文·汉密尔顿对于这本书的前景如此乐观，以至于事先将一批未装订成册的清样和现书运往伦敦，并打算在那开一家书店，以专门销售《英国史》。10月16日，大卫·休谟给他写了一封致约翰·威尔克斯的介绍信，因为正如他解释的那样，"汉密尔顿先生认为，您的支持和保护对他在伦敦大有用处。他为人诚实，故而我才冒昧向您引荐，尚请予以关照。"

到伦敦之后，汉密尔顿立马租了一家店铺，并寻求与当地书商的合作，以分销《英国史》。下面登载在《每日广告人》上的这条"告示"说明了一切：

【11月9日】1月20日，星期三，将以四开本出版（零售价为14先令）：《大不列颠史》（卷一），内容为詹姆斯一世和查理一世统治时期大不列颠史。由大卫·休谟先生所著。

【11月18日】下星期三将出版

休谟先生《大不列颠史》第一卷。

欲购请至出版商汉密尔顿先生的店铺，它位于高登巷（the Godlen Head），与干草市场（Hay-market）斜对面，紧邻品克贝克（Pinchbeck）的玩具店；另也可到郎曼、纳普顿、希契、霍斯、米勒、多兹利、里文顿、佩恩、威尔逊和达拉谟等诸位书商的店中购买。

---

[1] HL, I, 234-5, 193.

第二十三章 《英国史》

12月17日，休谟告知亚当·斯密，"实际上，爱丁堡的销量很大，但伦敦的情形如何，我们尚无确切的消息"，同一天，休谟还专门向巴卡里斯伯爵（Earl of Bacarres）指明了爱丁堡的销量："大约在5周内就卖出了450本"。在1754年11月21日至1755年1月21日之间，《每日广告人》上的同一条"告示"共刊登了18次。在那之后，迎来的则是沉寂。在1755年4月中旬之前的某个时间，加文·汉密尔顿返回爱丁堡，并转让了其在伦敦的店铺。安德鲁·米拉收购其《英国史》版权的提议让他大为光火，他断然予以拒绝。

在《我的自传》中，休谟以令人心酸的语言叙述了《英国史》最初的失败：

> 我承认，在当时，对于此书的成功，我是颇感乐观的。我曾想，身为历史家而能将现世的权力、利益和权威，以及大众成见的呼声，都弃之不顾的，唯有我一人。而且，既然这个题材可以将我的才情一览无余的发挥出来，所以我也期待得到相当的赞赏。不过我受的挫折也太过可怜。人们都攻击我，向我发出斥责、非难甚至厌恶的呼声来。英格兰人、苏格兰人、爱尔兰人，辉格党、托利党，国教徒、新教徒、自由思想家、宗教家，爱国者、官廷中人，都众口一词地对我大光其火，因为我竟敢对查理一世和斯特拉福德伯爵的命运洒一掬同情之泪。更令人丧气的是：当他们第一波愤怒的狂潮迸发之后，这部书似乎已被世人们抛至九霄云外。米拉先生告我说，一年之内，他只卖出四十五部。实际上，在英格兰、苏格兰和爱尔兰，我几乎不曾听说有哪一位能容忍我这部书，对那些显贵或文豪而言更是如此。不过英格兰大主教海林博士（Dr. Herring）和爱尔兰大主教斯通博士（Dr. Stone）却似乎是两个凤毛麟角的例外。这两位主教曾经分别捎口信给我，嘱我不要气馁。

尽管在休谟和出版商看来，《英国史》的这种失败有点出乎意料、让人猝不及防，而考虑到不出10年，整套《英国史》就变得风靡一时，并成为爱德华·吉本之前英国最为畅销的历史著作，当初的这种失败也就愈加难以解释了。让这件事更加扑朔迷离的是这样一个事实：尽管这本书在苏格兰销量很好，但在英格兰却根本卖不出去。为了分析此次失利，休谟给出了三个可能的原因：书中反宗教的精神，辉格派大臣败坏其声誉的努力，以及伦敦书商的阴谋。

休谟从不接受这种说法，也即《斯图亚特朝英国史》第一卷对于宗教的种种非议影响了它的销售。休谟向来以不偏不倚自傲，在《英国史》付印之前，他曾告诉一位朋友道："少数基督徒（只是极少数）只是认为：在宗教问题上，我的论述使我看起来像是一位自由思想家，请相信，在这方面，我的表述还是相当节制的……我这本书主要是写给大众和教士们看的，而且我也认为，在一部史著中根本就没有怀疑主义的位置。"因此，当治安推事汉密尔顿从伦敦写信告诉他"牧师们已掀起了反对他的喧嚣"时，他完全难以置信。他向米拉评论道：那种"原因绝不会导致其滞销，因为根据以往的经验，反宗教只会促进书籍的销售。而且您也为博林布鲁克的书出了高价，其原因也在于此，也即您相信反宗教反而会推动其销售……"[1] 休谟进一步认为，那种反宗教的非议应该在苏格兰，而非英格兰引发更大的喧嚣，但结果却并非如此。

然而，事实仍然是：一些批评家的确抓住了休谟探讨早期新教改革和罗马天主教会的两小段文字。在第一段文字中，休谟将早期新教改革的特性概括为"狂热"（enthusiasm），在第二段文字中，休谟将罗马天主教会的特性概括为"迷信"（superstition）。正是依据这两段文字，批评家将整个《英国史》污蔑为非教渎圣，甚至污蔑为无神论。在1755年3月号的《每月评论》上，威廉·罗斯（William Rose）对这两段文字进行了简短的评述，而丹尼尔·马克奎恩牧师（Reverend Daniel MacQueen）更是在其所著的《关于休谟先生〈大不列颠史〉的信》（爱丁堡，1756年版）中做了长篇评论。可以肯定，对于天主教迷信的指控，马克奎恩并不以为忤，因为在他看来，这就是事实。他所在意的是休谟关于长老会派"狂热"的指控。

将所有这些事情都考虑在内，休谟断定：他最多算是无谓地失策。他承认道，"我相信，我关于宗教的表述应该更温和一些"。"《英国史》中的任何一个段落都不曾攻击过天启。但是，由于我相继论及了所有的教派，且出语略显不恭，故而读者遂认定我不属于任何教派，而在他们看来，这无异于背教。"所以，当1759年准备出《英国史》第一卷的第二版时，休谟就删掉了这两段备受争议的文字。

然而，休谟从未转变他对于一个历史学家之权利和义务的看法。1756年，在《英国史》第二卷付印前，休谟专门撰写了一篇意气风发的"序言"，以捍卫

---

[1] HL, I, 189, 249-50.

第二十三章 《英国史》

自己的立场。这篇"序言"最终并未能以"序言"的面目出现,而被降格为一条"脚注",不仅内容遭到了压缩,而且语气也大为缓和。[1] 但这篇被撤"序言"的手稿保存了下来,这对于理解休谟的历史观和宗教观具有无量的价值,值得全文照录:

> 在本卷及上卷,作者常常提到因滥用宗教而产生的诸多不幸,而与之相较,作者很少言及由真正的虔敬(piety)所产生的高贵后果。但这根本算不上是冒渎宗教。因为宗教的真正职责[2] 在于改良人生,净化心灵,强使人们履行所有的道德义务,并确保对法律和民政长官的服从。在追求这些有益的目的时,宗教所发挥的作用尽管价值无量,但却是潜移默化、秘而不宣的,很少载诸史册。而唯有败坏了的宗教才能够在世界的公开舞台上大放光彩,它激起党争,煽动骚乱,并促发反叛。因此,那些试图从历史学家们所提到的宗教滥用得出对宗教不利推论之人,只是将自己的结论建立在一种非常粗率、非常显见的谬误之上。因为,凡事都易于被滥用,而最好的事物也最易于被滥用;此外,要在历史中搜求宗教的有益影响,那也是找错了地方。宗教原则总是更为纯正,更为真实,故而较少彪炳于那些专门记载战争、政治、阴谋、革命、争吵和动荡的史册。而历史学家的任务就是记载这些史事并传诸子孙后代。

> 在这部著作中,当论及各教派时,作者对它们时有责难和非议,但这也谈不上是冒渎宗教。我们生性脆弱,而且这种脆弱遍及我们所使用的万事万物。没有任何人类建制能臻至完美。初看起来,对于一个无限心灵和世界造物主的观念,似乎只需要一种绝对纯净、简单而朴素的礼拜,不需要任何典章、制度和仪式,甚至也不需要庙宇、教士、口头的祈祷和供奉。但是,我们常常发现,这种奉献(Devotion)常常堕落为最危险的狂信(Fanaticism)。为了让我们的宗教在某种程度上顺应于人类的弱点,我们便求助于感官和想象的帮助。但要彻底阻止迷信的侵入,或让人们免于过分强调礼拜中的仪式性或装饰性成分,则非常困难,甚或不可能。在基督徒所分属的各个教派

---

[1] Hume, *Hist.* VOL.II (1756), 449.
[2] 关于这一主题的最让人记忆深刻的表述出现在《自然宗教对话录》(*Dialogues concerning Natural Religions*, 1779)第 220 页。

中，英国教会似乎选择了最为幸福的中道。但无可置疑的是，我们必须要承认：在这两卷《英国史》所考察的时代，在拥护教阶制的党徒中，我们不难发现迷信的踪迹，而在他们的对手那里，我们也不难发现狂热的强烈印记。其兴也勃、其亡也忽是狂热的本性。通常，当狂热的烈焰萎化之后，一股中庸而节制的精神（a spirit of moderation）便继之而起。必须要承认：除了名称，本岛当下的长老会派、独立派，以及其他的各种教派，与他们的前辈少有共同之处，这诚然是他们的荣耀。他们的前辈勃兴于内战，并是那场大乱的始作俑者。在明智之人看来，妄称甚至连欧洲大多数国家的第一批宗教改革家都不曾走向暴烈的极端，并在许多情况下都能免于狂信的指责，这显然是极其可笑的。更不要说与各种狂热分子如影随形的那种刻薄寡恩的精神，正是这种精神导致早期的宗教改革者几乎无一例外地对天主教徒，以及与他们分属不同教派的教徒横加迫害，虽然他们自己也曾深受其害。[1]

尽管这些未尽之意十分明显，但作者认为有必要表明：他是以一种自由坦率、不偏不倚的态度来处理宗教争议的。如果人们发现他们对《英国史》中的任何一段话抱有异议，而且上面的这些考虑仍不能给他们提供圆满的答案，作者甘受任何物议。就其著作中的民事和政治部分而言，凡自认为有权得到称许的地方，他不屑做任何辩护。超脱于利益的诱惑诚然是一种美德，而且我们由经验发现，这种美德固非常见；但同时又能不为大众的喝彩和欢呼所动，则是一项更为艰苦卓绝的修持。在这样一个党争不息的国家（factious Nation），任何人若不想献媚邀好于两党，唯有指望时间，以及久远的子孙后代能对他做出公正的评价。[2]

1756年，《英国史》第二卷问世。其中，休谟虽然在评述宗教时愈加谨慎，但却引发了一场令人不快的事件。1757年，约翰·布朗牧师（Reverend John Brown）发表了一本哀世伤时之作，名为《对于时代原则和时代礼俗的评价》（*An*

---

[1] 在第一版中，这最后一句话读作："……这导致最初的宗教改革家几乎无一例外地将天主教徒送往地狱，一如其对此前对他们的所作所为。"

[2] MS in Keynes Library, King's College, Cambridge。手稿上的批注为："我是在我父亲的文稿——也即闵拓的吉尔伯特·埃利奥特的文稿——中发现了休谟亲笔手书的《英国史》第二卷的'序言'草稿。"该"序言"草稿由 Hill Burton (II, 11-13) 刊印，但有不少错误和疏漏。

第二十三章 《英国史》

Estate of the Manners and principles of the Times），在书中，他控诉了"我们这个时代某位贪慕名利的作者"，为了能让其作品大卖，不惜在其著作中引入非教渎圣的情感。在次年出版的第二卷中，布朗继续攻击道：

> 当这位绅士发现：他的《英国史》尽管充斥着非教渎圣的内容，但却并未在纵肆之人（the licentious）中大卖；而那些正派之人（the serious）却震惊于其宗教论述，并因此拒绝购买他的书。他命令他的代理人删除这些震世骇俗的文字，但为时已晚。而在"他将不再冒犯虔敬之人（the Godly）"的第二卷中，那种非教渎圣的文字之所以全不见了踪影，皆出于这种原因。近年来，这位鲜廉寡耻之人还从事着稗贩随笔的生意。在这一过程中，他不仅歪曲、滥用和攻击基督教最基本的原则，而且倾力破坏所有宗教的基础。在这些让人引以为憾的随笔中，他已不惮于冒犯**虔敬之士**，因为他知道这些**虔敬之士**已不再是他的**买家**。但当发现他的《英国史》要么必须在**虔敬之士**中售卖，要么根本就**卖不掉**时，他遂大惊失色。此后，他确实不敢**再冒犯虔敬之士**。由此，我们便不难明了这个人的**品性**。对于圣保罗而言，**虔敬**（Godliness）是一种收益。但对于**这位绅士**而言，**收益**会产生**虔敬**。[1]

布朗的恶毒指诉显然基于休谟致米拉的几封信。震怒于这种私人通信遭到滥用，休谟写信向米拉责问道："在没有得到当事人允许的情况下使用私人书信，这是一种什么样的行为？对此，大家不难判断。但是，让我难以想象的是：他何以能看到我的信？我究竟写了什么以至于授人以柄，让他来诽谤和中伤我？"至于布朗博士本人，休谟则怀有一种深深的鄙视：

> 我不怀疑我能轻而易举地将布朗博士驳倒，但是，由于我已经下定决心不与这帮家伙发生哪怕一丁点的争执，所以我不准备与他多费口舌。但是，让我颇为不悦的是，正是由于您的疏忽大意，或者说，正是由于您的轻率（我无法给出更确当的名称），方使我陷入进退维谷的两难境地。我猜想，布朗一定会发现，要想说服公众并让他们相信如下一点并非易事：在探讨问题

---

[1] Brown, *Estimate*, I, 57-8; II, 86-7.

时，我所说的任何观点都并不代表我的真实意见，哪种观点能获利，我就倒向哪种观点。我把这件难事留给布朗先生和他的党徒，因为人们告诉我：他是那个卑劣的沃伯顿的跟屁虫。像沃伯顿、布朗这样的卑劣之徒，我肯定是不屑与他们争论的。[1]

约赛亚·塔克牧师（Reverend Josiah Tucker）看法与休谟如出一辙，他向凯姆斯勋爵断言道："看到休谟先生受到那位浅薄之徒（也即《对于时代原则和时代礼俗的评价》的作者）如此粗鲁无礼的对待，我极为痛心。但休谟先生根本没有必要拿他当回事。"[2]

至于沃伯顿，也许值得顺便提及的是，他私下里已表达了其对于这位历史学家的判断："他是一个没有宗教信仰的詹姆斯二世党人，就像 hippogriff（希腊神话中的鹰头马身有翅怪兽）一样，是一种世间罕有的怪物。"[3]

然而，此时却从苏格兰传来一个有关休谟《英国史》的辛辣建议，它涉及经济、文学和宗教。一篇名为《召集人》（*The Moderator*）的论文中，约翰·威瑟斯彭牧师以嘲讽的口吻建议道：那位看上去很可能因这部"让苏格兰教会荣耀等身"之书亏了400镑的爱丁堡书商，应当"从英王陛下那里申请1000镑的补助金，以补偿其损失"，或者"基督教知识推广协会"买下《英国史》的全部版权，并在苏格兰高地和周边诸岛散发。在那里，它（《英国史》）"不仅大大有利于抑制天主教的扩张，而且可以以其优美的文风助推英语的推广"。

休谟《英国史》中的非教渎圣精神，还没有强烈到足以阻止所有的虔敬之士，尤其是那"两个凤毛麟角的例外"，也即英格兰和爱尔兰的大主教来表达他们对这本书的推崇。鲍斯维尔所记录下的其1775年与休谟的谈话，为我们提供了进一步的细节：

> 他告诉我：坎特伯雷大主教**赫林**（Herring）通过鲁特捎口信说，如果他来伦敦，大主教会在兰贝斯宫给他安排一处公寓。一想到侧身于一大帮教

---

[1] HL, I, 249-50.
[2] Tucker, MS letter of 6 July 1758, in SRO, Abercairny Papers, GD 24.
[3] *A Selection from Unpublished Papers of the Right Reverend William Warburton*, ed. Francis Kilvert (London 1841), p.257.

第二十三章 《英国史》

士中间，大卫就忍俊不禁。正是其《英国史》让大主教对他青睐有加，不仅如此，大主教阁下还送了他 10 基尼作为礼物。他以前对此浑然不晓，直到大主教辞世后，他与安德鲁·米拉结账时才发现"坎特伯雷大主教送您 10 基尼"这样的文字。他说，在大主教发出邀请之后，到大主教在世时他从未去过伦敦。我说，"也许大主教并不知道您曾写过任何坏书。您或许能在兰贝斯官混得如鱼得水，您可以向他们传授**好的政治**（good politicks），而他们也可以向您灌输**好的宗教**（good religion）"。[1]

也许无须推测到底是《英国史》哪一方面吸引了坎特伯雷大主教，因为我们不难相信：大主教所感兴趣的与其说是休谟的宗教观点，毋宁说是他的政治立场。

就第一卷最初失利的原因而言，休谟考虑更多的是政治和政治家的影响。就在辞世前不久，他仍然在抱怨这件事，而约翰·霍姆也记录下了他的某些相关评论："他反复提到这个话题，也即在《英国史》初次出版时，那些大臣们曾打算毁灭身为作者的他。那帮自命为辉格党的大臣们下定决心，不愿在不列颠听到真相"。[2] 而查尔蒙特伯爵（Earl of Charlemont）也记录下了休谟某一刻的想法：

> 再也没有什么比伟大的查查塔姆勋爵（Lord Chatham）在上院对《英国史》所做的非难更能让休谟感到苦恼了。当人们更偏爱的历史学家是麦考莱夫人（Mrs. Macaulay）而非他自己时，当麦考莱夫人的宪政著作被视为其毒书的唯一解药时，休谟实际上苦恼了很长一段时间……在那次演讲之后不久，我遇到了休谟，并略带调侃地希望他能乐享这种极高的礼遇。"嘿，听着，"他带着前所未有的火气怒冲冲地说道，"他是一个哥特人，他是一个汪达尔人（意指是一个野蛮人）！" [3]

然而，查尔蒙特的叙述与历史并不完全吻合，因为皮特直到 1766 年才成为查塔姆伯爵，而那时休谟的《英国史》已大获成功。然而，自《英国史》甫一面世，皮特就对它抱有敌意，1757 年，经书商居间安排，他允许斯摩莱特将

---

[1] *Boswell Papers,* XI, 41-2.
[2] Quoted in Home-Mackenzie, I, 175.
[3] Lord Charlemont's "Anecdotes of Hume," in RIA, MS-12/R/&, f.523.

其所著的《英国通史》(*Complete History of England, Deduced from the Descent of Julius Caesar to the Treaty of Aix La Chapelle,* 1748)致献给他。

休谟的《斯图亚特朝英国史》第一卷素为辉格党人所痛恶，这是无可争辩的事实。像沃伯顿一样，许多人甚至给它贴上"詹姆斯二世党人"的标签。这个名号当然是无稽之谈，正如那位伟大的辉格党政治家的侄子霍拉斯·沃波尔所立马觉察到的那样。出版四个月后，就休谟的那本书，沃波尔写道："尽管这本书遭到了前所未有的批驳和非难，尽管它有不少错疵，但我还是情不自禁地喜欢它。人们称其为詹姆斯二世党人之作，但在我看来，它只不过不是乔治党人之作而已。在别人辱骂斯图亚特朝的地方，他只是嘲笑。我敢肯定，对于他们的大臣，他并未笔下留情。"[1] 其他人也同样不认为休谟是一位詹姆斯二世党人。但在辉格党占主导地位的时代，人们依然坚持认为：他至少是一位托利党人，而且人们至今仍习惯于沿用这个名号。

在《英国史》出版前，休谟曾写道："我不妨大言不惭地自诩一番：我既无党派之见，也无门户之私。"此后，他巧妙地解释了贴在他身上的托利党标签："无论是议论政治，还是品藻人物（指君主及其股肱大臣），我都允执厥中 (moderate)。就对事情的看法而言，我比较认同辉格党的原则，而就对人物的看法而言，我比较符合托利党的偏见。人们一般把我列为托利党人，没有什么比这更能证明：人们一般都是重人不重事的 (regard more persons than things)。" 在一个辉格党意识形态占主导地位的时代，休谟对于苏格兰斯图亚特诸王的同情，不可避免地被解读为一种托利偏见。但休谟继续着其不偏不倚的努力，并指出，如果说第一卷在某种程度上站在托利党一边，那么第二卷将在某种程度上站在辉格党一边。他补充道："我原希望这两卷《英国史》一道付梓。在这种情况下，无论是托利党，还是辉格党，他们都没有任何借口攻击我心有所偏。"[2]

然而，《我的自传》中的一段话所呈现的似乎是一种根深蒂固的党派偏见。在那里，当论及此后《斯图亚特朝英国史》的修订时，休谟言辞激烈地写道：

---

[1] *Walpole Letters*, III, 294。托马斯·库默 (Thomas Comber) 写道："休谟先生……看上去不像是一位詹姆斯二世党人，而像是一位共和派……"参见 Thomas Comber, *Vindication of the Great Revolution in England* (London 1758), p.131*n*.

[2] HL, I, 185, 237, 218.

第二十三章 《英国史》

不过,我虽然凭经验知道:辉格党操持权柄,可以厚赐和恩赏政治和文学方面的一切权位,但是,我丝毫也不愿意屈从于他们那种毫无意义的喧嚷。所以,就斯图亚特朝前两个国王统治时期的历史而言,作为继续研读和沉思的结果,我虽然在其中改动了一百余处,但凡是改动过的地方,几乎无一例外地都偏向于托利党。

这种激烈的措辞源于休谟对于英格兰及其主导党派日益增长的怨愤,休谟的这种怨愤始于18世纪50年代晚期,并在18世纪60和70年代暴烈的反苏格兰运动中臻至顶峰(我将在确当的时候再追溯休谟的这种怨愤)。这段话强烈的修辞色彩遮蔽了这样的事实:他实际上要远比他所暗示的客观公正。[1]

随着1756年《斯图亚特朝英国史》第二卷的面世,反对休谟的喧嚣大为减少。但这主要是出于政治原因,还是出于宗教原因,人们仍不得而知。人们有理由相信,商业上的驱动最为首要。休谟的一位朋友,乔治·登普斯特(George Dempster)的观察或许能为我们提供一个明显的暗示,他注意到:"大卫·休谟的第二卷在伦敦付印,并大受欢迎,这与第一卷在爱丁堡付印时的情形简直不可同日而语。"[2]

早在1755年4月12日,休谟对于伦敦书商在第一卷滞销中所起的作用就抱有某种隐隐的怀疑。然而,在给米拉的信中,他仍将主要责任归咎于汉密尔顿拙于商务。"汉密尔顿先生极为诚实,远不是一位利欲熏心之徒。但他在很大程度上是一个感情冲动,甚至头脑不清之人。这在他在这整件事情上的所作所为中已表露无遗。当一本被公众寄予厚望并有望成为一本畅销书的书籍,在他手上却没有什么销路时,我认为他已被伦敦的书商彻底击败。"到了5月3日,休谟的想法出现了转变,在信中,他向斯特拉恩写道:

> 人们纷纷写信告诉我:《英国史》之所以滞销,在很大程度上要归咎于伦

---

[1] 有关这方面的研究,参见 Mossner, "Was Hume a Tory Historian? Facts and Reconsiderations," in *Journal of the History of Ideas*, II (1941), 225-36;关于休谟的托利主义及其《英国史》的更为全面的研究,参见 Mossner, "An Apology for David Hume, Historian," *PMLA*, LXVI (1941), 657-80. 同时参见 *David Hume: Philosophical Historian* with introductory essays by David F. Norton and Richard H. Popkin (Indianapolis 1965).

[2] Dempster, *Letters to Sir Adam Ferguson, 1756—1813*, ed. Sir James Fergerson (London 1934), p.14.

敦书商的阴谋……对于这些问题，您应当比我更了解。如果书商没有在其中发挥这么大的一种作用，那么，苏格兰和英格兰的销售状况为什么会相差如此悬殊？在这里（指苏格兰），我在宗教上的放言无忌本应会让我的书更加不受欢迎，而无论如何，詹姆斯二世党人的叫嚣也本有同样的效果。

1757年9月，在给都柏林的埃德蒙斯顿上校（Colonel Edmonstoune）的一封信中，休谟又进一步阐述了"书商的阴谋"这一主题。在信中，休谟询问了其朋友威廉·威尔基的《后辈英雄传》（*The Epigoniad*）在爱尔兰的销售状况：

它在爱尔兰是否成功？我估计不会成功。因为都柏林的批评家往往看伦敦批评家的脸色行事，而伦敦的批评家往往看书商的脸色行事，而书商们则只关心自己的利益，而书商们的利益则在于他们所出版的书籍能大卖。这就是为什么威尔基的书在当前受到冷落或遭到诅咒（如他们所称的那样）的原因。但是，如果它最终落得这样的结局，那我实在是看走眼了。请问爱尔兰大主教是如何看待这本书的？我听说：他为人慷慨大度，曾不遗余力地支持那些遭到诅咒的禁书，是帮助这些书脱离"苦海"的圣人之一。我希望他是一位诚实之人，并能站在我们这边。[1]

与《英国史》相关的对于"书商的阴谋"最完整的18世纪表述，出现在1777年，也即出现在休谟辞世数月后有关《我的自传》的评论中：

在《我的自传》的第19页，休谟注意到：一开始，其《大不列颠史》并未受到读者的热切关注。但关于这一点，休谟先生自己也搞错了。专门讲述詹姆斯一世和查理一世统治时期的那一卷《大不列颠史》的第一版于1754年在爱丁堡付印，出版商为汉密尔顿、巴尔弗和尼尔。因对这本书寄予厚望，汉密尔顿遂常住伦敦，并在那里开了一家书店。他请伦敦的书商为他分销此书，但没有人愿意与这位外来户做生意。汉密尔顿大感沮丧，遂向他的朋友米拉先生求助。出于帮忙，米拉拿走了50本。但是，当经常

---

[1] NHL, p.42.

第二十三章 《英国史》

光顾其店铺的绅士要买这本书时，米拉慷慨地说，"这并非全本，另一卷不日即将面世。在此之前欢迎免费传阅。"因此，米拉让这五十本书在大约一百位读者中传阅，但一本未售。通过这种巧妙的计谋，米拉达成了其觊觎已久的目的，也即让汉密尔顿将这本书的版权低价转售给他，因为这本书了无价值。[1]

有关"书商阴谋"的这些声言，得到了已知事实的强力佐证。在18世纪中后叶，伦敦书商的组织才能得到了高度发展。这既包括合作出版的技巧，也包括保护出版领域中的佼佼者，以反对外来竞争的杰出能力。由于"文具店公司"（the Stationers' Company）的权力正处于低谷，促进和保护文学产权的独立组织就变得必不可少（inevitable）。第一家具有名称和清晰筹划的此类组织是1719年成立的出版联合体（the Printing Conger）。此后，1736年，也即"版权大争辩"之年，"第二联合体"（the Second Conger）又宣告成立，并此后改组为"咖啡屋协会组织"（the Chapter Coffee House group）。在休谟撰述《英国史》期间，"第三联合体"又宣告成立，主要是为了应对爱尔兰和苏格兰籍出版商和书商的入侵。[2]

"第三联合体"的成立主要受激于法庭上的一场败诉。在这场诉讼中，安德鲁·米拉率领一个由17人组成的伦敦团体对抗爱丁堡和格拉斯哥的20名书商。表面上，独立书商的胜诉挫败了伦敦团体的主张，但实际上，它反而促使伦敦书商组织打起了贸易限制史上最为成功的一场宣传战。他们利用手中一切手段，以阻止非他们出版的一切书籍的成功，并发展出一套高效的沟通体系。这套沟通体系还将地方书商纳入其中，并通过骑手向他们传递书讯，比如，要力推哪一本书，要抵制哪一本书。它还常常以赤裸裸的贸易报复相威胁。它有时甚至会买下全部的库存（然后代之以所谓的"正版"）。它几乎总是依赖于一篇一锤定音的、致命的书评来阻滞书的销售。毫无疑问，"第三联合体"发挥了作用。在《作者

---

[1] [S. J. Pratt], *Supplement to the Life of David Hume,Esq.* (London 1777), pp.15-17. 同样的解释出现在 *Caledonian Mercury* (26 May, 1777)，以及S. J. Pratt, *Curious Particulars and Genuine Anecdotes respecting the late Lord Chesterfield and David Hume, Esq.* (London 1788), p.4-5.

[2] 关于书商联合体体系以及当前这一章其他方面的进一步的细节，参见 Mossner and Ransom," Hume and the 'Conspiracy of the Booksellers': The Publication and Early Fortunes of the *History of England*," in University of Texas *Studies in English*, XXIX (1960), 162-82.

的讼案》（*Case of Authors*）——它不仅仅是书商的一份起诉书——中，詹姆斯·拉尔夫（James Ralph）就这一历史时期总结道："书商控制着市场的每一条流通渠道，只需一夜的工夫，他就可以让一本书变得灰飞烟灭，就像蠕虫啃食过的约拿的葫芦。"[1]

正是书商们的这种"阴招"让天真的加文·汉密尔顿的美妙前景瞬间化为泡影，并迫使他还不到5个月就灰溜溜地离开伦敦。此时的大卫·休谟已认识到，他当初没与米拉合作是多么大的失策，并为此懊悔不已。

所以，在祝贺伦敦书商击败汉密尔顿之后，休谟补充道：

> 为了让伦敦书商的此次胜利赢得更为彻底，我希望您能接手他手上的余书，并在几个月内全部售出。我恳请您郑重考虑此事。如果您出价不变，我愿意从中周旋，以玉成此事，如果汉密尔顿拒绝，我宁愿自掏腰包来弥补其中的差价。所以您看，我是多么希望您能接手此项业务。您无须给他写信，直接给我写信即可，我来协调这件事。

到了5月3日，休谟"很高兴米拉先生已重新开出价码，我发现汉密尔顿先生决定接受这个价码"，但让汉密尔顿接受这些条件并非易事。他已漫无节制地"大批量"装订了"第一卷"，这使得有关清样的协商更加困难。到了11月底，米拉和汉密尔顿之间显然达成了一项协议，休谟满意地评论道："在我看来，米拉先生确曾准备以每本9先令的价格从汉密尔顿那里买900本。一开始，他甚至连每本7先令都不愿出。但奇怪的是，汉密尔顿先生拒绝了米拉先生最初的报价。"与此同时，第二卷写作顺利的休谟甚至拒绝了汉密尔顿第一版800镑的出价，但却愿意接受米拉出1750本、支付750镑版权费的报价。这样，汉密尔顿、巴尔弗和尼尔的公司与《英国史》再无任何干系，安德鲁·米拉全盘接手了《英国史》的商务运营。

1757年2月，休谟与米拉开始商洽，准备以800基尼的总价将《英国史》第一卷和第二卷的版权悉数售出。他这样做的动机，主要是想借此摆脱商务运营上的所有麻烦。1759年付印的两卷《都铎朝英国史》的要价是700镑，1762年付印

---

[1] Ralph, *The Case of Authors by Profession* (ed. of London 1762), p.60.

第二十三章 《英国史》

的两卷《古代英国史》（从恺撒到亨利二世即位）的要价是 1400 镑。在所有这些交易中，休谟在经济上肯定没有吃亏。但是，虽然出售了版权，但休谟仍对它牵肠挂肚。他对于维持文本的清正仍极为关注，并对 1762 年 8 开本合集版的粗制滥造大感苦恼。颇具讽刺意味的是，正是"我的《英国史》的这一令人憎恶的 8 开本版"最终奠定了休谟如雷贯耳的声名。

就《英国史》而言，"第三联合体"并没有对休谟个人或他的作品表示出敌意。伦敦书商的敌意只是针对爱丁堡付印的所有书籍。在米拉接手《英国史》的版权之前，伦敦书商与他联手挫败了汉密尔顿的如下努力，也即雇用托比亚斯·斯摩莱特（Tobias Smollett）来写一部英国通史，以便与休谟的《英国史》相竞争。斯摩莱特的合同条款相当苛刻，他需在 1756 年底之前，也即 14 个月内完成手稿。这个惊人的写作壮举如期完工。前三卷于 1757 年初面世，第四卷于一年后面世。1758 年 4 月，休谟对米拉评论道，"我担心斯摩莱特先生匆匆草就的《英国史》可能多少会对您的销售有所影响。但这些情况都是暂时的。"对于斯摩莱特的这部新《英国史》，休谟洞若观火，在他看来，它无非是一种报章史学。不仅如此，休谟还与其作者一直保持着愉快的交往。如果休谟在世的时候知道，在 19 世纪的时候，他自己的《英国史》和斯摩莱特的《英国史》经常被合成一套出售，那么，他将做何反应？这实难判断。他很可能会意识到，这种"拉郎配"的做法只是书商的一种狡计，意在避免竞争，并强化其"通贯性"和"完整性"。

通过与《英国史》有关的这林林总总、一波又一波的活动，休谟作为一个文学商人的鲜活形象立马跃然纸上，它与作为作家的休谟形象截然不同。尽管对于《英国史》第一卷最初的冷遇，休谟曾怀有一时的失望，但他很快就以理性和果敢的决断度过了此次商务风波。当将《英国史》从苏格兰运至伦敦付印并未能起到起死回生之效时，他很快就以极其优渥的条款与其先前合作伙伴的对手达成协议。尽管有时不满于其编辑效果，但休谟已尽力将自己从大部分纯粹的出版琐务中解脱出来，而且同样是基于优渥的条件。就整体而言，在这一时期内，休谟对所有的合作者都保持了一种平心静气、彬彬有礼的态度：对不善经营的汉密尔顿是如此；对精明能干的米拉也是如此；对像斯特拉恩这样的书商朋友是如此，尽管斯特拉恩的建议从未能为他解决实际的问题；对其《英国史》后来的"版权人"也是如此；对斯摩莱特也是如此，尽管斯摩莱特取得了成功，但在竞争日益激烈的史学写作领域，他并不是一位旗开得胜的竞争者。

在《英国史》中，休谟所呈现给世人的，是其对于英国发展的一种气象宏阔、包罗无遗的叙述，它不仅在哲学上首尾一贯，在艺术上井然有序，而且极具可读性。休谟并没有将《英国史》自诩为一部"研究性"的学术著作，但却在将其他人充满学究气的呆板研究激活，并将它们天衣无缝地融为一体时，预流了现代综合史家（synthetic historian）的兴起。休谟曾毫不隐讳地解释道："我从不插入原始文献，也从不进入烦琐的细枝末节和无趣的历史事实。在这里，我所有作品中都充溢着的那种哲学精神发现了丰富的、但尚待加工的历史素材。"他更多地关注原因、动机、人物品性，而非仅仅记录事实。他所认可的历史撰述标准是"风格、判断、公允、审慎"。正是文风的魔力才让他声名远播，并确保其在文学上赢得了永恒的地位。

例如，在"为查理一世的命运一洒同情之泪"后，休谟继续分析了应该从这一事件中汲取的历史教训：

> 查理的悲剧之死提出了一个问题：人民是否在任何情况下均有权审判和惩处其君主？考虑到那些自命为法官之人凶暴的僭越，也考虑到那位遭此厄运的有道之君的才德，大多数人都倾向于否定这项共和原则，并视之为骚乱成性、夸诞无稽。但仍有少数人能摆脱就事论事的趋向，并从**普遍的角度**来思考这个问题，他们倾向于缓和而非拒斥这一主流的情感。他们的推理或许如下：**如果在某种情况下向大众隐瞒真理竟值得称颂，那么，我们必须得承认：抵抗学说即属此例**。所有玄思性的推理者都应该注意到，在各种类型的政府中，法律均对抵抗原则保持了审慎的沉默。人们之所有要成立政府，就是为了要约束和节制民众的狂暴和不义。**而政府总是建基于意见，而非强力（being always founded on opinion, not on force）**，因此，以这些抽象的思辨来削弱民众对于权威的尊重，并预先教导他们在何种情形下可以免除忠顺的义务，总是危险的。或者说，如果我们发现要约束人类刨根问底的天性是不可能的，那么，我们必须要承认：应仅仅将服从的学说灌输给民众，而由于不服从的例外是极其稀少的，所以在一般的推理和话语中应尽少提及或绝口不提。而人类因这种审慎的保留而普遍堕入悲惨的奴役状态的危险是不存在的。当例外状况真实发生时，尽管人们先前对此毫无预见、一无所知，但

第二十三章 《英国史》

出于例外状况的真实本性，它必然是如此明白无误、无可置辩，以至于可以消除所有的疑虑，并挣破因普遍服从学说之灌输而产生的所有约束，不管这些约束有多么大。但是，抵抗一位君主，决然不同于废黜一位君主，这两者之间大有差别。只有当权力的滥用达到罄竹难书的程度时，我们才能正当地废黜一位君主，而只要权力遭到一定程度的滥用，我们就可以合法地抵抗一位君主。而历史上也不乏此例。这番见解尽管是针对未来而发，尽管我们永远不希望其演变为现实，但每一个正直的研究者都必须承认其在过往历史中的真实性。但是，废除一个君主，也迥然不同于惩处一位君主，这两者间同样大有差别。故而，一点也不奇怪的是，即便是思想最为宏阔之人（men of the most enlarged thought）也会质疑：叛乱臣民的人性竟然如此卑劣不堪，以至于竟将这种非常司法权（extraordinary jurisdiction）的最后一项举措视为正当？教导我们对君主的人身抱有神圣敬意的那种幻念——如果它是一种幻念的话——是如此的高贵，以至于如果我们试图以正式审判和处罚一位君主来驱散这种幻念，那么，其对民众所产生的邪恶影响，要远甚于我们自认为的遏制暴政的正义范例所对君主产生的那种有利影响。而通过这些先例让君主陷于绝望，或让身负重大权力的人陷入无望的绝境，以至于除了最暴烈、最嗜血的顾问外别无依凭。然而，一旦确立了这种一般的立场，我们必须注意到，无论您从属于哪种党派，无论您信奉何种的信条，当您在古代史中读到如下史事时，您都不会感到震惊：通过票决，罗马的元老院将他们的绝对君主尼禄宣布为公敌，甚至未经审判就对其实施最严酷、最可耻的惩罚，而依据法律，即便是最卑贱的罗马公民都不应遭此大刑。这位嗜血的暴君罪大恶极，以至于那些元老们打破了所有的规则，并强使人们承认：这位废君不再高于人民，在自己的讼案中也无权诉诸那些原本用于管理日常事务的法律。但是，当我们从尼禄转向查理时，我们立即惊诧于这两位君主的巨大反差，或者毋宁说，这两位君主截然相反的品性。我们惊讶地发现，在这样一个文明民族中，这样一位高才大德的君主竟然遭此致命的劫难。历史是智慧的伟大情人（great mistress of wisdom），为我们提供了各式各样的范例。通过历史宏阔的镜像，我们不仅见证了无数的历史事例，而且也从中汲取了各种经纶之术和道德戒律。从这一时期英国所经历的那些重大变迁中，我们自然地可以得出同样有用的教益，而这也是查理自己在其晚年所领悟出来的，也即：对一位君主而言，即便是出于表面上的必需，要承载法律之外的权威是危险的。但必须承认，这些事件也让我们得出另一种同样自然、同样有用的教益：民众的疯狂、宗教狂热的暴烈以及雇佣军的危险。[1]

"历史写作本身就是一种历史事件，"一位现代的哲学家[2]曾这样提醒我们。换而言之，历史是为了未来而加以诠释的过去（history is the past interpreted for the future）。因此，每个时代都需要对过去做出自己的诠释，这一点其他的任何时代都无法代劳。尽管休谟的《英国史》并不是为我们这个时代而写，但出于以下两种原因，我们有理由直面它：将其视之为一件文学作品，并加以赏析；从中学习启蒙时代最伟大的头脑是如何为了他自己的时代而去诠释过去。当然，人们绝不会将《英国史》误认作其他时代的作品，它只是 18 世纪的产物。《英国史》的优点和局限就是启蒙时代的优点和局限。无论如何，关于《英国史》的优点，作为休谟的历史学家同道，也作为启蒙运动斗士的伏尔泰，曾在 1764 年这样写道：

> 对于这部《英国史》，任何称誉都不为过，在所有语言写就的史著中，它或许是最佳的一部……在《英国史》中，休谟先生既非议会派，也非保皇派，既非国教派，亦非长老派，他只是一位公允的法官……长久以来，党派的怒火不仅让英国失去了良史，而且也剥夺了英国的善政。凡托利党所撰，辉格党一概排斥，反过来，凡辉格党所撰，托利党也一概斥为谎言。唯独外国人拉潘·图瓦拉（Rapin Thoiras）似乎写了一部公正的英国史，但图瓦拉所叙述的史实有时也难脱偏见的熏染。而在这位新晋历史学家的身上，我们发现他常能超越门户之见。当他言及人的缺陷、错误和残忍时，就像是一位医生在言及时疫。[3]

尽管《英国史》最初因"书商们的阴谋"，以及当时的政治和宗教论争而惨遭滑铁卢，但启蒙时代最终认可了加文·汉密尔顿的如下说法，也即休谟的《英

---

[1] Hume, *Hist*. (Edinburgh 1792), VII, 148-50.
[2] John Dewey, *Logic, the Theory of Inquiry* (New York 1938), p.237.
[3] Voltaire, review of *L'Histoire complète de l'Angleterre* in *La Gazette Littéraire* (2 mai 1764) in *Œuvres complèttes* (Paris 1883-7), XXV, 169-73.

第二十三章 《英国史》

国史》是"英国史领域所曾写过的最佳著述"。或者像苏格兰的马里夏尔伯爵乔治·基斯所指出那样:"对于那些高标派而言,您是一个悲情的辉格党人;而对于辉格党人而言,您又是一个深藏不露的詹姆斯二世党人;而对于一个理性之人而言,您就是好人大卫,一个热爱真理之人"。[1] 伴随着休谟《英国史》的巨大成功,历史的领地才开始得到辛勤的耕耘。到了1770年,面对自己曾投身其中、并有首创之功的这项事业,休谟方能够自鸣得意地评论道:**"我相信,这是一个历史的时代,这是一个历史的民族。"**

---

[1] RSE, V, 116.

第二十四章 《论文四篇》

"出于过度的谨慎……我将这两篇论文撤了下来。"

1748年，在采取出版"论奇迹"和"论特殊的天意和未来的状况"这一决定性的步骤后，休谟在18世纪50年代继续将其哲学信条应用于宗教。不同于《斯图亚特朝英国史》第一卷对宗教所作的历史考察，休谟现在所主要关注的是对宗教理论进行一种哲学和心理学的探究。《自然宗教对话录》和"宗教自然史"分别是休谟对宗教哲学和宗教心理学所做出的最为全面，也最为重要的贡献。但《自然宗教对话录》直到1779年，也即休谟辞世后的第三年方告出版。而"自然宗教史"则在1757年面世之前历经劫数。1751年3月，在致闵拓的吉尔伯特·埃利奥特（Gilbert Elliot of Minto）的一封信中，休谟表达了他对于怀疑主义之创造性功能的认识：

> 如果为了解答新生的疑惑，必得制定新的哲学原则。那么，难道这些疑问本身不是极为有益的吗？难道它们不是比盲目或无知的同意更为可取吗？我希望能回答自己的疑惑。但是，如果我不能做到这一点，难道就应该对此产生怀疑吗？难道我们不能理直气壮地怀疑哥伦布并没有征服那些美洲帝国或建立殖民地吗？

当休谟向埃利奥特请教的时候，他已开始了《自然宗教对话录》的写作。这部著作中的三位发言人分别是：克里安提斯（Cleanthes），一位信守现代经验主义

第二十四章 《论文四篇》

哲学的有神论者;第美亚(Demea),一位信仰主义的神学家,但有时也是一位理性主义者;斐罗(Philo),一位怀疑主义者。如果征诸历史,或许可以将克里安提斯视为《宗教的类比》的作者巴特勒主教,将第美亚视为塞缪尔·克拉克,将斐罗视为休谟自己,就像休谟自己在一封致埃利奥特的信中所自陈的那样:"……我会亲自扮演《对话》中的斐诺——而您也将不得不承认,我扮演这个角色游刃有余。"[1]

为了避免"那种低级的错误……也即常常将那些毫无意义的蠢话塞入对方之口",休谟遂向埃利奥特求助,"以支持克里安提斯的观点"。其友人的观点——多年后由杜格尔德·斯图亚特(Dugald Stewart)刊发于第八版《不列颠百科全书》,或许对于休谟并没有多大价值。而更重要的是,埃利奥特成功地说服休谟放弃出版其《自然宗教对话录》的出版。

直到1763年,休谟仍不忘对其朋友的这种劝诫加以调侃,并质问道:"您不允许我刊行《自然宗教对话录》,这难道不是比斯图亚特朝的任何法令更加专横、更加严苛吗?难道您不认为一篇确当的献词足以弥补其中的令人反感之处吗?我现在越来越认同我的朋友科尔宾·莫里斯(Corbyn Morris)的想法,他说:他写书只以献词为鹄的。"休谟的威胁——也即以一篇献词为掩护出版《自然宗教对话录》,并非只是一句玩笑话,这一点可以从同年稍晚的时候他与休·布莱尔之间的通信看出。是年九月,布莱尔从爱丁堡致信休谟——当时,身在伦敦的休谟正要前往法国,祝贺他"正在前往一个只会对您顶礼膜拜的国度……"但布莱尔接着调侃道,只是在宗教上,那帮哲人们或许会认为您"有点盲信偏执……而对于这一点,他们或许能够理解,因为作为一位土生土长的苏格兰人,这个国家(苏格兰)的宗教伪善多多少少会感染到您"。接着,布莱尔就言及我们正在讨论的问题:"但是,人们告诉我,只要您再激进一点,您的雕像将会矗立在巴黎的几家拨火棍俱乐部。如果您向他们展示您的《自然宗教对话录》的手稿,您仍有机会获得这种荣誉。但看在上帝的份上,如果您想让它面世,还是在您辞世后再让它面世吧。尽管我真心以为还是不要出版为好。"[2] 因此,可以确定的是,《自然宗教对话录》曾以手稿的形式,在爱丁堡友善的温和派神学家中传阅,并且正是

---

[1] 关于这种历史性的角色指认(historical identifications),参见 Mossner, "The Enigma of Hume," in *Mind*, XIV (1936), 334-49. 关于《自然宗教对话录》的更进一步的讨论,参见文本补录。

[2] RSE, III, 51.

在他们以及埃利奥特的建议下,毫无疑问,也是在亚当·斯密的建议下,这部著作在休谟生前一直未曾出版。而在给布莱尔的回信中,休谟写道:"我现在还没有出版您所提及的那部著作的打算。但一旦我决意出版,我会将它献给您,希望您不要反对。"[1] 假如布莱尔有足够大的胆量,让休谟的威吓得以付诸实施,那么,《自然宗教对话录》或许会在休谟的生前面世。但事实并非如此,显然,直到辞世前不久,除了做一些细枝末节上的修订,休谟一直将手稿束之高阁。[2]

还是让我们回到"宗教自然史",回到其先后被取名为"论文四篇"、"论文三篇"、"论文五篇"、"论文三篇",并最终再度定名为"论文四篇"这一曲折回环的故事。[3] 这个故事要从1755年6月说起,当时,休谟曾致信安德鲁·米拉道:

> 我这里有四篇短论,为了进一步打磨它们,我一直未发表。其中的一篇就是阿兰·拉姆齐向您提及的那一篇。另一篇为"论激情",第三篇为"论悲剧",第四篇为"先前关于几何和自然哲学的一些思考"(Some Considerations previous, to Geometry & Natural Philosophy)。我认为,这四篇论文加在一起大约相当于《道德原则探究》四分之三的篇幅,这只是我粗略的估计。但是,刊印时最好采用较大的字体,这样其篇幅与售价就会与《道德原则探究》旗鼓相当。我希望它能在新年期间刊出,如果您出价50基尼的话,我就将版权转让给您,但需在刊印时付清。由于我要价向来公道,所以您不难判断,我是不会再与您讨价还价的。对我而言,在爱丁堡刊印较为方便,特别是其中的一篇论文含有大量的文献,但由于手稿清通,所以即便在伦敦刊印,我也不是不可能对其加以修订。到底是在爱丁堡刊印,还是在伦敦刊印,您自己选择,尽管我相信:如在爱丁堡刊印,可能既便宜,又安全方便。然而,所有这些问题都不是我要考虑的。

米拉同意接收并准备付印的这四篇论文,大约写于1749年至1751年间。当

---

[1] NHL, p.72.
[2] 我对于《自然宗教对话录》的新诠释,请参见"Hume and the Legacy of the Dialogues," in *David Hume : Bicentury Papers*, ed. George Morice (Edinburgh 1977), pp. 1-22. 参见后面的文本补录。
[3] 更充分的讨论,请参见 Mossner, "Hume's Four Dissertations: An Essay om Biography and Bibliography," in *Modern Language*, XLVIII (1950), 37-57.

第二十四章 《论文四篇》

时,休谟已从都灵回国,但尚未投入《英国史》的紧张撰述。休谟是 1752 年春才开始着手构写《英国史》的。第一篇论文,也即休谟如此隐晦地暗指为"艾伦·拉姆齐向您所提及的",并再度暗指为含有"大量文献的",正是"宗教自然史"。而"论激情"则是对《人性论》第一卷第二部分的某种缩写。"论悲剧"则是一篇短论,它专门探讨了在艺术上悲痛何以令人愉悦这一美学问题。第四篇论文,也即"先前关于几何和自然哲学的一些思考",很可能是对《人性论》第一卷第二部分的再加工。

实际上,第四篇论文从未排印。1772 年 1 月 25 日,在致威廉·斯特拉恩——他那时刚刚接手了米拉的出版业务——的一封信中,休谟对其历史进行了总结。在其中,这篇论文被指为"几何学的形而上学原理"。其内容如下:"我便将这四篇论文寄给了米拉先生。但在最后一篇刊印前,我遇到了那时正在苏格兰的斯坦霍普勋爵(Lord Stanhope),他言之凿凿地说:无论就观点而言,还是就表达上的明晰性而言,这篇随笔都存在一些错谬。所存在的错谬到底是什么,我已记不清了。我于是给米拉先生写信,让他不要再刊印这篇随笔……"

关于第二代斯坦霍普勋爵菲利普,据说,"他天赋极高,但更适于从事抽象的思考,而非实际的行动。他让自己成为他那个时代英国最优秀的数学家之一——而按照拉朗德(Lalande)惯常的说法,他是英国最优秀的数学家,没有之一。与此同时,他在其他的科学和哲学门类中也有着深厚的造诣。"[1]

1745 年,斯坦霍普与格丽泽尔·贝利(the Hon. Grizel Baillie)成婚,而后者是大卫·休谟的远房表妹。这对表兄妹多年来一直保持着愉快的书信联系。就 1766 年的休谟与卢梭之争,这位伯爵夫人曾致信休谟道:"如果有地狱,那个人(指卢梭)会滚油锅,而您虽说也不是什么好人,但却不至于要下地狱。"[2] 除了休谟就与斯坦霍普勋爵的会面向斯特拉恩所提供的含混而零散的解释,我们对撤下的这篇论文("先前关于几何和自然哲学的一些思考")一无所知,而手稿本身也已失传。

然而,正如米拉所提醒的那样,剩下的三篇论文"并不足以凑成一本书"。在 1772 年致斯特拉恩的信中,休谟继续写道:"我遂给他寄去了我此前从未打算

---

[1] P. H. Stanhope, *History of England* (London 1836-54), III, 242.
[2] RSE, VII, 45.

出版的两篇论文。"除了原先剩下的三篇论文，拟议中的这本书现在还包括"论自杀"和"论灵魂不灭"这两篇新增论文，对于这两篇论文的煽动性，就连休谟自己也从不讳言。然而，无论是锦上添花，还是雪上加霜，它们分别作为重新命名为《论文五篇》的新书的第 4 篇和第 5 篇论文付印了，而所谓的"论文五篇"分别是指"宗教自然史"、"论激情"、"论悲剧"、"论自杀"和"论灵魂不灭"。显然，在一册装订好的校样上，"论文五篇"这一标题是由休谟亲笔手书的。这本校样 1785 年还存于"爱丁堡律师公会"图书馆（现为苏格兰国立图书馆）。但令人遗憾的是，自那以后，它就消失了踪影，因为"论文五篇"从未付印过。[1]

对于"论文五篇"为何不曾付印，休谟 1772 年致斯特拉恩的信中既没有言明，也缺乏完整的细节。在休谟就"论自杀"和"论灵魂不灭"所发表的全部言辞中，第一点是：它们"大约在 17 年前由安德鲁·米拉出版……出于过度的谨慎，我将它们撤了下来"；第二点是："它们付印了，但我不久之后就后悔了。米拉先生和我同意共同承担由撤稿而产生的费用……"尽管我们没有理由去怀疑这些陈述的真实性，但显而易见，休谟并未讲出全部实情。当最初并不愿意刊印这"两篇惹人讨嫌的论文"时，休谟的这种"过度的谨慎"就表露无遗；但由此所产生问题是，既然已应允出版，那休谟为什么会再度改变主意呢？

而上面所提及的那本已遗失了的校样提供了一些证据。其上附有一条以"A. R."——想必是艾伦·拉姆齐的缩写——开头的注解。注解开篇写道："本书内含大卫·休谟先生的一篇论文，我相信，此书是仅存世的两本之一。在本书刊印后，休谟先生的一位朋友建议他将'论自杀'那篇论文撤掉，而休谟也照办了。"因此，结合休谟和拉姆齐的证词，我们不难发现：撤稿是分两个阶段进行的，"论自杀"的撤去要先于"论灵魂不灭"，而之所以要撤稿，也是休谟经朋友的善意劝说后以审慎之名自愿撤去的。我们有一些理由相信，这种善意的劝说源于亚当·斯密。

然而，即便是将休谟和拉姆齐的证词结合起来，也不足以呈现撤稿的完整过程，因为他们完全没有提及来自于官方的压力，甚至是威吓。威廉·沃伯顿（William Warburton）一封未刊行的信为这一新阶段提供了基本事实。自 1749 年

---

[1] 关于这个散佚版本的所有已知信息，请参见 T. H. Grose 附在《休谟哲学著作集》前面的"版本史"（Hitsory of the Editions）中的解释。

第二十四章 《论文四篇》

以来——如果不是说自 1739 年以来的话，沃伯顿一直对休谟穷追猛打、纠缠不休。就目前所知，沃伯顿 1749 年 2 月 14 日致剑桥大学圣约翰学院的托马斯·贝尔盖牧师（Reverend Thomas Balguy）的信，是最早言及此次撤稿事件的：

> 休谟出版了一本薄书。这本论"宗教起源"、论"激情"、论"自杀"和论"灵魂不灭"的书被撤稿了，也许此后再无面世的机会。我现在手里就有一本。我发现，这本书不仅背弃了所有的道德原则，而且也丧失了所有的哲学力量。我相信他害怕受到迫害，我相信他将发现这种迫害正在等着他。因为现在的检察长更倾向于积极地支持社会的宗教原则。他发现，善意的宽容正在被可耻地滥用。有一天，他告诉我，他打算支持并捍卫我们。我说，这正当其时。那个被圈定的控告对象是一个名叫安内特（Annet）的人，他是塔山的校长，是所有两足动物中最鲜廉寡耻的一位。[1]

那么，这算作是此次撤稿事件的另一种版本，而它受到了既有证据的进一步支持。

作为《每月评论》的一名编辑，威廉·罗斯博士（Dr. William Rose）一直密切地关注着文坛的任何风吹草动，而且，作为休谟的朋友，他应该了解 1756 年撤稿事件的内幕。他的表述尽管迟至 1784 年才出现，但却为沃伯顿的说辞提供了有价值的佐证：

> 本文作者知道：这里所提及的论文（"论自杀"和"论灵魂不灭"）出于休谟先生之手。大约 30 年前，它们本是一本书的一部分，米拉先生曾公开登广告促销此书。在正式出版前，有一些样书被送至作者的友人处，他们早已迫不及待地要一睹为快。而一位依然健在的位高权重的大人，则威胁着要起诉米拉先生，如果他将我们面前的这些论文付印的话。那位作者（休谟）在背神渎教的事业中早已久经沙场，根本不为这种威吓所动，但那位可怜的书商却大受惊吓，以至于召回了他已派发出去的样书，并撤下了那两篇论

---

[1] 这封信（II, No.32]）出现在 James Crossley 于 1863 年所转录的沃伯顿（Warburton）三卷本书信手稿中。第四卷是沃伯顿致 Balguy 的书信的"摘要"。这四卷书信手稿现收藏于德克萨斯大学图书馆，属于 Dr R. H. Griffith 的遗赠。

文，而且费了好一番口舌才说服休谟先生以其他论文来取代那篇遭人诟病的论文。然而，经过这样一番折腾之后，已有少量的书流至国外，并秘密地传播开来……[1]

那么，如何将沃伯顿、罗斯的证词与休谟、拉姆齐的证词相调和呢？我们首先要从沃伯顿和米拉的关系说起。早在1755年，沃伯顿就曾向贝尔盖宣称：他此后所有的书均由米拉出版。毫无疑问，依照18世纪书商们沿袭已久的一个公开行规，在《论文五篇》正式出版前，米拉曾将其样书分发给一些文坛巨子。因此，其中的一本就送至沃伯顿手中。然而，这之后到底发生了什么，则只能全凭臆测。但看起来似乎是这样的：沃伯顿成功地让数位政府和教会官员注意到此书，并要求他们采取行动。其中的一位官员就是副总检察长威廉·默里（the Attorney General, William Murray），就像我们此前所注意到的，在担任安南戴尔侯爵导师期间，休谟与他结识。第二位官员是身为大法官的哈德威克伯爵菲利普·约克（Lord Chancellor, Phillip Yorke, Earl of Hardwicke），早年，当还是副总检察长的时候，他就曾起诉过几位自然神论作家。第三位官员是托马斯·夏洛克（Thomas Sherlock），他是伦敦大主教，属沃伯顿的上级。我还进一步推测，在经过这些面谈后，沃伯顿告知米拉：如果该书付印，英格兰教会届时将要求，而英格兰政府也将同意就此起诉。没有证据表明哈德威克曾写过传言中的那封威胁信。

后来，关于1756年撤稿事件的传闻，实际上指向官方的一次起诉。但却没有此次官方起诉的任何证据，它很可能只是一个谣言。休谟和米拉对于沃伯顿恐吓的反应是存疑的，但其结果却一清二楚。米拉必定是一个坚毅沉着之人，否则他也不敢在1754年冒险出版博林布鲁克勋爵的文集。但是两年后，他显然对休谟施加了影响，让其撤下那"两篇惹人讨嫌的论文"，并软化"宗教自然史"中的某些段落。就休谟自己而言，他已听从善意的劝告，并撤下了其中的一篇论文，尽管他一向积极鼓吹出版自由，但他既不想因之而引发争议，弄得声名狼藉，更不想由此以身殉难。此外，休谟有充分的理由相信：在即将到来的、于1756年5月所召开的苏格兰宗教大会上，作为一位异教作家，他势必会遭到调

---

[1] *Monthly Review*, LXXX (1784), 427. For the attribution to Rose, see Nangle, *The Monthly Review…Indexes*, p.99, No. 1400.

第二十四章 《论文四篇》

查。而伦敦所公开下达的撤稿令将成为苏格兰"高标派"手中的利器,从而使其温和派友人很难替他辩护。[1] 出于这些原因,休谟虽然心有不甘,但却也不得不屈服,此外,他很可能还承受着来自于米拉的最后通牒的压力。无论如何,部分出于自愿,部分迫于外界的压力,《论文五篇》最终被撤稿。几年后,休谟承认:"在任何国家,甚至在英国,出版自由都很难得到充分的保障,从而让……公开地攻击大众偏见的人免遭危险。"

然而,在删除了"论自杀"和"论灵魂不朽"这两篇文章之后,"论文五篇"又减至三篇。因此,在1772年致斯特拉恩的信中,休谟继续写道:"我写了一篇论品位的标准的新文章,以取代它们的位置。"这篇论文于1756年春或夏完成。现在,这整本著作取名为《论文四篇》,按计划于1757年2月7日,星期一出版。书虽然出版了,但沃伯顿并不愿善罢甘休,而休谟又再度面临改写和撤稿的问题。

在正式出版前,一本样书再度落入沃伯顿之手。那两篇论文的删去,以及"宗教自然史"中某些段落的改写,并不能让沃伯顿满意,好斗成性的他遂于2月7日致信米拉。这一次他并没有以公开起诉相要挟,而是威胁米拉要他自行撤稿,并暗示他将对这本书予以致命回击:

> 先生,我估计您乐于知道,您将以休谟和您自己的名义刊印的书是什么样的一本书。其第一篇论文,也即论自然宗教的那篇论文,与博林布鲁克的著述有着相同的意旨,也即旨在确立**自然主义**,一种无神论,而非旨在确立宗教。在书中,他采用了博林布鲁克的一个主要观点,唯一的不同只在于:他没有采用博林布鲁克所使用的那种粗鄙放浪的语言。
>
> 他为了迎合公众而做的删节和修缮,只是让它在原有的罪恶之外又增加了一重罪,也即自相矛盾、出尔反尔之罪。他这是在鼓吹无神论。在这么一篇长文中,他只在一个地方声称信奉基督教。我将在一个合适的场合以寥寥数语来说明这一切。
>
> 与此同时,如果您认为您需要挣更多的钱,如果您认为您良心无亏,那么就将它付印。因为,毫无疑问,在一个如此癫狂无常的民族中,在一个今

---

[1] 参见后面的第25章。

天痴醉于迷信，明天又为无神论发狂的民族中，这本书肯定不乏销路。但其出版日将与**斋戒日**形成触目惊心的对比。

我敢说您对这本书的内容一无所知。但凡涉及休谟的场合，那位可怜的金（凯德？）先生的谨慎令人敬佩。休谟曾致信金先生，并向他提供了一部书稿。他（休谟）说，这本书与宗教无关。金先生回复道，有可能。但是，由于他（休谟）曾冒渎过宗教，故而他（金先生）自己对这些问题无法定夺，他（金先生）希望他（休谟）能予以谅解。

您常常向我言及这个人的道德品性（moral virtues）。他或许具有很多美德，这一点我不会不知道。但我要告诉您的是：世间不仅有**身体**之恶，还有**心灵**之恶。而且我认为，我还从未看过哪个人的心灵比他的心灵更邪恶，更加热衷于公众的不幸。[1]

沃伯顿所注意到的、"宗教自然史"中的"删节"，显然是指休谟出于审慎而改写的两小段文字。但这并非实质性的改动，而只是遣词造句方面的修缮，因为这些文字很可能导致渎神的指控。[2] 1757年2月或3月，休谟言简意赅地向亚当·斯密评论道："您已读过这些论文的手稿，但您现在会发现，为谨慎起见，'宗教自然史'那一篇略有修改。我不怕这篇东西会大大增加反对我的喧嚷。"

5月，通过发表匿名的《评大卫·休谟先生论宗教自然史的论文：致沃伯顿博士》（Remarks on Mr. David Hume's Essay on the Natural History of Religion: Addressed to the Rev. Dr. Warburton），沃伯顿兑现了他对米拉的威胁。这件事的伪善之处在于：先是由沃伯顿在休谟那本书的页边空白处做出这些评论，然后再由牧师理查德·赫德（Reverend Richard Hurd）将这些评论拼凑成书，并加了一篇"引言"。尽管向赫德夸下"我会扒光那位无赖的衣服，至少会让他露出屁股"的海口，但沃伯顿对休谟那本书的回应，仅仅只是逞口舌之快："一位来自北方的微不足道的论辩家……以一些卑不足道的常规诡辩来发动攻击。"通过米拉的只言片语，休谟不久即识破了这个骗局，并将赫德和沃伯顿的名字联系在一起。休谟向米拉信誓旦旦地指出，后者是一个"小人……像沃伯顿或其逢迎者这样的卑劣

---

[1] *Warburton's Unpublished Papers*, pp.309-10.
[2] 参见后面的"附录E"，p.618（英文页码）。

第二十四章 《论文四篇》

之徒，我当然羞于与他们打交道"。然而，当 1776 年撰写自传时，休谟允许自己将《评大卫·休谟先生论宗教自然史的论文》这篇文章描写为"以沃伯顿学派所特有的褊狭、急躁、粗暴和刻薄"所写就的。他还补充道，"让我稍感安慰的是，如若不是这本小册子，我的这部著作真可以说是反响寥寥。"如果说人们今天仍能记起沃伯顿的这本小册子，那也是因为休谟的此次爆发。

仍需提及的《论文四篇》出版过程中的另一个特征，便是那篇"献给悲剧《道格拉斯》的作者霍姆先生"的献词。可以说，正是这篇献词让大卫·休谟卷入到苏格兰当时正如火如荼的一场争论，也即牧师撰写剧本和观看戏剧表演是否合宜。[1] 仅就《论文四篇》而言，这一事件的主要后果是：随着与 1756 年撤稿事件有关的谣言四处播散，休谟的这部书广为流传。然而，由于此次撤稿事件涉及像休谟这样一位声名显赫的文人，故而在任何情况下都很难不招物议。

在 1757 年上半年围绕着《道格拉斯》论辩而写的各种即时性演讲、训词、歌谣、信函、书信、戏剧和歌曲中，许多都提到了休谟的名字，至少有六篇还提到了被撤下的论文。《郑重思考爱丁堡剧院的用处》(*The Usefulness of the Edinburgh Theatre Seriously Considered*) 一文以辛辣的笔调写道：

> 北不列颠舞台的另一大好处尽管知者寥寥，但却并不减损其真实性。因此之故，因大卫这件事而对出版自由所造成的致命创伤方得以痊愈。对于他那篇论自杀合法性的论文被撤，公众无须感到惋惜，因为它已在巴尼特夫人（Lady Barnet）这个角色身上得到了更为完美的表达，她以一种罗马式的大无畏以头抢石。对于痛失他那篇论灵魂不朽的无与伦比的论文，我们也无须悲叹，因为我们还可以在剧中看到：面对永恒之火（*eternal fire*），格兰纳冯（Glenalvon）大义凛然，以身犯险。希望我们这位牧师作家的下一部作品，也可以弥补那位绅士第三篇也是最后一篇论文——也即论通奸的益处——的缺失所带来的遗憾。这样，我们就可以挫败哈德威克大法官和伦敦大主教夏洛克无能的恶意，因为正是他们两人无情地谋杀了这些已成之文。

在其他几篇嘲讽《道格拉斯》的文章中，在休谟辞世后面世的几则告示中，

---

[1] 参见后面的第 26 章。

人们都令人费解地假定，休谟曾写过一篇论通奸的论文。这种假定可能仅仅基于休谟已刊著述中的某些零星段落。实际的情形可能是这样的：在他已成文但从未打算出版的随笔中，有一篇是专门论述"通奸"的。休谟1757年一段耐人寻味的评论，或许并非信口开河："我相信我不会再撰述历史了，而是直接去攻击主祷文、十诫、教义问答书，并举荐自杀和通奸，而且矢志不渝，直至终老。"[1]

甚至在因1757年的"道格拉斯事件"而成为公众焦点之前，撤稿的消息就已传出。在苏格兰，乔治·里德帕思牧师（Reverend George Ridpath）听闻此事后，在1756年6月4日的日记中这样写道："罗伯特·特恩布尔……证实了布朗之前所告诉我的：大卫·休谟在伦敦刊印了一卷无神论著作，但其书商安德鲁·米拉却不敢售卖。"[2]但显而易见，遭撤稿的"无神论著作"这项恶名，同样被用于《人性论》在伦敦的促销，因为约翰·努恩，M.朗文和T.朗文——《人性论》最初的出版商——分别在1756年1月26日的《每日广告》和2月10日的《伦敦晚邮报》上为这本书（《人性论》）做了广告。[3]

那"两篇遭人厌弃的论文"本身，以及其被撤稿和臭名远播的主要原因，一直困扰着休谟的余生。然而，撤稿风波并未就此终结。尽管安德鲁·米拉曾答应休谟将那两篇文章删去，并烧掉样稿，但他还是禁不住一些文学名流的软磨硬泡，从而让少量《论文五篇》流入市场。早在1756年5月27日，针对米拉的一个不情之请，休谟回信道："我不反对您送一本《论文五篇》给米切尔先生。"要知道，米切尔（Mitchell）是休谟爱丁堡大学的同学，两人一直保持着良好的交谊。而且在当时，米切尔持有这本书也不会带来任何危险，因为他刚刚被任命为英国驻普鲁士王庭的大使，而且已于4月17日离开伦敦赴任。除了休谟自己收藏的一到两本，米切尔的那本《论文五篇》是休谟唯一授权他人持有的。

然而，此后的若干年里，其他几本《论文五篇》的存世引起了休谟的注意。休谟1764年5月自巴黎致米拉的信就谈及了其中的一本：

---

[1] NHL, p.43."单本的《教义问答》"（Single Cat）估计就是圣公会（Anglican Church）的单本的《教义问答》，以区别于长老会的双本《教义问答》，一本是小开本的，一本是大开本的。

[2] Ridpath, p.73.

[3] Noon 此前曾分别于1754年12月7日和9日在《每日广告》上为《人性论》打广告，称其为"由现在面世的四开本的《大不列颠史》的作者所撰"。

第二十四章 《论文四篇》

在这里，我只有在教堂才能碰到威尔克斯先生（Mr. Wilkes），他总是定期去教堂做礼拜，并且看上去虔敬而肃穆。上个星期天，他告诉我：您曾送给他一本我的《论文五篇》，它含有我曾撤下的两篇论文，并说他已预见到出售其藏书的危险，所以他已写信给您，要您找出那本书，并将这两篇令人不快的论文撕掉。请问，他所言属实吗？您如此放心地将这本书送给他，这实在是太冒失了！而他的这种防范措施则极其明智。但是，我既不会先入为主地认定您行事鲁莽，也不会认定他精明审慎。在做出判断之前，我一定要了解更多的情况。

米拉的回信讲述了一个完全不同的故事，毫无疑问，米拉的讲述更贴近于事实真相：

我看威尔克斯先生还是老样子，装腔作势。他已忘了这两篇论文的事。实际的情况是：在他的软磨硬缠下，我迫不得已才将珍藏数年的这本书借给他。而多年来，我一直没有想起这回事，直到他的藏书即将出售。在得知这个消息后，我立马找到那位经手出售事宜的绅士，将这一隐情告诉他，并指出这两篇论文的产权所有人是我。科茨先生（Mr. Coates）立即将该书交还给我，而我一到家就立马将其撕掉并焚毁。这样，我此后就再也不用将它借给任何人了。两天后，科茨先生给我寄来了一张索要此书的便条，因为威尔克斯先生希望我能将此书寄回巴黎。我告诉他：我已将这两篇论文焚毁，因为它归我所有。这就是整件事的真相，我绝没有添油加醋。就我而言，将这本书借给他，当然有失审慎。[1]

作为当时寄寓在巴黎的一名政治流亡者，当约翰·威尔克斯再次收到那本《论文五篇》时，那两篇论文已被尽数撕去。

两年后，另外两本《论文五篇》也进入人们的视野。艾伦·拉姆齐写在装订好的校样上、我们曾部分引述的"备注"继续写道："有一本落到文人缪尔黑德先生（Mr. Muirhead）的手中，其所藏之书均极有价值。在缪尔黑德先生辞世

---

[1] RSE, VI, 31。汉弗莱·科特斯（Humphrey Cotes）是威尔克斯的朋友及代理人。

之后[1]，休谟先生让我从缪尔黑德侄子手中讨回那本书，后者爽快地将它交给了我。"这样，休谟就收回了这本《论文五篇》，但他到底如何处置就不得而知了。在"注解"的结尾，拉姆齐写道："有鉴于此，休谟先生特惠允我将他借给我的这本留下。而我也答应绝不拿它示人。"拉姆齐的这本《论文五篇》散佚了。但取代其在苏格兰国立图书馆位置是一本《论文四篇》，里面附有那两篇被撤论文初版时的校样，上有休谟最后的校订。[2] 扉页上贴有休谟所写的"备注"："可将此书视为手稿，按照我的遗愿，请将它交给斯特拉恩先生。"然而，休谟辞世后，斯特拉恩听从了休谟几位友人的劝告，并未刊印此书，故而，那两篇论文的审定版从未面世。

然而，借由从米拉手中外流的《论文五篇》，这两篇论文屡遭翻印。而其中的一个故事足以表明这种翻印是如此产生的。在1776年12月17日的一封信[3]中，阿伯丁大学的道德哲学教授詹姆斯·贝蒂（James Beattie）——他也是休谟的死敌之一——告诉伊丽莎白·蒙塔古夫人（Mrs. Elizabeth Montagu）："这些文章本已付印，但因为受到哈德威克大法官的威胁，那位书商遂将其撤了下来。"他继续写道："然而，已有数本流播海外。其中有一本就落到一位英格兰绅士的手里，他是这样向我解释的，而且答应让我抄录一份。"正是凭借某个抄本，1770年，那两篇论文的法文版才得以出炉。

一本名为《宗教和道德论文汇编》（*Recueil Philosophique ou Mélange de Pièces sur la Religion & la Morale*）杂集的第10和第11篇文章分别为"论灵魂不灭"和"论自杀"，并被描述为"译自英语"。现代学者认为这本杂集的编者是雅克·安德烈（Jacques André），而休谟那两篇论文的译者则是霍尔巴赫男爵。霍尔巴赫到底是如何得到这两篇文章的，现在已无从查考。但可以肯定，他所使用的底本并非威尔克斯的那本，因为在威尔克斯那本《论文五篇》上，这两篇文章已被撕去。同样显而易见的是，休谟对这两篇文章的法文版一无所知，因为在1772年致斯特拉恩的信中，休谟虽然罗列了他已知的所有版本，并对一个私自翻印的英文版大光其火，但仍对这个法译本只字未提。对于那个私自翻印的英文版，休谟评论道："我对此事并不感到十分震惊，但是，如果威胁他就能阻止盗印，我愿

---

[1] 缪尔黑德于1766年6月12辞世。
[2] NLS, MS 509.
[3] 存于阿伯丁大学图书馆，Beattie MSS。

第二十四章 《论文四篇》

意这么做。但是,我恐怕所有的努力均属徒劳。但是,如果您认识他,就烦请尽一切可能阻止他。同时也请设法了解他是从何人之手得到这本书的。我相信,大法官法院(Chancery)的一纸禁令就能让他乖乖就范。但是,如果是这样的话,我必然会暴露自己的作者身份,而且这种做法很容易引发喧嚷,并使这件事情变得人尽皆知。在一个或两个邮班之后,我也许就可以从您那里知悉这位书商的名字了。"

然而,私自翻印的相关报道被证明是空穴来风。理查德森(Richardson)和厄克特(Urquhart)在1772年1月4日的《伦敦纪事报》上为一本名为《杂志之美》(*Beauties of the Magazines*)的论文集做广告,该论文集含有"大卫·休谟先生上一版著作集中未收录的一些论文"。但事后证明,其所收休谟之论文为无伤大雅的"论傲慢与谦逊"(Of Impudence and Modesty),"论爱情与婚姻"(Of Love and Marriage)——它们是休谟1764年从其著作集中撤下的,以及"论贪婪"(Of Avarice)——它是休谟1770年从其著作集中撤下的。

尽管休谟临终前力劝斯特拉恩在其辞世后出一个审定版的努力未获成功,但1777年,一个未经授权的版本在伦敦面世,名为《随笔两篇》(*Two Essays*),它既未标明作者,也未标明出版人。而其畸高的定价——一本区区41页的小册子竟然卖到5先令——却有力地证明:一些鲜廉寡耻之徒正利用新近辞世的休谟的被撤作品的恶名来牟取暴利。1783年,在《论自杀和论灵魂的不朽,它们出自大卫休谟之手,此前从未刊印过》中,大卫·休谟的名字首次与这些被撤论文联系在一起。这本书同《随笔两篇》一样,都是投机取巧之作。18世纪结束之前,在英语、法语和德语世界,还有其他几种版本和攻击文章面世。

考虑到《论文四篇》所引起的骚动,要解释休谟在其自传中的评论——"我的著作所受到的冷淡待遇"——并非易事。休谟肯定不是意指它没有受到人们的关注,因为1757年2月的《学衡》(*Critical Review*)就注意到:"才华出众的休谟先生早已以其四卷本《随笔集》和《大不列颠史》而在学术界名声大噪,这一次,他又以我们面前的这些论文再度引发了公众的注意……"

"宗教自然史"不可避免地引来了最多的关注。除了沃伯顿-赫德的那本尖酸刻薄之作,由迦勒·弗莱明(Caleb Fleming)和托马斯·斯托纳(Thomas Stona)所写的两本匿名小册子也对"宗教自然史"进行了评骘。弗莱明的《已解决的三个问题……兼论休谟先生的'宗教自然史'》于1757年面世,而斯托纳的

332 《评'宗教自然史'》于次年面世。斯特纳没有在休谟的观点中发现任何信仰，而与之相反，弗莱明则得出了如下结论：休谟"深入地揭批了迷信和罗马天主教，他自陈是纯粹有神论的拥趸。就其是一位有神论者而言，他不可能是纯粹基督教的敌人。"与前两位相比，威廉·罗斯在1757年2月号的《月报》上所做的评论要更为公允。罗斯总结道：休谟的第一篇论文"充满了对于人性的精明反思和公允的观察，并羼杂着其所有作品中都显而易见的那种怀疑精神，以及对于基督教的一些含沙射影的暗讽"。在苏格兰，当里德帕斯第一次听闻这本论文集时，它被描述为一本"无神论著作"，但当里德帕斯亲自翻阅过之后，他评论道："《宗教自然史》很有趣，内含一些稀奇古怪的东西，但其总体倾向是有害的。"

在这三篇极富争议的宗教论文中，大卫·休谟的教诲是什么？那两篇被撤论文并不会耗费我们太多的精力，因为它们尽管笔锋犀利，但终不过是内含于其所有宗教思考的那些原则较为时髦的翻版。"论灵魂不灭"开宗明义地写道：

> 仅凭理性似乎难以证明灵魂不灭。灵魂不灭的观点通常来自形而上学论题，或来自**道德和哲学**论题。但在现实中，让我们认识到生命和灵魂不灭的却是福音书，而且唯有福音书。

声称接受哲学上的有神论的"论自杀"一文则指出，人没有能力做出任何忤逆神意的行为：

> 古罗马人的迷信认为，改变河流的流向，或侵犯大自然的特权有失虔敬。而法国人的迷信认为，接种牛痘，或通过主动地制造病患来僭越上帝的事务有失虔敬。现代**欧洲人**的迷信认为，结束我们自己的生命，即是在反抗我们的造物主，故而有失虔敬。我却要问：建造房屋，耕种土地，在海上航行，为什么就不是亵渎上帝之举呢？在所有这些活动中，我们都运用我们的脑力和体力，在大自然的进程中做出了某种革新，仅此而已。因此，这些活动要么都是清白无辜的，要么都是有罪的……
>
> 认为任何造物都能扰乱世界秩序或僭越上帝的事务，这是一种渎神。它以为，造物拥有并非来自造物主的力量和能力，并不从属于上帝的管辖与权威。毫无疑问，一个人能够扰乱社会，并因此招致上帝的不悦。但是，要统

第二十四章 《论文四篇》

治整个世界，这远非一个人的能力和强力所能及。

毫无疑问，这是雄辩，但它是哲学吗？这种论辩一直延续至今，但依然没有大家均认可的权威定见。

"宗教自然史"则又另当别论。在那些所谓的论文中，唯独这一篇算得上是真正的学术著作。其所提出的问题本质上是现代的，而休谟堪称是系统地探究这一主题的第一个现代伟人。在其中，休谟再度以"设计论"的形式承认了哲学有神论的有效性，并将自己的论述限定在"宗教在人性中的起源"，也即限定在宗教的心理学基础。在《人类理解研究》的第 11 章，休谟已经阐明了他实际上加之于"设计论"的限制，并在他辞世后刊行的《自然宗教对话录》中又对其进行了进一步的发挥。[1]

在休谟所有的哲学著述中，"宗教自然史"的论旨最为紧要，在这里，人性本质上的非理性又被专门运用于宗教，宗教被视为人类心灵的自然产物。在人性中，情操、情绪和情感先于理性和哲学，并始终处于主导地位。因此，作为一种较为高级的概念，基督教的一神论远非远古时代或晚近时代的蒙昧心灵或大众心智所能理解。希望和恐惧主宰了大众心智，正是从这些希望和恐惧中，衍生出对于外部的众多主宰力量的信仰，也即多神教。因此，多神教要早于一神教，甚至在哲学得到普遍接受之后，大众心智中仍有多神教的一席之地。

> 关于唯一的最高神，即自然的创造者的教义是非常古老的教义，已经在那些疆域辽阔、人口众多的民族中传播开来，而且在这些民族中，该教义受到了各种等级和各种境遇中的人们的信奉；但是，任何人，如果他认为这一教义的成功应归功于那些无懈可击的理性——它无疑是以此理性为基础的——的强大力量，那就说明它对于人民的无知和愚昧，以及那些使他们深陷迷信的无药可救的成见缺乏了解。即便在今天的欧洲，如果去问任何一位俗众，为什么他信仰一个无所不能的世界创造者，他绝不会提及那些终极因的美好，他对此可是一无所知；他不会摊开双手，让你去思考他手指关节的柔软和灵活、手指弯曲的方式、大拇指那里的平衡感、手掌心的柔软和多

---

[1] 参见后面的第 40 章。

肉，以及其他能使各部位各尽所能的一切条件。对于这些，他早就习以为常了，他对此既没有兴趣，也不会关注。他要告诉你的是：这个人突然间出乎意料地死了，那个人跌得鼻青脸肿，这个季节过于干旱，那个季节却又寒冷多雨。他将这些归因于神意的直接操纵：对于出色的推理者而言，这些事件是承认一个最高心智存在的根本阻碍，可是对于他，却是唯一的理据。

对多神教和一神教加以历史的比较，会获得一些意想不到的结果。如果说前者是坏的哲学，那么后者便是好的哲学，但它们对人类行为的实际影响却与此并非完全一致。多神教滋生迷信："它为市井无赖利用人们的轻信提供了充分的空间，直至将道德和人道从人类的宗教体系中连根铲除。"但与此同时，多神教自然要求宽容，并让"所有不同的神，以及仪式，典礼或传统彼此相容"。而一神教的运作方式则截然相反：它秉持极高的道德标准，但却极易产生不宽容，因为"对其他神的崇拜被视为荒唐和不敬"。这种不宽容的精神滋生了论辩和战争。此外，所有的民间宗教——它与哲学宗教迥然有别——都会对道德产生不良影响。"可以肯定，在所有的民间宗教中，不论它给予神的口头定义有多么崇高，许多信徒，也许是绝大多数信徒，都将用轻佻的尊奉、放纵的狂热、着迷的兴奋，或者通过信奉一些神秘而荒谬的意见，而非用美德和良好的品行来赢得神的恩宠。"因此，哲学家的职责是与所有这些贬抑人性的影响做斗争，并为自己寻求"内心的静谧阳光"。但人性的残缺是如此普遍，以至于只有少数人才能成为这样的哲学家，即便是这少数哲学家也难以持之以恒。

对于人类的理性，能获得关于至高无上之存在的知识，并被赋予一种能力，能够从可见的自然之工中推断出像它的至高无上之造物主那样崇高的原则，这是多么高贵的一项特权啊！但是，让我们反过来看看事物的另一面，纵览一下绝大多数的民族和时代，审视一下实际通行于世的宗教信条，你很难不把它们当作病人的梦呓；或者，你也许更多地将它们视为人形猴子的有趣怪念，而非一个自命为理性的存在所提出的严肃、确定和教理式的主张。

如果历史的和心理学的视角被证明如此致命，那么，哲学家该做些什么呢？

第二十四章 《论文四篇》

他将得出什么结论呢?他仍能对这些结论感到满意吗?

整全是一个谜语、一个谜、一个无解之神秘。关于这个主题,我们慎思详察之后的唯一结果,似乎就是怀疑、不确信和悬置判断。但是人类理性是多么的脆弱,意见的侵染又是何等的不可抗拒!如果我们不能开阔我们的视野,让各种迷信相互对抗,陷它们于相互的争吵之中(当它们处于盛怒和争论正酣之时,我们自己却愉快地遁入虽然暧昧不明、但却平心静气的哲学领地之中),那么,我们就很难坚持这种谨慎的怀疑态度了。

第二十五章 教士鼓

"他们打算把我交给撒旦,他们认为他们有权力这么做。"

"**哲学家**必须对这个问题进行判断;但牧师们已对这个问题做出了论断,并说他与我一样坏。甚至有人认定他要更坏一些,正如一个背信弃义的朋友要远坏于一个公开的敌人。"1751年6月,在给迈克尔·拉姆齐的信中,当言及亨利·霍姆新近出版的《论道德与自然宗教的原则》一书时,大卫·休谟如是写道。故而,宗教狂热分子很早就掀起了针对"两位休谟"的抗议浪潮,这一浪潮早在1755年就已初露端倪,到1756年更是故伎重演。可以肯定,把"大异教徒"和其公开的驳难者捆绑在一起进行抨击的做法,显然是失策之举,尤其是考虑到霍姆原本就是教会的长老,在1752年之后更是成为苏格兰最高民事法院的大法官。此外,亨利·霍姆还虔诚地以一句祈祷文做论文的结尾,尽管坊间传言是休·布莱尔牧师命令他这么做的,而且在福音派基督徒看来也不够地道。大卫·休谟和亨利·霍姆还以另一种方式联系在一起——他们同为"温和派"的朋友和政治伙伴。因此,出于友谊、宗教政治以及他们自己的人道哲学,"温和派"必然会出面捍卫他们,以抵御敌对派的恶意攻击。

其中的一个攻击特别有意思:

箴言十二:就总体而言,在这个世界上,一位温和派无论是对那些原则上的无神论者和自然神论者,还是对那些实践上放浪形骸的邪恶之徒总是心怀仁慈;但对那些身居高位的教会人士却恰恰相反,对他们的言行举止极尽

第二十五章 教士鼓

苛责之能事。

箴言十三：无论从事于何种事业，所有的温和派都能团结一致、勠力同心，竭尽所能地予以相互支持和捍卫。

因此，作为一位精明睿智的反对派，约翰·威瑟斯庞牧师（Reverend John Witherdspoon）——他后来不仅成为新泽西学院（即现在的普林斯顿大学）的校长，而且也是唯一一位在《独立宣言》上签名的神职人员——曾对两位休谟与"温和派"的结盟大加鞭挞。在《教会的特征，抑或教会政治的奥秘》（Ecclesiastical Characteristics: or, The Arcana of Churchy Policy）一书中，威瑟斯庞对"温和派"进行了冷嘲热讽："以一种谦卑的方式揭开'温和派'的神秘面纱，并由此彰明了获得一位温和派人士之品性的简单易行的办法，这些温和派人士在当下的苏格兰教会可谓如日中天。"该书在1753年至1763年间刊印了五次。虽时至今日，我们仍不难发现这样一部优秀的讽时之作中所蕴含的别出心裁之处。

在所谓的温和派13条箴言中，其他几条这样写道：

箴言一：所有的宗教人士，不论其品阶如何……只要被怀疑为异端分子，均应被视为具有伟大的天赋、广博的知识和非凡的价值；故而要不惜一切代价予以支持和保护。

箴言二：当任何人被指控为放浪形骸，或具有行为不端之倾向时，他应受到尽可能的庇佑和保护……

箴言三：作为其性格一个必不可少的组成部分，除非予以讥笑，否则，温和派决不言及信仰告白（Confession of Faith）；通过狡黠的暗示表明他并非完全信奉信仰告白；并让"正统"一词成为蔑视与指斥的对象。

箴言四：一个好的牧师不仅必须要秉持上述温和原则，以作为诸善之源；而且首要的是必须要具备布道天赋，其标志和表现如下：1. 其布道的主题仅以社会义务为限；2. 他必须仅仅从理性考虑的角度，也即从德性的美好、恰如其分以及其在当下生活中的益处的角度，来举荐社会义务，而无须考虑一种未来的、更为深广的自利（a future state of more extended self-interest）；3. 他的权威必须源自异教作家，而不要源自或尽量不要源自《圣经》；4. 他一定不受普通老百姓的欢迎。

箴言五：一位牧师必须尽力养成彬彬有礼的言行风范，并尽可能让自身充满良好的绅士气度。

箴言六：一个温和派不仅没有必要具备广博的学识，而且还应该对各种学识嗤之以鼻，除了那种有助于很好地理解莱布尼茨方案（Leibnitz's scheme）的那种学识。莱布尼茨方案的主体部分不仅被莎夫茨伯里勋爵描绘得如此美轮美奂，被吟诵得如此和谐，而且此后还被不朽的哈奇森先生（Mr.Hutcheson）赋予了完美的形式与方法。[1]

苏格兰教会与两位休谟之间的斗争其实也是教会内部主导权之争的一部分，并最终以"温和派"的胜利而告终，史称"苏格兰觉醒"（The Awakening of Scotland）。自由派，或者说温和派，从福音派手上夺取了领导权，福音派俗称为"大众派"（Popular Party）或"高标派"（Highflying Party）。在教会治理方面，"温和派"以高压政策和纪律严明著称（例如，在遴选牧师时，支持俗界的恩庇制，而非支持民众推选）；而在智识问题上，"温和派"则秉持自由理念。他们的改革方案包括将牧师的布道由17世纪长老会严苛的圣经膜拜转向启蒙思想。

"温和派"的教育改革方案涉及命运多舛的《爱丁堡评论》（Edinburgh Review）——它只发行了两期，也即1755年1月至7月发行了一期，1755年7月至1756年1月又发行了一期。该杂志的创始人除了布莱尔、贾丁和罗伯逊这三位牧师，还有亚当·斯密和亚力山大·韦德伯恩，而亚力山大·韦德伯恩显然是其中的操盘手，而他们又全都是大卫·休谟的至交好友。然而，出于对冒犯宗教虔敬之士的恐惧——尽管威瑟斯庞在第十二条和第十三条箴言中曾那样写道，大卫·休谟，这位英国文学史上最伟大的名字却被排除在发起人名单之外，而他的近作《斯图亚特朝英国史》也未受到其评论的任何关注。

起初，休谟甚至都不知道《爱丁堡评论》那些匿名编辑的真实身份。亨利·麦肯齐道出了休谟最终何以知晓实情的：

《爱丁堡评论》所登载的那些佳作引起了休谟的极大注意，他向某些相

---

[1] Witherdspoon, *Works*, 2nd edn., rev. and corr. (Philadelphia 1802), III, 211-56.

第二十五章 教士鼓

关人士——他几乎每天都会和这些绅士们碰面——表达了他对于这些佳作的惊讶，而且由他对其内容一无所知推定，其作者必然不属于自己的文学圈子。于是，在不久之后所举办的一次晚宴上，其中的一位绅士同意将这一秘密告知休谟。在晚宴上，休谟重申了他对于《爱丁堡评论》之内容的好奇。列席的一位朋友称他知道作者是谁，只要休谟发誓保守秘密，他就告诉他。"像我这么一位背负怀疑主义之骂名的人该如何发誓呢？"大卫以其一贯的幽默问道，"我对着《圣经》发誓，你又不会相信我；但我以我的人格起誓绝不会泄露你的秘密。"由此，休谟就获知了作者们的尊姓大名及《爱丁堡评论》的擘划，但不久之后，休谟还未来得及向其投稿，《爱丁堡评论》就停刊了。[1]

贾丁和布莱尔都对当时市面上所出现的宗教书籍进行了评论。遵循"温和派"的原则，他们对那些言之成理、文笔流畅的作品不吝溢美之词，而对那些充斥着宗教狂热、通篇都援引《圣经》的作品则大加鞭挞。比如说伦敦主教托马斯·夏洛克（Thomas Sherlock）的论文，因行文"条理清晰，语义明晰，文辞简洁"，因"其以恰当的动机激发基督徒的美德，以确凿的论据消除异教徒的怀疑和指责"而大受褒奖。罗伯逊——他本人就是《爱丁堡评论》的编辑——的一篇布道词也赢得了如下的赞许："我们同样相信，对每一位有品位的、有鉴别力的读者而言，这篇文字将势必成为苏格兰地区在布道艺术方面取得重大进展的一个当之无愧的典范。"而对于《道德哲学体系论》一书的作者弗朗西斯·哈奇森——该书是在他辞世后出版的，他们则称颂他"消除了道德科学中大量的浮词赘语，并以一种极其精巧独到的方式处理了其主题"。

福音派神学与脱教派、赫钦森派（Hutchinsonians）一道受到猛烈抨击，而后者一向反对当时盛行的牛顿主义，并试图从《圣经》直接导引出自然哲学。首当其冲的抨击对象是小托马斯·波士顿（Thomas Boston the Younger）和已故的埃比尼泽·厄斯金（Ebenezer Erskine）。厄斯金的《布道集》(*A Collection of Sermons*) 引发了如下评论：

---

[1] Home-Mackenzie, I, 25.

这样的情操和行文风格，尽管会受到那些更易于被声音而非意蕴所吸引的读者的追捧，但在我们看来，它丝毫无助于移风易俗（或礼俗的改良），而这是每一位牧师所应致力的伟大目标。恰恰相反，（厄斯金的）这些布道词充满了幼稚的自负和幻念；基督教的崇高教义不仅被以一种低级可笑的方式得到处理，而且还受到那些含混有时甚至是粗鄙的寓言故事的歪曲；在这些布道词中，我们根本就看不到道德的影子，有的尽是暴躁不良的精神；我们不得不遗憾地说，这些布道词看起来与其说是旨在行善，不如说是意在作恶；与其说是推荐并实践爱，不如说是在将宗教置于受人蔑视和嘲笑之境地。

波士顿行文之"鄙俗"被贴上这样的标签："措辞不雅，在布道坛上庄严地宣讲时，更显如此……"

可以肯定，"温和派"通过《爱丁堡评论》所发起的教育斗争并未被"高标派"所忽视。他们以书信的形式对《爱丁堡评论》做出了回应，名为"评点《爱丁堡评论》：兼论这份报纸的精神和倾向"（View of the Edinburgh Review, pointing out the Spirit and Tendency of that Paper），并以六便士的价格售卖。而对于那些出不起六便士的读者而言，他们还专门印制了一份更廉价的删节版，名为《一便士的廉价智慧》（A New Groat's Worth of Wit for a Penny）。刊登在 1756 年 4 月 27 日的《爱丁堡晚报》（Edinburgh Evening Courant）上的波士顿的书信，可以称得上是这批反击信的典范之作。信的结尾这样写道："虽然我还不至于像莎夫茨伯里主义者那样去嘲笑真理的标准，但我的看法是，当某个群体自命为世上的审查官和批评家时，反对他们只会让他们聒噪得更加起劲，但是，如果所有人都置之不理，他们很快就会像灯草一样油尽灯枯，而只留下一股恶臭。"对于"高标派"，《爱丁堡评论》的编辑们也得出了相同的结论，并中断了《爱丁堡评论》的出版，意在阻止波士顿及其同僚们斗性勃发。但我们很快会看到，在悬而未决的"两休谟事件"中，《爱丁堡评论》已多次出手。

1753 年，随着《从个人和公共的角度评估宗教之得失：通过引证〈道德和自然宗教论〉予以说明》（An Estimate of the Profit and Loss of Religion, Personally and publicly stated: Illustrated with Reference to Essays on Morality and Natural Religion）的发表，"两休谟事件"已浮出水面。从其标题不难看出，这本作者署名为"莎菲"（Sopho）的 392 页的对开本书籍是直奔凯姆斯勋爵而去的，但它同

第二十五章 教士鼓

时也多次言及"他的助手大卫·休谟先生"。文章的要旨在结尾处得以申明:"如果宗教人士无法帮助无神论者向善,那么,阻止这帮精神错乱之徒去伤害别人,便是所有信仰全能上帝之人的义不容辞的职责。"文中还提出了三个需苏格兰教会的牧师和主事长老们慎重考虑的问题:

第一,凡是公开宣扬无神论和异端思想之人,是应该继续留在教会呢,还是应该将其革出教门?

第二,假如他们的意见是应该将这些人革除出教门;那么,这项判决是由下级宗教法庭宣判呢,还是由最高宗教法庭宣判?之所以提出这个问题,是因为异端邪说是对全体基督徒的冒犯,而无神论则是对所有信仰上帝和神启之人的冒犯。

第三,哪种方法最好、最便捷?是将那些处于教会司法权之下的罪犯及其教唆者立即交付法庭审判呢,还是拖延一段时间(多长时间?),借此希望他们自己能够幡然醒悟,并自发地悔过和改正错误?[1]

这位以迫害宗教异端为能事的匿名暴徒是乔治·安德森牧师(Reverend George Anderson),他是一位退役的随军牧师,当时任爱丁堡沃森医院(Watson's Hospital)的本堂牧师。1755年,在给艾伦·拉姆齐的信中,大卫·休谟将其描述为:"那位虔敬而又心怀恶意,尽责而又性情暴躁,仁慈而又残酷无情,温顺而又迫害成性,笃信基督而又惨无人道,和平而又狂暴的安德森。他现在非常热衷于攻击凯姆斯勋爵。他最近给他的儿子写了一封信,人们都说这封信可谓天下奇观。在信中,他说自己老之将至,自知无望活到无神论者受到公正审判的那一天。故而,他将我作为一项遗产(待解决的问题)留给他的儿子,并希望他绝不要停止对我的追责,直至将我绳之以法。他的儿子因之也会得到他以及上帝的祝福"。休谟进一步指出,"这岂不是有点像哈米尔卡(Hamilcar)吗?他让汉尼拔在祭坛上发下誓愿:要终生与罗马人为敌"。

1753年,安德森击打"教士鼓"的重要性并未被忽略,因为1754年《苏格兰杂志》(*Scots Magazine*)重新刊发休谟的"论出版自由"一文,很可能并不是

---

[1] [George Anderson], *Estimate of the Profit and Loss of Religion* (Edinburgh 1753), pp.389-91.

出于巧合。编辑的评论直陈要害：

> 对于每一位赋予出版自由这一特权以应有之价值的人士而言，该论文的主题看起来至关重要，因为正仰赖于这项特权，不列颠诸岛才幸运地卓尔不群，也正是仰赖于这项特权，英国人才得以保存和维系其公民自由和宗教自由。正是通过行使这一特权，这样的文章才得以留存，而也正是因为有了这样的文章，这项特权才得以保存和强固，因为一个勇敢的民族总会承认在我们座右铭中得到优雅表达的那句格言的正当性，并激励和支持每一位严格地遵此行事的英伦同胞：
> 历史学家一定不要说虚矫不实之言，历史学家一定要说出全部的实情（*Ne quid falsi audeat, ne quid veri non audea*）。[1]

此前所述及的约翰·斯图亚特教授（Professor John Stewart）在1754年对"两休谟"进行的抨击，很可能只是一个孤立事件，它并非某个阴谋集团所采取的步调一致的迫害行动。尽管《苏格兰杂志》的警告言犹在耳，但是1755年，这个阴谋迫害集团已做好了对两位休谟——作为法官的凯姆斯勋爵和作为图书管理员的大卫·休谟——提起诉讼的充分准备。

5月23日，也即宗教大会召开后的第二天，市面上出现了《对莎菲与大卫·休谟先生的作品所包含的道德与宗教情感的一项分析：供出席苏格兰宗教大会的尊贵成员们审议》一文。虽然人们有时将其归于安德森的名下，但实际上这本小册子是出自科克本的约翰·博纳牧师（Reverend John Bonar of Cockpen）之手，他也属于"高标派"。[2] 博纳提请宗教大会考虑近来在这个国家，"大卫·休谟的著述以及署名莎菲的文章，对自然宗教和启示宗教所做的公然攻击"，他承认，"诚然，其中的一位先生已赢得了巧言善变、写就一手锦绣文章的美名；而另一位先生据说在这个国家有着举足轻重的地位，甚至还在教会当差。但我深信，无论是前者的技艺，还是后者的权位，都无法颠覆他们大胆攻击的那些原则；所以我相信，您一定不会罔顾您的职责；而毫无疑问，您的职责就在于对他们书中的

---

[1] Cicero.
[2] Henry Higgis, *Bibliography of Economics, 1751—1775* (Cambridge 1935), No. 1131.

邪恶内容发出警告，并向整个基督教世界证明：您对他们所宣扬的那些原则深恶痛绝。"[1]

该书所申明的方法是"分析这些著名作家的著作，并依照他们自己的表述将其作品的内容分门别类"。凯姆斯的主张可以用11个命题予以概括，而休谟的学说则可以用6个命题予以概括。休谟被认为持有以下主张：

（1）善与恶的所有区别都是想象性的。（2）除了有助于公共利益，正义别无基础。（3）通奸是合法的，但有时是不便的。（4）宗教及其牧师有害于人类，而且人们最终会发现，它要么深陷迷信，要么深陷狂热。（5）没有证据表明基督教是神的启示。（6）在形形色色的基督教中，天主教是最好的，而对其所进行的宗教改革只是疯子和狂热分子所为。

对这些命题，我们无须多加评论，只消说一句：休谟或许会承认，其中的半数命题是可以从他的著述合理地推导出来的。

直到6月6日，也即在宗教大会召开四天之后，博纳的指控才获得了回应，因为当天刊发了这样一本小册子，《对一本名为〈对莎菲与大卫·休谟的作品所包含的道德和宗教情感的一项分析〉的小册子的观感》，它出自休·布莱尔牧师之手，但韦德伯恩、华莱士和凯姆斯也可能参与了写作。在其中，"温和派"的两条原则被定为不容置疑的铁律：第一，"探究和辩论的自由，尽管它可能会向全世界散播一些错谬，但它无疑是人类诸多福祉的源泉……"第二，"谴责和驳难的确当对象不是思想自由，而是放浪的行止；不是错谬的玄思，而是有害于社会的罪行……"布莱尔对于休谟之遭遇的评价堪称允当：

如果说，就行文的直率而言，无人能出《分析》作者之右，那么，依照其对休谟先生所做的摘录，我们自然可以得出如下结论：他的宗教热忱与其说是真情流露，毋宁说是矫揉造作。每一个公正的读者必须承认并引以为憾的是，我们在这位优雅作家的作品中所发现的一些原则绝难与良好的教义相容。故而，为了坐实休谟先生反宗教的罪名，而将休谟先生并不持有的立场

---

[1] [Bonar], *Analysis*, p.2.

归之于他，这实属毫无必要。《分析》作者的做法是不负责任的，因为这对于他假言支持的事业显然弊大于利。[1]

343　　正如同其他两本小册子，这两本小册子当然也不会被《爱丁堡评论》的评论文章所遗漏。其中的一本小册子显然是对休谟的疯狂攻击，这可见于其所起的这个措辞严厉、引人遐思的标题，也即《垂死之际的自然神论者，抑或一个行将就木之异教徒的生动写照》（*The Deist Stretched Upon a Death-Bed; Or a Lively Portraiture of a dying Infidel*）。其作者被评论家指为安得烈·莫尔（Andrew Moir），一位前神学系学生，先是被大学开除，后又被逐出教会。另一本小册子是罗伯特·特雷尔牧师（Reverend Robert Traill）所写的《一位基督教教师的资质与仪表》（*Qualifications and Decorum of a Teacher of Christianity*），对此，评论家指出，其作者"不失时机地对近来印行的'论奇迹'一文的作者进行了相当巧妙的鞭挞"。

回到1755年的宗教大会，有关"两休谟"背信渎神的问题被提交给了"提案委员会"。5月28日，该机构提交了一项决议，并得到了宗教大会的一致通过：

> 对于背信渎神和不道德行径的日益猖獗，苏格兰宗教大会深表关切，那些曾让我们的时代和民族蒙羞的各种原则，竟然在我国近来所出版的书籍中得到了公然的宣扬。由于它们在我们中间已经到了人尽皆知的地步，故而对这些不虔敬的、背信渎神的原则表达出最大的痛恶实属允当而必要。这些原则不仅会颠覆所有的自然宗教和启示宗教，而且将对人们的生活和道德产生邪恶的影响。苏格兰教会切盼全体牧师保持高度警惕，发挥他们个性中的热忱，使其治下的教民免受这些邪恶信条的腐蚀，并唤起他们的密切注意，以对这些邪恶的信条以及受其腐蚀之人严加防范。[2]

这份专门针对背信渎神之罪的虔诚声明表明：在威廉·罗伯逊的英明领导下，"温和派"赢得了一场至关重要的胜利。人身攻击早已展开，而政治迫害还尚未

---

[1] [Blair], *Observations*, pp.1-2, 22.
[2] "Act against Infidels and Immorality," in "Assembly Register, 1755." Glasgow University Library.

第二十五章 教士鼓

跟进。

在给**艾伦·拉姆齐**的一封信中，休谟宣布了这场胜利："上一次宗教大会是专门针对我的。他们并没有提出要烧死我，因为这超出了他们的能力。但他们打算将我交给撒旦，他们自认为有能力做到这一点。然而，我的朋友们最终获得了胜利，于是他们对我的责罚被延宕了 12 个月。但他们在下一次宗教大会上绝不会放过我。"而休谟进一步的评论，又显示出他对这个问题漠然置之的态度："与此同时，我正准备着'天谴日'的到来，而一些谨慎的家族也已向我允诺，如果我被革除教门，他们将接纳我。"凯姆斯勋爵的问题也尚未解决。休谟还告诉拉姆齐，"他们不会在没有任何准备或警告的情况下立马对他采取极端措施，并将他交给撒旦。他们打算，在这 6 个月当中，苏格兰所有教堂都要为他祈祷，在此之后，如果他仍不思悔改，他将遭到强烈的诅咒（*anathema maranatha*）。"

然而，在这种自我调侃的背后，情势实际上已十分严峻。显而易见，针对两位休谟的宗教迫害并未完结，不久之后，那些宗教偏执之徒再次卷土重来。据说，对于这种大而无当的指控，作为主事长老第一次参加宗教大会的年轻的韦德伯恩评点道：尽管其两位朋友的名字尚不在其内，但他们会认为这不啻于杀鸡骇猴，以儆效尤。[1] 尽管在大卫·休谟被逐出教会后仍愿意接纳他的正派家庭为数不少，但整个气氛仍让人倍感压抑。事实上，大卫再次动起了隐退法国的念头，那儿阳光明媚、民众友善；但一想到被逐出母邦，没有人能高兴起来。他的朋友哈里（指凯姆斯）将会受到更大的冲击，并且毫无疑问将被迫辞去法官之职。虽然宗教大会并没有对他采取直接行动，但从其名字在常设委员会名单里被故意遗漏这一点不难看出，他已被打入另册。[2] 毫无疑问，他正准备穿上其形而上学的护罩，如果形势太过吃紧的话。至于大卫，他可没有这样的准备。

新一轮的斗争早已蓄势待发。且不说 1755 年夏秋两季报章杂志上的那些零星的战火，随着 1756 年 1 月一本名为《关于休谟先生所著〈大不列颠史〉的信》（*Letters On Mr. Hume's History of Great Britain*）的匿名著作的发表，第一轮围攻的枪声就此打响。而《苏格兰杂志》上的通告还专门解释道："在这些信件中，与宗教改革相关的两段文字受到了重点关注。"其所涉及的历史问题得到了探究。

---

[1] Cambell, *Chancellors*, VI, 19*n*.
[2] Morren, *Annals of the General Assembly of the Church of Scotland* (Edinburgh 1840), II, 60.

这里的要害是：在爱丁堡"老教会"（Old Kirk）的丹尼尔·麦奎因牧师（Reverend Daniel MacQueen）的笔下，休谟被描绘成这么一位苏格兰人，他不仅藐视新教教义，而且还认为并非所有的天主教教义都一无是处。

1756 年的迫害运动的关键日期是 5 月 20 日，也即苏格兰宗教大会在爱丁堡开幕的那一天。五天前，随着匿名的《背信渎神是确当的责难对象》（*Infidelity a Proper Object of Censure*）在格拉斯哥的出版，怒不可遏的安德森终于兑现了 1753 年的允诺，也即写一篇"论革除教门"的论文。论文的副标题申明了其主题："本论文表明，教会主事者负有如下不可推卸的职责，也即依照耶稣基督所订立的教规，对那些明目张胆的背信渎神之徒（经由洗礼，他们已庄严地成为基督教会的一员）严加训诫；如果他们仍不能迷途知返、改邪归正，那就将他们逐出教门。"《爱丁堡晚报》的一则启示指出："上述内容是专门供即将召开的宗教大会的参会者参阅的，因为本届大会有可能会再度审议上届大会所讨论过的这个问题——也即本国那些背信渎神的作家是否应受到谴责？"在这本小册子中，安德森回顾了"两休谟事件"，并对布莱尔在《观感》中所提出的"温和派"原则大加挞伐。虽然绝对无意于放凯姆斯勋爵一马，但安德森将抨击的矛头直指大卫·休谟这个"明目张胆的背信渎神之徒"，因为他足够诚实，以至于他的一些著述都是具名出版的。

5 月 20 日，随着大会的正式开幕，以《驳博林布鲁克子爵阁下的哲学宗教》（*A Remonstrance against Lord Viscount Bolingbroke's Philosophical Religion. Addressed to David Mallet, Esq; the Publisher*）为掩护，安德森继续对两位休谟展开了攻击。他认为这部著作适于具名出版，因为博林布鲁克子爵已死，而他的出版商也远在伦敦。《每月评论》的评论在文尾对这部著作大加赞赏："这位北方圣徒能在纸墨中展示其精神和热忱，这实乃幸事！"[1] 就在同一天，见诸报端的还有《〈爱丁堡评论〉之一瞥》（*A View of the Edinburgh Review*），人们已将其视为对"温和派"的一次正面攻击。5 月 25 日，尽管宗教大会仍在进行，特雷尔驳斥休谟论教士性格的文章再度在报章上被广而告之，而 5 月 27 日，麦奎因论休谟《英国史》的书信也在报章上被大肆宣扬。

当"高标派"接连发表文章，并形成狂轰滥炸之势时，"温和派"则高筑壕

---

[1] *Monthly Review*, XVI (17511), 242.

第二十五章 教士鼓

沟，并制订出防御性计划，以应对敌人不出所料的全线出击。正如亚力山大·卡莱尔牧师所告知的那样，他们计划在位于西弓下区的货运酒店召开"集会"，这是那些位尊名显的神职人员最不可能出没的地方。他们向店家订了 12 打红葡萄酒（18 先令一打），并采取了严格的保密措施。但卡莱尔相当自得地承认，"但我们的行迹不可能不暴露，因为正如在这种情况下所常常发生的：偏远之地，鄙陋的房子，严格的保密措施，反而会引人频频光顾。毫无疑问，当罗伯逊、霍姆、弗格森、贾丁与威尔基这些人凑在一起，再加上大卫·休谟、艾利班克和吉尔伯特·埃利奥特爵士，出现这种情况也就不足为奇了。"[1] 在 1756 年宗教大会召开期间，"货运酒店"以"蓄养妓女"（Diversorium）著称。

"高标派"又祭出新武器。首先，起诉异教徒的问题并不是一开始就摆上台面的，而是在 5 月 27 日"议案委员会"的会议上提出来的。在对现代背信渎神进行一番一般意义上的讨论之后，有人建议，调查应局限于大卫·休谟先生，因为他竟胆大包天地公开承认一些背信渎神之作是出自他的手笔。同时，这也是一种退而求其次的选择。之所以要聚焦于休谟，那也是因为可以指控他背信渎神，而凯姆斯只能被指控为旁门左道；而人们也不得不考虑指控一名高等法院的法官是否合宜。故而，在"提案委员会"开会的次日，一份书面提案被呈送上来：

> 宗教大会认定，倾全力阻止背信渎神的发展是其应有的职责，也鉴于近年来异教著作开始在本国公开兜售，对于这些著作，宗教大会以前也只是泛泛地予以谴责，以至于此间有一位自称大卫·休谟先生的人，竟敢斗胆公开宣称自己就是那些书的作者。这些书不仅对光芒万丈的基督的福音书进行了最粗鲁、最公然的攻击，而且还大肆宣扬一些显然会颠覆自然宗教和道德之基础的原则，如果不是直接建立无神论的话。故而大会兹任命以下人士……组成一个委员会，来调查这位作家的作品，并将其传唤到庭，同时着手筹备下届大会之事宜。[2]

"提案委员会"的这番动议受到了热烈的响应。年轻的韦德伯恩一如既往地

---

[1] Carlyle, p.324.
[2] Morren, *Annals of the General Assembly*, II, 86-7.

急公好义，他起身动议划去大卫·休谟的名字。尽管是首次登台发言，但韦德伯恩的大会演讲[1]见识不俗、言语辛辣。他发言道：

> 主席阁下，我相信：我完全没有必要效法在我之前发言的那位牧师的做法，也即表白我对这个国家已然确立的纯粹长老制教会的热忱。我跟他说，"墙宇之内的和平！壁垒之内的繁荣！"我们的目标是一致的，只是在天意之下为达成这些目标而采取的手段不同。现在，尽管我在某些人身上看到一股盲动的热忱，以及一心要打倒休谟先生的那种迫不及待的焦渴，但我还是恳请尊敬的大会取消这项动议，并将批驳其错误的任务委诸理性和圣典。

韦德伯恩还进一步追问道，所有现在投赞成票的人都读过休谟先生的著述吗？即便读过，他们又能理解多少呢？对于如何解读这些作品，他们能达成一致意见吗？

> 带着所有可能的敬意，我恳请你们回想一下另一个知识分子大会上的争讼，我斗胆说，仅就辩才无碍和对神学真理的深厚理论知识而言，该大会与我们这个尊贵的大会差可比肩。当这些决疑论者（casuists），不愿意仅仅止步于凡俗思考，而是
>
> 进行那些虚无缥缈的推理，
> 思考天意、先见、意志和命运，
> 思考宿命、自由意志和绝对的先见，
> 他们发现自己迷失在迷宫里，找不到前路的尽头。
>
> 人们所抱怨的那些观点，尽管是错误的，但它是抽象的、形而上的，根本就不会引起普罗大众的注意，也不会影响人们的生活或行为……您能指望从拟议中的审判获得何种切实的好处呢？您有何种机会去说服休谟并让其伏法认罪呢？唉！我恐怕他已经成功地抵御了那些曾试图批驳他的最精微的哲

---

[1] Cambell, *Chancellors*, VI, 21-5.

第二十五章 教士鼓

学家们的驳难,而你们几乎不能指望再度出现奇迹,也即你们中的某位可以与他旗鼓相当。

假使你们通过了将其革除教门的判决,那又怎样呢?"民政机关是不会认可这种判决的,而且这种判决也不会产生任何现世后果。您或许希望,为其灵魂着想,您可以像加尔文对待塞尔维特(Servetus)那样将其烧死;但您必须要知道,无论对教会而言,这种权力看起来有多么的可欲,但您无权动其毫发,甚至也不能强迫他违心地忏悔。"如果他嘲笑您的诅咒呢?如果他冥顽不灵、冷嘲热讽呢?最后,您确定您对此案有司法管辖权吗?你们声称休谟先生甚至都不是一个基督徒。"那您为什么要传唤他,而不去传唤那些碰巧在您的国境内旅行的犹太人或伊斯兰教徒呢?用我们律师的行话来说,您的判决(liber)显然是失当的,不切题的,无效的,因为它先是承认被告不认可也不相信基督教,然后又试图以一个基督徒的身份起诉并惩罚他……基于这些理由,我提议:'尽管宗教大会的全体成员都理应对任何倾向于背信渎神或有害于我们神圣宗教的学说或原则报以嫌恶,但他们应放弃针对休谟的那项提案,因为即便按照他们自己的判断,它也丝毫无助于宗教上的教化。'"

据载,韦德伯恩的这通发言"受到了随后发言的几位神职人员的猛烈抨击",我们完全有理由相信这一点。这位年轻的新晋长老,操着一口法律术语,居然敢就宗教事务对着一群头发花白的教士指手画脚!当演讲的内容传到蛰伏于后方大本营的大卫·休谟耳中时,他必定为韦德伯恩的善意而感到心头一热,与此同时,他也必定为当局的管理失策而扼腕叹息。然而,那些比韦德伯恩更精明的头脑却准备将战场转至"提案委员会"。精明的威廉·罗伯逊娴熟地掌控着事态的发展,以至于在此后两天的讨论中仅凭一己之力就结束了这场辩论。最后,为了避免将票投给其中的任何一方,许多参会的神职人员纷纷离会。结果,最终付诸表决的问题变成:是否要将该议案提交给大会?提案最终以50票比17票被否决,韦德伯恩的提案就此通过。

也许,罗伯特·华莱士牧师是"温和派"中最冷静、最明智人士之一,在整个论辩过程中,他一直冷眼旁观,但最后投了否决票。针对刊发于《苏格兰杂志》六月号上的对于"提案委员会"之论辩的富有偏见的描述,华莱士撰述了自己的诠解,"因为我承认:我显然认为,迄今为止,在这场论辩中,那些反对教尽管本打算出版，但华莱士的小册子最终还是被压了下来。其手稿的封面上印有"1756年于爱丁堡付梓"的字样，这既充分地证明了作者的原初意图，也充分证明了它离出版仅有一步之遥。这本小册子的标题为《教会审查休谟先生之著述并将其传召到宗教法庭的必要性或合宜性》。此外，它还有一个解释性的副标题："对基督徒偶尔与怀疑论者或异教作家为伍这一现象的反思；其中包括对1756年6月号《苏格兰人杂志》所刊发的对于宗教大会之'提案委员会'关于这些议题之辩论的解释的批判。"尽管鲜为人知，但对于大卫·休谟一生中这一至关重要的事件，以及对于1756年苏格兰启蒙运动的状况，华莱士的手稿[1]提供了一些有趣的内部信息。

华莱士认为，并不能将提案被否决诠释为一场俗界对教界的胜利。恰恰相反！"我记得只有一两位主事的长老（当时在场的就没有几位）发言支持该提案。而反对该提案的牧师更是占了绝大多数。这些年岁不一、形形色色的牧师们，尽管在整个大会期间的其他表决中很少意见一致，尽管他们在其他教务问题上看法迥异，但令人啧啧称奇的是，他们中的许多人都反对该提案，尽管这种反对是基于迥乎不同的观点和相互冲突的原则。"但是，为了避免给大家留下错误的印象，华莱士继续写道："与此同时，显而易见的是，凡在场的'提案委员会'的成员，没有哪一位曾为休谟先生的谬见辩护，也没有哪一个声称他是无辜的，或认为他的错谬和罪过并非教会谴责的确当对象。所有的辩论都围绕着审查休谟先生著述或将其传召至宗教法庭有何必要，是否合宜。"

于是，问题就转变成了一个简单的合宜性问题：大卫·休谟能否被感化，是否应发起针对他的诉讼？"温和派"认为，鉴于休谟的性格和时代特征，教会审判并不是说服他改邪归正的最佳方式。华莱士进一步追问道："通过与其熟识的教士的谈话，或通过以冷静方式写就的措辞温婉、论证有力的论著，而非以势压人、大肆挞伐，是否更容易让其改邪归正？"也许奇迹会在休谟身上发生，他愿意改邪归正，"但我们为什么要做全无可能之事呢？为什么一定要认定会在他身上发生奇迹呢？难道说，就因为休谟先生曾真挚无偏地追求过真理，上帝就会眷顾他，专门为他制造神迹吗？"

---

[1] EU, Laing MSS, II, 97.

第二十五章 教士鼓

归根结底,为什么要专门将休谟挑出来加以审查呢?如果关于教会谴责的教义是有效的,"那么,那些坚持此种教义的绅士们为什么不公正无偏地将其贯彻到底呢?难道休谟是唯一一个理当改邪归正之人吗?……无论是高门权贵,还是平民百姓,他们中的许多人难道不同样是邪恶的、不道德的和自暴自弃的罪人、酒鬼、纵情声色者、老鸨、通奸犯、蔑视基督教礼拜、罔顾基督教虔诚之人,以及那些公开支持不敬虔、淫荡和不道德的社交原则之人吗?……他们为什么不能一视同仁地将戒律加诸所有根据基督教法律应当受到最高审判之人,或他们为什么仅仅满足于对大卫·休谟和其他几位冷静的、玄思性的固执己见的作家进行审判呢?"

迄今为止,休谟先生的作品并不如其名声那样如雷贯耳。而教会法庭的审判只能起到推波助澜的效果,让其作品更加广为人知,并受到更为广泛的阅读和讨论。再者,进行这样的审判本身就困难重重。"休谟先生本就才思敏捷,并且据信还可以聘请律师从中襄助。每提审一次,提案的支持者们将会发现:远远超乎其现有想象的是,这种才思敏捷之人只会让案件变得更加扑朔迷离。他们所拥有的一个特殊的便利,就是可以把休谟先生的文字作为呈堂证供,但是,由于休谟自身就是一个极端的怀疑主义者,所以很少有什么东西不可以左右逢源,作两种截然相反的解释。他的哲学、神学、历史以及其他的所有著作无一不表现出这种特征。"

从技术上讲,必须承认,休谟先生从未正式宣布放弃其洗礼,也就是说他仍属教民。而事实上,就其文字而言,他已放弃了洗礼,并说"依照常理,朝人喷水既无必要也无好处"。借用华莱士的话来说,现代世界已不再是昔日那个狭小的基督教共同体,情势早已发生了天翻地覆的变化。因此,他呼吁道,让我们"只施行在我们的时代——必须承认,我们的时代已大受腐蚀——切实可行的那些清规戒律。但是,让我们不要施行那些弊大于利的戒规……让我们永远记住,假使教会政府的教义、礼拜以及其他的重要内容得以保持纯洁,而与此同时,教会的清规戒律又大为宽弛,教会就可以继续成为上帝手上的幸运工具,也即安慰和肯定虔敬之徒,感化邪恶之徒,并成为一座反抗邪恶、错谬和不敬的坚不可摧的堡垒"。

最让华莱士恼火的,就是对于某些神职人员之良好品性的"无能而荒谬的攻击",说"曾偶尔瞧见他们在街上与休谟先生站在一起,或者出席休谟在场的某些聚会，尤其是因为休谟尽管有着种种谬见，但在日常生活中却通常被认为是一个极为诚实仁善之人，而其谈话又极为悦人"。那么，难道"与酒鬼或其他各种放浪形骸之徒交往，与聪敏颖异、行为端庄、谈吐不俗，备受同伴尊重，并随时能够进入任何有用或确当的话题之人的交往毫无区别吗？和放浪之人相交，在耳濡目染之下很难不沾染上放浪的恶习；即便在他们清醒的时候，也很难指望他们不做任何鄙陋低俗之事"。相反，"嗜好阅读和研习的颖慧之士，总是更为悦人和更为有益的同伴。一个好人往往可以从他们那里获得快乐与教益，无论他其他方面的品性如何，只要他在日常生活中行为端正、清明诚实，与他们交谈，虔敬的好人并不会有任何危险。"

此外，"神职人员无须害怕与这样的绅士打交道，尽管他们秉持怀疑主义或异教的观点。如果我们假定，他们只是头脑固执而非心术不正，故而，在他们探究自然和哲学的时候因某种不幸的思路而误入歧途，而且他们远非以这些错谬为荣，而是暗自悲叹（我深知某些人就是这样）；如果我们假定，他们正因为这个原因而自视不幸，并抱憾于自己不能用与其他绅士相同的可意观点来看待自然与神意；如果他们倾向于就这些话题与学富五车的智巧之士交谈，那么，阻止他们与他们乐于交谈的任何教士交往，实为一件憾事。"有评论指出，这段话不啻是对休谟的一篇颂词，并且使我们得以洞悉其性格和对宗教问题的看法。

华莱士还认为，恰恰相反，神职人员不应隔绝于人类社会。他们从属于人类社会，因为他们试图加以影响的正是这个社会。并且像其他体面的社会成员一样，如果神职人员选择喝酒、跳舞、观剧和参加其他娱乐活动，或与知识分子甚至异教徒谈话，这也是他们的权利。

在小册子的结尾，华莱士呼吁所有人要仁善、宽容和心胸开阔，一句话，要为人开明。作为"温和派"哲学的实践转化，华莱士在这里所发展出来的论点，很可能与他 1745 年在爱丁堡牧师和市政委员会面前就大学教授资格问题为休谟进行令人难忘的辩护时所陈述的观点相差无几。如果休谟知悉华莱士当时的努力，他很可能会重复自己 11 年前曾说过的话："华莱士先生的行为非常高贵慷慨；我对他感激不尽。"华莱士的小册子因何未获出版，我们不得而知，但有可能是因为罗伯逊一派敦请他最好不要插手，以免进一步激怒那帮偏执盲信之徒。

毫无疑问，由于这帮盲信之徒仍不肯善罢甘休，罗伯逊仍需运筹帷幄、把控大局。除了突然间再度将矛头指向凯姆斯勋爵，并在爱丁堡长老会上对《论道德

第二十五章　教士鼓

与自然宗教的原则》的印刷商和出版商提出指控外，那位不屈不挠、不达目的誓不罢休的安德森在战术上了无变化。虽然诉讼尚在进行，但这位年迈的牧师却于此时辞世了。作为凯姆斯著作的印刷商和出版商，弗莱明、金凯德和唐纳森明智地提出，不能因控方缺席而悬置诉讼。结果，该案于 1757 年 1 月不了了之，只是由温和派起草了一份充斥着惯常的、泛泛的虔敬之词的通告。

至此，那帮严苛的道学家们正准备另起炉灶，并乐得让两位哲人休谟之事暂时搁置。因为他们手头上还有一些更为急迫、更为重要之事，也即一位温和派牧师居然鬼使神差地写了部剧本，而其他的温和派牧师居然还都同意参加了该剧的公演。这种有违基督教义的暴行需要他们全力应对。在这新一轮的攻击中，大卫·休谟和凯姆斯勋爵只是被间接地波及。其主要的攻击对象是约翰·霍姆牧师（Reverend John Home）。于是，1757 年，"两休谟事件"遂演变成"三休谟事件"。[1]

与此同时，凯姆斯勋爵也已开始重新核验他的哲学信条。对形而上学一窍不通的凯姆斯，从华莱士处获悉，他那套引起轩然大波的必然性学说，受到许多举世公认的加尔文派权威——包括新英格兰伟大的乔纳森·爱德华兹（Jonathan Edwards）——的推重。根据这个新信息，凯姆斯——很可能再度借助于布莱尔的帮助——于 1756 年 12 月匿名发表了《对〈论道德和自然宗教〉各种反对意见的考察》（Objections against Essays on Morality and Natural Religion Examined）。然而，奇怪的是，乔纳森·爱德华兹对凯姆斯借用其名字和权威大为不满。1758 年，他授权于爱丁堡出版《评〈论道德和自然宗教原理〉》（Remarks on the Essays, on the Principles of Morality, and Natural Religion），在文中，他撇清了与凯姆斯的关系。到了 1758 年，凯姆斯已真正开始认识到其方法上的错谬，并在《论道德和自然宗教原理》的第二版做了部分删节。到 1778 年出第三版的时候，凯姆斯已摒弃了他那些最臭名昭著的哲学立场。也就此结束了一个业余的哲学爱好者通向形而上学和神学泥沼的不幸征程。

作为哲学领域的专家，大卫·休谟则一直坚守自己的立场，没有丝毫的动摇和放弃。1757 年春，他告诉亚当·斯密道，"就我而言，我估计下届大会将会郑重其事地宣布将我革出教门，但我不认为这有什么大不了的。你觉得呢？"不幸

---

[1] 参见后面的第 26 章。

的是，我们不知道亚当·斯密当时的想法，不过很可能与艾伦·拉姆齐的想法相差无几，在1756年该事件爆发前夕，拉姆齐于罗马给休谟写信道："……我对本届大会上演的闹剧一无所知……无论这场闹剧最终是赢得了满堂喝彩，还是收获了一片嘘声，我都恳请您代我向凯姆斯勋爵及其夫人问好。"[1]

对于1756年事件，有必要追问两个问题：首先，革出教门之努力的最终结果是什么？其次，假使大卫·休谟真的被革出教门，其后果会是什么？奥切泰尔的拉姆齐（Ramsay of Ochtertyre）已经回答了第一个问题，我们没有任何理由对其判断提出实质性异议：

像其他大多数专门针对异端的讼案一样，此次控告对宗教事业毫无益处可言。恰恰相反，这两位被告反而比以前更受敬重和钦慕，尤其是更受温和派教士的敬重和钦慕。温和派教士一方面小心翼翼地否弃其中一位被告所秉持的原则，另一方面又谨小慎微地为另一位被告所秉持的原则赔罪。他们甚至认定，凯姆斯勋爵之所以应当受到谴责，只在于其把加尔文教义发展得过了头。一句话，这种妨碍自由思考之发展的轻率而软弱的努力让爱丁堡的哲学家们确信：他们已无须对教会法庭有所畏惧。[2]

尽管大体无误，但拉姆齐或许有点言过其实。因为直到1757年，大卫·休谟仍有望获得教会法庭的格外"关照"，并且多年来一直抱怨苏格兰令人压抑的舆论氛围。1759年，他向亚当·斯密做出了如下的经典表述："苏格兰最投合我的脾性，又是我生平好友汇集之地；但对我而言，苏格兰太褊狭、太局促了，让我感到心绪不宁的是，我有时甚至会连累到我的这帮朋友。"这里全无欢欣鼓舞之意，有的只是对事实的清醒评价。

第二个问题，如果大卫·休谟在1756年真的被革出教门，那么其后果将是什么？这并非闲来无事的遐想，因为从更广阔的视野而非从迄今为止的纯个人眼光来审视这个问题，我们就能明了苏格兰教会之所以没有做出这种宣判的根本原因。重新审视这一事件的整个过程将提醒我们："温和派"领袖充分认识到该事件

---

[1] RSE, VI, 103.
[2] Ramsay, I, 317.

第二十五章 教士鼓

的高度重要性，故而在他们努力让"教士鼓"喑哑失声的过程中，他们不仅是在为他们的朋友而战，而且是在为苏格兰文明的未来而战。

在当时，人们所关注的是俗人的言论自由和出版自由问题，而非教士同人之间的异端指控。自从1697年在爱丁堡令人蒙羞地将托马斯·埃肯海德（Thomas Aikenhead）以嘲讽《旧约》中某些段落的罪名——他只是一位十几岁的年轻人——吊死之后，苏格兰在这方面还算比较自由。在英格兰，借助于庞大的陪审团审判异教徒，或经由刽子手之手当众焚烧渎神之作的古老习俗仍然存在，并时而被付诸实施。同样，在英格兰，甚至迟至1762年，还有一位名叫彼得·安内特（Peter Annet）的年迈教师，因为其所撰写的《自由探究者》（*Free Enquirer*）而被施以枷手刑，并服一年的苦役。但这些都是孤例，无法与休谟的情况相提并论。

因为大卫·休谟既不是名不见经传的学童，也不是年迈的教师。其思想在整个欧洲的知识界都产生了巨大的影响，而其本人则不仅被视为伟大的天才，而且还被公认为英国文坛的翘楚。因此，他起初因被革出教门而可能遭受的个人困厄已无关紧要。可以肯定的是，继之而起的外界反应，与其说不利于休谟，不如说更加不利于曾试图扼杀其思想和著述的苏格兰及其教会。因为那样的话，苏格兰势将成为英国的笑柄，而英国也势将成为欧洲的笑柄。而休谟自己则会成为不列颠乃至整个欧洲的殉道英雄。

进一步的考量也许不无裨益。宗教迫害是对苏格兰大有好处呢，还是会使其文明倒退一个世纪？抑或公众的反应会不会促使"温和派"重新掌控教会？但我只需说，"温和派"领袖显然明白当时的情势到底意味着什么，也意识到其所面对的问题绝非仅仅关涉到其朋友大卫·休谟。作为开明的教士，他们当然深知一位启蒙运动的殉道英雄将会给苏格兰及其教会所带来的危险。因为大卫·休谟着实险些成了启蒙运动的殉道者，故而他说过的每一句话都有可能成为燎原之火。"温和派"深知，受激于宗教迫害，他们的这位异教友人很可能会成为苏格兰的伏尔泰，也即义无反顾地投身于一场歼灭战，"踩死败类"（*écraser l'infâme*）。他们同样深知：也可以好生安抚，直到他无所作为。

第二十六章　游吟诗人和教会

"您曾听说过我们的牧师近来所陷入的那种疯狂和愚昧吗？"

如果说"温和派"在 1755 年和 1756 年所赢得的是一场彻底的胜利的话，那么，它却为其 1757 年所赢得的另一场胜利付出了极其沉痛的代价。一如既往，在这场鏖战中，不仅大卫·休谟未能幸免，就连亨利·霍姆和约翰·霍姆也卷入其中。实际上，它已在某种意义上演变为一场"三休谟事件"，正如机敏风趣的威瑟斯彭所尖酸地指出的那样：

> 一个微不足道的姓氏，竟诞生了三位力撑不列颠没落之荣光的伟大英雄。
> 一个是不虔敬的法官（impious judge），一个是邪恶的怀疑主义圣人，
> 一个是专事戏剧表演的教士（a stage-playing priest）；哦，多么伟大的**姓氏**，多么光荣的**时代**！

威瑟斯彭的上述评论将讥刺的矛头直指"温和主义"，以及它与休谟这个姓氏的联系：

> 什么是一个国家和教会的光荣和荣耀？难道不正是国家中的文雅（politeness）和教会中的温和及平正通达（mildness and moderatism）吗？难道不正是这三位绅士提升了本国和本教会的荣耀吗？难道宽容头两位绅士（指亨利·霍姆和大卫·休谟）不正是我们的荣耀吗？难道缔造、培植和拥有

第二十六章 游吟诗人和教会

第三位绅士(指约翰·霍姆)不正是我们的荣耀和幸福吗?

想必是想到了休谟关于教士"性格"的论述,威瑟斯彭追问道:"现在,休谟所结交的教士都是哪些人呢?他对其他教士的性格所形成的判断必然是依据这些人。难道这些教士的圣洁都是装腔作势吗?就连他们的敌人也不敢如此妄言。因此,我希望,在下一版中,他要么将这一段完全删去,要么至少将他自己亲爱的祖国中那帮温和派教士排除在外。在当下的苏格兰,可谓形势一片大好。"威瑟斯彭承认[1],休谟的著述已将苏格兰转变为"一片荒嬉之地",并为"准允教士致力于那项具有教化意义的娱乐"打开了方便之门。这自然就涉及到约翰·霍姆牧师以及他的《道格拉斯:一幕悲剧》(Douglas; a Tragedy),而休谟看起来似乎要为此负全责。

在冒险参与镇压詹姆斯二世党人叛乱后不久,约翰·霍姆即创作了一出名为《阿吉斯》(Agis)的诗剧,它取材于普鲁塔克的《希腊罗马名人传》。但伦敦伟大的大卫·加里克(David Garrick)拒绝将它搬上舞台。回到苏格兰后,失望的诗人遂转向本国题材,这就是《道格拉斯》。1754年的10月,大卫·休谟曾这样宣布道:"我拜读了约翰·霍姆正在酝酿中的新剧。这实是一件美事。他现在在自己身上发现了伟大的戏剧天赋。"几天后,在给牛津大学约瑟夫·斯宾塞教授(Professor Joseph Spence)的信中,休谟表达了对这位苏格兰新晋戏剧天才的欣喜之情:

由于您是一位文艺爱好者,所以我乐于告诉您一个消息,它或许会让您感到高兴。我们有望看到一些用英语写就的悲剧佳作。这位名叫休谟(也即约翰·霍姆)的年轻人是本国(指苏格兰)的一位牧师,他秉有非常杰出的悲剧写作天赋。数年前,他写了一部悲剧,名为《阿吉斯》,对于这部悲剧,就连一些第一流的批评家,如阿盖尔公爵,乔治·利特尔顿爵士和皮特先生,都十分激赏。我承认,尽管在这部悲剧中可以看到一些十分精彩的段落,但就总体而言,我很难让自己喜欢上它。我认为,由于想师法莎士比亚,作者的品位受到了腐化,对于莎士比亚,他只应尊崇。但是,这位作者最近就一

---

[1] [Witherspoon], *The Moderateor*, No. II [Edinburgh 1757].

个新的题材还写出了一部新的悲剧。正是在这部新剧中，他看上去才像是索福克勒斯和拉辛的真正传人。我希望他到时将为英国的戏剧舞台洗脱**粗鲁不文（barbarism）**的骂名。

1755年的2月，约翰·霍姆再度骑上他那匹名为"皮尔西"（Piercy）的快马前往伦敦，并将《道格拉斯》的完稿呈递给加里克。但这位英格兰人——大卫·休谟曾宣称他是"这个世界上最好的演员，最糟糕的批评家"——再次将约翰·霍姆的剧作拒之门外，称其不适于舞台表演。迟至是年的6月，在给克莱芬的信中，埃利奥特注意到：约翰的马"尚未从伦敦之行中恢复过来。诗人们总是快马加鞭"。[1]

在爱丁堡，出于爱国主义情感，"温和派"教士们团结在他们的兄弟诗人周围。"群贤会"的文学三巨头（literary triumvirate）——艾利班克勋爵（Lord Elibank）、凯姆斯勋爵和大卫·休谟先生——提出了各种建议，而约翰·霍姆也立即进行了修改。正是大卫·休谟在1756年4月透露出爱丁堡文人的如下决定："我们的朋友霍姆的《道格拉斯》已修改完毕，并将于明冬搬上舞台。《道格拉斯》是一部独一无二的杰出剧作，它既熟练地掌握了英国戏剧所特有的精神，同时又不乏阿提卡和法国戏剧的优雅。"将《道格拉斯》这幕悲剧搬上爱丁堡舞台的决定是史无前例，它标志着苏格兰日益增长的独立。然而，当这帮"温和派"教士们津津乐道于《道格拉斯》的文学面向时，他们反而忽略了其所可能产生的宗教后果，因为苏格兰教会一直以来都反对舞台剧。

1756年12月4日的《爱丁堡晚报》写道：

> 一部名为《道格拉斯》的新悲剧正在剧院排演，并且不日即将正式上演，它出自本国一位才华出众的绅士之手。公众对于该剧有着很高的期许，而这也符合这位作者众所周知的才华和能力。他生性谦逊，如若不是众多精通文学、品位高雅之士的交口称赞，他本会将一部势必为本国增光添彩的剧作束之高阁。

---

[1] *A Genealogical Deduction of the Family of Rose of Kilravock* (Edinburgh 1848), p. 459.

第二十六章　游吟诗人和教会

让人尤感兴趣的地方在于：这则广告虽然凸显了民族主义精神，但却淡化了剧作家的教士身份。将《道格拉斯》搬上坎农格特（Canongate）剧院舞台的是一家英格兰公司，其主演和经理是韦斯特·迪格斯（West Digges）。依照一个众所周知但却无从查考的传统，"《道格拉斯》在坎农格特的一处房舍内进行了首次排演，房主为莎拉·沃德夫人（Mrs. Sara Warde），她也是迪格斯公司的一名演员；而参与和出席排演的都是苏格兰最深孚众望的一批文人。"他们中包括约翰·霍姆的一干密友，如休·布莱尔、亚历山大·卡莱尔、亚当·弗格森、约翰·霍姆、大卫·休谟以及威廉·罗伯逊；此外，听众中还包括艾利班克勋爵（Lord Elibank）、凯姆斯勋爵（Lord Kames）、弥尔顿勋爵（Lord Milton）、蒙博杜勋爵（Lord Monboddo），以及威廉·霍姆（William Home），约翰·斯蒂尔（John Steele）等教士。"演出结束后，除了沃德夫人，整个演出团队都在修道院中的厄斯金俱乐部（Erskine Club）进餐。"[1]

这个故事——也即这帮大名鼎鼎的业余演员所进行的这场排演——因为听起来太过轻巧，而不像是确有其事。然而，实情很可能是这样的：在某个场合，这帮友人确曾聚在一起排演这部剧作，以证明它适于舞台表演。一想到肥硕而又笨拙的大卫·休谟所扮演的那位年轻的英雄格兰纳万（Glenalvon），哪怕只是给他配音，实在让人忍俊不禁。尽管如此，不久之后，全爱丁堡都知道了《道格拉斯》的作者，以及促其上演的那帮著名的文人。其反对者并未忽略这一场景的滑稽幽默之处。

在《道格拉斯》于1756年12月14日首演前不久，市面上出现了一本名为《剧院》（*Theatre*）的广告册。值得注意的是，在其中，休谟被指为唯一的售票人：

> 正如剧院经理所获悉的那样，外界正在盛传一条消息：在即将到来的14号，星期四，除了牧师，无人可进入剧院。这个谣言让其他的许多人大受冒犯。他认为自己有责任告知公众：剧院的正厅已被"兄弟会"悉数预定。而包厢也已出售给了女士们（除了那个为宗教大会召集人所预留的包厢）。毫无疑问，其中的几处空位将被那些不属于这一古老而尊贵的社团绅士所占。

> 我们有理由认定，一睹为快的新鲜感，受到剧院特殊礼遇的荣光，势必

---

[1]　Hill Burton, I, 420*n*.

会激起异乎寻常的好奇心。为了防止因厚此薄彼而产生的不必要的冒犯,整个剧院都实行同一票价。两个边厅都装饰一新,黑色的吊灯和壁灯将发出柔和的光芒。这主要是为了在人满为患、而底厅又座无虚席的情况下能容纳更多的观众,尤其是那些教友们。而上厅(Upper Gallery)新近又加装了护栏,粉饰一新,与人们先前所诟病的凌乱和简陋不可同日而语,变得与剧院的其他部分一样暖和、气派和宽敞,断不会因为惜于花费而授人口实……

除了作者,任何人都不得进入后台。

终场前,将加演一场名为"演讲"的庄严笑剧,这是它首次上演;在剧中,五位主演将一展其庐山真面目。

本次的戏票均在大卫·休谟先生的寓所内出售;仅凭此票入场,他票或现金概不承认。

为了便于大家看戏,剧院周围设有警卫,此外,还有大量手持火把的教区执事会在路上巡逻。

与1737年《许可法》(the Licensing Act)颁布以来的惯用伎俩相一致,在剧院所打出的"广告"中,这场演出被包装成"一场音乐会。音乐会之后,将免费加演新剧《道格拉斯》。它取材于一个古老的苏格兰故事,由一位苏格兰绅士所作"。14日那天早上,在一本名为《对于这部大家长久以来翘首以盼的悲剧《道格拉斯》的介绍,因为它今晚将在坎农格特剧院上演》的宣传册中,大卫·加里克受到了严词谴责:

> 现在,英格兰人应该咒骂他们的加里克,
> 正是他将**《道格拉斯》**逐出了**德鲁里巷**,
> 你们再谦卑、再热忱的祈祷都无济于事,
> 唯独缺少那本杰作的价值。

这本"杰作"当时的成功是压倒性的,《苏格兰杂志》的报道这样写道,"人们相信,在苏格兰,从未有哪部剧作曾受到如此的追捧。三教九流的人都对它趋之若鹜,很多人沮丧地发现,当他们来到剧院门口的时候,那里早已座无虚席、人满为患,他们根本就挤不进去。"一份更为切近的报道描述道:"喝彩和掌声是

第二十六章 游吟诗人和教会

热烈的,但评判其价值的一个更为确当的标准是观众的眼泪。凡是演到伤心处,观众早已泪流成河。"而另一份报道则更为具体:"我相信,在整个剧院里,没有哪一个人的眼睛不是湿湿的。"但很难说最后一位观众的话或许有点言过其实,因为乔治·华莱士也这样写道:"我希望随身带一方手帕,这样,出来后,人们就看不见我的泪痕……"[1]

不出所料,教会中的"高标派"对此事的看法截然不同。在他们看来,所有的戏剧在道德上都是成问题的,它是来自于魔鬼撒旦的一种诱惑。1757年1月5日,在其所发布的一份官方的《劝诫与训词》(Admonition and Exhortation)中,爱丁堡长老会这样写道:"众所周知,基督教会始终认为,舞台剧和演员有悖于宗教和道德;其对于绝大多数民众,尤其是年轻人的致命影响是显而易见的,这一点毋庸置疑。"2月2日,格拉斯哥的"狂热派"对于其爱丁堡同道的行动发出了慷慨的支持:"深受这种新奇表演困扰的格拉斯哥长老会认为,他们有责任指出(正如他们所已做的那样):对于爱丁堡长老会在其训词中就舞台剧所表达出的那些情感,他们感同身受。"[2] 不仅如此,爱丁堡长老会还专门起草了正式的控告书,其所指控的对象不仅有约翰·霍姆,而且还包括亚历山大·卡莱尔,以及那些仅仅观看过表演的教士。

故而,这是一场"高标派"和"温和派"之间的决斗。在读完来自于格拉斯哥的报告后,乔治·里德帕斯牧师语带嘲讽地评论道:"看来这些人还是一如既往地愚不可及。"而顿斯的长老会也对爱丁堡长老会的声明表达了抗议,并评论道:"我们不能自以为是地认为:一件真正有罪的事情在特威德河对岸可以是无罪的或无伤大雅的。"

而让这件事推波助澜或火上浇油的是大卫·休谟的如下举动,他义无反顾地对其同性兄弟进行了公开的捍卫。在其《论文四篇》即将由米拉在伦敦刊发之际,征得约翰的同意后,大卫决定增补一篇"致《道格拉斯》这部悲剧的作者,牧师休谟(霍姆)先生"的献词。这篇献词——"这是我一生中所曾写过的或将来所可能写的唯一一篇献词"——实际上是一篇针对不宽容的控词:

---

[1] *Scots Mag.*, XVIII (1756), 624; Home-Mackenzie, I, 38; *Letters of George Dempster*, pp.25, 28.
[2] *Scots Mag.*, XIX (1757), 18, 48.

> 依照古人的惯例，人们只应将他们的作品献给友人和同侪，并让其献词成为敬重和友爱，而非卑依和谄媚的见证。在那些有着率真而公正的自由的时日里，一篇献词既增加了受献人的荣耀，也并未贬抑作者的人格。如果献词作者对受献人确有任何偏私，那至少也是友情和爱心之私。
>
> 思想自由是真正自由的另一种表达，唯有古代才能提供这种光辉的范例。得以让文人们维系彼此间友谊和尊重的正是这种思想自由，尽管他们的抽象观点各异；正因为声气相求，他们绝不会对这些原则有所争论。科学常常是论辩的对象，而非恶意的对象……
>
> 抱着复兴古代的这些高贵实践的强烈愿望，我将下面的这篇献词敬献给您，我的挚友。尽管我们所信奉的诸多抽象信条水火不容，但我将永远视您为畏友，永远尊重您。我发现，观点的歧异只会让我们的谈话更加活跃而富有生气；而我们对于科学和人文的共同嗜好则深化了我们的友谊。即便当我认为您深受偏见之害时，我仍然敬重您的天赋；您有时会告诉我，您愿宽宥我的错误，因为它常常伴随着坦率和真诚。
>
> 说实话，促使我向您献上这篇献词的，与其说是我景仰您卓绝的天赋，不如说是我敬重您的为人、热爱您的人品……

带着对两位休谟良好意图的应有尊重，我们不得不承认这个"献词"有失明智，它只会进一步激怒宗教顽固分子。休谟自己也承认，"这件事非同小可，"会给他的"温和派"朋友带来麻烦和不便。故而，休谟被迫于1月20日告知米拉道：

> 看过我所写的"献词"之后，霍姆先生在此地的一些朋友——他们都具有良好的判断力——担心：我的"献词"可能会伤及与霍姆先生一向交谊甚厚的温和派，甚至会累及到霍姆先生本人，让教会怀疑他背弃宗教信仰。对于朋友们的这种担心，霍姆先生和我都觉得无所谓。但是，为了不拂逆他们的好意，我们同意找一个以审慎著称的社会贤达，让他全权裁断。为了避免您现在就将其出版，我允诺致信与您，以暂缓出版"献词"。

2月1日，休谟告诉斯特拉恩道，"您不日即可看到它付梓"；但是，在《论文四篇》于2月7日面世后，他又不得不进一步向考德威尔的缪尔解释道：

> 对于我为一位诗人朋友写"献词"一事，您是否要对我表示同情抑或谴责？但我相信：在我所写过的文章当中，唯此作文风最为高雅（elegant），意图最为宽宏（generous）。但它却吓倒了此间的一帮笨伯（他们都是有识之士，但唯在此事上愚朽不堪），他们猛烈地攻击我，并想让我改变初衷。我曾给米拉写信，要他撤下那篇"献词"，但几天前，我又收回了这个命令。难道还有什么事比这更为背运吗？因为在这被耽搁的四天里，他本可以早日开售，并且很可能早已售出800册。若不是这篇"献词"，我的朋友或许能获得一些好处，而我自己也可以获得诸多的荣耀。长久以来，还没有什么事让我如此苦恼。但是，我还是坚持出版了这篇"献词"。

这篇"献词"在伦敦和爱丁堡几家周刊和月刊上的重印，必然使其流传的范围远远超出《论文四篇》的销售量。在此后的半年里，大卫·休谟很难再抱怨缺乏"曝光率"，因为正如乔治·邓普斯特（George Dempster）所说的那样，论战的"纸弹""到处翻飞"。

而卡莱尔也早已迫不及待地加入战团，他先是发表了《即将在坎农格特剧院上演的血腥悲剧〈道格拉斯〉的详尽而真实的历史》（*A Full and true History of the Bloody Tragedy of Douglas, as it is now to be seen acting at the Theatre in the Canongate*）。这本小册子旨在激发爱丁堡底层民众对于《道格拉斯》的好奇心，而且也收到了良好的效果，因为剧院不得不在原计划之外又加演了两场。继而，卡莱尔又发表了《一个观点，以证明应借由刽子手之手将悲剧〈道格拉斯〉公开焚毁》（*An Argument to prove that the Tragedy of Douglas ought to be publicly burnt by the Hands of the Hangman*），"这是一本以斯威夫特的讽刺风格写就的小册子，其中含有对我们所有对手的辛辣嘲讽"。[1] 而作为"爱丁堡律师公会图书馆"的新任管理员，弗格森也创作了《对舞台剧之道德的严肃思考》（*The Morality of Stage-Plays Seriously Considered*）。在文中，弗格森以《圣经》为例，证明了戏剧作品的合法性。据信，韦德伯恩也创作了许多歌谣、讥刺文和时论，对那些宗

---

[1] Carlyle, p.328.

教狂热分子极尽冷嘲热讽之能事。作为"高标派"的领袖,也作为他们中最为薄弱的一环,亚历山大·韦伯斯特牧师(Reverend Alexander Webster)则首当其冲地受到嘲弄。因为好酒——正如卡莱尔所说的那样,由于他"有着五瓶的酒量"(a five bottle man),人们遂给他起了一个"酒囊饭袋博士"(*Dr Bonum Magnum*)的绰号。但不幸的是——根据那帮智者1757年的说法,因反对《道格拉斯》之故,他树敌甚众,从而导致在次年的宗教大会期间,没有一个人愿与他共饮。在整个论战期间,一向犹豫不决的华莱士一直躲在幕后,但像往常一样,他仍不乏一些好主意。同样,他仍一如既往地写了一篇最具见识的小册子,但最终也一如既往地将其束之高阁。

华莱士的手稿名为"一位俗人在悲剧《道格拉斯》上演和出版之际致苏格兰教会的教士们"。在文中,他开篇评论道:"近来,你们中的一些人热衷于反对戏剧表演……但我开始怀疑他们打算将其制造成一个全国性的事件,并让宗教大会以其权威强力介入。我认为此举大谬。我希望能找到足够多的有识之士来力阻此事……"他们应对这一行动的后果细加权衡:

> 实际上,如果宗教大会能将爱丁堡的剧院悉数取缔,就他们的目的而言,这固然是得偿所愿。但在这样做之前,他们将发现:他们所面对的是一股强大的反对力量。当人们认为反对剧院的喧嚣来自于教士以及受教士影响的各界人士,那么,这股反对力量将愈加强大。总体而言,不列颠民族对教会的势力素有猜忌。而贵族和士绅们也不愿被夺去戏剧的消遣。在他们看来,戏剧不仅无害,而且还能敦风化俗。无论俗人们通常对牧师的宗教和道德宣教怀有什么样的敬意,他们都不会在他们认为无害的消遣和娱乐上听命于牧师。我认为,牧师们以法令和教谕的方式干预民众生活的时代将一去不返。而那些冷静明智的教士们肯定也持这种观点。据信,那些更为明智、更为位高权重的主事长老们也持同样的看法,并希望:尽管这件事在报章杂志上已闹得沸反盈天,但仍须以一种平正通达和不枉不纵的态度来处置所有的事务。[1]

---

[1]　EU, Laing MSS, II, 620.

第二十六章 游吟诗人和教会

然而，苏格兰的宗教大会并未"以一种平正通达和不枉不纵的态度"来处置所有的事务。宗教偏执分子对卡莱尔提出了严厉的指控：人们看到他与演员们厮混在一起，与他们一道肥吃海喝，并观看了一场演出。《1757 年对卡莱尔先生的指控》（*The Lybell V. Mr. Carlyle. 1757*）不仅做出了这些指控，而且还援引一长串的证人证言以坐实这些指控。在指控书中，被点名的俗人有艾利班克勋爵（Lord Elibank）、亚当·弗格森和"前爱丁堡律师公会图书馆的管理员大卫·休谟先生"。被点名的牧师包括布莱尔、霍姆和罗伯逊。卡莱尔先后在宗教法庭和宗教大会应诉并最终获胜。然而，宗教大会又进而对如下问题展开了论辩，也即"是否应提交一份有关戏剧问题的提案？"尽管韦德伯恩做了一番慷慨激昂的演讲，反对就戏剧问题形成任何提案，但却难获大多数人的附议。于是，那帮宗教狂热分子便提出了一项法案，依此，所有的教众——无论僧俗，一旦参与任何戏剧活动，都要受到教会的惩戒。但在"温和派"，尤其是在韦德伯恩的强烈反对下，这一惩戒法案遭到否决。然而，正当此时，罗伯逊集团却玩起了政治，在他们的支持下，宗教大会通过了一项名为"奉劝各长老会务必不要让任何一位牧师走进剧院看戏"的法案。[1]

这项始料不及的动议背后的策略是"礼俗比法律更强大"，而事态的后续发展也证明了这项法令形同虚设。让卡莱尔欢呼雀跃的事实是："现在，人们开始郑重其事地讨论这个话题，而所有人都深信，他们所亲眼看见的那些苛暴的审判都是宗教偏执或猜忌，以及与之混杂的党派精神和阴谋诡计的产物。当爱丁堡偶有戏剧上演时，那些较为温和的教士便重拾他们往常的娱乐。"他还总结道："值得注意的是，1784 年，当伟大的女演员西登斯夫人（Mrs. Siddons）第一次莅临爱丁堡时，正值宗教大会期间，以至于大会的主事人不得不将所有重要的议事事项都另移他日，以便能与西登斯夫人的表演时间错开，因为在那段时间里，只要到了下午三点，所有年轻的参会人——无论僧俗——都跑进了剧院。"[2]

1757 年 4 月 2 日，乔治·里德帕斯牧师（Reverend George Ridpath）在他的"日记"里写道："又读了一遍《道格拉斯》，整体而言对它十分满意……我深信它将是一部不朽之作，且不说它所拥有的其他所有品质，仅就道德而言，它也绝对

---

[1] Campbell, *Chancellors*, VI, 27-9.
[2] Carlyle, pp.338-9.

清白无辜。在后人眼中，那些如此处心积虑地反对它的鲁钝、派性或心怀恶意之徒无异于螳臂当车，卑劣而可笑。"奇怪的是，里德帕斯的这些观点也获得了约翰·韦斯利牧师（Reverend John Wesley）的认同，而韦斯利从来都不会把自己视为启蒙之子。韦斯利在6月9日的"日记"中写道："我惊讶地发现，《道格拉斯》是我平生所读过的最好的悲剧之一。遗憾的是，尽管它曾在爱丁堡上演过，但其中的一部分文字遭到了删节。"

在这段时间内，作为这场纷扰的"始作俑者"，多少有些无辜的约翰·霍姆牧师又经历了什么呢？实际上，这场风波对于约翰的影响少之又少，因为早在大卫·休谟的"献词"发表的时候，他就已明确地决定要放弃自己的牧师生涯，并转而从事文艺。《道格拉斯》在爱丁堡首演成功后，约翰又赶赴伦敦，在那里，他所受到的礼遇与前两次的访问迥然有别。加里克虽然很热心，但再也无颜在自己的德鲁里巷剧院排演《道格拉斯》。因此，3月14日，《道格拉斯》在里奇（Rich）的考文特花园剧院（Covent Garden Theatre）上演，并由著名的佩格·沃芬顿（Peg Woffington）来扮演伦道夫小姐（Lady Randolph）。而在英格兰的文学界，休谟的"献词"也早已为《道格拉斯》的上演做好了鸣锣开道的工作。它并没有让伦敦的观众失望，或者说，它并没有让伦敦的观众大失所望。演出虽大获成功，但却缺少了爱丁堡涕泗纵横的感人场面。[1] 而人们程度不一地将《道格拉斯》没能将伦敦的观众感动得泪如雨下的责任归咎于大卫·休谟，因为他将《道格拉斯》捧得太高了。但面对这种指责，这两位休谟有理由一笑置之。

作为一名职业文人，约翰开始受到了各种有利的赞助。就整体而言，评论家们对他的《道格拉斯》都抱有好感。托马斯·谢里丹（Thomas Sheridan）——都柏林皇家剧院的经理，曾送给他一枚价值两基尼的金质奖章作为礼物，奖章上的铭文称颂他"用这部杰出的悲剧丰富了英格兰的戏剧舞台"。[2] 这枚奖章也表征着这种职业的文人生涯所与之俱来的风险，因为作为一种廉价的手段，谢里丹原意是用这奖章来弥补第三晚演出的失败。但约翰的未来看起来一片坦途，因为他受到了苏格兰伟大的政治守护神布特勋爵（Lord Bute）的恩庇，布特为他从威尔士亲王殿下那里争取到了一笔可观的年金。大卫为其朋友的好运感到高兴，并高呼

---

[1] Thackeray 在其所著的 The Virginians 第59章中对于"霍姆先生的沉闷的悲剧杰作"在伦敦的上演给出了一种经典的描述。
[2] Scots Mag., XIX (1757), 662.

第二十六章　游吟诗人和教会

"在所有的贤能之士中，就数他的年金最高"。[1]

春末，约翰·霍姆回到苏格兰，并在6月5日星期天这一天向其阿瑟斯丹尼福（Athelstaneford）教区内的信众进行了最后一次布道，并让许多人流下了眼泪。为了避暑，他在布雷德（Braid）附近购置了一套别墅，并邀大卫前来同住。但经过一番权衡，我们的哲学家婉拒了这个邀约，因为他毫无疑问地意识到，他已给其朋友们——也即温和派——带来了太多的困扰和麻烦。

有一点是无可置疑的。早在2月16日，里德帕斯就称休谟的献词"莫名其妙，如果它还有任何意义，那也太过高邈，远非常人所能理解"。而敌对阵营的论敌们也拿休谟同"温和派"的关系大做文章。早在打压"五篇论文"和威瑟斯彭发表《协调人》（*Moderator*）时，这种株连式的攻击策略的某些特征就渐露端倪。而在其他许多或庄或谐的时论或小册子中，这一点也被反复申说。此时的亨利·霍姆也成为共同的攻击对象。《致宗教大会协调人以及哈丁顿长老会成员的一封信》（*A Letter to the Reverend the Moderator, and Members of the Presbytery of Haddingtoun*）将亨利的书贬斥为"一部宣扬无神论的书"，"大卫·霍姆（休谟）对于自己的无信仰既不担心也不羞愧"，并呼吁继续安德森对于两者的讨伐大业。约翰·霍姆之所以受到抨击和谴责，主要是因为他"将其不信教的挚友大卫·休谟关于自杀是正当的这一令人诅咒的原则和学说提出来，不是出于警告，而是引为范例……我们看到，随着异教思想的发展，其所带来的最为致命的后果是：大卫·霍姆（休谟）和约翰·霍姆的思想得以不受任何责难地、堂而皇之地流传于世"。

在那些借此以逞私怨的人当中，最首要的是年轻的约翰·麦克劳林（John Maclaurin）——他是科林·麦克劳林教授之子，后来成为苏格兰高等民事法院的法官，受封为德雷霍恩勋爵（Lord Dreghorn）。当然，麦克劳林并不同情苏格兰教会中的守旧派，他只是借机发泄他对于"群贤会"的私愤，因为它拒绝接纳他入会。在拉姆齐（Ramsay of Ochtertyre）看来，麦克劳林显然不谙世事："在那时的苏格兰，麦克劳林所口无遮拦地大加抨击的三个霍姆（休谟）的朋友们，可谓权势熏天，没有哪个聪明人敢招惹他们。"[2] 因此，作为"群贤会"的灵魂人物，

---

[1]　Boileau, *Sat*. ix.
[2]　Ramsay, I, 445.

大卫和约翰当然会遭到麦克劳林的无情嘲弄。在《为那些反对悲剧〈道格拉斯〉的作者们辩护》(*Apology for the Writers against the Tragedy of Douglas*) 一文中，麦克劳林写道：

> 多年以前，爱丁堡的几位绅士以所有文学问题的唯一法官自居；他们在过去和现在一向被视为天才，并于近来成立了他们所谓的"群贤会"，并对所有的人和所有的学术问题采取某种形式上的贵族统治。这个独裁的俱乐部的首要信条是：文风上一丝不苟的精确是所有作品的至善。尽管整部著作应该充满了天才的光辉，但却不应在其中发现任何表达上的轻忽、遣词造句方面的疏失或语法上的小瑕疵……因此之故，晚近的莎士比亚饱受责难，而每当那位著名的历史学家——他是"群贤会"当之无愧的领导——不认同一种卑劣的情感时，总是说，"难道莎士比亚还能说得比这更糟吗？"在这帮绅士出现之前，艾迪生一直被公认为英格兰最优秀的作家，但他们却弃之如草芥。
>
> 如果您相信他们，那么艾迪生的《旁观者》每页都有不下于十处的错误。上面所提及的那位作者也有一套《旁观者》，其中每页都有他亲笔标出的错误……那就让读者在伏尔泰、休谟和莎士比亚、艾迪生之间做一下比较，并给予前者以特殊的偏好，如果他们能够这样做的话。
>
> 《道格拉斯》的作者是这个协会的尊贵一员，在其悲剧尚未公开上演之前，就已被该协会吹上了天；它所具有的那点微不足道的价值被无限地夸大。我曾不止一次提及的那位作者私下里说："即便再给英格兰四百年，他们也创作不出这样一部悲剧。"这位绅士还曾公开告诉他的同性兄弟："他拥有莎士比亚和奥特韦 (Otway) 的真正戏剧天赋，但却丝毫也没有沾染上莎士比亚不幸的粗鄙和奥特韦的放纵不羁。"对于这位作家的大言不惭，请务必原谅，因为正像他自己所坦承的那样："促使我向您献上这篇献词的，与其说是我景仰您卓绝的天赋，不如说是我敬重您的为人、热爱您的人品。"我们都知道，爱是盲目的，故而，要责怪牧童 (Corydon) 对亚历克西斯 (Alexis) 的赞美有点大言不惭，那实在有失礼敬。

第二十六章　游吟诗人和教会

在由令人捧腹的三幕笑剧所构成的第二轮攻击中，麦克劳林对我们的哲学家（大卫·休谟）、剧作家（约翰·霍姆）和"群贤会"穷追猛打。而这部笑剧的题目《一位哲学家的戏剧》(The Philosopher's Opera) 已将其主要意图暴露无遗。剧中的角色分别为：撒旦，影射大卫·休谟的天才先生 (Mr. Genius)，影射长老会的萨拉夫人 (Mrs. Sarah)，她是约翰·卡尔文先生的遗孀；还有她的儿子杰克——它所影射的正是约翰·霍姆。整个故事的情节是这样的：为了赢得年老色衰的萨拉夫人的欢心，天才先生对其儿子杰克的剧作大肆吹捧。而撒旦为了逢迎天才先生，称他已拜读过了他的大作。"先生，您为什么要读我的书呢？"那位并非特别腼腆的作家回答道，"我估计您确信：根本就没有所谓的上帝、恶魔和来生；也没有所谓的因果联系；自杀是我们自己所应拥有的一项权利；通奸是我们欠邻人的一项义务；《道格拉斯》这部悲剧是有史以来最好的剧作；莎士比亚和奥特韦是一对傻瓜。我认为这就是我的作品的实质和要旨。"天才先生离开后，撒旦困惑不解地承认："实事求是地说，我真不知道该如何评价他。您确定他真的与我们一伙？说实话，我怀疑他是一个狡猾的家伙，他虽然表面上反对基督教，尽写些不三不四的东西，但实际上是希望借此让人们皈依基督教。"

在前面论及"论文五篇"时所提到的《郑重地思考爱丁堡剧院的有用性》中，作者对三位休谟以及"温和派"发起了猛烈的攻击："当居民每周至少有三次机会去免费聆听莎士比亚（喻指约翰·霍姆）、莎菲（喻指亨利·霍姆）和圣大卫（喻指休谟）的纯正福音时，那么虚掷数千英镑以维持二十位牧师的做法难道不荒谬可笑，并彻底有违于善治吗？如果设置这些牧师只是为了兜售过时的圣马太和圣约翰的福音，只是为了说那些大人先生们的坏话，只是为了指控他们那些杰出的改革派兄弟的话。"而"群贤会"以及其所颁发的奖章也成为惯常的嘲笑对象。除了那些讥刺之作，威瑟斯彭还以其所写的《对于戏剧之本性和影响的严肃探究》(Serious Enquiry into the Nature and Effects of the Stage)——"它试图表明：支持公共剧院有违于一位基督徒的性格"——继续炮轰休谟等人。

但到目前为止，最为怪异的反温和派努力是由约翰·霍尔丹 (John Haldane) 做出的。他是一名家具商，同时也是一位坚定的卡梅伦主义者 (Cameronian) 【Richard Cameron (1648—1680)，苏格兰牧师、誓约派，其追随者于1743年建立基督教长老会】。在《痛斥演员》(The Players Scourge: Or a Detection of the ranting prophanity and regnant impiety of stage plays, and their wicked encouragers *and frequenters: and especially against the nine prophane Pagan Priest who countenanced the thrice cursed tragedy called Douglas*）中，霍尔丹除了敦促要割掉演员的舌头，用红彤彤的烙铁去烙他们的脸，并"将他们遣送回他们的原籍——英格兰和爱尔兰，也即我们邪恶的发源地"，这位残忍的家具商还进一步对温和派牧师——无论是集体，还是个人——大肆辱骂。

没过多久，有关《道格拉斯》事件的某些消息就传到法国。1760 年，伏尔泰刊印了一部喜剧，名为《咖啡馆或苏格兰人》(*Le Caffé, ou L'Ecossais*)，它译自"爱丁堡的牧师休谟先生"的英文著述，正如伏尔泰在其"前言"中所公开承认的那样。在其中，约翰·霍姆被进一步地描述为："那位令人尊敬的哲学家休谟先生的兄弟，这位哲学家以其非同常人的刚毅和智慧深入地探讨了形而上学和道德。这两位哲学家都为他们的祖国增添了荣耀"。而 1764 年，通过朱莉·邦德力 (Julie Bondeli)，卢梭也注意到了这个故事："据说，苏格兰人正打算建立一个柏拉图式的共和国。他们已将他们中的一位教士逐出教门，因为他不幸写了三部优秀的悲剧。英格兰向这位作者及其天赋提供了庇护。而道德学家们现在正在争论：他们之所以对霍姆先生称颂有加，这到底是出于对美的欣赏，还是为了要惹恼苏格兰人？"[1]

《道格拉斯》之争既关涉到宗教建制，也关涉到文化。就宗教建制而言，"温和派"已蒙受巨大损失，并且最终只是仰赖罗伯逊折冲樽俎的政治手腕才免于失败。然而，他们为这场胜利付出了惨痛的代价，因为约翰·霍姆被逐出教会，并成为大卫·休谟口中的"前牧师约翰·霍姆先生"。这场反败为胜或败中取胜的斗争的另一个特点是帕特里克·卡明 (Patrick Cumming) 失去了人们的信任，而他名义上曾是"温和派"的领袖。鉴于其懦弱，以罗伯逊为核心的内部圈子将其贴上了"见风使舵博士"(*Dr Turnstile*) 的标签。现在，罗伯逊行使绝对权威之路已赫然在目，而他 1762 年就是这样做的。

就文化而言，"温和派"及其盟友们则赢得了彻底的胜利。早在 1757 年的斗争中，就已出现了专门针对这个问题的讽时文，名为《爱丁堡长老会的投票》(*Votes of the Presbytery of Edinburgh*)：

---

[1] Quoted in Rousseau, X, 327.

决定： 学识、才赋和美德是社会的毒药，应予以摒弃。
决定： 无知、鲁钝和败德是这个誓约派教会的荣耀，故应予以发扬光大。
决定： 唯愚笨的民众所支持的每一个命题都是真实有效的……
决定： 各种改良对社会都是有害的。
命令： 不允许对人的原则、习惯和礼俗做出任何改变。
决定： 诗人是公共的麻烦，应像毒草一样予以铲除。
决定： 当前的时代与誓约时代如出一辙。
命令： 苏格兰人民应永远处于野蛮状态。

其行文的格调听起来非常像韦德伯恩，但这也只是一种猜测。无论如何，苏格兰的文学得到了拯救。反动力量已经走到台前，而此后的公共舆论将力阻它们重返 17 世纪的任何努力。开明和进步的力量（enlightened force）仍将自由地培育民族文化，而这也是休谟最为首要的一个抱负。

第二十七章　苏格兰的奥古斯都时代

"欧洲最杰出的文学民族。"

1757年，大卫·休谟对苏格兰的文学成就充满了骄傲：

真正值得激赏的是，在当前，这个国家诞生了如此之多的天才人物。在这个不幸的时代，当我们失去我们的君王、我们的议会、我们的独立政府，甚至我们的王公贵族时，我们用自己的口音和读法说出我们所沿用的那种极其陈腐的方言，这难道不怪异吗？**要我说，在这种环境下，我们竟然成为欧洲最杰出的文学民族，这难道不是一件奇事吗？**[1]

休谟的这一表述关涉到休谟乃至爱丁堡文人的整个文化理想，其潜在的意蕴仍需予以阐明，因为它在某种意义上已成为一种全民族的启蒙擘划。

这一启蒙擘划的根本在于口语和书面语的区分。1754年，休谟致信约翰·威尔克斯（John Wilkes）道："尽管我学英语费了九牛二虎之力，但下笔时仍战战兢兢。至于我的口语，您已看到，我已彻底绝望，完全无可救药。"千真万确的是，终其一生，休谟都带有浓重的低地口音。对此，与休谟相识多年的一位亲戚提供了一个例证，他描述道：

---

[1]　HL, I, 255.

第二十七章 苏格兰的奥古斯都时代

尽管经常有机会与英国人交谈，尽管精通数门语言，尽管常在国外游历，尽管其所出入的都是最好的社交圈，尽管其书面英语优雅而得体，但在日常谈话中，他仍保留着白水或特威德河畔其父辈的那种口音、腔调和鄙陋，因此，若不是其谈话的内容暴露出他是一个文化人，您可能不禁认为，除了最鄙陋的莫斯农民，他从未与外人交谈过，又抑或，他从未踏出过邱恩赛德教区半步……常常发生这样的事：当我与他一起散步时，他总会陷入了遐思，在一段时间内沉默不语——我估计他正在进行某种三段论式的推理，或神游物外，或正在对某个问题苦思冥想，然后，又突然间大声地自言自语。如果我追问他都说了些什么，他会说："上帝不会让一个人老是闷声不响，当没事可干的时候，我总不能静伫在那里吧。"[1]

人们也许会问，大卫·休谟为什么会对他的乡音土语感到如此的自惭形秽？他为什么要下大力气来写标准英语？自议会合并以后，苏格兰须将其两院议员派往伦敦。这样，此前根本就不是问题的口语，就立即演变成一个大问题。正如亨利·霍姆就1737年邓恩勋爵（Lord Dun）在上院的表现所报道的那样："自始至终，他的发言英格兰人连一个字都没有听懂。"[2] 威廉·亚当（William Adam）向我们讲述了皮特佛勋爵（Lord Pitfour）所面临的同样的困窘：当时，他正与一帮英格兰律师在"林肯律师会馆广场"聚餐："皮特佛……端坐在餐桌一端，正在讲述他的苏格兰笑话，但因为听不懂，根本就无人发笑；他于是绝望地向我大喊道（我正坐在餐桌的另一端）：'亚当，没人能听懂我的笑话，看在上帝的份上，你就帮我翻译一下吧，因为除了讪笑，我所发出的每一个音节都与英格兰人相去甚远'。"[3] 然而，英格兰和苏格兰两个王国的交往绝非仅限于讪笑，这迫使苏格兰人必须学会标准英语，以使南方的英格兰人能够听懂。

作为语言和文学的英语已逐步渗透至爱丁堡大学，这一点已显而易见。1760年，牧师休·布莱尔被遴选为没有薪俸的修辞学教授，两年后，他又被任命为皇家钦定修辞学和纯文学教授。这样，爱丁堡大学就在英伦三岛上设立了第一个英语教席，也许正出于这种原因：在苏格兰人的耳朵里，英语仍差不多是一门外语。

---

[1] George Norvell, MS letter of 1 Mar. 1788, in Keynes Library, King's College, Cambridge.
[2] Ramsay, II, 543, *n*2.
[3] Wm. Adam, *Sequel to the Gift of a Grandfather* (priv. ptd. 1836), p.30.

此前，在爱丁堡大学之外，亚当·斯密已于1748—1751年间开过两次课，专门讲授文学和文学批评。而在1756年之前，罗伯特·沃森（Robert Watson）又多次重开这些课程。三年后，布莱尔又将这些课程带入爱丁堡大学。[1]因此，1761年，当爱丁堡的"群贤会"发起托马斯·谢里丹（Thomas Sheridan）的英语口语讲座时，整个城市都翘首以待。

谢里丹，斯威夫特主教的朋友之子，也是那位伟大的戏剧家之父，他是一位来自都柏林的爱尔兰演员，因而被公认为有资格去教导爱丁堡的苏格兰人如何说一口纯正地道的英语。然而，由于他们对于乡音土语的指责特别敏感，故而，爱丁堡的苏格兰人又特别容易上当受骗。1756年，谢里丹出版了《英国教育，或大不列颠混乱之源》，该书的副标题揭明了谢里丹的目的："这篇论文旨在证明：当前普遍流行的不道德、无知和错误的品位，是我们当前问题重重的教育体系的自然的、势不可免的结果。它试图表明：说话艺术的复兴，对于我们自己语言的研究，或许对治愈这些顽疾大有裨益。"该书还进一步认为，通过完善英语的规则并固定其标准，英语将成为第三种经典语言，也将成为唯一的一门现代的普世语言。

在爱丁堡的圣保罗大教堂，围绕着演讲术（Elocution）和英语口语（English Tongue），谢里丹做了两个系列的讲座。在圣保罗大教堂，在4周的时间里，谢里丹的演讲吸引了约300位绅士，为了获得听讲的资格，他们每次须付1基尼。然后，为了便于女士和那些不幸错过第一轮讲座的绅士们听讲，谢里丹又开设了为期两周的浓缩课程。在最后一次讲座中，谢里丹宣布：爱丁堡的"群贤会"正在拟定一项旨在提升苏格兰地区英语阅读和言说能力的计划。[2]

不久之后，由"群贤会"所拟定的详细"章程"就被公之于众。"章程"开篇写道：

> 随着大不列颠这一地区（苏格兰）与首都（伦敦）在事物和娱乐方面的联系日益密切，受教于苏格兰的绅士们久已感到他们因其浅薄的英语知识和鄙陋的发音而带来的诸多不便。
>
> 以往的经验让苏格兰人深信：对于一个出生并受教于这个国家的人而言，

---

[1] H. W. Meike, "The Chair of Rhetoric and Belles-Lettres in the University of Edinburgh," in *University of Edinburgh Journal* (1945), 89-92.

[2] *Scots Mag.*, XXIII (1761), 389-90.

第二十七章 苏格兰的奥古斯都时代

要想获得确当的英语知识,并以纯正地道的英语写作,这并非全无可能。

但至于要说一口地道的英语,由于迄今为止很少有人尝试,以至于人们无不想当然地认为,这几乎毫无成功的可能。尽管与此同时,人们承认,与前者相比,这是一种更为重要、用途也更为广泛的成就。

鉴于这些情况,"群贤会"提议:

对于苏格兰而言,如果有适当数量的人——他们来自英格兰,足可胜任向绅士们传授英语知识、地道的发音方式以及公共演说的艺术——来爱丁堡定居,这将是一大优势。与此同时,如果有数量适当的来自同一个国家的教师,只要他有能力教授孩子们阅读英语,就应在爱丁堡开馆授课。

为了推动这一计划的顺利实施,"群贤会"专门设立一个志愿捐赠处,并任命了一批常任董事和特任董事。这其中就包括休谟的众多好友,如阿里茂勋爵(Lord Alemoor)、艾利班克勋爵(Lord Elibank)、凯姆斯勋爵;如身为律师的约翰斯通(Johnstone)和登普斯特(Dempster);如来自教会和大学的布莱尔、弗格森和贾丁。此后不久,一位利先生(Mr. Leigh)便应征为教师。但是,这一微弱,但也许是误植的努力,最终耗尽了"群贤会"的力量。

"群贤会"的这一最后的努力与大卫·休谟毫无瓜葛。这可能是因为休谟那时恰好在伦敦,也或许因为他根本就没有被谢里丹的大言炎炎所迷惑。第二年,当谢里丹的讲稿付印并面世时,休谟向鲍斯维尔表达了其不以为然的态度:"谢里丹先生的讲稿太失之偏颇了。他以为演讲术可以搞定一切。这就好比一首称颂醉酒的诗歌所描述的那样。

亚历山大憎恶思虑,
在议事桌前推杯换盏,
他靠喝酒征服世界,
而非其出鞘之剑。[1]

---

[1] *Boswell Papers*, I, 129.

休谟对谢里丹自命不凡的厌恶,并不意味着对他对推广纯正英语不感兴趣。他致力于纯正英语的斗争的一个方面,就是制定出一张"苏式英语"表,并认为所有的已版著述都应将这些"苏式英语"排除净尽。这张六页的"苏式英语"表出现在某些1752年版的《政治论衡》中,并此后在《苏格兰杂志》上重印,并引发了诸多评论。[1] 这个表包括许多18世纪苏格兰大学中所习用的一些拉丁化和法国化的语汇,当然更多的是低地地区的苏格兰人所沿用的一些方言土语。当然,它并不包括只有少数受过教育的爱丁堡人才会的盖尔语。

休谟后来辛辣的对手詹姆斯·贝蒂 (James Beattie),在1779年发表了另一份"苏式英语"表。当在其他地方论及其儿子的早期教育时,贝蒂代表了18世纪苏格兰知识阶层的典型态度:

> 在家里,是他母亲和我教他读写英语。他的发音不纯正,这一点不难想见:但应该避免一位英格兰人眼中的那种乡野气的粗鲁不文,这一点极为重要。后来,他在英格兰待了几个夏天,这样,与我们在北不列颠所耳濡目染的相比,他的发音就变得更为纯正优雅。我们很早就警告他不要使用苏格兰土语以及其他诸如此类的不当表达。他对这些东西如此厌恶,以至于很快就学会了如何避免使用它们。待他长大后,他就觉得任何以苏格兰方言土语所写就的任何著述都不忍卒读。他看过艾伦·拉姆齐先生的诗歌,但并不喜欢。[2]

在一封致英格兰人的信中,贝蒂讨论了一个苏格兰人以标准英语写作的诸多困难:

> 关于习得英语写作艺术方面的那种大困难,我很少听到国人抱怨,而直到我花了数年的时间去习得这门艺术时,我才意识到这种困难的存在。其困难之处在于:我们如何可以像使用我们的母语一样自如地用英语写作。在这里,我必须做一点解释。我们苏格兰人不得不从书本上学习英语,就像是在

---

[1] *Scots Mag.*, XXIII(1760), 686-7; XXVI (1764), 187-9.
[2] *Essays and Fragments in Prose and Verse*, by James Hay Beattie (priv.ptd. 1794), pp.13-14. In a London edn. of 1799, included (II, 5) in an edn. of James Beattie's *Minstrel*, the last sentence is omitted.

第二十七章　苏格兰的奥古斯都时代

学一门死语言一样。相应地，当我们用英语写作时，我们也好像是在用一门死语言写作，我们能够理解这种语言，但却无法言说。我们也许可以避免一切语法错误，甚至可以避免我国的那些粗鄙的俚语（barbarisms），但与此同时，却无法传达其遣词造句上的明净、从容和柔和（neatness, ease, and softness），而在艾迪生（Addison）、利特尔顿勋爵（Lord Lyttleton）以及其他优雅的英语作家那里，这种明净、从容和柔和是如此显见。我们行文滞重，在发音时张口结舌，透着隆重的匠气。我们是我们所使用的语言的奴隶，并且一直战战兢兢，害怕犯下任何低级错误。由于担心苏式英语，当一种熟悉的惯用措辞不由自主地涌现于脑际的时候，如果没有任何权威作家使用，我们便不敢采用。总之，我们使用英语，就像一个不懂剑术的人手持利剑，老是担心它会伤及自身，或从手中跌落，或因某些笨拙的举动而暴露出我们对于剑术的无知。一位渊博的英语作家是英语的主人，而非其奴隶，他将英语运用得挥洒自如、得心应手，因为他确信自己可以掌控它。

为了克服这一困难——我恐怕，这种困难在某些方面是不可克服的，我一直钻研艾迪生、利特尔顿勋爵的文章。在这些问题上，旁采博收将大有助益。我深信，大部分苏格兰作家的文风都因为相互崇拜和相互模仿而受到了损害。在当下的爱丁堡，你们的批评家都说：休谟、罗伯逊的书面英语要优于英格兰人自己的书面英语。在我看来，再也没有比这更为荒谬了。难道我能相信 Thuanus［法国的历史学家，又名 Jacques Auguste de Thou，生于1553，卒于1617］的拉丁文要好过西塞罗和恺撒吗？难道我能相信布坎南（Buchanan）的诗要作比维吉尔或贺拉斯的更优雅吗？在我的修辞学讲座上，当我有机会向那些尊重我意见之人论及这个话题时，我总是持相反的意见，并建议他们学习英格兰作家，这样他们就可以习得一种良好的英语文风。[1]

这段频频被引述的话，尽管富含洞察力，但多少有点误人。它在口语和书面语之间做出了明确的区分，而这种区分也是实际存在的，不管这种区分是以口语和书面语言的形式存在，还是以方言和通用语的形式存在。但是，贝蒂倾向于夸

---

[1] Wm. Forbes, *An Account of the Life and Writings of James Beattie, LL.D.* (Edinburgh 1806), II, 16-19. 也许值得注意的是，语言中"蒙昧"（barabarism）源于塞缪尔·约翰逊1755年的《英语词典》（*Dictionary*）。

大通用语和方言之间的差异，因为在苏格兰，英语传统要远比他所表明的强大。英语传统的主要力量在于这样一个事实：在 17 世纪，苏格兰人已接受了英语版而非苏格兰语版的《圣经》。他们从孩提时代就开始阅读《圣经》，每一位苏格兰人都深受英语的浸染。除此之外，一个更进一步的事实是：在贝蒂的时代，除了诗歌，并不存在任何大规模的苏格兰本土文学。即使是在诗歌领域，也有专门用英语创作的范例，如 17 世纪的霍索恩登的威廉·德拉蒙德（William Drummond of Hawthornden），如 18 世纪早期的詹姆斯·汤姆森（James Thomson）。老艾伦·拉姆齐就认识到，英语和苏格兰语都属于苏格兰的本土传统，并用这两种语言写作。

18 世纪的苏格兰文人都持守一种欧洲的，尤其是法国的观点，而这也是苏格兰受教育阶层的文化遗产。他们的视野是世界主义的、开明的，他们的表达媒介是标准英语。他们拒绝了其他两种迥异的苏格兰文化。首先，他们拒绝了盖尔语传统，他们对盖尔语的极端无知让他们很容易被麦克弗森愚弄。与此同时，他们还忽略了 18 世纪中叶的盖尔语复兴运动，这一复兴运动是由杜加德·布坎南（Dugald Buchanan）、罗伯·杜恩（Rob Donn）、邓肯·班恩·麦金泰尔（Duncan Ban McIntyre）和亚历山大·麦克唐纳（Alexander MacDonald）等诗人发起的。他们还忽视盖尔语版《新约》的存在。盖尔语版《新约》的出版，与杜加德·布坎南和基林的约翰·斯图亚特牧师（Reverend J. Stuart of Killin）（他是邓肯·班恩·麦金泰尔的编辑）的努力密不可分，并且还出人意料地得到了约翰逊博士的支持。[1]其次，在努力清除所有方言土语的过程中，苏格兰的文人们（literati）还拒绝了本土的低地传统，并因而忽视了詹姆斯·沃特森（James Watson）和艾伦·拉姆齐（Allan Ramsay）早期的方言诗，也在 18 世纪 70 年代忽略了罗伯特·弗格森（Robert Fergusson）和大卫·赫尔德（David Herd），并在一定程度上甚至贬低了罗伯特·彭斯（Robert Burns）的天赋。

假如大卫·休谟及其同道们推崇本土传统而非英语传统，那么苏格兰的诗歌将会怎样？这个问题不禁让人浮想联翩。然而，在这件事情上，即便彭斯取得了世界性的、经久不衰的成功，苏格兰的本土传统还是逐渐地衰落了、委顿了，尽

---

[1] 在 1767 年的爱丁堡，休谟引述莎士比亚的《暴风雨》第 4 幕第 1 场中的第 148-58 行中崇高而令人印象深刻的语句挑战布坎南，而布坎南以引述《圣经》"启示录"第 2 段中的第 11-13 句作答。参见 David Daiches, *The Paddox of Scottish Culture: The Eighteenth-Century Experience* (London 1964), p.97.

第二十七章 苏格兰的奥古斯都时代

管人们曾不断地做出复兴它的努力。[1] 在这种意义上讲，18 世纪苏格兰文人的擘划还是富有远见的，因为苏格兰文学的未来在于标准英语。其擘划在 18 世纪 60、70 年代的失利正在于这样的事实：他们所支持的用英语写作的苏格兰诗人缺乏天赋。时至今日，已基本没有人读布莱克洛克、霍姆和威尔基的诗作了。

大卫·休谟对于用英语写作的苏格兰诗人的恩庇和保护是出于文学和个人性的考虑：他的审美标准，他伟大的心胸，他对朋友的忠诚，以及他对于祖国的爱。将所有这些考虑都结合起来，尽管是人道为怀的和情有可原的，但却无法保证艺术上的卓越。作为一个批评家，休谟并非言行一致。他虽然在口头上提倡一种广义上的古典主义，但实际上，他骨子里所信奉的是一种广义上的浪漫主义。而他所付诸实践的批评则是一种狭隘的、几乎难以卒解的古典主义。[2]

要调和一个在其他方面首尾一贯、体系性的思想家著述中的歧异并不容易，然而也可以做出某种恰如其分的解释。古典主义是一种具有理性主义基础的美学理论，它在提出了整齐划一和符合标准这一审美理想的同时，将个体差异最小化。浪漫主义是一种具有经验主义基础的美学理论。它主要关注个体，并不需要普世主义或一致性理想。作为"人性科学"中的一位经验主义哲学家，休谟创建出一种浪漫主义美学并不出乎人们的意料。但这个问题因为如下事实而愈加复杂，也即在直至他那个时代的欧洲艺术史中，几乎所有的巨著都是按照古典主义的原则加以审视的。换句话说，在过去的数个世纪中，艺术史所提供的证据都是古典主义美学实践方面的证据。所以，休谟仍然停留在古典主义美学的范式里，而忽略了他自己美学思想中的浪漫主义意蕴，这导致他偏向于一种类型的经验证据，而非另一种类型的经验证据。在这方面，他或许比通常所认为的还要保守。然而，他却对诗人关于超自然灵感的声言漠然置之："他们的圣火并非从天而降。那圣火只在地球上蔓延，在人心与人心之间传递，在燃料最充分、配置最得当的地方，发出最明亮的光芒。"[3]

18 世纪所有的美学理论最重要的考验，是如何对待莎士比亚。莎士比亚虽然被公认为所有时代最伟大的天才之一，但对于占主导地位的古典主义美学观念

---

[1] 我绝不要要评估近来本土传统的复兴。
[2] 近来出现了很多关于休谟审美理论的研究。参见 Oliver Brunet 的 *Philosophic et Esthctique chez David Hume* (Paris 1965) 中的书目索引 (bibliography)，见第 897-908 页。同时请参见 Cohen 和 Mossner 所做的书目索引。
[3] *Phil. Wks.*, III, 177.

而言，却是个显见的例外。因此，休谟对莎士比亚问题的处理不乏启示意义。他曾奉劝约翰·霍姆道："看在上帝的份上，请阅读莎士比亚，但请用心去理解拉辛（Racine）和索福克勒斯（Sophocles）。唯有您才能将我们的舞台从粗鲁不文这一指控中拯救出来。"而在《英国史》中，休谟依照古典主义的美学标准，对莎士比亚进行了严厉批评：

> 如果将莎士比亚视为一介草莽，考虑到他生于粗蛮年代，只受过最鄙陋的教育，既未曾受教于经纶事务，也未曾求学于硕学鸿儒，那么，称其为旷世奇才也不为过。但如果将莎士比亚视为一代诗才，能为博学明识的读者提供合适的消遣，那么，我们对他的这种颂词将大打折扣。我们遗憾地看到，在他的作品中，不合绳尺，甚至荒唐悖谬之处俯拾皆是，从而让那些原本兴味盎然、激情四射的场景大为减色。但与此同时，也正因为有了这些穿缀其间的纰漏和瑕疵，我们才愈加尊崇其文辞之美。他常有神来之笔，能将特定人物的特定情绪刻画的惟妙惟肖，但却始终无法以一种合理而得体的方式来表达思想。他的作品中总不乏刚健生动的笔触，但却往往缺少措辞的纯净或质朴。他对于戏剧艺术和舞台表演一无所知，这是他的一大缺陷。但它更多地影响到观众，而非读者，故而不难赢得我们的宽宥。与之相较，更难让人容忍的是他的作品常常格调不高，唯有靠间或迸发的天赋灵光予以克服。他当然是旷世大才，拥有极高的天分，他同时提升了我们的悲剧和喜剧。但人们应当将他引为前车之鉴：要想在文艺上卓然有成，仅仅靠天赋是多么的危险！人们甚至仍会怀疑：我们是否高估了他的才赋，一如那些奇形怪状、比例失调的身体总是显得更为硕大。[1]

这段文字可能会让伏尔泰感到乐不可支——伏尔泰本人的批评可能会更加严厉，但却让许多英格兰人，甚至苏格兰人感到不悦。正是在亨利·霍姆和艾伦·拉姆齐的劝说下，休谟已缓和了最初的批评调门。[2] 作为一位伟大的古典主义诗人，弥尔顿自然受到了休谟的优待：

---

[1] Hume, *Hist.* (Edinburgh 1792), VI, 191-2.
[2] 关于 Home，参见 Sir James Prior, *Life and Edmond Malone* (London 1860), pp.374-5；关于 Ramsay，参见 RSE, VI, 103。

第二十七章　苏格兰的奥古斯都时代

可以肯定，当心情舒畅，并措意于某个高贵主题时，就高贵豪迈而言，任何语言中的任何一位诗人都难以望其项背，就连荷马、卢克莱修和塔索也不例外。他比荷马更简洁（concise），比塔索更质朴（simple），比卢克莱修更刚健（nervous）。假如他生活在更晚近的时代，从而学会洗尽其诗句中的某些粗鄙之气，假如他享有更好的命运，有闲暇去静候天赋在其身上的回归，那么，他早就臻至完美的顶峰，并当仁不让地赢得史诗的桂冠。[1]

值得注意的是，穿插在《英国史》中对于这些英国作家的"品藻"，构成了英语世界中将文学史和文化史引入此前严格意义上的政治史的首次尝试。在这种意义上，如果将它们收拢在一起，就构成了第一部已付印的"英国文学史"，尽管显得有些支离破碎。

考虑到休谟关于诗歌的一些批判性观点，也考虑到他对于几位诗人的赞助，我们最好记住：他自己并非诗人。1775 年，他曾向鲍斯维尔表述道："他从未写过任何诗句。"正如他所告诉鲍斯维尔的那样，有一次，休谟曾向约翰·阿姆斯特朗（John Armstrong）——他"极其看重诗歌"——争辩道："哎哎，博士，您难道不认为：我们这些散文作家就像步兵一样有千钧之力，而那些诗人就像马匹一样只适合在乡村耙地。"[2] 这种评论意味着，在审美标准之外，文学还有一套功利主义的标准。休谟文稿中还存有其亲手所书的诗稿，但这并非休谟自己的诗作，经查证，它只是休谟所抄录的其他几位诗人的诗作，这其中就包括他的老朋友班戈的汉密尔顿（Hamilton of Bangour）的诗作。也许还值得注意的是，休谟的其他一些朋友也是诗人和词作家，如闵拓的吉尔伯特·埃利奥特（Gilbert Elliot）以及其姐姐珍·埃利奥特小姐（Miss Jean Elliot），艾莉森·科伯恩夫人（Mrs. Alison Cockburn），安妮·林赛女士（Lady Anne Lindsay）。

前面已言及大卫·休谟对约翰·霍姆的赞助。大卫给巴黎的勒布朗神父（Abbé Le Blanc）寄去了一本《道格拉斯》，并解释道：

---

[1] *Boswell Papers*, XI, 4.
[2] RSE, IX, 7-11. Hill Burton (I, 227-35) 和 Greig (p.84) 认为其中的某些诗文是休谟自己的。关于休谟辞世后，一些人伪造休谟诗文的努力，参见后面的"附录1"，第 621-3 页（英文原页码）。

《道格拉斯》是一出新悲剧,由约翰·霍姆所作。他是一位才华横溢的年轻绅士,也是我的朋友和亲戚。这位绅士作品的命运可谓一波三折。最初,德鲁里巷剧院的经理拒绝将其上演,正是出于这种原因,它被迫在爱丁堡的剧院上演。为了提高它的知名度,我专门给这位作者写了一篇"献词",并附在《论文四篇》的后面。其所产生的宣传效果是如此之好,以至于它转而在考文特花园上演,并受到公众的热烈欢迎。正鉴于整部《道格拉斯》所洋溢着的优雅、质朴和端庄,我深信:在以英语写就的悲剧中,还没有哪部如此适合于在你们国家的剧院上演。我非常乐于看到该剧被译成法语,并希望它能在拥有众多一流批评家的巴黎获得成功。[1]

不幸的是,即便是这位法国人也认识到"优雅、朴素和得体"并不足以成就一部优秀的剧作。实际上,许多英格兰人都因休谟在《论文四篇》"献词"中对于《道格拉斯》的过誉之词而对其大加贬责。显而易见,在伦敦,很少有人对坐在科文特花园剧院旁听席前排的那位阿伯丁人的得意与狂喜感同身受,他于首演那天晚上大喊道:"你们这帮家伙,你们以为只有你们有莎士比亚吗?"[2]

出于仁善、友情和文学爱国主义,大卫·休谟试图让其他更多的作品摆脱籍籍无名的状况。而他之所以力推布莱克洛克,也正是出于这一点。出身贫寒,自幼因患天花而致盲的托马斯·布莱克洛克,是一位始终让人津津乐道的文坛奇才。在1754年的一封信中,休谟描述了他与布莱克洛克相遇时的情景:

> 我第一次见到或听说布莱克洛克先生大约是在12年前,当时我是在拜访两位年轻女士的时候与他偶遇。这两位女士介绍了他的一些情况,但也只限于只言片语,因为他当时在场。我很快就发现,布莱克洛克先生不仅具有非常精雅的品位,而且还挚爱学术。在那时,他正受庇于斯蒂文森博士[3]的门下,并忙于提高自己的拉丁语。我曾向他复述过蒲伯先生的一首悼亡诗,它专门是为了纪念一位不幸的女士。尽管我是一位非常糟糕的朗诵者,但我看到他还是被深深地打动了。实际上,虽然贵为心灵的窗口,他的眼睛

---

[1] HL, I, 260.
[2] Campbell, *Chancellors*, VII, 355, *nf*.
[3] 不是那位大学教授,而是那位医生。

第二十七章　苏格兰的奥古斯都时代

根本就无法表达任何情感,但他的整个身体却在不停地战栗。这首诗显然触动了他那精雅的品位,并拨动了他那温柔的心弦。几天之后,我就离开了爱丁堡,并且此后很长一段时间都不在苏格兰。在这几年间,我既没有看见过他,也没有听到有关他的消息。后来,我的一位熟人告知了他的一些境况,并说:如果不是因为太过羞怯,他本打算登门拜访我的。他很快就表现出卓尔不凡的才赋(我早就发现了这一点),一种诚挚的知恩图报的天性,一种羞怯而隐忍的脾气,并伴以一种精雅的骄傲。身处逆境时,与美德相伴的常是这种精雅的骄傲。

接着,休谟又讨论了布莱克洛克何以能在其诗歌中自如地运用描写。

我曾问过他,他是否存有任何光明或色彩的观念。他向我保证,他没有任何光明或色彩的概念。然而,我发现:所有的诗人,即便是最富叙事性的诗人,如弥尔顿和汤姆森(Thomson),他也读得津津有味。汤姆森甚至是他最喜爱的诗人之一。我记得洛克曾讲过一个盲人的故事:这个盲人说他很了解猩红色,它就像是喇叭所发出的声音。因此我问他,他是否会有这种类型的联想,他是否会将色彩和声音联系起来。他回答道,由于他在书本上和谈话中经常碰到各种表达色彩的词语,故而他已形成了一些错误的联想——正是这些错误的联想,在他阅读、写作以及谈论色彩时支持着他。但是,这些联想都只停留在智识层面上。例如,他就把太阳的照射比作一个朋友的出现;把欢快的绿色比作一种可人的同情,等等。对我而言,要理解他并不容易,尽管我深信:在我自己的思想中,也总能发现一些类似的联想。确定无疑的是,我们总是在某种语言中,也即在我们最熟悉的语言中思考问题。而用观念取代语词的情况也属常见。

然而,关于爱,布莱克洛克所体验到的不仅仅是单纯的观念。

正是基于这种想法,我有一次曾对我的朋友(也即布莱克洛克先生)说道:我敢肯定,他对待爱情并不会像对待色彩那样。如果没有感受到爱,他就不会谈论爱。由于他曾在言语间多次提到爱,所以我们有理由怀疑他曾感受过爱。"唉！"他做了一个手势，并说道，"一说到这个问题，我的内心就久久无法平静。"我回答道：与我们这些明眼人相比，您的激情总是建立在更为合理的基础上，我们这些人是如此愚不可及，以至于为外在美所俘获，但只有内在美才能打动您。"才不是这样呢！"他说道，"对我而言，声音的甜美具有极大的影响：而年轻的各种迹象——这可以通过触摸探知——对我同样具有极大的影响。尽管这种习见的做法（指触摸）在别人是属于缺乏教养，但由于眼盲的缘故，我所认识的女孩都惠允我用手触摸她们。通过这种办法，我完全可以判断她们的身形轮廓。然而，毫无疑问，幽默、性情、判断力以及其他的心灵美，同样会对我产生影响，一如其他人。"

休谟明智而审慎地总结道："从这个谈话中，您不难看出，即便是对于一个盲人而言，要想成为一个完美的柏拉图主义者该是多么困难！"[1]

1746 年，布莱克洛克于格拉斯哥私自付印了一本诗集。但当时，人们正被新近发生的詹姆斯二世党人叛乱弄得人心惶惶，故而，根本就没有人注意到这本诗集。1754 年，该诗集的新版在爱丁堡面世，通过不断地写信催逼朋友预订，大卫·休谟开启了一轮轰轰烈烈的促销攻势。例如，在 2 月 27 日致斯密的信中，休谟写道：

阁下：

　　这是一封通函，旨在向我所有的熟人，尤其是向那些交游广泛、长于宣传的人推荐布莱克洛克先生的诗作。其中的某些诗篇确实优美动人，即便出自意气风发的幸运儿之手，也势必会赢得极大的尊崇。但是，当考虑到这些诗篇的作者曾受到大自然的如此苛待，如此命运多舛，您不免会认为：这些诗作不啻为一种天造的奇迹！此外，尽管布莱克洛克先生有着我生平所仅见的最为温厚的性情，尽管他一直粗茶淡饭、节衣缩食，但仍身处困厄、身无长物。面对此情此景，您自然会认为，他的这种境况更值得我们给予加倍的同情和尊重（Pity & Regard）。福尔斯先生（Mr Foulis）处有我寄去的若干册诗集，以供出售，他愿将它们原价分销，不求任何利润。我恳请您不仅要自

---

[1] HL, I, 200-202.

第二十七章 苏格兰的奥古斯都时代

购一册,而且还要多拿一些在熟人中分销。我相信,借助您的关系,至少可以卖掉半打诗集。这几天里,我已售出约50册,售价是三先令一册。您尽可放心地推荐此诗集。请读"致去几内亚海岸青年的颂歌"、"论形而上学的进步"、"致一位痛失爱子的夫人的颂歌",以及"希望:一首哀歌"、"独白"。如果您不认为这些都是值得称颂的杰作,那就是我的大错。这本诗集可以与多德斯利(Dodesley)的《杂诗集》,甚至更好的诗集一争短长……

请代我向贝瑟姆先生和夫人(Mr. & Mrs. Betham)致意。倘使那位夫人能对布莱克洛克先生的诗作感兴趣,对促销当大有帮助。尽管天生是一个盲人,但布莱克洛克先生对于我等总是首先靠眼睛来感知的那种激情(指爱情),并非无知无觉。除非一个人既聋又瞎,否则我就不知道他如何能抗拒贝瑟姆太太的魅力。

休谟的另一封推销函是写给罗伯特·多兹利(Robert Dodsley)的——他是蓓尔美尔街(Pall Mall)一位专门出版诗歌的书商,并随信附赠了6本布拉克洛克的诗集作为礼物。多兹利将休谟的这封信以及其中的一本诗集,又转寄给当时在牛津就任现代史教授的前诗学教授约瑟夫·斯宾塞(Joseph Spence)。反过来,斯宾塞又通过多兹利于1754年11月发表了《对布莱克洛克先生的生平、品性和诗歌的记述》(An Account of the Life, and Character, and Poems of Mr. Blacklock: Student of Philosophy, in the University of Edinburgh),在其中,他引述了休谟致多兹利信中的一些内容,并称其作者是"道德随笔作家"。与此同时,多兹利还启动了布莱克洛克四开本版诗集的征订工作。在得知这些善意的举措之后,休谟于10月15日直接给斯宾塞教授写了一封长信。在信中,休谟谈及了进一步的捐助措施:

布莱克洛克从上一版(爱丁堡版)诗集中获得了大约100个基尼的收益,这是他在这个世界上仅有的资财。他还享有一项补助金,每年大约有6英镑。在过去的5年间,为了支持他,我启动了其诗集的征订工作。通过我的熟人,我每年又为他挣得了12基尼。这是一项极其繁难的工作,我总是遇到一些意想不到的拒绝,这让我大为沮丧,尽管还不至于让我甩手不干。我们本有望从财政部为他争取到另外一笔补助金,一年有10英镑。但让人性蒙羞的是，我们遇到了困难。因为为了卸去自己的负担，那帮贵族老爷们从中作梗，以便让他们的仆从或保姆之子获得这笔补助。如果我们能确保这位高才大德之士每年有30镑的进项，那么他将过上轻松适意的生活。因为他所寄望的无非是大自然所赐予他的那些东西，尽管不幸的是，大自然让他比别人遭逢了更多的苦难。

此后还不到两个月，借着与"爱丁堡律师公会"图书馆的馆长发生争执的机会，休谟能够亲自为布莱克洛克提供一个大大增加其收入的机会。他向亚当·斯密解释道："我虽然保留了图书管理员的职位，但已将我每年40镑的薪水作为一笔年金赠给了我们的盲诗人布莱克洛克。"

斯宾塞对布莱克洛克非常感兴趣，以至于为了能见到他，亲自去了一趟苏格兰。1756年初，多兹利刊印了布莱克洛克新的征订版诗集——《布莱克洛克先生诗集》(*Poems by Mr. Blacklock*)，"并附有前牛津大学诗学教授斯宾塞先生所作《对布莱克洛克先生的生平、品性和诗歌的记述》"。在《记述》中，所有涉及休谟的内容都被悉数隐去。还是让我们看看休谟自己是如何讲述斯宾塞的删改行径的。

> 虽然我已让斯宾塞先生严格把关，但布莱克洛克的某些诗句还是会让您忍俊不禁。在爱丁堡版中，就有这样的诗句：
>
> 每个时代的智者都得出这样的结论，
> 为皮浪所谆谆教导的，为休谟所不厌其烦重申的是：
> 教条主义者都是笨伯。
>
> 斯宾塞先生坚持认为，除非将我和莎夫茨伯里伯爵的名字（在另一个地方，莎夫茨伯里伯爵的名字也被提及）从诗集中抹去，否则，他提高该诗集在伦敦的征订量的努力全属徒劳。虽然作者毫不犹疑地略去了莎夫茨伯里的名字，但坚称：他宁可放弃其有可能从征订中所获得的全部利益，也不愿舍弃他对于一个人的微不足道的称颂，因为他受之于这个人的恩惠，要远大于他受之于全世界的恩惠。我是偶然间听到这件事的，并在没有进一步征询作

第二十七章　苏格兰的奥古斯都时代

者意见的情况下致信斯宾塞先生：作为主要的当事人，我授权他将提及我的那节诗删去。他这样做了，不仅如此，在诗集所附的作者生平中，当言及曾惠助过他的各色人等时，我的名字被小心地隐去。要正确地看待所做过的善事——它们只是更为华丽的罪行（*splendida peccata*），在得到神恩认可之前，这些善事对拯救毫无助益。[1]

在"论形而上学的进步"这首颂歌中，布莱克洛克提到了休谟，而在一个注解中，更是将休谟指为"《人性论》的作者"。面对斯宾塞的无礼，休谟强忍自尊，并未与他撕破脸皮。此后，休谟依然是布莱克洛克主要的庇护人。1757 年，通过说服他不要向那些行将进入法院和教会的年轻人做关于演说术的讲演，休谟再一次将布莱克洛克从某种灾难中解救出来。相反，1759 年，经批准，布莱克洛克得以进入教会。

正是在 1757 年 7 月 2 日致吉尔伯特·埃利奥特（Gilbert Elliot）的信中，休谟提出了"苏格兰是欧洲最杰出的文学民族"的说法。这显然属于有感而发，因为威廉·威尔基（William Wilkie）刚刚在爱丁堡出版了一部有着荷马式主题，名为《后辈英雄传》（*Epigoniad*）的史诗。休谟欣欣鼓舞地要求埃利奥特在整个伦敦扩散这个好消息：

> 您此时想必已拜读了《后辈英雄传》这部佳作，并且由于您如此热爱艺术、热爱您的祖国，想必您已在大力宣扬它了。它无疑是一部卓尔不凡的作品，不仅充满了崇高和才情，而且还富有一种高贵、和谐、有力甚至端庄的节律。我们通常会认为这个故事枯燥、乏味、无趣，但是，这一缺陷已为作者瑰奇的想象力所弥补，同时效法荷马也为它涂上一层新奇的色彩，仅就这一点而言，所有现代传奇作家都难以望其项背。我只希望这部作品很快就能成为伦敦街谈巷议的对象，而我也将抓住这次机会向您介绍一下这位作者的一些逸事，除了您已经知道的，诸如：他是一个非常值得敬重、非常有趣之人，并且行为处事不拘礼节，而这又是大人物的普遍特征，甚至还带有一些粗朴和随意，而这往往有助于减少大人物们所经常遇到的嫉妒。

---

[1] HL, I, 231.

您知道，他是一个农民的儿子，住爱丁堡附近的乡村。在那里，有许多鸽舍，而农夫们对于这些成群结队的鸽子很是头痛，而威尔基的父亲就常常让他在自家的麦田里扮作稻草人——对于这一任务，他倒是很称职。他承认，正是在这种环境下，他首次构思出了这部史诗的梗概，甚至还写出了部分的章节。他总是随身带着他的荷马，一张桌子，笔墨纸张，以及一支鸟枪。每当他写完一两行的时候，就会有一大群鸽子飞到他的麦田，他只得搁下笔，起身奔向鸟群，开火。然后回来继续写作，直到又有鸟群飞来。

两三年前，杰米·罗素（Jemmy Russel）与一位英格兰医生——也即那时正在苏格兰旅行的罗巴克博士（Dr Roebuck）——开了一个大玩笑。一天，罗素带着罗巴克博士骑马走出爱丁堡城，想看看整个城市的风貌，并且故意将他引至威尔基家的麦地。他看见一个家伙正在不远处打谷子，只见那人肩膀上挂着一条毛巾，浑身都散发出一股刺鼻的汗臭味，一副农夫装扮。罗素对罗巴克博士说道：**这里有一位农民，我与他打过交道，让我们会会他吧**。他随后做了一个手势，于是威尔基就走到他们的跟前。他们问了一些关于节气、庄稼和收成方面的问题，威尔基对答如流。但没聊多久，话题不知怎么就转到了希腊诗歌上，并进而又聊起了整个诗歌艺术。罗巴克博士尽管基本上听不懂他那蹩脚的英语，或者说听不懂他那浓重的苏格兰口音，但却能理解他，因为他的希腊文是顶呱呱的。在离开的时候，罗巴克博士禁不住向罗素表达其高度的敬意：一个乡下人，一个乡巴佬，一位普通的庄稼汉——诚如他所看到的这样，竟掌握了如此渊博的知识。他问道：**难到苏格兰的农民都读希腊诗歌吗**？罗素不动声色地回答道：**是的，冬夜漫漫，除了读希腊诗歌，他们还有什么更好的消遣呢**？在离开苏格兰的时候，罗巴克博士显然已相信：在苏格兰的每个教区，至少有一打的农夫在漫漫冬夜里挑灯夜读，将荷马、赫西俄德、索福克勒斯读给他们的家人听。如果罗巴克博士要对他的旅行详加记述的话，他绝不会遗漏这件奇遇。

威尔基现在在一个离爱丁堡约4英里、名为拉索（Ratho）的地方做驻点牧师。他的收入大概一年有80—90镑，在他眼里，这可是一笔价值不菲的财富。此前，他的收入只有一年20镑。作为一名帮工，他曾说过：很难想象，无论是就生活的便利设施而言，还是就人生的乐趣而言，他还缺少什么。要更多的钱其实了无意义。他学识渊深、博学多能，除了希腊诗歌，他

第二十七章　苏格兰的奥古斯都时代

还是一名非常优秀的几何学家，而人们一般认为，作为一门科学的几何与一个诗人的生动想象力几乎水火不容。他甚至在几何学方面小有发明。他告诉我：当他还是一个毛头小子的时候，他曾就他到底是应该致力于数学研究，还是致力于诗歌这一问题，掷过骰子，并担心以诗歌为业会埋没了他的才华。这个人虽然对拼写法知之甚少，但却已用英语撰写了二部史诗。在整部史诗中，他常常将"yield"这个词错误地拼写成"ealde"；而要让他相信这是一种错误更是难上加难。

尽管是一位忠诚的苏格兰人，但埃利奥特发现，他很难认同大卫·休谟将威尔基与荷马和弥尔顿相提并论的做法。几个星期后，休谟不情不愿地承认："我发现公众和您现在还无法接受《后辈英雄传》。如果他们乐意，他们可以这样做：但这是一部鸿篇巨制，他们中没有哪一位能创作出这么一部作品。"在伦敦，《学衡》（*Critical Review*）和《每月评论》（*Monthly Review*）都对《后辈英雄传》持批判态度。奥利弗·戈德史密斯（Oliver Goldsmith）在《每月评论》上写道："《后辈英雄传》看上去更像是一部旧戏新编；作为一部作品，它已不再能取悦学园里博学多识的学子们，它只能吸引流通图书馆中的那些胸无点墨的读者。"但是，大卫·休谟仍然忠实于自己的批判原则，忠实于自己的朋友，忠实于自己的祖国。他一再提及伦敦书商们阻碍所有地方出版物销售的"阴谋"，并提议安德鲁·米拉出《后辈英雄传》的第二版："作者是我的挚友和熟人，我非常乐于引荐他与您结识；如果第一版的失败尚未让您气馁，我将力促他与您达成协议。他将矫正人们所提到的所有瑕疵。"

米拉被说服了，并于1759年初出了"经过认真修缮的第二版，并添加了以斯宾塞的风格写就的一出梦"。是年4月，在给亚当·斯密的信中，休谟颇有些难为情地写道："我希望，《后辈英雄传》这部史诗能够成功，但这似乎很难。我相信您现在不时会翻阅一些评论性杂志的，您会在《学衡》上看到关于《后辈英雄传》的一封信；我希望您能猜一下这封信的作者是谁，也好让我看看您以文度人的本领。"然而，在给威廉·罗伯逊的信中，休谟则更为直言不讳：

> 对于《后辈英雄传》的成功，我尚不敢打保票，尽管为了推销它，我已使出了浑身解数，我特意给《学衡》写了一封信，您可找来一读。然而，我

发现，一些优秀的鉴赏家对它表示出极大的敬重，但是，书自有书的命运（*habent et sua fata libelli*）。[1]然而，如果您想对作者稍加恭维（我承认，对于一位作者而言，这足可以让他士气大振），您不妨告诉他：切斯特菲尔德伯爵（Lord Chesterfield）曾对我说，他是一位伟大的诗人。我可以想象，由于受到一位英国伯爵、一位嘉德骑士、一位大使、一位国务大臣和一位声名显赫之人的赏识，威尔基肯定会心花怒放。因为我注意到：这位伟大的"乡巴佬"对此还是非常在意的。

既然1757年的许多评论文章对于《后辈英雄传》的指责，都基于其文辞，故而，在1759年4月号《学衡》上所登载的那封信里，休谟强调了《后辈英雄传》第二版所做的修缮。

  对于在《学衡》上撰文的诸公，公众一向多有佳评，他们承认：在本国，还没有那本文学杂志能像贵刊这样秉持一视同仁、不偏不倚之旨。但是，我必须要承认，贵刊1757年所刊登的一篇文章却让我大跌眼镜，忧心如焚。其所评之书是一部名为《后辈英雄传》的史诗，它那时刚刚在爱丁堡面世，并大获称誉，且有少量流入伦敦。当那篇文章的作者以如此轻蔑的口吻谈及这部充满崇高之美的诗作，并因其表达和韵律上的几处错疵而对这部近六千行的诗篇大加挞伐时，他一定怀有某种强烈的先入之见。更何况这部史诗的作者之所以会犯下这些错疵，完全是因为他是一位从未踏出国门半步的苏格兰人。现在，这部史诗的新版面世，其中，所有的错疵，或者说绝大多数错疵都得到了校正。我自以为，值此之际，您或许乐于收回成见，并对这部或可为英语增辉的杰作做出公允的评价。正像那位诉诸马其顿的菲利普之判决的老妇人一样，我诉诸您的判决：我所诉诸的绝不是那个刚愎自用、草菅人命的菲利普，而是那个从善如流、明谋善断的菲利普。您对公众所具有权威，也让您的批评重若千钧。职是之故，我毫不怀疑您将乐于纠正您因疏忽、偏见或错误所造成的任何伤害。

---

[1] Terentianus Maurus, *Carmen heroicum de litteris, syllabis et metris*, 258.

第二十七章　苏格兰的奥古斯都时代

这封信没有署名。但是，一个很可能由斯摩莱特操刀的"编者前言"，诚心地接受了休谟的上述批评："通过认真阅读下面这篇文章，读者将不难发现：我们这些评论家是多么容易犯粗率之失，但我们并非冥顽不化之辈，一味固守着批评家的骄傲。一旦受到坦率的批评，一旦这些批评得到确认，我们将收回我们的指责，并以谦卑之心聆听指教。"然而，要指望人们能更进一步认同休谟的如下观点则是徒劳的："受到古希腊真正天才人物的鼓舞，怀着对荷马的最深切的敬意，作者不屑于使用所有的浮华修饰。完全仰仗着其崇高的想象力，以及雄健和谐的诗句，作者大胆地向读者呈现了大自然的本真之美，并向真正古代的仰慕者发起了挑战。"尽管有证据表明，许多苏格兰人都对休谟的这些话信以为真，但要说斯摩莱特在读到它时不发出其会心的爱国主义微笑，这着实难以让人相信。当然，很少有英格兰人拿休谟的这些话当真。

任何在本质上不是完全自发的文学复兴，都不可避免地带有人工雕琢的痕迹。大卫·休谟及其同伴的爱国主义冲动——也即在用英语写作的苏格兰诗人中培植这种文学复兴——确实有揠苗助长之嫌。苏格兰知识分子无疑创作出了传世佳作，诸如休谟、罗伯逊和斯密的一些著作，但它并没有在想象力层面上创作出任何杰作，因为在任何时代，仅仅靠恩庇和良好的意愿是产生不了任何天才的。爱国主义自有沦为偏狭的地方主义的固有倾向，就像1755年命运多舛的《爱丁堡评论》所昭示的那样。

由亚历山大·韦德伯恩所撰写的《爱丁堡评论》第一期的"前言"，是"苏格兰启蒙运动"的宣言书："本杂志旨在不断地向公众展示这个国家学术的持续进步。"然后，韦德伯恩的文章又对在17世纪曾阻碍了苏格兰文学发展的历史和宗教因素进行了一种历史性的概述。韦德伯恩认为，在18世纪中叶的当下，知识进步的两大障碍正在被清除："在一个没有语言标准的国家，或者说，在一个语言标准失之偏颇的国家，缺乏一种确当的表达方式和表达渠道"，以及"这个国家在印刷艺术上的缓慢进步"。

这计划本质上的地方主义在"致《爱丁堡评论》作者们的一封信"中得到了揭明。这封信刊印于《爱丁堡评论》第二期也是最后一期的卷尾。其作者正是亚当·斯密，他自己是《爱丁堡评论》的一名编辑。这封信开篇写道：

先生们：

　　我欣喜地看到，你们所从事的这项广泽利生的工作，有可能在这个国家里取得良好的进展。但是，我担心，如果你们所关注的对象仅限于苏格兰地区的出版物，诸位将会发现，不久之后，这项工作便会陷入惨淡经营、难以为继的困局。我们苏格兰刚刚在学术界崭露头角，迄今为止尚无多少优秀著述可言，因此，主要针对本地现有著作的评论文章，几乎不可能长时间地吸引公众的兴趣。在第一期，你们很好地呈现了一些作品的荒腔走板之处，这或许可以引发读者一时的兴趣，但若你们的文章主要在于评述此类著作，任您有生花妙笔也无济于事。

　　斯密认为《爱丁堡评论》犯了地方主义的错误，其救治之道在于世界主义："希望贵刊秉着一贯的文人精神和坦率作风，继续关注苏格兰地区所涌现的每一部够水准的佳作；与此同时，还须开放眼界，将现今仅针对英格兰的计划推而广之，应用于整个欧洲……"斯密还指出，"这项任务并不像初看起来那样艰巨。其理由在于，尽管在某种程度上讲，知识教化已几乎遍及欧洲各地，但达到较高水准，并且享誉全欧、足以吸引他国人士之注意的，唯英、法两国而已。"斯密比较了这两个国家的文学，并专门将《百科全书》和卢梭晚近的著述引为那种或可引荐给苏格兰读者、并使其受益的外国著述。注意到这一点或许不无启示意义，也即斯密所提及的英国哲学家名单到了哈奇森便戛然而止，他并没有提及其朋友休谟。

　　亚当·斯密的这封信可算作《爱丁堡评论》的临终遗言。然而，《爱丁堡评论》的地方主义要远比斯密所想象的严重。它实际上是双重的：苏格兰缺乏足够多的天才人物，故而缺乏评论的素材；同时，其编辑们也缺乏勇气。马修·布兰布尔（Matthew Bramble）曾惊呼道："爱丁堡是天才的温床。我有幸结识了许多第一流的作家，比如两个休谟，罗伯逊，斯密，华莱士，布莱尔，弗格森，威尔基等。"但那时的布兰布尔，是忠诚的苏格兰人托比亚斯·斯摩莱特的传声筒。尽管爱丁堡确实是天才的温床，却仍不能生产出足够多的好作品，以充塞《爱丁堡评论》的版面。但是，这种不足也部分归咎于其编辑们的怯懦，他们将苏格兰最伟大的文人以及他们的著述排除在外。在苏格兰，如果缺少了休谟和斯密自己，谁又会有足够的智慧去实施这一新近提出的计划呢？此外，如果认为每一本新近

第二十七章 苏格兰的奥古斯都时代

出版的烹饪书仅仅因为其在苏格兰出版就值得评论，那么，为什么休谟的《英国史》就不值得评论呢？最后，是什么造成了斯密有意将休谟排除在哲学家名单之外呢？《爱丁堡评论》在一年内就宣告失败，这固然归咎于其所实行的自我否定的政策，但它也进一步证明了其固有视野之狭隘。任何期刊，只要它害怕对其国家中领袖群伦的文人有所置评——无论褒贬，那么，它便从一开始就注定要失败的。《爱丁堡评论》从来就不是真正全国性的，而只是地方性的。

1764年，大卫·休谟的命题——也即苏格兰人是"欧洲最杰出的文学民族"，受到了都灵皇家学院的雄辩和纯文学教授卡洛·乔瓦尼·玛利亚·德尼纳（Carlo Giovanni Maria Denina）的欢迎和意想不到的支持。德尼纳教授言之凿凿地指出：在文学上，英格兰人正在走向穷途末路，而苏格兰人正在冉冉升起。"我们这个时代的优秀作家与30年前曾让英格兰增辉的作家不可同日而语。但英格兰的这种缺憾因目前在苏格兰大放光彩的许多著名作家而得到了充分的补偿。由于苏格兰人已与英格兰人结为一体，并使用同一种语言，所以邻国难以察觉到英格兰在文学才赋上的显见衰落，否则的话，全欧洲都能明显地感受到这一点……自晚近以来，那些为英国文学增光添彩的主要作家，要么出生于苏格兰，要么受教于苏格兰，在当下，这已是一个不争的事实。"

德尼纳专门挑出来加以颂扬的苏格兰诗人有布莱克洛克（Blacklock）、霍姆（Home）、马利特（Mallet）、汤姆森（Thomson）和威尔基（Wilkie）。但他承认，"然而，苏格兰人据以赢得其无与伦比之荣耀的文学门类并不是诗歌。"相反，真正为苏格兰赢得荣耀的是历史。"尽管英格兰在几乎每一个文学门类中都不乏佳作，但却没有哺育出任何一位优秀的历史学家。在英国文学的这个重要门类中，尚需由苏格兰人来完成这最后的致命一击。"当然，首当其冲的就是"著名的大卫·休谟的著作"。"假如斯摩莱特先生做一位天才所应做之事，更看重不朽的荣耀，而非当下的收益，以及在以赚钱为职事的书商那里的如雷贯耳的名头，他或许会成为一位伟大的历史学家。""智巧的罗伯逊先生"理应获得"不朽的称颂"。德尼纳的最后一段话，势必会温暖所有发现用标准英语写作困难重重的苏格兰人的心灵："一些人沉迷于在一个国家首府出生的骄傲和虚荣，并自欺欺人地认为，唯有他们才能用他们自己的语言写作；他们当然很难相信苏格兰人甚至有望从英格兰人自己手中夺得英语的桂冠。"[1]

休谟和德尼纳对苏格兰文学固然有所高估。不过,对苏格兰而言,18世纪60、70年代尽管有其缺陷和不足,但确实是一个奥古斯都时代(an Augustan age)。它证明,英格兰诗人亚伦·希尔(Aaron Hill)的预言性诗句[2]绝非仅仅只是一种预言:

哦,北方,我再一次凝望您那玲珑的海岸,
爬过那荒凉的丘山,穿过那幽暗的沼泽。
我用温热的眼眸打量着您,
自然而平静,没有任何呵责。
您的姐姐英格兰是一位风情万种的女子,
艺术让她分外妖娆,诱惑让她蠢蠢欲动:
富有、骄傲而放浪,她知道自己有多美丽,
那绝代的风华,那灼人的艳光。
苏格兰尾随其后,宛如青涩的佳人
望着姐姐的样子,太息复太息;
尚未意识到,她的时代即将来临,
当英格兰年老色衰时,她将广受称誉。

---

[1] Quoted in *Scots Mag.*, XXVI (1764), 465-7. 丹尼斯(Dennis)的《论文学革命》(*Essay on the Revolutions of Literature*)于1763年在格拉斯哥面世。
* 英国文学的全盛时期(1690—1745),尤指18世纪初叶安妮女王统治下的文学全盛时期(1702—1714)。
[2] "Written on a Window in North Britain."

第二十八章 英格兰的冷漠

"居住于泰晤士河畔的那帮蛮民。"

在18世纪50年代后期，伦敦经常萦绕于大卫·休谟的脑际，要么让他趋之若鹜，要么让他感到深恶痛绝。而对伦敦的这种趋之若鹜或深恶痛绝，则在很大程度上取决于休谟对其人生轨道上另两个主要城市——巴黎和爱丁堡——不断变化的态度。来自巴黎的召唤正变得越来越强烈。对于文人休谟而言，这个世界主义的中心无异于一处世外桃源，在那里，所有的民族或宗教偏见被弃之一旁，他将因其智识力量和形诸笔端的作品而受到欢迎。然而，正因为巴黎太完美了，休谟反而对它怀有几分忧惧："我相信，我最好不要去巴黎，因为我很可能会在那里终老一生。"作为一个忠诚的苏格兰人，休谟不愿意背井离乡。不过，鉴于他一直深受迫害，也鉴于他的存在一直给朋友们带来众多的困扰，休谟一直备感苦恼。所以，他一直不愿做出如下决定：如果他远走爱丁堡，那么伦敦便是最佳的去处。

1757年，休谟《都铎朝英国史》（*History of the Tudors*）的写作进展颇为顺利，并开始考虑：到底是继续向后写至威廉和玛丽时期，还是继续向前写。前一种写法无疑更受欢迎，但需要长住伦敦以收集史料。对伦敦没有公共图书馆这一点，休谟颇有怨言。这种缺失意味着：休谟必须依赖于英格兰那些豪门巨族的私人藏书。同时，一想到很有可能被辉格党大臣们拒之门外，休谟心里就五味杂陈。犹疑之下——休谟的后半生一直犹疑不决，休谟决定：不到万不得已，不对《英国史》的未来写作方向做出任何决定。但在1758年，为了推动《都铎朝英国

《史》的顺利出版，休谟不得不前往伦敦。

由于预见到这件事势在必行，休谟于上一年的9月致信克莱芬医生道：

> 明年夏天，我肯定会去一趟伦敦，甚至有可能在那里度过我的余生。至少，如果我能找到一处可意的居所的话。关于找房子一事，还请您代为费心。请给我找一个正派而又独门独户的人家，假如这家人愿意接纳我这样一位正派、单身、善良、俭省、生活规律、安静、好脾气的"坏人"的话。这样的房子特别适合我，因为我要在其家中用餐。当然，如果能在克莱芬医生家附近找到这样的房子，那就再好不过了。亲爱的医生，到时我就可以一年花掉150镑，我记得150镑是您以前替我算出的大致数目。

但休谟再也无缘与其挚爱的克莱芬医生相聚，因为他受诱参加了1758年对圣马洛（St. Malo）的那次致命的远征，途中染疾并死在海上。1758年8月15日，休谟将《都铎朝英国史》的手稿放在了"两个白色的铁盒子"里，用公共驿车将其寄至斯特拉恩处，因为正像他所解释的那样，几周内，"我将骑马赶往伦敦"。

如果说休谟将去国别乡、永久离开苏格兰的传闻，让他的朋友感到悲不自禁、怅然若失的话，那么也一定会让其敌人感到欢欣鼓舞、如释重负。休谟的一位名叫乔治·邓普斯特（George Dempster）的朋友，早在1756年12月就悲叹道：大卫·休谟

> 终于厌倦了教士们，甚至那些更为开明之士的无休无止的迫害，并打算于今春前往伦敦，从而抛弃一个薄情寡恩的国家，以托庇于自由的羽翼之下，并与那些知道如何欣赏其才华的人打成一片。对于我们将遭受的这一重大损失，我实在感到遗憾。我总是认为，他就是**爱丁堡的苏格拉底**（**Socrates of Edinburgh**）。凡是我与他意见不一的地方，我不久之后便几乎无一例外地发现：是教育和偏见蒙蔽了我的双眼，而他却因思考和哲学之故，从不曾受此蒙蔽。[1]

---

[1] Dempster, *Letters to Ferguson*, p.22.

第二十八章　英格兰的冷漠

邓普斯特的颂词格外动人心弦，因为它出自这样一位作者的笔下。邓普斯特曾写道："对于宠溺大卫的我而言，如果考虑到他是多么缺乏作为宗教唯一支撑的信仰，那么，我们就不难相信：即便是最好的、最不奢纵的宗教也难以赢得休谟的敬重。"

在1958年夏天启程前往伦敦之前，休谟的一位不具名的对手发表了一篇措辞严厉的广告：

> 为了人类的利益，通过伟大的旅行和大量的研究，我，大卫·休谟先生，一位北不列颠或苏格兰的哲学家，发明并极大地完善了我的麻醉药、普通的安眠药、消炎药、驱魔药，所有这些药物将减轻或彻底治愈心灵所有说不清道不明的恐惧或不安，无论这些恐惧和不安是由欺诈、乱伦、谋杀、私通或对未来状况的奇思怪想所引起的，还是由对即将到来的末日审判的恐惧所引起的。这一点已由苏格兰的贵族士绅和教士们所证实，我已在苏格兰的首府爱丁堡顺利地行医20年，并取得了惊人的成功。
>
> 现在，激于南不列颠同胞们的厚爱，也为了能抓住他们乐于接受我的良药——我很早就注意到了这一点——的有利时机，趁他们的这种善意还未因战争的频发和苦难而消退之前。
>
> 在这里，我要告诉那些贵族、士绅、爵爷、主教和教士，以及其他的一些相关人士，在7月1日，在当前这场战争的第三个年头，我将带着我的扈从由我的书斋启程南下……
>
> 待抵达伦敦之后，我将承诺，只要花上6便士，你们便能体验到我的安眠药的强大威力。由于有可观的津贴，凡是在海上服役之人均可以大量购买，除了在两军对垒和暴风雨时，服食它们的海军将大大受益，除非海军上将碰巧另有盘算。
>
> **注意：**为了防止假冒，我已将我的纹章——也即一只跃立的雄狮——印在药袋上；纹章中持盾牌者一个是法官，一个是秃鹫；铭文为 *Devorare appetens*。[1]

---

[1] "七年战争"已于1756年7月爆发，由"七年战争第三年的七月一号"这句话可以确定休谟离开的日期为1758年7月1日。纹章中的"Lion Rampant"（立狮）为休谟；"法官"为凯姆斯勋爵；"Vulture"可以认作是罗伯逊。

是年的9月，在伦敦，大卫·休谟和安妮·埃利奥特、佩吉·埃利奥特这两姐妹租住在一起，她们是闵拓家的远亲，在莱斯特广场的俪人街经营着一家专为苏格兰绅士服务的寄宿式公寓。与这些女士们生活在一起，休谟很快就成为她们的恩宠对象，并且在未来的很多年里，只要在伦敦，休谟总是与她们住在一起。由于已有10来年没来过伦敦，尤其再加上这些年里爱丁堡那种让休谟备感压抑的氛围，故而，对于现在的休谟而言，伦敦似乎不错。在这里，他终于摆脱了宗教偏执的干扰，而且以其文人的身份而受到尊敬。次年1月，他向罗伯逊承认："过去，我总是尽一切可能避免去伦敦，但现在，我不确定我是否会离开它。"

20年前休谟在伦敦曾打过交道的苏格兰人中，詹姆斯·汤姆森（James Thomson）已经辞世，作为英国派驻腓特烈大帝王庭的大使，安德鲁·米切尔爵士（Sir Andrew Mitchell）也已到柏林赴任，但约翰·阿姆斯特朗（John Armstrong），大卫·马利特（David Mallet）以及现在身为贸易专员的敦尼克尔的詹姆斯·奥斯瓦德（James Oswald of Dunnikier）还在伦敦。而在军事远征团所结识的新朋友，圣克莱尔将军和哈利·厄斯金爵士也都在伦敦，只可惜少了克莱芬。而"前牧师约翰·霍姆先生"——正如大卫所不逊地称呼的那样，正在担任苏格兰主要的政治家布特勋爵的私人秘书。"而仍保有牧师身份的亚当·弗格森"则正在给布特勋爵的公子们充当家庭教师，与此同时，大卫以及其他的朋友们也正在积极奔走，以确保他能在爱丁堡大学谋得一份教职。吉尔伯特·埃利奥特爵士已成为海军部大臣。作为一名肖像画家，艾伦·拉姆奇正声名鹊起。罗伯特·亚当和詹姆斯·亚当是杰出的建筑师。休谟满意地观察到，亚历山大·韦德伯恩"在他的专业领域（法律）正阔步前进"，"他只是时不时地停下来，有时会捡起一只苹果，有时会拾起一只贝壳。但现在没有人会怀疑他的成功"。[1]而休谟也一直与安德鲁·米拉及其生意伙伴托马斯·卡德尔和威廉·斯特拉恩保持着社会和商业交往。

在受到这些旧朋友欢迎的同时，在1758—1759年和1961年暂住伦敦期间，休谟也结交了许多新朋友。在休谟的这些新朋友中，有一个群体特别有趣。身为教士，他们虽然都著文批驳过休谟的学说，但下笔时都比较谦恭和礼敬，这让身为哲学家的休谟大感欣慰。于是，遵照休谟的心愿，威廉·亚当斯博士（Dr

---

[1] NHL, p.47.

第二十八章 英格兰的冷漠

William Adams)、约翰·道格拉斯博士（Dr John Douglas）和理查德·普赖斯博士（Dr Richard Price）被邀请至位于斯特兰德大街上的卡德尔家中赴宴。我们确信，这些博学的牧师们"都与大卫相谈甚欢"，而大卫也一直与他们保持着良好的私谊，经常相互登门拜访并互通音问。休谟曾向亚当斯承认："您对我的礼遇让我受宠若惊"，不难相见，这句话同样适用于其他的教士朋友。[1]

当鲍斯维尔和约翰逊于1776年到牛津拜访当时身为彭布罗克学院教师的亚当斯时，鲍斯维尔在他的书架上发现了一本用摩洛哥皮精美地包装起来的休谟的四开本《随笔和论文》。为亚当斯对休谟的友谊所激怒的鲍斯维尔"对亚当斯大放厥词，抗议他竟然会如此厚待一位异教作家……尤其是当争论涉及宗教的真理时，"他奉劝道，"对于一位虔信宗教的人来说，在争论中赢得胜利，并对对手的人身毫无顾惜之情，这一点至关紧要。"约翰逊也在一旁帮腔道，"如果我的对手出言不逊，尽管他的那些话无损宗教的真义，但我仍会出言教训他。"亚当斯客气地抗辩道："你不会去推搡一位烟囱清扫工，"这句话引来了约翰逊那句著名的反驳："我会的，阁下，如果有必要将他推下去的话。"约翰逊是一位言行一致之人，很可能是在这一时期休谟某次造访伦敦时，他第一次见到休谟，并对他进行了公开的呵斥。1762年11月，鲍斯维尔的"日志"曾这样写道："他（约翰逊）对休谟先生极其厌恶，在某天晚上聚会时，一见到休谟先生走进来，他扭头就走。"[2]

幸运的是，在观点相左者中，有几位持不同的看法，例如，理查德·普赖斯，他1758年曾以《评道德中的首要问题和难点》（Review of the Principal Questions and Difficulties in Morals）一书加入到反对休谟的作家行列。几年之后，普赖斯告诉休谟道："我希望我不会仅仅因为观点上的歧异而对您个人心怀偏见；我也不会将人品的高下、上帝的恩罚与任何一套特定的情感联系在一起。"[3] 像亚当斯一样，道格拉斯博士——也即后来的索尔兹伯里主教，尽管也曾专门著文批驳过休谟的神迹学说，但却在一些历史论题上一直与休谟保持着通信联系。在1760年自爱丁堡所写的信中，休谟动情地回忆道："我们在伦敦时的相识和交往，它给我平添了无限的乐趣"。道格拉斯的姐姐安德森夫人，在查令十字街附近经营了一

---

[1] *Reminiscences and Table Talk of Samuel Rogers*, ed. G. H. Powell (London 1903), p.67.
[2] Johnson, II, 442-3; *Boswell Papers*, I, 128.
[3] RSE, VI, 85.

家咖啡馆，那里不仅是身在伦敦的苏格兰人大快朵颐的地方，而且也是他们获取各种社会、政治和艺术资讯的地方。

休谟新结识的文艺界朋友还包括来自爱尔兰的埃德蒙·伯克，他于1759年再版了《对于我们的优美和崇高观念之起源的哲学探究》（*Philosophical Inquiry into the Origin of Our Ideas of the Sublime and Beautiful*）一书。休谟坦言他钦佩这一"非常优异的论文"，他乐于在大卫·加里克家与这位年轻的爱尔兰人见面。伯克质疑休谟对于1641年爱尔兰大屠杀之解释的权威性，而休谟则坚决地捍卫自己的观点。尽管在接下来的几年里伯克一直对休谟宽容忍让，但最终成为休谟哲学和宗教原理直言不讳的批评者。他曾告诉鲍斯维尔：他之所以仍同休谟交谈，仅仅是因为当今社会的自由宽大状态要求他这么做。[1]

与休谟更加意气相投的是来自美洲，并担任殖民地副邮政大臣的本杰明·富兰克林。他们可能在斯特拉恩家中相识，当时富兰克林正在那里办事。1759年秋，他们在爱丁堡再度见面。三年后，应休谟之请，富兰克林向"爱丁堡哲学学会"提交了一篇关于避雷针使用的文章。在感谢信中，休谟向富兰克林表达了无限的敬意：

> 我感到非常遗憾的是：您打算不久之后就离开我们这个半球。美洲给我们送来了如此之多的好东西——金、银、糖、烟草、靛蓝等等。但是，您是她送来的第一位哲学家，实际上也是第一位伟大的文人，为此，我们应该对她深表感激。没能把您留住，这是我们的错误。当这件事发生的时候，我们不会同意所罗门的说法：智慧远比金子珍贵。因为我们绝不肯送回一丁点金银，一旦我们染指的话。[2]

随着1759年1月15日大英博物馆的开张，休谟再也不用抱怨伦敦缺少公共图书馆了。早在1758年11月2日，休谟就已申请了一张准入证，以便查阅都铎王朝统治时期的英格兰手稿。1759年3月3日，他又被获准进入阅览室从事研究，时限为6个月，1961年7月31日和11月6日，休谟又将阅览证新续了两

---

[1] Robert Bisset, *Life of Edmund Burke* (London 1789), II, 425-8; *Boswell Papers*, XI, 268.
[2] HL, I, 357-8.

第二十八章　英格兰的冷漠

次。[1]1758 年 12 月 30 日，年轻的吉本致信其父亲道，"我将在塞里西亚夫人家（Mrs. Cilesia's）见到伟大的大卫·休谟。如若不是马蒂从中劝阻，我将想方设法结识他。"[2] 马修斯·马蒂此前是《不列颠杂志》（*Journal Britannique*）的编辑，现任大英博物馆的图书管理员，与休谟早就认识。但他对吉本的劝阻却令人费解。休谟所结交的文人中还包括托马斯·伯奇博士（Dr Thomas Birch），他是皇家学会的秘书和《通用词典》（*General Dictionary*）的作者；以及罗伯特·伍德（Robert Wood），他是一位古典学家和副国务大臣。

在不得已而出席的上流社会中，休谟还结识了切斯特菲尔德勋爵（Lord Chesterfield）、谢尔本勋爵（Lord Shelburne）、坦普尔勋爵（Lord Temple），以及乔治·格伦维尔（George Grenville）、查尔斯·汤申德（Charles Townshend）。他与后两位相处的并不是很好。然而，在艾萨克·巴雷上校（Colonel Isaac Barré）——切斯特菲尔德勋爵的首席政治侍从——身上，休谟却发现了骨肉情谊，两人之间的通信常常悦人而风趣。同时，休谟又为玛丽·科克女士（Lady Mary Coke）、哈维女士（Lady Harvey）以及著名的蓝袜社成员伊丽莎白·蒙塔古夫人（Mrs Elizabeth Montagu）这样的人物所倾倒。

然而，有一位女士却是休谟所无法容忍的。查理蒙特勋爵（Lord Charlemont）曾记述道："除了因马利特夫人的唐突无礼，我从未见过他如此愠怒，或者说如此手足无措。她是博林布鲁克遗作的编辑马利特的妻子，无礼且自负。这位女士与休谟素不相识，但某天晚上，当她在一个社交场合见到休谟时，冒失地上前搭讪道：'休谟先生，请准许我介绍一下自己。我们自然神论者应该互相认识。''夫人，'休谟回应道，'我不是自然神论者。我并不认为自己是一位自然神论者，也不希望以这样的名头为大家所认识。'"[3] 大卫·马特利本人与休谟的关系却更为融洽，并乐于帮助休谟清除《英国史》中的"苏格兰腔"（Scotticisms）。然而，休谟对马特利文学天赋的评价并不高。

然而，大卫·休谟的伦敦之行并非仅仅是一次旨在扩大自己社交圈的社交

---

[1] Arthur Sherbo, "Some Early Readers in the British Museum," in *Transactions of the Cambridge Bibliographical Society,* VI (1972), 56-64.

[2] Gibbon, *Private Letters*, I, 21-2. 塞里西亚夫人（Mrs Cilesia）大卫·马利特（David Mallet）与第一任妻子的长女。

[3] Lord Charlemont, "Anecdotes of Hume," in RIA, MS-12/R/7, f.523.

旅行，尽管他对此也很享受。休谟伦敦之行的首要目的是将《都铎朝英国史》付印，除此之外，休谟也乐于借此机会推动威廉·罗伯逊和亚历山大·吉拉德（Alexander Gerard）所著之书的出版。吉拉德是阿伯丁的马里夏尔学院的道德哲学和逻辑学教授，并在1757年的论文竞赛中因《论品位》一书而被爱丁堡的"群贤会"授予金奖。作为评奖委员会的一名成员，休谟觉得自己有义务帮助米拉校订这部著作，它于1759年5月面世。[1] 第二年，吉拉德就发表了《牧师职对于品性影响之考察，特别着眼于休谟先生对于牧师性情之表述》（The Influence of the Pastoral Office on the Character Examined; with a View, especially, to Mr. Hume's Representation of the Spirit of that Office）一书，这几乎可以算得上是恩将仇报。

自1753年起，罗伯逊一直从事于其《苏格兰史》的写作，并且根据休谟的建议，他拒绝了爱丁堡的加文·汉密尔顿（Gavin Hamilton）颇为可观出价，也即一版2000册共500英镑的版税。早在1758年，罗伯逊即已前往伦敦，并将其《苏格兰史》的手稿交给米拉。作为一个最为谨小慎微的出版商，米拉有些拿不定主意，于是便向休谟咨询：罗伯逊是否会与他形成某种竞争？休谟的回答是否定的："罗伯逊这部著作与我的《英国史》在主题上偶有重合。但是，因为其大作是一部苏格兰史，而拙著是一部英国史，所以，我们相互之间不会形成任何妨害。相反，由于可以比较两人对同一主题所做的不同处理，读者反而增添了一种额外的乐趣。然而，对于您好心地向我征询意见，我还是要多谢。"休谟还进一步向米拉阐明了情况："很高兴罗伯逊先生正在就出版事宜与您接洽。实际上，当他动身去伦敦的时候，是我建议他将您作为不二人选，并信誓旦旦地向他保证：他将会发现您做事襟怀坦荡、宽宏大度。"在休谟与罗伯逊的交往中，休谟这一边可以说是仁至义尽。

当《苏格兰史》正付印时，休谟读到了校订的清样，并与自己对某些紧要问题（特别是苏格兰的玛丽女王问题）的处理做了对比，然后向罗伯逊寄去了其与之相左的新信息，这就需要罗伯逊在定稿时做出某些修订和删节。《苏格兰史》于1759年1月29日面世，但即便是在此之前，休谟也一直乐此不疲地向作者转达那些先睹为快的读者们的意见。"约翰·布莱尔博士告诉我：爱德华亲王正在废寝忘食地拜读您的大作。我听说威尔士王妃和威尔士亲王也是如此。但真正让您

---

[1] Nichols, *Literary Anecdotes*, II, 326.

第二十八章　英格兰的冷漠

感到高兴的是：假期里，我把我手上的《苏格兰史》借给埃利奥特读，他认为这是他读过的最好著作之一，尽管他期许甚高，但发现收获更丰。"

罗伯逊自己看上去似乎不可能像休谟那般慷慨和心胸开阔。实际上，罗伯逊一开始甚至提出这样一个非分之请，也即休谟所写的历史时期不要与他重叠，当休谟觉得不宜于改变自己的写作计划时，罗伯逊就拒绝在富有争议的玛丽女王问题上与休谟交流看法。在写自伦敦的信中，休谟悲叹道："我们若能在付印之前就交换一下意见就好了，这总是我的渴盼，同时也最合于我们之间的友谊——我希望这种友谊长存。"在罗伯逊的《苏格兰史》面世后不久，休谟又旧话重提："在不列颠，您现在是拙著最优秀的批评家，正如同我或许也是尊作最好的评鉴人。如果恳求可以让您对拙著做一番别出心裁的评论，我将毫不犹豫地这样做。如果相互责难的允诺，可以让您对拙著评头论足一番，我也立马会向您做出这种承诺。唯有通过这种方式，我们才能像先前那样知无不言、言无不尽。"

尽管对罗伯逊的猜忌略感不悦，但休谟仍对《苏格兰史》所赢得的良好口碑大感欣慰："您有足够的理由对《苏格兰史》的成功感到满意。就我所闻，还没有哪位读者不对尊著交口称赞……伦敦都在传言：您受教于牛津，并认为，一个土生土长的、见识褊狭的苏格兰人绝不可能写出这么优美地道的文字。"将所有的个人情感抛诸脑后，休谟继续写道：

> 对于那种观点——也即在苏格兰，您从我敌人的欢呼声中获益甚多，我总是嗤之以鼻。难道您和我如此愚蠢，以至于心生嫉妒，相互仇视、相互敌对，甚或在我们熟识的朋友中拉帮结派？那帮蠢材巴不得看到我们闹出这样的笑话，但是，他们注定会失望的。所有那些对我们有情谊、能认识到我们价值的人，都是我们共同的朋友，也会高兴地看到我们的成功，而我们各自也会为彼此的成功感到由衷的高兴。我坦率地告诉您，我很久都没有像这两周这么开心了，为了您《苏格兰史》的大获成功。

休谟关于罗伯逊的《苏格兰史》将比自己的《英国史》更受欢迎的暗示，被证明并非空穴来风。随着3月12日《都铎朝英国史》的面世，休谟不得不忍受着这种让他相形见绌的比较。尽管感到些许的失意和窘迫，但休谟努力地将自己的这种情绪不动声色地隐藏在戏谑之词背后。"您真是讨人嫌！"他抗议道，"当我快要爬到帕纳索斯山（Parnassus）史学顶峰的时候，却瞬间被斯摩莱特超过，而现在您也不厚道地从我身边挤过，并将我直接置于您的脚下。您认为这对我而言是一件开心事吗？"罗伯逊是如此地受欢迎，以至于米拉赶在4月底之前匆匆忙忙地出了第二版。至于自己的《都铎朝英国史》，休谟在《我的自传》中悲哀地评论道："这一部作品在人们中间所激起的喧嚷，几乎与前两卷《斯图亚特朝英国史》不分轩轾。"不过，从一开始，在给其法国友人的信中，休谟就对罗伯逊大加称颂，并力促其著述法译本的面世。

正如休谟与华莱士的友谊在法国备受赞美一样，休谟与罗伯逊的友情在意大利也备受推崇。1765年，皮特·克罗西（Peter Crocchi）将《苏格兰史》第一卷翻译成意大利文，并在"前言"中告诉世人：这两个伟大的竞争者亲密无间。克罗西是从埃德蒙斯顿上校（Colonel Edmonstoune）那里听到这个故事的，并经那时尚在锡耶纳的鲍斯维尔之手，送了一本他所译的《苏格兰史》给休谟，并随附了一封信。在信中，克罗西激动地写道："如果我能说服同时代的文人取法您那高贵的榜样，我将无比开心。"[1]

休谟继续对罗伯逊的文学生涯提出建议，因为现在《苏格兰史》已经付印，罗伯逊正在思量要转向什么新的主题。休谟建议他不要写"利奥十世时代"，因为这需要宏富的学术积累，而是建议他转向"古代史，尤其是古希腊的历史"。与此同时，休谟对罗伯逊所正在郑重考虑的"查理五世时代"也了无兴趣，相反，休谟提出了他的"一个想法——这个想法曾一度让我着迷，而我自己也曾考虑在此一展身手"。这就是以普鲁塔克的方式来撰写人物小传。"如果首卷成功，您可以在余暇时再撰写下一卷，而这个领域的宝藏是取之不尽的。"最后，休谟向罗伯逊转达了一项建议（该建议最初由曼斯菲尔德勋爵提出，并由圣克莱尔将军附议）：如果罗伯逊愿意离开苏格兰教会，英格兰将会为他作出体面的安排。"只是这件事必须保密，"休谟警告道，"并且，您必须立马从一个教会转任到另一个教会。"然而，可能让休谟最终感到满意的是，罗伯逊并没有听从他的这一建议。罗伯逊同样没有听从休谟的文学建议，因为1769年，他出版了三卷本的《查理五世统治时期史》。在看过正在付印的第一批清样之后，休谟向罗伯逊承认："我认为，在某种程度上，它甚至超过了您自己的《苏格兰史》。让我感到高

---

[1] RSE, IV, 48.

第二十八章　英格兰的冷漠

兴的是，在英格兰，在这几个月里，我是唯一一个有机会颂扬您的人，而此后，可以想见的是，我的声音将迅速被公众的喝彩所淹没。"

1759 年 4 月，安德鲁·米拉出版了亚当·斯密的《道德情操论》[1]。不管休谟是不是校稿的审读人，可以肯定的是，正是在这部著作的触发下，休谟给他的这位挚友写下了最诚挚动人的一封信。而这封信之所以最诚挚感人，那是因为它已掩饰不住休谟因缺乏文学上的成功而遭受的困窘和屈辱。

莱斯特广场俪人街

1759 年 4 月 12 日

亲爱的斯密：

　　蒙赐大作，谨致谢忱。韦德伯恩和我将我们手里所存的若干册，作为礼物转赠给我们熟人中我们认为是优秀的鉴赏家并适于传播此书声誉之人。我给阿盖尔公爵、利特尔顿勋爵、霍拉斯·沃波尔、索姆斯·詹宁斯（Soames Jennyns）和伯克各寄了一册。伯克是一位爱尔兰绅士，最近写了一篇相当优秀的论文《论崇高》。米拉希望我以您的名义送一册给沃伯顿博士。我之所以延期给您写信，是想等到能告诉您这本书的某些成功，并较有把握地预测此书是终将湮灭无闻，还是终将进入不朽的学术殿堂后再给您写信。虽然此书面世才几个星期，但其征兆已如此明显，以至于我几乎敢断定其前途。简而言之，它是……一个最近刚从苏格兰来到此地之人愚蠢而无礼的造访，使我不得不中断这封信的写作……[就此事，休谟写了一大通]但您或许会问：所有这一切与我的书何干？亲爱的斯密先生，且耐心一点，并把心情平复下来：不仅要在专业上表明您是一位哲学家，而且要在实践中表明您是一位哲学家：想一想普罗大众的判断力是何等浅薄、轻率和无用。在任何论题上，尤其是在哲学论题上（哲学论题远非一般庸众所能理解），他们何曾受到理性的规范？**如果昏头昏脑的罗马人对任何事物都轻嘴薄舌，不要同他们一般见识，也别跟他们计较是非，除了您自己，不要指望求助于任何人。**[2] 一个

---

[1] 关于斯密对于休谟的称颂，参见文本补录。
[2] Persius, *Sat*.i, lines 5-7.

智者的王国就是他自己的胸襟；或者，如果他富有远见，他只会乞灵于少数杰出人士的判断，唯有他们不怀偏见，并有能力研读他的著作。没有什么普罗大众的欢呼更能强烈地昭示错误了；您知道，当福基翁*受到群众欢呼时，他老是怀疑自己犯了大错。

因此，假如在经过所有这些反思之后，您已经对最坏的情况作了最充分准备，那么，我接下来将告诉您一个令人不快的消息：您的书十分不幸，因为公众似乎对它称颂备至。愚蠢的人们急于寻找它；而文学界的暴民们已开始高声赞扬它。昨天，为了购买您这本书，有三位主教亲自光顾米拉的书店，并问及作者的相关情况。彼得伯勒的主教说：昨晚他和朋友聚会的时候，听闻朋友们夸赞这本书世所罕有。既然这些迷信的臣仆都对您这本书大加赞扬，那么，您不难由此推定真正的哲学家将对它怀有怎样的见解。阿盖尔公爵对此书有好感，而且在表达这种好感时态度比以往更坚决。我估计他要么是把这本书看成是一本外国书，要么认为其作者在格拉斯哥选举中将对他有帮助。利特尔顿勋爵说，罗伯逊、斯密和鲍尔（Bower）是英国文坛三杰。奥斯瓦德抗议说，他不知道他从这本书中得到的是教益多还是乐趣多。但他终生忙于国务，从来看不到其朋友的任何缺点，这就使您不难判断：其评价的可信度有多大。米拉喜滋滋地宣称：这部书已售出三分之二，他现在确信这本书已获得成功。以其利得来评价一本书，这是何等的庸俗！就利得而言，我相信它或许能证明自己是一本绝佳好书。

查尔斯·汤申德——他可是全英格兰最聪明的人——是如此沉醉于您的大作，以至于竟对奥斯瓦德说：他准备将巴克勒公爵置于您的关照之下，并力争为您谋得丰厚的报酬。我一听到这番话，便两度造访，希望就此事跟他谈谈，并让他相信：最好是将这位年轻的贵族送到格拉斯哥。因为我不敢奢望他所提供的条件是如此优渥，竟诱使您放弃教职。但我两次都没有碰到他。人们认为汤申德先生遇事有点犹疑不决；因此，也许您不必对这件突如其来的美事抱过大的希望。

作为对这么多痛心事——只有真理才能让我遭受如此之多的痛苦，这方面的例子不胜枚举——的补偿，我毫不怀疑您是如此善良的基督徒，以至于

---

* 福基翁（Phocion，前402—前318年），古希腊政治家和军事家。

第二十八章 英格兰的冷漠

以德报怨，并通过告诉我全苏格兰的虔信之徒都因为我对于约翰·诺克斯和宗教改革的叙述而在背后骂我，来满足我的虚荣心。我估计您乐于见到我就此搁笔，我必须就此打住。

您卑微的仆人

大卫·休谟[1]

说来奇怪，优柔寡断的汤申德并没有忘记他那脱口而出的提议，而斯密也有心接受其每年三百英镑的薪俸，再外加一笔同等额度的终身年金的开价。1764年1月，斯密辞去了格拉斯哥的教职，并且不久后即作为年轻公爵的游历导师前往法国。可以肯定，斯密一直在寻找可以借以构写《国富论》的有利时机。1759年夏，当大卫·休谟得知斯密正是着手修订新版的《道德情操论》时，他立即向斯密寄去一些值得考虑、并令人信服的修改意见。

1759年，身为出版商的安德鲁·米拉对苏格兰文化的发展做出了引人注目的贡献，除了休谟的《都铎朝英国史》，经他手出版的苏格兰作家的著作还有吉拉德的《论品位》、罗伯逊的《苏格兰史》、斯密的《道德情操论》，以及威尔基的《后辈英雄传》第二版。休谟插手了所有这些著作的出版，要么是将这些作者引荐给米拉，要么是推动这些作品的顺利出版。就《后辈英雄传》而言，他甚至还贡献了一篇文章，也即"致《学衡》作者们的一封信"（*Letter to the Authors of the Critical Review*）。休谟逗留伦敦期间另一件尚值记述之事，是他向米拉提议："像他这样名噪一时的出版商应该出一全套精装的古典著作，这样，他就可以与阿图斯（Alduses）、史蒂文斯（Stevens）、埃尔塞维亚（Elzivirs）等出版名家并驾齐驱……"米拉并未遵照休谟的建议行事，然而，与18世纪英国的任何出版商相比，格拉斯哥的福尔斯兄弟（Foulis brothers）更接近于完成了休谟的这一提议。

随着《都铎朝英国史》的印行，大卫·休谟不得不决定他到底是终生定居于伦敦，还是要返回爱丁堡。无疑，这一决定肯定受到了这一事实的影响，也即1759年7月29日，休谟与米拉签订了一份合约，规定休谟要着手构写从罗马人侵到亨利七世即位这一历史时期的英格兰史，稿酬为1400英镑。作为一个确定

---

[1] NHL, pp.51-5.

的征象，它表明：精明的米拉现在已认为《英国史》获得了成功。在给斯密的信中，休谟写道："这是我与书商所签订的第一份先行协议……我不确定自己是否会留在这里并完成这部作品；抑或返回苏格兰，只是在查阅资料时才来这里。"但休谟的犹疑并没有持续多长时间，因为到了 1759 年 10 月 10 日 [1]，休谟已回到九泉，并于一周后回到爱丁堡。

休谟再一次回归故里，他的第一份"非常劳苦但并非毫无乐趣的工作"是"为《斯图亚特朝英国史》补上引文的出处"，由于这种疏忽，霍拉斯·沃波尔曾对他横加责备。他的第二份，也是最为首要的工作是早期英国史的写作。休谟告诉米拉："我发现律师公会图书馆有关这一历史时期的书籍非常宏富；但在搁笔之前，我会到伦敦小住一段时间，以便到大英博物馆查阅资料。"尽管对律师公会图书馆的馆藏持乐观态度，但对于一些急需之书，休谟还是不得不向朋友借阅，或者通过米拉以及其他的一些人来购买。但是，休谟精明地与图书馆的馆长们周旋，让他们"以原价将其所购之书买走"。

由于全力以赴地忘我工作——"有时甚至一天工作 14 个小时，"[2] 休谟在 19 个月之内即完成手稿，但仍赶不上斯摩莱特的记录。与斯摩莱特不同的是，休谟先前曾试图撰写这一历史时期的英国史，故而较有优势。[3] 虽然整日所面对的是一大堆枯燥乏味的书籍，但休谟仍精神抖擞：他将自己比喻为一位猎取野兔的运动员，只要能找到足够多的野兔，他就不会介意地形的艰难险阻。他同样认识到，学者需要休息和放松，并向朋友评点道：他特别希望拥有的神力就是，无论什么时候，只要乐意，他就能睡着。[4]

1761 年 6 月，在九泉进行短暂的休整之后，休谟急忙赶回伦敦，以完成他的研究，并亲自督查其付印。休谟曾警告斯特拉恩道："您最好有这样的心理准备：您将面对一个非常烦人的催逼者，他会定期拜访您，并督促您改正各种缺点。我将矫正您身上所存在的某种怠惰之气……它越来越明显。如果这种怠惰源于您的富足，我同样希望以另一种方式，也即通过打牌赢钱的方式来矫正它……"在伦

---

[1] On that date he signed, as witness, a "Tack of John Home of Ninewells to Peter Johnson" (NLS, MS 582, f.77)

[2] Thomas Birch as quoted in George Harris, *Life of Lord Chancellor Hardwicke* (London 1847), III, 409.

[3] 参见前面的第 13 章的结尾处。对于《英国史》与 1745 年的"备忘录"的比较表明：在所印行的著作中，休谟多沿袭其早年的纲要，有时甚至还沿用其中的段落文字。

[4] 艾伦·拉姆齐 1760 年 9 月对于休谟在爱丁堡的圈子（circle）的评论，参见后面的文本补录。

第二十八章　英格兰的冷漠

敦，伯奇博士注意到：在过去的两年里，虽然承担着艰巨而繁重的写作任务，但大卫·休谟居然毫发无损地熬过来了，而且"他此前肥硕的身形一点也没有瘦下来"。[1]事实证明，对斯特拉恩而言，休谟的确是一个烦人的催逼者，因为两卷本的《英国史:从尤利乌斯·恺撒入侵到亨利七世即位》很快就于11月11日面世。[2]一个多月后，休谟也踏上了返乡的旅程。

再也没有了先前于1758—1759年参访伦敦时的那种犹疑不决，1761年的休谟早就没有了永久定居伦敦的想法。如今，他心意已定：爱丁堡方才是他未来幸福之所在。而其先前曾向里德帕斯所表达的希望——也即他或可以"托庇于自由的羽翼之下，并享受与那些赏识其价值之人的交往"——早已飞灰湮灭。"爱丁堡的苏格拉底"决定从今往后继续留在爱丁堡。考虑到这样一个事实：休谟不仅在伦敦的朋友圈已大为扩大，甚至还受到其几位主要对手的礼遇，那么，又该如何去解释休谟的心意变化呢？

大卫·休谟对英格兰态度的这种逆转，与英国不断变化的政治和社会环境相一致。七年战争已于1756年7月爆发，而处于威廉·皮特精明领导下的英国不久即发现：她实际上已不仅是一个欧洲强国，而且还是一个世界强国。克莱武（Clive）赢得了印度，而沃尔夫（Wolfe）也于1759年赢得了加拿大。法国海军事实上已被摧毁，而法国的远洋商业也被一举荡平。英国长期以来低迷不振的民族自信迅速复兴。正是在这种踌躇满志的时刻，乔治三世于1760年登上王位。随后，权柄在握的皮特宣布：今后政府将唯才是举，对于苏格兰人而言，这不啻是一个好兆头。而实际上，躲在王权背后真正的实权人物是苏格兰人布特勋爵，这意味着，自从1707年合并以来，苏格兰看起来第一次在政治上处于有利的位置。然而，英格兰的民族主义者立即叫嚣着苏格兰人受到了特殊的恩宠，并发起了暴烈且旷日持久的反苏运动。伦敦不再是苏格兰人宁静的庇护所。

当乔治三世即位时，休谟不无嘲讽地评论道，"我高兴地注意到我们的国王说，党争已寿终正寝，党派区别也烟消云散。"但现实教育了他。因为他不久之前就看到：当英格兰人拒绝让苏格兰恢复民兵建制的时候，这已表明，他们事实上是多么地不信任苏格兰人啊！而当英格兰人不负责任地给他的《英国史》贴上

---

[1] Birch, as above.
[2] 扉页上的日期为1762年。

詹姆斯二世党人主义的标签时,休谟又是多么的愤懑啊!而伦敦暴民的崛起,以及其"反对苏格兰人的一腔怒火",也让休谟变得日益忧惧。他悲叹皮特领导下的这股民族主义浪潮。而那些执掌英国命运之人,对文人所表现出的轻慢也让休谟备感沮丧和折辱。在这种情形下,休谟对于攀附权贵的根深蒂固的痛恶,几乎成为一种挥之不去的情结。1763年,休谟义愤填膺地发泄道:"我总想抛开一切名缰利锁,并不屑一顾地背对着那帮蛮民(我意指你们的权贵们)……"而一年前,休谟也曾悲叹道:"英格兰那帮权贵们的做派真是让人咄咄称奇:当文人们向他们示好时,他们就怠慢和无视;当文人们对他们敬而远之的时候,他们又横加指责。"正是查尔斯·汤申德的出尔反尔和反复无常引发了休谟的这种抱怨。休谟接着继续讲述到,"我不攀附任何权贵,也不会去拜访他们,除非他们碰巧是我的朋友或熟人。我希望他们能把我视为同他们一样,甚或比他们更甚的独立之人。"

在休谟1761年夏秋之季参访伦敦期间,当一位聪慧而年轻的英格兰伯爵出人意料地向他表达友谊并施以恩宠时,所有这些为人处世的原则——对于独立的热爱,对英格兰人日益增长的不信任,作为一个文人的尊严意识,对于依附于一位大人物的痛恶——都受到了挑战。1761年,年方24岁的菲茨莫里斯勋爵(Lord Fitzmaurice)威廉·佩蒂(William Petty)承袭了谢尔本伯爵(Earl of Shelburne)的爵位,并进入英国上院。与此同时,他也进入了一种动荡的政治生涯,他先是不遗余力地反对皮特,尔后,自1763年起,他又与皮特结成长期的政治联盟。在其位于希尔街(Hill Street)的宅邸里,谢尔本业已证明:终其一生,他主要对两件事感兴趣,一个是政治,一个是科学和艺术。在那里,他笼络了"一小撮年轻的演说家"——正如霍拉斯·沃波尔所说的那样,与此同时,他的宅邸也向各路文人和科学家敞开了大门。已入谢尔本彀中的某些苏格兰朋友,势必会将大卫·休谟引荐至希尔街。

下面这封休谟在离开伦敦前一天写给谢尔本伯爵的信,直陈这个辛酸故事的要害:

1761年12月12日

伯爵阁下:

一件有点出乎意料的小意外,使我回苏格兰的行程稍有提前。我专门雇了一辆马车,准备明天一早动身。由于只有我一人乘坐,所以在这四百里的

第二十八章 英格兰的冷漠

旅程中,我可以边走边玩,可以读读书,可以发发呆,优哉游哉,不亦乐乎。伯爵您可能会认为:就我这种性格,是多么不适合参加那种奋励有为、轻松活泼的社交圈啊!而事实上,一本书,一个温暖的火炉,是我现在唯一能适应的生活场景。但是,如果我居然忘记勋爵您给予我的恩惠,或竟然在这种情况下失去表达感激之情的勇气,那我就根本不配称为人。因此,乞请勋爵您一定要相信:尽管岁月的磨砺和哲学的教诲已消磨了我心中所有的雄心壮志。但是,在我的内心深处,我仍然可以发现其他一些更为本真的、即便是时光也无法销蚀的情操。对于这些情操,我总是极为珍视。并且,每当我看到伯爵您在这种宦海生涯中已经卓然有成,对于您的进步,我总是乐观其成,尽管还伴有些许遗憾——遗憾我只能站在远处分享您的快乐。记得在伯爵您的房间里,我曾看到过一个霍屯督人的画像:在画中,这个霍屯督人正在逃离文明生活(a cultivated life),转而投入其丛林中的同伴,并把其所有的服饰都弃之身后。我不是把我与霍屯督人相提并论,因为我投入的是一个热情好客的文明民族的怀抱。我只是想展示习惯的力量——它使一个习惯了退隐和书斋生活的人不再习惯于与大人物们周旋,并使之成为一种必不可少的智慧,也即当岁月使他旧习难改时,他应该掉头而去。这就是为什么当您在想方设法为我找一处舒适的住所时,我仍然由着自己的性子急于离开伦敦的唯一原因。

我直到今天才雇到这辆马车,实话告诉您:我宁愿用笔来表达我的感激之情,也不愿等您回来后再向您面禀。虽然这样做在礼数上有失周全,但我还是认为,在表达谢意方面,我写得远比说得好!

大恩不言谢,亲爱的伯爵,我是

您最恭顺、最卑微的仆人
大卫·休谟

实际上,休谟逃离伦敦的"文明生活"绝非一时的心血来潮,而是经过深思熟虑的,这一点可以由他同一天写给罗伯特·克拉克将军(General Robert Clerk)——一位与伯爵关系匪浅的苏格兰人——的那封信所证实。在信中,休谟向克拉克表达了歉意:"由于我一直想着要回爱丁堡,所以便情不自禁地"雇了辆马车;"尽管您,或许还有谢尔本伯爵可能会认为,我的离去多少有点唐

突"。然后，休谟还请克拉克代为传达其致谢尔本信中的未尽之意。"可以肯定，再也没有什么比与伯爵的交往更让人感到如沐春风了，再也没有什么比赢得他的友谊更有利于一个人的远大前程。但是，"休谟遗憾地指出，"对于一位清心寡欲的隐休之士而言，所有这些考虑都失去了效力，因为这位隐士早已雄心不再，早已失去了对享乐的兴趣，而且每日除了散步、研究和无所事事，正变得越来越讨厌汲汲于名利。"[1]

到1761年底，大卫·休谟不再想与"居住于泰晤士河畔的那帮蛮民"为伍，并对永久退居爱丁堡的前景深感快慰。三年后，在写给吉尔伯特·埃利奥特的信中，休谟对英格兰人的怨恨得到了充分的发泄："我相信，在听到我半夜跌断脖子的消息后，五十个英格兰人中没有哪一个不感到欢呼雀跃。有人恨我是因为我不是托利党人，有人恨我是因为我不是辉格党人，有人恨我是因为我不是一名基督徒，而所有的一切都因为我是一个苏格兰人。难道您真的还认为我是一个英国人吗？我或您是一个英国人吗？他们愿意让我们做一个英国人吗？难道他们不是嘲笑我们自诩为英国人吗？难道他们不是对我们赶超并统治他们心怀愤恨吗？"[2] 在与巴黎的直接竞争中，爱丁堡将何以自处？这依然是一个问题。不过，随着时间的推移，休谟已成竹在胸。

---

[1] NHL, pp.64-65.
[2] HL, 436, 470.

第四部分

世界公民

1763—1769

第二十九章　永住苏格兰？

"身处偏远之地的一个文人。"

"此前，我一直四海为家，居无定所。但现在，我终于买了一套房子，现在我正在对它进行整修，尽管如此，我还不能说我在地面上有任何的财产，而只能说我在空中有了一点菲薄的财产，因为我的房子位于詹姆斯宅邸的第三层，它花了我五百镑。它或许有点贵，但是，从此之后我就可以安居乐业了。"所以，正是在1762年圣灵降临节那天，大卫·休谟宣告了其重返爱丁堡。对于这间"我……按照自己的心意整修和装饰得非常漂亮的小家宅"，休谟是引以为傲的。在起居室的四周，他挂起一套古典的线装版画，这是他的朋友罗伯特·斯特兰奇（Robert Stange）——一位詹姆斯二世党人艺术家——赠送给他的。当鲍斯维尔于1762年11月来访时，这种布置给他留下了深刻的印象，并且发现休谟"正悠然地坐在那里，手里捧着《荷马史诗》"。[1]

在休谟眼中，位于劳恩市场北边的詹姆斯宅邸代表了爱丁堡所能提供的大都会生活的极致。在整个18世纪，这栋完工于1727年的巨型建筑一直居住着名门贵胄，他们自己组建了一个议事会或自治团体，以管理詹姆斯宅邸的各项公共事务。他们在此举办各种私人招待会和舞会，并专门雇用了一位清洁工。休谟的"房子"，大概位于南面的第三层和北面的第六层（因为詹姆斯宅邸建于城堡山陡峭的北坡），可以将爱丁堡、坎农盖特和利斯海港的壮丽景色一览无余，而福斯

---

[1] HL, I, 405; *Boswell Papers*, I, 126, 同时参见 XI, 91, 99。

湾的对面，就是法夫郡的莽莽群山。在此后的几年里，"从窗前就可远眺科卡尔迪"的休谟总是乐于提醒亚当·斯密：他们实际上比邻而居。不用说，凯瑟琳·霍姆和佩吉·欧文也加入了这个新家。为舒适计，这个新家唯一缺少的物件就是一辆轻便马车，而休谟也于1763年5月将其购置了。

必须俭约度日的岁月已一去不返，休谟现在买得起康适的生活方式所可能需要的任何奢侈品。1761年尚在伦敦时，他就投资了公共基金，安德鲁·米拉也向其预支了1000英镑；近几年来，米拉在财务问题上继续给他出谋划策。由于长期以来猛烈地抨击股票，故而现在休谟总是招来朋友们的讪笑。他的反驳是：他买的都是货真价实的股票，他并不是一位股票经纪人。[1]在《我的自传》中，休谟以平静自得的笔调记述了这一时期："书商给我的版税大大超出英格兰此前已知的所有版税：我不仅变得独立了，而且还变得富裕了。于是我便回到我的母邦，并决意再也不踏出苏格兰半步，并保留了那份绝不向任何权贵献媚邀好的自得。由于我现在已近知天命之年，所以打算在这种哲学生涯中度过自己的余生……"

然而事实证明，休谟在爱丁堡为自己定下的这种"哲学的生活方式"，或许并不如其所预想的那般风平浪静。尤其是其间的三段插曲给他带来了些许不安，其中的两个事涉文学争论，一个有关玛丽女王的争论，一个有关奥恩西诗歌的争论；而第三个则是私人性的，它涉及休谟和其老朋友亨利·霍姆之间的亲密关系日渐疏淡。我愿意首先谈及最后一段插曲，因为就休谟宁静的哲学生活而言，它自然具有首要性。

虽然我们有时称其为一场争吵，但所有的证据都表明，这不过是亲密关系不再而已。这两个人并非形同陌路，而且在社交场合还时常能看见他们俩在一起。在休谟生命中的最后六七年里，他们的关系一定有所改善，因为有好几次他们都是彼此的客人。即便如此，两人早年间的相知相识和亲密无间，已让位于某种程度的冷淡，甚至怨恨。两人到底在何种情形下失和？这一点并不为人所知，也许并非在某个单一的场合，而是在时光的荏苒中，一连串的事件和态度最终导致了两人的失睦。

亨利·霍姆的性格，似乎在大卫·马丁（David Martin）那幅令人叹为观止的肖像画中得到了完美的展现。仅就外表而言，凯姆斯勋爵不愧为"苏格兰的

---

[1] HL, I,356, 371; T. E. Ritchie, *Account of the Life and Writtings of David Hume* (London 1807), p.143.

第二十九章 永住苏格兰?

伏尔泰",脸颊瘦削,鼻如鹰钩,眼眸如星,不仅如此,他还有一颗坚强的心灵,飞扬的意志,而且语言犀利,满口讥诮之词。"一个钢铁般的躯体里有一颗钢铁般的心灵,"据说,大卫曾这样评价他。当他判处一个老相识兼棋友马修·海(Matthew Hay)死刑时,他说道,"马修,这就是你的死期(checkmate)(双关语,指弈棋时将对方将死)!"这一残忍的玩笑[1]将他的冷酷表露无遗。尽管亨利的机趣无处不在,但他或许并不能容忍自己成为别人的调笑对象。确实,有一次,大卫曾以一种出人意料的方式向亨利回敬了一个玩笑。在收到一封致"休谟先生,一个无神论者"的信笺后,大卫调皮地将其转寄给亨利,亨利显然受到了冒犯,并在此后很长的一段时间内都对此耿耿于怀。[2]

然而,很难将两人友情的疏淡归咎于这种恶作剧。毋宁说,它源于两人巨大的性格差异,也即年轻人独立的心性和年长者专横的脾气。这些性格特征可以从休谟给鲍斯维尔所提供的"凯姆斯的性格"中管窥一二:"他喜怒无常,刚愎自用。他好为人师,喜欢教导年轻人。但每当发现他们成长起来,并有自己独立的见解时,每当他们过来,并提出自己的想法时,他就会和他们大吵大闹。"[3]当休谟这样说的时候,他心中所想到的很可能正是当他1748年拒绝凯姆斯关于继续将"论神迹"这篇论文扣而不发的建议后,他自己与凯姆斯的关系。这或许是大卫第一次公开地自作主张,而这也可能给亨利提供了一个在1751年发表的《论道德和自然宗教原理》中公开批驳他的机会。

然而,无论是大卫这一边,还是亨利这一边,都找不到任何证据可以表明两人确曾发生过争吵和敌对。1754年,在与斯图亚特教授争执期间,休谟曾写道:"我宁可放弃我自己的事业,而非我朋友的事业。"1759年,他向亚当·斯密坦承:"我担心凯姆斯的《法学论文集》。一个人尽可以把形而上学和苏格兰法调配成一篇悦人的文章,就像可以将苦艾和芦荟调配成美味酱汁一样。尽管很少有人会耐心地钻研它,但我相信这本书自有其价值。"1762年,休谟还向米拉推荐出版凯姆斯的《批判原理》,但他并不讳言其性格上的问题。休谟告诉米拉:"至于您希望我给作者提的那份建议,当然是非常有益的。但是,在我想来,我和他的其他

---

[1] Henry Cockburn, *Memorials of His Time* (Edinburgh 1909), p.108n. 这个典故的不同版本出现在 *Caldwell Papers*, PT. II, VOL. II, 129*n*.

[2] MS notes of George Vhalmers in EU, Laing MSS II, 451/2.

[3] *Boswell Papers*, I, 129.

任何朋友都不敢贸然提及。"两年后，在从巴黎写给休·布莱尔的信中，休谟就凯姆斯的话题做了深入的探讨，但即便是这样，其中仍不乏善意之举：

> 我们的朋友，我意指您的朋友，凯姆斯勋爵，大大地激怒了伏尔泰。绝不要以为伏尔泰会宽宥他的敌人，也绝不要以为任何敌人能够逃脱他的注意。他给《文学纪事报》投去了一篇评点《批评原理》的文章，对其极尽嘲笑戏谑之能事，言辞犀利。在这篇稿子刊出之前，我曾试图将其压下，但《文学纪事报》的编辑们告诉我：凡是伏尔泰的稿子，他们既不敢扣而不发，也不敢有任何的改动。我希望勋爵不要介怀，更不必因为他的贬责而有丝毫的羞愧，因为整个人类都是伏尔泰嬉笑怒骂的对象。

迟至1781年，亚当·斯密又将休谟对凯姆斯的盖棺之论兜售给鲍斯维尔："当一个人说另一个人是世上最傲慢之人的时候，它仅仅意指他非常傲慢；但当一个人这么说凯姆斯勋爵的时候，那绝对是颠扑不破的真理。"[1]

有关凯姆斯的故事，并没有显示出两人有任何公开反目或真实敌对的迹象。1749年，凯姆斯指导休谟发起了一场针对安南戴尔家族的诉讼。1757年，他帮助休谟诠释了亨利七世统治时期所颁布的一条法令。1758年，他给休谟寄去了约西亚·塔克（Josiah Tucker）有关经济和政治方面的论文，并且继续给休谟拟议中的新论文提供建议。1762年，他很爽快地接受了休谟将其介绍给米拉的引荐。1773年，他委托休谟全权处理其《批判原理》第五版的校订工作，以便消除其中的"苏格兰腔"（Scotticisms）。[2] 而凯姆斯1778年对鲍斯维尔的临终谈话，则揭示出其对于两人关系失和的看法。当鲍斯维尔将休谟行将灰飞烟灭时的那份泰然自若描述为一种精神上的恍惚时，他注意到凯姆斯不仅随声附和，而且还补充道："以那种方式思考的人必定缺少友情的温暖。"[3]

凯姆斯显然认为休谟有几分忘恩负义。对于凯姆斯善意但却说一不二的控制其生活的努力，休谟越来越反感。而在1752年之后，对凯姆斯了若指掌的奥切提里的拉姆齐（Ramsay of Ochertyre），也证实了这种说法：

---

[1] *Boswell Papers*, XV, 12.
[2] Ian S. Ross, *Lord Kames and the Scotland of his Day* (Oxford 1972), p.350.
[3] *Boswell Papers*, XV, 276.

第二十九章　永住苏格兰？

自从我认识他起,他(凯姆斯)的优秀门生就络绎不绝,而且此后都功成名就。尽管凯姆斯待这些门生甚厚,并给他们提供了大量的惠助,然而,说来奇怪的是,或早或晚,他们中的大多数人都与凯姆斯中断了联系。探究这到底是他的不是,还是其门生的不是,或许有点失礼(indelicate)。或许,凯姆斯所期望的从其门生们那里所得到的殷勤和逢迎,多于他们愿意给予的。而且对凯姆斯而言,世上并不存在所谓的中道(medium),他的喜好和厌恶都是同样的炽烈和不加掩饰。[1]

所谓的"玛丽之争"肇始于1754年,它源于沃尔特·古道尔(Walter Goodall)两卷本的《对据传由苏格兰的玛丽女王写给波斯维尔伯爵詹姆斯之信的考证》(Examination of the Letters said to have been written by Mary Queen of Scots to James, Earl of Bothwell)的问世。作为一个热忱的詹姆斯二世党人,古道尔热心地为那位浪漫的女王在柯克欧菲尔德(Kirk o'Field)谋杀其亲夫达恩利勋爵一案中的清白辩护。在《都铎朝英国史》一书中,在批判性地考查了各种证据之后,休谟得出了如下结论:玛丽可能有罪。而在作为《苏格兰史》第2卷之"附录"的"关于亨利国王谋杀案以及女王写给波斯维尔之信的真伪的一篇批判性论文"中,威廉·罗伯逊更是让这个问题变得更加的公开化。

随着《对默里和莫顿伯爵所提供的不利于苏格兰玛丽女王之证据的历史性和批判性探究,并就这一证据对罗伯逊博士的〈论文〉和休谟先生的〈历史〉进行考证》(An Historical and Critical Inquiry into the Evidence produced by the Earls of Murray and Morton against Mary Queen of Scots. With an Examination of the Rev. Dr Robertson's Dissertation, and Mr Hume's History with respect to that Evidence)于1760年2月在爱丁堡面世,"玛丽之争"烽火再起。人们一般认为这部匿名之作出自伍德豪斯里的威廉·泰特勒(William Tytler of Woodhouselee)之手,他是一名律师,同时也是"群贤会"的成员。对于威廉·泰特勒的好斗和不公,休谟和罗伯逊虽然深受侵扰,但两人并未予以正面回击,休谟后来只是在其已出版的《都铎朝英国史》中加了一个注。在写给艾利班克勋爵(Lord Elibank)——他也对詹姆斯二世党人怀有强烈的同情——的一封信中,休谟表达了他的态度:

---

[1] Ramsay, I, 205.

勋爵，作为我的朋友，我希望您能庆幸我在文字生涯之初所做出的那个决定——也即绝不回应任何人。否则，我想，这位绅士肯定会对我的沉默大肆攻讦。我确信，如果我与这样一位对手纠缠不休，作为一个朋友，勋爵您将会永远地与我割袍断义。在这件讼案上，古道尔先生绝不是一位非常冷静的、不偏不倚的法官。然而，他否认自己与这件事有瓜葛，并向我以及全世界坦承：我在史实上是正确的，我的错误只在于推论。

关于最后一点，休谟在其他地方也强调道，"一个做出错误推理的人并不是一个流氓无赖和谎言家。"[1] 在上文所提到的那个注解中，休谟只是简要地对这整个问题予以了驳斥："确实，在我们的历史中，有三件事可以视为党派的试金石。一个英格兰的辉格党人总是坚称'天主教阴谋'确有其事；一个爱尔兰的天主教徒总是否认 1641 年的大屠杀；而一个苏格兰的詹姆斯二世党人总是维护玛丽女王的清白无辜。这三种人都非理性或论证所能及，那就让他们各逞其偏吧。"[2]

在苏格兰人中，"玛丽之争"以前是，现在依然是一件敏感事。它多多少少会危及到休谟、罗伯逊与那位不幸女王的支持者——诸如亚历山大·狄克爵士（Sir Alexander Dick）、艾利班克勋爵（Lord Elibank）——之间的友谊。而休谟自己往日的宁静生活也被打破了，正如他在给艾利班克勋爵的信中的慷慨陈词所证明的那样："有一句古谚：爱屋及乌（Love me, love my Dog）。但它确实允许有例外。至少，我可以肯定：对于勋爵您，我是极为敬重的，但是对于您的狗，我根本就无法尊重。不仅不尊重，相反，我宣布他是一条癞皮狗（可能是指泰特勒）；恳请勋爵您尽快松手，并认为，给他一顿暴打，或者给他系上一根绳子，是对他再合适不过了的。"然而，休谟的情绪一定很快就平复下来，因为这段文字被划了两道粗粗的横线。顺便说一下，现存的原稿仅仅只是一份草稿，并且这封信很有可能从未被寄出过。[3]

"奥西恩事件"始于 1759 年，并很快就将大卫·休谟，以及苏格兰、英格兰甚至整个欧洲的文人都卷入其中。它始于约翰·霍姆和苏格兰高地的教师兼诗人詹姆斯·麦克弗森（James Macpherson）之间的一次谈话。英格兰诗人威廉·柯林

---

[1] HL, I, 320-1; NHL, p.61.
[2] Note "N" to "CH.39 of *Hist*. in collected edns.
[3] 关于休谟后来与**艾利班克**就玛丽女王所发生的龃龉和不快，参见后面的文本补录。

斯（William Collins）向约翰呈献了一份手稿，名为"对苏格兰高地大众迷信之颂歌"（An Ode on the Popular Superstitions of the Highlands of Scotland, Considered as the Subject of Poetry），而约翰与麦克弗森讨论将盖尔语翻译成英语的诸多问题。由于受约翰·霍姆和其他朋友的鼓励，麦克弗森于1760年初在爱丁堡匿名发表了《古诗断章：收集于苏格兰高地，并由盖尔语转译而成》（Fragments of Ancient Poetry, Collected in the Highlands of Scotland, and Translated from the Galic or Erse Language）。这本毫不起眼的小册子未具名的前言，实际上是出自休·布莱尔牧师之手。在其中，布莱尔指出，"大家或可相信下面的断章是苏格兰古诗歌的真实遗存"，并且"如果这项事业得到鼓励，人们有理由期望一部无愧于英雄史诗的鸿篇巨制将重见天日，并被译成英文"。

苏格兰立即将《古诗断章》视为"民族瑰宝"，而大卫·休谟也于1760年8月写道，"我们已努力促成麦克弗森先生去收集更多的这些野花（指古诗歌）"，尤其是去收集布莱尔在"前言"中所提及的那首史诗。在爱丁堡文人圈的资助下，麦克弗森从苏格兰高地所带回的不只是一部，而是两部完整的史诗，并分别以《芬戈尔：一部古老的史诗》（Fingal: an Ancient Epic Poem, in Six Books, 1761）和《特莫拉：一部古老的史诗》（Temora: an Ancient Epic Poem, in Eight Books, 1763）为名出版。在其扉页上，这两部史诗都进一步被描述为"芬戈尔之子奥西恩所作"，和"詹姆斯·麦克弗森由盖尔语转译"。1763年，布莱尔又刊印了《关于芬戈尔之子奥西恩的诗歌的批判性论文》（Critical Dissertation on the Poems of Ossian）。布莱尔以简单的逻辑争论道："亚里士多德透过《荷马史诗》研究自然。而荷马和奥西恩的史诗都源于自然。难怪他们三人如此一致。"

随着这一系列出版物的刊行，"奥西恩之争"进行得如火如荼。在整个18世纪，"奥西恩之争"的焦点总是事关历史和道德问题，而非文学问题，因为麦克弗森坚称他只是翻译了这些古诗歌，但又同时坚拒交出这些古诗歌的原稿。因此，当他的人品受到英格兰批评家的责难时，苏格兰的民族品性也总是易于受到连带性的指责。而当这两部史诗的出版受到布特勋爵的资助时，这场争论就不可避免地掺杂了民族政治的因素。

从一开始，大卫·休谟就摇摆于民族主义的先见和批判性的怀疑之间：前者使他在感情上倾向于接受这位"苏格兰的荷马"；而后者使他在理智上怀疑这样的鸿篇巨制能否在这么多世纪里以如此规整和文雅的方式口耳相传，并留存至今。尽管毫无疑问，休谟一直对奥西恩诗歌持怀疑态度，但休谟确实于 1761 年 2 月为麦克弗森向斯特拉恩写了一封介绍信。休谟写道："你或可相信，就刊印《芬格尔》而言，我建议他（指麦克弗森）只考虑我们的朋友米拉先生。"在这封信中，麦克弗森被描述为"一个通达事理、谦逊的小伙子，一个非常优秀的学者，品行无可挑剔"。但出于某些未知的原因，米拉和麦克弗森并未达成协议。

然而，到了 1762 年，休谟已改变了他对于麦克弗森人品的看法，他告诉鲍斯维尔：他是一个"最古怪的家伙。他充满了苏格兰高地的偏见。他憎恨共和国但却并不喜欢国王。他想让全不列颠分裂成不同的部族，并希望这些部族总是在打仗……布特勋爵不知道该拿他怎么办……由于他是一个苏格兰人，布特勋爵并没有选择让其领取年金，并因故慷慨地自掏腰包，每年给他 200 英镑"。[1]但这并非长久之计，在接下来的一年中，布特勋爵找到了一个安置这位好斗的译家的办法。休谟告诉布莱尔，"他很可能将与乔治·约翰斯通总督一道远赴佛罗里达，为了将其驯化和文明化，我将建议他到契卡索人（Chickisaws）或切罗基人（Cherokees）那里走一走。"

与此同时，对于布莱尔即将面世的《论文》所表露出来的那种民族主义推理，休谟也变得越来越忧心忡忡。"这是一篇极好的批评文章，"休谟断言道，"但希望他（指布莱尔）不要将其与《荷马史诗》等量齐观。因为它或许是一篇非常优秀的诗歌，但仍无法与《伊里亚特》相媲美。"[2]为了消除民族主义偏见，也为了一劳永逸地判定奥西恩诗歌的真伪，休谟将布莱尔的注意力导向进行认真的事实调查的必要性：

> 我目前的意图是……以本世纪所有文人的名义，甚至以其他所有世代文人的名义，恳请您澄清一些重要的事实，并向我们出示证据，以证明这些诗歌即便不像塞维鲁（Severus）时代那般远古，也绝不可能是詹姆斯·麦克弗森在这五年间伪造的。这些证据务必不是辩词，而是证言……以我的浅见，现在，这些证言可以分为两类。麦克弗森声称，有一个家族——我认为是 Clanronald 家族——存有《芬格尔》的部分古代残卷。假如这一事实得到多

---

[1] *Boswell Papers*, I, 127-8.
[2] *Boswell Papers*, I,128.

第二十九章 永住苏格兰?

位信实之士的确证,假如这些人熟悉盖尔语,可以让他们比较一下原文和译文,并进而验证后者的真实性。但是,您必须全力以赴的重点是,您必须从不同的人那里获得有利的证言,从而证明:在高地,这些诗歌妇孺皆知,一直以来都是高地人的消遣。这种证言必须是具体而确凿的……[1]

然而,事实证明,布莱尔并不能胜任这份工作。其调查的结论多泛泛之笔,而这正是休谟所事先警告过的。而这也让苏格兰文人和苏格兰民族此后多次沦为别人的笑柄。尽管布莱尔1765年考证性的"附录"清楚地证明,"奥西恩一直有高地荷马的美誉"[2],但至少休谟仍难以信服。他告诉布莱尔,"我的怀疑从来都只涉及这些诗歌的极端远古性,而且它也仅仅只是怀疑。"他继续调侃布莱尔道:"没有人曾听说你对将奥西恩与荷马等量齐观这一点表示过任何懊悔。"

詹姆斯·麦克弗森以其悖谬的方式继续着文学生涯。他1771年出版的《大不列颠及爱尔兰史简论》(*Introduction to the History of Great Britain and Ireland*)招致了休谟的尖刻批评。休谟向亚当·斯密评点道:"在所有有才华的人当中,麦克弗森具有一颗这个世界上最反历史的头脑。"两年后,麦克弗森将《伊里亚特》翻译成无韵体英文的做法,进一步招致了休谟的怒批,他向斯密写道:"你看过麦克弗森译的《荷马史诗》了吗?很难说麦克弗森的翻译不是在糟蹋《伊利亚特》。"

已逐渐平息下来的"奥西恩之争"于1774—1775年间战火再起。10年前,受到误导的布莱尔曾向休谟夸口道,"我甚至让那位野人塞缪尔·约翰逊皈依正途……正如艾利班克勋爵告诉我的那样,他承认自己现在信了(指相信《奥西恩诗歌》是真实的,而非伪造之作)。"[3] 然而,约翰逊远未相信,当1773年他与鲍斯维尔一道到苏格兰旅行时,通过私人调查,其最初的怀疑反而得到了进一步的强化。到第二年年底,文学圈普遍传言:约翰逊即将问世的《苏格兰西部诸岛游记》(*Journey to the Western Islands of Scotland*)将会攻击麦克弗森的人品。为这些报道所激怒,麦克弗森试图威胁这位正值垂暮之年的文人(指约翰逊),但只是成功地招来了那封写于1775年1月20日的著名的信。

约翰逊的道德警告中,不乏一些英雄气概:

---

[1] HL, I, 399-400.
[2] Appendix to *Critical Dissertation* in the Works of *Ossian* (London 1765), II, 450.
[3] RSE, III, 53.

詹姆斯·麦克弗森先生，我已收到了你那封愚蠢而又厚颜无耻之信。不管受到何种凌辱，我都会尽全力还击，并且我自己做不到的，法律自会替我做主。凡我认定为欺诈之事，我绝不会因害怕一位无赖的威胁而坐视不管。

你想让我收回所说之言。我有什么好收回的呢？我从一开始就认定你的书只是一个骗局，现在，我仍有更确凿的理由认为它是一次欺诈。我已向公众阐明了我何以持这种观点的理由，你尽可反驳。

然而，尽管我可以鄙视你，但我敬畏真理，只要你能够证明该作品的真实性，我将予以承认。你的愤怒我毫不在意；而你自写你的"荷马史诗"以来所展现出的才华也不过尔尔。对你品行方面的耳闻，促使我不在意你将要说什么，而只关心你能证明什么。

如果你愿意，你可以将这封信昭告天下。

塞缪尔·约翰逊
1775 年 1 月 20 日 [1]

然而，在其书中，约翰逊关于苏格兰民族性格的严苛批评是否也有一些英雄气概呢？这位受人尊敬的文学评论家和受人尊崇的道德家有必要这样写吗？——"苏格兰人可以为他们这么轻易地就接受一部绝无可能的虚构作品进行辩护：他们受到了对其假定的祖先之爱的诱惑。一个苏格兰人必定是一个非常倔强的道德家，他爱苏格兰甚于爱真理，一个苏格兰人总是爱苏格兰远甚于爱追根究底。并且，如果谎言能迎合他的虚荣心，他将听之任之，而不是想方设法去矫正它。"[2]

然而，有一个"非常倔强的道德家"，他虽然是一个苏格兰人，但对于真理和寻根究底之爱要远甚于对苏格兰之爱，这个人就是大卫·休谟。1775 年 3 月 6 日，在约翰逊的《游记》问世几个星期之后，鲍斯维尔在詹姆斯宅邸与休谟茶叙，并发现他义愤难平：

他以如此轻描淡写的方式言及约翰逊的《游记》，而这只能表明他的怨愤。然而，至于奥西恩诗歌，他却完全同意约翰逊的观点。但是，他之所以

---

[1] *Johnson*, II, 297, *n*2.
[2] *Johnson's Journey to the Western Islands of Scotland*, ed. R.W. Chapman (London 1934), p.108. 斜体是我加的。

第二十九章 永住苏格兰？

不相信奥西恩诗歌，与其说是因为缺乏证据，还不如说是基于其对事物本质的理解。他说，如果有五十个苏格兰高地人说《芬戈尔》是一部古诗，他也不会相信他们。他说，很难相信，一个始终以免于忍饥挨饿或免于被绞死为首务的民族，竟然仅靠记忆就能保存一部长达六卷的古诗。他说，曾被抄写下来的《荷马史诗》就与此大不相同。他说，已故的伍德先生曾写过一篇非常富有创见的论文，以证明荷马时代尚未使用文字。但他大错特错了，因为我们在《荷马史诗》中发现了一封来自国王的信。他说，奥西恩诗歌的广泛声誉归功于这样一种观点：这些诗歌出自上古；也就是说，如果麦克弗森说这些诗歌出自他自己的手笔，那么，没有任何人会读完这些诗。他承认这些诗中不乏一些优美的段落，或许其中的某小部分确实源自上古。他说，苏格兰高地人（他们向来以一个好战民族著称于世）因有人认为他们曾写出一部伟大的史诗而自矜自傲，故而会倾力支持这一事实，而他们希望能写出一部伟大诗歌的热望，也使他们甚至准备说服自己，以相信这些诗歌的真实性。我告诉他，约翰逊先生曾说，他可以就侠盗罗宾汉的故事写一部史诗，而一半的英格兰人会说：他们小时候就曾听到过。休谟先生说，英格兰人民将不会如此轻易地去支持这么一个故事。因为他们没有苏格兰高地人的那种诱因，他们已有许多优秀的英格兰诗歌了。[1]

休谟和约翰逊立场之间的对比富有启发性。约翰逊要求提供证据，提供更多的证据，而休谟，遵从其在"论神迹"一文中所发展出来的观点，拒绝了这一整类证据。约翰逊将这一类民族偏见贴上了不道德的标签，而休谟则坚持认为，在这种情况下，苏格兰人的"愿意相信"只不过是一种纯自然的心理现象，并且决不会将其与故意撒谎相混淆。与此同时，休谟甚至没能看到这样一种可能性，也即好战的苏格兰高地人中也可能存在伟大的诗篇，这表明了其怀疑主义作为一种历史方法的局限性。因为，即使在休谟自己的身前，苏格兰盖尔语传统至少就产生了七个伟大的诗人——约翰·麦克考杜姆（John MacCodrum），亚历山大·麦克唐纳（Alexander MacDonald, *Alasdair mac Mhaighstir Alasdair*），杜格尔德·布坎南（Dugald Buchanan），约翰·罗伊·斯图亚特（John Roy Stewart），罗布·唐（Rob

---

[1] *Boswell Papers*, X, 109-11.

Donn），邓肯·麦金太尔（Ducan MaIntyre, *Donnachadh Bàn nan Oran*），威廉·罗斯（William Ross）。其中，麦克唐纳、麦金太尔和罗斯被当今的一些优秀苏格兰评论家认为至少不逊于低地诗人弗格森和彭斯，如果不是实际上高于他们的话。

休谟恼怒麦克弗森是因为其欺诈行径，而休谟恼怒约翰逊则是因为其以口诛笔伐的方式，对苏格兰的民族性格大加中伤。因为休谟的"论奥西恩的诗歌"正写于这一时期。几乎可以肯定，这篇批评论文于六月中旬之前完稿。到那时，休谟已经翻阅了麦克弗森新近出版的《从王政复辟到汉诺威王室即位时期的大不列颠历史》（*History of Great Britain, from the Restoration, to the Accession of the House of Hannover*），以及作为其姊妹篇的两卷本的《原始文档》（*Original Papers*）。由于在批评麦克弗森所有著述时休谟并没有提及这两部著作，故而不难推断：当这两部著作面世时，休谟的"论奥西恩的诗歌"已经完稿，故而没有另行修订。[1]

"论奥西恩的诗歌"实际上是休谟在茶叙时向鲍斯维尔所提出的一般观点的精心发展。我们可以将休谟完全拒绝接受有关麦克弗森的奥西恩诗歌之真实性的证据引以为例，将其与巴黎方丈（Abbé Pâris）之墓前的神迹相比较。"在这样一些场合，"休谟宣称，"成千累万的目击者也不构成证据。巴黎数千位詹森派教徒难道不能为巴黎方丈的神迹提供证据吗？就奥西恩诗歌的真实性而言，神迹是伟大的，但并不构成证据。"最后，休谟的无情逻辑导致其得出如下结论："在整个事件中，唯一真正让人啧啧称奇的是：像布莱尔这样一个具有如此高雅品位之人，却对这些诗歌推崇备至，像布莱尔这样一个具有明晰而冷静的判断力之人，竟然为这些诗歌的真实性收集证据。"

在得出这个结论之后，作为一个一诺千金、友情至上之人，除了将这篇文章束之高阁，休谟别无选择。毕竟，"奥西恩之争"的早期阶段，休谟自己曾鼓动，甚至在某种程度上曾强迫布莱尔去搜寻证据。所寻证据虽然让布莱尔信服了奥西恩史诗的真实性，但却只是让休谟信服了这种行动本身的无益。尽管休谟可以悲叹布莱尔的判断力，但他并不是那种公开嘲笑朋友之人。虽然，出于对朋友的考虑，"论奥西恩的诗歌"一直未曾发表，但它对苏格兰人道德真诚的捍卫，一定温暖了我们这位哲学家正日益老化的心。

休谟于18世纪60年代初开始享受的这份姗姗来迟的文学和经济上的成功，

---

[1] RSE, IX, 17; 同时见于 *Hill Burton*, I, 471-80（有些印刷错误和遗漏）以及 *Phil. Wks.*, IV, 415-24。

第二十九章 永住苏格兰？

并不足以补偿爱丁堡依然故我的不友好。随着《从尤利乌斯·恺撒入侵到1688年革命时期的英国史》(*History of England from the Invasion of Julius Caesar to the Revolution in 1688*)的完成，休谟从无处不在的写作压力中解脱出来，并寻思着要不要致力于新的事业。可以肯定，米拉总是敦促他将《英国史》续写下去，但被休谟婉言谢绝了。他于1763年3月致信米拉道，"或许过不了不久，我就会悄悄地搜罗一些写威廉和安妮女王统治时期的英国史所不可或缺的必备书，并此后在伦敦将其完成，同时还顺带完成乔治一世统治时期英国史的写作。但是，"——每当提到伦敦时，总会有一个"但是"出现——"实话告诉您：除非看到前几卷《英国史》受到更为公正的对待，否则我极不情愿在伦敦抛头露面。这一版《英国史》的滞销，使我难免做出这样的揣度：这样的时刻尚未到来。而对于苏格兰人所抱有的普遍反感也是另一层障碍。我认为，那位苏格兰籍大臣（布特勋爵）应该就此对我做出某种补偿。"此处的暗示——也即政府欠他一笔年金或一个职位——在此后并非毫无意义。

一年前，休谟已和米拉探讨了另一种可能的史学冒险。他建议道，"我全权委托您去驳斥那些不实的报道——也即我正在写或打算写一部教会史。我根本就没有这种打算，我相信我将来也不会有此打算。现在，我开始越来越喜欢生活的平静和安宁，并决心小心行事，不要再像以前那样四面树敌。"尽管休谟矢口否认，但这个传闻依旧流传了很多年，并且毫无疑问，休谟有时确曾被这个想法诱惑过。因为一个人一旦成为一名文人，就将终生是一名文人。而且休谟并不喜欢怠惰，尽管他总是拿自己的怠惰自嘲。在1762年的年尾，休谟承认："实际情况是：我现在慵懒无比，根本就不想从事任何方面的写作。而且，对于目前的这种闲散状态（indolent state），我非常满意。朋友们告诉我：我当前的这种状态根本就维持不了多长时间，很快，我就会厌倦这种除了阅读和谈话就无所事事的状态。但是，我决定坚决抵制写作方面的任何冲动，并视之为魔鬼的诱惑，当我看到座椅上的一堆肥肉，当我看到自己镜中的身形，我着实感到羞愧，以至于我决意以其他方式阻止自己进一步变肥。让我的大脑休息，让我的身体运动，看起来是医治身心疾病的最佳药方。"

然而，事实情况看起来却大不相同。休谟已经开始感到挫败、焦躁和沮丧。他开始失去所有的雄心以及对快乐的兴味，并进而演变为"对一切人类生活之事的彻底漠然"。1762—1763年期间约翰·威尔克斯（John Wilkes）在《北不列颠》（North Britain）所发动的狂暴的反苏格兰运动[1]，以及1763年1月查尔斯·丘吉尔（Charles Churchill）在《饥荒的预言：一个苏格兰牧人》（The Prophecy of Famine: A Scots Pastoral）中所表露出的狂热憎恨，都让休谟越发惧怕伦敦。甚至在爱丁堡，他的出现也不受许多人的欢迎。"那位苏格兰籍大臣"并没有意识自己有责任为他做些什么，而事实上，他甚至根本就没有顾念到他。

正相反，布特勋爵所顾念到的正是休谟史学上的友善对手。所以，1763年7月25日，威廉·罗伯逊被正式任命为苏格兰皇家史官，"这个职位自合并后就被废弃了，并且此前年金只有40英镑，但现在却由于这位绅士的杰出才能，已涨至200英镑。"[2] 在这种情形下，亚历山大·卡莱尔注意到，"正直的大卫·休谟尽管像其他人一样为自己朋友的前途感到高兴，但肯定因为这最后一项荣誉被授予罗伯逊而颇受伤害。"[3] 毫无疑问，此项任命——是在考虑到罗伯逊此后会写一部英国史的情况下才做出这项任命的——对休谟是一记重击。考虑到自己的不断失败，以及罗伯逊如此轻而易举的成功，休谟肯定感慨万千、备受困扰，但他还是设法隐藏自己的真实情绪，以免外露。不过，休谟注定会将布特勋爵之偏宠罗伯逊而非他自己视为一种挫败，视为最后的证据：它表明，无论是在苏格兰，还是在英格兰，他大卫·休谟的天赋都不会受到应有的承认。而将法国视为文人应许之地的想法，想必会立马鲜活地浮现在休谟的脑际。而正是在其骄傲受伤的非常时刻，机会再度降临，给他提供了一个以尊荣之身造访巴黎的机会——"一个幸运的意外给了他宽慰，"卡莱尔补充道。在1764年3月发自巴黎的信中，休谟带着积蓄已久的辛酸写道，"对于来自本国的凌辱和厚诬，我已经见怪不怪了。但是，如果事态继续恶化，忘恩负义的祖国，您休想得到我的一根尸骨。"

---

[1] 第12期的《北不列颠》（12 Aug. 1762）对近来赐予约翰·霍姆年金一事进行了评论："人们告诉我，这里有一笔苏格兰年金，这着实让我感到欣慰。这笔年金应该赐给休谟先生。如若这笔年金授予大卫·休谟先生，而非授予约翰·休谟（霍姆），我必然会感到快慰。因为大卫·休谟先生的著述名扬海内外，而约翰·休谟（霍姆）却因其两部沉闷乏味的悲剧以及其他一些乱七八糟的文章而让人心生轻贱。"

[2] Notice in *Llyod's Evening Post* of that date。

[3] 转自 *Thorpe's Autograph Catologue* (1833), PT. II, Item 267; Hill Burton, II, 164.

第三十章 法兰西的召唤

"我境遇之好……可谓世所罕见，我现在简直清白如飞雪。"

1763年8月，在去伦敦的路上，大卫·休谟或许有机会重新思考法国的持续召唤，尽管早在14年前孟德斯鸠已发出过这种召唤，但它现在终于变得不可抗拒。休谟的几部著作已译成法文，并为他在巴黎赢得了众多的读者，以及几乎同样众多的拥趸，这其中就包括我前面所提到的勒布朗神父（Abbé Le Blanc）和一些政府大臣，如阿尔让松伯爵（Comte d'Argenson）和诺瓦耶元帅（Maréchal de Noailles）。其他更年长的国务活动家包括布诺斯院长（President de Brosses）和霍瑙特院长（President de Hénaut）。此外，还有更年轻的群体，如特鲁丹·蒙蒂格尼和杜尔阁。查尔斯·皮纳特·杜克洛（Charles Pinot Duclos）——法国科学院的终身秘书——是休谟最坚定的拥趸。米拉波侯爵维克多以及沙斯泰吕侯爵让（Jean, Marquisde Chastellux）对休谟关于奢侈和人口的思考非常感兴趣。著名的小说家和"英国迷"普莱沃斯特神父（Abbé Prévost）翻译了《斯图亚特朝英国史》，而另一位小说家小比永（Crébillon the Younger）则是休谟的早期拥趸，并且后来将其所写的一部小说献给休谟。

哲人克洛德·阿德里安·爱尔维修（Claude Adrien Helvétius）的《论精神》（De l'Esprit, 1758）一书在法国遭到了强烈的反对，并受到了巴黎高等法院的谴责。1759年年初，爱尔维修致信休谟，建议他们应翻译彼此的著作。然而，休谟并不认为爱尔维修的著作有很高的哲学价值，就找了一个冠冕的借口推托了，也即实际上《论精神》已有一个英译本在打广告了。这位心直口快的哲人随后又告知休谟：他希望能成为"伦敦皇家学会"的会员，并恳求休谟施以援手。而在回复时，休谟则推诿道：这种事很难，基本上不可能成功。在接受了这个隐晦的暗示并放弃该计划后，爱尔维修表达了他对于休谟所作所为的感激。而愿意为朋友两肋插刀的大卫·休谟其实并不喜欢被强人所难，尤其是一个肤浅而雄心勃勃的陌生人。

从在欧洲大陆游历的众多朋友那里，传来了有关休谟在巴黎是何等声名卓著的各种溢美之词。例如，酒商约翰·斯图亚特（John Stewart）在1759年就报道说："我之所以写信叨扰您，主要是为了向您表达我对您友谊的感激之情，正因为顶着您朋友的名头，从没有哪位外国人能像我一样在一生中受到那么多位高名显之辈的礼遇。"偶尔提及休谟正打算参访巴黎"便给您可能乐于与其一道生活的许多法国人带来了真切而广泛的满足感。就我的观察，他们很欢迎您来法国"。不仅如此，他们"心甘情愿到西印度群岛去服侍你……您是世上他们最敬重之人"。1762年12月，托伦斯的安德鲁·斯图亚特（Andrew Stuart of Torrance）告诉威廉·约翰斯通（William Johnstone）道："我们的朋友大卫·休谟……在这里受到如此的尊崇，以至于如果他不立马赶往巴黎，那么他必定是一位冷血动物。在我所熟习的大部分家宅中，人们所问的第一个问题就是：你认识我们仰慕已久的休谟先生吗？"第二年春，艾利班克勋爵则更是直白地指出："没有任何一位作家在生前曾获得过您在巴黎所获得的这么巨大的声名……"[1]

在巴黎，休谟的仰慕者不仅仅局限于文人、哲人和国务活动家。依照**勒布朗**的建议，休谟给杜普蕾·德·圣莫尔夫人（Mme Dupré de St Muar）（《失乐园》一书译者的妻子）寄送了一本《斯图亚特朝英国史》。这封写于1757年12月15日的感谢信，是休谟所收到的来自法国妇女的第一封效忠信，并且一定会让休谟感到心情熨帖："尽管我只是粗通一点英语，但由于您观念的明晰和文风的曼妙，使我读起来也不是特别费劲。我发现您的《英国史》实际上是一篇将哲学应用至最兴味盎然之事实的论文。从没有那本书这么吸引我，让我全神贯注，我也从不曾像读您大作时这样对自己抱有如此美好的看法。"[2] 在信的结尾处，她表达了如下希望：随着和平的降临，休谟将到巴黎去收获他已赢得的盛名之果实。

尽管与杜普蕾·德·圣莫尔夫人的通信令人振奋，但与三年后的另一次通信

---

[1] RSE, VII, 49-50; IV, 167; V, 8.
[2] RSE, IV, 85.

第三十章 法兰西的召唤

相比，它就相形见绌多了。亚历山大·默里（他是艾利班克勋爵的弟弟，属于詹姆斯二世党人，当时正流放法国），向休谟转交了一封其表妹，也即"这个国家，实际上任何国家里最可爱、最完美无缺之女士"的来信。正是这同一位女子促使英国外交家路易斯·杜登思（Louis Dutens）声称："我从来没有见过这么一个人，她集智慧、优雅以及完美的品质于一身。巴芙勒夫人在她30岁的时候依然保持着20岁时的英姿；她被人们公正尊崇为她那个时代最和蔼可亲的女士。而且，人们越是了解她就越发尊崇她。对于她的优雅、美丽和知性，我异常欢喜。"[1] 这就是法国最伟大的女性，巴芙勒伯爵夫人玛丽－夏洛特－伊波利特·德·坎普特·德·索吉昂（Marie-Charlote-Hippolyte de Campet de Saujeon），她于1761年3月13日找到在爱丁堡处于哲学隐休状态的大卫·休谟，并向其提供保护和友谊。

来自这位妇人——她在休谟此后的生活中变得至关重要——的第一封信是如此性格鲜明，以至于有必要予以整篇引述：

> 先生，长久以来，我受困于相互冲突的情感。您杰出的作品唤起了我的敬佩，并激发了我对于您个人的景仰。您的天赋和美德常常让我产生一股给您写信的冲动。这样，我就可以向您表达出我所深陷其中不可自拔的那些情感。然而，考虑到您并不认识我，考虑到我对您的称许很可能言不及义、不得要领，也考虑到含蓄甚至秘不示人更适合我们女性，我担心这会被指责为放肆，并将自己的缺点暴露在您的面前，而我向来将您的好印象视为最让人引以为傲、也最弥足珍贵的赞美。不过，尽管我就这个问题所做的反思，看起来颇具说服力或头头是道，但一种不可遏抑的偏好让它们变得形同虚设。而且，为了佐证我在您的《斯图亚特朝英国史》所读到的那句评论之真实不诬，我所能做的只是在其他众多的例证之外再加上一条例证："人们对于事物的看法只取决于他们的知性；而他们的行为则取决于他们的知性、脾性和激情。"
>
> 故而，当我的理性告诉我应当保持沉默的时候，我的热情却阻止我听命于它的权威。
>
> 尽管是一位女性，尽管年龄并不老迈，尽管在这个国家中过着孟浪的生

---

[1] RSE, VI,70; Louis Dutens, *Memoirs of a Traveller, Now in Retirement* (London 1806), II, 8.

活，我总是喜好阅读；只要是好书，不管是哪种语言的和哪种门类，也不管是法文的、英文的，抑或是由其他语言转译的，我少有不读的。而且，先生，我可以以无可置疑的真诚向您保证：依我的判断，没有哪一本书像您的书那样完美无瑕。对于阅读大作的感受，我无以言表。我被您书中所激起的感情所感动，所心驰神移，续而是痛楚。它升华了我的灵魂，使我的内心充满了人道和仁慈之情。通过表明：美德和发现不仅与真正的幸福紧密相系，而且是每一个理性存在物的唯一目的，我的心灵因之得以开化。在查理一世所遭逢的所有苦难和困厄中，我们看到了熠熠生辉的宁静和安详，它伴随着他，直到他走上断头台。而麻烦和懊恼——是罪恶的如鬼魅相随的侍从——却伴随着克伦威尔的脚步，直至其登上王位。您的书同样教导我们：最大的好事也易于被滥用，而对于这一主题的反思，应该可以增加我们的警醒和踌躇之心。它激发每一位读者高贵的竞雄心，它激发对自由的热爱；它同时教导人们服从政府——在它之下，我们方可生存。一句话，它是一座道德和教化的富矿，它用一种耀眼而亮丽的色彩将道德和教化呈示出来，以致我们相信，我们第一眼便能发现它。

您文风的明晰、庄严和动人心弦的质朴让我激赏不已。它的美丽是如此触动人心，以至于我尽管对英语知之不多，但它们还是没能逃脱我的稚眼。先生，你是一个极好的画家。你所呈现的图景有一种优雅，一种浑然天成，一种想象力难以企及的力量。

但是，我如何才能表达您神圣的公正无偏（divine impartiality）对我所产生的影响呢？此时此刻，我真希望能像您那样雄词滔滔，借以表达自己的思想！事实上，我相信，横亘于我眼前是一部神人之作。这位神人不为人类激情所动，并立志为了人类的利益而构写英国晚近以来的历史。

我只敢说：您所写作的所有作品，都反映出**您是一位杰出的哲学家、政务家，一个天才的历史学家，一位开明的政治科学家，一位真正的爱国者。**

所有这些高贵的品质都已远非一个妇人所能理解。所以我还是少说为佳。同时，看在我对您的成就无限敬仰的份上，我希望您能够宽纵我失之审慎和得体。先生，与此同时，我祈请您严守秘密。我所做出的这个举动或许有违常理。我恐怕我会因之而受到贬责。如果促使我做出这种举动的情感不能得到认可，我定会痛心不已。先生，很荣幸能成为您最谦卑、最

第三十章 法兰西的召唤

恭顺的仆人。

伊波利特·德·索吉昂,巴芙勒公爵夫人

先生,他们告诉我,随着和平的降临,您将打算造访法国。我真诚地希望您能早做决断,这样我或许能够帮助您,让您的旅途变得更加愉快。

1761 年 3 月 13 日于巴黎 [1]

对于这份让人大为惊奇,但又如此正式,如此情感外露,如此真诚的声明,大卫·休谟在回复时不乏真心的喜悦和纯粹的自豪。由于鄙弃任何以虚假谦恭为目标的修辞性的努力,休谟只是认定:对于其《英国史》的赞许和颂扬必定基于其公正无私,无论人们怎么评说其《英国史》的学术价值,它的公正性总是货真价实的。他推荐巴芙勒伯爵夫人读他的朋友罗伯逊的《苏格兰史》。他祈请她宽纵他自己的无礼,因为虽然他年轻时就驻留法国,但"我一直埋首于故纸堆,以读书和研究自娱,很少涉足那些活跃的、欢快的生活场景。我更习惯于一个精选的社交圈,而不是那种泛泛的社交圈"。该信以一句正式的客套话作结:"但是,尽管有这些不足,甚至即便有更大的不利之处,只要有夫人您的陪伴和庇护,这一切都不足挂齿。希望我没有辜负您的雅意。"[2]

同一年,在随后的书信往还中,这位伯爵夫人小心翼翼地努力让他们的关系越来越私人化,而不仅仅只是一位女保护人和一位文人的关系。她声称,她向休谟所说的那些尊崇拜之词都发自肺腑,假如休谟来巴黎,她将乐于为他提供住所。"总之,我将倾力让您在法国过得舒服,并留您多待一段时间。"然而,休谟却羞于接受如此亲密的安排,并略显生硬地回复道:"但是,正如我所深知的那样,在许多方面,我将需要您的宽纵和担待。如果我不希望给您带来不必要的麻烦,并带着一颗万般感激的心拒绝您的邀请——尽管您的邀请让我深感荣耀,请您务必原谅我。"

次年 5 月,首次用英语写信的巴芙勒伯爵夫人向休谟坦承:她收到一份由不具名的寄赠人所寄赠的礼物,也即休谟的《斯图亚特朝英国史》。"我也许有少

---

[1] RSE, III, 65; 巴芙勒伯爵夫人致休谟的一整套信函,参见 RSE, III, 65-103. 关于休谟向艾利班克的问询,参见后面的文本补录。

[2] HL, I, 343-5.

许我们女人中常见的那种骄傲，但更多的是与您这样的优秀人士结交，并获得垂青的欲望，正是这种欲望使我相信：这份礼物出自您的馈赠。"由于不曾寄赠这份礼物，休谟自然有些许尴尬，只得解释道：尽管他曾想方设法给她寄送一本，但无奈未获成功。然而，当休谟第一次向伯爵夫人表露殷勤时，这种尴尬已一扫而空：

　　但是，夫人，对我而言，您信中所言又是一个多么大的新惊喜！我发现，一个女士，在她正风华正茂、声望如日中天之际，不仅能够从宫廷宴乐中抽身而退，利用闲暇时间学习科学艺术，而且屈尊与一位异国文人通信，并以一种最令人适意的称颂方式来犒赏他的劳动。除了这些非同寻常的情况外，我还发现：这位除了其自身的天赋并不具备其他有利条件的女士，还掌握了一门大家一致公认最难学的外语，而其娴熟程度甚至令我们这些终生学习和使用它的人也不免心生嫉妒。

1762 年 6 月 2 日，当让·雅克·卢梭由于《爱弥儿》一书受到巴黎高等法院的贬责而被迫流亡时，作为卢梭一直以来的庇护人，巴芙勒夫人转而求助于其新结识的朋友大卫·休谟。三天后，她致信休谟，建议卢梭到英国寻求庇护，因为"在我看来，在全欧洲，我无法为他找到一个比您更尊重其天赋、更推崇其人道的保护人了。"随后，她又对卢梭的性格做了一番分析：

　　在法国，大多数人将卢梭视为一个特立独行之人。就其真正意蕴而言，"特立独行"这个称号正适合于他，因为无论就行为方式还是就思考方式而言，他都与众人大相径庭。他真诚、心灵高贵，而且公正无私。他害怕任何形式的依赖，故而，他宁愿待在法国以抄乐谱为生，也不愿从其最好的朋友那里接受恩助，尽管其朋友都急于改变其厄运。这种敏感（delicacy）或许看起来过了头（excessive），但这并没有什么可责备的，并且它只是一种崇高的理想。他与世隔绝，并以隐居和独处为乐。对于隐居的偏爱使他成为众人之敌，因为那些攀附他的人的骄傲被其拒绝所伤害。但是，尽管他有显见的厌世倾向，我并不认为现世中有谁比他更温和、更仁善、更同情他人的苦难，也更能容忍自己的苦难。总之，他的德行是如此的纯真、如此的恒定、如此

第三十章 法兰西的召唤

的始终如一,以至于那些憎恶他的人只能够从他们自己的内心寻找怀疑他的理由。至于我,我宁愿被那些有利的表象所欺骗,也不愿意怀疑他的真诚。

这封信让休谟大为触动,他立马回复道:"天哪!夫人,在这种情况下我居然不在伦敦,这是多么大的遗憾!因为它剥夺了我向您所举荐的人表达敬意的机会,因为我向来敬重,甚至可以说崇拜卢梭先生的德行和才赋。我向您保证:夫人,在欧洲,还没有哪个人能获得我们如此之高的评价,对于能为他效劳,我深感荣幸。但是,由于我发现卢梭先生的声望在英国是如此之高,以至于只要他不感厌烦,我希望每个人都能通过他们的热情款待努力地让他感受到这一点。"

由于以为卢梭已经抵达伦敦,于是休谟分别致信吉尔伯特·埃利奥特和约翰·霍姆以及罗伯特·伍德,要求他们恭候卢梭的大驾,并倾全力安顿卢梭,或者将其护送至爱丁堡。在给埃利奥特的信中,休谟写道:"既然我们现任国王和首相都希望被视为奖掖学术,难道他们可以找到比这更好的机会来向全世界表明这一点吗?卢梭先生现在的生活难以为继,尽管他不愿意接受私人馈赠,但如果一位伟大君主馈赠给他一笔年金,他或许不至于认为有辱身份。"在给卢梭的信中,休谟写道:"我愿坦率地告诉您——但愿不会显得过于直白:自从孟德斯鸠院长辞世后,在欧洲的所有文人中,您是我最为敬重的,这一方面是由于您的才赋,另一方面也是由于您心灵的伟大。"

事实上,卢梭并未抵达伦敦。他已在纳沙泰尔的默蒂斯-特拉弗斯(Môtiers-Travers)那里找到了避难之所。纳沙泰尔是受普鲁士国王保护的位于侏罗(Jura)高原的一个独立公国。休谟是从他的老朋友,苏格兰世袭的马里夏尔伯爵和纳沙泰尔总督乔治·基斯(Goerge Keith)那里得知这一消息的。在征得弗雷德里克大帝同意后,亲切的基斯向其"诚实的野蛮人"敞开了怀抱。

由于参加了1715年的詹姆斯二世党人起义,基斯被视为一个叛乱者,并长期流放国外,并因故对所有的流放者和遭受压迫的人们都心怀同情。作为"从未遭受宗教偏见压迫"的"某种拜火教教徒",基斯非常喜欢休谟的陪伴,他经常开的一个玩笑就是将休谟称为"信仰的捍卫者"(Defender of the Faith)。[1] 基斯真诚地将卢梭置于自己的庇护之下,并努力地培植卢梭和休谟之间的友谊。在

---

[1]　RSE, V, 99-100; *Boswell Papers*, III, 12.

卢梭面前，基斯不仅对休谟进行了全方位的描绘，而且还不断地称颂其美德，并将休谟与华莱士之间那场友善的论辩，以及苏格兰教士试图将"这位敌基督（正因为如此，他在苏格兰的处境与您在瑞士的处境一样）"革出教门引以为例。在说完这个不错的故事之后，基斯继续写道："大卫坐在这群教士中间，以一种肃然起敬的凛然和沉着，聆听着针对他的所有辱骂，只是抽着烟一言不发。他的凛然和沉着让这些教士们感到窘迫不安，并在尚未将休谟革出教门的情况下就弃席而去。"[1]

马里夏尔伯爵最大的梦想就是这三位挚友（休谟、卢梭以及他自己）一道在阿伯丁附近的基斯庄园过一种哲学生活。在致卢梭的信中，他这样写道：

> 我将在家里给您和大卫各预留几间房间。你们不必进入彼此的房间，因为有一个会客厅专供你们会面之用。我们将享受着**自由之下的和平**（*placidam sub liberate quietem*），这也是我的座右铭。我们每一个人都将根据其收入来为这个微型共和国的维系做出贡献，并自征其税。食物并不需十分丰盛，而仅仅鳟鱼、三文鱼、海鲜以及蔬菜也花不了我多少钱。烤牛肉的钱须大卫付，因为他喜欢吃。当我们觉得有乘车之需的时候，我们需两辆马车。在我们的共和国里，其他的法则或法律实无存在的必要，每个人都将制定他自己的精神和世俗法则。这就是我的城堡，其地基已经打好。[2]

为了追求这个拟议中的"位于西班牙的城堡"，最近已与汉诺威王朝握手言和的基斯于1763年秋返回苏格兰，以考察那里的风土人情，并向两位朋友汇报。

在就卢梭一事致信巴芙勒夫人时，休谟曾在信尾坦承："但是，我不容许自己认为：我只能在远方向您表达敬意，而永无与您面谈的机会，而与您谈话时那种如沐春风的感觉，我已多次听人提及！"巴芙勒夫人紧紧抓住休谟的这一说辞，以强化他们的私人纽带，并再次以英文致信休谟。她以一种迷人的娇柔承认，她与休谟对她的期望尚有不少距离："阁下，也许我可以机巧地承认，若命中注定无缘与您相识，我也就无从纠正您对我的看法了。"然而，她相信他们两人有朝一

---

[1] Rousseau, VIII, 97.
[2] *Ibid.*, VIII, 170.

第三十章 法兰西的召唤

日终将会面,"实际上,让我羞愧而让您失望的是:大自然并非如您想象的那般厚待我,赐予我诸多熠熠生辉的品质。我大半青春已逝。身形的窈窕,音容的贤淑和庄重,是我唯一可以矜夸的外在优点。至于内在的东西,我所拥有的无过于常识(common sense),而且这种常识也是通过早年的广泛阅读而得来的,至今几乎毫无增益。"她承认她的英语"水平有限"。然而她又娇媚地补充道:"假如我的英语还算雅致,那也全赖手不释卷地捧读您的大作。"不仅如此,她还谈到对卢梭的迫害对休谟未来的行动所可能造成的影响。"阁下,近来所发生的这个不幸的事件(指迫害卢梭),是否会使您不再涉足这个国家?这个国家到处都是您狂热的仰慕者,在这里,每个人都争先恐后地竞相表达对您的敬意和爱戴,而您也当之无愧。"[1]

刚从巴黎返回的托伦斯的安德鲁·斯图亚特,就巴芙勒夫人及其对休谟的"偏爱"向其朋友做了详细的汇报。但是,休谟仍不愿意以任何形式束缚自己。然而,随着1763年2月《巴黎和约》的签订,休谟再也不能将英法之间的战争作为其不去巴黎的借口了。而且,随着和平的降临,这位迫不及待的伯爵夫人已将主动权抓在自己手中:如果休谟不去法国,那么她就来英国。一旦做出这个决定,其安排反而易如反掌,因为巴芙勒夫人不仅在英国有许多位高权重的朋友,而且对英法两国的外交界均有很大的影响力。每个人都陶醉于这样的想法:一位杰出的法国贵妇出访英国,并因之而强化两国的友谊。在其表兄和休谟的密友艾利班克勋爵的陪同下,巴芙勒夫人于1763年月离开巴黎。同行的还有贝德福德公爵(Duke of Bedford)的长子塔维斯托克勋爵(Lord Tavistock),以及托珀姆·巴克勒(Topham Beauwclerk)。[2]

在离开巴黎之前,巴芙勒夫人已推心置腹地告知艾利班克勋爵:"她此次英格兰之行的唯一目的",就是"希望在伦敦见到"大卫·休谟。而艾利班克勋爵也立马给其朋友修书一封,并将这一事实告知于他。但是,由于特别厌恶用笔,他将这封"半拉子书信"放进自己的口袋。在伦敦稍事停留之后,他又去了爱丁堡。在那里,他得知休谟当时正在九泉。于是,他便将那封半拉子书信随附于另一封写于5月11日的短笺之后,并将它们一并寄给了休谟。在信中,艾利班克恳请

---

[1] RSE, III, 69.
[2] Rousseau, IX, 240.

道：" 无视满足这位最可爱的上帝造物的令人愉悦的好奇心甚或激情之机会，无论如何都难称正派。"[1]

在四月底之前抵达伦敦，"鲜花夫人"（Blew flower）——正如大街上的民众所昵称的那样[2]，受到了无与伦比的欢迎，这是任何以私人身份访问的外国人都没有享受到的礼遇。宫廷圈中的每一个人都竞相款待她。5月17日，霍拉斯·沃波尔在位于"草莓山"的"微型城堡"招待巴芙勒夫人早餐。在座的客人有玛丽·柯克夫人、格拉夫顿公爵及公爵夫人、赫特福德勋爵、霍德尼斯勋爵及勋爵夫人，以及维利尔斯勋爵（Lord Villiers）。这帮贵客与其说是在乐享这幢假造的哥特式城堡的豪奢，不如说是在乐享整个早餐期间法式号角和黑管未有间断的齐声奏鸣。当东道主向她展示其私人印刷机——它碰巧正在印刷一首致献给她的诗歌——时，巴芙勒夫人别提有多高兴。

在伦敦及整个英格兰，宴会一场接着一场。塔维斯托克勋爵陪她到沃本（Woburn）去拜见他的父母——贝德福德公爵及公爵夫人。随后，又陪她到北安普顿郡的威克菲尔德府邸（Wakefield Lodge）的去拜访格拉夫顿公爵。谢尔本伯爵不仅设宴款待了她，而且还请她看了一场戏。巴芙勒公爵夫人的各种参访活动所受到的礼遇几乎不下于王家。她发现所有这些一切既令人兴奋，又让人精疲力竭。

应巴芙勒夫人的明确要求——她坚持认为托珀姆·巴克勒（Topham Beauwclerk）应带她去见英格兰伟大的文人，他们作了一次短访。于是，他们两人驱车前往约翰逊博士位于神殿的简朴的家中，在那里他们与约翰逊相谈甚欢。据托珀姆·巴克勒的记述，他们刚离开，就听到身后平地起惊雷。

> 这个喧闹声是约翰逊发出的，看起来在稍事回忆之后，约翰逊才想起他应该向这位来自异邦的贵妇表达其礼敬，并急于表现出他自己是一个殷勤之人，于是急匆匆地下楼。他终于在神殿门口追上了我们，并挤在我和巴芙勒夫人中间，一把抓住她的手，将她扶上马车。他身着一件已褪色的褐色早礼服，一双旧拖鞋，头上顶着一根小而瘪的假发辫，袖口和裤膝也早已松皱。早有一大群人在一旁围观，因为这个独特的场景实在让他们惊诧莫名！[3]

---

[1] RSE, V, 8.
[2] J. H. Jesse, *George Selwyn and His Contemporaries* (London 1882), I, 242-3.
[3] *Johnson*, II, 405-6.

第三十章 法兰西的召唤

巴芙勒夫人本打算在英格兰只待两个月，但现在却一直流连此地，似乎在等待着什么。假如伦敦的贵胄们一旦发现这位来自法国的名门闺秀正在等像休谟这样一个不起眼的人物——一个纯粹的文人，一个"大异教徒"，一个苏格兰人——的到来，他们肯定会备感惊诧。可以肯定的是，她曾毫不避讳地高调赞许了休谟的才能，但是，对于她对休谟的"激情"，除了她所信任的表兄——可能还包括休谟的另一位苏格兰朋友约翰·普林格尔博士（Dr John Pringle），她从未向任何人吐露过衷肠。在休谟4月21日致安德鲁·米拉那封信的背面，普林格尔隐晦地写道："普林格尔博士向休谟发出了抱怨，并告诉他：巴芙勒夫人已抵达伦敦，他听说她非常想见休谟。"[1]

当巴芙勒夫人在伦敦等休谟等得越来越不耐烦之际，休谟又在哪里呢？据说，艾利班克勋爵在爱丁堡没有找到休谟，并由此认定他在九泉。然而，在艾利班克勋爵5月11日之信送达九泉之前，休谟已和吉尔伯特·埃利奥特爵士以及哈利爵士、厄斯金夫人前往纳尔斯伯勒（Knaresborough）和哈罗盖特（Harrogate）旅行去了。[2]因此，直到7月3号休谟才回到爱丁堡，并致信巴芙勒夫人。但休谟信首的写法却很难让巴芙勒夫人觉得其努力物有所值："我现在正与朋友一道赶往鄙国的一个偏远之地，我很晚才获悉您此次来访——这是夫人您赋予这个岛国的荣幸……我并没有立马写信致意，因为我希望我或许可以亲自登门拜访，并借以满足我一直以来所秉有的那种热望——也即结识一位广受敬重、并通过抬爱我而让我荣耀等身的夫人。"巴芙勒夫人也许会觉得休谟的辩解软弱无力："但由于我现在实在脱不开身，我发现，我必须把如此悦人的一个计划搁置一旁，并将此种幸福留待这样一个时刻——我一直期盼着这一时刻的早日到来，到那时，我或许可以亲自到巴黎拜会您。"这封长信余下的大部分内容都是在讨论卢梭的事，并无任何个人的情感色彩。

在收到这封有些含糊其辞的信后，巴芙勒夫人最终打定主意在托珀姆·巴克勒的陪伴下，于7月23号离开英格兰返回巴黎。这样一来，她虽然当初计划完美，但最终却一无所得。

那么，休谟为什么会这般无礼呢？在那时，当英格兰的达官贵族，甚至包括

---

[1] HL, I, 387, *n*1. 斜体字为米拉所加。

[2] G. F. S. Elliot, *The Border Elliots* (Edinburgh 1897), p.382. 根据 The Jenkinson Papers 1760—1766 (ed. N. S. Jucker, London 1949, pp.153-4) 的说法，休谟于5月15日抵达纳尔斯伯勒（Knaresborough）。

那位傲慢执拗的词典编纂家（指塞缪尔·约翰逊）都趋之若鹜地争向这位法国夫人献殷勤之时，我们这位苏格兰哲学家何以如此冷漠，并拒人于千里之外呢？由于缺乏充分的证据，我们虽然对于这些问题只能予以揣度，但并非不需要考虑。

大卫·休谟是一位苏格兰人，一位已对伦敦和英格兰的大人物们深感憎恶的苏格兰人；与此同时，大卫·休谟也是一位有着浓重的苏格兰口音的苏格兰人，一个身处上流社会仍会感到浑身不自在的乡下人，一个自认为与其他任何等级都平起平坐的文人。基于上述这些原因，休谟不想在伦敦豪门权贵们的会客厅中与巴芙勒伯爵夫人相见。实际上，在7月3号的信中，休谟已有所暗示。他酸溜溜地写道："我只是担心：对于一个习惯了法国友善而健谈的聚会的人来说，伦敦浮夸、眩人耳目的大众集会只能提供一种无关紧要的娱乐。当五百个英国人聚合在一起的时候，他们对于退隐和孤独的喜好——英国人正因为这一点而备受指谪——就展露无遗。"

即便休谟不愿在伦敦见这位伯爵夫人，他是否愿意在别处见她呢？作为一个52岁的男人，尽管休谟对女性仍具吸引力，同时也被女性所吸引，但对伯爵夫人对于他的"激情"仍心怀忧惧，因为他唯一渴望的便是过一种哲学的退隐生活。此外，巴芙勒夫人非常不习惯于英格兰或苏格兰的生活水准。她不仅是巴芙勒伯爵的夫人，同时也是在法国权势倾天的第三号人物孔蒂亲王的主要情妇。同时，像其他的法国名媛一样，社会上也充斥着关于她的各种流言蜚语，说她豢养情人。对于一位上了年纪的文人而言，让自己卷入这样一位妇人的剪不断理还乱的生活模式中，虽然或许可以迎合其虚荣心，但却不是一件可以草率从事之事。在伦敦，这绝对超乎想象。然而，在巴黎，这或许还有可能。我们不妨假定，正是出于这些名正言顺的理由，休谟才拒绝去伦敦，但却含糊其词而又乐不可支地幻想着有早一日能在巴黎与巴芙勒夫人相会。

然而，休谟看起来似乎不大可能主动去法国。要促成休谟去法国，并使其摆脱这种消息状态，所需要的只是其对于苏格兰和英格兰的日益增长的怨愤——这一点已有迹可循，以及一个以尊荣的身份去巴黎的机会。而1763年的初夏，赫特福德勋爵就为休谟提供了这样一个机会。在《我的自传》中，休谟这样描述道：

> 1763年，我接到素昧平生的赫特福德伯爵的邀约，让我陪他到巴黎赴任

第三十章　法兰西的召唤

大使，而且他允诺我不久即可就任使馆秘书；同时，我实际上执行的也是秘书之职。这个建议虽然富有引诱力，但我起初却辞谢了。一则是因为我不愿意和权贵打交道，二则是因为我恐怕巴黎的礼让文雅、繁华都丽的社交圈，也不适宜于我这样年纪和性格的人。不过那位伯爵既然一再敦请，所以我就接受了他的提议。

弗兰西斯·西摩·康威，赫特福德伯爵，有着令人尊崇的盛名，为人虔敬而沉闷，略显小气。他是一个注重家庭生活的好男人，1763年，由于第十三个孩子的降生，他的家庭规模进一步扩大。尽管赫特福德是霍拉斯·沃波尔的亲表兄，但却与这位活力四射、机智聪敏、愤世嫉俗、老于世故而又自信满满的亲表弟少有共同之处。在第一次见赫特福德伯爵的时候，大卫将其描述为"英国宫廷里最和蔼可亲的贵族"。终其一生，休谟的这一看法从未改变。

1763年4月12日，英王陛下欣然将受人尊敬但并非十分杰出的赫特福德伯爵派驻法国，担任极为重要的驻法大使一职。与此同时，英王陛下还将年轻的查尔斯·班伯里先生（Charles Bunbury, Esq.）任命为使馆秘书，薪俸为每年1000英镑。这个年轻人唯一出名的地方在于他娶了富可敌国的里奇蒙公爵的妹妹，沙拉·伦诺克斯女士（Sarah Lennox）。在五月底之前，赫特福德勋爵已派部分随员前往巴黎，以寻觅一处大使官邸。然而，根据协议，他自己仍应驻留英国，直到其前任居埃尔希伯爵（Comte de Guerchy）准备离开法国。而这位伯爵直到十月份才准备回国。

将这位众所周知的浪荡子任命为使馆秘书，这显然冒犯了虔诚的赫特福德伯爵。但是他又不能撤销此次任命。然而，正像他告知休谟的那样，他"决定绝不要看到这位秘书，也绝不想与他一起共事"，并提名自己所选择的一位私人助手，当班伯里被排挤出去之后，那位私人助手就可以名正言顺地继任秘书一职。他首先想到的人选是路易斯·杜登思（Louis Dutens），但杜登思却宁愿返回其原先在土伦的职位。[1] 是年六月，也或者更早一点，赫特福德伯爵指示时任副国务大臣的罗伯特·伍德（Robert Wood）向休谟发出了同样的邀请。

赫特福德伯爵为何会拒绝那位浪荡子，这不难理解，但他为什么会转而邀约

---

[1] Dutens, *Memoirs of a Traveller*, II, 38.

这位"大异教徒",却并不容易理解。休谟相信,"我的恩主之所以最初有了这个想法,并非出于任何人的提议。"然而,考虑到人们普遍认为赫特福德伯爵在政治上的庸碌无能,也考虑到他的虔诚,这不免有点奇怪——也即他能毫不踌躇地、清楚地认识到,英国要想赢得法国的友谊,任命休谟为大使秘书无疑是最为明智的选择。因此,我们是否有理由相信赫特福德伯爵的这项任命是屈从于外部的压力?不管是有意抑或无意。

就霍拉斯·沃波尔所处的位置而言,他应该了解其表兄之所以要做出这项非同寻常的决定的一些具体内情。他曾解释道,"庄重而虔诚的赫特福德伯爵舍弃班伯里而选择那闻名遐迩的自由思想家大卫·休谟(他完全不认识休谟),这不免让人疑窦丛生;但是,这显然是其他苏格兰人举荐的结果,这些苏格兰人对赫特福德伯爵夫妇有重大的影响。"[1] 到底谁在其中发挥了影响,沃波尔并没有指名道姓,但是他或许是正确的,因为休谟确实颇有几位在伦敦富有影响的苏格兰友人。他同时还有几位颇有影响的英格兰友人,罗伯特·伍德就是其中的一位。

大约6月中旬,当休谟度假回来后,他发现,正等待他的不仅有来自艾利班克勋爵和普林格尔博士的信——告诉他巴芙勒夫人的到访,而且还有罗伯特·伍德应赫特福德伯爵的指示所写的邀约信。休谟给罗伯特·伍德回了信,并询问了一些情况,而伍德也于7月28号回了信,这是两人的系列通信中唯一存世之信。在信中,伍德清楚表明:赫特福德伯爵仍想让休谟担任他的私人秘书,并将竭全力让其获任使馆秘书一职。但他不能保证这何时能兑现。伍德敦促道:"简而言之,正如我曾向赫特福德伯爵举荐你一样,我也建议你接受他的邀请。因为我真的认为这对你们双方都有益,我也相信你会做出正确的选择。"在信尾,伍德写道:"待你回城后,我们将讨论此事。我建议你尽早回城,这样我就可以为你早作安排。"这最后一句话是不是某种隐秘的暗示?抑或它只是指国务大臣官署的内部运作?无论如何,这似乎表明:伍德实际上已经向赫特福德伯爵施压,让他向休谟发出邀约。但这里面涉及一些他希望不要在纸上明言的内情。[2]

但在巴芙勒夫人9月11日致休谟的信中,我们或许可以发现能够揭开其谜底的些许线索。[3]

---

[1] Walpole, *Memoirs of the Reign of King George III* (London 1894), I, 209.
[2] RSE, VII, 101.
[3] RSE, III, 70.

第三十章 法兰西的召唤

先生,尽管我已委托迪翁先生代为转达我未能在英格兰见到您的遗憾,但我还是想亲自向您解释这件事。由于总是期盼着您能来伦敦,我已经比原定的多待了整整一个月。而且,若不是您的信,我早就启程回国了,但您的信并没有敲定具体的时间,而且还让我产生了这样一种幻念——您将会造访法国。

我在英格兰所受到的接待是如此令人满意,以至于我不敢言及它,因为担心人们会认为,我之所以说这些话,完全是出于虚荣,而非出于感激。如果我有幸见到您,那么就此次旅行而言,可谓功德圆满,无一缺憾了。

先生,既然您不久后即莅临巴黎,我不妨到那时再与您详谈卢梭的相关事宜,对于卢梭,我向来视其为挚友并尊崇备至,这都是其应得的。但不幸的是,对于友谊,仅仅做出一些象征性的表示卢梭就满足了,因为他严拒任何实质性的帮助。他曾言及死亡,但现在已完全康复了。

先生,怀着对您的所有情感——这您是知道的,我很荣幸能成为

您最谦卑且最忠实的仆人
巴芙勒伯爵夫人伊波利特·德·索吉昂
1763 年 9 月 11 日

这封信的某几句话难道不含有某种暗示吗?也即暗示巴芙勒夫人在离开英格兰之前曾秘密介入赫特福德伯爵对于休谟之邀约。如果是这样的话,做出这样的推测并非不合情理,也即巴芙勒夫人最初可能参与到对休谟的提名,或者至少是衷心地附和对休谟的提名。[1]

最为紧要的是,在这封信中,其笔调流露出一种新的确信。巴芙勒夫人的遣词造句,也证实了**艾利班克**此前曾告诉休谟的:她此次英格兰之行的主要目的就是见休谟,而她也充分地意识到,休谟已知晓她对其所怀有的真情。她肯定知道休谟正准备以赫特福德伯爵私人秘书的身份远赴巴黎。巴芙勒夫人还暗示,在休

---

[1] 格雷格(Greig)的聪明猜测(p.282)是:因巴芙勒夫人的反复灌输,以至于赫特福德伯爵心中"自然而然地首先想到了他"。上面的文献已多少证实了这种猜测。但是,这个问题仍属悬而未决,并无定论。

谟抵达之前，她不愿意离开伦敦。她很乐意在休谟的陪伴下返回法国，并将休谟介绍给其巴黎的崇拜者。然而，作为一位冰雪聪明的女性，巴芙勒夫人还是准备先行返国，以免让休谟产生不必要的困扰和尴尬。在整件事中，巴芙勒夫人对于整个情势的了若指掌，以及其娴熟的外交技艺均展露无遗。简而言之，她最终得偿所愿，而且也愿意功成不居并退入幕后。大卫·休谟成了她的大卫·休谟。我们的哲学家能在多大程度上洞悉此种战略尚不得而知，也许休谟一直被蒙在鼓里。

作为伍德最后一封信的结果，大卫·休谟接受了赫特福德伯爵的邀约，并且于8月10日离开了爱丁堡。在伦敦，他最后的担忧也烟消云散，显然他与赫特福德伯爵夫妇相处得很融洽。他说道："虽然赫特福德伯爵身居高位，虽然他为人极其虔敬，但我与他的交往却极其愉快，这一方面是因为他待人宽厚、毫无尖酸刻薄之态，另一方面也是因为他罔顾种种反对意见立意择我为伴，让我荣耀有加。"休谟所有的友人也都十分高兴，休谟称，埃利奥特曾这样说道："考虑到所有这些情况，我境遇之好可谓世所罕见，我现在简直清白如飞雪，即便现在有人提议我入主兰贝斯宫，也不会有人提出任何反对意见。"[1]

作为一个"清白如飞雪之人"，休谟尽管没有被授予主教职位，但却在8月20日受邀参加了皇家牧师（Royal Chaplain）在圣詹姆斯宫所举办的晚宴。与会的有托马斯·博奇（Thomas Birch）、大卫·马利特（David Mallet）、罗伯特·伍德（Robert Wood）以及塞缪尔·约翰逊（Samuel Johnson）。在一封致罗伊斯顿勋爵，也即后来的哈德威克伯爵菲利浦·约克（Philip Yorke）的信中，博奇汇报了此次事件[2]："……我在皇家牧师于圣詹姆斯宫所举办的晚宴上碰到了历史学家大卫·休谟。他受赫特福德伯爵之邀刚来到伦敦，我发现，伯爵有意带他去法国，如果伯爵能够说服他的话。伯爵大约一个月后动身去巴黎。当我告诉您当天共进晚餐的还有塞缪尔·约翰逊的时候，勋爵您定会笑出声来……"在那种场合下，那位大道德家（指约翰逊）显然并没有因为这位大异教徒（指休谟）的光顾而愤然离席。

乔治·马嘎尔尼（George Macartney）*注意到："赫特福德伯爵选择休谟做秘

---

[1] HL, I, 392-3.
[2] Birch in Hardwicke Papers, BM, Add. MS 35400, ff. 110v., 111r.: Birch's Journal, Add. MS 4478c, f.417r.
* 乔治·马嘎尔尼出身于苏格兰贵族家庭，1737年在爱尔兰出生。1759年，他毕业于都柏林三一学院，之后进入伦敦坦普尔大学进修，师从荷兰伯爵亨利·福克斯。1806年逝世。《马嘎尔尼回忆录》的作者。正是他于1793年率团出使中国。

第三十章 法兰西的召唤

书招来了许多的讪笑,人们不停地追问:作为家庭中的一员,休谟先生是否被迫参加一天两次的祈祷?伯爵是否已觅到一位聪明的牧师以让其稍安毋躁?以及诸如此类的上千种笑话。更有甚者,一些人甚至进而认定,伯爵要么现在已经成为一名异教徒或背信者,要么他此前的虔敬根本就是一种假象和伪善。"[1]赫特福德伯爵并未理会那些笑话,相反他从英王那里为休谟争取到一笔200镑的终身年金。他同时还告诉休谟,他还希望休谟能督导其长子比彻姆勋爵(Lord Beauchamp)的学业。而休谟也谨慎地向亚当·斯密询问了其所了解到的那位年轻人的品性。但赫特福德伯爵将班伯里扫地出门的努力仍难以奏效,那位无所事事的纨绔子弟仍留在英格兰,虽不做任何事,但仍坐享丰厚的薪水。

但在伦敦,休谟与马里夏尔伯爵基斯(Earl Marischal Keith)的相遇不免让人感伤和唏嘘不已。伯爵在去国离乡48年之后刚刚抵达英格兰。由于仍梦想着与休谟和卢梭一道栖居在其"西班牙城堡"(Castle in Spain),所以当基斯发现大卫即将动身远赴法国后,不免感到失望。在给卢梭的信中,基斯写道:对于这件事,大卫自己也伤心欲绝,并且"像一头小牛犊那样号啕大哭"。心情郁结的基斯于是继续前往苏格兰,在那里,尽管有麦克弗森喷薄而出的诗情——"欢迎马里夏尔伯爵回故国",但他发现了无处不在的偏执和伪善。他悲痛地告诉卢梭:"我看到我们的好大卫已被许多民众视为怪物,我想这就是促使他远走法国的原因。"[2]由于发现苏格兰的天气像苏格兰人的脾气一样令人难以忍受,迟暮之年的马里夏尔伯爵变卖家产,并重返气候更加温暖的瑞士。

随着启程日期的临近,休谟的精神也变得亢奋起来。他意气风发地写道:"我所去的那个地方一直都是我最仰慕之地。"当然,尽管现在志得意满,但他并没有忘记其老朋友。在给亚历山大·卡莱尔的信中,他写道:"可怜的布莱克洛克境况让我忧心不已……"。而在写给休·布莱尔的信中,休谟罗列了调查麦克弗森的《奥西恩》之真实性的详细程序。在一封私人便笺中,休谟向布莱尔解释道:

> 我只带了四本书,一本是维吉尔的,一本是贺拉斯的,一本是塔索的,一本是塔西佗的。我本还希望带上我的荷马,但发现它太厚重了。我承认,

---

[1] *Letters to Henry Fox, Lord Holland* (London 1915), p.186.
[2] Rousseau, X, 102; I, 126.

出于礼貌，我本不应该带上我的贺拉斯，我本无颜见他。因为我深知，在我这把年纪，没有任何诱惑可以诱使贺拉斯"出山"，他也绝不会受诱在我这样的迟暮之年踏上功名之路。但是，我不认为我踏上的是功名之路，我只是走进了一个五彩缤纷的欢愉世界，并坚信：随着年龄的增长，外在的消遣将变得越发必不可少，而自己的激情或想象所能提供的欢娱也将越来越少。

在写给巴芙勒夫人的信中，休谟写道："夫人，我现在警告您：无论是在英国，还是在法国，您都经常公开地宣扬您对我的偏爱，这样，为荣誉计，您将不得不继续保持您对我的这种偏爱，而且您也不可能因为我们相熟以后就优雅地将您谈及我时所使用的那些美好词汇收回。"在这封信的结尾处，休谟写道："我希望夫人您能够劝说居埃尔希先生（M. de Guerchy）到伦敦赴任，这样我不久就有机会拜倒在您石榴裙下……"

居埃尔希伯爵最终于 10 月 9 日离开巴黎。在 10 月 13 日星期四这一天，赫特福德伯爵夫妇与其随从官员一道离开了伦敦，并于次日上午在多佛搭乘轮船。由于受到一股强烈的东南风的影响，他们不得不于当日傍晚在布伦而非加莱登陆。故而，赫特福德伯爵最终未能得到一位大使所应得的礼遇。[1] 15 日下午，他们动身赶往巴黎，并于 18 日抵达。

休谟的口袋里装着哈维女士给几位朋友的数封介绍信。这位迷人的女士[2]，这位素为蒲伯和格雷（Gay）所推崇的前莫利·拉贝尔（the former Molly Lepel）写道："我权把它们当作推荐信，实际上，您不需要任何推荐信，在法国，一个天才人物所遇到的崇拜者，要远多于他们在英国所发现的嫉妒者和诽谤者。在法国，大卫·休谟的名字就是您所能拥有的最好的，也是最大的推荐信。我的这些信只是引导您去发现那些最友善之人，那些最值得您结识之人。对于巴芙勒夫人来说，您的到来实在是一件可喜可贺之事……"

---

[1] Hertford to Hlifax, 15 Oct. 1756, from Boulogne , in PRO, SP7/258.
[2] RSE, V, 68.

第三十一章 法兰西的奉承

"他们把我看作世界上最伟大的天才之一。"

自"七年战争"爆发以来首位和平时期的英国大使驻任法兰西的风头完全被其私人秘书所盖。尽管在过去的 20 年间，由于苏格兰的迫害和英格兰的不宽容，大卫·休谟从未放弃过到法国避难的念头，但是，他 1763 年是带着荣耀的光环进入这个国家的，而且受到了英雄般的接待。甫一抵达位于巴黎的英国大使馆，年轻的比切姆勋爵就告知休谟：他们必须立马赶往杜·拉·瓦利埃尔公爵夫人（Duchesse de la Vallière）家。尽管休谟一再表明他尚未从舟车劳顿中恢复过来，但他却被告知必须马上动身，尽管还未来得及换下长靴。"于是我只得穿着一件旅行长袍与他一道前往，"休谟叙述道，"在那里，我看到一位雍容华贵的女士正倚靠在沙发上，她对我嘘寒问暖并大肆恭维。"而站在旁边、满身珠光宝气的那位肥硕的绅士，接着又是一番"溢美之词"；他正是法兰西亲王奥尔良公爵。当晚，休谟的社交活动以参加埃诺院长的晚宴而告终，在那里，埃诺院长不仅敞开怀抱欢迎这位尊贵的来客，而且还以法国皇太子名义对其大加赞美。这就是为一个苏格兰文人凯旋般地驻留法国所定下的基调。

但是，巴芙勒夫人何以会允许其他的法国女士——即便是一位公爵夫人——独占将我们这位人中之龙引荐给法国社会的荣耀呢？唉！真可谓人算不如天算！原来巴芙勒伯爵夫人得了麻疹。她曾从亚当岛——它是孔蒂亲王的一处庄园——寄出一封信，以说明原委："先生，由于尚未从麻疹中康复，我还不能亲自执笔，于是不得已请人代笔。正是出于同样的原因，我未能在巴黎迎候大驾——虽然我本意如此，这不免让我忧心忡忡，因为它不仅妨害我向您证明我对您的尊重，而且也让我失去了在本国第一个向一位如此杰出的人士表达应有礼敬的荣耀……"[1] 这封信出自其英文秘书莉迪娅·贝凯（Lydia Becquet）之手，然后由伯爵夫人亲自签名。在回函中，休谟对她的病表达了遗憾之情，并承认："我原打算在巴黎拜会的第一个人就是夫人您……"然而，在静待其康复期间，休谟并不缺乏来自其他伟大女性的关照。

抵达巴黎三天后，在枫丹白露所举办的使馆宴会上，各色朝臣们——从公爵、元帅，到外国大使——都竞相逢迎休谟。在国务大臣普拉兰公爵（Duc de Praslin）家用过膳后，休谟退至一个角落与某人交谈时，正在此时，一个身材高大、衣着考究的绅士走进来，并向普拉兰公爵夫人叫道："公爵夫人，我真是高兴！我今天在宫里看到休谟先生了！"带着一份沾沾自喜的幽默，我们的这位大人物（指休谟）说道："除非来自女士们，否则我对任何奉承都不感兴趣。"而最显赫，也最真诚的逢迎者是路易十五的情妇蓬巴杜夫人和身为"宠臣和首席大臣之妻"的舒瓦瑟尔公爵夫人。"当我被引荐给蓬巴杜侯爵夫人时，如众星捧月般环绕在她左右的那些溜须拍马之徒都向我断言，从未见过她对任何一个男人说过这么多话。"在给爱丁堡友人的信中，休谟写道，自"皇室而下"，法国人"通过每一种敬意的表达，看上去无不衷心地让我相信，他们认为我是这个世界上最伟大的天才之一"。

不仅如此，休谟还举例详述了他在凡尔赛宫观见法国皇太子时的情形：

> 最年长的贝里公爵——他还只不过是一个 10 岁的孩子——趋步上前，并告诉我：在这个国家我有数不胜数的朋友和仰慕者，而他也忝列其中，以及他从读我的著作中所获得的快乐。当他说完后，他的弟弟普罗旺斯伯爵——比他小两岁——也打开了话匣子，并告诉我：在法国，人们怀着急不可耐的心情恭候我大驾已多时，他自己希望很快就能从读我的《英国史》中获得极大的满足。但是，更让人啧啧称奇的是，当我被带到阿图瓦伯爵——他只有 4 岁——的身前时，我听到他嘟囔了一番，尽管其内容我不明所以，但从其不时冒出的一些单词推测，他也是在大力褒扬我……据推测，我之所

---

[1] RSE, III, 71.

第三十一章 法兰西的奉承

以能获得这种荣誉,主要源于王妃的言传身教,她在任何情况下都不吝对我大加称颂。[1]

突如其来的法国人的逢迎,不可避免地会带来比较,而这种比较也长时间地折磨着休谟。他向亚当·斯密问询道:"难道我会忘了,几年前,正是这同一种群,在爱丁堡见了我,简直连一点起码的礼貌都没有,而如今却在巴黎给予我这样盛大的欢迎?"

然而,在巴黎和枫丹白露,这迎来送往、激奋人心的头三周证明对于一个哲学家而言是不堪其苦的。他写道,"我坚信:即便是路易十四,在其一生中的任何三周,也不曾'遭受'如此之多的恭维。我之所以说'遭受',因为它确实让我深感困扰和尴尬,并使我看上去像一个任人摆布的木偶……我确实常常渴盼'拨火棍俱乐部'的那种朴野……借以矫正如此之多的繁文缛节和令人肉麻的客套话……我深知,我起步太晚,而且被放错了地方。我每天三番五次地冒出这样的念头——退避到詹姆斯宅邸,并享受我舒适的躺椅。"对于一个从不喜欢大型社交聚会之人而言,每个见到他的人——每个人总是坚持要见他——的那番千篇一律的恭维之词,已成为一种难以忍受的负担。在怀念"拨火棍俱乐部"和詹姆斯宅邸的时候,休谟也是在思慕经过精选的亲密朋友圈。在早期致布莱尔的信中,休谟写道:"我猜想,像其他所有的激越之物一样,其来也速,其亡也忽,并且随之而起的忙碌和放浪给我带来的痛苦将大于欢乐……我决定从这种社交活动中抽身而出,以便在那帮好人抛弃我之前先抛弃他们。"

在前三周,休谟发现,由于多年来疏于研习,他的法语已不敷使用。在绝望中,他想到了离职,甚至还就此事与当时同样身处巴黎的亚历山大·韦德伯恩专门讨论过,以期找到确定的方式去说服赫特福德伯爵重新启用托伦斯的安德鲁·斯图亚特(Andrew Stuart of Torrance)。然而,在不知不觉间,休谟已恢复其法语的流利,并很快掌控了局势。危机得已平息。

休谟也逐渐地建立了自己的熟人圈,其中不乏权倾朝野的廷臣和光艳照人的贵妇,马里夏尔伯爵的打趣被证明毫无必要,他建议道,"我希望那些光艳照人的贵妇名媛们不要诱惑您,并将您调教成一个花花公子,一个情场老手。甚至赫

---

[1] NHL, pp.75-6.

拉克勒斯自己也被一名狐媚的女子迷得魂不守舍。"[1] 六周后，休谟告诉罗伯逊："我……开始收获悦人的友谊，而不是之前那种傻里傻气、敬而远之的尊崇。现在，他们开始戏谑我，并到处宣扬我的一些糗事，这些糗事要么是他们亲眼所见，要么是道听途说。所以您看，我开始感到宾至如归了。"

其中，埃皮奈夫人（Mme d'Epinay）讲述了休谟在玩猜字游戏时一件糗事，这或许只是一种善意的嘲讽。

英国伟大的历史学家，以其著作声名遐迩、备受尊崇的大卫·休谟，对于填字游戏却乏善可陈，以至于我们所有的漂亮女士都决定……她们曾让他扮演一位苏丹，端坐在两个女仆中间，并以其如簧巧舌来赢得她们芳心。由于发现她们都不为所动，于是不得不试图找出她们拒绝的原因。他被安置在沙发上，两边是全巴黎最美丽的女士；他直勾勾地看着她们，拍打着自己圆滚滚的肚皮和膝盖，嗫嚅着一句话也说不出口，只是不断地说道，"好吧，年轻女士；好吧，你们在这！好吧，你们在这！你们在这，对吧？"他不断地重复着这些话至少有十五分钟，除此之外什么都没有做。最后，其中的一位年轻女士站起来，并不耐烦地说道："哎呀！我实在受不了了；这个男人除了吃小牛肉实在一无所长。"从那以后，他就被取消了做游戏的资格，并成为一名旁观者，但人们对他的尊敬和恭维丝毫未减……所有的漂亮女士都以攀附他为荣；他参加所有的精致晚宴，缺了他，任何晚宴都是不完美的。[2]

正是由于有了这些善意的打趣和玩笑，那种"傻里傻气、敬而远之的尊崇"不再是一种负担，对此，休谟志得意满地评点道："我吃的是佳肴美馔，饮的是琼浆玉露，呼吸的是扑鼻的香气，而脚踏的是团簇的鲜花。"生活不仅安定了下来，而且是一种全新的、令人愉悦的生活模式。

如果说，不着边际的恭维令休谟难以承受，情谊则不然。他陶醉于这种美好的情谊，并略为羞惭地告诉了休·布莱尔一件事，"这件事看起来有点荒唐，但

---

[1] RSE, V, 102.
[2] *Mémoires et Correspondance de Mme d'Epinay* (Paris 1818), III, 284.

第三十一章 法兰西的奉承

是，它所带给我的欢乐要远大于我所遇到的其他任何事情"：

> 我被赫特福德伯爵带至……一个化装舞会，我们都没有戴面具。刚踏进门，一位戴着面具的女士就走过来，并大声叫道：'啊，**休谟先生，您来这个地方没戴面具真是太好了！今晚您将感受到无与伦比的礼遇！您将会看到最明确无误的证据：您在法国是多么地深受爱戴**。'这种开场白真是激奋人心。但是，超乎我想象的是：当我通过大厅时，拥抱、礼节性的致意和恭维从四面八方向我涌来。您也许认为，由于有面具之便，每个人都可以放言无忌。我可以观察到，在这种场合，女士们是最无拘无束的，但让我倍感高兴的是，倾泻在我身上的赞词大部分关乎我的个人品性。她们称颂我举止的天真和淳朴，秉性的率真和温和。
>
> 人非木石（*Non sunt mihi cornea fibra*）。我不否认，对于这种无处不在的善意，我深感满足。赫特福德伯爵也颇感高兴，甚至有些惊讶，尽管他早就知道我深受巴黎上流社会的推崇。

后来，休谟又向其爱丁堡的"新教牧师们"讲述了一则逸事，这则逸事充分证明了人们对于休谟所怀有的那种温情的敬意。"不久前，"休谟写道，"当我参加一个聚会时，我听到达朗贝尔大声说道：'圣言成了血肉'（*Et verbum caro factum est*）。就我过去和现在的生活看，人们认为这不失为一个很好的俏皮话（也即讽刺休谟的肥胖）。人们经常将这句话挂在嘴边。一位夫人在讲这个笑话时，说道：'圣言成了亲爱'（*Et verbum carum factum est*）。当人们告知她的错误时，她还不承认。"[1]

休谟在巴黎的风行最让人惊叹的一点在于：它并没有很快就偃旗息鼓，而是持续了整整26个月（他在法国也就待了26个月）。在"自传"中，休谟写道："我越是回避他们那过度的谦恭礼让，他们越对我谦恭礼让。"然而，那帮恰好在法国游历的英国贵族，绝无法理解这种局面，要么只是一味地对他表示屈尊俯就，要么就是一味地表示藐视，或嘲笑，正如他们在伦敦所习以为常的那样。

于1765年秋抵达巴黎的霍拉斯·沃波尔不胜惊讶地发现，这位高大、强

---

[1] HL, I, 437-8; 496.

壮而略显笨拙的苏格兰人并没有成为巴黎社交界的笑柄。"德芳（Deffand）夫人说我说话尖酸刻薄，"沃波尔写道，"但我并没有因为嘲笑威士忌和理查逊（Richardson）而损及自己一根毫毛，但我还是不要嘲笑休谟为好，他们（指威士忌、理查逊和休谟）可是此地唯一流行的三样物什。"然而，在私人信函中，沃波尔却对"休谟的言行举止"细加打量：他"本身就是时尚，尽管他的法语与英语一样含混难懂"；他"在这里备受推崇"；他是"这个世界上唯一令他们顶礼膜拜、言听计从之人，因为我敢保证他们根本就听不懂他在说什么"。"他们对他的崇敬简直令人难以置信"，在做出这番评论之前，沃波尔还讲述了休谟的另一则逸事："居埃尔希伯爵告诉我，一位法国女士曾问他休谟是谁，被告知之后，那位女士乞求他绝不要提及这事，因为她会因为不知道休谟是谁而蒙羞。"至于那些沙龙，沃波尔继续写道，"其谈话的风格是庄重的、学究气的，除了争辩，鲜有气氛热烈的时候；当我表达出对于争辩的厌恶时，对巴黎的这种风格礼敬有加、但从不知有其他风格的休谟先生极为吃惊地问道，'为什么会这样？如果您既讨厌争辩又不喜欢威士忌，那您到底喜欢什么？'"[1]

另一个势利之徒——尽管并非是一位浅薄的附庸风雅之徒——是查尔蒙特勋爵（Lord Charlemont），他发现休谟在巴黎的流行"实在荒谬可笑"。法国人，尤其是法国妇女怎么会认为休谟的谈话是令人愉快、如沐春风的呢？"如果没有休谟的光顾，她们的香闺就仿佛缺了点什么。就好像对于一种高贵的生活方式而言，认识我们的哲学家是不可或缺之物。在剧院，他宽大但却面无表情的面孔，常常被视为世上最漂亮的脸蛋（*entre deux jolis Minois*），而他的哲学，尽管此前对于他的殷勤形象是致命的，但在这里却保证了他的成功……我的朋友休谟何以能应付这帮强悍的法国妇女，我就不得而知了。"[2]

作为一位智者和政治家，乔治·塞尔温（George Selwyn）完全同意沃波尔和查尔蒙特的看法。在致霍兰德勋爵（Lord Holland）的信中，他就休谟写道："……在日常的社交中，他似乎是我所见过的最为笨拙之人。说实话，依我看，人们不必对法国民众对休谟所表现出来的狂热太过认真，因为我深信他们并不是其优秀品质公允的评判者，而且休谟的礼俗也与他们的礼俗迥然不同。"[3]

---

[1] *Walpole Letters*, VI, 298, 301, 309, 332, 370.
[2] Lord Charlemont, "Anecdotes of Hume," RIA,MS—12/R/7, ff.522-3.
[3] *Letters to Lord Holland*, p.200.

第三十一章 法兰西的奉承

毫无疑问，休谟在巴黎的风行主要得益于当时正在盛行的"英国狂"（Anglomania），得益于人们对抽象思辨和历史的兴趣，得益于这样一个事实：也即在近十年的时间里，休谟一直被视为大不列颠最伟大的文人。同时，它还得益于如下事实：他任职于英国大使馆，他是一位苏格兰人而非一位英格兰人。所有这些事实都对休谟有利。但所有的原因加起来，也不足以解释为什么他的风行能长盛不衰。真正的原因在于休谟的人格魅力。

1765年春驻留巴黎的托伦斯的安德鲁·斯图亚特将休谟如何成为一位大人物，以及其如何设法保持旧有本色的事告诉了缪尔男爵："三教九流、各色人等之人——朝臣、智者、妇孺老幼、博学鸿儒，都竞相向休谟先生献媚邀好。在这种令人意醉神迷的尊崇中，休谟先生仍不失其本色，保持着其简朴的为人处世之道；他整日里乐呵呵的，就好似什么东西都不曾发生似的。其为人处世之道尽管在某些方面与法国人有所不同，但也能屡试不爽。"[1] 尽管远在苏格兰，但热情洋溢的艾莉森·库克本夫人（Mrs Alison Cockburn）准确地感受到了其老朋友在法国——一个她鄙视或佯装鄙视的民族——所享有的魅力：

法兰西的世俗圣人愿意屈尊接受粗鲁不文的苏格兰女儿发自北方荒山蛮岭的只言片语吗？它出自一位朋友的肺腑之言，并将经敌人之手转交。"时尚之人"其实对你是最漠不关心的，你感激抑或怨恨，他们都浑然不觉，他们只适于崇拜你。而你对爱或恨也同样浑然不觉。转瞬即逝的喝彩和称颂只会促发最终的夭折，虚名已让你晕头转向、意乱情迷，你已将那些忽略你的缺点、热爱你的长处之人抛诸脑后。我并不尊崇作为法兰西偶像的你。他们所崇拜的正是我所鄙视的，但是我会满怀深情地想起你。我记得，尽管你的哲学是徒劳无益的，尽管你的怀疑是深入骨髓的，尽管您的学识是艰辛劳卒的，但上帝已在你的心中打下了仁善的深刻烙印，这不是通过你头脑的冥思玄想就可以抹去的。一个愚笨民族的偶像切不可自我膨胀，因为一个随时都可能为非作歹的群氓的信念是不足持的。一个判断力不足的使徒或许只会给那个轻薄浮夸的民族带去思想的放浪；他们并非生而自由。这封短笺将由你的好友伯内特先生（Mr Burnet）转交给你，与你一样，他一生以追求真理自

---

[1] *Caldwell Papers*, PT. II, VOL. I, 256.

任。我相信你们在追求真理的过程中都同样地公正无偏，尽管与你相比，他实际上对于湮灭真理具有更为显见的兴趣。[1]

像艾莉森·库克本一样，法国人发现休谟确实是"好人大卫"；他们最初对其才智的崇拜又因对其人格的爱戴而愈加强化。以充满怜爱的眼光看，一个高大、强壮而笨拙的外国人，操着一口蹩脚的法语，绝非真正荒谬可笑；恰恰相反，他每一次的尴尬和难堪，他每一次的笨拙举动（*gaucherie*），都使他愈发显得可爱。尽管休谟后来标榜其法语说得与法国人一样地道，但这种虚矫之言已被《法国喜剧》（*Comédie Française*）中一位曾听过其法语，并称其为英国老爷的掌灯人所揭穿。

对于所有这一切，查尔蒙特或许已看到一些端倪，但塞尔温和沃波尔则完全茫然不知。对沃波尔而言，休谟是荒谬可笑的，不仅因为他是一个道地的苏格兰人，还因为他是一个严肃的作家。而凡是把一位严肃作家当回事的人，本身就是荒谬可笑的。正是以这样一种简单粗暴的方法，沃波尔轻率地就将"耶稣会会士、卫理公会教徒、哲学家、政治家、伪善的卢梭、嘲笑者伏尔泰、百科全书派、休谟、利特尔顿、格兰维尔、普鲁士的无神论暴君、历史上的江湖郎中、皮特先生……"统统都打发了。[2] 这一方法易于剑走偏锋，例如，大家可以想象一下由折磨像"伪善的卢梭"这样一个如此严肃、敏感之人所获得的那种极致之乐！沃波尔的心智不久即转向那种快乐。

在经历过对位于枫丹白露的王廷的过度吹捧的初次惶惑之后，大卫·休谟开始发现巴黎的沙龙，正是由于这一发现，他的惶惑便彻底平息了。因为在沙龙那里，休谟依稀看到了"群贤会"的原型。然而，相较于休谟在爱丁堡抑或伦敦所遇到的社交团体，这一法兰西原型（指沙龙）要更为精英化，组织的也更加精心，更为贵族化，也许有点悖谬的是，也更为民主。在沙龙中，优雅而谦虚地相互学习，是对所有人的预期；所有的人都被视为在艺术、智识和社会地位上是平等的。基于出身的人为贵族制，屈从于基于天赋的自然贵族制；恩庇那些才赋超群之人是那些出身高贵、家才巨万之人的特权。这一高贵理想的严肃性不可避免

---

[1] RSE, IV, 28. 这封信的捎信人是休谟的"敌人"兼"好友"，也即詹姆斯·伯内特（James Burnet），也即后来的蒙博杜勋爵（Lord Monboddo）。

[2] *Walpole Corr.* (yale), x, 184.

第三十一章 法兰西的奉承

地要招致轻浮油滑的沃波尔的嘲弄："不，我不会向他们的著作家效忠。每个妇人都在自己房间里培植了一两位著作家，天晓得她们是如何浇养他们的。"

作为某种知识的交易所，沙龙常常由一位伟大的女性主持，然而该女性的伟大，与其说在于其社会地位，不如说在于其美丽、魅力、智力、机巧，以及服务他人、推动启蒙的真正意愿。尽管在某些场合，她或许也会玩牌、嬉戏、听音乐，甚至跳舞，但首要的娱乐总是谈话。无论是一位女仆，抑或一位贵妇，她必须具有让每个人各展所长的天分。取决于每位沙龙女主人的爱好和能力，谈话可以是艺术的、文学的抑或哲学的。在路易十五的颓败时期，严肃人士的谈话常常涉及那些行将在 18 世纪末摧毁整个旧制度的思想观念。在这方面，沙龙成为思想自由与言论自由的庇护所。出于这种亲密、自由和世界主义的精神，也受到会客室自身之美和所有沙龙活动之优雅的激发，男人与男人之间，以及男人和女人之间的友谊也得以萌发，而这也是沙龙所着力培植的一种最高功能。

休谟小心将沙龙女士与那些"年轻聪慧的小姐"和王庭中的那些轻薄妇女区分开来。沙龙女士更为成熟，"年过三十"，且"富有判断力、品位和学识"。在社交聚会中，她们的行为举止端庄体面，"很少听到双关语，也很少会乱开玩笑。"但休谟精明地注意到，"隐藏在这层帷幕后面的，并非如通常所认为的那样纯粹。"

休谟在巴黎的幸福在很大程度上取决于他与引领风骚的沙龙女主人——诸如乔芙兰夫人（Mme Geoffrin），德芳夫人（Mme du Deffand），莱皮纳斯小姐（Mlle de Lespinasse），尤其是巴芙勒夫人——所维系的关系。巴芙勒夫人的卧病在床，诱使休谟在别处寻找慰藉和消遣；正因为他是一个外国人，是"好人大卫"，休谟才被允许做只有极少数法国人才有资格做的事，也即由一个沙龙转到另一个沙龙，只要他愿意。在 1764 年 4 月 26 日致休·布莱尔的信中，休谟专门强调了"巴黎的上流社交圈"的排他性以及沙龙的其他特征。其所明示的非同寻常的不耐烦源于如下事实：他的朋友曾莽撞地推荐了一位在法国游历的苏格兰人（他先前曾在爱丁堡冷落过休谟）。罗伯特·华莱士也曾写信引荐过这个人，并补充道，"我冒昧地请您将他引荐给您所在的上流社交圈，从而让他有机会在巴黎好好享受并历练一下自己。"

休谟向布莱尔坦承，"对我而言，您的推荐当然有很重的分量。但是，如果我没记错的话，在爱丁堡，我和莱斯利上校经常碰面。果真如您所言，他早就**想**

结识我，这未免太迟。我唯一能做的就是建议他尽早离开巴黎，并在一个外省城市安顿下来。在那里，人们不惮于结识新朋友，同时对于客人的言行举止也不那么挑剔。"事实上，我们这位大使秘书还是太书生气，太和善，他最终还是将莱斯利引荐给了大使，而大使也邀请他与其他七八个英国人一道赴宴。

休谟想向布莱尔表明的是，"这是一种荒谬可笑的想法……也即认为我可以将他们引荐给巴黎最好的社交圈，没有什么比这更不切实际了。我不知道我可以将这么一位沉默寡言、不苟言笑、局促不安，操一口糟糕的法语，不以任何功业、科学或文艺闻名的先生引荐给哪个家庭……再也没有什么比接待那些无名之辈更显不慎了。假如我做了这种性质的引荐，我很快就会失去他们的信任。"唯有巴黎的"戏院乐坊，花街柳巷"是向这帮来法国游山玩水的不列颠"公侯爵爷们"敞开怀抱的，"没有人在意他们，他们只能彼此呼朋引伴。那种将他们领进法国社交圈的想法本身就是荒谬可笑的"。当讨人嫌的马利特夫人（Mrs. Mallet）登陆法国时，休谟也给出了同样的反应。休谟承认，"我估计她生我气了，并认为在巴黎的时候我怠慢了她。我听说她现在到处参加社交聚会，而人们都尽力避开她；我担心她会拖着我扩大她在法国的社交圈。"

回到沙龙女主人这个话题上，哈维女士曾给休谟提供了一封给乔芙兰夫人的介绍信，很可能乔芙兰夫人是休谟拜访的第一位沙龙女主人。在所有引领风骚的沙龙女主人中，乔芙兰夫人（Marie-Thérèse Rodet Geoffrin）是唯一的资产阶级出生。其丈夫1749年的辞世给她留下大笔可供支配的家产。为了培植休谟与乔芙兰夫人的友谊，哈维女士于1764年1月对乔芙兰夫人做了绘声绘色的描绘。而休谟那时也专门把这一段话给划了出来。

很少有人生性比她还温良，也很少有人的心地比她还友善；其浑然天成的强大判断力和非同寻常的聪明才智，远非得益于书本（她很少读书），而是得益于她对俗世的了解。我不知道还有谁能在这么短的时间内迅速掌握一个人的性格，并以强烈的色彩将其描绘出来。她风趣机智，特别擅长于简洁而生动的叙述。那些自负、虚矫和卑不足道之人畏其如虎；但她的朋友，甚至那些经常拜谒她的熟人的小缺点则能得到她的袒护；没有什么能逃出她的法眼，也没有什么能避开她的一张利嘴；一旦她喜欢上某个人（当她说她喜欢上某人时，她所言非虚），她绝不会让他们在她身上无谓地

第三十一章　法兰西的奉承

浪费时间。[1]

甚至暴躁易怒的沃波尔都对乔芙兰夫人敬服有加，"我……认为她是我所见过的最知性、最深谙世事之人。"

比休谟大12岁的乔芙兰夫人，待之如母，同时又不乏情感上的亲昵和特有的风流娇媚。他总是她的"大胖子"或"胖无赖"。他喜欢这种亲昵的表示，并终身不改。1765年，随着《英国史》新法译本的问世，休谟给她寄去一套精装本。在回信中，她对那位可爱的大胖子超常的写作能力进行了调侃：他简直毁了她的图书馆！"一想到你那些装帧精美的鸿篇巨制，以及与它们毗邻的我的那些寒酸书儿所处的卑不足道的地位，我的心都碎了……不，鉴于你在我的图书馆里所引发的这场革命，我绝不会原谅你。唉！我还是喜欢老样子。现在，它不仅对你是一场灾祸，同时也招致了我的毁灭，如果骄傲这个魔鬼在我的头脑里兴风作浪，并驱使我企图如你一样声势煊赫的话。圣人说，万事皆空！我将整日里念叨这句格言，以免愚蠢到竟要效法你。"[2] 由于翻译问题，我们很难准确地传达乔芙兰夫人信中的况味，因为她故意以拼写错误为荣；同时，她还有目的地宣传有关其无知的各种典故。当休谟离开法国，且显然不会故地重游之后，乔芙兰夫人感伤地写道："我希望我能忘记你，但是我做不到。"

友善的乔芙兰夫人位于圣奥诺雷路（rue Saint-Honoré）的沙龙不仅向巴黎的艺术家和文人开放，而且也向卓尔不凡的外国人开放。每星期一，她都会在家中设宴款待艺术家，每星期三，则在家设宴款待文人。休谟是其星期三社交聚会中的常客。而且，毫无疑问，鉴于乔芙兰夫人最擅长于激发每个笨嘴拙舌之人的谈话天赋，休谟定然从她那里受益匪浅。有过这种经验之后，圣皮埃尔神父写道："夫人，我只是你娴熟拨弄的一件乐器"。[3] 虽然对乔芙兰夫人极为爱戴，但休谟并不总是对其沙龙特别满意，因为，为了避免争吵，乔芙兰夫人的督导之手总是无处不在，而且也太过强势。对于一位哲人而言，与言辞出格的争辩一样，刻意绕开有争议的话题也会让沙龙谈话变得索然寡味；在许多场合，休谟或许会倾向于认同格里姆（Grimm）的幽默描述：

---

[1]　RSE, V, 69.
[2]　RSE, V, 36.
[3]　Morellet, *Eloges de Mme Geoffrin* (Paris 1812), pp.11-12.

在母亲般的乔芙兰夫人的管理下，其沙龙中的谈话既不敢谈及国内新闻，也不敢触及国际新闻；既不敢触及宫廷秘闻，也不敢触及城市花边；既不敢触及北方的新闻，也不敢触及南方的新闻；既不敢触及东方的新闻，也不敢触及西方的新闻；既不敢谈及政治，也不敢谈及金融；既不敢谈及战争，也不敢谈及和平；既不敢谈及宗教，也不敢谈及政府；既不敢谈及神学，也不敢谈及形而上学；既不敢谈及语法，也不敢谈及音乐；总而言之，任何话题都触碰不得……[1]

如果说大卫·休谟曾发现乔芙兰夫人的稳妥周详永远都是那么沉闷的话，那么，他会发现这一点立刻在德芳侯爵夫人的"又老又瞎的智者的放浪形骸"（old blind debauchée of wit）——如同沃波尔在第一次与她谋面时所描述的那样——中得到补救。然而，沃波尔会为其对德芳夫人的刻薄和恶毒心生悔意，因为德芳夫人尽管已六十有八，年长沃波尔二十岁，但她依然狂热地迷恋上了沃波尔，并且也得到了沃波尔的部分回应。沃波尔早年间对其晚年的描述，依然是最为传神的：

> 她观剧、看戏、赴宴、入宫；每星期设宴款客两次；让人读最时兴的读物；创作新的歌曲和隽语；并且能记住这80年来她所结识的每一个人。她与伏尔泰一直音讯不断，给他写迷人的信函，与他辩驳，让他不要再对自己或其他任何人固执己见了，也不要再嘲笑那些教士和哲学家了。她很容易与别人起争执，但是在争辩时，她非常贴心，而且很少出错；她对每一件事的判断大都公正，但对每一个具体行为的判断却几乎全错；她敢爱敢恨，对朋友热情似火，仍希望受到公开的敬重和爱戴，我当然不是指受到情人和一位死敌的敬重和爱戴。[2]

简而言之，德芳夫人几乎与乔芙兰夫人截然相反，她极其痛恶乔芙兰夫人。然而，像乔芙兰夫人一样，她也是一见面就喜欢上了大卫·休谟，而在休谟寄居

---

[1] Grimm, *Correspondance littéraire*, ed. M. Tourneaux (Paris 1885), VIII, 438.
[2] *Walpole letters*, VI, 312, 404-5.

第三十一章 法兰西的奉承

巴黎的头半年里,他也是其位于圣多米尼克路的圣约瑟夫修道院家中的常客。因为有一次,她一改往常的尖酸刻薄,并当着伏尔泰的面对休谟的性格做了简单而平实的描述:"他是一个欢愉、简单而善良之人。"[1] 德芳夫人的个性不可能对休谟有很大的吸引力,因为她总是言辞乏味,且兴趣广泛。但是他可能喜欢她所允许的谈话自由,毫无疑问,休谟同时也受到其年轻随侍的吸引,她就是出身名门,但却是私生子的朱莉·德·莱斯皮纳斯(Julie de Lespinasse)。

正如德芳夫人所开始发觉的那样,莱斯皮纳斯小姐的迷人、颖慧和热情洋溢,吸引了包括休谟在内许多其他人。德芳夫人通常白天睡觉,大概在晚间7点钟的样子再起来开门迎客。1764年4月底的某一天,她起床要比往日早,却发现少数几位贵客已经抵达,并围在莱斯皮纳斯小姐的闺房里献殷勤。侯爵夫人又惊又气,并获悉客人们的早早来访并非偶然的孤例,而是持续很久了。卧榻之侧岂容她人酣眠,尽管已在德芳夫人身边做了10年的随侍,但莱斯皮纳斯小姐还是离开了德芳夫人的府第一去不返,而且终生遭到忌恨。12年后,当其在给霍拉斯·沃波尔的信中谈及莱斯皮纳斯小姐的辞世时,德芳夫人冷酷地写道:"莱斯皮纳斯小姐于今晚午夜后两个小时辞世,如果说这在过去会给我带来痛苦,但现在对我毫无影响。"[2]

1764年与德芳夫人闹翻时,朱莉·莱斯皮纳斯时年32岁,正值当打之年。她不仅精于文学、哲学和科学,而且除了母语法语外,还能说英语、意大利语和西班牙语。在乔芙兰夫人和其他朋友的慷慨帮助下,莱斯皮纳斯得以在圣多米尼克路建立起自己的新沙龙,而此前圣约瑟夫修道院的许多常客更是蜂拥而至。德芳夫人也立即将这些背弃者从自己的朋友名单中除名,除了其年事已高的前情人埃诺院长(President Hénault)。

作为一名外交官,当大卫休谟试图与这两位女士同时交好时,由于德芳夫人的缘故,他被迫在两人中做出选择。休谟哀叹道,"我曾不厌其烦地告诉你,我欣赏那位朋友的爱,但却反感那位朋友的恨。"当休谟勉为其难地听从自己内心的召唤,并对新沙龙表达出自己的某种偏好时,他与德芳夫人关系便急转直下,尽管尚未公开决裂。他不再是那个"欢愉、简单而善良之人"。此后,他就成了

---

[1] Mme du Deffand, *Correspondance Complète*, ed. Lescure (Paris 1865), I, 305.

[2] Mme du Deffand, *Correspondance Complète*, ed. Lescure (Paris 1865), II, 551.

德芳夫人口中的"乡下人"或"多瑙河畔的乡民",重要的是,这些称呼主要出现在给沃波尔的信中。休谟同时还被讥讽为"神殿偶像的大祭司",这就证明,不管有没有莱斯皮纳斯,不管有没有沃波尔,大卫·休谟都不再受到圣约瑟夫修道院的欢迎。因为"神殿"是孔蒂亲王的宫殿,而孔蒂亲王的"偶像"正是巴芙勒伯爵夫人。只要是其所仇视的竞争对手的"大祭司",他就不可能被容忍。

甚至在返回英格兰后,休谟也曾试图重建其与德芳夫人最初的那份友情,但徒劳无功。在一封信中,德芳夫人抱怨道:尽管她是第一个热情接待休谟之人,但他却抛弃了她。对此,休谟去信予以否认,且言辞伤感。但在回信中,针对休谟重修旧好的努力,德芳夫人冷漠地予以一口回绝。"我曾真诚地渴望能成为你的朋友。我自以为我成功了,但我懊丧地发现,我错了。"[1] 在给沃波尔的信中,她坦承她害怕休谟会重返法国,当得知他不会重返法国后,她不禁欢呼雀跃起来。"他令我不快,"她恶毒地补充道,"我憎恶偶像,我厌恶他们的祭司和崇拜者。"休谟辞世时,尽管德芳夫人有过短暂的悲悯,但其两年后对休谟的盖棺定论仍混杂着恶意:"休谟先生尽管有伟大的头脑和一整套哲学,但却从未能通过其所有的推理来成功地赢得幸福。"[2] 其对休谟生命和哲学的误解简直无以复加。

而对待朱莉·莱斯皮纳斯,休谟则是温柔的和慈父般的。在1764年9月的信中,休谟告诉吉尔伯特·埃利奥特道,"我去见了达朗贝尔的情妇莱斯皮纳斯小姐,她可真是全巴黎最明智的妇人。"一年后,当她因患天花而生命垂危时,他向巴芙勒夫人评点道:"我很高兴达朗贝尔在这种情况下能放下其哲学。"

达朗培尔和莱斯皮纳斯小姐之间的确切关系依然是一个谜。在达朗贝尔生病期间,朱莉曾照料过几个月,此后,达朗贝尔就一直住在她家。显然,达朗贝尔对于她的无可置疑的爱,只换来莱斯皮纳斯小姐的关爱和奉献。与莱斯皮纳斯小姐同时代的许多人都毫不怀疑,她受害于两种世所罕见的激情:一个对令人尊敬的马拉侯爵的爱,一个是对卑不足道的吉贝尔伯爵(Comte de Guibert)的爱。她死后出版的两卷书信成为世界激情文学中的无价瑰宝之一。尽管经常出入其沙龙的休谟及其他人并没有正面描述过其私生活,但他们一定感受到其中的波澜。借助于其独特的人格魅力和兼容并包的品位,也得益于大哲人达朗贝尔的莅临,她

---

[1] RSE, IV, 72.
[2] Mme du Deffand, *Correspondance Complète*, ed. Sainte-Aulaire (Paris 1867), III, 346.

第三十一章 法兰西的奉承

的沙龙迅速成为巴黎最受欢迎的沙龙。在那里，在一群迷人的、身世煊赫的妇人的陪伴中，休谟发现了"理性盛宴"，与此同时，他也发现了人们对其自身才赋的平静赏识，而这提供了最真实的满足和愉悦。

休谟一直与达朗贝尔和朱莉·德·莱斯皮纳斯保持着亲密的友谊。1767年朱莉愉快地向休谟索要其全套著作，因为她想让自己的英语日臻完美，而且需要读一些内容专深、文笔洗练的书籍。休谟亲切地给她寄去其六卷本的《英国史》。在代莱斯皮纳斯小姐执笔时（因为她视力下降的厉害），达朗贝尔回复道："莱斯皮纳斯小姐万望您记住您曾允诺给她寄一套您新版的哲学著作集。她已经有了您的《英国史》，但正如俗谚所云，'好东西不嫌多'"。还有一次，达朗贝尔催促休谟以某种形而上学的方式重返巴黎："再见了，我亲爱的朋友。我爱您正如人们爱上帝，这就是说，因为我们并未看见上帝，正如我们绝不会自欺欺人地认为我们看见过上帝。然而，我相信，或者毋宁说，我感到，见面与否并未损及我们的友谊；在某种意义上讲，我信奉神人同形论，如果是这样的话，无论在抑或不在，你都要爱我！"[1]1773年的一封信只是简单写道："我们俩经常谈及您。"[2]在其遗嘱中，休谟给达朗贝尔留下了一笔200英镑的遗产。

---

[1] I, BOZ 147, Biblioteka Narododowa, Warsaw, Poland.
[2] RSE, III, 14, 21.

第三十二章　巴芙勒伯爵夫人

"你将我从对世事的漠不关心中拯救出来。"

无论是被昵称为"神圣的伯爵夫人"，还是被嘲讽为"神殿的偶像"，对每一个人而言，巴芙勒夫人都是迷一般的存在。她魅力超凡——如果称不上美丽的话，这一点不仅为所有见过她的人所证实，而且也为其画像所证明。她俨然一尊德累斯顿瓷器：娇俏的身材，精致的五官，乌黑的秀发，简单的发型，明亮的眼眸。在整个18世纪，人们一般都承认，她是一位杰出的"沙龙女主人"（*salonniere*），如果不是最杰出的话。同时，人们也对其社交魅力和社交礼仪，以及其对于艺术和学术的兴趣称颂有加。她还曾尝试创作剧本，而且据说其中有些曾付印。巴芙勒伯爵夫人的魅力并不仅仅仰赖于其出众的外表，而更多地得益于其超凡的品性。虽然人们对其品性的解读千差万别，但却都在一些基本方面达成了共识。

两位目光如炬，而且对其颇为了解的男士的评点或许可以被视为男性观点的代表。在将其描述为一个女才子（*savante*）之后，霍拉斯·沃玻尔继续写道："她就好像是一身而二任，扮演着两个女人的角色，一个是上流社会的贵妇，一个是下层乡间的村姑。我不必说，作为乡间村姑的她殷勤，甚至有点忸怩作态。而作为宫廷贵妇的她则十分大方得体，有一种恰到好处、公正而令人愉悦的雄辩——但急于获得赞许将这一切都毁了。您甚至会认为，她总是端坐着那里，就好像其传记作家此时正在摹画她。"让-雅克·卢梭则向巴芙勒夫人的一位密友这样评点道："至于巴芙勒夫人，人们必须要仰慕她。"但在其《忏悔录》中，卢梭指责巴芙勒

第三十二章　巴芙勒伯爵夫人

夫人以恩庇为幌子勾引他，甚至还在一封私人信件中更直白地说出了这一点。[1]

而德芳夫人的看法则代表了一种更为微妙、精细的女性立场。尽管多年来两人一直处于一种敌对的竞争关系，但在晚年，两人又重修旧好。德芳夫人对巴芙勒夫人的评价是经过认真考量的，而且还以娴熟的笔触点明了巴芙勒夫人的魅力：

> 她的头脑尽管并不是十分卓越……但却高度的首尾一贯和极为勤勉……她知识面广且不流于肤浅，自信而无罅漏。你可以说她获得了她所可能获得的全部知识；但她所拥有的知识——不可否认，她拥有许多知识——更多地归功于后天努力而非先天禀赋。
>
> 她的谈话，既不冷峻乏味，也非见解超凡、辛辣或富有生气；她的话没有错谬，也非寡淡如水，但却少有妙趣横生的机智之语。
>
> 她的心灵……像她的大脑一样是矫揉造作的（artificial）。你不能说她没有恶行，没有美德，甚至也没有缺点和瑕疵；但你不能在她的心灵中发现情感、激情、审慎、偏好或憎恶。
>
> 她所具有的几种优秀品质，既源于其品性的空洞，也源于其周遭事物在她身上所留下的黯淡的印象；她不嫉妒，不搬弄是非，不危险，也不好管闲事，因为她唯一关心的只是她自己。
>
> 她的道德极其严苛，总是基于高尚的原则。她常常以坚定的、不容置疑的口吻和甜美的声音宣布这些高尚的道德原则；她看上去像一支宣示法律和传播神谕的长笛。饶有趣味的是，她所宣扬的崇高道德与她的实际行动并非完全相符，这多少有点令人生厌；而更有趣的是，这种反差并没有让她觉得有什么不妥。她会面无表情地告诉你，一个女人与其丈夫分居有违于公序良俗；做一个王孙贵族的情人是一位女性的羞耻。她这样说的时候是如此真诚、如此动听，而其声音又是那样的温婉，神态又是那样的甜美，以至于你并不觉得有任何荒谬可笑之处。她就是这么一个"怪人"——"怪人"这个词似乎是专门为她而造的……[2]

---

[1] *Walpole Letters*, VI, 407; Grieg, p.313.
[2] 转引自 *Walpole Corr.* (Yale), VIII, 84ff.

那时，或许可以将"怪人"视为巴芙勒夫人的绰号。的确，她是一个道德家，并曾亲自草拟过一份她自己的"行为准则"。其部分内容如下：

> 行为要朴素而理性。
> 仪容要得体而端庄。
> 接人待物要公正而宽宏。
> 财富用度要节约而不失慷慨。
> 言谈要明晰、真实而精确。
> 身处逆境时要勇敢而自信。
> 春风得意时要谦恭而节制。
> 在社会交往中要亲切、闲适、彬彬有礼。
> 在家庭生活中要诚实、善良而不流于随便……
> 为了内心的宁静宁可舍弃一切。
> 以节制来对抗不幸和苦难。
> 只可讲一些不会伤及别人的无害的玩笑……[1]

同样千真万确的是，巴芙勒夫人并未与其丈夫住在一起，而且她还是王孙贵族的情人。同样真确的是，她在道德理论和道德实践上都极其幼稚。

比如有一天，她责骂她的密友米雷普瓦元帅（Maréchale de Mirepoix）与蓬巴杜夫人私通，并说道，"她终究只是法兰西的头号妓女。"米雷普瓦元帅有点生气地回应道："不要让我说出第三号妓女。"[2]

米雷普瓦元帅的机敏回答广为流传，并给巴芙勒夫人带来了不少苦恼。巴芙勒夫人所深感苦恼的，也正是其所有朋友们所深感困惑的。这种私通关系并未让其亲密的朋友如米雷普瓦元帅、卢森堡元帅、沙特尔公爵夫人（Duchesse de Chartres）、莱斯皮纳斯小姐，以及其他的许多熟人感到困扰。只有巴芙勒夫人自己知道答案，但是，她似乎发现不可能将答案公之于众，除了有一次她曾说道，"我要通过我的语言来赢回我的行动所让我失去的美德。"

---

[1] Paul Emile Schazmann, *La Comtesse de Boufflers* (Lausanne 1933), p.145.
[2] Sainte-Beuve, *Nouveaux Lundis*, 19 Jan. 1863. 根据圣贝夫，奥尔良公爵的情妇 Mlle Marquise 位列第二。

第三十二章　巴芙勒伯爵夫人

在 1746 年与爱德华·德·巴芙勒（Edouard de Boufflers）结婚之后还不到一年时间，巴芙勒公爵夫人就产下一名男婴。此后不久，她的丈夫就淡出了她的生活，只是在 1764 年去世时人们才重新想起他们是一对夫妻。1752 年，时年 27 岁的巴芙勒夫人与时年 34 岁的鳏夫孔蒂亲王私通；直到孔蒂亲王于 1776 年辞世，他们一直保持着友谊。这在很大程度上归功于她的美丽、优雅和善解人意。她献身于亲王，并视之为一种"神圣的义务"；但是，因持守着谜一般的道德准则，她同时发现这无异于一场"折磨"。但无论是"义务"，还是"折磨"，都未能让她从这种私通关系中抽身而出。

路易斯·弗朗索瓦·德·波旁·孔蒂亲王绝非常人。他是驻守意大利的法国军队的一位英勇善战的军事将领，1744 年，正是在他的带领下，法军赢得了科尼之战（the battle of Coni）。三年后，他从军队退役。在 1755 年——那一年，他因蓬巴杜夫人的阴谋而被革职——之前，他一直都作为路易十五的亲宠在全欧洲从事秘密外交活动。不久，他即成为反对派的领袖，并赢得了国王"我的资政兄弟"的昵称。孔蒂亲王还雅好艺术和科学，是艺术和科学的慷慨赞助人。他所庇护的人中就包括卢梭和博马舍（Beaumarchais），这并不代表他认同他们的观点，而是因为他痛恶书报审查制度。在宗教上，他是一位怀疑论者，但他并不是一位无神论者，并且将普雷沃斯特神父任命为牧师，条件是他永不做弥撒。他是一个很好的谈话对象，在社交时常常展现出无出其右的优雅和高贵，尽管有时会表现出过度的骄傲和傲慢。作为一位美男子，孔蒂亲王过着一种养尊处优的生活。那是一个盛产浪荡公子的年代，而作为一名花花公子，孔蒂亲王的名声可谓无人可匹。但孔蒂亲王只允许自己一段时间内有一个主要情妇。1751 年，在和德阿蒂夫人（Mme d'Arty）的一次激烈争吵后，巴芙勒夫人便顺理成章地成了孔蒂亲王的新欢。

作为马耳他大修道院的院长，孔蒂亲王将修道院的"神殿"留作自己在巴黎的居所。"神殿"位于巴黎老城区东厢的塞纳河北岸。在壁垒森严的城墙以内，始建于 13 世纪的广场和圣殿骑士团塔楼式建筑被现代建筑所环绕。而其中面北坐落于拿撒勒圣母院路（the rue Notre-Dame-de-Nazareth），且南边带有一个小花园的那栋房子，就是巴芙勒夫人的居所。而那栋高耸于其他建筑之上、优雅而宽敞的城堡，就是孔蒂亲王自己的住所。其规模堪与王宫相比肩，在那里，亲王可以观剧、举办大型聚会和私宴。因为神殿有自己的剧院、大型舞厅和小型沙龙。

所有的房间都装有白色的护墙板、铜质镶边和外框，高悬的玻璃窗与古要塞的简朴形成鲜明的对比。

每星期一晚上，孔蒂亲王常常要设宴招待50—100位客人。在大宴会厅的中心，亲王和伯爵夫人以威严的礼节接待八方来客。男士站成三列，女士们则围坐成一圈。但"神殿"卓尔不凡的声誉却来自于小小的"四镜沙龙"（Salon of the Four Mirrors）。巴芙勒夫人是沙龙的灵魂人物，而英国狂（Anglomania）则是其主导氛围。当落日的余晖反射到镜子上，并为四壁涂上一层耀眼的色彩时，就到了招待英式茶点的时间。依照孔蒂亲王所开创的先例，为了鼓励自由谈话，所有的仆人都不允许在场。穿着考究围裙的女士们，点亮玻璃盏下的台灯，沏茶，切蛋糕，递盘子。如果那一天丝竹盈耳，那或许有人正在引吭高歌，又或许有人正在弹奏琵琶或大键琴。在画家米歇尔－巴塞拉米·奥利维尔（Michel-Barthelémy Ollivier）于1766年所创作的画作"孔蒂亲王家的英式茶点"中，神童莫扎特正坐在一把高脚椅上，面前是一架打开了的大键琴。[1] 每星期五，巴芙勒夫人都会召集少数密友在家中聚会。

大卫·休谟是在1763年的11月或12月被引荐至"神庙"的，当时休谟刚结束王庭的述职，而巴芙勒夫人也刚从麻疹病中康复。当巴芙勒夫人给休谟写下如下信函的时候，他们想必已见面："我明天不会去看戏。那部戏实在无聊。我会待在家里。如果你想到这里来，我会带你去神殿，也就是说，带你去见孔蒂亲王。如果我不向你解释的话，你或许会以为我是带你去教堂。"[2] 这是休谟首次被邀请参加"神殿"每周一的正式晚宴。之后不久，休谟就拜倒在"神圣的伯爵夫人"的石榴裙下，并在短短的一年之内赢得了"神殿"里最虔诚的偶像崇拜者的名头。沃德琳夫人（Mme de Verdelin）告诉卢梭，"他们说，休谟已经不可救药地爱上了巴芙勒夫人。"[3]

当他们初次见面的时候，巴芙勒夫人时年38岁，休谟52岁。关于他们的早期关系，也即1763—1766年冬那几个月的关系，已无据可考。然而，从休谟1764年5月15日写给身处荷兰的巴芙勒夫人——当时，她在霍德尼斯勋爵和霍德尼

---

[1] 莫扎特曾于1763年和1766年驾临巴黎。关于那幅画是画于1766年的证据，参见G. Cafron and R. Yve-Plessis, *Vie privée du Prince de Conty* (Paris 1907), p.117, n1.

[2] RSE, III, 72.

[3] Rousseau, XV, 187.

第三十二章　巴芙勒伯爵夫人

斯勋爵夫人的陪同下去荷兰看望其正在莱顿大学就读的儿子——的信中，我们可以推断：他们两人此时已萌生了一种暧昧的情愫。在信中，休谟承认，"我担心的是，如果现在我无缘无故地给您写信，您难免会认为：我经常会想起您，而我与您在一起时的快乐（我应该说您的友谊吗？），也不是其他任何人或他们的谈话所能轻易弥补的。"在调笑完所谓的"宫廷阴谋"后，休谟深知巴芙勒夫人和孔蒂亲王只是假装对这些事情冷漠，于是便在信的结尾这样写道："亲爱的夫人，在这封愚不可及的信的结尾，我只是想极其严肃地向您保证：无论他（霍德尼斯勋爵）将您带至何处，我的美好祝愿都将一路相随，而且任何事情既不能降低，也不能增加我对您的仰慕之情。"而在回信中，巴芙勒夫人也承认，"你的来信让我不禁莞尔"，但卢森堡元帅离世的消息却让我不得不收起这份欢悦。她又迷人地坦承，"我想说的是，你或许不会不满意我，请务必相信我对你的友谊。"[1]

巴芙勒夫人于6月中旬返回巴黎，在此后的两三个礼拜里，他们的友谊愈发亲密，并渐渐地逾越了普通友谊的藩篱。这种新型关系由两人6、7月间的往来信函可见一斑，当时，休谟随王庭来到了贡比涅，而巴芙勒夫人也去了孔蒂亲王位于亚当岛的别墅，两地相距仅10里格，而且都位于瓦兹河畔（Oise River）。他们两人都同意巴芙勒夫人应该先写信给休谟，而且她确实于7月6日开始构写一封严肃的长信，批评约翰·霍姆的剧作《道格拉斯》，但就在同一天她收到了休谟的来信。即便有一些打趣的性质，但休谟信中所言还是发自肺腑的。休谟承认，他曾百般努力，以便守住不首先写信的约定，但来自米雷普瓦元帅的口信，给了他一个不遵守约定的借口。休谟写道，"这绝不是为了彰显自己的刚毅。我真的相信，如果不是因为有了这么大的一个借口，我至少还可以忍上两三天不给您写信。因为您一定想不到，我正好可以利用我们之间这10里格的距离，下定决心在这个夏季结束之前彻底忘掉您，并且我自感在这方面已取得了一些进展。"

休谟继续写道，在贡比涅，他生活在一种孤独和退隐的状态中。"夫人，您难以想象的是，当再度回归往日生活，并在四周怡人的美景中阅读、沉思和闲庭信步时，我是多么的欢愉和满足啊！"但是，是的，她可以，因为她已决定再度拾起她的研究和文学创作。"如果天遂人愿，那么，您现在几乎与我处于同一种

---

[1] RSE, III, 74.

状态：漫步于美丽的河畔，兴许手中还拿着同一本书——我猜不是拉辛的书，就是维吉尔的书，并对其他所有的欢愉都弃之如敝屣。唉！为什么我不是住在您附近，以至于每天都可以探访您半个小时，并就这些话题与您切磋呢？"然而，休谟很快就恢复了常态，他补充道，"但在我看来，这种急不择言并不能直接让我踏上意向之路——也即忘记您。"只是在信的"附言"中，休谟才写及米雷普瓦元帅的口信，而这也是休谟写这封信的最初借口。

巴芙勒夫人7月6日的来信在开头这样写道："您是我哲学和伦理学的导师；我常常告诉你，如果我对于哲学和伦理学的见解要比常人更为允当、更为高超，这全都归功于你的教诲。"一接到休谟那封高度私密性的信件，巴芙勒夫人立刻中断其对于《道格拉斯》的批评，并着手给休谟回信。像休谟一样，她也情不自禁地写道：

> 如果我们的实际工作有任何相似之处的话，那么，这也不是我们之间唯一的相似之处，因为我们的决心更其相似。你想离我而去；我不知道你的动机，但我至少知道那迫使我希望离你而去的动机。这并不唐突，我将毫不犹豫地告诉你这一点。您心地的正直和良善让我敬重，您横溢的才华让我仰慕，您温良的脾性让我欢喜；但您是一个迟早都会离开的外国人；您的到来只是让我对那些与我朝夕相处的大多数人心生厌恶。如果这是唯一的美中不足之处，我应该抛开万事万物，并在书本中寻找慰藉；但最糟糕的是，我并不满足于单纯的敬重和冷静的仰慕。每当我的内心升腾起这些情感，每当我敏感的神经被触动，每当我爱的心弦被拨动，每当为情势所逼，我不得不与那些值得我付出这些情感的人分离之时，我都要悲不自禁……我就像是一株根系裸露在外的柔弱灌木，注定要承受各种无情的伤害和风险。作为一个事实，就目前而言，只要涉及您，我恐怕反思和审慎与我毫无用处。但是，如果您这一边正全力以赴，这或许会赐予我勇气……
>
> 再见，我亲爱的导师，我正不顾一切地去爱，故而您无须为最后一个结束这种有益的关系而感到羞愧。因为我尚未开始，所以我今天或许可以向您保证：我全身心地爱着您。[1]

---

[1] RSE,III, 75.

第三十二章　巴芙勒伯爵夫人

此前数周日益加深的情感，促使休谟向巴芙勒夫人宣示了爱意，出于审慎，休谟只做了隐晦的表达，而休谟的示爱，反过来又引发了巴芙勒夫人更为直白的示爱。如果这曾是休谟所梦寐以求的回复（无论他是否承认这一点），那么，他7月14日的回信无疑代表着某种临阵脱逃。休谟的回信是冷静的、客套的、热烈的和闪烁其词的，但同时也是充满希冀的。在信的开头，休谟这样写道："亲爱的夫人，我敢斗胆说，在您所写给我的信中，没有哪一封信比您上次寄给我的信更让我感到心满意足。从一个我们素所看重的人那里，从一个其情感对我们而言极其重要的人那里收到善意的证明，是多么令人高兴啊！"但他很快就直指问题之要害：伯爵夫人并非完全自由。休谟解释道，"常识告诉我，我应该远离所有预兆着情欲的爱慕之情。因为让自己置于这样一个人的怜悯之下，一定愚蠢至极，因为不仅她的处境看上去易招致猜忌，而且她也很少能自行其是。即便她愿意，她也不能去寻求那种能平息这种折磨人的猜忌之情的救治措施。"休谟还补充道，"如果我有时候突发奇想，希望通过一个喜爱我、宽纵我之人的陪伴来缓解研究生涯之艰辛，那么，我认为这只不过是一场黄粱美梦，我对此已不抱任何希望。唯一值得安慰是：我孑然一身，如空气一般自由，并且无论身处何地，只要有这样一种福惠在，我就会把它当作自己的终老之地。"

巴芙勒夫人对于约翰·霍姆的《道格拉斯》不咸不淡的反应，激发了休谟极大的好奇心："我甚至能怀着欣悦之情去亲吻您那只曾对我做出不利判决之手，如果它曾宣判我的朋友无罪，我将以更大的欣悦去亲吻它。"这封信以询问巴芙勒伯爵夫人"8月中旬是否会来巴黎，并在这待上一段时间？"结尾。然而，怯于其所暗示的那种亲密约会，休谟又立刻欲盖弥彰地以不着感情的客套话写道："我之所以问这个问题，不仅仅是出于好奇。在冬季再度来临并让我们回复到此前的放浪形骸之前，我希望能享受您的陪伴。"

受困于休谟这两封倾向截然不同的信，巴芙勒夫人耐心地写了一封长达八页的信，以解释她和孔蒂亲王的关系。在信的开头，她颇为策略地写道："我准备问您一个问题……您认为我有一颗温柔、仁慈和友善的心吗？我给您几个月的时间去思考这个问题。"在稍作停顿之后，她假定休谟做出了肯定性的回答，并继续进行她的分析。她说，她感到悲伤的是，她给休谟带来痛苦，但让她深受伤害的是，休谟竟然怀疑其友谊之真诚。在经过一番痛苦的挣扎和纠结之后，她最终触及她和孔蒂亲王之关系这一核心问题。她对孔蒂亲王的无私付出是"最令人愉悦的情操,是所有其他情操的根基和支柱",休谟竟胆敢亵渎它,她责备道。作为自己无私付出的结果,她几乎已无力再爱其他人了,她强调,"你将使我在未来更加吝于付出这种爱。"

直接转向休谟,巴芙勒夫人追问道:

> 但是,为什么当我向你表明我对你如此真切、如此坚固的爱时,你看起来总是对你对我的爱懊悔不已?我承认,由于聚少离多,也由于另一种更古旧的爱所加之于我的义务,我对你的爱恋有时会受到阻碍。那些义务是神圣的。只要需要,我将义无反顾地为履行这些义务而牺牲自己。我的本性也迫使我履行这些义务,除了心灵的满足,履行这些义务并不能为我带来任何好处,只要人们愿意承认我在履行这些义务时的虔诚和奉献也就足矣。尽管有这些义务,尽管我如此看待这些义务,但它们并不是我的全部;我的内心仍为其他情感留了一块位置,我仍能够支配我的大部分时间,并将它花在你身上。然而,还请你扪心自问,因为无论我付出多大代价,无论我多么看重您的友谊,但如果您必然会遭受,抑或我必然会预见到那种结局,那么我宁愿就此打住,而非继续。

在信的结尾,巴芙勒夫人写道,休谟在巴黎的时候她很可能也在巴黎,并且随时会将其行程告知休谟。"再见!我自认为,您会喜欢这封信,就像喜欢其他信件一样。我拙于言辞,对于我们的深厚友情,我难表万一。"[1]

巴芙勒夫人的直率示爱,招来了休谟同样直率但却始料未及的回复。休谟以一种客观的,但绝非冷淡的口吻写道,"在表达善意和友谊时,您的信是那么亲切真挚,毫无矫揉造作之感!"但是,顺其自然地发展他们之间的爱情,已非休谟的选项。在做出这个决定时,休谟显然秉持着与安东尼同样的精神,因为安东尼曾大呼"我必须与那个迷人的皇后(指埃及艳后)一刀两断!"休谟解释道:"不管您说什么,我仍感不安,因为我不知何时才能与您相聚。我们的人际关系和生活方式,使我们走上了截然不同的人生道路,但让我稍感宽慰的是,尽管世事无常,但我对您的敬重却始终不渝。我坚信,您对我的偏爱也同样会始终不

---

[1] RSE, III, 76.

第三十二章　巴芙勒伯爵夫人

渝。"简而言之，休谟不愿在巴芙勒夫人的爱情世界里做一个二等公民。

然而，在信的结束处，休谟的态度缓和了下来，并写了一段情真意切的告别词，告别他和巴芙勒夫人所曾萌生的爱意："我亲爱的朋友，我和蔼可亲的朋友，我带着最大的虔诚和最诚挚的钟爱之情亲吻您的双手。我欠您无数恩情，但最主要的恩情在于您将我从对世事的漠不关心中拯救出来。我过去几近陷入这种心理状态，这种也许比最不幸激情之焦躁还要糟糕的心理状态。"但是，这种告别的悲痛又在下面这句寡淡无味的话中消失得无影无踪——"与您的陪伴和友谊的甜蜜相比，它是多么的卑不足道啊！"

就像一位受到轻侮的女性，巴芙勒夫人恼羞成怒。她立刻回信道，"你的回信只有区区两页，而我却给你写了整整八页！"这封信依然是对休谟的尖锐指责和毫不掩饰的警告：

> 难道你想确证我过去对男性所秉持的看法吗？你们男人难道以受虐为乐吗？他们难道只会以不逊来回报热忱，以善意来回报怠慢吗？坦白地说，在我看来，你们大多数男人天生一副奴才相。你可以迷恋男人，但决不可敬重他们。您可以接受男人们的效忠，但绝不可信以为真。他们有时缺乏明辨，有时缺少世故，但总是缺乏宽宏大度……至于你，我爱你是因为我敬重你，在我眼里，你不同于那帮奴才，你有截然不同的品性。如果我误判了你的性格，那么，我对你的爱以及其所依赖的根基，都将不复存在……就本性而言，我这个人既敏感又骄傲，既愤世嫉俗又心地良善，在我看来，那些对我的友谊无动于衷之人根本就不配得到我的友谊。我亲爱的导师，**在爱和敬**这两种情感中，我自诩可以待您以更悦人的爱，我自诩你不会迫使我选择那种痛苦的审慎，出于对忘恩负义的担心，这种审慎常常迫使我克制并深藏那些最悦人、最无辜的情感。不过，我不能不说：我望眼欲穿，等你这封信等了很长一段时间，但它并不能让我满意。我倒要看看你会给出什么样的借口！

在 7 月 30 日这封措辞严厉的信的开头，巴芙勒夫人先是将其下个月的日程安排告知了休谟，并邀他作伴，也即与孔蒂亲王及其女儿一道到位于圣马丁·德·蓬图瓦兹（Saint-Martin de Pontoise）的亲王辉煌壮丽的行宫小住 10 日。

作为对这封信的回复，休谟虽也做出了迄今为止最为浓烈的爱的宣示，但仍保留了几分独立。在否认巴芙勒夫人所做的有关他无动于衷的指控后，休谟抗辩道：

在我的一生中，人们绝无法说服我挣脱您乐于递给我的双手。您或许可以将我大卸八块，剁成肉泥，但像我们国家那些执拗的动物一样，我将死命地黏住您，您摆脱我的任何尝试都是徒劳的。夫人，正是出于这种原因，对于您拐弯抹角投向我的种种恐吓，我均能不屑一顾。在眼下，我能否成为您的朋友将取决于您，难道您没有认真考虑过这一点吗？在其他事情上，我绝对会对您俯首帖耳、言听计从。以您的聪明才智，您绝不会罔顾恩义，与我一刀两断。因为您终究会发现，无论是出于怜悯，还是出于慷慨或友谊，您将不得不再度将我置于您的庇佑之下。至少，在找到一个比我更真诚地爱护您、尊崇您的人之前，您很可能别无选择。考虑到您的品性，我想对您而言，这样做（指因找到一个更爱护、尊崇自己的人而抛弃我）也殊非易事。我知道，在这里，我为您提供了许多反对我自己的武器。为了考验我能在多大程度上兑现我唯命是从的诺言，您或许受诱对我施加横暴的统治。但是，与此同时，我也希望您能这般自言自语：我明白，这个可怜的人儿已下定决心再也不离开我，让我可怜可怜他吧！并力争让我们之间的交往给他带来尽可能多的欢乐，给我带来尽可能少的麻烦。夫人，如果您能这样想——您最终必定会这样想的，我就别无所求了，而所有的恐吓也将烟消云散。

天哪！我现在的身段与当初简直有霄壤之别！您或许还记得：在我们建立私交后不久，我告诉您：您不得不打一场持久战（*à soutenir la gageure*），并且即便我一直我行我素，您也不可能体面地发现我的过错。但现在，我却拜倒在您的脚下，并一个劲地向您展示自己的忍耐、坚韧和恭顺。但我承认，当前的这种情形基于一种更为确当、更为自然的基础，或许会持续很长一段时间。

休谟毫无隐晦地承认，他就是巴芙勒夫人的奴隶，并且以此为荣。"难道因为我甘愿成为您的奴隶您就对我嗤之以鼻吗？让我告诉您，我认为您信中所表达的对于奴隶制的不满是专门针对我的。但是我依然认为：

第三十二章　巴芙勒伯爵夫人

没有哪种自由

比一位仁善君主治下的自由更显亲切。[1]"

"请查一下拉丁字典，"导师这样劝告道，"并将这句话翻译出来。您会发现，如果措施得当，女王（regina）的统治更契合人们的理智（sense）。"

也许，我们有理由认为，当我们的"哲学和伦理导师"写下其对于臣服一位女性的解释时，一定隐约地回忆起其学生时代所写的论文："一篇关于骑士制度和现代荣耀的历史论文"（An Historical Essay on Chivalry and modern Honour）。如果真是这样，这就具有了不可避免的讽刺意味。正如学生时代的休谟所指出的那样，"一位骑士拥有最炽烈的爱，但是这种爱受到了最谦恭的服从和敬重的调节，而其情妇的行为则与之截然相反，冷若冰霜、倨傲不屑是其最显见的脾性；最后，只是出于感激……她才被迫成为一位不情不愿的新娘。"现在，在高调写过这篇有关现代荣誉的文章20多年之后，年过五旬的休谟不得不放弃其主张。

正是在这样一个关键时刻，因休谟与亚历山大·默里（Alexander Murray）之间扑朔迷离之争吵的介入，休谟与巴芙勒夫人之间的关系，在更加阴云密布的同时，也变得更加明朗。作为艾利班克勋爵的弟弟，也作为巴芙勒夫人的表弟，默里是寄居巴黎的一位政治流亡者，并且一直与流亡法国的詹姆斯二世党人保持着联系。与其哥哥一道，他也被怀疑参与了詹姆斯党人所策划的扑朔迷离的1752—1753年的"艾利班克阴谋"。[2] 1761年，经巴芙勒夫人之手，他给休谟写了第一封信。休谟一抵达巴黎，默里就寻求休谟的支持，以获得议会的宽恕和赦免。但是，为了不让赫特福德伯爵因招待一位詹姆斯党人而感到为难，谨慎的休谟并没有积极地施以援手。而且那时候，默里又卷入一位布莱克夫人的讼案（原因不明）。在此次诉讼中，尽管默里一再恳求，但休谟仍未以官方的身份施以援手，而且私下里认为默里是过错的一方。这桩讼案最终于1764年宣判，法国的法官宣读了对默里的判决。巴芙勒夫人是唯一一位出庭支持他的人。此次判决之后，性格火暴、认为非友即敌的默里先生给休谟写了一封谩骂信，并以其兄长的报复相威胁，说其兄长正准备撰文证明：休谟对于苏格兰玛丽女王性格的诠释完全是

---

[1] Claudian, *De Laudibus Stilichonis,* iii. 114f.

[2] Sir Charlesw Petrie, "The Elibank Plot, 1752-3," in *Trasactions of the Royal Historical Society*, Fourth Series, XIV (1931), 175-96.

错误的。[1]

收到默里来信后，休谟将其连同自己写给艾利班克勋爵的一封信的草稿，随附寄给了巴芙勒夫人。而巴芙勒夫人8月15日的回信，也对默里的可耻行径予以严厉谴责。在信后的附言中，巴芙勒夫人承认，她并不认同休谟打算写给艾利班克勋爵那封信中的众多措辞。[2] 与此同时，她在信中还为默里做了辩护。

这场愚蠢的争吵仍余波未消。因为正如休谟在8月18日的信中所告知巴芙勒夫人的那样：

> 在寄出上一个邮包之后的一个小时，一位朋友来访，并以不容置疑的口吻告诉我：是您，亲爱的夫人，告诉默里先生我对他本人以及讼案的不良印象，是您，挑起了我和默里先生之间的所有争端……因此，您虽然最讨厌搬弄是非（*tracassière*），但在这里却成了一场争端的制造者；您虽然让我结识了许多新朋友，但在这里却让我失去了一位老朋友。

休谟对于控诉的详细想法如下：

> 我们最义愤填膺的对象恰恰是我们最钟爱之人，您有过这样的情感体验吗？您肯定有过这样的体验，难道还有什么比这更折磨人、更荒谬的事情吗？有多少我热心酝酿，然后又唯恐避之不及的报复计划！有多少自尊和愤慨让我对其立即感到后悔的温柔意象！我想到了许多据以羞辱和惩罚一个对我如此背信弃义之人的手段。我想您的所作所为足以配称"背信弃义"。但我转念又想，难道这个人就是我甘愿为了她的幸福而牺牲自己生命的那个人吗？我现在难道能够忍心以她的痛苦和不安来取乐吗？

在这样的一种精神状态下，休谟收到了巴芙勒夫人15日的来信，正是这封信使得休谟的情感发生了彻底的逆转：

---

[1] EU, Laing MSS, II, 503.

[2] RSE, III, 78.

第三十二章　巴芙勒伯爵夫人

收到您的来信时，我正处于这种复杂郁结的心理状态。但是，我承认，一看到您的笔迹，我对您的怨怼之情已消去泰半。仔细端详您那些温煦可人的话语，我的心都酥了，并在自己周围看到了一个全新的世界。以前我曾恶意揣度，并从中得出许多奇怪推断的那些行为，现在看来只不过是一种微不足道的言行失检。其实，为了给自己所铸成的大错找借口，我倒乐于看到您间或犯下这种小过失。夫人，请接受我因这些不良想法而产生的悔罪之情，尽管这些想法只是窝在心里而未曾付诸行动，但我依然认为它有悖于我对您的义务。同时也请接受我的谢意，感谢您使我迅速地摆脱了这种心理状态，否则的话，以我的愚笨和荒唐，我或许此后很长一段时间都会沉溺其中而无法自拔。

正是在这种愉悦的精神状态下，休谟立马坐下来开始给默里写了一封劝慰信，并删去了一些对于艾利班克的不恭之词。"亲爱的夫人，祈请您继续垂怜我，否则我一刻也活不下去。"

争吵结束了。默里勇敢地承认了自己的错误，这次友好的通信有效地防止了休谟和艾利班克勋爵之间所可能发生的决裂。但巴芙勒夫人呢？她是否事实上故意挑起此次事端，意在警告休谟不要继续惹其"不快"？尽管被爱情冲昏了头脑，但休谟发现很容易对此事作出负面的理解，也即巴芙勒夫人只不过是犯了"一种微不足道的言行失检"，而实际上，这也是事实。而巴芙勒夫人8月18日的回信也承认这一点。但这封信的整个语气是讨好的和充满爱意的。她承认："一旦我确信你对我的爱是真诚的，你就俘获了我的心，我乐意成全你的利益，甚至为了让你满意而不惜牺牲自己的尊严。我对你的爱无人能及，我自认为你当满意于此，而你因我而起的不悦也将烟消云散。"[1] 正是默里事件诱使休谟做出了迄今为止最激情澎湃的爱的宣示。此后，巴芙勒再也无须怀疑她对于休谟的支配地位。与此同时，她甚至有理由为其理论自鸣得意，也即男人们向来以受虐为乐。

虽然并不情愿，但休谟还是拒绝了巴芙勒夫人的参访圣-马丁·德·蓬图瓦茨的邀约，因为，"我的经年挚友埃利奥特先生最近刚刚抵达法国，他在这里人生地不熟，我不能丢下他不管……在目前这种情况下，如果我还把关照他视为一

---

[1] RSE,III, 79.

种负担的话，这岂不是很奇怪？"休谟俏皮地问道。在启程前往布鲁塞尔之前，埃利奥特在巴黎待了大约三周的时间，并全权委托休谟安排其两个男孩在巴黎的入学问题。在短暂的来访期间，埃利奥特敏锐地觉察出其老友的情感状态，但显而易见，这是一个无法触及的敏感话题。然而，在9月15日自布鲁塞尔发出的信中，埃利奥特斗胆给出了自己的建议。他写道，"在搁笔之前，让我以一位老朋友的身份告诉你，我认为你现在处境不妙。一个人应尽力消除心中的各种偏见，但对于自己祖国的偏爱算不上是一种偏见。尽可能地爱法国人，他们中的许多人当然也值得你去爱，但重要的是，不要忘了你依然是一个英国人。"[1]

在给埃利奥特的回信中，休谟不仅颇为愠怒，而且也刻意地回避了巴芙勒夫人。休谟愤愤不平地写道，"当您说我处境不妙时，我不知你所指何意。"接着，以自己升任大使秘书机会微渺为由，休谟开始对英国大发牢骚。[2] 最后，休谟得意扬扬地指出，为寻求其支持，巴芙勒夫人曾专门致信贝德福德公爵。但是，"我立马禁止她为了我的事再向英国写一个字。我对她如此敬重，以至于不愿让她为我到处央告，更何况这件事基本上毫无成功的可能。"在信尾，休谟愤懑地写道，"故而，在这方面为我赢得公道的最后一线希望也破灭了，这样，我对英国的最后一点依恋之情也荡然无存。"

在1764年的9月和10月上旬，休谟多次与巴芙勒夫人晤面，并到其位于瓦兹河畔的别墅拜访过一次甚或两次。有一次，休谟告诉埃利奥特，"我就放心地去了亚当岛，并在那待了四天。"休谟和巴芙勒夫人之间愈加亲密的关系，由10月12日的一封信可见一斑。就好像是对埃利奥特之警告的刻意忽略，休谟告诉巴芙勒夫人："我希望我永远都不会离开您所居住的这个地方……请相信，普天之下，没有谁比我对您的友情更温柔、更真诚了，也没有谁比我更诚挚地渴盼您的友情了。久未谋面使我比以前更加确信：任何人的陪伴都无法弥补您不在时的缺憾，我对您有着深深的眷恋。"尽管措辞有些模棱两可——这部分归咎于这是一封专门写给一位法国通信人看的英文信。休谟这封信的语调是严肃而厚重、平静而自信的，与其说是出自于一位诚挚友人的手笔，毋宁说是出自一位老情人的手笔。

然而，巴芙勒夫人长期分居且感情淡漠的丈夫爱德华·德·巴芙勒（Edouard

---

[1] RSE, V, 13.
[2] 参见后面的文本补录。

第三十二章 巴芙勒伯爵夫人

de Boufflers)在该年年底之前的离世,让休谟新发现的幸福生活戛然而止。一听到这个消息,休谟就敏感地意识到:巴芙勒夫人会决意成为孔蒂亲王的合法妻子,由此,她将不再需要一个情人了。由于准确地预见到巴芙勒夫人冷血而无情的野心,深受伤害的休谟以一种愤懑的讥诮笔触给她去了一封信:

> 近来这件事——一般而言,女性对这种事都极为看重——似乎对您的悲欢少有影响,这样我也就为您省去了接受我慰问的麻烦。但是,我乐于借此次机会向您表达我最真诚的祝愿,我绝不会忽略习俗所赋予我的这样一个机会。
>
> 那么,就请您以惯有的善意,收下您最忠心耿耿的一位朋友和仆人的祝愿。我希望环境的每一次变化都对您有利。当您无视我时,我总因尊严受到伤害而大生闷气。但我发现,这是徒劳的,因为过不了多久,我就会怀着同等的热诚渴盼您万事如意。
>
> 我听伯鲁先生说:您这星期六在巴黎。那天我也正好也在巴黎。我希望您能虚席以待,静候我的光临,因为我知道按照礼俗,您现在是可以接待亲朋好友的。

在巴芙勒夫人还没有做出任何公开的行动之前发出这封信,休谟当然是经过深思熟虑的——当然这其中也不乏痛苦,这样,休谟就将自己的身份由一个情人降格为一位值得信赖的朋友。故而,通过这封信,休谟不仅意在宣示独立,而且旨在挽回颜面。

整个巴黎都在谣传巴芙勒夫人和孔蒂亲王即将到来的婚礼。正如诺森伯兰公爵夫人在其11月2日的日记中所写的那样:"……巴黎的消息是:孔蒂亲王肯定会娶巴芙勒夫人……人们认为,无论从哪一方面讲,这都算是一件极其狂悖之事,因为亲王们很少与那些身份低微的妇人结为连理,而更为狂悖的是,天底下有哪个男人会娶其曾经的情妇为妻呢?更何况在过去的7年间,他们的情人关系早已经名存实亡呢!确实,孔蒂亲王对于巴芙勒夫人的友谊似乎不减当年,但出于友谊而结婚的又有几人呢?……"[1]

---

[1] *Extracts from the Diaries of the First Dutchess of Northumberland*, ed. J. Greig (London 1926), pp.60-1.

作为其自任的友善的出谋划策者,休谟于11月28日再次致信巴芙勒夫人,除了对巴芙勒夫人所处的情势做了一番泛泛的称颂之外,休谟还对其后果做了一番公开的警告:"就整体而言,以我目前的所见所闻,我有充分的理由相信:事态正朝着我们所希望的方向发展。但是,无论如何,不难预见:即便万事顺遂,在收获荣誉的同时,您也会收获烦恼。"

12天后,在一封长信中,休谟将自己的成熟想法和盘托出。虽然从理性的角度看,巴芙勒夫人未必会遵从这些建议,但是,出于对巴芙勒夫人和自己负责的角度,这些建议又是不可或缺的:

> 那么,在这样一个紧要关头,我能向您提供什么样的建议呢?我向您推荐的应对之道需要勇气,但要避免让人忧惧的结果,我恐怕舍此别无他途。一句话,我的应对之道是这样的:在设法不让两人的关系搞僵之后,您应该逐步疏远与孔蒂亲王的关系,并逐渐地减少探访他的次数,同时也要少去他乡下的别墅,并在巴黎过一种与世无争、合群而独立的生活。通过改变生活方式,您立即会断了您梦寐以求的与亲王喜结连理的念想。您将不再受到希望和恐惧的双重折磨。您的心情将逐渐平复,并重获健康。您对一种简单而与世无争的生活的喜好会与日俱增,并最终意识到,以宁静来交换尊荣也不失为一桩好买卖。同时,在世人眼中,您品性的尊贵也将重新焕发出其原有的光彩,同时人们还会看到,您对自由是何等的珍视;尽管您曾受诱于年轻人的激情,但现在,凡有违于荣誉的地方,您都避之不及。
>
> 您为什么不愿在巴黎过一种与世无争的生活呢?而自从我有幸结识您以来,我就认为这种生活最适合您。您品性和言谈中的那难以言表、精妙的优雅,就像是琵琶声中那温婉柔美的弦调,往往被您出入其中的社交圈的喧杂所淹没。一个更为精选的社交圈将知道如何对您的价值做出更为公正的评价。那些志趣高洁的文人墨客们,也终将习惯于出入您的门庭,而每个文雅的社交圈也都以您的莅临为荣。尽管生活习惯上的这种天翻地覆的变化,初看起来令人不悦,但您很快就能适应新环境,尤其当新环境与您的心性甚为相契时更是如此。在这件事上,如果不是自认为与您的友谊使您甚为倚重我的看法,我本不敢言及这些看法。作为一个外国人,我何敢言及自己的人生规划,因为我随时都有可能离开这个国家。但是,如果我能够掌控自己命

第三十二章　巴芙勒伯爵夫人

运，无论如何我也要生活在一个可以与您增进友谊的地方。您对旅行的爱好同样可以为您实施这个计划提供一个合理的借口，一次意大利之旅将使您远离这里的熟人，如果能延后一段时间，我或许可以与您同行。

这封信不仅表明了休谟作为一位哲学家和道德家的身份，而且也暴露了一位正在感情危机中苦苦挣扎的男人之心迹。这是休谟对巴芙勒夫人的最后召唤。巴芙勒夫人的回复则是异乎寻常地直率："我身体康健，从表面上看，我心如止水。这都是实话，既然你希望我据实以告。我不会向你言及我的友谊，因为尽管它是最真诚挚的，但就我目前的处境而言，我不可能处之泰然地谈及它，因为它占据了我的全部身心。"[1] 简而言之，巴芙勒夫人完全无意采纳休谟退回到私人生活的建议。带着一颗燃烧的雄心，巴芙勒夫人对休谟的需要如往常一样迫切，只不过她已不再需要作为情人的休谟，而只需要作为一个知己和潜在中间人的休谟。

而孔蒂亲王并不急于做出决定。对他而言，现实的处境相当复杂。首先，这场婚姻将使他失去"神殿"以及由之而来的每年 50000 里弗的收入。尽管对孔蒂亲王这样家财万贯之人而言，收入的取舍几乎不可能成为其首要的考虑。对于其飞扬跋扈的骄傲而言，也许更为重要的考虑是：巴芙勒夫人的身份品级不配与王室联姻。再者，有一段时间，孔蒂亲王已不把巴芙勒夫人视作情人，尽管依然是一位忠实的朋友。最后，真正让亲王悲痛欲绝的是 1765 年 3 月德阿蒂夫人（Mme d'Arty）的离世，德阿蒂夫人是孔蒂亲王前首席情妇和密友，这一变故或许促使他最终做出不与巴芙勒夫人结婚的决定。无论如何，此后不久，孔蒂亲王就恳请休谟利用其影响，以期打消巴芙勒夫人嫁入王府的热望。这样，休谟就夹在两位朋友之间里外不是人。

尽管表面上装作若无其事，但由于深受此次件事的困扰，巴芙勒夫人本就脆弱的健康状况开始急转直下。她长期受到抑郁症的折磨，并向休谟做出种种自杀的暗示，这让休谟不胜其苦。现在，在朋友们的反复劝说下，巴芙勒夫人觉得换换环境或许有助于恢复其精神的安宁，于是她于 6 月底启程前往英格兰，去拜访霍德尼斯勋爵及其夫人。在一封给巴邦塔尼侯爵的私信中，休谟这样评点道：

---

[1] RSE, III, 83.

473 　　我不得不抱歉地告诉您：我们的朋友巴芙勒夫人已经离开了巴黎，满怀阴郁之情，她曾以最生动的言辞向我倾诉了这种阴郁之情。虽然此次旅行，以及新的生活环境、新的社交圈或许可以驱散一些阴郁之情，但可以预见，一旦返回巴黎，她势必会触景生情，甚至比以前更加感伤。除了一件事——而这件事又是不可能发生的，我不敢指望任何一件事能恢复她内心的平静。而她自己也意识到了这一点。

　　紧接着，休谟又解释了自己在这件事当中所承担的角色："我已按照亲王的吩咐给她写了信，尽管我怀疑，在这个问题上，无论别人写什么，说什么，都不会有太大的效果。如果亲王不能采取确当的诊疗之道，他就不应指望能获得任何疗效。"休谟代表孔蒂亲王写给霍德尼斯勋爵的信未见存世，但在回信中，霍德尼斯勋爵允诺道："我将严守这个最神圣的秘密，即便对那位当事人也是如此，除非她怀疑曾有人给我写过信，并以此向我施压。在这种情况下，我不能再欺骗她。"[1] 数周后，休谟陷入彻底的绝望。他向巴邦塔尼侯爵坦承，"不难预见，我们又会回复到此前无休无止的争吵状态。"

　　休谟的预测被证明是正确的。从英格兰回来后，巴芙勒夫人告诉休谟：她感到前所未有的凄楚，而当时闹得沸沸扬扬的休谟即将离开法国的传言，也是其中一个推波助澜的因素。在7月底离开伦敦前夕，她为事态的急转直下泪流不止。在最需要的时刻即将失去一位忠实的朋友，只是强化了她矢志不渝的信念：除了继续献身于孔蒂亲王，她别无选择。在休谟待在法国的最后5个月里，巴芙勒一直衷心不改。对于巴芙勒夫人不切实际的决定，以及由此所导致的焦虑和抑郁，一向宽容耐心、善解人意和一往情深的休谟也变得越来越不胜其烦。在这最后几个月里，尽管休谟对巴芙勒夫人的爱仍始终不渝，但已不再如往日般迷恋。与此同时，休谟的永不与巴芙勒夫人相分离的决心也慢慢地开始动摇。

　　大卫·休谟现在回复到其作为巴芙勒夫人的顾问和朋友、哲学和伦理导师的原初身份。为他们的受庇人让-雅克·卢梭的未来福祉计，他们一起拟订计划，
474 待卢梭抵达巴黎后，他们又一起安排卢梭托庇于"神殿"。由于天降大雪，休谟原本的计划——也即与巴芙勒夫人一道在亚当岛过圣诞——遂付之东流。他被滞

---

[1] RSE, III. 79.

第三十二章 巴芙勒伯爵夫人

留于摩泽尔，并不得不打道回府，返回巴黎。1766年1月4日，巴芙勒夫人与她的"导师"和他的"学生"（指休谟的学生卢梭）做了温情道别。休谟虽然离开了巴黎，但前路未卜，只是此后他再也不曾见到过那位"神圣的伯爵夫人"。抵达伦敦后，休谟所写的第一封信就是致巴芙勒夫人的。同样，10年后，缠绵于爱丁堡的病榻、即将不久于人世的休谟所发出的最后一批信函中，其中就有一封是致巴芙勒夫人的。

离开法国时，大卫·休谟不仅在人情方面更为练达，而且也更为幸福。法国人民的尊崇，让休谟一度饱受伤害的智识尊严得到了抚慰，而一位伟大法国夫人的爱恋，则为他带来了心绪的安宁。与休谟从巴芙勒夫人那里所得到的恩惠（"你将我从对世事的漠不关心中拯救出来"）相比，即便是那份"最不幸激情之焦躁"（正如休谟于1764年夏所提醒巴芙勒夫人的那样，当时他虽下定决心要忘记巴芙勒夫人，但徒劳无功）也相形见绌。爱情的焦躁发乎内心，休谟永没有理由为之感到懊悔。

第三十三章 哲人们

"皇家街上的学者们。"

巴黎的沙龙是由女性所主导的；她们为沙龙定下基调，并引导整个谈话。对于大卫·休谟而言，这种女性主导彰显了社交礼仪，而社交礼仪，如果使用得当，将为人们提供最为精致的享受。不过，尽管它是迷人的，男人有时需要更为阳刚气的刺激。因此，到法国后不久，休谟就评论道："我自然乐于与那帮文人为友。"休谟对于他们的初次评点之所以重要，因为它蕴含着法国文人和其他地方文人之间的对比："这里的文人实在讨人欢喜，他们全都是世界公民（Men of the World），并亲密无间地生活在一起，在道德上无可挑剔。您、贾丁和罗伯逊会极为满意地发现，他们中间没有一个人是自然神论者。这些人中，就个性和谈吐而言，我最喜欢的当属达朗贝尔、布封、马蒙泰尔、狄德罗、杜克洛、爱尔维修和埃诺院长……"[1]

有点奇怪的是，这份名单并不包括巴黎文人的祭酒霍尔巴赫男爵，而他与休谟早就有书信联系。在休谟离开英格兰之前，霍尔巴赫就已在信中表达了其"结识任何时代最伟大的哲人和人类最伟大的朋友的最强烈愿望"。在休谟于1766年返回英格兰后不久，霍尔巴赫依然秉持同样的看法。他告诉休谟，"我必须承认，我以被一个伟大人物记挂为傲，至少我知道应该给予其友谊以应有的珍视。"[2] 作

---

[1] HL, I, 419-20.
[2] RSE, V, 72, 74.

第三十三章 哲人们

为休谟在巴黎所遇到的第一批哲人之一，出生于德国的保罗－亨利·瑟里（Paul-Henri Thiry），也即霍尔巴赫男爵终生致力于科学和艺术的发展，并为此倾尽万贯家财。他精通古今语言，熟谙现代文学、哲学和科学，为"百科全书"撰写冶金方面的词条，并且是其主编狄德罗和达朗贝尔的赞助人和恩主。

霍尔巴赫位于皇家街的家宅是哲人们的活动据点，人们将其戏称为"犹太会馆"（synagogue），每个星期天和星期四，一大拨领袖群伦的学者们集聚于此，享用各种美酒佳肴。后来，休谟曾致信苏阿尔（Suard）道："我猜想男爵家依然如故，是所有文人墨客们的雅好之地。"霍尔巴赫夫人总是一袭精美的长袍，是一个亲切，温和，且有些许失意的女主人，她打心眼里嫌恶其丈夫的哲学，实际上她憎恶所有的哲学。她的母亲德安妮夫人（Mme d'Aine）则恰恰相反，她总是活泼而欢愉，乐于与每一位访客打趣说笑。在距塞纳河畔数英里之遥的格朗德瓦城堡（Grandaval），霍尔巴赫过着更为私人也更为豪奢的生活。

尽管休谟私下里对霍尔巴赫才具的看法我们不得而知，但他确实表达了其"对于男爵真挚而神圣的依恋之情"。另外两个英国人则对霍尔巴赫有着截然不同的评价。劳伦斯·斯特恩（Laurence Sterne）认为，"霍尔巴赫男爵是这里最有学养的贵族，是那些智者和学究们的伟大庇护人……"霍拉斯·沃波尔当然是冷嘲热讽的："我有时会去霍尔巴赫男爵家；但从不参加他的晚宴，因为他家里所充斥着的那些作家、哲人和学究们，真是让人不堪忍受。在人们的一再劝说之下，男爵居然相信倍儿美街（Pall Mall）是用火山岩和冲积岩铺就的。简而言之，这实在是无稽之谈。相较于哲人，我更喜欢耶稣会士。"[1]然而，即便是霍拉斯，他也不得不不承认霍尔巴赫是"全欧洲的主人"。

在这帮哲人中，休谟最喜欢的就是达朗贝尔。作为巴黎圣让·勒朗教堂（St Jean le Rond）附近的一名弃婴，他被取名为让·勒朗，之后他又为自己加上了达朗贝尔这个姓氏。他自幼从教于詹森主义者学习哲学和神学，并自学了高深的数学知识。在法学和医学方面小试牛刀之后，他凭借一系列的数学论文赢得了第一项桂冠，并入选法兰西科学院（Academy of Sciences）。后来，他将其研究拓展至文学、音乐和哲学领域，并在筹备"百科全书"过程中结识了狄德罗，并入选法兰西学院。就个人而言，达朗贝尔身量瘦小，为人内敛，尽管音量颇高，但却

---

[1] *Letters of Laurence Sterne* (Oxford 1935), p.151.

是一位出色的对话人，且巧于模仿，绘声绘色。尽管乔若兰夫人（Mme Geoffrin）是第一个将其引荐给巴黎社交圈之人，但他却在德芳夫人家中遇见了莱斯皮纳斯小姐。

在一封致霍拉斯·沃波尔（他绝非哲人们的朋友）信中，大卫·休谟对达朗贝尔的性格和才具做出了一番评价。就性格而言，

> ……达朗贝尔是一个非常称心如意的友伴，具有无可指谪的道德。通过拒绝来自于女沙皇和普鲁士国王的馈赠，他已经表明：他是超乎于利益和虚荣之上的。在巴黎，他过着一种快乐的隐休生活，而这种生活是非常适合于一个文人的。他领有五份年金，其中，一份来自于普鲁士国王，一份来自于法兰西国王，一份来自于科学院（他是其成员），一份来自于法兰西学院（他也是其成员），一份来自于其家庭。这些年金加起来总数达6000里弗。年金的一半就足以让他过上一种体面的生活，他将年金的另一半送给那些与他有联系的穷人。一句话，我知道，很少有人——除少数的例外——能像他那样成为一个完美人格的理想典范：**既不乏道德上的善良正直，又不乏哲人的睿智。**

在最后一句评语中，休谟也许想到了马里夏尔伯爵对达朗贝尔的评价："他不像你那样性情平和，他生就一副火暴脾气。"[1] 至于达朗贝尔的才具，休谟以冷静的笔触写道：

> 我相信我所说的，他是一位**"优秀的才子"**（*superior parts*），而不是一位**"出众的天才"**（*superior genius*）。如果我没有搞错的话，它们在品类上天差地别。从你我已经拜读过的他的著作看——我并不是指他所翻译的塔西佗的作品，而是指他的其他著作，他无疑配得上前一个称号。但是我相信，使他配享"优秀的才子"这个名号的，是你我都没有读过的代数和几何方面的著作。[2]

---

[1]　RSE, V, 110.
[2]　HL, II, 110.

第三十三章 哲人们

休谟和达朗贝尔友谊的最大的证明就是在1766年事关卢梭的那桩蹊跷事中，休谟授权达朗贝尔"全权裁夺"巴黎的争论。像查尔蒙特伯爵和其他人一样，达朗贝尔也注意到了其朋友（指休谟）的空洞而茫然的眼神，并借他们关系亲近之便向他发出了警告。"我记得，"在1766年致休谟的一封信中，达朗贝尔写道，"有一次与我谈话时，你双眼直勾勾地盯着我，我曾以一位朋友的身份向你建议：你要尽量改掉这个坏毛病，因为有一天它会害了你……因为你完全没有必要直勾勾地盯着你的谈话对象……"[1]但不幸的是，终其一生，休谟都未能改掉这个毛病。正是休谟这种无辜的盯视，让生性高度戒备和敏感的卢梭陷入一种短暂的歇斯底里状态。

作为法国启蒙运动最伟大的天才人物之一，也作为法国启蒙运动最具原创精神的哲人之一，狄德罗也深深地为休谟所吸引。尽管狄德罗本人身材魁梧，但他依然惊诧于这位苏格兰哲学家身量之魁伟，并且承认他将休谟误认作是一个肥硕的、饱食终日的伯纳丁僧侣（*un gros Benardin bien nourri*）。[2]受教于耶稣会士，狄德罗很早就学会憎恶他们的宗教。狄德罗在文学方面的多才多艺几乎可与伏尔泰相媲美。终其一生，狄德罗创作了无数的小说、戏剧、诗歌，以及美学、哲学和宗教专论。正是他的滔滔雄辩激发霍尔巴赫创作了无神论的《自然的体系》（它刊行于1770年）。因为其早年的作品《哲学沉思录》（*Penseés philosophiques*），狄德罗于1746年遭到法国当局的监禁，此后不久，他又无所畏惧地投入到"百科全书"的编撰工作。1752年，由于被吊销了出版许可，他的合伙人中有几位被吓跑，而当1759年出版许可被再度吊销时，更多的合伙人被吓跑。但此后几乎只手空拳的狄德罗却分别于1765年、1772年将第17卷《百科全书》的文本和第11卷《百科全书》的印版呈现在世人面前，这是由一个赫拉克勒斯式的人物所完成的一项赫拉克勒斯式的任务。

马蒙泰尔注意到，"那些只读过狄德罗著述之人根本就不了解他。当狄德罗谈得兴起时，其思想便汪洋恣肆，一泻而出，令人肃然起敬。"这就是休谟在霍尔巴赫男爵家结识的狄德罗——他并不是沙龙里的常客。也许，正是在狄德罗那里，休谟平生第一次遇到了理性谈话和理性论辩方面的楷模。虽然休谟致狄德罗

---

[1] RSE, III, 6.
[2] *Caldwell Papers*, PT. II, VOL. I, 256.

的信没有留存于世，但狄德罗致休谟的信已足以显示出两人之间的情同手足和心心相印。狄德罗称休谟为"深受爱戴的、备受尊敬的大卫"；"我亲爱的大卫，您是属于全人类的，你永远不会向一位可怜的穷苦人索要施洗证明"；"狄德罗夫人将亲吻您肥硕的面颊"；"您浑圆、笑意可掬的脸"；"我向您致敬——我爱您——我崇敬您"。[1]

除了其情妇苏菲·沃兰（Sophie Volland），狄德罗最亲密的朋友当属出生于德国的文人弗里德里希·梅尔基奥·格里姆（Friedrich Melchior Grimm），休谟并不喜欢他。在宗教和哲学方面，格里姆对霍尔巴赫亦步亦趋。其私人编撰的《文学通讯》从1750年开始发行，直至1790年，它一直为为数众多的德国统治者以及俄国的凯瑟琳二世所订阅。其内容多为对当代文学的一种敏锐而冷静的评价，其中蕴藏着关于启蒙运动在整个欧洲扩散和传播的海量信息，而且尽管时间荏苒，但其中鲜有错谬。

随着《政治论衡》法译本的面世，大卫·休谟于1754年6月首次在《文学通讯》上露面。对于《政治论衡》，格林姆注意到，它"在英国备受推崇，并且也值得在全世界受到同等的礼遇"。到了是年的10月，格里姆的称誉则变得更为谨慎，他这样写道："尽管休谟在本国已久享盛名，尽管他在法国也开始声誉鹊起，但他还算不上是第一流人物。"考虑到格里姆的良好信誉，我们不得不认为，有可能是糟糕的法文翻译误导了格里姆。格里姆自己就不大信任翻译，而且也常常对译者口诛笔伐。而到了1759年1月，格里姆又恢复了其卓尔不凡的洞察力。他一锤定音地写道："大卫·休谟是当今英国最伟大的智识分子之一；并且作为一个哲学家，他与其说属于他的母邦，不如说属于他所启蒙教化的全世界，这个人……当属那些以自己的才智和作品嘉惠世人的少数人之列。"继而，他对休谟与狄德罗做了一种极富洞察力和启发意义的比照：休谟"也许不像狄德罗那样气韵生动；甚或也没有狄德罗先生那份卓异的天资。那位法兰西哲学家元气淋漓……而休谟先生则像一条小溪，清澈通透，涓涓不息，而狄德罗先生则更像一股洪流，以其奔腾迅疾之姿，冲决所有的网罗"……而新近告竣的《英国史》更是赢得了格里姆的盛赞，他于1763年3月写道："休谟先生的**现身说法**证明，只

---

[1] RSE, IV, 80,78,79.

第三十三章　哲人们

要哲学家不囿于偏见和激情，他们当是历史写作的不二人选。"[1]

就在休谟于 1766 年 1 月返回英国前不久，也即在结识休谟两年之后，格里姆对休谟的钦佩之情大打折扣，甚至还怀有一些恶意。

> 休谟先生本应热爱法国，在这里，他受到了最尊贵、最谄人的款待……更令人高兴的是，此地所有漂亮的妇人均对他青眼有加，而这位肥硕的苏格兰哲学家也乐于与她们耳鬓厮磨。这位大卫·休谟是一位卓尔不凡之士，他天性平和，善于全神贯注地聆听。他尽管出语不多，但时有珠玑。但他举止笨拙，既不热情，也不优雅，既没有幽默感，也缺乏能让美少妇们一见倾心的各种优点。天啦！我们是多么可笑的一个民族啊！[2]

格里姆公开承认他难以理解休谟何以能吸引那些美妇人，这种怪异的论调听起来更像是埃皮奈夫人（Mme d'Epinay）的观点，它很可能最初确实是出自埃皮奈夫人之口，因为她是格里姆的情妇。格里姆并不为休谟所喜，与之相应，他们之间也没有任何的书信来往。这两个男人看起来似乎互不买账。

至于休谟喜好者名单上的其他人，爱尔维修之所以悦人，与其说是出于其哲人的身份，不如说是基于其普通人的身份。然而，虽然爱尔维修夫人自诩为一位沙龙女主人，但是文人们却发现，作为圣安妮（Sainte-Anne）街上的男主人，其丈夫却总是置身事外，正如马蒙泰尔所观察到的那样，"聚会时，他总是笔耕不辍地在写他的书。"让－弗朗索瓦·马蒙泰尔（Jean-François Marmontel）是一位诗人、剧作家和评论家，是乔若兰夫人的头脑莽撞的受庇人，也是达朗贝尔亲密挚友，或者按照恶毒的德芳夫人的说法，是达朗贝尔的"工具"。休谟曾向休·布莱尔提议，马蒙泰尔的《诗学》（*Poetics*）"值得仔细品鉴和玩味"，但布莱尔读过之后却大失所望。

查尔斯·比诺·杜克洛（Charles Pinot Duclos）是一位小说家、历史学家和法兰西学院院士。他和休谟交好的时间不可能很长，因为在 1763 年底之前，他已先后退隐至英格兰和意大利，并为法兰西政府所厌恶。布封伯爵乔治·路易·勒

480

---

[1] Crimm, *Corr. Litt.*, II, 178, 415; IV, 69-70; V, 245.
[2] *Ibid.*, VI, 458.

克来克（Georges-Louis Leclerc, Comte de Buffon）是一位著名的动物学家。根据休谟的说法，他比其他的任何学者都更为"入世"（man of the world）："他的体态和言行举止都更像是一位法国将军，而非一位哲人。"休谟购买了布封《自然史》的头两卷，但在收到作者的赠书之后又将其退给了书商。尽管布封有着贵族的派头，但休谟依然喜欢他。

如果在休谟行将离开巴黎时让他再列一份喜爱者名单，他或许会加上一些新名字。包括那些其早期的仰慕者：经济学家、政治家杜尔阁；政治家特鲁丹·德·蒙蒂尼（Trudaine de Montigny）；社会历史学家沙斯泰吕（Chastellux）。正是沙斯泰吕指出，"文人共和国中的大卫·休谟之名正如同希伯来人中的耶和华之名。"名录可能还包括休谟著述的早期法文译者勒布朗神父和后期法文译者让－巴蒂斯特－安托万·苏阿尔（Jean-Baptiste-Antoine Suard）。1764年7月，休谟致信勒布朗神父，抱憾"很少与您晤面，但我会抓住机会享受每一次与您相聚的快乐时光……"而早些时候，他以同样的笔触致信苏阿尔。勒布朗是一位神父，他的存在常常让休谟想起一系列神父，伊丽莎白·斯图亚特（Elizabeth Stuart）曾写道，"我知道全法国的神父您都认识，他们以效命休谟先生而非服务天国为荣。"[1]休谟所结识的神父包括勒本（Le Bon）、科尔伯特（Colbert）（他们与休谟称兄道弟）、加里亚尼（Galiani）、吉欧洁（Georgel）、乔利（Joly）、莫尔莱（Morellet）和雷纳尔（Raynal），除此之外，或许还可以再加上桑利斯主教（Bishop of Senlis）和图卢兹大主教。

与休谟打过交道的还有两位诗人，一位出于友谊，一位缘于争辩。与休谟起争端的是皮埃尔－洛朗－布瑞特·德·贝卢瓦（Pierre-Laurant-Buyrette de Belloy），他是《加莱之围》（Le Siège de Calais）这幕悲剧的作者。这幕舞台悲剧受到了公众的热烈欢迎，德·贝卢瓦也因之被路易十五授予金质奖章，被加莱市长授予一个金质的鼻烟盒。这幕悲剧所洋溢的爱国主义情调，在"巴黎合约"的背景下更是挑动了法国民众的神经，法国准备重温爱德华三世1347年征服加莱期间法国人所表现出的爱国主义情操和英国人的野蛮凶残。故事是这样的：在攻占加莱之后，英国国王要求将六位市民领袖交出来，以便惩戒。第一个自愿站出来的市民是尤斯塔斯·德·圣皮埃尔（Eustace de Saint-Pierre）。然而，应其王后之请，爱德

---

[1] RSE, IV, 20; VII, 73.

第三十三章　哲人们

华三世最终释放并宽恕了这六位英勇的市民。而德·贝卢瓦，利用其在戏剧舞台上的成功，于1765年出版了该剧作，并添加了一些历史注释，以批评休谟在《英国史》中对该题材的处理。

对于这场争辩——如果可以称得上是争辩的话，休谟选择漠然置之，尽管他曾给休·布莱尔寄去了一本《加莱之围》。对于这件事，时人查尔斯·科利（Charles Collé）曾给出了一种令人啼笑皆非的解释，他写道：德·贝卢瓦

"曾在不指名道姓的情况下将休谟先生贬称为一名侍卫。这位万众敬仰的英国历史学家现在身居巴黎，作为英国大使的随从。他对尤斯塔斯·德·圣皮埃尔（Eustace de Saint-Pierre）之英雄壮举的真实性提出了质疑。而**德·贝卢瓦**先生则向他证明：他只是一位英国人，也就是说，他对法国人的荣耀心怀嫉妒，法国人无处不在的优异只会让英国人——他们对法国人既亦步亦趋又恨之入骨——伤心欲绝。"[1]

第二位诗人是克劳德－约瑟夫·多拉（Claude-Joseph Dorat），他对英国人较为友善，因为英国人曾如此不辞辛劳地模仿法国人，尤其是亦步亦趋地模仿法国的伟大哲学家。多拉的第三首诗体书信（poetical *Epîtres*）就是献给这批伟大的哲学家的。多拉吟咏道，我们法国人热爱英国：

> 我们爱你们一本正经的玄想
> 爱你们那阴郁的理智游戏
> 让我们来装点你们的沉思；
> 我们知道如何和风细雨地，
> 润泽你们的趣味和才干。
> 你们不乏瑰丽的宝石，
> 但缺少打磨它们的工匠。
> 我们痛恶这种不修边幅，
> 我们将给它们穿上华美的衣饰；

---

[1] Charles Collé, *Journal et Mémoires*, ed. Honoré Bonhomme (Paris 1868), III, 23.

> 法兰西是一座熔炉,
> 或是欧洲一笔优雅的财富。

至于"英国的"哲学家,多拉乞请人们宽纵他轻忽了英国的那位哲人:

> 休谟,朝着我的歌谱笑了,
> 那可是我狂热的轻柔的孩子:
> 我的手,抚过所有的音调,
> 欢喜迷失在美妙的里拉琴弦上。
> 请允许我胡言乱语,我好像忘了,
> 眼前可是位受人尊敬的哲人,
> 而只看到一个可爱的人儿,
> 愿他能大度地宽宥我。

  两位法国艺术家记录下了休谟在巴黎受万众敬仰的盛况。其中的一位艺术家大名鼎鼎,而另一位则声名不彰。较年轻的查尔斯-尼古拉斯·科钦(Charles-Nicholas Cochin)是一位画家、雕刻家、建筑师、古文物研究者,同时也是法兰西画院的秘书。他曾为休谟画过一幅著名的肖像画,并在1764年由米格(S. C. Miger)雕刻成像,广为流传。人称卡蒙泰尔(Carmontelle)的路易斯·卡罗吉斯(Louis Carogis)是一位画家及小品作家,也是奥尔良公爵的伴读(与查尔斯·科利一道)。应奥尔良公爵之邀,卡蒙泰尔早前曾完成过一幅劳伦斯·斯特恩的迷人肖像画,画中的斯特恩看起来像年轻的伏尔泰。据推测,出于奥尔良公爵收藏之需,卡蒙泰尔曾为休谟画过水彩肖像。在"遗失"多年之后,该肖像现陈列于苏格兰国立肖像馆。[1]

  但是,还是回到我们的主题"皇家街的男神们",就像休谟所戏称的那样。全世界再没有哪个地方像这般群贤毕至、星河灿烂。与之相较,即便是爱丁堡由神职人员和大学教授们所组成的文人社交圈也相形见绌。在当时,没有一位鲍斯

---

[1] 卡蒙泰尔(Carmontelle)同样画了一幅巴芙勒夫人的水粉肖像画(同时还画了 Duchesse de Lazun 的水粉肖像画)。

第三十三章 哲人们

维尔来为这种专门的聚会立传,此诚为憾事!但所幸的是,我们仍能知晓一部分事实,尽管只是一小部分事实,而且只是浮光掠影地提及,而非完整的记录。我们唯一可以确定的是:精选原则得到了严格的执行,在无知无识者面前,哲人们是免开金口的。塞缪尔·罗杰斯(Samuel Rogers)描述了达朗贝尔对霍恩·图克(Horne Tooker)的接待:

> 衣着入时的他向达朗贝尔呈上介绍信,并受到了达朗贝尔的殷勤接待。达朗贝尔和他谈论了歌剧、喜剧和美食。图克原本希望能谈论一些极为不同的话题,但大失所望。当图克起身离开的时候,一位衣着平实的绅士尾随而出。这位绅士察觉出了他的懊恼,说道,"由您华丽的服饰,达朗贝尔推断您想必是一位小管家。"这位绅士就是大卫·休谟。在下一次拜访达朗贝尔的时候,图克衣着大变,而他们的谈话也就随之大变。[1]

在一封致布莱尔的信中,休谟罗列了其所喜欢的巴黎文人,并补充道:"您、贾丁和罗伯逊将极其满意地发现,他们中没有一个自然神论者。"休谟的"新教牧师们"当然不会不明白这句话的讥讽之意。狄德罗指明了休谟是如何得知这一事实的:

> 休谟先生第一次在男爵家做客的时候,正坐在他的近旁。我不知道出于何种目的,这位英国哲学家突然心血来潮地向男爵评论道:他并不相信无神论者,他也从未见过有谁是无神论者。男爵回答道:"数一数我们这里有多少人。"我们一共有十八个人。男爵随即补充道:"能立马向您指出其中的十五位是无神论者并非是一件多么糟糕之事;其他三位尚未拿定主意。"[2]

休谟的朋友托伦斯的安德鲁·斯图亚特(Andrew Stuart of Torrance)曾出席过一次这样的聚会。虽然凭一时的蛮勇,斯图亚特发动了一场"为了来世的战

---

[1] Rogers, *Table-Talk*, ed. A. Dyce (New Southgate 1887), p.125.
[2] Diderot, *Lettres à Sohie Volland*, ed. André Babelon (Paris 1938), II, 77. 多年后,塞缪尔·罗米利(Samuel Romilly)从狄德罗那里几乎听到了同样的故事。而鲍斯维尔和塞缪尔·罗杰斯(Samuel Rogers)所给出的版本稍有不同。

争",但所收获的只是对其努力的嘲笑,还被冠以"不朽的灵魂"这种嘲讽味十足的称号。[1] 霍尔巴赫强硬的无神论立场为他赢得了"上帝的寇仇"的称号。他和他的同伴坚称:到18世纪末,基督教将寿终正寝。

宗教,宗教迷信,以及其对社会的有害后果,常常是哲人们取之不竭的话题。1765年造访英格兰归来后,霍尔巴赫详述了英国人对自杀的痴狂。狄德罗解释道:英国人之所以钟爱旅行,在某种程度上是受到了这样一种欲望的刺激和推波助澜,也即寻找一个便利的自杀之地的欲望。休谟作为使馆秘书所介入的一桩自杀事件又为上述观点提供了佐证,一位走投无路的英国人在塞纳河投河自杀,但最终被救了上来。休谟写道,"没有任何政治交涉比这件事更引人入胜。"为了能让狄德罗明白,英法两国所订条约中没有哪一个条款禁止一位行将被吊死的英国人投河自杀,他不得不一次次地登门澄清。他补充道:如果他的同胞不幸被捕,那么,他投不投河都同样面临着失去生命的危险。狄德罗辛辣地评论道:"如果说英国人是十足的疯子……那么法国人则彻底不可理喻。"[2]

休谟所讲述的一位英国传教士的故事曾让人忍俊不禁。在故事中,该传教士成功地让一位美洲印第安人皈依基督教,并将其带到伦敦展览。在经过一番教义培训之后,这位印第安人被邀参加圣礼。牧师随后问询道:"好的,我的孩子,你是不是更真切地感受到了上帝的爱!……你的灵魂是不是变得更加温暖?"——"是的,"那位小个子休伦人(Huron)回答道,"葡萄酒确实不错;但如果是白兰地,我相信我的灵魂将会更加适意。"法兰西的哲人们都同意:基督教在英国行将灭绝,但对英国人正在转向自然神论而非无神论这一事实大加抨击。对于这一流行的看法,狄德罗总结如下:"在我看来,一个认为使人诚实的是对上帝的信仰而非良善的法律的民族,远未臻至文明之境。"[3]

休谟另一个引人称颂的故事是这样的:德·尼维纳斯公爵(Duc de Nivernais)曾惊讶地发现:在辞世前数月,法兰西皇子正卧床阅读休谟的哲学著作。而更让这位公爵惊讶的是这位皇子的解释:"在我目前所处的这种状态下,阅读这些作品最能抚慰人心。"[4] 事实上,它正是时代的标志,它准确地预见到了基督教的快速衰落。

---

[1] Carlyle, p.292.
[2] Diderot, *op.cit.*, II, 76.
[3] *Ibid.*, II, 76-77.
[4] *Ibid.*,II, 105.

第三十三章 哲人们

甚至在休谟抵达巴黎之前，哲人们就已风闻休谟曾打算写一部教会史。他们开始力促此事。1763 年 6 月，爱尔维修致信休谟道："我听说您放弃了这个世界上最精彩绝伦的主题，也即书写教会史。请好好考虑一下！这个主题值得您写，也唯有您才配写这个主题。因此，我以英格兰、法兰西、德意志、意大利以及子孙后代的名义恳请您提笔撰写。您须考虑到：一方面，唯有您才能肩此重任——在休谟先生诞生以前，多少个世纪已倏忽而逝，另一方面，这也是您对当下及未来的世界所应负的义务。"[1] 在休谟离开法国后不久，格里姆在 1766 年 4 月那一期《文学通讯》中的宣告，也证实了休谟所承受到的压力："在休谟驻留法国期间，我们经常乞请他写一部教会史。在当前，这将成为最为美妙的文学事业之一，也将是对哲学和人类最为重大的贡献之一。"[2] 在那几年里，达朗贝尔一再提及此事，甚至迟至 1773 年他仍致信休谟道："如果缺少了这部教会史——我曾多次央告您着手撰写，我绝不会感到快慰……在全欧洲，唯有您能肩此重任，并且如果您肯费心以真实的笔触来描绘我们的罗马教庭，那么它将像希腊史和罗马史一样有趣。"[3] 考虑到对于其写作计划的所有这些友善的敦请，我们有必要探究一下休谟何以未能撰写教会史。难道正如其此前告诉米拉的那样，这仅仅是为了避免另树新敌？又抑或是因为缺乏对哲人们的某些了解而最终促使他放弃了这个论题？[4]

作为"群贤会"——它倡导无拘无束和亲密无间的思想交流——的发起人，大卫·休谟本应陶醉于皇家街上的哲学聚会，毫无疑问，休谟在某种程度上确实如此。然而，我们有理由相信：他对此并非完全满意。在其 1763 年初参访巴黎期间，吉本对于哲人们的"让人难以忍受的热忱"并不认可，他们"嘲笑休谟的怀疑主义，以一种教条主义者的偏执宣扬无神论的信条，并且嘲笑和蔑视所有的信众"。[5] 这些哲人们只是不能理解休谟的怀疑主义或不可知论立场，并且倾向于认为，休谟还没有完全摆脱宗教偏执的束缚。詹姆斯·麦克唐纳爵士（Sir James Macdonald）从巴黎对一位英国通信人写道："休谟真是可怜，在英国，他被认为

---

[1] RSE, V, 52.
[2] Grimm.*Corr. litt.*, VIII, 13.
[3] RSE, III, 21.
[4] 关于休谟 1765 年 8 月 27 日致米拉的信，参见后面的文本补录。
[5] Gibbon, *Memoirs*, p.135.

不够虔诚，而在法国，他则被认为太过虔诚。"[1] 多年后，休谟自己也坦承：马里夏尔伯爵和爱尔维修"常嘲笑我在这些方面思维褊狭"。

然而，霍尔巴赫男爵的无神论俱乐部确实向休谟赠送了一块大金牌，只可惜上面的铭文未能载录在册。如果休谟能预知其侄孙女通过将这块金牌捐献给爱丁堡教会，并由一位巴黎工匠重新将其熔铸为香炉而为其在巴黎的不检点行为赎罪的话，他或许会颔首称许。[2] 因为皇家街这帮教条的无神论者，想必会让这位性情和善的苏格兰怀疑论者感到莞尔，甚至还有一点震惊，正如先前在爱丁堡，他曾不时被各种教条的有神论所激怒一样。对于宗教上的各种无处不在的教条主义，作为精研人性的哲学家，休谟不能不感到灰心丧气。

我们有进一步的理由去相信：在与哲人的关系上，休谟经历过某种失望。休谟发现，他们的教条主义并不局限于无神论，而是延伸到形而上学、经济学以及相关的社会论题。尽管他们尊崇牛顿和洛克的赫赫威名，但笛卡尔也并未销声匿迹。因此，他们的各种经验主义都混杂有一种形而上学的必然论，而这和休谟的思维方式是背道而驰的。经济学家或重农学派就是典型的例证——其中，弗朗索瓦·魁奈和德·顾尔奈先生（Sieur de Gourmay）是其中的顶尖理论家，而休谟的朋友杜尔阁则是其实践的主要代表。

至于杜尔阁，休谟总是礼貌但却坚定地拒绝由重农学派所提出的单一土地税，以及他们的"可喜可敬但却过于天真的希望：也即人类社会可以无限完善……"而休谟对于莫尔莱神父的回信则更加直截了当：

> 在您的大纲里，我还看得出，您小心翼翼、不动声色，以免冒犯你们的那些经济学家（魁奈以及为以他为首的重农学派经济学家）。对您的审慎，我极为欣赏。但是，我希望，在您的大著中，您要攻破他们，击溃他们，粉碎他们，将他们化为粉斋！实际上，自从索邦大学被摧毁以来，当今之世，他们是一群最异想天开（chimerical），最傲慢（arrogant）之人。我希望您能原谅我这么说，因为我知道您属于这个令人尊敬的群体。我不禁怀疑，我们

---

[1] 麦克唐纳（Macdonald）的话可见于乔治·霍姆（George Horne）于1764年所写的一封信，见于 Gent.'s Mag., LXIII (1793), 644.

[2] 参见爱丁堡公共图书馆中爱丁堡厅所展示的一张剪报，上面有因联姻而成为休谟家族一员的 N. D. Macdonald 于1932年9月6日所写的一封信。

第三十三章 哲人们

的朋友杜尔阁先生怎么能与这帮人——我指那些经济学家——为伍呢？尽管杜尔阁先生也是一位索邦主义者（a Sorbornnist）。[1]

休谟自己从未公开地攻击重农学派，而是把这项任务留给了亚当·斯密。

真正让休谟印象深刻的是霍尔巴赫式的无神论、爱尔维修式的唯物主义和重农学派经济学的先验特质，这种先验特质完全迥异于休谟自己的哲学，也即温和的怀疑主义。在法国，各学派旧有的亚里士多德式教条主义，被一种宣扬进步之不可避免性的新教条主义所取代。因此，休谟在某种程度上必然感受到了智识上的隔膜和孤独。与法国知识分子打交道的经验强化了他早期的信念：唯有遥远的子孙后代方能理解他的哲学。毫无疑问，在离开那个曾尊崇和景仰他的国度时，休谟深信：他自己的思想方式仍遥遥领先于这个世界。也许，思想上的孤独是他没有返回法兰西并在此永久定居的原因之一，这并非完全是无稽之谈。如果此事属实，那么它也是一个悲哀的事实。

大卫·休谟从未与法国启蒙运动的主要吹鼓手会面，因为作为"费尔内的长老"（Patriarch of Ferney），伏尔泰很久以前就退隐至瑞士边陲。在回复德芳夫人对休谟的首份赞词时，伏尔泰写道："你只需将他送到我这儿来；我将跟他说说话，最重要的是，我将洗耳恭听。"[2] 实际上，人们曾尝试将休谟"送"过去，对此，休谟曾这样解释道：

> 当我抵达法国的时候，伏尔泰先生的所有友人都告诉我：伏尔泰先生总是乐于表达对我的敬重；他们劝说我，鉴于伏尔泰先生的年纪，我这边采取主动方属妥帖。我因此给他去了一封信，并在信中表达了对其才赋的崇高敬意；我还说，如果不是因为公务缠身无法从巴黎脱身，我早就急不可耐地到日内瓦去拜访他……但是，我完全被巴黎和宫廷所羁绊，哪怕是离开三天也绝无可能。[3]

就伏尔泰而言，他总是公开高度赞扬休谟。1762 年，他告诉鲍斯维尔道：休

---

[1] HL, II, 93-94, 180, 205.
[2] Voltaire, Œuvres, XLI, 247.
[3] NHL, pp.78-9. 休谟的信仍未发现。伏尔泰在 1763 年 11 月 19 日致 the Comte d'Argental 的信中提及这封信。

谟是"一个杰出的哲学家",并在10年后告诉约翰·莫尔博士(John Moore)道:"你必须写信告诉他:我是他虔诚的崇拜者;他是英国的伟大荣光,也是欧洲的伟大荣光。"1765年,据驻任马德里的瑞典大使(他是休谟的一位朋友)所述,伏尔泰习惯于称休谟为"我的圣大卫"。[1]

正如上面那封信中所显见的那样,休谟对伏尔泰并非十分狂热。他对作为一位哲学家和历史学家的伏尔泰的评价并不高,很可能其对于"突袭布列塔尼沿海"的叙述仍让休谟耿耿于怀。同时,对于伏尔泰嘲讽人的巧智,休谟也时感不安。正如我们已见到的那样,1764年4月,休谟曾试图在未出版之前将伏尔泰对凯姆斯勋爵《批判的原理》的冷嘲热讽扣压下来,但徒劳无功。而在1766年,对于伏尔泰介入他和卢梭之间的争吵,休谟并未心存感激。不过,至少就逸闻趣事而言,这两位伟人从未谋面无疑是后人的一大损失。

法兰西启蒙运动的第二位伟大旗手——他此前虽然也是一位哲人,但现在已与哲人们反目成仇——于1765年12月抵达巴黎,并将自己置于大卫·休谟的庇护之下。而接下来所发生的事件则成为18世纪知识界一桩著名的公案,并且至今仍聚讼不已。

---

[1] *Boswell Papers*, IV, 130; *Caldwell Papers*, PT. II, VOL. II, 201; RSE, IV, 47.

第三十四章　大使秘书

"我现在有了一个体面的职位。"

虽说大卫·休谟把大部分时间都花在巴黎上流社会的耽安宴乐上，经常出入脂粉气的沙龙和须眉气概的哲人聚会，但他在英国大使馆仍算尽职尽责，并且事实上扮演了一名"亲善大使"（Ambassador of Good Will）的角色，唯有他才能够弥合由晚近的战争所带来的外交创伤。很早就有人向马里夏尔伯爵汇报道，"休谟先生获得了巴黎的认可"；"能有幸见到他被视为和平最甜美的果实之一"。[1] 赫特福德勋爵很快就意识到：法国人对于其私人秘书的厚爱实具有外交上的重大意义。休谟于 1763 年 12 月注意到："他有这样一个言之有据的看法，我的熟人越多，与法国人的关系越亲密，我就越能替他服务。所以他并不要求我鞍前马后地随侍左右，并且很乐于看到我出入各种社交圈。他告诉我：如果我们在其他地方不期而遇，我们应该装着互不相识。"

随着时间的流逝，休谟的使馆工作也步入正轨。到了 1764 年，休谟能够说"我依旧在这里过着一种娱人的生活，根本没有时间感到厌倦。整日里不是忙于公务，便是在文人、权贵和妇人间周旋。我发现自己一直疲于应付……"依照最初的安排，休谟将同时担任年轻的、和蔼可亲的比切姆勋爵（Lord Beauchamp）的导师，但现在看来，这个安排永远无法实现了，因为赫特福德伯爵的随堂牧师詹姆斯·特里亚尔（James Trial）承担了这个职责。

---

[1]　RSE, V, 102.

赫特福德伯爵对休谟的敬重也逐渐发展成为最温暖的依恋。休谟于 1765 年 7 月向其兄长坦承："在这个世界上，赫特福德伯爵是我最值信赖的朋友。去年春的某一天，他走进我的卧房，告诉我：他曾听说许多人出于好心劝我留在法国，但他希望我不要留在法国，因为如果我留在法国的话，他和我势必将天各一方。他说，他现在对我的爱一如他过去对我的敬重，他希望我们或可共度此生。他曾几次下定决心要与我敞开心扉，开诚布公地交换意见，但由于生性内向、不善言辞，他几次都打了退堂鼓。而现在，他发现：在表明了自己的心迹和意图之后，他感到如释重负。"

休谟的这番表述也验证了切斯特菲尔德伯爵对于赫特福德之评价的真实性："他是这个世界上最诚实、最虔敬之人，而且在与每一个人打交道的过程中都永远是那么彬彬有礼。"而在法国所发生的一个偶然事件更进一步地揭示出了其品性。在赶往巴黎的路途中，一天晚上，赫特福德和 30 名扈从投宿于一家小旅馆，从未接待过这么多客人的小旅馆老板，一位名叫多尔蒂（Dougherty）的爱尔兰人忙得手忙脚乱，根本就无法按固定的惯例记下所有人的名字，以呈报给镇上的指挥官。他的辩解没有被采纳，并被投进了大牢。在牢里被痛苦地羁押 11 天之后，他转而向赫特福德伯爵求助，并在其干预下被立即释放。[1]

在巴黎的头几个月，赫特福德伯爵住在圣多米尼克大街的格林贝格旅馆（Hôtel de Grimberg），但 1764 年 3 月他又搬进了位于大学街和波旁街交叉口的布兰凯斯旅馆（Hôtel de Brancas）——原先叫拉塞旅馆（Hôtel de Lassay）和洛腊盖旅馆（Hôtel de Lauraguais）。这栋临近卢浮宫、被莎拉·班伯里夫人（Lady Sarah Bunbury）戏称为"貌似一座宫殿"的大公馆，每年的租金为 500 英镑。赫特福德伯爵虽曾想在一年之后搬离此地，但在其担任大使期间一直在此办公。里面有一间专门为休谟准备的独立公寓，这肯定是作为文人的休谟所住过的最豪华的公寓。当然，休谟和赫特福德有时候也会跟随法国王庭去枫丹白露和贡比涅去小住一段时间。

年轻的罗比特·里斯顿（他是吉尔伯特·埃利奥特爵士之子的家庭教师）为我们提供了一幅赫特福德家之家庭生活的亲密图景："我有幸同尊贵的赫特福德伯爵及伯爵夫人共进晚餐。我发现自己从未如此适意和开心过。他们都极其随和

---

[1] *Gent.'s Mag.*, XLVII (1771), 160; *Lloyd's Evening Post*, 5 Oct. 1765.

（他们平时大都如此）、不拘礼仪，其待人之体贴和亲昵比那些贫穷的乡间地主有过之而无不及。在他们家的饭桌上，休谟先生诚恳、和善而又不失风趣，会让您情不自禁地想起炉火边的那条獒犬。一想到这一点，我三番五次地忍不住要笑出声来。"[1]

对于赫特福德伯爵拒绝接收查尔斯·班伯里，并将大卫·休谟任命为秘书一事，并非没有物议。1764年3月13—15日那一期的《伦敦晚邮报》(*London Evening Post*)上刊登了一封匿名信，对此项任命口诛笔伐，并认为整个大使馆被一窝苏格兰人所盘踞。这封信还重登在3月16日的《公报和伦敦每日广告人》(*Gazette and London Daily Advertiser*)上。鉴于休谟在伯维克郡的邻居马奇蒙特勋爵（Lord Marchomont）的抗议，上院一致决议：这些匿名信是"荒谬的、恶意的、诽谤性的，是对上院权威粗暴而荒唐的践踏，意在抹黑整个国家"。两个出版人被处以每人100英镑的罚金，并投入纽盖特的大牢，直至交付罚金。数周后，缪尔男爵向休谟打趣道："我在伦敦的时候，有人因对你大放厥词而被罚了100英镑。"[2]

依照霍拉斯·沃波尔的说法[3]，那封匿名信的作者是约翰·威尔克斯（John Wilkes），他因担心受到议会的惩戒而于1763年圣诞节避祸法国。如果威尔克斯真的是那封匿名信的作者，那么，在抵达巴黎后不久，他就若无其事地去拜访了英国大使。可以肯定的是，面对英王陛下的这么一位臭名昭著的敌人，赫特福德伯爵当然会"避而不见"。威尔克斯于是就给大使和休谟各留了一张便条。也许让他稍感惊讶的是，大使及其秘书居然都回访了他。然而，赫特福德伯爵从未将其引荐给法国王庭，也从未邀请他参加过使馆的晚宴，特别是没有邀请他参加乔治三世的祝寿晚宴。根据休谟1764年6月13日在《伦敦纪事报》上所写的通告，"当地各阶层的英国同胞约70多人与会……"至于威尔克斯自己，则嘲笑对他的故意遗漏，并嘲讽出席晚宴的人都是些"不通法国礼仪的白丁和莽汉"。在定期地但却神龙不见首尾地参加赫特福德伯爵家小教堂礼拜的过程中，威尔克斯不得不忍受那位苏格兰籍秘书和苏格兰籍牧师（他认为那位牧师是"一个愚钝的牧师"）。但仅就赫特福德伯爵和比彻姆勋爵而言，就连威尔克斯也不得不承认："他

---

[1] MS letter of 11 Feb. 1765, in NLS, MS 5517, f.13.
[2] *Journal of the House of Lords*, 19 Mar. 1964 (xxx, 511); *Caldwell Papers*, PT, II, VOL. 1, 251.
[3] Walpole, *Memoirs of George III*, I, 311.

们有着真实而卓越的判断力,伟大的内在品质,最为首要的,他们有着和蔼可亲的礼仪举止。"[1]

1764年3月,赫特福德伯爵展开了一场协同行动,旨在确保休谟能被任命为大使秘书。在此期间,他敦促休谟去寻求其深受布特勋爵信赖的私人朋友如埃利奥特、厄斯金、霍姆和奥斯瓦德等人的支持,尽管这多少有违休谟的本意。休谟曾告诉埃利奥特道:"我承认,尽管从表面看一切皆顺理成章、水到渠成,但我对成功并未抱多大的希望。"这场行动最终以完败告终,这不禁让休谟愤懑地自嘲道:"国王已经应允了,全体大臣们也都答应了,赫特福德伯爵更是全力以赴地去争取。虽然处于目前这种状况已半年有余,但我从未为这件事烦心过,我自我开解道:本来就没有这回事。"

整整一年之后,受激于连续的失败,也受因于法国政客们毫不掩饰的嘲讽——一个连自己的秘书都无权任命的大使,在国内肯定也没什么分量,赫特福德伯爵给首相乔治·格伦维尔写了"一封言辞恳切的信"。这一次,一反往日的含糊其辞和半推半就,赫特福德伯爵的请求遭到了明确的拒绝。不仅如此,格伦维尔在回函中还对休谟个人说三道四、评头论足。不知所措的赫特福德伯爵立刻向休谟应允道:鉴于内阁大臣们的背信弃义,他愿意私人掏腰包来补偿休谟。要知道,行此慷慨之举的人可是向有吝啬之名!

数周后的1765年6月,一个虚假不实的谣言再度传来:班伯里即将出任爱尔兰国务大臣,这给了赫特福德伯爵最后一个为休谟谋取利益的机会。休谟写道,"如果这个要求得不到满足,他将立马辞职。"然而,赫特福德伯爵致南方部国务大臣哈利法克斯勋爵(Lord Halifax)的信,尽管措辞强烈,但并没有多少直接的威胁。然而,正摇摇欲坠的格伦维尔内阁已不敢激起进一步的抗议,于是,哈利法克斯于7月2日告知赫特福德道:"我万分高兴地告知阁下,陛下已爽快地应允了您的请求,任命休谟为驻法大使秘书。我的办公室正在准备例行文书。"[2] 1765年7月3日,休谟的委任状被盖上玉玺。其任职待遇包括一年1200英镑的薪水,300英镑的置办费和300盎司的餐具。

休谟冷淡地注意到:"所以尽管在世人眼中,我要么是一个无神论者,要么是

---

[1] Percy Fitzgerald, *Life and Times of John Wilkes* (London 1888), I, 240-1, 261-4.
[2] PRO, SP 78/267.

第三十四章 大使秘书

一个自然神论者,要么是一个辉格党人,要么是一个托利党人,要么是一个行文带有苏格兰腔之人,要么是一位哲学家,但我最终还是赢得了这一尊贵且待遇优渥的职位——年俸高达 1200 镑。没有狗苟蝇营,也没有多方仰求,仅仅出于我无比敬重的一个人的厚爱";"我发现,在这件事情上,赫特福德伯爵确实费了九牛二虎之力。当孤立地审视这件事,而不考虑促成它的各种具体步骤时,我有时都感到有点不可思议"。[1]

这最终的胜利当中,最令人开怀的一点在于:巴芙勒夫人曾自告奋勇地给英国的贝德福德公爵写信道,通过支持休谟的侯任,"他向其表达友谊的机会来了,这可能是绝无仅有的一次机会"。收到这封信时尚在乡下的贝德福德连忙赶往伦敦,只是为了证实该任命已获御准。对于这种善意,休谟大感快慰,并且也非常乐于将其告诉朋友们;而在一年前,他还不允许巴芙勒夫人这么做。休谟的所有友人,无论是苏格兰的,英格兰的,还是法国的友人,都同样对休谟的最后获任高兴不已。例如,埃诺院长(President Hénault)就此写道:"先生,我愿千万次地向您道贺。您的国家已还您一个公道,这是多么神妙和不可思议的一个奇迹啊,但是,它并未提高您的名望,它只是增加了您的福祉。"[2]

然而,这"不可思议的奇迹"并未持续下去。因为在从格伦维尔处获悉这件事已铁板钉钉之后,赫特福德伯爵早在 6 月 4 号就曾致信哈利法克斯,要求休假一段时间以"处理我在国外时所积压的一些私人事务。我对我在这方面所遭受的损失心知肚明,但在陛下还没有任命休谟为大使秘书之前,我不会离开法国王廷。在这个问题上,我不会强陛下所难"。[3] 赫特福德的请求被批准,但一抵达伦敦,他就被告知:新的罗金厄姆内阁(他的弟弟康威将军接替哈利法克斯担任南方部国务大臣)将任命其为爱尔兰总督。并同时暗示,里奇蒙公爵将接替他担任驻法大使一职。现在,显而易见的是,里奇蒙公爵将不会留任休谟,因为这样的话,他势必会得罪他的内弟、曾被赫特福德伯爵拒绝接收的查尔斯·班伯里爵士。乔治·伦诺克斯勋爵这样写道,"除了他的内弟,他不可能任命其他任何人。"故而,从一开始,休谟任职的时间就注定是屈指可数的。

因此,在离开巴黎之前,赫特福德告知休谟:他打算带他到爱尔兰,并与比

---

[1] HL, I, 510.
[2] RSE, V, 55.
[3] PRO, SP 78/267.

彻姆勋爵一道担任爱尔兰的国务大臣。8月1日，赫特福德伯爵在伦敦接受了去爱尔兰的任命，但霍拉斯·沃波尔注意到，他"并不是非常乐意，而只是为了迎合其弟弟及外甥格拉夫顿"。[1] 6天后，里奇蒙接受了驻法大使的任命。然而，赫特福德关于休谟将与比切姆勋爵一道担任爱尔兰国务大臣的提议，激起了反苏派一贯的喧嚣，他只得放弃了对休谟的任命，仅仅将比彻姆勋爵一人任命为爱尔兰国务大臣。几个星期后，休谟写道："有人告诉我，赫特福德伯爵打算任命我为爱尔兰国务大臣一事，在伦敦引起了轩然大波。艾米莉亚公主*说，这件事其实很好解决。为什么赫特福德伯爵不说他已任命我为主教？因为爱尔兰总督手上握有许多主教职位。"当这个故事传到爱丁堡的时候，牧师约翰·贾丁笑道：休谟"将会成为一个令人钦佩的爱尔兰主教"[2]。同时，在赫特福德伯爵的不懈坚持下，国王授予休谟一笔400镑的终身年金，且免于各种克扣，自休谟辞任大使秘书一职起生效。

对于没有以公职身份赴任爱尔兰，休谟并无不满。他曾这样告诉其兄长："因为我向来胸无大志，我意指我向来并不贪恋权位。即便有一点点这方面的雄心，我也早已将其扼杀尽净了。我相信，对于像我这样的年龄和秉性之人而言，壁炉和书籍是世上最珍贵的物什。"尤其是，休谟承认自己没有公开演说的天赋，而且一想到要与各色爱尔兰人饮宴安乐，他就深恶痛绝。他还进一步补充道：从巴黎转投都柏林无异于弃明投暗。当赫特福德伯爵要为休谟谋得一个特殊的职位——黑棒侍卫（Keeper of the Black Rod）（爱尔兰下院的**引座员**），该职位每个会期都有900英镑的酬劳，但只需出300英镑就能找到人代行此职——时，休谟同样拒绝了。"我不愿与世人同流合污，并不择手段地牟取利益。我相信，您一定会赞同我的处世哲学。"[3] 休谟向亚当·斯密如是评论道。

还未来得及与路易十五正式叙别，赫特福德伯爵就直接赶往爱尔兰赴任了。在其于10月18日抵达都柏林城堡后不久，他就为休谟拾掇好一处公寓，并邀其来访。然而，前大使馆随堂牧师、近来刚被赫特福德任命为唐恩和康纳地区主教

---

[1] *Walpole Letters*, IV, 388.
* 艾米莉亚·索菲亚·埃莉诺拉（Pincess Amelia Sophia Eleanora, 1711—1786），是乔治三世的第2个女儿，终生未婚。
[2] RSE, III, 55.
[3] 关于Alison Cockburn 的建议，参见后面的文本补录。

第三十四章　大使秘书

的詹姆斯·特里亚尔（James Trial）却一直想方设法阻止休谟成行。在 11 月中旬前自都柏林写给休谟的信中，特里亚尔恳求他不要来爱尔兰。几天后，他又将这封信的复本转寄给威廉·亨特博士（Dr William Hunter）——休谟在伦敦的老相识，请他帮忙劝阻休谟，假如休谟已抵达伦敦的话。

（特里亚尔向亨特解释道）我每天，甚至每小时都会发现一些新证据，这些证据均无一例外地表明：想方设法阻止休谟来爱尔兰是何等的必要！在爱尔兰，作为一名哲学家的休谟如果不是众所痛恶的对象，也是众所反感的对象。人们对他的历史著述深恶痛绝，尤其是涉及爱尔兰和斯图亚特王室的那些章节。因此，无论是对休谟自己而言，还是对赫特福德家而言，他永不涉足爱尔兰实属重要。如果休谟还算通晓人情世故，如果他能稍作思考，我相信我的信必然会促成他做出留守英格兰的正确决定……总而言之，休谟一定不能来爱尔兰。我相信伯爵大人自己也对这种根深蒂固的反对心知肚明。因此，我乐于做伯爵大人所不愿做之事——这有违于他对休谟先生的情谊，唯如此，伯爵大人最后才不至于陷入那种令人不悦的窘境，也即下令严禁休谟及其哲学入境。我深知，凡有利于伯爵大人之事，休谟先生莫不欣然从命。我只是希望他能正确地看待这件事。我所要做的就是晓之以理，而非动之以情。

这封信的"附笔"清楚地表明：特里亚尔曾就此事征询过赫特福德伯爵的意见，他是在极不情愿的情况下才同意寄发这封信的。

伯爵大人希望不要将这封信出示给任何人看。他认为，除非万不得已，否则，在任何情况将这封信出示给休谟先生看都是不合适的。如果休谟先生已收到原信，最好将我随信寄去的副本付之一炬。[1]

一收到特里亚尔的原信，休谟就立马致信赫特福德伯爵，请他原谅自己收

---

[1] V. G. Plarr, "Unpulished Letters to William Hunter," in *Chambers's Journal*, Sixth Series, IX (1906), 56-7.

回访问都柏林的承诺。[1] 赫特福德12月10日的回信进一步证明了两人间的亲密关系：

> 我热爱我的朋友，并对各种偏见深恶痛绝。我很难相信，那些毫无根由的偏见能够长期负隅顽抗。因此，您不难相信：我不认为您在爱尔兰会遭到长期冷遇。您在都柏林城堡中的公寓已收拾干净，我会一直替您留着。我曾得意地向许多人提及这一点。那些自诩了解这个国家的人责备我太急于见到您，并告诉我：我这样做只会让我的政府失去民心。对于这种观点，我向来不以为然，尽管禁不住朋友们的再三敦请，我让特里亚尔先生写信向您解释此事。考虑到爱尔兰之行对您而言也是舟车劳顿，我便稍感宽慰。尽管有这些偏见……如果早来都柏林的话，您现在想必早已变得受万人敬仰了。[2]

最终，休谟于1766年1月1日向休·布莱尔宣告道："我不去爱尔兰了……而对于我的这一决定，贝德福德伯爵也好心地予以体谅。您或许已听到了特里亚尔先生的大好运，我相信您想必认识他，他是一位忠实的友人。"好大卫（Le Bon David）已认识到这一痛苦的事实：在爱尔兰他确实是一位不受待见之人，并坦率地承认，那位主教诚实行事，是"一位非常忠实的友人"。一段不愉快的插曲就此告结。

从赫特福德伯爵7月21日离开巴黎，到里奇蒙德公爵11月17日向法国国王递交国书，在这长达数月的时间里，大卫·休谟是使馆的全权"代办"（Chargé d'affaires）。到1765年的时候，休谟已绝非一位毫无经验的外交新手。1746—1748年间跟随圣克莱尔将军的两次远征，以及在赫特福德伯爵身边近两年时间的秘书历练，都让休谟学到了不少东西。他对当时的一些外交问题已相当熟稔。不仅如此，他还赢得了赫特福德伯爵和新任国务大臣康威将军的极大善意，他们都热切地盼望休谟能有一个良好的外交表现。赫特福德写道，"我衷心地希望您能成功，希望您能为了自己的荣誉在里奇蒙德公爵到任之前尽快取得成功。"康威将军的信也表达了同样的主旨："我可以直言不讳地告诉您：无论是从国家的角度

---

[1] 这封信已经散佚，但其存在可由赫特福德的回信推知。
[2] RSE, V, 61.

而言，还是从个人的角度而言，我都希望您……的那些外交交涉能获得成功，我和家兄都记挂着这些外交交涉……我对您的成功抱有很大的期望。现在，是您凭自己的实力为您自己、也为我们增光添彩的时候了。"[1]

休谟于 1765 年 8 月写道，"由于我现在是这里唯一的英国官员，公务繁忙。"休谟一点都没有夸张，因为除了日常的例行公务之外，他还有许多专门问题和三个重要的外交议题需要交涉和处理。这些专门问题所涵盖的范围极其广泛：帮助在法国的英国商人和各色新教徒；一位走投无路的英国人试图在塞纳河投水自尽；教士大会所揭示出来的法国国内政局的动荡；红衣主教博尼斯（Cardinal de Bernis）的侄子被"狭海海盗"（Sallee Rovers, Pirates of Narrow Sea）所掠获；为住院士兵交付费用；交换战俘。

而三个重要的外交议题是：拆除敦刻尔克的港口设施和防御工事；敦促法国政府对近来已成为英国公民的加拿大商人所持纸币予以赔付；法国人不断地侵犯纽芬兰渔场。在赫特福德任职期间，这些外交议题均已存在，并且全都源于 1763 年的《巴黎和约》或之前的条约。在担任"外交代办"不足 4 个月的短短时间内，休谟根本就无法解决这些问题，毕竟赫特福德在其长达 20 个月的任期内都没能解决这些问题。事实上，直到 239 年之后的"1904 年协定"签订之前，纽芬兰的渔业争端一直都悬而未决。而敦刻尔克争端直到 18 年后的 1783 年的"凡尔赛和约"才最终得以解决。至于"加拿大纸币"（Canada Bills）谈判，在休谟之后也是由法国政府直接接手，并于 1766 年初在伦敦由康威将军亲自达成协议。

休谟是一位精明强干的外交官，这一点已由其短暂的任期内所起草的 16 份外交快报[2]和数份备忘录，以及其远在伦敦的上级康威将军和英王乔治三世的一贯认可所佐证。是年的 8 月 27 号，在给休谟的贺词中，康威将军写道："鉴于您雷厉风行的作风，鉴于您在那次会议上所阐明之观点的牢不可破，您的表现……让陛下及其大臣们大为满意。"[3]

这些外交快报显示出休谟已敏锐地意识法国大臣们——如舒瓦瑟尔公爵（Duc de Choiseul）和普拉兰公爵（Duc de Praslin）等——的老谋深算和故意推诿。

---

[1] RSE, V, 59; IV, 39.
[2] 重印于 NHL, pp.89-130; 同时参见 NHL "引言"的第二部分。
[3] PRO, SP 78/267.

例如在 8 月 28 日有关法国人在纽芬兰违反条约规定之不法行为的外交快报中，休谟报告道：普拉兰公爵一开始便否认法国政府对其国民破坏条约的行为负有责任——"如果少数不受政府管束的法国人，在一个到处都是漫无涯际之森林的国度砍伐了几棵橡树……这有什么损失呢？难道我们会拒绝让一个口干舌燥的外国人自由地畅饮泰晤士的河水吗？"然而后来，法国政府却一再坚持在圣劳伦斯湾驻守法国武装力量，因为他们的存在"旨在防止法国渔民违反条约"。在给康威将军的一份审慎的报告中，休谟强调了普拉兰公爵的出尔反尔和前后不一："就我近来记忆所及，阁下您或许会注意到我给普拉兰公爵的答复；陛下将满意地看到，那位公爵要么否认过去的侵越，要么证明法国主张的正当性。"

上面所提到的那几个外交快报，读起来颇具戏剧性，展示了休谟在历史叙事方面的大师手笔。所有这些快报都展示了休谟对于局势走向深刻而全面的理解和把握。但毫无疑问的是，在整个任职期间，休谟发现自己根本就无法大展身手，因为与他进行外交交涉的都是些王公贵族，而他只是一介平民，而且他的职位也只是暂时的。正如伏尔泰曾向鲍斯维尔所嘲笑的那样：所谓代办，实际上什么都办不了（UN Chargé d'affiares est guères chargé）。[1]

密切地关注法国国内事务的英国大使馆，并非没有意识到那种最终导致大革命爆发的酝酿已久的不满情绪。早在 1763 年 11 月，赫特福德伯爵就注意到：一位"沉湎于情妇和宠幸"的国王，正在引火烧身。"法兰西各地已出现星星之火，尽管整个国家尚未呈燎原之势。但这也已是万事俱备，只欠东风，以至于每一个靠近火源中心的人，无不或多或少地感受到这一点；而其中最危险的征兆，莫过于军队本身也正准备随时扬汤止沸、推波助澜。"[2] 1765 年，休谟注意到，"在法国，王室权威低落，而且所有的公共机构都正变得举步维艰"。但是，休谟最终的结论是："即便如此，法国也不可能很快就会打破整个欧洲的平静。"实际上，休谟确曾煞费苦心地问询霍尔巴赫男爵：他是否认为法国不久将发生一场自由革命。"不会，因为我们的贵族全都变成了胆小鬼"，男爵答道。[3]

正如在其与高登神父（Father Gordon）的交往中所表明的那样，身为使馆秘

---

[1] Boswell Papers, IV, 130.
[2] PRO, SP 78/259.
[3] NHL, pp. 96, 98; Carlyle, p.292. 卡莱尔实际上说休谟问的是孟德斯鸠。但到了 1755 年，孟德斯鸠已经辞别人世，而在早年去法国访问时，休谟并没有遇到孟德斯鸠。在同一段落的后面出现了霍尔巴赫的名字。

第三十四章 大使秘书

书的休谟不仅是一位济世的干才，而且还是一名历史学家和一个智者。戈登神父是历史悠久的圣安德鲁天主教苏格兰人学院（Catholic Scots College of St Andrew）的院长。在抵达巴黎后不久，经高登神父的准允，休谟开始查阅詹姆斯七世和詹姆斯二世的13册或14册的回忆录手稿。在致哈德威克伯爵的信中，休谟写道："我必须承认，在看过这些'回忆录'之后，我意识到，我错判了查理二世的性格。我过去认为，正是他那心不在焉的粗率性格，才使他免于偏执和盲从。终其一生，他都在自然神论和天主教信仰之间游移。但是我发现，当哈利法克斯勋爵说国王只是为了掩饰其对于天主教的狂热才装出一副不信教的模样时，他更能理解查理二世的内心世界……我很可能会利用出新版《英国史》之便，将我所犯的这个错误，以及其他不甚重要的错疵纠正过来。"休谟确实做了订正，但为数不多，这实在让人遗憾，因为这些回忆录手稿已杳无踪迹，关于其内容，休谟与之相关的几封信成了唯一的线索。

还有一次，休谟问高登神父：他有什么口信要捎往伦敦。

"没有，"神父回答道，"唯有教皇册立一位苏格兰主教的谕旨。"休谟回答说他乐意效劳。

"您不是认真的吧？"神父问道。

"我是认真的，"休谟答道，"在所有的事情当中，我最喜欢送教皇的谕旨了。"于是，他满心欢喜地用大使馆的官邮将其寄出。[1]

使馆秘书的一大职责，就是为在法国旅行的英国人提供服务。霍拉斯·沃波尔曾病态地观察道："自休战以来，'诚如墓志铭所言'，去往巴黎的道路已变成'众生之路'。"在离开伦敦之前的1763年，休谟获得了第一个履职机会。托比亚斯·斯摩莱特出于健康的原因要到法国疗养，但其随身携带的书籍却被法国海关官员查扣并没收了。他遂向休谟求援，最后，在休谟的帮助下，这些书最终物归原主，而斯摩莱特也一再感谢。他写道："我特别要感谢休谟先生，因为他在赫特福德伯爵那里对我多有美言。应英国居民（理查德·内维尔）的诉请，法国政府给海关主管下达了一项专门指令，我的书最终失而复得。"[2]

在巴黎，仰求休谟之事越来越多。然而，休谟很高兴能与这些苏格兰

---

[1] EU, Laing MSS, II, 451/2, MS notes of George Chalmers.
[2] Letter IV in Smollett's *Travels through France and Italy*.

老友——埃利奥特、基斯上校（Colonel Keith）、罗伯特·斯特拉齐（Robert Strange）、托伦斯的安德鲁·斯图亚特（Andrew Stuart of Torrance）和韦德伯恩——重聚，也很乐意将他们介绍给法国的新朋友。休谟不仅将埃利奥特的两个儿子安排到乔夸特神父（Abbé Choquart）的军事学院就读，而且以叔伯的身份监护他们，以及他们年轻的家庭教师罗伯特·里斯顿（Robert Liston）。至于基斯上校，休谟曾向他吐露其与巴黎贵妇们的几次艳遇，基斯上校再将其贩卖至爱丁堡社交圈。在听过基斯上校的描述后，休·布莱尔曾这样打趣休谟道："您在她们的石榴裙下厮混，但却从不承担什么责任（Pour ce qui passé dessous la Ceinture, tout cela va pour rien）——您还记得吗？您整日里耳鬓厮磨的女士是多么的优秀啊！"[1] 休谟曾同斯图亚特和**韦德伯恩**讨论过"道格拉斯一案"的各种细节，正是为了对该案展开前期调查，他们俩才得以涉足法国。另一位新近结识的苏格兰朋友是斯利特的詹姆斯·麦克唐纳爵士（Sir James Macdonald of Sleat），他系艾尔斯爵爷（Lords of Isles）的直系后代。这个聪慧颖异、多才多艺的年轻人就像一颗划过苏格兰、英格兰和法兰西天空的耀眼流星，每个人都惊叹和痴迷于其卓越的天赋和交际才能，但就像一颗流星，他很快就燃烧殆尽，因肺痨1766年于罗马辞世。休谟哀叹道："我们……失去了他，一个各方面都卓尔不凡的年轻人。"麦克唐纳是为数不多的兼具深厚的凯尔特和古典修养的苏格兰知识分子之一。如果活得更长久一些，他本可以揭开"奥西恩之谜"的神秘面纱。

1763—1765年在法国的英国朋友和故旧有亚当·斯密、巴里上校（Colonel Barré）、克拉克将军（General Clarke）、约翰·克劳福德（John Crowford）、大卫·加里克（David Garrick）、霍德尼斯勋爵（Lord Holdernesse）、奥索雷勋爵（Lord Ossory）、约书亚·塔克（Josiah Tucker）和霍拉斯·沃波尔（Horace Walpole）。正如其"巴黎日志"（Paris Journals）所证实的，霍拉斯·沃波尔一向对休谟极尽刻薄挖苦之能事。

> 晚饭之后，我和休谟先生一起去霍尔巴赫男爵家。男爵天性纯良，是一位定居法国的德国人。他经常设宴款待外国人及本国的贤良之士。在路上，休谟先生向我透露了他的那些外交谈判，并说，由于国内政局动荡不定，这

---

[1] 休谟致巴里（Barré）的信，打听了"那位Meteor Clarke，"NHL, p.87.

第三十四章 大使秘书

些谈判正变得愈发困难。他说,他断定我是被派来帮助和节制里奇蒙公爵的,并承认他很奇怪我为什么没跟他谈及这一点。我根本就不想掺和这些事,就信誓旦旦地向他保证(这也是实情):我之所以来法国,就是为了逃避政治,而不是为了更深入地介入政治。我想他对我的到来是心怀戒备的,而我也乐得让他开心。

经凯姆斯勋爵居中引荐,那位和蔼的牧师兼经济学家约书亚·塔克博士与休谟早有通信。在贡比涅,他们终得谋面。一返回巴黎,塔克就满怀谢忱地写道,"在贡比涅,我有幸受到您极其友善客气的招待,这要求我须尽早向您道谢;我希望有机会能早日回请您,因为我想表明:就人道、仁善,特别是恩义而言,我为人处世的信条与您并无二致。"[1]

久疏音问的蒙盖尔的米歇尔·拉姆齐(Michael Ramsay of Mungale)记起了大卫·休谟,并从伦敦致信休谟,向其引荐查尔斯·伯尼(Charles Burney),他是一位音乐学家,也是后来名闻天下的范妮·伯尼(Fanny Burney)之父。拉姆齐当时是埃格林顿勋爵(Lord Eglintoune)的家庭教师,而埃格林顿勋爵又对伯尼非常赏识。在巴黎,休谟将伯尼引荐给赫特福德伯爵。此后,他们两人与埃格林顿勋爵试图为伯尼谋取皇家乐师的职位。在致歉久疏音问之后,拉姆齐在信中继续写道:"您没有朋友,但与我认识的所有人相比,您拥有更多真正的朋友,这其中还不包括您的那些仰慕者。我要说,在您的朋友中,还没有哪一个能像我这般带着一种更为纯粹的满足,来见证和分享您生命中的每一种荣耀和悦人的场景。我常听到人们谈起您,就在今天早上,特里斯舛·项狄(Trisram Shandy)* 还谈及您……"[2]

1764 年 5 月,休谟与伏尔泰所称的"英格兰的拉伯雷"、英国人口中的"约里克"(Yorick)或"特里斯舛·项狄"进行了一次著名的交谈。牧师劳伦斯·斯特恩(Reverend Laurence Sterne)1762 年第一次访问巴黎时所受到的礼遇,与次年到访的休谟所受到的礼遇几乎不分伯仲。但是到了 1764 年,与我们的哲学家(指休谟)相比,斯特恩就不得不屈居次席。斯特恩自己曾描述了他在赫特福德伯爵面前布道——"这将是我最后一次布道"——的情形:

---

[1] *Walpole Corr.* (Yale), VII, 262; RSE, VII, 79.
* 特里斯舛·项狄在这里喻指劳伦斯·斯特恩。
[2] RSE, VI, 105.

赫特福德伯爵刚装修好那栋豪华的公馆［布兰凯斯旅馆］，由于所有物什都是按照巴黎当时最时新的样式装修的，于是，去参观英国大使的新公馆遂成一时之风尚。至少在两周的时间内，它不仅吸引了人们的注意力，成为消遣的对象，而且还成为巴黎上流社交圈茶余饭后的谈资。

现在轮到我出场了，也就是说，我应邀去布道，第一次布道是在公馆内的小礼拜堂举行的。消息传来时，我正聚精会神地与桑希尔兄弟打牌，不管是因为午后的消遣被粗暴地打断——因为要准备次日的布道，又抑或是出于我难以断定的其他什么原因，一种不祥的感觉攫取了我，你知道我是无法抗拒这种感觉的，于是一段极为晦气的文字涌入我的脑海——您读到这段文字也会这么说的，

"希西家（Hezekiah）对先知说：我给他们看了我满屋子的金银财宝、我成群的妻妾以及数不胜数的膏油，我家里的一切都给他们看。先知对希西家说，您蠢事算是做到家了。"[1]

拿以赛亚对希西家的训示（因为他居然将王室的财宝悉数展示给巴比伦使者看），以及其预言（他们将被掳至巴比伦），作为布道的内容显然是不合适的。但斯特恩事前显然并没有想到这一点，难道他曾想到这一点了吗？但无论如何，小教堂里"来自于各个国家、各个教派的"的会众们并未忽略这一点。而斯特恩对于巴比伦使者造访希西家之原因的异想天开的解释，也并未被大卫·休谟所忽略。因为斯特恩敦告道：

因为迦勒底人是大自然之秘密，特别是天体运行之秘密的伟大探寻者，他们很可能早已注意到这样一个奇怪的现象——也即日影在日晷上后退十度；并已探明了这种征象何以而起，对谁有利；因此，这个天文奇迹，除了它所表明的上天恩宠这一政治动机之外，其自身足以引导一个爱寻根究底的民族来到遥远的耶路撒冷，这样，他们或许就可以见到那个太阳曾为了他而

---

[1] Sterne, *Letters*, p.219.

第三十四章　大使秘书

改变运行轨迹之人。[1]

斯特恩继续写道，在当天的晚宴上，大卫·休谟和他在赫特福德家的饭桌上陷入了"一场有趣的争吵……但双方都文质彬彬，不乏善意……"因为"大卫乐于打趣牧师（指斯特恩）；作为回应，牧师也乐于嘲弄异教徒（指休谟）；我们相互嘲弄，而全场的人则嘲笑我们俩……"

然而，流传出去的说法是：斯特恩的布道冒犯了休谟，并与休谟发生了争执。对于这两个指控，斯特恩均愤怒地予以否认。至于那场布道，"让我受宠若惊的是，赫特福德伯爵为此一再感谢我"，而且"大卫·休谟也表达了他的感谢和称许"。至于所谓的争执，它"绝对是无稽之谈。在我们相处的过程中，休谟先生和我绝未发生任何争执——我意指任何严肃的、气急败坏的争执。事实上，每当听到大卫曾与任何人发生不快，我都会异常惊讶。倘若说我尚能相信曾发生过这样的争执，但无论如何，我都不会相信大卫有错在先。因为在我的一生中，我还从未见过有谁比休谟更温和、文雅了，正是他这种平易近人的脾性，而不是他那诡辩式的论证，赋予其怀疑主义以更深远的影响和更沉雄的力量。这绝对是可信的事实"。

很可能是在同一次晚餐时——尽管斯特恩是赫特福德家的常客，发生了另一件足可彰显两人良善、机智之事。在《感伤之旅》中，斯特恩讲述了一位"才思敏捷的法国侯爵"总是将来自苏格兰的两位休谟——一位是历史学家，一位是剧作家——认错。这位侯爵礼貌地问大卫他是不是诗人休谟。"非也，休谟和颜悦色地答道，真糟糕！侯爵说道。这是历史学家休谟，另外一个人说道；好极了！侯爵说道。休谟先生心地善良，对侯爵的两次回答都报以感谢。"

牧师和异教徒继续保持着良好的私益。1765 年，当斯特恩准备出版《约里克先生的布道词》(*Sermons of Mr. Yorick*)第三卷时，他就可能的订阅人致信一位朋友道："既然那么多高才大德都征订了，我要和休谟先生争辩，并称其为自然神论者。为什么不呢？除非我在征订名单上看到他的名字。"遗憾的是，休谟的

---

[1] "The Cae of Hezekiah and the Messengers. Preached before his Excellency the Earl of Hertford. At Paris, 1763," in *Sermons of Mr Yorick* (Oxford 1927), I, 195-6. 在刊行 1766 年的布道时，斯特恩将时间弄错为 1763 年。1764 年 5 月 15 日，他致信其女儿道："我已在大使的小礼拜堂就希西家进行了布道（你母亲会认为这是一个奇怪的主题）。"参见 Sterne's *Letters*, p.212.

大名并未出现在征订名单上。但是，在斯特恩辞世后的 1768 年，休谟向专门为斯特恩夫人和莉迪亚所设的基金捐赠了 5 基尼；5 年后，休谟承认，"近 30 年来，英格兰人（富兰克林博士是美洲人）所写的最好的书当属《项狄传》"。但是，这个苏格兰人还是忍不住要降低恭维的调门，于是又加上了这么一句——"尽管它比较糟糕"。

1765 年 11 月，休谟在巴黎愉快的大使秘书生涯结束了。里奇蒙公爵 10 月 30 日于多佛登船，并于 11 月 6 号抵达巴黎，但因法国皇太子罹患重病，直到 17 日才得以觐见法王。到 12 月 27 日，休谟已获准回英国休假，并于 1766 年 2 月 5 日正式辞任。与赫特福德和休谟在法国所受到的热捧大相径庭，在法国，在不到三个月的时间里，里奇蒙和他的弟弟伦诺克斯就让自己成为众所嫌恶的对象。沙拉·班伯里夫人在 1766 年 11 月写道："我的两个兄长以及他们的家眷已从巴黎抵达使馆驻地，在那里，我听说他们的行为有失检点，特别是我的两位兄长，他们自视甚高、目中无人，一个法国人也不去拜访，而且老是迟到，对每一个人都冷嘲热讽。"[1] 不列颠不幸失去了两位"亲善大使"。

里奇蒙公爵抵达时，休谟已从奢华的布兰凯斯公馆搬了出来，尽管罗拉吉伯爵（Comte de Lauragais）热心地诚邀他保留其公寓（并贴上"休谟公馆"的字样以标明其专门为休谟所用）。在前往伦敦向国王述职之前，休谟先是住在大学街的博普雷奥旅馆（Hôtel de Beaupréau），后来又住到科隆比耶街（rue du Colombier）上的皇家拱门旅馆（Hôtel du arc royal），霍拉斯·沃波尔在赫特福德夫人离开后也搬到此处。与此同时，伦敦的报章杂志[2] 猜测：休谟将"在北欧的某个王廷里担任公职"，并且还猜测，休谟将被任命为驻守里斯本王廷的大使秘书。但休谟对这些谣传一无所知，至少，他对这些谣传毫不关心。

然而，他当时所着重关心的是：他将在哪里一劳永逸地安顿下来？就此而言，休谟曾考虑过多种方案，当然，都柏林从来都不在考虑之列。伦敦也从未被严肃地考虑过，正如他向布莱尔所阐明的那样：

> 伦敦和巴黎简直有云泥之别。对于这种差异，在爱尔维修最近前往英国

---

[1] *Walpole Letters*, SUPP. VOL. III, 8-9n.
[2] *Lloyd's Evening Post*, 30 Oct. and 22 Nov. 1765.

第三十四章 大使秘书

的时候，我曾警告过他。而在返回巴黎后，他告诉我：他现在对这一点深有体会。如果一个人生在伦敦，而又不幸成为一个文人，那么，即便他成功了，我也不知道他可以和谁一道生活，或者说，他何以能在一个合适的社交圈中打发他的时光。在伦敦，值得交往的小社交圈冷漠、缺乏社交性，只是由于党争和骚乱才变得活力四射。所以。一个人，如果不参与公共事务或担任公职，他将会变得无足轻重；如果他不富裕，他甚至会受到人们的轻慢和鄙视。故而，这个国家正在迅速地沦入最深的愚昧、迷信和无知。但在巴黎，如果一个人文学才华出众，他将迅速受到人们的尊重和青睐。

所以，实际的选择是在爱丁堡和巴黎之间进行，布莱尔当时就住在休谟位于詹姆斯宅邸的"家"中。布莱尔从爱丁堡给出了合理的建议：

> 您现在过着一种闲暇而体面的生活，这是每一个年岁渐长的聪明人都衷心向往的生活。很少有人像您这般幸运。在法国，您已充分享受到盛名给您带来的万丈荣耀，您也曾品尝到宫廷生活和公共生活所带来的全部乐趣。在收获完由才德所带来的丰厚馈赠之后，在一切还为时未晚的时候，您退回到您自己的哲学根据地，并乐享安宁。您所有的朋友都高兴地看到，您对爱丁堡仍怀有眷恋，我们希望这种眷恋与日俱增、历久弥坚。事实上，倘若您打算离开巴黎，这个地方拥有您在其他地方不易觅到的几个优势，特别是这里有一帮亲朋故旧，他们都随时准备敞开怀抱欢迎您。[1]

休谟所有的苏格兰朋友都一致反对他弃苏格兰而去，亚当·斯密甚至称他为"头脑轻率"。

是的，休谟看起来的确头脑轻率。他曾将位于詹姆斯宅邸的"家"租给了某个奈恩，条件是：布莱尔不打算续租，而他自己也决定不再回去。后来，他又承诺将其续租出去，但信尚未寄出，他就再度改变心意。最后，他提醒布莱尔须在1766年降灵节之前搬出。但这还不是休谟所做的全部轻率之事。他曾羞愧地坦承："关于我将来的居所，这四个月来我反复思量。每当遇到我所热爱和敬重的那

---

[1] HL, I, 497-8; RSE, III, 55.

些人的抬爱和关心时，我便暗自发誓：我决不离开这个地方。但一小时后，又有一个念头浮现于脑际：这样的话，我将抛弃我的祖国和故友，于是，我又开始感到忧惧。"

然而，休谟为什么拖延不决？难道他需要被迫在某个时刻做出一个不可变更的决定？不管怎样，巴黎的一处房子将使他有更多的时间来谋划未来，也使他有可能在达朗贝尔和朱莉·德·莱斯皮纳斯的陪伴下完成拟议中的意大利之旅。沉湎于这些悦人的想法，休谟想象自己带着巴芙勒夫人到意大利旅游，甚至定居于某个有着古老荣光的希腊小岛。正是出于这些不切实际的想法，休谟作出了一个决定。

在乔芙兰夫人的建议下，休谟在圣日耳曼近郊租了一栋房子，并因之招来了巴芙勒夫人的不悦，因为休谟没有征求过她的意见。考虑再三之后，休谟发现这栋房子太小，并打算在罗亚尔宫区（Quartier Palais-Royal）附近另租一栋房子，而霍尔巴赫男爵也答应，当休谟在英国时他替他装修。但休谟的信尚未送达房东那里，房子已被转租他人。难道还有比休谟更背运的哲学家吗？带着自嘲的失望，休谟将其左右为难的处境告诉了布莱尔："我在巴黎租了一套房子，与此同时，我在爱丁堡还有一处房产，至于要不要在伦敦弄一套房子，我尚须慎重考虑……诚如雷茨枢机主教所言，对于一个优柔寡断之人而言，再也没有什么情形比当机立断更令人不悦了。我目前就处于这种状况。"

12月16日，让－雅克·卢梭抵达巴黎，这进一步加剧了休谟的困扰，但也为休谟提供了一种势在必行的必要性——也即尽早将"这个善良的小个子男人"（他自称是休谟的"学生"）护送至伦敦。在伦敦这块中立的土地上，休谟可以继续争辩到底是应该将巴黎还是爱丁堡作为永久的居所。

第三十五章　让-雅克·卢梭

"这个可爱的小个子男人。"

1762年，由于与友善的马里夏尔·基思伯爵（Earl Marischal Keith）一道在纳沙泰尔的特拉弗斯-莫蒂埃（Môtiers-Travers）那里发现了世外桃源，卢梭礼貌地拒绝了大卫·休谟的赴英邀请。尽管在英国享有盛名，但卢梭既不喜欢那个国家也不喜欢那儿的民众。尽管"大卫·休谟和苏格兰的基思伯爵所出生的这片乐土"极具诱惑，但伯爵的1763年之行让他打消了在此定居的想法，因为这里不仅有着太多的偏执之徒，而且气候也让人难以忍受。更何况，休谟是一位哲学家，而卢梭又是对哲学家素所不敏的——尽管可以肯定，他从未读过休谟的任何哲学著作。但是，卢梭却能敏锐地辨别出休谟和他自己在智识和性情方面的差异，正如他向巴芙勒夫人所坦承的那样：

在我所认识的人中，休谟先生是一位真正的哲学家，也是唯一一位在写作时不带任何偏见、公正无私的历史学家。我敢斗胆说，他并不比我更热爱真理；但我的研究时常掺杂着激情，而休谟的研究只掺杂着智慧和才赋。出于对邪恶之物或者貌似邪恶之物的痛恶，骄傲常常让我误入歧途。我不仅痛恨共和派的专制主义，而且也痛恨有神论者的不宽容。休谟先生曾经说过：正是我对于不宽容和专制主义的这种痛恨造成了不宽容和专制主义。休谟先生看待问题总是很全面，而激情却使我只能从一个角度思考问题。休谟先生在测度和计算人类错谬的时候仍能高居于这些人类缺憾之上。[1]

巴黎人对休谟的狂热,进一步强化了卢梭当初对随同休谟赶赴英国的犹疑。1764年从沃德琳侯爵夫人（Marquise de Verdelin）处得知休谟的相关信息后,卢梭大大地舒了一口气,因为他认为这件事已就此告结。他评论道,"休谟曾给我写过一封言辞恳切的信,若我有隐退英格兰的打算,他可以向我引荐他的朋友,并愿与我结为秦晋之好;而当时,我根本就想不到他有一天会成为巴黎一时之风尚。不过此后这已无关紧要。我失去了一位真正的朋友,为此,我会抱憾终生,因为他是无可替代的。"而与卢梭一样厌恶英国人和时尚哲学家的沃德琳夫人,则对他的这个决定大加赞扬。她说道,"休谟先生成为此地所有漂亮女人的挚爱;而这也许就是我不待见他的原因。"[2] 显然,卢梭乐于将休谟视为一个心怀善意的天才;但与此同时,他也乐于与休谟保持一定的距离。

同样,在致巴芙勒夫人的信中,大卫·休谟也认识到了自己与卢梭的巨大差异:

> 在我看来,卢梭先生所有的作品都值得称颂,尤其是其滔滔雄辩（eloquence）。如果我没有弄错的话,他赋予法语一种活力、一种能量,而这是其他任何作家都无法做到的。但是,正如其论敌所指控的那样:他这种超迈绝伦、雄睨一切的雄辩力量,总是混杂着某种程度的夸饰（extravagance）,对于这种指控,他的朋友几乎无法否认。要不是他始终如一并乐此不疲地与流俗相抗争,人们甚至会怀疑:他对于论题的选择与其说是出于信念,不如说是为了展示自己的独创性,并以其狂悖（paradoxes）来博取读者的欢心……如果我胆敢对卢梭的雄辩——雄辩正是他性格中最耀眼的部分——持任何异议,我会说:"其雄辩并不能完全避免有时会在罗马演说家身上所发现的那些缺陷。他们在遣词造句方面的伟大天赋倾向于制造一种行文的烦冗（prolixity）。"

至于《爱弥儿》中的"萨瓦牧师的告白",休谟又进一步阐述道:"对于它所产生的冒犯,我一点也不感到惊讶。他毫无掩饰其真情实感,也不屑于掩饰其对

---

[1] Rousseau, viii, 71.
[2] Rousseau, xi, 150; xiii, 231.

第三十五章　让-雅克·卢梭

于俗见的藐视，所有的狂热者都要与他为敌，对此，他是不应该感到惊讶的。在任何国家，人们都无法保障这样一种出版自由，也即公然地对大众偏见进行攻击，在这个国家更是如此。"[1] 简言之，休谟不仅将卢梭视为一个天才，而且也将其视为一个极端的个人主义者。

考虑到两人之间这些疏淡的称许，以及他们在心智、个性上的迥然有别，那么，二人在1764年迅速成为至交的可能性微乎其微。休谟愿意给卢梭提供庇护——或是给任何一位受迫害的文人提供庇护，如果他们需要他的庇护。卢梭是一位受迫害的文人，而且已经产生了一种受迫害妄想症，但他不愿寻求庇护，即便是休谟的庇护，除非境况十分危急。尽管在最后关头仍犹疑不定，但因1765年下半年再度受到强力迫害，卢梭不得不直接投入休谟的怀抱。

休谟早已向卢梭敞开了怀抱。早在1765年初，出于为卢梭着想，休谟就已提出了一个妥善的方案。埃德蒙斯顿上校（Colonel Edmonstoune）曾建议：休谟应在卢梭"不知情"的情况下为其做点什么，诸如"为卢梭着想，将其著作在英国付梓"。而马里夏尔伯爵也已将卢梭坚拒普鲁士国王所提供的年金及所有赠礼之事告知了休谟。"对于这个尘世而言，让·雅克的品行太过高洁，他的不苟且总是沦为世人的笑柄"[2]，基斯这样评论道。故而，休谟事先就受到警告：任何旨在帮助卢梭的仁善之举都必须秘不示人。当杰出的数学家亚历克西斯·克劳德·克莱罗（Alexis-Claude Clairaut）向休谟出示了一封卢梭的来信——在信中，卢梭就其贫穷和不幸的境遇向亚历克西斯大倒苦水——之后，时机出现了。在卢梭的巴黎朋友圈中传阅这封信的同时，休谟建议：他们应该秘密地筹措善款，并以其《音乐词典》版税收入的方式捐赠给卢梭。然而，5月17号亚历克西斯的突然辞世致使这一计划无疾而终。

而那时，沃德琳夫人已深深折服于休谟的个人魅力，并确信其"好人大卫"的名衔实在是名不虚传。当她9月1日到纳沙泰尔拜访卢梭时，其穷困潦倒的境况让她悲不自禁。受激于其《山中书简》（Lettres de la Montagne），那帮宗教狂热分子再度对卢梭发起了攻击。而当时身处波茨坦的马里夏尔伯爵已无力保护其"朴野的哲学家"（wild philosopher）。沃德琳夫人费了九牛二虎之力方才获得了卢

---

[1]　HL, 1,373-4
[2]　RSE,v,3, 103.

梭勉强的首肯：如果形势危急，他愿意前往英国并接受休谟的庇护。沃德琳夫人离开还不到一周，卢梭的住所就遭到了乱石的袭击，于是，9月8日那一天，卢梭便匆忙动身前往比尔湖上的圣皮埃尔岛（L'Ile Saint-Pierre, the Lake of Bienne）。此后不出数周，卢梭又收到了伯尔尼参议院的官方驱逐令，这个不幸的人只得动身前往柏林与马里夏尔伯爵会合。在斯特拉斯堡，卢梭曾做短暂的逗留，以便作最后的盘算。

与此同时，应沃德琳夫人之请，休谟又再度为卢梭赴英做出了新的努力。按照休谟的设想，卢梭在英国的居所应该位于乡村，但也不能离伦敦的书商太远。为此，他先后向霍拉斯·沃波尔（Horace Walpole），约翰·斯图亚特（John Stewart）和吉尔伯特·埃利奥特（Gilbert Elliot）求助。休谟打算以神不知鬼不觉的方式暗中帮卢梭缴纳房租。打定主意后，休谟遂于10月22日给卢梭写了一封言词婉转的信，其开篇这样写道：

> 如若不是担心与那些讨嫌的人同列，也即以仰慕您为借口用书信打扰您，我本不会与您断了音讯——正是拜我们的朋友马里夏尔伯爵之恩惠，我们才得以书信往还，而这也让我备感荣幸和欢愉。但我最近与一位女士，也即您的好友沃德琳侯爵夫人的一席谈话，又让我重新燃起希望：基于您目前的处境，我或许可以为您效犬马之劳，而您或许会屈尊接纳我的美意。您举世无双、闻所未闻的不幸——尽管您是一位高才大德之士——必定会让所有的人感同身受，并乐于施以援手。但我敢担保，在英国您将会找到一个绝对安全的去处，并免遭一切迫害，这既源于我们法律的宽容精神，也源于这里的每个人对您人品的敬重。

这封信的结尾提供了一则对文人极其有用的信息，也即"由于英国的出版商给予作者的酬劳要比巴黎丰厚的多，您完全能够依靠您自己的劳动果实在这个国家过一种简朴的生活。我之所以要提及这一点，那是因为我深知您决心要恩顾全人类，且无所索取"。这封致瑞士伯尔尼区圣皮埃尔岛上的卢梭先生的信寄到了沃德琳夫人手里。[1]

---

[1] 摘自于HL中英文草稿副本，1,526。

第三十五章　让-雅克·卢梭

卢梭于斯特拉斯堡收到了休谟的来信，沃德琳夫人敦促他接受休谟的美意。她写道，"休谟先生让我向您保证：您不仅会受到英王的珍视和保护，而且还会受到举国民众的爱戴和尊崇。"至于休谟本人，她继续写道，卢梭在巴黎的所有朋友都认为他是"全英国最温和、最富同情心和最有魅力的人"。[1] 然而，在获得马里夏尔伯爵的准允之前，卢梭一直都逡巡不决。然而，到了12月4日这天，他终于给休谟回信道：

> 您的善意不仅让我深受感动，而且也让我备感荣幸。对于您的惠助，除了接受，我无以为报。我将于五六天内启程，将自己置于您的庇佑之下。这是我的保护人、朋友兼父亲的马里夏尔伯爵的建议。这也是沃德琳夫人的意见，她的良识和仁慈不仅替我指明了人生方向，而且还抚慰了我受伤的心灵。最后，我想说，这也是我自己内心的决定，能受惠于我同时代的最杰出人物——其善良远超其社会声望，我内心不胜欢喜。我渴望有一处孤寂、自由的隐修之所，在这里，我将平静地了此残生。如果您仁善的关怀可以帮我实现这一愿望，我将立即享受我内心所渴望的唯一福祉，享受因这份福祉源于您而产生的欢乐。

12月9日，卢梭乘坐驿车离开斯特拉斯堡。

卢梭用沃德琳夫人为其搞到的一张专门的皇家通行证穿行于法国境内，并于12月16日晚抵达巴黎，下榻于位于圣·雅克街的书商迪谢纳夫人（Mme Duchaine）的寓所。但几天之后，孔蒂亲王就把他延请至"神殿"（the Temple）予以庇护，并在圣西蒙旅馆为他提供了一处雅致的居所。全巴黎人都迫不及待地想一睹这位大名鼎鼎的避难者之风采。有人甚至贿赂休谟，让他在约定时间带他的"门徒"外出示众。在给布莱尔的信中，休谟高兴地写道，"法国人对于卢梭的狂热真是难以言表，也超乎我们的想象。……我相信，如果要收与卢梭会面的预约金的话，不出两周，我就有50000镑入账……与卢梭相比，伏尔泰和其他那些声名显赫的文人都黯然失色。我同时也意识到，由于与卢梭亲密无间，我自己的身价也大为飙升。甚至其貌不扬、笨手笨脚的女仆勒·瓦瑟，也因为卢梭的缘

---

[1]　Rousseau, xiv, 265

故而到处被人谈论，由于她对卢梭的忠心耿耿和不离不弃，其风头之健甚至远盖摩纳哥王妃或艾格蒙特伯爵夫人。而卢梭所养的狗虽然并不比鼠鸟更好看，但却在全世界声名远播。"事实上，陪伴卢梭的也只有他的爱犬苏丹；他的情妇泰丽斯·勒·瓦瑟（Therese Le Vasseur）还在瑞士，直到卢梭离开后她才抵达巴黎。

早在卢梭抵达英国前，休谟已变得忧心忡忡，因为巴黎的哲人们一再警告他：卢梭生性多疑，不仅有受迫害妄想症，而且总是与其恩主争吵不休。休谟遂直接向沃德琳夫人求证此事。他告诉她："我不想仅仅因为他是个名人就替他效劳。如果他品行高洁且身受迫害，我将竭尽全力去帮他。但这些传言都是真的吗？"在从沃德琳妇人那里获得了卢梭品行端正的确证后，休谟遂继续施行他的计划。[1]

在与卢梭亲自晤面后，休谟便深深被其吸引。据说，"他十分钟爱这个可爱的小个子男人。"沃德琳夫人相信，如果有谁说卢梭的坏话，休谟一定会将其掷出窗外。[2] 而休谟此前那些冷漠而疏淡的评价也随之而去。不管休谟对卢梭作品的看法如何，这个人现已成为他的挚友，并将终生不渝。"巴黎的哲人们曾警告我说：在抵达加莱之前，我们不可能相安无事。但是，我认为我可以和他在互敬互爱中生活一辈子，"此后不久，休谟信誓旦旦地向布莱尔表白道。而在一封致布莱尔的信中，休谟对于卢梭的第一印象也表露出这种热忱：

> 在交往的过程中，我发现卢梭和蔼、温顺、谦恭而又不失幽默，与法国的任何文人相比，其行为举止都要更为世故老练（a Man of the World）……卢梭先生身量矮小，要不是有着全世界最标致的面相——我是指最生动、最富表情的面容，卢梭称得上面相丑陋。他的谦恭看上去似乎并不是出于礼节，而是出于对自己卓异的茫然无知：其所写、所言、所行全都出自天赋的迸发，而非出于日常官能的运用。很有可能，当其天赋处于休眠状态时，卢梭也忘记了它的力量。我确信不疑的是：有时，卢梭相信其灵感源于与上帝的直接交流。他有时会陷于迷狂，并在数小时内保持同一种姿势，一动不动。难道卢梭的例子不能解决苏格拉底何以兼具天才（Genius）与迷狂（Ecstacies）这一难题吗？我认为，卢梭在许多方面都非常像苏格拉底，只是这位日内瓦哲

---

[1] Rousseau,xv,185,255. 并不完全确定此谈话发生在12月16号之前。
[2] *Ibid*., xvi,93; xv,186.

第三十五章　让-雅克·卢梭

学家要比雅典的苏格拉底更具天赋而已,因为苏格拉底从未写过任何东西,同时在性格上也更为孤僻和乖张。这两个人都天生异相。但相较而言,我的朋友的长相还要俊俏一些。我之所以称其为朋友,因为很多人都告诉我:他对我的评价和依恋远甚于我对他的评价和依恋,我很遗憾不得不将他带到英国。

作为一位精研人性的哲学家,休谟竭尽所能去理解卢梭的复杂个性。显然,就知识层面而言,休谟已做得相当出色,但他能否适应卢梭的个性尚不得而知。因为,尽管有卢梭的朋友所转述的那些故事,但就卢梭此间的通信而言,尚无证据表明此时的卢梭对休谟怀有任何温厚之情。卢梭实际上并没有看到,掩藏在休谟笨拙的外表、平静的面容和空洞而学究气的眼神之下的是一颗多情而易感的心灵。除了至交好友,一般的泛泛之交很少能看到休谟的这一面。1764年夏,当休谟表达出自己对于友谊的猜疑时,巴芙勒夫人对于他的易感和多情便深有体会。休谟曾告诉她,"我应该羞愧地承认……我只是常常屈从于这些不良情感。我虽然从未怀疑过我的朋友们的正直或荣誉,但却常常怀疑他们对我的忠诚,而且正如我后来所发现的那样,有时候这种怀疑全系捕风捉影。"就朋友间的猜疑而言,休谟和卢梭的不同在于如下事实:前者总是奋力且成功地控制住了猜疑之情,而后者则放任自流。

卢梭对休谟早有猜忌,但终因双方友人的劝解而得以平息。但是,卢梭很难忘怀这样一个事实:休谟是一位英国哲学家,是法国哲人们的朋友,而且对沙龙和欢宴情有独钟。在巴黎的社交圈待了10天之后,卢梭绝望地向纳沙泰尔的让-雅克·德·鲁兹先生(M. Jean-Jacques de Luze of Neuchatel)——正是他陪同休谟及其"门生"卢梭一道去的英国——发出了卑微的请求。"我不知道对于这种公共社交场合我还能忍多久,"他抱怨道,"你能发发慈悲,让我们早一点离开吗?"[1] 他们确实是提前出发了,不过不仅仅是出于慈悲,也是出于迫不得已,因为舒瓦瑟尔公爵(Duc de Choiseul)已下达了对卢梭的官方驱逐令。

休谟对于卢梭的娇纵,大家有目共睹,而休谟本人对此也并非毫无困惑。有两件事证明对将来具有深远意义。一件关涉到霍拉斯·沃波尔,另一件关乎霍尔巴赫男爵。前者对卢梭产生了影响,而后者则对休谟产生了影响。

---

[1] Rousseau, xiv, 351.

在沃波尔看来，大卫·休谟和所有哲学家一样只是荒谬可笑罢了；而让-雅克·卢梭则是所有哲学家里最怪诞不经的一个，他是个十足的"骗子"、"伪君子"，并且以受迫害为荣。一个纯粹出于卖弄和炫耀的目的而拒绝普鲁士国王所提供的年金之人，只配被蔑视。所以，出于那种沃波尔式的智巧，或许早在12月16日之前，沃波尔就已精心编造了一封普鲁士国王写给那个臭名昭著的"伪君子"的信。在乔芙兰夫人（Mme Geoffrin）府上的某天晚上，沃波尔首次开了这个"玩笑"，结果却大受欢迎，于是他次日便将这封信一气呵成，之后其法文版由爱尔维修、尼韦奈公爵（Duc de Nivernais）和埃诺院长（President Henault）加以润色。不久之后，沃波尔又在奥索雷勋爵（Lord Ossory）家的晚宴上复述了这封信。这封言辞辛辣之信的最终版本如下：

我亲爱的让-雅克：

　　您已经背弃了日内瓦，这个生您养您的故土。接着又被瑞士——这个您曾在作品中大肆颂扬的国家——驱逐出境。而在法国，您又不幸地遭到放逐，成为法外之民。那么，您就投奔到我这里吧。我钦佩您的才华，您的各种不切实际的幻想常常让我忍俊不禁，因为您在这上面花费了太多的时间和精力。现在是该您变得谨慎和开心的时候了。由于您的特立独行，您已使自己成为大家茶余饭后的谈资，但这可算不上是一个真正的伟人。您应该向您的敌人表明，您有时也有常识。这样的话，既可以让他们气煞，而又不损及您一分一毫，何乐而不为呢？您放心，我的王国将给您提供一处隐修之地：我一直希望能为您做点什么，如果您愿意接受这份善意的话，我会这么做的。但是，如果您执意要拒绝我的帮助，您放心，我定会守口如瓶，不向任何人透露半点风声。如果您非要挖空心思去寻找新的不幸，您尽管放手去做吧；我是一国之主，我可以让您的生活如您所希望的那样悲惨；与此同时，我会做您的仇敌们永远都不会做的事，当您不再以迫害为荣时，我就会停止迫害您。

您诚挚的朋友，

弗雷德里克[1]

---

[1] Hume, *Concise Account* (London 1766), pp.20-1.

第三十五章　让-雅克·卢梭

尽管满纸冷嘲热讽，但沃波尔还不失为一位绅士，当全巴黎都想一睹其真容时，他却避开了与卢梭的会面，因为正他自己所承认的那样，"怀揣一封取笑他的信，却满心欢喜地去拜访他，这甚为不妥"。至于休谟，沃波尔考虑得也很周到。当沃波尔在奥索雷勋爵府上复述这则笑话时，休谟碰巧也在场，而且也似乎对其言辞刻薄表达出某种愠怒。因为当沃波尔将该信的一个副本交给一位夫人时，他还专门叮嘱她不要将信出示给休谟看，"因为他很娇宠这个可爱的小个子男人；你可不要将我们陷于尴尬之境"。[1]因此，虽然沃波尔和休谟住在同一家旅馆，但休谟直到抵达伦敦之后才看到这封信的副本。而到那时，沃波尔已分发了诸多副本，而且不久之后这封信就被公开付印了。沃波尔很乐于将此信公之于众，并且不无虚荣地告诉其英国的友人：继休谟和卢梭之后，他现在在巴黎已成为炙手可热的人物。

尽管巴黎的哲人们对这封讥诮之作津津乐道，但卢梭的朋友们却大为光火。巴芙勒夫人和孔蒂亲王更是对其始作俑者严词谴责。这种严词谴责除了让沃波尔觉得无聊透顶之外，其唯一的效果就是促使这位多产的作家扣压了他已拟好的其他两个关于卢梭的"笑话"。身处伦敦的休谟尽管深感不安，但还是试图去平息此事。1766年2月初，在给巴芙勒夫人的回信中，休谟写道："我估计，您现在已经知道，您曾向我提到的那封冒名普鲁士国王所写的信，是霍拉斯·沃波尔写的。对于那些机趣之人，我们总有一种特殊的偏爱，这真是一种奇怪的嗜好。沃波尔是位杰出人物，他尊重甚至崇拜卢梭。然而，为了一个无关紧要的玩笑，他情不自禁地对卢梭横加嘲讽，言辞极其刻薄。对于他的这种做法，我有点生气。我听说您极为愠怒。但也只能认为沃波尔这件事做得失之浮浪。"[2]

事关霍尔巴赫之事发生在休谟离开巴黎前夕。休谟先是和莫尔莱神父（Abbe Morellet）一道到爱尔维修家赴宴，尔后又同巴芙勒夫人和让-雅克一道前往圣西蒙旅馆参访了两个小时。对于其"门徒"，休谟关怀备至、极尽谦让。晚上9点左右，休谟又前往霍尔巴赫处拜访。满怀亲善之情的休谟滔滔不绝地畅谈着自己的愿景，他不仅希望将这个"小个子男人"从迫害中解救出来，而且希望能让他永远幸福快乐。霍尔巴赫静静地听着，但并未被其客人的这番热情所打动。"很

---

[1] Rousseau, xvi, 93.
[2] 关于对该事件理解的讨论见附录 F.

抱歉让迎合您的这些愿景和幻想破灭,"他一脸凝重地说道,"但我要告诉你的是,过不了多久你就会幡然悔悟的。你并不了解这个人。坦率地说,你此刻正在揽蛇入怀。"虽然大卫和神父都对霍尔巴赫进行了劝诫,但徒劳无功。当大卫离开时,霍尔巴赫的话一直萦绕耳际,"你不了解这个人,大卫,你不了解他。"[1]

山雨欲来风满楼。沃波尔的信引起了卢梭的注意,而卢梭,回想起他近来对休谟的各种猜疑,很容易将这封信视为是其恩主大卫和巴黎的那帮哲人在合谋陷害他。面对这种异想天开的可笑指控,休谟一定会回想起霍尔巴赫的那些话并信以为真。不管英国到底发生了什么,误解的种子已经在这片肥沃的土地上生根发芽。

为此次旅行所做的各种准备工作已经就绪。作为一种预防措施,对外公布的出发日期是1766年1月2日,比实际的出发时间提前了两天。在离开巴黎前,让-雅克收到了一封来自沃德琳夫人的告别信,在信中,她表达了对这一圣洁友谊的祝福:"我刚见过休谟。你可与他结为友好。他是值得信赖的。我越是与他晤谈,就越是钦佩他的正直。他的灵魂是为你而造的。"[2]

四日上午,出于好奇而正热望着要一睹卢梭风采、但又怕打扰他的年轻的罗伯特·李斯顿,正在卢梭下榻的圣·西蒙旅馆附近徘徊:

> 在旅馆对面的一家咖啡馆等了一两个小时之后,我看见休谟走了出来,并走向一辆马车。我想现在是时候了。我于是跑了出去,并尽可能地靠近。但是,卢梭并没有出现。大卫注意到我,并对我在这里出现颇为惊讶。
>
> "我来这里只是为了偷看一眼让·雅克,"我说道,"我恳请你不要管我,让我自便吧。"
>
> "不,不,你应该进去,我来给你引见。"
>
> "还是算了吧,我没什么要对他说的,而且他又是那么羞涩。"
>
> "好吧,但是我们还要准备很长一段时间才能出发,你至少应该坐在到里间的走廊里,这样你就可以很方便地看到他。"他边说边拉着我的胳膊往里走。

---

[1] Morellet, *Mémoires* (Paris 1821), I, 105-06; Marmontel, *Mémoires* (Paris 1891), II, 257.
[2] Rousseau, xv, 5-6.

第三十五章　让-雅克·卢梭

我于是在一间客厅里等着，当这位声名遐迩的大人物抱着一捆东西径直穿过客厅，并走向其马车时，我向他深深地鞠了一躬，他也鞠躬回礼。当卢梭不在的时候，身处里间的休谟告诉巴芙勒伯爵夫人（一位非常著名的女士，同时也是文人墨客们的一位大恩主）：我正待在客厅，以及我此行的目的。她立马就走了出来，对我的好奇心大加赞扬，并坚持要把我介绍给让·雅克。因此，当卢梭回来后，她和休谟一道向其引荐我。谈话的一些细节我已经记不得了，但就整体而言，卢梭对我的态度极其友好。我在那待了近一个小时，看着他用餐，并有幸扶他坐上马车。他说，如果我那一天返回英格兰，他将很乐意与我交谈。

卢梭身形瘦小，看起来弱不禁风，他的脸，特别是他那双犀利的黑眼睛，已经将其所拥有的才具暴露无遗。他为人淳朴，待人和蔼可亲。[1]

这一行人乘坐了两辆驿车，休谟乘一辆，德·鲁兹（De Luze）乘一辆，而卢梭和他的爱犬苏丹则一会儿乘坐休谟的那一辆，一会儿又改乘德·鲁兹（De Luze）那一辆。为了避免发生意外，两辆马车紧挨着悠然前行。这一行人先后投宿于沿线的桑利斯（Senlis）、罗伊（Roye）、阿拉斯（Arras）和艾内（Aine），并最终于1月8日抵达加莱。

在桑利斯，他们一行人被迫挤在一间卧房，尽管有三个床位。半夜时分，卢梭听到——或许是他在幻觉中或睡梦中听到——休谟用法语一遍又一遍地大声喊叫道，"我抓住了让-雅克·卢梭，我抓住了让-雅克·卢梭"。德·鲁兹睡得安稳，但卢梭却被吓出了一身冷汗。即便是沃德琳夫人的那些善意之言，也未能抚慰卢梭备受煎熬的内心；怀疑的种子已悄然落地生根。桑利斯的那个夜晚令卢梭终生难忘。[2]

在因逆风而滞留于加莱的时候，休谟不失时机地向卢梭提出了一个敏感的提议，自1762年以来，这个提议一直萦绕于休谟的脑际。让-雅克会接受英王所提供的年金吗？事实上，卢梭曾拒绝过腓特烈大帝所提供的年金，但休谟认为，

---

[1] 见于 NLS, MS5517,f.22。重印于 Mossner, "Rousseau Hero-Worship," in *Modern Language Notes*，LV(1940),449-51。
[2] 该事件发生在桑利斯还是罗伊尚有争议。卢梭两次将其说为罗伊（xv,227;xvi,90）；但是杜·佩罗（卢梭，xvi，105-06）引用的狄龙斯的话表明只有在桑利斯三个人睡在一起。休谟自己也承认卢梭提到了桑利斯（见 NHL, P. 151）。

这根本就不是障碍，因为不像在普鲁士，在英国，卢梭是完全自由而独立的。让－雅克不愿受人恩惠，但他最终告诉大卫：如果英王真的以年金相赐，他必须要征得其"父亲"马里夏尔伯爵的同意。当然，对休谟来说，这就等于卢梭默认了这件事，并庆幸其"门徒"不久之后即能享受这种福祉。

与此同时，休谟还高兴地发现，卢梭正在从事一项新的文学事业。他告诉巴芙勒夫人道，"我一路鼓动卢梭写回忆录。他告诉我，他已开始动笔，并且有意将其付梓。卢梭说，目前可以确定的是，没有人比我更了解我自己了；但是，我要以真实的笔触来描绘自己。这样，每个人都可以夸口说：他不仅了解自己，而且还了解让－雅克·卢梭。"不过，到目前为止，休谟对卢梭的品性已非常了解，以至于他很难认同卢梭最后那句话。因此休谟以批评的口吻补充道，"我相信，他确实打算以真实的笔触来描画自己。但我同时相信，没有人对自己的理解会少于卢梭。"

1月9日晚，这三位旅人终于登上了航船。横渡英吉利海峡相当不易，整整耗费了12个小时。尽管休谟常常渡海远航，但还是晕船晕得厉害，故而躲进了客舱。而卢梭尽管稍有呕吐之状，但整晚大部分时间都伫立在甲板上，迎着刺骨的寒风。早上抵达多佛的时候，大家都松了一口气。当大家都为抵达自由之地而欢呼雀跃时，让－雅克默默地搂住大卫的脖子，不停地亲吻他的面颊，潸然泪下。

他们一行人直到1月13日才低达伦敦，沿途曾相继投宿于坎特伯雷和达特福德（Dartford）。尽管休谟曾区分了巴黎的"狂热"与伦敦的"好奇"，但事实证明：伦敦不过是另一个巴黎而已。尤其是卢梭的奇装异服勾起了英国人的好奇心——他身着一件长袍，卢梭曾告诉休谟，这是因为"他自幼身患瘤疾，不方便着裤装"。对于这位身形佝偻，头戴裘皮帽，身穿镶有深色皮草的紫色长袍的小个子外国佬，伦敦的民众不免感到有些瞠目结舌。作为对休谟的特殊礼遇，卢梭坐下来让艾伦·拉姆齐为其绘制了一幅肖像画。而国王则建议将其制成雕版画，并由休谟和拉姆齐分发给卢梭远在巴黎的一干朋友。而这幅画作本身由拉姆齐敬献给了休谟。差不多在同一时间，拉姆齐也为休谟画了一幅肖像画，现藏于爱丁堡的苏格兰国立肖像馆（The Scottish National Portrait Gallery）。

乔治三世希望私下里能一睹这位饱受迫害的哲学家的风采，更何况此时，这位哲学家的年金申请已提交御前。于是，休谟遂设法将卢梭安排到了德鲁里巷剧院去看戏。但在最后关头，由于卢梭担心其爱犬苏丹会跑丢，该计划差一点功败

第三十五章　让-雅克·卢梭

垂成。最后，在休谟的建议下，苏丹被关了起来。但一听到爱犬的嗥叫，其主人还是于心不忍。休谟强忍着不悦。在给巴邦塔尼侯爵夫人的信中，休谟写道："我强行将其拽住，并告诉他道：为了替他腾出包厢，加里克夫人已经婉拒了另一帮朋友的请托，更何况国王和王后殿下正等着一睹他的风采呢。如果仅仅因为苏丹的烦躁而让他们大失所望，这未免太荒谬可笑了。半是晓之以情、动之以理，半是强拉硬拽，我费了九牛二虎之力才把他弄进剧院。"

加里克把卢梭安排在国王和王后正对面的一个包厢里。"我发现，国王和王后与其说是在看戏，不如说是在看他，"休谟这样写道。事实上，每个人都想一睹让·雅克的真容。据一家报纸的报道，"前来看戏的人是如此之多，以至于在进入剧院的时候有不少绅士被挤掉了帽子和假发，而女士们则弄丢了她们心爱的斗篷。"演出结束后，加里克专门设宴款待卢梭，而卢梭也表达了其对于身为演员的加里克的赞许，他说道，"先生，您演出的悲剧让我涕泗纵横，而您的演出的喜剧又让我开怀大笑，尽管我从未听懂您所说的只言片语。"[1] 卢梭对加里克的表演如痴如醉，以至于将大半个身子都探出护栏外，这让休谟惊恐万分，唯恐他一头跌落下来，故而不得不一直拽着他的衣角。

伦敦蜂拥的民众和喧嚣让卢梭日益烦躁起来。而王公贵族和贵妇人、文人墨客以及仰慕者们都纷至沓来，涌向亚当斯夫人的宅邸，它位于白金汉大街的约克大楼，与约翰·斯图亚特的寓所相毗邻。而在位于莱斯特区俪人街的埃利奥特小姐的府邸里——这也是大卫在伦敦的落脚地，则住着他的苏格兰朋友威廉·鲁埃（William Rouet）和年轻的弗朗索瓦·特龙金（Francois Tronchin），他是卢梭在日内瓦的死对头之子。一听到特龙金这个名字，卢梭就暴跳如雷。鲁埃发现，"在卢梭看来，特龙金是一名由日内瓦当局派来专门监视他的间谍；他突然出现在休谟经常下榻的地方，而且卢梭甫一抵达这个国家并安顿下来，他就尾随而至，这进一步证实了卢梭那荒唐的臆想。"[2] 而这也是卢梭离开伦敦的深层原因！

然而，要找到一处合适的居所并非易事。斯图亚特和埃利奥特之前安排的、地处富勒姆的那间法式农舍又小又脏，正如斯图亚特所告诫的那样，"就像地处法国的法式农舍一样脏"。还有其他的几处屋子可供选择，但都需要认真地考察。

---

[1]　*Lloyd's Evening Post*, 24-7 Jan.1766.
[2]　*Caldwell Papers*, PT. II, VOL. II, 63-64.

休谟坚信，卢梭不应该居留于一处偏远孤僻之地，否则他就没机会学习英语，也没法和书商建立联系。关于卢梭 1765 年之旅的一些文献正打算译成英文，而休谟也正在力推此事。所以，当卢梭发觉位于威尔士的一座古修道院很投合其避居世外的浪漫心意时，休谟动用其所有关系，甚至不惜以巴芙勒夫人的名义来打消其念头。但是，当卢梭变得对居留伦敦越来越反感时，休谟不得不于 2 月 28 日将他暂时安顿在奇斯维克（Chiswick）——它位于距伦敦 6 英里开外的泰晤士河畔的乡下，并寄宿在当地的一名杂货商家里。

即便泰莱丝·勒·瓦瑟（Therese Le Vasseur）不在身边，她也一直是安顿卢梭的主要障碍。卢梭坚称其情妇和他享有同等的权利，并且应准允她与卢梭同桌进餐。但对于那些有幸款待这位伟大哲人的英国权贵来说，这绝对是无法接受的。休谟和巴芙勒夫人抱怨道："这个女人成为安置卢梭的一大障碍。我们的同伴德·鲁兹先生说，在别人眼中，她是一位道德败坏、好斗成性、乐于搬弄是非的人，人们还视其为卢梭不得不离开纳莎泰尔的罪魁祸首。就连卢梭自己也承认：她如此愚笨，以致从不知晓今夕何夕，也从未学会辨识任何一个国家钱币的面值。然而，她就像保姆照看小孩一样绝对地控制着卢梭。当她不在时，卢梭的狗就取得了这种支配地位。他对那个动物的感情简直无以言表，也超乎想象。"

但卢梭对泰莱丝的忠诚并未得到完美的回报。在由瑞士赶赴英国的旅途中，她曾在巴黎逗留，在那里，她接受了休谟的友人詹姆士·鲍斯维尔（James Boswell）——他曾于 1764 年拜访过卢梭——的美意，也即由他陪同一道赶往伦敦。在一封致巴芙勒夫人的信中，休谟对未来做出了准确的预言："我听说，在我的一个朋友的陪同下，勒·瓦瑟小姐已启程。此人是一位年轻的绅士，风趣幽默，平易近人，但也很疯癫。他曾到卢梭的山舍中拜会过他，卢梭将他推荐给科西嘉的国王保利。他的名字叫鲍斯维尔。他对文学如此痴狂，以致我担心他会做出一些有损于我们朋友声誉的事来。您应该记得特连提亚（Terentia）的故事。她最初嫁给西塞罗，然后又改嫁萨鲁斯特（Sallust），最后在她人老珠黄时，又嫁给了一位风华正茂的年轻贵族。这位年轻贵族认为她肯定握有一批秘辛，这些秘辛将给他带来雄辩之才和文学天赋。" 2 月 12 日抵达伦敦时，鲍斯维尔连夜离开，把泰莱丝丢给了休谟。第二天，在向她郑重发誓——也即绝不会泄露他们之间的风流韵事，至少在卢梭和她的身前——之后，鲍斯维尔又将她护送至奇斯维克，并将其

第三十五章 让-雅克·卢梭

交给卢梭。[1]尽管卢梭对鲍斯维尔的态度很快就变得冷淡，但没有任何确凿的证据表明，卢梭发现了这件极大地损害其荣誉的有伤风化之事。然而，如果他真的发现了，那么其后来的一系列举动或许会被认为更加情有可原。

来自英国各郡邀请卢梭前去定居的信件纷至沓来，但都被以各种理由婉拒了。热情的艾莉森·科克本夫人（Mrs Alison Cockburn）敦促休谟将卢梭带至苏格兰："亲爱的老先生，他应该坐在一棵橡树下聆听德鲁伊（Druid）的歌声。清风将会给他捎去温柔的话语，我们吟唱着塞尔玛（Selma）之歌的仙女们将使他记起往日的欢愉。哦，带他一起来吧，英格兰人不配拥有他！我才配拥有他！"[2]但是，休谟不曾忘记苏格兰人的宗教偏执和苏格兰的气候。到韦伯上校家游览萨里山（Surrey hills）看起来很让卢梭开心，而当休谟真正开始着手购置那栋房产和土地时，卢梭又改变了主意。在这次旅行中，大卫和卢梭游览了杜金（Dorking）附近的"鲁克里"（The Rookery），丹尼尔·马尔萨斯（Daniel Malthus）正居住于此。在那里，他们还见到了丹尼尔只有三周大的儿子，也即未来大名鼎鼎的经济学家托马斯·罗伯特（Thomas Robert）。最终，休谟不得不放弃其反对卢梭定居于偏远之地的想法，并同意他接受伍顿（Wootton）的一处合意的房产。它位于斯塔福德郡，与德比郡毗邻。提供此房产的是一位富有的绅士理查德·达文波特（Richard Daverport of Calveley）。休谟此前并不认识他，但他是加里克、斯特恩和其他一干熟人的朋友。而此时的卢梭对自己的未来充满了愉快的憧憬。

为了表示对卢梭的特别尊重，在卢梭和勒·瓦瑟小姐动身前往伍顿前，康威将军——正是通过他的大力周旋，卢梭才获得了英王的年金——邀请他们共进晚餐。为此，休谟于3月17日特地给卢梭写了一封便笺，而卢梭当天就给休谟回复了，并以身体不适为由谢绝了康威将军的邀请。而真正的原因在于他羞于带勒·瓦瑟出席这样的宴会。次日，达文波特的马车就载着二人离开奇斯维克，并前往休谟在俪人街的住处。

那天的卢梭情绪有些反常，沉默不语，而又高度警觉。晚饭前，他认为他已察觉到大卫正费尽心机地要拿到他写的一封信。用餐时，卢梭显得格外忧郁，这使休谟不得不放弃了与其谈话的所有努力。饭后，当他们独处时，休谟咄咄逼

---

[1] *Boswell Papers*, VII, 67.
[2] RSE, IV, 30.

人的目光和刻意保持的沉默让卢梭愈发地紧张和焦躁。最后，卢梭终于该爆发了——我们且看休谟是如何向布莱尔转述这个故事的：

> 他已决定与他的管家一道乘驿车出发。但达文波特出于为他省钱的好意，编了一个谎话骗他。达文波特告诉他：自己已经找到了一辆返程马车，刚好也是去那个地方，他或许可以顺路搭乘，而且十分幸运的是，这辆马车刚好在卢梭原本打算离开的那天出发。达文波特的本意是想雇一辆马车，从而使卢梭对这个故事信以为真。刚开始的时候，达文波特先生成功了。但卢梭在对整个情况左思右想之后，就开始怀疑这是一个骗局。他向我表达了他的疑惑，并抱怨道：他被当作一个小孩，并说，虽然他很穷，但他宁愿过一种清贫的生活，而不愿像一个乞丐那样靠施舍为生。他说，让他感到十分不悦的是，由于英语欠佳，他自己根本就无法防范这些强加的施舍。我告诉他，我对这件事一无所知，除了达文波特先生告知我的事情之外，其他的我一概不知。如果他愿意，我可以问问这件事。"不要告诉我这个，"他回答说，"如果这真是达文波特的主意，您肯定也知情，并且也是同意了的。没有什么比您这样做更让我生气的了！"说完这些，他满脸阴沉地坐下来，一言不发。我试图重拾我们之间的谈话，并转向其他话题，但我所有的努力都徒劳无功。他只是不咸不淡地应和着我，语气相当冷漠。终于，在这种阴郁而难堪的气氛中挨过近一个小时之后，他站起身来，在房间里转了一圈。但出乎我意料的是，他突然坐到我的腿上，双手搂住我的脖子，忘情地亲吻我，泪水沾满了我的脸颊，然后大叫道："您能原谅我吗，我亲爱的朋友？在得到您毋庸置疑的关爱后，我最终却用这种荒唐而卑鄙的行为回报您。但不管怎样，我仍有一颗配享您友谊的心。我爱您，我敬重您，您的关爱从未离开过我。"我希望您不至于对我抱有如此糟糕的看法，以至于认为我铁石心肠，在这种场合下居然还能无动于衷。我向您保证：我亲吻并拥抱他不下20次，并且涕泗纵横。我相信，在我的一生中，还没有哪个场景曾如此感人至深。

休谟又向巴芙勒夫人重述了此事，并要求她只能将其告知闺中密友，因为"所有男人都会认为此事相当幼稚"。

卢梭后来对此事有完全不同的记述，他表明：他更关注的不是休谟在返程马

第三十五章 让-雅克·卢梭

车这件事上所耍的花招,而是休谟对那封信所玩的伎俩,以及其可能的背叛。他告诉沃德琳夫人:他浑身不由自主地战栗,不敢直视休谟如鹰隼般犀利的目光。一股强烈的情感席卷而来,卢梭几近晕厥,并涌出了悔恨的泪水。他投入大卫的怀抱,大喊道:"不,大卫·休谟不是背信弃义之人,这是不可能的。如果他不是最良善之人,那他必定是最恶毒之人!"休谟并没有生气,而是平静地宽慰着卢梭,拍着他的后背说道:"我亲爱的先生,这是怎么了,我亲爱的先生?"休谟越是这样安慰他,卢梭就越发生疑,因为休谟并没有追问卢梭为何要称其为叛徒,卢梭在不快中入眠。次日早上,已明显平复了的卢梭启程前往伍顿。此后的大卫和卢梭再未谋面。[1]

由于完全没有意识到一个可怕的想法正在他那"可爱的小个子男人"的脑海中形成,在将卢梭安顿好之后,休谟大大地松了一口气。卢梭不知道,达文波特当初在提供这栋房子的同时,还免费为他安排了一帮仆从。但在休谟提出反对意见——卢梭绝不会接受如此慷慨的襄助——之后,达文波特好心地同意向卢梭收取30磅一年的寄宿费。如果卢梭在伍顿住得开心,达文波特进一步打算立遗嘱将这栋房子终生租借给卢梭。而年金一事也很快就会尘埃落定,因为已经获得了马里夏尔伯爵的首肯。总而言之,对于为自己这位"门徒"所做的一切,休谟有充分的理由感到满意。

但是,对于能否与让-雅克终生和谐相处,休谟并不是那么确信。离开巴黎前,经过一番盘查,休谟发现,卢梭其实并不像他看上去那么穷困潦倒。不过,他宁愿将这种矫揉造作看成"另一个缺点"。但这一缺点却有着令人不安的种种后果。早在奇斯维克的时候,卢梭突然决定他不再接收任何来信,因为在纳沙泰尔,他每年邮资的花费高达25金路易,而其中的绝大多数信件都来自陌生的通信人。故而当休谟将其在伦敦代收的这一大堆信函运至奇斯维克时,卢梭很不耐烦地让他将其统统退回邮局。休谟则告诫道:如此一来,邮局的工作人员就会拆阅这些信,并由此知悉了卢梭的秘密,而这将给他本人及其友人造成困扰。故而,正是休谟的这番苦口婆心为卢梭的荒谬指控——也即休谟篡改了他的信件——提供了口实。

对休谟而言,卢梭和他在宗教问题上的广泛分歧已变得日益明显。在抵达伦

---

[1] Rousseau, xv, 157; HL, II, 391.

敦后不久,"碰巧在公园巧遇休谟"的查尔蒙特爵士写道,"我希望他能享受这种令人愉悦的关系,并特别暗示:我确信他一定对他的新朋友感到十分满意,因为我相信,他们两人的情感非常相近——'不,根本就不是那么回事,'休谟说道,'你一定弄错了。卢梭并不是您想的那样。他其实非常多愁善感,且天资聪颖。但我们的看法绝不雷同。他尊崇圣经教义,并且实际上只是在以自己的方式做一个不折不扣的基督徒。'"[1]

就卢梭的翻云覆雨和情感多变而言,休谟的遭遇颇具启发意义。难道有人(无论他是多么好心)真的了解这个男人吗?卢梭走后不久,在给布莱尔的信中,大卫如释重负地写道:"这世上最特立独行之人终于离我而去。对于将来仍能享受很多与他相伴的快乐,我几乎已不抱什么希望。尽管他说,如果我在伦敦或爱丁堡安家的话,他每年都会徒步走过来看我。"接着,该信又精妙地分析道:

> 尽管我费尽口舌,极力反对,但他还是一意孤行,执意要投身于那片荒僻之地。但我不难预见,在那种环境下,他是不会快乐的,实际上,一直以来,无论在何种境况下,他总是郁郁寡欢。在那里,他将失去所有的消遣,没有友伴,几乎没有任何娱乐。在他的一生中,他很少读书,现在更是彻底地放弃了所有的阅读:他书看得很少,没有看书或评书的好奇心。严格地说,他思考和研究得很少,而且的确没有多少渊博的学识。在他的整个人生历程中,他只是在感受。在这方面,其感受之灵敏可以说超过了我所见过的任何人,但是这种敏感性使他对于痛苦而不是快乐有更敏锐的感受。他就像一个不仅被剥去了衣服而且被剥去了皮肤之人,并在这样一种状况下与那些不停地搅动着这个鄙俗世界的狂风暴雨搏斗。

休谟是对的。伍顿这个地方——用休谟的话来说,它"坐落于群山之中,四处巉岩流水、林木葱葱",恰是卢梭梦寐以求的世外桃源。"自从我来之后这里已下过一次霜冻,"在3月29日的一封里,卢梭兴奋地向休谟写道,"这里天天下雪,寒风凛冽。然而,相较于起伦敦最高级的公寓,我倒宁愿住在此地的兔子洞。"卢梭对学习英语不感兴趣,当有仰慕者来访时,他总是一声不吭地坐着。

---

[1] Lord Charlemont, "Anecdotes of Hume," in RIA, MS-12/R/7, f. 519.

第三十五章　让-雅克·卢梭

卢梭还夸口说，即使自己的英语足可对话，他也不会改变这种做法，抑或他只说法语，直到客人们都带着失望离开。卢梭希望独处，因为与他一同抵达沃顿的，还有他对休谟深深的、难以遏抑的猜疑，他需要更多的时间来思考这些事情。

不久，在卢梭病态的思想中，这些深深的猜疑就被一场针对他的、有鼻子有眼的国际阴谋所取代，而其主谋正是大卫·休谟。毫无疑问，无须借助任何外力，卢梭就能得出这个结论。但英国的媒体还是无意中起了推波助澜的作用。卢梭可是一个家喻户晓的人物，任何与其有关的消息都能吸引读者的眼球。无论是在卢梭的朋友眼中，还是在那帮平素的好事者看来，卢梭都是人们茶余饭后的绝佳谈资。

由于英国媒体对于他的报道并非总是正面的，卢梭的虚荣心大受伤害。关于其瑞士和法国之旅，以及驻留巴黎和伦敦期间的新闻报道并不准确，而且也倾向于对休谟的影响和赞助大肆渲染。那封臭名昭著的假冒的普鲁士国王之信也被公之于众，而其真正的作者却不得而知。随着事态的发展，卢梭先是怀疑这封信来自日内瓦，尔后又怀疑它出自伏尔泰之手。但现在，在反复研读之后，卢梭确信这封信定然出自达朗贝尔的手笔，就好像他曾亲见达朗贝尔手书这封信似的。至于沃波尔——怎么会是他呢！他的名字不过是用来掩人耳目罢了，其目的在于保护卢梭的敌人，也即那帮哲人！《伏尔泰致让-雅克·卢梭的一封信》也被公开刊载，其中含有一个关于卢梭在这个"满是精雅女人和真正哲学家的国度里"将受到何种礼遇的精明预言。真正引发卢梭关注的是，那封信对休谟的大名只字未提，正是基于这一点，卢梭得出如下结论：休谟已与伏尔泰沆瀣一气。匿名的讥诮之文频现报端，卢梭坚信，其中一部分就是出自休谟之手，至少休谟提供了一些信息。

在3月底之前，在给友人的信中，卢梭已在隐晦地论及休谟的背信弃义。而对于这一"阴谋"的首次完整叙述出现于4月10日致沃德琳夫人（Mme de Verdelin）的信中。而早在三天前，通过致信《圣詹姆斯纪事报》（*St. James's Chronicle*）——正是这家报纸率先刊登了普鲁士国王的那封信——的编辑，卢梭已经公开发难。在信中，卢梭抱怨：那封信在巴黎已经伪造好了，并且还补充道，"让我痛心疾首的是，这个骗子在英国还有同党。"

从那时起，再也没有什么能阻止卢梭与休谟为敌了，即便是其"父亲"（马里夏尔伯爵）和沃德琳夫人的规劝也无济于事。他们两人都对卢梭的指控大为震惊。休谟伤害卢梭的可能动机是什么呢？又怎么去解释人尽皆知的"好人大卫"的形象呢？休谟所谓的"背信弃义"，既可做善意的理解，也可做恶意的理解，这不是显而易见吗？最为重要的是，休谟成功地从英王那为卢梭争取到一笔年值100镑的年金，这又怎么可以被解释为是恶意诽谤呢？然而，所有这些辩护都是徒劳无益的。针对休谟的反击已经开始，而一系列的"耳光"也正在依计酝酿。

打在休谟脸上的第一记"耳光"就是与其断绝书信来往。但此举并没能激怒休谟，因为他们有约在先，不以书信增加彼此的负累。第二记耳光是发表在《圣詹姆斯纪事报》上的那封公开信。但这一举动同样未能奏效，因为休谟是个实诚人，他并未察觉卢梭闪烁其词的隐晦暗示。"第三记耳光"则是其5月12日致康威将军的一封信。在信中，卢梭以最含混其词的语言拒绝了那笔年金，并抱怨自己正遭受一场深重的灾难。这一次休谟终于被激怒了，这倒不是因为卢梭越过他直接给将军写信这种无礼举动，而是因为他不负责任地拒绝其此前已接受的年金。而卢梭所谓的"深重的灾难"更是强加在休谟身上的"莫须有"罪名。

即便是在卢梭打出让英王、康威将军、马里夏尔伯爵以及休谟自己错愕不已的第三记"耳光"之后，休谟仍极力保持镇静。不过在给巴芙勒夫人的信中，休谟还是坦承了他的困扰："难道这个世界上还有比这更不可理喻的事情吗？就立身处事和社会交往而言，稍好一点的判断力肯定要强于所有这些才赋，而一点好脾气肯定又强于这种极端的敏感。"5月17日，休谟给卢梭写了一封言辞平和、意在安抚的信，劝他重新考虑拒绝年金一事，并以霍拉斯·沃波尔的名义为那封冒犯他的"普鲁士国王之信"向他道歉。一个月之后的6月19日，由于仍未收到卢梭的回复，休谟又修书一封，并就年金一事提出了新方案。按英王原意，赠予卢梭年金一事应秘不示众。在马里夏尔伯爵和休谟想来，这一条款完全投合卢梭的心意。在仔细研读了卢梭的拒绝信后，康威将军和休谟遂得出了这样一种结论：卢梭对年金密不示众感到不悦。因此，在征得康威将军的同意后，休谟询问卢梭是否愿意接受一笔公开的年金。康威将军只是坚持：卢梭必须要先期表示会接受这笔年金，因为"不可能再让陛下遭受一次拒绝"。

然而，卢梭仍不予理睬。休谟对达文波特抱怨："如果他不是这个世界上最不可理喻之人的话，我肯定会对他这次长时间的沉默感到极度愤慨和生气。"最后在达文波特的坚持下，卢梭于6月23日给休谟写了一封"您将收到的最后一封信"，并直斥休谟背信弃义："您把我带到英格兰，名义上是为我提供一个庇护之

第三十五章 让-雅克·卢梭

地,但实际上却是为了让我名誉扫地。"

面对如此这般毫无根据而又冷酷无情的指控,一个有身份的体面人该如何应对呢?沉默不语之后是义愤填膺,义愤填膺之后是勃然大怒,而勃然大怒之后又不得不心怀忌惮。休谟恳求达文波特道:"我一生从不曾遇过如此性命攸关之事,这件事唯有您能帮助我。"一方面,休谟对于这种完全莫须有的指控感到非常义愤填膺;但另一方面,他又忌惮这个言辞雄辩的作家,因为他的通信人遍布欧洲,而且他还正在撰写一部旨在公开发行的回忆录。这些恶毒的污蔑之词很可能会遮盖事实的真相,而一个谎言也很可能会毁了他一生的清誉!

这种情况下,休谟回想起3月6日那一天霍尔巴赫男爵的警告以及自己当时的天真。[1] 现在,他不得不承认自己犯下了一个可悲可怖的错误:"您说得很对,男爵阁下,卢梭是个恶魔";"他是最黑心肠、最残忍的、最丧尽天良的恶棍";"一个谎话连篇、残忍无比的杂种"。[2]

6月26日,也即收到指控的当天,休谟一并给卢梭的房东写了两封信,一封寄往沃顿,一封寄往达文波特。他恳求达文波特在看过**附信**之后将其转交给卢梭,并敦促卢梭回信。在给卢梭的信中,休谟善意地假定自己遭到了第三方的构陷,他希望能了解详情,并有机会去驳斥这些不实之词。"我不说作为您的朋友,也不说作为您的恩人,我只是作为一个清白无辜之人,我再说一遍,作为一个清白无辜之人,我有权要求还我清白,并驳斥任何被捏造出来专门针对我的无耻谰言。"

达文波特发现卢梭的指控"一推乱麻,毫无头绪,他给您的信完全让人匪夷所思,我也不知道该如何形容"。在与卢梭进行了一番长谈后,达文波特要求卢梭必须详陈其指控,但听后却愈发感到困惑。事后,达文波特向休谟坦承道:"让我真正感到难过的是,他永远是那么心神不宁、焦躁不安,脸色看起来很差——他这种乖张的过度敏感,真是超乎常人的想象,所以,我不由得认为:他之所以犯错,更多地是源于其神经(nerves)的过分紧张,而不是源于其心灵的乖张。他一直深受各种事情的困扰,这些事情即便鲁钝如我者也会觉得不胜其烦,更别说敏感的卢梭。总而言之,我认为:卢梭之所以情绪失控,完全是出于猜忌,他

---

[1] 休谟的信未见存世,但参照霍尔巴赫5月16日的回信(RSE, V, 74)。
[2] 休谟于7月1日和7月27日给霍尔巴赫写了两封信,但这两封信都未存世。第一个转引见于Marmontel, *Mémoires*, II, 258。其他两个转引见于Mme de Meinières于7月7日致休谟的信。

认为您总是喜欢与那些硕学鸿儒（Savant Hommes）打交道，但不幸的是，他恰恰视这些人为死对头。"[1]

由于很难想象卢梭会——或者说能够——详述其指控，并相信"这是一个意在抹黑我的精心而冷酷的计划"，休谟于是开始奋起反击。事情的真相必须记录在案以备不时之需。现在，已经没有什么可以阻止卢梭和休谟之间的决裂了。谣言已在伦敦和巴黎传开。休谟精心地收集各种相关材料，并将它们串掇成文。赫特福德勋爵和康威将军都奉劝他立即发表。休谟很是犹豫，但打算将其私下发表，并将少量副本分送给主要的涉事人。

在收到了卢梭写给休谟的那封"气急败坏之信"的副本后，巴芙勒夫人气急败坏地向卢梭写道："你可真是让我大开眼界！你所有的朋友都感到无比错愕，并羞于启齿……休谟是个懦夫，是个叛徒？！天哪！……卢森堡元帅夫人和我都急等你的解释，你为何要做出这等不可理喻之事？先生，我恳请你不要再拖延了，这样，一旦你无法自证清白，我们至少还知道该如何替你辩解。我们被迫保持沉默只会让你的处境雪上加霜。"[2]

世事难料，卢梭早在7月10日就应休谟的要求对一些细节问题进行了回复。尽管卢梭一开篇就指出，"先生，我病了，几乎无法执笔"，但整封信笔迹娟秀，篇幅更是长达18页。7月15日，休谟告诉布莱尔道：

> 今天，我收到卢梭的一封来信，在信里，他暴跳如雷。这封信很适合做成一个不错的十八便士的小册子，我估计他有意将其发表。在信中，他告诉我：达朗贝尔先生、霍拉斯·沃波尔和我从一开始就结成了一个旨在毁掉他的联盟，并且实际上已经得逞。他说，当我们还在一家法国小旅馆里同处一室的时候，他就对我的背信弃义起了第一次疑心：我熟睡时所说的梦话泄露了我毁掉他的意图。他说，在伦敦时，那位年轻的特龙金（Troncin）与我住在同一栋房子里；而当他在走廊里从安妮·埃利奥特（Annie Elliot）身边经过时，她冷冷地盯着他；他还说，我与利特尔顿勋爵过从甚密，而他听说后者是他不共戴天的死敌；在他刚刚抵达的时候，英国人很喜欢他，但霍拉

---

[1] RSE, IV, 54-5; printed in NHL, Appendix A.
[2] Rousseau, XV, 350-1.

第三十五章 让-雅克·卢梭

斯·沃波尔和我却从中捣鬼，让他们对他敬而远之。但是他承认，在伦敦时，他虽然认定我背叛了他，但那顶多也只不过是一种猜测，但是在他住到乡下之后，他对我的这种猜测得以坐实。因为报纸上所刊登的那几篇反对他的文章，除了我或我的盟友霍拉斯·沃波尔之外，不可能出自他人之手。余下的全都是诸如此类的虚妄之词，其间夹杂着许多谎言和恶意。我承认，我一度对这件事万分焦虑，但这封信使我得到了彻底的解脱。

这"最后一封满纸疯言之信"让休谟顿时顾虑全消，因为他最担心的那个旨在抹黑他的"精心而冷酷的计划"被证明子虚乌有。他现在意识到，卢梭并不是一个恶棍，而是一个疯子。卢梭曾对休谟这样写道："如果你是罪人，那我将是最不幸之人；如果你是无辜的，那我就是最卑劣之人。"但是他误解了这个问题，因为这件事并非真正地关乎道德。问题的症结不在于卢梭是否真诚，因为卢梭当然是真诚的。考虑到卢梭的极度敏感，考虑到他的受迫害妄想症，考虑到他坦承"我只跟着自己感觉走"，考虑到勒·瓦瑟的恶意挑拨，考虑到英国报章杂志所做的一系列报道，考虑到休谟在情感表达方面的不善言辞，也考虑到两位哲人在相互理解方面的无能，考虑到所有这事实，卢梭的信尽管可谓满纸荒唐，但却有着完整的逻辑自洽性。迄今为止，它仍算得上是由一位心智失常之士所写出的最精彩绝伦的文献之一。

一收到卢梭7月10日的来信，休谟就向达文波特坦承："我真的为他感到悲哀。因此，尽管我曾打算在回信中对他严加申斥，但如您所见，我一直十分克制……我恐怕您打心底里已将他贬得一文不值，但如果我可以冒昧地向您提建议的话，那就是：在他被关进疯人院之前，或在他与您吵翻并跑走之前，您要继续对他行慷慨之举。如果他表现出任何要给我写一封悔过书的意向，您可以从中鼓励。我之所以让您这样做，并不是因为我认为这封悔过书对我有什么意义，而是因为它可以减轻他的精神压力并使他获得内心的安宁。"

在7月22日写给卢梭的最后一封信中，休谟并没有接受卢梭的如下挑战："如果你是有罪的，就不要再给我写信；因为这徒劳无益，而且你肯定不会骗我。假如你是无辜的，那就屈尊为自己辩白。"休谟只想厘清有关"临行前的那个夜晚我们之间的谈话"的诸多有争议的事实。在叙述了自己如何因试图直视休谟而陷入战栗之后，卢梭曾如此反诘道："好人大卫的外表和举止都表明他是一个好人。

但是，老天！这位好人又是从哪里得来这双让朋友们魂飞魄散的眼眸？"而休谟只是满足于提醒他这位失和的好友：大部分"容易走神和心不在焉"的好学深思之士并没有受到这种怀疑。人们不禁怀疑，在写下这些话时，休谟是否想起了达朗贝尔预言：他那让人望而却步（unsociable）的眼神终有一天会让他吃尽苦头。当斯坦霍普夫人（Lady Stanhope）听说此事后，曾向休谟评点道："我有一次在书房看到你时，你正是这种模样。"[1]

休谟尚未决定是否要将其所写的东西公开发表。他最亲密的朋友休·布莱尔、巴芙勒夫人、亚当·斯密和马里夏尔伯爵都反对他这么做。马里夏尔伯爵的建议是："最仁善的做法，也最符合你的'好人大卫'名头的做法就是置之不理。"而巴黎的朋友们尽管最初同意发表，但最终还是改变了主意，正如其代言人达朗贝尔于 7 月 21 日所告知休谟的那样："公众现在非常关心你俩的争吵，事情已经发展到这步田地，你已经很难再找到任何纯粹的真相了。"因此，休谟完成他的《简要说明》，并制作了三份副本，达朗贝尔、赫特福德和他自己各保留一份。作为对这一步骤的解释，休谟写道："我作为一个历史学家或哲学家的文风或才能无可争议。对于这方面的争议，我的著述自会给出答案，或者它们根本就不值一驳。对于在这方面攻击我的那五十位作家，我从未回应过只言片语。但这一次的情况迥然不同：因为它们所诋毁的是我的道德和品行。"

据休谟说，应他们自己的要求，国王和王后曾翻阅过这份《简要说明》，并和其他人一样"感同身受"。被授予相机行事之权的达朗贝尔决定将其发表。同年 10 月，在达朗贝尔和苏阿尔的共同编辑下，该说明以《关于休谟先生与卢梭先生之争吵的简要说明，以及一些辩护》（*Exposé succinct de la contestation qui s'est élevée entre M. Hume et M. Rousseau, avec les pieces justificatives*）为名在巴黎面世。一篇匿名序言称颂了休谟的品德，一份由达朗贝尔具名的"后记"，驳斥了卢梭关于他参与伪造了那封普鲁士王之信的指责。同年 11 月，英译本以《关于休谟先生与卢梭先生之争的简要而真实的说明——附在此期间二人书信，以及这一非凡事件相关人士沃波尔先生和达朗贝尔先生的书信》（*A Concise and Genuine Account of the Dispute between Mr. Hume and Mr. Rousseau; with the Letters That Passed between Them during their Controversy. As Also, the Letters of*

---

[1] RSE, VII, 45.

the Hon. Mr. Walpole, and Mr. D'Alembert, Relative to This Extraordinary Affair.) [1] 为题在伦敦问世。

而所有的原始材料均由休谟交存至大英博物馆，并附有一封休谟写给马蒂博士（Dr. Maty）——大英博物馆的图书管理员——的解释性的便笺："由于卢梭已经致信其国外的几位通信人，说我绝不敢将他写给我的信公之于众。如果我敢将这些信件公之于众，那一定是经过篡改的，并不是信的原件。这样，我就不得不在'序言'中声明：这些信的原件（指卢梭写给休谟的信）都寄存在大英博物馆内。我希望您能收下这些原件……在我的一生中，还没有什么事比同意出版这些书信更让我感到情非得已了。但在我那些巴黎友人看来，出版这些信件实属必要。真是众命难违！"三个月后，马蒂博士回信表示：博物馆的理事们认为不宜接受这些手稿。[2]

同年12月，在给巴芙勒夫人的信中，休谟写道："感谢上帝，我与卢梭的恩怨终于了结了。至少就我而言，关于这件事我将不再发表任何文字。"的确，休谟此后再也没有重提此事。同年11月，乔治·戴维登（George Deyverdun），这个卜居伦敦、名不见经传的瑞士年轻人告诉休谟：刊发在《圣詹姆斯纪事报》上的、卢梭坚持认为是出自休谟之手的那两篇讥诮文是他写的。[3] 对于戴维登公开澄清此事的提议，休谟没有理会，而是将该信的副本抄送给达文波特，并请他将其转交卢梭。[4]

现在，对于这两位名人的争吵，世人们自可见仁见智。但总的来说，大家公认，在此次事件中，休谟在某种意义上扮演了一个仁善之友的角色，许多人甚至愿意附和沙斯泰吕侯爵（Marquis de Chastellux）的意见："大卫·休谟不可能犯错。"[5] 然而，无论是朋友还是公众，都对休谟发表《简要说明》颇有訾议。休谟不无悲伤地承认："我不难想见，许多人会质疑我这样做有失厚道。但也有人告诉我，由于不了解事情的原委，许多人相信我是一个恶意中伤的诽谤者、一个伪善

---

[1] The MS which Hume sent D'Alembert is NLS 5722. 对于达朗贝尔所做改动以及法文版和英文版的关系的详细解释，参见 P. M. Meyer, "The Manuscript of Hume's Account of His Dispute with Rousseau," in *Comparative Literature*, IV(1952), 341-50.
[2] 现存于 RSE。
[3] RSE, IV, 74. 戴维登，吉本的一位朋友，曾声称他从未遇见过休谟。然而，他们不久之后便认识了，当休谟成为康威的副手后，戴维登在康威的国务大臣官署担任低级职员。
[4] 一封为《简要说明》可能的第二版而准备的一封未刊发的注释提及戴维登的信但没有直指其名。
[5] RSE, IV, 22.

的、背信弃义的朋友。你不得不承认，这两种指责有霄壤之别。"[1]

当回首往事时，休谟认为"这整件事……是我人生中的不幸。"但在这个不幸的事件当中，真正有理由让休谟感到后悔之事只有两件，而这两件事也都发生在卢梭煞费苦心与其决裂以后。第一件事是他在回应 6 月 23 日卢梭那封"气急败坏的来信"时口不择言。休谟这么做情有可原，因为当时他认为指控其背信弃义是在蓄意抹黑他，并让其名誉扫地；因此，当卢梭指控休谟是叛徒的时候，休谟则以指控卢梭是怪物、恶棍和流氓相回敬。第二件让休谟感到后悔之事是发表《简要说明》，从某种意义上说，这件事是头一件事的必然延续。我们已经知悉了休谟对这一行为的辩护。由于已经确证了休谟的清白无辜，故而世人可能会好心地希望他保持沉默——但是，假如休谟当初没有发表《简要说明》，那么，人们会像现在这般确信其清白无辜吗？这个问题绝非无关宏旨。

大卫·休谟向来以其"好人大卫"的名声为傲，容不得对其进行任何中伤。作为一个哲学家，人们有理由指望他可以不落俗套。但作为一个普通人，休谟曾承认仁慈是有限的。"好人大卫"毕竟不是圣人。不过，他也有充分的理由自视为已臻至"仁至义尽的境界"，作为一个哲学家，休谟认为这样一种境界已经是人类所能企及的至德了。[2] 不过，事过境迁，休谟确曾为此懊悔过，并且重要的是，在《我的自传》中，休谟对此次争吵只字未提。

至于让－雅克·卢梭，他从未放弃过其关于存在着一场国际阴谋的直觉，也从未放弃过其受迫害感。1766 年 8 月，他向沃德琳夫人抗议道："如果我知道休谟的真面目至死都不会被揭穿的话，那么我就很难继续信奉上帝。"[3] 而在 7 月 10 日的信中，卢梭更是以慷慨激昂、痛彻心扉的笔调写道："是的，休谟先生，**您抓住了我！**"在此后独自待在**伍顿**的几个月里，卢梭渐渐相信自己实际上遭到了囚禁。故而，卢梭为了重获自由而不顾一切地逃离英国，只是一个时间问题。而自始至终卢梭都未能意识到，他所深陷其中的只是他自己心灵的牢笼，并且无可逃遁。

---

[1]　NHL, p.156.
[2]　*Phil. Wks.*, IV, 179.
[3]　Rousseau, XVI, 35.

第三十六章　副国务大臣

> "我现在从一位哲人沦为一名微不足道的政客。"

在完成向国王汇报这一主要的外交使命后，休谟便离开了法国，而他的幻想也早已破灭。1766年2月，休谟告诉巴芙勒夫人："我或许不该来伦敦，其他的那些高级外交官们，仍然无所顾忌地赖在原位上，耗着不走。"在休谟抵达伦敦之后的数月里，有报道称：他将以使馆秘书或者代办的身份重返巴黎，还说他将接受一项"赴热那亚的重要委任"。[1] 虽然这些报道的主角对此仍漠不关心，但却对继续待在伦敦感到相当不安。

与卢梭的那场"不幸事件"使休谟整个夏天都不得不困守伦敦，由于《简要说明》的出版被一拖再拖。日复一日，去巴黎的计划也因种种原因而被延后。但不管怎样，休谟最渴盼的是去拜会苏格兰的故友。休·布莱尔写信敦促休谟重返爱丁堡："若您能重返爱丁堡，我们即便受点迫害也是值了。生死之交（*Usque ad aras*）正是此意。"艾莉森·科伯恩夫人调皮地问道："我们能拿你怎么样？你被宠坏了，我不可能留得住你。我是一名基督徒，既不懂绘画也不会烹饪，我的机智更难与你匹敌。但我会跳四对方舞（quadrille），也可与你同床共眠。你看可否？"[2]

然而，即使在这样的盛情邀约下，休谟直到9月中旬才最终得以离开伦敦直

---

[1] *Lloyd's Evening Post*, 28 Feb., 7 Apr., 27 June 1766.
[2] RSE, III, 56; IV, 30.

奔九泉。数周之后，他回到了位于詹姆斯宅第的"房子"，休谟的姐姐在去年的降灵节从布莱尔处接手了该房子。在爱丁堡，休谟受到了皇室般的礼遇，这种欣悦之情在科伯恩夫人那里表露无遗："大卫能再度回归爱丁堡，我真是太开心了。他是一位老朋友了，我一直以来都非常喜欢他，也惯于与他调笑嬉戏。"[1]

友情的温暖，以及从政治和争吵中抽身而出，让休谟备感满足。当巴芙勒夫人告知孔蒂亲王已为他在神殿预留了一处寓所时，他充耳不闻。读书比写书更具吸引力。不知不觉间，休谟已重拾起"早先的想法，埋首于一个哲学的隐遁处。我重返爱丁堡"，休谟在自传中写道，"与我离开时相比，尽管没有变得更为富有，但由于赫特福德伯爵的友谊，我有了更多的钱财和更多的收入；我那时正希望尝试富足会带来什么样的后果，正如我此前所实验的那样。"

对于休谟来说，伦敦是毫无吸引力可言的，因为他相信，在那里，他"因是一个苏格兰人而被憎恶，因是一个文人而被轻贱"[2]。但不久之后，出于对赫特福德伯爵恩遇的感激和报答，休谟不得不重返伦敦，尽管内心十分不情愿。当时伯爵已从爱尔兰总督（Lord Lieutenant）的位子上退下来，并即将出任王庭的宫务大臣（Lord Chamberlain）。而他的弟弟康威将军也因里士满公爵接掌南方部国务大臣而改任北方部国务大臣。1767 年 2 月初，威廉·伯克的辞任——他追随其"堂兄"埃德蒙·伯克加入反对派，使北方部副国务大臣的职位出现了空缺。赫特福德立即向康威将军举荐了大卫·休谟。而康威将军一方面因为对休谟任外交代办期间所发公报印象颇佳，一方面也因替卢梭申办年金之故而与休谟相熟，于是便欣然同意。赫特福德亲笔写信邀约休谟出任该职，甚至赫特福德夫人也在霍拉斯·沃波尔的劝说下再次致信休谟，"她比伯爵更期盼休谟的到任"。[3]

休谟坦率地告诉巴芙勒夫人，"我三番五次地坐下来，为自己寻找脱身的理由。但是我发现，我根本就找不到合适的语言去拒绝他们的盛情邀请——他们对我的友谊让我无法开口。"他进一步解释道："我也看到，他们提供这个职位，也是出于对我的信任和信赖。这个职位把我和康威将军联系在一起，而康威将军是这个国家里最优秀的人物之一，在各个方面都是如此。而且我任职的时间可能很短，这既因为这个国家的权力变动，也因为我知道康威将军一直伺机由文职重返

---

[1] *Letters and Memorials of Mrs. Alison Cockburn*, ed. T. Craig-Brown (Edinburgh 1900), p.58.

[2] NHL, p.155.

[3] Walpole, *Memoires of George III*, II, 292-5.

第三十六章 副国务大臣

他所熟悉的军界。"

所以，1767年2月20日[1]，大卫·休谟重返伦敦，正如他满怀悲哀地评论的那样，"一个身处异国的流放者"，"从一个哲人沦为一名微不足道的政客"。尽管休谟满腹疑虑，但在这短短11个月的任期里，其工作也并非一无是处。其工作虽非闲差，但也算不上繁忙。他在这里呼朋引伴，间或还招待一下几位直言不讳的敌人。休谟所预见的"卢梭事件"的后果已无可避免地显现出来。

《简要说明》一经问世，报章杂志就炸开了锅。离开爱丁堡前夕，休谟告诉巴芙勒夫人："幸亏这个国家没有出版管制，从而使与这件事有关的大量戏谑之作全都得以公开发表。但是，所有的报道都是在刺谑那个郁郁寡欢之人。甚至有人就此创作了一幅雕版画：卢梭被画成一个新近在丛林中被捕捉到的野人（Yahoo）；而我则被画成一位尽心尽责照看他的农夫，给他燕麦吃，但它却愠怒地拒绝了；而伏尔泰和达朗贝尔正在后面鞭策着他，而霍拉斯·沃波尔则正用纸做的喇叭为他加油鼓劲。这些想法并非全属无稽之谈。"休谟所不知道的是，《野蛮人》这幅版画是出自其年轻气盛的朋友鲍斯维尔的创意。然而，并非所有的嘲讽文章都是针对卢梭的。其中的几篇专门针对休谟的文章写得如此卑劣龌龊，以至于身处伦敦的威廉·鲁阿（William Rouat）认为最好不要把这些文章的复本送至爱丁堡。但是，他确实让缪尔男爵（Baron Mure）告诉休谟这样一个事实："一位身份尊贵、卓尔不凡的夫人上周刚刚流产。她告诉约翰·普林格尔（John Pringle），这完全归咎于一位年轻人在她饭桌上的唐突无礼，因为他竟然出于对卢梭的爱护而对休谟先生大放厥词。约翰·普林格尔是将其作为一件真人真事告知我的，而事实上也确有其事。哲学家的争吵将可怜的凡夫俗子们卷进去实乃大不幸！"[2]

正如康威将军在伦敦告知休谟的那样，卢梭近来准允达文波特以他的名义申请皇家年金，但附加了一个条件，也即禁止休谟插手此事。然而，没有得到休谟的应允，康威将军是不会采取任何行动的，但休谟很快就同意了。这件事很快就有了结果，康威将军于3月18日正式地告知了达文波特。但是，还未等领到第一笔款项，卢梭就翻云覆雨、出尔反尔。在致杜尔阁的信中，休谟详细地记述了此事：

---

[1] *Caldwell Papers*, PT. II, VOL. II, 104.
[2] *Ibid.*, p.104.

536　　　我不知道您是否听闻近来发生在这个可怜的、不幸的卢梭身上的一些事。卢梭现在完全疯了，人们应该对他抱以极大的同情。大约三周前，他从达文波特先生的住处逃走了，而事前没打一声招呼，他只带上了他的女管家，而把他的大部分行李，以及约三十基尼的现金都留在那里。同时他还在桌子上留下一封信，这封信痛骂其房东达文波特先生，指谪他在迫害和羞辱他的过程中与我沆瀣一气。他取道直奔伦敦。而达文波特先生则央求我找到他的安身之处，以便随后想方设法将他的行李和现金寄去。大约有两周的时间，没有他的任何音讯。直到最后他给大法官阁下写去了一封最为虚夸的信，信的寄出地是林肯郡的斯波尔丁。在信中，他告诉大法官阁下：为了离开英国（尽管斯帕尔丁并不在这条线路上），他正在赶往多佛的路上。但是，出于对于其敌人的恐惧，他没敢透露进一步的信息，也没有说出他的住所。他只是恳请大法官阁下派一个官方的警卫去护送他，作为这个国家对他最后的礼遇。数日后，我从达文波特先生那里获悉：他已从卢梭那里收到了一封新的来信——寄出地仍是斯波尔丁。在信中，卢梭表达了他的极度痛悔，述及了他现在悲惨而不幸的处境，并表明他打算重返此前在伍顿的退隐地。于是，我转而希望他现在终于恢复了理智。天哪！没过几个小时，康威将军就从卢梭那里收到了一封信——寄出地是多佛，而多佛距斯波尔丁大约有两百英里之遥。而这么远的旅程，卢梭是在两天之内走完的。再也没有什么比这封信更充满火药味了。他认定：在康威将军的手中，他只是这个国家的一个囚犯，而康威将军是受我指使。他恳请康威将军能高抬贵手，让他离开英国，并表达了他个人很有可能被暗杀的隐忧。与此同时，尽管他承认，在英国他一辈子都会声名狼藉，但是他预告道：在死后，他的《回忆录》（*Memoires*）将替他洗去冤诬，还他一个清白。他说他已经写好一卷《回忆录》，主要讲述的是他在英国的遭遇以及他身陷囹圄的情形。如果康威将军能公正地准允他离开英国，这一卷《回忆录》——已经保存在一个可靠的人手中——将会寄给康威将军，那么这个国家及其大臣也就不会因《回忆录》的出版而蒙羞。好像一束理性之光突然照进他的灵魂，他又以第三人称写道："他永远地放弃了写自己的生平传记和回忆录的计划，他将只字不提自己在英国所遭受的苦难，无论是诉诸口头，还是形诸笔端。他将绝口不提休谟先生，就算要提也会对休谟先生充满敬意。如果不得已要对他在苦难深重时

第三十六章　副国务大臣

对休谟所做的一些轻率的指控做出解释，他将会毫不犹豫地把这些抱怨归咎于他阴郁的性情，正是这种阴郁的性情造成他的不信任和多疑，也正是由于他自己的这种乖戾性情，才成就了其今日的所有不幸。[1]

"好人大卫"心中所充溢的全是怜悯之情。他告诉杜尔阁："这个可怜人绝对疯了，因而也不可能接受任何法律或民事制裁。"全巴黎的好心人能不能联合起来保护他不再受到进一步的迫害，并且如果有可能的话，将其安顿在"一处安全而僻静的隐修地"，并置于"一位谨慎的监护人"的看护之下？休谟也向巴芙勒夫人提出了类似的请求。就在休谟动笔写这封饱含同情之信的当天，卢梭经历了"诸多痛苦的历险"——如他自己所描述的那样，并最终兴高采烈地抵达了加莱。

就这样，让－雅克·卢梭淡出了大卫·休谟的生活。但休谟并没有淡出卢梭的生活，因为尽管卢梭身后出版的《忏悔录》恰恰在快要写道两人争吵时搁笔（也许是为了兑现其在给康威将军的最后一封信中所许下的那个谜一般的承诺），卢梭从未改变其对于曾经"背叛"他的恩主的看法。实际上，在那些年间，卢梭凭直觉获得了休谟的新罪证，也即艾伦·拉姆齐所画的肖像画，虽然这些肖像画包藏着休谟的祸心，但他却一直被蒙在鼓里。在其死后才得以出版的，并对自我进行大胆剖析的《卢梭审判让－雅克：对话录》一书中，卢梭对休谟在肖像画方面所包藏的祸心进行了仔细的探究。作为审判者的卢梭公开宣布，大卫"热切地期盼这幅肖像，正如同一个痴情的情人热切地期盼其情妇的肖像一样。在他的强烈要求下，让－雅克勉强同意了。让－雅克被强行戴上一顶深黑色的帽子，穿上一件深褐色的衣服，并被安置在一个昏暗的地方。而且，本来是要画他的坐姿的，但却叫他站着，弓着腰，一只手支在一张矮桌上。在这种姿势下，他免不了肌肉高度紧张，从而使其面部轮廓都变了形"。这种人为的操纵和精心谋划遂催生了"这张可怕的肖像"，"一张可怕的独眼巨人的面孔"，其目的何在？为什么要在全欧洲散播这张肖像画？难道是为了要众人皆知休谟是多么英俊潇洒，而卢梭又是多么丑陋不堪吗！[2] 幸运的是，大卫对卢梭的这些臆想一无所知，在其爱

---

[1] HL, II, 137-138. 这一段的斜体字出自我自己的翻译。
[2] Rousseau, XV, 125, 129, 301; XIX, 129, 196, 317; Œuvres (Geneva 1782-9), XXI, 248, 252-3, 257-8. 关于拉姆齐为卢梭所画的三幅肖像，参见后面的文本补录。

丁堡的客厅里,他始终悬挂着拉姆齐所绘的这两幅肖像画。

在 1767 年的伦敦,那位"微不足道的政客",新晋的北方部副国务大臣走马上任了,心如止水,宠辱不惊。"经过一段时间的尝试,我的处境远非令人不悦,"他向杜尔阁解释道,"而且,我发现,对于一个喜欢舞文弄墨的人来说,假如他没有任何要事可做,事务性的工作,特别是公务,或许是他暮年最好的消遣。"[1] 在整个 18 世纪,有一长串文人将副国务大臣一职视为一种消遣,而大卫·休谟也位列其中。这个名单还包括马修·普赖尔(Matthew Prior)、约瑟夫·艾迪生(Joseph Addison),托马斯·蒂克尔(Thomas Tickell),尼古拉斯·罗尔(Nicholas Rowe),休谟的朋友罗伯特·伍德(Robert Wood)以及理查德·布林斯莱·谢里丹(Richard Brinsley Sheridan)。

休谟在任何地方都不曾提及他这一岗位的薪酬,原因很简单:这个岗位根本就没有薪酬。[2] 但副国务大臣和主要职员们会在他们内部以一种不为外人所知的比例瓜分各种规费、赏金和邮寄特权。据此推测,通过这种方式,这一历史时期的一位副国务大臣的年收入在 300 磅到 500 磅之间。如果大卫·休谟存在斯特兰德(Strand)大街上的银行家詹姆斯·库茨和托马斯·库茨那里的存折[3] 本身足可信赖,那么,在任职的 11 个月里,休谟的收入共计为 501 磅。

相对于其职责,这份报酬还算丰厚。在给布莱尔的信中,休谟写道:"我在这儿的生活非常有规律,但绝不至让人厌烦。从上午十点到下午三点,我整个上午都在国务大臣官邸。在那里,信使往来不断,为我带来了这个国家,实际上整个欧洲、亚洲、非洲和美洲的所有机密信息。我很少有繁忙的时候,但是在中间休息的时候,我常常操起一本书来读,或者写一封私信,或者与到访的朋友聊天。而从晚餐结束到上床就寝这一段时间,完全由我自己支配……我远不是抱怨。当任期行将结束的时候,我一点也不感到遗憾。因为对我而言,在这种环境下,我将一无所成,至少,就所有的可能性而言。但阅读和散步、闲卧和打盹——我称之为思考,是我最大的幸福,我意思是指我最大的满足。"

---

[1] 关于休谟的自嘲,参见后面的文本补录。

[2] M. A. Thomson, *The Secretaries of State, 1681—1782* (Oxford 1932), pp. 137-8; Sir John Tilley and Stephen Gaselee, *The Foreign Office* (London 1933), p.21.

[3] NLS, MS 3028. 上面的数目只代表休谟现金存款账据上的数额。而且这也只是休谟在 1767 年 3 月就职后一个月内的收入款项。1767 年 10 月,休谟告诉他的兄长,他的收入"每年逾 1100 镑"。

第三十六章　副国务大臣

由于北方部和南方部这两个部门职责不清，所以对副国务大臣之职责的描述也必然是含混其词的。但总体而言，北方部主要处理英国与法国以北各欧洲大国之间的外交事务，包括与俄罗斯的外交事务。南方部一直负责处理美洲事务，直到1768年成立了一个独立的部门来执掌美洲事务。北方部和南方部不仅分掌国际事务，而且也分掌国内事务，与苏格兰相关的事务就归北方部管辖。

1767年3月，谢尔本伯爵接掌了南方部，我们有理由相信，对于事涉法国外交的一些问题，他偶尔会向休谟请益。休谟一直对法国饶有兴趣，而其维护英法友好关系的雄心在写给特鲁丹·德·蒙蒂格尼（Trudaine de Montigny）的信中表露无遗：

> 我亲爱的朋友，你的判断是对的。我从来就无意，更无力与我国的那帮庸众同流合污，对法国人民心怀偏见，并抱有恶意。我太了解法国人了，故而不可能抱有这种情感。幸运的是，两国目前都郑重地致力于培植彼此之间的和平。希望这种和平能在两国间世代相传。但一想到一些鸡毛蒜皮的小事都能让两国再起纷争，并让世界重燃战火，真是让人沮丧不已。例如，上次那场战争就源于最琐屑的因由……并继而被一些居心叵测之人煽风点火、推波助澜，这不仅有违于两国君主的本意，而且也与两国政府和民众的愿望背道而驰。只要对一些问题稍加解释，或许就可以避免那场涂炭生灵的恐怖战争。相较于战败国，这场战争对战胜国更为有害。即便人微言轻如我者，其努力或许已经奏效，甚或已阻止一场大悲剧的发生。发现自己如此有用，自然喜不自胜；甚至自我诩许，仿佛自己对如此美好的一个结局有所贡献。

"副国务大臣的职责就是准备材料，并时刻做好准备以应对他们认为有可能发生的各种状况，准备好通常比正文还长的各种附件以备不时之需。"[1] 查尔斯·詹金森（Charles Jenkinson）于1761年这样写道。詹金逊同时还表明：副国务大臣要拆阅所有的信件，然后分送给相关的大臣，并将其呈递国王陛下，有时甚至国务大臣还未来得及过目。他们常常要替国务大臣起草回函。当然，他们既然有权酌情处理公务，也就势必要肩负起相应的责任。休谟依然存世的为数寥寥

---

[1] *Jenkinson Papers*, p.4.

的公函所涉事务五花八门，诸如因美因茨选帝候在上次战争期间曾向盟军供应军需而向其支付费用，与荷兰公使商谈东印度公司事宜，艾尔的关税稽征员遇害一事，以及东印度公司的股息。在这些公函[1]中，休谟的身份首先是一位贯彻长官意志的下属，其次才是一位颇受器重的得力助手，因为他能让其长官关注到一些新事务。

作为深受康威将军信赖的助手，也作为其好友，大卫·休谟得以发挥其独特的政治影响，尤其是在苏格兰事务方面。他对自己所扮演的苏格兰教会庇护人的角色引以为傲，乐此不疲。他告诉罗伯逊，"你找我算是找对人了，只要有可能，我都乐意为你或你的任何一位朋友效劳。"休谟的承诺绝非空话，因为甚至在其被任命为副国务大臣之前，休谟一直都在利用他与康威将军的良好私交，从而将苏格兰教会的恩庇导向合适的渠道，也即导向温和派。1767 年，他就帮助了布莱尔、罗伯逊和其他几位教界朋友的忙。但正是在 1767 年 5 月在爱丁堡所举办的"宗教大会"上所宣读的那一年度的"国王来信"中，休谟找到了对温和派领袖的功德给予全国性认可的机会。因为由康威将军签署并以国王名义发出的信正是休谟起草的。

这位副国务大臣叮嘱布莱尔道，"告诉罗伯逊，康威将军信尾的夸赞之词可是出自我的手笔，而非将军的授意。读此信时将军不禁哑然失笑，但说这封信写得十分妥帖，并签了名。这可不同于那帮愚不可及的大臣们的拙劣的吹捧之词。""夸赞之词"或"吹捧之词"原文如下：

> 你们可以相信，依法建立的苏格兰长老派教会，在充分享受其权利和特权时总会得到我们的支持；我们也确信，你们在以往的大会中所经常表现出的那同一种佳言惠行，将在本次大会中得到进一步的发扬，**真诚、一致和兄弟般的友爱**将与大会相始终，并确保本次大会圆满落幕。[2]

布莱尔回复道："我就猜国王那封来信出自你的手笔，而我也将作为会议代表致辞——但这件事只有你知我知，罗伯逊也已收到康威将军的来信，并对信末甚

---

[1] NHL, pp.158-9; 167-8; 180.
[2] *Edinburgh Evening Courant*, 23 May 1767.

第三十六章　副国务大臣

感欣慰。至于这封信到底出自谁的手笔，他吩咐我不得透露半点风声。"提到休谟的恩庇，布莱尔补充道，"如果您继续就任此职，过不了多久，苏格兰教会的牧师们都会成为你的死党！"[1]

凡朋友或熟人有所请托，休谟总会不遗余力地发挥其官方的、非官方的影响力。康威将军手下有一位名叫乔治·戴维登（George Deyverdun）的瑞士小伙子，他在《圣詹姆斯纪事报》上对于卢梭的无端攻击曾让休谟大为难堪。戴维登颇有文学抱负，并和吉本一道编辑《大不列颠文学志》，而他之所以能在国务大臣官署任职，也得益于吉本的斡旋。休谟对这本杂志颇感兴趣，他不仅将戴维登引荐给沃波尔，而且还给 1769 年面世的《大不列颠文学志》的最后一期撰稿，并在其中批评了沃波尔的《理查德三世生平与统治献疑》（*Historic Doubts on the Life and Reign of King Richard the Third*, 1768）。[2] 但是，最为一名业余历史学家，沃波尔对休谟的批评大不以为然，而且休谟此前在《简要说明》上公开他的一封信已令他不悦。尽管休谟此后依然偶尔会造访草莓山，但沃波尔却越来越难以忍受休谟[3] 乃至所有的苏格兰人。

休谟对戴维登的关照使得休谟和爱德华·吉本的关系越走越近。通过戴维登，吉本将其用法文写就的《瑞士革命史》的部分手稿呈献给休谟，并请他斧正。吉本写道，"先生，请允许我多说几句，我恳请您将这种冒昧视为我敬重您的明证，而我也愿把您的严苛当作您尊重我的标识。如果您建议我将拙作付之一炬，我将立即遵行如仪，并相信您的建议是正确的。然而，我要说，在欧洲，能让我心甘情愿、毫无保留地做出这种牺牲的，只有休谟先生您一人。"[4]

在带着"极大的快乐和满足"读完吉本的手稿之后，休谟只是对其写作语言提出了异议：

> 您为什么要用法语写呢？正如贺拉斯对那些用希腊文写作的罗马人所说的那样，难道走进树林的时候还要背上薪材吗？我认为您与那些罗马人的动

---

[1] RSE, III, 61.
[2] *Mem. Litt. de la Grande Bretagne*, 1769, II, 25-6.
[3] 沃波尔对于自己在卢梭－休谟之争中所扮演角色的辩护，以及其对休谟之怀疑的答复，参见其辞世后面世的著作集，参见 *Works* (London 1798—1825)，VOLS. II and IV.
[4] RSE, V.40.

机相同，就是乐于采用比本土语言流传更广的语言，但是您难道没有注意到这两种古代语言此后的命运吗？拉丁语，尽管那时还不那么受人尊崇，尽管那时还局限于更为狭小的范围，但已在某种程度上超过并取代了希腊语，并普遍为文人们所理解并使用。而现在，尽管法语较为流行，但我们在美洲所取得的坚实的、日益扩大的成就——在那里，我们已不大担心野蛮人的泛滥（the inundation of Barbarians），则使英语的使用具有了高度稳定性和延续性的可能。[1]

另一个寻求休谟帮助的朋友——准确地说，是一个友好的竞争对手——是托比亚斯·斯摩莱特（Tobias Smollett）。他那时身心俱疲，想要"永远地流放"至意大利，便问休谟能否在意大利为他谋一个领事的职位。在征询过谢尔本勋爵的意见之后，休谟礼貌地答复道：在尼斯和里窝那的领事职位早有人选。不过，在给另一位朋友的信中，休谟将实情和盘托出：在谢尔本勋爵那里，斯摩莱特是一个"不受待见之人"。勋爵反问休谟道，"要关照像斯摩莱特博士这样一个因造谣中伤而臭名远扬之人？这样，我就会得罪所有其中伤过的人。"[2] 1768 年秋，在行将动身之际，斯摩莱特致信休谟道："我衷心地祝愿您幸福安康。无论命运将我安顿于世界何处，我总会愉快地回忆并自豪地讲述我和我们这个时代最良善之人——无疑也是最优秀的作家之间的友好交往……"[3] 在回信中，休谟不仅对斯摩莱特拟议中的"流放"持有异议，而且也表达了如下希望：希望能继续为其效劳，也希望其有朝一日能重归故里。这是这两位文人间的最后一次通信。

作为一位土生土长的苏格兰人，亚当·弗格森广受爱丁堡文人们的厚爱，并于 1759 年**出掌**爱丁堡大学的自然哲学教席，四年后又改任道德哲学教席——这一岗位可能更适合他。作为其学术生涯的首批成果，弗格森所写的《论精雅》（Treatise on Refinement）赢得了休谟相当程度的称许，但当《论精雅》最终扩展成《文明社会史论》一书时，休谟却对其大失所望。[4] 休谟刚从法国回来不久，就收到了《文明社会史论》完稿的部分章节。他致信布莱尔道："基于我对他的良

---

[1] HL, II, 170-1.
[2] NHL, p.174.
[3] RSE, VII, 40.
[4] 关于弗格森的这两部著作是否真正是同一部著作，还是存疑的。参见 HL, I, 304, 308.

第三十六章　副国务大臣

好印象，基于几年前我曾拜读过其中的一些章节，基于您和罗伯逊博士对它的激赏，我正襟危坐，凝神细读。但我只能遗憾地说：它与我的期望相去甚远。我认为，无论就文风而言，还是就推理而言，无论就形式而言，还是就内容而言，都不宜将其公之于众。考虑到其名声，我有义务告知您我真实的想法……"在信的结尾，休谟写道，"如果它大获成功，如果我的判断有误，我将在失望之余备感欣慰。"

布莱尔承认，休谟的话让他犹豫再三。"现在还能做些什么呢？"他无望地问道，"罗伯逊和我已经表过态了，覆水难收。您不是不了解作者的秉性，他是轻易不会服输的。"[1] 总之，由于没人敢去劝阻弗格森，他遂赶在1766年年底将书稿在爱丁堡付印。次年2月，当《文明社会史论》在伦敦上市时，休谟发现自己"在失望之余备感欣慰"，并迫不及待地将这个好消息告知了弗格森、布莱尔和罗伯逊。休谟向罗伯逊评论道："弗格森的书在这里获得了极大的成功。几天前，我碰到了蒙塔古夫人，她刚兴致勃勃地读完这本书。我的意思是说：她很遗憾这么快就读完了，但读得兴味盎然。我问她，她对文风是否满意？它是否带有苏格兰的某些风味？她回答道：喔！是的，有很浓的苏格兰风味。除了苏格兰人，几乎没有人能写出这种风味的作品来。"

布莱尔有些洋洋自得。他提醒休谟道："我必须说我多少有点先见之明，当你满腹怀疑的时候，我不是早就预见到所有这一切了吗？"[2] 有感于众人的交口称赞，休谟试图再研读一篇《文明社会史论》。"但让我感到难堪和伤心的是，"休谟不得不向布莱尔坦承，"我还是不能改变我对该书的看法。唯有通过观察该书能否长久地维持声名于不坠，我们才能判断我是不是错了。"尽管在弗格森生前，《文明社会史论》出了十七版，但却没能流芳百世，并名列18世纪经典著作之林。[3] 尽管休谟并不曾指明他何以不认同弗格森的推理，但他一向认为如下观点是经不起推敲的：进步不可避免，人类趋于完善。而这也正是休谟与法国哲人分歧之所在。

在法国时，休谟结识了荷兰经济学家和哲学家艾萨克·德·平托（Issac de

---

[1] RSE, III, 56.
[2] RSE, III, 60.
[3] 尽管邓肯·福布斯（Duncan Forbes）于1967年编辑出版了一个新版的《文明社会史论》。参见我为弗格森未出版的"对话"所编的参考书目。

Pinto）。由于确信平托曾为东印度公司提供了值得酬报的服务，休谟遂接手了平托的诉请，并最终为他的这位新朋友争得了一笔年金。[1]

而休谟的其他几次荫庇活动——其中无一成功，都源于休谟与法国哲人们的密切联系。应狄德罗举荐，休谟把一位纳维尔先生（M. Neuville）安排到位于伦敦肯辛通广场的约翰·加德纳牧师所办学校任法语老师，并将纳维尔夫人安排到约翰·科尔布鲁克爵士家任其女儿的家庭教师。但一年半之后，纳维尔因未兑现其承诺而被解雇。而休谟唯一的辩词就是他听信了狄德罗的一面之词。

当杜尔阁敦请休谟推荐一位英文教授到帕尔马任职时，休谟立即想到了埃利奥特兄弟的前巴黎导师罗伯特·利斯顿（Robert Liston）。利斯顿欣然受命，但杜尔阁却回信道：帕尔马王庭所找的教授必须是一位天主教徒。"他们只愿找个天主教徒，"休谟对埃利奥特深恶痛绝地宣称，"这帮蠢货！让罗马教皇将他们革除教门，让我再将他们踢出俗世！"随后，休谟好心地告诉利斯顿："我希望此次失利不会让您不安。我希望您因此项提议而从事的研究并非令人生厌，而且从任何方面来说都不是您的损失。您太谨小慎微了，以至于对这件未定之事投入了太多的心力。我确实认为，就您的天赋和性向而言，那个职位非常适合您。"[2] 罗伯特·利斯顿后来果然没有辜负休谟早前的厚望，并在外交界飞黄腾达。

当年，吉尔伯特·埃利奥特爵士对休谟信任有加，并委以在巴黎督导其公子教育之责，而今，缪尔又对休谟和埃利奥特委以同样的职责。在一封给休谟的信中，缪尔男爵（约翰·霍姆于1761年注意到，"缪尔沦落为一个男爵，并戴着一头令人忍俊不禁的假发"）写道："您知道，埃利奥特爵士和您可以全权安置两位犬子，我视你们为挚友，并且认为两位在这种事情上最有发言权。"[3] 休谟把两个男孩送至法国人格拉芬尼（Graffini）在临近肯辛通的诺兰所开办的一所学校。这所学校受到了赫特福德公爵和布特公爵的恩庇。但不曾想格拉芬尼是一个跑江湖的骗子。他对外宣称与达朗贝尔和爱尔维修相熟，但事实却证明这纯属子虚乌有。休谟骂他是"一个胸无点墨而又目中无人的家伙，成天异想天开、惺惺作态……"除此之外，休谟也不赞同格拉芬尼在拉丁语教学中只背单词而不讲语法的做派。休谟向缪尔解释道，"在一门活语言中，对于单词和句子的频繁使用

---

[1] See Textual Supplement for more on Hume's patronage of Pinto.
[2] HL, II, 181; NLS, MS 5513, f.94.
[3] NLS, MS 1005, f. 3；RSE, VI, 64.

第三十六章　副国务大臣

可以同时教会人们懂得词语的意蕴以及它们之间的相互联系。但是，如果词汇之间没有任何意义上的关联，那么，通过死记硬背而习知的词汇，很快就会忘掉。"尽管如此，休谟仍犹豫着要不要给孩子们转学，因为正如他所指出的那样，孩子们"年纪还太小了，浪费点儿时间也不打紧"，而且他们身心十分健康。但是，这两个小家伙从格拉芬尼那里学得一口纯正的法语，一年后，他们的法语发音甚至比他们的英语还要纯正。随着格拉芬尼辞任校长，授课方法的问题也最终得以解决。

多亏了缪尔兄弟，正是在他们的笔下，寄居伦敦、一身时髦的巴黎行头的休谟形象才跃然纸上。"大腹便便的哲学家身着一件亮闪闪的带着黑波点的黄外套。"也多亏了他们，我们才对休谟的性格有了更细致入微的洞察。在参观圣保罗大教堂时，当得知参加日课甚至礼拜的人数也寥寥无几时，一心想讨休谟欢心的缪尔兄弟便评点道："在如此无益的事情上耗费百万巨资是多么愚蠢啊……"但出乎意料的是，他们话音未落，就立即遭到了休谟一番劈头盖脸的痛斥："你们还少不更事，千万不要对你们尚无能力做判断的事说三道四。圣保罗大教堂是一座承载着宗教和民族情感的丰碑，它将永受世人的敬仰而不朽。仅佛兰德斯的一场战役我们就耗费了数百万之巨，而且毫无收益。"[1]

查尔蒙特勋爵（Lord Charlemont）同样见证了休谟宗教怀疑主义的非教条化的良善本质。查尔蒙特有一次曾当面请教休谟：他如何看待灵魂不朽。哲学家回答道："说真的，勋爵，这是一种如此美好、如此可意的理论，以至于我真希望我能相信它是真的——可我还是忍不住要怀疑啊！"还有一次，休谟兴致颇高，遂决定顺道拜访查尔蒙特。主人问："休谟，什么事这么高兴啊？""什么事？老兄，"休谟答道，"我刚刚听闻了我这辈子所听过的最开心之事。虽然言辞锋利，但说得妙极了。在早上的一个聚会中，我抱怨世人待我甚薄（ill treated），我过去所遭受的责难不仅严苛而且极不合理：我写了那么多书，尽管其中当受谴责的内容只有寥寥数页，但就因为这几页，我受尽了责骂，并几乎要被碎尸万段。这时，在场的一位素不相识的哥们直言道：'你让我想起了一位故旧。他是一位因犯了伪造罪而被判处绞刑的公证人。在临刑前，他悲叹判罚的不公：尽管过去所签

---

[1] *Caldwell Papers*, PT. I, 38.

署的合法公文成千累万，但现在却因区区的一行字而被绞死。'"[1]

约翰·克劳福德——由于他总是爱刨根问底，而且乐此不疲，故人送绰号"鱼"——在巴黎时与休谟结为朋友。正如其贴身男仆所描述的那样，他是"苏格兰有史以来最放浪的年轻人和最伟大的赌徒"。[2] 当时克劳福德和他的父亲正闹得不可开交，后经休谟好言相劝，父子二人这才和好如初。作为回报，"鱼"遂引荐休谟加入"蓓尔美尔街一家声名狼藉的俱乐部"，尽管这家俱乐部"名流荟萃，但断不会有人投票反对休谟加入"。这就是奥尔马克俱乐部（Almarck's），自其1764年作为一家高档的赌博俱乐部创立起，克劳福德就是创始会员。[3] 博林布鲁克勋爵、奥索雷勋爵和克劳福德是休谟入会的举荐人。尽管休谟那时尚在爱丁堡，但他还是接受了入会邀请，以便有朝一日因故来伦敦后能有一个"良好的社交圈"。但我们尚不得而知的是，在此后的两年里，休谟究竟在多大程度上参与了该俱乐部的赌博。但假如休谟热衷此道，想来他必定大有斩获。据传[4]，由于休谟牌艺精湛，巴尔克米的斯科特将军（General Scott of Balcomie）甚至愿意每年给休谟出1000英镑的赌资。对于这项提议，休谟不屑一顾地回绝道："我打牌纯粹为了消遣，绝不会借此敛财或以此为业。"

在奥尔马克俱乐部混了一段时间后，克劳福德接手了詹姆斯·格雷爵士（Sir James Gray）位于克利福德街的房产，并过起了奢华的家居生活。他的法式大餐吸引来了包括休谟在内的一大批社交名流。其中的一次晚宴足可载入文学史册，当时到场的除了休谟，还有罗克斯堡公爵（Duke of Roxburgh）、马奇伯爵（Earl of March）、奥索雷公爵、格拉夫顿公爵、大卫·加里克和一位叫詹姆斯的先生。席间，大家提到了项狄（Tristram Shandy）（喻指斯特恩），当时在场的所有人都很关心他的病情。于是便派克劳福德的贴身男仆约翰·麦克唐纳德前去探望。约翰发现斯特恩"正处于弥留之际。我等了约十分钟。在第五分钟的时候，他说道：'大限已至。'他举起一只手，似乎是要去抵挡一记重击，未几就辞别人世"。约翰注意到，在场的绅士们无不"为他扼腕唏嘘"。[5]

---

[1] Lord Charlemont, "Anecdotes of Hume," in RIA, MS—12/R/7, f.515.
[2] John Macdonald, *Memoires of an Eighteenth Century Footman, 1745—1779*. ed. John Beresford (London 1927), p.82.
[3] RSE, IV, 43; Norman Pearson," 'Fish' Crawford," in *Nineteenth Century*, LXXV(1914), 389-401.
[4] By George Norvell, MS letter, 1 Mar. 1788, in Keynes Library, King's College, Cambridge. 由 Norvell 所写的另一个版本，请参见 Hill Burton, II, 7-8n.
[5] Macdonald, *Memoires*, p.91. 关于休谟建议克劳福德不要理会医生，参见 NHL, p. 175。

第三十六章　副国务大臣

正如与赫特福德伯爵的关系一样，休谟不久即与其长官康威将军成为密友。由于经常到康威将军和艾尔斯伯里夫人家走动，休谟对将军家的独女安妮小姐——那时（1767年）正年方十八，妩媚动人——十分着迷。据信，正是由于休谟的缘故，安妮才走上了雕塑之路。有一天，正当两人漫步于伦敦街头时，遇到一位头戴石膏面具的意大利男孩。休谟当时玩性大发，于是设法让那男孩取下面具，并最终给予一先令的奖励。当安妮小姐挖苦他是菩萨心肠时，休谟反唇相讥道："康威小姐，别那么刻薄。没有精湛的技艺和天赋，可做不出你所嗤之以鼻的那些雕像。你现在就是使出浑身解数也做不出这些作品。"千万不要小瞧了女孩子！回去后，安妮闭门不出，并很快就造出一尊休谟的头像，而且清晰可辨。尽管承认头像很逼真，但休谟还是提醒安妮道：用黏土制作的头像和用凿子雕琢出来的头像完全不可等量齐观。这并未能让安妮感到气馁，她又一头扎进自己的房间。过了一段时间，当她把同一尊石刻头像呈送至休谟面前时，休谟又惊又喜。1767年，安妮·康威与约翰·戴默结为连理，但他们的婚姻并不幸福。后来，戴默夫人成为一名职业雕塑家。

与康威以及赫特福德家的友谊让休谟得以出入上流社会。这两家在伦敦和乡下都有房产。赫特福德伯爵的乡间老宅拉格利（Ragley）位于赫特福德郡，而康威将军的乡间老宅帕克庄园（Park Place）位于泰晤士河畔的亨利（Henley-on-Thames）。自1758年起就与休谟相熟的玛丽·科克小姐（Lady Mary Coke）——她是阿盖尔公爵的女儿——现在已成为他的朋友。她的日记使我们对休谟1767年7月与康威将军、艾尔斯伯里夫人一道在帕克庄园所度过的一周（其中有几天霍拉斯·沃波尔也在）有所管窥。白天，他们过得相当优游自在，不是在陡峭的山林间远足，就是在玩保龄球，抑或去拜访临近的庄园。而晚上的时光则全部消磨在一种名为教皇琼（Pope Joan）的纸牌上，其中有一局玛丽小姐输了五基尼，而在另一局又赢了13基尼。沃波尔吟诵着其悲剧《神秘的母亲》（*Mysterious Mother*）中的段落，而休谟则对莎士比亚大放厥词。"一个才子难道发现不了那位大文豪的卓异之处？你认为这可能吗？"玛丽小姐百思不得其解地问道，"我们都对他群起而攻之。"

玛丽小姐曾打探过这个"伟大的异教徒"的宗教信仰："这是我唯一不喜欢他的地方。我和他交谈过，但我没期望能让他远离错误的思维方式并皈依正途。感谢上帝，他的不信教并没有动摇我的信仰。"星期天，她是同伴中唯一一个去教堂做礼拜的，并因故被淋成了落汤鸡，她虽然不辞辛劳，但所听到的只是一场沉闷乏味的布道。她总结道："总的来说，我认为没去参加礼拜的人更为明智……"因为晚宴上那"稀见的鹿臀肉"（Noble haunch of Venison）几乎被一扫而光，"休谟先生胃口极大，而康威先生也是敞开了肚皮"。由于康威将军受召回伦敦参加内阁会议，而休谟也须陪同前往，于是欢宴就此散场。[1]

1768年8、9月间，休谟在英格兰遍访诸友。他首先造访了临近赛伦塞斯特的巴瑟斯特勋爵的乡间宅邸奥立克庄园（Oakley Park）。他以溢于言表的自豪之情告诉克劳福德道："此地实乃钟灵毓秀之地，曾为蒲伯、斯威夫特所激赏，而其主人也是一位钟灵毓秀之人，除了蒲伯、斯威夫特这两位智者（wits），他还与普赖尔（Prior）、盖伊（Gay）、阿巴斯诺特（Arbuthnot）、博林布鲁克以及其同时代的每一位名流相交好。这地方不仅人杰地灵，而且风和日丽。面对美酒佳肴，我食欲大增。这真是一个消磨时间的佳地。"[2] 此后，休谟又从奥立克庄园转道前往赫特福德的拉格利。在那里，休谟遇到了托马斯·利特尔顿（Thomas Lyttelton）——他后来承袭了其父亲"好利特尔顿勋爵"（good Lord Lyttelton）的爵位，并为自己赢得了"坏利特尔顿勋爵"（bad Lord Lyttelton）的名号。尽管坦言对休谟景仰之至，但托马斯·利特尔顿仍惊讶于休谟对其祖国荣誉的高度敏感。当他一脸天真地问休谟："苏格兰何时收割庄稼呢？"但休谟认为这个问题"传达了这样一种怀疑，也即苏格兰根本就没什么收成，甚至连谷仓都没有。而休谟的回答则轻蔑而粗鲁"。[3]

作为地道的苏格兰人，在1767—1769年逗留伦敦期间，大卫·休谟与埃利奥特家的小姐们住在一起。她们已搬至戈登广场（Golden Square）旁的布鲁尔大街（Brewer Street）。在那里，休谟生活在一群苏格兰人中间，其中就包括詹姆斯·麦克弗森，不仅如此，他还雇了一个名叫威廉·博伊德（William Boyd）的仆人。[4] 他还在那儿接待其苏格兰友人：年长的有约翰·阿姆斯特朗、吉尔伯特·埃利奥特、詹姆斯·奥斯瓦德；年轻的有罗伯特·亚当、约翰·霍姆、托伦斯的安德鲁·斯图亚特（Andrew Stuart of Torrance）和亚历山大·韦德伯恩。也正是从那儿，他

---

[1] *Letters and Journals of Lady Mary Coke, 1756—1774* (Edinburgh 1889-96), II, 311-17.
[2] NHL, pp.184-5.
[3] *Letters of the late Thomas Lord Lyttelton* (London 1780), p.87.
[4] Macdonald, *Memoirs*, p.93.

第三十六章 副国务大臣

动身赶赴一场又一场永无休止的拜访和欢宴。他只是略有愧色地承认："我继续自己的饕餮之旅，流连于伦敦的各大饭局。"

一句无心的玩笑话让休谟和敦尼科尔的奥斯瓦德的关系变得紧张起来。休谟向亚当·斯密讲述了这件"您闻所未闻的天下奇闻"：

> 大约两个多月前，我和詹姆斯·奥斯瓦德一道进餐，在座的还有拉福主教（詹姆斯的弟弟约翰·奥斯瓦德）等人。餐后，大家开始说笑逗乐。我遂向大家放言道：赫特福德伯爵对我的任用极为失当，因此之故，我一直渴望他在总督任内能让我当个主教，但让我深感恼火和失望的是，他白白地浪费了两次机会。听完我的话后，虽然没有任何进一步的不恭之词，这位主教大人突然大发雷霆，指责我说话极为孟浪；又说如果他不是教袍在身，我绝不敢如此放肆，只有软骨头的懦夫才会这样对待一位教士；又说从今往后，他哥哥家有他没我，有我没他；还说这已不是他第一次从我嘴里听到这种愚蠢的玩笑话。[1]

休谟强压着怒火，立即请求主教的原谅，并指出他事实上只不过是在自嘲罢了——"就好像我真能当上主教似的"。但那位主教的怒火并未就此平息，于是休谟便借机离开了。但在这件事当中，最让休谟受伤的并不是那位主教大人的"暴跳如雷"（他之前也碰到过），而是詹姆斯·奥斯瓦德自始至终的不置一词和无动于衷。在回信中，斯密也颇为休谟感到愤愤不平，并抗议道，"那位主教是一位人面兽心之徒"。但斯密对詹姆斯·奥斯瓦德的冷漠表示了谅解，因为他身体欠佳。[2] 1769年，奥斯瓦德辞世，不过令人欣慰的是，两位老友此前已冰释前嫌。

1768年春，休谟宗教界的三位密友——布莱尔、卡莱尔和罗伯逊——从爱丁堡远道而来。作为《苏格兰史》的作者，罗伯逊在伦敦大受欢迎。他此行旨在安排于1769年初出版《查理五世史》的相关事宜。而休谟也要对其刊印进行全程监督。而仅以奥西恩式的《论文》为世人所知的布莱尔的风头完全被罗伯逊所盖，因为其闻名遐迩的《修辞学和纯文学演讲录》直到1783年才面世。而

---

[1] HL, II, 142.
[2] RSE, VII, 37.

因苏格兰教会事宜于 1769 年重回伦敦的卡莱尔，也竭力一日看尽伦敦城。他记述了某天晚上，他们就王室活动所展开的友善的"闲聊"："注意到大卫·休谟博闻强记的大脑塞满了有关保姆和儿童的各种怪诞不经的奇闻逸事，真是让人忍俊不禁。"[1]

卡莱尔还记述了约翰·霍姆的悲剧《致命的发现》在 1769 年 2 月 23 日的首演。由于非常担心伦敦暴民的反苏格兰暴行，故而加里克坚持让约翰放弃原先的剧名——Rivine（麦克弗森的奥西恩诗篇中的一首），并安排一位牛津学生假冒作者参加该剧在德鲁里巷的排演。首演之后，大卫言简意赅地向布莱尔评点道："《致命发现》的成功实至名归。在我看来，它虽然感人至深，但与《道格拉斯》相比要稍逊一筹，其韵律也稍欠火候。我们的朋友通过隐居幕后以避人耳目。"卡莱尔还描摹了诸多的细节。由于太贪慕虚荣和喜好夸赞之词，还没演过几轮，约翰就沉不住气了，便坦承自己就是该剧的作者。卡莱尔不无讽刺地注意到，"当全伦敦城都知道约翰是作者后，剧院明显地变得冷清了。"[2]

在"我们的朋友通过隐居幕后以避人耳目"发生四天之后，大卫·休谟和其众多的苏格兰友人有进一步的理由感受到民族的羞辱感和怨念。其导火索便是 18 世纪苏格兰赫赫有名的"道格拉斯案"的判决。在这一讼案中，道格拉斯家的万贯家产悬而未决，如果说争讼双方的立场旗帜鲜明的话，那么对事实的认定却并没有那么简单。简略地说，1761 年，随着第三代道格拉斯侯爵阿奇博尔德（Archibald）的辞世，其遗产继承因侯爵没有子嗣而陷入争议。两位遗产主张人分别是侯爵的妹妹简·道格拉斯夫人的儿子阿奇博尔德·斯图亚特－道格拉斯和汉密尔顿公爵（他是除阿奇博尔德·斯图亚特－道格拉斯之外最近的男性继承人）。毋庸置疑，如果阿奇博尔德·斯图亚特－道格拉斯是简夫人合法亲生子的话，他自然是第一顺位继承人，但是年轻的汉密尔顿公爵的监护人则声称阿奇博尔德·斯图亚特－道格拉斯并非简夫人合法的亲生子。

汉密尔顿一方诉状的要点是：在已过生育年龄的 51 岁时，简夫人从一对法国夫妇手上买来了一个幼婴，并把他当作自己的亲生子抚养。休谟居留巴黎期间，汉密尔顿公爵的监护人正在调查那个男孩的真实身份。由于其中的两位监护

---

[1] Carlyle, p.545.
[2] Carlyle, pp.534-5.

第三十六章　副国务大臣

人缪尔男爵和托伦斯的安德鲁·斯图亚特是休谟的密友,所以休谟遂对这件事情产生了兴趣。1763 年 11 月,休谟从巴黎写道:"安德鲁·斯图亚特此时正身处巴黎,我在这里所遇到的人中,没有一个怀疑其诉请的正当性。"

位于爱丁堡的苏格兰最高民事法院于 1767 年 7 月 15 日对该案做出了有利于汉密尔顿的判决,虽然只是以法院院长决定性的一票而险胜。据此,休谟兴高采烈地向缪尔写道,"显而易见,在你们法官当中,即便只是以微弱的多数,也表明了理性(Reason)对于偏见(Prejudice)的胜利。而一旦事情出现了转机,随着时光的流逝,这种强大的理性必将战胜虚弱的偏见。"正如休谟所料,案件最终上诉到上院,并于 1769 年 2 月 27 日做出了改判。

休谟义愤填膺。他告诉缪尔:"我当时在场,可以肯定,我此前绝不曾遇到过如此卑劣不堪的庭审。"据休谟说,从中作梗的恶棍是曼斯菲尔德大法官,"当我听到他的判决,我就知道没什么好多说的了,同时也看穿了其最臭名昭著的邪恶伎俩。"在苏格兰高等民事法院判决后不久,休谟曾斗胆希望曼斯菲尔德"在肆意地袒护道格拉斯之前三思而行"。甚至曼斯菲尔德的一些朋友都怀疑他"偏袒道格拉斯",例如沃伯顿主教就质疑道:"他有没有想过,如果简夫人的丈夫有意让世人相信孩子的身世是假的,他可以想出远比其曾使用的方法更为有效的办法?"[1]

在这个"不公的"判决宣判后的第二天,休谟还是义愤难平。在赫特福德夫人那碰到休谟的玛丽·科克夫人注意到:"他一反常态地闷闷不乐,还说了些懊丧话。参与那件事让他自己吃尽了苦头。"[2] 除了少数例外(其中著名的当属鲍斯维尔、卡莱尔和弗格森),休谟的苏格兰朋友都支持汉密尔顿,也都和休谟一样愤愤不平。然而,让他们稍感快慰的是威廉·普尔特尼[3]——全不列颠首屈一指的大富翁——非同寻常的慷慨。为了表达其个人的敬意,同时也是出于对安德鲁·斯图亚特已岌岌可危的律师生涯的补偿,普尔特尼**给他**寄赠了一份 400 镑一年的年金。休谟致信普尔特尼,感谢他的慷慨解囊,但在给缪尔的信中,休谟吐

---

[1] 沃伯顿(Warburton)1773 年 2 月 8 日致托马斯·贝尔盖(Thomas Balguy)的书信手稿的复件见于詹姆斯·克罗斯利(James Crossley)所抄录的书信集,现存于德克萨斯大学图书馆。
[2] *Letters of Lady Mary Coke*, III, 33.
[3] 韦斯特霍尔的詹姆斯·约翰斯顿爵士之子威廉·约翰斯顿在与巴斯的女继承人结婚后已改姓为普尔特尼(Pulteney)。

露他对斯图亚特命运的担忧:"普尔特尼的所作所为无疑是极为高尚的,但这还不够。为了洗刷这种不应得的骂名,我不知道自己还能替他做些什么。"

实际上,安德鲁·斯图亚特早已孤注一掷,将其职业生涯全部押在"道格拉斯案"的胜诉上。他竟然出格到将对方的一位辩护律师爱德华·瑟洛(Edward Thurlow)喊出来,并掏枪相互射击。随着曼斯菲尔德宣布斯图亚特的主要目击证人"做伪证"——实际上是暗示斯图亚特本人在做伪证,所有的希望都破灭了。在此后的数年里,经过对其本人以及道格拉斯一案所遭受到的不公的痛苦反思,斯图亚特于1773年1月出版了《安德鲁·斯图亚特致光荣正确的曼斯菲尔德勋爵阁下的信》。尽管这一"草率的攻击行为"让斯图亚特的爱丁堡友人们大为震惊,但他们还是郑重其事地在缪尔男爵处秘密集会,以表示全力支持。而休谟也立即执笔写了他有史以来最短的一封信:"凡逾越礼法之事,即便做了,也是无效的(*Non debet fieri; factum valet.*)。"[1] 然后,他就假冒一位他们虽认识但均不尊敬的熟人之名,给斯图亚特写了一封长长的贺信,祝贺他出版了一部文学巨作:

> 尊敬的阁下,我遗憾地告诉您:那个您可能视为朋友的大卫·休谟,在人前到处责骂您。骂您"婊子养的"或"狗娘养的"都已算是客气的了。他说,这个天杀的家伙,先前无非是靠写些无关紧要的诉状、打些鸡毛蒜皮的官司过活,现在居然改行当作家,而且还立马盖过了他和他兄弟们的风头,这真是天理难容。我听说他还教唆对您的作品持相同意见的罗伯逊校长说同样的话。这帮庸人们的嫉妒和恶意是多么卑劣啊!

到了2月底,休谟才如释重负地写道:"安德鲁总算心气平和了些,还好没产生什么恶果。而曼斯菲尔德勋爵也决意就当什么都没发生过。"让安德鲁最终感到安慰的是:由于其在《安德鲁·斯图亚特致曼斯菲尔德勋爵阁下的信》中不屈不挠的嬉笑怒骂,人们普遍认为它实可与朱尼厄斯(Junius)*的文笔相媲美。

尤其是对像大卫·休谟这么敏感的一个苏格兰人而言,苏格兰人在伦敦的处境越来越令人无法容忍。约翰·威尔克斯所激起的喧嚣本来在其流亡海外期间已

---

[1] NHL.
* 1769年至1772年间在伦敦一家报纸上发表的一系列抨击英国内阁信件的不知名作者的笔名。

第三十六章 副国务大臣

渐渐平息，但随着他1768年初的归来又风波再起。围绕着他入选下院和米德塞克斯郡选民问题所展开的斗争，一直持续长达两年之久，暴民们打着"威尔克斯与自由"（Wikes and Liberty）的旗号在街头游行示威。然而，高喊"威尔克斯与自由"就意味站在了布特伯爵和全体苏格兰人的对立面。威尔克斯所把持的《北不列颠》（North Briton）有几次专门把大卫·休谟挑出来予以攻击。[1] 自1769年1月起，以及此后的三年里，"朱尼厄斯之信"一直秉持其一贯的反苏格兰立场。[2]

在这种不友好的氛围下，大卫·休谟越来越暴躁易怒。威尔克斯、朱尼厄斯、道格拉斯案和伦敦的暴民，所有这一切都重叠交织在一起，让休谟心绪难平。他的信件里充斥着对"无赖暴民"的诅咒："放纵，或者毋宁说自由的狂热吞噬了我们"，"这里的每件事情都让我义愤填膺，我既无法控制也无意隐瞒；然而，对于一个哲学家和历史学家而言，人类的狂热、痴愚和邪恶早习以为常、见怪不怪了。"

休谟总是不吝对时局发表意见，而且总是爱憎分明。但是，要确定他的政治立场或信念却并非易事。这样说很容易，也即随着年龄的增长，休谟变得渐趋保守，而且对苏格兰经年累月的攻击谩骂也让他越来越暴躁。这些都不假，但绝非全部的真相。和大多数人一样，休谟在政治上并非始终如一。他诚然是"国王之友"的朋友，但他也曾在1766—1768年辉格党人的查塔姆内阁手下工作，与谢尔本勋爵、巴雷上校这样的政治自由派交好。他反对"威尔克斯与自由"，但他拥护辉格党人的国家理论，甚至是共和主义。1774年，休谟完成他的最后一篇随笔"论政府的起源"，在其中，休谟并未改变其权力和自由应保持适度平衡的基本立场："自由是市民社会的完善化，"但若没有权威，市民社会就无法存在。

在休谟晚年最为重要的一个政治问题上——它堪称政治信仰之试金石，休谟始终如一地站在殖民地一边，反对诺斯勋爵和"国王之友"，这在其同时代的领袖人物中实属凤毛麟角。1766年，他为废除《印花法案》欢呼，而早在1768年，他就盼望着美洲殖民地能"全面并彻底地"反叛。数年后，他回忆起在巴瑟斯特勋爵处的一次谈话，当时大家都在讨论美洲事务，其中有人"提到此前在殖民地施行的《治权法案》（Acts of Authority）。我就对他们说，"休谟淡淡地评论

---

[1] E.g., Nos. 47, 61, 73.
[2] 奇怪的是，在其存世书信中，休谟根本就没有提到"朱尼厄斯"。然而，在斯特拉恩致休谟的信中确实曾提到过"朱尼厄斯"。

道,"国家如同个人,不同的年龄段有不同的对待方法。例如,我的勋爵大人,我对那位年长的爵爷说道,您有时肯定会鞭打您的儿子,我毫不怀疑这种方法大有裨益,是为了您儿子好。但现在殖民地已不再是稚童,再用鞭条抽打就不合时宜了。"然而,休谟又补充道,殖民地"仍未成年",富兰克林博士将其从不列颠治下解放出来的想法操之过急。然而到了1775年,甚至埃德蒙·伯克在其著名的《和解》演讲中仍未想到要放弃殖民地,而与之相较,休谟早就毫不隐讳地说道:"我原则上站在美洲人一边,并希望我们能让他们以其认为合适的方法进行自我管理,哪怕管理的并不妥当。"[1]休谟并非因为对英格兰人有怨气才这么看待美洲殖民地问题,这是他深思熟虑之后的意见,并且与他关于法国大革命无可避免的观点一脉相承。[2]

在卜居伦敦期间,休谟所一直心系的是爱丁堡而非巴黎。自从巴芙勒夫人抱怨休谟没有第一时间将他和卢梭的争吵告知她后,他们的关系就渐趋冷淡。毫无疑问,巴芙勒夫人受到了伤害,并一直对休谟没有返回法国一事耿耿于怀。在1767年3月的信中,休谟写道:"亲爱的夫人,您的信让我平生第一次感到寝食难安,惊诧莫名。"在信中,休谟仍然表达了对两人终将重逢的期待,但却一直没有努力促成此事——而对于这一点,她也早已心知肚明。两个月后,休谟再度去信:"我发现您已不再希望收到我的信,我须承认,在我的一生中,这是我所遇到的最为讶异之事,也是最感痛苦之事。"在对这封信的回复中,她只是冷冰冰地问及到英国政治。

在卸任公职后,休谟曾斗胆表达出希望到法国一游,对此,巴芙勒夫人早已渴盼已久,于是便开始进行周密的准备。但此后不久,休谟就找了一个差强人意的借口:"实情是,我极不情愿变换住所(过去也是如此),尽管我的这种倾向因乐享您陪伴的强烈愿望而大打折扣,但它还是让我轻易地就屈服于旅途艰险。出于这种原因,"休谟小心翼翼地继续写道,"为免日后我因未能兑现而被斥为优柔寡断,我将不会对未来做出任何承诺。"在巴芙勒夫人的回信中,休谟读到了"更多的疾言厉色,我从未想到我们之间的通信会变成这样……"在此次责难之后,两人的通信一度中断,自到1772年,休谟发自爱丁堡的信直截了当地写道:

---

[1] 关于1776年8月17日美洲期刊杂志中的条目(item),参见后面的文本补录。
[2] HL, II, 184,242,287-8,300-1, 303.

第三十六章 副国务大臣

"就我而言,我已彻底地脱身俗务,并决意不在任何场合中露面"——不过,这种打击又因休谟的如下提议而得到缓和:如果她越过英吉利海峡,他愿意在伦敦相会。

1768年1月20日,康威将军辞职,而休谟的任期也告结束。然而,尽管休谟对英国政治愈益不满,但他在伦敦一直待到1769年8月。对于此次滞留,休谟一直以不愿更换住所为托词。但事实上,这并不足以解释他何以长时间地待在这样一个并不友善的环境中。其他两个原因或许更有说服力:其中的一个原因是,乔治三世应康威将军和赫特福德伯爵之请所赏赐给休谟的那笔300镑的年金。在给巴邦塔尼侯爵夫人的信中,休谟写道:"国王赏赐给我一笔可观的年金,同时希望我能继写我的《英国史》。这个动机,再加上我久已养成的写作习惯,可能会让我再忙上几年。"[1]

说休谟急于完成续写《英国史》当然并不属实,尽管去年秋英王陛下已准允他查阅各种官档。毫无疑问,对于凯瑟琳·麦考莱夫人彻头彻尾辉格主义《英国史》的大获成功,对于约翰·威尔克斯利用政党偏见的各种做派,休谟相当反感。同样毋庸置疑的是,休谟对布特伯爵劝说罗伯逊转战英国史领域也颇为敏感。不管出于何种原因,休谟从未坐下来从事相关的艰苦研究,并在回到苏格兰后对斯特拉恩宣布:"我已铁了心不再续写我的《英国史》,实际上我已彻底放手,并准备回苏格兰安享晚年。"休谟既没有屈从于斯特拉恩的金钱诱惑——"您无论开出什么价码,我都愿意出",也没有屈从于斯特拉恩的奉承——"您现在唯一有待实现的就是您作为18世纪伟大的历史家和哲学家的荣耀"。据说,休谟是这样斩钉截铁地一口回绝斯特拉恩的:"我必须拒绝这种以及其他所有文学性质的提议,原因有四:我太老,太胖,太懒,太富。"[2]

然而,说到底,休谟终究是一位文人,他会"因无所事事而郁郁寡欢",并一直对开化民智抱有兴趣。莫尔莱神父正在筹划编一本新的《商业辞典》,并给他寄来了一些计划书,休谟又将其分发给一众好友和奥尔马克俱乐部的成员。休谟还可能是致《君子杂志》编辑的一封信的作者,其中,计划书被译成英文附于信后。[3] 另一个小的文学冒险是为曼施坦因男爵(Baron Manstein)的《俄

---

[1] 1768年,休谟致信亚当·弗格森,语带嘲讽地探讨了续写《英国史》的可能性。参见后面的文本补录。
[2] RSE, VII, 63; *New Evening Post*, 6 Dec. 1776.
[3] *Gent.'s Mag.*, XXXIX (1769), 473-5.

国回忆录》(*Memoires of Russia, Historical, Political, and Military, from the Year MDCCXXVII to MDCCXLIV*) 1770 年的英译本写署名"广告"。在其中,休谟解释道:"下面的回忆录是马里夏尔伯爵从柏林寄给我的,希望能在英国出版。"

可以肯定,休谟不是因为这些微不足道的小事迟迟不回爱丁堡。他长期滞留伦敦的第二个原因是修订新版《英国史》,"我费心地监管着,就好像有人关心它,或能体察到我在润色并使其尽善尽美的过程中所花费的辛劳。"在一阵牢骚之后,休谟平静下来,并坦承:"我只能说,我这样做是为了我自己,它让我自得其乐。"

对于理解休谟的暮年而言,最后一句话至关重要。他退出了公共生活,也不再写书。其声誉之褒贬存废,完全取决于已刊著述,但是,休谟想让自己的这些存世著作尽善尽美。休谟曾向吉本吐露道:"他总是尽力降低虚矫之词的调门,并弱化那些过于武断的说法。"[1] 让休谟聊以自慰的是:"这是印刷术的一个大优势,只要活着,作者就可以不断地修改其著作。"修订工作将给休谟提供智力上的消遣,而苏格兰的朋友们也将给他提供社交上的欢娱。在盘桓了 29 个月后,休谟最终离开伦敦,并于 1769 年 8 月"怀着急迫的心情"返回爱丁堡。

---

[1] D. M. Low, *Edward Gibbon: 1737—1749* (London 1937), p.20.

第五部分

苏格兰的圣大卫

1769—1776

第三十七章　秋日的宁静

"我回到了爱丁堡……非常富有，身体健康，虽然上了年纪，但仍有望享受长久的安闲时光，并见证自己声誉日隆。"

在爱丁堡这个"自治市"（The Guid Toun），大卫·休谟安闲地定居下来。到了1769年10月，他如是评价道："我……身心皆安顿于此，根本就没想过要退居伦敦，甚至也没有想过要退居巴黎。我想，在我的余生中，如果不是出于健康或愉悦身心的考虑而偶尔去一趟北英格兰，我绝不愿再跨过特威德河。"在离开伦敦前夕，休谟已得出如下结论：以今日的雄厚财力，他需要一处更大的寓所，而实际上，他已接手了艾伦·拉姆齐位于爱丁堡城堡附近的一处宅邸。然而，鉴于艾莉森·科伯恩夫人（Mrs Alison Cockburn）的描述，休谟最终放弃了该处房产，因为它坐落于一处高丘的北坡，地段欠佳。那位和蔼可亲的夫人这样抗议道："生活在这样的房子里，我很快就会成为一个在冥河两岸游荡的孤魂野鬼。"不仅如此，艾莉森还亲自提出了两个建议。第一，大卫应在爱丁堡向南扩张的新城区，也即在乔治广场找一处房子。她提醒休谟道，"你现在对我们这座城市完全没有了概念，其城区已经大大地扩展了。"第二，在不给大卫"添任何麻烦"的前提下，确保为其物色一位太太。不过，对于这两个提议，我们的哲学家都婉言谢绝了，因为他决定要在这两件事情上亲力亲为。

与向南扩建的城区不同，爱丁堡的"新城"是在老城以北逐渐兴起的。北湖（Nor' Loch）已被排干，并将被改建成一片公共绿地，宽阔气派的王子大街正坐落于其上，而王子大街的上方就是"新城"之所在。连接"新城"和"老城"的北桥正在兴建。"新城"所处的优越地理位置让休谟对其一见倾心，于是，他很快就做出了一个大胆的决定：他要在那儿买一块地皮，并兴建他自己的房子。

在令人兴奋的设计和建造过程中，休谟发现詹姆斯宅邸（James's Court）虽然"非常赏心悦目，甚至可以说非常雅致，但就是太局促了，不足以展示我高超的厨艺——在我的余生里，我打算精研厨艺"。关于其厨艺，他向吉尔伯特·埃利奥特夸口道："现在，我桌子上正放着一张我亲手抄录的菜谱，专门教我如何做皇后汤。在烹制牛肉炖白菜（这真是一道诱人的美食）、红酒煨老羊肉方面，我敢夸口说无人能及。我同时还会烹制羊头汤，在喝过此汤八天后，基思先生依然恋恋不忘，而德·尼沃诺伊公爵（Duc de Nivernois）也甘愿拜我为师，向我学习这种汤的做法……所有的朋友都鼓励我在厨艺方面大展身手，他们都认为我的厨艺将给我带来无上的荣耀。"酒窖里储藏着最好的法国葡萄酒，橱柜里珍藏着最佳的法国食谱，休谟耐心地将其高超厨艺倾囊相授于他的"厨娘"，年迈却忠实的佩吉·欧文。亨利·麦肯齐（Henry Mackenzie）曾回忆起在休谟家所吃过的一顿精美绝伦的美食，而詹姆斯·鲍斯维尔则总是回想起在"北方的伊壁鸠鲁"家的那顿优雅晚餐，因为那一次他甚至吃到了三种不同口味的冰激凌。而埃德蒙斯顿上校则干巴巴地写道，"我和哲学家共进晚餐……结果把自己灌得东倒西歪。"

在整个18世纪，那些前往苏格兰的英格兰游客常常会注意到苏格兰人和法国人在风俗习惯上的接近。托珀姆上尉（Captain Topham）评点道："那种法国人所特有的欢快优游的气质、迅捷犀利的目光和兴高采烈的神色，同样可以在苏格兰人身上发现。这正是苏格兰人的民族性格；正是苏格兰人这种极其达观的性格才使他们甚至不以贫穷为意。"正如在法国，在爱丁堡的大街上，久别重逢的朋友们会亲吻致意。当缪尔男爵（Baron Mure）听说休谟即将于1769年重返故里时，他写道："我很高兴听说你……我亲爱的大卫，很快就能与我们厮混在一起了。我可要好好地拥抱你……现在，选择以这种方式来表达友善的人们越来越少了。"伊丽莎白·蒙塔古夫人（Elizabeth Montagu），这位伦敦"蓝袜社"的才女惊讶地发现：英格兰人所表现出的"无知或粗野"与苏格兰人与形成了鲜明对比。她发现苏格兰人"过着一种法国式的生活，不时有精致的小晚宴（*des Petits soupers fins*），其言谈举止也如法国人一般轻松活泼。在苏格兰，无论是文人学士，还是乡村绅士，皆彬彬有礼"。[1]

不过，大卫·休谟的"精致的小晚宴"，尽管品质堪称豪奢，但在分量上绝无限制。有一次，在晚餐时不请自来的大卫向科伯恩夫人（Mrs Cockburn）信誓旦旦地保证道："我可不是什么美食家，我只不过是一个贪吃鬼。"用缪尔夫人的话说，爱丁堡**文人**（*Literati*）——"大卫·休谟以及其他的牧师们"——想必个个食量惊人，因为凯利勋爵（Lord Kellie）曾建议将他们命名为**"饕餮之徒"**（*Eaterati*）。[2] 所以，当英国诗人威廉·梅森（William Mason）吟诵出如下诗句时，也并非故意刻薄：

> 让来自偏远北方的大卫·休谟，
> 以顾虑重重的犹疑来展示其价值；
> 大卫，慵懒地仰卧在那，
> 他是伊壁鸠鲁猪栏里最胖的那一头；
> 尽管醉心于来自高卢的美酒和颂扬，
> 大卫将祈福于老英格兰的太平晨光。[3]

而爱德华·吉本也向一位正在爱丁堡参访的朋友建议道："我希望你不要错过参访伊壁鸠鲁猪栏里最肥那一头猪的机会，并亲自看看它是否还有抬起右爪的希望。"[4] 不过，大卫的右爪，几乎全部用于修订其已发表的作品，抄写食谱和给那些不在身边的朋友写信。

不在身边的朋友就包括亚当·斯密。尽管从詹姆斯宅邸放眼望去，斯密的故乡，福斯湾对面的科卡尔迪就能尽收眼底。但在返回爱丁堡后不久，休谟就不得不承认："我晕船晕得厉害，故而一向将乘船视为畏途，而且一想到横亘在我们之间的那道巨大鸿沟我就心怀恐惧。""我也讨厌旅行，一如您自然会讨厌老是待在家里。因此，我建议您到此处一游，陪我度过几日孤寂的时光。我想知道您现在

---

[1] Capt. E. Topham, *Letters from Edinburgh* (Dublin 1776), I, 82; Caldwell Papers, PT. II, VOL.II, 155; Montagu, MS (uncat.), EM 1776, in Huntington Library.

[2] Carlyle, in NLS, MS Acc. 1237; *Lives of the Lindsays* (London 1849), II, 321*n*.

[3] Mason, *An Heroic Epistle to Sir William Chambers on his Book of Gardening* (1773).

[4] Gibbon, *Private Letters*, I, 190.

正忙些什么，并希望您能详细说说您是如何打发隐修时光的。我确信，您的许多想法，特别是您不幸与我意见相左的那些想法都是错误的。"由于正埋首于《国富论》的写作，斯密那时很少去爱丁堡，但休谟总是为他预留了一个房间。

有一次，在华莱士夫人（她后来成为休谟的房客）的陪同下，大卫确实跨过了福斯湾。当一阵狂风袭来，平日里欢快自如的她由于害怕溺水，不禁失声尖叫起来，而休谟也脱口而出道：他们或许很快就要葬身鱼腹了。"那它们会先吃谁呢？"华莱士夫人绝望地哭喊道。"您干吗哭啊，夫人，那些鱼要是贪吃鬼的话，肯定会先吃我；那些鱼要是美食家的话，肯定会先吃您。"当这同一位夫人问休谟当有人询问其年龄她该如何回答时，他立即应答道："夫人，您就说您尚未到需要避讳的年龄。"[1]

在詹姆斯宅邸，大卫楼下住着一位坎贝尔夫人，他们是牌友。在某个星期天晚上，出于恶作剧的目的，休谟不请自来，敲开了坎贝尔夫人的房门，并发现她正在与一群虔诚的老太太喝茶聊天。他便一本正经地端起一杯茶，与那帮老太太们亲切地攀谈起来。然而，茶具刚撤走，休谟便转向坎贝尔夫人，并一本正经地问道："呃，坎贝尔夫人，牌呢？"

"牌，休谟先生！你肯定忘了今天是什么日子。"

"我没忘，夫人。你知道，在星期天晚上，我们通常都会不动声色地鏖战一番的。"

虽然坎贝尔夫人让休谟收回这番诬蔑之词的努力徒劳无功，但她最终还是名正言顺地将休谟赶出了家门，并告诫道，"现在，大卫，你还是痛痛快快地离开我家吧，因为你今晚不适合待在这儿。"[2]

当还住在詹姆斯宅邸之时，休谟收到了埃德蒙斯顿上校的一封来信，要求休谟将随附的一个基尼交给其前女佣。休谟回复道："我很遗憾地告诉您，我已多年未见您心中的女神，据说，她已不复你初见她时的天真无邪。我相信，她确实已沦为一普通妓女……我欣赏您的人道为怀，但就目前而言，你或许用错了地方。放浪之人或许是同情的合宜对象，但救助或救济已对他们不起任何作用。不过，钱我先替你保管着……直到下次碰见你。但我们见面的机会为什么这么少呢？您

---

[1] Hill Burton，II，458-9；*Scots Haggis*, p.78.
[2] *Caldwell Papers*, PT. I, 41*n*.

第三十七章　秋日的宁静

为什么从不到城里来呢？您到底在忙些什么呢？是在种田、读书、生儿育女呢，还是什么也没干？"在信末，休谟这样写道："若不是忙于盖房，我本会和缪尔男爵一同造访，并在您家的炉火旁欢聚。"[1]

1770 年入秋后，休谟一直忙于盖他的"小房子"，正如他告知斯特拉恩的那样："我意指对作家而言它无疑是一幢豪宅（或大房子），几乎和米拉先生位于蓓尔美尔街的寓所一样大。它坐落于我们的新广场，"也即圣安德鲁斯广场，位于王子街以北的一个街区。从 1770 年冬到 1771 年春，休谟一直都忙于督导其卧房、马车房及马厩的建造。由于北桥尚未开通，他于是经常抄近道去"新城"，并因而要穿过一片因北湖被排干而形成的沼泽地。此间的一天，当他像往常一样穿过这片沼泽地赶往圣安德鲁斯广场时，一不小心便径直从羊肠小道滑入泥坑，虽经奋力挣扎仍未能脱身。正在此时，他引起了一位老渔妇的注意。但不巧的是，这位老渔妇立马就认出他便是那位大名鼎鼎的"无神论者休谟"，并犹疑到底该不该救他。

"可是，我的大善人，"这位无助之人苦口婆心地规劝道，"难道你所信奉的基督教没有教导你要多多行善吗，即便是对你的敌人？"

"可能是吧，"她回答道，"但是，除非你自己成为一名基督徒，并复述我主的祷文，否则你就甭想上来。"让那位老妇人备感惊讶的是，休谟居然欣然应允了，并随即被救出了泥沼。从那以后，他总是逢人便说：爱丁堡的渔妇是他所遇到过的最厉害的神学家。[2]

在 1771 年降灵节那一天，休谟搬出了詹姆斯宅邸。由于休谟并不想出售这间"老宅"，便将其租给了詹姆斯·鲍斯维尔，租期为四年。[3] 然而，两年后，由于鲍斯维尔需要更大的寓所，便搬到同一楼面的另一间"房子"，并把休谟房子转租给华莱士夫人（Lady Wallace）。正是鲍斯维尔的搬迁让休谟卷入一场官司，一个名叫亚当·吉利斯（Adam Gillies）的石匠在贝利法院（Baillie Court）向休谟提起了诉讼。

作为 18 世纪一起小小的敲诈案，这个官司并非不值一述。在 1774 年 2 月 19 日所写的一封授权信里，休谟要求代理人约翰·沃森（John Waston）代他出庭应

---

[1] NHL, pp.191-2.
[2] *Caldwell Papers*, PT, II, VOL. II, 177, *n*1.
[3] 参见后面的"附录 G"，第 621 页（英文页码）。

诉。案件的相关实情如下：搬出休谟的"房子"时，鲍斯维尔太太曾叫来吉利斯，让他将厨房重新粉刷一下。"但这个家伙进来后，就诓骗华莱士夫人说：房间里的许多物什都坏了，需要修理，"但华莱士夫人并未发现有什么东西需要修理。吉利斯便找到了休谟，称华莱士夫人希望将储煤间下面的石子路修一修。出于对华莱士夫人判断的信任，休谟就同意了。此后，在未经授权的情况下，吉利斯还对其他物件做了修缮，并据此向休谟索取费用。当休谟拒绝为合同以外的修缮工作支付钱款时，吉利斯就把他告上了法庭。

面对吉利斯的诋毁，亲自出马充当自己辩护律师的休谟起草了一份备忘录，予以回击。经过初审阶段的几次质证，贝利法院的主审法官于4月5日宣判"被告人大卫·休谟须承担全额为一镑十五先令一便士的诉讼费"，同时宣判他"须向原告支付十五先令的修理费"。没有人会心平气和地接受败诉，休谟申请复审，并要求免除合同以外的所有费用。这份文件同样是由休谟亲笔起草的，其部分内容如下：

> 他很遗憾地注意到：他因一笔他从未欠过的债款而被起诉，事情并非如原告所声称的那样，是我雇他去做他在起诉书中所提及的那些工作。原告所能给出的唯一理由是：做这些工作是出于必需，但申诉人认为这个理由差强人意，因为按照这一规则，他可以在整个爱丁堡走街串巷、登堂入室，查看每一栋房子，并在未征得房主同意或许可的情况下，对房屋进行他自认为合适的任何修缮。而且他还可以对其所作所为给出同样的理由，也即其所做修缮是必要的，修缮过的房子变得更好了。但在本申请人看来，这种说辞尽管新奇，但完全是站不住脚的。
>
> 在辩护状中，申诉人否认曾雇原告为其工作，如果原告在申诉人不知情，或未经许可的情况下对其房屋进行了修缮，那么，当申诉人告知原告他没有任何义务向其付费时，原告当然没有任何理由可以抱怨。因为，依照同样的规则，如果我的房子已岌岌可危，随时都有坍塌之虞，而原告却自作主张将其推倒重建，并有可能据此向申诉人追讨重建费用，但这完全是一件无稽之事。

在答辩中，吉利斯的诉讼代理人对这份诉状进行了嘲讽——"当一个人在法

第三十七章　秋日的宁静

庭上用假定的案例取代真实的问题时，就足以表明这是一场蹩脚的诉讼"，要求驳回休谟的申诉，并宣判被告"承担此次七先令六便士的答辩费"。无论休谟在道义立场上是多么无懈可击——对此无人怀疑，但休谟罔顾了这样一个事实，即贝利法院有"权对市内危房进行估价和出售，为了在房主拒绝重建或修缮的情况下让这些房屋得到重建"。[1] 此外，休谟似乎还忘了，贝利法庭总是无一例外地偏向商贾而非士绅。

由于档案中没有进一步的文献，同时考虑到这样一个事实：前面所引述的文献都可以在"贝利法院之诉讼全程纪要"[2] 中找到，由此可推定，休谟最后放弃了这场败诉了的官司，并在诉讼费还没有变本加厉之前向吉利斯支付了钱款。不难想象，休谟肯定为此愤愤不平了许久。

而此前，休谟就因为其新近在圣安德鲁斯广场新购进的地皮而卷入法律纠纷。为了取得这块地皮，休谟不仅支付了一笔共计为165英镑4先令11便士的巨资，而且每年还须付2英镑18先令"地契税"。[3] 而休谟之所以愿意投入这笔巨资，全因为詹姆斯·克雷格（James Craig）的规划方案（克雷格关于"新城"的规划方案已被爱丁堡的"市政委员会"正式采纳）显示：王子大街以南将是一片空地。故而，为了保证他们能看到规划中的花园和后面的老城区，休谟和其他购地者一致同意限制坐落于其后、位于王子大街以北的建筑物的高度。然而，令他们失望的是，"市政委员会"不久即开始准允人们在王子大街以南建造房屋，而且是商业建筑，其中包括一个马车行和各种建材店。

圣安德鲁斯广场这些愤怒的购地人，包括大卫·休谟、安德鲁·克罗斯比（Andrew Crosbie）和威廉·福布斯爵士（Sir William Forbes），立即起而抗议，并向苏格兰最高民事法院提出诉请，要求"市政委员会"严禁人们在王子大街以南大兴土木。抗议者们表示，他们的首要目标是"维护他们的权利，以防止爱丁堡城擅自篡改这一让大不列颠王国增光添彩的城建规划，那些将使古人或皇家尊严

---

[1] Arnot, *Edinburgh*, p.499.
[2] Bundle No. 396(50); in City Chambers, Edinburgh. See also "Burgh Court Diet Book," VOL. LVIII, under dates of 10, 15, 22 Mar. and 7 Apr. 1774.
[3] "Council Records," VOL. XCI, ff.75-7, and " Chartulary Extended Royalty No.2," f.145, in City Chambers, Edinburgh; "P. R. S. Edinburgh," VOL. CCCXII, f. 87, in SRO.

蒙羞的违章建筑必须予以撤除或停建"。[1]

当最高民事法院的法官们——他们以"雷霆十五人"（Haill Fifteen）而著称于世——坐定下来集议之后，最终于 1771 年 10 月驳回了上述诉请。于是，他们随后又上诉至"上院"，并于次年 4 月转败为胜，赢得了诉讼。在法庭上，大法官曼斯菲尔德对爱丁堡市政委员会的行为进行了谴责，但在休谟看来，他显然是在为其在"道格拉斯一案"所做出的倒行逆施的判决做出某种补偿。通过这种方式，大卫·休谟分享了为后人捍卫王子大街的荣耀。

经由一条直达王子大街的边街，我们可以进入大卫·休谟位于圣安德鲁斯广场西南角的新居。无论是在克雷格的地图上，还是在其他任何"新城"的早期地图上，这条小街都是无名小路，不过习惯上人们总是把它与这位哲学家（指大卫）联系在一起。而关于其命名过程则有一个有趣的掌故。

南希·奥德（Nancy Ord），系苏格兰财政法院首席法官罗伯特·奥德（Robert Ord）的三女儿，是一位可爱迷人、正值妙龄的英格兰女士，也是大卫所心仪的对象。南希有着十足的幽默感，有一天，她调皮地用粉笔在其朋友房子的外墙上写下了"圣大卫街"几个字。女佣佩吉·欧文发现了这个标识，并愤愤不平地向其主人抗议。经过一番审视之后，大卫禁止佩吉去碰这几个字："姑娘，没事儿，以前有许多比我更优秀的人都被封圣过。"这则笑话旋即传开了，而休谟新居所在的那条街道此后就"通常被称为"圣大卫街，并于此后受到了官方的正式认可。[2]

如果说，实际上是南希·奥德将大卫"圣人化"了的话，这也不是头一遭了，无论是出于开玩笑，还是出于诚心诚意。哈里·欧斯金爵士（Sir Harry Erskine）就认为，大卫就本性而言是一位圣人，而埃利奥特－默里夫人（Lady Elliot-Murray）对此也是衷心同意。在 1757 年发表的一首关于约翰·霍姆《道格拉斯》的短歌中，他被称为"苏格兰的圣大卫"。沙斯泰吕（Chastellux）将他和迈克尔·安吉洛（Michael Angelo）或拉斐尔的圣迈克尔（St Michael）相提并论。伏尔泰称其为他的"圣大卫"。[3] 从"好大卫"到"圣大卫"并非大的跨越，大卫·休谟

---

[1] "Session Papers," VOL. CXXXI, NO.2, in Signet Library, Edinburgh; Aront's *Edinburgh*, pp.316-18.See too Dr C. A. Malcolm's entertaining account of *Princes Street, Edinburgh*, issued in 1938 by the Life Association of Scotland。

[2] Hill Burton, II, 436; 这里有几个不同的版本，参见后面的"附录 H"，第 621 页（英文原页码）。

[3] Quoted by the Comte de Creutz, RSE, IV, 22, 47。

第三十七章　秋日的宁静

也没有理由因"圣大卫街"而感到被冒犯。毫无疑问，他理解南希的意图，这完全是因为我们的这位哲学家和这个妙龄女子都彼此深爱着对方。

"我正忙于建房，这是人生的第二件大事，"在1770年10月致默里男爵的信中，休谟如是写道，"因为娶妻是第一件大事，我希望我能如期抱得美人归。"——我们有理由相信，这不只是一句玩笑话。以能与休谟相伴为至上荣耀的亨利·麦肯齐写道："我经常与他结伴到奥德大法官家，那是他最钟爱的去处，而他肯定曾一度打算向南希·奥德小姐表白，南希小姐可是我见过的最可爱、最多才多艺的女子。"而麦肯齐也曾在其他场合公开表示，正是"年龄的悬殊"使大卫怯于向南希表白。[1]

对一个已年届60的男人而言，他对待首次婚姻肯定慎之又慎，而如果考虑到作为其结婚对象的女子只有他一半的年纪，那他几乎不可能去结婚。尽管如此，休谟还是做过一番慎重的考虑。大卫·休谟从来都不是铁了心要做一个单身汉。但是，尽管满怀各种温厚的激情，休谟从来都是一个谨言慎行之人。我们有理由相信，休谟早年曾向爱丁堡一位系出名门、魅力四射的年轻女士表白过。不过，他的追求并未成功。若干年后，当他功成名就，一位共同的朋友向他暗示：那位女士已经改变了心意。"我也变了，"哲学家回答道。直到1766年，"鱼"克劳福德仍可借"你此前曾钟情的妙龄美女"来打趣其老朋友。[2] 而休谟对意大利和法国的两位伯爵夫人的激情或许同样可以提醒我们，他最钟情的是那些外形靓丽而又举止活泼、思想深刻的女子。

大卫·休谟的许多女性崇拜者都认为，他属于那种应该结婚的男士，要是休谟真的结婚了，很少会有人感到万分惊讶。不过，当他与南希·奥德订婚的消息传到巴黎时，真可谓一石激起千层浪。"休谟先生娶了一位虔诚的女士，这是真的吗？"1770年6月，霍拉斯·沃波尔的德芳夫人如此问道。3个月前，艾莉森·科伯恩夫人亦听闻此事，她致信大卫道："休谟先生为了一个凡夫俗子，为了一个妻子而即将远离不朽的缪斯。"假装愤愤不平的她抗议道，"难道一个男人能舍弃全世界的喝彩而成为一个女人的私财？呜呼哀哉，就权当我们没听说过吧！"然后，她的好奇心终占了上风——"或者以鲍斯维尔的方式让我们获知每一种

---

[1] Mackenzie, *Anecdotes and Egotisms*, pp. 77, 170, 176.
[2] *Caldwell Papers*, PT. II, VOL. II, 178, *n*2; RSE, IV, 43.

细节……"[1]

此时的休谟也许曾郑重其事地考虑过一场迟来的婚姻，他第一次开始感到力不从心。"我现在别无目标，除了

坐下来思考，并安详地死去——

像我这把年纪的男人还能有什么其他的消遣呢？"他1772年1月致信巴芙勒夫人道。朋友们都注意到了这位夫人在听闻休谟与南希·奥德结婚时的那份焦躁。不过，休谟继续享受着那些魅力四射、活泼风趣之女性的陪伴，在其《自传》里，他故意云淡风轻地写道，"我尤喜与谦和的女子做伴，而我也没有理由为她们待我的态度感到不快。"

基思大使的女儿安妮·穆雷·基思曾这样写道："我和我的姐妹们都属于与大卫·休谟交往密切的那个圈子，他是一位最悦人的同伴！不像其写作，大卫的谈话从不涉及那些冒犯人的话题。他是有史以来最温柔、最仁慈之人。他早期的研究多专注于狂热的骇人后果，这使他在竭力矫正那些让他感到恐怖的错误的时候走得太远了。在社交中，其礼节之质朴与和悦让人有如沐春风之感。在家庭生活中，他充满了魅力！总之，在我所认识的人中，他是最有价值和最讨人喜欢的人之一。"[2]

有一次，休谟在北默奇斯顿（North Merchiston）与亚当夫人喝下午茶，大卫出乎意料地发现自己正与两、三位相识的年轻女士独处。正当休谟亲切地与她们交谈之时，其所坐的那把椅子因不堪重负而开始变形，而休谟也于不知不觉间一屁股坐在地上。大家虽然先是为这位哲学家的安全担心，但迅即就被他逗乐了，因为当这位哲学家挣扎着站起来后，就向在座的各位女士教训道："年轻的女士们，你们必须得告诉亚当先生，要他为重量级的哲学家多准备几把结实点的椅子。"[3]

不过，休谟"家庭生活中的魅力"也有其滑铁卢。一天晚上，在教堂山

---

[1] RSE, IV, 33. 关于休谟三封已知的致南希·奥德的信，由John V. Price 刊印于 *David Hume and the Enlightenment*, ed. W. B. Todd (Edinburgh and Austin 1974), 128-35.
[2] NLS, MS 3524, f.71.
[3] Adam, *Sequel*, pp.21-2.

第三十七章　秋日的宁静

(Abbey Hill) 与缪尔夫人打牌时，他不仅为牌局上一些细枝末节争得面红耳赤，而且还发了脾气。他拿起帽子，并对着那条总是与他形影不离的波美拉尼亚犬喊道："我们走，福克西（Foxey）。"就这样，没等牌打完他就拂袖而去。次日凌晨，当缪尔一家正准备动身前往考德威尔之际，住在好几英里外的大卫大清早就候在门前，手里拿着帽子，一脸的歉意。正是这位缪尔夫人将爱丁堡的文人圈称作"大卫·休谟和他的臣僚们"。[1]

科伯恩夫人的一位故友巴尔卡里斯夫人（Lady Balcarres），也一直深得大卫·休谟的欢心。在爱丁堡安度晚年的时候，休谟在上午总是喜欢到她家串门。一日，在一种怀旧情绪的驱使下，她邀请休谟到法夫郡海边的巴尔卡里斯城堡（Balcarres Castle）做一次圣诞之旅。而巴尔卡里斯夫人的女儿安妮·林赛夫人对此及其后续事件进行了描述：

> 当我们还是小女孩的时候——甚至因太小而记不清当时的情景，圣诞节时巴尔卡里斯（Balcarres）恰巧来了一帮聪明人，作为圣诞节的一个保留节目，他们一致同意写下各自的性格，并交给休谟，然后让他呈示给我父亲看，并称其抄自罗马的教皇图书馆。
>
> 休谟遵照如仪。我的父亲说道，"休谟，我不知道你那些好哥们和迷人的女士们都是谁；但是，如果你不是告诉我抄自教皇图书馆的话，我想说，这人是我的妻子。"
>
> 我母亲说道，"我很高兴听到我家先生的回答；它至少表明我是一个诚实的女人。"
>
> 我母亲还说道，"休谟对自己性格的刻画鞭辟入里、坦诚相见；他总是实话实说"；但是，她又补充道，让我们感到惊讶的是，"尽管他举止平易、行为粗犷，但虚荣竟然是他的主要弱点。正是在这种虚荣心的驱使下，他发表了各种离经叛道、震世骇俗的观点，而他也认为这些观点的传播有害于社会。"
>
> "你还记得此后的事情吗？"休谟说。
>
> "是的，我记得，"我母亲笑道，"你告诉我，尽管我认为你禀性真诚，

---

[1] *Caldwell Papers*, PT. I, 39; NLS, MS Acc. 1237.

但也并非如此真诚——你省略了一个突出的性格特征,我们对此仍一无所知,你可以把它补上;我像个傻瓜一样把手稿交给你,你便把它扔到火里,补充道,喔!我差点证明了自己是一个十足的白痴,居然把这样的一份文件交到一个女人手里!"

"无赖!"我的母亲叫道,一边笑,一边对他直摇头。

"你还记得这一切吗,我的小姑娘?"休谟对我说道。

"我那时还太小,"我说,"已记不清了。"

"怎么会这样呢?难道我们不是一起长大的吗?"我满脸惊讶地看着他。

"是的,"他补充道,"你长高了,我长胖了。"[1]

休谟如此英明地投入火中的性格自画像(self-character),很可能在"某某人的性格——由他自己亲笔所写"中留存下来,这虽不是出自他本人的手笔,但经过他的校正。无论如何,值得将它与《我的自传》中所描绘的性格和亚当·斯密所描绘的性格作一番比较:

1. 一个大好人,毕生追求的不变目标就是恶作剧。
2. 对各种虚幻之物不感兴趣,因为虚荣已取代了其他的各种激情。
3. 非常勤勉,但既不为自己也不为他人效劳。
4. 下笔放肆,但出言谨慎,行动尤其如此。
5. 如若他不曾奉迎,他本没有敌人。看起来似乎渴望被公众憎恨,但最后只落得骂名。
6. 从未被敌人所伤,因为他从未恨过其敌人。
7. 免于世俗偏见,但充满了自己的偏见。
8. 非常害羞,有点谦恭,但绝不卑微。
9. 一个能做事的傻瓜,其所做之事就是智者也鲜能完成。
10. 一个经常犯浑的智者,这种浑事就是大傻瓜都不会犯的。
11. 热衷社交,但喜欢独居。
12. 尽管只有一点小机智和小幽默,但性格欢快。

---

[1] *Lives of the Lindsays,* II, 321*n.*

13. 一个没有宗教信仰的狂热分子，一个根本就不指望获知真理的哲学家。
14. 一个推崇本能而非推崇理性的道德主义者。
15. 一个既不曾冒犯丈夫也不曾冒犯妈妈的花花公子（gallant）。
16. 一个不自炫渊博的学者。[1]

安妮·林赛夫人也提到了"由神学家、智者和当今作家所主宰的"那些欢宴："我们的朋友大卫·休谟和他的朋友罗伯逊校长，继续在这些欢宴上维持着自己的地盘。看到狮子和羔羊、无神论者和神学博士亲密无间地生活在一起，这总是一件稀奇事；它使人不由地希望：休谟某一天会对罗伯逊说，'你几乎成功地说服我成为一名基督徒。'"艾莉森·科伯恩更是进一步表明："大卫并未意识到他曾是一名基督徒。"她所给出的理由是：他"完全缺乏灵性之火"。这是倾向于将大卫"圣化"的又一个例证！不过，艾丽森注意到，大卫习惯于将女性称为"软弱、虔诚的性别"。

在与男性相处的过程中，休谟要表现得更加言行无状，因为羔羊并不总是能与狮子友好相处。比如，在约翰·瓦登牧师（Reverend John Warden）身上，休谟发现了另一位拉福主教（Bishop Raphoe）。他们是在凯姆斯勋爵家相遇的，当时在场的还有印刷商威廉·斯麦利（William Smellie）。他们一直相谈甚欢，直到瓦登博士碰巧提到乔纳森·爱德华兹（Jonathan Edwards）所刊布的一篇布道词，它起了一个令人匪夷所思的标题——《论罪之有用性》（The Usefulness of Sins）。"罪的有用性！"大卫附和道。"我想，"休谟若有所思地接着说道，"爱德华兹已接纳了莱布尼茨的思想体系，也即在这个所有可能世界中最好的世界里，万事万物都是最好的。"然后，他脱口而出道："但那个创造了地狱和天谴的家伙岂不是在作恶？"

让大家始料未及的是，瓦登博士拿起帽子拂袖而去，不管凯姆斯勋爵如何安抚。[2] 顺便说一句，此时的凯姆斯和休谟亲密无间。

与休谟交好的还有爱丁堡大学逻辑学教授约翰·布鲁斯（John Bruce）。他请休谟订正其讲义大纲。在看校样的过程中，休谟看到题为"神存在的证据"的部

---

[1] RSE, XIII, 38. 括号里的话是休谟添加的。
[2] Smellie, *Memoirs* (Edinburgh 1811), I , 357-8.

分。他停顿了片刻,然后说道,"好,非常好。"但读到下面题为"神统一的证据"这一部分时,他大叫道,"就此打住,约翰,就此打住。谁告诉你到底是有一个神呢,还是有多个神呢?"正是这同一个布鲁斯有一天在爱丁堡大学图书馆的楼梯上遇见了休谟,而楼梯口处所刻铭文"爱丁堡的公民们以基督和摩西之名使其成为神圣的殿堂"(*Christo et Musis has aedes sacrarunt cives Edinenses*)让我们的这位怀疑论者(指休谟)发表了如下大不敬之词:能将他们自己的崇拜与异教崇拜区别开来的是爱丁堡的虔诚,而非爱丁堡古典的廉正。[1]

某个星期天上午,在出门散步的时候,我们的哲学家遇到了爱丁堡鼎鼎大名的银行家詹姆斯·亨特·布莱尔爵士(Sir James Hunter Blair),他和其夫人正在去教堂的路上。他们让休谟折回头与他们同去。"什么,"休谟回答道,"与你们一道去教堂!那些税吏和兑换银钱之人可是被用鞭子逐出了神的殿堂!不,不,我绝不会与这样的人一道进教堂的。"[2]

大卫·休谟有理由为自己的新家感到骄傲,那可是他亲自督造的。在给斯特拉恩的信中,休谟写道:"我多么希望您曾看到我坐落在圣安德鲁斯广场的新家(我希望您将来能看到),这样的话,您就不会对我何以发誓再也不踏进伦敦半步感到奇怪了。"他还向另一位通信人夸口道,"我们的新城……要胜过你所看到的世界上的其他任何地方。"这栋新房当然是由佩吉·欧文管理的,作为管家,她手下有一干仆从。这个家庭本身很小:其成员仅有大卫及其姐姐凯瑟琳二人,或许还可以算上大卫的小波美拉尼亚犬福克西。这对姐弟的饭桌一向丰盛,广迎八方来客,并赢得了热情好客的美誉。在他们所款待的第一批来客中,有一位是来自美洲的贵客,休谟称其为"首屈一指的哲学家,亦实为第一流的伟大文人,我们都应对孕育了他的美洲心存感激"。[3]

"在经历了暴风雨和洪水之后,我于星期六深夜抵达此地,凄惶地下榻于一家小旅馆,"在给斯特拉恩的信中,本杰明·富兰克林这样写道,"但是,那个好心的基督徒大卫·休谟,遵照福音书的教导,收留了我这个陌生人,我现在快乐地和他生活在其位于新城的寓所里。"而在给斯特拉恩的信中,休谟也写道:"很

---

[1] Brougham, *Men of letters*, I, 238.
[2] Caldwell Papers, PT. I, 40, *n*1.
[3] 下面对于富兰克林在爱丁堡的描述,主要基于 J. B. Nolan, *Benjamin Franklin in Scotland and Ireland 1759—1771* (Philadelphia 1938).

第三十七章　秋日的宁静

高兴能说服富兰克林博士在此逗留期间在我家小住……他取道爱尔兰赶往这里的时候，正是两次飓风间的短暂间歇，真可谓冥冥中自有天意。至少我希望他能这样想。"富兰克林于1771年10月26日抵达爱丁堡。翌日，休谟便在圣大卫街热情地款待了他。11月21日，富兰克林动身前往伦敦，在此期间，他都与休谟待在一起，除了中间有五天他和凯姆斯勋爵一道待在布莱尔·德拉蒙德（Blair Drummond），还有两、三天待在格拉斯哥。富兰克林此行的一个显著标志便是爱丁堡文学界的轮番宴请。

当时，另一位美洲人，来自罗德岛的法学家亨利·马钱特（Henry Marchant）恰巧也在爱丁堡。10月31日，在用过早餐之后，罗伯逊校长便带他去"看望富兰克林先生，他正与大名鼎鼎的大卫·休谟同住在新城一栋别致的寓所里"。这个苏格兰哲学家给这位年轻的美洲人留下了非常深刻的印象："休谟先生是一位绅士，我估计他年方60，身形肥硕。光看他的面孔，你绝想不到他是一位心智超群之士，更想不到他竟是如此精雅活泼之人。但事实上，他的谈话极其风趣悦人。"话题涉及欧洲和美洲的贸易，讨论一直持续到下午方告结束。几天后，休谟邀请马钱特与他和富兰克林共进晚餐。马钱特注意到，"由于只有我们三人，晚上茶歇后，我们更加无所拘束，开怀畅叙。"不幸的是，马钱特未曾留意到鲍斯维尔式的各种细节，但他确实对休谟的家仆在点灯送他回家后拒收小费表示了惊讶。休谟早年曾执意反对的向仆人支付小费的做法，最终确实被废除了。

而亨利·麦肯齐曾以一种鲍斯维尔式的眼光打量过休谟和富兰克林。他这样写道："某日，当富兰克林博士详陈美洲的天然优势，并预言它将成为什么样的一种国家时，大卫说道，'博士，在你所罗列的各项制造业中，你忘了一小项，也即制造人的产业。'"——这项预言已然成真。[1]

11月5日上午，马钱特参加了爱丁堡大学的医学讲座。当天晚上，他在休谟家与富兰克林以及大学教授们一道共进晚餐。他写道，"我们被介绍给爱丁堡大学的校长以及在座的所有来宾；在这里，我发现早上开讲座的那些博士们全都在场。"次日，两位美洲人离开爱丁堡前往布莱尔·德拉蒙德和格拉斯哥。

11月18日，也即在其返回爱丁堡的第二天，富兰克林成为圣大卫街盛大晚宴的主宾。当时列席的有马钱特，凯姆斯勋爵，布莱克、弗格森和罗素教授。在

---

[1] Mackenzie, *Anecdotes and Egotism*, p.170.

其日记中，马钱特故作矜持，云淡风轻地写道："有这些杰出人士的陪伴，我没有理由不尽兴。"次日，凯姆斯勋爵便在其位于新街的府邸设宴款待富兰克林和休谟。在富兰克林离开前夕，他们又都成为亚当·弗格森的座上宾。

安妮·穆雷·基思夫人说，在富兰克林1771年参访休谟期间，她算是"看透了"富兰克林的"禀性和心胸"，并发现他是一个"狡猾的老家伙"。她补充道，对于休谟，"我不认为他有任何感激之情或谦和之态"，但她没有给出任何证据。[1] 当然，无论是从休谟这一方，还是从富兰克林这一方，我们都没有这方面的证据，尽管人们可能怀疑，作为两位主见极强之人，他们时常可能会为某些问题争的面红耳赤。富兰克林写给休谟的感谢信虽不复存世，但其友好的基调仍可从休谟1772年2月7日的回信中管窥一斑："很高兴获悉，在像圣保罗一般历尽劫难之后，您已水陆兼程安全地抵达伦敦。患难见真情，您在此地的所有哲学家兄弟全都衷心地祝愿您万事顺遂，同时，也让他们颇感遗憾的是：您公务在身，故而无法与他们多待一段时间。"[2]

抵达伦敦后不久，在言及大卫·休谟时，富兰克林曾这样写道，"他给予我最大的善意和最热情的款待"，并且，富兰克林还通过斯特拉恩向休谟捎话道："他对您以及令姐深怀感念，令姐对他非常友善。"1774年，由于受到副检察长亚历山大·韦德伯恩（Alexander Wedderburn）的猛烈攻击，富兰克林被革去了殖民地副邮政大臣（Deputy Postmaster-General）之职。在两位朋友间左右为难，休谟写信给亚当·斯密道："关于富兰克林所作所为的传闻实在让人觉得不可思议。我很难相信他如传闻所称的那样犯下了滔天罪行。尽管我深知他热衷于派系活动，而在所有的激情当中，派系活动对道德的巨大破坏作用仅次于狂热……我听说韦德伯恩在枢密院前对他的审讯虽然极为无情，但毫无可指谪之处。这实在让人深感遗憾！"也许正是富兰克林这种派性，让基思夫人觉得他忘恩负义，对休谟恶声恶气。

随着富兰克林的离去，休谟在圣大卫街的生活又恢复了往日的平静，但未过多久，这种平静又被"家门不幸"所打破，正如休谟所告诉亚当·斯密的那样。当休谟因未能邀约斯密过来过圣诞而写信致歉时，我们不难从字里行间读出其姐

---

[1] NLS, MS3524, f.60.
[2] NHL, pp.191-2.

第三十七章　秋日的宁静

弟间的深情。大卫解释道："家姐高烧不退，生命垂危。尽管现在烧已退，但身体仍虚弱乏力，短时间内恐难康复。家中如此阴郁，恐不宜邀您前来。不过，我以为，家姐康复只是迟早的事，到那时，我再邀您前来相聚。"

大卫·休谟总是顾念亲情，对于九泉的家人，他总是倾囊相助，与他们慷慨地分享其晚年的余财。在其卸任大使馆秘书一职后，其最初于1763年所获得的那份200英镑一年的年金翻了一番，并在1769年又增加了200磅。但与之前的补助不同，这最后一笔是要交税的，故而每年到手的只有156英镑。[1] 在赫特福德勋爵和康威将军的说服下，休谟做出了一些微弱的努力，以便能在政府部门再谋一个闲差，但最终一无所获。他不需要更多的钱，仅靠其一半不到的收入，休谟就可以过上体面的生活。他很高兴能向其姐姐及仆从提供额外的资助，而尤其让其感到自豪和开心的是：他资助并督导了其两个侄儿的教育。

由于约瑟夫·霍姆——他是九泉的约翰·霍姆的长子——对文学兴趣寥寥，于是他的叔叔在1770年以1000英镑的总价为他买了第二龙骑兵团掌旗官的头衔，而五年后，为了让约瑟夫升任中尉，休谟又花了262磅10先令。[2] 此外，休谟还为约瑟夫支付每年约100英镑的开销，并于1775年支付了其远游法国的开支（约瑟夫在法国逗留长达八、九个月之久）。在一封写给巴芙勒夫人的介绍信中，针对其侄子的一个优点，这位宠溺的叔叔不失幽默地夸口道："他还是一位学者，在他们的团，他一向被视为学富五车、才高八斗。我丝毫不怀疑：在那些年轻的法国军官中间，他在这方面也将是出类拔萃的。"

大卫·休谟的第二个侄子大卫·霍姆对文学确有偏好，而我们的哲学家对他也更加情有独钟。大卫（指大卫·霍姆）师从格拉斯哥大学的约翰·米拉教授，休谟不仅为其支付费用，而且也自豪地关注着其在法律学习方面的进展。即便是在其临终卧病期间，休谟也不改其文人本色，仍悉心地对大卫的暑期阅读提出建议。[3] 年轻的大卫后来果然不负其叔叔的厚望，并通过将自己的姓氏改成休谟，以表达对其叔叔的感激之情。当然，年轻大卫的这种举动肯定会招致其生父的嫌恶。

---

[1] 这一数字以及后面几段中的数字都是基于 NLS,MS 3028。

[2] 关于休谟对于"约瑟夫的"不幸的关心、慷慨和建议，参见休谟1771年10月12日之信，载于"David Hume: Some Unpublished Letters, 1771—1776," ed. Geoffrey Hunter, *Texas Studies in Literature and Language* (1960), II, 133-4.

[3] 摘录自1776年5月20日之信，参见后面的文本补录。

九泉的约翰·霍姆早已成为九泉和费尔尼城堡（Fairney-Castle）的约翰·霍姆。1767 年，为了孩子们的教育，他迁居爱丁堡。在大卫·休谟任职副国务大臣期间，他们全家就借住在詹姆斯宅邸，而在后来，他们一家也总会受到圣大卫街的欢迎。不过，到了 1776 年，他们也落户于爱丁堡新城的巴特斯大厦（Butters Land）。作为圣大卫街的稀客，霍姆伯爵将一位来自英格兰的名叫塞拉·内维尔（Sylas Neville）的年轻的医学学生介绍给大卫，但起初，"因其糟糕的原则"，塞拉并不愿见我们这位哲学家。然而，会面后，内维尔改变了他的看法："不难想见，作为一个阅历丰富、深谙世事之人，他非常平易近人、讨人喜欢。不过，就第一印象而言，人们怎么也想不到他竟是第一流的天才，但他确实是第一流的天才。他口中常常冒出一些粗鄙不堪的苏格兰话。"而作为一位在爱丁堡就学的来自美洲的年青医科生，本杰明·拉什（Benjamin Rush）所获得的印象是：我们的这位哲学家的性格仁善备至、无可指摘。[1]

晚年卜居爱丁堡期间，休谟的一大乐事便是在夏末时分到乡下探亲访友，要么探访九泉的家宅，要么到考德威尔探访缪尔，或是到闵拓探访埃利奥特，或是到牛顿探访埃德蒙斯顿。又或者与康威将军和艾尔斯伯里夫人（阿盖尔公爵的妹妹）一道去阿盖尔家族位于盖尔洛克（Gareloch）的罗兹尼丝庄园（Roseneath）和位于法恩湖畔（Loch Fyne）的因弗拉雷城堡（Inveraray Castle）去消夏。1771 年 8 月的"因弗拉雷大会"（Congress of Inveraray）因与会者甚众，以至于尽管已预备了 50 个床铺，"但即便是一位伟大的哲学家和历史学家，即便是肥胖如斯，大卫·休谟也不得不与另两个人挤在一张被精心加固的床上"。有一次参访因弗拉雷不如往常那般摩肩接踵，期间，受教区牧师特邀，在伊丽莎白·汉密尔顿夫人的陪伴下，大卫·休谟去了教堂。整个布道是以不合理的怀疑主义为题。"这是讲给你听的，休谟先生，"汉密尔顿夫人评点道。在布道结束时，那位牧师说道，"现在，我的朋友们，我要对首席罪人说几句话。"——"这是说给你听的，夫人，"休谟反唇相讥道。[2]

1772 年秋，休谟乘马车从九泉赶往闵拓。不巧的是，吉尔伯特爵士刚好不在家，经短暂停留后，休谟又动身前往爱丁堡。此后不久，埃利奥特·默里夫人

---

[1] *Diary of Sylas Neville, 1767—1788*, ed. Basil Cozens-Hardy (London 1950), pp.192, 202.

[2] Daniel Wray to Lord Hardwicke, quoted by John Nichols, *Illustrations of the Literary History of the Eighteenth Century* (London, 1817-58), I, 141-2 (see Horace, *Odes*, III, xxiv); Mackenzie, *Anecdotes and Egotisms*, p.97.

第三十七章　秋日的宁静

（Lady Elliot Murray）就写信将此后所发生的事情原原本本地告诉了休谟：

> 吉尔伯特爵士一进门，就问道，休谟先生在哪？——答道：他已经走了。他什么时候来的？——一点左右。他什么时候离开的？——五点左右。什么！你们吵架了吗？——是的。对于他的书，他和我有一点分歧，我试图劝他将它们全都烧了，并换一种写法；因为，正如我所说，如果他走对路的话，我相信他终会成为一盏明灯，并与《天路历程》(*Pilgrim's Progress*)的作者或埃比尼泽·厄斯金先生（Mr. Ebenezer Erskine）相比肩；可他却义愤填膺并气急败坏地走了！你怎么能认为可以说服他呢？呸！虽然我不过是一介妇孺，但是，要不了多久，他就会相信：我远比他目光远大；如果他接受了我的建议，他今晚就能在此睡个安稳觉，而不是栖身于一辆破马车在黑夜中颠行；在其他事情上莫不如此，如果他愿意听命于我，我也许会助其一臂之力。亲爱的，你怎么能如此蛮横？亲爱的，说出你的真实想法又有何妨？如果你认为这样做是为他好，他可是一个大好人，虽然犯了一点小错。拜托！真是痴心说梦！好吧，他离开还有别的原因吗？据我所知没有；除了他所收到的那封来自法国大使的不靠谱的信，信中说他有望在爱丁堡对大使先生尽地主之谊。啊，我现在明白了。但他什么时候回来？在爱丁堡尽完地主之谊后，他为什么不跟德吉涅（De Guigne）先生一道回来？所以你看，你如果再不来，我就快要被扫地出门了；因为正是因为你，我才不得不欺骗自己的丈夫并向他撒了一个谎。虽然，就那件事而言，幸运的是，你我现下也没什么可害怕的，无论是被逐出教会，还是被赶出家门。[1]

无疑，除了城市生活的乐趣，这些乡间远足本身也妙趣横生。我们或许可以从其《自传》中体会到这位迟暮之年的哲学家所获得那份福乐："……假若要我指出我一生中哪一个时期，是我最愿意重过一遍的，我一定会挑出这一段晚年的时光。"对于休谟宁静的晚年时光的这种描绘，尽管大体上真实不诬，但在细节上却未免有些失真。因为一场或许是其一生中最尖酸刻薄、最具人身攻击性的论辩的出现，打破了其晚年生活的平静。

---

[1] RSE, VI, 75.

第三十八章　和平的侵扰者

"那个愚蠢而偏执的家伙，贝蒂。"

正是《论真理的本性和颠扑不破，兼批驳诡辩和怀疑主义》（*An Essay on the Nature and Immutability of Truth; in opposition to Sophistry and Scepticism*）这本书打破了哲学家休谟内心的宁静。从 1770 初次面世，到 1776 年休谟辞世，这本书共出了五版。其作者詹姆斯·贝蒂（James Beattie）是"常识哲学"——它由托马斯·里德于 1764 年在苏格兰创立，两年后，由詹姆斯·奥斯瓦德（James Oswald）在《为宗教诉诸常识》（*An Appeal to Comman Sense in Behalf of Religion*）中加以应用——的追随者。尽管休谟与里德曾有过友好的通信，但他完全无视奥斯瓦德的存在。尽管贝蒂并未被忽视，但不像休谟在阿伯丁的其他"友善对手"——他们对年长的休谟怀有对一位严肃思想家所应有的尊重，但贝蒂却打算在读者心目中激起对休谟的情感偏见。

詹姆斯·贝蒂是阿伯丁马里夏尔学院的道德哲学和逻辑学教授，年方 25 岁的时候，他就获得了这一教席。而在那时，据贝蒂自己的描述，他尚未对形而上学下过很大的功夫。但不到几年的时间，经过自己孜孜不倦的潜心钻研，里德深信：自霍布斯以降的一系列伟大的英国哲学家（如洛克，贝克莱，尤其是休谟）都是错误的，唯有他自己获至了终极真理。到了 1767 年，他对休谟的敌意是如此强烈，以至于竟构写了一篇名为"怀疑主义的城堡"（The Castle of Scepticism）的散文体寓言。在其中，休谟化身成为城堡专横的君王，他奴役和折磨所有受

第三十八章 和平的侵扰者

诱进入城堡的人。[1] 尽管贝蒂最终并没有将这篇讽喻文章发表,但奇怪的是,其《论真理》早已沾染了这种冷嘲热讽的笔调。

在同一年所进行的大学讲演中,贝蒂已大致勾勒出其情感主义的哲学进路:

> 我将……提出一种评判标准,藉此,我希望我们能鉴别出那些违背常识,并让所有的科学都陷于错乱的怀疑主义和诡辩式推理。
>
> 因此,如果一个哲学家提出了与任何时代的博雅之士和无知庸众的一般意见都相左的一种学说;如果支撑这个新学说的论证尽管可以说得天花乱坠、无可辩驳,但却无法让人对其所力图证明之事物的真理性产生一种严肃而稳定的信念;如果我们在细心地考辨完这些论证之后认为,这个学说将给科学、美德和宗教带来致命的后果,那么甚至在尚未从逻辑上将其驳倒之前,我们就可以宣布:所有这些推理在本质上都是荒谬的。[2]

在给托马斯·格雷一封信中,就这一学说在《论真理》中的应用,贝蒂这样评点道:"我经常在论证中加入少许激昂之词,以及某些貌似轻率的诙谐之词。我知道,这两者都不适于哲学探究。但我之所以这样做,部分是为了自娱,部分是为了让我的论题显得不那么面目可憎。"[3]

正是贝蒂慷慨陈词的嗜好激发出如下的修辞之言:"当一个人长期埋首于枯燥和无益的形而上学时,不期然读到一位才华横溢的道德作家的著述,这是多么令人愉悦的一件事啊!您知道这种真正的才华是什么,又在哪里寻找吗?去读读莎士比亚、培根、约翰逊、孟德斯鸠和卢梭的著作吧!如果您已读过他们的著作,您可以再回过头来读休谟、霍布斯、贝克莱、莱布尼茨和斯宾诺莎的著作";并称现代怀疑主义者的作品为"忤天悖理之作,是一颗残酷愚笨之心的恶意发作,他们常常把自己的躁动不安误认为是天才,把自己的吹毛求疵误认为是知性的精

---

[1] MS in Aberdeen University Library. See Mossner, "Beattie's 'The Castle of Scepticism'": An Unpublished Allegory against Hume, Voltaire, and Hobbes, in University of Texas *Studies in English*, XXVII (1948), 108-45.

[2] "A Compendious System of Pneumatology, Comprehending Psychology, Moral Philosophy, & Logic. Taken at the Lectures of Mr. Js. Beattie P. P. At the Marischal College & University of Abbdn. BY J. Rennie. Anno 1767," pp.452-3 (MS in Glasgow University Library).

[3] MS letter of I May 1770 in Beattie Papers (B. 24), Aberdeen University Library.

明"。[1] 不仅远没有为自己的偏激失当之词感到懊悔，贝蒂反而在《论真理》第二版的一个"后记"中意气风发地为自己进行了辩护。然而，到了1776年，尽管并不情愿，他还是在部分段落中明显地降低了调门。

贝蒂的书颇能迎合普罗大众的口味，故而风行一时。在苏格兰，因贝蒂的书对休谟多有诋毁之词，故而爱丁堡的书商从一开始就拒绝将其出版，最后经"一位宗教骗子"之手才得以面世。但贝蒂的书很畅销。[2] 在英格兰，它风靡一时，约翰逊博士和埃德蒙·伯克都将其称颂为真正的哲学。1773年在伦敦，贝蒂受到了许多人的阿谀逢迎，这些人乐于看到休谟遭到迎头痛击。他们还相信：正如坎特伯雷大主教所透露的那样，乔治三世相信，贝蒂已将"休谟斩草除根"。贝蒂不仅受到了乔治三世的接见，而且还被授予一笔200镑的年金——这笔年金只相当于他所打败的那位哲学家（也即休谟）的年金的三分之一。乔治三世向贝蒂坦承："我从女王那里偷来并借给赫特福德勋爵观阅的……正是您这本书。除此之外，我从未偷过任何一本书。"[3] 贝蒂还被牛津大学授予民法博士学位。

在约书亚·雷诺兹（Joshua Reynold）的寓言画"真理的胜利"（The Triumph of Truth）中，贝蒂对休谟的完胜也得到了具象的表征。在画中，站在一边的詹姆斯·贝蒂戴着法学博士的礼袍和绶带，腋下夹着《论真理》，并洋洋自得于其中的象征意义：一身天使打扮的真理正在将三个奴颜婢膝的魔鬼推向无底深渊。第一个魔鬼俨然就是大卫·休谟，第二个魔鬼则长着伏尔泰的模样，第三个魔鬼则难以辨识。在一封致贝蒂的信中，雷诺兹隐晦地承认，他希望人们将第一个魔鬼认作休谟："休谟先生从别处听说，他不名誉地出现在这幅画作中；实际上，人们唯可以将画中以手捂着脸的那个人认作休谟，或其他的任何人；确实，画中的那个人有着宽大的后背。至于伏尔泰，就我的意图而言，他原本就是三魔鬼之一。"[4] 然而，奥利佛·戈德史密斯却深为这幅浮夸的寓言画所困扰，他向雷诺兹规劝道："您这么一位深孚众望之人……却在贝蒂这样一位粗鄙的作家面前去诋毁伏尔泰这样的大才，这真是让人匪夷所思！因为不出十年，贝蒂博士和他的书都

---

[1] Beattie, *Essay on Truth*, 4th edn. (London 1773), pp. 437-9; 482. 在1776年版中，上面所引述的第二句话中删去了"and stupid"。

[2] Margaret Forbes, *Beattie and His Friends* (London 1904), p.45.

[3] *James Beattie's London Diary, 1773*, ed. R. S. Walker (Aberdeen 1945), pp.42, 86.

[4] Forbes, *Life of Beattie*, I, 331-2. 人们常常认为第三个魔鬼是吉本，但是这种说法是极其荒谬的，因为在《罗马帝国衰亡史》第1卷于1776年面世前，没有理由将吉本与休谟、伏尔泰联系在一起。

第三十八章 和平的侵扰者

将湮灭无闻，但您的寓言画和伏尔泰的名声却永世留存，并让身为谄媚者的您万古蒙羞。"[1] 这种批评同样适用于雷诺兹对于休谟的贬损。

在爱丁堡，让休谟著名的牧师朋友们（威廉·罗伯逊，亚历山大·卡莱尔和休·布莱尔）感到愤慨的是：不管其哲学有何错谬，像休谟这样的一位哲学家竟受到唯沃伯顿之流才配享的苛待！布莱尔向贝蒂抗议道："有时候，我不由得认为您对休谟太严苛了；或许出于我对那位人道温良的大才之士的偏袒，我总希望您对他不要那么苛刻……我并不认同您关于怀疑主义之后果的耸人听闻之言。怀疑主义肯定是有害的，与怀疑主义做斗争也是正当的，而天平也应向正确的一方倾斜。但有时让怀疑主义获得某种微妙的优势，也许有利于驯服知性的傲慢，并抑制偏执。我倾向于认为，就实践后果而言，怀疑主义并没有多么严重的危害。"[2]

作为一个虔敬的教徒，爱丁堡大学的临床医学教授约翰·格雷戈里博士（Dr John Gregory）向蒙塔古夫人解释了休谟的朋友们何以能够在拒斥其哲学的同时，还可以喜欢他这个人。他写道，贝蒂"对于其事业的狂热，让他有时候对休谟采取了一种我认为完全不必要的苛刻态度。我痛恶休谟先生的哲学，因为它颠覆了有益于世道人心的每一项原则。我认为洋溢于其《英国史》中的普遍精神既有害于宗教，也有害于自由，尽管就其他方面而言，我认为它是我所读过的最生机盎然、最娱人心神、最富有教益的史著之一。但仅就私人生活而言，我热爱休谟先生这个人，并视其为最讨人喜欢的大才。同时我也相信，他自己并不知道，或者说并没有感受到其著作所产生的危害。看到他竟被如此诋毁中伤，我痛心至极"。[3]

1772年，一条小道消息流传开来，也即黑尔斯勋爵（Lord Hailes）正打算将贝蒂邀至爱丁堡大学任教。而当年，作为新晋的黑尔斯勋爵，大卫·达尔林普尔曾亲率众人，与身为律师公会图书馆管理员的休谟为敌。当这个消息传开后，爱丁堡大学的整个教职员工都奋起反抗，他们大多数都是休谟的朋友。剧作家约翰·霍姆致信埃德蒙斯通上校，让他尽可能地施加压力，以抵制对贝蒂先生的任命，"因为他写了那本专门辱骂我们的朋友大卫，并打算利用汹汹的民意将其送

---

[1] James Northcote, *Life of Sir Joshua Reynolds* (London 1818), I. 300.
[2] MS in Beattie Papers (C. 33), Aberdeen University Library.
[3] Letter of 3 June 1770 in MSS MO (uncat.), Huntington Library.

上火刑台的鄙陋之作"[1]。值得庆幸的是，事实证明，这则小道消息有点杯弓蛇影、夸大其词，因为黑尔斯勋爵并未做出任何郑重的努力，以便将贝蒂从阿伯丁招至爱丁堡。然而，格雷戈里博士却向贝蒂透露了一个实情："在全不列颠，爱丁堡或许是唯一一个可以让您产生身处敌国之叹的地方。"[2]

贝蒂在爱丁堡之外的异乎寻常的成功，无疑是时代症候的昭示。其成功并非源于《游吟诗人》（*Minstrel*），而是源于《论真理》中对于休谟的攻击。就时代氛围而言，当时的人们根本就看不到休谟人性哲学中的建设性意义，并将休谟误认为是一位热衷于颠覆基督教的彻底的怀疑主义者。故而，人们乐于看到休谟被以任何手段斗倒批臭。然而，1774 年，贝蒂受到了来自于约瑟夫·普利斯特里（Joseph Priestley）的惩罚。1775 年，在写自伦敦的一封信中，亚当·斯密向休谟保证：其伦敦所有的朋友都"因普利斯特里对贝蒂的答复"而大快人心，但由于赫德主教不主张贝蒂反击，故而错失了"一场最无与伦比的争斗"。[3] 直到 1783 年，贝蒂破绽百出的哲学主张才得到充分的揭露。康德注意到，贝蒂完全误解了休谟的整个观点，不仅如此，他还过于狂热，甚至失之粗陋。康德写道："我认为，公正地讲，休谟对于常识的重视和强调一点也不亚于贝蒂，不仅如此，休谟还强调了批判理性的重要性（而这是贝蒂所缺失的），正是批判理性约束了常识，并阻止其堕入玄想和臆测，或者说，当人们在讨论各种玄想时，批判理性能抑制人们做决断的欲望，因为它对自己的论证并不满意。"[4]

但是，作为贝蒂的受害人，休谟又做何感想呢？毫无疑问，休谟十分恼火。据传，对于《论真理》，休谟曾评点道："真理！这里面根本就没有什么真理；它有的只是满纸谎言。"格雷戈里博士告诉贝蒂："这本书的主人公极为生气，其朋友也是如此，他们人多势众。"对于这一事实，贝蒂异常高兴，或者说假装异常高兴："我远不以休谟先生的责难为耻，相反，我引以为荣。这种荣耀仅次于休谟先生的皈依教门，这可是我此后几十年间最值期待之事（尽管在我看来，这种皈依毫无指望）。据可靠消息，他以极大的愤慨谈及我以及我的这本书（我承认，

---

[1] Letter of 18 Feb. 1772, in NLS, MS 1005, f. 15.
[2] Forbes, *Beattie and his Friends*, p. 66. 关于黑尔斯准备将贝蒂招至爱丁堡的努力，可见于 Newhailes, 24, 361-2, 366, 422-4. 黑尔斯就此事致贝蒂的信，可参见藏于阿伯丁大学的贝蒂手稿。
[3] 参见文本补录。
[4] Kant, *Prolegomena*, Introd.

第三十八章　和平的侵扰者

我认为他有理由鄙视我以及我的这本书）。他还说，我并没有像对待一位绅士那样对待他。他这样看问题无疑十分正确。"[1]

休谟保持了其很久以前就下定的决心，也即绝不对其论敌进行公开回应。但在 1775 年，休谟采取了一个异乎寻常的步骤，也即撰写了一则简短的"广而告之"，并附在此后所有版本的《随笔和论文》第二卷的前面：

> 本卷中所包含的大多数原则和推理，都曾发表于一本名为《人性论》的三卷本著作之中。它是该作者在离开大学之前既已构思，并在不久后便撰写和发表的著作。但在发现其失败之后，他便意识到这么早就将其付梓实属操之过急，并在接下来的几部著作中对其进行了改写。在其中，他希望，他此前推理和行文上的一些疏失已得到了矫正。然而，有几位愿意给该作者的哲学惠赐教益的作家，仍将其批判的矛头指向该作者从未认可的那部不成熟的少作，并假装旗开得胜，但这只是他自己臆想中的胜利。这虽完全有违于公平和费厄泼赖的原则，但却有力昭示了那些人的论辩伎俩。故而，作者希望，唯有下面的这部著作才可以被视为表达了其哲学情感和哲学原则。[2]

休谟向斯特拉恩评论道：这则"广而告之是对里德博士，以及那个愚蠢而偏执的贝蒂的巧妙回应"。

但它并不是一个全面的回应，甚至连回应都算不上，只能算是一位饱受病患和争议之苦的老者的任性反击。其"少作"《人性论》在 1739 年至 1775 年这一漫长旅程中的不幸遭遇——这一不幸最近又因贝蒂的诟辱和漫骂而臻至顶点，必然诱使休谟做出一个公开的辩驳。庆幸的是，在当今的哲学家中，很少有人把休谟这则"广而告之"当回事。尽管遭到作者自己的诟病，但人们仍将《人性论》视为一部不世出的皇皇巨著。

而贝蒂事件之后的一个小插曲是托马斯·赫伯恩牧师（Reverend Thomas Hepburn）于 1774 年匿名发表的《苏格兰评论的一个样本》（A Specimen of the Scots Review）。该书的第一个标靶便是"那位大巫师和大妖佞大卫·休谟先生，这一方面是因为他是

---

[1] *Gentlemen's Mag.*, XLVII (1777), 159*n*; Forbes, *Life of Beattie*, I, 173-4, 171.
[2] *Phil. Wks.*, III, 37-8.

众多无益之书的始作俑者，一方面是因为所有攻击他的著作都浪得虚名，并让其作者尝到了实实在在的甜头"。赫伯恩还断言，"通过诉诸常识的观点，这些作者对哲学、宗教和真理所造成的伤害比怀疑主义者尤过之而无不及"。赫伯恩的《样本》让休谟大喜过望。他告诉他的堂弟，也即身为剧作家的霍姆道："尽管我时不时会受到他的针砭，但我希望他能写下去，因为我在这位英雄身上看到了一种让敌友同畏的大无畏精神……若不是害怕他会将这种礼待当作讹诈，我真希望能写信向其致意。"

《样本》还谴责了《爱丁堡杂志和评论》编辑的刻薄与好斗。它肇始于一件让人深恶痛绝的偶然事件，其中，一位自以为是的编辑竟然拒绝刊登休谟为一位久负盛名的同道所著之书所写的书评。这本于1773年创刊的新期刊的主要发起人是一位年轻的苏格兰人——吉尔伯特·斯图亚特（Gilbert Stuart），他早年曾受过休谟的恩助。然而，不知何故，斯图亚特突然转而反对其祖国及其文人，并利用其手中的期刊发起了一系列猛烈的攻击。其中，凯姆斯勋爵，蒙博杜勋爵（Lord Monboddo）都深受其害，但主要的受害者莫过于牧师罗伯特·亨利博士，他最近刚刚受命担任爱丁堡新格雷修道士教堂（New Grey Friars Church）的牧师。亨利是一个历史学家，故而，他自然地会问计于休谟并寻求帮助。也正是在休谟的反复敦促下，斯特拉恩和卡德尔于1771年出版了亨利的《大不列颠新史：从尤利乌斯·恺撒领导下的罗马人第一次入侵开始》（History of Great Britain from the First Invasion of it by the Romans under Julius Caesar）的第一卷。

尽管斯图亚特曾称颂过第一卷，但1773年，他却一反常态，决定对第二卷大肆挞伐。一方面是因为早已忌惮于《爱丁堡杂志和评论》对苏格兰作家所采取的那种严苛的态度，另一方面也因为知道休谟对其《大不列颠新史》褒赞有加，于是亨利就精明地恳请休谟给"敌军的大本营"（也即《爱丁堡杂志和评论》）写一篇书评。休谟乐于出手相助，于是向斯图亚特提及此事。而后者（斯图亚特）向一位通信人吐露道："大卫·休谟想要给亨利的新作写书评，但这件事如此重要，我不可能假手他人。即便是摩西起而央告，我也不可能假手于他，即便摩西是仰承上帝之意。"[1] 但直接拒绝像休谟这样著名的历史学家来写评论，那也太不近人

---

[1] Isaac Disraeli, *Calamities of Authors* (London 1812), II. 60-1. 关于这个掌故的全本，参见 Mossner, "Hume as Literary Patron: A Suppressed Review of Robert Henry's History of Great Britain, 1773," in *Modern Philology*, XXXIX (1942), 361-82. 休谟评论的原始校样现存于加利福尼亚大学洛杉矶分校的威廉·安德鲁斯·克拉克纪念图书馆（William Andrews Clark Memorial Library）。

第三十八章 和平的侵扰者

情,斯图亚特所采用的是马基雅维里式的手腕。休谟可以为亨利的新作写书评。如果休谟的评论对亨利的新作多有贬诋之词,那就再好不过了,因为斯图亚特此后就可以来一个火上浇油。然而,当休谟的评论被证明多有夸赞之词时,斯图亚特就开始着手构陷它,让其看起来大谬不然。这个任务并不难。

在一个描述性的开篇和大段的征引之后,休谟的书评以一个批判性和私人性的注解收尾。休谟将作为历史学家的亨利与"著名的"罗伯逊博士相提并论,并称颂他们二人皆能将经世学识(profane learning)和精神教化(the spiritual guidance of the people)完美地结合在一起。在书评的结尾,休谟写道:"这些杰出的范例将让那些异教徒自惭于自己虚矫的吹毛求疵,并终结这个时代所不幸泛滥的邪恶、渎神和不道德的洪流。"

斯图亚特不失时机地对这最后一段进行了篡改:他用休谟的敌人麦克奎因博士(Dr MacQueen)取代了休谟的朋友罗伯逊博士;而休谟原本诚恳的夸赞也被篡改为讽刺性的谄媚;并且允诺在下一期刊登该文的续篇。在经过这样的一番裁剪之后,校样最终返还到休谟手里。它引来了休谟的强烈抗议:

> 我希望您能好好管束一下您的印刷工,因为他太随心所欲了;我估计他完全是在自说自话。他竟然将罗伯逊博士的名字替换成了麦克奎因博士,这绝不是我的本意,我只想对罗伯逊的功绩做出公允的评价。最后一段看起来完全是出自印刷工自己的手笔,而且对于像亨利博士这样一位新科作家,它也实属过誉之词。但是,如果您想让我再多写几句,我已增补了一些内容,请您务必关照那位印刷工,千万不要再出任何差池了。[1]

休谟新写的、用以替代斯图亚特之冷嘲热讽的最后一段,将亨利、罗伯逊与休·布莱尔相提并论,称布莱尔"那只翻阅荷马、维吉尔、德摩斯梯尼和西塞罗那些高贵篇章之手,同时也不耻于以敬畏之心翻阅圣经;带着同一种声音,他不仅在布道坛上与各种邪恶做斗争,让它们闻风丧胆,而且还屈尊向其学生传授修辞、诗歌和文雅文学的有用教诲"。

斯图亚特完全误解了这位"伟大的异教徒"献给其教士朋友们的这种真诚颂

---

[1] NHL, p. 202.

词。斯图亚特讥讽道:"它显得矫揉造作,将会让您忍俊不禁"。"我私下里保存了一份,以供朋友们消遣。这位伟大哲学家的智力已开始退化"。斯图亚特的一腔怒火全转而撒在休谟身上,他说道,休谟"在这件事情上行为不检,我正准备痛殴他。您不久之后即可在这本杂志上看到一系列文章,这些文章不仅指出了他所犯下的众多错误,而且还证明了他对于英国史的无知。同时遭到异教徒和信众的攻击,我早已忍无可忍了"[1]。至于休谟为亨利所写的那篇评论文章,更是被彻底回绝。斯图亚特在 1774 年 2 月和 3 月号的《爱丁堡杂志和评论》上发表了他自己的评论文章,对亨利进行了毁灭性的痛诋。而此后,通过评点其他的史著,尤其是约翰·惠特克(John Whitaker)的《曼彻斯特史》(History of Manchester),他借机对休谟进行了"痛殴"。

休谟此次之所以招来如此野蛮的攻击,正是因为其恩庇新朋友的慷慨之举,以及他对于两位老朋友的善意礼赞。即使是在晚年,休谟与爱丁堡温和派教士的亲密关系也饱受某些人的误解,因为他们根本就无法理解伟大人物之间的惺惺相惜。

在其他的同时代人中,仅仅因其秉持怀疑主义哲学而不能看透"好大卫"之性格的,还包括托马斯·格雷(Thomas Gray),约翰逊博士,詹姆斯·鲍斯维尔。他们每个人都以自己的方式对这位"伟大的异教徒"做出了过激的反应,尽管他实际上是一位好人。在其恩庇约翰·霍姆和詹姆斯·麦克弗森期间,休谟曾与格雷有过一些友好的交往。然而,1775 年,当休谟从威廉·梅森(William Mason)所写的格雷传中读到格雷对于自己的真实看法时,必定大为震惊。大约五年前,格雷曾致信梅森道:

> 我总是认为大卫·休谟是一位十分危险的作家,并且相信,一如在其母国苏格兰,他在这里已造成大量的伤害。一条混浊的浅溪常常貌似十分深邃。一个自命的怀疑主义者常常只受其当下激情(如果他有任何激情的话)和眼前利益的指引;要掌握休谟的哲学,我们既无需读他的书,也无需听从他的建议,因为每位孩童都可以做同样的事,这根本就不需要任何学习。难道休谟的崇拜者所称颂的不正是他的天真和好脾气吗?难道他的天真和好脾

---

[1] Disraeli, *op.cit*, pp.66-7, 70.

第三十八章 和平的侵扰者

气不正因为他终其一生都是一个长不大的稚子吗？唯一的不同在于：他学会了阅读和写作，而这实乃不幸之事。正是幼稚的法国人让他成为一时之风尚，而一如既往，我们是从法国人那里间接地学会了如何崇拜他。[1]

鲍斯维尔自己并不认可格雷的解释[2]。"我并不认同他的观点。休谟当然具有冠绝群伦的大才。我的看法是：他长久地浸淫于一种观点，以至于神思恍惚。他长久地凝视大地，以至于不能仰望天国。他就像那些婆罗门教徒，由于长时间坚持不懈地保持一个固定的姿势，以至于再也无法改变。或许我们可以不恰当地将其比作《福音书》中的那个妇人，她'弓着腰，再也无法直起身来'，直至我们的救主将其治愈。我们的救主说，'她被撒旦束缚了18年之久'。"而这只是詹姆斯·鲍斯维尔对于休谟最近的一次溢美之词，他早在1758年就发现："休谟是我所认识的人中最谨言慎行、和蔼可亲之人，而且他实在博学多识，有许多精选的藏书。他的确是一位不同凡响之人，现在已很少能遇见这种人了"。那时尚年轻的詹姆斯曾洋洋自得地得出这样的结论："我认为休谟先生是适合年轻人结交的不二人选……"[3]

结识"不列颠最伟大的作家"，詹姆斯·鲍斯维尔确实是这么做的，并且通过略施巧计，鲍斯维尔最终在1763年与休谟建立了通信联系。三年后，鲍斯维尔不请自来，介入休谟对卢梭的恩庇，并在"休谟－卢梭之争"发生后，发表了一系列的相关文章。他曾在1768年吹嘘道："我现在已是一位名副其实的大人物。就在同一天，休谟先生和约翰逊先生相继拜访了我"。[4]但是，鲍斯维尔虽然能成功地让约翰逊博士和异教的辉格党政治家约翰·威尔克斯（John Wilkes）毗邻而坐、相安无事，但要让约翰逊和休谟同处一室，却是更为艰巨的任务。他不会忘记休谟1762年的评论：一看到他走进来，约翰逊扭头就走，但他显然没

---

[1] Mason, "Memoirs of his Life and Writings." Prefaced to *Poems of Mr. Gray* (York 1775), pp.384-5.
[2] Boswell, MS letter in NLS, MS 3278, f. 54. 关于休谟与鲍斯维尔以及约翰逊的关系的详尽的解释，请参见 Mossner, *The Forgotten Hume*, Chs. 7-8.
[3] Boswell, *Letters*, I, 2.
[4] *Ibid*, I, 160.

有意识到，1763 年，他们俩都曾是位于圣詹姆斯宫的皇家牧师家中的座上宾。[1] 所以，1773 年，当鲍斯维尔在詹姆斯宅邸——尽管不在鲍斯维尔从休谟那里租住的那栋房子[2]——招待约翰逊时，在爱丁堡的杰出文人中，唯有休谟不在受邀之列。

终其一生，对于灵魂死灭的恐惧一直困扰这詹姆斯·鲍斯维尔。但正是在约翰逊博士的宗教教条中，鲍斯维尔找到能对抗这种恐惧的某些安慰。正是从约翰逊那里——他们于 1763 年初次见面，鲍斯维尔学会了如何毫不容情地对待宗教异端，尤其是学会了如何鞭挞那位苏格兰哲学家（指休谟）的所有捍卫者。有一次，在鲍斯维尔的刺激下，休谟甚至说出这样的奚落之言，"唯有天性良善之人才能抵御基督教的邪恶影响"。然而，奇怪的是，有时候，鲍斯维尔也会觉得约翰逊对休谟的漫骂过了头，"太过粗鄙"。有一次，当约翰逊向鲍斯维尔指责休谟充满了思想自负时，这位年轻的苏格兰人反驳道："先生，为什么要攻击他的心灵呢？""为什么？先生，因为他的大脑已腐化了他的心灵。又抑或他的心灵已腐化了他的大脑。我不知道他到底是先变成了一个蠢蛋并由此风靡一时呢？还是先风靡一时并由此变成了一个蠢蛋？"[3]

从初次见面，到休谟辞世后很久，"这位德性斐然的异教徒"所引发的悖论始终困扰着鲍斯维尔。他曾向其未婚妻吐露心曲："要不是他所写的那些异教作品，每个人都会爱上他。他是一个单纯平易，乐于助人，心地善良之人。"还有一次，他吐露道："大卫实在是一位和蔼可亲之人。我总是对他所秉持的不幸原则深表遗憾，而他也总是对我的信仰不以为然。但是，我是多么希望他不曾持有，甚或假装不曾持有这些不幸的原则啊！"[4] 鲍斯维尔心中这个奇怪的悖论曾引发了三次危机：一次发生在 1775 年，一次发生在休谟处于弥留之际的 1776 年，一次发生 1784 年的梦中。

第一次危机正发生在本章所描述的这段历史时期。在 1775 年 11 月的一次礼

---

[1] 根据编目员对于休谟一封未标明日期和此前湮灭无闻的信（No. 1185 in Puttick & Simpson's catalogue for 30 July 1886）的描述，约翰逊曾到休谟家做客："那位博士（约翰逊）曾是我的客人。"考虑到约翰逊只是到了 1765 年才获得其法学博士学位，那么此次会面一定发生在 1766—1768 年间，或 1776 年间，只有在这两个时间段，休谟才住在伦敦。我对此仍表怀疑。

[2] Mossner, "Dr. Johnson in *partibus Infidelium?*" in Modern Language Notes, LXIII (1948), 516-19.

[3] *Boswell Papers,* VII, 189; VI, 178.

[4] *Ibid*, VIII, 227; Boswell, *Letters*, I, 160.

第三十八章　和平的侵扰者

拜中，布道词中有"哦，死亡，你的毒钩在哪里？"这样的字句，而其所要传达的教益是强调基督教对于人心的抚慰。鲍斯维尔写道，"突然，我脑海里涌现出一个奇怪的念头，我应该去找大卫·休谟并告诉他：我现在很高兴拥有虔诚的信仰，但万一因内心某些逆料不到的变故我不再信教了，那么，他最人道的做法便是向我灌输各种反思，唯有借助于这些反思，一个理智健全、情感平和之人方能支撑其作为一个异教徒的精神。这绝非我的突发奇想，我曾严肃地考虑过这个问题。我比较好奇的是，大卫到时会怎样开导我。"

几周之后的一个星期天，在做过两次礼拜后，这位小信之人（man of little faith）才敢冒险去拜访那位怀疑主义哲学家。大卫与他的姐姐及小侄子刚用完餐。"他头戴一顶白色的睡帽，在睡帽之外还戴了一顶帽子。他叫人拿出一瓶新酿的波特酒与我对酌，他的侄子只喝了一玻璃杯。实际上，这瓶酒我喝了一大半。"在鲍斯维尔熟练的诱导下，借着酒意，休谟遂打开了话匣子，从当前流行的文学论题，一直谈到他自己的生平信息。"今天下午我跟他聊得实在尽兴。我还萌生了给他写传记的想法。"然而，鲍斯维尔终究还是没有勇气去触碰其深埋于心的那个话题。从其最后的反思来看，显而易见，鲍斯维尔一直念兹在兹的正是这个问题。"大卫这样一位文雅、明辨和俊朗之人竟然是一位大异教徒，这真是让人百思不得其解。信或不信并不必然与人的实际作为绝对相关。有那么多的乖戾之徒还是和平福音的传布者呢！"[1] 第二年，当休谟弥留于病榻之时，鲍斯维尔还准备抓住最后一次机会，以探究他以及其他人在这位德行斐然的异教徒身上所发现的道德之谜。此次探访被证明是有启迪意义的，但对于鲍斯维尔的内心宁静而言，则颇具灾难性。

"老大徒伤悲"，休谟曾这样告诉其在爱丁堡的晚年密友，吉兰的斯图亚特夫人（Mrs Stewart of Gillan）。"或许青春不一定有多么美好，但迟暮之年却注定不幸……无论是为自己计，还是替朋友考虑，我都宁愿在步入暮年时生命戛然而止，而不愿在那个悲惨的世界盘桓太久……"[2] 因此，令人庆幸的是，他美梦成真，他注定不会"在那个悲惨的世界盘桓太久。"

---

[1] *Boswell Papers*, XI, 5, 40-2.
[2] NHL, p.228.

第三十九章 哲人之死

"我估计将不久于人世。"

除了不时出现的论争，其日益加重的病情也严重地侵扰了休谟晚年的幸福。自1772年起，休谟的身体状况就开始每况愈下，只是他尽力向身边的朋友隐瞒了这一切。三年后，他的病情开始急剧恶化，以至于一年之内就猛瘦了70磅。夜里的高烧、严重的腹泻和内出血，所有这些病症都让休谟意识到：这些病痛也曾长期折磨过他的母亲，并最终导致其死亡。基于这种意识，也基于他知道他与其母亲体质相同，对于不可避免的死亡，休谟已能坦然面对。这位哲学家或许还会想起巴特勒主教的一句话："一切皆有定数。"

就这样，内心释然的休谟尽可能地继续从事其正常的活动。直到生命的最后一刻，他还在心怀善意且生龙活虎地给久违的朋友们写信；还在校订他的《随笔和论文》和《英国史》；还在关心爱丁堡大学和苏格兰教会的补缺；还在如饥似渴地品读新近出版的书籍。简而言之，一切活动如常。

当时，休谟正翘首以待的两本书，一本是爱德华·吉本的《罗马帝国衰亡史》，一本是亚当·斯密的《国富论》。1776年春，在迫不及待地读完这两本书之后，休谟提笔分别给这两位作者写了贺信。在给吉本的信中，除了颂扬，休谟还夹杂着些许民族主义的自矜："无论是就您行文的高贵和论题的深入而言，还是就您学识的广博而言，我都必须给予大作以同等的尊敬。而且我承认，倘不是先前曾有幸与您相识，那么，从我们这个时代的一个英格兰人之手诞生出这样一部作品，将不免让我感到些许诧异。您也许会对这种观点报以讪笑。可是在我看来，在近乎整整一代人的时间里，您的同胞自甘堕落，投身于野蛮而荒谬的党派斗争，从而将一些风雅之学（polite letters）全都抛之脑后。因此，我已不再指望他们能创作出什么有价值的作品了。"在给斯密的信中，休谟写道："由于您自己、您的朋友和公众都对您的这部著作抱有甚高的期许，所以，我一直都对它的面世提心吊胆，但现在我终于可以长舒一口气了。"在就一些经济问题向斯密提出商榷之后，休谟继续写道："这些问题以及其他的一百多个问题，我们只有在面谈时才能说清楚。如果您不反对的话，我自认为我们很快就能见面。我希望我们能早一点见面，因为我的健康状况已非常糟糕，已经不起一再拖延。"

由于身体日益虚弱，休谟开始婉拒朋友们的邀约，并总是抱怨他们给他安排的房间要么过冷，要么过热，说他已经睡惯了自己的床和床垫，已不再能忍受旅行的种种不便了。相反，休谟的朋友们总是恳请他们"亲爱的、固执的大卫"，他们"执拗的哲学家"，他们"善变的、一会一个主意的女孩"大驾光临。不过，他们总是温和而宽容，因为他们知道——尽管他们不愿意承认：他们的大卫与他们共处的时日已屈指可数。

1776年3月，继阿里莫勋爵（Lord Alemoor）之后，缪尔男爵（Baron Mure）的离世让爱丁堡的文人圈悲悼不已。大卫哀叹道："男爵是我的老朋友，也是这个世界上我最好的朋友。"在男爵辞世后不久，布莱尔写道："可怜的大卫·休谟，他的身体状况正在迅速恶化。一想到他的辞世，我就会提心吊胆，甚至不寒而栗。最近，我们圈子里几位朋友的相继离世，已让我们备受打击，而大卫如果再有什么三长两短，这将是一个致命的打击……"[1] 休谟的朋友们提出了各式各样的建议：有人建议他在家静养；有人建议他到英格兰和国外去疗养。休谟仍选择信任其当地的三位医生朋友：约瑟夫·布莱克博士（Dr Joseph Black）、威廉·卡伦博士（Dr William Cullen）和弗朗西斯·霍姆博士（Dr Francis Home）。他们劝他在家静养，"在圣大卫街安详地死去，要好过去任何地方"。

但是，身在伦敦的约翰·普林格尔爵士（Sir John Pringle）一直迫不及待地诚邀休谟去伦敦。自1745年辞去爱丁堡大学的教席之后，他已成为现代军事医学领域声名卓著的奠基人和英国皇家学会的主席。早在1775年春，普林格尔爵士就致信休谟道："我近来屡屡听闻您身体暴瘦，而且夜里一直高烧不退。尽管我

---

[1] NLS, MS 1005, ff.21-2.

现在对爱丁堡的医疗水平颇有佳评,但是,出于对您的关心,我还是希望,实际上是诚挚地恳请您今夏来一趟伦敦,看看我到底能为您做些什么。"[1] 之后的第二年,普林格尔爵士一直在为休谟开方诊治。1776 年 4 月,因架不住伦敦一干友人的苦苦相劝,休谟终于答应前往伦敦。"除了担心这会让我提前去见阎王爷外——这压根不是理由,您再也找不到反对的理由了吧?"休谟向布莱克博士垂询道。

4 月 18 日,也即在离开爱丁堡的前三天,休谟撰写了《我的自传》。在其中,休谟承认:"我的肠胃病"竟成了"致命的不治之症。我估计自己将不久于人世……对于生死,我现在早已看破"。作为一位名人,也作为一个因在宗教和灵魂不朽问题上的见解而臭名昭著的异端,休谟清醒地意识到:自己的死亡方式将成为万众瞩目的焦点。他是一位哲学家,他决定以哲人的方式赴死,从而让公众相信:面对死亡时,他无愧于自己的哲学原则——既不抱有任何希望,也不怀有任何畏惧。因此,《我的自传》部分是自传,部分是宣言。正是在为自己的死亡做准备的过程中,我们的这位哲学家向正统的宗教观点发出了莫大的嘲讽。

在 1 月 4 日草拟的新遗嘱中,休谟对于生死的超然和洒脱态度已可见一斑。4 月 15 日,休谟又在这份新遗嘱上添加了一条附录。依照遗嘱——霍姆伯爵是遗嘱的见证人,九泉的约翰·霍姆既是第一继承人,也是首要的执行人,万一约翰·霍姆在休谟之前故去,就改由其次子大卫担任。其姐姐凯瑟琳将获得 1200 英镑的现款遗赠,位于詹姆斯宅邸的那栋房产的"终生租金",以及她自己挑选的 100 本书籍。不仅如此,休谟还给他的三个侄子和两个侄女做了专门安排。所有的仆人都将拿到一年的薪酬,而佩吉·欧文(Peggy Irvine)将拿到三年的薪酬。休谟不仅向一众亲友分赠了各种小礼物,更是向达朗贝尔、亚当·弗格森和亚当·斯密这三人分别赠送了 200 英镑现金。并向爱丁堡医院赠送了 50 英镑。

与原始遗嘱写于同一天的"附录"写道:

> 不管我死于苏格兰何地,我都将以一种私人的方式埋葬于卡尔顿教堂墓地(Calton Church Yard)的南面。可以在我的墓穴之上建一座墓碑,但其靡费不可超过一百磅。墓碑刻上我的名字及生卒年月即可,其他的任由后人评说。

---

[1] RSE, VI, 96.

第三十九章 哲人之死

[休谟的墓碑是由其朋友罗伯特·亚当（Robert Adam）设计的。数年后，亚当·斯密评价道："我不喜欢那块墓碑。这是我在我的朋友休谟身上所看到的最浮华无益之物。"] 4月15日的另一条补充条款，还为重建邱恩赛德桥（Bridge of Chirnside）提供了100英镑赠款，但前提是：建桥所用的石头不能取自九泉的采石场，已经开采好的除外。休谟还向其侄子约瑟夫赠送了50英镑，以用于修建"一条环绕九泉老宅的通畅便捷的下水道"，前提是：如果这项工作不能在一年内完工，这些钱将被转赠给邱恩赛德教区的穷人。

休谟最感焦心的仍是其手稿的处理，尤其是那些尚未出版的手稿的处理。他下定决心要确保《自然宗教对话录》的出版。这本书写于1750年代早期，初校于1760年代早期，并在其生命的最后几个月里，休谟再度对它进行了校订和润色。休谟并非不愿意发表那两篇扣压的论文——也即《论自杀》和《论灵魂不朽》，但他并未坚持己见。前面所提到的给吉本的那封信表明：休谟急于看到吉本是如何处理早期基督教史这一棘手的题材。"我知道您性格一向沉稳；但是，在处理这一题材时，您不可能不授人以柄并招致猜疑，因此，您不难预料随后必将有一场喧嚣。"吉本对宗教题材的处理之所以让休谟大感兴趣，部分是因为它提醒休谟：自己的宗教著述同样可以付梓于世。

《自然宗教对话录》是休谟的骄傲，正如其向威廉·斯特拉恩所坦承的那样："我的一些朋友向我大唱谀词，认为它实为我所写过的最佳著作。此后，我一直将其束之高阁，没有出版，因为近年来，我一直想过一种安宁的生活，远离所有的是非纷争。"但事实证明，《自然宗教对话录》的出版的确十分棘手。在最初的遗嘱中，休谟将其手稿全权委托给斯密，唯一的要求是：务必将《自然宗教对话录》出版。但当遭到斯密的婉拒后，休谟又对他的这一要求做了限定，并于5月3日授予斯密见机行事的自由裁量权。因不满于这一结果，休谟遂决定立即将其付梓，但因其糟糕的健康状况而只得作罢。最后，在8月7日，休谟又在其遗嘱上新增了一个补充条款[1]，规定：所有手稿均交由斯特拉恩保管，并希望他能在两年内出版《自然宗教对话录》，而那两篇扣而未发的论文也交由他全权处理。休谟希望将《我的自传》置于其辞世后第一版著述的篇首。这条补充条款事后又

---

[1] RSE, IX, 24.

增加了一条决定性的内容，它规定："无论出于何种原因，设若在我辞世两年半后《自然宗教对话录》仍无法如期面世……那么，其所有权将转归家侄大卫。为了满足其叔叔的最后一个心愿，他有责任将其出版，并必将因之而受到世人的称许。"就这样，作为一个行将就木的文人，休谟终于了却了他最后一块心病。

如果说此次英格兰之旅并未改善休谟的健康状态，那么，休谟也算是不虚此行，因为它证明了休谟友人对于休谟的深情厚谊。4月20日，休谟告诉斯特拉恩："我明天就要乘邮车去伦敦了。但是，能否顺利抵达尚是一个未知数。这将是一次缓慢的旅程。"一路上不仅有男仆科林·罗斯（Colin Ross）的贴身照料（他是已故的缪尔男爵遗赠给休谟的），而且还准备了许多靠垫，以支撑休谟干枯的身躯。就这样，我们这位哲学家就不甚热心地从圣大卫街出发，并开始了其人生中的最后一次旅行。[1]

两天后，正当休谟在莫佩思（Morpeth）一家旅馆安歇时，站在门口的科林看见一辆马车驶了进来，里面坐的正是剧作家约翰·霍姆和亚当·斯密。这次相遇并非纯属巧合，因为为了探望老友休谟，他们正在急匆匆地从伦敦赶往爱丁堡。亚当·弗格森曾告诉身在伦敦的约翰："我恐怕大卫撑不了多久。""我希望我们很快就能在爱丁堡见到你。在我们都抽不开身的时候，你可以多陪陪他。"于是，约翰立马决定返回爱丁堡，而亚当也决定随行。在莫佩思，他们一致同意：亚当继续前往苏格兰，以照顾其卧病在床的母亲，而约翰则陪同大卫前往伦敦或者巴斯，如果温泉有疗效的话。

现在，沉闷乏味的旅途因生性活泼的约翰的到来而增色不少。这位剧作家惊讶地发现：其朋友"从没未像现在这么开心，也从未像现在这样才赋超群，他的记忆力、理解力和机趣都达到了前所未有的高度"。当大卫第一次踏上那辆马车时，他注意到车上有两把手枪，于是他轻描淡写地评点道：由于他已没有什么东西可抢了，所以，还是让他的同伴去与劫匪们做殊死搏斗吧。要让邮差以每小时不足五公里的速度向前行驶，这诚非易事，因为他们痛恶被路上的每一位旅客所赶超。其中的一位邮差尤其如此，他根本就不愿减速，每当他因为速度太快而受到呵斥时，他就鞭打他的马。"这是在拿马撒气（*Pour se dédommager*），"大卫一针见血地评论道。

---

[1] 下面对于此次旅行的描述大部分仰赖于 Home-Mackenzie, I, 168-82.

第三十九章 哲人之死

在马车上,这一对友人轻松地聊起了政治,并无所顾忌地品藻人物。大卫全面地回顾了他的一生,尤其是他在法国的经历。在对世界形势做了广泛的探查之后,休谟悲叹道:"作为世界上两个最文明的民族,英国人和法国人将一蹶不振,而身为野蛮人,德意志和俄罗斯的哥特人和汪达尔人的权势和声望将如旭日东升。"大卫半认真半开玩笑地说道:他此番去伦敦,只是为了取悦他的朋友,他们每个人都会让他折寿一个星期,他们对此负有责任。"因为,"他说道,"你们肯定都认同色诺芬的说法。他指出,即便一个人已奄奄待毙,也没有任何人有权杀死他。"休谟还平静地说起他在卡尔顿墓园刚买下的那块地,并指出约翰不愿谈这个话题毫无意义。他承认,除了不愿被"运往"国外——他更愿意死在国内,他已做好准备去约翰·普林格尔爵士和伦敦的朋友们所安排他去的任何地方。

大卫一路上胃口尚可,除了喝水,其他的饮料滴口不沾,而晚餐也只是一个鸡蛋。休息的时候,他们就玩惠斯特牌或皮克牌(whist or picquet)。当只身一人时,大卫总是手不释卷,研读古典著作。他们一行于五月一日抵达伦敦,并投宿于与埃利奥特小姐家只有数步之遥的帕金斯夫人家。

约翰·普林格尔爵士接手休谟的诊治。他宣称,休谟的病情并无大碍,只不过是肠梗阻而已;爱丁堡的医生全都错了;巴斯温泉肯定能治好他的病。休谟在伦敦的友人全都赶往帕金斯夫人家探视,这其中就包括斯特拉恩和吉本。后者写道:"看到休谟途经伦敦,看到他那虚弱的身体和坚强的心灵,我既开心又难过。"经过几天的修整和放松之后,大卫和忠实的约翰继续赶往巴斯。

路上,他们就一个永恒的话题发生了友好的争执:如果亚当·弗格森、约翰和大卫都是相邻各邦的君主,他们将如何统治他们的王国?大卫不厌其详地阐述了他将如何培植和平的技艺,而他的朋友们则着力强调战争艺术的重要性。作为自保的最后一招,休谟将给其中的一位国王提供津贴,以资助他去攻打另一位国王。经过长期的征战,他终将成为这三个王国的主人。大卫一说到这种典型的借刀杀人之计,两位挚友总是忍不住哈哈大笑。这让路人们不由得认为,他们实在是最快活的旅人。

而在纽伯里(Newbury)附近的书脊山(Spine Hill)的一家旅馆里,他们发现了一个钓鱼派对,其成员有海军大臣桑威治勋爵(Lord Sandwich)和其他几位官员,以及"两三位风尘女子"。在给伦敦精明的政客威廉·斯特拉恩回信时,我们的历史学家说教道:

就我贫乏抑或渊博的历史知识而言（我的历史知识到底是渊博还是贫乏，可由您和约翰逊博士来定夺），我还不记得有任何这方面的先例。而且我敢断定：这样的事例是绝无仅有的。在大英帝国命悬一线、生死攸关的时刻，作为海军大臣（在海军部，他向来拥有说一不二的权威），他居然如此的闲情逸致，如此的心平气和，如此的心不在焉，如此的散漫无归，以至于在一年之中的关键时节，在一个距其办公地点六十英里的地方以捕鱼为乐！仅仅这一事实就足以判定这个国家的命运。在未来的史著中，通过叙述这个光怪陆离的历史插曲，从而引申出此后的一系列宏大事件，这将让史著何其增辉！

在巴斯，约翰·古斯塔德博士（Dr John Gustard）接手了休谟的治疗。他发现，休谟所患的既不是布莱克医生所讲的出血症，也不是约翰·普林格尔爵士所称的肠梗阻，而纯粹是一种胆汁失调。这个病，温泉疗法几乎无往不胜。我们这位博学多识的病人遂开始抱怨，由于其所患的只是普通的胆汁失调症，他几乎已对死于那两种用希腊文命名的疾病不抱什么希望了。然而，事有凑巧的是，作为当时最久负盛名的外科医生和解剖学家，约翰·亨特（John Hunter）恰巧也要赶往巴斯，并表达了愿替休谟看病的愿望。在做过指检之后，在给其兄长的信中，休谟写道："我的肝脏上有一个肿块。"虽然获得了实物证据，但我们的经验主义哲学家却一点也开心不起来。他观察道："这一事实，虽非出于理性分析，但明眼人一看便知，并且经过当今欧洲最伟大的解剖学家的法眼，应该说已确定无疑。而且唯有它方能解释我目前的身体状况。"

此后不久，休谟自己就能感觉到"肿块"的存在，发现它"大约有鸡蛋那么大"，"呈扁圆形"。"如果这都不能说服你，那真是见鬼了！"他告诫诨号为"鱼"的克劳福德道，"甚至那个虔诚的使徒圣托马斯，除了相信自己手指所触碰到的东西，绝不信有其他的权威存在。他们告诉我说：由于战场已从大肠转移至肝部，我从中多有获益。但是，尽管将军们骁勇善战，我对'取胜'并没有抱多大的希望，甚至还没有我们与美洲的战争胜算大。"此后，当医生们继续为疾病的位置争论不休的时候，休谟依然平静地自得其乐。实际上，就证据所及，现代医学或许会认为：尽管无法排除肠癌的可能性，但休谟很可能死于由急性杆状菌痢所引发的慢性溃疡性结肠炎。

第三十九章　哲人之死

在给休·布莱尔的信中，哲学家高兴地写道："您一定听说过约翰·霍姆所带给我的那份惊喜……再也没有什么举动比这更友好、更恰逢其时了：要不是我们之间的谈话（conversation）、打牌（有时甚至是争吵），我真不知道如何才能挨过这倦怠无聊的时光！可以肯定，正是有了约翰·霍姆的陪伴，此次旅程才会收到如此好的效果……"与此同时，休谟还不忘借机打趣这位教士，他隐晦地暗示："为了让她改信无神论，或为了让我皈依基督教"，他或许会接受他所认识的两位巴斯女士的邀约，与亨廷顿伯爵夫人会面。"我希望，"休谟补充道，"我还有精神开这个笑话。"而一向严肃的休·布莱尔却信以为真，赶忙回复道："我不希望……你与那帮卫理公会教徒厮混在一起。无论你是开玩笑还是认真的，我都不希望你与那帮人有任何瓜葛。你与她们的任何交往都将遭到讹传。你名动天下，发生在你身上的任何事，都会被添油加醋，并附会上一些愚不可及的故事。"[1]

事实证明，巴斯温泉不仅与健康无益，甚或有害，休谟返乡之情日切。但直到 6 月底，约翰和大卫才途经伦敦，并取道北上返回苏格兰。27 日，休谟从唐卡斯特给布莱尔写了最后一张便笺：

> 约翰·休谟先生，或者说霍姆先生，或者说那位霍姆先生，或者说那位新晋的保管人大人（Lord Conservator），或者说阿斯尔斯通福德（Athelstoneford）的那位新晋的福音堂牧师，已经安排妥当，将和他的朋友于星期三晚上准时抵达圣大卫街。他已邀请布莱尔博士的几位朋友与他一道在那里共进晚餐，时间为 7 月 4 日星期四。恳请布莱尔博士届时务必大驾光临。

休谟的绝大多数朋友都参加了这场告别晚宴，尽管有罗伯逊博士缺席此次宴会的传言，因为他宁愿接受此前的一个邀约，去参加一场甲鱼宴。[2] 一个有意思的巧合是：就在他们聚会的当天，美国的国父们在费城签署了《独立宣言》，从而也使 7 月 4 日成为世界历史上具有里程碑意义的一天。与其绝大多数朋友不同，当这个消息数日后从美洲传到爱丁堡时，尚在人世的大卫·休谟由衷地感到高兴。

当发现休谟"身体状况越来越差"之后，其爱丁堡强大的"医疗团"开始对

---

[1] RSE, III, 63.
[2] [Pratt], *Supplement to the Life of David Hume*, Esq., pp.36-7.

他进行会诊。尽管承认休谟的肝脏上有一个小肿块，但他们仍坚称英格兰医生的诊断是"荒谬的和错误的"，正如之前的诊断，休谟真正的病因是一种出血症。"死于这种病与死于其他病并无两样，"休谟反驳道。当乐观的医生们在休谟的朋友中间到处宣扬已治愈其病患时，休谟发现这个消息大受欢迎，"因为它是一个彻头彻尾的新消息。"在嘲笑完医生之后，休谟开始静下心来，一边对其作品做最后的修订，一边翻阅新书，并与友人们做最后的道别。

此时，一位友人——尽管算不上是挚友——前来探望这位垂死之人，而他之所以前来探视，与其说是出于同情心，不如说是出于病态的好奇。这个人就是詹姆斯·鲍斯维尔。他想知道的是，在大难将至之际，休谟是否改变了其对于来世的看法。7月7日，星期天，当鲍斯维尔匆匆忙忙地赶往圣大卫街时，他发现休谟正独自一人斜躺着在客厅里。"他形销骨立，脸如死灰。他身着一件镶有白色金属纽扣的灰外套，假发蓬乱，与以往的肥硕模样简直判若两人。手里正拿着一本坎贝尔博士的《修辞哲学》。[1] 他看起来平静，甚至欢愉。他说他正在走向生命的终点。我想，这是他的真心话。"

尽管鲍斯维尔试图营造出一种神秘的氛围——"我不知道因何谈到了灵魂不朽这一话题，"但他立马暴露出其此次来访的真正目的，也即借机打探休谟对灵魂不朽这一论题的看法。"他说，自从开始阅读洛克和克拉克以来，他便不再有任何宗教信仰。我问他，他年轻时是否已不再是一位虔诚的教徒？他说是的……然后，他毫不隐讳地指出，任何宗教道德都糟糕透顶，当他说出'每当听说某人是一位虔诚的教徒，他便得出那人其实是一个恶棍的结论，尽管他也知道有些大善人也是虔诚的教徒'[2] 这句话时，我真的觉得他一点都不像是在开玩笑。……我急于知道的是，当大限将至时，他是否依然不相信来世。就其刚才所言，以及其说话的方式看，我相信他依然不相信来世。我问他，是否有可能有来世？他回答道，放进火里的一块木炭有可能不燃烧吗？他还补充道，永生只是人类最不合理的一个幻想……我问他，灵魂死灭的想法是否从未让他感到不安？他说他一点都没有感到不安，正像卢克莱修所观察到的那样，这种不安并不比他此前并不存有灵魂死灭这种想法时的不安强烈……我不断地试探他……说来世肯定是一个

---

[1] 刚刚面世。
[2] 这种意见将发表于 *Dialogues*, p.221.

第三十九章　哲人之死

令人愉悦的观念。他说并非如此，因为我们唯有透过一个阴郁的媒介才能看到来世。在抵达来世之前，我们总是要经过一条火焰之河（Phlegethon）或地狱。'但是，'我说，'有望与老朋友重逢不是很令人快意吗？'我提到了他最近刚刚辞世的三位故友——也即基斯大使，阿里莫勋爵和缪尔男爵，因为我知道他对他们甚为推崇。他承认，这当然令人快意，但又补充道，他们中没有人会抱有这样的想法。我相信，他本意是指他们中没有人会抱有这种愚昧透顶的想法。因为他对任何事总抱有一种粗暴的、不由分说的怀疑。'不，'我说，'阿里莫勋爵可是一位信徒。'大卫承认**他**曾有过**一些**信仰。"

"事实上休谟一直谈笑风生，整个谈话气氛一点都不压抑；濒临死亡看起来一点都不可怕。更让我备感惊讶的是，我发现，他心平气和、才思敏捷地谈论着各种话题，而这即便是搁在平常，也很少有人能够企及。有两件事情让我记忆尤新：一是他极力推崇斯密的《国富论》，一是他对蒙博杜的《语言的起源》极其看不上眼。我说，'如果我是你，我将为灵魂死灭感到遗憾。要是我曾写出这么一部名震天下的《英国史》，我将会为离开它而备感遗憾。'他说，'对于蒙您抬爱的这部《英国史》，在离开它时，我将尽量让它尽善尽美……'他说，他没有痛苦，有的只是日渐油尽灯枯。"

在结尾处，鲍斯维尔总结道："我与他辞别，但访问时的情景让我久久不能平静。"[1] 尽管休谟一直拿鲍斯维尔打趣，但我们没有理由怀疑他关于自己信仰的表述有任何的虚假成分，我们也同样没有理由怀疑此次访问曾给他带来任何困扰。

其他的一些好事者，尽管不像鲍斯维尔那么变态，但同样粗暴无礼地闯入那位垂死之人的私人空间。有一位蜡烛商的妻子，信仰极为虔诚，她不仅粗暴地对休谟的怀疑主义之恶做了一番长篇大论，而且还祈祷他能认识到自己生活方式的错谬。在询问过她的谋生方式后，休谟回答道："好心的妇人，既然你如此热心地希望我能受到**内在光亮**（inward light）的启示，那么，我恳请你也能给我提供一些**外在的光亮**（outward light）。"于是，拿着一笔两英石的蜡烛订单，那个妇人欢天喜地地走了。

而休谟的一些好友，诸如威廉·斯特拉恩，也不失时机地表达了他们的希望，

---

[1] *Boswell Papers*, XII, 227-32.
*　可能是指"别西卜俱乐部"（Beelzebub Club）的成员，尽管我无法找到与这个俱乐部相关的任何资料。另外，别西卜（Beelzebub）是指犹太-基督教传统中的恶魔，是上帝的对手，人类的引诱者，地狱的执掌者。

也即希望休谟能重新考虑其宗教怀疑主义。休谟的绝大多数朋友都认为他会康复，或者，至少能维持现状。一天，邓达斯博士告诉休谟："我将告诉你的朋友埃德蒙斯通上校，经过我的治疗，你的身体已大有起色，并正在迅速康复。"对此，休谟回应道："博士，我相信你会据实相告，你最好告诉他：就死亡之快而言，我一定会让我的敌人得偿所愿——如果我还有任何敌人的话，而就死亡之安乐而言，我也一定会顺遂挚友们的心意。"

8月6日，詹姆斯·埃德蒙斯通前来道别。在给其侄子约翰的信中，大卫写道："今天，可怜的埃德蒙斯通和我洒泪告别！所有的**别西卜人**（*Beelzebubians*）都不是铁石心肠。"第二天，上校致信休谟道："我亲爱的大卫：我现在的心情万分沉重。今天早上，我实在不忍去看你，我想这对你我都好。你不会死，你一定会活在所有亲朋故旧的心中，而你的著作也将让你永垂不朽。我永远都无法想象会有任何人不喜欢你或讨厌你。如果有，那他也一定是鄙陋之极，以至于竟然与世界上头脑最清明、心地最纯良、为人最和气之人为敌。"[1] 正如亚当·斯密所描述的那样，埃德蒙斯通上校又"引述了法国人肖利埃神父（Abbé Chaulieu）在自知大限将至时哀叹即将与友人德·拉·法尔侯爵（Marquis de La Fare）天人永隔的凄婉诗句"[2]。

就在同一天，休谟还为自己的遗嘱起草了一个附加条款。在其中，休谟对自己的手稿做了最后的安排，正是这些手稿让他一直寝食难安。该条款同时还向几位朋友做了遗赠：

> 遗赠给我的朋友，基尔达夫（Kilduff）的约翰·霍姆先生，十打波尔多陈年红酒（任其挑选）和一瓶波特酒。此外，假如他愿意用约翰·休谟这个名号来签名，假如他两顿就能喝完一瓶，我愿意再赠送他六打波特酒。做到了这一点，我们两人在世俗事务上仅有的两种差别也将不复存在。

> 遗赠给我的朋友休·布莱尔博士一套我目前在版的所有著述。同时还遗赠给亚当·斯密先生、约翰·霍姆先生、埃德蒙斯通上校各一套，他们都是我的经年挚友。有无数的事例表明，他们对我情深义厚。

---

[1] RSE, V, 7.
[2] 参见后面的文本补录。

第三十九章 哲人之死

遗赠给已故的首席大法官之女安妮·奥德（Anne Ord）十基尼，作为购买戒指之资，并借以纪念我对这样一位和蔼可亲、功成名就之士的友谊和推崇。[1]

第二天，也即 8 月 8 日，休谟刚收到埃德蒙斯通的来信，亚当·斯密就进了屋。[2] 两位友人一起拆阅了这封信。亚当发现大卫的生命力是如此顽强，以至于竟心存一丝侥幸。我们的这位哲学家则平静地回答道："您的希望毫无根据。对于任何年龄段的人来说，持续一年多的习惯性腹泻都是致命的。每当晚上入眠时，我都自感要比早上起床时更虚弱，而待第二天早起时，我又自感比头天晚上更虚弱。不仅如此，我感到体内的某些重要器官已受到了疾病的侵袭。故而，不久之后我必死无疑。""好吧，"亚当说道，"如果天意如此，您至少可以聊以自慰的是：您辞世的时候，您的朋友们，尤其是令兄一家都兴旺发达、万事顺遂。"

根据亚当的记述，大卫回答道："他对此感到如此的快慰，以至于几天前读**琉善**（Lucian）的《死者的对话》时发现：在向冥府渡神（Charon）所提出的可以暂缓登船的所有借口中，没有一个适合他。他既没有未完工的房子，也没有嗷嗷待哺的子女，更没有他希望予以报复的仇人。他说：'我实在想不出可以向冥河渡神提出什么借口，以便能在人世多活几日。我打算做的每一件要事都已做好。即便我再多活几年，亲友们的境况也不会比现在更好。故而，我现在可以说死而无憾。'"

"紧接着，出于自娱，休谟先生便开始编造他自以为可以向冥府渡神提出的几个搞笑的借口，并构想出符合冥府渡神性格的阴沉答复。他说道，'经过一番思考，我想我或许可以对他说：仁慈的冥府渡神，我一直在修订即将出新版的拙著。请您再宽限几天，这样我就可以看到公众对于这些修订的反应了。'但冥府渡神回答道：'在看到修订后的反响后，你免不了还要做进一步的修订。这种借口可谓无穷无尽。所以，诚实的朋友，您还是上船吧！'但是，我或许还可以恳求道：'仁慈的冥河渡神，请再宽限几天吧！我一直以来都致力于开启民智。如果再多活几年，我或许就能心满意足地看到某些盛行的迷信体系的倒台。'（1776 年 9

---

[1] RSE, IX, 24.
[2] 斯密以致斯特拉恩的一封信的形式对于休谟最后病症的描述，附于 *The Life of David Hume, Esq; Written by Himself* (London 1777) 之后，并重印于 HL, II, 450-2（略有删节）。

月 17 日，卡仑博士[1]致信亨特博士，专门讲述了休谟弥留之际的情况。依照他的说法，"尽管休谟一直致力于开启民智，尤其是致力于将民众从基督教的迷信中解放出来，但最终却功亏一篑。"）但冥府渡神此时早已火冒三丈、斯文尽失，'你这个游手好闲的无赖，就是再过几百年，这件事也不会发生。难道你以为我会让你再活那么长吗？立马上船，你这个懒惰的、游手好闲的家伙！'"

在复述完这段对话后，亚当·斯密继续写道："尽管休谟先生总是**若无其事地**谈及自己死之将至，但他从未有意向人炫示自己的豁达……根据他自己的意愿……我同意离开爱丁堡（我之所以待在那，部分是因为他），并回到科卡尔迪我妈妈家……条件是，无论什么时候，只要他想见我，他都会派人给我捎信……"

只要身体状况许可，休谟都会四处拜访朋友，与他们一一道别，只是不再乘坐马车，而是改坐轿子。安妮·默里·凯斯夫人（Mrs Anne Murray Keith）写道："他去世的时候我不在爱丁堡，但就在他辞世十天前，他还专程拜访了我的妹妹，并与她们道别。我猜想，当他发现，她们根本就不会去触及与死亡相关的任何话题时，他也尽量回避，并竭力让整个谈话尽可能地愉快。凡与他交情匪浅的女士，他都一一与她们道别。"[2]

当新近丧偶的凯瑟琳·缪尔夫人（Mrs Katherine Mure）前来与大卫告别时，他早已准备好一套由他亲笔签名的《英国史》，以作为礼物赠送给她。作为感谢，她利用自己作为其亲密友人的特权，在对其《英国史》表示称许的同时，也表达了对休谟哲学著作的不认可。"哦，大卫，"她说道，"这或许也是让您引以为傲的一本书，但在您辞世前，您最好一把火将它烧了。"听到这句话，大卫腾地从睡椅上站起来，半是愠怒半是玩笑地说道："我为什么要把自己的那本书一把火烧了呢？"但由于自感身子骨太弱而无法深入讨论，休谟遂摇摇头，并下了逐客令。[3]

8 月 12 日，休谟给斯特拉恩寄去了"尚需劳烦他的最后的修订稿：因为布莱克医生曾向我保证：我即将不久于人世。但这只是他的预判，而非出自他的诊

---

[1] William Cullen, MS letter in Library of the Royal College of Surgeons of England (Hunter-Baillie Collection, Letter-Book, I, 140); Thomson in his *Cullen*, I, 608, omits the words "the Christian."

[2] NLS, MS 3524, f. 71.

[3] *Caldwell Papers*, PT. I, 39-40.

第三十九章 哲人之死

断。"在信尾,休谟写道:"实际上,我认为这是一个好消息。因为最近,在短短的数周内,我已不胜虚弱,生活甚至已成为一种重负。"第二天,休谟又致信约翰·普林格尔爵士,告诉他"他行将归西",并接着写道:"若不是舍不得你们这帮挚友——我肯定会早'走'一步,我早已对生命毫无眷恋。正如处于弥留之际的妮娜·狄朗克洛丝(Ninon de Lenclos)*在其卧榻上所说的那样,哎!人终有一死(Mais, helas! on ne laisse que des mourans)。对于死神的到来,我一点也不害怕。对于将英雄和哲学家引为坚忍不拔、视死如归之典范的做法,我向来不屑一顾。因为一个乐天一点的妇人——虽然她也是一位哲学家——就足以做到这一点。"

在更多的时间里,拖着病残之躯的休谟不得不闭门谢客,即便是挚友也不例外。[1] 两度登门拜访,想进一步与休谟探讨灵魂死灭问题的鲍斯维尔就被拒之门外。8月20日,休谟提笔给巴芙勒夫人写了最后一封信,以表达对其痛失孔蒂亲王的同情:

> 亲爱的夫人,尽管我可以肯定,几周之后,甚至是几天之后,便是我的死期,但是,我还是忍不住对孔蒂亲王的过世深感震惊和哀悼。无论从哪方面说,他的辞世都是巨大的损失。而在这个令人悲伤的事件中,我首先想到的就是您的处境。您的生活将会出现何等天翻地覆的变化啊!请写信告诉我这方面的情况。但措辞需格外注意,以免落入他人之手。
>
> 我患的是腹泻症(Diarrhoea),或者说是肠胃失调症。在这两年里,它逐渐地掏空了我的身体。但是,很明显,在这六个月中,我的病症正在急剧地恶化,离死期已为时不远了。我看到死神正在悄悄地逼近,但我既不感到焦虑,也没有什么遗憾。带着极大的爱意和敬重,向您致以最后的问候! [2]

休谟最后的通信人是亚当·斯密,但由于是通过马车而非邮车寄送,所以双方的信函都意外地受到了延搁。在8月15日给斯密的信中,仍对《自然宗教对话录》的命运忧心如焚的休谟追问道:"假使我辞世五年后仍不见出版,本书的

---

* 妮娜·狄朗克洛丝(Ninon de Lenclos, 1615—1705),法国的社交名媛。
[1] 关于亚当·斯密的评论,参见后面的文本补录。
[2] HL, II, 335, corrected from Plate 41 in C. J. Smith, *Hist. and Lit. Curiosities* (London 1847).

版权就归您所有，您意下如何？您最好立马给我答复。我的身体状况已不容我再等上几个月。"但斯密再一次让其挚友感到失望。对于休谟的请求——如果斯特拉恩没能兑现承诺，《自然宗教对话录》就改由斯密负责出版，斯密婉拒道："这样一来，人们就会说我只是为了牟利，而不是为了缅怀友人，才出版一本就连出于同样的牟利动机的出版商都不愿出的书。"[1] 8月23日，休谟对这封信作了回复，那时，他的身体已异常虚弱，以至于不得不请其侄子代笔。将《自然宗教对话录》的事搁置一旁，休谟同意了斯密的如下请求，也即他可以视情况对《我的自传》进行增补。在信尾，休谟写道："我的病情急剧恶化。昨晚又有些发烧，我倒是希望这旷日持久的病痛能就此一了百了，但不幸的是，我现在已基本退烧。我不能仅仅图自己的一时之快就将您喊来，因为一天之中我也只能见你一会儿。还不如让布莱克博士随时告知您我还能撑多久。"休谟的体力正在迅速地耗尽。尽管其他的官能仍完好无损，但到了8月24日的晚上，休谟已完全丧失了语言能力。

在8月25日星期天的一个晚宴上，专门为大卫·休谟举杯祈福的威廉·卡伦博士说道："我尚未放弃休谟，为他的康复干杯！"[2]

那天下午四点钟左右，大卫·休谟在位于圣大卫街的家中与世长辞。

葬礼在8月29日星期四举行，期间，暴雨如注。当休谟的灵柩抬出圣大卫街时，早有一大帮民众聚集在那里驻足观看。只听其中的一位评点道："唉！他可是一个无神论者。"而他的一位同伴则回应道："无论如何，他都是一个**诚实**之人。"

---

[1] RSE, VII, 39.
[2] Neville, *Diary*, p.247.

第四十章 人性的尊严

"一种雄伟坚毅的美德……一种心灵的静穆之光。"

在1777年初与休谟的《我的自传》一道付印的一封致斯特拉恩的信[1]中,亚当·斯密写道:"我们最杰出、最永志难忘的朋友就这样与世长辞了,毫无疑问,对于他的哲学观点,人们将见仁见智,褒贬不一,但对于他的品格和为人,人们却众口一词。实际上,他的脾性看上去有一种完美的平衡——如果我可以这样说的话,仅就这一点而言,在我所认识的人当中,没有一个人可以望其项背。甚至在命运多舛时,他那最为艰辛和必要的俭省,也从未妨害他在合适的场合施行仁善和慷慨之举。他的俭省不是建基于贪婪,而是建基于对独立的热爱和珍视。其天性的极端温厚,从未削弱其心灵的强固或意志的坚定。他恒常的快乐是其善良天性和良好脾气的自然流露,并为细心和稳重所节制,而不掺杂一丁点的恶意。正是这种恶意,常常成为其他人身上那种令人不悦的所谓机智的源头。休谟先生也揶揄人,但其本意绝非伤害人,因此,他的揶揄远非让人觉得受到冒犯,而是每每让人感到快乐和愉悦,甚至那些被揶揄的对象也是如此。在朋友们——他们常常是他揶揄的对象——看来,在休谟先生所有伟大而亲切的品性中,再也没有什么比揶揄更能增添其谈话的魅力了。虽然这种欢快的脾性在社交中最令人愉

---

[1] 重印于 HL., II, 452。休谟的《我的自传》(附有斯密的信和斯特拉恩的"序言")于1777年3月11日刊印于伦敦,并且出了三版。《我的自传》(附有斯密的信)此前曾发表于1777年1月号的《苏格兰人杂志》(*Scots Mag.*)。关于这一点,请参见W.B. Todd, "The First Printing of Hume's Life (1777)," in *Library*, Fifth Series, VI (1951), 123-5.

悦，但它常常与那些轻佻浮薄的品性相连，但是在休谟那里却与最勤勉的努力、最广博的学识、最深刻的思想相伴。就整体而言，无论是生前还是身后，我一直都把他视为一位高才大德之士，一个近乎完美的人格典范，这也许是人类脆弱而不完善的本性所能臻至的顶峰。"亚当·斯密最后一句话显然是有意与柏拉图《斐多篇》的最后一句话遥相呼应。[1]

公众对于休谟之死的兴趣，主要集中在其生命最后几周所表现出的**哲学式的泰然自若（philosophical tranquility）**。对他的这一举动的攻击和辩护之词充斥着报章杂志。对于那些心胸狭隘的虔敬之徒而言，他们的失望之情肯定溢于言表。这一方面是因为，面对死亡，这位哲学家从未表现出任何畏惧的迹象；另一方面是因为，他从未求助于宗教的慰藉。相反，对于爱德华·吉本和"开明之士"而言，休谟之死是"一位哲学家之死"。正是在这种紧张的氛围中，亚当·斯密构写了那封著名的信，以对《我的自传》中饱受争议的段落做出解释，并旗帜鲜明地对大卫·休谟——不仅作为一位哲学家，更作为一个人——表达出自己的万分崇敬。毫无疑问，在写这封信时，斯密承受了巨大的情感压力：他不仅犯难于休谟矢志要出版《自然宗教对话录》的决定，而且也为自己谨慎地拒绝为它承担责任，从而让其挚友深感失望而歉疚。故而，斯密写给斯特拉恩的信，既是为了纪念休谟，也是为了拯救其自身良心的不安。这封信确实展现了斯密大无畏的勇气，因为他已充分地意识到了这封信所可能引发的一系列后果。

随着《我的自传》以及斯密书信的面世，对于休谟的攻击也变得越发疯狂而肆无忌惮。十年之后，面对由自己这一友好举动所引发的公共反应，斯密仍感愤懑不平，他抱怨道："与我炮轰整个大不列颠的商业体系相比，我因我们的友人大卫·休谟先生近来的辞世而草就的、完全无害的一纸薄文，竟然招来了不下于十倍的漫骂。"[2]

在休谟出殡那天，出于病态的好奇，詹姆斯·鲍斯维尔不仅事先打探了休谟尚未启用的墓穴，而且之后当悲痛欲绝的送葬队伍将休谟的尸身安葬于墓穴时，他还躲在墙后窥伺。但鲍斯维尔并非是唯一的好事之徒。故而，在落葬后的那一

---

[1] 关于最后一句话是对柏拉图的呼应，我受惠于拉斐尔，请参见 D. D. Raphael, "Adam Smith and 'The Infection of David Hume's Society'," in *Journal of the History of Ideas*, XXX, (1969), 248.
[2] Scott, *Adam Smith*, p.283. 对于休谟辞世后围绕着他而展开的争论的讨论，请参见后面的"附录 I"，第 621—623 页（英文原页码）。

第四十章 人性的尊严

周,因有大量闲杂人等的围观和窥伺,休谟家人觉得有必要派两个守卫在夜间看护休谟的陵寝,以免遭到破坏和亵渎。此后不久,鲍斯维尔就向约翰逊博士建议道:他应该"连带着将斯密与休谟一起敲打,以便让那些自负而招摇的背教者名誉扫地"。当鲍斯维尔告诉约翰逊,休谟曾公开表示"他能够坦然面对死亡"时,"他撒谎,"那位道学家反驳道,"那是他的虚荣心在作怪。人不可能不惧怕死亡,不可能在离开所有已知事物,并进入一种未知状态时仍泰然自若。""你要知道,依照他自己对于灵魂死灭的看法,他没有理由不撒谎,"约翰逊继续狡辩道。[1]

虽然约翰逊这一套缺乏逻辑的说辞,并未让不谙哲学的鲍斯维尔感到有什么不妥,但他仍感心绪难宁:他所了解的像大卫·休谟这样的一位大好人,必定是一位基督徒,至少私下里是如此。直到1784年1月8日,鲍斯维尔终于解开了他在休谟身上所发现的那个谜团,这让他备感满意。我们的这位传记作家在其"日记"中写道:"我从一场美梦中醒来。在梦中,我发现了大卫·休谟所珍藏的一本日记。就日记来看,尽管出于虚荣,他发表了一系列宣扬怀疑主义和渎神背教的论著,但他实际上是一个基督徒,而且非常虔诚。我估计,他之所以还能保持内心的宁静,或许是因为他抱有这样的想法:在炫示才华的过程中,无论他以什么样的面目示人,他的宗教从未忤逆上帝和自己的良心。(我不确定这是否只是梦中的想法。)我认为我在他的日记中读到了一些精彩的段落。我不确定我到底是在星期四晚上,还是在星期五晚上做了这个梦。但在我醒来后,其中的一些情节竟如此栩栩如生,以至于我在很长的一段时间内都不愿相信它只是南柯一梦。"[2] 经过此次导泄之后,鲍斯维尔对休谟的态度有所软化,而在其已版著作中,他也降低了其日记中某些粗鄙段落的调门。

不像鲍斯维尔,蒙博杜勋爵以如下的讥诮之言直接表达了他对于休谟的反感:这位哲学家在临终时所忏悔的不是他的罪,而是他的苏式英语(Scotticisms)。

1777年,在未经授权的情况下,休谟那两篇扣而未发的论文以《论文两篇》为题遭到盗印,并流入市场。不仅如此,两年后,遵照休谟的遗愿,其侄子大卫也将其《自然宗教对话录》如期付印,这再一次强化了公众心目中休谟作为背教者的名声。休谟对《自然宗教对话录》一向倚重,而它现在也早已位列哲学经典

---

[1] Boswell, *Letters*, I, 264; *Boswell Papers*, XII, 34; XIII, 23.
[2] *Boswell Papers*, XVI, 20-1.

之林。它表明：休谟拒绝将宗教奠基于形而上学的所有尝试。它还进一步说明：建基于事实和科学方法的宗教将发现，它很难——如果不是不可能的话——超越人性和自然界而进入到超自然领域。斐诺（Philo）就这个论题所做的最后陈词，实际上也是休谟的最后陈词：

> 假如整个自然神学……能够简化为一个简单的、但却有些含糊的，至少是未经界定的命题，也即宇宙中秩序的因或诸因可能与人类理智有某些遥远的类似（remote analogy）；假如这个命题不能被推而广之，并加以灵活运用，或给出更为具体的说明；假如它不能提出足以影响人类生活的推论，或不能作为任何行为或禁戒的根据；假如这个不完善的类似不能超出人类理智之外；不能以任何貌似的可能性推至于心灵的其他性质；假如事实果真如此，那么最善于探究、最善于深思、最虔信宗教之人，除了像往常一样对该命题给出一种明白的哲学认可，并相信该命题所赖以建立的论证胜过对于它的反驳以外，他还能做什么呢？诚然，对象的伟大自然会引起某种惊奇，它的晦暗会引起某种伤感：也即对于人类理性的某种藐视，因为即便是对于如此非同寻常、如此恢宏庄严的一个问题，人类理性也不能给出更为满意的解答……[1]

这段话临终之言是休谟在1776年做最后修订时补入《自然宗教对话录》的。

时至今日，休谟的声音继续在我们的耳畔回响，并为越来越多的人所倾听。正如**杜波斯神父**所指出的那样："每个民族都拥有一套以自己的语言所写就、为自己的民族所独有的经典，但除此之外，人们还拥有一套为所有的民族所共享的经典——也即**人类的经典**。"毫无疑问，休谟为人类经典做出了卓越的贡献；同样毫无疑问的是，终其一生，休谟都在遵从他自己的训诫：做一个哲学家，但在你所有的哲学中，你依然是一个人。

在《我的自传》的结尾，休谟对自己有一段冷静的、从未被成功质疑过的评价：

> 现在，我可以回顾一下我的性格，并以此结束此文。我的为人，或者宁可说，我从前的为人（因为我现在说到自己时，应该用这种过去的说法；这

---

[1] Hume, *Dialogues*, pp.227-8.

样一来，倒使我鼓起勇气来，吐露自己的意见），和平而能自制，坦白而又和蔼，愉快而善与人亲昵，最不易发生仇恨，而且一切感情都是十分中和的。我虽是最爱文名，可是这种主情也并不曾使我辛酸，虽然我也几曾度遭遇挫折。青年人和不自检束的人也乐于与我相处，正如勤恳的人和致力文艺的人乐于与我相处一样。我因为与歉抑的女子相处，觉得特别快乐，所以她们待我也很好，使我没有什么不满意的地方。总而言之，许多人虽然在别的方面都很超卓，可是也往往遭到人的怨谤，致使自己不悦。至于我，则不曾被诽谤的毒齿所噬、所触。我虽然置身于各政党和各教派的狂怒之下，可是因为我对他们平素的愤怒处之泰然，他们反似乎失掉了武器。我的朋友们从来没有遇见任何机会，来给我的品格和行为的某些方面辩护。狂热的信徒们并非不愿意捏造并传播不利于我的故事，但是他们向来找不到可以令人有几分相信的事实。我并不是说，我给我自己所写的这种安葬演说没有掺杂任何虚荣心，不过我希望，我的这种虚荣心并没有放错位置。这是一件容易弄明、容易稽查的事实。

正是通过这种平静的方式，休谟将对其性格作盖棺之论的任务留给了后人，一如其所留下的"是非功过任由后人评说"的碑文。但至少其传记作者不能回避这一挑战。我想表明的是，在临终前13天对《道德原则研究》所做的最后修订[1]中，休谟已对自己——既作为一个人，也作为一名思想家——做出了定评。因此，其完整的碑文应当如下：

  大卫·休谟
  1711—1776

  "故而，就总体而言，谁也无法否认，唯有最显著的仁慈之心才能赋予人类以更高的价值；而仁慈之心的价值至少部分地源于其增进人类福祉和促进人类社会幸福的倾向。"

---

[1] *Phil. Wks.*, IV, 179.

附录

附录A　休谟的《我的自传》[*][1]

1776 年 4 月 18 日

一个人写自己的生平，如果说得太多了，总不免有沽名钓誉之嫌，所以我的自传力求简短。人们或许会认为，我竟擅敢写自己的生平，这正是沽名钓誉的一个实例。不过，这篇文字所记载的无非是我的文字生涯，而我的一生也差不多都消耗在舞文弄墨中。此外，我大部分著作的初次成功也并不足以成为虚荣的对象。

我是在 1711 年旧历 4 月 26 日在爱丁堡出生的。我的家世不论在父系方面或母系方面都系出名门。我父亲的家系是霍姆伯爵，或休谟伯爵家系的一支；至于我的祖先们，则历代以来曾领有我兄长所领有的那些产业。我的母亲是法尔康诺爵士的女儿（法尔康诺是苏格兰法律同人会的会长），她的兄弟曾世袭了赫尔克顿勋爵的头衔。

不过我的家境并不富裕；而且在兄弟中我排行最小，所以按照我们国家的习俗，我的遗产自然是微乎其微的。我父亲算是一个有才干的人，当我还是婴孩时，他就死了。他撇下我和一个长兄，一个姐姐，由母亲来照管我们。我母亲是一位特别有德行的人，她虽然年轻而且美丽，却全身心地扑在子女的养育上。我受过普通的教育，成绩颇佳。自幼，我就酷爱文学，这是我一生的主情（ruling

---

[1]　RSE, IX, 23.
*　《我的自传》采自《人类理解研究》中关文运先生简洁而不失典雅的译文，但略有一些改动。

passions)，也是我快乐的不竭源头。我因为好学、沉静而勤勉（my studious Disposition, my sobriety, and my industry），所以众人都想，法律才是适合我的行当。不过除了哲学和一般学问的钻研外，我对于任何东西都感到一种不可抑制的嫌恶。因此，当他们以为我正在披阅沃伊特（Voet）和维尼乌斯（Vinnius）的时候，我实际上在暗中贪读西塞罗和维吉尔等诸位作家。

不过我微薄的家资实在不适宜于这种生活安排，而且我的健康也因为太过用功的缘故，受到了些许损害。故而，我就跃跃欲试（或者毋宁说迫不得已），想小试身手，以求进入一种较为积极主动的生涯中。1734年，我曾带了几封推荐信到布里斯托去找几位驰名的商人。不过几个月后，我就觉得那种生涯完全不适合我。我于是去了法兰西，打算在乡下隐居，从事研读。我在那里就制订了一生的计划，并在此后一直孜孜以求，结果也算不负所望。我那时力求节省，以弥补资产的不足，以维持我的独立生活。并且，除了在文学中培养我的才能，我决心将其他一切事物都视为草芥。

在隐居法国时（最初在兰斯，不过后来大部分时间却在安茹郡的拉弗莱舍），我写出了我的《人性论》。在法国舒服地度过了3年之后，我于1737年返回伦敦。并于1738年末印行了我的《人性论》，随后我立即回乡省亲，探望了我的母亲和长兄。我的长兄住在他的乡下老宅，很精明地努力增益他的家业，而且颇为成功。

任何文学尝试都不及我的《人性论》那样不幸。它一刊印出来就像是死产，无声无臭的，甚至在狂热者中也不曾激起任何怨詈。不过我的天性原是愉快的、乐观的，所以不久便从此次打击中恢复过来，而且在乡下孜孜不倦地从事研读。在1742年我在爱丁堡印行了我的《随笔》（Essays）的第一部分。这部著作颇受人欢迎，所以不久我就完全忘了从前的挫折。我和我的母亲及长兄继续待在乡下，并且在那时候，重新温习了希腊文——在幼年时，我对它多有忽略。

1745年，我接到安南戴尔侯爵的一封信，邀请我到英格兰与他一块生活。我同时还发现：这位青年贵族的朋友和家人，都愿意让他受我的照料和指导，因为他的心理和健康的情况都需要这样做。我和他一道生活了12个月。在那段时间，我的这些任职将我的微薄资产大大增益了。此后，我又受到圣克莱尔将军的邀请，作为他的秘书随他一道远征。这个远征团原本打算要去加拿大，但结果却侵入了法国的海岸。第二年，也即1747年，圣克莱尔将军率军事代表团出使维也纳和都灵的宫廷。他再度邀我随行，仍做他的秘书。我于是穿着一个武官的制服，以副官身份被介绍到那些宫廷里；和我同去的有厄斯金爵士和陆军上尉格兰特——即现在的格兰特将军。我一生中只有这两年中断了我的读书生活。我那时日子过得很惬意，而且出入于上流社会。我因为担任了这个官职，再加上力事节省，所以就积蓄了一笔资财，我自认为这笔资财足可让我过一种自立的生活。虽然我这样说时，大多数朋友多嘲笑我。总而言之，我此时差不多拥有了1000镑的身家。

我向来认为，《人性论》的刊行之所以失败，多半是由于文风的不当，而不是由于意见的不妥，而我之仓促将其付印，乃是最鲁莽的一件事。因此，我就把那部书的第一部分重新改写了，以《人类理解研究》为名出版。这部新书出版时，我正在都灵。不过这部书起初并不比《人性论》更为成功。自意大利归来后，我灰心丧气地发现：全英国都对米德尔顿博士（Dr. Middleton）的《自由研究》发了狂，但我的作品却无人问津。我早先在伦敦刊印的《道德和政治随笔》，到此时又出了新版，不过也并不受欢迎。

不过由于我天性乐观，这些失意事并没有给我带来多大的影响。1749年，我回到老家，与我的长兄一道在他的乡下老宅住了两年，因为我的母亲在此时已经辞世了。在那里，我撰写了我的《道德和政治随笔》的第二部分，取名为《政治论衡》(*Political Discourses*)。此外，我还撰写了《道德原则研究》(*Inquiry concerning the Principle of Morals*)，这是我重新改写过的《人性论》的另一部分。与此同时，我的书商安德鲁·米拉告诉我：我先前刊印的著作（除了那个不幸的《人性论》）已经成为人们茶余饭后的谈资。销量也逐渐多起来，而且社会上还要求再版。一年之中，牧师和主教们的回应文章也有两三篇，而且根据沃伯顿博士（Dr. Warburton）的嘲骂，我发现：在上流社会中，这些书开始逐渐地受到了重视。但是，我曾下定决心，绝不答复任何人，而且终生不移。我的脾气既不容易发怒，所以我就容易摆脱一切文字上的争讼。这些预示着我正声名鹊起的征候，给了我很大的鼓励，因为就天性而言，在看待事物的时候，我总爱看积极的一面，而不爱看消极的一面。我想，一个人如若有了这种心向，远比生在年入万镑的豪富之家还要幸福。

1751年，我从乡下搬到城里——这才是文人的真正舞台。1752年，我的《政治论衡》于爱丁堡——我那时正卜居此地——刊行。在我的所有作品中，唯有这一部在出版伊始就获得了成功。无论是在国内还是在国外，它都大受欢迎。同年,又在伦敦印行了我的《道德原则研究》,在我看来(我自然是不该自行判断的),在我的所有著作中(不论历史的、哲学的和文学的),这部书是无双的。但是它出版以后,却根本就没有引起世人的关注和注意。

1752年,苏格兰律师公会(Faculty of Advocates)选我为其图书馆的管理员,这个职务的薪俸相当寒薄,不过却使我可以掌管一个偌大的图书馆。于是我就拟定了一个计划,准备着手写《英国史》。不过要叙述1700年间的历史,想起来就令人害怕,所以我就从斯图亚特朝继位开始写起。我以为,主要是从那时起,出于党派偏见,历史写作中颠倒黑白、混淆是非的现象才开始出现。我承认,在当时,对于此书的成功,我是颇感乐观的。我曾想,身为历史家而能将现世的权力、利益和权威,以及大众成见的呼声,都弃之不顾的,唯有我一人。而且,既然这个题材可以将我的才情一览无余的发挥出来,所以我也期待得到相当的赞赏。不过我受的挫折也太过可怜。人们都攻击我,向我发出斥责、非难甚至厌恶的呼声来。英格兰人、苏格兰人、爱尔兰人,辉格党、托利党,国教徒、新教徒、自由思想家、宗教家,爱国者、宫廷中人,都众口一词地对我大光其火,因为我竟敢对查理一世和斯特拉福德伯爵的命运洒一掬同情之泪。更令人丧气的是:当他们第一波愤怒的狂潮迸发之后,这部书似乎已被世人们抛至九霄云外。米拉先生告我说,一年之内,他只售出45部。实际上,在英格兰、苏格兰和爱尔兰,我几乎不曾听说有那一位能容忍我这部书,对那些显贵或文豪而言更是如此。不过英格兰大主教海林博士(Dr. Herring)和爱尔兰大主教斯通博士(Dr.Stone)却似乎是两个凤毛麟角的例外。这两位主教曾经分别捎口信给我,嘱我不要气馁。

不过我得承认,我最终还是气馁了。若不是当时英、法两国爆发了战争,我肯定会退隐至法国的某个省城,改名换姓,再也不回我的母邦。不过这个计划在当时既然不甚合乎实际,而且后面的卷帙也大有进展,所以我就决心鼓起勇气,继续努力精进。

在此期间,我在伦敦印行了我的《宗教自然史》以及其他的一些短章。它虽发表于世,却相当地湮没无闻,只有赫德博士(Dr.Hurd)写了一本小册子来攻击它,带有沃渥顿学派所特有的那种偏执、暴躁、傲慢和刻薄。相对于其他作品所遇到的冷遇和漠然,这本小册子算是给了我些许安慰。

1756年,在第一卷出版之后2年,我的《英国史》的第二卷也出版了,这一卷涵盖了自查理一世之死到(光荣)革命这一历史时期的英国史。与上一卷相比，该卷较少引致辉格党人的不快，也较受欢迎。它不仅提高了自己的地位，而且也让其不幸的兄弟得以抬起头来。

不过，我虽然凭经验知道：辉格党握有一切可以赏赐的政治和文学方面的权位，但是，我仍不愿意屈服于他们那种毫无无意义的喧嚷。所以，就斯图亚特朝前两个国王统治时期的历史而言，作为继续研读和沉思的结果，我虽然在其中改动了百余处，但凡是改动过的地方，几乎无一例外地偏向托利党。真的，要认为此前的英国宪法是一个拥护自由的规范方案（regular program of liberty），那是很可笑的。

1759 年，我印行了我的都铎朝统治时期英国史。人们对该书所吐露的喧嚷，几乎不亚于斯图亚特朝前两个君主统治时期英国史。伊丽莎白统治时期的历史特别令人生厌。不过在这时候，对于一般愚人的观感，我处之泰然。因而我继续恬然自足地生活在爱丁堡的隐遁处，并写完了早期英国史。共两卷，于 1761 年刊印，所得到的只有一点勉强说得过去的成功。

不过，我的著作虽然经受了这样的狂风暴雨，但它们仍然进展顺利，因而书商所给我的版税竟然大大超过了英国此前所知的任何作品的版税。因此，我不仅获得了经济独立，而且富甲一方。我于是退隐至苏格兰的故乡，决意不再涉足世事。那时，因为自己从不曾拜谒过任何一位大人物，甚至也不曾邀好于任何权贵，所以颇为自得，并愿借隐居把这种自得之乐维持下去。现在我既然 50 有余，所以自己打算在这种哲学的生涯中度过自己的余生。不过在 1763 年时，我却接到素昧平生的赫特福德伯爵的招请，让我陪他到巴黎赴任大使，而且他允诺我不久即可就任使馆秘书；同时，我实际上执行的也是秘书之职。这个建议虽然富有引诱力，但我起初却辞谢了。一则是因为我不愿意和权贵打交道，二则是因为我恐怕巴黎的礼让文雅、繁华都丽的社交圈，也不适宜于我这样年纪和性格的人。不过那位伯爵既然一再敦请，所以我就接受了他的提议。就快乐讲，就利益讲，我和那位贵族相处，是幸福的一件事。就是后来和他的兄弟康威将军相处，也是很幸福的。

如果人们没有见识过其风尚的奇特之处，那他们永远想象不到我在巴黎从各种阶层、各种地位的男男女女那里受到了什么样的款待！我愈是回避他们那过度的礼让谦恭，他们愈是对我表示礼让谦恭。[1] 不过在巴黎往，也能得到一种真正

---

[1] 休谟那时曾写下，但此后又删去了这样一段话："斯特恩博士告诉我：我在巴黎受欢迎的盛况一如他当年在伦敦，但是他又补充道：他在伦敦的流行只持续了一个冬天。"

的满意,因为那个城市中富有、聪明、睿智而文雅的人们,是全世界任何地方所不及的。我一度曾打算终身定居在那里。

此后,我被任命为使馆秘书。1765年夏,赫特福德伯爵离开我,因为他已经被任命为爱尔兰总督。我做了代理公使,一直等到里奇蒙(Richmond)公爵那一年年底赴任后才罢。1766年初,我离开巴黎,夏天又去了爱丁堡,我去那里的意思仍和先前一样,仍是打算让自己隐居在一个哲学的隐遁处。我返回那个地方时,比我离开它的时候,虽然不能说是更为豪富了,可是因为赫特福德的友谊,我却有了更多的钱,较大的进项。那时我正打算试试,多余的家资会发生什么结果,一如我先前试验我的小康时那样。但在1767年,我又接到康威先生的邀请,让我去做次官。因为那位先生的人格和我同赫特福德伯爵的关系,使我不能辞去那种邀请。后来我返回爱丁堡,很是富裕(因为我每年有1000镑的收入)、健壮,而且虽然年迈,但还希望久享清福,并看着自己声名日起。

1775年春,我患了肠胃症,那种症候在一开始并不曾使我惊恐,不过我想它嗣后却成为致命的、无法治疗的病症。现在我料想死亡是很快的了。我倒没有因为我的疾病受了什么痛苦;更奇怪的是,我的身体虽然很衰弱,可是我的精神从没有一刻消沉。因此,假若要我指出我一生中哪一个时期,是我最愿意重过一次的,我一定会挑出这一段晚年的时光。我的研读仍如以往那样热烈,我的谈笑仍如以往那样快活。而且我想,一个人已经到了65岁,就是死了,也只是截去不多几年患疾的光景。而且我虽然看到,有许多征象,预示着我的文名终究会显耀起来,可是我知道我也只有不多几年来享受它。我到此时对于生命算是最无牵挂的了。

现在我可以回顾一下我的性格,结束此文。我的为人,或者宁可说,我从前的为人(因为我现在说到自己时,应该用这种过去说法;这样一来,倒使我鼓起勇气来,吐露自己的意见),和平而能自制,坦白而又和蔼,愉快而善与人亲昵,最不易发生仇恨[1],而且一切感情都是十分中和的。我虽是最爱文名,可是这种主情也并不曾使我辛酸,虽然我也几度遭遇挫折。青年人和不自检束的人也乐与我相处,正如勤恳的人和致力文艺的人乐与我相处似的。我因为与歉抑的女子相处,觉得特别快乐,所以她们待我也很好,使我没有什么不满意的地方。总而言之,许多人虽然在别的方面都超卓,可是也往往遭到人的怨谤,致使自己不悦。

---

[1] "最不易与人发生仇恨"这句话是后来补加的,写于页边空白处。

至于我，则不曾被诽谤的毒齿所噬、所触。我虽然置身于各政党和各教派的狂怒之下，可是因为我对他们平素的愤怒处之泰然，他们反似乎失掉了武器。我的朋友们从来没有遇见任何机会，来给我的品格和行为的某些方面辩护。狂热的信徒们并非不愿意捏造并传播不利于我的故事，但是他们从来找不到可以令人有几分相信的事实来。我并不是说，我给我自己所写的这种安葬演说没有掺杂任何虚荣心，不过我希望，我的这种虚荣心并没有错置。这是一件容易弄明、容易稽查的事实。

附录B　九泉的休谟家

关于九泉休谟家族谱系源流的主要权威著作如下：

A. 未出版的文献

"Papers which belonged to Sir Patrick Hume Lord Polwarth and Earl of Marchmont," Miscellaneous Papers, Bundle 129, in H. M. General Register House, Edinburgh (see especially "Ninewells Papers 1680-1716" and the "Tutors of John Home of Nynewells to the Lady Nynewells, 1715")

"Parochial Registers. Co. of Edinburgh, B. 1708-1714," in New Register House, Edinburgh: VOL. 685 (1), No. 15.

B. 已出版的文献

Accounts of the Lord High Treasurer of Scotland, ed. Sir James Balfour Paul, VOL. VII (Edinburgh 1907).

Calendar of the Laing Chaters, A. D. 845-1837, belonging to the University of Edinburgh, ed. John Anderson. Edinburgh 1899.

Register of the Great Seal of Scotland, ed. John Maitland Thomson: A. D. 1546-80 (Edinburgh 1886); A. D. 1580-93 (Edinburgh 1888). A. D. 1609-20 (Edinburgh 1892).

Register of the Privy Council of Scotland: First Series, ed. David Marson, VOL. III, VI, VII, IV, XIV; Third Series, ed. P. Hume-Brown and Henry Paton, VOL. I, IV, V, VII, X, XI, XIII, XIV. (Edinburgh 1880-1933)

Register of the Privy Council of Scotland, ed. David Hay Fleming, VOL. II, XXVI,

XXVII, XXVIII, XXXI, XXXV. LXII.

C. 家谱

Burke's Landed Gentry. London 1939.

Robert Chambers, *The Book of Days*, 2 vols. London 1863-4.

Drummond, *Histories of Noble British Families*. (London 1846), VOL. II.

Alexander Nisbet, *Heraldic Plates*. Edinburgh 1892.

The Scots Peerage, ed. Sir James Balfour Paul. (Edinburgh 1904-14), VOL. IV.

Patrick W. Montague-Smith, "Ancestry of David Hume, the Philosopher," *The Genealogists' Magazine* 13 (1961), 274-9.

附录C 兰肯俱乐部

凡涉及"兰肯俱乐部"（Rankenian Club）的历史，可参阅下述的主要权威著述。

Anon, "Memoirs of Dr. Wallace of Edinburgh," *Scots Magazine*, XXXIII (1771), 340-44.

Boswell, *Private Papers*, VOL. XV.

George Chalmers, *Life of Thomas Ruddiman* (London 1794).

Alexander F. Tytler, *Memoirs of the Life and Writings of the Honourable Henry Home of Kames* (Edinburgh 1807), 2 vols.

Hogg's Instructor, VIII (1852), 44.

Morren, Nathaniel, *Annals of the General Assembly of the Church of Scotland* (Edinburgh 1840), 2 vols.

Ross, Ian Simpson, *Lord Kames and the Scotland of His Day* (Oxford 1972).

看起来无可辩驳的是：在凯姆斯勋爵（Lord Kames）和亚历山大·狄克爵士（Sir Alexander Dick）所提供给鲍斯维尔的信息中，他们至少部分地将"兰肯俱乐部"与托马斯·拉迪曼（Thomas Ruddiman）在同一天所建立的"古典俱乐部"（classical club）混淆了。

附录D 威廉·沃伯顿

一个多世纪前，希尔·伯顿（Hill Burton）在评点《文人作品史》（History of the Works of the Learned）中所载休谟《人性论》的评论文章时就曾指出，"这种肆无忌惮的嘲弄和粗鄙的调侃不得不让人想到沃伯顿"。而早前已有人暗示它出自威廉·沃伯顿的手笔，而近年来，人们又多次重申了这一点，但仍缺乏确凿的证据。我自己也无法提供直接的证据，所有的只是一些边缘性的证据。

在1741年10月那一期《文人作品史》（p.257）一篇文章的一个注释中，编辑还特意陈述道："我发现，发表这些有关摩根博士自然神学（Physico-Theology）的评述文章的作者，特意隐瞒了自己的姓名、职业和住址。关于他，我所能透露的是：由其手稿的笔迹可知，1739年11、12月号上所登评述《人性论》的文章正是出自这同一位作者之手。"

编者对于有关摩根的评述文章的辩护，与稍早的对于有关休谟的评述文章的辩护如出一辙，也即都在文尾加了一个旨在转圜的编者按。这两篇述评文章都极尽挖苦之能事。或可引述有关摩根的评述文章中的一段话作为例证，因为它极富典型意义："读者尽可以将莎夫茨伯里伯爵、金大主教以及那位致力于向人证明上帝之存在的神圣游吟诗人（divine Bard）抛在一边；而只需关注我们这位杰出的自然神学家，他发布了如下神谕……"将《论人》（Essay of Man）的作者亚历山大·蒲伯（Alexander Pope）誉为"神圣的游吟诗人"，这也恰好符合威廉·沃伯顿的身份，因为他最近刚刚公开发文捍卫蒲伯的正统学说，而且同样是通过引述刚刚引述过的权威。也许同样值得注意的是：在那篇有关休谟的评述文章中，唯一的一处带有自传性质的评论，也与沃伯顿的生平事实完全吻合。因为在文中，作者评论道："当我捧读贝克莱博士那篇大作的时候，已年方20有余……"这里所指贝克莱的大作是1710年面世的《论人类知识的原理》，沃伯顿很可能于1718年左右首次翻阅此书，而那时沃伯顿刚好21岁。

附录E "论文四篇"中的删节

"宗教自然史"中的两处删节出现在标号为C12和D的地方。尽管现在没有任何一册《论文五篇》存世，但是，通过格罗斯（T. H.Grose）对现已遗失的清样所做的笺注——也即注出其中文字上的变动（*Phil. Wks.*, IV, 331-32），我们可以重构其最初的文本。休谟所做的一些"谨慎的"改动如下：

第一段

1756 年的清样：

"故而神——普通的犹太人一向只将其视为**亚伯拉罕、以撒**和**雅各**的上帝，也就成为他们的**耶和华**和创世主。"

1757 年：

"故而，即便是有了摩西以及那些领受神谕的作者所宣示的那些崇高观念，众多庸笨的犹太人看上去依然认为至高的存在者只不过仅仅是一位地方性的神灵或民族的守护者。

第二段

1756 年清样：

"如果说有一种宗教（我们也许会认为伊斯兰教有这种前后不一的嫌疑），有时候以极为崇高的色调把神刻画为天地的创造者；**有时候又将他降格到与人类相当的水平，把他描绘为与人搏斗，裸着背，在凉风习习的夜晚散步，从天堂降至民间，体察民间的福乐疾苦……**"[我自己加的黑体——E. C. M.]

1757 年 [用下面这句话替代上面的黑体部分——E. C.M]

"有时候又将他降格到为在其力量和才赋方面近乎与人类相当的水平……"

附录F　卢梭 - 休谟之争

一直以来，卢梭一长串辩护人的一个驱动原则就是将休谟卷入普鲁士国王的那封信函（实际上沃波尔冒用普鲁士国王之名写的）。让休谟承认自己咸与此事的 19 世纪的一个翻译错误，在 20 世纪版的《卢梭通信全集》中依然赫然在目，也为其编者提供了一个对休谟后期的"闪烁其词，顾左右而言他"大肆挞伐的机会。这个误译值得全文引述。1766 年 2 月 16 日，在给**巴邦塔尼侯爵夫人**（Marquise de

Barbentane）的信中［HL, II, 16］，休谟写道："请转告巴芙勒夫人，在写信给她之后的次日，我就收到了她的来信。请她务必相信：霍拉斯·沃波尔的信并非取材于我的任何戏谑之言。那封信中唯一的戏谑之词也是出自他自己之口，当时我们一块在奥索雷勋爵（Lord Ossory）家做客。伯爵至今仍能清晰地记起此事。"而在法文中，这段话就变成了："请转告巴芙勒夫人，我在奥索雷勋爵那里伪造了所谓的普鲁士国王的信，这是所我开的唯一的玩笑。"1846 年，希尔·伯顿曾发现了此处的翻译错误，并指明休谟并未承认参与此事，但一直未曾为一些卢梭的同情者所注意，直到格雷格所编辑的《休谟书信集》于 1932 年面世。

然而，卢梭的辩护人力图将休谟卷入沃波尔所写之信的意图并未完全放弃。例如，罗迪尔（Roddier）[1] 尽管承认上述事实，但看上去似乎满足于虚构出一个不利于休谟的新实情，但毫无事实依据。他认为，休谟喜好开玩笑，热衷于社交。他的几位英国同胞都同在巴黎，他毫无疑问会经常与他们碰面，并且同样毫无疑问的是，他肯定会加入调笑卢梭的行列。虽然事后休谟自己以及沃波尔都极力否认，但这些否认都难以令人信服，因为英国人自然会抱成一团，以维系最起码的社交礼仪。现在，基于这种看起来毫不重要的——同样也是无法证实的——的假设，罗迪尔继续去诠释休谟此后的行为。只有透过休谟对于卢梭所怀有的某种愧疚感，休谟此后的种种行为才变得豁然可解。虽然这只是一种小过失，但它依然是一种过失。当卢梭第一次对休谟做出含糊的指责时，正是这份负疚感让休谟深感困扰。当后来卢梭进一步明确了他的指责，但并未声称催生沃波尔那封信的戏谑之言也有休谟的份时，休谟一下子如释重负，因为也正是在这一点上，其行为也并非毫无瑕疵。因此，休谟此后可以装出义愤填膺，甚至勃然大怒的样子。这就是休谟无情和有失厚道的地方。所以休谟也并非人们口中所言的好大卫（le bon David）。

罗迪尔甚至进而编造了一个更为精心，但纯属捕风捉影、无中生有的诋毁之词；也即指控休谟有一种"亲耶稣会倾向"；"在法国期间，他住在拉弗莱舍的耶稣会学院"（见第 263 页）；"他在拉弗莱舍的耶稣会学院住了很久"（见第 279 页）；"他的诡辩力量与其曾经是耶稣会学生的身份相称"（见第 281 页：）。不过，应该

---

[1] Henri Roddier, *J.-J. Rousseau en Angleterre ou XVIII Siècle* (Paris 1950), 259-306. 目前的这个"附录"采自我所著的《被遗忘的休谟》(*The Forgotten Hume*) (New York 1943), 217-18.

相信，罗迪尔带有一种调和的意图："实际上，休谟虽然不慎，但还不应承受卢梭的敌视所带给他的那么大的痛苦。我们不应走极端，在缺少十分确凿的证据的情况下，我们不应将'好大卫'塑造成十足的恶棍。"（见第283页）同样必须要承认：除了论休谟-卢梭之争的那一章，罗迪尔的研究还是值得推崇的。

现在，卢梭1766年7月10日致休谟信中的一个小问题，或许可以获得一劳永逸的解决。在那封信的第一个脚注中，卢梭曾写道："我只同那些给自己带来快乐的人交流。每当我去看望他时，他总是特意在桌上摆放着一本《新爱洛依丝》。纵然我对休谟的品位了解不多，但我确信：在现存的各种书中，《新爱洛依丝》在休谟眼里是最无趣的一本。"作为一个事实问题，休谟和艾利班克勋爵（Lord Elibank）早在1761年4月9日就曾讨论过这本书。休谟写道："……我有时认为朱莉（Julie）和她的爱人在情感方面有点太异乎寻常了；但我只能说**有时**和**有点**；……"在1766年3月27日，休谟又进一步评点道："我认为这部作品是他的杰作；尽管他（卢梭）自己告诉我：他最看重的反而是他的《社会契约论》。其判断之荒谬一如弥尔顿自己的判断，弥尔顿一向偏爱《复乐园》，并认为它远胜他的所有其他作品。"（HL, II, 28）

附录G　休谟搬出詹姆斯宅邸

此前一直将休谟搬出詹姆斯宅邸的日期定在1772年圣灵降临节，但实际的时间是1771年的圣灵降临节，这一点已可确证。因为鲍斯维尔是在1771年圣灵降临节搬至休谟位于詹姆斯宅邸的房子的。承蒙耶鲁大学的波特尔（F. A. Pottle）教授惠告我这则信息。而上述文本中的一些进一步的事实也佐证了这一点。而以前之所以弄错日期，很可能是因为休谟致斯特拉恩的一封信，这封信所标明的日期为"1772年3月5日"。在其中，休谟写道："我两个月前搬家了。"（HL, II, 261）然而，这封信显然是对斯特拉恩1771年3月1日那封来信（RSE, VII, 62）的回复，故而应该将时间矫正为"1771年"。

附录H　圣大卫街的命名

此前所未注意到的一些间接证据，足以确证这个民间传说的真实性。在上面所引述的关于休谟宅基地的两则文献中，我们所考察的这条街就被描述为"那条**被称为**圣大卫街的街道"，和"**通常被称**为圣大卫街"的那条街。由于在提到其他街道时只是采用其惯常的叫法，故而可以得出这样一个显见的推论：在那时，"圣大卫街"并不是一种官方的叫法，而只是一种民间的叫法。已知的休谟第一次将"圣大卫街"作为地址是在1773年12月22日，出现在上述的第二封文件中（"Council Records," VOL. 91, f. 77, in City Chambers, Edinburgh）。

苏格兰洛锡安地区委员会的路政主管克罗克特（A. S. Crockett）曾含蓄地指出南希和休谟之间的情事不可靠，但我觉得他的理由并不比我的理由更为充分。尽管我十分愿意接受休谟的怀疑主义结论，也即悬置判断，但我仍然愿意在文本中保留这个私人掌故。

附录I 休谟身后的争议

在其后辞世后的二三十年间，对于休谟生活和人品的攻击，尤其是对于其濒临死亡之际的那份泰然自若和洒脱的攻击[1]，从未间断。除了报章杂志上所发表的无以计数的文章，下面由三位知名的教士所撰写的著述或可引为例证：

[George Horne]. *A letter to Adam Smith LL. D. on the Life, Death, and Philosophy of his Friend David Hume, Esq.* "By One of the People called Christians." Oxford 1777.

———. *Letters on Infidelity.* "By the Author of A Letter to Dr. Adam Smith." Oxford 1784.

William Agutter. *On the Difference between the Deaths of the Righteous and the Wicked, Illustrated in the Instance of Sr. Samuel Johnson and David Hume, Esq.* A Sermon Preached before the University of Oxford, 3 July 1786. London 1800.

John Wesley. *On the Deceitfulness of the Human Heart.* A Sermon preached at Halifax, 21 April 1790. Works (London 1878), VII.

通过将休谟的"我的自传"翻译成拉丁散文，将亚当·斯密致斯特拉恩的信

---

[1] 参见 Mossner, "Philosophy and Biography: The Case if David Hume" in Philiosophical Review, LIX (1950), 184-201. 重印于 V. C. Chappell (ed.), Hume: "A Collection of Critical Essays" (New York 1966), 6-34.

翻译成拉丁韵文，休谟在律师公会图书馆时期的老对手（参见前面的第 19 章）继续攻击休谟。然而，在这些小册中，黑尔斯（Hailes）的冷嘲热讽是如此不着痕迹，以至于其许多同时代人和现代的读者根本就无法察觉。我必须承认，我就是受骗者之一，直到受到伦敦大学贝德福德学院的罗伯特·海·卡尼（Robert Hay Carnie）的善意提醒，我才意识到自己的误读。罗伯特·海·卡尼有力地证明了自己的观点。

[Sir David Dalrymple of Newhailes, Lord Hailes]. *Davidis Humei, Scoti, Summi apud suos philosophi, De vita sua acta, Liber singularis; nunc primum latine redditus.* [Edinburgh] 1787.

____ *Adami Smithi, LL. D. Ad Gulielman Strahanum, Armigerum, De rebus novissimis Davidis Humei, Epistola nunc primum latine reddita.* [Edinburgh] 1788.

在爱丁堡对休谟持友善态度的作家中，或许可以将亨利·麦肯齐（Henry Mackenzie）挑出。他出版了第 8 章所提到的一部具有同情之理解的小说：Henry Mackenzie. "Story of La Roche," in *The Mirror* (Edinburgh), 19, 22, and 26 June 1779.

幸运的是，在休谟的身后对其所进行的最奇怪的、最恶毒的攻击从未见付印。某人自称"Ebenezer Hume"，于 1778 年 2 月 9 日致信伦敦的出版人托马斯·卡德尔（Thomas Cadell），并随附了一封据称有 300 多行名为"自然宗教：一篇诗体论文。它是最近辞世的一位历史学家的唯一的一篇诗作"（Natural Religion: A Poetical Essay. The only Poetical Work of a late celebrated Historian）的诗歌的摘录。其附信解释道：我的一位朋友，一位杰出的人士不久前刚刚辞世，他将一小部诗稿——他称之为游戏之作——托付给我，并叮嘱我不要在其生前将其公开发表，因为他并不看重这部诗稿。"然而现在，由于"这样的一部诗作，再加上**这样的**一个题目，或许正合时人的品味，"于是，这位通信人提出了由卡德尔的出版社将其付梓的各种方法。卡德尔对此并不感兴趣，只是在封面上签下了"否"字。这封信以及那首诗之断章的手稿现藏于纽约市的皮尔庞特·摩根图书馆（Pierpont Morgan Library）。

这并非休谟的诗作，其原因如下：(1) 在辞世之前的那一年，休谟曾告诉鲍斯维尔：他从未写作任何诗作（*Boswell Papers*, XI, 41）；(2) 将手稿随便地托付他人，这显然并非休谟的行事风格；(3) "Ebenezer Hume"写道，"这份诗稿从一开始就一直由我保管，"——休谟在其他地方，从未沿用过这种做法；(4) 这篇诗作是在宣扬一种自然神论，但休谟一直是对自然神论持批判态度的；(5) 这篇诗作嘲讽了基督教的一些主要教条，而休谟自己则从未口无遮拦过。

如果"自然宗教：一篇诗体论文"并非出自休谟之手，那么，该诗篇的作者为什么要冒用休谟之名呢？主谋是谁？当时，有无数的雇佣文人对冒用休谟之名感兴趣，仅仅只为了能利用休谟的鼎鼎大名来推销自己的著作。然而，就当前的这件事而言，事情可能并非如此简单：这是一场精心设计的阴谋，旨在通过冒名休谟——从其所提供的暗示中，人们几乎会毫无困难地辨认出休谟的身份——去嘲笑对于全体信众而言基督教最神圣的特征，以贬损休谟的名声：

> 那是永恒者的命令
> 上帝因为人的罪而无辜流血
> 这样的故事荒诞、妖异而渎神
> 你付出了一切，收获的却是愚蠢

这位在休谟辞世后攻击其人品之人，要求卡德尔将"所惠函件寄往此地的邮局"（在爱丁堡）。这样一个奇怪的要求，再加上休谟的熟人和爱丁堡那一时期的姓名地址簿中根本就没有"Ebenezer Hume"这个人，故我们可以推断：为了掩饰自己的真实身份，这位攻击者使用了化名。他必定是某位痛恨休谟，并希望将其名声搞臭之人。在对卡德尔所做的提议中，他急于将诗稿发表的迫切心理昭然若揭："我准备将其出售，或者在您授权出版的情况下我自己将其付印，又抑或我与您利益均分。"他一定是休谟爱丁堡朋友圈中所认识的某人，因此担心被认出并暴露了真实身份，这不失为一个颇有几分理据的推断。但是，由于没有更进一步的证据，任何指认这个人真实身份的尝试都将是捕风捉影的臆测。

文本补录 *

1. 第 39 页，注释 2：

在爱丁堡大学的"入学登记簿"上，大卫名字后面的数字"2"很可能意指他在大学的学年（也即第二学年），而之所以会得出这个结论，是因为在另一张纸上，苏格兰数字 1710 的后面紧跟着公元纪年的符号——也即"an"（anno）。而在 1723 年的那张纸上，一些学生（并非绝大多数学生）签名的后面紧跟着 1、2、3 或 4 这些符号。据此似乎可以推断：写上这些代表学年的数字符号并非是一种强制性的要求。我们也许有正当的理由推断：大卫入学时获得了一种特权，也即作为一名优等生，他可以免修一年级的人文课，可以直接进入第二学年的学习。而大卫的兄长约翰的情况就不那么清晰明朗了。依照查士丁（Justin）[1] 这本书所提供的证据来看，约翰比大卫年长两岁，似乎应该在大学里比大卫高两个年级，但不幸的是，这样的一种推测并未被"入学登记簿"所证实。让事情变得愈加扑朔迷离的是：当时的许多学生，包括两位休谟（指约翰·休谟和大卫·休谟这兄弟俩）都不打算拿学位，故而未必会按部就班地遵循学校规定的课程序列。而且，非常奇怪的是，在就学期间，许多学生多次注册，从两位九泉男孩只注册一次这一事实并无法推断出新的证据。同时，也很难言之凿凿地说，当被要求读查士丁（Justin）时，他们有可能是处在第几学年。

---

* 此补录中的页码采用的是英文原页码，即本书边码。

[1] *Justini Historiae Philippicae*, 4th edn., Lugd. Batavorum, 1701. 这本书为我所有，但我已将其赠送给了爱丁堡大学图书馆，它出自爱丁堡大学，也当归于爱丁堡大学。我是遵从休谟自己的拼写法，也即查士丁（Justinus）的英国化的拼写法。

文本补录

2. 第 95 页，注释 1：

极其奇怪的是，如果说有任何影响的话，这种影响或许在另一个方向。因为休谟著名的有关人类理性的三分法——也即分为知识、证据和概然性——或许源于拉姆齐骑士的《居鲁士行纪》(*Voyages de Cyrus*, 1727)，或源于安德鲁·巴克斯特（Andrew Baxter），他在其所著的《人类灵魂本性探究》(*Enquiry into the Nature of the Human Soul*, 1733) 中引述了相关段落。[1]

3. 第 97 页，注释 1：（摘自休谟 1734 年 9 月 29 日致迈克尔·拉姆齐的一封信）

"在这封信寄出之前，我决定要告诉你我在兰斯被惠允进入的这家书斋。经人引荐，我有幸结识了学养渊深的诺埃尔－安托万·普吕什神父（Abbé Noel-Antoine Pluche），他藏书宏富的书斋向我敞开了大门。这真是研修的好地方，尤值得一提的是，它藏有大量的法、英经典著述，其收罗之广，选用之精，是我今生所仅见。今天，我有幸再次拜读了洛克的《人类理解论》和贝克莱博士的《人类知识原理》，这两者除了有英文版，而且还有法文版。一位来自兰斯大学专门负责打理书斋的学生告诉我：他的导师每月都会从伦敦和巴黎购入新的哲学和学术著作，所以，我并不会感到无新书可读。"

4. 第 102 页，注释 2：（摘自休谟 1735 年致"杰米"·伯奇的信）

"至于一位著名的教授，我并不知道现在在法国是否能遇到这样一位教授，因为一般而言，尤其是在科学领域，与我们的国人相比，法国人还是略逊一筹。[2] 但是，正如你所知，凡是能从一名教授身上学到的，我们无一不可求之于书本。而且，要想获益于书本，唯一真正需要的就是在读书时要循序渐进、有所取舍。而在这一点上，除了我可以给你提供些许帮助之外，仅仅你自己的判断力就已足敷使用。所以，我看不出我们有任何理由非进大学不可，甚或操心于某位教授的学识或能力。"[3]

---

[1] 参见 John Laird, *Hume's Philosophy of Human Nature* (London 1932), p. 90, n. 1; Treatise BK. I, PT. III, SEC.XI in *Phil. Wks*., I, 423-4.

[2] 可能是因为在苏格兰的大学和牛顿的母校剑桥大学，牛顿的科学学说发挥着强劲的影响。

[3] "Hume at La Flèche, 1735,"参见前面第 100 页注释 1。

5. 第 104 页，注释 1：（休谟 1737 年 8 月 26 日致迈克尔·拉姆齐的信）

图尔（Tours），1737 年 8 月 26 日

我亲爱的朋友：

在收到你的信两天后，我就离开了拉弗莱舍。我现在正在图尔，正在前往巴黎的途中，但除非有什么意外发生，否则我也不会在巴黎久留。所以，不出意外，大约三到四周后，我就能在伦敦见到你。你不难相信，这次见面将让我大为欣喜，而听说我抵达后不久你将离开伦敦，这又让我甚为关切。在人生中任何至关重要的时刻——我正面临人生中的紧要关头，再也没有什么比有一位知己相伴左右更有用、更令人愉悦了。如果无法在为人处世和学术研究方面聆听你的教益，这实为我莫大的损失。我可以向你保证：即便就学术研究而言，你的判断也有无量的价值，尽管你因健康状况和生意而无法跨入大学校门，尽管你无法对任何学术门类进行系统的研究（而要在学术上取得任何较大的成就，没有这种系统的研究几乎是不可能的）。我将把我所有的著作都呈送与你，并敬请批评指正。为了便于理解拙作，我希望你在闲暇之余可以再读一下马勒伯朗士（Pere Malebranche）的《对真理的探求》（le Recherche de la Verité）、贝克莱博士的《人类知识原理》、培尔的《历史批判词典》中的某些形而上学论文，以及芝诺、斯宾诺莎等人的相关著作。笛卡尔的《沉思录》（Meditations）也很有用，但不知道你在熟人中找这本书是否方便。这些著作将使你更易于理解我推理中的形而上学部分，至于余下的部分，它们基本上不倚重于前人的哲学体系，故而，要判断它们的力量和坚实性，你天生的良好判断力已足堪此任。

当我来巴黎的时候，我不得不将全部文稿交付拉姆齐骑士保管，对此，我真的深感遗憾。因为尽管他是一位自由思想家，不至于惊骇于我的放言无忌。但他所信奉的是一种怪诞不经的理论体系，鲜有一位哲人的气度，故而，除了吹毛求疵和挑剔，我并未指望从他那里获得任何东西。我甚至想好了对其非难的应对之方，并下定决心，绝不会因为他的任何非难而有一丁点的灰心丧气，如果真受到其非难的话。正如黎塞留大主教所说的那样，所有的建议都值得采纳。好的建议本身就是有益的，而坏的建议也能旁证好的建议，并赋予好建议一种新的力量。而在那些哲学和学术著作中，这一点尤为真切，因为在其中，所有无聊的反对和糟糕的推理总是让我们更加确信真理之不诬。

我现在要说说你上一封信所提及的一个话题，你似乎在怀疑我现在对你的友

谊，并怀疑我们之间的友谊是否能维系下去。我很难想象你据何做出这种怀疑。你了解我的品性，万不会指望从我口出说出任何温言软语。但你完全可以信赖我对你友谊之持久、平等、忠心和赤诚，在这些方面，你绝不会失望。你言及我在科学方面进展神速，我不知道你这话有多少依据。但是，为了在这危难的时刻鼓舞自己的勇气，我必须要自我恭维一番，你这话多少有些依据。但不管怎么说，我尚有如下的自知之明：一个人若不懂感恩和友谊，他必将身陷孤绝之境，尽管他才高八斗、名扬四海。

因为在图尔错过了邮差，所以我在奥尔良写完了这封信，也没有什么需要补充的，除了向你进一步表达我对你的善意和友情。我知道，这要比描述我在旅途中所遇到的任何山川风物更让你满意。而且，如果你对这方面感兴趣，我不日即可满足你的好奇心。再见！

1737 年 8 月 31 日于奥尔良 [1]

6. 第 118 页，注释 3：

尽管蒲伯的《论人》洋溢着浓厚的理性主义，但是休谟对它还是颇为看重。但当休谟在《人性论》的"引论"中发出以下悲叹时，他心中所想或许正是蒲伯："在这一切争吵中，获得胜利者不是理性，而是辩才。任何人只要具有辩才，把他的荒诞不经的假设，说得天花乱坠，就不用害怕得不到新的信徒。获得胜利者不是持矛执剑的武士，而是军中的号手、鼓手和乐队。"尽管如此，"持矛执剑的武士"还是向军中的"乐师"寄赠了一本《人性论》作为礼物。在《人性论》每一卷的扉页上，休谟都亲笔手书了"敬请特威克纳姆（Twickenham）的亚历山大·蒲伯先生斧正"的字样。像《人性论》一样，休谟签字之后并未留名。[2] 在 1741 年所写的一篇随笔中，蒲伯《论人》中一对联句招来了休谟的非义。[3]（众所周知，实际上，对于作为一名哲学家的蒲伯，康德有着过头的敬重。）

7. 第 133 页，注释 3：（摘自哈奇森致亨利·霍姆的信）

"我看完了第一卷，也拜读了第二卷的绝大部分内容（实际上近乎看完了）。

---

[1] [Hume-Poland, pp. 133-4.]

[2] 有细微的改动（一个字母或一个单词）：在第一卷有 17 处，在第二卷有 5 处，第三卷没有。这三卷《人性论》藏于位于新泽西州萨默维尔市（Somerville）四棵橡树农庄（Four Oaks Farm）中的 Donald F. and Mary Hyde Library。

[3] 参见 p.142 以及文本补录。

我无时无刻不惊叹于作者思想之敏锐、推理之精细,它完全摆脱了学者和大众们的过往偏见。但是,我还不能假装认同作者的观点,多年来,我已不大触碰这些形而上学的主题,尽管大约10—12年前,我曾在这些方面花费了大量的精力……这本书将成为我下一个假期(还有不到 6 个星期就放假了)思考的主题。如果我在阅读的过程中有任何想法或意见,我将很乐于转告那位睿智多思的作者。多年来,我已经……越来越偏向于旧学院派,对于在最为重要的论题上得出任何确定不移的结论已不报任何希望,但是却满足于那种或然性知识,对于一位诚实之人而言,这种或然性知识已足以指导人生。我乐于知道,如果一位极其厌恶行走的怠惰的 Umbratick 竟打算在假期中做一次短途旅行的话,他在哪里可以见到这位作者呢?"[1]

8. 第 138 页,注释 1:(摘自威廉·缪尔致其妹妹艾格尼丝的信,标注的日期为"1740 年 6 月 5 日于里士满")

"这十来天,我们一直待在这里,度过了一段十分愉悦的时光。我们的苏格兰同胞休谟先生也与我们一道在此次消遣。他就是去年夏天你多有耳闻的那本形而上学之作的作者。他实在是一位极其敏而好学的年轻人。无论他在形而上学的论题上表现出多么不折不扣的怀疑主义,但其平时的为人处世却与此迥乎不同。显而易见,就一个人的内在品性而言,其所拥有的友善天性和一颗诚实的心灵,要远比其秉持何种抽象观点要更为重要。由于他学识渊博,而且知无不言,故而,无论是通过与他唇枪舌剑的激辩,还是通过心平气和、自由无碍的交流,我们都能从他那里获益良多。不仅如此,我们甚至还无所顾忌地探讨他自己的著述(我们现在正在读他的书),并且一逮住机会,我们就会毫不容情地攻击他,质疑并批驳他最倾心的观点。所有这些都是在一种友好的氛围下进行的,并且无论是在室内,还是在我们所散步的乡野田畴——这是人们所能想象得到的最美丽的乡野,即便是那些曾周游过欧洲的人也对它赞不绝口——都给我们带来了极大的享受。不仅如此,我们还支使起我们的哲学家,让他曲尊干起了家务。当我们自己组成一个大家庭时,他不仅提供了一切家用,而且还包揽了所有家务。由此你不难想象,我们在这里过的日子有多逍遥快活,与城里那种永无休止的喧嚣和繁忙

---

[1] Ian S. Ross, "Hutcheson on Hume's *Treatise*: An Unnoticed letter," in *Journal of the Histotry of Philosophy*, IV (1966), pp. 69-70.

简直不可同日而语！"[1]

1740年对于休谟的这种评价——"友善的天性"和"诚实的心灵"——让人们再度回想起休谟十几年前曾说过的一句话，"不是波德（Pod），是我。"而对于休谟哲学之才和经世之才（掌管"所有的家务"）的描绘，也预告了休谟数年后在爱丁堡的"好大卫"形象。

9. 第143页，注释2：

"论政治可以化约为一门科学"开篇就否定了蒲柏的如下观点：

> 让傻瓜们去争论政府的形式吧；
> 管理得最好的政府便是最好的。[2]

"有些人提出了一个问题：这一政府体制与另一政府体制之间究竟有无任何本质区别？每种政府体制是否都可能由于管理的恰当与否而变好或变坏？假如人们一旦承认所有政府都是一样的，唯一的差别在于统治者品行的好坏，那么一切政治争论大都可以终止了。有些人钟爱这种体制甚于另一种体制，所有这类热情也必须被视为不过是偏执和愚蠢而已。我虽然是个随和之人，却不能不谴责上述这种观点；如果人类事务不过是由特定人物偶然具有的性格和品德所决定的，别无更多的稳定性而言，我想起来都会感到惋惜！"

10. 第160页，注释1：

在撰写《一位绅士的来信》(*A Letter from a Gentleman*)时，休谟所针对的显然是魏沙特校长的指控——无论它是否已经面世。作为"控告人"，休谟"不得不全凭记忆引述，已记不清其具体的页码和章节。我乘邮车来Weldehall的时候，并未随身携带任何书籍，而且因身处乡野，也找不到我所引述的那本书"。

魏沙特校长对于休谟共有六条指控：(1)"普遍的怀疑主义"；(2)"通过否定因果学说，宣扬直接导致无神论的原则"；(3)"有关上帝以及上帝之存在的谬论"；(4)"有关上帝是世界的第一因以及创造者的谬论"；(5)"否定灵魂的非物质性，以及由此所引发的后果"；(6)"通过否定对与错、善与恶、正义与非义之

---

[1] J. C. Hilson, "An Early Account of David Hume," in *Hume Studies*, I (1975), 78-80.
[2] Essays on Man, III, 304-4. 蒲伯后来指斥休谟以及许多其他人对于那个联句的解释是牛头不对马嘴(irrelevant)。

间本质的区别,以颠覆道德体系的根基;宣扬对与错、善与恶、正义与非义之间的区别仅仅是人为的,源于人类的约定和契约。"

休谟对最后一个指控的回答,是他自撰写《人性论》第三篇"论道德"以来对自己的道德体系的首次辩护。

"我现在来谈谈最后一个指控。以我们这个时代哲学家们的主流观点看,这实可视为一种极其严重的指控,也即该作者颠覆了道德的所有根基:

他实际上所否认的是克拉克和沃拉斯顿所声称的那种意义上的对与错之间的永恒区分,也即道德命题与数学和抽象科学的真理具有同一性质,也即道德命题只是理性的对象,而不是我们内在的**品位**和**情操**之感觉的对象。当作者秉持这种意见时,他是与所有的古代道德学家站在一边的,也是与格拉斯哥大学的道德哲学教授哈奇森先生站在一边的,正是哈奇森先生与其他人一道在这一点上复兴了古代哲学。

当该作者声称正义是一种**人为之德**,而非是一种**自然之德**时,他似乎意识到:他所使用的词语有含糊和易引人误解之处;因此,通过对这些词语加以严格地界定和解释,他已尽可能地排除这种误解……所谓的自然之德,作者显然意指**同情**和**慷慨**,我们之所以有这些美德,端赖**自然本能**的驱使。而所谓的人为之德,作者意指正义、忠实,要具有这些美德,除了受驱于**自然本能**,还需要人们对于人类社会的普遍利益做出某种反思,以及其他的一些因素。也正是在这同一种意义上,作为一种行动,呼吸对人类而言是自然的,而言说(speech)则是人为的。这种学说何害之有呢?难道他不是言之凿凿地声称:就这个词的另一种意义而言,正义对人类是如此自然,以至于没有任何人类社会,甚至没有任何个人可以对正义全无感觉?"

11. 第 180 页,注释 1:

关于休谟创作"论国民性"这篇随笔的时间,仍有一些待解之谜。人们有理由怀疑:在 1748 年 2 月前往欧洲大陆之前,休谟曾将其交付廷威德勋爵(Lord Tinwald)保管。近来,有一种貌似合理的观点——尽管并未完全证实——认为:休谟是在获悉了孟德斯鸠《论法的精神》的主要观点之后在都灵创作了"论国民性"一文。这篇文章于 1748 年 11 月 18 日发表于《道德与政治随笔三篇》(*Three Essays Moral and Political*)和《道德与政治随笔》(*Essays Moral and Political*)。参见保罗·E. 查雷(Paul E. Chamley)所写的"孟德斯鸠与休谟之冲突:对亚当·斯密普遍主义之起源的一项研究",载于《论亚当·斯密》(*Essays on Adam Smith*)(牛津,1975),第274—305页。

在给其詹姆斯二世党人派朋友艾利班克勋爵(Lord Elibank)的信中,休谟曾言不由衷地写道:"哪怕您对我就原始契约所做的推理有一丁点的异议,我都会感到万分困窘。我希望这些推理新颖而发人深思,它虽然简短,但却能将悉德尼、洛克以及辉格派的政治学说彻底驳倒。近一个世纪以来,我们国家的半数哲学家都对这种原始契约学说深信不疑,尽管以我的浅见,这种学说显然与所有国家的理性和实践都背道而驰。"[1]

12. 第210页,注释1:

为了完成艾利班克勋爵(Lord Elibank)所托之事,休谟曾从海牙出发前往代尔夫特(Delft)。"我被带进一间宽敞、干净、阴冷的屋子,稍等了一会儿之后,主人便出来见我。他显然与他的屋子并不能相得益彰。我几乎情不自禁地要将狄奥根尼那粗鄙的俏皮话脱口而出。在一次类似的访问之后,狄奥根尼向主人的脸上唾了一口唾沫,并说道:这是他所见过的最肮脏的地方。那位先生虽能操一口流利的荷兰语,但拉丁语说得很糟糕,而且基本上不会说法语。所以我们并没有谈多长时间……"然后,休谟注意到:"因为结冰的缘故,船无法在运河中通行。与此同时,我们也没有兴趣滑冰,因为雪与冰混杂在一起,地面凹凸不平,根本就不适合滑冰。"

在马斯河(Maas River),休谟等一行人被迫使用冰船渡过约半英里宽的融冰。对此,休谟有着稚子般的好奇和兴奋:

"其使用方法如下:您自己坐进冰船里,冰船与一般的船只并没有多大区别,只不过它靠两支龙骨滑行,而且船底包了铁皮。三四个人以一种非常灵巧的方式推着冰船,只是冰船的载重量不能超过冰面所能承受的限度。一旦冰面破裂,您就会扑通一声跌入河里,吓得您胆战心惊,浑身湿漉漉的,有时河水甚至会没过您的颈部。这时需要您抓紧船,并涉水前行,直到遇到承载力足够大的冰面。此后,他们会再次将您拖入冰船,与您一道滑行,直到再次跌落河中,如此循环往复。"

---

[1] Hume-Elibank, 437.

13. 第 248 页，注释 3：

在一封日期标明为 1752 年 1 月 9 日，由安德鲁·弗莱彻（Andrew Fletcher）写给其父亲弥尔顿勋爵（Lord Milton）的信中，阿盖尔公爵的决定得到了粗略的报道。[1]"昨天，我向公爵大人递交了一封信，事关格拉斯哥大学的人事安排。公爵大人希望我转告您：不能将大卫·霍姆（休谟）先生推举为格拉斯哥大学的教授，这出于多方面的考虑，想必您也明白这一点。"

14. 第 264 页，注释 1：

尽管基于人道主义，休谟一直贬斥奴隶制，但休谟同时还拒绝了如下主张：也即奴隶制刺激了人口增长。恰恰相反："哪里最幸福，最有美德，哪里拥有最明智的制度，哪里就有最为繁多的人口。"奴役制度在经济上是不合算的，而且只能靠不断地进口更多的奴隶来维持。这项人口学上的筚路蓝缕之作以一种典型的中庸笔调搁笔道："可见颂古非今实乃人之天性，根深蒂固，由来已久，就连具有真知灼见、学问渊博的有识之士也不免受其影响啊！"

15. 第 268 页，注释 3：（摘自休谟致艾利班克勋爵的信）

"蒙勋爵您的厚意，让我先睹为快，但还恕我直言，勋爵您还是不要发表这封信为好。这封信确实写得一针见血、入木三分且引人发笑，但恐失之刻薄。这势必会对那位老先生造成极大的伤害，而他本来对您尊崇有加，并且也非常希望获得您的佳评。

我的勋爵，除此之外，所有的诗人和作者都有着一副一点就着的火爆脾气。华莱士先生早就持笔在手、蓄势待发，就像一只斗红眼的公鸡，准备随时迎击来袭之敌……如果您发表的这封信激怒了他，他肯定会怒火中烧，大放厥词，甚至会做出德行有亏之事，尽管这事实上只会让他自己蒙羞，但您也脸上无光。有一次，华莱士曾向我提起勋爵您，而且让我颇为高兴的是，他对您的评价与我对您的评价如出一辙，也即：尽管您性情暴烈，敏感多疑，但确是这个世界上最温和体贴、最有教养之人。故而，我斗胆恳请勋爵您在这件事上能否隐忍一二，以求万全？尤其是，可怜的华莱士之所以冒犯您，那完全出于无知，假如他知道了事情的真相，他的说辞想

---

[1] Hume-Elibank, 444-5.

必会大有不同。

我不敢自诩在类似的情况下能做到隐忍不发。像我们这样的沉静之人（我们称之为智慧之人）其实并没有多大的耐心。但是勋爵您自不难承认：像您这样只是碰巧成为一名作者、身份尊贵之人，卷入这样一场意气之争——这样的意气之争常常让文学蒙羞，并像职业作家那样对自己一时的嬉戏之作表现出过度的护犊之情，实非明智之举……我发现，通过坚守这一普遍的决心，我就会获得足够的安宁和闲暇，我很可能将这一决心贯彻至生命的终了……"[1]

艾利班克勋爵并没有发表这封信。和平得以恢复。"智慧"赢得了胜利。

16. 第270页，注释1：

这种哲学方法并没有沾染上19世纪的那种褊狭——在卡莱尔看来，正是这种褊狭让经济学成为一种"沉闷乏味的科学"（dismal science）。休谟写道："时代精神对所有的艺术都会产生影响；人们的心灵一旦从昏睡中觉醒，就会酝酿反应，幡然改图，遍及各个方面，并给各门科学和艺术带来进步。所以，他总结道：'勤勉、知识和人道就这样被一条牢不可破的锁链联结在一起了。'"[2]

17. 第319页，注释1：（对于《自然宗教对话录》的进一步讨论）

尽管作为斐罗的休谟发现，克里安提斯提出设计论观点（"对于神圣存在的主要或唯一的论证"）的一些段落是可以接受的，甚至第美亚的一些段落也是可以接受的，休谟曾指出："在每个对话中，没有任何一个人可以视为代表了作者。"[3]此外，正如休谟后来所承认的，由于对话本身的艺术性，一个额外但人们却很少考虑到的重要因素是：在这篇对话中，斐罗发言的篇幅近乎是其他两个对话人发言篇幅之和的两倍。[4]而我们一定不要让年轻的潘斐留斯的在场给蒙蔽了，因为他并没有参与讨论（"我因年轻而成了这场论辩的旁听者"），而他的总结性判断——"斐罗的原则比第美亚的原则更有可能性；而克里安提斯的原则还要更

---

[1] Hume-Elibank, 444-5.
[2] Phil. Wks., III, 301-2.
[3] HL, I, 173.
[4] Greig, p. 236 and n.3. 第美亚（Demea）的发言篇幅占12%，克里安提斯（Cleanthes）的发言篇幅占21%，斐罗（Philo）的发言篇幅占67%。

为接近于真理"——只是对西塞罗的《论神的本质》(*De Natura Deorum*)最后一句话的一个精巧的反讽性模仿。[1]

18. 第 320 页，注释 3：

尽管在《自然宗教对话录》中休谟表面上接受一个上帝的观念，但实际上，休谟破坏了这一信仰。《自然宗教对话录》的这种纯然否定性的面向可见于艺术地借由克里安提斯和第美亚之口说出来的两段话：故而，克里安提斯受怂恿破坏了第美亚所提出来的先验论证：

"我开首就指出，自诩解证一个事实问题，或自诩用任何先验的观点来证明一个事实问题，都是一种显见的悖谬。没有事物是可以解证的，除非其反面就蕴含着一种矛盾。凡是能被清楚地构想的事物都是不会蕴含矛盾的。凡是我们构想它是存在的事物，我们也能构想它是不存在的。所以'存在'（Being）的不存在并不蕴含矛盾。因此，'存在'的存在是不能用解证来证明的。我认为这个论证是完全有决定性的，并愿意把全部的争论放在这个根据之上。"[2]

在经此形而上学的回撤之后，第美亚受驱诉诸寻常的论证，也即诉诸人类的希望和恐惧：

"……我承认，照我的意见，每个人亦可谓是在他自己心里感觉到宗教的真理；是由于他感觉到自己的懦弱和不幸，不是由于任何的推理，才引他去追寻人及万物所依赖的那个'存在'的保佑。生活中即使是最好的景况也是如此的令人懊恼和烦厌，所以未来始终是我们所有的希望和畏惧的对象。我们不息地向前瞻望，又用祈祷、礼拜和牺牲，来求解那些我们由经验得知的、足以折磨和压迫我们的未知的力量。我们是多么可怜的生物啊！假如宗教不提出赎罪的方法，并且平服那些不息的刺激和磨难我们的恐怖，那么，

---

[1] 关于这一点，我受惠于彼得·盖伊（Peter Gay），见其所著 *The Enlightenment: An Interpetation* (London 1967), I, 414-15, n.8.
[2] Hume, *Dialogues*, p.189.

在这人生的数不清的灾难之中，我们有什么办法呢？"[1]

克里安提斯和第美亚显然都落入了怀疑主义者斐罗的圈套。斐罗总是代表着休谟真正的声音，在休谟辞世后，他将说出——实际上他应该如此——这一"宗教假说"（无须专门指出，它也包括基督教的豁免）——背后最终的讽刺意蕴。[2]

19. 第 399 页，注释 1：

休谟将毫无困难地承认自己为"一位智巧且悦人的哲学家，他将思想的精湛与表达的典雅完美地结合在一起，他能以最明白晓畅的语言、最生动活泼的雄辩来处理最抽象的论题，这是他所具有的一种幸福而独特的天赋。"[3]

20. 第 402 页，注释 3：

在 1760 年 9 月造访爱丁堡期间，休谟的朋友，画家艾伦·拉姆齐（Allan Ramsay）曾对处于创造力旺盛时期的历史学家（指休谟）的生活有过有趣的勾画。在写给伊丽莎白·蒙塔古夫人（Mrs Elizabeth Montagu）的信中，拉姆齐透露道："……在跟休谟以及他的至交好友们喝过多次酒以后，我也变得三句不离历史了；而且我也更加坚定了如下信念：告知事情如何发生要远比告知事情何以会发生更为容易，而且也更适于人们的心智状态。通过自我省查，我们都知道，人远非是一种理性动物。"[4] 毫无疑问，休谟的至交好友也包括那些友善温和的长老会牧师。

21. 第 414 页，注释 1：

数年后，身在法国的休谟被告知：艾利班克勋爵打算发表一本小册子，以痛诋休谟在《英国史》中对于玛丽女王的叙述。在盛怒之下，休谟抛却一切虚文，直言不讳地写道："在这场有关玛丽女王的愚蠢争执中，您总是表现为这般毫无来由的粗暴。您现在变得如此好斗，故而，除非您答应将这本小册子的出版延后，或者让一些生性公允、心平气和之人事先过目，否则，我们的交情就一刀两断……我的勋爵，如果不是在这件事情上我发现您实在有点不可理喻，我本不会

---

[1] Ibid., p.193.
[2] 参见后面的第 40 章。我对于《自然宗教对话录》的最终的诠释曾提交于 1976 年在爱丁堡大学所举行的专门纪念休谟辞世 200 周年的学术大会。这篇论文现已发表（参见第 320 页注释 3）。
[3] The Theory of Moral Sentiments, edd D. D. Raphael and A. L. Macfie (Oxford 1976)。
[4] Marcia Allentuck (ed.), "David Hume and Allan Ramsay: A New Letter," in *Studies in Scottish Literature*, IX (1972), 265.

怀疑像您这样的知书达礼之人会犯下这种错误。像我们两个这样的经年至交,即便是为了一个在世的情妇也不会争风吃醋,却为了一个早已化为成年腐尸的老娼妓闹得不可开交,这确乎是一件咄咄怪事。我希望不要发生这样的事情。"两位至交最终并没有闹翻,但为了让争吵平息下去,两人费了好几通书信。无论如何,艾利班克勋爵最终并没有急于将他的那本小册子拿出去发表。[1]

22. 第 426 页,注释 1:

"勋爵阁下,您在巴黎时晓得巴芙勒公爵夫人这个人吗?"休谟惴惴不安地向艾利班克勋爵询问道,"我之所以这么问,是因为昨天晚上我收到她的一封长信,这是我迄今所收到的最言辞恳切的一封信,与其说它是一封客套信,不如说它是一篇献词。我不敢贸然说这封信充满了良好的判断力、优雅和昂扬的志气,因为她对我的过誉之词让我不敢相信自己在这个问题上的判断。但是,如果我胆敢信赖自己的不偏不倚,我可以想象得出她是一位品性高洁的女士。尽管给一位陌生人写这样的信略显矫情,但由于她已对此做出了无懈可击的解释,我完全可以原谅她在这方面的疏失。"[2] 假如休谟曾意识到"一方面"巴芙勒夫人"曾欢天喜地花了一整天的时间用法语来临摹其典雅的《英国史》中的某个段落",他一定可以迅速地恢复其往日的镇定:她的那些夸张之词确是发自肺腑。

23. 第 469 页,注释 2:

"在英国,在听到我半夜跌断脖子的消息后,五十个英格兰人中无一不感到欢呼雀跃。有人恨我是因为我不是托利党人,有人恨我是因为我不是辉格党人,有人恨我是因为我不是一名基督徒,而所有的一切都因为我是一个苏格兰人。难道您真的还认为我是一个英国人吗?我或您是一个英国人吗?他们愿意让我们做一个英国人吗?"

24. 第 485 页,注释 3:

在巴黎期间,休谟于 1756 年 8 月 26 日致信米拉,透露出他仍有构写大家翘首以待的教会史的打算:"你再度追讨我的教会史。你不要再听信那些传言了,因为你知道其中的内情,我已下定决心,再也不会去写一本让我再度蒙受攻讦和无礼的历史著述。各种党派偏见迄今仍未平息,一本本着公允精神的史著不可能不

---

[1] Hume-Elibank, p. 456.
[2] Laurence L. Bongie, *David Hume, Prophet of the Counter-Revolution* (Oxford 1965), p. 65, 引自 *Nouveaux mélanges extrits des manuscripts de Mme Necker* (Paris An X, I, 202).

招致各种怒骂和喧嚣。

不过，我已经将绝大多数英语和法语作家的教会史著述收罗齐全。如果有余暇，我乐于研读这些著作。或许可以将教会史中的某些历史时期写成不容争议的信史。万事开头难，如果有一卷获得成功，那么后面写起来就顺手得多，但我不认为近期有这种可能性。"[1]

25. 第494页，注释3：

艾利森·科伯恩（Alison Cockburn）以其一贯的女性思维鼓动休谟追随赫特福德公爵去爱尔兰："我希望您追随他去爱尔兰。我希望伤透所有法国女人的心，如果她们还有心的话；但我只是怀疑，尽管您在她们中间遇到无尽的逢迎和吹捧，但与她们相比，我肯定是您更为忠心的朋友和仆从……"[2]

26. 第500页，注释2：

自1764年初，亚当·斯密和他年轻的学生**巴克勒公爵（Duke of Buccleuch）**一直待在法国和瑞士。尽管持有休谟所写给当地名门贵要的数封引荐信，但他们在图卢兹和郎格多克所呆的18个月是如此单调乏味，以至于为了打发时光，斯密开始动手构写一本新著。在1776年面世之前，《国富论》一直是斯密手边最主要的工作。在离日内瓦边境不远的费尔内（Ferney），斯密曾与伟大的伏尔泰有过数次愉快的谈话。斯密及其学生抵达巴黎的时间太晚，故而未能见到伟大的卢梭。1766年1月4日，休谟离开巴黎并护送卢梭前往英国寻求庇护。由于斯密几乎整个1766年都待在巴黎，故而结识了一大批法国哲人，这其中首当其冲的是重农主义者。在巴黎的沙龙里，斯密所受到的欢迎程度几乎与休谟不相上下。

27. 第537页，注释1：

加文·德贝尔爵士（Sir Gavin de Beer）在"卢梭逗留英国考"（Quelques considerations sur le sejour de Rousseau en Angleterre）（见于《日内瓦》，1955，n.s. III, 37）中所复制的艾伦·拉姆齐所画卢梭之肖像不是一张，而是三张。第一张为休谟所有（现藏于苏格兰国立肖像馆），另两张为达文波特所有（现为陆军中校布罗姆利·达文波特 [W. H. Bromley Davenport] 所有）。

---

[1] Michael Morrisroe, Jr., "Hume's Ecclesiastical History: A New Letter," in *English Studies* 53 (1972), 1-3.

[2] RSE, IV, 29.

28. 第 537 页，注释 2：

休谟曾满怀哀怨地自嘲道，"我建议你还是对我客气些"，他警告一位朋友道，"不要以这种鄙夷的态度对待我，将我视为一名学究，一位哲人，一位天外来客，一名异想天开和遁世之人。我可以向你保证，我鄙夷所有这些称号，并发愿要成为一名政客和商人，在这个世界上，这些头衔要尊贵的多。"[1]

29. 第 543 页，注释 3：

还在法国时，休谟就结识了**伊萨克·德·平托**（Isaac de Pinto），他是荷兰籍犹太裔经济学家和哲学家。1763 年初英法就《巴黎条约》谈判期间，通过向贝德福德公爵提供英属东印度公司辖区边界的消息，**伊萨克·德·平托**曾有大功于英国。据说，这一信息为东印度公司每年节省了高达 70 万英镑的岁入。正因为曾立下了这样的汗马功劳，**平托**一直希望能从东印度公司拿到一笔犒赏，故而一直催逼休谟以及其他的英国官员从中襄助。休谟相信**平托**的要求于实有据、合情合理，故而为了他的事不厌其烦地写信交涉，所写之信总共有六七封之多。

休谟 1764 年 3 月 14 日于巴黎为**平托**发出了第一封信，收信人是理查德·内维尔（Richard Neville），在赫特福德公爵到任之前，他一直担任英国驻法国王庭的全权公使。这封信不仅幽默风趣，而且审慎周详。

"亲爱的先生，在这几年里，由于基督徒误入歧途的狂热，不幸的犹太人身遭多重迫害。但最终有一个犹太人挺身而出，在为其深受伤害的民族复仇的同时，也向其骄傲的压迫者发出了致命一击。这个令人敬畏的犹太人就是德·平托先生（Monsr. De Pinto），而那个不幸的、深受其残酷的报复之苦的基督徒，就是您卑微的仆人我。他说，您曾允诺向我提及他，但是我不记得您曾这样做过。他说，当贝德福德公爵在这里任驻法大使的时候，他曾为英国做过许多最出色的服务。我对此并无怀疑，但却一无所知。他还说，他现在穷困潦倒，因此急需一笔津贴，以作为其工作的酬报。我虽然希望他能获得这笔津贴，但却爱莫能助。他给我写了几封信，我将这些信转给您，但并不是要您回复。他说，如果贝德福德公爵对他置之不理，赫特福德伯爵一定会还他一个公道。我并不相信贝德福德公爵会对一个曾为他效劳过的人置

---

[1] MS letter of 3 April 1767 in Yale University Library.

之不理。他变得怒气冲天,我劝他稍安毋躁。

亲爱的先生,这就是平托先生每天和我谈话的大致情况,也就是说,他每天都会不请自来,闯进使馆,缠住我喋喋不休。当他逮住赫特福德伯爵时,伯爵尚能应付裕如。但是当他拖住可怜的比彻姆勋爵时,勋爵有理由抱怨老天为什么将他生得如此温文尔雅,以至于无法做出什么出格的事或说出什么出格的话。

从平托先生所告知我的情况以及他所出示给我的您的一封信看,我猜想,就这件事而言,比较麻烦的是:在和约谈判期间,他确曾为贝德福德公爵和您效过力,也许还确曾在某些具体事务上发挥过作用。但是,至于他发挥过多大程度的作用,这一点您最清楚。并且我确信,尽管他多次去信您都没有回复,但您既不会忘记他,也不会无视他。如果不是苦于他经常性的骚扰——对此,我实在无力摆脱,我根本就不会为他的事向您求情,甚至也不会给您写信。如果贝德福德公爵认为他没有资格获得酬劳,请您立即将原话告诉平托先生,这样就算是帮了赫特福德伯爵一家的大忙。如果公爵打算帮助平托先生,如果平托先生能得到一些对其有利的暗示,那么他定会非常高兴。我只是恳请您原谅我插手此事,我深知,这件事本不在我职权范围,如果不是迫不得已,我绝不会过问此事。"

1767 年,平托继续全力谋求英国方面的犒赏。作为副国务大臣,休谟一直利用其影响为平托力争其应得的待遇,并从康威将军和赫特福德公爵等人那里求得奥援。最终,正是休谟的这些信为平托赢得了一笔 500 英镑的终身年金。早前,平托曾著文批驳过《政治论衡》中"论公共信用"这篇随笔。虽然休谟肯定了这篇文章的价值,但他并不认为有必要做出任何改动。[1]

30. 第 554 页,注释 1:

最终,在 1776 年 8 月 17 日——也就是在休谟辞世八天前,数家美洲杂志上出现了这样一则消息:"大卫·休谟先生,斯密博士和詹姆士·斯图亚特爵士(Sir James Stewart)都向国王表明了他们的意见:如果不尽快与美洲殖民地达成和解,

---

[1] 理查德·波普金(Richard Popkin)曾重述过这个完整的故事,见 Richard Popkin: (1) "Hume and Isaac de Pinto," in *Texas Studies in Literature and Language*, XII (1970), 417-30; (2) "Hume and Isaac de Pinto, II. Five New Letters," in *Hume and the Enlightenment*, ed. W. B. Todd (Ednburgh and Austin 1974), 99-127.

我们将会失去它。"[1]

31. 第555页，注释1：

在康威卸职的前一天，休谟致信亚当·弗格森。信中，除了罗列他为苏格兰教会所争取到的恩惠，休谟还以自嘲的语气探讨了其续写《英国史》的可能性。[2]

"我们之间虽久不通音问，但却未曾相忘。至少就我而言是如此。赫伯恩的事已办妥，这是我任内所办的最后一件事，颇费了一番功夫。就此而言，我自认为无负于苏格兰教会首脑之职，并且为擢升了一位极其虔敬和正统的神职人员出了大力。我们明天或后天就将离任，对我而言这绝非一件坏事。现在，我又可以重拾闲散自在的文人生涯了，而一些朋友也一再敦请我考虑续写我的《英国史》，也即往后再写两三位君主。如果我能从中找到乐趣，这固然是好事。但是我发现，我没有任何理由再从事如此费心劳神的苦差。安德鲁·米拉（Andrew Millar）自然以为我会为了钱再拿起笔；而其他的蠢蛋则拿名声来引诱我；而另一些人则劝我为真理计，他们自有其道理。但由我过去的种种经历，您不难判断：我已对所有这些目标了无挂碍。如果我此时还不明白这个世界并不热衷于真理，还不明白世人意见是多么的不足为凭，还不明白就生活之必需而言，一份中等的资财就足矣，那我可真是白活了！"

32. 第567页，注释2：

1770年夏，在一封致南希·奥德（Nancy Ord）的信中，休谟以戏谑的口气讲述了在她家打牌之后的余波。

爱丁堡，1770年8月16日

尊敬的小姐：

所有的立法者和法官们——从梭伦到科伯恩郡长——都秉持这样一种信条：凡坦白其罪行，并检举其同案犯的犯人都将得到赦免。我也不怀疑您以及迪恩（Dean）的小姐们将遵从这一仁善而公道的信条。您想必已知道，有两位道貌岸然的绅士（其中一位为奈恩先生）昨天乘一辆马车去梅尔维尔湖（Melville），其中的一位付了一先令的通行费或过路费，关卡的稽查员怀疑其钱财来路不明，一

---

[1] E. G. *Pennsylvania Gazette* (1776), *Connecticut Gazette and Universal Intelligencer* (1777).

[2] 1768年1月19日的这封信的手稿现存于德克萨斯大学"现代人文研究中心"的"剧院藏品"（Theatre Collection）。此前一直未出版。在稍后的第38章中，托马斯·赫伯恩牧师（Reverend Thomas Herburn）看上去似乎是休谟的某种堂吉诃德式的"捍卫者"（somewhat quixotic "defender"）。

经查验，发现它竟然出自大法官阁下的账房。不仅如此，他们还在那位窃贼口袋里搜出了另外五个先令。他坦白这是他从您家里窃取的。然而奈恩先生和他的帮手——一个大胖子——并没有被立即逮捕。慑于法律的威严，奈恩先生的同伙答应将所盗之物物归原主。他声称：他并未动用其中的分毫。他苦苦哀求，乞请宽恕，但唯愿将奈恩先生绞死，以儆效尤。为此，他甚至愿意做假证。在他看来，这种行为必然值得嘉许，并让他有资格获得赦免。这下子您就明白与小偷、扒手和骗子打牌的危险了吧！如果大法官阁下对此等行径坐视不管，我向您保证，一旦我主政，我绝不会放任自流。我甚至会禁止你们去礼拜堂，因为我担心你们在那里会遇到奈恩先生；至于他的同伙，他并不常在那里出没，这也说明他心肠较好。因为最伪善的盗匪也常常是最无可救药的。小姐，带着极大的敬重，我是您最忠实、最卑微的仆从

大卫·休谟

三年之后，为了装饰其位于圣大卫街的新房，休谟专门委托南希来挑选墙纸。这一举动或许表明：这栋新房是为一位妻子准备的。

最后，在 1776 年夏，深知自己已病入膏肓、即将不久于人世的休谟，自巴斯（他去那里是为了尝试温泉的疗效）致信南希。这是一封爱情的告白信。

1776 年 6 月，巴斯

亲爱的女士：

我知道，在获悉我的病情大有好转后（我希望家侄已将这一消息告知于您），您必定大为宽慰。但我恐怕这又是空欢喜一场。因为巴斯的温泉开始与我越来越不相宜，而所有的不良症候又都死灰复燃。医生们发现所有的病症都源于我的肝脏，他们虽然假装我的病仍有疗救之方，但我相信他们实际上已回天乏术。简而言之，过不了多久，您可能就要失去这个世界上最深爱和敬重您的一个人。我亲爱的南希小姐，请以同情和仁善之心接受这个宣告吧。我知道，对于像我这样一位行将朽木之人不可自抑地爱上您这样的妙龄女子，这实属荒唐之举。但是，在您身上，我看到了那么多不同凡品的才德，这难免让人情不自禁地心生爱意，故而我也就原谅了自己的鲁莽和不慎。而您待我又是那样的亲切温柔，这我又怎么会感受不到呢？！在我的一生中，这既是最适得其所的一次爱念，也固然是最后一次爱念。我知道，在捧读此信时，您必然是双眼噙满了泪水，而在写此信，我

也是泪眼模糊。

我不会向您说永别。因为我打算 8 天或 10 天后即从此地动身,而 10 天或 12 天后即可到家。不久之后我即可亲吻您的玉手。代我向您的姐妹们问好;我也希望能有机会向您的父亲致以问候。[1] 他当不难明白,我对他怀有最真诚的敬意。亲爱的南希小姐,我是最深爱您、最谦恭的仆人

大卫·休谟

我们应该还记得,休谟遗嘱的附录里出现了南希的名字。她终生未嫁。[2]

33. 第 575 页,注释 1:(摘自休谟 1776 年 5 月 20 日致其侄子大卫·霍姆之信)

"你现在就要进入到夏季的阅读和思考,并且要学思结合,不可稍有偏废。我希望,除了那些轻松流丽的消遣之作,你还要读些更为严肃的学术著作,除了要读泰伦斯(Terence)、维吉尔和西塞罗,还要读色诺芬、德摩斯梯尼、荷马和琉善(切不可荒忽了希腊语的学习),而且在闲暇之余还可以读一读沃伊特(Voet)、维尼乌斯(Vinnius)和格劳修斯(Grotius)的著作。我发现,你对于诗歌并不是特别感兴趣。一个没有诗歌相伴的人生是无趣的人生。饱读诗歌,自然会提升你读书为文的品位。但是,一个人若学而不思、疏于操练,自然会才思枯竭。

我相信我已向你推荐了斯密先生的新作,我估计米拉先生的讲座也会讲到这本书的内容。它是一本科学之作,思想精湛,尽管在我看来,其中的一些观点和推理尚有商榷的余地。也正因为如此,它才能更好地锤炼你的思想,提升你的研究。"[3]

34. 第 575 页,注释 3:

一位来自美洲,于 1766—1768 年在爱丁堡大学就读的年轻的医科学生**本杰明·拉什(Benjamin Rush)**有幸得以进入了休谟的爱丁堡社交圈。他指

---

[1] 南希的父亲罗伯特·奥德(Robert Ord)于 1776 年 7 月辞世。
[2] 上面的三封信(1770 年 8 月 18 日;1773 年 4 月 12 日;1776 年 6 月 10 日)是休谟唯一已知的致南希·奥德的信函。作为奥德家族文稿的一部分,其原件由爱丁堡大学 John V. Price 收藏。休谟的传记作家 John Hill Burton 手中的复件,现藏于 NLS MS 9427, f.24v. 显然,伯顿在其所著的休谟传中并没有公开这些书信。是 Pirce 在获得这些信的原稿之前将这些信件公之于众的,见其所写 "Hume and Nacy Orde. Three Letters," in David Hume and the Enlightenment, ed. W. B. Todd (Edinburgh and Austin 1974), 128-35.
[3] Hume-Poland, p.138.

出，那位哲学家（休谟）"在私下里是一位平易近人、和蔼可亲的绅士，受到每一位认识他的人的爱戴和敬重。他对穷苦人尤为仁善，为几户穷亲戚提供了大量的接济。他从未做过任何歹事，也从未听说有人指责他行为不端"。正是由于拉什的鼓动，休谟那位睿智的老冤家**约翰·威瑟斯彭牧师**（**Reverend John Witherspoon**）才于 1768 年接受新泽西学院院长一职。次年，拉什访问巴黎，并替狄德罗捎了一封信给休谟。[1]

35. 第 581 页，注释 2：（摘自 1775 年 5 月 9 日亚当·斯密致休谟的信）

"普里斯特里（Priestly）对贝蒂的答复使您在这里的朋友都感到高兴。我们满以为贝蒂会当即答复，而且相信他已写好了答复。但是，据信，您的老友赫德——我们很有识人之明的曼斯菲尔德勋爵已将其举荐为主教——却致信贝蒂，建议他不要做任何回应。并告诉他：像《论真理的颠扑不破》这样一部优秀著作是不需要做任何辩护的。这样一来，我们就失去了一场最无与伦比的论战。普里斯特里已经做好了至少要大战 20 个回合的准备。我还是希望有人能鼓动贝蒂再次拿起笔。"[2]

36. 第 599 页，注释 2：

> 哦，你是我灵魂里
> 珍贵的另一半，
> 你把某种轻柔的
> 情人的情感，
> 揉进我们无比坚固的友谊。
> 大卫，那残酷的命运
> 终将击碎这美好的情谊。
> 纵然我们呼喊，纵然我们祈祷，
> 很快就将迎来那永久的别离。
> 永别了，永别了。

詹姆斯·埃德蒙斯通

---

[1] *The Autobiography of Benjamin Rush* (Princeton 1948), 49, 69.
[2] Hume-Poland, p.140.

37. 第602页，注释2：

"可怜的大卫将不久于人世，"亚当·斯密告诉亚历山大·韦德伯恩道，"但他神情还是很快活，富有幽默感。基督徒们虽然口口声声说听从天意，但到临死时却免不了要哭哭啼啼一番，相比之下，他对于人之必死这一自然进程更加处之泰然。"[1]

---

[1] Letter 163, 14 August 1776, in *Correspondence of Adam Smith*, edd. Mossner and Ross (Oxford 1976).

参考文献

所引述的文献

下面的书目仅限于文本或注解中所引述的文献，但不包含附录 B 中已罗列的文献。一个更为丰富的文献目录或可参见 T. E. Jessop, *A Bibliography of David Hume and Of Scottish Philosophy from Francis Hutcheson to Lord Balfour* (London 1938)。而一个不日即将面世的经过修订和扩充的文献目录可参见 Roland Hall 所编的 *Fifty Years of Hume Scholarship*。

I.David Hume
MANUSCRIPTS

Calendar of Hume MSS in the Possession of the Royal Society of Edinburgh, compiled by J.Y.T. Greig and Harold Beynon. Edinburgh 1932. [IX, 4 (see under Mossner in Sect. II, C, below), 5, 7, 24; XIII, 38.]

"Draft of Preface to a volume of D.Hume's History in David Hume's own hand found among my father's papers." Keynes Library, King's College, Cambridge.

Four Dissertations: "This Book is to be considered as Manuscript and to be delivered to Mr Strahan according to my will." NLS, MS 509.

"Journal, 1746." Fragments in (1) BM Add. MS 36638, P. 4510; (2) Pierpont Morgan Library; (3) Newhailes, 541.

Historical Memoranda. Huntington Library, MS HM 12263; NLS, MS 732, 733, 734, MS 3803.

Legal briefs, 1774, concerning lawsuit with Adam Gillies. City Chambers, Edinburgh, Bundle No. 396 (50).

Review of Robert Henry's History of Great Britain, 1773. Corrected proof sheets in

William Andrews Clark Memorial Library. [See under Mossner, in Sect. II, below.]
Will of 1766 in "Registers and Records of Scotland" in NRH.

PUBLICATIONS

(a)Letters

Letters of David Hume, and Extracts of Letters referring to him, ed. Thomas Murray. Edinburgh 1841.

Letters of David Hume to William Strahan, ed. G.Birkbeck Hill. Oxford 1888.

The Letters of David Hume, ed. J.Y.T. Greig. Oxford 1932. 2 vols. [Cited as HL.]

New Letters of David Hume, edd. R. Klibansky and E.C.Mossner. Oxford 1954.[Cited as NHL.]

Letters from David Hume, Esq., to the Author of the "Delineation of the Nature and Obligation of Morality." [n.p., n.d., published after Hume's death.]

Extract of undated letter, No. 1105, in Puttick & Simpson's catalogue, London, 30 July 1886.

"Dawida Hume'a Nieznane Listy W Zbiorach Muzeum Czartoryskich (Polska)," ed. Tadeusz Kozanecki, in *Archiwum Historii Fillozofii I Mysli Spoleczhej* 9, 127-41. [Cited as Hume-Poland.]

"David Hume: Some Unpublished Letters, 1771-1776," ed. Geoffrey Hunter, in *Texas Studies in Literature and Language*, II (1960), 127-50.

"The Eighteenth-Century Marian Controversy and an Unpublished Letter by David Hume, "ed. Laurence L. Bongie in *Studies in Scottish Literature*, I (1964), 236-52.

"Hume and Friends, 1756 and 1766: Two New Letters," ed. J.C. Hilson and John V. Price, in *The Yearbook of English Studies* 7 (1977), 121-127.

"Hume at La Fleche, 1735: An Unpublished Letter," ed. E.C.Mossner, in the University of *Texas Studies in English*, XXXVII (1958), 30-33.

"Le Bon David Again: Three New Hume Letters," ed. Ian S. Ross, in *Texas Studies in Literature and Language*, X (1969), 537-45.

"More Unpublished Letters of David Hume," ed. J.C. Hilson, in *Forum for Modern Language Studies*, VI (1970), 315-26.

"New Hume Letters to Lord Elibank, 1748-1776," ed. E.C.Mossner, *Texas Studies in Literature and Language*, IV (1962), 431-60.[Cited as Hume-Elibank.]

Morrisroe, Michael, Jr., "David Hume read Berkeley? A Conclusive Answer," in *Philosophical Quarterly*, 52 (1973), 310-15.

_____"Hume's Ecclesiastical History: A New Letter," English Studies, 53 (1972), 1-3.

Popkin, Richard, "Hume and Isaac de Pinto, II. Five New Letters," in *Hume and the*

Enlightenment: Essays presented to Ernest Campbell Mossner, ed. William B. Todd. Edinburgh and Austin, 1974, pp. 99-127.

(b)Other publications

An Abstract of a Treatise of Human Nature, 1740: A Pamphlet hitherto unknown by David Hume. Reprinted with an Introduction by J.M.Keynes and P.Straffa. Cambridge 1938. A BL copy with MS corrections by Hume has been discovered.

"Advertisement" to the English translation of Baron Manstein's *Memoirs of Russia, Historical, Political, and Military, from the Year MDCCXXVII to MDCCXLIV*. London 1770.

A Concise and Genuine Account of the Disputes between Mr. Hume and Mr. Rousseau; with the Letters that Passed between Them during their Controversy. As Also, the Letters of the Hon. Mr. Walpole, and Mr. D'Alembert, Relative to This Extraordinary Affair. London 1766.

David Hume: A Letter from a Gentleman to his friend in Edinburgh, edd. E.C. Mossner and John V. Price. Edinburgh 1967.

David Hume: Writings on Economics, ed. Eugene Rotwein. Edinburgh 1955.

Dialogues concerning Natural Religion, 2nd edn. with Supplement. Ed. with introduction by Norman Kemp Smith. Edinburgh and London 1947. [Cited as *Dialogues*.]

The Natural History of Religion (ed. A. Wayne Colver) and Dialogues concerning Natural Religion (ed. John V. Price). Ed. A. Wayner Colver. Oxford 1976. [Definitive ed.]

Essays and Observations, Physical and Literary, Read before a Society in Edinburgh and Published by Them. Edinburgh 1754. [Hume was co-editor and presumptive author of the introduction.]

Essays on Suicide, and The Immortality of the Soul, Ascribed to the late David Hume, Esq. Never before published. With Remarks, intended as an Antidote to the Poison contained in these Performances. London 1783. [Anon. and unauthorized.]

History of England. Ed.of Edinburgh 1792. 8 vols.

————Abridged and with an introduction by Rodney W. Wilcup. Chicago and London 1975.

The Life of David Hume, Esq.: Written by Himself. London 1777. [Includes a letter from Adam Smith to William Strahan concerning Hume's last days.]

Petition of the Grave and Venerable Bellmen, Or Sextons, of the Church of Scotland, To the Honorable House of Commons. [London 1751. Anon. Reprinted in The Scottish Haggis, Edinburgh 1822. Also in John V. Price, *The Ironic Hume*. Austin 1965. Appendix B.]

The Philosophical Works of David Hume, edd. T.H. Green and T.H. Grose. London 1874-5. 4 vols. [Cited as *Phil. Wks.*] Reprinted 1964. Scientia Verlag. Aalen.

Recueil Philosophique ou Mélange de Pièces sur la Religion & la Morale, ed. Jacques André Naigeon. Paris 1770. [Fr. Translation of Hume's essays "Of the Immortality of the Soul" and "Of Suicide" by Baron d'Holbach.]

"Sixteen notes on Walpole's Historic Doubts," in *Mémoires Littéraires de la Grande Bretagne* (1769), II, 25-6.

Hume: Theory of Politics, ed. F.M. Watkins. Edinburgh 1952. [With an appendix by R. Klibansky discussing marginalia in the BL copy of Hume's *Treatise.*]

A True Account of the Behaviour and Conduct of Archibald Stewart, Esq.; late Lord Provost of Edinburgh, In a Letter to a Friend. London 1748. [Anon. Reprinted in John V. Price, The Ironic Hume. Austin 1965. Appendix A.]

Two Essays. London 1777. [Anon. and unauthorized: "Of Suicide" and "Of the Immortality of The Soul."]

II.OTHER AUTORITIES

(A) EIGHTEENTH CENTURY

MANUSCRIPTS

(a) Personal Letters and Writings

(i) Letters to Hume

EINBURGH UNIVERSITY: Robert Wallace (Laing II, 96).

ROYAL SOCIETY OF EINBURGH [described in *Calendar of Hume MSS*]:Jean d'Alembert, III, 6, 14, 21; Hugh Blair, III, 51, 53-6, 60-1, 63; Comtesse de Boufflers, III, 65,66, 70, 71, 72, 74, 75, 76, 78, 79, 83; George Campbell, IV, 11; Marquis de Chastellux, IV, 20, 22; Alison Cockburn, IV, 28, 30, 32, 33; General Conway, IV, 39; John Crawford, IV, 43; Comte de Creutz, IV, 47; Peter Crocchi, IV, 48; Richard Davenport, IV, 54-55; Mme du Deffand, IV, 72; Alexander Dick, IV, 75; Dennis Diderot, IV, 78-80; James Edmonstoune, V, 3, 7; Lord Elibank, V, 8; Gilbert Elliot, V, 13; Lady Elliot-Murray, VI, 75; Mme Geoffrin, V, 36; Edward Gibbon, V, 41; Claude-Adrien Helvetius, V, 52; President Henault, V, 55; Earl of Hertford, V, 59, 61; Lady Hervey, V, 68; Baron d'Holbach, V, 72,74; Earl of Holdernesse, III, 79; Earl Marischal Keith, V, 99, 100, 102-3, 110; Mme de Meinieres, III, 47; Andrew Millar, VI, 31; William Mure, VI, 64; Alexander Murray, VI, 70; Richard Price, VI, 85; Sir John Pringle, VI, 96; Allan Ramsay the younger, VI, 103-4; Michael Ramsay, VI, 105; Michael Ramsay the younger, VIII, 27; Thomas Reid, VII, 3; Mme Dupre de St Maur, IV, 85; Adam Smith, VII, 37, 39; Tobias Smollett, VII, 40; Lady Stanhope, VII, 45; John Stewart, VII, 49-50; Andrew Stuart, IV, 67; Elizabeth Stuart, VIII, 73; Robert Wood, VII, 101.

参考文献

(ii) Other Letters

ABERDEEN UNIVERSITY: (in Beattie Papers) James Beattie (1 May 1770, 17 Dec. 1776); Hugh Blair (14 May 1770).

BRITISH LIBRARY: (in Hardwicke Papers) Thomas Birch, Add. MS 35400, ff. IIOV. IIII.

ABERDEEN UNIVERSITY: Alexander Carlyle, MS Do. 4.4.1/96; Michael Andrew Ramsay, Laing MSS, II, 301; Alexander Stenhouse, Laing MSS, II, 451/2.

Dr R. H. GRIFFITH LIBRARY, UNIVERSITY OF TEXAS: William Warburton, as transcribed by James Crossley, II, 32.

HUNTINGTON LIBRARY: John Gregory (MSS MO uncat., 3 June 1770); Elizabeth Montagu (EM 1776 uncat., 20 Oct. 1766)

KEYNES LIBRARY, KING"S COLLEGE, CAMBRIDGE: George Norvell (1 Mar. 1788).

LIBRARY OF THE ROYAL COLLEGE OF SURGEONS OF ENGLAND: William Cullen (17 Sept. 1776. Hunter-Baillie Collection, Letter-book, VOL.I).

NATIONAL LIBRARY OF SCOTLAND: Hugh Blair, MS 1005; James Home, MS 1005; Mrs Anne Murray Keith, MS 3524; Robert Liston, MSS 5513, 5517; Mrs William Mure, MS Acc. 1237.

SCOTTISH RECORD OFFICE, EDINBURGH: (in Adam Box) Robert Adam (15 Nov.1755); (in Abercairny Papers) Andrew Baxter (13 June 1723); Wm. Hamilton of Bangour (19 July 1739); James Oswald (17 Dec. 1741, Jan. 1742, 6 Mar. 1742); Josiah Tucker (15 Feb. 1764): G.D. 24.

PIEPONT MORGAN LIBRARY: "Ebenezer Hume" (8 Feb. 1778, containing 300 lines of verse entitled "Natural Religion," allegedly by David Hume).

(iii) Other Writings

ABERDEEN UNIVERSITY: (in Beattie Papers, B.18) James Beattie, "The Castle of Scepticism." [See under Mossner in Sect. II, below.]

BRITISH LIBRARY: Thomas Birch, "Journal," Add. MS 4478c, f. 417r.

EINBURGH UNIVERSITY: (in Laing MSS): George Chalmers, "MS Notes on David Hume," II, 451/2; Robert Wallace," An Address to the Reverend the Clergy of the Church of Scotland By a Layman of their Communion on occasion of composing acting & publishing the Tragedy called Douglas," II, 620^2; "A Letter from a Moderate Free-thinker to David Hume Esquire concerning the Profession of the Clergy. In Which It is shewed That Their Vices Whatever They Are Are Owing to Their Disposition and Not to the Bad Influence of Their Profession," II, 97; "The necessity or expediency of the churches inquiring into the writings of David Hume Esquire and calling the Author to answer before the spiritual Courts," II, 97; "Observations on the

Account of the Miracles of the Abbe Paris," II, 620[20].

GLASGOW UNIVERSITY: J.Rennie, "A Compendious System of Pnematology, Comprehending-Psychology, Moral Philosophy, & Logic. Taken at the Lectures of Mr. Js. Beattie P.P. At the Marischal College & University of Abdn. By J. Rennie, Anno 1767."

HISTORICAL MANUSCRPTS COMMISSION: Lord Hailes, "A Volume of Anecdotes, etc. collected by Lord Hailes," 4th Report. London 1874.

NATIONAL LIBRARY OF SCOTLAND: John Home of Ninewells, "Tack of John Home of Ninewells to Peter Johnson," MS 582, f.77.

ROYAL IRISH ACADEMY: Lord Charlemont, "Anecdotes of Hume," MS 12/R/&, ff.497-531.

(b) Official Letters and Documents

ABERDEEN UNIVERSITY: "Minutes of the Philosophical Society in Aberdeen, 1758-1771."

CITY CHAMBERS, EDINBURGH: "Burgh Court Diet Book from 13 May 1773 to 31 August 1779," VOL. LVIII (1744); Chartulary Extended Royalty No.2"; "Council Records," VOLS.LXV,XCI.

EINBURGH UNIVERSITY: "Library Accounts 1679-1765"; "Matriculation Book 1627-1703"; "Scholarium Matricula ab Anno MDCCIV."

GLASGOW UNIVERSITY: "Act against Infidels and Immorality" in "Assembly Register, 1755"; "Minutes of the University Meetings."

NATIONAL LIBRARY OF SCOTLAND: (Advocates' Library) "Library Accounts 1727-65," "Minutes of the Faculty, 1751-83," "Register of the proceedings of the Curators & Keeper of the Library in relation to their Office Beginning Anno 1725," "Treasurer's Accounts 1738-1729" F.R.134, 2, 118, 43; (Select Society) "Minutes and Proceedings of the Select Society," "Rules and Orders of the Select Society" (MS 23.1.1.); J.P. Wood," List of Advocates, 1687-1751," MS 37.2.8.

NEWHAILES [microfilms deposited in NLS and University of Virginia Library]: General St. Clair MSS, bound Vols. 2-8.

SCOTTISH RECORD OFFICE, EDINBURGH: "Parochial Register: Chirnside"; "Parochial Registers Co. of Edinburgh: B. 1708-14"; "P.R.S., Edinburgh," VOL. CCCXII, f.87.

PRESBYTERY OF DUNS, ARCHIVES: "Minutes of the Presbyterie of Chyrnside (1713-1734)."

PUBLIC RECORD OFFICE, LONDON: Lord Halifax (letters of 2 July 1765), SP 78/267; Lord Hertford (letter of 15 Oct.1763), SP 78/258; General St Clair (letters of

参考文献

11 May 1748, 9 June 1748), SP 80/180; "War Office Papers, 1746," SP41/17.
SIFNET LIBRARY, EDINBURGH: "Session Papers," VOL.CXXI.

EIGHTEENTH-CENTURY NEWSPAPERS AND PERIODICALS

Annual Register
Bibliothèque britannique, ou histoire des des sçavans de la Grande-Bretagne
Bibliothèque raisonné des ouvrages des savans de l'Europe
Caledonian Mercury
Critical Review
Daily Advertiser
Edinburgh Evening Courant
Edinburgh Review
Gazette and London Daily Advertiser
Gelehrte Erlanger Zeitungen
Gentleman's Magazine
Göttingische Zeitungen von gelehrten Sachen
Historical Register
History of the Works of the Learned
Journal britannique
London Chronicle
Lloyd's Evening Post
London Review
Mémoires littéraires de la Grande Savans des Bretagne
The Mirror
Monthly Review
Neuen Zeitungen von gelehrten Sachen
New Evening Post
North Briton
Nouvelle bibliothèque, ou histoire littéraires des principaux écrits que se publient
St. James's Chronicle
Scots Magazine
The Weekly Magazine, or Edinburgh Amusement

一般的参考文献（General Bibliography）

Account of the Lord High Treasurer of Scotland, VOL. III. Edinburgh 1907.

Adam, William. *Sequel to the Gift of a Grandfather*. [Priv. ptd.] 1836.

Adams, William. *Essay on Mr. Hume's Essay on Miracles*. London 1751.

"A.G.T.V.O.C." [Pseud.] *Inquiry into the Grounds and Nature of the Several Species of Ratiocination. In which, the argument made use of in the Philosophical Essays of D. Hume, Esq. is occasionally taken notice of.* London [1754].

Agutter, William. *On the Difference between the Deaths of the Righteous and the Wicked, Illustrated in the Instance of Dr. Samuel Johnson and David Hume, Esq. A Sermon Preached before the University of Oxford, 3 July 1786.* London 1800.

Album Studiosorum Academiae Rheno-Traiectinae. Utrecht 1886.

Allentuck, Marcia. "David Hume and Allan Ramsay: A New Letter," in *Studies in Scottish Literature*, XI (1972), 265-6.

Anderson, George. *A Remonstration against Lord Viscount Bolingbroke's Philosophical Religion*. Glasgow 1756.

_____*Estimate of the Profit and Loss of Religion*. Edinburgh 1753. [Anon.]

_____*Infidelity a Proper Object of Censure*. Glasgow 1756. [Anon.]

[Anon.] "An Account of the Life and Writings of the late David Hume," in *Annual Register*, XIX (1776), 27-30.

_____*Admonitions from the Dead in Epistles to the Living*. London 1754.

_____*Advertisement*. Edinburgh 1758. [A broadside satirizing Hume's projected removal from Edinburgh to London.]

_____*A Journey through part of England and Scotland along with the Army under the Command of his Royal Highness the Duke of Cumberland*. 3rd edn. London 1747.

_____"Attaque des Anglais contre la ville de L'Orient en Octobre 1746. Relation de David Hume," in *Bulletin archéologique de l'Association Bretonne,* Series 3, VI, 144-68.

_____*The City Cleaned, and Country Improven*. Edinburgh 1760.

_____"Memoirs of Dr. Wallace of Edinburgh," in *Scots Magazine*, XXXIII (1771), 340-4.

Argenson, Marquis d'. *Mémoires*. Paris 1857-8. 5 vols.

Arnot, Hugo. *History of Edinburgh*. Edinburgh 1788.

Baldernsperger, Fernand. "La première relation intellectuelle de David Hume en France: une conjecture," in *Modern Language Notes*, LVII (1942), 268-71.

Balfour, Andrew. *Letters Writ to a Friend*. Edinburgh 1700.

Basson, A.H. *David Hume*. Harmondsworth 1958.

Beattie, James. *An Essay on the Nature and Immutability of Truth; in opposition to Sophistry and Scepticism*. 4th edn. London 1773.

_____*James Beattie's London Diary, 1773*, ed.R.S.Walker. Aberdeen 1946.

_____*The Minstrel*. London 1799. 2 vols.

Beattie, James Hay. *Essays and Fragments in Prose and Verse*, ed. James Beattie. [Priv. ptd.] London 1794.

De Beer, Sir Gavin, "Quelques Considérations sur Séjour de Rousseau en Angleterre," *Geneva*, n.s. tome III (1955), 1-38.

Belloy, Pierre-Laurant-Buyrette de. *Le Siège de Calais*. Paris 1765.

Bengesco, Georges. *Bibliographie de Voltaire*. Paris 1882-90. 4 vols.

Bisset, Robert. *Life of Edmund Burke*. London 1798.

Black, George F. *The Surnames of Scotland*. New York 1946.

Blacklock, Thomas. *Poems on Several Occasions*. Edinburgh 1754.

_____*Poems; to which is Prefixed, an Account of the Life, Character, and Writings, of the Author, by the Reverend Mr. Spence, Late Professor of Poetry, at Oxford*. 3rd edn. London 1756.

Blair, Hugh. *A Critical Dissertation on the Poems of Ossian, The Son of Fingal*. London 1763. [Anon. Appendix to this dissertation appeared in Works of Ossian, 3rd edn. 1765, II, 445-60.]

_____*Observations upon a Pamphlet, intitled An Analysis of the Moral and Religious Sentiments contained in the Writings of Sopho, and David Hume, Esq*. Edinburgh 1755. [Anon.]

Bolingbroke, Lord. *Works*, ed. David Mallet. London 1754. 5 vols.

Bonar, John. *An Analysis of the Moral and Religious Sentiments contained in the Writings of Sopho, and David Hume, Esq.; Addressed to the consideration of the Reverend and Honorable Members of the General Assembly of the Church of Scotland*. Edinburgh 1755. [Anon.]

Bongie, Laurance L. *David Hume: Prophet of the Counter-Revolution*. Oxford 1965.

Boswell, James. Boswell's Life of Johnson, ed. G. Birkbeck Hill; rev. and enlarged by L.F. Powell. Oxford 1934-50. 6vols. [Cited as *Johnson*.]

_____*Letters*, ed. C.B. Tinker. Oxford 1924. 2 vols.

_____*Private Papers of James Boswell from Malahide Castle*, edd. G.Scott and F.A.Pottle. [Priv. ptd.] New York 1928-34, 18 vols. [Cited as *Boswell Papers*.]

[Boyle Lectures.] *A Defence of Natural and Revealed Religion*, edd. Letsome and Nicholl. London 1739. 3 vols.

Braly, Earl. "The Reputation of David Hume in America." [Unpublished doctoral dissertation in the University of Texas Library.]

Brougham, Henry Peter. *Lives of Men of Letters and Science, who flourished in the time of George III*. London 1845-6. 2 vols.

Brown, John. *An Estimate of the Manners and Principles of the Times*. London 1758-8. 2 vols.

Bruner, Oliver. *Philosophie et Esthétique chez David Hume*. Paris 1965.

Burbure, F.R.F. Marchant de. *Essais historiques sur la ville et le college de la Flèche*. Angers 1903.

Burdy, Samuel. *Life of the late Reverend Philip Skelton*. London 1816.

Burton, John Hill. *Life and Corresondence of David Hume*. Edinburgh 1846. 2 vols. [Cited as Hill Burton.]

Butler, Joseph. *The Analogy of Religion, Natural and Revealed, to the Constitution and*

Course of Nature. London 1736.

———*Fifteen Sermons Preached at the Rolls Chapel*. London 1726. [The first three are generally known as "Sermons on Human Nature."]

Cafron G. and R. Yve-Plessis. *Vie privée du Prince de Conty*. Paris 1907.

Cain, Roy. "David Hume and Adam Smith: A Study in Intellectual Kinship." [Unpublished doctoral dissertation in the University of Texas Library.]

Caldwell Papers, ed. William Mure. Glasgow 1854. 2 vols. [Vol.II in two parts.] [Cited as *Caldwell Papers*.]

Campbell, George. *A Dissertation on Miracles: Containing an Examination of the Principles advanced by David Hume, Esq; in an Essay on Miracles*. Edinburgh 1762.

Campbell, John. *Lives of the Lord Chancellors*, 5th edn. London 1868. 10 vols.

Carlyle, Alexander. *The Autobiography of Alexander Carlyle of Inveresk*, ed. John Hill Burton. London and Edinburgh 1910. [Cited as Carlyle.]

Chalmers, George. *Life of Thomas Ruddiman*. London 1794.

Chalmers, Robert. *A Biographical Dictionary of Eminent Scotsmen*. Glasgow 1855. 5 vols.

———*Domestic Annals of Scotland*. 2nd edn. Edinburgh 1859-61. 3 vols.

Chamley, P.E. "The Conflict between Montesquieu and Hume: A Study of the Origins of Adam Smith's Universalism," in *Essays on Adam Smith*. Oxford 1975.

Cockburn, Alison. *Letters and Memorials*, ed. T. Craig-Brown. Edinburgh 1900.

Cockburn, Henry. *Memorials of His Time*, ed. H.A. Cockburn. Edinburgh 1909.

Cohen, Ralph. "The Critical Theory of David Hume." [Unpublished doctoral dissertation in Columbia University Library.]

———"David Hume's Experimental Method and the Theory of Taste," in *ELH*, XXV (1958), 170-89.

———"Poetic Unity and Association of Ideas," in *Philological Quarterly*, XXXVI (1957), 465-74.

———"The Transformation of Passion: A Study of Hume's Theories of Tragedy," in *Philological Quarterly*, XLI (1962), 450-64.

Coke, Lady Mary. *Letters and Journals, 1756-1774*, ed.J.A. Horne. Edinburgh 1889-96. 4 vols.

Collé, Charles. *Journal et Mémoires*, ed. Honoré Bonhomme. Paris 1868. 3 vols.

Comber, Thomas. *Vindication of the Great Revolution in England*. London 1758.

Craig, Maurice James. *The Volunteer Earl: Being the Life and Times of James Caulfeild, First Earl of Charlemont*. London 1948.

Cudworth, Ralph. *A Treatise concerning Eternal and Immutable Morality*. London 1731.

———*The True Intellectual System of the Universe*. London 1678.

Daiches, David. *The Paradox of Scottish Culture: The Eighteenth-Century Experience.* London 1964.

Dalzel, Andrew. *History of the University of Edinburgh.* Edinburgh 1862. 2 vols.

Decisions of the Court of Session (1733-1745), ed. Patrick Grant of Elchies. Edinburgh 1813.

Deffand, Mme du. *Correspondence complète,* ed. Sainte-Aulaire. Paris 1867. 3 vols.

———*Correspondence complète,* ed.Lescure. Paris 1865. 2 vols.

Dempster, George. *Letters to Sir Adam Fergusson, 1756-1813,* ed. Sir James Fergusson. London 1934.

Dennia, Carlo. *Essay on the Revolutions of Literature.* [Engl. Transl.] Glasgow 1763.

Dewey, John. *Logic, the Theory of Inquiry.* New York 1938.

Dick, Alexander. "Journal of a Tour, 1736," in *Gentlemen's Magazine,* N.S.XXXIX (1953), 23-6, 159-65, 263-6, 579-83.

Dickson, W.K. "David Hume and the Advocates' Library," in *Juridical Review,* XLIV (1932), 1-4.

Diderot, Dennis. *Lettres à Sophie Volland, ed. André Babelon.* Paris 1938. 2 vols.

Disraeli, Isaac. *Calamities of Author.* London 1812. 2vols.

Diverrés, P. *L'Attaque de Lorient par les Anglais, 1746.* Rennes 1931.

Dobson, Austin. "The Portraits of Carmontelle, " in *At Prio Park.* London 1912.

Doddridge, Phillip. *Letters to and from Phillip Doddridge,* ed. T. Stedman. Shrewsbury 1790.

Dorat, Claude-Joseph. *Œuvres choisies.* Paris 1827.

Douglas, John. The Criterion: or Miracles Examined. London 1752.

Douglas, Tracts. [The numerous controversial tracts of 1756-7 over John Home's Douglas, cited in Chaps. 24 and 26, are to be found in the collections in the Bodleian Library, Harvard College Library, Huntington Library, and NLS.]

Dubos, J.-B. *Critical Reflections on Poetry, painting and Music.* [Engl. Transl. by Thomas Nugent.] London 1748. 3 vols.

Dutens, Louis. *Memoirs of a Traveller, Now in Retirement.* [Engl. Transl.] London 1806. 4 vols. In 2.

Edwards, Jonathan. *Remarks on the Essays, on the Principles of Morality, and Natural Religion.* Edinburgh 1753.

Elibank, Lord. *Inquiry into the Original and Consequences of the Public Debt.* Edinburgh 1753.

Elliot, G.F.S. *The Border Elliot.* Edinburgh 1897.

Elliot, Robert C. "Hume's 'Character of Sir Robert Walpole': Some Unnoticed Additions," in *Journal of English and Germanic Philology*, XLVIII (1949), 367-70.

Epinay, Mme d'. *Mémoires et correspondence*. Paris 1818. 3 vols.

Fénelon, François de Salignac de la Mothe. *Traité de l'existnce et des attributes de Dieu*. Paris 1713.

Ferguson, Adam. *Essays on the History of Civil Society*. Edinburgh 1767.

———*An Essay on the History of Civil Society, 1767*, ed. Duncan Forbes. Edinburgh 1966.

Ferguson, Robert. *Socts Poems*. Edinburgh 1925.

Fitzgerald, Percy. *Life and Times of John Wilkes*. London 1888. 2 vols.

Fleming, Galeb. *Three Questions Resolved ... With a Postscript on Mr. Hume's History of Religion*. London 1757. [Anon.]

Flew, Antony. *Hume's Philosophy of Belief: A Study of his first Inquiry*. London 1961.

Forbes, Margaret. *Beatties and His Friends*. Westminster 1904.

Forbes, William. *An Account of the Life and Writings of James Beattie, LL.D*. Edinburgh 1806. 2 vols.

Fortescue, John W. "A Side-Show of the Eighteenth Century," in *Blackwoods Magazine*, CCXXXIII (1933), 330-45.

Fountainhall, Lord. *Historical Notices of Scottish Affairs*. Edinburgh 1848.

———*Historical Observers*. Edinburgh 1840.

———*Journals*. Edinburgh 1900.

Fraser, William. *The Annandale Family Book, of the Johnstones, Earls and Marquises of Annandale*. Edinburgh 1894.

Gay, Peter. *The Enlightenment: An Interpretation*. VOL.I, "The Rise of Modern Paganism"; VOL.II, "The Science of Freedom." New York 1967-9.

Gerard, Alexander. *An Essay on Taste*. London 1759.

———*The Influence of the Pastoral Office on the Character Examined; with a View, especially to Mr. Hume's Representation of the Spirit of that Office*. Aberdeen 1760.

Gibbon, Edward. *Memoires*, ed. O.F. Emerson. Boston 1898.

———*Private Letters, 1753-1794*, ed. F.E. Prothero. London 1896. 2 vols.

Goodall, Walter. *Examination of the letters said to have been written by Mary Queen of Scots, to James, Earl of Bothwell*. Edinburgh 1754. 2 vols.

Grant, Alexander. *Story of the University of Edinburgh*. London 1884. 2 vols.

Gray, Thomas. *Poems of Mr. Gray with Memoirs prefixed*, ed. Wm. Mason. York 1775.

———*Works*, ed. Edmund Gosse. New York 1885. 4 vols.

Greig, J.Y.T. *David Hume*. London 1931. [Cited as Greig.]

Grimn, Friedrich Melchior. *Correspondence littéraire*, ed. M. Tourneaux. Paris 1882-5. 16

vols.

Hailes, Lord. *Adami Smithi, LL.D. Ad Guelielmum Strahanum, Armigerum, De rebus novissimis Davidis Humei, Epistola, nunc primum latine reddita*. [Edinburgh] 1788. [Anon.]

_____*Davidis Humei, Scoti, Summi apud suos philosophi, De Vita sua acta, Liber singularis; nunc primum latine redditus*. [Edinburgh] 1787. [Anon.]

Hamilton of Bangour, William. *Poems on Several Occasions*. Edinburgh 1760.

Hardy, Francis. *Memoirs of the Earl of Charlemont*. London 1810.

Harris, George. *Life of Lord Chancellor Hardwicke*. London 1847. 3 vols.

Helvétius, Claude-Adrien. *De l'Esprit*. Paris 1758.

Henderson, G.D. *Chevalier Ramsay*. Edinburgh 1952.

Henderson, Robert. "A short account of the University of Edinburgh, the present Professors in it, and the several parts of Learning taught by them," in *Scots Magazine*, III (1741), 371-4.

Hepburn, Thomas. *A Specimen of the Scots Review*. Edinburgh 1774. [Anon.]

Higgs, Henry (Lord Kames). *Elements of Criticism*. Edinburgh 1762. 3 vols. [Anon.]

_____*Essays on the Principles of Morality and Natural Religion*. Edinburgh 1751. [Anon.]

_____*Essays upon Several Subjects Concerning British Antiquities*. Edinburgh 1747.

_____*Objections against the Essays on Morality and Natural Religion Examined*. Edinburgh 1756. [Anon.]

Home, John. *Works*, ed. Henry Mackenzie. Edinburgh 1522. 3 vols. [Cited as Home-Mackenzie.]

Hopkins, Mary A. *Hannah More and Her Circle*. New York 1946.

Horne, George. *A Letter to Adam Smith LL.D. on the Life, Death, and Philosophy of his Friend David Hume, Esq*. "By one of the People called Christians." Oxford 1777. [Anon.]

_____*Letters on Infidelity*. "By the Author of *A Letter to Dr. Adam Smith*." Oxford 1784. [Anon.]

Hume, Baron David. *Lectures, 1786-1822*, ed. G. C. H. Paton. Edinburgh 1939.

Hunt, Erica. *Chirnside Past and Present*. Edinburgh 1975.

Hurd, Richard. [see also under Warburton]. *Moral and Political Dialogues*. London 1761.

Hutcheson, Francis. *An Essay on the Nature and Conduct of the Passions and Affections. With Illustrations on the Moral Sense*. London 1728. [Anon.]

_____*An Inquiry into the Original of our Ideas of Beauty and Virtue; In Two Treatises*. London 1725. [Anon.]

_____ *Philosophiae moralis institution compediaria.* Glasgow 1742.

Index Librorum Prohibitorum. Rome 1911.

Jacobi, F.H. *David Hume über den Glauben, oder Idealismus und Realismus. Ein Gespräch.* Breslau 1787.

Jeffner, Anders. *Butler and Hume on Religion.* Stockholm 1966.

The Jenkinson Papers, 1760-1766, ed. Ninetta S. Jucker. London 1949.

Jenyns, Soame. Works, ed. C.H.Cole. London 1790. 4 vols.

Jesse, John. *George Selwyn and His Contemporaries.* London 1882.

Johnson, Samuel. *Johnson's Journey to the Western Islands of Scotland*, ed. R.W.Chapman. London 1934.

Journals of the House of Lords (1760-4), VOL.XXX.

Justini Histoirae Philippicae. 4th edn. Lugd. Batavorum [Leiden] 1701. Ed. George Graevius.

Kames, Lord. [see under Henry Home].

Kay, John. *Edinburgh Portaits.* Edinburgh 1885. 2 vols.

Keill, John. *Introductio ad veram physicam.* Oxford 1702. [Engl. transl.] London 1720.

King, William. *An Essay on the Origin of Evil*, with John Gay's anon. Dissertation concerning the fundamental principle and immediate criterion of virtue. [Transl. and ed. by Edmund Law. London 1731.]

Laird, John. *Hume's Philosophy of Human Nature.* London 1932.

Leechman, William. *Sermons*, ed. James Wodrow. London 1789. 2 vols.

Leland, John. *View of the Principal Deistical Writers.* 2nd edn. with additions. London 1755-6. 3 vols.

Leroy, André-Louis. *David Hume.* Paris 1953.

Letters to Henry Fox, Lord Holland, ed. the Earl of Ilchester. London 1915.

"L.F." "Gresset et Frédéric II," in *Les Annales Fléchoises et la Vallée du Loir*, II (1904), 232-5.

Lindsay, Lord. Lives of the Lindsays. London 1849. 3 vols.

Linière, R. de. "Notes on the manor-house of Yvandeau at La Flèche," in *Les Annales Fléchoises et la Vallée du Loir*, IX (1908) ,244-5.

Livingston, D.W. and J.T.King, edd. *Hume: A Re-evaluation.* New York 1976.

Low, D.M. *Edward Gibbon: 1737-1794.* London 1937.

Lyttelton, Thomas. *Letters.* London 1780.

Macdonald, John. *Memoirs of an Eighteenth Century Footman, 1745-1779*, ed. John Beresford. London 1927.

Macdonald, Norman D. Newspaper clipping of letter of 6 Sept. 1932 in Edinburgh Room of the Edinburgh Public Library. [Newspaper not cited]

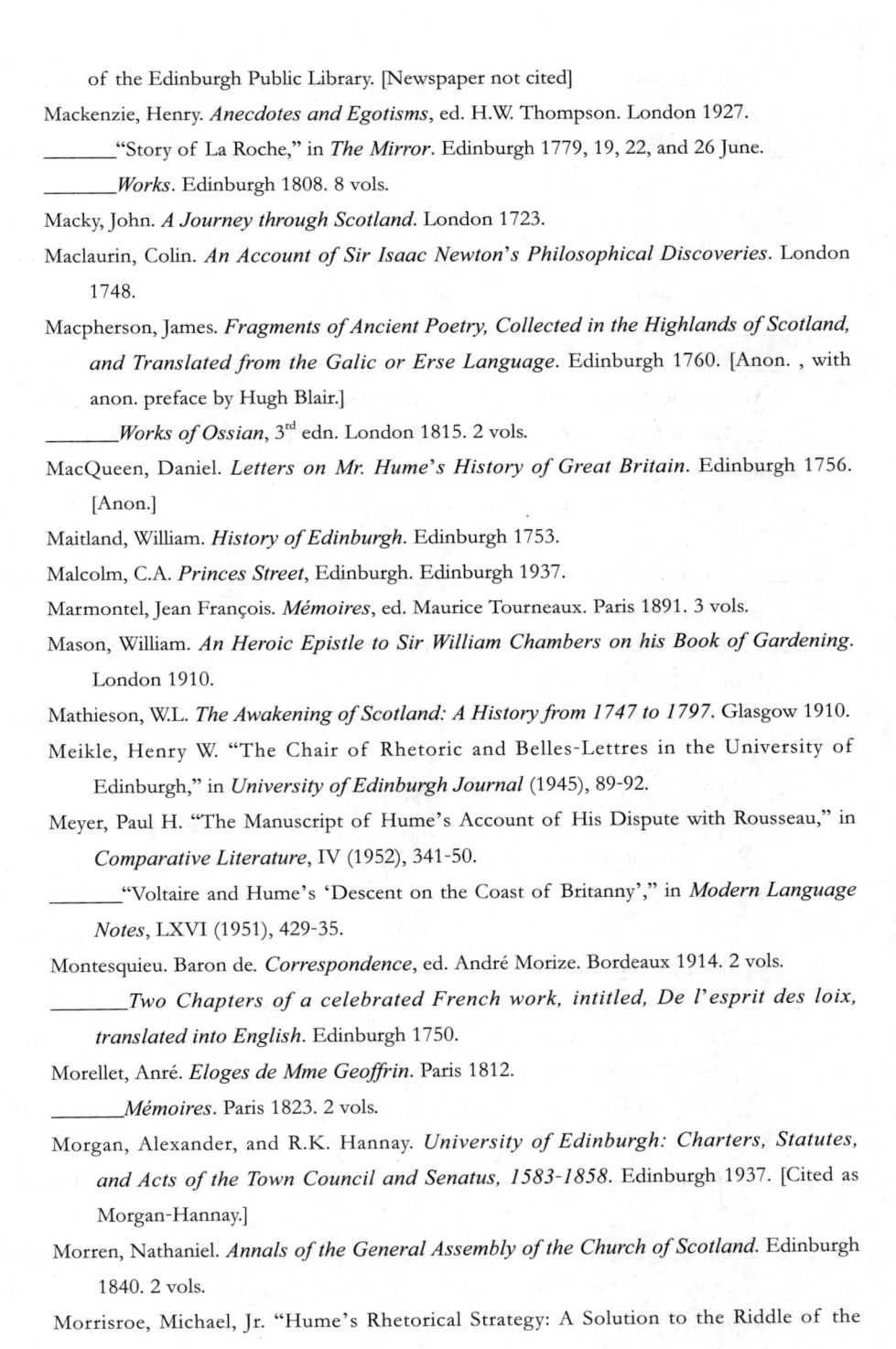

Mackenzie, Henry. *Anecdotes and Egotisms*, ed. H.W. Thompson. London 1927.

_____"Story of La Roche," in *The Mirror*. Edinburgh 1779, 19, 22, and 26 June.

_____*Works*. Edinburgh 1808. 8 vols.

Macky, John. *A Journey through Scotland*. London 1723.

Maclaurin, Colin. *An Account of Sir Isaac Newton's Philosophical Discoveries*. London 1748.

Macpherson, James. *Fragments of Ancient Poetry, Collected in the Highlands of Scotland, and Translated from the Galic or Erse Language*. Edinburgh 1760. [Anon., with anon. preface by Hugh Blair.]

_____*Works of Ossian*, 3rd edn. London 1815. 2 vols.

MacQueen, Daniel. *Letters on Mr. Hume's History of Great Britain*. Edinburgh 1756. [Anon.]

Maitland, William. *History of Edinburgh*. Edinburgh 1753.

Malcolm, C.A. *Princes Street*, Edinburgh. Edinburgh 1937.

Marmontel, Jean François. *Mémoires*, ed. Maurice Tourneaux. Paris 1891. 3 vols.

Mason, William. *An Heroic Epistle to Sir William Chambers on his Book of Gardening*. London 1910.

Mathieson, W.L. *The Awakening of Scotland: A History from 1747 to 1797*. Glasgow 1910.

Meikle, Henry W. "The Chair of Rhetoric and Belles-Lettres in the University of Edinburgh," in *University of Edinburgh Journal* (1945), 89-92.

Meyer, Paul H. "The Manuscript of Hume's Account of His Dispute with Rousseau," in *Comparative Literature*, IV (1952), 341-50.

_____"Voltaire and Hume's 'Descent on the Coast of Britanny'," in *Modern Language Notes*, LXVI (1951), 429-35.

Montesquieu. Baron de. *Correspondence*, ed. André Morize. Bordeaux 1914. 2 vols.

_____*Two Chapters of a celebrated French work, intitled, De l'esprit des loix, translated into English*. Edinburgh 1750.

Morellet, Anré. *Eloges de Mme Geoffrin*. Paris 1812.

_____*Mémoires*. Paris 1823. 2 vols.

Morgan, Alexander, and R.K. Hannay. *University of Edinburgh: Charters, Statutes, and Acts of the Town Council and Senatus, 1583-1858*. Edinburgh 1937. [Cited as Morgan-Hannay.]

Morren, Nathaniel. *Annals of the General Assembly of the Church of Scotland*. Edinburgh 1840. 2 vols.

Morrisroe, Michael, Jr. "Hume's Rhetorical Strategy: A Solution to the Riddle of the

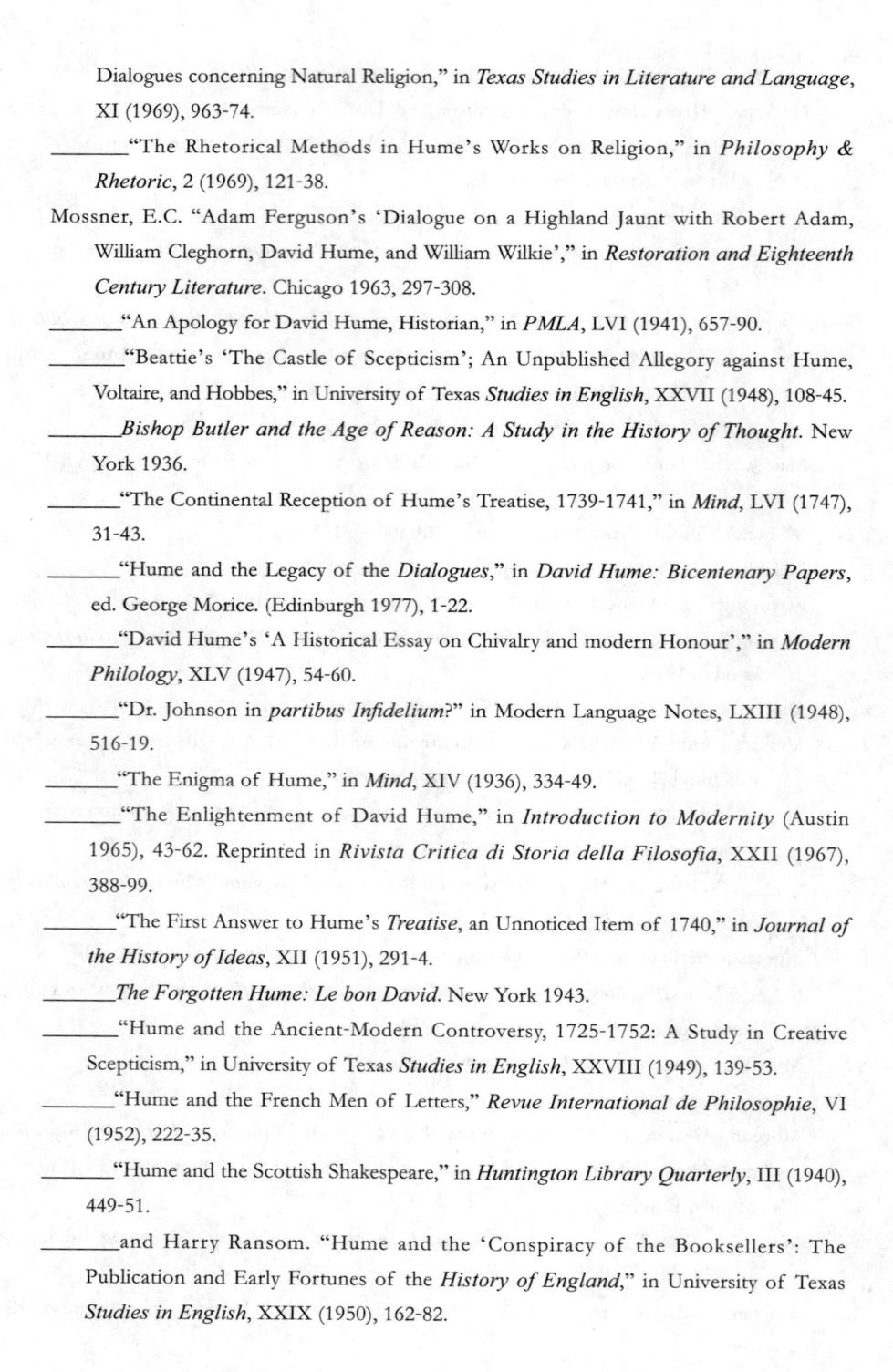

Dialogues concerning Natural Religion," in *Texas Studies in Literature and Language*, XI (1969), 963-74.

_____ "The Rhetorical Methods in Hume's Works on Religion," in *Philosophy & Rhetoric*, 2 (1969), 121-38.

Mossner, E.C. "Adam Ferguson's 'Dialogue on a Highland Jaunt with Robert Adam, William Cleghorn, David Hume, and William Wilkie'," in *Restoration and Eighteenth Century Literature*. Chicago 1963, 297-308.

_____ "An Apology for David Hume, Historian," in *PMLA*, LVI (1941), 657-90.

_____ "Beattie's 'The Castle of Scepticism'; An Unpublished Allegory against Hume, Voltaire, and Hobbes," in University of Texas *Studies in English*, XXVII (1948), 108-45.

_____ *Bishop Butler and the Age of Reason: A Study in the History of Thought*. New York 1936.

_____ "The Continental Reception of Hume's Treatise, 1739-1741," in *Mind*, LVI (1747), 31-43.

_____ "Hume and the Legacy of the *Dialogues*," in *David Hume: Bicentenary Papers*, ed. George Morice. (Edinburgh 1977), 1-22.

_____ "David Hume's 'A Historical Essay on Chivalry and modern Honour'," in *Modern Philology*, XLV (1947), 54-60.

_____ "Dr. Johnson in *partibus Infidelium*?" in Modern Language Notes, LXIII (1948), 516-19.

_____ "The Enigma of Hume," in *Mind*, XIV (1936), 334-49.

_____ "The Enlightenment of David Hume," in *Introduction to Modernity* (Austin 1965), 43-62. Reprinted in *Rivista Critica di Storia della Filosofia*, XXII (1967), 388-99.

_____ "The First Answer to Hume's *Treatise*, an Unnoticed Item of 1740," in *Journal of the History of Ideas*, XII (1951), 291-4.

_____ *The Forgotten Hume: Le bon David*. New York 1943.

_____ "Hume and the Ancient-Modern Controversy, 1725-1752: A Study in Creative Scepticism," in University of Texas *Studies in English*, XXVIII (1949), 139-53.

_____ "Hume and the French Men of Letters," *Revue International de Philosophie*, VI (1952), 222-35.

_____ "Hume and the Scottish Shakespeare," in *Huntington Library Quarterly*, III (1940), 449-51.

_____ and Harry Ransom. "Hume and the 'Conspiracy of the Booksellers': The Publication and Early Fortunes of the *History of England*," in University of Texas *Studies in English*, XXIX (1950), 162-82.

_____"Hume as Literary Patron: A Suppressed Review of Robert Henry's History of Great Britain, 1773," in *Modern Philology*, XXXIX (1942), 361-82.

_____"Hume's Epistle to Dr. Arbuthnot, 1734: The Biographical Significance," in *Huntington Library Quarterly*, VII (1944), 135-52.

_____"Hume's Four Dissertations: An Essay in Biography and Bibliography," in *Modern Philology*, XLVIII (1950), 37-57.

_____"Hume's 'Of Criticism'," in *Studies in Criticism and Aesthetics, 1660-1800*, edd. Howard Anderson and John S. Shea. Minneapolis 1967, 232-48.

_____"Of the Principle of Moral Estimation: A Discourse between David Hume, Robert Clerk, and Adam Smith: An Unpublished MS by Adam Ferguson," in *Journal of the History of Ideas*, XXI (1960), 222-32.

_____"Philosophy and Biography: The Case of David Hume," in Philosophical Review, LIX (1950), 184-201. [Reprinted in *Hume: A Collection of Critical Essays*, ed. V.C. Chappell. Garden City, N.Y. 1960, pp. 6-34.]

_____"Rousseau Hero-Worship," in Modern Language Notes, LV (1940), 449-51.

_____"Was Hume a Tory Historian? Facts and Reconsiderations," in *Journal of the History of Ideas*, II (1941), 225-36.

Nangle, Benjamin C. *The Monthly Review, First Series 1749-1789. Indexes of Contributors and Articles*. Oxford 1934.

Neville, Sylas. *Diary, 1767-1788*, ed. Basil Cozens-Hardy. London 1950.

Nichols, John. *Illustrations of the Literary History of the Eighteenth Century*. London 1817-58. 8 vols.

_____*Literary Anecdotes of the Eighteenth Century*. London 1812-15. 9 vols.

Nidditch, P.H. *An Apparatus of Variant Readings for Hume's Treatise of Human Nature*. Sheffied 1976.

Nobbs, Douglas. "The Political Ideas of William Cleghorn, Hume's Academic Rival," in *Journal of the History of Ideas*, XXVI (1965), 575-86.

Nolan, J.B. *Benjamin Franklin in Scotland and Ireland 1759 and 1771*. Philadelphia 1938.

Northcote, James. *Life of Sir Joshua Reynolds*. 2nd edn. London 1818. 2 vols.

Northumberland, Duchess of. *Extracts from the Diaries*, ed. J. Greig. London 1926.

Notices and Documents illustrative of the Literary History of Glasgow. Glasgow 1831.

Noyes, Charles E. "Aesthetics Theory and Literary Criticism in the Works of David Hume." [Unpublished doctoral dissertation in the University of Texas Library.]

Oswald, James. *An Appeal to Common Sense in Behalf of Religion*. Edinburgh 1766-72. 2 vols.

Passmore, John. *Hume's Intentions*. London 1968.

Pearson, Norman. "'Fish' Crawford," in *Nineteenth Century*, LXXV (1914), 389-401.

Pemberton, Henry. *A View of Sir Isaac Newton's Philosophy*. London 1728.

Petrie, Charles. "The Elibank Plot, 1752-3," in *Transactions of the Royal Historical Society*, 4th Series, XIV (1931), 175-96.

Plarr, V.G. "Unpublished Letters to William Hunter," in *Chambers's Journal*, 6th Series, IX (1906), 56-57.

Pope, Alexander. *Works*, ed. Wm. Warburton. London 1751. 9 vols.

Popkin, Richard. "David Hume and the Pyrrhonian Controversy," in *Review of Metaphysics*, VI (1952-3), 65-81.

———"David Hume: His Pyrrhonism and his Critique of Pyrrhonism," in *Philosophical Quarterly*, I (1950-1), 385-407.

———"Hume and Isaac de Pinto," in Texas *Studies in Literature*, XII (1970), 417-30.

———"Hume and Isaac de Pinto, II. Five New Letters," in *Hume and the Enlightenment*, ed. W.B. Todd. Edinburgh and Austin 1974, pp. 99-127.

Pouilly, Lévesque de. *Théorie de sentiments agréables*. Paris 1736.

Pratt, Samuel Jackson. *Curious Particulars and Genuine Anecdotes respecting the late Lord Chesterfield and David Hume, Esq*. London 1788. [Anon.]

———*Supplement to the Life of David Hume, Esq*. London 1777. [Anon.]

Pirce, John V. *David Hume*. New York 1968.

———"Hume's 'Account of Stewart'": An important presentation copy," in *The Bibliotheck*, VI (1973), 199-202.

———*The Ironic Hume*. Austin 1965.

Price, Richard. *Review of the Principal Questions and Difficulties in Morals*. London 1758.

Prior, James. *Life of Edmond Malone*. London 1860.

Rae, John. *Life of Adam Smith*. London 1895.

Ralph, James. *The Case of Authors by Profession*. London 1762.

Ramsay, Andrew Michael. *Philosophical Principles of Natural and Revealed Religion, Unfolded in a Geometrical Order*. Glasgow 1748-9. 2 vols.

Ramsay of Ochtertyre, John. *Scotland and Scotsmen in the Eighteenth Century*, ed. Alexander Allardyce. Edinburgh and London 1888. 2 vols. [Cited as Ramsay.]

Raphael, D.D. "Adam Smith and 'The Infection of David Hume's Society'," in *Journal of the History of Ideas*, XXX (1969), 225-48.

Register of the Privy Council of Scotland. Edinburgh. XIV (1898); 3rd Series, I (1908),II (1911), V (1912), XIII (1932).

Reid, Thomas. *An Inquiry into the Human Mind, on the Principles of Common Sense*.

Edinburgh 1764.

Richmond, H.W. *The Navy in The War of 1739-48*. Cambridge 1920.

Ridpath, George. *Dairy*, ed. Sir James Balfour Paul. Edinburgh 1922. [Cited as Ridpath.]

Ritchie, T.E. *Account of the Life and Writings of David Hume*. London 1807.

Roberts, William. *Memoirs of the Life and Correspondence of Mrs. Hannah More*. London 1834.

Robertson, William. *History of Scotland*. London 1759. 2 vols.

Roddier, Henri. *J.J. Rousseau en Angleterre au XVIIe Siècle*. Paris 1950.

Rogers, Samuel. *Table-Talk*, ed. A.Dyce. New Southgate 1887.

Rose, Hugh, and Lachian Shaw. *A Genealogical Deduction of the Family of Rose of Kilravock*, ed. C. Innes. Edinburgh 1848.

Ross, Ian S. "Hutcheson on Hume's Treatise: An Unnoticed Letter," in Journal of the History of Philosophy, IV (1966), 69-70.

―――― *Lord Kames and the Scotland of his Day*. Oxford 1972.

Rousseau, Jean-Jacques. *Collection complète des œuvres*. Geneva 1782-9. 33 vols.

―――― *Correspondence Générale*, edd. Théophile Dufour and P.-P. Plan. Paris 1924-34. 20 vols. [Cited as Rousseau.]

Russell, Berrand. *Nightmares of Eminent Persons*. New York 1955.

Rutherforth, Thomas. *Credibility of Miracles Defended against the Author of Philosophical Essays*. Cambridge 1751.

Saint-Beuve, C.-A. "La Comtesse de Boufflers," in *Nouveaux Lundis* for 19 Jan. 1863.

Schazmann, Paul Emile. *La Comtesse de Boufflers*. Lausanne 1933.

Schilpp, Paul Arthur. *Albert Einstein: Philosopher-Scientist*. Evanston 1949.

The Scotch Haggis: Contesting of Anecdotes, Jests, Curious and Rare Articles of Literature. Edinburgh 1822. [Reprints, without naming the author, Hume's *Bellman's Petition*.]

The Scots Peerage, ed. Sir James Balfour Paul. Edinburgh 1904-14. 9 vols.

Scott, Hew. *Fasti Ecclesiae Scoticanae*. Edinburgh 1915-28. 7 vols.

Scott, Walter. Review of *Works of John Home*, in *Quarterly Review*, XXXVI (1827), 167-216.

Scott, William R. *Adam Smith as Student and Professor*. Glasgow 1937.

―――― *Francis Hutcheson: His Life, Teaching and Position in the History of Philosophy*. Cambridge 1900.

Scottish Record Society. Edinburgh. VOLS.II (1898), XXVII (1905), XXXI (1908), LXII (1930).

Sharpe, L.W. "Charles Mackie, the First Professor of History at Edinburgh University," in *Scottish Historical Review*, XLI (1962), 23-45.

Sherbo, Arthur. "Some Early Readers in the British Museum," in *Transactions of the Cambridge Bibliographical Society*, VI (1972), 56-64.

Sherian, Alexander. "Life of Renwick," in *Biographia Presbyteriana*. Edinburgh 1827.

Smart, Alastair. *The Life and Art of Allan Ramsay*. London 1952.

Smellie, William. *Literary and Characteristical Lives of John Gregory, Henry Home, David Hume, and Adam Smith*. Edinburgh 1800.

Smith, Adam. *An Inquiry into the Nature and Causes of the Wealth of Nations*. London 1776. 2 vols. New definitive edn. Edd. Campbell, Skinner and Todd. Oxford 1976.

――――. *The Theory of Moral Sentiments*. London 1759. New definitive edn. Edd. Raphael and Macfie. Oxford 1976.

Smith, Norah. "Hume's 'Rejected 'Essays," in *Forum for Modern Language Studies*, VIII (1972), 354-71.

Smith, Norman Kemp. *The Philosophy of David Hume: A Critical Study of Its Origins and Central Doctrines*. London 1941.

Smollett, Tobias. *Works*, ed. George Saintsbury. London 1895. 12 vols.

Stanhope, Philip. *History of England*. London 1836-54. 7 vols.

Sterne, Laurence. *Letters*, ed. L.P. Curtis. Oxford 1934.

――――. *Sermons of Mr. Yorick*. Oxford 1927. 7 vols. in 2.

――――. *Works*, ed. W.L. Cross. New York 1904. 12 vols.

Stewart, Dugald. *Biographical Memoirs of Smith, Robertson, and Reid*. Edinburgh 1811.

Stewart, John B. *The Moral and Political Philosophy of David Hume*. New York 1963.

Stona, Thomas. *Remarks upon the Natural History of Religion by Mr. Hume*. London 1758. [By "S.T."]

Sugg, Redding S. Jr. "Hume and the British Romantics." [Unpublished doctoral dissertation in the University of Texas Library.]

Thomson, John. *Life, Lectures and Writings of William Cullen*. Edinburgh 1932. 2 vols.

Thomson, Mark A. *The Secretaries of State, 1681-1782*. Oxford 1932.

Thorpe, Thomas. *Autograph Catalogue*. London 1833.

Tilly, Sir John and Stephen Gaselee. *The Foreign Office*. London 1933.

Tindal, Mathew. *Christianity as old as the Creation; or, the Gospel, a Republication of the Religion of Nature*. London 1730.

Tindal, Nicholas. *Continuation of Mr. Rapin's History of England*, VOL.XI, London 1763.

Todd, William B. "The First Printing of Hume's *Life* (1777)," in Library, 5th Series, VI (1951), 123-5.

――――. ed. *Hume and Enlightenment. Essays presented to Ernest Campbell Mossner*. Edinburgh and Austin 1974.

Topham, Edward. *Letters from Edinburgh*. Dublin 1776.

Trinius, J. A. *Freydenker Lexicon*. Leipzig 1759.

Tytler, Alexander F. *Memoirs of the Life and Writings of the Honourable Henry Home of Kames*. Edinburgh 1807. 2 vols.

Tytler, William. *An Historical and Critical Inquiry into the Evidence Produced by the Earls of Murray and Morton against Mary Queen of Scots. With an Examination of the Rev. Dr. Robertson's Dissertation and Mr. Hume's History with respect to that Evidence*. Edinburgh 1760. [Anon.]

[Volatire?]. *A Letter from Mr. Volatire to Mr. Jean Jacques Rousseau*. London 1766.

Volatire. *Le Caffé, ou L'Ecossaise, comédie par Mr. Hume Pasteur de l'Eglise d'Edimbourg. Traduite en Français*. London [Geneva] 1760. [Anon. The comedy, of course, was not the work of John Home.]

———*Œuvres completes*. Paris 1883-7. 52 vols.

Wallace, Robert. *A Dissertation on the Numbers of Mankind in Antient and Modern Times*. Edinburgh 1753.

Walpole, Horace. *Letters*, ed. Mrs. Paget Toynbee. Oxford 1903-5. 16 vols. [Cited as *Walpole Letters*.]

———*Memoirs of the Reign of King George III*. London 1894. 4 vols.

———*Works*. London 1798-1825. 9 vols.

———*The Yale Edition of Horace Walpole's Correspondence*, ed. W. L. Lewis. New Haven 1937-. [In progress. Cited as *Walpole Corr*. (Yale).]

Warburton, William. *Letters from a late eminent Prelate to one of his Friends*. New York 1809.

———*Remarks on Mr. David Hume's Essay on the Natural History of Religion, Addressed to the Rev. Dr. Warburton*. London 1757. [Anon. Compiled by Hurd from the notes of Warburton.]

———[See also under Pope.] *A Selection from Unpublished Papers*, ed. Francis Kilvert. London 1841.

Watts, Isaac. *Logick: Or, The Right Use of Reason in the Enquiry after Truth*. London 1729.

Wesley, John. "On the Deceitfulness of the Human Heart. A Sermon preached at Halifax, 21 April 1790," in *Works*, VOL. VII. London 1878.

Wharton, G. and P. [pseudonyms for Mrs. K.B. Thomson and J. Thomson]. *The Queens of Society*. London 1890.

Wilkie, William. *The Epigoniad; a Poem*. Edinburgh 1757. [Anon.]

———*The Epigoniad; a Poem…"The Second Edition, Carefully Corrected and*

Improved. To Which is Added a Dream. In the Manner of Spenser." London and Edinburgh 1759.

Witherspoon, John. *Ecclesiastical Characteristics; Or, The Arcana of Church Policy*. 5th edn. Edinburgh 1762. [Anon.]

———The Moderator, No. II. Edinburgh 1757. [Anon.]

———Works, 2nd edn., revised and corrected. Philadelphia 1802. 4 vols.

Wodrow, Robert. *Analecta*. Glasgow 1843.

索引

Abercromby of Glassauch, James, 203, 237, 274.
Aberdeen University, 38, 43, 297, 577, 580.
"Account of the Life and Writings of the late David Hume" (in *Annual Register*): quoted, 162
Adam, James, 393.
Adam, Robert, 228, 245, 393, 548, 591.
Adam, William: *Sequel to the Gift of a Grandfather* quoted, 371; 568.
Adams, Mrs (lodging-house keeper), 518.
Adams, Rev. William: answers DH in *Essay on Mr. Hume's Essay on Miracles*, 290; quoted, 291; *393.
Addison, Joseph, 110, 140, 141, 366, 374, 538.
Admonition and Exhortation, of Edinburgh Presbytery, quoted, 360
Advertisement (anon. broadside) quoted, 391-2.
Advocates' Library (Edinburgh): opened to DH as law student, 55-6; controversy over DH's book purchases for, 102, 230, 252-3; DH elected Keeper of, 230, 249; Minutes of, quoted, 249-250; campaign for DH's election to, 250-51; Blacklock as substitute for DH at, 253; DH's resignation from, 254; Ferguson chosen Keeper of, 254; Select Society meets at, 281; writing of *History* awaited DH's appointment as Keeper of, 301; and "Five Dissertations," 322, 329; DH finds inadequate for later work, 401-2; *31, 263.
Agutter, Rev William, 621.
Aikenhead, Thomas, 354
Ailesbury, Lady Caroline (wife of Gen. Conway), 546, 547, 575.
d'Aine, Mme, 476.
Aix-la-Chapelle, Treaty of,179, 209, 213.
Akenside, Mark, 46.
Albemarle, William Anne Keppel, 2nd Earl of, 210.
d'Alembert Jean le Rond: his anecdote of DH quoted, 445;
liaison with Mlle de Lespinasse, 454; lifelong intimate of DH, 454-5, 475; editor of *Encyclopédie*, 475; career summarized, 476; DH quoted on his character, 477; warns DH of his vacant stare, 477; on DH's proposed "Ecclesiastical History," 485; proposes trip with DH to Italy, 505; suspected by Rousseau of having written King-of-Prussia letter, 524; his prophecy on DH's star recalled, 529; quoted on DH's publication of *Concise Account*, 529; writes preface for it, 530; in *The Savage Man*, 535; in DH's will, 591; *528, 544.
Alemoor, Andrew Pringle, Lord, 373, 590, 598.
Alexander, Robert, 282-3.
Algarotti, Count Francesco, 228.
Alison, A. (printer), 140.
Almack's Club (London), 546, 556.
Amelia Sophia Eleanora, Princess, 494.
American Colonies: projected military expedition against Canada, 188-91; Declaration of Independence, 336, 596; Florida, 416; DH on side of, 553; DH quoted on nonage of, 554; trade wih, 572; hostilities with, 595.
American Indian: DH's account of in London, 484; Cherokees and Chickisaws, 416.
Amherst, Jeffrey, Baron, 189.
Amyat (King's Chemist), 272.
analogy, argument from: in "Early Memoranda," 79; "Of a Particular Providence" quoted on , 288.
Analogy (Butler's), 111, 112, 319.
Ancients and Moderns controversy: "Of Eloquence" on, 55; DH's study of ancients, 78, 266; his sources among moderns, 78-80; Dubos defends ancients, 79; subject debated at Select Society, 282; population controversy as part of, 263-4.
Anderson, Mrs (proprietor of British Coffee-house in

---

* 本索引采用的页码为原书页码，即本书边码。

London), 394.

Anderson, Rev. George: attacks Kames under pseudonym of "Sopho" in *Estimate of the Profit and Loss of Religion*, 340; quoted, 340; DH's estimate of, 340; attacks both Humes in *Infidelity a Proper Object of Censure*, 345; with *Remonstrance against Lord Viscount Bolingbroke*'s *Philosophical Religion*, 345; *366.

Annandale, Dowager Marchioness of: met by DH, 164; DH thinks Vincent has designs on her estate, 166; DH appeals to, 167; Elibank's fears for, 168; she refuses to arbitrate dispute between DH and Vincent, 169-72; places claim of DH with lawyer, 172; DH cut off from by Rebellion, 179; she does not want DH to return as tutor, 206.

Annadale, George, 3rd Marquess of: Forrester tutor to, 60; DH invited to be tutor to, 162; DH tutor to, 163-76; sends DH money for visit to London, 163; signs agreement with DH, 164; becomes intractable, 165; vacillates in his relations with DH, 167; orders DH away, 168; claim of DH under agreement with, 170-2; DH's earnings with, 187; DH asked to return as tutor to, 206; DH sues estate of, 412; *174, 176.

Annet, Peter; sentenced to pillory for *Free Enquiry*, 354.

Annual Register: quoted, 133, 162.

Anson, Admiral George, Lord, 193, 209.

anti-Newtonianism, 258, 294.

anti-rationalism: *see* rationalism.

a priori arguments: *see* rationalism.

d'Anville, Duc, 190.

Arbuthnot, Alexande, 158, 161.

Aruthnot, Dr John: author of Essay concerning *Effects of Air, John Bull, Martinus Scriblerus, Essay concerning Nature of Aliments* 84-5; identified as physician addressed by DH in 1734 letter, 84; Gay quoted on, 84; Swift's estimate of, 84; Johnson's estimate of, 84; DH's letter to quoted, 85-6, 87, 88; speculations on history of letter, 86-7; *229, 548.

d'Argenson, Comte, 228, 423.

Argyll, Archibald Campbell (Earl of Islay), 3rd Duke of: DH knows in London, 107; DH applies to for introduction to Butler, 111; as "King of Scotland," 247; DH presents Essays to, 247; appointment to Glasgow professorship dependent upon, 248; refuses to support DH, 248; approves Douglas, 357; approves *Moral Sentiments*, 399-400.

Aristotelianism: *see* anti-Newtonianism.

Aristotle, 299; *Poetics*, 42.

Armstrong, Dr John: his *Art of Preserving Health* quoted, 69; his career and publications, 109; DH on *(Economy of Love, 109; his Synopsis of ... Venereal Diseases*, 109; *378, 392, 548.

Arnauld, Antoine, 102.

Arnot, Hugo: his *History of Edinburgh* quoted, 38, 241.

d'Artois, Count, 442.

d'Arty, Mme, 459, 472.

Athelstaneford Church, 246, 276, 596.

"Athens of the North": *see* Edinburgh.

Atholl, Duke of, 255.

Auchinleck, Lord: *see* Boswell, Alexander.

Augusta, Princess of Wales, 107.

Augustan Age of Scotland: *see* Scottish Enlightenment.

Austria: DH in, in 1748, 210; comments on the country and the royal family, 211.

Austrian Succession, War of the, 188, 209.

Ayton, heiress of: *see* Home, Jean.

Bacon, Sir Francis, 44, 578.

Baillie Court (Edinburgh), 563-4.

Balcarres, Anne, Countess of, 568, 569-570.

Balcarres, James, 5th Earl of, 304.

Balfour, Sir Andrew: his *Letters Writ to a Friend* quoted, 99-100.

Balfour, John (printer), 303.

Balfour of Pilrig, Prof. James: letter form DH on his *Delineation of Nature* quoted, 295-6; DH's comments on his attack in *Philosophical Essays* quoted, 296.

Balguy, Rev. Thomas, 323, 324.

Bannatin, Rev. George, 274.

Barbentane, J.-P.-B.de Puget, Marquis de, 518.

Barbentane, Marquise de, 473, 555.

Barré, Col. Issac, 395, 500, 553.

Bath: DH visits for waters, 594-5.

Bathurst, Allen, 1st Earl of, 548, 553.

Baxter, Andrew: corresponds with Lord Kames on causation, 57-8; his *Enquiry into the Nature of the Human Soul*, 57; friend of John Wilkes, 57; publishes anonymously, 113; *114.

Bayle, Pierre: his skepticism, 78-9; studied early by DH, 78; quoted, 240; *104, 110, 241.

Beattie, Prof. James: quoted on " Five Dissertations," 330; quoted on Scotticisms, 373; his introduction to *Essays and Fragments* quoted, 374; writes "Castle of Scepticism" against DH, 577; its satire carried on in his *Essay on Truth*, 577; quoted, 578; emotional lecture on philosophy quoted, 578; popular victory over DH symbolized by Reynold's painting, 579;

London Diary quoted, 579; protests of ministerial friends of DH to, 579; his success not based on *Minstrel*, 581; Priestley and Kant discredit his *Essays on Truth*, 581; DH's Advertisement of *Essays and Treatises* intended as answer to, 582.

Beauchamp, Francis Seymour Conway Lord, 438, 441, 489, 491, 494.

Beauclerk, Topham: with Mme de Boufflers on trip to London, 431; takes her to call on Dr Johnson, 432; quoted, 432; her escort on return to Paris, 433.

Beaumarchais, P.-A.Caron de, 458.

Beauties of the Magazines, 331.

Becquet, Lydia, 442.

Bedford, John, 4th Duke of: and projected invasion of Canada, 190, 205; favours DH's appointment as Embassy Secretary, 493; *213, 431, 469.

belief: DH's definition of, 77; DH in argument against proof of miracles, 288, 293 (see also custom).

Belloy, Pierre-Laurant-Buyrette de: as controversialist against DH, 481.

Belsches of Tofts, Helen: *see* Hume of Ninewells, Helen.

Belsches of Tofts, John, 10.

Berkeley, Bishop George: Corresponds with Rankenian Club, 48, 49; makes no comment on *Treatise*, 133; *125, 577, 618.

Berne, Senate of, 509.

Bernis, Cardinal de, 497.

Berry, Duc de, 442.

Berwick, 20, 22, 240.

Betham, Mr and Mrs, 381.

Bibliothèque britannique: its review of *Treatise* quoted, 121; attributes it and *Abstract* to "Mr. Thurnbull," 125.

Bibliothèque raisonnée: notices *Treatise*, and reveals DH's name, 120; later reviews *Treatise*, 129; review quoted, 129, 130; reviews *Abstract* as anonymous performance, 125; its review of *Treatise*, BK.III, quoted, 138; reviews three of DH's works in 1752, 227.

Binning, Charles, 254.

Birch, James, 89, 93, 97, 99, 100, 102.

Birch, Dr. Thomas: editor of *General Dictionary*, 395; dines with DH and Johnson, 438.

Black, Dr Joseph: Edinburgh physician in DH's last illness, 590; consulted on trip to London, 591; his prediction of the end, 602; *573, 595, 603.

Blackadder, tributary of R Tweed, 20.

Blacklock, Thomas: at Edinburgh U., 46; DH gives bond for salary as Keeper of Advocates' Library to, 253-4, 382; first meeting of DH with, 379-80; DH aids sale of his poems, 380-1; DH's letters recommending quoted, 380-1, 381-2; *Poems by Mr. Blacklock* brought out by Spence, 382; DH quoted on Spence's bowdlerisings in 382; refers to DH in "On the Refinements in Metaphysical Philosophy, " 382; DH remembers as he departs for France, 439.

Blair, Rev. Hugh, 274; characterized, 275; deepening intimacy with DH, 275-6; on committee with DH, 283; correspondence with DH on miracles quote, 292-3; advises DH against publication of *Dialogues*, 320; his "prayer" at conclusion of Kames's *Essays*, 336; a founder of *Edinburgh Review*, 338; *Observations upon a Pamphlet* quoted, 342; in *Douglas* controversy, 358, 363; at Edinburgh U., 371, 373; in Ossianic controversy, 414-20; writes preface to Macpherson's *Fragments*, 414; and *Critical Dissertation on the Poems of Ossian*, 415; DH's advice to on Ossianic controversy quoted, 416; DH's "Of the Poem of Ossian" unpublished through consideration for 439; correspondence with DH in Paris quoted, 443, 444-5, 449-50, 481, 483; correspondence with DH in London quoted, 496, 500, 505-6; living in DH's house in James's Court, 504; correspondence with DH on Rousseau affair quoted, 511, 512, 521, 528, 529; vacates James's Court, 533; correspondence with DH during his Under-Secretaryship quoted, 533, 538, 540; correspondence with DH over Ferguson's *Essay* quoted, 542, 543; visits DH in London, 549; his *Lectures on Rhetoric and Belles Lettres* to appear in 1783, 549; his protest to Beattie over attack on DH quoted, 579, 580; correspondence with DH during his last illness quote, 590, 596; in codicil to DH's will, 599; *274, 298, 353, 584.

Blair, Sir James Hunter, 571.

Blair, Dr. John, 397.

Blair, Rev. Robert, 276.

Blake, Mrs. 467.

Blanc, Abbé Le: *see* Le Blanc.

Bodin, 229.

Bolingbroke, Frederik St John, 2nd Viscount, 546, 548.

Bolingbroke, Henry St John, 1st Viscount: his *Substance of Some Letters⋯written to Pouilly*, 98; Leechman warns students against, 149; his *Familiar Epistle to the Most Impudent Man Living* addressed to Warburton, 289; *Admonitions from the Dead*, quoted on DH, 297; DH's comment on quoted, 297; *Works*, 305, 325.

Bonar of Cockpen, Rev. John: as author of *Analysis of the*

Moral and Religious Sentiments...of Sopho and David Hume, Esq., 341; quoted, 342; Blair's reply to quoted, 342.

"*bon David, le*," soubriquet of DH, 4, 530.

Bondeli, Julie, 368.

Booksellers, conspiracy of: *see* "conspiracy of the booksellers."

Boston, Rev. Thomas (the Elder): his *Fourfold State of Man* in Poker Club jest, 285.

Boston, Rev. Thomas (the Younger): attacked by *Edinburgh Review*, 339; quoted in *Edinburgh Evening Courant*, 339; *340.

Boswell, Alexander, Lord Auchinleck (father of James B.), 46, 48, 235.

Boswell, James: calls DH "the greatest Writer in Britain," 223; visits Oxford, 393; quoted on Kames, 411, 412, 413; on DH's opinion of Macpherson, 415, 418; escorts Rousseau's mistress on journey, 519-20; DH quoted on this *affaire*, 519-20; and *The Savage Man*, 535; leases DH's house in James's Court, 563; his later opinion of DH quoted, 585-6; résumé of his relations with DH, 586; his terror of death, 586; fascinated by paradox of the virtuous infidel, 587-8; interviews DH in his last illness, 597-8; inspects DH's open grave, 605; his dream that DH was a Christian, 606; *Boswell Papers* quoted, 32, 35, 51, 57, 58, 60-1, 108, 109, 111, 119, 223, 275, 309, 373, 378, 394, 410, 411, 415, 416, 418, 519-20, 598; * 32, 35, 60-1, 108, 119, 243, 275, 294, 309, 373, 378, 398, 409, 460, 470, 487, 498, 551, 563.

Boswell, Margaret (Mrs James), 563.

Boufflers, Comtesse de: her letter forwarded to DH, 425; their further correspondence quoted, 426-8; over her protégé Rousseau, 428-30; her arrival in London, 431; and reception there, 431-2; DH's letter declining to come there quoted, 432-3; her position as mistress of Prince de Conti, 434; her possible part in DH's Paris appointment, 436-7; prevented by measles from receiving DH on arrival in France, 441; as *salonnière*, 449, 456; Mme du Deffand's jealousy of, 453; her importance to DH, 455; Horace Walpole and Rousseau quoted on, 456; Mme du Deffand quoted on , 457; her "Rules of Conduct" quoted, 457; her marriage and the birth of her son, 458; her liaison with Prince de Conti, 458; as mistress of the "Salon of the Four Mirrors," 459; first meeting and early correspondence with DH, 460; her critique of *Douglas* as pretext for amorous correspondence with DH quoted, 461-2; her explanation of her relations with Prince de Conti quoted, 463-4; an angry epistle to DH quoted, 464-5; involved in DH's quarrel with Alexander Murray, 466-470; death of her husband, 470; DH quoted on, 470; DH's advice on her prospective marriage with Prince de Conti quoted, 471-2; goes to London in ill health, 472-3; later relations with DH, 473-4; writes Duke of Bedford in the interest of DH, 493; displeased by DH's leasing of house in Paris, 505; DH dreams of taking her to Italy, 505; Rousseau writes to her on character of DH, 507; DH writes to her on character of Rousseau, 508; DH writes to her on jealousy in friendships, 512; scolds Walpole for King-of-Prussia letter, 514; DH and Rousseau visit, 515; DH writes to her on Le Vasseur and Boswell, 519-20; DH repeats story of Rousseau's outburst to, 521; DH writes to her about Rousseau, 525; her indignation at Rousseau's final letter, 527; opposes publication of *Concise Account*, 529; DH writes to her on ending of Rousseau affair, 530-1; DH writes to her on his return from diplomatic mission, 533; she urges his return to France, 534; DH writes to her on acceptance of Under-Secretaryship, 534; on *The Savage Man*, 535; coldness develops between her and DH, 554; she prepares happily for his proposed visit, 554; is agitated over rumours of his marriage, 567; DH's introduction of his nephew to quoted, 574; DH's last letter to quoted, 602; *516, 517, 537.

Boufflers, Edouard, Comte de (the Elder), 434, 458, 470.

Boufflers, Edouard, Comte de (the Younger), 458, 460.

Bower, Archibal, 400.

Boyd, William (servant of DH), 548.

Boyle, Rev. Patrick, 173-4.

Boyle, Robert, 75

Boyle Lectures: *see* Clarke, Samuel.

Bristol: DH takes employment in, 88; described, 88-9; DH leaves, 90.

British Coffee-house (London), 394.

British Museum, 395, 530.

Brittany, expedition to: Gen. St Clair (*q.v.*) as commander of, 188; background of, as projected invasion of Canada, 188-9; inefficiency of Ministry, 190-3; army sails for Lorient, 194; siege of Lorient, 195-8; appraisals of, 199-202; *236, 263.

"Broad Bottome" Ministry, 190.

Broad Scotch; *see* Scottish tongue.

Brodie, Alexander, 107.

Brosses, President Charles de, 423.

Brown, Rev. John: in *Estimate of the Manners and*

Principles of the Times accuses DH of introducing irreligious sentiments into *History* to promote sales; 2nd vol. of quoted, 308; DH's opinion of quoted, 308; Tucker's agreement on 308-9.

Bruce, Prof. John, 570-1.

Buchanan, Dugald, 375, 419.

Buchanan, George, 374.

Buffon, Georges-Louis Leclerc, Comte de: his *Natural History*, 480; *475, 512.

Bunbury, Sir Charles: appointed Secretary to Lord Hertford, 435; his reputation offends Hertford, 435; remains in England, 438; Hertford criticized for not accepting, 491; rumoured appointment (as Secretary) in Ireland, 492; DH's retention by Duke of Richmond would have affronted, 493.

Bunbury, Lady Sarah, 490, 503-4.

Bunyan, John: *Pilgrim's Progress*, 576.

Burke, Edmund: not a candidate for Glasgow Chair of Logic, 247n; DH meets author of Sublime and Beautiful, 394; later outspoken critic of DH's philosophy, 394; DH sends *Theory of Moral Sentiments* to, 399; his *Conciliation* speech not advocating relinquishing American colonies, 554; approve *Essay on Truth*, 579.

Burke, William, 534.

Burnet, James: *see* Monboddo, James Burnet, Lord.

Burnett, Elspeth, 17-18, 25.

Burney, Dr. Charles, 61, 501.

Burney, Fanny, 501.

Burns, Robert: on Hamilton of Bangour's *Ode*, 178; somewhat ignored by Scottish men of letters 375; even his world-wide success did not effect vernacular revival, 376; *419.

Burton, John Hill, 617.

Bussy-Rabutin: his *L'Histoire amoureuse des Gaules*, 252, 253.

Bute, John, 3rd Earl of: secures pension for John Home (poet), 365; John Home secretary to, 392; subsidises Macpherson's epics, 415; and the sale of DH's *History*, 420; appoints Robertson Historiographer Royal of Scotland, 421; solicited for DH's appointment as Embassy Secretary, 492; unpopular in London after Wilkes affair, 552; tries to turn Robertson to English history, 555; *554.

Butler, Bishop Joseph: DH's debt to, 74, 76; Clerk of the Closet to Queen Caroline, 107; his *Sermons* as contribution to ethics 111; its preface quoted, 111; his *Analogy* published, 111; esteemed by DH, 111; DH desires to show *Treatise* to, 112; his *Analogy* foremost reply to Tindal, 112-13; given copy of *Treatise* 118;

makes no comment, 133; Hutcheson in agreement with, 149; is model for Cleanthes in *Dialogues*, 319; quoted, 589; *49, 58, 64, 114.

Cadell, Thomas: associate of Millar and friend of DH, 393; gives dinner to introduce DH to London clerics 393; refuses to publish for "Ebenezer Hume" verses alleged to be by DH, 621.

Caesar, Julius, 234, 302, 374.

Caledonian Mercury: prints advertisement for *Letter from a Gentleman*, 160.

Calton Burying Ground (Edinburgh): DH's will provides for burial in, 591; discussed with John Home (poet), 594.

Campbell, Mrs, in anecdote of DH and Sunday card-playing, 562.

Campbell, Rev. George: as member of Aberdeen Wise Club, 273; his *Dissertation on Miracles* as most elaborate treatment of subject in eighteenth cent., 292; DH's criticism of in MS quoted, 292-3; DH writes to, 293; his *Philosophy of Rhetorick* read by DH during last illness, 597.

Campbell, John, Lord: *Lives of the Lord Chancellors* quoted, 279-80.

Can. François-Michel de la Rue du, Mayor of La Flèche, 102.

Canada, projected invasion of, 188-90, 191, 205.

Canongate: *see* Edinburgh.

Carlyle of Inveresk, Rev. Alexander: his *Autobiography* quote on Pringle, 153; on DH's grief at his mother's death, 173-4; on DH's domestic life in Canongate, 244-5; on DH's reception by pious lady, 245; on DH's avoidance of Bible, 246; on DH's intimacy with the clergy,, 274; on Wallace, 274-5; on Blair, 275; on John Home (poet), 276; on Jardine, 277; on Robertson, 278; on Select Society, 283; on Poker Club, 285; accused by DH of anonymous pamphlet, 285; on meetings of Moderates in Carriers' Inn, 345-6; in *Douglas* controversy, 358-64; *passim*; his *Full and True History of the Bloody Tragedy of Douglas*, and his *Argument to prove... Douglas*, 362; quoted on Webster, 362-3; on DH's reaction to Robertson's appointment as Historiographer, 421; DH' letters to quoted, 422, 439; visits DH in London, 549; quoted on performance of Home's *Fatal Discovery*, 550; *498n, 551, 579.

Carmontelle (louis Carogis): paints Sterne and DH, 482.

Caroline, Queen (wife of George II), 107, 111.

Carriers' Inn (Edinburgh), 346.

Carstares, Rev. William, 38, 44.

Cartesianism: *see* rationalism.

Carthagena, expedition to, 191, 202.
Catherine II, Queen of Russia, 478.
Catholics, Irish, 413.
Caulfeild, James: see Charlemont, James Caulfeild, 1st Earl of.
Causation: Kames-Baxter correspondence on, 57-8; Kames's possible influence on DH in this regard, 62; DH quoted on, 77; *Treatise* quoted on, 123; quotation distorted by *History of the Works of the Learned* reviewer, 123; DH's theory of misinterpreted by same, 126; DH's summary of theory of, in *Abstract*, 127-9; reviews of *Treatise* confined largely to treatment of, 131; in "Of Miracles" and "Of a Particular Providence," but ignored in refutations of Adams and Rutherford, 290-1; author of *Inquiry into the Grounds and Nature of several Species of Ratiocination* remarkable in his attempts to understand DH on, 297
Chalmers, George, 26.
Chambers, Robert: his *Book of Days* has picture of Ninewells, 28-9.
Chapter Coffee House group, 313.
Charlemont, James Caulfeild, 1st Earl of: his "Anecdotes of Hume" quoted as follows: description of DH, 213-14; estimate of DH, 214; introduces DH to Countess of D[uvernan?], 214-15; witnesses DH's avowals, 215; confesses deception to DH, 216; describes illness of DH, 216; on Pitt's treatment of DH's *History*, 310; on DH's displeasure with Mrs Mallet, 395; on DH in Paris, 446; on DH and Rousseau, 523; on DH's religious scepticism, 545; *447.
Charles I, King of England: treatment of in *History*, 304, 425; passage quoted, 316-17.
Charles V (Holy Roman Emperor): age of, considered by Robertson as historical subject, 398; Robertson publishes on, 399.
Charles Edward Stuart, Prince: see Young Pretender.
Charles Emmanuel III, King of Sardinia, 209, 213.
Page 674
Charlotte, Queen (wife of George III), 397, 518, 530, 579.
Charon: DH during Smith's last visit continues Lucian's dialogue with, 600-1.
Charron, 229.
Chartres, Duchesse de, 458.
Chastellux, Jean, Marquis de, 423, 480, 531.
Chatham, Earl of: see Pitt, William.
Chaulieu, Abbé, Guillaume de, 599.
Chesterfiel, Philip Dormer Stanhope, 4th Earl of, 190, 385, 395, 490.
Cheyne, Dr. George: identification as addressee of DH's 1737 letter refuted, 84n.
Chirnside, parish of: described, 21; contingent bequest to, in DH's will, 592.
Chirnside Kirk: moderate in religion, 16; hear Burnett case, 17-18; building described, 21; dominated by Humes of Ninewells, 32; its successive ministers, 32-3; disciplines in Galbraith cases, 82; see also Church of Scotland, Chirnside Presbytery of.
Chirnside Presbytery: see Church of Scotland, Chirnside Presbytery of.
Chirnside village: described, 21, 370.
Chiswick, 519, 520, 521, 522.
Choiseul, Duc de, 497, 513.
Choiseul, Duchess de, 442.
Church, Roman Catholic: places works of DH on *Index Prohibitorum*, 228; DH in History characterizes as exhibiting superstition, 305; passages deleted, 306; MacQueen considers not entirely repugnant to DH, 344.
Church of England: mitigated praise of by DH, 307; possible demand for prosecution of publisher of "Five Dissertations," 324; Robertson made overtures to join, 398-9.
Church of Scotland: disciplinary measures of, 18; clergy oppose DH as candidate for Edinburgh U. professorship, 158-60; attempts excommunication of DH, 230, 336-55; as subject of ridicule by DH in *Bellmen*'s *Petition*, 235; *Bellmen*'s *Petition* quoted, 236; clergy oppose DH as candidate for Glasgow U. professorship, 248-9; Robertson urged to leave, 398-9; DH as patron of, 539-40; concerned with filling vacancies in, 589.
General Assemblies of: Moderates win first victory at, in 1752, 277; Jardine dies at, 277; DH fears investigation by, in 1756, 325; background of church politics in attack on the two Humes, 337-8; *Edinburgh Review*'s part in, 338-9; pamphlet war pre Assembly of 1755, 339-43; Resolution of Assembly quoted, 343; Assembly of 1756, 344-6; Wedderburn's defence of DH in quoted, 346, 347-8; Wallace's unpublished pamphlet on controversy in quoted, 349-52; evaluation of results of controversy, 353-5; Carlyle *Libel* appealed to Assembly of 1757 and defeated, 363; act propose for censure of all clergy attending plays, 363-4; effect of Mrs Siddons on Assemblies, 364; letter of King to Assembly in 1767 written by DH, 540.
Evangelical Party of ("Popular" Party, "Highflyers"): accuse Kames of being as poor a Christian as DH, 295; publication of "Five Dissertations" would have aided,

325; for opposition to, *see here below* Moderate Party; *274, 277.

Moderate Party of : Wallace as member of, 159, 274; his sermon expressing philosophy of, 159; DH entertains clergy of, 244; Jardine as friendly antagonist of DH in, 246, 251; Wallace's "Letter from a Free-thinker" as expressing philosophy of, 261-2; DH's friendship with clergy of, 274; Carlyle's account of rise o, 275; Robertson as leader of younger branch of, 277-8; "Manifesto of the Moderate Party," 277; cultural emphasis upon humanities as basic to, 278; success of Select Society as part of philosophy of, 284; *Dialogues* probably circulated in MS among its clergy, 320; publication of "Five Dissertations" would have harmed, 325; committed to defence of two Humes, 336; satire of Witherspoon on quoted, 336-7; its triumph as part of "Awakening of Scotland," 337; general programme discussed and part of *Edinburgh Review* in, 338, 339, 340, 341; success in 1755 General Assembly, 343; pamphlet war against in 1756, 344-5;

caucus of in Carriers' Inn 345-6; proceedings of at Committee of Overtures 346-8; Wallace on sidelines, 348; his unpublished pamphlet quoted, 349-52; engineers dropping of case against publishers of Kames, 352; as defenders of free speech and Scotland's world position, 354-5; in *Douglas* affair, 356; supporting author, 357; in possible rehearsal of play, 358; attacked by Evangelicals for intromissions with theatre, 360; DH's dedication of Four *Dissertations* inexpedient for, 361; dedication defended with play in pamphlet warfare, 362; Wallace's MS quoted on, 363; many members named in Libel against Carlyle, 363, 364; further pamphleteering, 365-7; John Home (poet) driven from Church, but humanism of Scottish literature saved, 368-9; DH uses influence to secure patronage for, 540; his lifelong friendships with members of, 585.

Chirnside Presbytery: hears accusation of Agnes Galbraith against DH, 81-2; its records quoted, 82; further proceedings against Agnes, 82.

Dun Presbytery: protests against Edinburgh-Glasgow manifestos on the drama, 360.

Edinburgh Presbytery: publishes *Admonition and Exhortation* against stage plays, 360; institutes *Libel* against John Home (poet), Alexander Carlyle, and others, 360.

Glasgow Presbytery; charges Leechman with heresy, 148.

Cibber, Mrs (actress): in *Agamemnon*, 108.

Cibber, Colly, 107.

Cicero: read by DH, 52; DH discusses as a lawyer, 54; compares with modern lawyers, 55; compares with *Georgics*, 62; DH takes *Offices* as guide, 64-5; *44, 148, 246, 374, 520, 584.

Cilesia, Mrs, 395.

Clairaut, Alexis-Claude, 509.

Clarke, Gen, Robert, 405, 500.

Clarke, Rev. Samuel: known to Rankenians, 49; DH's loss of religious belief after reading, 51, 64, 597; *On the Being and Attributes of God* establishes him as head of rationalistic school, 58; challenged by Butler, Hutcheson, and Kames, 58, 64; by DH, 64; his *Defence of Natural and Revealed Religion* (Boyle Lecture) quoted, 287; *161, 319.

Classicism, theory of, 376-7.

Clayton, Bishop Robert: his *Thoughts on Self Love* as refutation of DH, 296.

Cleanthes (protagonist in *Dialogues*), 319.

Cleghorn, Prof. William, 156, 161, 249.

Clephane, Dr. John: Scottish physician and scholar, 203; DH writes to him on half-pay, 207, on 2nd and edn. of *Essays*, 233, on *Bellmen*'s *Petition*, 235, on politics and patriotism, 237; offers DH room in London, 240; DH writes to him on being householder, 243-4, on ownership of books, 246, on defeat of Glasgow candidacy, 248, on satisfaction over Keepership, 249, on being considered a Deist, 251, on population controversy, 263, on Wedderburn, 279, on wishing to settle in London, 390-1; dies on St Malo expedition, 391; missing from London circle of DH's friends, 392; *274, 357.

Clive, Robert, 403.

Clow, Prof. James, 246, 249.

Coates, Humphrey, 329.

Cochin, Charles-Nicholas, the Younger: his portrait of DH, 482.

Cockburn, Mrs. Alison: as poet, 378; quoted on DH in Paris, 447; urges DH to bring Rousseau to Scotland, 520; roguish letter to DH quoted, 533; offers to find DH a house and a wife, 559; her curiosity about Nancy Ord, 567; on DH as Christian, 570; *560, 568.

Coke, Lady Mary, 395, 431, 547-8, 551.

Colbert, Abbé Seignelay, 480.

Colebroke, Sir John, 543.

Collé, Charles: his *Journal et Mémoires*, quoted on *De Belloy controversy*, 481; *482.

Collins, Anthony, 110.

Collins, William: his "Ode on the Popular Superstitions of the Highlands," 414.

commerce: quotation from "Of Commerce" on, 269-70.
Common Sense: carries first formal refutation of *Treatise*, 131-2.
Common Sense, Scottish School of, 297, 577.
Compiègne (France): DH follows French court to, 461, 490, 501.
"conspiracy of the booksellers": DH considers as cause of failure of *History* in London, 305; writes to Strahan on, 312; writes to Edmonstoune on, 312; full contemporary account of quoted, 312-13; background history of the "Printing Congers," 313-14; results in eventual sale of rights in *History* by Hamilton to Millar, 314.
consumers' goods: *see* luxury.
Conti, Prince de: Mme de Boufflers mistress of, 434, 458; his career, 458; his Paris residence, the Temple, described,, 459; his Monday receptions, 459; DH's first visit to, 460; Mme de Bouffler's explanation of her relations with quoted, 463-4; DH invited by Mme de Boufflers to visit, 465; her determination to become the legal wife of, 470; his reluctance, 472; entertains Rousseau, 511; scolds Walpole for King-of-Prussia letter, 514; provides apartment for DH in Temple, 534; DH's condolences to Mme de Boufflers on his death quoted, 602; *441, 453.
Contract, original: discussed in Essays, 180.
Convention of 1904, 497.
Conway, Anne (Mrs John Damer), 547.
Conway, Gen. Seymour: succeeds Halifax as Secretary of State, 493; approves of DH as Chargé d'affaires, 496, 497; invites Rousseau and his mistress to dinner, 521; Rousseau addresses letter declining pension to, 525; with DH attempts to get Rousseau to accept, 526; urges DH to publish *Concise Account*, 527; moves to Northern Department, 534; secures Rousseau pension, 535; Rousseau's letters to, 536; DH's influence with, 539-40; DH's friendship with, 546, 547, 548; secures additional pension for DH, 555; persuades DH to try for another sinecure, 574; *531n, 575.
Conybeare, Rev. John. 232.
Cope, Sir John, 177, 182.
Corbet, Charles: printed *Abstract* for DH, 124.
Cotes, Commodore Thomas, 189, 190, 193, 194.
Coutts, James and Thomas (bankers), 538.
Coutts, Provost John: Provost of Edinburgh, 154; invites DH's candidacy for professorship, 154; is manoeuvred into delays fatal to DH's hopes, 154-5; is succeeded by Archibald Stewart, 156; DH's letter to, 160; *157, 158,

161, 182.
Covenanters, 13, 22, 33.
Covent Garden Theatre, 108, 365, 379.
Craftsman, 139.
Craig, James (architect), 565.
Craig, Prof. James, 57.
Craigie, Prof. Thomas, 246, 247, 248.
Crawford of Auchenaimes, John ("Fish"): as friend of DH, 500, 545-6; proposes him at Almack's Club, 546; his dinners attended by DH, 546; teases DH about early *amour*, 567; DH writes to him about his tumour, 595.
Crawford, Ronald, 163.
Crébillon, C.-P.Jolyot de, 252, 253, 423.
Creech, William, 56.
Critical Review, 121, 384, 385-6.
Crocchi, Peter, 398.
Cromwell, Oliver, 426.
Crosbie, Andrew, 285, 565.
Crossley, James, 323n.
Cudworth, Rev. Ralph, 78, 79, 161.
Cullen, Dr. William, 247, 248, 590, 601, 603.
Culloden, Battle of, 178-9, 187.
Cumberland, Prince William, Duke of, 178, 181.
Cumming, Rev. Patrick, 158, 160, 277, 369.
Cunningham, Alexander: *see* Dick of Prestonfield, Sir Alexander.
custom: discussed in *Abstract*, 126-8; DH's theory jeered at by *Bibliothèque raisonnée* 130; favourable comment on in *Nouvelle bibliothèque*, 131.

Daily Advertiser: carriers announcement of *Abstract*, 124-5; advertises *Essays*, 146; notices *Ophiomaches*, 232; notice of *History* quoted, 304; re-advertises *Treatise*, 328.
Dalrymple, Elizabeth, 147.
Dalrymple, George, 26.
Dalrymple of Cranstoun, Sir John, 282.
Dalrymple of Newhailes, Sir David: *see* Hailes, Sir David Dalrymple of Newhailes, Lord.
Dalrymple, Lady, 65.
Damer, Hon. John, 547.
Dauphin of France (son of Louis XV), 441, 442, 484.
Davenport of Calveley, Richard: offers Rousseau house at Wootton, 520; Rousseau's suspicions of, 521; generous terms of offers, 522; DH writes to him on quarrel with Rousseau, 526-7; his comments on quarrel, 527; DH writes to, 529; copy of Deyverdun's letter forwarded to for Rousseau, 531; applies in name of Conway for Rousseau pension, 535; deserted by

Rousseau, 536.
decline, idea of: DH opposes in "Of the Populousness of Antient Nations," 264.
"Defender of the Faith," soubriquet of DH, 429.
Deffand, Marie de Vichy Chamrond, Marquise du: as *salonnière*, 449; as reverse of Mme Geoffrin, 452; her quarrel with Julie de Lespinasse, 452-3; her jealousy of Mme de Boufflers, 453; finally rebuffs DH, 453; quoted on Mme de Boufflers, 456-7; inquiries about rumours of DH's marriage, 567; *476, 480, 487.
Deism: Eng. preference of to atheism deplored by *philosophes*, 484.
Deists: summary of controversy in 1730, 112-13; DH's appointment as Keeper considered as success of, 250-1; Kames as, 294; DH quoted on there being none in Paris, 483.
Demea (protagonist in *Dialogues*), 319.
Demosthenes, 107, 584.
Dempster, George: at Edinburgh U., 46; quoted on ales of *History*, 311; sponsors Sheridan's lectures on English, 373; calls DH "the Socrates of Edinburgh" in *Letters to Ferguson*, 391.
Denina, Prof. Carlo Giovanni Maria, 228, 388, 389.
de Pinto, Isaac, 543.
Descartes, René, 95, 99, 102, 104, 161.
design, argument from, 288.
Desmaizeaux, Pierre: gives copy of *Treatise*, 118; DH writes to for his reaction, 119; probable author of *Bibliothèque raisonnée* notice revealing author's name, 120; but later attributes *Abstract* to "Mr. Thurnbull," 125; DH's knowledge of his reviews, 132.
Despauter's *Latin Grammar*, 31.
Devil, the (society), 282.
Dewey, John, 5.
Deyverdun, George, 531, 540, 541.
Dick of Prestonfield, Sir Alexander: member of Rankenians, 48; on Michael Ramsay, 60; his "Journal of a Tour" quoted, 93; letter to DH quoted, 108n; with DH resident of Rainbow Coffeehouse, 110; friendship with DH and Robertson strained by Marian controversy, 414; *617.
Dickson, John, 57.
Diderot, Anne (wife of D.), 478.
Diderot, Denis: as friend of DH 475; quoted on his bulk, 477; *Pensées Philosophiques*, 478; as intellectual equal of DH, 478; compared with DH by Grimm, 479; his *Lettres à Sophie Volland* quoted, 483; *543.
Digges, West (actor), 358.
Diversorium (Carriers' Inn), 346.

"Dr Bonum Magnum": soubriquet of Rev. Alexander Webster, 362.
"Dr Turnstile": soubriquet given Cumming in *Douglas* affair, 369.
Doddridge, Rev. Philip, 290.
Dodsley, Robert, 381.
Donn, Rob, 375, 419.
Donne, John, quoted, 75.
Dorat, Claude-Joseph; his $3^{rd}Ep\hat{I}tre$, addressed to DH, quoted, 481-2.
Doughterty (Irishman befriended by Lord Hertford), 490.
Douglas: a Tragedy: see Home, John (poet).
Douglas, Archibald, 3rd Marquess of, 550.
Douglas, Lady Jane, 550, 551.
Douglas, Rev. John: his *Criterion* as criticism of DH, 292; DH meets at London dinner, 393; corresponds with DH on historical subjects, 394.
Douglas Cause, 500, 550-2, 565.
Drummond, Prof. Colin, 39, 42, 47.
Drummond, Provost George, 277.
Drummond, Henry: his *Histories of Noble British Families* quoted, 28.
Drummond of Hawthornen, William, 56, 375.
Drury Lane Theatre, 108, 365, 379, 518, 550.
Dryden, John, 4, 30, 42.
Dubos, Abbe J.-B: *Critical Reflections* read by DH, 71; quoted on "original genius," 71-2; on passions, 72; DH's debt to, 76; defends ancients, 79; pre-*Treatise* influence on DH, 79; possible Paris meeting with DH in 1734, 96; quoted, 607; *78, 229.
Duchaine, Mme (bookseller), 511.
Duclos, Charles Pinot, 423, 475, 480.
Dun, David Erskine, Lord, 371.
Dundas, Alexander, 26.
Dundas, Prof. Laurence, 39.
Dundas, Robert, 250, 252.
Dunglass, as title of eldest sons of Earls of Home, 6-7.
Dunlop, Elizabeth, 147.
Duns, Presbytery of: *see* Church of Scotland, Presbytery of Duns.
Dutens, Louis, 425, 435.
D[uvernan?], Countes of: described, 214; DH infatuated by, 215; DH dismissed by, 216; *567.
Dysart of Eccles, Mrs Matthew, 233-4, 240.

East India Company, 539, 543.
"Eaterati": suggested sobriquet for "David Hume and the Rest of the Ministers," 561.
Economistes: see Physiocrates.

Edinburgh: DH and brother John born in, 6, 23; as residence of Ninewells family, 19, 22-3, 35; description of in 1720s, 35; as "Athens of the North," 36; Canongate described, 36-7; DH resides in in winters of 1730s, 68. Taken by Young Pretender, 177-8; Archibald Steward as defender of, 182; his trial and DH's pamphlet in his defence, 182-6; DH on lack of defences of, 185. DH honoured by appoointments in, 230; summary of his frustrations in 230-1; becomes citizen of in 1751, 240; description of in 1751, 241, 242; description of by soldier in 1746 quoted, 242, 243; as intellectual centre, 243; description of DH's house in Riddle's Land, Lawnmarket, 244; of his house in Jack's Land, Canongate, 244; Smellie quoted on availability of its men of letters, 272; agreeable to DH for this reason, 278; original sale of *History* good in, 304; in 1761 DH assured his future happiness lay there, 402; description of DH's house and of James's Court, 409; DH longs for in Paris, 443; becomes uncongenial to DH in 1760s, 420; Blair living in DH's house in, 504; his advice to DH on returning to quoted, 504-5; DH's indecision, 505-6; house vacated by Blair for Katherine Home, 533.

DH returns to briefly in 1766, 533-4; and permanently in 1767, 556; James's Court too small, 560; he removes from and leases to Boswell, 563, 620; takes up final residence in New Town, 560; builds house in St Andrew Square, 562-3; falls in bog en route to, 563; his ménage there described, 571; involved in lawsuit of DH and others against Town Council, 565; naming of St David Street, 566, 620; James's Court house used by Home of Ninewells, 575; bequeathed by DH to his sister, 591; *572, 575, 590, 597, 603.

Edinburgh, Cross of, 272.

Edinburgh, Ministers of: their advice taken on Hutcheson as prospective Professor of Ethics for University, 157; in joint meeting with Town Council advise against election of DH, 158-60.

Edinburgh Court of Session, 565.

Edinburgh Evening Courant: prints advertisement for DH's "Letter from a Gentleman," 160; *339, 345, 358, 359.

Edinburgh Magazine and Review, 583, 584-5.

Edinburgh Presbytery: *see* Church of Scotland.

Edinburgh Review: founded 1755, 338; as organ of Moderates, 338; DH learns identity of editors of, 338; its reviews as part of Church of Scotland controversy, 338-9; quoted on Erskine's *Sermons*, 339; publication suspended, 340; its comments on Bonar-Blair pamphlets 343; and on others, 343; first issue as manifesto of Scottish Enlightenment, 386; as provincial, 386-8.

Edinburgh Society for Encouraging Arts, Sciences, Manufacturers, and Agriculture in Scotland: as offshoot of Select Society, 283; Ramsay comments on to DH, 283.

Edinburgh Town Council: hears offer of resignation of Prof. Pringle, 154; is manoeuvred into delays in accepting, 155-6; elects Hutheson to professorship, 157; takes advice of Edinburgh ministers, 157; in joint session with them hears attack on DH as sceptic, 158-60; offers post to substitute Cleghorn, 161; "Council Records" quoted, 154-61, *passim*; sued by DH and others, 565.

Edinburgh University: Falconer boys and Joseph Home enter, 15; Joseph studies law at, 16; description of, 37-8; regentships at, 38; professorships at, 38-9; DH matriculates at, 39; his undergraduate career, 40-51; its intellectual atmosphere, 41; its curriculum, 41-5; Civil Law, Scots Law, and History at, 44; Mackie's course in history at, 45-6; Saturday exercises of, 46; infiltration of English language into, 46-7, 371; literature and "New Science" in Rankenian Club, 48-9; estimate of its library in DH's college years, 51; system of legal studies at, 54; DH's nephew Professor of Scots Law at, 54; library compared to Advocates' Library, 55-6; DH as candidate for Chair of Ethics and Pneumatical Philosophy, 150, 231, 260; Pringle resigns this post, 153-6; DH offers candidacy, 154-61; Cleghorn elected to, 161; dullness of its theology and rise of Moderatism, 275; Robertson as Principal of, 277; Adam Ferguson proposed as Professor, 392; DH and Franklin sup with medical faculty of, 572; Beattie proposed as Professor of, 580; DH concerned with its faculty choices until his death, 589.

Edmonstoune of Newton, Lieut.-Col. James: army career of, 203; as the "Guidelianus" of DH's letters, 203; at deathbed of DH, 204, 599; DH writes to him on the "conspiracy of the booksellers," 312; suggests aiding Rousseau, 509; DH writes to him about former maid, 562; in DH's will, 599; *274, 291, 398, 560, 575, 580, 600.

Edward III, King of England, 481.

Edward Augustus, Prince: *see* York, Prince Edward Augustus, Duke of.

Edwards, Jonathan: Kames's writings found to agree with on doctrine of necessity, 352-3; repudiates connexion in *Remarks on the Essay*, 353; title of his *Usefulness of Sin* interests DH, 570.

Eglintoune, Alexander Montgomerie, 10th Earl of, 501.
d'Egmont, Comtesse, 511.
Einstein, Albert, 5.
Elibank, Patrick Murray, 5th Baron: connected with Johnstones of Annandale, 163; appealed to by DH in controversy with Vincent, 168; shares literary honours with DH, 230; as friend of DH's youth, 278; as lifelong Jacobite, 279; as patron of arts, 279; member of Moderate caucus, 346; offers suggestions for *Douglas*, 357; in possible rehearsal of *Douglas*, 358; named in Libel against Carlyle, 363; sponsors Sheridan's lectures on English, 373; DH writes to him on Marian controversy, 417; cousin of Mme de Boufflers, 431; who confides her hopes of meeting DH to, 431; he o writes to DH, 432; as brother of Alexander Murray, 466; DH writes to regarding his quarrel with Murray, 467, 468; *158, 268, 271n, 274, 275, 414, 417, 424, 436, 437.

"Elibank Plot," 466.

Elliot, Anne and Peggy (lodging-house keepers for Scottish gentlemen in London), 392, 518, 528, 548, 594.

Elliot, Jean, 378.

Elliot of Minto, Sir Gilbert, 3rd Bart.: at Edinburgh U., 46; DH writes to him on *Bellmen*'s *Petition*, 239; supports DH for Glasgow appointment, 247-8; DH writes to him on "Populousness of Antient Nations," 263, and on anon. *Philosophical Essays* [Balfour], 296; MS preface to *History*, VOL. II, in his collection, 307n; DH asks help of in strengthening arguments of Cleanthes, 319-20; he urges suppression of *Dialogues*, 320; quoted on "Piercy" (horse), 357; as poet, 378; DH writes to him on Wilkie, 383-4; unable to concur, 384; becomes Lord of Admiralty, 393; DH writes to him on anti-English feeling, 405-6; DH's proposal to on Rousseau pension quoted, 428; on trip with DH in 1763, 432; quoted on DH's appointment to Hertford secretaryship, 438; visits DH in Paris, 469; warns DH he is on the "brink of a precipiece," 469; DH writes to him on failure of Embassy appointment, 492; DH arranges for schooling of his sons, 500; asked to find English residence for Rousseau, 509; DH writes to him on Parma professorship, 544; aids DH in education of Mure's sons, 544; DH visits at Minto, 575; Lady Elliot-Murray quoted on sequel to visit, 576; *175, 235, 274, 490, 519, 548, 560.

Elliot of Minto, Sir Gilbert, 4th Bart., 544.

Elliot of Minto, Hugh, 544.

Elliot-Murray, Lady (wife of Sir Gilbert Elliot, 3rd Bart.), 576.

Emotions: *see* passions; sentiment.

l'Enclos, Ninion, 602.
Encyclopédie, 387, 447, 476, 478.
England: *see* London.
d'Eon, Chevalier, 436.
Epicharmus: DH copies motto from, 78, 296.
d'Epinay, Mme, 444, 479.
Erskine, Ebenezer, 576.
Erskine, Henry: his *Cloaciniad* on the stench of Edinburgh, 242.
Erskine, Rev. Henry, 33.
Erskine of Alva, Charles (Lord Tinwald), 156, 180.
Erskine of Alva, Sir Harry, 199, 209, 217, 274, 392, 432, 492.
Essay towards demonstrating the Immateriality and Free-Agency of the Soul: by anon. author of first refutation of *Treatise*, 131; review of quoted, 131; puffed in refutation of *Treatise*, 131.
"Eumenes" (pseudonym of writer in *Weekly Magazine*, Edinburgh): on original reactions to *Treatise*, 133.
Evangelical Party: *see* Church of Scotland, Evangelical Party.
experience: *see* custom.
Eyemouth (Berwickshire), 9, 22.

Fairney-castle: added to title of Homes of Ninewells, 575.
Falconer, Alexander (uncle of DH), 6, 14-15.
Falconer, Sir Davie (maternal grandfather of DH), 7, 14, 26-7.
Falconer, David (uncle of DH), 14-15, 26.
Falconer, Elizabeth (aunt of DH), 15.
Falconer, George (uncle of DH), 15.
Falconer, Sir James (uncle of DH), 7.
Falconer, Katherine (mother of DH): *see* Hume of Ninewells, Katherine.
Falconer, Margaret (aunt of DH), 14.
Falconer, Mary (nee Norvell): *see* Hume of Ninewells, Mary Falconer.
Falconer, Mary (aunt of DH), 14.
Falconer family, 26.
Fare, Marquis de la, 599.
Farinelli, 212.
Faubourg St Germain (Paris), 505.
Fénelon, Archbishop François de Salignac de La Mothe: DH's memoranda on his *Traité de l'existence... de Dieu*, 79-80; DH meets his disciple, 80, 93; Chevalier Ramsay writes life of, 93.
Ferguson, Prof. Adam: DH's successor as Keeper of Advocate's Library, 254; probable concurrence of DH in his appointment, 254-5; career of, 255; proposes name for Poker Club, 284-5; writes *Proceedings in the Case of Margaret*, 285; DH writes to him about

Poker Club, 285; at Moderate caucus, 346; in possible rehearsal of Douglas, 358; his *Morality of Stage-Plays*, 362; named in Carlyle *Libel*, 363; as sponsor of Sheridan's lectures, 373; tutor to sons of Lord Bute, 392; proposed for Edinburgh U. professorship, 392; Professor of Moral Philosophy at Edinburgh U., 542; his *Essay on the History of Civil Society* disapproved by DH, 542-3: entertains Franklin, 573; in DH's will, 591; urges John Home (poet) to attend DH in last illness, 593; *551, 555n, 594.

Ferguson, James: *see* Pitfour, James Ferguson, Lord.

Fergusson, Robert: his *Auld Reekie* quoted, 242; as poet of vernacular, 375; *388, 419.

Flanders, campaign in: Expedition to Brittany as diversionary action to, 193-4.

Flaxman, Rev. Roger: his review of *History* quoted, 226-7.

La Flèche (France), 74, 99, 100, 104, 112.

Fleming, Rev. Caleb: *Three Questions Resolved*, 331-2.

Fleming, R. (printer), 140.

Fleming, Kincaid, and Donaldson (printers), 352.

Fontainebleau (France), 442, 448, 490.

Forbes, Maj. Alexander, 202-3.

Forbes, Rear-Admr.John, 216, 217.

Forbes, Sir William: *Account of the Life...of James Beattie* quoted, 374, 579; with DH in Town Council lawsuit, 565; *285.

Forrester, Col. James, 60, 164.

"The 'Forty-five": *see* Jacobite Rebellion of 1745.

Foulis Bros. (publishers), 381, 401.

Fountainhall, Lord: Journals quoted, 21, 26n, 100-1.

Fowke, Brig.-Gen., 184, 185.

Fox, Henry: see Holland, Henry Fox, Lord.

"Foxey" (DH's Pomeranian), 568, 571.

France: DH learns French, 63-4; non fluent because Scottish accent, 98, 443, 447; first visit of DH to (1734-7), 92-105; DH in Paris, 93-6, in Rheims, 25, 96-9, in La Fleche, 99-104; description of his apartment in Yvandeau, 100; he considers retiring to in 1746, 187, in 1755, 344, in 1757, 390, in 1763, 421-3; second visit of DH to with expedition to Brittany (*q.v.*) (1746), 194-7; third visit to with St Clair's Embassy (1748), 218; his literary reputation in, 225, 231; translations of his works in, 227, 229; reviews of his works in, 227, 228; his prestige in Paris, 423-4; fourth visit to, as Secretary to Ambassador (1763-6), 434, 441-506; his reception in, 441-5; his popularity aided by being a Scot, 446; his intellectual loneliness there, 487; his popularity as asset to Embassy, 489-90; life in Hotel de Brancas with Hertfords described, 490-1; removal to Hotel Beaupreau, and later to Hotel du Parc royal, 504; leasing of house in Faubourg St Germain, and another in Quartier Palais-royal, 505; his reluctance to return to, 553, 554; *368, 375, 511, 513.

DH's comments on: on France and the French, 98-9, 102; on its theatre, 108; on children of Dauphin, 442; on his reception by French, 444-5; on *salonnières*, 446-7, 450 (see also Boufflers, Comtesse de); on *philosophes*, 475-80; on revolutionary forces in, 498; on preference for Paris over London, 504; on Anglo-French relations, 539.

Franklin, Benjamin: acknowledges DH's letter as Secretary of Philosophical Society, 258; sends him paper on lightning-rod, 258, 394; in London as Deputy Postmaster-General for the Colonies, 394; relations with DH, 394-5; visits DH in Edinburgh, 571-2; entertained at dinner by DH, 573; his letter of thanks acknowledged by DH, 573; attacked in London by Wedderburn, 573; *503, 554.

Fraser, Dr. James, 236, 237-8.

Frederick, Prince of Wales, 107, 146.

Frederick the Great, King of Prussia: Andrew Mitchell ambassador to, 392; approves Keith's welcoming of Rousseau, 429; Rousseau refuses pension from, 509, 513, 516; for alleged letter from, *see* Geoffrin, Mme; Rousseau, Jean-Jacques, *and* Walpole, Horace; *328, 447, 477.

Freebairn, Mrs (DH's landlady), 241.

Freedom of press, 325, 354.

Freedom of speech, 354, 448.

French Academy, 423, 477; of Painting, 482; of Sciences, 476-7.

French comedy, 211.

French East-India Company, 194, 197.

French Enlightenment: *see* philosophes.

French Revolution, foreshadowings of, 498, 554.

Fulham: proposed as residence for Rousseau, 519.

Gaelic: Scots *literati* of eighteenth century totally unacquainted with, 375; mid-century revival of, discussed, 375; Gaelic Bible ignored by most Scots of eighteenth century, 375; *500; *see also* Macpherson, James, and Ossianic controversy.

Galbraith, Agnes: accuses DH of being father of her child, 81; case heard by Chirnside Presbytery, 82; tried for fornication again, 82; reaction of Ninewells family to affair, 83.

Galbraith, John, 82.

Galiani, Abbé Ferdinand, 480.

Galloway, Earl of, 246.
Gardenstone, Lord, 46.
Gardner, Rev. John, 543.
Garrick, David: refuses to produce John Home's Agis, 357; DH's opinion of quoted, 357; says *Douglas* unsuited to theatre, 357; damned in Scots broadside, 359; after success of *Douglas* cordial to Home, but still refuses London production, 364-5; introduces DH to Burke, 394; friend of DH in Paris, 500; tries to conceal John Home at performance of *FatalDiscovery*, 550; exhibits Rousseau to royal family, 518; *520, 546.
Garrick, Mrs David, 518.
Gay, John, quoted, 84; *440, 548.
Gay, Rev. John, 80.
Gazette and London Daily Advertiser, 491.
Gazette Littéraire, 318, 412.
Gelehrte Erlanger Zeitungen: reviews *Enquiry* (Understanding), 227.
General Assembly of Church of Scotland: *see* Church of Scotland.
genius, original: Dubos quoted on, 71.
Gentleman's Magazine, 121, 143, 199, 556.
Genuine Last Speech of David Hume, Esq. (on execution of Jacobite Hume), 181-2.
Geoffrin, Mme Marie-Thérèse Rodet: as salonnière, 449; DH has letter of introduction to, 450; quoted on his gift of a French translation of his *History*, 451; DH as habitué of her soirées, 451; his reaction to, 451; her relations with Horace Walpole, 452; detested by Mme du Deffand, 452; introduces D'Alembert to French society, 476; advises DH on leasing of Paris house, 505; King-of-Prussia letter read at her salon, 513; *480.
George II, King of England, 107, 178.
George III, King of England: as Prince of Wales gives pension to John Home (poet) for *Douglas*, 365; charmed with Robertson's *History of Scotland*, 397; accession of, 403; approves DH's work as Chargé d'affairs, 497; DH advises Rousseau to accept pension from, 516; desires to see Rousseau, 517-18; Rousseau exhibited to at the theatre, 518; embarrassed by Rousseau's refusal of pension, 525-6; reads DH's *Concise Account*, 530; awards pension to Beattie, 579; gives DH additional pension in expectation of continuation of *History*, 555; *491, 553.
Georgel, Abbe, 481.
Gerard, Prof. Alexander: *Influence of the Pastoral Office* as document in controversy over character of the clergy, 262, 396; member of "Wise Club," 273; wins Edinburgh Society prize for *Essay on Taste*, 283; DH helps in correcting it for publication, 396.
Germany: DH travels through with Gen. St Clair 210-11; his comments thereon, 210-11; translations of his works and his reputation in, 227.
Gibbon, Edward: meets DH, 230, 395; his tribute to, 230; DH congratulates on *Decline and Fall*, 230; as editor of *Mémoires littéraires*, 540; DH reads MS of "History of the Swiss Revolution," 541; his remarks to on revision of MS 556; DH writes to him on *Decline and Fall*, 589-90; visits DH in London, 594; *305, 531n, 561, 605.
Gillies, Adam (mason): sues DH for repairs to James's Court house, 563; DH's defence quoted, 564; costs recovered by, 565.
Glasgow, John, Earl of, 173.
Glasgow Presbytery: *see* Church of Scotland, Glasgow Presbytery.
Glasgow University: DH as candidate for chair of Logic at, 246-9; Reid as successor to Adam Smith as Professor of Moral Philosophy, 298-9; Smith resigns from, 400; DH's nephew educated at, 575; *38, 134, 148.
Glasgow Wild Party, 360.
Glenalvon (hero of *Douglas*): DH possibly in reading of part, 358.
Glenfarquhar, Laird of, 14.
Godinot, Jean, 96-7.
Goldsmith, Oliver, 384, 579.
Goodall, Walter ("Watty"): assistant Keeper to DH, 251; prank against him by DH, 252; clerk of Select Society, 281; opens Marian controversy with *Examination of the Letters*, 412; *413.
Gordon, Father, 498-9.
Gormay, Sieur de, 486.
Gothic: in "Essay on Chivalry," 47.
Göttingische Zeitungen von Gelehrte Sachen: reviews *Treatise*, 125-6; and three other works by DH, 227.
"Gowler," pseudonym used by DH, 238.
Graffini (schoolmaster), 544.
Grafton, Anne, Duchess of, 431.
Grafton, Augustus Henry Fitzroy, 3rd Duke of, 431, 494, 546.
Grano (tutor), 164.
Grant, Captain James, 191, 193, 209, 217.
Graveyard School of Poetry, 276.
Gray, Sir James, 546.
Gray, Thomas: quoted on Edinburgh, 241; *Elegy*, 253; Beattie quoted to, 578; his opinion of DH quoted, 585.
"Great Infidel": soubriquet of DH, 588.
Gregory, Prof. David: introduces Newtonianism at Edinburgh

U., 43.
Gregory, Prof. James (the Elder), 43.
Gregory, Prof. James (the Younger), 39, 43.
Gregory, Prof. John, 273, 580, 581.
Greig, J.Y.T., 437n.
Grenville, George, 395, 492, 493.
Gresset, Jean-Baptiste Louis; at La Fleche, 101; resigns from Society of Jesus, 102; possible meeting with DH in 1735, 102; collected works ordered for Advocates' library by DH, 102.
Griffith, Prof. R. H.: as owner of Crossley copies of Warburton letters, 323n, 551n.
Griffith, Ralph, 226.
Grimm, Friedrich Melchior: quoted on Mme Geoffrin, 451; no favourite of DH, 478; DH's *Political Discouses* in his *Correspondence littéraire*, 478; his comments on, 479; compares DH to Diderot, 479.
Groeningen University, 44.
Grose, T.H.: his study of variants of DH's "Five Dissertatins," 618.
Grotius, Hugo, *De Jure Belli ac Pacis*, 41.
Guerchy, C.-L.-F.de Regnier, Comte de, 435, 439, 445.
Guibert, Comte de, 454.
"Guidelianus": *see* Edmonstourne of Newton, James.
Guines, Duc de, 576.
Gustard, Dr John, 595.

Haddington, Thomas, 7th Earl of, 150.
Hailes, Sir David Dalrymple of Newhailes, Lord: Curator of Advocates' Library, 252; member of Select Society, 282; DH considers as author of anon. *Philosophical Essays* [Balfour], 296; wishes to bring Beattie to Edinburgh U., 580; translates DH's *Life* into Latin prose and Smith's *Letter to Strahan* into Latin verse, 621; *89, 234.
Haldane, John: his Players Scourge, 368.
Halifax, George Montagu-Dunk, 2nd Earl of, 492, 493.
Halkerton, Lord: title in Falconer family, 7.
Hamilton, Lady Elizabeth, 575.
Hamilton, Baillie Gavin: presides over Edinburgh Council meeting considering DH's candidacy, 156; takes advice of ministers on offer to Hutcheston, 157; informs Council of Hutcheson's refusal, 157; no backer of DH for Edinburgh for Edinburgh professorship, 302; letter to Strahan on prospects of publishing *History* quoted, 302-3; sets up shop in London, 304; boycotted in London booksellers he returns to Edinburgh, 304; but refuses Millar's offer to buy rights in *History*, 304; attributes failure to "Cry of Clergy," 305; DH quoted on his unbusinesslike procedures, 312; *Life* quoted on, 312; DH persuades him to accept new Millar offer, 314; DH refuses to consider him as publisher for VOL. II, 314; DH's attitude towards 316; his offer of publication on *History of Scotland* rejected, 396.
Hamilton, James George, 7th Duke of, 550-1.
Hamilton, Balfour and Neill (publishers), 295.
Hamilton of Bangour, William: "Braes of Yarrow" in *Tea-Table Miscellany*, 56; "To H[enry] H[ome] in the Assembly" quoted, 59; as Jacobite, 50, 181; "To a Gentleman going to travel" quoted, 61; permitted to read "Of Miracles," 112; his *Ode on the Battle of Gladsmuir* quoted, 178; DH's sympathy for in Rebellion, 181; his verses in DH's hand, 378.
Hanover, House of, 25, 302, 430.
Hardwicke, Philip Yorke, 2nd Earl of: may have been shown "Five Dissertations" by Warburton, 324; his alleged threat to prosecute publisher, 327, 330; *438, 499.
Harrogate: DH visits in 1763, 432.
Hawke, Adm. Edward, 209.
Hawley, Gen, Henry, 178.
Hay, Matthew, 410-11.
Hay of Drumelzier,, William, 57.
Hay of Locharret, Sir William, 8.
Hay, Thomas, 158.
Haymarket Theatre, 108.
Heineccius: his *Methodical System of Universal Law* published by Noon, 114.
Helvétius, Claude-Adrien: DH evades proposal to translate his *De l'Esprit* and to sponsor him for Royal Society, 423; as friend of DH, 475, 480; warned about London by DH, 504; touches up King-of-Prussia letter, 513; *485, 514, 544.
Helvétius, Mme, 480.
Hénault, President: admires DH, 423; receives DH, 441; permitte by Mme du Deffand to attend *salon* of Mlle de Lespinasse, 453; friend of DH, 475; congratulates DH, 493; touches up Walpole's King-of-Prussia letter, 513.
Henry VII, King of England, 302, 412.
Henry, Rev. Robert, 583, 584, 585.
Hepburn, Rev. Thomas, 582.
Herd, David, 375.
Herring, Thomas, Archbishop of Canterbury: likes *History*, 305, 309; Boswell on his invitation to DH to visit Lambeth quoted, 309.
Hertford, Francis Seymour Conway, 1st Earl of: entertained at Strawberry Hill with Mme de Boufflers, 431; first meeting with DH, 434; appointed Ambassador to

France, 434; his offer to DH of personal secretaryship, 435; possible reasons for choice, 435-6; Mme de Boufflers's possible connexion with offer, 437; DH accepts, 437-8; comment of others on, 438; his voyage to France, 439-440; his arrival in France overshadowed by that of DH, 441; DH considers asking for replacement, 443; takes DH to masquerade, 444; DH fears to embarrass by supporting Murray, 466; his great esteem for DH, 489; his character, 490; home life in the Hotel de Brancas, 490-1; his appointment of DH criticized, 491; his campaign to have DH appointed Embassy Secretary, 492; his appointment to Ireland as Lord Lieutenant, 493-4; unable to take DH as conjunct secretary, 494; his embarrassment at having to withdraw invitation to DH for social visit there, 495-6; Sterne preaches sermon before him, 501-2; urges DH to publish *Concise Account*, 527; copy given him by DH, 530; his friendship aids DH's finances, 534; resigns as Lord Lieutenant of Ireland to become Lord Chamberlain, 534; nominates DH as Under-Secretary, 534; visited by DH, 548, 549; requests pension for DH, 555; persuades DH to try for government sinecure, 574; *503, 544, 546.

Hertford, Isabella, Countess of, 435, 439, 534, 551.

Hervey, Mary Lepel, Lady, 395, 440, 450.

Hesiod, 384.

Hezekiah, Sterne's sermon on, 502.

Highflyers: *see* Church of Scotland, Evangelical Party of.

Hill, Aaron: "Written on a Window in North Britain" quoted, 389.

Hippocrates, 229.

Historical Register: its account of Abbe Paris miracles quoted, 95.

History of the Works of the Learned: fails to notice *Treatise*, 121; DH plans anonymous letter to editor of, 121; first instalment of review of *Treatise* quoted, 122-3; second instalment ends in different tone, 123; Warburton as probable reviewer, 123-4, 617-18; apochryphal anecdote of DH's reaction to review, 124; reviews *Essay* by *Treatise* refuter, 124; DH's actual knowledge of *Treatise* review, 132.

Hitch, C. (bookseller): handles London sales of *Essays*, 146.

Hobbes, Thomas, 139, 223, 577, 578.

d'Holbach, Mme: detests philosophy, 476.

d'Holbach, Paul-Henri Thiry, Baron: as probable translator of the two suppressed Hume essays, 330; friend and correspondent of DH, 475; his house on the rue Royale as meeting place of *philosophes*, 475-6; his *Système de Nature*, 478; his dinner for atheists, 483; DH regrets a *priori* character of his atheism, 486; warns DH that Rousseau is "a viper in your bosom," 513, 514, 515; warning recalled, 526; *498, 500.

Holdernesse, Marie Doublet, Countess of, 431, 460, 472.

Holdernesse, Robert Darcy, 4th Earl of, 431, 460, 472, 500.

Holland: DH in, with St Clair Embassy, 209-10.

Home (*see also* Hume): variant spellings discussed, 6; DH changes spelling of his name, 90; jokes with his cousin John Home (poet) on the subject, 276; DH's nephew changes spelling to Hume, 575; DH's last jest on the subject in codicil to his will, 599.

Home, Alexander, 1st Lord Home (1473), 8, 9.

Home, Alexander (founder of Dunglass), 8.

Home, Alexander, 9th Earl of, 575, 591.

Home, Sir Andrew, witnesses baptism of DH, 6.

Home, Charles (1677), 11.

Home, Countess of (1677), 11-12.

Home, Dr Francis; Edinburgh physician in DH's last illness, 590.

Home, Rev. John (poet): volunteer in '45, 184; ordained minister at Athelstaneford, 276; his poetical ambitions, 276; disputes with DH the spelling of their surname, 276; and on wines, 276; jests at DH at Poker Club, 285; DH's remarks to him on Whiggish opposition to *History*, 309-10; as author of *Douglas*, 356; DH quote on it, 357; his *Agis* rejected by Garrick, 357; *Douglas* supported by Select Society, 357; possible rehearsal of it by DH and friends, 358; DH listed in broadside as sole ticket-seller to it, 358; great success of performance, 359-60; attacked by Evangelicals, 360; *Libel* drawn against, 360; DH adds fuel tote flames by dedication of *Four Dissertations* to author of *Douglas*, 360; dedication quoted, 361; pamphlet war over *Douglas*, 362-4; preaches farewell sermon, 365; taken as protégé by Lord Bute, 365; attack against by Maclaurin quoted, 366-7; repercussions in France, 368; becomes "the late Rev. Mr John Home," 368; DH's patronage of, 378; praised by Denina, 388; Secretary to Lord Bute, 392; discusses with Macpherson problems of Gaelic, 414; DH writes to on Rousseau's behalf, 428; his *Douglas* as subject of critique by Mme de Boufflers, 461, 463; confused with DH by a Frenchman, 503; his *Fatal Discovery* performed in face of anti-Scottish feeling, 550; original title *Rivine* from Ossianic poem, 550; resists appointment of Beattie to Edinburgh U., 550; joins DH on road to London, 593-4; their merriment on journey, 594-5; with DH on return to Scotland, 596; DH writes to him on last parting from Edmonstoune,

599; left port in codicil to DH's will on condition of signing as "Hume," 599; *235, 246, 274, 387, 492, 548, 585.

Home, Sir John (1636), 10.

Home, Sir John: as "tutor" of Joseph Home estate, 26.

Home, William (1683), 12.

Home, Rev. William: in audience of rehearsal of *Douglas*, 358.

Home of Ayton, Jean (1677), 11, 12.

Home of Billie, Ninian, 23, 146.

Home of Blackadder, Sir John: witnesses DH's baptism, 6.

Home of Blackadder, Margaret: see Hume of Ninewells, Margaret of Blackader.

Home of Broahaugh, Rev. Abraham (cousin of DH), 33.

Home of Broahaugh, Re. George (uncle of DH), 33, 53, 81, 82.

Home of Eccles, Alexander (DH's counsin), 181, 233.

Home of Godscroft, David (1607), 9.

Home of Home, Sir Alexander (1424), 8.

Home of Home, Jean (1424), 8.

Home of Kames, Henry: *see* Kames, Henry Home, Lord.

Home of Kames, Lady, 147.

Home of Kennetsidehead, Alexander (1682), 33.

Home of Kimmerghame, Sir Andrew: as "tutor" of Joseph Home estate, 26.

Home of Kimmerghame, George (1677), 11.

Home of Linthill, Alexander (1677), 11.

Home of Linthill, William: as "tutor" of Joseph Home estate, 26.

Home of Ninewells: see Hume of Joseph Home estate, 26.

Home of Plendergast, Col. John (1677), 11.

Home of Polwarth, Sir Patrick (1677), 11.

Home of Tynninghame, Thomas (c. 1491), 7, 8.

Home of Wedderburn, George (1661), 11.

Home of Wedderburn, George: sued by Joseph Home, 23, 25; as Jacobites, 32.

Homer: Iliad, 183; *Batrachomyonachia*, 183; Wilkie compared to, 384, 385; Iliad translated by Macpherson, 417; *409, 584.

"Homer of Scotland": *see* Macpherson, James.

"Honest David," soubriquet of DH, 159.

"Honest David Home," soubriquet of DH, 421.

Hopetoun, John, 2nd Earl of, 172, 283.

l'Hôpital, Marquis de (Governor of Lorient), 196, 197.

Horace, 374, 439, 541.

Horne, Rev. George, 621.

Hôtel de Beaupréau: residence of DH in Paris, 504.

Hôtel de Brancas: official residence of British Embassy in Paris, 490; DH's life there with Hertfords described,

490-1; Sterne preaches in its chapel, 501-2; DH removes from, 504.

Hôtel de Grimberg: first residence of Lord Hertford in Paris, 490.

Hôtel du Parc royal: residence of DH in Paris, 504.

Hôtel de Saint-Simon: Rousseau quartered in, by Prince de Conti, 511; DH visits, 515.

House of Commons, 552.

House of Lords, 491, 565.

Huet, 161.

Hume, David ("son to Clerk Home of Edinburgh"): in Mackie's history class of Edinburgh U., 45.

Hume, David (1711-76):

(1) Childhood and family relations: baptismal record, 6, 23; geneaological antecedents, 7, 10, 616; boyhood sports, 22; patrimony, 25; early reading, 30-1; early education at Ninewells, 31-2; early religious beliefs, 33-4; family ties binding throughout life, 574; see also Hume of Ninewells, *especially* John (brother), Joseph (father), Katherine (mother), Katherine (sister).

(2) Physical characteristics: his appearance at eighteen, 66; self-description, 89; description of appearance, 204; description of by Charlemont, 213-14; Ramsay's portrait of, 1754, described, 280; Ramsay's portrait of, 1766, 281; Rousseau quoted on latter portrait, 537; Diderot quoted on his bulk, 477; description of appearance by Marchant quoted, 572; Boswell's description of, in last illness, quoted, 597; his reveries noticed by Norvell, 370-1; D'Alembert on his vacant stare, 477; his vacant stare produces emotional outburst of Rousseau, 512, 522, 529.

(3) Health: "Disease of the Learned," 67-8; his skepticism concerning physicians, 69; advice to nephew on overstudy, 69; ill health (1729-33), 69-70; lowness of spirits, 70; reads Dubos's advice on genius and health, 71-2; decides on more active life, 72; composes letter to physician, 83; letter quoted, 85; considered as form of catharsis, 86-7; susceptibility to seasickness, 88, 207, 209, 517, 561; illness in Italy, 217; has "violent stomach," 548; gradual decline after 1772, 589; treated by Edinburgh physicians, 590; consultation with Sir John Pringle in London, 594; diagnosis of tumour by John Hunter at Bath, 595; death at St David Street, 25 August 1776, 603.

(4) Career: financially unable to be small laird, 52; potential choices, 52-3; early study of law, 53-5; later knowledge of law, 62, 183, 563-5; rejection of political career, 62; abandonment of legal study, 65; decides to become merchant, 88; enters employment of William

Miller, 88; quarrels with Miller, 90; leaves employment, 90; embarrassed by lack of career, 110; considers being tutor or professor, 134, 150; later receipts from *Essays* enable him to become professional man of letters, 146; considers tutorships, 150; candidate for Edinburgh U. professorship, 150; delayin resignation of incumbent works against him, 154-6; opposed as sceptic, 156-7; Edinburgh ministers except Wallace oppose him, 158-60; Hume, David (contd.)

in resignation of incumbent works against him, 154-6; opposed as sceptic, 156-7; Edinburgh ministers except Wallace oppose him, 158-60; substitute professor elected in lieu of DH, 161; DH becomes tutor to the "mad" Marquess of Annandale, 162; overlapping of this employment with attempt at Edinburgh U. professorship, 163, 164, 172; goes to London to meet charge, 163-4; terms of his agreement with quoted, 164; their early relations, 165; difficulties with family adviser Vincent, 165-70; relation severed, 170; claims for salary due, 170-2; humiliated by past failures to find suitable post, 187-8; becomes secretary to Gen. St Clair, 188; created Judge-Advocate, 191-2; considers various possibilities, 205, 206; becomes aide-de-camp to St Clair, 208; friends attempt to secure his appointment to Glasgow U., 246-8; his independence of patrons, 247, 404; opinion of clergy prevails against him, 248-9; appointed Keeper of Advocates' Library, 249-50; his satisfaction expressed, 249; his resignation as, quoted, 254; speculations as to his motivation, 254-5; his letter refusing Lord Shelburne's patronage quoted, 404-5; opportunity offered to go to France in dignified capacity, 421-2; his statement of Lord Hertford's invitation quoted, 434; offer made of private secretaryship, 435; possible influence on his selection, 435-6; offer accepted, 437; the voyage to France, 439-40; appointed Embassy Secretary, 493; Lord Hertford unable to take him to Ireland as conjunct Secretary, 494; refuses honorary post as Keeper of the Black Rod, 494; left as Chargé d'affaires in Paris, 496-503; nominated by Hertford as Under-Secretary of State, 534; his career as such, 534, 537-56; *see also* DH (11), (12), (13), (14), (22).

(5) Finances: at Rheims, 25; Paris too expensive for, 96; always able to recoup finances at Ninewells, 146; receipts from Essays enabled to become professional man of letters, 146; as tutor employed at £300 annually, 163-4; Vincent attempts to reduce by half, 168; DH willing to accept £200, 169; claim against estate for unpaid balance, 170-2; total earnings as tutor, 187; St Clair makes him Judge-Advocate to ensure half-pay, 191; struggle to collect, 204; negotiations for half-pay resumed, 206-7; attains independent fortune in 1749, 220; "not only independent but opulent" (1763), 225; his management of finances in 1751, 241; refuses to give "veils," 245; History assured financial wellbeing, 302; investor in stocks, 409-10; Life quoted on his independence of means, 410; Hertford obtains pension of £200 for life for him, 438; Embassy Secretaryship carries salary of £1, 200, 493; King grants £400 pension for life, 494; refuses honorarium as Irish Keeper of the Black Rod, 494; earnings as Under-Secretary estimated, 538; new pension of £200 granted, 555; his late affluence shared with his family, 574.

(6) Travels: see Austria, Bath, Bristol, Compiegne, La Fleche, Fontainebleau, France, Germany, Harrogate, Holland, Ireland, L'Isle Adam, Italy, Knaresborough, London, Portsmouth, Plymouth, Rheims, Sardinia.

(7) And Scotland: his Scottish accent, 89, 370-1, 433; his accent influences Charlemont's appraisal, 214; DH on "land of Bibles," 234; his literary reputation in, 227, 229-30; DH quoted on its literature, 370, 383, 384; his patronage of its English-writing authors, 376; DH disgusted by anti-Scottish feeling in England, 402-3; 433, 552-6, *passim*; DH as Scot acceptable to French, 446; DH's patronage of the Church of Scotland, 539-40; *see also* Aberdeen, Edinburgh, Glasgow, Ninewells, Scotticisms.

(8) Education: matriculates at Edinburgh U., 39; his comments on undergraduate career, 40; his study of Greek, 41-2; of logic and metaphysics, 42; of natural philosophy, 42-3; of mathematics, 43; of "Pneumatics," 43-4; influenced by "New Science," 42-4; and by Rankenian Club, 48-9; writes "Essay on Chivalry," 46-7; departure from University, 49; his standing as student, 50; "recovered" his Greek, 140; intensified historical studies, 140.

(9) Reading: early reading, 30-1; reading materials in period of legal study, 52, 62; his comments on his choices, 63; in pre-*Treatise* period, 78-80; during first French visit, 102; early reading of *Esprit des Lois*, 218; Advocates' Library as source of, 251; his reluctance to give it up, 252; in British Museum for *History*, 395; on French Embassy trip, 439; in last years, 589, 597.

(10) Religion; early beliefs, 33-4; loss of beliefs, 51, 64; quoted on, 148-9; his statement at time of mother's death quoted, 174; his friends decide he is a Christian,

174, 570; not so, 174; his alleged conversion to Roman Catholicism, 218; his opinion of clergy as objects of ridicule, 219, 234-6; his character of the clergy in footnote to "Of National Characters," 234, 260; anecdote of his reception by pious lady, 245; anecdote of his avoidance of Bible, 246; Wallace's unpublished refutation of his character of the clergy, 260; quoted, 261, 262; published refutations of same, 262; friendships with liberal clergy, 274; irreligion charged against *History*, 305; preface to VOL. II quoted on "proper office of religion," 306; and on various sects, 307; *Dialogues* and "Natural History of Religion" important contributions to philosophy and psychology of religion, 319; consults Elliot concerning, 319-20; DH not provoked to become Scottish Voltaire, 355; shocked by dogmatic atheism of *philosophes*, 485, 486; difference in his position and Rousseau's, 523; as patron of Church of Scotland, 539-40; Boswell's version of his last remarks on quoted, 597-8; *see also* Church of Scotland *and* DH (22).

(11) As political theorist: quoted on political impartiality, 139; his "character of Walpole," 143-4; as "revolution Whig," 179-80; opinion of Jacobite Rebellion, 177, 179-80; on "Political Whigs" and "Religious Whigs," 186; on policies of "Broad Bottomed" Ministry, 190-1; on expedition to Brittany, 198-9; on St Clair, 199; on Jacobitism, 236-8; as critic of economic theory, 270-1; his *History* accused of being Jacobite, 310; of being Tory, 310, 311; DH's comments on , in *Life*, quoted, 311; quoted on "touchstones of party men," 413.

(12) As historian: Mackie's history courses at Edinburgh U., 4405; DH's "Essay on Chivalry," 46-7; "Of the Study of History," in *Essays*, 141; advertisement to Treatise intimates intention to turn to history, 175; first attempt at writing history during Annandale period, 175; *Account of Stewart* is historical narrative at its best, 183; expedition to Brittany valuable experience for, 202, 204; DH quoted to that effect, 208; *Tudors* progressing well in 1757, 390; future course of *History* undecided, 390; DH quoted on reception of *Tudors*, 398; signs contract for *Early History*, 402; DH disgruntled at its being branded Jacobite, 403; considers writing on reigns of William III, Anne, and George I, 420; rumours of his intent to write "Ecclesiastical History," 420.

(13) As philosopher: in early years, 51; early statement of intentions, 63; his statement on successive stages of composition of *Treatise*, 73; projection 73-4; planning, 74; compostition, 74; his debt to Newtonians, 74; his differences with, 75; philosophical skepticism, 75; debt to "sentimentalists," 76; debt to ancients 78; debt to five modern philosophers, 78-80; influence of John Gay's as-sociationism on, 80; anticipates argument in "Of Miracles" in discussion with Jesuit at La Fleche, 101; quoted on differences with Hutcheson on Brittany valuable to, 203, 204; tenets applied in realm of religion in Dialogues and "Natural History of Religion," 319; considered as bigoted by *philosophes*, 485, 486; *see also* DH (22), (23), (24), (25).

(14) As man of letters: importance of style, 3, 63; as causing quarrel with Miller, 90; concern over style of *Treatise*, 119; criticism of Leechman's style, 148; failure of *Treatise* due to "manner," 140; letter to Reid on quoted, 298.

DH's early passion for literature, 49-51; *Enquiry (Understanding)* represents new plane of philosophical expression, 175; little leisure for literary work, 175; Boswell on his literary success, 223; popularity of later works, 223-4; controversies aided sales, 225; Continental reception, 225, 227-8; compared to Montesquieu, 229; recognized by Montesquieu, 229; success accompanied by frustrations, 230-1; as editor of *Essays and Observations*, 258; preface quoted, 257-8; literary reputation in Scotland, 229-30; as a critic, 376; as no poet, 378.

(15) Conviviality and wit: family background for, 28; dinners in honour of Stewart's wine, 83; in Army, 203; plays whist, 203, 402, 546; his "infantine" wit, 233, 277, 549; as literary wit, 234-9; as host in Edinburgh, 245-6; 560-1; arguments with John Home (poet) over wine, 276, 599.

(16) Friendships (principal): *see* Abercromby, Alembert, Armstrong, Boufflers, Carlyle, Clephane, Cockburn, Conway, Crawford, Diderot, Edmonstoune, Elliot, Erskine, Ferguson, Geoffrin, Hertford, Holbach, John Home (poet), Jardine, Kames, Keith, Lespinasse, Henry Mackenzie, Meinieres, Millar, Montigny, Mure, Orde, Oswald, Allen Ramsay (Younger), Michael Ramsay, Robertson, Smith, St Clair, Strahan, Andrew Stuart, Wedderburn; *see also* DH (17).

(17) Relations with women: youthful thoughts on love, 47-8; as sexually normal, 83; favourite of ladies in Ninewells neighbourhood, 147; known to London Bluestockings, 395; Mme d'Epinay quoted on his adulation by women of Paris, 444; relations with

the *salonnières*, 448-55; as "darling of the pretty women," 508; as a man of warm passions, 567; his pleasure in "the company of Modest women," 567-8; calls women the "weak, pious sex," 570; *see also* Boufflers, D[uvernan?], Galbraith, Ord.

(18) Controversies: his refusal to reply to refutations, 225, 286, 581-2; successive disappointments and frustrations from, 230-1; quoted on ethics of controversy, 259, 295-6; for controversies with specific individuals, *see* Beattie, De Belloy, Campbell, Gillies, Hurd, Kames, Murray, Reid, Rousseau, John Stewart, Gilbert Stuart, Vincent, Wallace, Warburton; for controversies on specific subjects, *see* Advocates' Library, DH (22) "Of National Characters," John Home (poet) (*Douglas*), "Conspiracy of the Booksellers," Church of Scotland (General Assemblies of), Marian controversy (*see* Mary, Queen of Scots), Miracles, Ossianic controversy (*see also* Macpherson, James), St Andrew Square (*see* Edinburgh).

(19) Estimates of his character: by the French, 4; by his mother, 66; by Chevalier Ramsay, 94; by Mackenzie, 103-4; by Vincent, 166; by Charlemont, 213-14, 446; by Boswell, 223, 585-6, 587-8; by Le Blanc, 228-9; by Gibbon, 230; by Ramsay of Ochtertyre, 230; by Carlyle, 244-5; by Kenneth Mackenzie, 266; by Amyat, 272; by Denina, 389; by Dempster, 391; by Johnson, 393-4; by Horace Walpole, 445; by Selwyn, 446; by Stuart of Torrance, 446-7; by Cockburn, 447; by Mme du Deffand, 452, 453, 454; by Grimm, 479; by Voltaire, 487; by Rousseau, 507-32 *passim*; by Chastellux, 531, 566; by sons of Mure, 44-5; by Erskine, 566; by Lady Elliot-Murray, 566; by Ann Murray Keith, 568; "Character of — written by himself," as possible self-portrait, 569; by his clerical friends, 584; by Thomas Gray, 585; by Adam Smith, 604; his self appraisal in *Life* quoted, 607-8.

(20) Soubriquets and pseudonyms of: "*le bon David*," 4, 318, 529; "Defender of the Faith" (Keith), 429; "English Tacitus," 224; "Great Infidel" (Boswell), 588; "Honest David" (anon.), 159; "Honest David Home" (Alexander Carlyle), 421; "my St David" (Voltaire), 487; "St David," 367; "Scotland's St David," 566; "The Sleeping Philosopher" (Forbes), 217; "Socrates of Edinburgh" (Dempster), 391; "Gowler," pseudonym used by DH, 238; "Zerobabel MacGilehrist," as pseudonym in *Bellmen*'s *Petition*, 235.

(21) Miscellaneous comments of: on Cicero, 54; on modern lawyers, 55; on Boyle and Newton, 75; on Maria Theresa, 211; onobesity, 233-4; on Ancient-Modern controversy, 264; on ideas of decline and progress, 264; on Select Society, 282; on Poker Club, 285; on the "feast of reason," 274; on George Anderson, 340-1; on Scotland as residence, 354; on *Douglas*, 357; on Garrick, 357; on Shakespeare, 377, 547; on Milton, 378; on Blacklock, 379, 380, 381, 382; on the *Epigoniad*, 385; on *History of Scotland*, 396, 397, 398; on *Theory of Moral Sentiments*, 399-400; on Kames, 411; on Macpherson, 415, 416-17; on Johnson's strictures against Macpherson, 418, 419; on Charles II, 499; on *Tristram Shandy*, 503; on languages, 541; on Ferguson's *Essay*, 542; on the teaching of Latin, 544; on the immortality of the soul, 545; on Douglas Cause, 551; on American Colonies, 553-4; on *Essay on Truth*, 581; on finances, 534; on *Gibbon*'s *Decline and Fall*, 589; on *Wealth of Nations*, 598; on old age, 588.

(22) Works published by him:

Abstract of a late Philosophical Performance, Abstract of a Book lately Published: see Abstract of Treatise.

Abstract of Treatise: planned as letter to *History of the Works of the Learned*, 121; published anonymously in pamphlet form, 124-5; different titles of, 125; attributed to "Mr. Thurnbull," 125; summary of, 126-9; reviewers of Treatise fail to use, 131; Hutcheson advises sending to Irish publisher, 136-7; *74, 77, 138.

Account of Stewart: written for Stewart's defence, 182; published after acquittal, 183; Stewart reciprocates with wine, 183; as historical narrative, 183; summarized, 183-5; contains definition of "Political Whigs" and "Religious Whigs," 186; *208, 236.

Bellmen's Petition: as part of controversy on clerical issue, 235; quoted, 236; DH's letter on quoted, 239; *278.

"Character of Walpole": in Essays, 143; widely reprinted, 143; its timeliness, 143-4; DH's comment on in 2nd edn. of*Essays*, quoted, 144; as footnote in later edn., 144; omitted from 1770 edn., 144; DH publishes answers to queries on, 144; quoted, 145.

Concise Account: in London for completion of, 533; public reaction to, 535; *see Exposé succincl*.

"Defence of Gen. St Clair against Voltaire" in *Monthly Review* (April 1756), quoted, 201.

Dialogues: DH asks help on arguments in, 64, 319-20; first draft of made at Ninewells, 233; creative skepticism in, 319; published 1779, 319; Cleanthes, a theist [Butler] and Philo, a sceptic [DH], as protagonists, 319; DH threatens to dedicate to Blair, 320; Blair and Elliott dissuade from publication during lifetime,

320; DH's will requests Smith to publish, 592; codicil leaves to Strahan with reversionary right in nephew, 592-3; letter to Smith on quoted, 602-3; Smith's reply quoted, 603; Smith's refusal to print, 605; published by nephew, 606; final revision of quoted, 607.

Enquiry (Morals): as new version of *Treatise*, BK. III, 224; review of quoted, 225-6; review of, 227; copy ordered sent to Wallace, 264; which Wallace welcomes, 265; DH's final correction of quoted as his epitaph, 608; *233.

Enquiry (Understanding): first called *Philosophical Essays concerning Human Understanding*, 174; constitutes reworking of *Treatise*, BK. I, 174; as work of art, 175; quoted on philosophical skepticism, 175; Kames advises against publishing, 207; published 1748, 207; includes "Of Miracles" (q.v.), 207-8, 232; neglected in 1749, 223; announced, 224; 3rd edn., of, 224; reviewed on Continent, 227; copy sent to Montesquieu, 229; *Life* on, 232; DH as reader for Millar helps bring out first refutation of, 232; his humorous comment on 2nd edn. of, quoted, 233; proposed attack on by Warburton, 289-90; his slur at, 290; quoted on history, 301; its limitations on argument from design, 333; *76, 259.

Essays and Treatise: last edn. of contains only public acknowledgment by DH of *Treatise*, 224, 582; published in four volumes (1753-6), 224; in joke of Poker Club, 285; Boswell's disgust at finding on William Adam's shelves, 393; DH revising until his death, 589.

Essays: originated in exchange of papers with Kames, 139; VOL. I published by Kincaid (1741), 140; favourably received, 141; VOL.II published (1742), 141; DH quoted as satisfied with its reception, 141; "Second Edition Corrected" (1742), 141; "frivolous essays" listed, 141; later withdrawn, 141; DH's financial benefits from volumes, 146; Annandale tutorship owing to Marquess's interest in, 164; worked on at Weldehall, 174; written during Rebellion, 178-80; 3rd edn. of, prepared at Ninewells, 208; announced as work of DH, 224; Montesquieu attracted to DH by, 229; DH presents copy to Duke of Argyll, 247; controversy over "Of National Characters" (q.v.), 260-2; "Of Protestant Succession" withheld from,, 269; Rutherford on, as example of DH's fine writing, 291; *259.

Exposé succincl: published anon.; with preface of D'Alembert, 530; *seeConcise Account*.

Four Dissertations: published in 1757, 224; review of quoted, 227; German translation of, 227; "Of the Passions" therein as reworking of *Treatise*, BK. II, 321; included in suppressed "Five Dissertations" (q.v. under DH [24]), 322; proposed by DH to Millar, 321; its contents altered, 322-5; published (1757), 325; dedicated to "Rev. Mr. Hume, author of *Douglas*," 327; reviews of, 331; dedication of, discussed in letter of DH to Le Blanc, 278-9; its extravagance rebuked, 379; for individual essays in: *see* under separate titles in this entry.

History of England: relation of an appendix to "Essay on Chivalry," 47; quoted on Boyle and Newton, 75; on Bristol, 90; publication of, VOL. I in 1754, 224; castigated in *Monthly Review*, 226; 2nd edn. (1763), 224; DH taking notes for, in 1749, 232; written in Canongate house, 244; need of Advocates' Library in preparation of, 252; "philosophical," 301; appears in six vols. (1754-62), 302; order of composition, 302; proposed offer of Hamilton for publication of VOL. I, 302-3; actual terms of contract, 303; advertised in London, 304; *Life* quoted on initial failure of, 304-5; moderate sales of, in Scotland, 305; passages against religion in, 305-6; DH's preface to VOL. II quoted on same, 306-7; attack in work by John Brown quoted, 308; received by others of the "godly," 309; considered Tory in politics, 310; DH quoted on in *Life*, 311; the "conspiracy of the booksellers" (q.v.) against, 312-15; Smollett's history compared with, 315; appraisal of DH's work, 316; quotation from, 316-17; as product of Enlightenment, 318; not noticed by *Edinburgh Review*, 338; as "History of English Literature," 378; FrenchTranslation of sent Mme Geoffrin by DH, 450; her comment on, 451; English set sent Mlle de Lespinasse, 454-5; admired by Grimm, 479; criticized by de Belloy, 481; DH proposes corrections in character of Charles II, 499; correcting new edn in 1769, 556; revising until end of life, 589; remarks to Boswell on revisions of, 598; inscribes copy to Mrs Mure, 601; *9, 186, 227, 231, 271, 321, 442; Stuarts, debacle of, 230; 2nd vol. of sent to press, 254; unnoticed by *Edinburgh Review*, 338; translated by Abbé Prévost, 423; DH sends copy to Mme Dupré de St Maur, 424; quoted by Mme de Boufflers, 425; and praised, 425-6. *Tudors*: two vols. published 1759, 314; carries conclusion that Mary Queen of Scots (q.v.) implicated in murder of Darnley, 413; DH threatened by Alexander Murray with further controversy over Marian issue, 467; Early History: published 1762, 314; contract with Millar for, 401; upon completion, DH

730

relieved of pressure of composition, 420; Mme de Boufflers acknowledges receipt of, 427.

"Idea of a Perfect Commonwealth," in *Political Discourses*, 269.

Letter from a Gentleman to his friend in Edinburgh, advertised 21 May 1745, 160.

"Letter to the Authors of the Critical Review, " on *Epigoniad*, quoted, 385-6, 410.

Life: quoted, 163, 187, 202, 208-9, 218, 219, 223, 224, 225, 231, 241, 251, 286, 304, 311, 312, 398, 410, 434, 534, 576; makes no mention of Rousseau, 532; written three days before consultation with Pringle, 591; as in part manifesto, 591; DH desires it to be prefixed to posthumous edn. of works, 592; agrees to Smith's making additions to, 603; published by Smith in 1777, 604; accompanying letter quoted, 604; provoked attacks on DH, 605; his self-appraisal in quoted, 607-8; *569.

"Natural History of Religion": as philosophy and psychology of religion, 319; as part of suppressed "Five Dissertations," 321, 322; with minor revisions published in Four Dissertations, 325; Warburton's attack on quoted, 326-7; 331; other answer to, 331-2; as work of scholarship, 333; religion treated as arational, 333; quoted on polytheism and monotheism, 333-4; on argument from design, 334; on skepticism, 335.

"Of Avarice," 141, 331.

"Of the Balance of Power," in *Political Discourses*, 269.

"Of Commerce," in *Political Discourses*, 269, 270-1.

"Of Eloquency" quoted, 55.

"Of Essay Writing," 141; quoted, 142.

"Of Impudence and Modesty," 140, 331.

"Of the Liberty of the Press," used as preface to *Scots Magazine*, 227, 341.

"Of Love and Marriage," 141, 331.

"Of the Middle Station of Life," 141.

"Of Miracles": its ideas discussed with Jesuit, 101; quoted, 101; inclusion in Treatise, 110-11; exercised from *Treatise*, 112; with approval of Kames, 112; DH on this "castration," 112; importance of decision, 113; included in *Philosophical Essays [Enquiry (Understanding)]*, 207-8; reviewers' comment on quoted, 227; DH helps bring out refutation of, 286; related to following section of *Philosophical Essays* "Of the Particular Consequences of Natural Religion," 286; its argument against proof of miracles quoted, 287, 288; DH rejects Kames's advice on suppression in 1748, 411; its argument applied to evidence in Ossianic controversy, 418; *232, 319; *see also Treatise*, miracles.

"Of Moral Prejudices," 141.

"Of Morals": *see Treatise*, BK. III.

"Of National Characters": substituted for "Of the Protestant Succession" in *Essays*, 180; its footnote on character of the clergy draws fire, 234; read by Wallace, who refutes it in "Letter from a Moderate Freethinker," 260; quoted, 261, 262; never published, 262; published refutations of, 262.

"Of the Origin of Government," as expression of DH's political theory, 553.

"Of a Particular Providence and a Future State" (originally called "Of the Particular Consequences of Natural Religion"): as related to previous section of *Enquiry (Understanding)*, "Of Miracles" (*q.v.*), 286; quoted, 288-9; *see also* miracles.

"Of the Passions": *see Treatise*, BK. II.

"Of the Populousness of Antient Nations": read by Wallace in MS, 262; compared with his *Dissertation on the Numbers of Mankind*, 262-3; as part of Ancient-Modern controversy, 263-4; incidental discussion of slavery therein, 264; DH asks Wallace's permission for prefatory note, 264; his letter quoted, 264; Wallace's reply quoted, 265; Continental repercussions of, 268; as only one of *Political Discourses*, 268.

"Of the Protestant Succession": temporarily suppressed in 1748, 180, 269; published in *Political Discourses*, 180, 269.

"Of Some Remarkable Customs," in *Political Discourses*, 269.

"Of the Standard of Taste": written to fill gap in *Four Dissertations*, 325; published in 1757, 325.

"Of the Study of History," 141.

"Of Tragedy": proposed as part of original "Four Dissertations," 321; included in suppressed "Five Dissertations," 322; appears in *Four Dissertations* in 1757, 325.

"Of the Understanding": *see Treatise*, BK. I.

Philosophical Essays concerning Human Understanding: early name of *Enquiry (Understanding)* (*q.v.*).

Political Discourses: published 1752, 224; reached 3rd edn., 224; review of, 225; review quoted, 226; most popular work of DH abroad, 227-8; translations of, 227-8; Montesquieu attempts to get translated, 229; five political essays therein discussed, 262-9; seven economic essays discussed, 269; "Of Commerce" quoted, 269-70; Adam Smith reads paper on, 273; contains six page list of Scotticisms, 373; appears in

731

Correspondance littéraire, 477; *232.
"The Sceptic" quoted, 142-3.
Treatise: composition of projected in college, 40; where and when composed, 74; subtitle given, 74; not read by Chevalier Ramsay, 95; major portion of composed at La Fleche, 99; description of DH's apartment quoted from, 100; its argument against proof of miracles discussed with Jesuit, 101; substantially completed in 1737, 104; DH's doubts before publication, 110-11; his desire to submit it to Butler, 111-12; deletion of section "Of Miracles" (*q.v.*), 112; terms of publication with Noon, 114-15; BKS. I and II published anon., 115; BK. III published anon., 115; DH's melancholy mood reflected in passage quoted, 115-16; dispelled by curative powers of nature, 116; "dead-born," 117; DH awaits reviews of, 118; Kames's reading of, 119; his later comment upon, 119; DH asks Desmaizeaux for opinion on, 119; author's name revealed, 120; Continental reviews of, 120-1; English review of, 121-4, 125; summarized by DH, 124-5 (*see also Abstract*); DH's reaction to reviews 132-3; recollections of observers on reception of, 133; BK. III quoted on sympathy,, 136; DH's hopes for 2nd edn. of BKS. I and II, 136; for "pirated" Irish edn.of, 137; Hutcheson recommends Longman as publisher of BK. III, 137-8; who publishes it, 138; BK III includes appendix explanatory of BKS. I and II, 138; BK. III gets single review, 138; quoted, 138-9; 1st edn.of *Treatise* unsold in 1756, 139; re-advertised after publication of *Stuarts*, 139n; not dead, 153; DH publishes defence of in *Letter from a Gentleman*, 160; ultimately publicly disowned by DH, 162; its difficulties of style, 175; advertisement to intimates DH's intention of turning to history, 175; acknowledgement of authorship in *Life* and last edn. of *Essays* and *Treatise*, 224; *Enquiry (Morals)* as new version of BK. III, 224; referred to by Stewart in controversy, 258-9; not included in increased sales of 1750s, 290; Warburton never connects DH with, 290; attracts attention during miracles controversy, 294; Kames's *Essays* as refutation of, 294; Reid's *Inquiry* as first thorough consideration of, 297; DH's correspondence with Reid on quoted, 298, 299; not understood until Kant, 300; quoted, 301; "Of the Passions," as re-working of BK. II, 321; mathematical essay of proposal "Four Dissertations" probable re-working of BK. I, PT. II, 321; suppression of "Five Dissertations" causes re-advertisement of, 328; note in Blacklock's poem identifying DH as author of, cut from London edn., 382; *90, 224, 227, 230, 251. Notices and reviews: notice in *Bibliothèque raisonnée*, 119-20; Desmaizeaux probable reviewer, 120; notice quoted, 120; first notice, Neuen Zeitungen, quoted, 120; notice *Bibliothèque britannique* quoted, 121; *History of the Works of the Learned* fails to notice, 121; eventual hostile review therein quoted, 121, 122, 123; Warburton probable author of this review, 123-4; apochryphal story of DH's reaction to it, 124; *Göttingische Zeitungen* review quoted, 125, 126; effects of reviews on public opinion of *Treatise*, 124; Bibliotheque britanique reviewer attributes to "Mr. Thurnbull," 125; *Bibliothèque raisonnée* reviews in two instalments, 129; first covers only BK. I, 129; quoted, 129, 130; *Nouvellebibliothèque* reviews, 131; first formal refutation of *Treatise*, 131; DH's reaction to reviews, 131`, 132-3.

Three Essays: as 3rd vol. of *Essays* (*q.v.*).

(23) Works, published, unauthorised:

Essays on Suicide, and the Immortality of the Soul (1783), 331.

"Letter from David Hume, Esq., to the Author of the Delineation of the Nature and Obligation of Morality": quoted, 295-6; to James Balfour, 296; publication of, 296n.

"Of the Immortality of the Soul," in 1770, 1777 and 1783, 330, 331.

"Of Suicide," in 1770, 1777 and 1783, 330, 331.

Two Essays (1777), 331, 606.

(24) Works, printed but left unpublished:

"Five Dissertations": suppressed, 230, 322, 365; printed by Miller, 322; included "Of Suicide" and "Of the Immortality of the Soul," 322, 323; DH quoted on suppression of, 322-3; unbound copy of proof sheets once in Advocates' Library, 322; Allan Ramsay's version of its history, 323; Warburton's version of quoted, 323; substantiated by Rose's comment, quoted, 324; discussion of conflicting evidence, 324-5; sheets of suppressed essays put into circulation by Millar, 328; Hume-Millar correspondence regarding quoted, 329; copies of, with DH's final instructions to Strahan bound with *Four Dissertations* in NLS, 239-30; in *Douglas* controversy, 367.

(25) Works, published but still unlocated:

"Gowler" skit against William Pitt, 238; George Murray quoted on, 238.

(26) Works, MS, located:

"Descent on the Coast of Brittany": provoked by Voltaire, 199-200; quoted, 200; DH stops work on, 202.

"Draft of a Preface to volume of D. Hume's History," quoted, 307, 308.

"Early Memoranda," quoted, 42, 68, 71, 74, 76, 78, 79, 80.

"Historical Essay on Chivalry and modern Honour": fair copy of extant, 46; quoted, 47-8; relation to appendix to *History*, 47; compared with DH's attitudes towards Mme de Boufflers, 466; *50.

"Journal": written as Secretary to Gen. St Clair, 189, quoted, 189-90, 211, 196.

"Of the Poems of Ossian": quoted, 419; suppressed out of consideration for Blair, 419-20.

"Petition of the Patients of Westminster": as part of hoax directed against James Fraser, 237; quoted, 237-8.

"Will": provisions discussed, 591; disposition of MS in codicil, 592; 2nd codicil to, 599.

(27) Works, MS, unlocated:

"Some considerations previous to Geometry & Natural Philosophy": proposed for "Four Dissertations," 321; DH writes to Strahan that Lord Stanhope found defect in, 321-2; never set in type and no MSlocated, 321-2.Suppositious essay on adultery: mentioned in literature of Douglas controversy, 327; DH's enigmatic remark on, 328.

(28) Works, projected:

Continuation of *History*, expected in King's giving of new pension, 555.

"Ecclesiastical History": encouraged by *philosophes*, 484-5; Millar told by DH of abandonment of, 485.

"Short lives in the manner of Plutarch," 398.

"Supplement to *Gulliver*," 234.

Hume, Ebenezer (*pseud.*): attempts to publish verses on "Natural Religion" allegedly by DH, 621-2; identity unknown, 622.

"Mr. Hume, M.P. for Southwark," 193.

Hume-Campbell, Alexander, London M.P. in 1737, 106.

Hume-Home variant spellings, in Edinburgh U. Matriculation Book, 39-40.

Hume of the Brumhouse, Thomas, 7.

Hume of Hutton Bell, Robert, 7.

Hume of Marchmont, Lady Jane, 147.

Hume of Ninewells, family of: warlike, 8-10; early antecedents, 8; Home-Falconer ménage, 4-15; life under Joseph, 16-19; education of sons, 31-32; as Presbyterians, 32; as Whigs, 32; dominate Chirnside Kirk, 32; their religious outlook, 33; younger sons enter trade, 53; as men of law, 53; reaction to Galbraith *affaire*, 83.

Agnes (née Caree); marries John Home, 240; desires Katherine and David to stay on at Ninewells, 241.

Agnes (née Nisbet), 2nd wife of John (grandfather of DH), 13-14.

Agnes (niece), in DH's will, 591.

Andrew (1539), 8, 9.

Andrew (1607), 9.

David (1585), 9.

David (1605), 9.

David (1628), 10.

David (1711-76): *see* Hume, David (1711-76).

Baron David (nephew of DH): Professor of Scots Law at Edinburgh U., 54; his *Lectures* quoted, 54; advice of DH to, 69; changes name to "Hume," 574-5; educated by DH, 574-5; in DH's will, 591; as literary executor of *Dialogues*, publisher of them, 606.

George (1st Hume of Ninewells), 7, 8.

George (1638), natural son of David (1628), 10.

George (DH's uncle by marriage), Rev: Minister of Chirnside (1704-41), 33; hears Agnes Galbraith's accusation against DH, 81; assigns custody of child to man of Galbraith family, 82.

Helen (née Belsches), wife of David (1628), 10.

Helen (1685, aunt of DH), 13.

John (1585), 9.

John (1605), 9.

John (great-grandfather of DH), 10.

John (grandfather of DH): kidnapping by, 11-12; present at murder, 12; political and religious convictions of, 12; military career, 13; life at Ninewells under, 15; death of, 15; marries Mary Norvell Falconer, 27; *25.

John (1692), 14.

John (brother of DH): retains "Home" spelling, 6; shares boyhood sports of DH, 22; succeeds as laird of Ninewells, 27; rebuilds Ninewells after fire, 28, 146; intellectual characteristics of, 32; estimate of Boswell on, 32; at Edinburgh U., 46; lends standing to DH in Galbraith *affaire*, 83; loses suit to Ninian Home, 146; recipient of running letter from DH during expedition to Brittany, 209; this "Journal of our Travels" quoted, 209, 210, 211, 212, 213; marries Agnes Carre, 240; marriage reported by DH, 240; becomes Home of Fairney-castle, 575; visits DH frequently, 575; heir and executor of will of DH, 591.

John (nephew), in will of DH, 591, 592.

Joseph (father of DH): education of, 15-16, 38; denies charge of fornication, 17; at University of Utrecht, 19; marries Katherine Falconer, 19; dies, 19, 26; suits against Johnston of Hilton, and others, 23, 25; his financial standing, 23-5; as Revolutionary Whig, 25;

DH's tribute to, 26; *6, 8, 11, 13.
Joseph (nephew of DH): purchased Cornetcy by DH, 574; introduced to Mme de Boufflers by DH, 574; in DH's will, 591.
Katherine (aunt of DH), 13.
Katherine (mother of DH): financial provision for, 15; marries Joseph, 19; estate left by husband, 23-4; DH's tribute to, 26; family connexions of, 26-7; mention of death by DH, 27; manages Ninewells, 27-8; sincere religion of, 33; her estimate of DH, 66; probable reaction to Galbraith *affaire*, 83; DH refuses to leave when ill, 173; but is absent at her death, 173; date of death incorrectly given, 173; DH's grief at her death, 174; *6.
Katherine (sister of DH): living at Ninewells with John prior to 1751, 240; plans to move to Edinburgh with DH, 241; contributes to joint finances, 241; in James's Court establishment, 409, 533; in St Andrew Square establishment, 571; her illness distresses DH, 574; bequeathed James's Court house by DH, 591; *8, 19.
Katherine (niece of DH), in his will, 591.
Margaret of Blackadder, marries John (great-grandfather of DH), 10.
Margaret (aunt of DH), 13, 23.
Mary (Falconer, née Norvell; maternal grandmother of DH), 14-15, 27.
Mary (aunt of DH), 13, 23.
Michael (uncle of DH), 14, 23-4.
Nicholl (1607), 9.

Hunter, Dr John, 595, 601.
Hunter, Dr William, 495.
Huntington, Courtess of, 596.
Hurd, Rev. Richard: letter of Warburton to, quoted on proposed attack on DH, 289-90; "Postscript" to *Moral and Political Dialogues* quoted, 302; writes introduction to Warburton's *Remarks*, 326; DH characterizes as flatterer of Warburton, 326.
Hutcheson, Prof. Francis: known to Rankenians, 49; challenge Clarke's rationalism, 58, 64; DH writes to on ancient authors, 64-5; DH's quoted on, in *Philosophical Essay*, 76; publishes anonymously, 113; compared to DH in theory of moral sentiments, 120, 139; makes no comment on *Treatise*, 133; Professor of Moral Philosophy at Glasgow U., 134; meets DH, 136; sent "Of Morals" for criticism, 134; DH's letter replying to criticism quoted, 135; estimate of, as teacher and friend, 136; relation to DH as evidence of principle of sympathy, 136; consulted by DH on publication problems, 136; recommends Irish publisher, 136-7; as friend of Leechman, 148; publishes *Philosophiae moralis institutiocompendiaria*, 149; DH writes to him, differing on moral sense, 149; DH writes to him on reputation of philosophers, 153; opposes DH's Edinburgh U. candidacy, 157; his *System of Moral Philosophy* praised by *Edinburgh Review*, 339; *79, 161, 337.
Hutchinsonians, as opposed to Newtonians, 339.
Hutton (Berwickshire), burial ground of certain Humes, 7.

L'Ile Saint Pierre (Switzerland), 509, 510.
Inquiry into the Grounds and Nature of the several species of Ratiocination [anon.], 296, 297.
Inveraray, 575.
Ireland: not bound by Copyright Act in 1741, 137; expedition to Brittany returns to, 200; DH in, 205, 206; DH as *persona non grata* in, 495-6; invitation to visit Lord Hertford is withdrawn, 495; letter quoted, 495.
Irvine, Peggy: her tyranny as DH's housekeeper, 244-5; with DH and Katherine in James's Court, 409; DH instructs her in French cookery, 560; protests over naming of St David Street, 566; as housekeeper in St Andrew Square, 571; in DH's will, 591.
Islay, Earl of: *see* Argyll, 3rd Duke of.
L'Isle Adam (estate of Prince de Conti), 441, 461, 469, 474.
Italian opera, 184, 211.
Italy: DH in (1748), 212-18; his literary reputation in, 228-9; his friendship with Robertson celebrated in, 398; his proposed trip to, with d'Alembert and Mlle de Lespinasse, 505; his idea of settling there with Mme de Boufflers, 505.

Jack's Land: *see* Edinburgh, Canongate.
"Jacky Presbytery," character of John Home (poet) in *Philosopher's Opera*, 367.
Jacobite Rebellion of 1715, 32, 145, 429; *see also* Jacobitism, Jacobites.
Jacobite Rebellion of 1745: story of, 177-9; DH's reactions to, 177, 179-180; DH on in *Three Essays*, 179-80; *Account of Stewart* as document of, 182-6; interrupts Philosophical Society meetings, 257, 262; obscures reception of Blacklock's poems, 380; *176, 276; *see also* Jacobitism, Jacobites.
Jacobitism, Jacobites: Joseph Home as opposed to, 25; Humes of Ninewells as opposed to, 32; George Home of Wedderburn as supporter of, 32; Oxford as hotbed of, 93; Kames abjures, 180; DH unsympathetic to, 180, 186; as subject for DH's wit, 236-8; Goodall

as sympathetic to, 251; decline of in 1752, 269; Elibank as lifelong supporter of, 278; discussions of banned by Select Society, 282; favoured by Kames in early life, 294; and allegedly by DH, after publication of *History*, 309, 310; Queen Mary's innocence as touchstone for, 413; Alexander Murray as, 466.

James, Mr. 546.

James, VII and II, King of Scotland and England, 499.

James's Court: *see* Edinburgh.

Jansenists, 419, 476.

Jardine, Rev. John: as friendly antagonist of DH, 246; described, 277; his raillery of DH, 277; his politics and death, 277; accused by DH of anon. Poker Club pamphlet, 285; as one of founders of *Edinburgh Review*, 338; as reviewer for, 338; at meetings in Carriers' Inn, 346; as sponsor of Sheridan's English lectures, 373; on DH as Irish bishop, 494; *274, 483.

Jenkinson, Charles, quoted on duties of Under-Secretaries, 539.

Jenyns, Soame, 399.

Jesuit College (La Flèche, France): educated Descartes, 99; description of, by Balfour, quoted, 99-100; DH's relations with, 101; Père J.-B.-Louis Gresset of, 101-2; DH's reading in library of, 100, 102.

Jesuit College (Orléans, France): Lord Fountainhall's experience in, 100-1.

Johnson, Samuel: "Life of Addison" quoted, 41; quoted on Arbuthnot, 84; quoted on Edinburgh, 243; supports Gaelic Bible, 375; quoted on DH, 393; unconvinced in Ossianic controversy, 417; his *Journey to Western Islands* expected to attack Macpherson, 417; his letter to Macpherson quoted, 417; Boswell's report of DH's agreement with quoted, 418; contrast between DH's position and his, 418-19; his *Journey* quoted, 418; description of visit by Mme de Boufflers quoted, 432; at dinner at Royal Chaplain's with DH, 438; approves *Essay on Truth*, 579; unable to understand character of DH, 585; résumé of his various contacts with DH, 586; his abuse of DH too strong for Boswell, 587; considers that DH lied, 606; *4, 50, 578.

Johnston of Hilton (c. 1710), 23.

Johnston of Hilton, Joseph (1683), 11, 12, 13.

Johnstone, Major, 164.

Johnstone, George ("Governor Johnstone"), 416.

Johnstone, Sir Patrick, as "tutor" of Joseph Home estate, 26.

Johnstone, Sir William (Sir William Pulteney), 373, 424, 551.

Johnstone of Westerhall, Sir James: as adviser to Annandales meets DH, 164; cordial letter of DH to quoted, 165; complained to by DH, 166, 167, 168; letter of DH to quoted, 168; appealed to for unpaid salary, 170; letter of Kames to, on behalf of DH, quoted, 170-2; places claim of DH before lawyer, 172; DH's letter to quoted, 172-3; DH's letters to during Rebellion marked by caution, 179; DH's letter to, on his daughter's imprisonment, quoted, 180-1; DH to on St Clair Secretaryship, 188; wants DH to return as tutor, 206; *46.

Joly, Abbe, 481.

Jonson, Ben, 56, 108.

Journal Britannique, 395.

Journey through part of England and Scotland (anon.) quoted, 242.

Junius (*pseud.*), "Letters of Junius," 552, 553.

"Jupiter," soubriquet of Alexander Carlyle, 275.

Kames, Henry Home, Lord: career mentioned, 19; education at home, 31; DH writes to him discussing Cicero, 54-5; summary of career, 57-9; *Remarkable Decisions of the Court of Session*, 57;*Essays upon several subjects in Law*, 57; his Aristotelianism in face of "New Science," 57-8; friendship with DH, 58-9; as mentor to young law students, 59-60; poem of Hamilton of Bangour on quoted, 59; as centre of convivial group, 61; influences DH to drop legal studies, 62; directs his attention to problem of causation, 62; challenges Clarke's rationalism, 64; letter from DH to, 109-10; requests abridgment of *Treatise*, 110; his visit to Butler, 111; gives DH letter of introduction to Butler, 111; informed by DH of excision of "Of Miracles" from *Treatise*, 112; and approves, 112; letter from DH to quoted, 113; DH writes to him regarding publication of *Treatise*, 117-18; his reading of *Treatise*, 119; exchanges papers with DH intended for periodical publication, 139; as progressive farmer, 146; letter of DH to, on Wishart attack, quoted, 159; prints for DH *letter from a Gentleman*, 160; letter of DH to, on withdrawal of his candidacy, quoted, 161; connected with Johnstones of Annandale, 163; correspondence with DH and others on Annandale tutorship quoted, 165-72, *passim*; DH writes to him on his mother's death, 173; is called "best friend" by DH, 174; retires to Merse during Rebellion, 180; composes *Essays upon Several Subjects*, 180; DH's comment on this work, 180; correspondence with DH on expedition to Brittany quoted, 190-1; advises against publishing "Of Miracles," 207-8; DH writes to him on diplomatic secretaryship, 208; shares literary honours with DH, 230; as patron of Adam

Smith, 248; as original member of Philosophical Society, 257; as its president, 258; as anti-Newtonian in "Of the Laws of Motion," 258; attacked by Stewart, 258; DH disagrees with his philosophical position, 259; DH acts as peacemaker in Stewart controversy, 260; becomes Lord Kames (1752), 278; Lord of Justiciary (1762), 278; as patron of arts, 279; writes first full-length refutation of *Treatise* in anon. *Essays on the Principles of Morality and Natural Religion*, 294; its spirit if not its reasoning appeals to DH, 295; its author accused of being poor Christian, 295; linked with DH's writings, 336; Witherspoon links two Humes with Moderates in *Ecclesiastical Characteristics*, 336; quoted, 336, 337; Anderson's attack upon under pseud. of "Sopho," 340, 341; other attacks, 341-2; campaign against in 1756, 343-4; as member of Moderate caucus at Carrier's Inn, 346; complaint against publishers of *Essays*, 352; re-examines his philosophical tenets, and in later edns. Retrenches and recants, 352-3; with Blair publishes *Objections...Examined*, 353; lined with David and John in *Douglas* affair, 356; offers suggestions for revisions of play, 357; takes part in possible rehearsal, 358; abused in *Douglas* Highflyer pamphlet, 366; sponsors Sheridan's lectures, 373; tones down DH's Shakespearian criticism, 377; his character as "Scottish Voltaire" reflected by portrait, 409; loss of intimacy with DH, 410; practical joke of DH against, 411; DH's estimate of, 411; refutes DH in *Essay*, 411; DH's relations to his later publications, 411; provokes Voltaire, 412; his later relations with DH, 412; Ramsay of Ochtertyre, on his relations with his other *élèves*, quoted, 412; DH attempts to get Voltaire's criticism of his *Elements of Criticism* suppressed, 488; on good terms with DH, 570; Franklin visits, 572, 573; attacked by *Edinburgh Magazine & Review*, 583; *143, 147, 167, 187, 274, 308, 371, 501, 617.

Kant, Immanuel, 5, 300, 581.
Keill, Prof. John: *Introduction to Physics*, 58.
Keith, Mrs Ann Murray, 568, 573, 601.
Keith, George, 10th Earl Marischal; as Governor of Neuchâtel gives Rousseau refuge, 429, 507; his previous relations with DH 429; his proposal of ménage à trois with Rousseau quoted, 429; returns to Keith Hall, 430; meets DH in London, 438-9; quoted on DH's reputation, 439; advice to DH on French ladies quoted, 443; quoted on D'Alembart, 477; laughs at DH's narrownesse, 485; agrees to Rousseau's going to England with DH, 510; and his accepting pension, 522; embarrassed by his refusal of pension, 525-6; opposes publication of *Concise Account*, 529; *318, 489, 509.

Keith, Robert ("Ambassador Keith"): 46, 560, 568, 598.
Keith, Col. Robert Murray, 500.
Keith Hall (near Aberdeen), 429.
Kellie, Thomas Alexander, 6th Earl of, 561.
Kenrick, Dr. William, 124.
Kincaid, Alexander, publishes *Essays*, 140, 326.
King, Rev. William, 80, 618.
"King of Scotland, the": *see* Argyll, Duke of.
King-of-Prussia letter: *see* Rousseau, Jean-Jacques, and Walpole, Horace.
"King's Friends," 553.
Kinloch, Sir David, 246.
Kintore, Earl of, as later title in Falconer family, 26.
Kirk, Chirnside: *see* Chirnside Kirk.
Kirk, Scottish: *see* Church of Scotland.
Knapton, J. and P. (booksellers), handle London sales of *Essays*, 146.
Knaresborough, DH visits in 1763, 432.
Knox, John, 400.

La Fontaine, Jean de: DH quotes verses from, 98; his *Contes* ordered by DH as librarian, 252; his defence of, 253.
Labour: quotation from "Of Commerce" on, 270.
Lalande, Joseph-Jérôme de, 322.
Lauder, Archibald, 17-18.
Lauraguais, Comte de, 504.
Law, Rev. Edmund, 80.
Law, Prof. William, 39, 43-4, 47.
Lawnmarket: *see* Edinburgh.
Le Blanc, Abbé Jean-Bernard: quoted on French reception of *Political Discourses*, 228; compares DH to Montesquieu, 229; Montesquieu writes to him on documents of population controversy, 267; DH writes to him on refutation of works, 286; admirer of DH, 423; 480; suggests sending *Stuarts* to Mme Dupré de St Maur, 424.
Leechman, Prof. William: Professor of Divinity at Glasgow U., 148; known to DH, 148; charged with heresy and acquitted, 148; his "On the Nature, Reasonableness, and Advantages of Prayer" attracts attention, 148; DH's comments on quoted, 148-9; warns students against DH, 149; opposes DH's Edinburgh U. candidacy, 248; *150.
Leibnitz, 122, 337, 570, 578.
Leigh, Mr, and the Select Society, 373.
Leland, Rev. John, 291.

Lennox, Lord George Henry, 494, 503.
Lennox, Lady Sarah, 435, 503.
Leo X, Pope, age of, 398.
Lepel, Molly: *see* Lady Hervey.
Leslie, Col. Alexander, 449.
Lespinasse, Julie de: as salonnière, 449; her break with Mme du Deffand, 452-3; DH's relations with, 454, 455; as acquaintance of Mme de Boufflers, 458; proposed trip to Italy with d'Alembert and DH, 505; *476.
Lestock, Admr. Richard: naval commander of expedition to Brittany (*q.v.*), 190-8; ordered to strike his flag, 199; dies, 199.
Letter to the Reverend the Moderator [anon.], 366.
Le Vasseur, Thérèse: accompanies Rousseau to Paris as his mistress, 511; as obstacle to settling Rousseau in England, 519; her *affaire* with James Boswell en route to England, 519-20; included in dinner invitation of Gen. Conway, 520-1; her part in promoting break between DH and Rousseau, 528.
Leyden, University of, 38, 44, 138, 460.
Licensing Act of 1737, 108, 359.
Lindesay, Prof. Hercules, 247, 248.
Lindsay, Lady Anne, 65, 378, 568-9, 570.
Liston, Robert: his description of DH in Hertford's family at Paris quoted, 490-1; description of departure of DH and Rousseau from Paris quoted, 515-16; recommended by DH as English Professor for Parma, 543; his brilliant diplomatic career, 544.
Literary Society of Glasgow, 273.
Locke, John: subject for Rankenian discussion, 49; DH's loss of religious belief after reading, 51, 64, 597; *Essay concerning Human Understanding* read by Kames, 58; chapter on "Power" "crucified" him, 58, 294; DH's debt to, 74; his *Essay* published anon., 113; as no sceptic, 299; his blind man compared to Blacklock, 380; *97, 161, 486, 577; *see also* "New Science."
Lockhart, Alexander, 250.
London: DH's first visit to, in 1734, 83; as his residence during pre-*Treatise* period (1737-9), 106-10; Scottish infiltration of, 106; its "great world," 106; its court circle, 107; its theatres and pleasure resorts, 107-10; intermittent visits of DH to during winter of 1745-6, 163-87, *passim*; DH in as Secretary to St Clair (1746), 188-9; 206; his literary reputation in, 229-30, 231; DH visits in 1749, 232; never quite at ease in, 240; as his residence during publication of *Tudors* (1758-9), 390-401; DH disgusted by its anti-Scottish feeling, 552-6, *passim*, 402-3, 433; DH visits for publication of *Early History* (1761), 402-6; visits in 1763, 423, 437; quoted on his treatment in, 469; quoted on difficulties of life in, 504; unattractive to DH in 1766, 534; as residence of DH during Under-Secretaryship (1767-9), 534-6; DH consults Sir John Pringle in (1776), 590, 594.
London Chronicle, 331, 491.
London Evening Post, 328, 491.
London Magazine, 143.
London Review, 124.
Longinus, *On the Sublime*, 42, 51, 62, 148.
Longman, Thomas: publishes *Treatise*, BK. III, 115; *328.
Lorient: *see* Brittany, expedition to.
Louis XIV, King of France, 443.
Louis XV, King of France: mistress of, 442; decadent age of, 448; *458, 477, 494.
Lowland pronunciation: *see* Scottish tongue.
Lucian: DH, on occasion of Smith's last visit continues his *Dialogues of the Dead*, 600-1.
Lucretius, 598.
Luxembourg, Maréchal de, 460.
Luxembourg, Maréchale, de, 458, 527.
Luxury, 270, 423.
Luze, Jean-Jacques de, 513, 516, 519.
Lyttelton, George, 1st Baron, 357, 374, 399, 400, 528.
Lyttelton, Thomas, 2nd Baron ("the bad Lord Lyttelton"), 548.

Macartney, George, 1st Earl of, 438.
Macaulay, Mrs Catherine, 310, 355.
MacCodrum, John, 419.
MacDonald, Major, 193.
MacDonald, Alexander, poet, 375, 419.
MacDonald, Flora, 179.
MacDonald, John (footman), 546.
MacDonald of Sleat, Sir James, 485, 500.
Machiavelli, 266.
McIntyre, Duncan Bàn, 375, 419.
Mackenzie, Henry: writes "The Story of La Roche," 103; gives estimate therein of DH, 103-4; as "Scottish Addison," 141; quoted on DH, 277, 388, 566, 572; *560.
Mackenzie, Prof. Kenneth, 249, 250, 265-6.
Mackie, Prof. Charles: Professor at Edinburgh U., 39; his background, 44-5; his course in history, 45; list of students, 45; member of Rankenian Club, 48; assists Wallace on *Dissertation on the Numbers of Mankind*, 265-6.
Macky, John, *Journey through Scotland* quoted, 18, 33-4, 38.
Maclaurin, Prof. Colin: taught "New Philosophy" at Edinburgh U., 43; member of Rankenian Club, 48;

escapes from Edinburgh during the 45, 178; dies, 178; member of Philosophical Society, 257.

Maclaurin, John (Lord Dreghorn), 366-367.

Macpherson, James: publishes *Fragments*, 414; *Fingal* and *Temora*, 414; DH's attitude towards; 415-16; DH directs Blair towards examining evidence for, 416; quoted, 416; *Introduction to the History of Great Britain and Ireland*, 416, 419; DH quoted on, 416-17; Johnson's repudiation of his epics quoted, 417; Boswell quoted on DH's agreement with Johnson, 418; contrast between position of DH and Johnson discussed, 418-19; DH writes "Of the Poems of Ossian," 418; not published, 420; composes welcome to Earl Marischal Keith, 439; DH writes to Blair on the subject of his Ossian, 439; *375, 548, 585.

MacQueen, Rev. Daniel: in *Letters on Mr Hume's History of Great Britain* criticizes passage on Reformation, 306; represent DH as pro-Catholic, 344; his name substituted in DH's review of Henry's *History*, 584.

"Madame Blewflower": Mme de Boufflers so named by London crowds, 431.

Madison, James, 269.

Mainz, Elector of, 539.

Malebranche, Nicholas de, 102, 104, 161, 578.

Malezieu, Nicholas de: *Eléments de Géométrie*, 102.

Mallet, David: known by DH at Edinburgh U., 108; his *Mustapha* shown in London, 109; DH friendly with in London, 392, 395, 396; *388, 438.

Mallet, Mrs David, 395, 450.

Malthus, Daniel, 520.

Malthus, Thomas Robert: *Essay on the Principle of Population*, 268; *520.

Mandeville, Bernard, 49, 74, 113, 223.

"Manifesto of the Moderate Party": *see* "Reasons of Dissent."

Mansfield, William Murray, 1st Earl of: objects to Annandale life annuity for DH, 165; may have been shown "Five Dissertations" by Warburton, 324; suggests historical subjects to Robertson, 398; DH calls him the villain in the Douglas Cause, 551; Stuart writes pamphlet against, 552; decides in favour of DH against Town Council, 565.

Manstein, Baron: DH writes "Advertisement" for his *Memoirs of Russia*, 556.

Mara, Marquis de, 454.

March, William Douglas, 3rd Earl of, 546.

Marchant, Henry, 572-3.

Marchmont, Alexander Hume, 2nd Earl of, 26.

Marchmont, Hugh Hume, 3rd Earl of, 106-7, 283, 491.

Marcus Aurelius, 44.

Maria Theresa, Empress of Austria, 209, 211, 212.

Marivaux, Pierre de, 253.

Marmontel, Jean-François, 475, 478, 480.

Martin, Benjamin, 114.

Martin, David, 410.

Mary, Queen of Scots, 396-7; 410, 412-14, 467.

Mason, William: his *Heroic Epistle* quoted, 561; his preface to *Poems of Mr Gray* quoted, 585.

Maty, Dr Matthew, 395, 530.

Maupertuis, P.-L.Moreau de, 228.

Maxwell, Sir John, 247.

Mémoires littéraires de la Grande Bretagne: edited by Gibbon and Deyverdun, 540; DH contributes to, 541.

Mercure de France, 228.

Merse (Berwickshire): described, 20-1.

Middleton, Rev. Conyers: *Free Enquiry*, 223.

Miger, S. C. (engraver), 482.

Milan, 212.

Millar, Andrew: publishes Thomson's *Seasons*, 114; DH's chief London publisher, 114, 146; handles London sales of *Essays*, 146; quoted on DH's works, 230; growing intimacy with DH, 232; DH as reader for on first refutation of "Of Miracles," 232; not original publisher of *History*, 302; his offer to buy out *History* rejected by Hamilton, 304; rebuked by DH for misuse of correspondence, 308; DH writes to him on Hamilton's management of *History*, 312; leads "Third Conger" of booksellers, 313; takes over *History*, 314; DH writes to him on Smollett's *History*, 315; DH's courteous attitude towards, 316; DH's proposal of "four dissertations" quoted, 321; advertises "Five Dissertations" (1756), 324; suppresses after threat of prosecution, 324-5; publishes *Four Dissertations* (1757), 325; circulates some copies of "Five Dissertations," 328, 329; DH's letter to, on withdrawal of dedication of *Four Dissertations*, quoted, 362; brings out 2nd edn. of *Epigoniad*, 384-5; as friend of DH, 393; helped by DH in correction of Gerard's *Essay on Taste*, 396; consults DH as to whether Robertson's *History of Scotland* competitive, 396; DH's reply quoted, 396; advances DH £1,000 for investments in 1761, 409-10; advised by DH to bring out Kames's *Elements of Criticism*, 411; recommendation accepted, 412; DH writes to him on proposed "Ecclesiastical History," 485.

Millar, Prof. John, 575.

Miller, Michael (merchant), 88, 90.

Miller, Thomas (Curator), 252.

Miller, Rev. William, 16, 32.

Milton, Andrew Fletcher, Lord, 358.

Milton, John: DH's early reading of, 30-1; his estimate of in *History*, 378; read by Blacklock, 380; Wilkie compared to, 384; Dupré de St Maur translates *Paradise Lost*, 424; *62, 123.

"Minutes of the Faculty" of Edinburgh U. quoted, 249-50.

Mirabeau, Victor Riquet, Marquis de: his *L'Ami des Hommes*, 268; *423.

Miracles; DH's interest in Abbé Pâris miracles, 95, 288, 419; Middleton's work on, 223; "Of a Particular Providence" to be read in conjunction with "Of Miracles" (*q.v.* at DH [23]), 286; Clarke definition of quoted, 287; DH's "Of Miracles" quoted against proof of, 287; refutations of DH on, 290.

Mirepoix, Maréchale de, 457-8, 461.

Mitchell, Sir Andrew: at Edinburgh U., 46; member of Rankenian Club, 48; career, 108; friend of James Thomson, 108; given copy of sheets of "Five Dissertations," 328; Ambassador to Prussia, 328, 392.

Mitchell, John, quoted, 45, 47.

Moderate Party: *see* Church of Scotland, Moderate Party of.

Moderns: *see* Ancient and Modern controversy.

Moir, Andrew, *Deist Stretched upon a Deathbed*, 343.

Monaco, Princesse de, 511.

Monboddo, James Burnet, Lord: Curator of Advocates' Library, 252; member of Select Society, 282; at rehearsal of *Douglas*, 358; attacked by *Edinburgh Magazine and Review*, 583; his *Origin of Language* treated contemptuously by DH, 598; on DH when dying, 606; *447.

Money, quotation from "Of Commerce" on, 270.

Monro, Alexander (the Elder): secretary of Philosophical Society, 257; as editor of *Medical Essays and Observations*, 257.

Monro, Alexander (the Younger): joint secretary with DH of Philosophical Society, 257; and joint editor of its *Essays and Observations*, 257; its preface quoted, 257-8.

Montagu, Mrs Elizabeth, 330, 395, 560, 580.

Montaigne, 79.

Montesquieu: DH to on Jacobite Rebellion, 181; DH and his *Esprit des Loix*, 181, 218, 229, 232; first distinguished thinker to appreciate DH, 229; comments in *Correspondance* on documents in population controversy, 267; first attracted DH to France, 423; *260, 263, 429, 498n, 578.

Monthly Review: prints notice of Voltaire's *History of War of 1741*, 200; quoted, 200-1; anon answer probably by DH quoted, 201; its "Hume number, " 225; its reviews of DH quoted, 225-6, 227; comments on religious passages in *History*, 305; review of *Four Dissertations* quoted, 332; review of *Epigoniad* quoted, 384; *121, 323, 345.

Monticelli, 211.

Montigny, Jean-Charles Trudaine de, 423, 480, 539.

Montreal (Canada): proposed invasioinof, 188-9.

Moore, Dr John, 487.

Morellet, Abbé: DH quoted to on Turgot, 486; expostulates with d'Holbach on his Rousseau characterization, 515; DH distributes prospectus of his *Dictionnaire de Commerce*, 556; *481.

Morgan, Thomas, 89, 114, 617.

Morrice, Corbyn: writes books for sake of dedications, 320.

Morton, James, 14th Earl of: member of Philosophical Society, 257; carries MS of Wallace's *Dissertation* to France, 262-3; where impounded, 263; sends copy, with DH's work on subject, to Montesquieu, 267; prospective member of Edinburgh Society, 283.

Môtier-Travers (Neuchâtel), 429.

"Mr. Genius": DH in *Philospher's Opera*, 367.

"Mrs. Sarah Presbytery, the relict of Mr. John Calvin": character in *Philosopher's Opera*, 367.

Muirhead, Mr, 329.

Mure, Lady (mother of William M.), 147.

Mure, Agnes, 138, 147.

Mure, Elizabeth, 147.

Mure, Nancy, 147.

Mure of Caldwell, Katherine (wife of William M.), 561, 568, 601.

Mure of Caldwell, William: DH writes to him on "Oharacter of Walpole," 143; elected M.P., 147; DH writes to him on heresy of Leechman, 148; letter quoted, 148-9; DH writes to on Edinburgh U. candidacy, 150; DH writes to him on same quoted, 156, 157, 158; visited by DH, 241; uses influence to secure DH Glasgow U. appointment, 247; visited by DH, 248; DH writes to him on *Four Dissertations*, 362; asks DH to supervise his sons' education, 544; guardian of Hamilton in Douglas Cause, 550; DH writes to him on Andrew Stuart, 551, 552; writes to DH, 560; DH writes to him on taking a wife, 566; death of, 590, 598; *138, 182, 274, 446, 491, 535, 575, 593.

Caldwell Papers, quoted, 446-7, 560, 562, 602.

Murray, Hon. Alexander: forwards letter to DH from Mme de Boufflers, 424-5; as exiled Jacobite in Paris, 466; seeks DH's support of pardon, 466-7; his quarrel with DH, 467; DH's comments on quoted, 467, 468;

their reconciliation, 468.
Murray, Gen. James, 238.
Murray, Rear-Admr.George, 238.
Murray, William: see Mansfield, William Murray, 1st Earl of.
Murray of Broughton (Dumfriesshire), 150.
"My St David," soubriquet of DH, 487.

Naigeon, Jacques André: attributed editorship of *Recueil Philosophique* (1770), including two suppressed DH essays, 330.
Namur, surrender of, 194.
national characters: difference of, debated at Select Society, 281.
National Library of Scotland: formerly Advocates' Library, 322; owns proof sheets of two essays suppressed from "Five Dissertations," 330.
Naylor, James, 90.
Neuchâtel: refuge of Rousseau in 1762, 507, 509, 519, 522.
Neuen Zeitungen von gelehrten Sachen: carries first notice of *Treatise*, 120; quoted in full, 120.
Neuville, M. (schoolmaster), 543.
Neuville, Mme, 543.
Neville, Richard Neville, 499.
Neville, Sylas, quoted on DH, 575, 603.
Newcastle, Thomas Pelham-Holles, 1st Duke of: undecided on invasion of Canada, 190; letter of St Clair to quoted, 192-3; orders expedition to Lorient, 193;; urges expedition to Canada, 205.
Newcastle Journal: prints review of and questions on DH's "Character of Walpole," 144.
New Grey Friars Church (Edinburgh), 583.
New Groat's Worth of Wit for a Penny [anon.], 339.
New Jersey, College of (Princeton): Witherspoon as President of, 336.
"New Philosophy": see "New Science."
"New Science": interest of Edinburgh U. professors in, 42-3; enthusiasm of Rankenian Club for, 49; college acquaintance of DH with, 51; Baxter defends against Kames, 58; DH's debt to, 74-5; Pouilly interprets, 97; professed by *philosophes*, 486.
Newton, Sir Isaac: *Principia Mathematica* taught at Edinburgh U., 43; *Opticks*, 73, 75; DH's debt to, 73-4; and differences from, 74-5; friend of Pouilly, 97; *161; see also* "New Science."
New Town: see Edinburgh.
Nicole, Pierre, 102.
Nicholson, Thomas (innkeeper), 285.
Ninewells: library of, 16, 30; description of, 20-2; condition of estate in 1713, 23-4; managed by Katherine Home,

27-8; conviviality of, 28; description of present mansion, 28; DH's comment on in 1730, 29; interior of, 29; Drummond's picture of (1846), 28; DH to, after publications of Treatise, 118, 134-9; recoups finances there, 146; John rebuilds house (1740), 146; social life there, 147; DH remains at, because of mother's health, 173; DH considers returning to, 206; literary work at, in 1747, 207-8; in 1749-51, 232; DH and Katherine leave after John's marriage (1751), 240; DH visits, 401, 402, 431, 533, 575; bequest of DH for sewer at, 592.
Ninewells Beech, 20-1, 29.
Nisbet, Agnes: see Hume of Ninewells.
Nivernais, Duc de, 484, 513, 560.
Noailles, Maréchal de, 228, 423.
Noon, John: his publication list, 114; terms of agreement with DH on publication of *Treatise*, 114-15; publishes *Treatise*, BKS. I and II, 114; agreement hampers DH on 2nd edn., 137; re-advertises *Treatise*, 328.
North, Frederick, Lord, 553.
North Briton, 421, 553.
Northcote, James, *Life of Sir Joshua Reynolds* quoted, 579.
Northern Department, Secretary of State, area of operations defined, 538.
Northumberland, Elizabeth, Duchess of, 470.
Norvell, George: as authority for anecdote on DH's conversion to Roman Catholicism, 218; on DH's broad Scotch, 371.
Norvell of Boghall, George (father of Mary Home), 27.
Nouvelle bibliothèque: notice of *Treatise* quoted, 120; reviewed in 46-page article, 131; no use made of *Abstract*, 131.
Nyneholes, Nynewells: see Ninewells.

Oakley Park (estate of Lord Bathurst), 548.
obedience, passive, treated in *Three Essays*, 180.
O'Farrel, Brig.-Gen., in siege of Lorient, 195.
Ogilvy, David, Lord, 180-1.
Ogilvy, Margaret Johnstone, Lady, 180-1.
Ollivier, Michel-Barthelemy, his painting of "Tea in the Engish fashion at the Prince de Conti's," 459.
Orange, William IV, Prince of, 210.
Ord, Nancy, 566, 567, 600.
Ord, Chief Baron Robert, 566.
Original contract: see contract, original.
Original genius: see genius, original.
d'Orléans, Louis-Philippe, Duc, 441, 482.
Osborne, Thomas (bookseller), 252.
Ossianic controversy: discussed, 414-20; *410, 500; *see also*

Macpherson, James.
Ossory, John Fitzpatrick, 2nd Earl of Upper-, 500, 513, 514, 546.
Oswald, Rev. James: his *Appeal to Common Sensein behalf of Religion*, 577.
Oswald, Rev. John (Bishop of Raphoe), 549, 570.
Oswald of Dunnikier, James: at Edinburgh U., 46; on timeliness of "Character of Walpole," 13; on reception of *Essays*, 145-6; informs DH of character of Vincent, 166; DH writes to him on army half-pay, 204; and on publication of "Of Miracles," 208; *59, 83, 182, 248, 274, 392, 400, 492, 548, 549.
Otway, Thomas, 367.
Ovid, *Metamorphoses*, 147.
Oxford University, 93, 397, 579.

Panaiotty (valet to Annandale), 167.
Paoli, Pascal ("King of Corsica"), 519-20.
Paris: *see* France.
Pâris, Abbé, miracles of: *see* miracles.
Park Place (estate of Gen. Conway), 547.
Parma, Court of, DH recommends Liston to, 543-4.
passions: Dubos, quoted on, 71; DH quoted on, 75; *Treatise* reviewer compares DH on, to Hutcheson on, 120; emphasis on in *Abstract*, 128.
Peace of Versailles (1783), 497.
Peach, John (linen draper), 89.
Pelham, Henry, 206-7.
Pemberton, Henry: *View of Sir Isaac Newton's Philosophy*, 42, 88-9.
Pentateuch, 288.
Pepperrell, Col. William, 188.
Perkins, Mrs (lodging-house keeper in London), 594.
Peterborough, Bishop of: see Terrick, Richard.
Philo (protagonist in *Dialogues*), 319, 607.
philosophes: Blair predicts would "worship" DH, 320; Helvétius as, 423; 475-88 *passim*; warn DH of Rousseau, 511; enjoy King-of-Prussia letter, 514; Rousseau considers DH in conspiracy with, 513, 514, 524; DH's continued contacts with , 543; *96, 404, 424.
Philosophical Society (Aberdeen): known as "Wise Club," 273; DH's relation to, 273; *299.
Philosophical Society (Edinburgh): DH elected joint secretary of, 230, 257; its early history, 257; *Essays and Observations* published with DH as editor, 257; later publications of, 258; becomes Royal Society of Edinburgh, 258; J. Stewart's paper read before, 259; DH's relations with Wallace in, 260, 261, 262;

restricted to science, 272; *248, 394.
Physiocrates, 486.
"Piercy" (horse), 357.
Pitfour, James Ferguston, Lord, 60, 69, 163, 182, 371.
Pitt, William, Earl of Chatham: subject of skit by DH, 238; his characterization of *History*, 310; his antagonism to DH, 310; Smollett's *History* dedicated to, 310; approves *Douglas*, 357; DH deplores nationalism under, 403; *404, 448, 553.
Plato, 229; Republic of, 368.
Pluche, Abbé Noel-Antoine, 97.
Plutarch, 357, 398.
Plymouth: expedition to Brittany delayed at, 192-3.
"Pneumatics": study of, defined, 43-4.
Poker Club (Edinburgh): restricted to politics, 272; instituted in 1762, 284; description of, 285; DH quoted on, 285; he longs for in Paris, 443.
Poker Clubs of Paris, Blair on, 320.
Polwarth, George, Master of: witnesses baptism of DH, 6.
Polytheism: discussed in quotation from "Natural History of Religion," 334.
Pompadour, Marquise de, 442, 458.
Pope, Alexander: DH's early reading of, 30; *Essay on Man* quoted, 76; as document in Deist controversy, 113; Warburton's annotation of his *Dunciad* directed at DH, 290; his *Elegy* repeated to Blacklock by DH, 379; 84, 51, 118, 440, 618.
Pope Joan (card game), 547.
"Popular" Party: *see* Church of Scotland, Evangelical Party of.
Population: French interested in DH's speculations on, 423; *see also* DH (22) "Of the Populousness of Antient Nations" *and* Wallace, Robert.
Portsmouth: expedition to Brittany delayed at, 189-93.
Pouilly, Louis-Jean *Lé*vesque de: expounder of "New Science" at Rheims, 97; possible relations with DH, 97-8; his work *Théorie des sentiments agréables* originally written to Bolingbroke, 98; ordered for Advocates' Library by DH, 102.
Praslin, C.-G.de Choiseul, Duc de, 442, 497-8.
Praslin, Duchesse de, 442.
[Pratt, S.J.]: *Supplement to the Life of David Hume, Esq.* quoted, 312-13.
Presbyteries: *see* Church of Scotland.
Prévost, Abbé Antoine-François, 423.
Price, Rev. Richard, 383, 394.
Priestley, Rev. Joseph, 581.
Princes Street (Edinburgh), 565.
Pringle, Sir John: as Edinburgh professor, 43-4, 153; DH's

later bid to become his successor, 44; member of Rankenian Club, 48; offers resignation, 153; manoeuvres delays in its acceptance, 154-6; resignation accepted too late for DH's candidacy, 156; Cleghorn elected as his successor, 161; quoted on Mme de Boufflers, 432; urges DH to come to London, 590-1; advises Bath waters, 594; DH writes to him on his "near approaching Dissolution," 602; *436, 535, 595.

Printing Conger of 1719, 313.

Prior, Matthew, 548.

Probability: DH's theory of, 126, 127, 175.

Progress, idea of: DH opposes in "Of the Populousness of Antient Nations," 264; disapproved of, by DH in Ferguson's *Essay*, 543.

Prologue to the long expected Tragedy of Douglas [anon. broadside], 359.

Protestant Succession: treated in *Three Essays*, 180.

Provence, Count de, 442.

Pulteney, Sir William: *see* Johnstone, Sir William.

Purves, Sir William: as "tutor" of Joseph Home estate, 26.

Pyrrhonism: *see* scepticism.

Quartier Palais-Royal (Paris), 505.

Quesnay, François, 486.

Quin, James 108.

Quintilian, 148.

"Rabelais of England": Sterne so called by Voltaire, 501.

Racine, Jean, 357, 461.

Ragley (Hertfordshire): estate of Lord Hertford visited by DH, 547, 548.

Rainbow Coffeehouse (London), 110.

Ralph, James: *Case of Authors*, 314.

Ramsay, Allan (the Elder): The Evergreen (ed.), 56; Gentle Shepherd, 56; Tea-Table Miscellaney (ed.), 56; as vernacular poet, 375.

Ramsay, Allan (the Younger): friend of DH, 56-7; career of, 280-1; paints portrait of DH (1754), 280; and in 1766, 281; DH writes to him on Select Society, 282; as the "A.R." of the lost copy of "Five Dissertations," 323; his note thereon quoted, 323, 329; its implications considered, 324; DH writes to him on victory in General Assembly, 343-4; characterizes affair as "farce," 353; as painter of DH and Rousseau, 357, 517; gets DH's criticism of Shakespeare toned down, 377-8; as portrait painter in London, 393; DH temporarily takes his house, 559.

Ramsay, Chevalier Andrew Michael: meets DH, 80; his *Voyages de Cyrus* and *Philosophical Principles*, 93; as religious mystic, 93-4; his appraisal of DH quoted, 94-5; disagrees with DH's philosophy, though *Treatise* unread, 95; discusses Abbé Pâris miracles with DH, 95; gives DH letters of introduction, 96; his advice to DH quoted, 98; his appraisal of DH compared with that of Mackenzie, 103-4; unavailable in Paris, 105; DH uninterested in translating his "Chinese Letters," 147.

Ramsay of Angers, Sir John, 95.

Ramsay of Mungale, Michael (the Elder): invited to Ninewells by DH, 29, 68; various estimates of, 60-1; his career and friendships, 61; letters from DH to, 62, 97, 104; companion of DH in pleasures of London, 108; DH's letters to quoted, 118, 241, 246, 295, 336; *93, 274, 501.

Michael (the Younger), 61.

Ramsay of Ochtertyre, John: quoted, 49; his estimate of DH as literary figure, 230; quoted on Edinburgh, 243; on critical triumvirate of Scotland, 278; on heresy controversy, 353; on J. Maclaurin's satires, 366; on Kames, 412.

Randolph, Lady: character in Douglas, 365.

Rankenian Club (Edinburgh U.), 48-9, 272, 617.

Raphael, 123.

Rapin-Thoyras, Paul de, 199, 318.

Rationalism: Clarke as head of school, 58; Jesuit of La Flèche as, 99; DH opposes, 127; attacks in *Abstract*, 129; in "Populousness of Antient Nations," 264; DH on philosophy of *philosophes* as, 486.

Raynal, Abbé Guillaume, 481.

Reason: *see* Rationalism.

"Reasons of Dissent from the Judgment and Resolution of the Commision," adopted by Moderates at General Assembly of 1752, 277.

Rebellion: *see* Jacobite Rebellions.

Recueil Philosophique, 330.

Reformation, Protestant, 305, 306.

"Register of the proceedings of the Curators & Keeper of the Library" quoted, 252.

Reid, Rev. Thomas: pupil of Turnbull, 114; quoted on DH, 273; his *Inquiry* first fullscale treatment of DH's philosophy, 297; DH's criticism of in MS quoted, 298; Reid's reply quoted, 299; DH's irony noted, 299.

Reimarus, Rev. Hermann Samuel, 268.

Religion of Nature: *see* Deism.

Renwick, Rev. James, 13.

Restoration drama, 108, 215.

Retz, Cardinal de, 505.

Revolution of 1688, 302, 303.

Reynolds, Sir Joshua: his painting "The Triumph of Truth," 579.
Rheims (France), 25, 74, 96-9.
Richardo, David, 271.
Richardson, Samuel, 445.
Richardson and Urquhart (publishers), 331.
Richmond, Charles Lennox, 3rd Duke of: unable to keep DH as Embassy Secretary, 493-4; unpopularity of in Paris, 503; to Southern Department as Secretary of State, 534; *435, 496, 500, 504.
Riddle's Land: see Edinburgh, Lawnmarket.
Ridpath, Rev. George: quoted on rumour of suppression of "Five Dissertations," 328; on "Natural History of Religion," 332; on Glasgow Wild Party, 360; on Douglas, 364; on dedication of Four Dissertations, 365; *254, 402.
Robarts (secretary to Pelham), 207.
Robertson, Rev. William: Principal of Edinburgh U., 37, 46; quoted, 37-8; volunteer in Rebellion, 184; quoted on DH, 233; charters Royal Society of Edinburgh, 258; leader of young Moderates, 277; summary of career, 277-8; Carlyle's estimate of quoted, 278; as historian, 278; as friend of DH, 278; founder of *Edinburgh Review*, 338; his sermon reviewed in it, 338-9; guides Moderates in 1755 General Assembly, 343; manoeuvres dropping of investigation of DH in Committee of Overtures (1756), 348, 352; in possible rehearsal of *Douglas*, 358; named in *Libel* against Carlyle, 363; Moderates saved only by his strategy, 268; assumes full authority in party, 369; ass stylist, 274; DH writes to him on *Epigoniad*, 385; as example of Scottish intellect, 386; praised by Denina, 389; letter from DH to, 392; DH advises on publication of *History of Scotland*, 396; DH reads corrected sheets and makes suggestions, 396; DH forwards reports from advance readers to, 297; correspondence quoted, 297-8; friendship of the two historians celebrated in Italy, 298; advised by DH on new subject, 298; publishes Charles V, 299; DH's comment on quoted, 399; Lyttleton quoted on, 400; "Critical Dissertation concerning the Murder of King Henry" as appendix to 2nd vol. of *History of Scotland*, 413; appointed Historiographer Royal, 421; DH writes to him on Paris friendships, 443-4; and on Scottish church, 540; arranges publication of *Charles V*, 549; Bute urges towards field of English history, 555; as friendly antagonist of DH, 570; scandalized by Beattie attack on DH, 579; praised by DH with Henry in review, 583-4; name deleted from review by Stuart, 584; rumoured absent from farewell dinner to DH, 596; *274, 387, 483, 542, 543.
Robinhood Society, 282.
Robinson, Jacob (printer), 124.
Robinson, Sir Thomas, 211.
"Roche, La" Swiss Protestant pastor in Mackenzie's "Story of La Roche," 103.
Rochette, General La, 234.
Rockingham ministry, 493.
Roebuck, Dr. John, 383-4.
Rogers, Samuel, 482.
Romanticism, implicit in theory of DH, 376.
Rond, Jean le: see d'Alembert, Jean le Rond.
"Rookery, The" (home of Malthus), 520.
Rose, Dr William: co-founder of *Monthly Review*, 226; his career and relations to DH, 226; his reviews of DH quoted, 225-6, 227, 324, 332; *305.
Ross, Colin (manservant of DH), 593.
Ross, William, 419.
Rouat (Rouet, Ruat), Prof. William, 247, 518, 535.
Rousseau, Jean-Jacques: Leechman warns students against, 149; Ramsay's portrait of, 281, 517, 537; hears *Douglas* affair, 368; Smith quoted on his publications, 387; as protégé of Mme de Boufflers, 427, 456; seeks refuge in England, 428;Mme de Boufflers's estimate of quoted, 428, 436; DH's efforts in his behalf, 428-9; at Neuchâtel with Keith, 429; who proposes ménage à trois with himself and DH, 420; letter quoted, 420; letter from Keith to, on DH, quoted, 439; protected by Prince de Conti, 458; as joint protégé of DH and Mme de Boufflers, 473-4; hesitates to go England with DH, 506-7; DH's early opinion of quoted, 507-8; his *Lettres de La Montagne* made basis of bigots' attack, 509; abortive scheme of friends to contribute funds in payment for his *Dictionnaire de Musique*, 509; DH quoted on "Profession of Faith of a Savoyard Vicar" in his Emile, 508; DH's offer of a country residence in England quoted, 509-10; his reply quoted, 510; DH's first meeting with, 511; DH's letter to Blair on impressions of, 512; Horace Walpole writes King-of-Prussia letter to, 513; quoted, 513-4; Holbach warns DH against, 514-15; his departure from Paris described, 515-16; his nightmare about DH en route, 516; DH broaches subject of pension from King of England to, 516; arrival in London, 517; exhibited to King and Queen, 518; located by DH at Chiswick, 519; his mistress characterized by DH, 519; entertained by English, 520; first outburst of, described by DH, 522; leaves for Wootton, 522; reconciled to DH, 522; their

differences on religion, 523; DH's analysis of the effect of solitude on quoted, 523; his conviction that DH conspired against him in connexion with King-of-Prussia letter, 524-5; writes to *St. James's Chronicle* accusing DH, 525; charges DH with direct lie, 526; quarrel with DH becomes international scandal 527; DH describes to Blair his "last mad letter," 528; DH's reply, 529; DH publishes *Concise Account* in self-justification, 530; documents of quarrel offered to British Museum, 530; hallucination of imprisonment at Wootton, 532; detains DH in London, 533; in Boswell's print of *Savage Man*, 535; DH quoted on is flight from Wootton, 536; DH's compassion for, 536-7; he returns to Calais, 537; his *Confessions* stops short of quarrel with DH, 537; his posthumous *Rousseau, Juge de Jean-Jacques* on the Ramsay portrait, 537; *56, 447, 477, 488, 478, 586.

Row, Regent John, 15, 38.

Rowe, Nicholas, 538.

Rowburgh, John, 3rd Duke of, 546.

Royal Society, 395, 423, 590.

Ruat, William: *see* Rouat, William.

Ruddiman, Thomas, 250.

rue Royale (Paris): Holbach's house in, as meeting place of *philosophes*, 475; exclusiveness of circle at, 482; Andrew Stuart received at, 483; frequenters of present medal to DH, 485; DH disappointed with dogmatism of circle at, 485, 486.

Rush, Benjamin, 575.

Russel, Prof. James, 383-4, 573.

Russel, Bertrand, 5.

Rutherford, Capt. John, 266.

Rutherford, Rev. Thomas, 290, 291.

St Andrew Square: *see* Edinburgh.

St Andrews University, 38.

St Clair, Lieut.-Gen. James: career of, 188; offers DH Secretaryship, 188; Commander-in-Chief of proposed invasion of Canada, 188-91; commissions DH as Judge-Advocate, 191-2; sails to Plymouth, 192; expedition diverted to Lorient, 193; besieges Lorient, 194-7; irony of his withdrawal, 197; commands in minor action, 198; shares blame for failure of mission, 199; DH writes defences of, 199-202 (see also: Brittany, expedition to, DH (22) "Descent on the Coast of Brittany"); invites DH on military embassy, 206, 208; his commission to Vienna and Turin, 209; his travels through Holland and Germany, 209-10; his negotiations in Vienna, 211-12; in Turin, 213; return to England, 218-19; "Of the Protestant Succession" might embarrass, 269; *180, 392, 298.

"St David": soubriquet of DH, 367.

St David Street: *see* Edinburgh.

St Giles Society: Select Society becomes known as, 284.

St. James's Chronicle, 525, 531, 540.

Saint-Martin de Pontoise (France): site of Prince de Conti's palace, 465, 468-9.

St Maur, Mme Dupre de, quoted, 424.

Saint-Pierre, Abbé, de, 451.

Saint-Pierre, Eustace de, in De Belloy's *Le Siège de Calais*, 481.

Sallee Rovers, 497.

Sallust, 520.

Salons of Paris, 449-55, 475.

Sandwich, John, 4th Earl of, 190, 207, 595.

Sardinia, DH in (1748), 213.

Sargent, John (linen draper), 108n.

Skepticism: in thinking of DH, 64, 75, 545; in *Abstract*, 128; objected to by reviewers, 129, 130; as basis for DH's disagreement with Hutcheson, 135; *Enquiry* quoted on, 175; in *Essays*, 227; DH in role of, in "Of a Particular Providence," 288; Rutherford accuses DH of, 291; Reid's dedication to his *Inquiry* accuses DH of, 299; DH's tenet of, not understood by *philosophes*, 485, 486.

Scot, Regent William, 39, 41.

Scotch Haggis, collection containing *Bellmen's Petition*, 235n.

Scotland: DH on as "land of Bibles," 234; Witherspoon charges DH's writings has made it "a land of players," 356; *see also* Edinburgh, DH (7), Ninewells.

"Scotland's St David," soubriquet of DH, 566.

Scots Magazine: reprints "Character of Walpole," 143; prints questions on, 144; and answers attributed to DH, 144; quoted, 145; uses "Of the Liberty of the Press" as preface, 227, 341; its "Advantages of societies formed for improvement of literature" quoted, 284; as death knell of Select Society, 284; carries announcement of *Letters on Mr. Hume's History of Great Britain*, 344; and account of debates in Committee of Overtures, 348; and of success of Douglas, 359-60; reprints DH's list of Scotticisms, 373; *38.

Scott, Sir Walter, 256, 275.

Scott of Balcomie, Gen., 546.

Scotticisms: DH aided in removing from *History*, 89, 395-6; removes from work of Wallace, 266; Select Society attempts to combat, 283-4; DH corrects Reid's *Inquiry* on this point only, 299; DH lists in *Political*

Discourses, 373; DH dies confessing not his sins but his, 606.

Scottish Enlightenment: Select Society fruitful for, 281; philosophy of Moderates part-and-parcel of, 284; manifesto of, in preface to first issue of *Edinburgh Review*, 386; *243.

Scottish tongue: Mitchell quoted on handicap of, 47; of DH, 89, 90; affecting his French, 98; provocative in London during Rebellion, 187; as handicap to Scotch-English writers, 370-89, *passim*.

"Scottish Voltaire," Kames as, 410.

Seceders; *see* Church of Scotland.

Second Printing Conger, 313.

Select Society (Edinburgh): DH as founder of, 230, 272-3; foundation meeting of, 281; topics debated, 281-2; DH quoted on, 282; its subsidiary "Edinburgh Society," 283; its disintegration in 1763, 283-4; as part of Scottish Enlightenment, 284; pique of John Maclaurin against in *Apology*, 366; and in *Philosopher's Opera*, 367; attacked by Witherspoon, 268; sponsors Sheridan's lectures on English, 371; *357, 396.

Selwyn, George Augustus, 446-7.

Senlis (France), 516.

Senlis, J.A. de B. Roquelaure, Bishop of, 481.

Sentiment: DH indebted to ancient and modern sentimentalists, 76; similarities between DH and Hutcheson on, 120, 136; Adam Smith on, 299-400; DH's quotation on benevolence as epitaph, 608.

Seven Year's War, 403, 441.

Severus, 416.

Sextus Empiricus, *Hypotyposes*, 129.

Shaftesbury, Anthony Ashley Cooper, 3rd Earl of: DH acquires copy of *Characteristics*,31; DH's debt to, 74; as sentimentalist, 76; *110, 337, 382, 617.

Shakespeare: DH's early reading of, 30; 16 plays of, shown in London (1737-9), 108; DH on corrupting influence of, 357, 547; *4, 366, 367, 578.

Sharpe of Hoddam, Matthew, 156, 157.

Shelburne, William Petty, 2nd Earl of: DH meets, 395; DH's letter to, rejecting patronage, quoted, 404-5; consults DH on diplomatic matters, 538-9; Smollett *persona non grata* to, 541-2; as political liberal, 553.

Sheridan, Richard Brinsley, 538.

Sheridan, Thomas: sends medal to John Home for *Douglas*, 365; lectures in Edinburgh on English tongue, 371, 372; his *British Education*, subtitle quoted, 372; sponsored by Select Society, 372-3; DH disapproves of his "enthusiasm," 374.

Sherlock, Bishop Thomas: may have been shown "Five Dissertations" by Warburton, 324; his alleged threat of prosecution, 324; *327, 338.

Shields, Alexander: *Life of Renwick* quoted, 13n.

Siddons, Mrs Sarah, 364.

"single Cat," "single Catechism of Anglican Church," 328n.

Sinclair: *see* St Clair.

Skelton, Rev. Philip: his *Opiomaches* as first refutation of "Of Miracles," 232; DH's part in publication of, 232; *289.

"Sleeping Philosopher, The" soubriquet of DH, 217.

Smellie, William: *Literary and Characteristical Lives*, quoted on intellectual life of Edinburgh, 272; *570.

Smibert, John, 48, 49.

Smith, Adam: approves DH's philosophy, 5; dislikes prayers at Glasgow U., 53; accepts Mackenzie's "Story of La Roche," 103; his estimate of Hutcheston, 136; as interim Professor of Logic at Glasgow U., 246; approves DH's candidacy for that post, 247-8; his previous acquaintance with DH, 248; DH writes to him on Blacklock appointment, 253; his *Wealth of Nations* as rationale of capitalism, 269; DH as anticipator of, 271; DH quoted on, 271, 598; reads "Account of some of Mr David Hume's Essays on Commerce" to Glasgow Literary Society, 273; as friend of DH, 279; as leader of Select Society, 281-2; with DH on literary committee, 283; DH writes to him on sale of *History*, 304; may have urged suppression of "Of Suicide," 323; as founder of *Edinburgh Review*, 338; his courses at Edinburgh, 371; DH's letter to on Blacklock, 380-1; on *Epigoniad*, 385; as example of Scottish intellect, 386; his "Letter to the Authors of the *Edinburgh Review*" quoted, 387; his *Theory of Moral Sentiments* published, 399; DH's letter to on it, 399-400; resigns Glasgow professorship and becomes tutor to Duke of Buccleuch, 400; DH makes suggestions for 2nd edn. of *Moral Sentiments*, 401; DH to, on Kames's *Law Tracts*, quoted, 411; on his Paris reception, 443; disagrees with *Physiocrates*, 486; DH writes to him on refusal of Irish appointment, 494; calls DH "light-headed," 503; opposes publication of *Concise Account*, 529; quoted on Bishop of Raphoe incident, 548; DH kept room for in Edinburgh, 561; DH reads his *Wealth of Nations* during last illness, 589; in DH's will, 591; demurs at publishing *Dialogues*, 592; meets DH en route to Scotland, 593; bequest to in DH's codicil, 599; his last visit with DH, 600-1; last exchange of letters regarding *Dialogues*, 602-3; letter on DH, published 1777 with Life, quoted, 604;

purpose of letter discussed, 605; *274, 320, 412, 438, 500, 581.

Smith, John (Irish publisher): DH sends printed volumes of *Treaties* and *Abstract* to, 137; uninterested in publishing, 137; publishes (1755) Dublin edn. of VOL. I of *Stuarts*, 137.

Smollett, Tobias: *Tears of Scotland* quoted, 181; *Complete History of England* dedicated to Pitt, 310; employed by Third Conger of Booksellers to write it, 315; DH to Millar quoted on it, 315; DH's attitude towards, 316; probable author of preface to DH's letter on *Epigoniad*, 386; his *Humphry Clinker* quoted, 387-8; praised as potential historian by Denina, 389; DH's irony towards, 398; DH as slower compositor than, 402; DH aids in recovering books, 499; asks aid of DH, 541-2; *187, 202.

"Society for Improving Arts and Sciences": *see* Philosophical Society (Edinburgh).

Socrates, 512.

"Socrates of Edinburgh," soubriquet of DH, 391.

Some Late Opinions concerning the Foundations of Morality, Examined [anon.], as refutation of DH's philosophy, 296.

"Sopho": pseudonym under which Kames is attacked, 340, 341; *367.

Sophocles, 357, 384.

Southern Department, Secretary of State: area of operations defined, 538.

Spectator, 30, 42, 139, 366.

Spence, Prof. Joseph: DH's letter to on *Douglas*, 357; publishes *Account of the Life, Character, and Poems of Mr. Blacklock*, 381; DH's letter to quoted, 381-2; writes preface for London edn. of Blacklock's poems, 382; DH quoted on its bowdlerisings, 382.

Spenser, Edmund, 385.

Spinoza, 104, 578.

Stamp Act: DH rejoices at repeal of, 553.

Stanhope, Grizel Baillie, Countess of: quoted, 322, 529.

Stanhope, Philip, 2nd Earl, 321, 322.

Stationers' Company, 313.

Steele, Rev. John, 358.

Steele, Sir Richard, 140.

Sterne, Laurence: friend of Michael Ramsay, 61; quoted, 281; quoted on Holbach, 476; portrait of by Carmontel, *Letters* quoted, 501-2; *Sermons of Mr. rorick* quoted, 502; *Sentimental Journey* quoted, 503; death of, 546; *520.

Steuart-Douglas, Archibald, 550.

Stevenson, Dr John (physician): recommends DH as translator, 94; Chevalier Ramsay replies, 94, 95; not Prof. Stevenson of Edinburgh U., 94n; mentor of Blacklock, 379.

Stevenson, Prof. John: Edinburgh U. lecturer, 42; as student, 46; member of Rankenian Club, 48; *94n.

Stewart, Prof. Dugald, 320; *Smith, Robertson and Reid* quoted, 233, 298.

Stewart, Prof. John: writes "Some Remarks on the Laws of Motion," answering Kames, 258; belittling of DH therein quoted, 258; DH's letter on quoted, 259; DH on as controversialist, 260; controversy with DH, 295, 341; *411.

Stewart, John Roy, 419.

Stewart, Prof. Robert, 39, 42-3.

Stewart of Allanbank, Archibald: elected Lord Provost of Edinburgh, 156; absent when DH's candidacy first urged, 156; agrees to DH's withdrawal, 161; connected with Johnstones of Annandale, 163; charged with surrender of Edinburgh, 182; tried for neglect of duty, 182; DH's *Account of Stewart* written in his defence, 182-6; acquitted, 183; *250.

Stewart of Allanbank, John, 424, 509, 518, 519.

Stweart of Gillan, Mrs, 588.

Stona, Rev. Thomas: *Remarks upon the Natural History of Religion*, 331-2.

Stone, George, Primate of All Ireland: likes History, 305, 309; DH quoted on, 312.

Strabo, 233, 263.

Strafford, Thomas Wentworth, 1st Earl of, 304.

Strahan, William: DH refuses to join in periodical venture, 226; Hamilton's letter to, on proposed publication of *History*, quoted, 302-3; DH writes to him on "Conspiracy of the Booksellers," 312; DH's attitude towards, 316; succeeds Millar in publishing business, 321; DH to, on lost mathematical essay, 321-2; suppressed essays annotated for posthumous delivery to, 330; DH's deathbed efforts to get essays published by, 331; *Tudor*MS forwarded to, 391; as friend of DH in London, 393; DH's relations with, in composition of *Early History*, 402; DH introduces Macpherson to, 415; DH writes to him on refusal to continue *History*, 555-6; and on his new house, 562, 571; Franklin's visit, 571; DH writes to him on advertisement to *Essays and Treatise*, 582; made literary executor by codicil of DH's will, 592; DH writes to him on plans for London visit, 593; visits DH in London, 594; DH writes to him on encounter with Lord Sandwich, 595; hopes for revision of DH's opinions, 599; last correction of DH sent to, 602; Smith's letter to,

746

published with DH's *Life* in 1777, 604; quoted, 604; purpose of letter discussed, 605; *394, 573.

Strange, Robert, 178, 409, 500.

Strasbourg, 509-10.

Strawberry Hill, 431, 541.

"Strictures on the Account of the Life and Writings of David Hume," [anon.] in *Weekly Magazine*, quoted, 162.

Stuart, Prince Charles Edward: *see* Young Pretender.

Stuart, Elizabeth, 480.

Stuart, Gilbert: as editor of Edinburgh Magazine and Review attacks DH and Scotland, 583-4, 585.

Stuart, House of: *see* Young Pretender; DH (22) *History*, treatment of, in.

Stuart, Rev. J., of Killin, 375.

Stuart of Torrance, Andrew: quoted on DH's popularity in Paris, 424, 446-7; gives DH account of Mme de Boufflers, 430; DH considers as replacement in Hertford secretaryship, 443; and the rue Royale, 483, 500; in Douglas Cause, 550, 551-2; his *Letters to Lord Mansfield* published, 552; DH's ironic congratulations on quoted, 552; *548.

Styria: DH visits, 212.

Suard, Jean-Baptiste Antoine, 480, 530.

Succession, Protestant: see Protestant Succession.

"Sultan" (Rousseau's dog), 511, 516, 518.

Süssmilch, Rev. Johann Peter, 268.

Swift, Jonathan: quoted on Arbuthnot, 84; DH wishes to write supplement to *Gulliver*, 233; DH in tradition of, 234, 239; "Pity that Swift was a Parson, "234; *361, 371.

Sympathy: *see* sentiment.

Tacitus: motto from, on title page of *Treaties*, 112, 120; DH takes copy of to France, 439.

Tasso: DH copy to France, 439.

Tatler, 30.

Tavistock, Francis Russell, Marquess of, 431.

Temple, Richard, 2nd Earl, 395.

"Temple, The" (Paris residence of Prince de Conti): described, 459; DH introduced at, 460; would be lost by Prince through marriage to Mme de Boufflers,472; Rousseau entertained at, 511; Prince de Conti offers DH apartment in, 534.

Terentia, 520.

Terrick, Richard, Bishop of Peterborough, 400.

Theatre [anon. broadside]: names DH as sole ticket-seller for *Douglas*, 358; quoted, 358-9.

Theatre in the Canongate, 358.

Theatre-Royal (Dublin), 365.

Theory of knowledge: DH's treatment of analysis in *Göttingische Zeitungen*, 125; summary of treatment given in *Abstract*, 126-9.

Third Printing Conger: background of, 313; in *Case of Authors*, 314; opposition to History, 315.

Thirty-Nine Articles, DH quoted on, 235.

Thomson, James: gives up divinity studies at Edinburgh U., 108; feted at *première of Agamemnon*, 108-9; DH quoted on his *Seasons*, 109; published by Millar, 114; as exemplar of Scottish poetical literature, 375; read by Blacklock, 380; praised by Denina, 388; dies, 392.

Thomson, John: his *Life, Lectures and Writings of William Cullen* quoted, 248.

Thuanus, 374.

Thurlow, Edward, 552.

Tickell, Thomas, 538.

Tillotson, 161.

Tindall, Matthew: his *Christianity as old as the Creation* as "the Deist's Bible," 112.

Tindal, Nicholas: *Continuation of Mr. Rapin's History of England*, 199.

Tinwald, Lord: *see* Erskine of Alva, Charles.

Tooke, Horne, 482-3.

Topham, Capt. E., 560.

Tories: DH considered as one by his age, 310, 311; *Life* quoted o, 311.

Toulouse, Archbishop of, 481.

Townshend, Charles, 395, 400, 404.

Trail, Rev. James: as chaplain to Lord Hertford, 489; made Bishop of Down and Connor, 495; his letter to DH, imploring him to stay away from Ireland, quoted, 495; DH's opinion of, 496; *491.

Traill, Rev. Robert: his *Qualifications and Decorum of a Teacher of Christianity*, 262; reviewed by *Edinburgh Review*, 343; advertised again in connexion with Church of Scotland controversy, 345.

Treaty of Paris of 1763, 430, 481.

Trinius, J. A.: his *Freydenker Lexicon* includes DH bibliography, 228.

Tronchin, Francois, 518, 528.

Trouchin, Dr Théodore, 518.

Tucker, Rev. Josiah, 89, 308-9, 412, 500-501.

Turgot, Anne-Robert Jacques: admirer of DH in Paris, 423, 480; DH writes to him on economics, 486; on Rousseau, 536; on advantages of public life, 537; asks for recommendation to U. of Parma, 543-4.

Turin, 212-18.

Turnbull, Prof. George: member of Rankenian Club, 48; his *Principles of Moral Philosophy* published by Noon,

114; teacher of Reid, 114; *125.
Turnbull, Robert, 328.
Tweeddale, 4th Marquess of, 158, 161.
Tweed River, Tweed Valley: see Merse.
Tytler, William: his *Historical and Critical Inquiry into the Evidence* as document in Marian controversy, 413; DH quoted on, 413, 414.

Union of the Crowns, 302, 303; *see* DH (22), *History*.
Union of the Parliaments, 370.
Usefulness of the Edinburgh Theatre seriously Considered [anon.]: as part of *Douglas* controversy, 327; mentions supposed essay of DH on adultery, 327; quoted, 367-8.
Utrecht University, 38.

"vails" (gratuities), 245, 572.
Vallière, Duchesse de la, 441.
Van Eck, Prof. Cornelius, 19.
Vasseur, Th. Le, *see* Le Vasseur.
Vauxhall (London), described, 109.
Verdelin, Marie-L. M. de Bremond d'Ars, Marquise de: quoted on DH and Mme de Boufflers, 460; approves Rousseau's decision not to go to England, 507-8; convinced that DH is *le bon David*, 509; advises Rousseau to go with DH, 509-10; procures passport for Rousseau, 511; pronounces benediction on his friendship with DH, 515, *516, 522.
Vienna: *see* Austria.
View of the Edinburgh Review [anon.], as Highflyer publication, 339, 345.
Villiers, George Bussy, 4th Earl of, 431.
Vincent, Capt. Philip: met by DH, 164; helps choose Annandale's books, 165; mentions life annuity to DH, 165; DH's estimate of quoted, 166; changes original high opinion of DH, 166; becomes antagonist of DH, 167; attempts to cut salary in half, 168; Elibank agrees with DH's suspicions of , 168; his authority intolerable to DH, 169-70; refuses DH unpaid salary under contract, 170; his action condemned by Kames, 170-1; dies, 172; DH learns from him all men not to be trusted, 176.
Vinnius, 52, 62.
Virgil, 52, 62, 267, 374, 439, 461, 584.
Voet, 52, 62.
Volland, Mlle Sophie, 478.
Voltaire: his *Lettres philosophiques sur les Anglais* possibly discussed by DH and Jesuits, 102-3; on freedom of English press, 103, 110; Leechman warns students against, 149; ridicules expedition to Brittany in *History of the War of 1741*, 200; DH answers English notice of this work, 201; review of DH's *L'Histoire complète de l'Angleterre* quoted, 318; attributes his *Le Caffè ou L'Ecossaise* to "Mr Hume, Minister of the Church at Edinburgh," 368; ridicules Kames's *Elements of Criticism*, 412; and Mme du Deffand, 452; DH never meets, 487; his regard for DH, 487; DH's opinion of, 487-8; calls Sterne "the Rabelais of England," 501; considered author of King-of-Prussia letter by Rousseau, 524; publishes *Letter from Mr. Voltaire to Mr Jean Jacques Rousseau*, 524; in *Savage Man*, 535; caricatured by Reynolds, 579; *366, 377, 447, 478, 498, 511.
Vossius, 263.
Votes of the P[resbyter]y of E[dinburg]h [anon. broadside], on cultural issues of *Douglas* affair, 369.

Wales, 519.
Wallace, Lady Elizabeth, 561-2, 563.
Wallace, George (son of Robert W.), 360.
Wallace, Rev. Robert: mathematical lecturer at Edinburgh U., 43; member of Rankenian Club, 48; accepts Shaftesbury, 49; summary of his career and principles, 159; defends DH as candidate for Edinburgh U. professorship, 159; his *Ignorance and Superstition a Source of Violence and Cruelty* as statement of Moderate Party philosophy, 159; original member of Philosophical Society, 257; reads DH's essay; "Of National Characters," 260; refutes in "Letter from a Moderate Freethinker," 260-1; quoted, 261, 262; completed in 1751 but never published, 262; reads "Of the Populousness of Antient Nations" in MS, 262; his *Dissertation on the Numbers of Mankind* appears, 262; previous connexion of Morton with MS, 262-3; as earlier paper for Philosophical Society, 263; subject of interests DH, 263; as part of Ancient and Modern controversy, 264; DH requests permission to mention in preface to "Antient Nations," 264; reply of Wallace, 265; assistance to him by members of Edinburgh faculty, 265-6; DH writes to, 266; work sent to Montesquieu, 267; his comment thereon, 267; Wallace's 1764 comment on the subject quoted, 268; as perfect exemplar of divine in an enlightened age, 268; stayed on sidelines in controversy of Church *vs.* to Humes, 348; his unpublished pamphlet "Necessity or expediency of the churches inquiring into the writings of David Hume, Esquire" quoted, 348-52; his "Address to the Reverend the Clergy of the Church

of Scotland" as unpublished pamphlet in *Douglas* controversy, 362-3; quoted, 363; friendship with DH celebrated in Prussia, 429; *388, 449.

Walpole, Horace: describes *History* as "not George-abite," 310; DH sends Smith's *Moral Sentiments* to, 399; chides DH for omission of authorities in *Stuart* vols., 401; entertains Mme de Boufflers, 431; as first cousin to Lord Hertford, 434; quoted on reasons for Hertford's choice of DH as secretary, 435-6; quoted on DH in Paris, 445, 500; Letters quoted, 446; his ridicule of all serious writers, 447-8; captivated by Mme Geoffrin, 450; quoted on Mme du Deffand, 452; as her condidant, 453, 454; quoted on Mme de Boufflers, 456; on Holbach and D'Alembert, 476; on Paris, 499; DH asks help of, in finding English residence for Rousseau, 509; reads feigned letter to Rousseau from King of Prussia at various dinner parties, 513; letter quoted, 513-14; DH quoted on subject of letter, 514; Rousseau links DH with letter as part of conspiracy of *philosophes*, 524-5; in Walpole's name DH apologises to Rousseau for letter, 526; D'Alembert denies DH's implication in letter, 530; his influence in securing Under-Secretary's appointment for DH, 534; in *Savage Man*, 535; Deyverdun introduced to by DH, 540; DH writes strictures on his *Historic Doubts*, 541; recites passages from *Mysterious Mother* at Conway party, 547; *404, 446, 491, 528, 567.

Walpole, Sir Robert: *see* DH (22), "Character of Walpole."

War of Austrian Succession: *see* Austrian Succession, War of.

Warburton, Rev. William: author of *Treatise* unknown to, 124; as probable writer of review of *Treatise* in *History of the Works of the Learned*, 123-4, 617-18; addressee of *Familiar Epistle to the Most Impudent Man Living*, 289; contemplates attacking DH in *Julian*, 289-90; composes but never publishes attack on "Of Miracles," 290; tries to apply Pope's *Dunciad* lines to DH, 290; continuing influence against DH, 290; never connects DH of *Treatise* with author of *Enquiries*, 290; John Brown as flatterer of, 308; on DH as "atheistical Jacobite," 309; his letter to Balguy first reference to suppressed "Five Dissertations," 323; possible reader as client of Millar, 324; his intimidation of Millar, 324-5; his threats against "Natural History of Religion" quoted, 325-6; DH quoted on, 325, 326; his answer to in *Remarks on the Natural History of Religion*, 326; connexion with Hurd, 326; copy of *Moral Sentiments* sent to, 399; quoted on Douglas Cause, 551; *259, 286, 292, 331.

Warde, Mrs. Sarah (actress), 358
Warden, Rev. John, 570.
Warren, Sir Peter, Vice-Admr., 205.
Watson, James, 375.
Watson, John (procurator), 563.
Watson, Prof. Robert, 371.
Watts, Rev. Isaac, 140.
Webb, Col. R., 520.
Webter, Rev. Alexander, 160, 362.
Wedderburn, Alexander: as protégé of DH and Adam Smith, 279; letter of introduction for by DH quoted, 279; his career, 279-80; member of Select Society, 281, 282; one of founders of *Edinburgh Review*, 338; his speech in Committee of Overtures defending DH quoted, 346-8; in the *Douglas* controversy, 362; as possible author of *Votes of the P[resbyter]y of E[dinburgh]h*, 369; as author of manifesto of Scottish Enlightenment, 386; DH quoted on, 393; DH discusses his resignation from Hertford secretaryship with, 443; DH introduces in Paris, 500; as Solicitor-General attacks Franklin, 573; *253-4, 344, 548.

Wedderburn, Peter (father of Alexander W.), 252.
Weekly Magazine, 133, 162.
Weldehall (manor-house): DH and Marquess of Annandale at, 160, 162, 164; DH's arguments against remaining there, 167; work done on *Enquiry* there, 174; *187.

Wesley, Rev. John, 364, 621.
Whigs: Humes of Ninewells as, 32; distinction drawn between "Political Whigs" and "Religious Whigs" in *Account of Stewart*, 186; Kames as, 294; oppose *History*, 310; DH's rising resentment against, as ruling party of England, 311; partymen and the popish plot, 413; DH as advocate of Whig theory of state, 553.

Whitaker, John, 585.
Whiteadder, tributary of River Tweed, 20, 370.
Whole Duty of Man: quoted, 34n; DH tests character against, 34; rejected by DH in favour of Cicero's *Offices*, 64-5.

Wilkers, John: friend to Baxter, 57; DH introduces G. Hamilton to, 304; owned copy of "Five Dissertations," 329; DH writes to him on Scotticisms, 370; anti-Scottish campaign of, 421; as probable writer of letter criticizing DH's embassy appointment, 491; calls on British Embassy in Paris, 491-2; his election, 552-3; ass historian exploits party prejudices, 555; *330, 586.

Wilkie, Prof. William: loyalist volunteer in Rebellion, 184; member of Select Society, 282; on "Committee for Belles Lettres and Criticism" with DH, 283; DH quoted on his *Epigoniad* and the "Conspiracy of the Booksellers," 312; member of Moderate Party caucus,

749

346; DH's opinion of quoted, 383-4; his *Epigoniad* damned by London reviews, 384; Goldsmith quoted on, 384; DH persuades Millar to bring out 2nd edn., 384-5; DH's letters to Smith and Robertson on quoted, 385; DH's letter to *Critical Review* on quoted, 385-6; praised by Denina, 388; *Epigoniad* on Millar's list, 401.

Wingate (tutor), 57.

"Wise Club": *see* Philosophical Society (Aberdeen).

Wishart, Rev. George, 283.

Wishart, Rev. William (the Elder), 46, 48.

Wishart, Rev. William (the Younger): Principal of Edinburgh U., 157; opposes DH's candidacy, 157-9; DH's descriptionof his attack quoted, 159; member of Evangelical Party, 160.

Witherspoon, Rev. John: in *The Moderator* (No. II), suggests *History* be used to prevent Popery and to introduce English into Scotland, 309; author of satire on Moderates, 336; quoted, 336, 337; links three Humes in his satire, 356; quoted, 356; attacks them in *Serious Enquiry into the Nature and Effects of the Stage*, 368; *338.

Woffington, Peg. 365.

Wolfe, Maj. –Gen. James, 289, 403.

Wollaston, William, 113, 114, 161.

Wood, Robert: DH meets, 395; DH writes to on behalf of Rousseau, 428; acting for Hertford, offers DH private secretaryship, 435; correspondence with DH, 436; results in acceptance by DH, 437; with DH at Royal Chaplain's dinner, 438; *418, 538.

Wootton (Staffordshire): Davenport's house there offered to Rousseau, 520; on generous terms, 522; its seclusion appeals to Rousseau, 523-4; beginning of his hallucinations there, 532; he runs off from, 536; he considers returning to, 536.

Xenophon, 594.

Yonge, Will [Sir William Yonge?], 89.

"Yorick," English soubriquet for Sterne, 501.

York, Prince Edward Augustus, Duke of, 397.

Young, Peter (tutor), 164.

"Young Pretender": lands in Scotland, 177; leads forces into England, 178; retreats to Highlands, 178-9; escapes to France, 179; exiled to Italy, 179; seen by DH in France in 1748, 218; *180, 182, 280.

Yvandeau (manor-house at La Flèche): description of apartment of DH therein, 100.

Zeno, 104.

"Zerobabel MacGilehrist": see DH (20).

图书在版编目（CIP）数据

大卫·休谟传 /（美）欧内斯特·C.莫斯纳著；周保巍译. —— 杭州：浙江大学出版社，2017.10
（启真·思想家）
书名原文：The Life of David Hume
ISBN 978-7-308-17110-6

I.①大… Ⅱ.①欧… ②周… Ⅲ.①休谟（Hume, David 1711-1776）—传记 Ⅳ.① B561.291

中国版本图书馆 CIP 数据核字（2017）第 163677 号

大卫·休谟传
[美] 欧内斯特·C.莫斯纳 著 周保巍 译

责任编辑	叶　敏
装帧设计	蔡立国
出版发行	浙江大学出版社
	（杭州天目山路148号 邮政编码310007）
	（网址：http://www.zjupress.com）
制　作	北京大观世纪文化传媒有限公司
印　刷	北京中科印刷有限公司
开　本	710mm×1000mm　1/16
印　张	47.5
字　数	798千
版 印 次	2017年10月第1版　2022年7月第3次印刷
书　号	ISBN 978-7-308-17110-6
定　价	138.00元

版权所有　翻印必究　印装差错　负责调换
浙江大学出版社市场运营中心联系方式：（0571）88925591；http://zjdxcbs.tmall.com

The Life of David Hume 2nd Edition
by Ernest Campbell Mossner
Copyright © Oxford University Press 1980
Simplified Chinese translation copyright © 2017
by Zhejiang University Press Co., Ltd.
ALL RIGHTS RESERVED
浙江省版权局著作权合同登记图字：11-2017-122 号